2014
YONGKANG
YEARBOOK

永康年鉴

（下）

中共永康市委员会
永康市人民政府
主办

永康市地方志
编纂委员会
编

上海人民出版社

总 目

上 册

下 册

永康城市远眺（林群心 摄）

永城新貌

南溪口两岸（林群心 摄）

华溪环绕（林群心 摄）

南溪新姿（建设局提供）

永康东城（贾锦新 摄）

永城之夜（胡华超 摄）

步行街夜景（林群心 摄）

西津桥之光（林群心 摄）

丽州广场之夜（应　敏 摄）

紫微公园（档案局提供）

3 月 28 日，南京军区捐赠 62 式轻型坦克进驻永康抗美援朝纪念公园（档案局提供）

10 月 25 日在抗美援朝纪念公园举行出国作战 63 周年纪念活动（档案局提供）

立交桥之夜

大花园立交桥（徐金星 摄）

高速公路交响曲（徐金星 摄）

城乡公交整装待发（交通局提供）

乡乡建有公交站点（交通局提供）

浙江省五金产业工业设计示范基地（科技局提供）

市政府与吉林大学举行科研交流（科技局提供）

市政府与长春工业大学签订科技合作协议（科技局提供）

全国永康五金专业市场联盟发起大会（五金城提供）

全国第二届永康商会会长会议（经合办提供）

方岩庙会开幕式（方岩镇提供）

独松村罗汉队（方岩镇提供）

华釜山舞龙踩街
（古山镇提供）

中华一绝九狮图
（文化局提供）

9 月 24 日举行锡雕馆开馆仪式（文化局提供）

永康市体育馆（体育局提供）

体育市场—健身房（体育局提供）

举行“我为国策添光彩”演讲比赛（人口与计生局提供）

8 月 15 日举办亲子纳凉晚会（党校提供）

7 月 30 日，金政市长指导征兵体检（人武部提供）

永报姐妹花到消防警营体验生活
（永康报社提供）

助残日爱心圆梦（残联提供）

在黄帝南都举行南都禅寺祭天
（民宗局提供）

举行“道德永康，文明出行”电视对抗赛（公安局提供）

10 月 28 日公安武警巡逻（公安局提供）

6 月 8 日，省委常委、公安厅长刘力伟观看社区宣传栏（公安局提供）

居民生活

市民家居建材展销市场购物（五金城提供）

市民在春季汽车展销会上选择名车（永康市民家庭每万人汽车拥有量达到2572辆，每百户拥有87辆，名列全省第二位）（五金城提供）

古山镇旧宅七棚头展新姿（古山镇提供）

桥下三村农民公寓（龙山镇提供）

舟山民居远景（舟山镇提供）

西津迎春（应　敏 摄）

生态住宅进入农村（档案局提供）

南溪口两岸（林群心 摄）

下册目录

城乡建设

环境保护

交通物流

邮电信息

金融保险

财政税务

经济调控

经济监管

科　技

教　育

新闻传媒

文化艺术

卫生与计生

体育发展

社会保障

民政民生

街道·镇

先进名录

文件汇编

服务指南

数字永康

Content

Communities and Towns

Advanced Individual and Unit

Important Documents

Service Information

Date Yongkang

城乡建设

综　述

【"三改一拆"工作】 3 月 30 日，市委、市政府启动"三改一拆"（城中村、旧厂房、旧住宅和违章建筑拆除）工作，年内全市确保完成拆除城乡违法建筑 90 万平方米，全面禁止发生新的违法用地和违法建筑，同时完成旧住宅区改造 21 万平方米、旧厂区改造 8 万平方米、城中村改造 14 万平方米。5 月永康排查出违法建筑面积 152 万平方米，违法占地面积 141 公顷。至月底，全市在拆除违建 25.2 万平方米的基础上，"三改"工作顺利推进。旧住宅区改造以"一通五化"、解放街区改造等工作为主要抓手，改造建筑面积约 61.4 万平方米；城中村改造以农房改造为主要载体，计划拆除旧房 2 397 户，完成农房改造 2 159 户；旧厂区改造以低效厂房改造为重点，计划改造建筑占地面积 23.3 公顷，改造后建筑面积 91.4 万平方米。

【九铃路改造工程验收】 2 月 1 日，九铃路（丽州中路—东库桥段）改造工程通过竣工验收。改造路段长 540 米，宽 42 米，设计时速 40 千米。此次改造参照金华八一南街改造的经验，通过优化人行道和绿化带，合理利用

市委书记徐华水检查城乡重点工程建设（建设局提供）

道路空间，不涉及道路两边建筑物的拆迁。改造后，在原水泥混凝土路面基础上加铺沥青混凝土面层，由4车道增加到8车道，有效缓解该路段的交通拥堵问题。

【解放街旧城改造】 3月12日，召开解放街旧城改造指挥部办公室成员会议，副市长程学军参加并部署工作。解放街改造工作是全市2013年八大重点项目指挥长攻关活动之一，也是市内截至目前拆迁范围最大、拆迁户最多、政策处理难度最大的一次城市改造工程。工程将全面进入攻坚阶段，要在前期摸底调查的基础上，以点带面推进整体工作。

【停车泊位施划800个】 11月6日，市委常委郑俊杰带领建设、城管、交警等部门检查城区市容环境卫生，先后走访汽车车站、老人民医院等地，实地查看长期困扰全市城区交通的停车难状况，协调处理800个停车泊位实施规划建设情况。

（吕建平）

建设规划

【概　况】 2013年永康市城市规划按照高起点规划要求，以《中华人民共和国城乡规划》为指导，树立新型城乡一体化理念，围绕创业承诺及市重点工程建设推进的需要规划管理，推动编制工作，提升规划服务城乡建设的水平。

【"阳光规划"实施】 2013年市规划局为促进规划建设的互补性，提升规划设计的综合服务功能，推出"阳光规划"。着重深化规划批前公示、批后公告及市民申请听证等制度，实施规划建设项目审批全公示，广泛听取各方面的意见和诉求，每个项目依申请听证2次。由于实施"阳光规划"，积极推行规划项目集体裁定会等制度，提高科学决策水平，全年没有申请行政复议和行政诉讼案件，维护了社会稳定。

【规划管理培训】 为加强实地调研，市规划局联合市委农办和市委党校，组织市内50名新农村建设管理人员和专业技术人员，前往省住房建设厅干校参加2013年度美丽永康建设专题培训班，提升全市美丽乡村建设的规划、设计和管理水平。年内还组织30名乡镇规划管理人员参加《城乡规划违法违纪行为处分办法》培训班。

规划建设的总部中心大楼（规划局提供）

规划编制

【解放街重建地块街景设计】 为展示新解放街风貌，落实拆迁安置政策，规划局按照《旧城改造控制性详细规划》，通过邀请设计、大评委制评标、深化设计、专家评审、报纸网络等公众征求意见方式，对方案进行全面考虑，指导土地出让和城市建设工作。在规划设计中，通过"化整为零"的手法，把解放路西侧南北三个地块串成一个整体，将解放路两侧确定为主要的商业界面，合理规划景观，满足城市公共空间需求。

【市域绿道网整合规划】 通过整合地形要素、城镇要素、交通因素、生态因素、人文历史要素、乡村资源要素、旅游资源等七种要素，构建绿道选线的基准模型和修正模型，对全市绿道选线的资源要素进行评价，分析绿道选线的适宜性，规划形成绿道主线为"六轴三环"网络结构。"六轴"即依托市域主要河流、山体生态空间构筑6条从永康中心城向外辐射的绿道主线，与周边县市进行对接。"三环"即分别在南部历山、白云水库，北部方岩、石仓岩、飞龙山，北部棠溪、西溪、龙山、唐先、八字墙，规划3条环形绿道主线，沟通6条轴向主线。市域规划绿道总长422.92千米，规划绿道主线9条，总长度为285.38千米。绿道支线作为绿道主线的沟通与补充规划绿道支线12条，总长度为137.54千米。

【江南新城概念规划】 规划以金温铁路扩能以及火车站站前为依托，以大溪塘为核心，布置商业、商务、商住用地，契合江南新城的生态基底；丽州南路以西区域形成由站前区对接老城中心区的都市功能轴；充分利用原有良好的生态资源要素优势，将金胜山、大溪塘、南溪河湾等生态地块，通过绿化廊道的形式形成绿色空间系统；丽州南路以东区域规划为融入生态网络的城市宜居社区。

【中心城区地下空间开发利用规划】 根据市域总体规划中关于对中心城区"一城两翼"总体空间结构形态的架构以及《永康市商业网点发展规划》提出的"一心两翼三网五片多节点"的商业服务设施网络体系，结合全市土地利用总体规划，按照城市地下空间布局要求，至2020年永康中心城区地下空间规划形成"七片三轴"的布局结构。"三轴"即"一纵两横"三条地下空间开发集聚带，分别是纵向沿解放街，横向至现代农业装备高新技术产业园区，以及横向沿浙中城市群轨道交通线网规划三条城市发展主轴线两侧范围。"七片"主要为地下空间重点开发的七大片区，即江北商业中心片区、南苑路片区、五金城—总部中心片区、火车西站片区、现代农业装备高新技术产业园区公共中心片区、永康经济开发区公共中心片区以及江南新城火车南站片区。

【黄城里区块规划论证】 3月18日，黄城里区块修建性详细规划论证会召开，市领导王瑛、王伟，市检察院检察长王宪峰，以及相关单位负责人参加。该规划以打造高品质居住综合型社区、经济合理有效地使用土地和空间为目标，坚持区域协调发展、重视地方特色、遵循可持续发展的规划原则。规划用地分为四个地块。A地块是一个独立的高档住宅组团，以双联住宅为主，以环形路网组织地块内交通。B地块和C地块采用"十"字形加环形路网相结合，地块内双联住宅为3层，内部住宅建筑4.5层。考虑到沿街立面及建筑天际线的变化，沿街建筑为8层，高层住宅为18层。D地块将采用集体开发模式。地块内建筑造型为简欧风格，以浅黄色为主色调，以浅色为主深色为辅。该规划还充分利用苏溪两岸作为景观绿化用地，既保证安全，又美化居住环境。

规划管理

【概　况】 2013年市规划局开展或参与低

效厂房改造审查、奖励，政府投资项目并联审批实施办法，永康市管线管理办法，危房拆改建管理规定，临时建筑管理规定等规划工作。开展城市地下空间利用政策的制订及城市地下空间利用统计工作，建立新建和竣工项目地下空间利用情况的台账，基本完成金华市对永康考核的14万平方米目标。深化行政审批制度改革，开展行政审批项目清理，按“审批项目最少，效率最高，服务最优，收费最低”的目标，对全局的行政许可、非行政许可项目进行认真清理。2013年完成建设项目选址意见书10件，占地55.8公顷；建设用地规划许可36件，占地77.9公顷；建设工程规划许可235件，占地744.4公顷；乡村规划许可198件，占地7.62公顷；规划审查意见257件，占地108.6公顷；建设工程竣工规划核实335件，占地51.2公顷。

【数字永康地理空间框架建设】 2013年市规划局以“地理信息资源可持续发展”为核心，促进地理信息资源的有效整合和开发利用，充分发挥数字永康对地方发展的作用。地理空间框架建设成果可简要概括为“111511”，即“一库、一系统、一平台、五示范、一环境、一套机制”。通过公共平台，可以充分共享、利用地理信息资源，实现专题数据的集成交换。规划、工商、民政、水务四个部门为示范应用单位，完成五个专题应用示范系统建设，具体为：工商管理信息系统、地名查询浏览系统、水务管理信息平台、综合地下管线管理信息系统、天地图。3月至7月，市规划局完成大地水准面精化及永康市平面控制网向2000国家大地坐标系转换的项目建设任务。并已在数字永康地理空间框架项目中得到应用。

【测绘与地理信息行业管理】 2013年市规划局按照省局的统一部署，对永康行政区域内持有测绘资质证书的企事业单位、测绘项目、市场情况等进行重点检查，根据省局事权下放的有关规定，做好测绘单位资质、测绘成果使用等审批工作。建立信用信息日常更新管理机制，完成测绘项目备案282起，坚持测绘作业人员执证上岗原则，核发测绘作业证19本。及时将卫星影像图、航空摄影图等最新测绘成果制作公开，为领导决策提供辅助服务。对大地水准面精化项目中新增的14个GPSC级点、10个二等水准点，分别与各乡镇签订委托保管协议。

（郦鸣亚）

建设实施

【概　况】 永康市住房和城乡建设局是主管全市住房和城乡建设工作的市政府组成部门，与人防办合署办公。2013年人员编制17人，其中建设局12人、人防办5人。建设局实际在编19人，人防办在编5人。内设办公室、建筑业管理科、市政建设管理科、村镇建设管理科、建设行政审批科等5个科室，下辖市建设工程质量（安全）监督站、市房屋综合开发总公司、市规划建筑设计院、市城建监察大队、市建筑市场管理处、市房地产管理委员会、市政建设投资有限公司、市政工程公司、市政园林建设处、市城建档案馆、市房屋征收管理办公室、市住房委员会办公室等12个单位，涉及工程建设、勘察设计、市政公用、建筑业、住宅与房地产等五大行业，直接贯彻实施的法律、法规有200部。2013年市建设局完成固定资产投资37.78亿元，其中工程投资1.78亿元，房地产固定资产投资36亿元，超额完成任务。

2013年为严格执行房地产调控政策，实行公开透明的售房网，加强物业管理，出台了《永康市物业管理办法》《永康市物业管理示范项目评选暂行办法》《永康市物业管理考核实施办法》，并考核筛选出3个物业

6月14日，市住房和城乡建设局召开“树标杆、学标杆”活动现场观摩会（总部中心提供）

管理示范小区。

【省“阳光建设基层行”首选永康】 2013年全省“阳光建设基层行”开机仪式首选永康。年内，永康市建设工程获得“方岩杯”优质工程奖4项、“双龙杯”优质工程奖2项、“钱江杯”优质工程奖1项，国家优质工程奖1项，成为全国优质工程奖项获奖最多的县市之一。章店大桥、解放街区块求知路、网球中心、蓝天路、北苑经济适用房二期、芝英污水处理厂一期续建工程等十一重点工程建设陆续完工。

【城市民生工程建设】 2013年永康市城乡建设累计完成东库街158弄排水工程等41项便民工程。包括改造提升“三江六岸”景观带；贯通休闲健身步道工程；完成城区污水处理配套管网建设18.27千米，配合做好城区第三期“一通五化”工作，指导污水管网建设，提高污水收集面积；督促和指导龙山镇、前仓镇污水主管网工程建设，为两镇向省建设厅争取到污水管网建设补助资金220万元；完成芝英污水处理厂一期续建工程；配合市委农办抓好农村污水处理设施的建设，对行政村的污水管网建设进行检查验收、技

城区污水处理设施（建设局提供）

术指导。

【建筑节能和污水设施建设】 2013年永康市城乡建设完成芝英广场及居住建筑节能改造面积2.5万平方米，完成总部中心13万平方米公共建筑节能改造项目1项，运行建设大楼、房管大楼2项用能管理项目，实施地源热泵王力大酒店5.8万平方米，锦绣江南二期二星绿色建筑设计标识1项。8月6日，市污水处理厂的污泥处理项目，通过市政府验收，日处理能力8万吨，采用干馏法处理污泥，产生的生物类用于沙化土壤改良，实现污泥处置资源化，达到无害化处理等级。污水处理厂日平均处理4.1万吨，比2012年(3.9万吨)提高了5%。是年全市污水处理率超过83%。

建设管理

【保障性住房供应管理】 2013年新开工建设保障性安居工程1 672套，完成年度任务100.7%；基本建成保障房1 732套，完成年度任务143.9%；竣工并阳光分配北苑二期经济适用房和304套公租房。在《永康日报》上陆续公布《永康市公共租赁住房建设和租赁管理办法》《永康市首批公租房申请通告》《永康市首批公租房租赁管理实施细则》等规范性文件，不断完善保障房建设与管理制度建设。

【重点工程质量安全】 2013年永康市城乡建设实施重点工程项目11项，为确保建筑质量，强化建筑施工安全生产日常监管，实施差异化管理，督促落实企业安全生产责任制，组织建筑施工安全专项整治。开展建筑施工安全生产“大排查、大整治”活动，6月10日至9月30日，分“企业自查——排查摸底——企业整改——督查整改——回头看”五个阶段，以全覆盖、零容忍的工作要求，进行地毯式排查，整治安全生产隐患。

【行政审批制度改革】 2013年市住房与建设局开展“服务月”活动。行政审批科从原有审批项目15项，减至3项。政府投资项目，采用并联审批制度；房管“办证”窗口承诺时间减少三分之一以上，出证率提高1倍；城建档案归档简化审批手续，取消预验收规定；建设工程质量监督窗口在材料齐全的前提下，限1个工作日内办结；对企业500平方米内的白蚁灭治工作，由10个工作日缩短到4个工作日。服务窗口提供延时办理服务、电话通知领证服务等创新服务。房管会加快房管信息软件平台建设，大幅提升房产事项办理的服务质量。

【城建档案与制度改革】 2013年市建设局注重档案馆硬软件设施建设，健全档案移交、归档、查档等相关工作制度，加快档案工作自动化，提供便捷、优质的信息服务。年内完成档案归集量3 700卷。对建设部门的各项规章制度进行全面清理，以制度管人、管事、管物，提升行政能力。修改《永康市住房和城乡建设局服务承诺制度》等48个规章制度，进一步形成结构合理、配置科学、程序严密、制约有效的权力运行监控机制。

建设机构

【房地产管理委员会】 成立于1951年，是政府行使房地产管理工作的职能部门，为自收自支事业单位，在城南路277号房管大楼办公，设有窗口服务大厅。下设办公室、财务科、测绘科、行政中心房管窗口、产籍科、白蚁防治站、房产科、房地产开发公司、信息科、物业科。2013年有职工41名，具有高级职称1名，中级职称10名，初级职称12名，离退休人员27名。党员34名，预备党员2名。主要职能有：房产登记、抵押登记、房产测绘、白蚁防治、公房管理、公租房建设等。

【住房委员会办公室】 永康住房制度改革始于1985年3月，是全国第一批公有住宅补贴出售试点县之一。1997年11月17日，市住房制度改革领导小组和市住房制度改革领导小组分别更名为市住房委员会和市住房委员会办公室。2005年10月市住房委员会办公室经市编办核定为全额拨款事业单位。2010年9月核定编制3名，其中领导职数1名。办公地点位于永富南路13幢1号（建设大楼）内，主要职能是：负责指导和推动全市住房制度改革、住房保障工作；制订廉租房、经济适用房、公共租赁住房等保障性住房建设的中长期规划和年度计划，并组织实施；负责全市低收入住房困难家庭廉租住房的审核、配租、管理；负责全市低收入住房困难家庭廉租住房货币补贴的审核、管理；负责全市定向销售经济适用住房的申请、审核、公示等管理工作；负责全市中低收入住房困难家庭公共租赁住房的审核、配租、管理；负责全市单位公有住房出售和售房资金归集、使用的管理等。

【房屋征收管理办公室】 成立于2005年10月，核定为全额拨款事业编制，时名市拆迁管理办公室，与市测绘管理办公室、市住房委员会办公室三个单位实行三块牌子一套班子管理。2007年12月市建设局与市规划局分设，市测绘管理办公室随功能划分到市规划局，市拆迁管理办公室仍属市建设局下属单位。2009年市机构编制委员会核定市拆迁管理办公室为监督管理类全额拨款事业单位。2013年12月根据《关于市拆迁管理办公室更名的批复》，更名为市房屋征收管理办公室。核定编制领导1名，职员1名。主要职能是：贯彻执行国家和省、市有关国有土地上房屋征收与补偿法律、法规、规章和规范性文件；承担行政区域内国有土地上房屋征收与补偿政策、制订、修改、上报和宣传工作；负责房屋征收决定、补偿方案及公告的起草；负责全市范围国有土地上房屋征收与补偿活动的监督、管理和指导；受市建设局委托，指导全市国有土地上房屋征收与补偿；负责全市范围征收实施单位工作人员培训；负责全市国有土地上房屋征收与补偿矛盾纠纷工作的指导、管理。

【建设工程质量(安全)监督站】 成立于1986年，人员编制23人，属于全额拨款事业单位。主要职责是履行市政府建设行政主管部门对全市所有新建、扩建、改建和拆建等建设工程质量监督和安全生产监督。2009年被评为全国先进工程质量监督站、浙江省群众满意基层站所（办事窗口）创建工作先进单位、金华市群众满意基层站所（办事窗口）创建工作示范单位，连续多年保持金华市文明单位、金华市青年文明号、永康市先进党组织、永康市安全生产先进集体等荣誉。

【城建监察大队】 成立于1989年1月，时称县城市管理监察中队，1993年1月更名为市城建监察大队。办公地点设永富南路13幢2号（建设大楼）内。核定编制10名，参公事业单位。有在编职员8名，其中本科学历4名，大专学历2名，高中学历2名，党员3名。下设办公室，建筑业、房地产业、机动等3个中队。大队受市住房和城乡建设局委托，负责全市行政区域内除已委托、授权、划转给经济开发区、城西新区及中心镇职能外的房屋建设、房地产、市政工程建设等执法监察；负责中心城区（除经济开发区、城西新区外）的城镇房屋装修监察；负责中心城区（除经济开发区、城西新区外）未办理建设工程施工许可违法行为的日常巡查监察处理；参与全市建设工程安全、质量事故的调查处理；负责对各镇（除中心镇）、街道上报的建设违法行为进行调查处理。2008～2012年，多次荣获浙江省城建城管行政执法工作先进集体，金华市建设系统城建监察先进集体，永康市文明单位。是浙江省城建监察协会、金华市城建监察协会会员单位。

【城建档案馆】 于1994年挂牌成立，时称市城建档案室。2013年1月更名为市城建档案馆，是市内集中统一管理和保管城市基本建设档案的职能机构，归属建设局。主要负责接收和管理下列档案：城市建设工程档案；城市建设系统专业管理部门形成的业务技术档案；有关城市规划、建设、管理的政策法规、科研成果和城市历史、自然、经济等方面的基础资料。档案室建筑面积 255 平方米，其中库房面积 165 平方米，设备较为先进齐全。档案库房配备有密集架、中央空调、干粉灭火器、计算机等。

【建筑市场管理处】 市建筑市场管理处成立于 1997 年 11 月。2013 年 2 月增挂“市建设工程造价管理站”牌子，办公地点在永富南路 13 幢 1 号，是自收自支事业单位。下设办公室、财务室、业务室，在职职工 3 名，党员 3 名，具有中级职称 1 名，初级职称 2 名。主要职能有：负责全市范围的建设工程报建和招投标的监督管理；收集、发布建筑市场材料信息价的工作。

【规划建筑设计院】 前身为县规划建筑设计室，创建于 1981 年 12 月。经过 30 多年的发展已成为具有乙级勘察设计资质的规划建筑设计单位。2013 年有职工 50 名，其中有高级职称 15 名，中级职称 19 名。中高、中级专业技术人员占 68%，各项设计专业人员有：建筑设计工程师 6 名，结构工程师 8 名，电力照明工程师 3 名，给排水工程师、暖通工程师、经济概算工程师各 2 名。一级注册建筑师 2 名，二级注册建筑师 9 名，一级注册结构师 5 名，工程咨询注册师 3 名，公用设备给排水注册师 1 名，电气注册师 1 名，岩土工程注册师 1 名，设计水平不断提高。设计院现有 1 600 平方米的办公大楼一幢，2010 年来又投资 120 万元，增添一系列现代化办公教学设备，实现电脑网络化，建筑设计、结构计算、建筑绘图自动化。

【房屋综合开发总公司】 成立于 1984 年，为市内成立最早的国家二级房地产开发企业，属全民事业单位，实行企业化管理，是中国房地产协会直属团体会员单位。2013 年注册资金 2 000 万元，有干部职工 43 人，其中大专以上毕业生 30 人，有中高级职称的各类专业人员 16 人，初级职称 6 人。公司资产总额 1.3 亿元。公司总开发面积 80 公顷，工程合格率 100%，优良率 85%。连续 15 年获市“纳税大户”，连续 12 年被评为浙江省建设银行 AAA 资信等级企业，连续 3 年获金华市“十佳房地产”开发经营企业。公司还先后被评为浙江省诚信质量达标上榜企业，金华市文明单位，金华市、永康市重合同、守信用单位及消费者信得过单位，永康市“百强企业”等称号。

【市政建设投资有限公司】 成立于 2006 年 3 月，经市人民政府批准，由国资办和建设局为发起人，按《中华人民共和国公司法》组建的以城市基础设施建设投资为主业的现代企业，属国有企业性质。作为城市基础设施建设投资主体和实施主体，公司主要经营范围有：城市道路、桥梁、绿化以及基础设施的投资建设及相关产业经营；给排水及管网投资建设；城市服务性项目（如公厕、垃圾中转站）的投资和建设；城市建设中涉及的征地、拆迁、政策处理以及基础设施其他项目的投资建设。

【市政园林建设处】 成立于 1984 年 5 月，原名县建设局市政工程队。1992 年 8 月，实行政企分开，分别为市政工程公司和市政园林管理处，为全额拨款事业单位。1997 年 3 月改名为市政园林建设处，职能是为城市园林绿化工程设计、城市园林绿地建设。2013 年有职工 36 人，其中事业身份 29 名（退休人员 7 名），企业身份 7 名。有技术职称 27 名，其中高级 6 名、中级 16 名、初级 5 名。设两科两室：办公室、设计室、经营科、生产科。下属企业有：市望春园林工程有限公司，前身为成立于 1994 年 9 月的市政园林修建队，1998

市政园林建设处承建的龙川公园(建设局提供)

年5月改名市望春园林工程有限公司,资质为市政公用工程三级。经营范围涉及喷泉、雕塑及园林设计及技术咨询、花木盆景种植、销售、水泥预构件制造、销售。2013年实现产值5 000万元,创税210万元。

(吕建平)

住房保障

【概　况】 4月28日,经市政府十六届第九次常务会议讨论通过,出台《永康市公共租赁住房建设和租赁管理办法》;6月21日,经市政府研究同意,出台《永康市首批公共租赁住房租赁管理实施细则》。根据市人民政府办公室《关于印发永康市首批公共租赁住房租赁管理实施细则的通知》规定,2013年6月28日至7月19日,首批公共租赁住房公开申请报名。还审核了经济适用房的申购资格。

【304套公租房通过验收】 永康市公共租赁住房工程,位于城北路北侧,三马路东侧,2013年11月26日竣工。工程,占地面积1 653.5平方米,建筑面积约2万平方米,建设总套数304套。项目总投资6 047.4万元。至年底已累计投资5 800万元,其中同年度完成投资2 400万。2013年10月14日,通过公租房消防验收;10月29日,通过公租房环保验收和规划验收;11月1日,通过室外配套工程验收。

【安置住宅工程开工3处】 2013年1月溪心D地块拆迁安置住宅(解放街二期安置工程)开工建设。同月,四方集团生活区三号地块37号、38号楼开工建设。由浙江晟元建筑设计有限公司设计,浙江新华建设有限公司施工,杭州大江建设项目管理有限公司监理,浙江四方集团房产开发有限公司建设,12月四方集团生活区二号地块1—6号楼开工建设,由浙江晟元建筑设计有限公司设计,浙江省永康市新宏建设有限公司施工;杭州环成建设管理有限公司监理,浙江四方集团房产开发有限公司建设。

【首期公租房公开申请】 6月28日,永康市304套公租房面向全市公开申请,该公租房单套建筑面积约51平方米,为一室一厅,租赁期限3年。承租户按照“按月缴纳、先缴后住、银行托收”的原则缴纳租金、水、电、气和有线电视等费用,计划年底前将公租房分配

9月14日，北苑二期经济适用房抽签分房现场（建设局提供）

到户。有344户家庭提出申请，经过审核和公示，244户家庭符合条件。其中申请三马路公租房的准租家庭177户，申请北苑公租房的74户。12月31日，市首批（三马路）公租房举行抽签配租仪式，177户申请家庭确定配租房号。

（市府办信息科）

【经济适用房公开抽签配售】 9月14日，北苑二期（一）经济适用住房进行公开抽签分房，有234户申请家庭购买经济适用住房。根据《永康市经济适用住房销售管理办法》《永康市经济适用住房销售管理补充办法》等文件精神，原经济适用住房轮候家庭有313户，经公安、民政、国土、建设、工商、计生等部门复核，市住房委员会办公室复审并在《永康日报》上公示。经复核取消了79户轮候家庭的购买资格，其中查实有车辆、已办理大学生“非转农”、家庭收入超标、已购买四方集团内部经济适用房等原因取消购买资格68户，自愿放弃购买资格2户，自愿放弃经济适用住房购买资格而转为享受公共租赁住房9户。最终符合经济适用住房购买资格的家庭234户。

（陈剑峰）

施工安全

【概　况】 2013年永康市积极组织开展“全国安全生产月”活动，着力做好安全生产的宣传教育和督查。全年监督建筑工程577个，总建筑面积683.9万平方米，监督市政园林工程40项，安全监督工程23项。安全生产备案手续工程31项，受理登记起重机械安装（拆卸）告知262台次、使用登记62台次，发放“平安工地”牌匾32块。开展建设工程安监评价105次，查处安全隐患20多起，下发安全监督督查意见书30份、安全检查整改通知书8份。印发《永康市建筑施工扬尘污染防治工作方案》，开展专项检查，有效控制施工现场扬尘，减少对空气环境的污染。树立永康市标准化管理“标杆工地”1项，金华市“标杆工地”1项。获得永康市建筑施工安全文明标化工地8项，金华市标化工地2项，上报省标化工地9项。

开展建筑施工安全专项整治，全年着力专项整治特种作业人员持证上岗和防高处坠落，并开展专项检查。在安全大检查、日常巡查中也将整治内容作为必查项目，深化专项整治的成果。召开住房保障性工程安全工作会议，督促企业落实各项安全生产措施。开展施工安全专项检查2次；专门安排监督员对包括北苑经济适用房在内的8项保障性工程，进行现场指导服务，督促企业落实完善各项安全生产工作。

7月至8月开展抗击防范强台风安全检查工作3次，夏季高温施工安全专项检查1次，发放紧急防范台风及夏季防暑降温通知书300余份，检查督促工程180项次，安全转移人员1 000余人次。

永康某建设工地(建设局提供)

会同市安监局、公安局等相关部门对各镇(街区)私人建房发生的生产安全事故进行调查处理,出具事故技术分析意见,依法依规提出建设部门事故处理建议。全年参与调查处理生产安全事故6宗。并在总部中心B-1地块召开“树标杆、学标杆”安全生产管理标准化现场观摩会,增强施工人员的安全生产意识,提高安全生产水平。全年节假日安排专人值班和领导值班,社会联动“110”每天安排专人值班,并设立应急处理小组,随时处理紧急事件。信访工作做好相关台账,每月按时上报,全年无异常情况发生。

【安全差异化分级管理】 2013年出台《永康市建筑业企业安全生产诚信等级管理暂行办法》,进一步完善建筑企业安全生产实施差异化管理。制订建筑业企业等级评定标准,实行“A、B、C、D”四等级评定,然后根据评定的等级,实行差异化管理。修订《永康市建筑业企业诚信管理规定》,将工程日常管理质量、安全巡查、检查通报的记录与市场互相联动,结合民工工资、资料诚信、人员到位等内容,作为企业诚信及清出市场的依据。抓好《永康市关于规范建筑业企业项目部管理的意见》的落实,督促落实企业主体质量安全的主体责任。

【安全责任制落实到企业】 2013年市住房与建设局组织召开全市建筑业安全工作会议5次,下发安全文件49份,组织安全质量大检查8次;开展保障房质量安全专项检查,拉网式安全生产“大排查大整治”活动;开展以特种作业人员持证上岗和防高处坠落为整治内容的建筑施工安全专项整治;组织“安全生产月”活动,开展标准化管理“学标杆、树标杆”现场观摩会活动;开展勘察设计建筑节能专项检查、预拌混凝土企业专项检查、建筑原材料的专项检查。全年对不履行法定职责、工程质量安全管理不善的17家施工企业和监理企业进行告诫约谈,对8家企业给予不良行为记录并予以公示,停止其在永康范围内招投标资格6个月至3年,取消6名项目经理(总监)在市内承接工程业务的资格,对2家建筑业企业进行行政处罚。

市住房和城乡建设局"树标杆、学标杆"活动现场观摩会(建设局提供)

【建设工程安全监督巡查】 2013年市住房与建设局组织日常巡查70次，巡查建设工程项目180项；开展5次全市性在建工程安全生产大检查，检查工程67项次。9月重点开展全市在建工程建筑施工安全隐患，排查专项治理，成立两个检查组对在站办理安全备案手续的建设工程进行地毯式安全检查。针对检查情况，对3家施工企业、2家监理单位提交上级部门进行处罚。另外进行建筑工地消防安全专项检查1次、建筑起重机械专项安全检查1次。对市政园林工程，开展全市性在建工程安全专项检查2次，检查10项次单位工程。

【施工安全知识培训】 6月，在"全国安全生产月"期间，市住房与建设局组织由各施工企业、监理单位安全相关管理人员200余人参加在建工程消防安全知识培训，讲授建筑施工现场消防、灭火、逃生等知识。6月29日至7月1日，举办200余人参加的施工现场安全技术资料台账管理培训班。6月至11月组织开展安全知识巡回授课活动，送安全技能知识到建筑工地，累计授课12次，培训建筑从业人员600余名。7月至8月，组织站安全监督员及各施工企业、监理单位安全技术人员等相关工程安全管理人员30人，参加金华市建筑施工安全检查标准知识培训班。

■ 工程质量

【概　况】 2013年永康市办理房建质量监督注册手续工程144个，面积138.1万平方米，市政园林工程18项。全年监督竣工验收备案房建工程207个，面积148.3万平方米，市政园林工程9项。受理登记各类报验手续926项，查处工程质量隐患(问题)10起，下发质量监督督查意见书103份、质量检查整改通知书15份。总部中心C-1荣获国家优质工程奖，加上前几年创建的3项国家"鲁班奖"，全市有国家优质工程4项，成为监管工程创建国家优质工程最多的县市之一。是年全市共创建市建设工程"方岩杯"优质工程奖4项，金华市建设工程"双龙杯"优质工程奖2项，浙江省建设工程"钱江杯"优质工程奖1项。年内向社会公布保障性住房工程质量安全投诉电话；实行各阶段验收存在主要问题公示制度;加大保障性住房工程的巡查力度,巡查频次为普通工程的 2 倍以上;落实工程质量责任终身制,全面推行竣工标牌制度。全市保障性住房工程在省、市质量、安全检查中取得好成绩,受到上级领导的赞扬。为提高质量,组织全市施工、监理、建设及相关单位 166 人到金华万达广场工程现场观摩,提高企业开展技术创新攻关的理念。组织施工、监理单位 65 人参加省、市工程创优研讨班。组织精干力量深入总部中心 C-1 地块工程进行技术帮扶。抓好《永康市关于规范建筑业企业项目部管理的意见》的落实,从人员身份确定、在岗在位、上级文件的落实和企业项目部的质量安全自检制度、企业主要负责人带班制度着手,规范管理。要求项目部主要人员必须在施工现场公示,在平时检查时,要检查人员在位及企业、项目部自检制度的落实情况,要求提供书面及影像资料。全年巡查 31 家房建企业承建的工程 89 项,对相关的 18 家监理公司进行检查。对 5 家预拌砼生产企业进行专项检查 2 次。针对检查情况,对 3 家施工企业、3 家监理公司相关人员进行通报批评,对 1 家施工企业及相关人员报请上级主管部门作进一步处理。对市政工程现场质量进行抽查,包括管沟垫层、管子垫圈、管子闭水试验、管沟、路基、半刚层的压实度等项检查。

【“打非”行动实行“黑名单”制度】 2013 年市住房与建设局下发文件,组织开展打击非法违法建筑施工行为专项行动,对未办理施工许可和质量监督,违法施工的行为依法查处,对不履行安全质量管理职责的单位和个人予以不良行为公示。同时实行“黑名单”制度,上半年对不履行法定职责、工程质量安全管理不善的 5 家施工企业和监理企业,给予不良行为记录并予以公示,停止其在永康范围内招投标资格 1～3 年,取消 5 名项目经理(总监)在市内承接工程业务的资格。

【重点工程监管“分户制”】 2013 年市住房与建设局重点加强住宅工程、大型公共建筑的监督管理,突出商品住宅特别是保障房工程质量的监督管理。对住宅工程全面实施分户验收制度,加强住宅工程质量通病的预防和控制,提高工程质量。对保障房工程要求阳光建设、阳光验收,向社会公布质量安全监督电话。年内加强建筑工程使用钢筋的专项质量监督管理,督促落实钢筋进场复验工作,开展钢筋质量的监督巡查和专项检查,杜绝“瘦身”钢筋等不合格建筑原材料在工程中使用。开展建筑节能保温材料质量的检查,确保使用安全。

【质量检测监督纳入档案管理】 2013 年市住房与建设局严格执行检测项目备案和检测报告登记制度,规范检测机构的质量行为。全年检测项目备案和检测报告登记工程项目 145 个,出具房屋产权登记质量检测备案证明 25 份,查处虚假检测报告 3 份,检测中心全年定期进行检测能力验证和对比试验 20 余次,提高了检测人员的检测水平,全年累计出具检测报告 5.5 万份。做好工程档案和监督档案的管理工作,将各种凭证、账册等装订成册,建档归档 41 册。全年归档立卷各类工程技术档案 181 卷,工程监督档案 254 个,工程档案借用查阅 88 次。

(李王盛)

■ 住房公积金

【概　况】 金华市住房公积金管理中心永康分中心于 2003 年成立,是金华市住房公积金管理中心的派出机构,负责永康市住房公积金归集、提取、住房公积金贷款、住房公积金行政执法、报表编制等具体管理工作。根据工作职责,内设综合科、归集管理科、贷款管理科,综合科下设财务室、办公室、综合档案室。2013 年有职工 16 人,其中党员 3 人,女职工 9 人。

金华市住房公积金管理中心永康分中心(建设局提供)

2013年1月1日起,贷款中一年1次提取住房公积金用于偿还自住住房按揭贷款的业务,办理日期由原先的3～5月、11～12月,调整为1～12月每月都可办理。2013年全市有758家单位35 726名(正常缴存职工28 849名,封存6 877名)职工建立住房公积金制度,净增4 189名。全市归集住房公积金4.99亿元,累计归集30.10亿元,余额14.80亿元(剔除住房公积金补贴后余额为11.58亿元)。支取住房公积金3.63亿元,累计支取14.96亿元,余额15.29亿元。发放住房公积金贷款6.28亿元,累计向7 190户职工家庭发放住房公积金贷款21.68亿元,贷款余额12.74亿元。贷款逾期率0.05‰,贷款风险准备金充足率10%。永康分中心每年都接受上级部门的稽查,从业务操作、会计处理、资金运作等方面进行规范和调整,不断提高服务效率。通过内部制度上墙公示、设立业务咨询热线、印发办事流程手册、走访企业和社区提供义务咨询、在分中心网络上公开信息等方式,加大宣传力度,扩大缴交范围,引导职工购房消费。重视工作人员的业务培训和理论学习,定期上报住房公积金缴存、使用和管理情况,增强工作透明度。永康分中心原办公场所位于丽州南路56号。随着全市住房公积金业务量的增加和发展规模的扩大,办公场所不适应业务发展的需要。2011年5月27日,分中心正式搬迁至金胜路328号。新办公楼建筑面积1 200平方米,一楼为办事营业大厅,设归集、支取、贷款等业务窗口,二楼设财务室、会议室、活动室,三楼、四楼、五楼为办公室和档案室。新办公楼投入使用方便了办事群众,提升了管理水平,增强服务能力。2013年获全国"巾帼文明岗"的荣誉称号。

【家庭住房套数认定新标准】 经金华市住房公积金管理中心主任办公会议研究决定,5月1日起,永康市申请住房公积金贷款的家庭住房套数按以下信息认定:购房地和夫妻双方住房公积金缴存地房屋登记管理部门出具的家庭成员(夫妻双方及未成年子女)、住房状况证明中登记(含预售商品房备案登记)的现有成套住房;集体土地性质的住房不计入家庭成套住房套数。

【住房公积金缴存比例调整】 3月15日,永康市住房公积金管理分中心施行《个体工商户和自由职业人员缴存住房公积金暂行办法》。该办法主要调整缴存对象:完全民事行为能力的永康市城镇个体工商户、凡年满18

周岁的具有城镇居民户口的自由职业人员(以下简称个职人员),参照法定退休年龄,男性未满60周岁,女性未满55周岁,均可自愿以个人名义申请缴存住房公积金。6月永康分中心对未调整住房公积金缴存比例的单位要求调整,个人部分不超过12%,单位部分不超过17%(单位和个人缴存比例超过12%以上的单位,2013年住房公积金个人部分缴存比例均调整为12%,单位部分缴存比例保持不变。单位和个人缴存比例未达到12%的单位,今后需要调整的,个人部分缴存比例不高于12%,单位部分缴存比例不超过17%)。6月底结息后,对未作调整的单位,永康分中心自动将个人缴存比例调整为12%。

【住房公积金联名卡发放】 2013年9月,永康市住房公积金管理分中心和中国建设银行股份有限公司永康支行联合发行永康市住房公积金龙卡,发放对象为市范围内正常缴存住房公积金的职工(住房公积金账户封存的职工暂不发放),由市住房公积金缴存单位统一办理。住房公积金龙卡具备查询住房公积金账户情况、申请提取住房公积金、办理住房公积金账户转移、申请个人住房公积金(含组合)贷款等功能。该卡把住房公积金业务与金融业务集于一身,广大住房公积金缴存者除了网站、电话、窗口等形式,还可以利用银行丰富的网点对自己的账户信息进行查询,公积金缴存者能更方便快捷掌握自己的公积金信息。

【住房公积金监管数据与省联网】 为做好浙江省住房公积金监管系统联网工作,进一步推动全省房地产监管分析平台建设,2013年7月永康分中心住房公积金信息系统与省、市监管系统实现互联。住房公积金缴存、提取、贷款等主要业务基础数据按省、市监管信息系统要求的数据标准上传。信息建设的有序化,为提高服务水平和工作效率,更好地实现住房公积金的规范化、透明化管理提供了有力的技术保证,为进一步建设浙江省住房公积金监管运行系统创造条件。

【"阳光工程"进入住房公积金管理】 按照金华市住房公积金管理中心关于《深化"阳光工程"建设实施方案》和市纪委、市监察局、市政府纠风办下发的《永康市深化"阳光工程"建设实施方案》文件精神,永康市住房公积金管理分中心采取多项措施落实相关制度,认真组织实施"阳光工程"建设工作,增强住房公积金管理工作的透明度,规范住房公积金管理信息公开行为,健全住房公积金的监督机制,维护住房公积金缴存职工的知情权和监督权。

(卢莉娜)

■ 市政建设

【概　况】 2013年市住房与建设局完成蓝天路(三环线—西塔路)、章店大桥、三环线区块cc04—cc06道路、市网球中心、解放街区块(求知路)、北苑区块配套等6项重点市政建设工程。按政策处理进度,同步完成农贸市场市政道路配套工程和松石西路、丽州南路延伸工程。做好国防教育基地西北侧道路、滨江大道、龙川东路延伸工程,九铃西路改造等工程前期准备工作。

2013年永康市道路、桥梁建设一览

项　目　名　称	实施单位	计划投资(万元)	长(米)×宽(米)	备　注
K03-K04道路工程	城西新区	106	239×12	
金桂南路HN07-03	城西新区	643	671.61×30	
花城路HJ01-04	城西新区	820	517×42	

（续表）

项　目　名　称	实施单位	计划投资（万元）	长(米)×宽(米)	备　注
松石路延伸(后山应段)	城西新区	154	215.76×24	
西三环沥青砼路面 3 标	城西新区	778	830×42	已竣工
HM01-11 道路工程	城西新区	590	978×24	
城西物流中心道路配套	城西新区	2 489	9.2 万平方米	
应益村安置区道路配套	城西新区	600	2.36 万平方米	
蓝天路道路	建设局	2 480	2 364×14	已竣工
松石路延伸(西塔路—城西路)	建设局	3 200	688×20	
丽州南路延伸	建设局	78 000	长 3 337	
农贸市场市政道路配套工程	建设局	1 386	2.5 万平方米	
北苑区块配套	建设局	987	1.11 万平方米	
解放区块道路	建设局	1 645	2.86 万平方米	
章店大桥	建设局	5 925	长 274 米，横向 2 幅，每幅宽 23 米	已竣工
金水湾北侧道路	重点办	86	256×12	
金龙路	重点办	338	300×16	已竣工
溪心 10 号路	重点办	5 036	1 800×80	已竣工
溪心 F 地块道路配套	重点办	632	2.06 万平方米	已竣工
总部中心 5、12 号道路	总部中心	629	800×15	已竣工
金山路公铁立交工程	开发区	988	575×12	
皇城中路道路工程	开发区	800	2.55 万平方米	
芝项连接线(雅应至车马何)道路工程	开发区	2 500	1 300 米	
经济开发区八号桥接线及附属工程	开发区	1 370	八号桥 2 400 平方米，附属工程 255×30 平方米、185×16 平方米	
金山西路公铁公交接线工程	开发区	350	230×33	
酥溪西路延伸(H05 四环线)	开发区	690	1 045×18	

【章店大桥建成开通】 章店大桥，位于城西三环线，横跨永康江，南临永武二线与三环线交叉口，北接城西新区、330 国道。桥梁采用先简支后连续小箱梁，共九跨，总长 274 米（含桥台）。横向分为两幅，每幅宽 23 米，全桥面积 1.26 万平方米，总投资 5 900 多万元，2012 年 6 月中旬动工，2013 年 9 月建成。大桥开通后，进一步完善了城市基础设施，缓解了城区交通压力，能够带动周边的区域开发建设，发挥三环线城市快速道路的作用。同时为加快永康城市建设步伐，扩展城市空间，促进永康经济建设有着重要作用。大桥由杭州市城建设计研究院有限公司设计，浙江致远建设工程咨询监理有限公司监理，中铁二十四局集团浙江工程有限公司承建，永康市政建设投资公司建设。大桥两侧花岗岩的栏

杆上雕有永城新老十景图(飞桥盘天、后吴遗韵、灵湖渔歌、公婆吟风、石城帝踪、石鼓留声、双塔凌秋、五峰问学、五指迎暾、西津寻梦;金蟾观鱼、仙翁望月、龙湖晨雾、仙峡虎踪、寒山翠谷、紫微古韵、太平遗风、九狮闹春、仙渡遗踪、画眉洞天),犹如长虹卧波,蔚为壮观,极具地方特色,为永康新添一景,经省、金华市、永康市三级专家验收后,获得一致好评。荣获永康市、金华市、浙江省市政行业协会授予的“安全文明标准化工地”荣誉,已申报浙江省“钱江杯”优质工程。

【市政设施维护】 2013 年 11 月,市政部门加强排水系统设施维护和疏通等工作。组织更换城区、园区雨水污水井盖 34 套,疏通城区、园区雨污水管道 786 米,清除淘疏城区、园区淤泥 176 立方米,吸污车吸雨污水检查井 36 座、清运淤泥 39 车次,检测南都路雨水管网 543 米,加强道路设施、城市桥梁养护工作,修补金城路、城西阳关桥小平板等路段人行道小平板 310 平方米、砼路面 440 平方米、小方砖 300 平方米、花岗岩 300 平方米、沥青路面 300 平方米,对城区桥梁进行隐患排查,发现隐患 25 处。组织对数字城管采集员巡查发现的破损路面进行修补,共修补小平板 150 平方米、沥青路面 300 平方米。责令洗车场(点)修复破损小平板 300 余平方米。加强对市政、环卫、园林等方面违法案件的查处,受理废土运输污染路面 15 起、乱倒建筑垃圾 4 起、未经审批开挖道路等损坏市政设施行为 20 起、破坏绿化 9 起、擅自砍树 1 起。

■ 公用事业

【概　况】 2013 年永康市实施公用事业工程主要有香樟名苑西侧道路、解放街南路延伸道路、解放街旧城改造第 3 次建筑废料清运等 28 项工程,总投资 995.75 万元,已完工 9 项,部分完成和继续施工的有 19 项。

2013 年永康市公用事业工程实施项目情况

项　目　名　称	工程投资(万元)	备　注
香樟名苑西侧道路工程	49.90	已完成管道理设
兴达三路道路修补工程	30.00	完工
南苑路地块排水管改造工程	20.00	
龙川东路永康江段管道清理 五金大道道路积水临时排水工程	0.85	
解放街南路延伸(老年活动中心)道路工程	66.00	
明珠新城市政配套工程	60.00	
东库街 158 弄 2—8 号排水工程	2.00	
解放街旧城改造第 3 次建筑废料清运工程	150.00	
溪心路西侧(人寿保险公司前)行道树种植工程	2.00	
望春东路与城东路交叉口东北地块 218 号市政配套工程	9.50	完工
紫薇南路 85 弄 1 号 1 幢市政配套工程	18.00	已完成管道理设
北苑经济适用房一期绿化工程	8.00	完工
南园村分洪渠边市政配套工程	40.00	完工
城北路 502—546 号人行道工程	20.00	完工

（续表）

项　目　名　称	工程投资(万元)	备　注
金胜路街区 1 号地块人行道工程	36.00	完工
金胜社区办公楼市政配套工程	15.00	完工
溪中路 232—242 号市政配套工程	31.00	未完工
移动公司—原汽车电机厂临时道路工程	8.00	完工
金塔路与东塔路交叉口东南地块市政配套工程	23.00	完工
金胜路街区 1 号地块行道树种植工程	2.00	
东塔路与金塔路交叉口行道树种植	1.00	
市四中污水管道连接工程	18.00	
南苑东路 61 号—1 零星绿化工程	1.00	
九铃西路 1065 号道路硬化工程	10.00	
千锦路 167 号—169 号市政配套工程	2.00	
市 CC04—CC06 道路绿化工程	47.00	
章店大桥分车带绿化工程	15.50	
教师进修学校附属小学东侧金龙路人行道配套工程	10.00	

【生活垃圾焚烧发电厂】 为了解决城市生活垃圾量快速增长的问题，实现城市垃圾处理的减量化、无害化、资源化。2006 年 7 月，市政府通过 BOT 项目形式公开招投标。根据 BOT 项目合同书的约定，特许经营期 27 年（含 2 年建设期），由中标的浙江伟明环保股份有限公司负责工程报批、建设、运行及接水、接电的报批手续及相关费用，总投资 2.44 亿元，市政府负责土地征用、相关政策的处理，并协助浙江伟明公司办理相关手续。

2013 年开始运行的永康市生活垃圾焚烧发电厂（建设局提供）

2009年9月，省发改委批准立项，10月省环保厅环评报告通过批准。2010年上半年完成土地征用，6月30日正式开工，2012年12月试运行，2013年1月中旬正式点火并网发电。市生活垃圾焚烧发电厂，设计能力为日平均处理垃圾800吨，分别设置2条日处理400吨的垃圾焚烧生产线，每条垃圾焚烧生产线配置一套"半干法旋转喷雾反应塔＋活性炭喷射＋袋式除尘器"组合工艺的烟气净化装置，余热锅炉产出的蒸汽可供1台15 MW的汽轮发电机组发电。

【污水处理厂续建工程】 古山、方岩、芝英三镇联建污水处理厂一期续建工程，设计污水处理规模为5千吨/日，工程地点在芝英镇，工程投资约400万元。2013年5月20日开工，同年11月30日竣工。污水厂一期续建工程设初沉池1座，好氧池1座，二沉池1座，终沉池1座，结构类型为钢筋砼结构，设计年限50年。该项目严格执行《建设工程标准强制性条文》规定，达到国家颁发施工技术标准、要求规范，并有创新及提高。获"2013年度永康市安全文明标准化工地"荣誉称号。

（罗增辉）

房产管理

【概　况】 2013年市房管会房产登记8 200件，抵押登记8 876件，商品房预登记1 973件，抵押注销8 279件，抵押查档6 181件，权属查询13 115件，权属证明11 310件，权属查封835件，买卖、赠与3 561件，分析、继承168件，商品房交易2 687件，发证7 475件，缮证7 749件，签订白蚁合同133件。在市行政中心设有房管窗口，负责各类房产登记审批、房产确权、房产权属纠纷、抵押登记、查封、解封、缮证与发证等工作。为需要特殊照顾的弱势群体提供上门服务，对外地和特殊办事群众实行"特事特办、急事急办"。主动服务上门同单位面对面沟通，为企业出点子解难题，是年窗口累计上门服务40次。根据行政服务中心工作要求，8月19日起，对存量商品房实行房管、国土、财税三部门并联审批制度，由房管窗口牵头，安排一名工作人员进驻联办窗口专门负责联办事项数据输入，房产土地双证办结时限提速到5个工作日。10月，顺应办事群众需求，结合《房屋登记办法》，窗口开展顺位抵押及抵押变更登记业务。

【房屋产权产籍测绘1.68万件】 2013年测绘科组织房屋产权产籍测绘工作：按施工图预测算、实地测量、绘图、技术、档案归集整理；与委托测绘单位的协调工作；测绘款的结算；审核面积测量计算是否依据国家规范进行面积计算，在承诺时间内做出《房屋面积测量报告书》；配合做好市重点工程的工作。全年完成测绘1.68万件，完成开发公司项目有象珠颐苑实测，丽州首府预测、实测，金色港湾实测，紫荆苑预测，凤凰城预测等。完成测绘资质的申报，12月领到测绘资证书。

【白蚁防治工程项目173个】 2013年永康市白蚁防治站认真搞好新建工程项目的白蚁预防及各类性质的白蚁灭治业务，负责组织并实施白蚁防治工程的施工，严格实行药物管理规定，组织白蚁防治工程的定期回访。全年签订预防合同221份，预防白蚁面积169.17万平方米，预防收入249.15万元，完成项目173个，完成面积180.97万平方米，完成档案215份。灭治白蚁面积4.92万平方米，灭治收入41.82万元，绿化灭治面积16.8万平方米，完成灭治户411户，灭治房屋1 229间，咨询155户。

【公房正常修缮管理】 2013年市房管会做好公房正常修缮、养护管理。做好公房巡房，配合国资办做好商业用房招租，房租、水电费收缴，搞好维修登记，确保直管公房保值、增值。做好来信来访接待，建立公房档案库。

永康市房管大楼（建设局提供）

2013 年收缴到位租金 455.40 万元，旧欠租金 2.12 万元，预收租金 186.89 万元，中介备案登记 3 户，签订租赁合同 7 份，公房修缮 33 户次，水电费收缴 16.76 万元。古山酒厂公房处置工作经单位努力，完成与古山四村的合同签订和交接工作，收回国有资产处置收入 90 万元。完成行政事业单位国有资产公房部分的统计。完成解放街拆迁、紫薇园二期，华溪东路，胜利街拆迁档案整理，并将档案内容如拆迁面积、补偿费用、补偿面积、补偿费领取情况等输入电脑方便查询。完成所有公房档案的整理和档案扫描工作。完成南苑路 1 弄 12 幢、城南路 395 弄 11 幢、13 幢、和平楼房产证的办理。完成廉租房、城南路 11 幢水电表缴费转户工作，完成店面水电转户 7 户。完成工农巷 26 号、劳动巷 42 号的拆迁工作。

【房产档案扫描与数据整理】 房产档案扫描与数据整理验收组于 2013 年 9 月成立。9 月至 10 月进行房产档案扫描试运行。全年扫描房产档案 7 779 本，验收 4 700 本。数据整理平台于 10 月搭建完成，11 月完成 2 500 本已验收的房产档案电子数据试录入。其中出现的软件设置、上下手关联、录入字段的位置标准和内容错误修改完毕，与软件公司确定每个细节，整理出一套《房产档案数据整理项目实施方案及验收标准》。经测试和修改后，上传金华房管局的电子数据 500 条。

（李艳蕾）

■ 房地产业

【概　况】 2013 年全市房地产开发投资回暖迅速，增速明显。至年底，全市完成房地产开发投资 36.5 亿元，比 2012 年增 35.1%；住宅新开工建设面积 25.64 万平方米，比 2012 年下降 55.5%；竣工面积 5.46 万平方米，比 2012 年降 84%。年内市商品房预售（销）和合同备案信息管理系统正式运行，实时发布商品房销售和备案信息，及时提供全市房地产市场动态。着手建立市房屋市场信息统计分析系统和预警预报指标体系。全市新开工保障性安居工程住房 1 672 套，完成年度任务 100.7%，其中新开工公共租赁住房 1 000 套，完成年度任务 100%；基本建成保障房

1 732 套，完成年度任务 143.9%，其中竣工各类保障性安居工程 1 204 套，完成年度任务 100%。全市有浙江步阳置业有限公司、王力集团绿春房产开发有限有限公司、群升地产控股有限公司等房地产企业 37 家，其中一级企业 1 家，二级企业 3 家。

2013 年永康市继续执行以限购、限贷为主要内容的房地产调控政策，加强普通商品住房和保障性住房的建设力度，增加商品房有效供应，加强城市旧城区和城中村改造，抑制投资投机性购房需求，加强对房地产市场秩序的监督，遏制城市房价过快上涨。永康房地产市场供需两旺，房地产价格稳中有升。至 11 月底，核准预售商品房面积 34.7 万平方米，销售 30.13 万平方米，比 2012 年减少 3.5%，成交额 42.73 亿元，比 2012 年增加 1.1%。

【紫荆花园】 由浙江步阳置业有限公司开发。地处城北核心地段，项目南邻 330 国道（花园大道），西临紫微北路。项目总用地面积 3.77 公顷，规划容积率 1.2～1.6，共计容积率的总建筑面积约为 6.03 万平方米、不计容积率的总建筑面积约为 2.51 万平方米，包括住宅、商业（含配套物业用房）。

【凤凰城一期】 由浙江步阳置业有限公司开发。东、西、南侧分别为解放南路、五金大道和城南路，毗邻市体育馆、农贸市场、华丰菜市场，实验小学和解放小学。一期规划用地面积 5.23 公顷，总建筑面积 10.98 万平方米，其中住宅面积 7.47 万平方米，包括 9 栋 17～19 层的高层住宅，并配建 1 555 平方米的幼儿园。

【丽州一品】 由王力集团绿春房产开发有限公司开发。项目地处溪心区块高档楼盘集聚区，毗邻规划中的商业中心。项目总规划用地 12.53 公顷，总建筑面积 22.5 万平方米，总投资 30 亿元。

【白马郡】 由群升地产控股有限公司开发。项目东临 330 国道，南界城北路，西临香樟公园。项目总用地面积 3.47 公顷，总建筑面积 8.34 万平方米，总投资 9.6 亿元。

（胡政感）

■ 物业服务

【概　况】 2013 年永康市物业管理行业规模逐渐形成，管理的覆盖面不断拓展，广大市民及有关单位对物业管理的需求也日益扩大。年内市建设局经过调研，向市政府上报《永康市物业管理办法》，经市政府第十三次常务会议讨论通过，7 月 22 日由市政府办公室印发《永康市物业管理办法（试行）》。这是全市第一部关于物业管理的规范性文件，在行政部门职责、指导业委会履职、监督扶持物业企业、应急管理、前期物业招标等方面均作了具体规定，对规范管理物业服务工作具有重要作用。为让市民进一步了解物业服务的必要性、重要性和相关规定，提高全民物业管

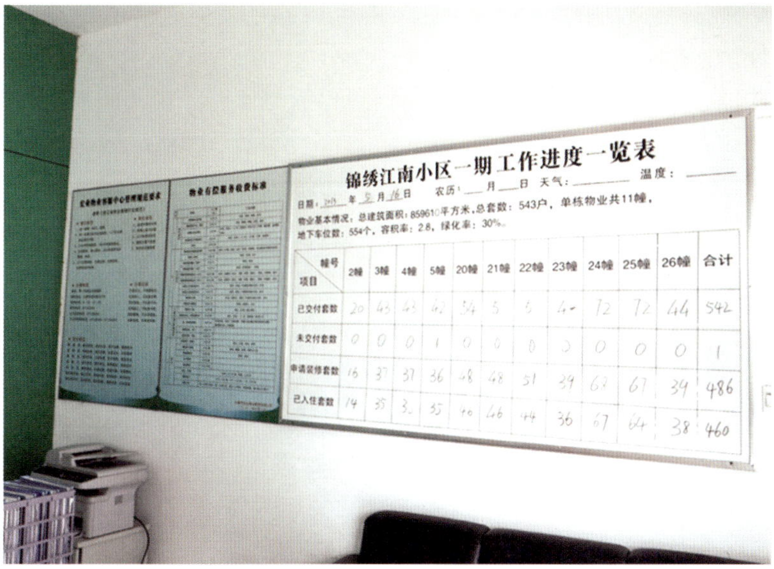

锦绣江南小区物业公司一角（建设局提供）

理的知识、意识，一方面召集全市物业服务企业和自治管理小区业委会代表，《永康市物业管理办法(试行)》，另一方面在《永康日报》上开设专栏宣传物业管理知识。

为督促物业企业履行职责，提升服务质量，2013年市建设局下发《永康市物业管理考核实施办法》，10月开始对住宅物业企业(包括准物业服务)、物业项目进行逐个考核打分，向社会公开。为引导物业企业学习先进，争创上游，树立样板，组织申报永康市物业管理示范项目的物业企业参观金华市物业管理示范住宅小区——宁兴锦江华庭项目，经过对照学习，寻找差距，整改提高。

【宏业物业有限公司】 成立于2008年10月。2013年有员工85人，专职管理和技术人员11名，其中中级以上职称的高级管理人员6名。公司接管市锦绣江南、信合苑、北苑小区、丽州首府等40万平方米住宅的物业服务项目，其中北苑小区是通过公开招投标方式获得的政府保障性住宅项目。

【三博物业有限公司】 成立于2012年4月12日，注册资金50万元，地址在城西路257号，具有国家三级物业管理资质。2013年有员工40人，所有管理人员均经过物业管理专业培训，持有建设部颁发的物业管理上岗证，持证上岗率100%。公司承接阳光嘉苑小区、九龙锦湖苑别墅小区物业服务管理，管辖物业面积12.96万平方米。

【天行物业有限公司】 创建于2007年4月27日，注册资金52万元，具有国家三级资质的服务企业。2013年有员工37名，中级以上职称11名。在管部分项目，有天晟公寓，建筑面积2.36万平方米，住宅用房121套，商业用房9套；东方雅苑，建筑面积7.15万平方米，住宅用房398套，商业用房28套。

【汇丰物业管理有限公司】 成立于2007年7月，注册资本100万元，国家三级资质。内设综合办公室、财务部、人力资源部、秩序维护部、保洁绿化部、水电工程部等部门。公司承接的市宜家时代花园小区，获得2013年度永康市物业管理先进项目。

【四方物业管理有限责任公司】 成立于1998年10月21日，地址永拖(永康拖拉机厂)路57号，是浙江四方集团公司下属子公司，国家三级资质物业服务企业。2013年公司内设办公室、物业部(含客服中心)、综合管理部、工程技术部、财务部等职能部门，有专职管理和技术人员15名，其中中级以上职称人员5名(含市内首位且目前唯一一位国家注册物业管理师)。主要负责四方集团公司所属物业的管理以及集团公司生产区4万平方米的绿化养护和2万平方米厂区道路的保洁工作，承担永拖小区物业管理工作。永拖小区是集商业、住宅为一体的综合小区，占地9.29公顷，建筑面积8.92万平方米。

【昌明时代装饰城经营管理有限公司】 成立于2003年，注册资金50万元，主营商铺租赁、市场经营管理、停车场服务等物业服务项目。2013年有员工32名，内设总经理办公室、财务部、商管部、物业部、工程维修部、保安、卫生等部门。管理的物业有：昌明时代装饰城(现更名为国际装饰城)四层以上的住宅公寓，国际装饰城三层至地下层的所有商铺和地下停车场服务。其中国际装饰城为三星级文明规范市场。

【铁牛物业管理有限公司】 成立于2011年8月，注册资金500万元，是国家三级物业管理资质单位。承接金色港湾小区的物业管理工作。公司设经理室、市场策划部、品质保障部、工程部、人力资源部、秩序维护部、保洁绿化部、财务部。实行统一行政管理、分片区服务，全员持证上岗制度。2013年有员工80名，其中中层以上管理人员15名，作业人员60名，管理人员本科学历的占10%，大专学历占40%，上岗培训率100%，其中10名取得建设部颁发的物业管理企业经理岗位证书，8名具有中级以上职称。

（林发起）

建筑市场

【概　况】 2013年，永康市加强建筑市场诚信体系建设，完善“工程建设领域项目信息公开专栏”企业和从业人员信息录入与共享工作。按照《浙江省工程建设领域项目信息公开和诚信体系建设工作实施方案》的要求，成立工程建设领域项目信息公开和诚信体系建设专项工作组，制定《永康市建筑业企业诚信管理规定》，对在辖区内从事建筑行业活动的企业建立企业诚信档案，并将企业信息录入“公开专栏”，实现全国资源共享。全市有建筑业企业60家，其中一级资质总承包企业6家，一级资质专业承包企业4家，具备各类设计(含一体化)资质企业7家，监理资质企业1家，代理咨询机构2家，商品混凝土企业5家；有53家当地建筑业企业建立诚信档案，其中有30家当地建筑业企和479名从事建筑业人员录入“公开专栏”；有455家外来建筑业企业在市内建立诚信档案，其中总承包特级资质企业21家，总承包和专业承包一级资质企业134家，甲级资质监理企业34家，招标代理机构13家，勘察、设计、审图单位16家。

为规范建筑业企业市场行为，依照规定加大市场行为绩分奖惩和公示力度，定期公开发布各企业市场活动优劣情况。截至2013年9月，在公示市场活动中，表现良好被加分的企业9家，表现不良被扣分的企业31家，公示因不良行为被限制市场活动的企业10家，个人5名，被清退出辖区市场的外地企业1家。及时采集发布建材价格信息，为工程项目的可行性研究阶段至竣工决算阶段提供参考。全年采集发布主要建筑材料价格信息12期，涉及8大类53项建筑材料。

提高建筑业从业人员技能和素质，维护民工权益。2013年全市建筑业新增考评合格初级技术职称人员27名，中级技术职称人员22名，高级技术职称人员12名。调解民工工资拖欠事件6起，涉及工资总额19万元，无因民工工资纠纷导致群体上访事件。

【工程建设突出问题专项治理】 2013年市建设局按照上级要求，组织开展工程建设领域突出问题专项治理，着力解决工程建设中挂靠借用资质投标、违规出借资质问题，做好自查、排查和督查整改工作，促进全市建筑业持续健康发展。为加强清理工作的组织领导，专门成立开展工程建设中挂靠出借资质问题专项清理工作领导小组，细化分工，层层落实，全面开展专项治理，历时12天，涉及中心城区、经济开发区、城西新区、芝英镇、古山镇、龙山镇等6个行政区域的国有投资房屋建筑类和市政公用类在建项目38项，以及项目施工、监理、勘察设计、招标代理等63家单位和相关人员。

【建筑工程招投标实施监管】 依法对建设工程招投标活动实行监督管理。2013年全市政府投资建设工程招标89项，项目总投资11.21亿元，比2012年增5 723万元，增长率5.4%，招标合同总价9.11亿元，比2012年减6 757万元，减少率7%，全年节约投资约1.75亿元，比2012年多节约8 940万元，节约率增105%，工程招标率和应公开招标工程公开招标率均达到100%。

【明珠建设工程有限公司】 创建于1994年，是国家建筑工程施工总承包一级企业，有员工2 000人，其中有专业技术职称的300人，高中级以上职称的70人，拥有先进的大中型机械设备，年施工能力200万平方米以上。2013年经营产值4.86亿元，比2012年增11%。公司建立和完善质量保证体系，通过了ISO9001质量管理体系认证、职业健康安全管理体系认证、环境管理体系认证。公司历年承建的工程多次获得“鲁班奖”、“钱江杯”等国家级、省级优质工程奖，并先后被评为省级建筑业诚信企业称号、省先进建筑业企业、省“重合同、守信用”单位，以及地市级优秀建筑施工企业、用户满意施工企业、纳税百强企业等称号。2006年起，连续8年获得永康市劳动管理信得过单位。2013年7月被金华市认定为地级建筑行业企业技术中心。

【新华建设有限公司】 成立于1996年，现有注册资本6 806万元，有各类专业工程技术职称人员600名。公司拥有房屋建筑工程施工总承包一级、建筑装修装饰专业承包一级、建筑智能化专业承包一级、土石方工程一级专业承包资质，集装饰装修、土石方、建筑智能化、建筑幕墙、市政工程为一体的多元经营格局。在贵州、宁夏、辽宁、广东、陕西、山东等地设分公司，浙江省内有多个县市级分公司、办事处，是金华市建筑业骨干企业。2008年公司获得质量、环境、职业健康安全管理体三体系认证证书。2013年完成经营产值16.61亿元，比2012年增42.25%。先后被评为浙江省先进建筑业企业，省建筑业诚信企业，省守合同、重信用AA级单位，省优秀民营企业等多项荣誉。公司先后承建多项省市重点工程和大型工程，多次获得工程项目优秀奖。公司多项科技成果得到社会各界的认可。

【第二建筑工程有限公司】 创建于1978年，具有房屋建筑施工总承包一级资质、市政公用工程总承包三级、土石方工程专业承包二级、建筑装修装饰工程专业承包二级、建筑智能化工程专业承包三级资质综合性建筑施工企业。2013年晋升为房屋建筑工程施工总承包一级，并增项市政公用工程总承包三级、钢结构工程专业承包三级资质、建筑智能化工程专业承包三级资质。注册资金5 006万元，总资产10亿元，职工4 500名，其中有高、中、初级专业技术职称的300名，一级建造师12名，二级建造师32名，持证上岗率96%以上。下辖江西南昌、江西南丰、江苏、金华、义乌、武义等多个分公司。2013年经营产值超10亿元，比2012年增40%。2004年始，连续被评为永康市劳动管理信得过单位，多次获金华市先进建筑企业、金华市诚信企业，永康市生产先进集体、市安全管理先进集体。

【弘丰建设有限公司】 前身为永康市灌排建筑安装工程有限公司，成立于1999年。具有市政公用工程施工总承包一级资质，兼土石方工程专业承包一级、房屋建筑工程施工总承包二级、机电设备安装、管道工程专业承包二级、城市园林绿化三级、体育设施专业承包三电力设施承装、修试四级等多个增项资质。注册资金7 180万元，固定资产5 508万元。有工程技术人员250名，其中高、中级技术职称80名。公司连年评为信用等级AAA级；2004年在同行业内率先通过ISO9001质量体系认证和ISO14001、GB/T28001环境与职业健康安全管理体系认证。获2011年度金华市市政行业先进单位，永康市建筑安全管理先进集体，2012年度金华市建筑业重点扶持培育企业，永康市建筑行业先进集体等。

【盛昱建设有限公司】 前身是浙江伟通市政建设有限公司，成立于2003年4月。2006年9月晋级为市政公用工程施工总承包二级，2013年8月晋升为市政公用工程施工总承包三级资质，是集房屋建筑三级、园林绿化三级、水利水电工程、机电设备安装工程、土石方三级、房屋装饰装修三级、市政公用工程施工总承包等多项施工能力为一体的市政建筑施工的新型公司。公司为股份制企业，注册资金4 100万元。从业人员1 243名，其中有各类持证专业人员139名。有一级注册建造师12名、二级注册建造师10名。

公司先后在永康、兰溪、金华、武义、杭

盛昱建设公司在进行道路施工作业(建设局提供)

州、温州、湖州、宁波、安徽、江苏、昆明、青岛、山东等地拓展业务,设立分支机构。2010年始,连续获得市劳动管理信得过单位,浙江省工商企业信用A级守合同重信用单位、“诚信企业”等。

【铭瑞建设有限公司】 始建于2004年,主要从事市政道路、桥梁、防洪排水、土石方、园林绿化等工程施工。具有市政公用工程施工总承包一级、土石方工程专业承包一级、城市园林绿化总承包三级、城市道路及照明专业承包三级、体育场地设施工程专业承包三级、环保工程专业承包三级资质。2013年注册资本4 006万元,从业人员1 000名,其中有一级建造师14名、二级建造师15名,还有高级工程、经济等技术人员等。2013年创产值1.6亿元。被评为2012年度永康市劳动信得过企业、市建筑行业先进集体、企业信用等级AA企业。

【经典建筑装饰有限公司】 成立于2000年8月。主项为建筑装饰装修专业承包一级,增项为建筑幕墙工程专业承包一级,金属门窗、钢结构、建筑智能化三级等施工资质。2012年完成建筑产值1.8亿元。2013年6月取得建筑装饰工程设计专项甲级、建筑幕墙工程设计专项甲级资质。同时兼营木门、家具、橱柜、石材等产业。注册资金1 860万元,从业人员1 180名,其中有技术、经济管理人员65名(高级职称4名、中级职称22名,一级建造师7名,二级建造师8名)。是年产值3.51亿元,比2012年增长94.43%。公司先后被授予中国建筑装饰行业AA级诚信企业,省建筑业诚信企业、省建筑装饰行业百强企业。并获得2013年度金华市装修行业发展贡献奖建筑装饰行业“茶花杯”优质工程奖。

【新天装饰工程有限公司】 成立于1993年,2013年注册资金2 000万元,是中国建筑装饰协会,浙江省建筑装饰协会会员单位,金华市装饰协会常务副会长单位,国家建筑装饰装修工程设计与施工一级企业,同时具有建筑幕墙、机电设备安装、建筑智能化工程业专业承包资质。公司2013年比2012年经营产

楼房竣工(项新平　摄)

经典建筑装饰公司承建的建筑幕墙(建设局提供)

值增20%。公司多个项目获得浙江省优秀建筑装饰工程奖,金华市建筑装饰行业"茶花杯"优质工程奖。是金华市装饰装修行业十强企业、先进建筑业企业,省建筑装饰行业强优企业,浙江省企业信用AA级"重合同守信用"单位。

【太阳装饰工程有限公司】 创建于1995年2月,注册资金1 000万元,是集建筑装饰工程设计,建筑装修装饰工程施工,钢结构、建筑幕墙、金属门窗工程施工,室内外装潢、设计,园林设计、施工,水电安装,城市雕塑,建筑装潢材料销售,广告设计、制作、发布于一体的国家建筑装饰企业。具有专项工程设计甲级、建筑装修装饰工程专业承包一级,金属门窗、建筑幕墙工程专业承包二级资质。

【佳汇装饰工程有限公司】 成立于1998年,是集办公、酒店、商务空间、餐饮娱乐、厂房、医疗、金融、高档住宅、别墅等设计与施工为一体的装饰企业。具有建筑装修装饰工程专业承包一级资质、建筑幕墙、装饰工程设计专

新建家园(项新平　摄)

香格里拉城市花园(项新平　摄)

项乙级，同时具备房屋建筑工程、建筑幕墙专业承包、金属门窗工程专业承包、建筑智能化工程、钢结构工程专业承包等资质。2013年创产值2.5亿元，比2012年增150%。公司获浙江省信用等级AA级证书、省工商企业信用AA级守合同重信用单位。多次获浙江省建筑业诚信企业，金华市建筑业行业诚信企业、先进建筑业企业、装饰装修行业文明施工单位、装饰装修行业承诺诚信守信单位，连续五年获永康市劳动者信得过单位等。多个工程获中国建筑工程"鲁班奖"、全国建筑工程装饰奖等荣誉。

【建筑工程有限公司】 于1949年10月，前身为(地方国营)永康建筑公司。拥有主项房屋建筑工程总承包二级资质，增项市政公用工程总承包二级、园林古建筑工程二级、土石方工程专业承包二级资质、建筑装饰工程专业承包二级，建筑智能化工程、体育场地设施工程、园林绿化工程等资质。注册资金2 000万元，有各类专业技术人员300名，其中建造师30名。2013年工程结算收入突破2亿元。先后创出多项省市优质工程，获省、地市级建筑业先进企业、诚信企业等荣誉，得到众多业主和社会各界的信赖与好评。

【洪盛建筑工程有限公司】 成立于2006年。注册资金4 008万元。企业资质为房屋建筑工程施工总承包二级(增项有市政公用工程三级、体育场地设施三级、建筑装修装饰工程三级、土石方工程三级)。有职称技术人员260名，其中工程技术人员180名，施工机械设备齐全。2012年完成建筑产值4 437万元，2013年总产值达8 257万元，比2012年增86%。公司被授予市劳动管理信得过单位，曾多次被评为建筑行业先进集体、先进建筑业企业、先进单位。三马路次干管工程获永康"方岩杯"奖，市公共租赁房工程获2012年度金华市建设工程优质结构奖，2012年市建筑安全文明施工标准化工地等。

【新宏建设有限公司】 成立于2005年6月。主项为房屋建筑工程施工总承包二级，增项为建筑装饰装修、建筑智能化三级等施工资质。注册资金4 000万元。公司从业人员680名，有技术、经济管理人员165名，其中高级职称2名、中级职称30名，一级建造师1名、二级建造师14名。2013年完成建筑总产值2.6亿元，比2012年增18%，产值、收入均创历史新高。先后被评为市劳动管理信得过单位、市纳税优胜企业、市森林消防指挥中心工程、浙江省“钱江杯”优质工程奖、浙江省文明标准化工地，永康第五中学新建工程一标段获金华市“双龙杯”优质工程奖及金华市文明标准化工地。

【市政工程公司】 成立于1992年8月(前身成立于1984年的市政园林工程队)，由原市政园林管理处分设成立，属集体所有制企业。公司具有国家市政公用工程施工总承包二、城市园林绿化总承包三级、预拌混凝土生产销售三级、土石方工程专业承包三级资质。主要承担各类市政公用工程施工，城市园林绿化施工，商品混凝土生产、销售。公司有市政工程施工的丰富经验，各类专业技术人员占员工数的70%。公司承建的永义公路接线、龙川东路桥、解放街拆迁道路工程、蓝天路工程等市重点工程建设，多次获省、市各级优良工程质量奖。连续多年荣获市重合同守信用单位、“AAA”级信用企业、优秀建筑企业、先进政工单位、纳税优胜单位等称号。

【望春园林工程有限公司】 前身为永康市政园林修建工程队，创建于1994年。系城市园林绿化二级、市政公用工程三级企业，是浙江省风景园林学会会员单位，金华市风景园林学会理事单位，永康市建筑业协会理事单位。有职工150余名，其中高级、中级、初级各类工程技术人员60名，二级建造师11名。固定资产现值和流动资产2 000万元。自有苗圃基地20公顷，年施工能力1.5亿元以上，并通过ISO9001质量管理体系认证。公司工程拓展至温州、杭州、衢州、温岭等市，先后完成重点工程有：市内龙川公园、江滨公园、飞凤山公园，金华环北公园、双龙大桥西街头公园，绍兴袍江区世纪街公园，衢州市西区桥南公园园林绿化工程，九龙锦湖苑内小区景观绿化工程，滕州市凤凰苑老年活动中心小区园林绿化工程，杭州缤纷小区园林绿化二期工程、杭州德胜路沿线综合整治工程，杭州湾精细化工园纬九路绿化工程，甬金高速公路金华段绿化工程，台金高速仙居下高速路段森林通道工程，湖州安吉万盛金溪花园，义乌市国际商贸城三期市场二阶段绿化景观工程，温岭市石松一级公路绿化工程Ⅰ标段、温岭市城北街道兴大路市政工程，永康四中前绿地公园一期工程、华溪河道治理及景观工程、溪心行政村拆迁安置东片区配套工程、蓝天路(K1＋126.39—K2＋364.28)道路工程、市西三环路沥青砼路面工程Ⅱ标段，市区主次干道分车带及人行道绿化工程等。

【献忠广告装饰有限公司】 成立于1994年7月。是一家集策划、设计、制作、发布、装饰、装潢于一体的综合配套设施的专业化企业，是中国二级广告资质与建筑装修装饰专业承包贰级企业，注册资本508万元。有职工73名，其中高级职称1名，中级职称8名，二级建造师9名，有10个工种齐全、配合默契的施工班组，并配置完备的施工机械设备和设计工作室。2011～2012年先后获得浙江省工商企业AA级重合同守信用单位。2013年完成建筑总产值1 726万元，比2012年增8%。获该年度永康消费者信得过单位、永康市室内装饰行业优胜单位。

【千足装饰工程有限公司】 前身为永康市千足装饰工程有限公司，注册资金800万元。2013年公司有工程技术、经济专业人员46名，高中级技术人员26名，二级建造师8名。具有国家建筑装修装饰工程专业承包二级资质、金属门窗工程三级、铝合金门窗工程三级的施工企业，通过ISO9001：2000质量体系、ISO14001：2004环境管理体系及GB/T28001-2001职业健康安全管理体系的认证，为浙江省建筑装饰协会会员单位。公司坚持“以质量求生存，以信誉求发展”的经营理念，走质量兴业之路。按照GB/T9001-

千足装饰工程公司设计装修的市人民银行大楼(建设局提供)

2000标准建立企业质量体系，严格遵循“规范运作符合标准，精心施工注重质量，按期完工信守合约”的标准，先后配合总包方荣获多项奖项。如浙江省机械进出口设备有限公司办公楼装饰工程、中国人民银行永康市支行装饰工程获浙江省“钱江杯”奖；中国农业银行永康市支行办公楼装饰工程、市科技园派出所装饰工程、市第一人民医院迁建工程食堂装饰工程获金华市“双龙杯”奖；市千足世贸滨江花园装饰工程、市天鑫健身休闲用品有限公司办公楼装饰工程获金华市优秀装饰装修工程；市交警大楼室内装饰工程获浙江省优秀装饰工程等。

【工程建设监理有限公司】 成立于2000年1月25日。2004年6月经浙江省建设厅核定为房屋建筑工程丙级监理企业，为浙江省建设监理协会会员单位。2013年公司技术力量有建筑、结构、设备、工艺、电气、工程测量、技经、安全等专业人员32名，其中有高、中级职称15名，专业技术人员中取得全国注册监理工程师10名，全国注册造价工程师2名，注册一级建造师5名，浙江省监理工程师9名，浙江省监理员17名。公司先后承接市内大批工程建设监理项目，涉及宾馆、医院、办公楼、住宅小区、体育文化、娱乐设施、专业市场等多行业、多类型的建筑工程项目。公司监理的项目先后获省、市、县安全标化工地，被永康市授予重合同守信用单位、市先进监理企业。

【正宇建设工程审价有限公司】 永康市正宇公司前身为市审计局下属审计事务所，2012年8月改制成立市正宇建设工程审价有限公司。在金华市定额站每年的质量业务检查中均名列前茅，获得2012年度浙江省信用评价AAA级工程造价咨询企业称号。公司拥有浙江省建设厅、审计厅、财政厅等资质。一定量的电脑、打字机、传真机、复印机等现代化的办公设备，并通过公司局域网实现办公自动化及资源共享，提高了工作效率。2013年公司有专业配套的专业技术人员16名，其中高级专业技术职称1名，中级专业技术职称10名，注册造价工程师6名。公司严格遵守国家法律、法规，执行行业政策规定，从事基建工程预算、结算、标底审查；工程估算、概算、预算、标底、竣工结算、工程量清单及控制价的编制；招投标代理业务；提供建设项目各阶段或全过程的工程造价咨询、跟踪审计及工程索赔业务服务；其他与工程造价有关的顾问、招标咨询、评估、信息等咨询业务。公司固定客户遍及安徽、山东、杭州、金华等省市和市内重点工程，如市金水湾住宅小区、市总部壹号府邸、解放街拆迁安置小区溪心F地块、解放街拆迁安置小区三马路地块、北苑经济适用房住宅小区、丽州首府，山东枣庄美星花园，金华天朗居工程、天龙南国名城小区工程等编制、审核工作。市总部中心、市北苑经济适用房、市国际会展中心、市总部壹号府邸等跟踪审计工作。

勘察设计

【概　况】 为了加强建设工程勘察设计的管理，规范建设工程勘察设计市场，保证建设工程勘察、设计质量，市建设局制定了《关于加强建设工程勘察设计管理的意见》。并结合实际情况，下发《关于加强工程勘察质量管理做好外业见证工作的通知》，要求见证人员以旁站的方式对现场勘察工作进行检查、核实，严格执行“先勘察、后设计、再施工”的基本建设程序。

【规划建筑设计院】 设计院创建于1981年12月，前身为县规划建筑设计室。1983年5月经济实行独立核算、自负盈亏，是一个事业性质，实行企业化管理的单位。经过30年来的发展，已成为一个初具规模并具有乙级勘察设计资质的规划建筑设计单位。2013年有职工50人，其中有高级职称15人，中级职称19人，高、中级专业技术人员占68%。各项设计专业人员配套齐全，有建筑设计工程师6人，结构工程师8名，电力照明工程师3人，给排水工程师、暖通工程师、经济概算工程师各2人。一级注册建筑师2人，二级注册建筑师9人，一级注册结构师5人，工程咨询注册师3人，公用设备给排水注册师1人，电气注册师1人，岩土工程注册师1人。有1 600平方米的办公大楼一幢，2010年来，投资120万元，增添一系列现代化办公教学设备，实现电脑网络化，建筑设计和结构计算计算机化，建筑绘图自动化，设计水平不断提高。

【交通设计所】 市交通设计所成立于1991年，为永康交通局主管，主要从事公路工程设计。2003年8月经浙江省交通厅批准，取得公路行业(公路)丙级资质。2013年有各专业技术人员22人，高级职称4人，中级职称7人，初级职称8人。

【水利水电勘测设计所】 设计所成立于1981年，是一所有国家水利行业丙级资质的勘测设计单位。2013年有各类专业技术人员52人，其中具有中高级职称30人，初级职称22人。主要从事河道整治、灌溉排涝、水库枢纽、城市防洪、土地整理与开发工程的勘察、设计、咨询，项目建议书的编制，可行性研究报告、初步设计、施工图以及水利工程规划设计等业务。

【光明电力设计有限公司】 市光明公司前身为金华电力设计所市电力设计室，成立于1996年。2006年6月改制为永康市光明电力设计有限公司。有送电、变电工程设计丙级资质，具备承担110 kV及以下变电所、送电线路；10 kV开闭所、配电线路、电力管道、厂矿配电工程；小区配电工程；路灯工程等电力项目的设计能力。2013年公司下设综合办公室、电气室、线路室、技经室，技术力量雄厚。拥有先进的计算机辅助设计(CAD)系统、送变电辅助设计系统以及GPS卫星定位测量系统，

水利水电勘测设计所设计治理后的镇村河道(水务局提供)

光明电力设计公司设计的市供电局营业厅(建设局提供)

办公生产设备精良、工作高效、具有较强的设计实力。21世纪初以来,承接市供电局的基建、技改、大修工程,同时在永康房地产配电工程、厂矿配电工程设计中占有绝大部分份额。

【太阳装饰工程设计院】 设计院成立于2008年5月。专业从事建筑装饰工程、园林、室内外设计。至2013年装饰设计创下了辉煌业绩,主要工程有:杭州动漫广场一期酒店室内装饰工程、杭州市拱宸桥小学运河研究院室内装饰工程、浙地珠宝一、二层,云南好人家国际广场设计,浙江商会会馆、浙江胜利剧院、浙江先行实业有限公司办公楼装饰工程,超人集团有限公司办公楼装饰工程,海南博鳌玉带湾度假大酒店、浙江春洲铝业有限公司办公楼装饰工程等。

■ 建筑行业

【概　况】 2013年全市建筑业实现总产值50.8亿元,比2012年增29.1%;房屋建筑施工面积457万平方米。新增企业7家,企业资质升级4家,企业资质增项2家,新增建造师93人,其中引进外地一级、二级建造师45人,有16家建筑业企业获得建筑业发展资金奖励,计193.5万元。

为促进市内建筑业的发展,提升建筑产业的整体素质和综合竞争力,继续顺延建筑业的扶持政策,扶持重点建筑业企业发展。被确定为市内重点扶持的建筑企业,在建设工程招投标施工中社会信誉分可适当加分,可优先入驻市总部中心。鼓励建筑业企业引进高层人才,引进人才符合市内中高级人才引进标准的,享受市内人才引进优惠政策。落实建筑业企业发展资金奖励,建筑企业年上交市内地方税金400万元以上的,奖励企业10万元;年上交市内地方税金200万元以上、400万元以下的,奖励企业5万元;认定为国家、省级企业技术中心的建筑业企业,分别奖励20万元、10万元;获得国家级或省级工法称号的,分别奖励企业10万元、5万元;对市内建筑业企业独立承建全市区域内的工程当年获国家优质工程“鲁班奖”的,市政府奖励100万元;对市内企业独立承建永康区域内的工程当年获省“钱江杯”优质工程奖的,市政府奖励10万元。建筑业企业在永康市外承接的建设项目且企业所得税回市内缴纳的,按该项目实际上缴的企业所得税地方留成部分50%奖励给企业;市内企业在市外开发房地产项目将房产项目发包给市内建筑施工企业,当年项目合同额达到1亿元以上,并开工完成施工产值2 000万元以上的,按该项目施工企业实际上缴市内的企业所得税地方留成部分15%奖励给房产企业。

【九金装饰工程有限公司】 成立于2009年,是一家集建筑装饰、装修工程设计施工企业,注册资金600万元。具有建筑装饰装修工程专业承包二级资质,金属门窗三级资质,是浙江省建筑装饰行业协会，金华市装饰协会副会长单位。2013年公司有员工300多人，其中有初、中级以上职称的技术人员80人。专业从事办公楼、住宅、酒店、别墅设计与施工。公司先后承建市公安局（巡特警大队等五家派出所办公楼）、市工商局东城工商所营业大厅、浙江西力科公司办公大楼、总部中心蓝芙办公大楼、实验幼儿园多功能厅装修工程。浙江西力科办公大楼室内装饰工程获2012年度金华市建筑装饰行业“茶花杯”优质工程奖和2012年浙江省优秀建筑装饰工程奖。2013年承接永康市第一家上市公司道明光学办公大楼装饰工程，市公安局巡特警大队二中队办公大楼装饰工程，古山镇文化活动中心装饰工程等。

【兴建建筑工程有限公司】 成立于2008年12月2日，位于西城街道徐工路58号，注册资本600万元。经过5年发展，现有资产1 000万元。职工100名，其中有各种专业术人员80人，国家认定的二级建造师14人，中级职称以上的工程技术和工程管理人员20人，初级技术管理人员50人。2010年来引进一批先进的生产设备，实现生产现代化。公司成立后，已承接市内外中小型房屋建筑、土石方工程、装修装饰工程12项，掌握各种新型施工技术。被评为2012年度全市建筑行业先进集体，并加入市民营企业发展联合会。

兴建建筑公司承建公路土石方现场（建设局提供）

【宇涛建筑工程有限公司】 创建于2010年，是一家集土建、市政、装饰装修、土石方为一体的综合性施工企业。2013年拥有资产2 100万元，有职工150人，各种专业技术人员100人，其中国家注册二级建造师14人；中高级职称的工程技术和工程管理人员50人，初级技术管理人员60人。公司承接多项大型的厂房、办公楼、市政道路、装修装饰工程，积累丰富的施工经验，掌握各种新型施工技术，为社会创造了一大批优质精品工程，得到客户的信赖。

【天睿建设有限公司】 成立于2012年初，注册资金700万元，是一家集房屋建筑、装饰装修、土石方等为一体的综合性建筑企业。2013年公司有各种专业管理人员100人、二级建造师12人、多支专业施工队伍。下设工程质安科、工程科、经营科、预算部、人力资源科、财务科、办公室。建立从工程招投标、工程施工、质量监督到售后服务等一整套细致合理的服务流程体系。公司承接的多项房屋建筑、装修装饰等工程合格率100%，得到业主的信赖与认同，获得市劳动信得过单位的荣誉称号。

（高永宇）

重点工程

【概　况】 市城市建设重点工程指挥部成立于1998年9月4日，设总指挥1人，副总指挥5人，指挥部成员16人。下设办公室，由原内环工程建设办公室、旧城改造办公室、“三路二桥”工程办公室等城市建设重点工程机构合并而成，属临时机构，简称“重点办”，主要承担城市旧城改造及各项城市重点工程建设。办公室领导由职能部门领导兼任，工作人员从各单位、各部门抽调或从社会聘请。另组建市城市建设开发有限公司，隶属市重点办，与市重点办两块牌子一套班子，属二级房产开发企业。从事房屋开发，道路及市政工程建设和承担各项市重点工程。后为工作需要，对科室设置进行调整和撤并。2013 年重点办下设综合科、工程科、遗留问题处理科 3 个科室，高镇、溪心、活塞厂、解放街 4 个项目组，在职工作人员 43 人。

■ 高镇区块

【概　况】 高镇村位于市区东部，西面是市行政中心和中国科技五金城，北面是高镇商业城和汽车东站，东西是五金大道，南临南溪。周边商业氛围浓厚，区位条件优越，属城中村原地拆迁改造工程，主要是对原有旧房进行拆迁重建，涉及地块 37.25 公顷，项目规划总用地 15.94 公顷，总建筑面积 21.2 万平方米，涉及拆迁 956 户 3 123 人，涉及建筑总面积 56.48 万平方米，其中保留建筑面积 28.86 万平方米(其中住宅建筑面积 15.72 万平方米，商住建筑面积 13.14 万平方米)，规划改造重建建筑面积 27.62 万平方米(其中住宅面积 13.96 万平方米，商住面积约 12.84 万平方米)，公建面积 1.82 万平方米。规划户数 800 户，可居住 5 500 人，室外停车位 300 个，项目工程分二期实施。总投资 5.99 亿元(其中一期 3 亿元，二期 2.99 亿元)。

【市镇农户房产确权评估】 7 月 8 日，市政府召开有重点办、土管等单位参加会议，就高镇村拆建改造工程有关问题进行讨论经过一年多的前期准备工作，2005 年 6 月 30 日进场对被拆迁房屋的土地、房产进行确权和评估，10 月 13 日始与被拆迁户签订拆迁安置协议，10 月 27 日由市城市建设开发有限公司实施高镇区块旧城改造工程，10 月 31 日开始房屋拆除。2005 年 8 月 28 日，拆迁置换房溪心西二片区 81 幢 886 间动工兴建。11 月 22 日同意高镇村第一期项目可行性报告，总投资 3 亿元。2006 年 1 月 23 日，在高镇区块进行旧城改造第二期工程建设，工程总用地 6.69 公顷，总建筑面积 9.96 万平方米，总预算投资 2.99 亿元。截至 2007 年 10 月，已签订拆迁安置协议书 708 户，拆除占地面积 4.58 公顷，拆除建筑面积 11 万平方米，对已拆未确认的房屋进行确权 20 余宗，完善拆迁协议 68 户，档案资料 658 户。

【拆迁补偿安置到每户】 依据市人民政府办公室印发的《永康市城市房屋拆迁安置实施细则》《永康市城市房屋拆迁评估细则》《永康市区房屋用途确认办法》《永康市 2005 年度房屋重置价格》通知，高镇村的房屋拆迁补偿安置形式一律采用货币补偿和产权调换 2 种形式进行。选择产权调换的被拆迁人于 2006 年 5 月 12 日，置换高镇区块的户型进行摸阄确定。同时 52 幢置换房动工建设。同年 11 月 26 日，置换高镇区块二间、二间半户型、套式、跃式重新摸阄确定。2007 年 2 月 11 日至 12 日，置换在溪心安居区西二片的置换房用抽签的方式到户，有 304 户 646 间，其中一间户型 8 户、一间半户型 18 户，二间户型 196 户、二间半户型 56 户、三间户型 24 户、三间半户型 2 户，同时为之办理土地使用证和房屋所有权证，安装分户电表、有线电视等。2008 年 2 月 11 日至 12 日，进行二期分房，有 304 户分房到户，共安置 646 间。高镇区块的 51 幢安置用房建设于同年 9 月底完工，竣工验收后，重点办及时部署分房工作。为做好安置用房抽签到户，做了核算、找补房款，制订分房方案，延长安置费的计算、核实、发放，收集、整理各拆迁户安置房证件办理的资料等大量基础工作。2009 年至 2013 年善后工作以房屋质量处理、产权证办理为主。重点办协调职能部门，主动收集拆迁户的双证办理资料，及时将权证发放到户。2013 年底，已完成 716 户拆迁户的双证办理工作，整个区块建设完工，除个别遗留问题尚未解决的户外，绝大部分拆迁户入住新居。

溪心区块

【概　况】 溪心片区是金胜山综合区中心居住为主要功能的区域，位于市区东南部。规划范围东南临南溪，西以金胜山为界，北至城南路，总用地面积403.2公顷，区内已建有永康一中、丽州中学、医院、市场、幼教、工业园及交通、通信、供水、供电等基础设施，用地49.28公顷，占总用地12.22%，主要分布在城南路地带。片区内有大小村庄8个。空地为农田。北与城南路、南苑路联接，交通便捷，西南侧有金胜山城郊公园为主体的山丘风景衬托，区内有三联坝纵向穿越，自然环境极佳，是城市主要的生态区域和市民居住建设的首选之地。

【土地征用拆迁18个村】 溪心居住区规划征用土地321.5公顷，涉及白云、城东、城中、城南4个办事处及溪心、上水碓、马竹岭、白垤里、园周、王染店、双锦、高镇、黄棠等9个行政村的18个自然村，面积322.47公顷。区块村多、涉及面广、情况复杂，工作难度大，其中溪心村面积229.2公顷，是该区开发重中之重。区内有上溪心、下溪心、戴村、泉口、上山龙、下山龙、白磡下、田畈中央等8个自然村887户1 769人，占地13.32公顷。2000年9月始进入征地前期的勘界。12月，成立溪心住房征地工作小组开展工作。2001年4～8月基本完成征地工作，除田畈中央村外，其他相关村均签定征地协议。2001年4月，处理溪心工业区拆迁涉及24个企业占地1.06公顷的拆迁政策等问题。2003年8月30日，进行拆迁房屋确权工作，9月18日，房屋土地、房产面积确定等大量工作结束。2004年下山龙村率先签定拆迁协议书，溪心村房权材料收件，全面启动拆迁安置建设。2006年1月13日，召开拆迁安置有关问题协调会。截至2007年底完成上山龙、下山龙、泉口3个自然村的拆迁安置以及上溪心、下溪心、戴村3个自然村660户中510户的住房拆迁，计拆除房屋占地3.76公顷，建筑面积10.43万平方米，搬迁坟墓2 000穴，征用石柱镇豆岭村的3公顷山地，建成公墓。

【拆迁补偿安置588户】 溪心行政村中的6个自然村房屋拆迁补偿与安置，根据永康市政府2013年《关于批准实施溪心房屋拆迁安置办法的批复》和《溪心村房屋拆迁补偿安置实施细则》，拆迁补偿实行作价补偿方法，以货币形式结算。拆迁按实施细则规定支付被拆迁人补偿费后，由被拆迁人自己解决过渡用房。拆迁安置：私有房屋按被拆房屋《土地使用证》上的土地使用权面积实行等额安置相应的建房用地。非被拆迁村村民的被拆迁人，一律按货币安置形式进行补偿安置。自愿不要安置建房用地的，按该户原拆建面积予以每平方米2 000元的奖励。溪心的6个自然村房屋拆除后，按规划统一安置在溪心居住区的东片和西片。2007年完成上山龙、下山龙、泉口三个自然村的拆迁安置工作，拆除房屋建筑面积3万平方米，安置建筑面积10万平方米，安置建设的房屋大部分拆迁户搬入居住。上溪心、下溪心、戴村3个自然村应拆迁660户，在2006年完成300户的基础上，2007年完成210户，拆除拆迁房屋占地1.5公顷，建筑面积3.01万平方米。2008年继续完成拆迁192户，拆除拆迁房屋占地1.38公顷、建筑面积2.71万平方米，完成全部拆迁工作的97%。2009年4月27日至29日，组织580户租住各地达4至5年之久的溪心临时安置户抽安置地块定位签，共安置1 545间，580户安置户型选择后，及时落实施工图设计，施工图纸发放到户，进行定桩放样。2013年办好溪心村588户拆迁户的《建设工程规划许可证》、645本门牌证、幢号证，并将证牌发放到户。至此，溪心旧村改造拆迁安置工作基本完成，拆迁户陆续入住新居。

【工业区拆迁安置 24 家企业】 市重点工程之一的金胜路延伸、溪心路建设涉及溪心工业区 24 个厂的拆迁，其中在溪心村的有 18 家，用地面积 9 公顷，分布上水碓、田畈中央自然村的有 6 家企业，用地面积 1 万平方米，基本上属“二违”项目(其中 1.5 万平方米曾经接受市政府组织的“二违”项目处理)，根据市政府有关拆迁政策规定，很难实施拆迁。鉴于工业区形成有一定历史原因，且该工业区建成后对永康的经济发展作了一定的贡献，为此在拆迁政策上，依照市政府批复的永重点办〔2001〕05 号执行。企业用地安置根据溪心村与 18 家企业签订的用地合同中界定，土地权属归村级所有(合同中规定企业每年需向村里上缴的土地使用补偿费，以每平方米 500 克杂交米价格计算)。企业的工业用地，以“拆一还一”的原则易地安置在白云新工业区，原企业支付给村里的征用费或用地押金由政府收回。从田畈中央自然村与 6 家企业签订征地协议内容界定，土地权属归企业所有(其中一家征地费用未付清，土地权属问题村、企业之间有争议)。其工业用地由政府收回，以“拆一还一”的原则易地安置在白云新工业区。拆迁奖励办法：接受拆违纳轨处理企业，房屋及附着物补偿安置费、停业费、搬迁补助费、套用华溪东西路房屋拆迁实施细则的有关办法给予奖励；没有接受拆违纳轨处理的企业将不予奖励。

溪心工业区拆迁从 2001 年 4 月开始，2005 年 3 月 15 日前完成拆迁安置，7 月底完成拆迁改造确权与签约，8 月底前安置区内拆迁房腾空，8 月 28 日在金胜路、溪心新村动工建设。

【安居区建设分四大片】 溪心安居区基础设施工程从 2001 年 9 月金胜路延伸工程开始，2003 年全面启动，2013 年已建有从北至南延伸的金胜路为主干道；有东西走向贯穿的溪中路和溪心路及其他纵横贯通的区政街道 14 条，计 30.25 万平方米的路街网络；溪中桥全长 151 米，宽 24 米，投资 2 000 万元；五跨连拱钢筋砼结构桥一座，投资 540 万元；滨江驳坎 1 800 米，新增绿化面积 10.82 公顷。整个安居区建设分为四大片：即东片、北片和西一、二片。东片区安置用房建筑面积 19.49 万平方米，占地 5.57 公顷，可建用房 1 547 间，安置 773 户 2 706 人。该片主要安置上溪心、下溪心、戴村和泉口 4 个自然村的拆建住房，其中泉口村 72 户率先完成拆迁，搬入 164 间建筑面积 5 942 平方米的新建房居住。西一片下山龙、上山龙 2 个自然村的 157 户迁入 448 间(其中下山龙 264 间、面积 9 638.4 平方米，上山龙 184 间、面积 6710 平方米)新建房居住。另有锦绣江南在建；西片安置用房建筑面积 7.32 万平方米，公建面积 9 650 平方米，除建教师进修学校外，可建 510 户 2 030 人的安置用房或它用。西二片，即为高川安置区，用地 24.10 公顷，建筑面积 17.65 万平方米，其中排屋 14.39 万平方米，共 81 幢 886 间，工程总投资 1.15 亿元，于 2005 年 8 月 28 日动工兴建，分四个组团进行。一组团 19 幢 185 间，可安置 1 间的 2 户、1 间半的 2 户、二间的 66 户、二间半的 12 户、3 间的 6 户共 88 户，建筑面积 3.01 万平方米，2006 年 8 月完工，9 月 29 日通过竣工验收。第二、三组团 43 幢 487 间(1 间的 8 户、1 间半的 16 户、二间的 142 户、二间半的 44 户、3 间的 18 户、3 间半的 2 户)可安置 230 户，建筑面积 7.9 万平方米，于 2006 年 12 月底完工验收。第四组团 19 幢 214 间(1 间的 5 户、1 间半的 16 户、二间的 28 户、二间半的 36 户、3 间的 13 户)可安置 98 户的安置房，于 2006 年 7 月动工，其中 15 幢于年底前结顶，其余 4 幢已建成，2013 年底高镇村的拆迁户迁入新居居住。

【解放街拆迁安置 1 000 多户】 2013 年选择溪心 DE 地块安置的解放街拆迁户安置

地块抽签到户后，按工作计划组织定桩放样共1 049户，拆迁户安置房建设基本封顶。选择溪心DE地块南区安置的280户安置图上抽签到户，及城东路水平套房分房到户的前期准备工作就绪。溪心F地块11幢697套动工建设，完成总工程量20%。溪心F地块一期安置386户454.5间，一期拆迁户安置房屋基本建好，部分搬入居住，配套工程进场施工，硬化面积2.06万平方米、管道埋设7 000米，完成总工程量70%。溪心DE南地块，用地规划设计基本完成，进入地质勘探，林地砍伐报批、坟墓迁移等前期准备工作。

【道路及配套工程完成75%以上】 溪心道路连接线工程是溪心区块建设的路网工程，是市政府2013年内的重点工程。区块内涉及政策处理多，地质复杂工程变更多，工程施工过程协调多。区块内的溪心10号路道路工程，合同投资额5 036万元，是2010年以来最大的市政道路之一，至2013年底，已完成K0＋200—K1＋040段雨污水管道工程，完成K1＋040—K1＋440段土方换填，累计完成总工程量的50%。金龙路(3号路)延伸工程，工程长300米，宽20米，工程造价292万元，完成多方土石方外运及污水管道安装，完成水泥稳定碎石基层，安装砌筑侧平石，累计完成总工程量的75%。配套工程建设事关安置区拆迁户的居住质量，是一大民生工程。为妥处工程施工中的各类问题，加快工程建设进度。2013年市重点办加强溪心东片配套工程的建设。溪心东片区配套工程用地24.50公顷，小区、宅间、组团、公建道路共134条，投资规模0.8亿元，硬化面积9.95万平方米，预埋管道总长5.05万米，其中南片道路硬化面积5.28万平方米、管道2.8万米，北片道路硬化面积4.67万平方米、管道2.25万米。到年底南区累计完成工程量98%。北区具备施工条件的已完成累计工程量90%，其他因房屋拆迁政策问题无法施工。金水湾北侧道路工程建设，道路长250米，宽12米，工程造价76万元，工程完工。溪心西片景观工程基本完工，进入验收。溪心F地块一期配套工程、溪心东片配套工程、溪心3号路工程处于扫尾、验收。

■ 活塞厂区块

【概 况】 活塞厂区块拆建工作于2011年启动。由东城街道办事处牵头成立活塞厂区块拆迁领导小组，市重点办抽调部分工作人员配合东城街道办事处和国土局做好拆迁区域内的企业、村庄工作。活塞厂区块东面和北面临330国道、南侧为金温铁路、西靠丽州北路，拆迁面积40万平方米，涉及活塞厂、超人集团、钢海实业、四方集团柴油机分厂等7家企业和桥塘头、胡店、大塘王等3个村。拆迁范围内的几家企业情况复杂，村民对拆迁政策理解等因素较多，工作难度大，拆迁进展缓慢。市重点办抽调人员积极主动配合完成胡店村5公顷农业生产用地的征用，拆除四方集团柴油机分厂厂房9万平方米，同时对拆迁区块范围内占地40公顷的9家企业和3个村庄进行调查摸底。2013年投入资金30万元，完成该区块的简易便道施工2 000平方米。

■ 解放街区块

【概 况】 解放街区旧城改造是永康有史以来拆迁面积最大、涉及人口最多、情况最复杂、工作任务最重、时间最紧的旧城改造项目。解放街区旧城改造总面积24.22万平方米，涉及文物保留8 738平方米，拆迁户5 315户，分二期实施。改造工作由市旧城城中村改造领导小组办公室会同市城市建设开发有限公司组织实施。拆迁改造房屋实行货币补偿、水平式套房安置、异地迁建安置和解放街临街商业用房原区块回购等补偿安置方式。

【旧城改造一期完成拆除】 2008年旧城改造一期工程启动。市委、市政府通过民主听证会等形式征求各方意见，同年10月22日出台《解放街区旧城改造房屋拆迁补偿安置实施细则》；11月12日经市发展和改革局审批下发《关于永康市解放街(中段)旧城改造项目建议书的批复》；2010年1月5日，审批下发《永康市解放街旧城改造(中段)拆迁安置项目可行性研究报告的批复》；拟在解放街(中段)北至武义巷、健康巷，南至大司巷、桃花巷，西至虹霓巷，东至建设路的旧城区域拆除旧建筑，进行三通一平建设；项目安置地为溪心区块F地块和华丰西路B-10-1、B-10-2地块。项目总用地14.15公顷，其中拆除用地4.68公顷，安置总用地9.76公顷。该项目估算总投资3.14亿元，其中市财政1.01亿元，银行贷款1亿元，拆迁户建房自筹1.13亿元。解放街旧城改造第一期拆迁主要涉及大司村和桃花村，拆迁户1 196户。到2013年底，第一期的大司、桃花区块完成拆除工作，安置地基695户，还有21户未腾空(其中14户套房是企业转制遗留问题原因)。

【旧城改造二期完成确权安置】 2008年11月12日，经市发展和改革局审批曾下发过《关于永康市解放街(中段)旧城改造项目建议书的批复》。2009年第二期改造工程启动。12月14日，市政府印发《解放街区虹霓、东街、西街旧城改造房屋拆迁补偿实施细则》。2010年4月20日，市政府审批下发《永康市解放街旧城改造(中段)拆迁安置项目可行性研究报告的批复》，拟在解放街老城区两侧、东至小北溪、南至中段改造区域、西至紫微路西门溪、北至九铃路区域内进行旧城改造，拆除旧建筑(其中因规划不予拆除外)后进行三通一平建设，拆迁户异地安置在城东路地块、溪心F地块西侧、溪心D和E地块、三马路地块、紫微北路地块、东街后姚畈地块等6个区块。项目拆迁地面积20.2公顷，拆除总建筑面积21.58万平方米，异地安置总用地33.8公顷，总建筑面积51.26万平方米。项目估算总投资18.43亿元，其中市财政12.49亿元，安置户自筹5.94亿元。解放街旧城改造第二期拆迁主要涉及虹霓、东街、西街3个村，拆迁户4 119户(包括私房、直管公房承租户、单位自管房租户)。到2013年底，腾空3 936户；土地证、房产证收件2 000宗；土地确权2 658户；房屋确权2 679户；签订协议2 300户；安置地基1 145户；货币安置11户；后姚畈区块安置的245户基本完成抓阄工作；完成高镇安置房的报名，共有18户报名；安置户户型选择完成1 020户；抓阄户用地许可证开始申报；签约安置水平式套房户的共450户，发放临时安置费总金额172.6万元；临巷补助费发放共117户，总额450.97万元；整理档案3 100宗，整理签约的未完善档案97宗，档案完善有问题的40户；拆除未安置的1 055户，其中套房300户；确权未签约的12户。二期拆除房屋达90.5%，归属街道负责动迁的104宗；属于各单位组负责动迁的135套套房，主要涉及单位有粮食局、经信局、供销社、房管会等。

【“三通一平”基础设施建设】 解放街区块拆除后“三通一平”等基础设施建设有序进行。2010年由重点办牵头完成健康巷至九铃桥和紫微路至建设路这两条道路的立项报批工作；健康巷至九铃桥用地1.66公顷、道路长498.86米、宽24米、总投资1 190万元；紫微路至建设路用地1.09公顷，道路长543米、宽24米、总投资865万元。项目由市财政投资，市住房建设局负责建设。为加快旧城改造进度，2013年市委、市政府将解放街旧城改造列为全市八大重点项目指挥长攻关活动之一，由市委书记担任指挥长，并抽调相关部门单位骨干人员，充实拆迁改造力量。攻关活动启动后，旧城办成立综合组、政策组、拆除组、工程组等多个工作小组，建立一日一汇总通报制度和考核工作机制。各工作组分别列出任务表，按照“摸清情况，分批处理”的原则解决，对未拆除及未安置户的情况逐户排摸，想方设法选准突破口，找到结合点，多层次、多方位、多角度推进拆迁工作。

【1 049 户安置放样定桩】 选择溪心 DE 地块安置的解放街道拆迁户安置地块抽签到户后，按工作计划组织定桩放样 1 049 户，拆迁户安置房建设基本封顶；后姚畈区块安置 280 户，基本动工建设；华丰西路水平套房安置分房到户 27 户。选择溪心 DE 地块南区安置的 280 户安置图上抽签到户，城东路水平套房分房到户的前期准备工作就绪。城东路地块 11 幢 5 层 300 套住房封顶并通过验收，小区配套工程基本完成，具备分房条件；三马路地块 4 幢 444 套住房结顶，准备初验收；溪心 F 地块 11 幢 697 套住房动工建设，完成总工程量的 20%。

【区内新建道路框架网定型】 溪心 F 地块一期安置 386 户 454.5 间，第一期的拆迁户安置房屋基本建好，部分搬入居住，配套工程进场施工，硬化面积 2.06 万平方米、管道埋设 7 000 米，完成总工程量的 70%；溪心 DE 南地块，用地规划设计基本完成，进入地质勘探，林地砍伐报批、坟墓迁移等前期准备工作。后姚畈地块，北溪桥及小区连通外部主道路动工建设。至 2013 年底，解放街旧城改造区块 96%完成拆除。拆迁区域内的解放街、松石路、求知路等新建道路框架网建设成型。

（陈　昱　胡　青）

环境保护

综　述

【概　况】 2013年中共永康市委、市人民政府推行“生态立市”战略，坚守“推进生态文明，建设美丽永康”的工作主题，把生态环保工作列为全年工作重点之一，全力推动“善行环保、厉行环保、众行环保”建设。市环保局先后出台《永康市进一步加强环境保护工作的意见》《永康市清洁水源行动实施方案》《永康市清洁空气行动实施方案》等文件，明确全市污染治理的对策、措施、步骤和组织保障。随着全市经济社会的快速发展，城市建设步伐加快，城市规模不断扩大，城市管理面临巨大考验。市城管局秉承“忠诚履职、精细管护、严谨执法、为民服务”理念，深入分析研究和解决各类城市管理重点难点问题，探索精细管理城市新思路，创造优美城市环境，努力构建精品城市，各项工作取得较大的成效。

美丽永康建设暨水环境综合整治动员大会（环保局提供）

【“158”碧水蓝天工程启动】 2013年7月召开市、镇、村三级全市美丽永康建设暨水环境综合治理工作动员大会，10月召开推进会，成立市治水办公室，先后出台《永康市“158”碧水蓝天工程实施方案》《关于全面建立“河长制”的实施意见》及考核细则《永康主要河流“河长”制实施意见》《关于进一步加强“河段长”主要工作责任落实的意见》，和相关部门、各镇（街道、区）签订一对一的《水环境综合治理目标责任书》，对全市8条主要河流确定市、镇、村三级“河长”名单，全面打响水环境综合治理攻坚战。并建立每月一督查、每季一推进的工作机制。

【组织“三改一拆”专项行动】 浙江省政府决定，2013～2015年在全省深入开展旧住宅区、旧厂区、城中村改造和拆除违法建筑（简称“三改一拆”）三年行动计划。市城管局立即成立以局长为组长的“三改一拆”整治工作小组，部署工作任务。规划建设执法大队按照局党委安排，明确目标任务，制订工作方案，全面落实。2013年组织拆除三环线内主城区违规建筑153宗3.64万平方米。配合各镇（街道、区）拆违133次，出动执法队员4 960人次，累计强制拆除违章建筑57.8万平方米。

生态环境

【概　况】 3月13日，市政府出台《关于进一步加强环境保护工作的意见》，提出环境保护三年目标任务：打造富饶秀美、和谐安康的“生态永康”、“美丽永康”，走生态立市之路。到2015年全面完成全市环境保护“十二五”规划确定的各项目标任务，主要污染物排放总量显著减少，全市环境质量明显改善，环境保护制度建设不断加强，生态安全保障体系基本形成，生态环境综合指数有效提升；基本实现经济社会发展与资源环境承载能力相适应，环境质量提高与改善民生需求相适应，生态市建设取得明显成效，生态文明建设水平明显提高。同时对水环境治理、大气质量、农村环境卫生等市民关心的突出环境问题分别提出了三年具体目标任务。

【重点河流实施“河段长”责任制】 2013年永康江流域基本消除劣V类水质，全面完成合格规范饮用水水源创建，城镇集中式饮用水水源地水质达标率100%。全市实施重点河流“河段长”责任制，完善流域区域水环境管理工作机制。加强饮用水水源汇水区域点源、面源和流动源污染控制，完善污染事故防范预警应急体系。按照“关停淘汰一批、整合入园一批、规范提升一批”的思路，推进电镀、化工行业污染整治提升。加强对金属表面处理及热加工处理、金属制品业、常用有色金属压延加工、钢压延加工等废水排放重点行业、重点企业的污染整治。加快推进工业园区污水集中处理工程建设和改造。

【环境空气质量严格控制】 2013年城区环境空气质量优良天数比例达到90%以上，城市环境空气质量年均浓度值达到或优于二级标准。严禁在市区及近郊建设废气高排放企业，限期搬迁污染影响较大的企业。严格控制工业烟尘粉尘排放，推广应用袋式或静电等高效除尘技术，淘汰污染严重的铸造冲天炉、单段煤气发生炉等工业炉窑。合理控制机动车保有量增长速度，落实机动车排气检测，对检测不合格车辆，公安机关不予办理注册登记，未达到国IV标准的外地机动车不予办理转入登记，逐步淘汰“黄标车”和低速载货车辆。严格禁止露天焚烧工业垃圾。积极推进生态修复和植树造林。

【农村环境卫生管理全覆盖】 2013年全市所有镇街区建垃圾中转或处置设施，生活垃圾集中收集实现行政村全覆盖，70%以上的行政村开展生活污水治理，卫生厕所普及率90%以上。推动环境保护基础设施和服务向农村延伸，加强农村生活垃圾、污水处理设施和医疗废物收集网络建设，切实提高农村生活污水处理、生活垃圾处理和医疗废物处置水平。加快发展生态畜牧业，科学使用化肥、农药和农膜，推进农业生产废弃物资源化利用。出台主体功能区规划和生态环境功能区规划，实施差别化的区域开发管理政策，设立优化准入、重点准入、限制准入、禁止准入等区域。准入区严格限制工业开发和城镇建设规模。严禁准入区不符合生态环境功能定位的建设开发。全面开展PM2.5、臭氧、一氧化碳、氮氧化物等污染物监测，推进数字环保建设。建立完善政府环境信息公开制度、公众听证制度，保障和扩大公众环境知情权和议事权，通过点单式执法、市民检查团等公众参与方式创新执法监管，推动公众参与环境监督。

【清洁空气3年目标实施方案】 2013年4月下旬，市政府下发《永康市清洁空气行动实施方案》，提出改善提升空气质量的3年目标。到2015年全市大气复合污染监测和预警、评价体系建成投运，环境空气质量评价体系逐步完善，酸雨、灰霾等大气污染明显减少，城市空气质量年均值要达到国家二级标准。根据国家空气污染特点和污染防治重点，计入空气污染指数的项目有可吸入颗粒物、二氧化硫和二氧化氮三项指标。国家对空气质量等级评价技术规定，三项指标中有一项不达标，即无法达到国家的二级标准。

为达到国家二级标准目标，改善提升空气质量，《方案》提出实施防治工业大气污染防治工程、绿色交通物流工程、城市“蓝天工程”、农村大气污染防治工程。

（胡红心）

环境监测

【概　况】 2013年市地表水监测断面6个，监测频率每月1次。断面功能区达标率9.7%，Ⅲ类水质达标率25%。主要污染物有氨氮、总磷、氟化物。综合评价前仓断面Ⅳ类、世雅断面Ⅳ类、南溪Ⅲ类、塔海劣Ⅴ类、章店劣Ⅴ类、桐琴桥Ⅳ类，综合评价各断面均未达到功能区要求。杨溪水库、太平水库城市饮用水源水质综合评价，均符合GB3838-2002《地表水环境质量标准》中的Ⅲ类水质标准，项目达标率100%。永武交界断面（出境断面）桐琴桥的水质综合评价为Ⅳ类水质，主要污染物有总磷、氨氮。丽水—金华交界断面（入境断面）光瑶断面水质综合评价有Ⅳ类水质，主要污染物为总磷。各镇（街、区）交界断面综合评价为Ⅲ类水质的断面3个，分别是小章店（江南街道）、白垤里（石柱—江南街道）、新店船大桥（前仓—石柱）；Ⅳ类水质断面3个，分别是下山村普济桥（象珠—经济开发区）、柿后丁高桥（古山—芝英）、桥头周（龙山—古山）；Ⅴ类水质断面4个，有花城路桥（西城街道—城西新区）、桥里大桥（芝英—经济开发区）、山西村北岭桥（唐先—象珠）、杨埠（城西新区）；劣Ⅴ类水质断面6个，范宅（城西新区）、花街镇政府（花街道—城西新区）、河南大桥（经济开发区—东城街道）、望春东路后槽桥（东城街道）、下里村（西溪—龙山）、东城街道小花园（经济开发区—东城街道）。

【大气环境质量状况监测】 2013年市内城区大气二氧化硫日均值范围为0.001～0.118毫克/立方米，年均值0.041毫克/立方米，达到国家二级标准，从日均值浓度分析，年超标率为0。二氧化氮日均值范围为0.005～0.126毫克/立方米，年均值0.040毫克/立方米，达到国家二级标准，从日均值浓度分析，年超标率为0.1%。可吸入颗粒物的日均值范围为0.003～0.465毫克/立方米，年均值0.114毫克/立方米，超过国家二级标准（0.10毫克/立方米），从日均值浓度分析，年超标率为23.1%。全年永康城市空气质量日报365天，Ⅰ级—Ⅱ级293天占80.3%，Ⅲ(1)级57天占15.6%，Ⅲ(2)级12天占3.3%，Ⅳ级上天数3天占0.8%。全年空气中的首要污染物为可吸入颗粒物（PM10）。市内酸雨出现率为63.0%，降水pH值年均值为4.17。酸雨污染等级为Ⅲ级，属重酸雨区。市内区域环境噪声平均值54.7分贝。交通干线噪声平均值67.5分贝，超标路段总长11.98千米，路段超标率20.6%。

【环境监测能力建设】 2013年按照《全国环境监测站建设标准》三级一类的要求，市环保局加大监测经费投入，改善监测条件，提高监测能力，进一步满足环境管理的需求，强化质量管理和考核。开展持证上岗复审、全程序质量控制、监测质量监督检查、质控考核、能力验证及实验室间比对等质量控制工作，对284个项目开展考核和多次实验室间比对。6月5日，市环境监测站通过全国环境监测站标准化建设验收。全年完成各类监测任务获有效监测数据14.76个。

【环境质量分析通报】 2013年市环保局对市内14个镇（街、区）16个交界断面每月监测一次，编写镇（街、区）交界断面监测情况通报。对永武交接桐琴桥断面、环境空气质量、饮用水源水质监测结果进行分析统计、比对，每月编制《永康市环境质量监测指标状况》《永康市环境质量监测月报》《永康市环境质量监测季报》和《永康市环境质量监测年报》，反映全市环境质量状况，及时通报环境质量异常情况，协助采用应急措施，减少环境污染对人民群众健康和生态环境的影响。

【环境监测专项分析调研】 市环保局对主要供水水源地杨溪水库、太平水库的入库支流水质开展每月一次监督监测。2013年7月至8月，开展“雷霆治污”一号行动专项监测，接受委托监测样品900多个。开展石柱镇、西城街道生态镇创建环境质量基础监测及辐射环境监测。针对“158”行动，对全市8条水系有关流域及影响支流水质调查性监测；对中长期环境情况开展半年、一年、三年专项分析调研。10～12月开展永康江流域氨氮污染专项调研工作，对沿江28个点位进行加密采样分析，对氨氮异常升高区段展开细化摸排、深入调查，为上级管理部门寻根究底做好技术服务。

【环境监测信息公开】 杨溪水库自动监测系统经前期调试运行，2013年4月向公众发布水库水质周报，监测站全面落实日监控制度，确保系统全天候正常运行。市环保局完成空气监测站点升级改造，空气质量监测系统扩展至9项监测功能（即PM2.5、PM10、二氧化硫、二氧化氮、一氧化碳、臭氧、氮氧化物、能见度、碳黑）。2013年7月起正式发布AQI指数，比省定计划提前5个月完成。严格执行镇（街、区）河流交接断面水质、3个中心镇空气质量每月监测通报制度，每月重点污染源监督监测制度。2013年11月始，每月在主要媒体上发布镇（街、区）河流交接断面水质情况，成为全省首个实行跨乡镇河流交接断面水质按月在主要媒体公布机制的县（市）。

【PM2.5监测系统】 3月19日，市环境监测技术讲坛邀请金华市环境监测中心副站长项成龙、总工程师钱益跃主讲PM2.5监测相关技术知识。市环保局提出要“提升监测水平，提高监测速度，提高报告质量”监测工作。一方面，广大群众对环境质量越来越关注，环境监测需要向深度和广度拓展。另一方面，生态补偿、排污权交易等环保新政都需要大量的环境监测数据来支撑，环境监测要发挥先锋作用，服务美丽永康建设。市内已在松石西路气象站、永富南路环境监测站设置PM2.5的自动监测系统并进入试运行阶段，将与PM10进行比对监测。通过对PM2.5自动监测数据的分析研究，逐步建立全市PM2.5的污染变化规律数据库，掌握PM2.5污染物的时间和空间分布特征，建立PM2.5的健康影响、生态影响、区域分布与传输、经济影响评价等方面的综合评价体系。公众登录永康环保门户网站，点击环境质量即可进行数据查询。

【杨溪水库定期发布水质简报】 4月16日，市环保局监测站向公众发布杨溪水库水质第一期（4月8～14日）简报。监测数据显示，上周杨溪水库库水均为Ⅲ类，符合GB3838-2002《地表水环境质量标准》中的Ⅲ类水质标准。从4月中旬开始，杨溪水库水质每周在《永康日报》上进行公布。为科学监测杨溪水库水质，2013年春建设水环境质量自动监测系统。新系统由自动监测分析系统、数据采集系统、数据传输系统、信息管理系统、预警预报系统组成，能够自动监测和预警饮用水源的水质，能实时反映水库采水点范围水域水体的质量和变化状况，监测项目参数包括水温、pH值、溶解氧、电导率、浊度、氨氮、高锰酸盐指数、总磷、总氮、藻类（蓝藻、绿藻、隐藻、硅藻、总叶绿素）、生物综合毒性等。杨溪水库自动监测系统可以实现对水环境实时连续的定点监测及远程监控，自动、连续得到多项目数据。自动监测系统采水位置在南山水厂取水口附近，能有效监控杨溪水库供给饮用水水质变化情况，有效地保障水库输往水厂的源水安全性。监测人员还对南山水厂取水管道出水口进行水质监测，通过对取水管道两端的监测，确保饮用水源水安全。一旦发现水质超标或异常，市环保局即启动相关预警方案，及时与相关监管部门、自来水公司等通报实时状况，采取有效措施。每月第一周，监测人员对舟山、新楼、岩后等各方向入库径流进行常规水质人工监测。同时，监测人员进入水库内对全库区水域进行实地巡查监测，在库区内分别选取库头、库中、库尾三个断面的点位采取水样。每月月初，监测人员选取杨溪水库南北两个采水点进行多项目深度分析，采水处分别是水库北部——南山水厂采水点和水库南部、中部采水点。监测项目包括水温、pH 值、溶解氧、高锰酸盐指数、五日生化需氧量、氨氮、总磷、挥发酚、总氰化物、氟化物、硝酸盐氮、总砷、汞、六价铬、镉、铅、粪大肠菌群、石油类、阴离子表面活性剂、铜、锌、硒、铁、锰、氯化物、总氮、硫酸盐等。

【河流交接断面水质按月公布】 11 月 4 日，永康市环保局公布各镇街区河流交接断面水质，成为全省首个实行跨乡镇河流交接断面水质按月公布机制的县(市)。此次列入水质按月公布的交接断面涉及全市主要河流，即永康江、南溪、华溪、苏溪、倪宅溪、烈桥溪、永祥溪、新楼溪、舟山溪、岩后溪等 18 个断面(取水点)。考核指标包括 pH 值、氟化物、氨氮、总磷四项，附加化学需氧量、高锰酸盐指数等。发布情况与 9 月份相比，全市 16 个镇(街、区)河流交接断面水质有 5 个明显好转，4 个有所好转，6 个持平，1 个略有下降。

永康已将河流交接断面水质列入生态市建设目标责任考核，还建立“市—镇—点”层层推进的流域水质保护责任体系。按照“一段一长、条块结合、分片包干”的管理责任体系，对全市主要河流落实“河段长”责任制。由相关镇街区主要负责人担任辖区河段长，对辖区河段水生态、水环境持续改善负责，并履行流域污染综合治理、消灭管理盲区、落实长效机制和改善水质等管理职责，监测指标及结果每月发布一项。如果不合格，年度工作综合考核实行“一票否决”，并予以通报批评。相关考核结果还作为评价被考核单位党政领导班子实绩和相关领导干部任用和奖惩的重要依据。

各镇(街、区)可以通过监测结果反馈，进行具体水质分析，准确查找对应污染物的排放企业，重点监管影响河流水质变化较大的排放口。提高企业达标排放的主动性，增强市民监督周边企业排污行为的意识。

■ 环保宣传

【概　况】 2013 年市环保局根据《关于全面建立“河长制”的实施意见》建立起完善的流域治理河长制、责任分配公示制、执行落实督查制、流域责任追究制。在各镇街区河流交接断面和杨溪水库饮用水水源地主要河流入口设置“河(段)长标示牌”，标示牌上明确各区域河(段)长名单，河(段)长履职内容，让群众不仅能监督河(段)长的工作，更能在发现问题时清楚知道投诉方向，监测结果与责任人名单每月在永康日报和相关网站公布。24 小时畅通“12369”环保投诉热线，坚持实行“小冶炼”、焚烧工业垃圾、铅酸蓄电池生产、涉及重金属污染等环境违法行为有奖举报制度。坚持水、大气环境质量和排污费征收公示制度，环境影响评价公示制度。

【社会公众参与环保宣传】 2013 年市环保局组织“美在环保”典型征集，树立环保先进典型，聚集环保正能量；以“人人参与环保，共建美丽永康”为主题举办“美在环保”摄影比赛，组织“6・5”世界环境日环保公益骑行暨绿色电脑公益捐赠活动，倡导低碳环保生活；以“保护生态环境　共建美丽永康”为主题举办“6・30”第三个浙江生态日广场咨询宣传活动；通过“清水永康江，青春勇担当”系列活动，教育青少年树立“环保要从身边小事做起的”理念；通过报纸、电视、网络等媒体对水环境整治动态全面报道，尤其是各镇(街道、区)

及相关部门"一把手"谈思路、表承诺，让新闻媒体和广大群众监督与考问治水成效；宣传"两高"关于环境污染刑事追责的司法解释，在《永康日报》《永康金报》刊登"两高"司法解释，提高群众的环保法律意识，更有效地发现自己身边的环境违法行为。向企业发放"两高"解释资料2 000多份，向企业阐明环境污染"高压线"；推进绿色永康系列创建活动，通过全民参与监督，曝光环境污染行为，树立环保先进典型，传递社会呵护环境的正能量。加强环保110联动专线、12369环境热线、"行风热线"的沟通、承办和反馈，将"热线"作为宣传生态文明、加强政民沟通、为民排忧解难的"连心桥"。指导、扶持、规范环保志愿者及民间社团的环保行动，通过全民监督参与的环保先进典型宣传营造"清水永康江、清新丽州城"良好共建氛围。

【环保宣传教育全方位】 2013年永康市各部门、各镇(街、区)、社区、学校、企事业单位积极参与环保宣传教育工作。农村环保宣教工作列入年度生态市建设工作考核，宣传形式新颖到位，宣传栏、宣传车、广告牌、横幅标语等遍及城乡，镇广播站定期进行生态宣传，利用远程教育宣传生态环保理念，积极开展农村环保文化墙建设等。公众环保参与成效明显。2013年金华市纪念世界环境日新闻通报会，永康一批企业、个人、学校、社团受到表彰。深入推进绿色永康系列创建，是年创建省级生态文明教育基地1个，省级绿色社区2个，金华市级绿色社区4个，金华市级绿色学校3个，永康市级绿色学校1个，省级绿色家庭3户，金华市级绿色家庭11户。永康宾馆和永康明珠大酒店成为浙江省首批"金叶级绿色饭店"。石柱镇云溪村成为全市第二个获评省级生态文明教育基地。全市省级生态镇(街道)数量13个。

【开展创建美丽生态永康活动】 为了全力打造精品区块，创建精品村秀美村，市先后召开美丽乡村建设培训会、推进会及现场会，市人大组织代表进行美丽乡村建设专项视察，市政协召集委员开展"推进美丽乡村建设"调研。"美丽乡村"创建工作分类推进，抓好村口绿化、村内美化、小品塑造和景观带打造。举办第二届"美丽乡村石柱行"活动，充分展现美丽乡村建设的显著成果。打造森林运动、果园飘香两条美丽乡村风景线：3号森林运动线以盘龙谷、虎踞峡、历山景区和历史古村落旅游为依托，前仓镇大陈、塘头、历山，江南街道朱岭脚、上下山门、里龙溪串点成线已基本成形；4号果园飘香线象珠镇在沿线两侧空闲地种植水果树，花街镇对八字墙过境公路双舟线沿线环境进行集中清理整治，投资上千万元对沿线的11个村庄按照"一村一品、一年四季皆有体验"的设计思路，打造成果实累累、百里飘香的风景带。稳步进行村庄整治扫尾工作，列入省重点培育示范中心村的西城街道山下村完成培育目标，通过省级验收。50个省级待整治村完成村道硬化、卫生改厕、垃圾清扫、污水处理、村庄绿化等5个项目建设，并通过省考核组验收，基础设施建设进一步改善，农村环境不断优化。2013年全市评出精品村10个，秀美村20个。江南街道园周村成为全省20个最美乡村之一，被农业部列为全国"美丽乡村"创建试点乡村。

■ 环境治理

【概　况】 2013年全市继续加快产业结构调整，严格实施重点行业污染整治，大力推进工程减排，加快污管网建设，不断提升环保基础设施和环境监管能力，污染减排工作取得积极进展。经上级核定，年内全市化学需氧量、氨氮、二氧化硫、氮氧化物排放量分别比2012年降2.8%、3.00%、4.00%、0.80%，均完成年度目标任务。

【工程项目建设实施环境管理】 市环保局严

格执行空间、总量、项目“三位一体”环境准入制度，深化审批制度改革，实行政府投资项目并联审批。根据国家产业政策和对环境影响大小，梳理一批可免予办理环境影响评价审批手续的建设项目，审批效率进一步提高，实现纸质和电子审批流程同步，方便服务对象查询，接受社会监督。2013 年审批项目 119 个，否决项目 15 个，验收申请 156 个，验收合格 63 个。

【环境安全节前检查】 2013 年 2 月，开展环境安全隐患排查和集中整治专项行动，对重点污染企业进行全面检查，排除环境污染隐患。排查的重点是电镀、化工、污水处理厂等行业，全面排查各企业工艺系统、治污设施、防控措施等方面存在的环境安全隐患和问题。重视信访查处，12369 环保举报热线 24 小时保持畅通，专人负责接待、登记、备案工作。对环境案件及群众举报案件，做到接案后第一时间到达现场进行调查处理。开展重点企业节前风险教育，逐一开展企业走访，要求企业主加强节日期间的内部管理，安排专门人员值班巡查，做好相关管理台账记录，及时报告紧急情况，确保假期环境安全。

【“雷霆治污”一号行动】 市环保局先后组织开展“雷霆治污”一号行动以及涉重金属行业整治行动、春季环境执法行动，整治违法排污企业，保障群众健康。其中“雷霆治污”一号行动，环保全系统出动，对永康江、南溪、李溪、华溪、苏溪、倪宅溪、烈桥溪、永祥溪沿线所有废水排放企业进行全面排查，针对超标排污、偷排、私设暗管排放废水等行为予以重拳打击。2013 年排查企业 2 175 家，立案查处 82 家，关停取缔 176 家。全年立案查处环境违法排污企业 129 家，行政拘留 1 人，刑事拘留 6 人，其中年底前判处有期徒刑 1 人，关停取缔 419 家。抓好环境信访工作，受理环境污染投诉 774 起。辐射安全综合检查专项行动检查涉源企业 104 家次，确保辐射工作单位持证率 100%，废源收贮率 100%。环境执法资料同步上传检察院内网平台，在接受监督的同时借力公检法促进环境执法，形成“公安环保联动，部门单位联合”的环保执法新格局。

雷霆治污一号行动动员大会(环保局提供)

【行业污染治理“动真格”】 2013年市环保局出台《永康市电镀行业长效管理办法》，对金属表面精饰整合区进行提升改造；出台《永康市化工行业整治提升方案》，对化工行业整治提升，9家化工企业中2家企业生产线关停到位，7家完成整治；出台《永康市大气复合污染防治实施方案》，建成机动车排气污染监督管理信息系统并与省市联网，开展机动车环保标志发放和分类管理，为2014年4月1日实施“无绿色标识”机动车区域限行做好准备；划定高污染燃料禁燃区，完成油气回收治理工作；出台《永康市企业刷卡排污总量自动控制系统建设实施方案》，两家试点企业完成刷卡排污总量自动控制系统建设；启动城区餐饮服务业整治，油烟净化设施配备率100%，全年饮服行业新发排污许可证18份，年审117份；开展扬尘治理，加强建筑工地及城区“一通五化”工程、道路开挖等废土运输的监管和查处力度；加强城区生产、生活、建筑施工噪声污染的查处力度；开展洗车场(点)清理整顿，督促整改乱堆乱放、污水排放不符合规定等情况，整治洗车场(点)12家；开展矿产资源开发整合工作，通过整合永康石料矿山压缩到4家，4个矿山开展废弃矿山自然生态环境治理，全年治理完成废弃矿山2个，废弃矿山治理率98%以上。

【节能降耗审查项目70个】 市环保局开展单位生产总值能耗和能源消费总量双控工作，严格控制高污染、高耗能行业的发展，2013年通过节能评估和审查新建项目70个；开展清洁生产审核企业19家；2家企业获得省级绿色企业称号，1家列入省工业循环经济示范企业名单；关停砖瓦窑1座，淘汰煤气发生炉、热处理连续炉等落后生产设备335台(套)，可腾出8 500吨标煤的用能空间，完成年初下达的淘汰落后产能任务。浙江康利金属制品有限公司炉窑改造项目，浙江宁帅实业有限公司空压机余热回收、保温炉改造项目获得了省节能与工业循环经济财政奖励资金，项目实施后可节约标准煤1 612.91吨。

【环境基础设施工程建设】 为实施低效厂房改造，市环保局在古山镇进行试点，改造面积9.67万平方米。市生活垃圾焚烧电厂2013年1月正式点火发电，日处理垃圾800吨。垃圾填埋场渗滤液经处理后全部纳入城市污水处理厂进行两次处理。表面精饰整合区污水集中处理站扩容改造工程通过评审完成立项、可研编制、环评和初步设计阶段。城市污水处理厂提标改造和二期工程建设进展顺利，年底实现试运行，项目完成后污水处理厂总规模由4万吨/日提高8万吨/日，排放标准达到《城镇污水处理厂污染物排放标准》(GB18918-2002)一级A标准。芝英三地联建污水处理厂一期第二条生产线年底投入试运行。龙山镇污水处理厂土建工程和配套设施建成，完成9 000多米污水主管道埋设，集镇村村级污水管网正在建设中。前仓镇污水处理泵站和管网建设年底通水试运行。城市污水处理厂配套污泥干化工程10月正式投入运行，污泥处理规模为25吨/日。除了处理城市污水处理厂运行所产生的污泥外，同时兼顾永康乡镇污水处理厂(芝英、龙山、前仓)等外来污泥的处置。小流域和城乡河道治理，编制出台《永康市河道保洁实施方案》，计划投入3亿元用于农村河道砌岸、疏浚、绿化、水系连通等工程。华溪一期、二期工程投资4 300万元基本完工，完成治理长度8.99千米。南溪河道治理通过初设审查，规划选址、土地预审、环评、水保等报批工作。永康江治理完成初设审查及报批工作，年内开工建设。中小河流的治理，唐先、象珠、江南、西城项目区年内开工建设，舟山、花街、西溪等三个项目区实施方案通过审查，东城、龙山两个项目区前期工作正在开展中，总投资259万元的永祥溪小流域水土流失综合治理项目于9月底通过完工验收。全市建成14个气象防灾减灾标准乡镇、一个示范社区。开展灰霾预测预报系统建设，全市各乡镇均设有气象自动监测站，山洪灾害防治工程气象部分3个自动站均已建成，安装了30块户外电子气象信息显示屏，及时发布灰霾公报和空气质量预报预警信息。

【饮用水水源地污染排查】 4月23日，市环保局组织力量对全市饮用水水源地及上游地区环境污染隐患开展专项排查。重点排查对饮用水水源地周边企业的废水排放，摸清排污企业数量、行业及其分布情况、汇入水库排污口信息；对饮用水水源地保护区内的违法企业和排污口进行全面清理、取缔，彻底拆除污染生产设施；取缔有可能污染饮用水水源地水体水质的危险废物经营、储存场所和污染源。如发现存在问题、薄弱环节和风险隐患，将对存在问题的企业进行查处，该停产整改的停产整改，该取缔的坚决取缔，坚决把污染隐患消灭在萌芽状态，保障人民群众饮水安全。

【水环境整治出“重拳”】 11月5日，金华市电视电话会议后，市委书记徐华水对全市水环境整治工作再次提出要求：水环境整治是事关永康经济社会发展、事关百姓幸福指数的大事，新一届市委、市政府要以水环境综合整治为切入点和突破口，走以质量和效益为中心的内涵发展道路，实现科学发展，打造永康经济社会全面发展“升级版”。年内全市紧紧围绕“清水永康江、清新丽州城”的治水目标，启动“158”水环境综合治理工程，开展“雷霆治污”一号行动，治水取得一定成效。为进一步落实治水责任，促进科学治水、依法治水，全市还相继出台一系列决定和意见。在全省率先发布各镇街区河流水质，将保护水质的责任划分得更加细致准确。全市建立“市—镇—点”层层推进的流域水质保护责任体系，按照“一段一长、条块结合、分片包干”的管理责任体系，对全市主要河流落实“河段长”责任制。市委书记徐华水和市委副书记、代市长金政等市主要领导亲自担任永康江、南溪、华溪等主要河流的河段长，相关镇街区行政一把手担任辖区河段长，履行流域污染综合治理、消灭管理盲区、落实长效机制和改善水质等管理职责。实行“河段长”制度后，各责任人员切实加强相互间的沟通、支持和配合，切实管护好水域的“进口”和“出口”。完善“一河一策”整治方案，明确治理要求和责任单位，全力推进各项工作落实。各镇街区积极履行河段长职责，亲力亲为抓落实，决不能把“河段长制”变成“河段长秀”。各级各部门始终保持清醒头脑，深刻认识存在的问题和差距，切实加强对水环境综合治理工作的组织领导，采取有力措施。

【水环境治理“千万工程”】 2008年始全市启动“深化千万工程、建设美丽乡村”工作，以村庄整治、农房改造和美丽乡村建设为抓手，结合“三清四改”“双清”“三改一拆”“四边三化”等行动，加大建设力度，健全长效机制，加快推进城乡一体化建设。至2013年完成新一轮整治计划的村有365个，列入整治的50个村全部通过金华市验收，连续3年被评为省级先进工作单位。农村生活污水治理作为美丽乡村建设的重要内容和组成部分，于2007年全面展开，全市711个行政村中，累计启动污水治理村445个，其中328个村通过验收，25个村正在建设，92个村基本完工，建成各类污水二次集中收集处理站(点)342个。2013年全市投入“双清”行动资金7 000万元，参与环境整治2万多人次，清理乱堆乱放垃圾1.1万吨，清理臭水沟、污水坑788条，新建农村生活污水处理设施1 589个，新建农村生活处理站157个，通过全面清理农村垃圾、污水治理，城乡人居环境不断改善。

【依法整治水环境】 2013年6月最高人民

法院、最高人民检察院联合公布《关于办理环境污染刑事案件适用法律若干问题的解释》，首次界定"严重污染环境"的14项认定标准，细化污染环境罪的定罪量刑标准，降低污染环境罪的定罪量刑门槛。企业环境违法行为只要有一条涉及"严重污染环境"的14项认定标准，一律作为刑事案件立案处理。11月全市水环境综合整治再掀风暴：有两家环境违法企业的负责人被刑事拘留。1日，石柱镇新店村一家非法电镀加工企业责任人叶某被移送公安机关实施刑事拘留，成为全市首例因污染环境违法入刑的案件。该厂无工商和环保审批手续，擅自建设一条镀铬生产线，电镀产生的废酸液直接排放至户外，严重污染环境。市环保执法人员对电镀废水现场采样，并送市环境监测站检测，检测报告显示样品中总铬、总镍等重金属含量严重超标。6日，市环保部门接到举报，位于象珠镇工业基地的吉迈金属制品厂采用水泵向外直接抽排废水，经调查发现该厂曾于6月份因违反环评制度，被处以行政罚款6万元，并责令停止生产，但整改期间又擅自生产。为此，市环保局联合公安部门介入调查，经公安机关调查取证，11日，该厂两名负责人被刑事拘留。两起企业污染环境违法案件发生后，市委高度重视，并专题召开市委常委扩大会议进行研究。一致认为永康治水没有退路，必须背水一战，坚决实行"零容忍"，发现一起严肃查处一起。对环境违法的企业必须严惩，让其付出沉重的代价，警示其他企业引以为戒。同时，对在环保执法监管中涉及玩忽职守或其他失职渎职行为的相关人员，市委启动了问责机制，由纪检监察部门进行查处，严肃问责。

■ 环保执法

【"零点行动"剑指电镀行业】 1月8日，市环保、经信、公安、卫生、安监、供电、水务等相关部门执法人员组成突击检查队开展电镀行业整治提升"零点行动"。对未通过整治验收的原地整治提升的郎村五金加工厂、浙江三人机械有限公司(电镀配套车间)、永康精特缸套有限公司(电镀配套车间)等3家电镀企业(电镀配套车间)实施了"零点行动"。即自2013年1月1日零点起，这3家企业一律自行停产整治，待验收合格后方可恢复生产。经过突击检查，3家电镀企业都已停产进行整改。专项行动后，相关部门将加强对停产

"中国梦·提升执行力"演讲比赛(环保局提供)

企业的后续管理，建立日常巡防机制，对“零点行动”后擅自恢复生产的企业或电镀车间一律采取最严厉措施，及时予以查处。

【“吉迈”厂直排污水事件】 11月7日，《金华新闻联播》“八婺问水”节目播放永康象珠镇吉迈金属制品厂直排污水的报道后，引起市委书记徐华水的高度关注和重视。当即指示环保部门严肃查处，让纪委、公安、检察院介入，对事件及责任进行彻底调查。8日上午，徐华水主持召开市委常委扩大会议，市委常委、法院院长、检察院检察长、各镇街区党（工）委书记以及环保等相关部门负责人参加会议，专题研究吉迈金属制品厂直排污水事件的处置工作。

经市环保执法人员查实，产生污染是市吉迈金属制品厂采用水泵向外直接抽排废水所致。该厂位于象珠镇象珠工业基地三号地块，占地800平方米，有工人25名，主要设备包括压机4台，冲床4台，氮化设备1套等。该厂从2012年3月份开始，未经环保部门审批，未建有废水污染处理设施，擅自进行铁皮锅生产。市环保局曾于6月25日对其违反环评制度处以行政罚款6万元，并责令停止生产。根据现场勘察情况，作出如下处理：在排污口提取废水水样送检；迅速联合象珠镇政府及供电部门果断采取强制断电措施；与市公安局取得联系，公安部门主动介入。两名企业责任人被公安机关传唤调查。市纪委、公安、检察院等部门对事件原因和相关人员进行责任调查。

【工业废水直排永康江负责人被刑拘】 4月3日至5日，市环保局全体环境执法人员放弃节假日，分成8个工作组，对永康江下游区域进行排查。排查以李店村为核心，及杨埠、上把赵、临溪、范宅等村的所有企业。针对检查区域内企业较为分散，有些小作坊较为隐蔽的特点，执法人员分工划片，做到不放过一家企业，不留一处检查死角。共检查企业156家，查实违法排污企业8家。8日市环保、公安、供电等部门联合执法，根据相关法律法规，对1家污染较大且未经环保部门审批的铝型材氧化加工企业作出严厉处罚，并对企业负责人被行政拘留10天；对2家严重违法排污的个体户实施强制断电处理并予以取缔；对5家电解、氧化企业实施断电，责令停产整改。

【首例环境污染案责任人被判刑】 2013年10月，方岩镇两头门村胡某经营的电镀厂，未经环保部门许可，也未取得营业执照的情况下，从事保温杯电解加工业务，并将电解加工产生的废水直接倒在厂房的地上，使废水从屋角的排水管流到厂房后的污水池。由于污水池只是一个5立方米的坑，没有相应的废水处理设施，污水从废水池里溢出到处横流，最终通过废水池边的一条小水沟排放到附近的小溪，严重危害当地的公共环境安全。11月8日被市环保局查获，经市环境保护监测站检测和省环保厅认可，该电解加工产生的废水水样中总铬、总镍、总铜、pH值浓度均不符合国家污染物排放标准，其中总铬指标超过250倍以上、总镍指标超过50倍以上、总铜指标超过60倍以上，远远超出国家污染物排放标准3倍以上，属严重污染环境。12月16日，市人民法院公开审理了这起环境污染案，被告人胡某被判处有期徒刑1年6个月，罚金2万元。这成为永康人民法院审理的第一起环境污染刑事案件。

■ 生态保护

【概　况】 2012年始，永康以生态文明建设为主线，以“811”生态文明推进行动为抓手，积极开展节能减排工作，努力提高环境安全水平，全市环境质量日益改善，各项工作稳步推进。2013年1月23日，金华市经信委考核组到永康，对永康生态市建设工作进行实地考核。在永康生态示范基地石柱镇云溪村，了解“零点行动”执行情况，查看相关资料，并听取工作汇报。考核后，对永康市的生态市建设工作给予充分肯定，并要求着重从提升生态建设、产业优化调整、环境质量改善、环保能力监控等方面入手，加大生态经济开发力度，全方位推进生态永康建设。

【缙云捞沙搅浑南溪被追查】 3月5日下午5点许，永康江南溪、华溪交汇处水源变成黄色，河水表面还飘着一层黄色粉末状物体。下午6时，环保监察大队执法人员赶到现场，分成两组，一组对南溪溪水进行取样抽检，一组兵分三路追南溪上游的排污口。直到天黑，查到新店段面，还未发现污染源。6日凌晨5时，执法人员沿着南溪一路倒查到前仓与缙云县交界处，发现缙云有一处沙场在捞沙、洗沙，大量的沙土冲刷下来，导致南溪溪水发黄。6日，水质检测结果显示，南溪浊度有变化，但水质正常。

【饮用水源安全保护】 2013年，市环保局先后出台《杨溪水库饮用水源保护区管理办法》《杨溪水库饮用水源保护区整治方案》《杨溪水库饮用水源区农业产业结构调整政策实施办法(试行)》，委托科研单位对水库底泥进行全面采集和成分分析，为下一步底泥是否清理或合理制订清理方案提供科学依据。制定并完善全市7个水库饮用水水源污染事故应急预案，7个集中式饮用水源地每月监测结果达标率为100%。开展全市300多个联村、单村供水水质定期检测和制水设施检查。根据创建合格规范饮用水源保护区的要求，对上黄和洪塘坑水库进行合格饮用水源保护区创建验收。境外引水工作，永康、磐安两市县协商达成《好溪引水虬里水库建设合作方案协调会纪要》，并就合作方案达成初步建设合作意向，永康磐安引水工程可研文本编制已经完成并向上报批。北部水库联网工程，基本完成四大坑至洪塘坑水库隧洞的政策处理工作、主管线工程政策处理，四大坑水库引水输水隧洞工程完成总开挖工程量的16%，主管线埋设工程三个标段和四大坑续建工程全面开工并完成10%。生态湿地杨溪水库入库口16公顷一期工程基本完成，总投资950万元，日处理地表水能力4.6万吨。

【“四边三化”“双清”行动】 2013年市环保局制订全市“四边三化”、“双清”行动工作方案，全面加强农村环境卫生治理。全市投入“双清”行动资金8 900万元，开展环境大整治2万多人次，完成河道清理140千米，清理打捞河道河岸废弃漂浮物垃圾4 800吨，清理河道淤泥3.09万吨，清除河道障碍物367处，清理池塘、臭水沟、污水坑865条(处)，无害化处理动物死尸1 295只，清理村庄乱堆乱放垃圾1.5万吨，累计启动污水处理村445个，新建农村生活污水处理设施1 589个，新建农村生活垃圾处理站194个，全年发放河道保洁考核资金400万元。从3月起，每月由3名市领导分组带队，对各镇街区环境卫生保洁情况进行督查。深化“卫生最差村”媒体曝光与“洁净村庄”评选活动，开展“四个十”评选(十大最美村庄、十大最洁净村庄、十大卫生最差村庄、十大最落后村庄)，宣传介绍先进典型和先进经验，曝光存在的突出问题和不足之处，充分调动全市各行各业和广大群众参与美丽乡村建设的积极性，全面优化农村卫生环境。探索长效保洁机制，全面推行“户集、村收、镇运、市处理”的农村生活垃圾收集处置模式，继续实行新一代垃圾房升级改造，做到农村垃圾日产日清。健全保洁管护、监督管理等制度，积极探索专业化、市场化的农村保洁机制，提高农村保洁水平。

【生态农业产业推广】 2013年市环保局开展舟山镇蚕桑生态循环农业发展和农业废弃物处理利用技术模式示范推广，建设石柱镇畜禽粪便集中处理中心、伟丰两头乌养殖场排泄物资源化利用项目、唐先镇有机肥厂项目、一凡农庄葡萄基地沼液贮存池项目、唐先镇芳年生态养殖场沼液存放池项目、万利养殖有限公司中央沼气工程项目等。通过建立沼液输配送体系来实现养殖粪便沼液的资源化利用,带动周边无公害农产品的生产和粮食功能区建设。加强农产品质量认证管理、后续管理、定期申报和评审制度,积极做好"三品"的复查换证、续展和保持认证工作。是年新认证5个无害化农产品,两个绿色食品认证正在进行中,"三品"产地认证800公顷。进行全市统防统治和测土配方施肥技术培训。全年采购和发放商品有机肥7 456吨、配方肥1 500吨、绿肥种子10吨,提升标准农田质量,减少农药化肥施用。推广测土配方施肥2.13万公顷(次),为农户及时、准确和科学防治提供帮助。修订完善《永康市畜禽养殖区划分管理办法》,制定《永康市畜禽养殖污染整治专项行动方案》。列入治理任务的21家养殖场,其中两家拆除,19家基本完成治理。全市列入整治的270家养殖场(户)有158家完成整治任务。

【绿化造林建设生态环境】 2013年全市通过绿化造林改善城乡生态环境。按照"精致、精品、精美"要求,完成城市绿化提档改造2公顷,新种植苗木43万株。城区主干道绿化带增绿改造8千米。春、秋二季补植缺株苗木12万株。2013年完成平原绿化246.87公顷,国省道等路边绿化32.53公顷,河道边绿化40公顷,完成森林抚育2 000公顷。完成植树造林492.33公顷,其中人工造林292.34公顷,封山育林200公顷。完成迹地更新54.67公顷,四旁植树30万株。加强重点生态公益林建设,完成1.66万公顷重点公益林优质林分面积建设。有两个镇的省级森林城镇创建工作通过预检复检,创建市级森林城镇3个,市级森林村庄50个,金华市森林村庄39个。

(胡红心　吴世航)

城乡环境

【概　况】 市城市管理行政执法局(简称城管局)成立于2007年8月,主要行使城市管理"7+1"相对集中行政处罚权,负责城区环境保护、规划执法、市容监察、市政公用、园林绿化、室外无照商贩、犬类、燃气行业、违法停车(包含机动车道和非机动车道)等方面的管理工作。2013年内设6个科室:办公室、政治处、直属机关党委、纪检室、城管法制科、行政审批科。下设"四大队一办两中心":规划建设执法大队,直属执法大队、园区执法大队、芝英方岩执法大队,犬类市容综合管理办公室、数字化城市管理监督指挥中心、处罚中心。下属事业单位4个:市政管理处、园林管理处、环境卫生管理处、户外广告管理处。全局核定公务员编制14名,参照公务员编制200名;实有公务员编制12名,参公编制136名,事业编制16名,政府买服务24名,协管员139名,加上园林和环卫工人等,城管系统有干部职工2 960名。

【数字城管信息建立系统平台】 11月30日,市城管局依托数字城管平台,实现城市管理精细化。11月全市数字城管信息系统平台接入上报案件1 873件,立案派遣1 246件(其中占道设置广告、乱停车等事件类案件958件,公共设施缺损等部件类案件288件),应结案数589件,结案数585件,结案率99.32%。

【城市小区试行垃圾分类】 2013年11月市城管局在金胜花苑小区实行垃圾分类试点成功后,又在城南别墅小区作为第二个垃圾分类工作的推广小区,全面推行垃圾分类工作。市环卫处在小区内设置16个垃圾投放点,放置绿、蓝、红、黄四色分类垃圾桶40只,每月向每户居民发放专用餐厨垃圾袋30只,安排

8名督导员负责垃圾分类的日常督导工作，并专门配置专用清运车辆，做到对生活垃圾分类运输、清洁收运和规范处置。同时开展宣传，引导小区居民把垃圾分类转化为日常的行为习惯，取得较好成效。市城管局总结经验，在全市各小区陆续推开。

■ 市容监察

【概　况】 市直属执法大队前身为直属执法中队，2012年改名为直属执法大队。主要负责城区市容环境管理，对侵占城市非机动车道路，室外无证商贩，环境保护中涉及建筑施工、噪声污染和饮食服务排污等行为进行监督和行政处罚。2013年有执法队员133名，其中正式队员40名。按照区块划分，实行网格化管理，下设6个中队、办公室、督查办。其中一、二、三个中队按照东城、江南、西城的区块划分，分别履行城市管理职能，四中队为机动巡查中队，五中队专门负责夜间管理，六中队为“排堵保畅”中队，专门负责城区道路交通秩序。

【“排堵保畅”中队成立】 为缓解“行车难、停车难”现状，最大限度“排堵保畅”，2012年创新成立全省乃至全国首支专业的“排堵保畅”中队，有40名队员，配备摩托车6辆、清障车2辆、电瓶巡逻车10辆，对城区违章停车进行有效疏导，协助交警维护交通秩序。为确保市民上下班、学生上下学道路畅通，设置8个“高峰岗”、8个“校前岗”、“班子骨干示范岗”、“女子执勤岗”、“固定执法岗亭”。确定12条严管街和26处严管点，与市交警大队联合执法，对城区违停车辆进行有效引导和整治。2013年增设停车泊位939个，有效缓解市区主要路段的拥堵和停车难的问题，超额完成市政府下达的指标任务。

【市容市貌规范管理】 在市容管理上，直属执法大队坚持日常管理与专项整治相结合。2013年开展4次较大规模整治活动和8次专项整治，组织搬迁了14年未能如愿的广场路夜市，打通交通“肠阻隔”。规范中心城区流动摊点，取缔时代、南龙、永拖路、桃源路等多个马路市场，全年劝导违章摊点4 500个，暂扣各类违章物品610件，取缔各类“钉子户”20户，发送限期整改通知书480份，取缔占道经营和占道堆货390起，查处违章占道70起，受理简易程序案件480起，一般程序案件50起，无一例行政诉讼和行政复议，有效率100%。同时，秉承人性化理念，开辟32个“果农自产自销服务点”，解决城区水果摊点多的问题，设置110个春联摊点、40个便民早餐车，最大程度服务于民。

【解放街拆迁区增加停车位】 2013年1月春节临近，全市城乡交通流量即将达到年度高峰，城区停车难、行车难问题日益凸显。为了缓解这一矛盾，市城管执法局结合城区实际，扩建解放街拆迁区临时停车场，加上2012年设置的200个车位，该区停车泊位增至400个。新建后的停车场面积广，从解放路一直延伸至求知路。为了方便市民出入，市城管局直属大队还在求知路一侧设置了入口。紫微路上的车辆可以直接从求知路驶入停车场。市城管局将加强对城区各大停车场的管理，例如步行街地下停车场，特别是要加大对违章停放在停车场入口处车辆的抄牌力度。

【城区“三改一拆”联合进行】 3月20日，市城管局联合江南街道、国土、公安等部门组成拆违队奔赴湖西村一带，拆除违法建筑。城区“两违”清理整治工作事关民生，受到社会高度关注，职能部门以铁的决心、铁的手段和铁的纪律，抓好整治工作。重点打击顶风违建、妨碍重点工程、严重影响规划、群众反映强烈的违法建筑，发现一户拆一户，不让违建之风蔓延。根据“三改一拆”工作需要，市城管局成立整治工作小组。经过前期摸底调查，全面掌握城区范围内近3万平方米的违建情况。此次拆违工作持续三天，将拆除5 760平方米违法建筑，此后，还将联合东城、西城街道开展“两违”专项清理整治。

【违章建筑拆除3 752平方米】 2013年11月市城管局加强规划执法工作力度。单独组织拆违9宗，拆除面积152平方米；配合象珠镇拆违，出动执法队员30名，拆除违法建筑23宗3 600平方米；发送《责令(限期)改正违法行为通知书》30份、《责令停建违法行为通知书》8份、《责令限期拆除违法建设通知书》3份，制止违法建设行为；完成项目验收23宗，占地1.5公顷，建筑面积7.36万平方米。

【洗车场集中整治76家】 2013年11月市城管执法大队针对市内一些洗车场(点)存在的无证经营、占道洗车、污水违规排放等现象，组织城区洗车场(点)“治堵、治脏、治乱”集中整治。经调查排摸，全市洗车场76家，查处无证经营21家、发放《限期改正违法行为通知书》21份，有效杜绝占用城市道路洗车、随意排污、无证洗车行为，改善了市容环境。

【小餐饮油烟污染源调查通报】 2013年11月市城管局组织开展城区小餐饮业油烟污染全面摸底。市中心有各类小餐饮业324家，其中三证齐全(营业执照、餐饮服务许可证、排污许可证)19家，无营业执照237家、无排污许可证281家、无餐饮许可证181家，无油烟净化装置190家、产生油烟较大需安装油烟净化器143家。通过排查摸底，向有关部门通报，请有关部门加强监管工作。

【城乡占道摊点整治】 2013年11月市城管执法大队加强城区、工业园区、芝英、方岩街面秩序管理，规范摊点、店前秩序。劝离流动摊点900余个(次)，暂扣处理摊点50余起；规范沿街店面出店经营100余家，暂扣120余户；发送限改通知书35份，督促清理街头乱搭乱建35处。组织对溪心路、五金大道、城南路、丽州路等入城口路段市容秩序整治，规范占道经营、占道堆放；加强对西站周边路段停车、市容秩序的监管，确保畅通；加强广场路、胜利街、九铃路等主要街道夜间秩序管理，规范占道经营、取缔流动摊点；组织对芝英环镇西路、后城大街、南市街等路段乱设摊点、出店经营、乱堆乱放进行整治，规范镇容镇貌；加强对芝英镇集市后城大街、培英路、南市街等路段的监管，市场内的摊点要求划线经营，规范取缔流动摊点；加强对城西新区蓝天路、西塔路、松石西路等重点路段街容秩序的日常监管，取缔流动摊点；加强对经济开发区铜陵路、北湖路、航宇路等重点路段街容秩序的日常监管，落实铜陵路夜间管理制度，排堵保畅。

【市政协领导视察城管执法】 3月28日，市政协召开议政主席会议，专题研究城管执法工作。会后市政协主席陈毅成，副主席胡明星、王伟、林广平、叶成超、林飞雄、胡潍伟、陈剑云、秘书长胡红专及各办主任等领导。视察城南路沿街店铺的精品户外广告改造、公安大楼“数字城管”工作，市委常委、市政府党组成员郑俊杰陪同视察。听取市城管局主要负责人关于城市管理行政执法工作情况的汇报。对城管局在查处违法建设、规范市容秩序、排堵保畅、环卫保洁、市政绿化养护、户外广告管理等各个方面工作所取得的成绩给予充分肯定。同时希望城管局不断完善内部机构，提高队伍素质，优化舆论环境，提升城市管理服务水平。

【市政协领导督查白云片环境卫生】 11月4日，市政协副主席胡明星带领水务、交通、城管等部门督查农村环境卫生，前往江南街道白云片的“脏、乱、差”遗留点，协调解决城乡道路、工业功能分区、村庄的环境卫生问题。督查组一行沿江南街道马竹岭到白云水库沿线检查，发现沿途成堆的生活、工业垃圾。特别是山后卢村公路边多处成了垃圾堆放点，塑料袋包裹的垃圾随意扔在路旁，而临时搭建的垃圾中转站设施简陋，受阴雨天气影响，垃圾与泥土混合，严重影响村容村貌。原仁达公司厂区门前，一堆堆的垃圾格外刺眼，散发出阵阵恶臭。据周边村民介绍，该企业破产拍卖后，新房东转租给多家企业经营，由于管理混乱，连续8年未交卫生费，导致垃圾乱堆乱放。功能分区内的马路菜场普遍存在占道经营、乱披乱挂现象。督查组当场对现状进行分析，落实责任单位，迅速组织清理。

■ 户外广告

【概　况】 市户外广告管理处有行政执法人员17名，主要负责全市区域内户外广告设置管理工作，致力打造市内户外广告"升级版"，在修订完善《永康市户外广告设置管理办法》基础上，严格遵循"批前巡查，批中勘查，批后督查"三步措施，依法行政。2013年勘查户外广告设置现场560余处，清理城市牛皮癣11.12万平方米，拆除城区条幅类广告4 950条，灯箱广告670只，灯杆广告800块，拆除破损店面招牌230处，拆除其他墙体、高炮等户外广告60处，确保户外广告规范设置。

【农村户外广告整治】 2013年市城管执法局根据市委、市政府开展"四边三化"及东永一线环境卫生综合整治的部署，全面开启农村户外广告整治工作。通过系列排查整治，拆除330国道花街段、石柱段及东永一线路段的大型路牌及墙体、楼顶广告等违规无序户外广告615块，计6.4万平方米，改变以往户外广告多部门审批、多头管理的"脏乱差"现象，营造一片绿意盎然新景象。此外，户外广告管理处积极配合花街镇、东城街道、经济开发区、芝英镇等镇(街、区)完成公路沿线2 000平方米门面店招的重新规划设置工作，在石柱段牛筋岭池塘边建立4块高档次、高规格的大型公益广告牌。各广告公司及业主为东永一线沿线的所有高杆广告立柱统一涂上草绿色防锈漆。

【主干道沿线广告清理】 2013年3月全市开展"四边三化"专项整治行动，市城管行政执法局根据市委部署，立即启动对境内330国道、东永一线、东永二线、永武一线、永武二线等5条农村主干道沿线户外广告整治。出台《永康市农村户外广告规范性管理方案》，组织人员对境内5条农村主干道沿线户外广告的位置、业主进行摸底、确认，召开永康33家上规模广告公司座谈会，就广告牌拆除等事项进行沟通协商，鼓励各广告公司配合"四边三化"整治工作，自行拆除沿线非法设置的广告牌。在前期调查摸底的基础上，将责令限期改正通知书送到相关广告公司。至11月底，5条道路拆除违规或破损大型户外广告牌615块，面积6.4万平方米，其中拆除路边大型广告牌300块、楼顶广告牌80块、墙体广告245块，有效改善主干道沿线环境，为打造"美丽乡村"迈出了坚实一步。东永一线两侧在整治前有各类广告牌274块，包括高炮广告42块，涉及27家广告公司、38家企业、12家个体户，涉及企业众多、拆除成本大等诸多因素，收效不大。为了进一步规范户外广告设置，市相关部门正在修订完善《永康市户外广告管理办法》，将对户外广告进行统一规划管理，在严格审批、控制农村主干道沿线广告牌数量和规范设置的同时，在农村主干道沿线设置有品位、有创意的广告牌，提升档次，同时增加公益类广告，倡导文明新风尚，营造道德建设正能量，展示永康市创业创新形象。

【违规广告全面清除】 2013年11月市城管执法大队加强对城区、工业园区、芝英、方岩街面不规范设置广告牌的监管。拆除五金广场、南苑东路延伸等路段巨幅广告布6块、墙体广告1块、不规范商店招牌40块、灯箱14只、"二手车买卖"车体广告5处。组织勘察现场30处，制止"鸿福商业宾馆、凯胜家纺"

等业主未批先设门面店招、户外广告展架的违法行为。配合经济开发区开展东永一线沿线户外广告整治，拆除楼顶广告牌 30 块、墙体广告 126 块、路牌 12 块。联合开展校园周边户外广告环境综合整治，出动执法队员 100 人次，拆除学校周边违规门面商店招牌 56 块、墙体广告 70 块、灯杆广告牌 127 块、灯箱 37 只，楼顶广告牌 2 块、喷绘布广告 1 块，计面积 1 100 平方米。组织做好东城街道花园西大道不规范店招、灯箱广告清理整治，拆除该路段不规范门面店招 60 块、灯箱 35 只，计 300 平方米。组织集中整治流动广告车，查处流动 LED 广告车 5 辆。对城区、开发区各类“城市牛皮癣”进行清理，清理各类牛皮癣 1.04 万平方米。

【望春东路建成户外广告精品街】 2012 年市城管执法局在南苑东路、城南路精品户外广告一条街建设取得成效后，2013 年户外广告管理处着力打造望春东路户外广告精品一条街。发送通知 50 余份，派遣人员 110 人次，对该路段逾期未自行拆除的违规无序广告进行清理，此次整治拆除该路段大型灯箱 53 只，墙体广告 3 块，二楼喷绘店招 15 块，LED 广告 1 块。墙壁上不再悬挂着高低不一、横竖交错、杂乱无章的灯箱广告，减少安全隐患。

【弘扬公益广告宣传正能量】 为做好公益宣传，营造美丽永康形象，2013 年市城管执法局在各个重点路段设置临时性高炮、路牌广告 3 500 平方米，公益条幅 210 条，滚动走字屏 280 条。在东城街道等重要地段彩绘“美丽永康”“文明执法”等主题广告 4 000 平方米，利用闲置广告资源将多处“赤膊”广告整改为公益广告，面积 700 平方米。为倡导文明和谐新风尚，营造道德建设正能量，宣传永康“二次出发”、打造经济社会发展升级版，加大对公益广告的建设，在城区五金大道、溪心路、永武二线入城口等重要地段，用大型路牌或小型高炮、电子显示屏等多形式、多地域长期设置公益广告，建立长期性的公共宣传阵地。

■ 环境卫生

【概　况】 市环境卫生管理处（简称市环卫处）于 1997 年纳入市城市管理行政执法局管辖。2013 年下设 12 个科室，有干部职工 1 900 人，总清扫保洁面积 870 万平方米。主要负责市区主次道路、居民小区、工业园区、城西新区的清扫保洁和全市城乡垃圾清运；市区环境卫生设施维护和管理；61 座公厕保洁管理；31 座垃圾中转站清运管理；花川垃圾填埋场管理；市区内果壳箱垃圾清理和清洗维修等工作。有各类环卫专用车 92 辆，日清运处理各种生活垃圾 800 吨。

【多措施降低街面粉尘】 2013 年市环卫处新增洒水车 3 辆。为提高洒水工效，对洒水车驾驶员的劳动报酬进行计件，与劳动量直接挂钩，有效调动洒水车驾驶员积极性。在永康江边新建 3 口深井专门用于洒水车加水，加水时间由原先的 45 分钟缩短为 12 分钟，日洒水次数为原先的 3 倍。督查科工作人员分成 3 个小组，对城区主要道路的粉尘进行抽查抽样称重，建立严格考核制度，督促清扫人员加大对路面粉尘的清扫，有效降低城区粉尘对环境的污染。

【花川垃圾填埋场扩容工程】 花川垃圾填埋场扩容工程是造福永康民众的德政工程，项目地址在城西新区乌牛山内，由永发改〔2011〕196 号文件核准建设，系浙江省重点建设项目，规划用地 28 公顷，设计库容 295 万立方米，建筑面积 2 375 平方米，项目概算投资 2.96 亿元，设计每天填埋垃圾 350 吨，使用年限 23 年。建设项目主要为填埋库区构建、垃圾坝、道路、防渗系统、渗沥液收集与处理、管理设施及除臭工程所需设备、设施和建筑用房等。2013 年完成土地征用、建设白蚁防治用地规划许可证、节能、气象防雷的审批，以及工程量清单投标控制价的编制和土建工程、防渗工程招投标等一系列前期准备工作，工程进展顺利。至11月，累计完成投资3 381万元，完成年度投资计划的112.7%。上半年完成招标的渗滤液处理工程于10月10日正式进场施工，完成搭建施工工棚、门卫室并开展基础建设工作。省林业厅的林地报批工作已完成。11月8日，组织对下谢和寺口村两山地的勘察踏界。

【垃圾分类处置试点】 2013年10月金胜花苑成为全市首个实行垃圾分类小区，第二个垃圾分类小区在城南别墅展开。在小区内安置红、绿、蓝、黄四色垃圾桶，分别回收有害垃圾、厨房垃圾、可回收垃圾和其他垃圾，并安排专用清运车做到分类运输、清洁收运和规范处置。该项工作取得较好成效，市城管局总结经验、逐步推广，适时启动全城垃圾分类处理。

【城乡垃圾清运2.34万吨】 2013年11月市城管局加强环境卫生的管理，清运城区中转站垃圾1.02万吨、乡镇中转站垃圾1.26万吨，清运小区、道路乱堆乱放建筑、生活垃圾560吨；组织对溪心路、南都路、五金大道、高圳花苑外围主道路进行清洗；小东陈村文化节开幕前夕，帮助清洗环村道路；组织对被废土污染的大花园立交桥道路、电镀厂工业园周边道路、园周村通往城区的道路进行清洗。

■ 园林绿化

【概　况】 2010年11月，市园林管理处从原市政园林管理处分设，属市城管局下属的全额拨款事业单位。2013年内设办公室，城区绿化管护一科、二科，园区绿化管护科，设施维护巡查科，龙川园林绿化服务中心，有职工500人。负责城区、五金科技工业园区270公顷绿地、1.5万株行道树的养护和城区所有广场、沿江人行道及附属建筑小品、护栏等园林设施的维护管理。

【城市绿化带和公共绿地提档改造】 2013年以五金大道、城北路等入城口为重点，按照“精致、精品、精美”要求，创新绿化管理模式，完成龙川公园、逗园和城区主干道等公共绿地的提档改造。对公园绿地乱晒衣服、乱摆设等不良行为进行常态化管理，园林工人对三江六岸35公顷绿地进行每日4次的常规保洁，以点带面提升城市绿化建设水平，促进绿化管护科学化和精美化。根据季节特点增设组合花箱，对望春桥、丽州桥、胜利街、龙川公园南门等处107组花箱和五金大道、百工转盘圆头绿地内鲜花经常进行换栽。在五金三桥增加10组仿木花箱，提高城区绿化美化效果。

【春秋两季开展补植增绿】 组织实施春秋两季绿化新植补植工作。2013年3月至4月对丽州北路、望春东路、九铃路、金都路等绿地进行补植，补植行道树280株，灌木4.74万株。11月对城北路、城东路、金城路等绿地进行补植，补植乔木1 100株，灌木58万株，地被植物600平方米，草坪2 000平方米。对老化苗木进行改造，移除五金大道、城北路、城西路等路段原有绿地内的灌木金叶女贞，换上红叶石楠、金森女贞，新种植苗木20万株。

【园林城市全方位增绿】 2013年11月，市园林管理处加强园林绿化管理和园林设施维护工作。组织迁移城东路—东塔路、城北路—松石路、溪中路—金胜路等易堵路口的绿化带，配合做好“排堵保畅”拥堵路口拓宽改造工作；组织对城北路、丽州北路、城东路等路段绿地缺损苗木进行补植，补植乔灌木22万株、地被植物600平方米、草坪2 000平方米；开展对五金大道、城西路、金胜路、溪心路等路段绿地老化苗木提档改造，改造面积5 000平方米、新种植苗木10万株；在五金三桥增设10组仿木花箱，做好城区107

组花箱及五金大道圆头绿地的养护工作；组织对留园提档改造，增种早樱20株、大叶栀子40株、麦冬2 200平方米，增设12条座椅、10只垃圾桶，修补亭子42米、铺水泥地500平方米；维修丽州北路、龙川路、华丰路护栏26米；更换金胜路、龙川路、九铃路等路段树脂板61副；城北路花坛安装铁丝网500米。

【盘龙植物园通过省级评审规划】 3月28日，由省林业厅领导叶胜荣带队的评审团走访了石柱镇盘龙谷风景区，并对《浙中盘龙植物园规划》进行评审。盘龙谷植物园位于前仓镇塘头村，计划五年投资3 000万元，用地70公顷，其中核心区34公顷，水域面积30公顷。园区将建成入口服务区、专类园区、科研管理区、休闲游览区、四季果林区、碳汇植物区、生产服务区、自然生态保护区、风景林地区、森林氧吧区等10个区域，其中专类园区将建10多个特色花卉园。

盘龙植物园充分利用规划区域内自然山水地形，因地制宜建成场地布局合理、稀缺植物丰富的植物园。同时还融入各类休闲旅游功能，向游客展现当地不同专类植物景观和地带性植物特色，园林景观优美，科普内容丰富，园区建设一流，具有生态性、文化性、参与性、科学性。为市民提供一个舒缓身心、康体休闲的场所。

专家评审组重点审议了植物园区规划定位、设计理念和总体布局。认为该《规划》设计以因地制宜、生态优先、地域特色为基本原则，以“科学内容、公园外貌、艺术内涵”为规划理念，结合休闲、旅游、文化等要素，指导思想明确，定位准确，布局合理，一致通过评审。市委常委郑俊杰说，植物园不仅为居民户外活动提供休息空间，还可以美化环境，发挥其生态效益，提升城市形象和品位。要在原有建设基础上进一步提升，并按照专家评审团的意见和建议进行修改和完善，把植物园建成定位准确、布局合理、亮点鲜明、功能设施齐全的特色园区。

■ 绿色车道

【九铃中路设定公用车专用道】 2013年1月，九铃中路改造工程已接近尾声。为缓解交通压力，市城管执法局将九铃中路划为严管路段。经改造后，九铃中路拓宽为八车道，机动车道最外侧划为公用车专用车道。此车道只允许公用设施用车通行，例如公交车、洒水车、垃圾车等，严禁任何私家车辆停放，原则上禁止私家车通行。执法人员对路段上的违章车辆实施抄牌。九铃中路公用车专用道的设置在市内尚属试点。为缓解九铃路机动车辆停放难的压力，在不影响机动车和行人通行的前提下，该路段建筑后退面积相对较大的地方设置有18个泊车位，分别位于邮政大楼前（8个）、“华必和”前（10个），相关部门进行了划线。九铃路路段交通状况的好坏与否，对城区道路交通有着十分重要的影响。城管部门严格按照规定，实施抄牌，加强对该路段的管理。

【镇街区流管所公务用车首发式】 11月24日，市镇（街、区）流动人口管理所（简称流管所）公务用车首发仪式在市会议中心举行。此次对江南街道、东城街道、城西新区、经济开发区、芝英镇、象珠镇、龙山镇、方岩镇等率先完成标准化建设并投入使用的8个镇（街、区）流管所发放流管公务车（众泰Z300）。相关镇（街、区）流管所所长、专职副所长和专管民警参加首发仪式。仪式上，市流动人口服务管理工作领导小组办公室主任、公安局党委副书记、流管局局长马南峰对流管公务用车使用管理提出要求：流管公务用车主要用于流动人口服务管理业务，未经批准，不得挪作他用；车辆管理实行所长负责制，明确具体车辆管理责任人和驾驶人员，其他人员未经批准不能擅自驾车。

【政府买车接送学校学生】 2013年初，市政府相关部门联合对农村学校，特别是民工子弟学校进行调查摸底，全面掌握接送车运行情况。全市有14所学校拥有学生接送车39辆，每日接送学生3 000多人。但安全程度不高，还有一些农村学生坐不上车。为此，市财政投入资金，购买标准校车10辆。有8辆校车在新楼小学、球川小学、大屋小学试运行，早晚各运行10车次，途经校车停靠点24个，日接送学生277人。学生家长普遍认为校车接送安全可靠，对试点工作评价较高。为了全面回顾总结交流实施学生交通安保工程以来取得的成效，部署并明确当前任务，市专门召开学生交通安全保障工程第二次联席会议，副市长戴翀，教育、公安、交通、安监等联席单位领导及相关镇街区负责人出席会议。认为经过各方努力，学生交通安保工程成效初显，但10辆专用校车还无法满足需求，其他接送车车况堪忧，仍需各部门联合调研，制定方案解决。各部门要进一步强化常态监管，强化宣传教育，继续联合开展专项整治，确保安保工程落到实处。会后，相关部门组成检查组分赴芝英、龙山、西溪等地学校现场检查接送车运行情况。

【政府出资的首批校车试运行】 2013年由市政府出资采购的首批10辆校车，分别在新楼小学、球川小学、大屋小学投入试运行。2月27日246名学生成为首批校车“乘客”，平安回家。交通、运管、教育、安监、交警等部门第3次对校车停靠站的设置进行确认。市教育局在校车试运行前，组织各学校做好“八个一”工作，即成立1个校车安全工作领导班子，签订1份安全管理责任书，完成1张所需乘坐校车学生统计表，拟定1份校车运行方案，建立1套统一目录的校车工作台账，召开1次学校校车工作人员会议，开办1堂交通安全教育课，召开1次乘坐校车学生家长会。按照省教育厅等部门制定的《浙江省学生交通安全保障工程实施办法》，校车实行的条件原则为学校和家庭距离平原3千米以上，山区2千米以上。根据学生乘坐校车人数初步统计，新楼小学此次分到两辆30座的校车，分别在槐花村、西岸村、下丁村、上丁村、凌宅村、方山口村、方丘村、高寮路口、铜山村停靠。新楼小学辖区内的生源大多居住在山区，山路弯多、狭窄，新校车的启用给这些孩子带来了便利，使家长安心。新校车的收费标准为每学期300元。由学生家长自愿报名。在校车的最前排设置照管员位置，每辆校车配备1至2名照管员，由学校老师或学生家长担任，负责组织学生上下车及车上乘车秩序。

【球川小学开通家校“绿色通道”】 球川小学是全市校车三个试点学校之一。2月27日3辆符合国家新标准的校车整齐地排列在操场上，在老师的疏导下，球川小学孩子们井然有序地登上新校车，将首批120名学生安全送回家。本次试点经前期多次现场勘查，开通两条线路，设8个站点。作为开通家校“绿色通道”，每部校车都安装了GPS定位系统，车内外4个摄像头全方位监控着学生状况。车窗采用了下固定上推拉式，防止学生将头、手伸出窗外。前后座位和扶手全部采用软化材质，每个座位安装有安全带，椅背后面又有加厚海绵。每部校车安排了照管员，对乘车的孩子们全程进行照管和上下车疏导。试运行

2月27日，球川小学进行新校车试运营（教育局提供）

前一天，全校教师乘坐校车，亲身感受了“绿色通道”的舒心。

【总部中心公共自行车上路】 3月14日，为推动环保减排理念进总部、进企业，总部中心在全市率先运行公共自行车租赁服务。总部中心投资50万元建设低碳环保公共自行车系统，一期配套80辆公共自行车，放置在金诚大厦、金典大厦、金石大厦和金山大厦4个点。一排绿色自行车队伍“亮”了总部各大厦街头，成为流动的“低碳风景”。总部中心工作人员可以凭“总部卡”自动租车还车。公共自行车分段式计费，2个小时内免费使用，2～4小时每小时收费2元，4小时以上每小时收费5元。

【公共自行车服务系统形成】 12月5日，市城管执法局收到招标办出具的中标通知书，中标方为常州永安公共自行车系统股份有限公司。6日，城管执法局与永安公司、市政、园林、供电、中国移动等相关部门到每个站点进行现场勘察，确定各站点机柜安放位置、接电电源、通信网络接线、需开挖的人行道、绿化带等具体事宜。9日，市府办，组织供电、移动、市政、园林相关单位召开协调会，就各个站点的苗木移栽、绿化带开挖、道路开挖及接电的相关问题进行协调。会后，城管执法局立即按照协调会精神进行认真落实。市公共自行车服务系统，市政府初步决定由市财政出资成立市公共自行车管理服务有限公司，隶属于国资办，委托城管执法局管理。部分站点进入施工，工程队争取在12月25日前完成3个站点建设。市城管执法局开始组织制定公共自行车相关管理规定，如公共自行车租赁协议、公共自行车卡办理流程、公司人员岗位设置等。

（倪梦萱）

总部中心在全市率先运行公共自行车租赁服务，一排绿色自行车队伍“亮”了永康街头，成为流动的“低碳风景”（总部中心提供）

交通物流

公路交通

【概　况】 2008年市交通局机关编制16人，内设办公室、计划财务（审计）科、工程建设管理科、运输（安全）管理科。2009年5月增挂局直属机关党委牌子。2011年8月根据《永康市人民政府机构改革方案》组建成立市交通运输局。2012年6月调整机关行政编制为13名（含纪检监察编制）。2013年市交通运输局内设办公室、运输（安全）管理科、工程建设管理科、行政审批科。事业单位有市交通运输管理所、市公路管理段、县乡公路管理所、市交通建设发展公司、市330国道永康市收费所、交通工程质量安全监督管理站。企业单位有浙江双飞运输有限公司、永康市交通工程有限公司、大通公路工程有限公司、顺达公路养护工程有限公司、远通公交有限公司、通捷公路工程服务有限公司。

【全市公路里程1 100千米】 2013年市交通运输局围绕年初制订的“四个提升”工作目标，力争做到路网水平、管理水平、服务水

金华市副市长金中梁视察永康公路建设（交通局提供）

平、经营水平有新的提升，致力打造群众满意的交通。全年交通基础设施建设稳步推进，东永高速主线路基和永磐公路永康段路基工程除个别节点外基本贯通，桐塘至丁坑段完成路面工程。五金大道至小派溪公路工程（芝英段）、金江龙至马关公路工程（一期）建成通车。雅吕至木渠公路路基桥涵工程完工。永义公路飞龙山隧道完成施工监理招标。改善城乡运输基础条件，新建农村联网公路6.8千米。加大公路养护和超限超载打击力度，提升公路通行环境。是年底，全市公路里程1 100.46千米，其中国道34.33千米，省道73.42千米（含高速公路27.13千米），县道328.38千米，乡道324.27千米，村道341.28千米。公路密度为105.11千米每百平方千米，高速公路和一、二级公路占比19.7%。

【“五纵五横六联”公路网】 2013年，永康境内通车总里程共1 084千米，境内主干道、公路、乡道、村道共同构筑了较为善的交通网络，行政村公路通村率达100%。年初以来，全市投资7.77亿元，开展公路网建设，其中投资在1 000万元以上的项目有12个，年内基本建成以城区为中心的“五纵—五横—六联”公路网，进一步完善路网布局、缓解交通压力。

【全年客运3 300万人货运3 100万吨】 发展公路运输事业，完善城乡公交化改造后续管理，增加运力投放，实行节点运输，优化运营线路。2013年新增跨村及跨镇班线23条，班车通村率从2012年的95%提高到97%。优化站点设置，完善配套设施，完成1 900个站点选址及临时站牌安装工作，建成候车亭100个、始末站3个，公交IC卡系统、语音报站系统、出租车智能呼叫平台投入运用。年底，全市营运客车916辆，营运货车17 346辆。公路交通运输行业全年完成客运量3 298.76万人，完成货运量3 100万吨。

【永康生产的城市电动汽车上路】 2013年3月，杭州首批由众泰集团和康迪车业合作生产的30辆租赁电动汽车开始上路的消息引起永康市民的关注。这批“小电跑”车是在2012年12月投放市场，外形与奔驰Smart相似，双门双座，采用可充换锂电池，充满一次电可跑100千米，时速达70～80千米。这款车成本价近9万元，首批试运行效果良好，将正式对外出租，租金每月998元。对于电动汽车租赁，永康不少市民也心怀期待。众泰新能源汽车科技有限公司近4年来，投放市场的众泰纯电动汽车2 000辆，占全国市场近一半，大多在杭州等大中型城市。市委、市政府把发展电动汽车产业作为重点扶持项目，培育了以众泰为代表的电动汽车制造企业，形成包含电池、电控、整车在内的完整的电动汽车产业链。市供电局投资建设13个充电桩、3座电动汽车换电站和1座集中充换站等电动汽车配套设施，方便广大车主。

【市公路稽征所撤销】 市公路稽征所是境内公路规费稽征管理职能部门，成立于1987年9月，核定编制5人，与市交通运输管理所合署办公。2008年12月18日，国务院下发《关于实施成品油价格和税费改革的通知》，2009年1月1日起，在全国范围内统一取消公路养路费、航道养护费、公路运输管理费、公路客货运附加费、水路运输管理费、水运客货运附加费。市公路稽征管理职能取消，公路稽征所部分人员（3人）通过考试分批分流至财税部门。2013年3月市交通运输管理所作为行政执法类事业单位在办理“参照公务员”的过程中，应市编办要求，注销市公路稽征所法人登记。市公路稽征所人员（2人）并入市交通运输管理所。

【市交通工程质量安全监督管理站设立】 市交通工程质量安全监督管理站是负责全市监理与检测行业管理及农村公路工程质量安全

监督工作的职能部门。2011年省交通运输厅下发《关于省市县三级交通建设工程质量安全监督等工作分工的意见》，明确农村公路工程的质量安全监督工作由县级监督站执行。为此，市机构编制委员会批复同意成立市交通工程质量安全监督管理站，定为公益一类全额拨款事业单位，核定编制5名，由市交通运输局管理。2013年10月市交通运输局正式筹建监督站，设站长1名，站长助理1名，并由市人社局统一安排通过正式考试招聘编制内专业技术人员3名，内设综合办公室、质量监督科、安全监督科3个科室，站址设华丰东路106号交通大楼5楼。12月26日，通过金华市交通运输局组织考核验收。

【省交运厅领导到永康调研】 10月31日，省交通运输厅副厅长郑黎明来永康调研东永高速建设工作。市委常委、常务副市长陈美蓉陪同。郑黎明实地查看东永高速建设工程五标段，并听取永康市、东阳市、金华市交通运输局有关情况汇报。东永高速公路建设进度已严重滞后，主要问题有：政策处理久拖未决，工程延期带来极大负面影响，投资公司、指挥部管理力量薄弱、体制不顺、机制不完善，这些都制约着工程进展。永康计划2013年年底完成路基主体工程，2014年年底基本建成。下一步加大政策处理力度，按总体及年度目标，倒排剩余工程量施工计划及后续工程计划。永康市政府把该工程作为克难攻坚的任务，采取措施，加大领导，做好协调，加快进度。成立工作小组，认真分析当前存在问题，摸清各方底数，把问题分门别类，采取措施解决。加大政策处理力度，保障无障碍施工，建设配套工程，跟进后续工程规划，把存在的问题形成书面报告，向省交通运输厅反映。

【金温铁路扩能改造协调会】 2013年11月12日，省发改委副主任赵彦年一行到永康，就金温铁路扩能改造工程建设工作召开协调会。协调会上，中铁4局、中铁22局、中铁24局、中铁隧道局、金温铁路公司及沿线铁路指挥部等单位负责人，围绕各自的工程进度及存在的困难进行汇报协商。永康段影响工程的卡点主要有：大塘沿村农房地段、拆迁企业地段和永武公路二线改移路段。12月底前全面完成农房拆迁、永武二线改移工程开工建设、企业拆迁协议签订和落实安置用地。

（朱　亮）

■ 公路建设

【概　况】 2013年全市投入公路建设资金7.31亿元。五金大道至小派溪公路工程（芝英段）、金江龙至马关公路工程（一期）建成通车。雅吕至木渠公路路基桥涵工程完工。东（阳）永高速、永磐（安）公路主线基本贯通。永义（乌）公路飞龙山隧道、312省道永武（义）公路改建工程相继开工建设。农村联网公路完成泽塘至下田、金园至寺口等9个项目计6.8千米工程建设。

【东永高速公路永康段建设】 东永高速公路是连接诸永和金丽温高速的一条由东阳、永康两市政府投资的地方高速公路，为浙江省重点建设工程。公路东起东阳马宅，设马宅枢纽与诸永高速相接，终于永康新店，设新店枢纽与金丽温高速相连，全长44.7千米，双向4车道，设计时速100千米，路基宽26米，工程概算28.57亿元。其中永康段长30.86千米，经西溪、龙山、古山、方岩、芝英、石柱等镇。设西溪、方岩、永康东等互通立交3处，方岩服务区1处，管理及养护中心1处，永康东互通连接线3.71千米，工程概算19亿元。2010年4月开工。2013年东（阳）永高速公路永康段路基桥涵工程累计完成工程形象进度92.96%，其中路基工程形象进度87.2%，桥涵工程形象进度97.8%，路面工程已进场。

（吴绍青）

东永高速西溪公路桥板梁(林群心)

【330国道改造为国家一级公路】 330国道是境内最主要的公路干线通道。2009年以来,330国道永康段的交通量已处于超饱和状态。2005年着手330国道改造,由于种种客观原因,几经搁浅,推进缓慢。2012年330国道改造项目前期工作再次提上议事日程,同年11月取得实质性进展——项目建议书获省发改委批复。之后,先后完成项目选址、土地预审、水保、环评等专项批复,较顺利地取得省发改委认可批复意见。2013年3月14日,省发改委批复同意《330国道永康段改建工程可行性研究报告》,改建工程在年底开工。330国道改建项目起自前仓镇与缙云新碧镇交界处的光瑶村,至花街镇杨公村上,全长29.44千米,连接线长2.85千米。全线途经前仓、石柱、江南、城西新区、花街5个镇(街、区),36个行政村。设置互通式立交2处,分离立交13处,治超站1处,养护站1处,隧道管理站1处。

330国道拟建项目占用耕地201.86公顷,林地41.59公顷。公路投入运营后,将实施公路特殊用地价值的转化,带动沿线产业发展,不断催生出新的产业,并提高沿线农村居民的就业率。土地使用性质,将加快土地从耕地向非耕地、种植非经济作物向经济作物转化。2013年330国道永康段改造工程列入省重点建设项目,6月省公路局在永康组织相关部门进行初步设计审查。8月交由省交通运输厅报省发改委审批,11月成立330国道永康段改建工程建设指挥部,着手前期准备工作。330国道永康段改建工程为一级公路,设计时速为100千米/小时,双向六车道,主线长为29.26千米,同时修建322省道连接线长2.95千米,老330国道连接线长约1.7千米,概算投资49亿元,由市政府为主投资建设。根据设计方案,改建工程在城区南部布线,基本处于城市中心规划区域之外。线路自缙云县新碧工业园区进入永康界,沿南溪往北,在馆头,跨老330国道后;沿老金温铁路西侧至善塘再跨老330国道,跨东永高速,跨南溪后进入白云山隧道,沿新金温铁路北侧穿站前广场,跨永祥公路、金丽温高速公路连接线,在翁埠设永武线互通跨永康江,沿规划四环线跨老金温铁路至应益;在金古泉下穿金丽温高速,西田畈互通连接线;再沿老330国道路线前行,终止于永康市花街镇杨公村,与老330国道相接。全线沿途经过前仓、石柱、江南、城西新区、花街5个镇(街、区),36个行政村。工程实施有别于完善区域交通路网,改善区域交通条件,特别改善城区交通拥堵,促进永康区域经济快速发展,加速融入"长三角"经济圈,推进区域城市化进程。

(马　梅)

【永磐公路建设列为省重大项目】 起点在永康市西溪镇,终点为磐安县新渥镇百央村,全长为17.44千米,其中市境段为13千米。该工程按二级公路标准建设,工程投资总概算

3.78亿元，其中永康段2.76亿元，被浙江省列入国省道主干线建设规划和省重大交通建设项目。2013年永磐公路永康段路基、桥隧工程累计完成97.5%。除孔村、义门房屋未拆迁，个别路段无法进场施工外，其余路段已完工。为了缓解西溪穿镇段交通拥堵问题，先行实施的西溪至丁坑段约3千米路面工程已完工。永磐公路建成通车后，使永康与磐安直接相连，成为两地之间最近、最便捷的一条公路，里程也将从绕道东阳市的82千米，或绕道缙云县的70千米，直接缩短至60千米。

【五金大道至小派溪公路建成】 市五金大道至小派溪公路工程（芝英段）起点在车马何村，桩号K3+800，与经济开发区段相接，经前舒、南山沿、游溪塘、终点为芝英小派溪，终点桩号K7+200，路线全长3.40千米，路基宽34米，行车时速80千米。除桥梁及K4+741～K4+880段为全幅外，其余路段均按具备独立道路双向通行功能要求先实施右侧半幅，路基宽17米，路面宽度13.25米，桥梁净宽39.75米+2×0.5米。2010年3月1日开工，2013年7月30日完工，总投资4 090万元。路基挖方13.1万立方米，路基填方11.8万立方米，浆砌挡墙1 200立方米，浆砌排水沟3 280立方米，涵洞28道，小桥2座29.46米。项目建成后，有效加强经济开发区与东北部经济发达地区的交通联系，对缓解东永一线交通压力具有重要意义。

【金江龙至马关公路一期通车】 市金江龙至马关公路工程（一期）项目起点在金江龙村，与方岩大道相接，经派溪、下宅，在橙里王村南侧进入方岩隧道群，终点在大园村，通过村道井头至大园公路与双舟线相接。路线长5.984千米，采用二级公路技术标准，路基宽12米，路面宽11米。2009年9月10日开工，2013年1月18日完工。工程概算投资1.06亿元。路基挖土石方20.7万立方米，填方13.9万立方米，涵洞649.74米（32道），桥梁10米（1座），隧道1 502米（6座）。项目建成后分流方岩过境车流，有效缓解景区的交通拥堵。同时，改善沿线居民的生活和投资环境，促进区域经济协调发展。

【雅吕至木渠公路完成路基桥涵工程】 雅吕至木渠公路是永康至义乌公路之一段。该工

交通设计所设计的山区公路工程（交通局提供）

程线路长 2.1 千米，按一级公路技术标准设计，路基宽度 32 米，行车速度 80 千米/小时。2012 年 3 月 1 日开工，2013 年 12 月底完工。累计完成路基土石方 35.5 万立方米，填方 19.1 万立方米，浆砌挡墙 2.8 万立方米，涵洞 164.6 米/4 道，桥梁 103.78 米/2 座。

（金江丽）

公路管养

【概 况】 2013 年公路养护工程项目包括 330 国道路面大修工程、330 国道病旧桥梁加固改造工程、农村公路大中修工程、农村公路病旧桥梁改造工程、农村公路安全保障设施工程、黄沙岭隧道加固改造工程、永祥隧道加固改造工程、芝英路口改造工程等。全年投入资金 1.12 亿元，主要用于 330 国道石柱至黄棠段 3.9 千米路面白改黑，加固改造 330 国道病旧桥梁 3 座；330 国道总部中心路段路肩沥青砼硬化；实施东永线芝英段整治；新溪至山后胡公路黄沙岭隧道加固改造、洞身扩挖和衬砌工程；永祥隧道加固改造工程；对 11 条路线 12 个路段 28.194 千米农村公路实施大中修；为三板桥至双溪、金江龙至上里叶、象鸣畈至定塘等 19 条农村公路安装钢质防撞护栏 2.03 万米。

配合森林城市创建和"四边三化"工作，抓好公路两侧环境综合整治和公路绿化。完成 330 国道、省道东永线、县道大永线、世方线、双舟线清溪至世雅公路沿线绿化 53.67 公顷；完成清理公路两侧垃圾2.53 万多立方米，清理堆积物 3.56 万立方米，清理马路市场 39 个。以超限超载整治为重点，强化路政管理，全年查处违章案件 5 491 起，拆除违法建筑 6.12 万平方米，清理堆积物 5.53 万立方米，拆除非公路标牌 5 600 块，检测车辆 2.09 万辆，查处违法超限超载车辆2 310 辆，卸货 3.89 万吨，路政许可 39 起。

【330 国道路面进入一期大修】 2013 年 330 国道永康段路面大修工程（第一期）实施路段为 330 国道 K184＋300～K188＋215，实施里程 3.915 千米，投资 2 804 万元。此外，投资 909 万元对 330 国道和乐桥、风云亭桥、石柱桥进行加固改造。为配合第四届永康国际门博会召开，投资 100 多万元对 330 国道永康市总部中心路段路肩实施沥青路面硬化。

【农村公路设施分别改造修理】 2013 年市农村公路大中修工程实施 11 条路线，12 个路段，总里程 28.19 千米。其中县道有石四线、双舟线计 14.3 千米；乡道西玉线、横桥至潜村计 3.35 千米；村道有象鸣畈至定塘、庙口至柘岭下、山西至山西孔、四路至张溪头、桥下至张岭、前珠山至潘坑、西山至金园等 7 条计 10.54 千米。工程总投资 2 030 万元。农村公路安全保障设施工程有三板桥至双溪、金江龙至上里叶、象鸣畈至定塘等 19 条线路共 57.5 千米临水临崖、高落差危险路段，安装钢质防撞护栏 2.03 万米，以及加固

9 月 5 日，330 国道花园危桥加固改造主体工程已完工（林加强　尹晓春　摄）

公路两侧种植苗木(交通局提供)

改造农村公路病旧桥1座。

【黄沙岭隧道进行加固】 黄沙岭隧道位于花街镇八字墙新溪至山后胡公路,也称山后胡隧道,全长402米,是当地山区人民及大寒山景区通向山外的唯一交通要道。该隧道建于20世纪80年代,时为人工开凿,存在断面过窄、不规则、无衬砌、渗水等一系列病害。尤其在2012～2013年隧道岩体渗水渐趋严重,且时有落石,该隧道加固改造工程被列入2013年全省农村公路病危桥隧加固改造工程计划。2013年8月底动工,工程概算1 090万元,工期计划8个月,其中洞身扩挖及衬砌等主体工程在年内基本完成。

【永祥隧道进入改造】 永祥隧道即鹫岭洞隧道,始建于20世纪80年代初,由人工开凿。位于市内永祥村北部山麓,县道王赵线12千米+640米处,是江南街道永祥山区通往武义县芦北的唯一交通要道。是永康农村公路中最长的一座隧道,全长1 020米。迄今已运行30年。为确保永祥隧道的交通安全,隧道加固工程于2011年11月29日正式动工,投资概算2 130万元。改造后,隧道长度998米,连接线长138米。土建工程于2013年底基本完工。

(金江丽)

【国省县道公路两侧全线绿化】 “四边三化”整治是2013年工作的重中之重。公路两边绿化涉及公路沿线9个镇(街区),总投资1 500万元,完成330国道、省道东永线、县道大永线、世方线、双舟线清溪至世雅公路沿线绿化36千米,面积53.67公顷。市交通运输局、水利局、林业局、国土局,以及公路沿线各镇(街道、园区)全力以赴,将“四边三化”与公路环境、乡镇环境综合整治、“森林永康”建设、“美丽乡村”建设结合起来,共建整洁优美的城乡环境。

(应嫔嫔)

路政整治

【概　况】 为深入开展创建文明卫生城市,市公路管理部门狠抓公路的全面养护工作,重点加强干线公路和主要县道保洁,特别是城区入城口的重点养护。2013年市公路管理部门进行4次为期一周的大规模清障工作：春运前为保畅通对330国道、省道东永线、县道大永线等公路进行整治，做好清理路障、路面保洁、绿化补植、坑洞修复等工作，取得较好的效果；为迎接"两会"对330国道、省道公路进行清障；节后为确保公路畅通，对干线公路进行整治；为迎接市门博会、五金博览会和全市创卫工作，抓好公路的全面养护，重点加强干线公路和主要县道保洁，特别是城区过境公路的重点养护，配备养护垃圾清运车，做到公路垃圾随扫随清，公路管理部门不断完善公路两侧环境整治队伍，坚持每天上路清理公路两侧垃圾，对堆积较严重的路段，不定期调动装载车、挖土机等大型机械进行重点整治。特别是市人民医院门口，因为候车人多，摊位多，造成垃圾满地。市公路管理部门专门派人蹲守清扫保洁，是年公路管理部门清理公路两侧垃圾废土1.01万立方米，有效地净化了公路环境。

【公路边"三改一拆"专项整治】 为推进"三改一拆"治理工作，取缔公路边违章建筑，市公路段路政执法人员结合市内国省道现状，与花街、石柱、前仓、龙山、古山、芝英等乡镇政府携手，联合国土、行政执法等部门，组成公路边"三改一拆"专项整治队伍，对公路两侧建筑控制区内的违章建筑、非公路标志牌展开专项联合整治。在整治过程中，先由违章业主在期限内自觉清理拆除，对逾期不拆除的，依法予以强制拆除。对违法建筑集中、拆除难度大的路段进行多次集中专项拆除。2013年清理330国道垃圾6 476.5立方米、堆积物4 660立方米，拆除广告牌118块，拆除违法建筑、构筑物、破旧建筑约1.07万平方米，清理马路市场2个；217省道、322省道、312省道清理垃圾8 723立方米、堆积物3.09万立方米，拆除广告牌378块，拆除违法建筑、构筑物、破旧建筑5.35万平方米，清理马路市场37个。

【九县市路政管理队伍联合治超】 针对国、省道干线公路超限车辆增多，集结冲卡、逃逸、暴力抗法等不法行为时有发生的情况，金华市公路路政管理支队于2013年4月26日组织9个县市的路政执法人员在永康开展为期3天(包括夜间)的联合治超行动。此次整治活动以永康境内330国道为重点，主要查处车货总重在55吨以上和超限100%以上的货运车辆，有效打击和遏制非法超限运输行为。经过3天的整治，查获超限运输车辆23辆，其中皖S72872超重达81.36吨，是永康治超以来，所查获的超限车辆中超载最严重的一辆。此外，市公路段加大治超力度，严厉打击恶意超限超载车辆，采取固定治超和流动治超相结合的方法，将原来的"三班二倒"改成"四班三倒"，全面实行24小时设卡治超的工作机制。同时与交警部门联合建立长效的协调制度和应急处置机制，联合新闻媒体，开展全方位、多层次治超宣传。全年查处超限车辆2 314辆，卸除超载货物3.9万吨，卸载率100%。公路段治超站获金

多部门联合整治公路边的违章建筑(交通局提供)

交通局与交警部门在重要路段设卡联合治超(交通局提供)

华市群众满意基层站所(服务窗口)创建工作先进单位荣誉称号。

【农村公路整治投入近 3 600 万元】 2013 年农村公路整治工程投入资金 3 586.9 万元。项目分别为:农村公路大中修工程;农村公路安全保障工程;农村公路病危桥隧改造加固工程。其中农村公路大中修工程计划对横桥至潜村、四路口至张溪头,以及山山线、西玉线等 11 条线路进行修整,计 28.19 千米,总投资 1 858 万元;农村公路安全保障工程是对寨口至柏西、石柱至华山等 23 条线路计 55.65 千米的临水、临崖、高落差等危险路段,完善增设钢质防撞护栏 2.05 万米,总投资 415.9 万元;农村公路病危桥隧改造加固工程 4 座,总投资 1 313 万元。其中 1 座病危隧道为花街镇山后胡的黄沙岭隧道,就投入 1 200 万元。而另 3 座病危桥,则为乡道上的童宅至大塘头的大塘头桥、清溪至溪边的梧桐山桥,以及村道雅吕至枫岭脚的雅吕桥。对 330 国道市境段的 3 座病危公路桥进行加固改造,投入 1 122 万元。

(应嫔嫔)

■ 道路运输

【概　况】 2013 年市交通运输管理部门认真履行行业管理职能,加快城乡公交化后续建设工作,加强客货运市场、驾驶员培训市场、汽车维修市场管理,道路运输行业发展平稳有序。全市实现客运量 3 298.76 万人,比 2012 年增长 1.5%;旅客周转量 10 亿人千米,与 2012 年持平;全年吞吐货运量 3 100 万吨。年底,全市营运车辆为 18 262 辆,其中营运客车 916 辆(含出租车 308 辆,城市公交车 142 辆,城乡公交车 270 辆),营运货车 17 346 辆。有客运班线 127 条,其中省际班线 25 条、市际班线 30 条、县际班线 7 条,市(县)内 65 条。实现全市乡镇通班车率 100%,行政村通班车率 97%。全市有客运企业 5 家,物流企业 159 家,危险品化学品运输企业 12 家,从业人员 1.8 万人,经营线路 256 条,覆盖全国 106 个省市、区县、港澳地区和专业市场,年吞吐货物 3 100 万吨。机动车维修经营业户 429 家,其中一类企业 15 家、二类企业 44 家、快修 54 家、三类(专修)286 家,摩托车修理30家,一、二类汽车维修企业中有4S店15家,汽车综合性能检测站1家;驾校7家,教练车辆447辆,教练员474人,训练场地13.3万平方米,全年培训学员1.69万人,营运驾驶员从业资格培训出租485人,货运979人,客运从业资格继续教育843人,货运从业资格继续教育247人。

(俞　璨)

【新长途客运站项目进入前期工作】 2013年邀请市规划局、浙江交通规划设计院专家对市内道路客运站场布局方案进行论证,并由市规划设计院完成长途客运站、公交总站项目建议书编制工作。9月完成长途客运站、公交总站选址,建设规模相关汇报材料的编写。同时开展其他项目前期工作,如确定项目选址、土地规划修编,选址红线等。

【汽车环保检测线投入运行】 随着全市机动车拥有量急速增长,机动车尾气已成为空气主要污染源,为减轻污染,促进老旧车辆更新,全省将对所有机动车实行"黄绿牌"环保检测标志管理,对经环保检测线检测符合要求的车辆分别发放黄色或绿色标志,禁止检测不合格的车辆上路。2012年市双飞公司筹建环保检测线,先后进行车间建设、设备安装、人员培训,正式开展环保检测工作。为了减少汽车尾气对空气的污染,对部分班线车辆首次更新为天然气清洁燃料车。2013年由市内发往杭州、温州、萧山机场的10辆柴油车更新为燃气车。车辆更新后,PM2.5和PM10将比原来的柴油车减少排放90%以上,氮氧化物减少排放80%以上,更有利于节约燃料费用。

【出租车电召中心启用】 12月20日,永康智能出租车呼叫平台正式启用,双飞运输公司的156辆出租车全部安装到位,率先启用。平台的推出,为司乘人员双方提供了一个沟通平台,出租车行业从此有了更精细化的特殊服务,能让广大市民足不出户、轻点手机就能叫车。

【自助售票机及网上购票服务】 9月23日,客运西站售票厅设置自助售票机。这是双飞公司联合市建设银行推出的一项便民措施,与市客运东站、客运西站购票系统同步,支持所有银联卡购票和现金付款,可以购买10天内的车票。12月26日,为方便旅客购票,开通畅途网网上及手机购票服务,用户只要通过畅途网(http://www.trip8080.com/)或下载"畅途网手机客户端"软件就可以随时随地通过网上或手机查询并购买永康客运东站、客运西站汽车时刻信息汽车票,相对原来的购票方式更快捷、更方便,网银交易完成后(不收取车票以外的其他费用),通过车站的网络购票取票窗口换取实体票即可检票上车。

(胡颖端)

■ 城乡公交

【概　况】 2013年永康市双飞公司有47辆新车投入运营,其中15辆投放城区——唐先线路,13辆投放城区——方岩线路。城乡公交一体化改造后,有200辆新车投入运营。全市有253辆农村班车完成公交化改造,投放新车200辆,但还存在一部分缺口。根据计划,3月前有70辆新车投入运营,不仅对原有线路全覆盖,而且开通了一些山区冷门线路,方便了山区群众。

(倪梦萱)

【城乡公交化改造】 为了给城乡居民提供安全、经济、便捷、舒适的公共交通服务,2012年初市政府把农村客运班车公交化改造列入重要议事日程,11月29日,市委、市政府召开动员大会,全市农村客运班车公交化改造工作正式拉开帷幕。年底到期的248辆农村客运班车经营者基本上签订退出经营协议并完成交车手续。2013年1月1日,全市城乡公交车辆实行新票价。凡开通豪华双开门公

唐先太平新村一公交停靠点安装(孔珊珊摄)

交车型的线路,里程在20千米以内的公交票价2元,超过20千米3元。乘车人票价减免按国家规定执行,如60—70岁老年人半票乘车,满70周岁老年人免票乘车。9月27日,全市原31条农村班线全部完成公交化改造。城乡公交公司270辆公交车投入运营,日均输送旅客8.6万人次。

【城乡公交节点运输】 4月24日,城乡公交节点运输方案试运行,通过唐先、西溪、方岩三大换乘枢纽点及前仓、舟山、象珠三个换乘中转点,实现城镇公交、镇村班车、跨镇班车的全方位网络覆盖。在保持270辆客运班车不变的情况下,新增镇村及跨镇班线23条,日发班次增至1513班,日运力提升2万人。受益村庄65个,缩短候车距离10.69万米,惠及3.31万人。实现直线2千米通达村庄增加16个,道路2千米通达村庄增加19个,直通通村村庄增加43个,城乡公交总体覆盖面、效率、效能大大增加,候车时间大幅减少,镇村出行更加便利,票价降低。

【城乡公交站点设置】 2013年完成1 900个站点选址,站牌内容样式设计草案,临时站牌安装工作。全市完成农村公交候车亭项目方案制定、发改委立项及用地协调工作。经过两次实物样品的制作,确定候车亭样式,完成选址、图纸设计、工程预算、实地勘察及标书审查、确定建设单位等。年底,完成100个城乡公交候车亭的建设。确定方山口、象珠、八字墙等3个始末站的选址工作。

【城乡公交实行IC卡】 7月31日,市内城乡公交IC卡系统开始试运行。及时解决信号不正常等问题,实现IC卡支付功能及农行卡支付功能。至年底,全市已售IC卡1.2万

新客运东站公交停靠站(交通局提供)

张。为方便60周岁以上老年人乘车，城乡公司与市民政局合作，在省内首次推出具备公交支付功能的老年卡。在各镇(街区)及相关部门支持下，至年底更换了9万多张具公交支付功能的老年卡。

(胡颖端)

【老人乘城乡公交由政府买单】 全市农村客运班线车辆公交化改造后，2013年2月市长徐华水乘车暗访，5个多小时坐了6辆城乡公交车，绕了大半个永康。调查发现，市民对公交惠民政策都很满意，但偏远村民到镇上办事还不大方便。随后，市交通局提出节点运输方案，增设村镇班线和发车密度。9月29日，永城至四路班线的“黄皮车”由12辆10.5米长豪华绿色的城乡公交车取代。至此，永康城乡公交全部实现公车公营。公车公营降低城乡公交票价、老年人享受同城优惠，还有节点运输、站点设置等配套设施，全部由政府买单。城乡票价按城市公交票价体系确定，20千米以内2元，20千米以上3元。享受此福利的不仅仅是城区与乡镇的班车，还有镇镇班车、村镇班车。如唐先、西溪、方岩三大换乘枢纽点，及前仓、舟山、象珠三个换乘中转点，新增镇村及跨镇班线12条，日发班次增至1 513班。实现城镇公交、镇村班车、跨镇班车全覆盖，惠及人口33 095人。最高只付3元钱，就可以从城区坐到各个镇(街区)，票价普降五成。2013年1月1日开始，永康60岁以上的老年人可以凭老年证半价买票乘车，70岁以上的老年人凭老年证免费乘坐城乡公交。8月1日，永康城乡公交公司推出IC卡，可在72条城乡公交、村镇班车、跨镇班车线路的270辆车上使用，实现城乡公交IC卡使用全覆盖。使用IC卡乘车，普通卡还可以打9.5折。为方便老年人乘车，城乡公交公司还与市民政部门合作，将免费爱心乘车卡及五折乘车优惠老年卡，与市民政部门发放的优待证实现功能二合一，这在省内尚属首次。

(倪梦萱)

【城乡公交改造后续方案出台】 2012年11月29日，市人民政府办公室出台“关于印发永康市推进农村客运班线车辆公交化改造实施方案的通知”和农村客运班线车辆公交化改造工作方案，在市农村客运班线车辆公交化改造工作领导小组领导下，由各镇、街、区和各部门组成综合协调组、公交化改造组、政策宣传组、社会稳定组、信访接待组、法律保障组六个专门工作小组，经过一个月时间的共同努力，顺利完成农村客运车辆公交化改造工作。2013年1月1日，崭新的7.7米、8.5米、10.5米的公交车相继投入农村客运市场经营，实现市委、市政府提出的目标与要求。接着市交通运输管理所开展农村客运班线实施公交化改造后的后续经营工作，改造270辆普通客运班车，与部分城乡公交车，增加客运运力99%，从改造前的7 072座递增至1.45万座，老年人乘车优惠政策得到全面落实，直通村庄明显增加。经过深入农村实地勘察，新编城乡公交路线48路，许可城乡公交线路由原36条增至70条，受益村庄65个。

【公交收费出台优惠政策】 2013年市内公交收费根据《关于核定永康市城区豪华型公交车票价的批复》，城区豪华型公交车票价为全程一票制，全年一价原则，城区豪华型公交车每人每票1.5元。根据国家及市政府有关优惠政策，对70周岁以上老年人、残疾军人、因公致残人民警察，凭有效证件免费乘车；凭《浙江省老年人优待证》免费乘坐市区公共汽车；盲人免费乘车，其他残疾人和60～69周岁老年人凭有效证件每人每票0.5元；儿童乘车按《浙江省城市公共交通车辆乘坐规则》规定执行。

(王益明)

【城区9路公交车开通】 为进一步完善市内公交线网布局，方便沿线群众出行，2013年9

新开通的9路公交车9月投入运行，84岁的王林雪阿婆成为首位乘客（秦艳华　程　卡　摄）

月1日，市远通公交公司以公车公营模式开通9路公交车。线路走向为南都路（金胜山公园）、溪中路（永一中、巴黎商街、汽车东站、五金城二期）、五湖路（总部中心）、五洲路（世贸中心）、金都路、皇城南路、金山西路（开发区管委会）、银川西路、科源路、铁铃路（永康五中）。全程7.7千米，设站点15对，初期投入运营车辆4辆，每日发车40班次，发车间隔为15～20分钟，营运时间段为6～19时。

（俞　群　钱海燕）

■ 交通管理

【概　况】 2013年市交通运输管理所以“发展现代交通，奉献一流服务”为目标，以队伍建设为根本，以保障安全为目的，全方位开展各项工作。根据交通部提出的“科学组织、安全第一、以客为主、优质服务”的方针，圆满完成春运工作；根据上级部署，对全市运输企业开展安全隐患排查整治活动，为全年良好的安全环境奠定基础；认真开展农村公交化改造，新投入农村公交车270辆，建设站棚、港湾式停靠站和回头站，投入使用公交IC卡，落实老年人乘车优惠等措施，不断改善百姓出行的方式；筹备成立市汽车租赁行业协会，解决全市汽车租赁市场混乱、行业管理不规范等问题；实施新《机动车驾驶培训教学与考试大纲》，学习驾驶质量不断提高；开展“公交出租行业服务质量提升活动”，整治不文明的经营行为；全所上下积极开展“正风提效抓落实”活动，减少办事流程，抓服务质量，提服务效率，群众的满意度不断提升。2013年运政路政分中心办理道路运输证2 314本，新增许可1 358户，征收车辆营业税197万元；稽

9月29日，代市长金政带队检查国庆节前道路交通安全工作（公安局提供）

查中队推行人性化执法，对情节轻微、不涉及安全方面的违章行为不进行处罚，以《告知书》的形式告知车主违章内容，提示及时纠正，受理案件1 111件，已处罚1 106件，处罚金额123.3万元，比2012年明显减少，“以人为本，重教育，轻处罚”得到落实；进一步扩展9.65万电话服务功能，引导9.65万向咨询、服务方向发展，半年来接电话5 230个，其中咨询电话5 056个，投诉电话174件，投诉率比2012年下降15%，投诉处理率100%，满意度得到提升。

（俞　璨）

【春运开始日均发送旅客超三千】 1月26日春运开始至28日，客运西站3天发送长途旅客1.9万人次。由于车辆更新，座位增加，春运加班的车次有所减少，26日加班21个车次，27日26个车次，28日24个车次，大部分往江西方向，车票相对宽裕。公路客流高峰出现在2月1日至3日。客运东站以运送丽、台、温方向的旅客为主，春运头3天日均发送旅客3 000人次。春运前3天，铁路客运较平稳，日发送旅客1 500人次，比2012年同期略有增长，增加的旅客主要是持异地票上车的。有些人为能买到回家的火车票，票面上车站点变成缙云、丽水，甚至是温州。春运开始后，往汉口、南昌方向的旅客明显增加。预计铁路的客运高峰将出现在2月4日至6日，比公路的客运高峰推迟3天。为了搞好春运，加大了春运客车的投入，全市有429辆客车投入春运，计2.08万座，比2012年同期增加6 659座，基本满足春运要求。

【春运管理安全有序】 2013年春运自1月26日开始，3月6日结束，为期40天。春运期间全市投放客车（含公交、出租车）875辆2.72万座，发送旅客375.91万人，完成旅客周转量7 373.43万人千米，比2012年增长4%。其中加班765个班次，包车发送旅客2.5万人，节前旅客运量增加25%，最高日运量10.59万人。春运前，对全市的客流量、流量方向等进行预测，根据预测情况合理安排运力，及时外调客车68辆3 219座，有2.5万人通过外籍运力将旅客输送回家。同时加强车辆技术状况的监管工作，对安全条件达不到要求的一律不得参加春运，坚决杜绝四类人员参加春运。注重农村支线客运的安全管理，重点跟踪棠溪、铜山等山区农村客运班车，查处源头超载、无证经营和站外组客等违章行为。春运期间上路检查2 560人次，检查客车3 011辆次，查处源头超载客车246辆次，上报处理案件193起，其中站外组客案件186起，查处无证经营28起，查处出租车32辆次，保证了春运工作圆满完成。

（王益明）

交警做好春运交通安全管理工作（公安局提供）

【公交出租行业服务质量提升活动】 2013年5月至7月市交通运输管理所

交通警察在街道文明执法(交通局提供)

对全市公交、出租行业开展为期3个月的服务质量提升活动,严厉打击各项不文明的经营行为,提高从业人员素质,真正让公交车、出租车成为城市流动的文明窗口。5月20日,市交通运输管理所召集各公交出租企业负责人会议,进行部署。6月,联合交警、远通公交公司开展“开启空调·规范行车·文明行车”专项整治,每天派出6个中队对公交车进行检查,要求公交车在温度达到30摄氏度必须开启空调,每天检查公交车近400辆次。通过报纸开设专栏,向市民发出征集令,并开设官方微博,以“大家都来评公交出租”为题,向全社会公开征集不文明行车现象行为,根据征集的不文明行车情况,进行专项整治,定期对网友提供的线索进行回复。聘请行风监督人员10名,对不按规定线路行驶、不按规定站点停靠、拒载老年人等违规现象进行有效取证并举报,行风监督形成常态化、长年化。96520全年受理公交出租方面投诉案件97件,出租车85件,公交车12件,比2012年同期下降58%。

(俞　群)

【安全生产排查整治专项行动】 2013年根据《关于开展全省交通运输行业安全生产大排查大整治专项行动的紧急通知》和金华市

永康特警在交通要道上设置防线卡点保安全(公安局提供)

道路运输管理局《关于开展金华市道路运输行业安全生产大排查大整治活动的通知》精神，从6月起，对全市范围内的道路运输企业开展为期4个月的安全生产排查整治专项行动。6月24日，市交通运输管理所召开专项行动布置会，印发《"安全生产大排查大整治"活动实施方案》；7月9日，召开由各道路运输企业、站场负责人参加的安全生产排查整治专项行动动员大会，并悬挂横幅15幅，张贴宣传标语400条，发放安全宣传小册子1.4万本。之后辖区内5家客运企业，12家危险货运企业，1家城市公交企业，7家驾驶员培训企业，2家客运站场，56家二类以上维修企业，按照排查整治要求，逐项逐条，开展自查自纠，经过自查发现安全287起，当场整改284起，限期整改3起，确保了道路运输安全，也为创建优良道路运输安全形势奠定了基础。是年全市上报道路客、货运输行车总行程1.27亿车千米，道路运输行业（出租车）发生死亡事故1起，死亡1人。事故三项指标（事故起数、死亡人数、直接经济损失）比2012年分别下降85.7%、91.7%和95%。全年没有发生9座以上营运客车死亡事故，安全形势为2010年以来最好。

（黄国兴）

【新机动车驾驶培训大纲施行】 2013年1月1日起，根据交通运输部、公安部新《机动车驾驶培训教学与考试大纲》学驾人员培训学时由原来86学时改为78学时，每个学员理论培训时间每天不得超过4个学时，实际操作培训时间每天不得超过4个学时。3月1日起，全市实行驾驶理科集中培训，由各驾校委托市道路运输协会负责实施培训，在先行驾校和铃川路设置两个教学培训点，配备相应师资，按大纲统一教学计划和教案，学员必须经过不少于16学时的理论培训。

（宋　强）

【维修行业技师培训班】 在市人力资源社会保障局的支持下，市交通运输管理所、市道路运输协会、市机动车维修行业协会首次联合举办维修行业技师培训班。2013年9月在市道协培训中心开班。首届学员50人有46人获得维修技师资格。2012年至2013年全市维修行业有256人经过培训获得从业人员资格证，其中初级工4人、中级工156人、高级工96人。经过培训，提高了全市维修行业上岗人员持证率和整体素质。

【《浙江省汽车维修合同》正式使用】 根据金华市交通运输局，金华市工商行政管理局《关于推广使用〈浙江省汽车维修合同（示范文本）的通知〉》精神，市交通运输管理所于2013年8月1日在全市维修行业转发文件并正式实施。文件对合同的使用范围、检验签证单样式、签订要求、法律责任及合同管理等作出具体规定。

（吕德法）

【出租车运价调整】 随着汽油价格、车辆维修费用和驾驶员工资的不断上涨，加上车辆拥堵和道路红绿灯等候等问题，出租车运营成本大幅上升，要求调整运营价格呼声较大。为保证出租车行业的正常运行，根据省相关规定，市交通运输管理所联合其他相关部门对出租车运行成本进行审核，于2012年12月召开价格调整听证会，并于同月组织物价局定价小组会议进行集体审议，参照金华市运价调整标准，拟对出租车运价进行调整。2013年4月15日，十六届市政府第九次常务会议通过《永康市客运出租车运价调整方案》。此次调整最大的变化是取消燃油附加费，增加以前没有的等候计时费和放空费等，适当降低原有起步价收费标准，重点理顺等候计时收费和放空加价收费等。出租车运价调整方案如下：起步价由现行8元/2千米，调整为8元/2.5千米；取消原来的燃油附加费，以后的燃油附加费启动视情形而定。超起步价千米的单价由2.10元调整为2.50元，调整后的运价从5月10日零时起执行。对出租车等候计时收费、出租车放空费、夜间营运加成计费等标准也作出相应规定，缓解了出租车经营者负担。

【汽车租赁行业协会成立】 随着永康经济持续发展，汽车租赁业成了一个朝阳产业，而在监管上却存在一定空白。2001年发布的《浙江省道路运输管理条例》规定，汽车租赁公司由交通运输管理部门审批，工商、税务登记。2005年修订、2006年1月1日施行的新《省道条》取消这一规定。2012年7月1日，新《浙江省道路运输管理条例》第五十六条规定，依法取得租赁业务营业执照的业户，20日内将营业执照和车辆信息报运输管理机构备案。由于法规的缺失，导致汽车租赁行业缺少管理部门的监管，市场秩序混乱。不少租车公司经营者面临三大难题：骗卖、车祸、罚单。为使全市汽车租赁行业从分散走向统一，解决困扰行业管理不规范等问题，2013年7月17日，市汽车租赁行业协会挂牌成立，有注册会员42家，租赁车辆600多辆，经选举产生1名会长，4名副会长，7名协会理事及1名秘书长。

（俞　群）

【通行费征收难点处置】 2012年5月31日，根据省政府文件精神，花街收费站撤销，社会各界要求撤销普通公路收费站呼声很高。2013年东永公路收费站长川收费点通行费征收工作受到巨大冲击，车辆强行冲卡、暴力拒交通行费现象增多，收费额大幅度下降。针对这一现象，330国道永康市收费所加强内部管理，挖掘潜力，着重抓好三方面工作：层层签订各项工作目标责任书，把年度工作目标分解到班组、落实到个人；全体后勤机关人员充实一线协助收费，根据夜间大吨位车辆闯岗逃费频繁现状，有针对性地安排收费秩序整顿；在深入调查研究的基础上，对通行费征收管理中存在的问题进行规范，细化制度及措施，并开展月度收费竞赛等。工作实施后取得良好的效果，充分调动收费一线职工的积极性，收费额趋于稳定，站区秩序得到一定好转。

（章燕君）

【行风监督员座谈会】 12月12日下午，永康公路段专门邀请20多名人大代表、政协委员召开2013年行风监督员座谈会。市人大副主任王浙强，政协副主席王伟及交通运输局局长周荣广出席会议。会上，市公路段段长用图文并茂的汇报方式向与会的各位监督员展示2013年全段的重点工作和特色亮点，得到在座行风监督员的高度评价和肯定，并就该段公路建设、养护管理、超限超载、行风建设等工作提出许多宝贵意见和建议。

【交通违章一站式服务】 2013年初全市机动车保有量22.37万辆，其中小型汽车16.48万辆，年内小汽车净增2.4万辆。以往办理汽车违章手续繁琐，交警队开罚单后到建行交款。由于交通违法罚款单需到建行交付。部分市民就近选择车宝路上的“黄牛”点代理，这里便成了多家“黄牛”临时办公场所。附近村民也到办事大楼门口摆摊做小买卖，加上车宝路来往车辆多，公路经常被堵，影响车辆办事效率及附近村民的通行。市交警大队联合市工商局、市行政执法局开展整治行动，取缔该路段及周边道路的非法摊点，改善场外秩序。并对该路段进行改造，在道路两侧进行美化、绿化，提升该路段的环境。1月开始，市车管所等机动车驾驶员协会共同设立便民中心，实行“一站式”服务。投资百万元从软硬件方面着手，使办事环境、流程日趋合理、高效。市车管所建成唯一进、出两扇大门的办事场所，设立内部车辆进出通道自动道闸卡，严把进出关；新增2条检测线，提高检测效率。投资8万元，对现有检测站年检车辆排队等候处的绿化带进行拆除和硬化，

取缔汽车黑票点（交通局提供）

把5条车道改造成8条车道，增加使用面积。在车道之间加装隔离护栏，促使年检汽车有序排队，杜绝插队、拥挤现象的发生。为减少车辆排队等候时间，提高办事效率，从3月份开始，市开通汽车检测12580预约电话热线，为市民提供便捷高效的服务。在办事大厅、检测车间、大门口、场地内安装视频监控，加强内部安全和监督，并实行亮化服务举措，进一步提升交管所窗口单位的服务能力和水平。

【"黄牛车"、"黑车"受到查处】 每年春运期间，是客运市场违法违规经营行为发生的高峰期。2013年初在经济开发区、城西新区和部分工厂的墙头、电线杆上，已贴着不少"黄牛车"、"黑车"广告。1月26日开始，市公安、工商、交通运输、城管执法等多个部门联合集中整治道路客运市场秩序，对"黑车"、站外组客等违法违规营运行为依法予以严厉打击。此次客运市场整治以客货集散地、各重要公路路口、高速公路出入口收费站、高速公路服务区等为主要阵地，设立固定联合检查点，在一些重点区域还实行24小时执勤检查。对以下行为予以严厉打击：未取得道路运输经营许可，使用失效、伪造等无效的道路运输经营许可证件从事道路旅客运输经营行为；站外非法组客、过境客车不按规定线路行驶、不按规定的客运站点停靠，随意上下车等行为；垄断客源、强行拉客等违法行为；未经审批非法设置售票点、黑票点；乱搭乱建及私设户外车讯广告；出租车异地驻点营运、拒绝载客、途中甩客、故意绕道、强行拼载等。

【旧车未报废新车不能上牌】 2013年9月全市正式启动报废车未报废、新车不能上牌工作。这项规定从2012年起全市实行，只是全省网络未完成建设，网络未正式启动。市内有很多人存在卖车后未过户的情况。发生交通事故、特别是逃逸事故时，对登记车主没有保障。市内许多企业也有相当多的车辆几经转手，都未办理报废手续，应引起特别重视。凡是不再使用的车辆，车主可以到市物资再生利用有限公司报废，报废车辆时要带车辆行驶正副本、车辆登记证书、机动车前后牌照、车主身份证复印件。报废后再到市车管所办理注销手续。如果驾驶员有报废车未报废，以后购买新车都无法署上自己的名字。

【酒后驾驶查处 1 100 起】 12 月 3 日晚上 10 点到 4 日凌晨 1 点，永康交警在丽州路和九铃路设卡严查酒驾。在短短 3 个小时内，就查到 30 多个酒驾。临近年底，各种聚餐聚会增多，酒驾也多。2013 年 3 月张某刚考取驾照，再过 4 个月，实习期满。12 月 3 日晚上，他和朋友聚会，喝了两杯啤酒，出来就被查到了。根据呼吸酒精测试，他的酒精浓度达到 24 毫克/100 毫升，属于酒后驾驶。由于还在一年实习期内，张某被罚款并吊销驾驶证，需要再考一次驾照。2013 年每周进行 1 至 2 次酒驾严查。永康交警全年查处酒后驾驶 993 起，醉酒驾驶 199 起。

【市交通事故快速处理中心启用】 12 月 16 日，在永康城区出了轻微交通事故，车损在 0.2 万～1 万元的，双方愿意协商解决，只要拍下现场照片，发彩信到"106397777"，或发微信给"永康交警"就能处理。轻微事故的"快速处理"，当事人应该注意以下几方面：快速处理目前只限金华地区牌照机动车的交通事故；双方的驾驶证、行驶证、保险必须齐全，并在有效期内；发微信或彩信三张照片，一张为事故现场全景图，一张为碰撞部位照片，一张为汽车牌照。永康市事故快速处理中心设在西塔一路 239 号斯柯达 4S 店内，市交警部门联合人保、国寿、大地、平安、太平洋、太平、浙商、中华联合、天安 9 家保险公司坐镇，事故车辆进入服务中心，就能办理事故车辆定损、保险理赔等程序。如当事人对事故有争议或遇到问题，可找交警主持公道。事故快速处理中心的冬令服务时间为 8:30～17:00，夏令为 8:30～17:30。已入驻的 9 家保险公司占市内约 90%的业务量，无人员伤亡，车损 1 万元以下，车辆能自行移动的事故，都提倡通过快速处理中心处理，尽快将车撤离事故现场，减少道路拥堵。除通过微信快速处理，还有 3 种方式可以进行快速处理，分别为：把照片通过彩信发送到"106397777"，或直接由保险机构快速处理，或自行协商快速处理。

【学生接送车全面整治】 1 月 29 日，市教育、安监、交通运输、公安等部门联合行动，分组对市境内的学生接送车进行全面专项整治。蓝天学校有 5 辆接送车，春季开学确定

公安交警出发进行"安全行车，畅通永康"集中整治行动（公安局提供）

要继续使用的有 2 辆，新学期起该校将鼓励学生走读，降低接送频率。临溪文武学校租用 9 辆旅游车对 700 名学生进行接送，春季开学前准备整理寝室，劝说部分学生住校。龙翔学校有学生 400 名，租用 2 辆中巴车接送 107 名学生，学校购买一辆校车，专门用于接送学生。所到之处，检查人员一一查验驾驶员资质和接送车安全状况，要求使用期限已久又达不到安全要求的接送车辆停止使用；一些车况较好的，要及时维修、整改，加装安全装置，以期实现过渡之用。检查人员对接送车随车档案、运行线路、运行次数等作出规定，责令各校在春季开学前到主管部门备案。此后，各校严控接送车数量，严禁跨区域招生，创造条件，鼓励学生住校；对于现有的接送车，要严格查验驾驶员资质和车辆性能，以保证接送车行车安全。各主管部门形成联动机制，常抓不懈地做好接送车安全督查工作。

【章店大桥未验收随意通车出事故】 章店大桥横跨永康江，是永康连接南三环、西三环、永武二线的市重点工程。大桥长 250 米，双向 6 车道。路面指示线、指示牌、路灯都已安装，但未通过验收，就有半挂车、货车、电动车在内的各种车辆从桥上经过，大概每半分钟就有 1 辆。由于车少路况好，过桥时车速都很快。这路口是永武二线的起点，连通南三环，两条路形成一个 90 度的急弯。大桥的出入口开通后，三条路就形成一个 T 字形。由于没有红绿灯，3 个路口的车子互相穿插，险象环生。2013 年 12 月 5 日起，一个星期内就发生两起事故。由于章店大桥连通西三环和南三环，城西新区的章店村、埠头村、排塘村等村民，上高速或者前往高镇商业区时，不用再绕行到市区，可以直接走大桥，能节约四五千米路程。12 月考虑到桥造好了，村民有通行的需要，所以先让村民通行了。市政投资公司从安全方面的考虑，在大桥两端设置警示标志和隔离墩，在大桥验收之前，将禁止机动车通行。

（胡砚芝）

铁路运输

【概　况】 铁路永康站是浙江金温铁道开发有限公司（简称金温公司）下属规模较大的一个中间站，下设行车、客运、货运班组与石柱站。永康站日常管理以运输安全为重点，以客货运输经营为中心，以运输经营效益为目的，实施车站、班组二级管理。2013 年铁路永康站认真落实运输安全工作责任制，全面构筑安全风险监控体系，确保实现金温公司提出的“六杜绝、六实现、一减少”安全工作目标，确保车站连续 7 年实现运输生产“安全年”。铁路永康站认真学习实践科学发展观，紧紧围绕金温公司提出的“加快发展促增长，提质提效保安全”的工作思路，坚持调结构、拓市场、谋发展，努力克服国际金融危机、国内经济增速下滑等不利因素带来的影响，团结广大党员、职工聚精会神抓经营，谋发展，促进旅客运输经营、货物运输经营持续稳定发展。2013 年永康站发送旅客 73.21 万人次，同比增长 6%，发送货物 112.45 万吨，同比减少 15%。客运经营收入 2 331.74 万元，同比增长 21%，货运经营收入 1 394.28 万吨，同比减少 12%。客货运输经营收入 3 726.02 万元，同比增长 6%，为金温公司与永康经济和社会持续发展做出了贡献，连续多年保持金华市文明单位、浙江省卫生先进单位、浙江省文明行业等称号。

【行车安全生产 2 411 天】 铁路永康站行车班组曾于 2011 年 2 月被金温铁路公司授予公司“十佳班组”荣誉称号。2013 年行车班组贯彻落实安全生产法规，全体职工牢固树立“安全第一、预防为主”的思想，坚持“规范管理，强基达标"的理念，按行车安全生产责任制和标准化作业要求，具体落实到接发列车、调车、道口安全管理等每个行车作业岗位与每一道生产工序，全力确保行车工作安全。组织行车职工积极参加"安康杯"竞赛、安全大反思、大检查等活动，及时整治行车安全隐患，夯实行车安全生产基础。强化行车职工"两纪一化"管理，接发列车、调车等行车作业现场有序、可控，2006 年以来未发生行车与人身事故。2013 年 12 月 31 日止，行车班组实现行车安全生产 2 411 天，受到金温公司的表彰。

【运输安全生产检查长效机制】 根据金温公司的统一部署，2013 年 6 月至 9 月铁路永康站全面开展运输安全生产检查，认真制订安全生产大检查各个阶段的内容，明确车站、班组在安全生产大检查工作中的职责和整治安全生产隐患的期限。在安全生产大检查中，以安全风险管理年为主线，重点加强班组作用、管理基础和领导作风三个方面的检查。通过查班组作用，督促各班组加强班组安全管理，强化岗位现场作业安全把控，确保班组生产安全稳定；查管理基础，督促各班组认真落实安全生产责任制和安全管理规章制度，真正把作业标准落实到每个生产岗位和每个作业环节，夯实班组安全管理基础；查领导作风，督促车站、班组长等管理人员克服官僚主义、形式主义、好人主义和经验主义，改变工作作风，定期深入一线作业现场指导、督查安全生产，及时整治安全生产隐患，确保实现"岗位无违章、班组无事故、车站保安全"的安全工作目标。在安全生产大检查中，紧密联系实际，着重开展防洪安全、施工安全、客运安全、防火防爆安全、货装安全、道口安全、路外安全等七个方面的专项整治，建立健全汛期行车安全与联防互控、施工安全管理、旅客有序安全乘降、站场消防安全管理与危险品查堵、货装加固与危险品运输、道口安全管理、路外安全管理与宣传教育等制度，确保运输生产安全。通过 4 个月的安全生产大检查，铁路永康站进一步梳理安全管理风险点，分析发生惯性安全生产事故苗头的根源，整治 25 个安全生产隐患或存在问题，促进管理人员转变工作作风，健全安全生产管理长效机制，为车站 2013 年实现运输生产"安全年"奠定了基础。

【"安康杯"竞赛活动】 2013 年铁路永康站深入开展"弘扬企业安全文化，加强班组安全管理"为主题的"安康杯"竞赛活动。活动中全面推进安全文化建设，广泛开展"十个一"为内容的安全文化活动（读一本安全生产知识的书，提一条安全生产建议，查一起违章行为，写一篇安全生产体会，做一件预防事故的实事，看一场安全生产录像，接受一次安全知识培训，忆一次事故教训，当一天安全检查员，开展一次安全生产签名），让安全文化进班组，入岗位，使"安全第一"理念、安全价值观根植于每一个职工心中，并固化安全行为，逐步形成安全观念文化、安全行为文化。积极推行"事故融心"、"寄语动心"、"誓言铭心"、"祝福连心"、"座谈交心"、"真情暖心"为内容的"六心并举"工作法，增强广大职工的安全责任心和遵章守纪、标准作业的自觉性，逐步形成安全管理文化。联系实际，深入开展争创"优秀安全班组"活动，通过采取细化班组安全管理职责和考核内容、开展班组安全生产承诺、安全互保、强化班组现场作业监管、健全班组职工安全健康培训等措施，引导各班组逐步实现安全管理精细化、现场作业标准化、作业环境优良化、安全警示标准化、劳动保护规范化、安全台账齐全化，夯实班组安全生产基础。在"安康杯"竞赛活动中，铁路永康站党政工团齐抓共管，竞赛活动内容丰富效果好。通过竞赛活动，进一步落实车站、班组在运输安全生产中的主体责任，落实广大职工对安全生产的参与权与监督权，提高车站、班组管理人员的管理水平，提高广大职工的安全意识和自我保护技能、确保车站实现金温公司提出的职工死亡事故为零、重伤事故为零、重大职工危害事故为零的“安康杯”竞赛活动目标，取得较好的实效，成为金温线上“两个文明”建设的一个靓丽窗口。

【路外安全宣传管理】 2013年金温公司与地方政府投入巨资，采取在人流密集地段设立铁路安保区标识、防护栏、公路铁路平行防拦桩及危险警示标志等技防措施，加强日常巡查维护，多举措强化路外环境安全管理，确保路外安全。与永康汽车站公安派出所密切配合，广泛开展“携手安全共建”路外安全宣传教育活动，营造良好的路外安全环境氛围。2013年车站管理人员与公安干警联手向铁路沿线居民、外来人员、中小学师生发送《铁路安全管理条例》《平安永康建设倡议书》《致铁路沿线村民的一封信》等宣传资料2万余份，组织铁路安全知识咨询5场次，摆放路外安全事故案例展板20块，广播宣传铁路安全法规等知识42次，热情向沿线居民、外来人员等人民群众宣传保护铁路运输的重要性，引导大家自觉增强法制意识和自我保护意识，主动防范路外安全事故发生。车站管理人员与公安干警经常深入石柱镇中小学、人民小学等铁路沿线学校，向师生宣传铁路运输安全知识，教育师生履行保护铁路运输设备设施的义务，不要在铁路轨道上行走，引导当地居民、外来人员不随意侵占铁路建设用地，不随意拦停列车，坚决与损坏破坏铁路设备设施及妨碍铁路运输安全的行为进行斗争。经各方努力永康站所辖线路路外安全形势逐步好转。

【全年发送旅客73.21万人次】 2013年在金温铁路公司的关心和支持下，永康站连续投入客运服务设备设施改造资金50多万元，先后重新改造、装修售票厅、客运值班室、候车厅内公共卫生间，重新粉刷客运营业楼外墙、站台天棚与立柱，全部更换旅客专用座椅，新配备旅客乘车导引等电子指示牌，完成客运服务设备设施隐患排查、补强整改等任务，为广大旅客创设安全、便利、整洁、舒适的出行环境。客运工作人员坚持“以服务为宗旨，待旅客如亲人”的服务理念，精心组织节假日客运工作，在五金博览会、门博会期间抓好市场营销，想方设法组织客源，提高公司担当旅客列车上座率，并加大异地票发售与查漏补票力度，增加客运经营业绩。客运工作人员认真落实客运服务标准，努力提高服务质量，强化售票组织，确保旅客车票100%在窗口或代售点发售，并采取增开售票窗口、24小时不间断售票、增开网购旅客取票窗口等措施，营造和谐的售票环境。2013年车站实现旅客发送73.21万人次，同比增长6%，实现客运经营收入2 331.74万元，同比增长21%，实现旅客发送量与客运经营收入持续稳定增长。

【车站与广东南储公司联姻】 8月10日，广东南储仓储管理有限公司浙江分公司进驻永康站并设立永康库，双方共同合作经营铝锭等有色金属仓储管理、运输等业务。南储公司是一家集有色金属仓储管理、期货交割、运输业务等为一体的综合性企业，是国内最具有竞争力的仓储管理公司。车站与南储公司联姻后，对拓展永康及周边市县铝锭等有色金属仓储、运输市场，扩大车站铝锭等有色金属到达量起到积极的推动作用。2013年第四季度，车站实现铝锭集装箱到达专列三列(计8 325吨)，为扩大车站货运经营做出了贡献。

【党建“1+5”工作法】 2013年，中共永康站党支部坚持金温公司党委提出的“围绕中心抓党建，抓好党建促发展”的党建工作理念，进一步巩固和扩大创先争优活动成果，创新党建工作思路，在党建工作中推行“1+5”工作法(即“一个中心”，“五项抓手”)。“一个中心”就是站位全局，服务运输安全与经营中心工作。“五项抓手”分别为：抓“争创”，开展创建“四好”领导班子活动，增强车站党政领导班子凝聚力和战斗力；抓学习，学习贯彻党的十八大和三中全会精神，提升党员队伍综合素质；抓创新，创新党建工作思路、教育载体和方法，提升车站党建科学化水平；抓典型，学习党员、职工身边的先进典型，提升先进典型的带动能力；抓宣传，弘扬和践行社会主义核心价值观，提升车站整体形象。铁路车站党支部推行党建“1＋5”工作法后，进一步加强党思想、组织、作风和廉政建设，充分发挥共产党员在运输安全与经营、企业文化建设、创建文明单位等各项工作中的带头示范作用，提升党建科学化水平，为车站安全发展、稳定发展、和谐发展提供坚强的政治保障。

【永武缙三车站“联建共创”活动】 铁路永康站、武义站、缙云站为金温线上相互毗邻的中间站，所在地永武缙产业工业区被浙江省人民政府列入全省首批产业集群转型升级示范区之一。永武缙三市县五金企业集群转型升级，为永武缙3个车站联合起来，促进货运结构调整，提升货运营销水平，增强铁路货运核心竞争力，营造良好的外部环境，也为永武缙3个车站党支部开展“联建共创”活动，携手合作，联合推进党建工作创新，发挥“1＋1＋1＞3”的作用，共同促进车站科学发展创造有利条件。在金温公司运输部党总支的领导下，永武缙3个车站党支部从2012年9月开展“联建共创”活动以来，组织三车站党员集中学习十八大精神专题党课、举办三车站党员学习十八大精神演讲比赛、相互交流货运营销与增加新货源做法、介绍加强企业文化建设经验等活动。“联建共创”活动提升了永武缙3个车站党组织的党建科学化水平和运输工作管理水平，逐步实现三车站之间的优势互补和资源共享，更好地服务中心，服务大局，共同助推金温公司与地方经济快速发展。

【火车票义务代购公益活动】 2013年1月为解决新永康人春运“买票难”的问题，《永康日报》社联合共青团永康市委、市志愿者协会、市农行与铁路永康站共同开展“温暖回家路，我们在行动”大型公益活动，帮助新永康人网购火车票，为他们送去关爱和温暖。20日上午中央电视台“新春走基层”栏目组两名记者来到现场，专门采访永康市“温暖回家路，我们在行动”公益活动新闻。部分成功网购火车票的新永康人激动地对中央电视台记者说：“在永康打工，我们感到温暖”。在活动现场，共青团永康市委还举行全市16个镇街区火车票义务代购点授牌仪式。团市委领导表示，要把义务代购火车票这项公益活动推向普及化、固定化，更好地为新永康人服务。

铁路永康站2008～2013年客货运量

项目／年份	售票任务（万人次）	当年完成率（%）	实际售票人数（万人次）	增长率（%）	货物到发任务（万吨）	当年完成率（%）	实际到发量（万吨）	增长率（%）
2008	49	119	58.23	9	156	95	148.69	－12
2009	49	129	63.28	9	126	112	141.28	－5
2010	48	143	68.62	8	143	106	151.55	7
2011	54	128	69.00	1	176	88	154.02	2
2012	52	133	69.32	0	151	87	132.05	－14
2013	60	122	73.21	6	136	83	112.45	－15

铁路永康站2008～2013年客货运经营收入统计

项目 单位	客运收入任务指标（万元）	当年完成率（%）	实际客运收入（万元）	增长率（%）	货运收入任务指标（万元）	当年完成率（%）	实际货运收入（万元）	增长率（%）	客货运收入任务指标（万元）	当年完成率（%）	实际客货运收入（万元）	增长率（%）
2008	1 460	104	1 518.93	9	1 425	87	1 237.25	17	2 885	96	2 756.18	12
2009	1 380	119	1 639.84	8	1 420	111	1 572.4	27	2 800	115	3 212.24	17
2010	1 880	98	1 841.63	12	1 850	96	1 774.63	13	3 730	97	3 616.26	13
2011	1 800	106	1 910	4	1 900	104	1 982	12	3 700	105	3 892	8
2012	2 000	96	1 928	1	2 000	83	1 666	−16	4 000	90	3 594	−8
2013	1 950	120	2 331.74	21	1 800	77	1 394.28	−16	3 750	99	3 726.02	4

（楼志明）

金温铁路改造

【概　况】 2008年5月中旬，北京华协交通咨询公司在温州召开“金温铁路扩能改造工程与可行性研究会”。与会代表和专家最终形成了评估意见，基本同意铁四院推荐的“全线一次建成新双线，金温通道形成既有单线加新双线的三线格局”的设计方案。11月10日，国家发改委批复同意实施金温铁路扩能改造工程项目。这是1998年6月11日金温铁路全线正式通车后，时隔10年由国家批复建设的又一条铁路。既缩短了金温铁路建设进程，也加快了沿线地区的历史发展进程。金温铁路位于浙江省西南部地区，通过浙赣铁路向北连接杭州枢纽，沟通上海、江苏以及中国华北、东北；向西通往江西并向中南、西南、西北地区辐射，通过温福铁路连接福建、粤东及华南地区，是浙西南地区的重要铁路通道。2013年金温铁路扩能改造工程自金华南站引出，经武义、永康、缙云、丽水、青田，至新温州站，全线共设东孝、金华南、武义北、永康南、缙云西、丽水、祯埠、青田和温州南9个车站，全长188千米，其中金华段61千米，丽水段100千米，温州段27千米，总投资195.8亿元，由铁道部和浙江省政府出资建设。资本金按总投资的50%考虑，其中铁道部出资45.46亿元，浙江省出资37.19亿元，资本金以外的资金银行贷款。设计标准为新建一级双线电气化铁路，设计时速200千米，预留时速250千米，预估算总投资165.3亿元。新线路比原线路缩短里程50千米。新双线完成后将以客运为主，兼顾轻快货运列车运行，老的单线将以货运为主。建成后，金温铁路的运输能力、运输质量和竞争能力将得到提升，对强化浙江铁路网主骨架，解决金温铁路运输能力和质量低下，满足浙西南地区运输需求，促进沿海港口快速发展起到积极作用，从根本上解决老铁路运输能力低、运输质量差、安全隐患多等问题，更好实现节约资源、保护环境和区域可持续发展的目的。

【扩能改造工程建设工作协调会】 11月12日，省发改委副主任赵彦年一行到永康，就金温铁路扩能改造工程建设工作召开协调会。协调会上，中铁4局、中铁22局、中铁24局、中铁隧道局、金温铁路公司及沿线铁路指挥部等单位负责人，围绕各自的工程进度及存在的困难进行汇报协商。永康市常务副市长陈美蓉就下一步工作作了表态发言。表示征迁政策处理是一项难度较大的工作，永康市领导以会议为契机，进一步加强组织领导，加大工程督察力度，攻坚克难，力争及早完成工程目标，同时，积极做好沿线群众思想工作，加大政策处理力度，尽最大努力保障铁路建设无障碍施工。会后，市纪委、市效能办对工程进展情况定期进行督察，铁路沿线各镇（街、区）分管部门进行责任细化，抓重点，攻难点，全力推进铁路建设工作。

（夏婧娴　徐春妹）

物流联托

【概　况】 随着经济全球化、信息化的加快，永康物流业依托永康为龙头的永武缙产业集群优势，以及由商检、海关等构建而成的通关环境，正以综合性物流园区建设为突破口，以规范化管理为目标向纵深推进，全面融入全省“大物流”建设战略。2013 年全市有物流企业 159 家，其中物流及托运站 129 家，到货站 30 家，危险化学品运输企业 12 家，规模较大物流企业 10 家，3A 级以上企业 5 家，从业人员 1.8 万人，年货物吞吐量 1 661.67 万吨，年营业额 10.1 亿元，经营线路 256 条，货运专线 70 条，辐射全国 106 个省、市、区、县（市）、港澳地区和专业市场。

【小散物流企业整合】 市内物流企业年产值在亿元以上有 3 家，0.5 亿～1 亿元有 5 家。物流企业经营线路网点布局在 30 条以上 1 家，11～30 条 2 家，5～10 条 7 家。经营线路在 5 条以上的有 10 家，占物流企业总数不到 10%；5 条以下小的企业占 90.91%，呈现出小企业众多，上规模企业偏少的特征。

为进一步加快以永康核心的永（康）武（义）缙（云）五金产业集群转型升级，提升永康区域竞争力，使物流行业更好地服务于全市经济和社会发展，根据市境现代物流产业总体规划，按照“一园四心多点”物流网络架构，着力打造永康市现代物流产业园区，规划建设规模 200 公顷。其中：永康经济开发区物流中心占地 20 公顷，营业站房 900 间，于 2009 年 8 月 1 日投入运营，是 2013 年止唯一一个建成并开始运营的物流园区。该中心建成后集聚 110 家物流企业，实现社会物流资源的初步整合。但物流中心难以满足永康庞大的物流企业进场作业需求，场地依然十分拥挤，在功能设置上还没有摆脱货物联托运市场的框框。市国际物流中心（无水港）8 公顷，主体工程完工。市城西物流中心于 2011 年 9 月 23 日开工，是 2012 年省重点建设项目，是全市“十二五”规划的重点建设项目之一。2013 年底一期工程完工，开始招商。

【城西物流中心建设】 如何纵深推进永康现代物流发展，是 2013 年工作的一个切入点和突破口。城西物流分中心，占地 42.34 公顷，建筑面积 55 万平方米，位于金温铁路沿线与城西新区花城路交汇处。东与西塔路相连，进入五金大道，连接金丽温高速和永武大道；北与 330 国道相连，从武义进西田畈入金丽温高速。它是 2012 年省重点工程建设项目，是市“十二五”规划建设的十大中心之一，其规模是现有物流中心的两倍多，总投资 10.7 亿元，分三期建设，期限为 2011 年 9 月～2014 年 9 月。其中已开工建设的专线快运区占地 14.2 公顷，共 16 幢，建筑面积 18.23 万平方米。2013 年底有 6 幢结顶招商。城西物流分中心以现代物流标准设计，设车辆服务、仓储配送、专线快运、商务服务和生活配套区等五大功能区及信息中心服务平台，年换算货物吞吐量 1 000 万吨。城西物流分中心建成后将进一步增加永康物流发展载体空间，有力促进区域物流业的转型升级，为“永武缙”五金产业集群转型升级提供重要支撑。

【现代物流龙头企业】 为进入现代物流龙头

企业，培育全省领先、全国知名的现代物流龙头企业，打造物流业与制造业联动发展的典型示范案例，带动全市现代物流业的全面发展，经过几年扶持导向，境内已经培育出任氏物流、顺天物流、世锋物流、老孙物流、振华物流、远东物流等7家物流型龙头企业，2家基地型龙头企业，2家运输型龙头企业。这些龙头企业年营业额8.44亿元，占全市物流业全年营业额的83.6%。引领永康的全国知名的现代物流企业有德邦物流、远成物流、华宇物流等。浙江任氏物流有限公司2013年被列入全省首批交通大物流资源整合示范项目。城西物流中心被列入2012年省重点物流建设项目。2013年积极引导物流公司发展农村物流配送工作，德邦物流在永康重点乡镇设立分支机构。浙江顺天物流有限公司筹备农村物流配送建设。

【永康物流融入省公共信息平台】 2011年以来，永康利用已开发的物流中心信息平台，充分运用互联网技术，逐步对接国家交通运输物流公共信息平台，实现在更大范围内的资源共享，有效缓解永康物流结构不对称引发的阶段性车源紧张问题，提高物流企业货运配载效率。做好站(场)建设和信息化建设的服务工作，2013年与国家交通运输物流公共信息平台合作单位——杭州唐古信息科技有限公司联系，就城西物流中心信息化系统作前期的合作探讨，进行前期的调研。提前为城西物流中心的信息化平台建设做准备，争取站(场)建设和信息化建设同步完成。

【物流经理专家人才培训与引进】 积极发挥政府和行业管理部门的引导作用，拓宽教育和培训渠道，鼓励行业协会和企业开展多方面、多层次人才培训，提高永康物流业从业人员中高层管理工作人员的比例。改善中高端人才的工作、居住环境，着力培养三支队伍，即物流职业经理人队伍、物流技术专家队伍、物流专门技能人才队伍。2013年根据市安监局关于“货运站经营企业至少安排2人以上人员参加‘高处作业人员’特种作业”的要求，结合市内货运站(场)经营户员工管理现状，培训一批高处作业人员，并取得证书。物流行业人员素质不断提高，高端人才比例不断扩大。

【物流行业安全规范管理】 2013年市运管部门以抓安全生产标准化建设为重点推进行业规范化管理。针对物流企业安全生产管理机构和制度不健全的现状，通过摸底调查，由运管所牵头，会同行业协会制定物流企业《安全生产管理制度》(最低标准)文本，以及操作规程、服务质量承诺书、安全生产承诺书等规范样本，供各物流企业参考，要求各企业在规定时间内根据样本结合企业实际制定完善相关制度，报市运管所备案。对逾期未完成的不予换发《道路运输经营许可证》。督促市重点监管单位——鹰鹏危化运输公司进行整改。根据上级各相关管理部门对该公司的整改要求，市鹰鹏物流有限公司完成安全标准化达标工作，9月经第三方金华安全评估机构验收合格。10月各企业基本建立健全有关安全制度和安全生产组织机构，按要求配备安全生产管理人员，对安全生产的有关事项作出承诺。重视安全生产监督检查和教育培训，针对物流装卸作业易发安全事故特点，协调安监部门开展操作技能培训教育，提高从业人员综合素质。

(韩江波)

邮电信息

邮　政

【概　况】 2013年市邮政局设局长1名，副局长2名，在岗员工167人，劳务派遣工270人。内设四部一室，即人力资源部、财务部、金融业务部邮政业务部和办公室。人力资源部内设视检安保室，邮政业务部下设电子商务分局、商函分局、集邮公司、发投公司、商务投递、普遍服务办公室。办公室内设物业管理部、设备维护部，基层生产单位设4个班组22个支局，局党委下设5个基层党支部，即行政、市场、农村、退休、速递物流党支部。年内开展中高层效能提升班系统培训，强化各岗位人员职业技能水平，注重核心人才培养。推进“职工小家”建设，对芝英和石柱职工小家进行改造和完善。做好员工的身心调试与引导，营造“辛勤工作、愉快生活”的大家庭生态环境。各部室人员经常性开展下基层调研，做好政策指导、业务帮扶，促进管理与经营一线联动发展。围绕“韧者金邮、幸福金邮”主题活动，开展“每月之星”评选，“身边的榜样”学习会，领导“下基层、鼓干劲”调研帮扶、“破解马车现象”，召开等，营造赶超争先、和谐健康的风气，激发企业发展的“正能量”。2013年唐先支局施丽姿被评为2011～2012年度浙江省邮政公司先进个人；西溪支局朱卫生被评为市首届道德模范。以利润贡献度大小为考核导向，市邮局在专业公司（分局）实施利润考核机制，金融网点绩效、奖金系数分级分层推行，有效地激发各岗位的积极性和主动性。完善人力资源的优化配置，推进用工结构调整，优先满足重点业务、效益业务发展的用工需求，坚持“公平、公开、公正”的原则，27位派遣制员工全面转为合同制员工，新招用3位大学生，在一线进行锻炼。出台《永康邮政深化内控执行年实施方案》，有效规避企业经营管理风险。实行安全生产与“零容忍”风险等级评定等工作相结合，开展安全警示教育、消防演练、桌面演练等活动，切实抓好隐患排查整改，把好事前防范安全闸。从专业经营、能力建设、平台建设、精细化管理和文化养人着手，各项工作得到长足发展。12月业务总收入1.16亿元，同比2012年增17.7%，完成年计划的106.27%，列全省县（市）局第八位，比2012年上进3位，荣获省公司上台阶奖。金融业务收入完成7 000万元，同比2012年增长14.62%。储蓄余额规模列全省第九位，年增5.5亿元，列全省第七位，余额较2012年同期增长3 029万元，网点点均首次突破2亿的大关，达到2.07亿，列全省第五位，点平均新增2 890万元，列全省第二位。代发工资项目月均代发额和新增发放额获得全省双项第一。其中三马支局、铜陵西路支局、紫微支局荣获全省网点余额前30强。完成代理保险保额1.72亿元，同比2012年增49.26%，点平均规模905.20万元，其中中邮保费3 900万元，占28.40%。大理财业务基金、基金定投、人民币理财、国债等大理财业务均提前3个完成全年计划指标，完成率均在170%以上。短信业务共计加办30.42万户，总账户加办率32.35%，列全省各县市局第二位，千元账户加办率48.04%，扣款成功率71.63%。窗口特快和汇兑短信加办率分别达97.72%和84.75%，列全市第一。短信业务累计实现业务收入449.8万元，同比2012年增16%。

【信息化村邮递员座谈会】 9月6日，来自石柱支局所辖范围内的18个信息化村邮站的村邮递员齐聚一堂，共同探讨村邮站电力缴费及叠加业务的发展。会上市邮局对与会村邮站2013年各项业务的发展进行通报点评，并就前期与石柱供电所抄表员对接工作进行说明。姓傅村邮递员吕晓红重点介绍她如何包揽全村85%电费代缴业务，每月缴费6万元以上的经验。电力卡、福彩及移动充值业务名列前茅的池宅、厚仁、溪塘村邮递员分别向在座的村邮递员介绍单项业务发展经验。与会村邮递员针对在运行过程中遇到的问题，提出许多积极宝贵的建议，工作人员现场给予指导解答并指出，村邮递员在服务地方百姓的同时应如何提升业务加办量，提高自身收入，确保人身财产安全。座谈会加深支局负责人与村邮递员及村邮递员和村邮递员之间的了解联系，提升村邮递员的营销技能和工作积极性，为发挥村邮站便民服务功能夯实了基础。

【应急预案桌面“实战”演练】 为切实提高金融从业人员的安全防范意识，强化员工应对突发事件的协同处置能力，2013年9月10日晚，市邮政局开展一场“以人为本、安全第一”应急预案桌面演练比赛。来自全局金融网点的19个代表队150名队员参加比赛。内容涉及遇到犯罪嫌疑人持枪铁锤等凶器抢劫时、遇到犯罪嫌疑人抢夺客户现金时、遇到犯罪嫌疑人使用爆炸物威胁企图抢劫时等应急处置8个科目，各代表队以抽签的形式确定2个演练科目进行。比赛中，各代表队按照演练要求着装统一，职责分工明确，预案回答熟练，动作规范整齐，生动地展示种种突发情况下的应急处理过程，使桌面的演练得到“实战”效果。裁判人员本着公平、公开、公正的原则，对各代表队的形象、表述、规范及流畅度进行评分，分别评出一等奖一名，二等奖二名，三等奖三名，优秀奖四名。

【世界邮政日“情系万家”活动】 为庆祝第44个“世界邮政日”，市邮政局开展以“情系万家、信达天下——服务铸就品牌”为主题的系列宣传活动。2013年10月8日，组织部分新进大学生体验投递员生活。永康电视台、报社记者进行跟踪报道，展现邮政普遍服务的正能量；8～9日，先后在后吴村、姓傅村、后郎村开展三场村邮网购进农村活动，让村民享受网上购物的便利与实惠；9日晚，在三马路广场开展送“文艺”进社区活动，丰富社区百姓生活；在石柱镇开展送理财知识下乡，帮助老百姓学会理财；在三江广场开展设摊宣传，工作人员除了向用户宣传推介邮政金融、报刊、集邮、个性化明信片等业务，重点向用户宣传信息化村邮站、报刊亭，便民服务点给他们生活带来的便利，前来咨询的市民络绎不绝。通过系列活动的开展，较好地宣传邮政各项业务和服务，让更多的老百姓了解邮政推出的各项便民工程。

【驾驶员“赢在技能”大比武】 11月22日，市邮政局为提高全局驾驶人员的驾驶技能，提升业务投递效率，增强安全意识，增进员工交流，促进企业文化建设，促使员工更好地为通信生产服务，开展“赢在技能”驾驶员大比武活动，全局有81名车辆驾驶员参与比赛。比赛分为三大项目：汽车组的蛇形倒车、倒车移库、拆装轮胎；电动三轮车组的绕八字、过单边桥；摩托车组的绕八字、过单边桥。参赛员工各显神通，拼速度、展技能，现场活动气氛十分热烈，经过4小时紧张激烈角逐，各大奖项最终尘埃落定，活动取得圆满成功。

【"两包"业绩从零到千万】 在直邮和样本册都受市场环境制约的前提下，2013 年初市邮政局开始运行的"两包"业务，年内完成函件业务收入 2 338.48 万元，比 2012 年增长 96.28%，完成金华市局下达 1 450 万指标的 161.27%，其中"两包"业务取得从"0"到"1 000 万"的好业绩，全年完成"两包"业务收入 1 190.23 万元。"传统"单项业务的争创发展成为经营工作的闪光点。贺卡收入 253.79 万元，名列金华全市第二名，累计开发客户 96 户，其中老客户占比 65.8%。思乡月累计 319.37 万元，完成确保目标 117.42%。报刊业务全年完成收入 638 万元，完成报刊流转额 2 220.48 万元，实现计划指标的 100.7%，成为金华全市提前十天完成计划指标的县市局之一。航空机票累计销售 2.05 万多张，完成全年计划指标的 106.5%，成为金华全市第一个完成计划指标的局。集邮业务完成 326.61 万元。

（王　健　陈方明）

中国电信

【概　况】 2011 年市电信局启动"宽带中国、光网城市"工程。2012 年接应中国电信浙江公司推出的"全民光宽带，1 000 万家庭大提速"活动，全面实现永康光纤接入"千兆到楼，百兆入户"。2013 年市电信局下辖 16 个支局，与 16 个行政区域相匹配，员工 448 人，其中合同制员工 176 人，代管外包人员 272 人，硕士研究生 5 人，专科及以上学历 254 人，占 57%。一线销售人员占 82%，平均年龄 34 岁。全体员工坚持企业与社会、环境及利益相关者和谐共生，在推进永康生态文明建设中作出贡献。通过"我的 e 家"、"商务领航"、"天翼"三大品牌的拓展，用"光"沟通城市，是中国电信在经营和城市发展上的创新理念。实现城乡结合部、新永康人集聚区、各工业区、集镇最繁华地段电信代理代办点全覆盖。组织开展装维服务劳动竞赛，提高装维队伍的整体服务素质。由网络部和客服室牵头，对退撤单原因进行每周分析通报，制定退撤单的管理及考核办法，责任到人，降低退撤单率。针对履约率、及时修复率、服务态度等突出问题，加大考核占比，强调执行管控和首问责任制落实，深化"不满意"责任圈制度。发展高速光宽带，通过高速率差异实现有线宽带的有效保有。通过高速率、优服务实现有线宽带的发展与保有。通过各种渠道持续推进宽带高速稳定的宣传与营销，对光线路到位区域的用户，从单页、电话外呼、现场设点营销、上门营销等方式进行引导销售。年内用户咨询投诉单及用户工单率指标从年初的 48.59 下降到 11 月份的 32.65，全年没有发生群体性投诉事件，基本达到上级下达的重点管控指标。进一步优化稳固集中处理中心人员队伍，做到每天在营业易信群上进行通报，对各个厅与门店进行积极帮扶，指导前台销售人员规范 iSale 系统下单，减少后台二次电话沟通。在各项指标的综合评比中，永康分公司获得团队三等奖。在全区举办的个人受理技能大赛中，永康两位选手分别获得第二名和第三名的好成绩。接应省市公司开展"国际漫游业务渠道服务提升"、"总经理接待日"、"感动客户"故事征集等专项活动。

【600 多个光小区建设完工】 2008 年经营移动业务以来，市电信局以超常规的速度完成无线网络全面替换升级改造，把以话音为主的移动网络改造为以宽带互联网为主的移动互联网平台。至 2012 年网络覆盖(含 3G 网络)：主城区 C 网覆盖率 99.78%，行政村 C 网覆盖率 99.08%，光小区的速率达 100 m 以上。并

通过对城区23个站点DO双载波扩容及双载波边界优化，DRC前向申请速率（小于307.2 K）由原来年初的11%降为11月份的10.02%。无线网络运营客户感知度指标一直名列全区前列，在年度中基本没有超标，特别是宽带测速指标完成均在92%以上。创新求变，提升全业务网络和服务能力，详细规划出2013年永康密集城区、行政村的优化建设方案，FTTH光路整治完成率95%以上。全覆盖的光网络和高速的无线网络完美、无缝的结合成为永康经济社会发展的一大亮点。建成治安监控点1 800个，环保监控网66家132个点，企业·村级监控点1 338个，建成覆盖农村党员干部现代远程教育系统，完成市·镇·村三级视频会议系统的建设，完成16个镇街区农村综合信息平台建设。配合市政法委、市平安创建领导小组、市公安局开展平安联防（十户联防）工程，在农村市场取得规模发展。落实营销服务责任制，实行区域服务最小化，做到"客户""收入""责任"无缝隙覆盖，真正做到"横向到边，纵向到底"。

【开展永康特色服务】 10月1日，利用黄金时期和需求旺季，市电信局在经营上承接上级邮政局统一安排的"规定动作"，融入独具当地特色的"自选动作"，精耕细作、上下一心，取得骄人战绩。节日营业厅、卖场布置各尽所能，简单实惠的气球装饰，营造出了浓郁的节日氛围。现场活动形式多样，通过现场靓号选择，用户到店办理业务套餐可以参与砸金蛋、抽奖等活动方式，向社区居民及过往路人等宣传天翼手机9元购、宽带升级提速等产品优势。活动期间，开展国庆促销督察及帮扶，支局及全部管理人员上阵，分片包干，蹲点参与促销，使门店对电信的支撑感知明显提升。是年开展"平安永康"建设知识竞赛题抽奖活动，参与抽奖活动用户9万名，抽出特等奖1名，一等奖16名，二等奖20名，三等奖50名，幸运奖600名。

【责权承包到精确营销】 2013年市电信局开展落实多种形式的承包责任制。通过岗位竞聘，责权落实，推进规模发展，达到人员下沉、走向一线经营单元。到年底各支局完成经营责任制的承包。在此基础上，对部分片区落实承包责任制，通过划小经营单元，落实客户经理、网格经理收入服务责任制，以网格为单位展开精确营销。各部门、支局每周每月梳理工作计划，及时总结，及时点评。完成流量经营、号百、校园、网吧、金融专业线的承包，城中、江南两个中心营业厅的店长承包，8个厅代理商外包。营业渠道随着营业厅外包工作的进行，建立营业员支撑队伍，强化营业厅的帮扶。加强对营业厅重点业务的管控和指导，提升营业团队的业绩，做好团队建设工作。在卖场化改造中，分公司改造营业厅10个，年底所有自营厅全部改造完毕。

【校园营销业务全省第四】 为充分发挥政企团队协作精神，依托行业应用以发展和保有C网为主航线，提升营销服务能力，2013年电信局开展"大单攻坚"、"专业市场营销"、"校园营销"、"明星机售销"等各项营销专项活动。致力民生、致力提升全市信息化水平，开展信息化农村建设，助力农村三务公开。成立校园营销专项小组，并以一支局一标杆形式，走访签约。校园营销中心年度翼校通业务发展排名全省第4，是金华地区唯一进入全省Top10的单位。2013年对永康社会渠道进行调查摸底，实施永康社会渠道的规划图筹划，与村邮站合作扩充充值网点144个，净增社会渠道实体门店37个，一级核心商圈网点4个，中小门店（不含二级）和镇（街、区）网点19个。坚持核心商圈，门店集中开在工业区、城乡结合部，实现村村有充值点。

（程晓卫）

移动通信

【概　况】 2013 年中国移动永康分公司以科学发展观为指导，秉承“正德厚生　臻于至善”的核心价值观，明确提出“可持续发展战略”，并融入企业战略与经营。坚持以诚信为准则，创新为驱动，以负责任的经营推动经济、社会与环境可持续发展。年内中国移动永康分公司通信用户达 85 万户，全年运营收入 6 亿元，上缴地方税收 2 000 万元。公司下设 4 部 1 室 8 个分局，有员工 311 人。先后荣获全国用户满意企业、全国质量管理小组活动优秀企业，浙江省卫生先进单位、省质量管理奖、省级青年文明号、省巾帼文明岗、省消费者信得过单位、省先进集体，金华市文明单位。分公司连续 13 年纳税超百万，被授予“永康市纳税百强企业”。坚持“追求客户满意”的服务宗旨，不断提升服务设施、服务水平、服务质量。从硬件上下工夫，在合理布局服务网点的基础上，全面打造“沟通 100”服务厅，凸显中国移动服务品牌形象；抓好服务人员培训和服务管理工作，每年员工培训率均达 100%；加强服务质量管理，抓营业窗口服务人员的标准化、规范化服务和礼仪服务的落实到位；分利用服务资源，创新服务形式、服务内容，开展好大客户服务工作，体现差异化服务，赢得客户的忠诚和信赖。公司始终把社会责任铭记在心，以高度自觉的行为，参与和谐社会构建，把公益活动融入企业中心工作。做到长年坚持、奉行不渝，以此回报社会、回报客户，为构建平安永康、和谐社会出力。参与“无偿献血”、开展“情暖中秋”、“关爱留守儿童”、“爱心一杯水”等公益活动，受到社会及公众的好评。

（叶　虎　吕　强）

【信息化联网到机关单位】 2013 年永康移动分公司继续加大信息化建设，提升移动信息化项目服务能力，以移动信息化助推永康经济的发展，与永康众多企业建立长期友好的服务合作关系。与市工商局创建“移动工商”项目；与市路灯管理所合作开展路灯监控电路项目；与市公安局完成“警务通”项目；与市国土资源局组建“局域网”；与市人民医院完成“移动查房”项目；与永康日报社联合主办《永康手机报》；与市委统战部共建创办《永康统一战线手机报》等。为各行业提供专业的信息化服务和可靠的网络保障，承担公司积极履行的社会责任和义务。年内永康辖区有各类站点 1 685 个。做好永康区域范围内的各类通讯保障工作，特别对各重大节假日的通讯保障。全年累计保障人数 500 万人次；完成 20 次各种交流会的通讯保障，累计保障人数 100 万人次，彰显移动通信随时随地畅通无阻的优质网络形象。

（应　骁　胡兆吉）

联通通信

【概　况】 2013 年中国联合网络通信有限公司永康分公司（简称市联通分公司），坚持以市场为导向，以客户为中心，以宽带移动互联网业务为重点，加大发展力度，拓宽发展领域，提升服务水平，增强综合竞争力和可持续发展力，努力建设成为优秀的宽带通信和信息服务提供商，为广大用户提供更新更好的服务。年内公司品牌产品有沃 3G、亲情1+、宽带商务、世界风、新势力、如意通、116114 电话导航、宽带我世界、联通 10010。“沃 3G”是“沃”品牌面向个人客户的业务板块，通过个人业务的营销推广。包含产品：手机上网、手机电视、手机音乐、沃阅读、沃商店、手机邮箱、可视电话、无线上网卡、炫铃、乐媒、沃友、视频分享。

【移动网络发展到500个基站】 自从2002年2月5日正式推出CDMA业务后，联通公司拥有GSM和CDMA两大网络，开通移动通信业务、增值电信业务、国际、国内长途通信业务、互联网业务以及IP电话等。其中移动业务包括世界风、如意通、新势力3个客户品牌，联通无限、e网连通两个业务品牌和“联通10010”一个服务品牌。基础网络覆盖永康城区并延伸至各乡镇及工业园区。基站从无到有，在重组前已拥有200个。经营范围包括：固定电话网络与设施；语音、数据、图像、多媒体、信息服务；企业产品包括：固定电话、宽带上网、小灵通（北方）、通信解决方案。产品品牌包括：新互动、宽带我世界、宽带商务、橙卡。2009年1月重组后的永康联通分公司统一经营管理原各公司的行政、经济、业务活动。主要经营移动通信业务，国内、国际固定电话网络与设施（含当地无线环路），语音、数据、图像及多媒体通信与信息服务，电信增值业务，IP电话业务等国家批准的其他业务，以及与通信及信息业务相关的系统集成等业务。至2013年网络规模从基础网络覆盖永康城区并延伸至各乡镇及工业园区。移动网络已拥有基站500个（含室分站点），主要覆盖城区、工业区和各镇（街、区）。

（应红燕）

金融保险

综　述

【概　况】 2013年永康市有银行、小额贷款公司、保险公司、证券期货公司等各类金融机构87家，其中银行业金融机构18家，包括法人银行机构2家，国有大型银行分支机构7家，政策性银行分支机构1家，股份制银行分支机构6家，城市商业银行分支机构2家。有银行营业网点139个，自助设备904台，银行卡助农取款点287家，便民服务网点覆盖全市728个行政村。从业人员2 298人。各银行业金融机构持续平稳运行，存贷款稳步增长，业务规模有所扩大，经营利润继续增加，资产质量总体稳定。2013年底，本外币各项存款余额898.14亿元，比年初增122.49亿元，增15.79%，比2012年多增18.7亿元。本外币各项贷款余额达829.4亿元，比年初增加114.47亿元，增16.01%，比2012年降12.16亿。中间业务规模29.97亿元，比年初增1.47亿元，增5.16%；实现账面利润29.21亿元，比年初增2.06亿元，增7.59%。据2013年1月15日统计，金融业实缴地税收入由2008年的5 206万元增至2012年的1.82亿元，5年增3.5倍，年均增幅超30%，成为税收贡献及发展潜力较大的行业之一。

（鲍若水）

人民银行

【概　况】 中国人行永康市支行的主要职能是：认真贯彻货币政策，管理辖内人民币流通，实施外汇管理，经理国库，维护支付、清算系统的正常运行，指导、部署金融业反洗钱工作，负责反洗钱的资金监测，负责金融业的统计、调查、分析和预测等。内设四股两室，即办公室，营业室，信贷统计股，外汇管理股，保卫股，货币金银股。2013年有员工25人（女职工9人），其中班子成员3人，中层干部7人。全为大专以上学历；中级职称以上11人。至12月

市人民银行大楼(中国人民银行提供)

底在岗人员50人,其中大专以上学历占98%。

(朱竹丽)

商业银行

■ 中国工商银行永康支行

【概　况】 中国工商银行股份有限公司永康支行(简称工商行)设于1986年5月2日。1998年起,经营绩效考核连续名列省分行县(市)支行"十强"行列。2012年排名省分行重点市(县)支行前三强。2013年支行下设四科一室一部、九个二级支行、四个分理处。各项存款余额127.46亿元,各项存款比年初增13.02亿元;各项贷款余额138.37亿元,比年初增加19.22亿元;全年实现中间业务收入1.29亿元。是年获省分行先进职工之家,金华市分行先进基层党组织称号;评为省级文明单位、卫生先进单位;在永康市银行业金融机构安全评估中获第一名。

【金融服务实体经济授信25亿元】 2013年市工商行抓住机遇寻找新的市场融资服务点,解决企业融资难的问题。紧密结合永康实际,加快重点项目建设,带动中小微企业及个体经营户,做好"个转企"和"小上规"金融配套服务。组织人员深入专业市场,深入乡镇,了解客户需求,送个贷产品上门,迎合需求介绍产品功能。向五金城市场,门业、杯业、休闲用品、农机具等公司集团推广企业供应链融资政策,营销企业上下游客户的保理、信用证、发票融资等产品,使企业在管理上、资金流转上都实现方便可控。推广工银聚电子商务,拓宽业务办理范围。以符合国家产业政策的企业技改贷款服务为主,利用各种分销渠道对存量贷款进行合理分销。重点组合服务设备租赁、银信租、电子商票、松散银团等业务融资,最大限度腾出信贷规模。全年市政府与金华工行签订金融战略合作协议,三年融资100亿元,支持永康经济发展。支行与6家项目业主、企业签订合作协议,授信金额25.5亿元。

【下乡入市进企服务百姓】 2013年市工商行采用"下乡、入市、进企"等形式,上门送金融产品、理财知识、操作指南,服务乡镇村民、市场经营户、企业职工,发挥省外联络部的新型营销平台作用,开拓省外浙商市场,发展省外中高端客户,推进省外浙商金融服务工作。年内支行加快自助设备的投放脚步,新设行政中心、九州西路、南苑东路、城北、华丰东路、金州大厦、紫微中路、金胜路、芝英环镇西路等9家自助银行(点),投产自助设备41台。支行在科技园、花川、胡库、世雅、象珠、前仓、西溪、古山等地建立自助点。是年共有自助银行(点)43个,自助设备200台,方便客户办理金融业务。

【风险教育每周一日活动】 2013年市工商行以开展身边案例大家摆活动,来揭示和讨论员工身边的违规违章事件,通过互动形式,激发员工人人参与的主动性。围绕"守行为规范、重自我养成、做优秀员工"开展"全员话规范"征文活动,树立规范守信的价值观念,促进员工严格按照行为规范执行,做到令行禁止。开展"讲规范　保平安"演讲比赛。活动中联系业务工作实际,规范存款营销管理、授信业务管理、服务收费管理、代理业务管理、信用卡业务管理、表外业务管理、员工从业行为等,纠正不执行政府定价、政府指导价,借贷款之机强制收费、乱收费以及只收费不服务等问题。通过邀请有关专家来行讲座等多种形式的警示教育活动,增强全行员工廉洁自律意识,提高守规行为、风险防范意识和制度执行力。执行《银行业金融机构从业人员职业操守指引》、贯彻落实《员工行为守则》、《员工行为禁止规定》,建立健全廉政风险防控机制。

【内控案防工作比赛】 2013年市工商行组织科室之间、网点之间的内控案防工作质量比赛，从内控管理、案防工作、合规管理、操作风险、运营核查、内控效果等六方面展开，每季度进行，并张榜公示。制订"百日大练兵"活动计划，通过落实练兵内容，明确业务规范；落实练兵纪律，明确培训时间；落实练兵考核，明确奖罚制度，强化业务培训的执行力。通过多层次、多渠道、多形式地开展员工培训，使全行员工普遍达到岗位技能要求，熟悉基本操作方法，全面提高员工综合素质和职业道德水准。

（章铁鹰）

中国农业银行永康支行

【概　况】 2013年中国农业银行永康市支行(简称农行)本外币各项存款余额167.9亿元，比年初增加19.2亿元，存款余额、增量均列当地四行第一。本外币各项贷款余额135.1亿元，比年初增14.6亿元。同时创新金融自治破解农户贷款难，支持企业融资更融智，加快网点转型步伐，形成"18家物理网点＋18家附行式自助银行＋15家离行式自助银行"的服务格局，电子渠道金融性交易占比达92%。围绕创建"平安农行"目标，实现全年平安、全行安全，在2013年前三季度全省农行县域支行业务经营综合评价中市农行列第一名，荣获农总行合规文化建设先进单位。

【普惠农村金融特色活动】 市农行从2012年8月开始，选择龙山镇桥一村开展农村金融自治试点，至12月金融自治试点村由最初的1个扩大至58个，用信金额由最初的500万元增至1.04亿元。针对永康市外来人口众多，广大农民工和金融空白点村民资金结算不便的实际情况，启动"支付便农"工程。市农行在农村金融服务空白点和农民工集聚乡镇，开展以惠农卡为载体的"金益农"绿色产品营销活动。2013年"背包银行"累计上门服务384人次，免费办理借记卡4 636张，服务交易8 364笔。为提升客户服务能力，加快网点建设步伐，市农行建成渗透农村的"18家物理网点＋18家附行式自助银行＋15家离行式自助银行"的服务格局，在金华市率先启动以提升农户满意度为目标网点软件转型导入工作，至年底完成全行18家网点的软转型导入工作。

【志愿者队伍奉献爱心】 2013年市农行秉承"服务客户、成就员工、回报社会"的企业宗旨，市农行积极参加社会公益活动，成立一支由107名员工参与的志愿者队伍，与政府、媒体、公益组织共同行动。2013年先后组织开展"温暖回家路、志愿我先行"助农民工踏上幸福归乡旅；开展捐资助学活动，为偏远乡村小学、农民工子女学校、智障学校捐资捐物，惠及学生400多名；开展经典诵读进校园活动，为大司巷、高镇小学学生赠送经典书籍1 500余册，弘扬家国情怀、社会公德；开展无偿献血1.29万毫升；与《永康金报》开展"清水护源"系列活动等。至12月底，累计开展志愿活动31次，参与280人次，服务时间累计1 250小时。

（段立珍）

中国银行永康支行

【概　况】 中国银行股份有限公司永康市支行(简称中行)成立于1993年8月20日。2013年下设5个部门：公司部、国际结算部、个人金融部、营业部和综合管理部。辖内十个网点，包括1个支行本级，9个二级支行。全年全行本外币存款余额62.16亿元，较年初增8.37亿元，占永康四大行的13.65%，其中对公家客户存款较年初增6.03亿元，对私人客户存款较年初增2.34亿元；全行本外币贷款余额96.95亿元，较年初增7.07亿元，占永康四大行的20.02%，本外币不良授信余额1.13亿元，不良率1.22%，其中个人不良贷款1 033万元，公司不良贷款1.03亿元。同时

中国银行永康支行员工下企业进行信贷调研(中国银行提供)

根据市政府加强优质企业和中小企业信贷支持的要求,不断拓展中小企业客户。是年11月底,新增"三位一体"客户19家,批复授信总量9.5亿元,投放5.97亿元。新增中小企业授信客户70家,其中66家形成有效投放,客户拓展见成效。

加快机构渠道建设,优化网点改造和布局调整步伐。对离行式自助银行进行重新规划选址,完成华丰东路ATM机的搬迁。加快网点对公转型的步伐,对芝英、城西两家对公转型网点重点拓展,保证对公、对私营销队伍人员充足,结合所在区域的市场特点,拓展中小企业客户。是年上半年,芝英支行获总行2012年度公司金融"开门红"活动优秀网点称号。永康支行获省行"集体三等功"的嘉奖。

【国际结算业务】 2013年市中行国际结算在业务板块上多次做成全省、全辖首笔业务。先后成功签订全省首笔贸易金融综合服务协议;做成全辖首笔800万欧元并购项目贷款;全省首笔远无忧二期权业务;金华全辖首笔平价远期业务310万美元;全辖首笔两年期存贷组合产品,金额838.04万元;辖内首笔转汇款业务。截至12月,支行国际结算业务量15.7亿美元,完成率104%,比2012年增长14%;国际结算市场份额33.24%,完成率104%;中间业务收入2 900万元,完成率

中国银行永康支行举行"五四青年节"演讲比赛(中国银行提供)

100%;跨境人民币考核口径市场份额30%,完成率85%;跨境人民币全口径市场份额26%,完成率87%。支行贸易融资及外币贷款余额3.21亿美元,资产质量保持无不良。支行实现资金业务量6.39亿美元,其中利率掉期1.66亿美元,在全辖占比87%。

【"商务通"系列产品】 2013年12月市中行白金卡完成率108.8%,第三方存管完成率88.39%(列全辖区第三),其中融资融券完成率400%(列全辖区第一),银期通完成率110%(列全辖区第七)。支行结合永康地方经济特点,结合电子银行等优惠活动,推广"通"系列产品,"商户通"客户留存的稳定资金达2亿元。通过及时跟进社保中心,该年新争取到5 000张社保卡用户。此外,支行还通过与会计师事务所等中介部门合作,拓展基础客户,挖掘客户资源,扩大支行的市场影响力。该行的存款时点数、日均存款、贷款、中间业务收入、授信客户数、国际结算量及市场占比、新产品运用、资金业务、保险、企业年金、投行业务、新增行政事业单位账户、新增有效卡、商户通等关键性指标在金华全辖的贡献度都较以往提高,其完成率、总量也排在全辖前列。

【综合金融首个政府服务平台】 2013年3月市中行发放全辖首笔800万欧元并购项目贷款,协助郑泰集团有限公司收购高斯(GOELZ)控股股份有限公司。成为全市首家做成欧元项目贷款的金融机构。11月28日,完成市职业技术学校首批253张中职卡的上门激活工作,校园工程项目取得突破性进展。推进国库集中支付工程,完成13家行政事业单位对接,开立相应的行政事业单位账户,配套办理公务卡200张。完成首个政府平台项目贷款——南方农机园项目1.6亿元授信,支持地方实体经济的发展。

【不良授信和不良资产清理】 2012年以来,受经济下滑等内外因素影响,企业风险事件频发。至2013年12月不良授信余额1.13亿元,企业授信无不良的良好局面被打破。面对不良资产反弹压力,市中行将不良资产清收化解作为重中之重。对所有不良客户逐一梳理、分类、研究,实行"一户一策、因地制宜"的清收策略。强化风险管理责任制,建立健全以"防范为先、处置及时、整改有效"为核心的案件预防长效机制,从制度执行、违规处置、问责到位等方面加强全流程管理,提高案件防控的主动性和针对性,确保全年"无发案"。2013年支行有22人受到问责,18人受到扣减绩效处理并下发通报。

(陈　相　王东波)

■ 中国建设银行永康支行

【概　况】 1978年1月1日,中国建设银行永康县支行(简称建行)成立。2012年市建行存贷款突破200亿元。内设5个部门,下辖12个网点,在岗员工220人。2013年永康支行内设5个部门及4个中心,下辖12个网点,10个离行式自助银行,73台自助设备。资产负债规模超过双百亿,盈利超过4亿元,不良率0.63%,与近千家永康企业和近十万个人客户携手创业,居全国百强县市支行前列。先后获得"浙江省治安安全示范单位"、"省级卫生先进单位"、"浙江省文明单位"、"纳税先进单位"等称号。

2013年市建行加大政府类项目营销,优化贷款结构。年内争取政府类贷款,成功营销市第一人民医院贷款。同时加快网点建设,成功投放4个离行式自助银行,对城中支行进行搬迁调整。加快电子银行渠道建设步伐,提升电子银行账务性交易占比,加快手机银行、企业和个人网上银行等电子交易产品的推广进度,各项指标走在系统前列。

【"支行考核管理年"全方位启动】 2013年

市建行落实建行考核管理年的相关工作，建立一整套考核体系，重点推进落实目标管理、预算管理两大考核指向，建立公平公正公开的考核环境。为突出灵活性，支行采取专项考核方式，阶段重点工作进行布置，建立科学激励机制，激发员工工作热情，主动参与决策，明确目标、提前部署。为确保全行工作思路的贯彻和落实，支行党委确定2013年为执行年，同时制定执行年活动方案细则，对党委班子成员、中层干部、员工队伍等各个层面做了考核和约束，明确各自的执行目标，全面推进目标管理，落实首问负责制，实现全行精细化管理能力及效率提升，为各项业务可持续发展奠定基础。

【“三卡一代工”优质活动系列化】 2013年市建行以做优产品为目标，突出发展“三卡一代工”（结算通卡、IC卡、财私卡和代发工资），推进新型产品如商融贷、浙融易、安居分期、贸易融资等，以产品建渠道，以渠道赢客户。上半年开展“扫街清户”“蛇年黄金新品特卖会”“名媛盛典”等活动，下半年开展双突击产品营销活动、理财产品行外掘金活动、中国梦、冠军情建材家居分期营销活动、7＋2专项营销活动。在对公产品宣传方面，结合银行监督小企业宣传活动月活动多渠道开展宣传。至年底，理财产品时点余额超10亿元，居永康四大银行第一，日均余额9亿元，基本实现全行作大理财的目标。

【四支队伍建设一步一脚印】 2013年市建行坚持以人为本的管理理念，抓好四支队伍（班子、中层管理团队、客户经理、员工队伍）的学习和思想教育，提升全行员工的思想水平、营销能力、执行能力、风险防范能力。结合日常培训，通过“扫街清户”等上门营销活动的开展，提升网点员工的营销水平，涌现一批综合营销能手，网点营销氛围浓厚，员工营销积极性很高。加强作风建设，深入推进合规文化建设，在全行开展成长伙伴活动，签订《道义劝告书》，组织开展各类主题的职业操守宣传教育活动等，强化案件防控工作。通过三方检查月月考核，录像检查时时通报，开展“3＋3”标杆网点培训，规范客户服务6步骤。2013年支行网点服务能力较2012年有较大的提升，克服了短期效应的诟病。

（黄贞贞）

■ 中国交通银行永康支行

【概　况】 2013年中国交通银行永康支行（简称交通行）各项人民币存款余额22.9亿元，其中储蓄存款余额8.26亿元；贷款余额22.63亿元，其中个人贷款余额3.39亿元；全年实现税收908万元，排名全市第89位，被评为2013年度纳税百强企业。年内市交通行结合永康民营中小型企业经济特点，推出针对小企业推出的“展业通”等主打产品，提供一揽子综合服务。加大对小企业的扶持力度，做深“展业通”小企业信贷业务品牌，全年“展业通”余额6.7亿元，占贷款总额的29.6%。创新服务手段和产品种类，成功办理支行首笔保票通业务、保理业务、电子商票保贴业务。加快电银业务发展步伐。打造电子银行、网点、客户经理三者融为一体的新型的经营模式，推广“金融快线”和“e动交行”品牌形象。加大营销宣传和考核激励，营造发展电银业务的浓厚氛围，在分流率、手机银行等方面，成绩突出。年底电子银行业务分流率77.13%，手机银行用户3 597户。

【量身定做企业融资产品】 2013年市交通行响应政府号召，扶持小微企业，先后与石柱镇、龙山镇政府举办以“助力小微　共谋发展”为主题的融资洽谈会，与多家企业达成初步合作意向。2013年9月5日，与花街镇政府举办融资洽谈会，花街镇20余家当地企业参加此次会议。客户经理和企业主一对一地交流，为企业量身打造合适的融资产品。得到当地政府的充分肯定，影响力得到进一步提升。在浙江日报举办的“浙江小微企业值得信赖的融资产品(模式)和专营机构”推选活动中，永康支行小企业信贷服务中心被评为浙江交通银行系统内唯一一家最佳服务专营机构。

【经营效益和社会效益双丰收】 市交行在获2013年度纳税百强企业、2013年度交行系统浙江省分行经营利润贡献奖的同时，还被评为2013年度永康市巾帼文明岗、2013年度省级会计达标示范行。2013年市交通行开展“春来早”、青年员工营销竞赛活动，培养干部员工树立“责任立业·创新超越”的核心价值观；开展中层干部为员工授课活动、青年员工家属座谈会等，增加员工归属感，增强全行凝聚力。打造学习型组织，重视员工综合素质提高。除文件传达、员工相互讨论外，多次邀请专家对员工培训，如风险控制培训座谈会、同业技能标兵培训、安保消防培训、支行中层授课、零贷新政策培训、国际业务培训等，提升全行干部员工的综合素质和工作能力。参与和支持社会公益事业，开展清扫积雪、火车站送温暖、为老人送报纸等活动。

【理财产品进企入户】 2013年市交通行信贷投向重点支持资金用于厂房购建、新设备购置，而且产品市场前景良好的中小企业，对资金用途不明者一律限制借贷，确保信贷资金流向实体经济。同时，号召员工做好柜面营销，引导全体员工对“稳添利”“天添利”等理财产品及家易通、POS机等优势产品实现纯存款的增长，积极营销客户的结算资金。大力拓展ATM机，2013年供销总社ATM机投入使用，新达铝业单机基本装修完成，预计2014年能够投入使用。

（俞　雅）

■ 中国农业发展银行永康支行

【概　况】 2013年中国农业发展银行永康支行(简称农发行)全年贷款余额6.62亿元，存款余额1.25亿元，日均存款余额1.66亿元，比年初增1 225万元，实现中间业务收入30.72万元，账面利润1 307万元。全年累计发放粮食贷款4 166万元，比2012年同期增加1 861万元。其中收购粮食用于省、市级储备3 120吨，发放贷款824万元，用于市级储备调入早籼谷4 870吨，发放贷款1 426万元，用于市级储备增储及轮入小麦7 500吨，发放贷款1 916万元。扶持农业企业生产经营，为12家商业流动性贷款客户累计发放续贷资金1.97亿元。其中产业化龙头企业7 720万元，其他涉农企业贷款1 950万元，农业科技贷款1亿元。按照规定对18个客户进行信用等级评定，AA-级以上信用等级客户14个，A-级以上信用等级客户3个，核定17个客户内部授信额度为10.73亿元；其中政策指令性非专项1.96亿元，政策指导性专项3.42亿元，政策指导性非专项2.09亿元，商业性非专项3.26亿元。

【存款营销中间业务创新】 2013年市农发行采取加强结算服务、客户经理督促以及对企业负责人开展约谈等方式，认真抓好企业货款归行留存率。全年货款归行留存率完成目标任务的96.5%。营销相关企业大额临时性存款。全年营销企业征地补偿款、7天通知存款、结汇存款以及粮食风险基金等存款3 500万元。吸收保证金存款，年内为3家企业办理62笔期限6个月的100%保证金承兑汇票，金额900万元。12月该行在存贷款余额均大幅下降的情况下，日均存款比年初增1 720万元，完成全年目标任务的256.7%。利用同业合作契机，积极营销同业存款，上半年新营销农村合作银行2亿元期限3个月的同业存款。按照银行监督“七不准”要求，推动中间业务快速发展，2013 年该行中间业务收入超额完成全年目标任务的 9.5%。在推动中间业务发展中，突出国际业务的优势亮点。该行全年国际业务结算量达 858.37 万美元，完成目标任务的 122.6%，实现国际业务收入 13.03 万元，完成目标任务的 108.6%，为全市完成国际业务目标奠定良好基础。

【风险防控全方位展开】 2013 年市农发行对外担保额度下降，商业性借款企业对外担保总额比 2012 年初降 42.5%；抵押率进一步提高，商业性贷款客户抵押率(商业性贷款抵押金额占全部商业性贷款比率)由 2013 年初的 80.6%升到 85.4%，抗风险能力增强。企业解除有关互保、联保贷款 460 万元，压缩商业性贷款 680 万元。

（朱勇军）

■ 中国邮政储蓄银行永康支行

【概　况】 中国邮政储蓄银行股份有限公司永康市支行（以下简称邮储支行），成立于 2008 年 5 月，是在改革邮政储蓄管理体制的基础上组建的商业银行。2013 年底，邮储支行拥有营业网点 24 个，采用银行自营加邮政代理的管理模式，其中银行自营网点 4 个，邮政代理网点 19 个，离柜式银行 1 个，内设部门 3 个，员工总人数为 102 人，拥有金华市级文明单位 1 个，浙江省送金融知识下乡宣传服务站 1 个，永康市妇联巾帼文明岗 1 个。

2013 年，邮储支行实现自营收入 1.08 亿元，实现利润 6 744 万元，人均创收 106 万元，人均创利 66 万元；实现个人业务净收入 1 509.49 万元，公司业务收入 1 156.34 万元，信贷业务收入 8 152.61 万元；全口径存款新增 4 亿元，达到 49.36 亿元；各项贷款结余 21.95 亿元，比年初新增 0.83 亿元。

【公众宣传活动形式多样】 2013 年，邮储支行共开展各种户外及下乡宣传活动 20 次，为社区市民和农民朋友送去反假货币、征信、银行卡、ATM 操作使用、信贷产品等金融业务知识。9 月，邮储支行开展银行业金融知识宣传月活动，共计 18 个营业网点 200 名员工参加活动，共悬挂横幅（含电子滚动屏）18 条，发放折页 2 000 份，设立咨询点 4 个，接受群众咨询 3 000 人次，发送宣传短信 1 000 余条。该项活动的开展，普及金融知识，提高民众金融安全意识。

【小微企业和涉农贷款工作稳健】 2013 年邮储支行积极做好小微企业和农村生产支持工作：一是深入推进“两小战略”，即利用小企业贷款和小额贷款破解小微企业融资难、农村生产资金短缺的问题，立足于“支农支小”定位，确保三农贷款和小微企业贷款持续稳定健康增长，继续实现“两个高于”目标，确保涉农贷款持续健康稳定地增长。同时，调整存量结构，减少消费类贷比例，提高小微企业贷款占比。2013 年，支行涉农贷款和小微企业贷款存量占信贷总量的 69.72%，有效帮助解决实体经济“融资难、融资贵”的问题。二是助农渠道不断完善。2013 年末，邮储行永康市支行共有 293 个助农取款点，累计发生取款交易 28 915 笔，取款金额 1 599.18 万元，助农取款点对农民生活的影响日益加深。

【风险防控管理形成体系】 2013 年，邮储行永康市支行坚持审慎的风险政策，紧紧围绕全辖发展转型目标，立足“专业”、“服务”，强化风险管理能力，以规范流程、提升能力、强化管理、提高效率为手段，继续推进风险管理体系建设。一是进一步健全内控体系及各部门职责，成立案件防范控制领导小组，加强各部门、各岗位的内控机制，着力“业务”“风规”“审计”三道防线，建立起全方位的内控风险控制体系。二是深入案件

邮储行永康市支行领导与企业主深入交谈(杜胜福)

治理和风险排查工作,对监管部门、审计部门、上级行检查中发现的问题,认真分析,查找根源,落实责任,采取有效措施,全面整改。三是在贷款投放上,狠抓贷款投放风险管理,采取的具体措施是:(1)严格执行2013年风险合规工作的要求,进一步对信贷风险进行控制,对授信行为进行规范。严密了贷前调查、审查及审批手续,对信贷人员贷前调查的范围及要求,确保信贷调查材料真实有效。(2)严格控制信贷风险,严格执行信贷风险防范控制管理体系,全面实行审贷分离,规范了审贷会,明确各环节主责任人职责。(3)扎实细致地开展贷后检查工作,对企业经营状况和抵押物状况进行检查和分析,认真填报贷后管理表。(4)切实做好贷款五级分类工作,制定了五级分类的具体操作实施细则,对客户进行统一分类,积极做好贷款逾期的催收工作,从而提高了信贷管理的质量。(5)做好信贷检查工作。

【企业文化建设落到实处】 2013年,邮储支行致力于打造团结协作、积极进取的企业文化。一是通过轮岗、竞聘、培训等多种渠道培养、选拔、使用人才,做到优化岗位设置,体现岗位价值,实现人岗匹配,改进工作作风,提高执行力。开展了“双向选择、竞聘上岗”活动,竞聘岗位囊括专业岗(部门负责人除外)和二线操作人员,全行员工积极参与,活动有序开展,人员变动较大,效果明显。二是大力弘扬“激情工作、合规做事”的企业精神,在全行大力倡导并形成“以业绩论英雄、凭贡献拿薪酬、按表现定去留”的激励约束机制,进一步挖掘人力资源潜力,使员工释放出更大的能力和潜力,从而实现依靠人的全面发展来实现业务的可持续发展的目的。三是以金华市级文明单位申报为契机,加强全行员工的团结合作意识培养,提升员工凝聚力与集体荣誉感。四是通过设计工作日志,倡导“月月有重点、周周有计划、人人有目标”。

(杜胜福)

浙商银行永康支行

【概　况】 浙商银行金华永康支行成立于2008年11月6日,行内设综合管理部、风险管理部、业务发展一部、业务发展二部、业务发展三部、小企业部一部、小企业二部、营业部 8 个部门。全行共有员工 39 人，其中本科以上学历 16 人，中级职称以上人员 5 人。支行设有党支部和团支部，共有党员 13 名，团员 10 名。

至 2013 年底止，支行各项存款余额 26.52 亿元。各项贷款余额 28.26 亿元，增长 18.19%；各类表外融资敞口余额 6.48 亿元。小企业贷款(500 万元及以下)客户 606 户，增长 20.72%；贷款余额 10.21 亿元，占全部贷款的 34.53%。针对永康个私企业无法提供抵押物的现实情况，发放联保贷款 8 组 6 315 万元；针对中国科技五金城推出“市场经营担保一日贷”业务办理 15 户 750 万元，并陆续推出“三年贷”“全额贷”“便利贷”“积分贷”等适合小微企业需求的特色金融产品，赢得良好的社会口碑。全年，浙商银行金华永康支行实现全年营业净收入 1.2 亿元，实现营业增加值 7 877 万元。

【文明服务带动业绩升至全国第五名】 2013 年浙商永康支行优化柜面业务流程，组织开展“服务普及年、服务提高年、服务深化年”活动，增强服务能力，提高服务效率。逐渐转变业务流程，使之向无纸化、电子化、综合化集中应用发展，全年叫号预处理率为 83.82%，电子银行替代率为 92.47%。账户开立采用免填单和在线申请方式占比达到 92.59%。同时，加强服务硬件建设，进一步促进柜面人员规范操作。积极推广文明礼仪、优质服务，努力提升服务水平，积极塑造良好社会形象。金华永康支行被浙商银行总行列为全国 12 家重点小企业业务联系行，经营业绩在全国支行及机构中名列第五名。

【社会公益事业活动尽心尽力】 2013 年浙商永康支行在实现业务稳健发展、取得良好经营效益的基础上，热心参与社会公益事业，积极履行社会责任，持续开展“反假币宣传月”活动，组织员工开展“彩虹公益助学捐款”“春蕾助学活动”“给结对社区送去复印机等办公器材”“为舟山山村购置健身运动器材”、捐建“红领巾爱心书屋”“支持贫困农村老年食堂建设”、为云南贫困山区小学捐衣捐物、参加平安小区的志愿巡逻、义务献血、成立志愿者协会定期献爱心等。

（李　畅）

■ 平安银行永康支行

【概　况】 平安银行永康支行前身为深圳发展银行上海支行。2009 年 4 月，设立深圳发展银行金华永康支行筹备组，2010 年 3 月 12 日，成立深圳发展银行金华永康支行，隶属义乌分行，开始正式服务永康地方经营。经中国银行业监督管理委员会审批同意、工商登记管理机关核准，深圳发展银行股份有限公司(简称深发行)自 2012 年 7 月 27 日起的中文名称变更为平安银行股份有限公司(简称平安银行)。经浙江银监局审批同意，工商登记管理机关核准，深圳发展银行股份有限公司金华永康支行自 2012 年 9 月 14 日正式更名为平安银行股份有限公司金华永康支行。办公地址：永康市东城街道城东 252-543 号。

平安银行金华永康支行先后被评为地区级客户拓展优胜单位；省级优秀信贷团队；市创建治安安全单位活动先进集体，2013 年 12 月 16 日，支行被浙江省公司、中国银行业监督管理委员会浙江监局评为省银行业金融机构安全评估工作成绩突出集体。

（李　霞）

■ 兴业银行永康支行

【概　况】 兴业银行金华永康支行成立于 2008 年 5 月 15 日，永康支行设有 1 个管理部门、5 个经营部门、1 个营业科，1 家社区支行。支行每年在当地新增贷款均在 5 亿元以上，为我市累计贷款达 61.74 亿元，有效解决了部分企业融资难的问题。成立以来，先后发放中国科技五金城项目贷款5亿元、科技工业园四期贷款4 000万元、永康市第一人民医院贷款3 000万元、永康市总部中心建设贷款2.8亿元等单笔最大额贷款，有力支持永康城市建设。兴业永康支行多次获分行综合考评第一名、核心负债增长优胜单位第一名、被评为省分行综合实力五强；获银监局永康办事处、永康市公安局金融机构安全评估、营业场所等级达标考核优秀单位称号；被中共永康市委办表彰为党的十七大精神主题宣传教育活动先进单位；被浙江省慈善总会授予“5.12汶川大地震慈善爱心奖”。

（方永成）

浙江稠州银行永康支行

【概　况】 浙江稠州商业银行永康支行（稠州商行）于2007年12月入驻中国五金名城。并在芝英开设小微企业专营支行。2013年有员工70名。具有本科以上学历48名，占68.5%。是年支行各项存款余额22.3亿元，较年初增10.33%；贷款余额16.3亿元，较年初增15.4%；个人贷款增124.28%，中间业务增长13.3%；全年保持无不良，无欠息；实现账面税后利润5 000万元。先后获“金华市银行业文明规范服务示范单位”、“浙江省银行业文明规范服务示范单位”、“金华市巾帼文明岗”及“永康市文明单位”，2013年获“金华市文明单位”称号。

【芝英小微企业专业支行开业】 2013年3月市稠州商行开展“信贷支持实体经济、突出支持小微企业”主题活动。年末在芝英成立小微企业专营支行，完善服务功能，优化小企业业务流程，制定小企业授信业务流程和配套制度，拓展新渠道、新领域，为小企业提供财务管理、融资等方面的服务。截至12月底，支行贷款余额16.3亿元，其中小企业贷款245户，金额9.94万元，占比61%，200万及以下的小微企业及个人经营性流动资金贷款3.98亿元，占比24%。

（夏　琪）

【员工走进市社会福利院】 5月29日，市稠州商行班子成员带领工会、团支部、党支部的员工到市社会福利院看望孤残儿童，为这里的儿童庆“六一”儿童节。根据福利院孩子们的实际需求，为孩子们购买液晶电视、电陶炉、牛奶等物品。组织员工参加义务献血活动、助学贫困少年、“八一”建军节慰问消防官兵等。

（冯英华）

金华银行永康支行

【概　况】 金华银行股份有限公司永康支行（简称金华支行）坐落于市丽州南路60号，前身为市丽州城市信用社，成立于1988年5月，2001年9月并入金华市商业银行，2010年6月更名为金华银行股份有限公司永康支行。2013年有营业网点5家，员工81人，其中党员27人，占总人数的33.33%。经过25年的努力，业务不断发展，至2013年12月31日，各项存款28.4亿元，贷款20.97亿元。该行坚持“立足地方、支持中小、服务市民、回报社会”的经营宗旨，打造“中小企业的主办银行”，为永康广大中小企业、市民提供金融服务，多次荣登“永康纳税双百企业”，连续3年获得永康市“纳税百强”荣誉称号。先后获得2008年度市级先进党支部，2009年度金华市级学习型党组织，营业部于2010年被授予“省级巾帼文明岗”荣誉称号，2011年度金华市级共产党员示范岗，2012年度金华市级五星基层党组织。各网点先后被评为“金华市级巾帼文明岗”。

【行风制度建设注入新内容】 2013年市金华支行以开展行风评议“回头看”活动为契机，在完善原有制度的基础上，开展“二线为一线服务，一线为社会服务”的“主题月活动”，以整改提高为主要目的，巩固行风评议

金华银行永康支公司营业大楼(金华银行提供)

成果，建立健全各项业务管理制度，促进内部管理，实现内涵发展。以一年一度的行员等级评定为载体，开展岗位练兵活动，形成基本技能天天练、综合测试月月有、特色活动不间断的格局。通过“流动红旗”和“内控标兵”的评选，激发员工部门优质服务荣誉感和参与性，优化服务，争创“金华市群众满意服务窗口”，提升窗口美誉度，全行服务管理水平有了实质性的提高。

【“年审制”贷款推行】 2013 年 5 月该行推出年审制贷款业务。“年审制”贷款，是指在取得该行“年审制”贷款资格的中小企业，贷款到期后无须归还原贷款，不用办理繁琐的转贷手续，只需通过审批，即可自动延长贷款期限的贷款，即减免转贷手续，又减轻企业还贷负担，实现转贷工作的无缝对接。全年为 26 家中小企业客户办理“年审制”贷款资格，贷款金额 1.96 亿，切实降低企业转贷成本，减轻企业的负担。

【项目经理首笔贷款业务】 2013 年 8 月，市金华支行发放首笔 500 万的项目经理贷款。这是支行前期与永康建筑企业的业务合作中，了解到建筑企业项目经理贷款在永康没有金融机构开办，而该行其他县市兄弟支行均已有开展。经调研，支行决定根据永康金融市场需要，创新开展建筑企业项目经理贷款。是年与浙江新华建设有限公司合作开展建筑企业项目经理贷款业务，授信总额 3 000 万元。成为永康第一家向建筑企业抛出项目经理贷款这一橄榄枝的金融机构。

【支行与两园企业签订合作协议】 市金华支行响应永康市委市政府加快推进“两园”建设的号召，联系入园企业，做好对永康中小企业的信贷支持，邀请市政府、人行相关部门领导及 14 家企业客户代表，于 2013 年 9 月召开“对接两园企业助力企业发展”政府银行企恳谈会。会上介绍永康支行 2013 年的发展现状及服务中小企业的政策措施，并指出要加大对中小企业的信贷投入，培育和发展中小企业客户群。尔后，与多家入园企业签订银企合作协议，承诺向签约企业提供最大限度的信贷支持，签约授信金额计 9 000 万元，有力地支持地方经济发展。

【热心公益　服务社会的使命】 2013 年，市金华支行把“回馈社会”当作一项使命，党政工团充分调动广大干部员工的积极性、主动性、创造性，开展形式多样的公益活动，树立良好的形象。春节时组成送福小分队，带上对联、红包、纸杯、“福”字等小礼品，放弃休息时间，为社区居民送上新春的祝福和温暖。4月，四川雅安的灾难牵动全国人民的心，行向全行员工发出无偿献血倡议，广大党员、工会会员、共青团员发挥模范带头作用，参与义务献血活动。“七一”建党期间，该行党支部带领全行党员志愿者，走进企业社区，宣传安全生产，劝导文明出行。全体员工参与社区共建活动，赞助社区环境建设，出力改造周边环境。为社区“小候鸟”及贫苦孩子“点亮微心愿”，助他们读得起书，用得起学习用品。开展业务宣传，普及金融知识，员工主动放弃节假日休息，多次走上街头，深入社区、乡镇开展“提升信用品质，服务实体经济”、“反假币”“反洗钱”“防诈骗”等各类金融宣传活动，收到良好的社会效益，树立良好的品牌形象。

（夏黎珞）

■ 上海浦东发展银行永康支行

【概　况】 上海浦东发展银行（简称浦发行）1993年1月成立，是全国性股份制商业银行，总部设上海。1999年11月在上海证券交易所挂牌上市（代码：600000）。2011年10月21日，上海浦东发展银行股份有限公司金华永康支行经浙江省银监会批准正式筹建。10月27日，金华分行聘任应辉为永康支行筹建负责人，并在《金华日报》《永康日报》刊登公开招聘启事。11月4日，成立浦发银行永康支行筹建办公室。办公室场地设永康市总部中心金山大厦28楼。2012年2月22日，中国银行业监督管理委员会金华监管分局经审核和实地验收，批复同意支行开业，核准支行业务经营范围，核准应辉的上海浦东发展银行金华永康支行行长任职资格。4月23日，正式对外试营业。5月7日，支行召开首次全体员工大会。5月16日，上海浦东发展银行股份有限公司金华永康支行正式开业。2013年3月1日，市财政局财政存款专户落户支行，首笔资金3 000万元于3月18日到位。是月支行第一次工会召开会员大会暨工会成立大会。第一届工会委员会由5人组成，第一届经费审查委员会由3人组成。4月9日，支行成立个人银行部。7月2日，设立个贷分中心。2013年度，支行营业部大堂经理王娴被评为金华市银行业金融机构“群众满意服务标兵”。

2013年市浦发行秉承“新思维、心服务”的理念，坚持危中求机、稳中求进、扶持中小、择优做强，创品牌强效益的工作思路。在经济持续下行，宏观调控监管政策加大以及企业风险频发等多重约束和激烈竞争的环境下，充分发挥浦发银行的体制、机制、产品、服务优势，团结拼搏、稳步经营，推动各项业务健康发展。市浦发行开业至2013年12月，存款余额18亿元，贷款余额16亿元，不良率为零，有力地支持了永康地方经济的稳健发展。

【“吉祥三宝”中小企业信贷产品】 永康民营经济发达、中小企业集聚、块状特色明显。市浦发行根据永康经济特点，因地制宜，适时推出为“两区一链”服务的“吉祥三宝”中小企业信贷产品。产品涵盖三大服务领域，即分别针对工业园区中小企业提供的“银元宝”、针对交易市场商户（流通领域）提供的“银通宝”以及针对供应链上下游企业提供的“银链宝”等三种批量开发模式，有效解决永康中小企业融资难问题。2013年，通过“吉祥三宝”产品为永康50家企业提供6亿元的信贷支持。支行将针对单户资金需求500万元以下的小微企业推出“信贷工厂”模式项下的“微小宝”系列产品，完成系统对接和培训，逐步推开。根据不同层次需求的小微企业提供包括组合贷、积分贷、如意贷、小额信用贷、网络循环贷、法人透支、投贷宝等一系列丰富的微小宝信贷产品，在审批效率上做到方便、高效、快捷，为更多的永康小微企业发展助力。

【浦发企业文化扎根永康】 2013年支行每周组织二次技能训练，每月开展技能测评，不定期进行技能比赛，营造“比、学、赶、超”的学习氛围。结合工作实际，开展“读好一本书”，全行上下养成主动学习、长期学习、带着问题学习的良好习惯，提高专业水平和工作能力。结合全行工作目标和任务，确定制订一系列奖罚分明的绩效考核机制，责任到岗，任务到人。在产品创新、业务拓展、风险管理、企业文化建设等方面广泛开展“我为浦发献一计”活动，有效激发员工敢为人先的创业热忱。支行充分发挥党团工妇的作用，先后开展“三八登山踏春”、“义务植树”、“普及金融知识万里行”、“温暖四川　传递爱心”冬衣捐赠等活动，组建乒乓球、羽毛球、骑行、摄影、瑜伽、钓鱼等10个兴趣小组，通过开展喜闻乐见的文体活动，培养员工团队意识，丰富员工的文化生活。

（李　莉）

浙江永康农村合作银行

【概　况】 浙江永康农村合作银行（以下简称农合行）是在2010年市农村信用合作联社的基础上组建成立的永康唯一一家地方性银行。2013年设1家总行营业部、16家支行和35家分理处，内设办公室、市场拓展部、信贷管理部、电子银行部、国际业务部、计划财会部、风险合规部、信息科技部、人力资源部、审计部、安全保障部等11个职能部室。下设企划、小微企业服务、银行卡、投资银行、清算、事后监督中心、放款审查、不良资产管理、开发、薪酬管理、教育培训、行政管理、监控等13个中心。2013年在岗员工709人，其中男265人，女444人；硕士18人，本科441人，大专209人，高中专39人，初中1人；高级职称1人，中级职称121人，初级职称141人。营业网点遍布永康城乡，是市内资金实力最雄厚、服务网点分布最广、服务“三农”和中小企业最专注的地方性金融机构。

从2009年起，市农合行先后被浙江省委省政府命名为省级文明单位，连续五年获全省农信系统先进单位，连续三年获永康市先进单位。连续五年分别获全省系统“走千家、访万户、共成长”劳动竞赛二等奖、一等奖、一等奖、三等奖、一等奖。先后被评为浙江小企业金融服务先进单位、省小企业信贷服务先进单位、省“便农支付工程”实施先进单位、浙江农信文明规范服务示范单位，金华银行业“社会责任年”活动先进单位等。连续五年位列永康市“纳税百强”前三位。2009～2012年共上交各项税收5.05亿元，平均每年超过1亿元，占永康各金融机构纳税总额的75%以上，是市内所有金融机构纳税总额的3倍以上。

【惠农惠企服务马车并驾齐驱】 2013年市农合行以立足农村，“服务三农、支持企业”为己任，在追求自身经济效益的同时，注重社会效益，承担社会责任，做到“支农”与“支企”两架金融服务马车并驾齐驱，不断推出惠农惠企产品。主要有“永商贷”“1＋N’五金产业链贷款”“丰收配件贷”“小企业创业贷款”“‘美丽家园’农房改造贷款”“丰收青年创业贷”“丰收粮仓贷”“丰收大学生‘村官’创业贷”等“丰收”系列信贷产品，丰收小额贷款卡、丰收借记卡、丰收电话宝、丰收卡支付宝卡通等电子服务产品；开通农信银业务、大、小额支付系统、支票影像交换系统、银行汇票、银行本票等支付结算渠道，实现跨行款项汇划即时到账；开办有外汇存款、外汇贷款、外汇汇款、国际结算、结售汇等外汇业务及理财业务、贵金融代理业务。

【“百户千万”助农村青年创业】 2009年市农合行与永康团市委、永康日报社联合开展“百户千万”农村青年创业信用贷款活动，召开“百户千万”青年创业信用贷款放贷仪式暨青年创业论坛，向首批151户创业青年发放贷款1 786万元，着力构建扶助青年创业的长效机制，取得较好的社会影响，被评为“2009年永康十大新闻”。2013年市农合行继续发展“百户千万”助企业信用贷款活动，先后与市农业局就支持新农村建设、农业发展、农村土地承包权流转等项目达成合作协议；与市林业局就支持林业发展、林权转让等达成合作协议，并合作推出森林资源资产抵押贷款；与浙江正和担保有限公司等3家担保公司达成合作协议等，形成“合作共赢”的联合体。与市委市政府就相关部门旧村改造项目开展合作，推出“新居乐”农房改造贷款，并与丰收小额贷款卡相结合，最大限度让利、让惠、让便利于农民。同时推出“丰收粮仓贷”、“丰收安居贷”等十大“丰收系列”助推新农村建设信贷产品，拓宽金融服务广度和深度，为全市农村经济发展做出了积极贡献。

【“一条道路，两场革命”战略】 2010年以来，在“一条道路，两场革命”战略构想、转型创新等战略决策引领下，在“走千家、访万户、共成长”、“质量·品牌建设年”、“转型升级年”等活动的推动下，市农合行围绕“转型引领、创新驱动、质量提升”三大主题，以转型发展为牵引，以提升效益为中心，以强化执行力为保障，统思想、聚合力、明举措、强推进，实现存贷规模成倍翻番、御险能力大大增强、经营效益迅猛增长，在内控管理、体制改革、机制创新、队伍建设、社会效益等各个方面，都取得历史性突破和跨越式发展。2013年市农合行资产总额为194.34亿元，比年初增29.14亿元，其中各项贷款余额为117.93亿元，比年初增14.2亿元，增幅13.68%，占新增资产总额48.71%；负债总额为175.56亿元，比年初增25.19亿元，其中各项存款余额167.75亿元，比年初增23.54亿元，增幅为16.32%，占新增负债总额93.45%；存贷比例为70.30%；资本充足率为13.99%；利润总额4.7亿元，资本充足，系统性风险逐步减少，盈利能力持续增强，各项业务发展总体呈持续健康的发展态势。

【普惠金融三年计划】 2013年市农合行启动“普惠金融三年行动计划”，分别与永康市委农办签订《“美丽永康·惠农工程”战略合作协议》、与市财政局、市经信局签订《关于推进“现代农业装备高新技术产业园区”和“浙商回归创业创新园”建设的“两园”创建战略

永康农合行在花街镇里坞村农房改造会上向村民现场授信（农村合作银行提供）

合作协议》、与市国税局签订《税银征信互用合作协议》、与市农业局签订《“村银共建新农村示范村”战略合作协议》，政银合作，全方位推进普惠金融工程各项措施的落实，拓宽普惠金融工程的深度与广度。推出“美丽永康·惠农大行动”，明确惠农重点，明确以美丽乡村建设，家庭农场、农民合作社等新型农业生产经营主体，“富村五年计划”中集体经济薄弱村、低收入农户集中村发展以及低收入人群创业等为支持重点，加大扶持力度，并分别给予比基准利率少上浮 10%～15%的利率优惠，为农户减轻负担。

【大学生创业扶助金起作用】 为及时解决大学生创业资金难题，市农合行主动调研市场需求，制定专项信贷计划，支持大学生创业。学生物技术的村官徐金永，在 2010 年大学毕业后就开始创建玫瑰花种植基地，市农合行立即给他贷 30 万元青年创业款，2012 年推出‘阳光雨露’工程时，又无偿给予 30 万元小微企业创业扶助金。2013 年又新增 30 万元贷款。充足的资金帮助小徐顺利实现从手工耕作向科技管理的技术转型步伐。由此徐金永办的花解语园艺场被市政府命名为市农业龙头企业。一分耕耘一分回报。市农合行的支小实践，既助推当地经济持续发展，又优化自己的资本与信贷结构。据统计，2013 年 11 月止该行拨备覆盖率达 647.37%，资产损失准备充足率 863.33%，贷款损失准备充足率 910.84%、拨备比 7.09%，资本充足率 13.46%，在 22 项监管指标中，该行有 18 项达到好银行标准。2013 年市农合行被评为全省系统“走行家、访万户、共成长”劳动竞赛一等奖。

【小企业的阳光雨露工程】 农合行拨出 2 000 万元建立“小微企业创业扶助金”，每户无偿赠予 5～30 万元，支持初创小微企业创业。2012 年初，市农合行董事长刘国梁向社会公开宣布推出“小微企业创业阳光雨露工程”，争取通过 5 年的努力，培育 100 家以上小微企业逐渐成长为永康的精英企业或“小巨人”企业。在推出“阳光雨露”工程中，市农合行以赠予的形式，对初创小微企业先于资金扶持；并做到“扶上马送一程”，还充分利用银行自身的优势，与之结成共成长的伙伴，以求能快速实现受扶户由普通信贷客户向战略合作黄金客户升级。此项工程还专门为扶持对象建立“创业心路成长档案”和培育基地，指定客户经理负责一对一的指导和服务，做到每月至少走访一次，了解企业的生产经营情况和企业发生的重大事项，实时记录企业成长的轨迹。根据企业生产经营情况，优先安排信贷指标，及时跟进配套信贷资金，予以优惠利率。永康富宇汽保工业有限公司用市农合行赠予的 20 万元“小微企业创业扶助金”，在 2013 年开发 4 款新产品，都产生较好的经济效益。其中脚踩式黄油枪获得国家专利。同样是小微企业的永康雷恩工贸有限公司，用永康农合行赠予的创业扶助金开发 20 款喷笔新产品，全部申请国家专利，有效地提升企业市场竞争力。永康农合行分别给两家企业新增 70 万和 100 万元的贷款。

截至 2013 年底，先后扶持 1.52 余万家小微企业创新创业。在全市工业税收百强企业和工业单产税收前 30 名企业、纳税额超 500 万元企业、纳税双百企业中，市农合行支持的企业有 101 家，占比 25.76%。

（陈　敏）

保险证券

■ 人保财险公司永康支公司

【概　况】 中国人民财产保险股份有限公司(PICC P&C，简称人保财险公司)于 2003 年 7 月设立，注册资本 111.42 亿元。中国人保财险永康支公司成立于1984年，2013年有员工109人，其中总公司合同员工31名，省公司合同员工18人，劳务派遣员工60人。个人代理营销员50多人。部门设有总经理室、办公室/人力资源部、直销业务一部、直销业务二部、电子商务部、车商业务部、银保业务部/三农保险部、业务管理部/个代营销部、出单分中心、理赔分中心。下设第一营销服务部、古山镇营销服务部、象珠镇营销服务部。2013年完成农房险的承保工作，总承保户数15.62万户，保费156.2万元，参保率99.8%，创下历史新高。是年累计完成保费2.82亿元，同比增27.5%，完成全年计划指标的111.5%。实现利润5 273万元，完成年初下达的全年考核利润指标的163.45%。全年公司连续两年位居中国人保财险浙江省分公司全省系统县区支公司经营业绩30强第一名，经营利润第一名，被评为2013年度中国人保财险浙江省分公司全险种发展标杆公司、省级先进单位。获中国人保财险浙江省金华市分公司全市系统教育培训工作考核评分第一名、财会质量考核第一名，获信息新闻竞赛和市场地图推广应用二等奖。

2013年市人保财险公司受理重大赔案3起：2月24日元宵节晚上，前仓镇后吴村发生两起火灾。接到报案后，公司立即赶到现场处理。经勘查，两起火灾共烧毁房屋近30间，理赔金额10万元。9月9日凌晨3点，西溪镇尚黄桥村发生一起特大农房火灾。接到报案后，公司查勘人员迅速赶赴现场。火灾涉及22户村民，共损失房间33间，总赔款额11万元。10月中旬的菲特台风对永康的农业生产带来较大影响。据统计，此次台风，以水稻损失最为严重，受损种植户共125户，总受损面积288.27公顷，共支付水稻赔付款77.83万元。

【环境污染责任保险第一单】 6月24日，市人保财险公司成功签发环境污染责任保险第一单，附加自然灾害责任险，投保人为浙江环新氟材料份有限公司，这次事故第三者责任限额为300万元，另加每次事故清污费用责任限额10万元，累计责任限额为310万元。28日，公司与浙江远达机电制造有限公司签下协议，为其400万美元年度出口货物账款收汇提供风险保障，签出短期出口信用保险第一单。

【首次签发政策性葡萄保单】 2013年7月18日，支公司成功承保永康14户农户的2.03公顷葡萄，农户自交保费3 362.32元，加上财政补贴部分，合计总保费8 174元，首次签发政策性葡萄保险保单。根据支公司与政府商定的保险方案，政策性葡萄保险的保险对象为当地种植葡萄的农户、农民专业合作组织或集体经济组织。葡萄保险的保险金额为3万元/公顷，保险费率8%，保费2 400元/公顷，其中市财政补贴50%，农户承担50%。钢架大棚（避雨设施）的保险金额为9万元/公顷，保险费率3.6%，保费为3 240元/公顷，财政补贴72%，农户承担28%。

【见义勇为责任险赔款】 市政府为了服务民生、为民分忧，在2012年4月底，就正式批复同意为市内47万农业户口居民统一投保自然灾害公众责任险。号召全民参与社会治安综合治理，提倡风险有人救、见难有人帮、见恶有人管、见善有人助的行为。市政府在投保自然灾害公众责任险的同时，还投保了见义勇为责任险，为见义勇为行为提供风险保障。2012年12月21日，在市五金城经营钢丝网的老板杜光华请员工吃饭过冬至，一名员工因酒喝多了在溪边方便失足落水，身家过亿的杜老板跳河救人，不幸遇难。事件发生后，杜光华被追认为“见义勇为勇士”。其舍身救员工的壮举迅即被人民网、新华网、新浪、网易、雅虎以及《青年时报》《浙江日报》、浙江电视台等各主流媒体转载、报道，并被誉为“最美老板”。2013年1月11日，永康支公司将6万元见义勇为责任险赔款转入"最美老板"杜光华家属的银行账户。是人保财险公司支付的第二笔见义勇为责任险赔款。至此,公司共支付了12万元见义勇为责任险赔款。

(裘怀瑾)

■ 国寿保险公司永康支公司

【概　况】 中国人寿保险股份有限公司永康市支公司(简称国寿保险公司)自1996年分业(与财产分业)经营以来,经过10多年发展,保费收入从1996年的0.1亿元增加到2013年的4.83亿元,销售队伍从14人发展到600人,机构网点由3个发展到14个,引领永康人身保险业务快速发展。2012年1月10日,公司从望春东路100号迁至江南街道金胜路689号。内设四部一中心:个体保险销售部、团体保险业务部、银行保险部、综合管理部、客户服务中心。2013年在编员工60人,大学本科以上学历52人,专科以上学历8人,其中党员16人,代理人635人。外设城乡服务部11个:花街(倪宅村)、象珠四村、唐先(四村)、桥下(桥三村)、方岩(派溪村)、芝英(镇后城大街)、清溪(清渭街村)、前仓(镇文教中路)、古山(镇经纬西路)、芝英五村、永康(总部中心金卅大厦)等。2013年公司保费4.83亿元,比2012年增13.11%。其中1~9月市场份额为52.15%,比2012年同期提升0.79个百分点,全年提升1.45个百分点。

2013年市国寿保险公司通过建立业务员销售资格预警机制和诚信评估机制,实行业务管理连带责任制、过时追究制,使理赔业务质量得到明显提高。理赔手续合理、简化,理赔人员配备加强,做到理赔案件及时调查,及时打款给客户。有效发挥95519二线岗接待、投诉、反馈处理功能,建立首问责任制、大客户走访制、限时赔付承诺制、增强员工责任岗,提高公司社会信誉度。全年处理保险理赔给付服务1.12万件,给付金额3 639.77万元。尤其是学生平安保险投保效果很好,全市中、小学及幼儿园平安保险承保学生10万

中国人寿永康支公司新大楼(中国人寿永康支公司提供)

市人寿保险公司全体客服工作人员热情为民服务采访活动(人寿永康支公司提供)

人。“学生平安保险”保费低、保障高,每年险赔款高达几百万元,减轻学生家庭的经济负担。

【国寿保险助力公益】 2013年市国寿保险公司积极响应政府号召,参与无偿献血等各项公益活动,多次开展捐款赈灾等活动,承担相应社会责任,为社会分忧解难。2013年永康支公司公开服务承诺,通过问卷调查、现场咨询、鼓励客户上门反馈等方式接受手机客户的意见和建议,持续提升客户服务满意度。围绕国家人寿保险“1+N”客户服务理念,组织国家人寿保险客户节、“国家人寿保险大讲堂”考前辅导讲座、“国家人寿保险大讲堂”疾病预防讲座、安排钻石卡客户五云山体检、“牵手国家人寿保险绿动中国少儿绘画”等增值服务。

【企业文化创出多项省“十佳”荣誉】 2013年市国寿保险公司对员工进行爱岗敬业教育,各部门开展“争优创先”活动,提高职业道德水平。弘扬“家文化”,加强“职工之家”建设,实行文体协会俱乐部制运作,丰富职工文化生活,营造宽松和谐的公司氛围,增强团队凝聚力和战斗力。发挥青年团员作用,为业务发展、经营管理建言献策,增添公司发展的动力与活力。以提高职工整体素质为目标,坚持内外结合,培训与进修结合,开展多层次的岗位培训,增强柜面人员的专业技能,并实行持证上岗,提高服务质量和劳动生产率。2013年获浙江省分公司“十佳”个险销售团队,浙江省分公司“十佳”银行保险销售团队,浙江省分公司“十佳”柜面,浙江省分公司“十佳”员工等称号。

(徐王芳)

■ 其他保险公司

【概　况】 2013年各种类型的保险公司在永康设立众多分支公司,主要有太平洋人寿保险、太平洋财产保险、平安财产保险、平安人寿保险、天安保险、新华人寿保险、中华联合财产保险、大众保险、大地财产保险、民生人寿保险、泰康人寿保险、永安财产保险、华安财产保险、安邦财产保险、都邦财产保险、生命人寿保险、天平汽车保险、阳光财产保险、嘉禾人寿保险、华泰人寿保险、太平财产保险等21家,为永康人民投保理赔,解除后顾之忧、促进社会稳定做出贡献。

【残疾人保险列入省试点市】 2013年2月上旬,市残联与太平洋人寿保险永康支公司共同签署“永康市残疾人意外伤害保险项目”。全市1.2万持证残疾人在保险期间如遭意外伤害,将获最高10万元的保险赔付。市太平洋人寿保险支公司为全市残疾人意外伤害保险服务。内容包括参保人在保险期内发生意外身故,最高可获10万元的人身意外保障;意外门诊、意外住院的,最高可获得1万元的意外医疗保障;规定范围内35种重大疾病的,最高可获得5万元医疗保障;意外烧伤的，最高可获得 2 万元的医疗保障。保险标准分二档：一档是每年每人 40 元，保障内容为意外身故和意外医疗险；另一档是每年每人 150 元，保障内容为意外身故、意外医疗险、重大疾病和意外烧伤。2013 年永康共有持证残疾人 1.2 万人，此次意外伤害保险参保所需经费将由市财政每年每人补助 40 元。这项惠及全市 1 万名持证残疾人及其家庭的民心工程意义重大，省残联对此高度重视，将永康列入残疾人意外伤害保险工作的试点县市。

（劳琛琛）

■ 浙商证券

【概　况】 浙商证券股份有限公司是一家国有控股、全国性全牌照的综合性证券公司，总部设浙江省杭州市，注册资本 30 亿元。经营区域从重组前集中于浙西南转变为覆盖浙江所有地市和主要发达县市，并拓展至全国 21 个省特别是沿海经济发达地区。营业网点从原来 20 家增至 2013 年的 93 家，其中省内 57 家，初步形成全国性网络布局。公司旗下设立浙商资管、浙商期货、浙商资本、浙商基金四家子公司，初步形成“证券＋期货＋基金＋创投”的金融产业格局，具备为各类投资者和机构提供综合投融资服务的实力。

【年度证券业务交易量 700 亿元】 浙商证券永康营业部成立于 1995 年，地址在九铃东路。2006～2011 年浙商证券永康营业部连续 6 年荣获市纳税百强企业，2012 年获市纳税优胜企业，为永康经济发展提供了有力的支持。营业部先后荣获市先进集体、治安安全单位，上海证券交易所“投资者声音”调研平台 2013 年度示范营业部，为永康证券投资者构建良好的投资环境。2013 年有员工 33 人，主要业务包括证券经纪、期货 IB、融资融券、基金销售、财务顾问、投资咨询、资产管理等。至 2013 年，永康营业部累计开户数 5 万户，客户保证金 32 亿，年度经纪业务交易量 700 亿元；融资融券累计开户 1 000 户，融资使用额 3 亿；期货客户权益 7 000 万元，期货成交金额 1 800 亿元。为方便投资者就近开户原则，经监管部门许可，公司先后推出省内异地开户业务、见证开户业务，并积极准备网上开户各项事宜。

（袁华炜）

银行监管

【概　况】 永康市银行业监管办公室，履行辖内法人银行业机构的监管责任，全面掌握浙江永康农村合作银行和浙江永康农银村镇银行两家法人银行的战略管理、市场定位及主要业务的内部控制状况，深入剖析存在问题，系统提出监管意见，督促完善内控建设，提升管理水平，实现科学发展。为提高非现场监管质量和效益，银监办开展年度监管评级，对两家法人银行的资本充足状况、资产安全、管理、盈利、流动性、市场风险等状况，进行全面详细的评价；召集两家法人银行领导班子和相关部门负责人审慎监管会谈 2 次，外部审计情况专门召集会谈 1 次；按月对两家法人银行进行走访；对月度、季度及年度非现场监管报表进行审核；做好机构、人员、业务的行政许可事项，加强现场检查力度。2013 年 9 月 17～11 月 8 日，对浙江永康农村合作银行 2012 年 1 月 1 日至 2013 年 6 月 30 日的内控状况进行全面检查，发现问题 27 个，提出监管意见 6 条；7 月 17 日至 19 日，对浙江永康农银村镇银行自 2012 年 4 月开业以来的运行情况进行回访检查，共发现问题 14 个，提出 6 条监管意见。

【中小商业银行监管运行】 2013 年市银监办为及时掌握辖区内银行经营动态和风险状况，加强与各中小银行之间的信息沟通共享，发挥监管职能，提高监管效率。创建中小金融机构监管工作分析例会制度，每季度召开一次，传达贯彻上级监管部门有关精神，研究风险提示和窗口指导的意见，交流日常经营中的好经验，通报出现的问题、风险隐患和案件，探讨防范和处置金融风险的措施。

【经营秩序整顿到位】 2013 年市银监办开展整顿规范银行业市场秩序专项活动，督促各金融机构对 2013 年存款营销、授信业务、服务收费、代理业务、信用卡业务、表外业务六项内容深入整顿规范。各银行业金融机构取消、暂停和降低经营服务性收费项目 863 个，累计少收费 8 953 万元，各行下调企业综合利率 5～15%，与企业结对帮扶 265 对，列入计算帮助企业解决问题数 1 563 个，实际帮助企业解决问题 1 682 个。

【金融服务进万家宣传月】 市银监办自 9 月 1 日始，围绕“提升信用品质　金融知识进万家”的主题，在全市范围内开展为期一个月的金融服务宣传月活动，以提升公众金融知识素养，引导金融消费者合理消费，依法维权，深入推进金融消费权益保护工作。统一安排宣传资料、宣传片，银监办督促各行成立领导小组负责实施。围绕信贷知识、跨境结算、人民币鉴别、征信知识、反洗钱宣传、电信网络诈骗等内容，重点向公众讲解个人贷款、信用卡、借记卡、银行理财、电子银行、自助设备、代销业务和非法集资八项内容，以增强公众对金融产品和金融知识的认识，提高公众对金融风险的防范。

【网点及自助银行安全评估】 根据《银行业金融机构安全评估办法》的要求，结合永康实际情况，市银监办成立市金融安全评估领导小组。5 月 14 日，会同市公安治安大队，组织 19 家银行安全保卫负责人进行动员部署，从 7 月开始，开展安全评估工作，历时两个多月，对全辖 146 家网点和 61 个 24 小时自助银行进行安全评估，发现安全隐患 111 处，整改 95 处，全辖 19 家金融机构评估分值为 99 分以上，均为优秀。其中工行、农行、村镇银行和邮政储蓄银行 4 家行被评为“金华市银行业金融机构安全评估先进个人”奖，平安银行被评为“省级银行业金融机构安全评估工作先进集体”奖。

（鲍若水）

财政税务

综　述

面对复杂严峻的经济形势，永康财政税务部门秉承“实、稳、优”财税核心价值理念，做好生财、聚财、用财3篇文章，充分发挥财税支撑、保障和引导作用，全力推动永康经济社会平稳较快发展。根据市委、市政府《关于开展永康市行政事业单位国有企业资产清查工作的通知》文件精神，市地税局于2013年8月对全市400家行政事业单位、国有企业进行资产清查。以2012年12月31日为基准日，分动员部署、组织清查、整改完善三个阶段。通过清查力求全面详细地掌握全市国有资产存量及使用现状，进一步夯实国资监管基础。设于地税局的资产清查领导小组办公室完成前期准备、方案制订、报表设计和软件开发、组织动员、业务培训、走访联系等阶段工作，全面进入组织核查阶段。

2013年全市实现财政收入61.39亿元，首次突破60亿大关，比2012年增长11.7%。地方财政收入35.30亿元，比2012年增长17.2%，增幅为金华各县市第二名；地方财政收入占财政总收入的比重为57.5%，较2012年提高2.7个百分点；地方财政税收收入32.15亿元，比2012年增长21.8%，增幅居金华各县市第一位，占地方财政收入的比重比2012年提高3.5个百分点。公共财政预算支出36.02亿元，比2012年增长11.27%。

【省经济发展组到永康查看“开门红”】 2013年4月1日，由浙江省发改委副主任高乙梁带领的省一季度经济发展“开门红”督查组到永康，对一季度经济发展情况进行督查。督查组在五金城二期市场“天天气动”门市部向经营户仔细询问了销售情况。得知一季度，网上五金市场交易额达40亿，比2012年增长41.8%时，高乙梁充分肯定五金城在壮大实体市场的同时，狠抓网上市场建设，实现市场成交额连续多年居全国同类市场榜首。市长徐华水在汇报会上，介绍永康市以制造业为主要支柱，根据省委、省政府干好“一三五”，实现“四翻番”的目标要求，多管齐下通过兴实业稳增长、强创新调结构、抓改革优环境等举措的实施，为促进实体经济发展下了很多功夫。企业不断开拓创新，提升产品的核心竞争力，扎实稳步推动全市经济社会发展。一季度全市规模以上工业产值同比2012年增长17.8%、工业投入增长38%、地方财政增长21%，实现了“开门红”。督查组对永康实现一季度经济“开门红”作充分肯定。建议梳理清晰的产业导向目录，并明确招商手册；依托国际会展中心这个大平台，办好各种展会，做大做强会展业；引导创新，优化环境，真正建立政府与企业的对话机制。

【国有资产实施公开招拍租】 为进一步规范行政事业单位资产出租管理，我市继续加强对出租资产招拍租信息发布、起拍价、租赁年限、经营范围设定等方面的监管，严格执行单位收回出租资产、协议出租申请审批。市财政税务部门从2007年12月首批公开招拍租至2013年底，成交租金累计2.95亿元，整体年租金比招拍租前提高了49.3%。2013年市地税局组织12个批次的公开招拍租，年成交租金2 242万元，总租金7 018万元，年租金增长率32.7%。年内市财政与国资管理部门抓好国有资产处置监管，严格土地、房屋建筑物等大宗国有资产处置流程，对处置价值较大或数量较多的办公设备等资产，坚持到现场查看，全年审核处置车辆41批次，金额786.9万元，一般办公设备及专用医疗器械等15批次，金额270.7万元。制订实施《永康市国有资产处置、公开招拍租工作公开选聘拍卖机构暂行办法》，做好企业资产整合，理顺站前物业公司管理体制，配合公安部门完成了保安服务公司脱钩改制工作。做好企业债券发行后续工作，协助完成2012年度金汇五金产业公司及其下属子公司的年报审计，做好企业债券跟踪评级工作。下达2013年国有企业经营者绩效年薪考核指标，并根据企业上一年度指标完成情况，及时考核兑现2012年年薪。强化企业重大事项管理，草拟《永康市国有企业重大事项报告暂行规定》，力求从制度层面强化对全市国有企业重大事项报告范围、报告程序等方面的管理。

【政府采购1 700项】 为深化政府采购管理，扩大采购范围和规模，进一步规范采购流程，2013年市财政与政府采购部门完成政府采购项目1 700项，采购单位上报项目预算3.35亿元，实际采购金额2.72亿元，节约资金6 329万元，节约率19%。严格控制日常办公设备和办公家具采购标准，对办公设备和办公家具采购按照市政府专题会议要求实施控制。进一步开展协议、定点采购工作，完成了行政事业单位会议、培训定点饭店（宾馆）、农家乐招标工作。切实实行协议供货二次询价制度，规范自行采购操作程序。加强政府采购招标项目现场监管，积极推进政府购买国货和环保产品。继续加强政府采购投诉项目管理，及时合理合法处理政府采购投诉。加强政府采购供应商注册管理，推进政府采购信息的真实性。全面实行公务用车网上审批管理，重新核定党政机关车辆编制，公务用车配备按新标准执行。对公车治理单位违规超编车、豪华车进行处置，达到了省公车治理办公室工作要求。

财　政

【概　况】 永康财政实行综合预算，加强对项目结余资金的管理，保证预算编制完整性、科学性。大力压缩一般性支出，将“三公”经费控制列入对各镇（街、区）、部门的考核，确保“三公”经费和会议费有明显下降。2013年一般公共服务支出4.4亿元，比2012年增长8.9%，低于公共财政支出增长幅度，“三公”经费支出明显下降，其中公务接待支出同比2012年减少1 107万元，下降22.38%。在财政部《关于印发2013年县级财政支出管理绩效综合评价方案的通知》中，永康在全国参评的1 985个县市中综合排名第71位，名列浙江省第8位、金华各县市第一位。年内加大财政绩效评价力度，选择39个项目进行绩效评价，涉及资金6.9亿元。加强地方政府性债务管理，从源头控制规模、优化负债结构、实时监控跟踪、实行偿债准备等方面入手，严控政府性债务规模，防范和化解政府性债务风险。按照省财政厅债务管理统一口径，年底全市政府性债务余额为24.5亿元，是浙江省“融资规模控制卡”批复下来的23个县市之一，被评为全省债务管理优秀单位。抓好国库集中支付制度改革及乡镇国库集中支付试点工作，基本实现支付单位、支付资金、支付过程全覆盖。制定公务卡强制结算目录，加强和规范公务支出、减少现金提取和使用。管好用好理好社保资金，对暂时不用的社保资金实行定期存款，全年社保资金增值 3 639 万元。继续加大“三农投入”，扎实做好各项强农惠农政策，以粮食生产、“美丽乡村”、农业“两区”、农业基础设施建设为重点，加快促进传统农业向现代农业的转变。全年公共财政农林水事务支出共 3.57 亿元，农业生产和农民生活条件得到进一步改善。进一步加强乡镇财政规范化建设，制定下发《财政所工作职责》《财政所工作守则和工作制度》《财政所岗位设置和主要职责》等系列制度。15 个镇(街、区)成立了财政所，安排乡镇财政规范化建设资金 450 万元，用于改善乡镇财政所办公场所、添置办公设备和公共服务平台建设。15 个镇(街、区)的公共服务平台全部建设完毕，并通过验收。强化财政监管职能，健全规范、科学、安全的资金运作机制。加强政府投资项目管理，完善工程变更管理办法，提高财政资金使用效益。全年涉及变更金额 9 591 万元，组织审核概算、预算、结算项目 391 个，核减资金 1.62 亿元。

【会计专业技术各类培训】 认真做好会计从业资格、会计专业技术资格考试、高级会计师的评审、初级会计电算化培训等相关工作。2013 年市财政局办理“会计从业资格证书”新证 581 本，变更注册 396 本，外地转入 136 本，转出 36 本。截至年底，借助会计人员超级 QQ 群，及时传递会计类相关信息。利用短信群发功能，提供温馨短信提醒服务。积极组织会计人员继续教育。年内参加面授和网授教育的会计人员分别达 4 251 人、5 286 人。全市持证会计人员 13 000 人。

【票据结报 1 425 多批次】 2013 年全市共领取财政票据 989 万份，发放财政票据 984 万份，定期对财政票据库存进行清点，做到账实相符。市财政局做好新非税征管系统的上线工作，对老非税系统上的财政票据及时进行清理核销。根据浙江省财政厅、浙江省卫生厅的文件要求，做好新旧医疗收费票据的换版工作。做好财政票据挂失声明、财政票据印刷申请及财政票据用票年度计划管理等财政票据管理工作。完成各行政事业单位的票据结报，全年累计 1 425 个批次，及时解决结报过程中存在的问题。

【行政事业经费纳入统一核算】 市财政局扎实做好国库集中支付相关工作，有效解决直接支付、授权支付、其他支付、工资统一发放、公务卡托收还款等问题。全市 125 个行政事业单位按照财政国库集中支付管理要求正常运行。做好每笔业务的受理审核、网上支付、资金核对、日清月结等工作。2013 年发出直接支付令 4 159 个，授权支付令 29 163 个，其他支付支出金额 14.7 亿元，收入 15 亿元。全年审核单位票据 3 909 份，单位正常性报销网上支付 1 253 笔。发放 117 个单位工作人员工资 5 万人次，“企业财务室”工资支付 53 144 笔，金额 4.1 亿元。做好全市纳入中心管理的 55 个基本建设单位 114 个项目(含 23 个新增项目)、重点工程 130 多个项目、城西新区建设项目等报销审核、会计核算、档案管理等工作。按照《基本建设单位内控制度》操作规定，受理票据 5 200 张，金额 4.4 亿元，确保纳入中心管理单位基本建设资金的使用安全。配合省、市审计局和各行政事业单位上级主管部门对纳入中心管理单位的责任审计工作。

【企业“小上规”“个转企”列为重点扶持】 2013 年市财政局配合市委、市政府出台《关于进一步促进工业经济发展的若干政策意见》《关于支持个体工商户转型升级为企业的实施意见》《关于印发永康市支持小微工业企业规范升级实施细则的通知》等政策，全力推进“个转企”“小上规”工作，促进小微企业发展。对企业技术改造、股份制改造、品牌建设、科技创新、外贸出口等给予奖励，全年拨付扶持企业发展专项资金 2.2 亿元。协助各部门及各企业向上争取资金，包括金融、粮食、技改和科技、外贸等资金 6 006 万元。提出《关于扶持影视文化产业发展的暂行意见》，出台《关于促进电子商务发展若干政策暂行意见的通知》，设立 6 000 万元引导资金，鼓励发展金融、旅游、影视、会展经济、商贸连锁、星级酒店、电子商务等。

【涉农开发建设项目投入巨资】 2013 年市财政局加大涉农投入，落实支农惠农政策，扶持粮食生产。全年拨付种粮大户直补资金、国家良种补贴、种粮大户奖励、统防统治、各类粮食补助资金计 1 540 万元。投入 2.64 亿元，用于农业"两区"建设、农业基础设施建设、农业防灾减灾、农村生态建设、"千村示范万村整治"工程。全年实施国家农业综合开发项目 7 个，合计投资 4 291 万元，争取省以上财政资金 2 829 万元。

地　税

【概　况】 永康市地税局在依法治税、规范管理的前提下，通过堵漏、挖潜等多项措施，确保应收尽收。2013 年组织各项收入 46.67 亿元，比 2012 年增长 32.35%，其中税收收入（不含契、耕两税）23.91 亿元，同比增长 16.32%；社保费等其他收入 16.56 亿元，同比增长 62.50%；契税、耕地占用税收入 3.27 亿元，同比增长 88.15%，保持地税收入快速增长的良好势头。深化国、地税税收管理协作，统一行业定额标准，联合核定定额，统一送达定额核定（调整）通知书，坚持个体税收国地税联合共管，开发完成并启用《国地税联合评定系统》软件，开展国地税个体双定户定额比对与调整工作。严格贯彻落实《关于调整城镇土地使用税等级范围和税额标准的通知》，开展与国土等部门的第三方信息比对，及时落实新增税源的征收管理，查找漏报、漏征、漏管户，确保税源登记信息的真实和完整。对于已办理土地证的 3 500 户纳税人及相关联企业全面开展房产土地两税税源数据核查，查补两税及滞纳金 4 000 万元。通过加强收入分配调节，堵塞税收管理漏洞，全面促进股权转让税收管理质效的提升。全年受理股权转让事项 735 户次，股权转让环节征收税款 2 300 万元，在涉外股权转让上取得征收单笔涉外税款 702 万元。年内纳入地税局重点税源监控的企业有 721 户，各级监控的企业税收收入 16.31 亿元，占全部企业税收收入的 60.01%，占剔除个体税收收入后企业税收收入的 79.30%。推进用人单位职工缴费明细申报试点工作（省局 4 个首批试点单位之一），圆满完成省局布置的目标任务。做好被征地农民转职工基本养老保险工作，基本养老保险、基本医疗保险分别一次性补缴 4.58 亿元（9 956 人）、1.02 亿元（1 012 人），推进社保五费合征和扩面征缴，强化扩覆增收。全年全市有 14 579 户企业纳入五费合征范围。

【税收征管系列机制应用】 2013 年市地税局修订了运维保障机制和完善数据处理流程，深化应用业务需求的开发应用，利用《税友龙版》的查询和预警功能、税源风险管理模块，提升税收征管质量效益。制定《永康市地税局 2013 年度税收执法责任制考核方案》，继续深入开展财税法制宣传教育，规范全局税收执法行为，全年审理重大税务案件 7 件。并通过源头管税等方式对地方小税种进行查漏补缺。2013 年市地税局累计入库 8.84 亿元，比 2012 年增长 32.98%；地方税占地方税收收入的比重为 74%，比 2012 年同期（67.4%）提高 6.6 个百分点，继续保持地方财力的增长。

【纳税评估上下联动机制】 2013 年市地税局对 60 家企业进行纳税评估，检查纳税户 239 户，涉及重点工商业企业、快递业、建筑业、医药医疗业、工业厂房出租业等，入库税（费、基金）1 471 万元，罚款 199 万元，加收滞纳金 158 万元。全年接受群众涉税举报 9 件，上级有关部门转来举报 6 件。严格按照《永康市地方税务局涉税违法案件分类管理办法》执行，通过案件复查、案件评比等多种形式，加强稽查执法力度，提高稽查管理质量。以《税友龙版》的应用以及《税友龙版》标准化质量管理体系为抓手，坚持信息化和标准化管理紧密结合，规范稽查执法行为，提高的执法水平。继续实施税务稽查“廉政意见反馈单”和案件“回访”制度，强化在税务检查工作中的监督机制。

【一站式涉税办事便民模式】 2013 年市财政局联合工商、质监、公安等部门实行“多证联办、并联审批”，打造全新的“窗口办理、内部流转、即时（或限时）办结、后续监管”的一站式涉税事项办事工作模式。深化预约代办、免填单、预约上门、窗口指导等便民措施，简化审批流程，进一步提速增效。全面推广应用办税服务厅综合管理系统，开展“立体税媒宣传在身边”、“进村访企入校进社区，纳税服务志愿者在行动”、“税企年代大比拼”、“共商地税发展”、大走访等税收宣传系列主题活动，重视提升财税干部服务能力，组织干部职工深入产业集聚区、专业村和社区、街道，宣传支持企业转型升级、扶持中小企业发展、事关社保民生的相关税收政策，服务企业、服务基层、解决纳税人疑问与难题。

【分离发展服务被省表彰】 2013 年市地税局做好节能减排企业、小型微利企业、高新技术企业、下岗职工、退役士兵创业、水利建设基金等减免退库工作。办理退库 3.39 亿元，减轻企业负担。贯彻落实临时性下浮工业企业基本养老保险费缴费比例等政策，全年为企业减负 5 700 万元。推进“亩产税收”考核工作，完成《永康市关于开展调整城镇土地使用税政策促进土地集约节约利用试点工作实施方案》的起草和亩产税收数据的测算汇总。积极开展“总部经济”、“分离发展服务业”、“浙商回归”、“支持服务业”等工作，建立健全“永康市优惠政策重点服务对象库”等，全年兑现总部经济奖励资金 1 683 万元，被省局评为“2013 年浙江省推进分离发展服务业先进单位”。

（韩余鹏）

国　税

【概　况】 1997 年 9 月永康市国税系统实行机构、编制、经费和领导干部职务审批 4 个垂直管理。2013 年设 12 个职能科室、经济开发区分局、稽查局、信息中心等单位，有干部职工 185 名。主要负责中央税、中央地方共享税的征收管理，包括增值税、消费税、企业所得税、储蓄存款利息所得个人所得税、车辆购置税的征收以及出口退税办理等。至 6 月底全市国税征管登记纳税户 7.39 万户，其中企业 3.5 万户，个体工商户 3.88 万户。属于增值税一般纳税人的企业有 5 846 户。自独立履职以来，全市国税部门，累计组织国税收入 203 亿元，年均递增 21.49%，为全省 17 个税收收入重点市县之一。国税收入占地方财政总收入的比例达 55%，有力地支持了地方经济和社会建设。2013 年被国家税务总局授予“全国税务系统先进集体”称号。

2013 年市国税局积极开展税收宣传月活动，联合团市委成立国税青年志愿者服务队，突出税法主题，加强政策辅导，为企业解决涉税疑难，增强纳税人依法诚信纳税意识，营造良好的社会纳税环境。加强诚信体系建设，联合地税部门做好 2011～2012 年度纳税信用等级评定工作，加大对诚信纳税企业的宣传力度，开辟诚信纳税企业办税及出口退税绿色通道，实现和谐的税企关系。以五金城市场税收管理为突破口，统一使用国地税个体定额联合评定系统，按系统设置的参数开展个体定额的核定，对国地税定额不一致的业户进行全面的定额调整。为促进行业税收公平，加强与行业协会联系，利用信息化手段，加强行业税源监控，建立覆盖全市主要产品和行业的《行业电销比指标》体系，完善"双控"管理的监控模型与参数，以行业税收监控模型为依托，加强门杯等重点行业的税收管理。努力降低全市重点税源企业涉税风险，对83户省重点税源企业100人次进行降低涉税风险、提高纳税遵从的专项培训，并辅导重点税源企业加强财务管理。

【征收预测核算"三管齐下"】 2013年面对经济转型升级的持续阵痛和中小企业经营困难等复杂形势带来的挑战，市国税局积极响应市委、市政府"二次出发"号召，迎难而上，以组织收入为中心，关注税收收入进度，争取并落实减免抵偿调库指标，完善税源分析师制度，加强经济税收联动分析，提高税收预测的时效性和质量，强化重点企业、重点行业的税收预测分析和风险预警监控，加强欠税管理，严防欠税产生，牢牢把握住收入工作的主动权。全年组织收入34.74亿元，比2012年增长8.2%；财政口径收入29.98亿元，同比2012年增长9.56%，落实各项税收优惠政策3.2亿元。办理出口退免税32.37亿元，其中出口退税22.7亿元，减免抵偿调库9.67亿元，同比2012年增长4.4%。

【"云服务"管理创新机制运行】 2013年市国税局加强办税服务厅整体建设，在自助服务区增设专职辅导员，建立定期巡查制度，强化内部监督，服务水平"稳中有升"。在车购税窗口推行错峰办税，受理预约184户次，使办税更快捷。继续推行中层干部导税服务，增强服务工作合力。优化"免填单"和"先办后审"等特色服务，提高办税效率，减轻纳税人负担。推进"云服务"管理创新，向纳税人推送各类短信息31 376条，取得较好成效。

【"营改增"扩围试点成功】 2013年市国税局加强税种管理，做好"营改增"试点工作效应分析，推进广播影视服务业、铁路运输业和邮政业的"营改增"扩围工作。"营改增"入库税收3 631万元。制定农产品税收管理办法，规范农产品税收管理。开展车辆购置税专项检查。做好消费税涉税数据的采集工作。完善企业所得税电子管理台账，加强企业股权转让信息的核查，做好企业所得税汇算清缴管理及后续审核工作。

（陈文楷）

经济调控

发展管理

【概　况】 2013年永康市发展和改革局(简称市发改局)面对严峻复杂的国内外经济形势,突出"科学发展和改善民生"两条主线,实施"工业强市、生态立市、商旅活市、文化兴市"的发展战略,全市经济社会继续保持平稳发展态势。全年全市地区生产总值422.56亿元,按可比价比2012年增长9.3%,名列金华各市(县)第三位,其中第一产业实现增加值9.28亿元,第二产业实现增加值259.94亿元,第三产业实现增加值153.34亿元,按可比价计算,分别比2012年增长1.4%、9.8%和8.8%。财政总收入61.4亿元,增长11.7%,其中地方财政收入35.3亿元,增长17.2%。金融系统对外存款余额898.1亿元,对外贷款余额892.4亿元,分别比2012年增长15.8%和15.4%。实现社会消费品零售总额140亿元,比2012年增长15%;实现外贸进出口额43.7亿美元,其中出口额39.6亿美元,比2012年增长17.9%;完成固定资产投资172亿元,比2012年增长20%。城镇居民人均可支配收入3.56万元,比2012年增长10%;农村居民人均纯收入1.62万元,比2012年增长11%;人口自然增长率4.61‰,控制在年度目标6‰以内;新增城镇

4月1日,省发改委经济发展"开门红"督查组到永康考察调研(总部中心提供)

就业10 083人，完成年度计划100.83%；城镇登记失业率2.7%，控制在4%年度目标内。全年实现工业增加值2.4亿元，可比价比2012年增长10.1%，规上工业总产值、规上工业增加值、规上工业利税总额分别比2012年增长11.9%、11.5%和13%，被评为“省工业强县（市、区）综合评价先进单位”。完成“个转企”1 058家、“小升规”192家，均超额完成年度任务，规模以上企业总数达到637家。全市信息化指数0.853，处于全省中上水平。“中国·永康五金指数”在国家商务部网站成功发布。加快实施品牌战略，“永康五金”区域国际品牌管理办法出台实施。新批技改项目数和技改累计投入额分别同比增长35.9%和30%，完成低效厂房改造78.9万平方米。自主创新能力不断增强，现代农业装备、新能源企业产业技术创新综合试点有序推进，规模以上工业企业新产品产值、高新技术产业增加值分别同比2012年增长32%和3.5%，新增专利授权3954件，培育认定国家重点扶持高新技术企业41家，新增省级创新载体6家。

【“1+X”现代服务业体系】 2013年市发改局首次召开全市服务业推进大会，健全完善“1+X”服务业政策体系和考核体系，设立引导资金6 000万元。全年实现服务业增加值153.34亿元，可比价同比2012年增长8.8%，占生产总值比重为36.3%。五金城市场继续保持全国同类市场领先地位，实体市场成交额、网上市场交易额分别比2012年增长7.1%和20%，成为“全国诚信示范市场”、“省级现代服务业集聚示范区”和“省五星级文明规范市场”。总部中心量增质提，三期等在建项目进展良好，四期顺利动工，并成功申报省现代服务业重大项目和省重大产业项目，实现税收3.2亿元。会展经济蓬勃发展，全年举办规模展会18次，展会总交易额157.5亿元，其中第十八届五金博览会、第四届门博会交易额分别比2012年增长6.5%和13.7%。区域物流网络加快形成，城西物流中心一期启动招商，国际物流中心公共保税仓库主体工程结顶。旅游业平稳发展，成立方岩风景名胜区管委会，完成南岩、石鼓寮景区整合，着力优化整合全市旅游影视资源，引进影视文化企业20家。

【省、市重大项目出成效】 2013年市发改局注重谋划，充分发挥重大项目对重大决策部署的载体性作用。全年新增省重点建设项目5项、省服务业重大项目3项、省重大产业项目3项、省重大工业项目4项以及金华市重点项目22项、金华市重大前期项目7项。全市年度计划安排政府投资实施类项目197个，年计划投资53.1亿元，已完成投资45.9亿元，完成年度计划的86.4%，已竣工项目62个、在建项目93个，开工率为78.7%。全市8个省“411”重大项目、9个省重点建设项目、22个金华市重点建设项目分别完成年度投资计划的146.5%、160.6%和169.9%。浙商回归扎实推进，充分利用浙洽会等活动载体宣传推介重大项目，并借力全国39家永康商会，引进浙商回归项目21个，实现省外到位资金18亿元，超额完成金华市下达年度目标任务。产业平台加快建设，浙商回归创业创新园指挥部实体化运作，园区产业规划、控制性详细规划通过专家论证，路网框架基本形成。现代农业装备高新技术产业园区理顺管理体制及工作机制，金桂南路等6条道路建设进展顺利，两园首批20个项目开工建设。

【城乡一体化建设工程】 2013年全市大力推进城乡路网、交通服务水平、水务、美丽乡村等城乡一体化工作。330国道永康段改建工程完成初步设计，东永高速公路永康段主线路基贯通，永康—磐安公路永康段、永康—义乌公路雅吕至木渠段路基桥隧工程基本完工；完成农村联网公路6.8千米，农村公路大中修及加固28.2千米；全市270辆城乡公交车全面实现公车公营，农村班车通达率提高到97%。稳步推进城乡水务建设，四大坑至洪塘坑水库隧洞等北部水库联网工程子项目进展顺利；杨溪水库生态湿地一期工程基本完工；累计完成城区38个区块和10个村的管网改造和建设，有序治理农村河道67千米，城区新埋设排污管网18.3千米。“美丽乡村”建设新增“美丽乡村精品村”11个、“秀美村”22个、“洁净村”300个。江南街道园周村成为全省最美乡村之一，并成为全国美丽乡村试点。“森林运动线”、“果园飘香线”等两条“美丽乡村风景线”初步形成。

【民生福利工程建设】 2013年市委、市政府出台相关政策，重点保障失地农民等重点群体权益，社会养老保险等“五险”新增参保人数均超额完成年度任务。逐步加大住房保障力度，年内开工建设保障房1 672套，建成公租房304套、经适房404套。扎实推进就业与人才引进工作，全市城镇失业人员再就业人数完成任务110.5%；规模以上企业劳动争议调解组织组建率达到90%以上；招才局实体化运作，出台高级人才优惠办法，建立院士、博士后工作站5家。

【社会事业公共服务体系】 2013年市发改局推进“科技架桥”活动，组织高新技术（项目）展示交易会，举办第八届中国五金产品工业设计大赛，启动建设创新成果展示交易中心，加快推进科技成果转化。提升教育水平，成立市政府教育发展顾问委员会，强化与浙师大、宁波镇海中学等高校名校交流合作；永康一中、城区公办小学及初中全部实行零择校。李店小学等9座学校扩改建，各镇公办幼儿园布点等教育资源优化布局工作基本完成。文化大市建设深入实施，“三馆一站”免费开放，创建金华市级以上文化示范村5个，评定三星级以上农家书屋240个，建成农村文化礼堂30座。卫生事业稳步发展，启动基层医务人员业务素质提升工程，与17家上级优质医疗卫生单位开展多种形式合作，建立健全区域卫生协同服务体系和“市—镇—村”三级医疗卫生服务体系。公共体育服务覆盖面不断扩大，全市85.9%的行政村建有体育设施，农民群众家门口健身的愿望逐步实现。

【社会管理系统运行】 2013年市发改局深入推进“网格化管理，组团式服务”，全市有603个行政村基层社会管理信息系统开通且运行良好。创建“无欠薪城市”，初步形成以“调解为主、调解优先”的劳动争议格局。流动人口管理、交通治堵、平安创建等工作全面推进，连续8年被评为省“平安县（市）”。开展“数字永康”地理空间框架建设，开通“数字城管”信息系统，开通96310服务热线，积极调解社会矛盾，信访态势总体平稳，全年无重大安全事故发生。

【招商引资16.3亿元】 2012年市组织有关部门广泛开展走访重点企业和重点项目活动，不断挖掘项目资源，充分发挥商会主力军作用，建立商会回归投资项目库。35家市外企业入选项目库，为今后储备和培育一批新项目奠定基础。年底全市内资项目15个，开工率86%。项目投资总额为24.4亿元，内资引进额16.26亿元，目标完成率达到108%。外资方面，全市新批外商投资企业1家，合同外资55万美元，服务外包出口60.14万美元，实现零的突破。2013年1月24日，金华市招商引资考核小组，对永康市2012年招商引资工作进行考核验收。

计划制定

【概　况】 2013年永康市根据国内外宏观经济形势，结合市内工业强市创建和产业平台完善等工作，按照市委部署与《十二五规划纲要》提出的预期目标相衔接，市发改局制订年度经济社会发展的主要预期目标：全市地区生产总值增长10%，地方财政收入增长

11%，社会消费品零售总额增长15%，固定资产投资增长20%，自营出口额增长8%，城镇居民人均可支配收入增长10%，农村居民人均纯收入增长10%。人口自然增长率控制在6‰以内，城镇新增就业人数1万人，城镇登记失业率控制在4%以内。单位生产总值综合能耗和化学需氧量、二氧化硫、氨氮、氮氧化物排放量均完成上级下达目标。年内市发改局加大政策宣传和业务指导，与商务部七大商会加强合作，引导和鼓励企业通过各类展会拓展国外市场。完善外贸公共服务平台建设，争取申报国家级五金产品出口基地，举办第三届中国国际商贸发展大会。完善对外贸易预警机制，引导企业投保出口信用保险，降低企业出口风险。开展服务外包优势企业摸底和辅导，力争服务外包实现新突破。落实各项扩大消费的政策措施，繁荣城乡消费市场。加快市场主体优化培育和五金城市场功能创新提升，发布五金产品市场指数，2013年实体市场、网上市场交易额分别增长7%和30%以上。强化市场价格监管，建立健全价格调节基金和社会价格监督服务网络。

【产业结构转型升级计划】 2013年永康市加快浙江省产业转型升级示范区、"两化"融合示范区、区域国际品牌试点区的建设。积极开展浙江省现代农业装备产业高新技术创新综合试点工作，打造省内首个现代农业装备产业高新区和争创全省浙商回归创业创新示范区。积极推进国家级非公路机动车检测中心和新能源汽车研究院、南方农业机械研究院建设，加快筹建国家级五金制品质检中心和防火门烧试检测中心。并以省工业强市建设试点工作为契机，落实《关于坚持实施工业强市战略加强新型工业化步伐的决定》，坚持做强做大传统五金、汽车、现代农机装备"三大支柱产业"，大力培育高端装备制造业、新材料产业、战略性新兴产业、生产性服务业"四个新型产业"。召开现代服务业发展推进大会，重点打造服务业十大行业龙头产业。发挥总部中心核心效应，出台促进总部中心现代服务业发展实施意见。拓展现代物流产业，城西物流中心投入运营。大力培育会展经济，办好第18届中国五金博览会等展会。整合提升各类旅游资源，推进石鼓寮景区影视产业基地建设。

【260个政府投资项目链】 2013年市发展和改革局继续实施政府投资项目管理各项制度，注重项目前期工作，破解政策处理和要素保障难题。组织实施"411"有效投资行动计划，推进260项预安排年度政府投资项目建设，加快重点工业项目实施，形成项目储备一批、实施一批、完工一批、投产一批的项目链，力争工业投资增长30%以上。以商会网络和永商大会为载体，加快浙商回归、央企对接等大项目引进。

【社会事业建设顺民心运作】 2013年市内加快镇级综合文化站建设，"两馆一站"全部免费开放。加快推进农家书屋规范化运行，积极组织开展"送文化下乡"活动。坚持教育资源布局优化调整，注重教育内涵发展、优质教育均衡发展、城乡教育协调发展，推进教育现代化县(市、区)创建。完善公共卫生体系，提高突发公共卫生事件应急处置能力，推进市中医院迁建工程和市急救指挥中心等卫生基础设施建设。完善城乡公共体育设施，承办好浙江省第二届体育运动会部分比赛项目，创建省级体育强镇。落实药品安全风险管控机制，加强食品安全综合监管。进一步强化矛盾纠纷调解、社会服务管理综合平台建设和网格化管理，维护社会和谐稳定。进一步推进民政、气象、广电等社会事业发展，切实维护妇女、未成年人、残疾人合法权益。认真落实就业再就业扶持政策，拓宽就业渠道。加强劳动监察、争议调节和仲裁，维护劳动者合法权益。推进社保参保扩面工作，提高参保率。完善医疗保险体系，开展居家养老工作，加大保障房建设。全年新开工保障性安居工程1 660套。

（李响阳）

行政审批

【概　况】根据市委、市政府年度经济发展的工作目标谋划项目，市发改局编制2013年政府投资项目年度计划，谋划安排政府投资项目259项，安排重大项目前期工作推进计划62项。争列省扩大有效投资“411”重大项目8项，新增省重点建设项目5项，省服务业重大项目3项，省重大产业项目3项，浙江省重大工业项目4项，金华市重点项目22项，金华市重大前期项目7项。

【重大项目前期运作方法】2013年，市发改局协调推进330国道南移、金温铁路、金台铁路等一批重大项目前期工作。溪心综合体和江南新区综合体，启动前期工作57项。成功申报总部经济营销研发中心项目；成功申报宏伟核电关联产业中央仓储物流供应中心项目。创办《重大项目前期办工作简报》，出台《永康市重大建设项目前期工作暂行管理办法》，规范项目前期工作流程，为前期工作提供管理依据。

【项目推进保障机制】2013年，永康市坚持市领导联系重大项目制度，协调解决项目推进建设中遇到的困难和问题，推进项目实施，召开项目建设和统计工作会议，出台《永康市政府投资项目建设进度考核暂行办法》，与57个项目责任单位签订责任书，建立项目责任单位联系领导和联络员的工作机制，创立《政府投资项目工作简报》，强化月报分析制度，加大重点项目督查推进、稽查监管、协调服务力度，把日常通报作为年度工作的考核依据。深入实施《永康市政府投资项目并联审批实施办法(暂行)》，建立联席会议、联合踏勘和模拟审批等项目审批方式，按照“环节最少、时间最短”的原则，进行审批流程重组。

【行政审批服务落实到项目】2013年，市发改局办理审批政府性投资项目134项，非政府性投资各类项目的备案和核准114项，其中企业基本建设投资项目备案112项，外商投资项目2项，概算总投资157亿元，建筑面积468.2万平方米。做好低效厂房改造的审查受理工作，全年受理低效厂房改造项目121项。通过组织联合实地踏勘，市低效厂房改造领导小组已批93项，投资15.96亿元，建筑面积177.33万平方米。根据《省发改委关于进一步简化企业境外投资项目核准的通知》，对于地方企业实施的中方投资额3 000万美元以下的资源开发类、中方投资额1 000万美元以下的非资源开发类境外投资项目(特殊项目除外)，自2013年5月1日起，省发改委委托企业注册登记所在地的市、县发改委(局)核准。

（王玉珍）

体制改革

【概　况】为深化行政审批制度改革，提高审批效率，加快转变政府职能，优化发展环境，2013年市发改局对行政许可事项、非行政许可事项及日常管理中具有审批性质的其他事项，进行一次集中清理，制定规范行政审批事项目录管理，目录以外的审批事项一律不得实施。经清理，使进驻市行政服务中心窗口的审批事项比例达到90%以上。

根据永政办抄发〔2007〕49号及市府办〔2007〕54号专题会议纪要精神，为解决历史遗留问题，明确企业产权关系，促进经济发展，对原属计划经济年代挂靠性质的集体企业，参照金轮摩配总公司等25家挂靠集体企业脱钩的方式进行企业改制。2013年市发改局陆续完成华东模具厂、麒龙五金量具厂、康宝电器厂、独松模具电器厂、万安车轮厂、珠山五金气筒厂、杨溪彩印包装厂、邵宅机械配件厂、芝英铝件压铸厂等10家集体企业改制，参与保安公司企业改制工作，妥善解决历史遗留问题。通过改制，明晰产权，加强管理，企业效益明显提高。

【现代服务业综合配套改革】 2013年永康市编制《永康市现代服务业发展规划(2012～2020)》，健全完善“1+X”服务业政策体系和考核体系，五金城成功创建“省级现代服务业集聚示范区”和“省五星级文明规范市场”。举办规模展会18个，实体交易额366亿元，比2012年增长7.1%；网上交易额200亿元，比2012年增长20%。“中国·永康五金指数”通过商务部平台正式发布，“永康五金”影响力显著提升。总部中心新入驻企业30家，税收3.2亿元。出台扶持影视文化产业发展意见，引进影视文化企业20家。经济开发区国际物流中心公共保税仓库主体工程结顶，城西物流中心一期投入运营。

【中心镇小城市培育改革】 2013年，市发改局为破除城乡二元体制进行改革，指导古山、芝英、龙山、象珠等中心镇的培育建设，支持指导古山镇争取省小城市试点单位，向省、金华市有关部门反映中心镇建设情况，争取政策资金支持。出台《关于加快推进中心镇培育工作的若干意见》，对加大土地要素保障力度、加大财政扶持力度、加大财政投资体制改革力度、加大行政管理体制改革力度和加大扩权强镇等几方面提出了具体举措。注重发挥财政资金的杠杆引导作用。每年省级中心镇1 500万元扶持培育资金实现项目拨付，激发镇级抓基础设施、公共服务和社会民生等项目的积极性，营造“好项目多可以多补助、好项目少就要少补助”的氛围。推进中心镇产业集聚提升和公共设施建设工程。2013年芝英镇完成东永一线路口整治，古山镇完成经纬路改造，龙山镇完成陈亮墓前台阶、上河道台阶及护栏建设、污水管网的铺设，象珠镇中心镇幼儿园建设已近尾声，四个中心镇都基本形成较为完善的供水、供电、通讯、交通等公共设施网络和便捷的交通道路网络。

【县级公立医院综合改革】 2013年，市政府出台《永康市县级公立医院综合改革实施意见》，强化公益，破除以药养医。7家市直医院启动以药品零差率销售和医疗服务价格调整为主要内容的公立医院综合改革。八个月来，取得了“业务量上升、药品比例下降”的预期效果，群众普遍反映药费下降。9月底，全市医疗业务收入8.87亿元，比2012年同期增长12%，药品收入占业务收入的比例从45%下降到40%，公立医院药品让利累计6 045万元。全市门诊病人314.37万人次，与2012年同期持平，市直占比60%。住院病人73 513人次，比2012年增长9%，市直占比97%。

【“工分制”村卫生室试点成功】 为探索建立有效的村卫生室绩效考核机制，2013年市发改局在龙山镇试行“工分制”村卫生室公共卫生服务绩效考核试点，制定《村级基本公共卫生服务考核项目及工作量分值》等实施方案及配套措施，明确村卫生室的公共卫生服务内容、工分计算方法，并与村医务人员签订《村级基本公共卫生服务管理协议书》。经过5个月的实施，该考核方式的效应渐显。至9月底，龙山镇村卫生室业务总收入比2012年同期增长80%，医疗收入增长205%，药品收入增长24%，辖区农民满意度提高，村医务人员经济收入有了提高，实现了双赢。“工分制”的实施，经市新闻媒体报道，并经《健康报》《浙江卫生》《金华晚报》等报刊宣传，吸引不少县市卫生部门关注。

【“银医通”自助电子系统投入试用】 2013年，永康市完成数据中心机房、数据中心交换平台(一期)开发、居民电子健康档案系统改造、数据中心专网项目的建设工作。市内15家社区卫生服务中心、市中医院完成了与数据中心交换平台对接，其他医院在10月底完成对接，11 月各医疗卫生机构之间实现互联互通、业务协同、数据共享的区域卫生协同服务体系。“银医通”试点单位——市红十字会医院，完成软件对接调试工作，将投入试运行，到时患者可以在“银医通”自助终端进行自助挂号、自助缴费、自助查询、自助打印检查报告单等新兴业务。

（胡美珍）

物价管理

【概　况】 2013 年省物价局给永康物价部门 1 名成本监审监测人员编制，市委、市政府重新设定物价部门的三定方案，增设单独的成本监审和价格监测科。通过公务员考试，录取 1 名财务专业人员担任成本监审工作，为做好市场价格监测工作奠定基础。

全年市物价局降低、取消和免收行政事业性收费项目 58 个，减轻社会和企业负担 319 万元。继 2010 年永康公办学校在全省率先停收与入学挂钩的赞助费后，2013 年 4 月推进中小学招生综合改革，组织人员走访调查多所具有规模的民办学校，对办校成本、收支情况、2012 年赞助费收取情况进行调查，听取意见，宣传收费改革的趋势和物价政策。结合温州“实施国家民办教育综合改革试点”的成功经验，向市政府提出取消赞助费，实行按公办学校教育事业费成本基础，确定民办学校最高收费限额。具体由民办学校上报备案，经市政府审查同意，自 2013 年秋季招生起，取消与入学挂钩的赞助费决定。开学后，物价局到 5 所民办中小学校进行跟踪检查，对 2 所收赞助费的民办学校责令立即退还学生。全市所有学校都停止收取与入学挂钩的赞助费。贯彻《浙江省幼儿园收费管理暂行办法》，落实《金华市幼儿园收费管理实施细则》，对公办幼儿园进行成本调查，规范幼儿园收费项目和标准，取消与入园挂钩的赞助费，合理调整收费标准。并将 5 所乡镇中心小学的附属幼儿园纳入管理。对民办幼儿园收费情况进行监管，通过召开民办幼儿园收费备案培训大会，落实收费政策，对 167 所民办幼儿园收费标准进行备案，并在市教育城域网公示全市民办幼儿园收费标准，接受广大幼儿家长监督。

【价格调控监管制定新标准】 2013 年市物价局制定校车收费标准、9 路公交车票价、永康普济护理院病房床位费收费标准、市第一期公共租赁住房租金标准、市北苑二期（一）经济适用住房价格；适度调整管道燃气设施预埋和改造收费、永康卫校住宿费及代管费收费标准；报批垃圾焚烧发电价格；按规定程序，出台普通公路事故车辆施救收费标准和出租车运价调整方案。价格调整方案的全面完善和慎重实施，既得到市民的理解、支持，也方便管理部门的监督。关注市场价格动态，加强价格行情监测。2 月起，城区的价格监测从 2012 年的 4 个增加到 10 个。监测品种在原有主要粮油副食品监测品种 38 个的基础上增加到 58 个，并将每月监测结果进行汇总分析，发布于市物价局的政府网页，在乡镇粮油市场价格设立监测点。全市 16 个镇（街、区）均设立粮油价格监测点 2 个，每个监测点监测粮油品种的价格 4 个，每月的第二周和第四周向市物价部门报送一次价格情况。每个镇、街、区分别设立价格监测台账，进行规范的价格监测，确保粮油价格平稳和数量的供应。为提高乡镇粮油价格监测工作的质量，减少迟报、漏报情况，物价部门利用现代化的通讯方式，建立乡镇粮油价格监测 QQ 群，对粮油价格监测工作进行指导，提醒乡镇人员及时报送监测报表，保证乡镇粮油监测数据报送的及时性。

（王高潮）

【市价格认证中心定编定职责】 为强化价格认证中心的社会公益性，2013 年 12 月，永康市价格认证中心由准社会公益类差额拨款的事业单位，调整为公益二类全额拨款的事业单位，核定事业编制 5 名。市物价局坚持服务司法、服务大局、服务系统、服务社会，为各有关单位及时处理、解决、审定工作及时提供价格认证依据。为公检法等司法机关、及时准确打击各类刑事犯罪，鉴定涉案财物价格 932 件；为市政府重点工程、解放街拆迁安置地块、西气东输管线工程地上附着物进行价格认定，同时对各机关单位委托的各类价格认定出具价格认定结论书 184 份；为价格部门在污水处理、公租价格调定价前进行成本监审；为道路交通事故车物损失、火灾事故损失等进行价格认定 1 896 件。

（王建国）

■ 监督检查

【概　况】 2013 年全市价格监督检查工作围绕强化价格监管、深化价格服务、全面履行监督检查、不断提高价格监督服务水平。全年查处价格违法案件 4 件，实施经济制裁 356 万元，其中没收违法所得 340 万元，罚款 15.9 万元。年内先后在元旦、春节、五・一期间组织市场价格检查，重点检查经营者的明码标价和价格欺诈行为。特别是在春节期间，由常务副市长和市长助理带队，物价局、经信局、工商局、交通局等单位负责人、物价检查分局全体人员以及永康电视台、永康日报社、永康金报社参加检查。内容有春运期间交通运输价格是否违规上调客运票价和价外收费；商品有无价格欺诈，促销价是否高于原价，有无不履行价格承诺隐瞒价格附加条件等违法行为；了解春节前的菜市场货源情况和价格走势，督促农贸市场明码标价。在永康电台设“行风热线”，向全市人民告知春节前物价监督检查所做的主要工作，以及在永康政务栏上刊登物价监督检查的节前工作。把物价监督检查从幕后推向前台，对规范市场价格秩序、促进价格平稳运行、营造欢乐祥和的节日氛围起到了积极的作用。

【涉农、涉企收费专项检查】 按照上级统一安排，2013 年市物价局配合金华市物价局监督检查分局对全市公安、消防系统的专项检查。开展对民政、建设、工商、国土等涉农、涉企收费部门的专项检查。采用以点带面，既突出专项检查工作的重点，也涵盖涉农涉企收费的其他领域，扩大检查覆盖面。对 2012 年查出收费有问题的单位，进行重新回访，检查这些单位的整改落实情况，有效制止涉农涉企收费问题的反弹。通过涉农、涉企收费的整治，全市农业、工业的收费环境规范，效果明显。

【社会价格监督服务站成立】 为建立社会对物价监督的长效机制，扩大物价部门在社会上的影响，市物价局在 16 个镇（街、区），13 个商场（商城）成立社会价格监督服务分站。市区华联商厦还专门向社会发出《价格诚信承诺书》。华丰菜场对 2012 年实行的农贸市场明码标价有畏难情绪，通过社会价格监督服务分站协助，提高市场明码标价工作积极性和主动性。社会价格监督服务已初见成效。

【旅游业价格整治】 2013 年“五一”节前，市物价局会同旅游局、工商局进行为期一周的旅游行业市场执法检查。全市 13 个旅行社从 10 个方面的按各自职责进行核考，填写“永康市旅游市场联合检查记录表”，对检查出的问题限期纠正，对问题较大的一家旅行社叫停整顿。对方岩风景区和四家宾馆饭店进行节前检查，检查出价格方面的问题有：个别旅行社未按规定进行公示或公示不全；标价上所用的“时价”太多，特别是旅游长线和境外旅游；标示不规范，所标的内容是“买一赠一”，但实际赠送的只有20元；住宿有标价，但五金博览会的住宿预订价格却远远高于客房的标准价格；个别酒店有菜价标示，但酒水未实行明码标价。通过检查，进一步规范旅游行业的价格行为，为“五一”节及其他节假日旅游创造了良好的氛围。

【农本活档案调查】 为营造良好的成本调查工作环境，加强成本调查工作的宣传和信息沟通，市监督检查部门及时向农业调查户宣传国家有关粮食生产惠农政策。加强对农业调查户的业务培训指导工作。借每次专项调查之机，面对面上门辅导、检查登记工作，介绍新农产品成本指标体系的相关指标，交流、探讨有关种养殖生产方面的问题，分析成本和价格变动情况、今后发展趋势，了解有关惠农政策的兑现落实情况，及时发现、解决有关问题。做好调查数据的登记汇总分析，提高农本调查工作质量。在搞好早、晚籼稻生产成本收益直报、常规调查和省统一部署的专项调查基础上，根据市内实际，有重点地开展调查研究，及时反映市场动态和农村农民的经济动向，为有关部门和领导对农产品价格、农村经济的变化趋势进行预测、决策提供服务。建立农本调查基础，优化成本调查布局和网络，既考虑不同发展水平和层次，注重布点的广泛性和代表性，健全和调整相关农本调查网点，调整原有的调查点。2013年新增大户调查点1个，种粮大户调查户从1994年建点之初的6户增加到25户，形成规范合理的调查网络，保证调查数据与当地总体水平基本吻合，比较客观、全面地反映农情民意。石柱镇下里溪村章鼎炉是首批国家级调查户，其原始资料保存完整，被省发展和改革委领导誉为“全省农本调查的活档案”。

（陈联宁）

公共资源交易

【概　况】 永康市公共资源交易管理委员会办公室（原永康市招投标管理委员会办公室），于2005年12月组建成立，是永康市公共资源交易管理委员会（原永康市招投标管理委员会）的常设机构，承担市公共资源交易管理委员会的日常工作，承担对全市公共资源市场化配置工作的指导、协调、监督、管理等职能。内设综合科、督查科、业务管理科3个职能科室。

2013年全年，市公共资源交易中心共完成招拍挂284个标次，完成交易金额共计59.52亿元，比保留价增加、预算价节约共计11.38亿元。其中：开展建设工程招投标126宗，工程预算总额15.89亿元，招标后合同总额14.44亿元，节约建设资金1.45亿元，资金节约率为9.13%；开展政府采购业务107宗，财政预算总额1.54亿元，实际采购合同金额1.23亿元，节约采购资金3 081.37万元，资金节约率为20.00%；通过公开招标、拍卖和挂

9月17日，招标办举行提效加速优服务动员会（招标办提供）

牌等出让方式，出让经营性土地41宗，出让总面积215.99万平方米，出让金总额43.46亿元，比保留价增加9.55亿元；开展产权出租出让业务10批次，起始价总额3 207.94万元，成交价总额3 886.72万元，增加国有资产收入678.78万元，增资率21.16%。

【招投标有关规定文件清理工作】 2012年7月，国务院、国家发改委和省发改委部署开展招投标有关规定的清理工作，市公共资源交易办对1999年招标投标法出台以来制定的所有招投标文件、规定、办法、纪要、抄告单等进行清查，确保清理的文件不遗漏。按照谁制定谁清理、谁清理谁负责的原则，对以前拟作保留有效的文件，依据《招标投标法》《招标投标法实施条例》和国家发改委等九部门第23号令，逐章、逐条、逐句对照审查、反复研究，提出废止、失效、修改、保留意见，切实维护文件的严肃性、权威性。根据上级有关文件精神和省督察组的意见，2013年市公共资源交易办对有关招投标文件再次进行梳理，与省督察组作了衔接，提出初步的处理意见。全市涉及招投标清理的文件有19个，其中建议保留6个、修改7个、废止6个。并以清理为契机，配合市政府做好招投标相关制度的规范工作，完善制度，使其在法律的框架下运行，确保工作合法规范。

【招投标网上交易系统建立】 为提高工作效能，2013年市公共资源交易办推进信息化办公系统建设。先后建成网上报名操作系统、远程评标操作管理系统、综合评标专家库终端抽取系统。这些系统的建立，提高了公共资源交易的信息化办公水平，对于提高招投标透明度、节约资源和交易成本，促进政府职能转变起到了积极的作用。但是，由于这些信息系统初步建立，运行过程中难免出现一些问题，需要不断的改进和完善。年底，金华市公共资源交易办、发改委、财政局、监察局、住建局、公共资源交易中心等六部门联发《关于做好国有投资建设工程项目招投标网上交易系统试运行工作的通知》以及《网上交易系统工作流程》，建立金华全市范围的国有投资建设工程项目招投标网上交易系统。该系统有效建立并投入运行，对于利用技术手段解决暗箱操作、围标串标、限制投标等突出问题

9月5日，省发改委来永康进行招投标规定清理督查(招标办提供)

有独特的优势，并起到规范市场交易行为、促进公共资源优化配置、维护正常的经济秩序、从源头上预防腐败和遏制招投标混乱现象的作用。在金华市本级和有关县市区的系统运行成功后，永康市公共资源交易办积极参与联建，并通过联建，建立一套运行顺畅、功能完备、操作便捷的招投标网上交易系统。

【市重点工程项目跟踪服务机制】 为服务全市工作大局，以便市里的重点工程建设项目能及时进入招投标程序，2013 年市公共资源交易办建立班子成员跟踪联系市重点工程建设项目制度。对标的额大、社会影响大、政府性投资的 2013 年市重点工程建设项目逐项进行梳理，分项落实到各班子成员，然后分别由各班子成员进行重点跟踪，提前介入，主动上门服务，与招标人沟通联系，实行无缝对接，并根据招标人的需求，提出相关的服务意见，以便招标人全面理解招投标相关规定，提高招投标效率，为市重点工程建设项目的早招标、早开工创造条件。同时根据上级有关党政主要领导"五不直接分管"的要求，将过去由一把手审批的项目事项明确由分管领导负责审批，只有重大疑难事项提交领导班子集体讨论决定，然后由分管领导负责审批，对于简化公共资源交易审批流程，提高工作效率起到积极作用。

（楼勋臣）

审计管理

【概　况】 永康市审计局成立于 1983 年 4 月 9 日，经过"边组建、边工作"，"抓重点、打基础"，"积极发展、逐步提高"等不同时期的发展阶段，截至 2013 年底，有干部 18 人，设有 6 个职能科室：办公室、财政金融审计科、行政事业审计科、经济责任审计科、工商企业审计科、基建外资审计科。2006 年 9 月 15 日，设立永康市直属审计所（隶属永康市审计局），2009 年 5 月 26 日，更名为市审计决算中心，有事业单位在编人员 13 人。

2013 年永康市审计局共完成审计项目 30 项，查出违规金额 354 万元，管理不规范金额 1 071 万元，发现非金额计量问题 27 个，提出审计整改建议 73 条。被金华市审计局评为 2012 年度金华市审计信息工作先进单位，被永康市委市政府评为 2012 年度先进集体、信访工作先进集体、落实党风廉政建设责任制先进单位、财政预算工作先进单位。《永康市公积金审计 AO 应用案例》荣获浙江省审计厅 2012 年 AO 应用实例奖。

【工商企业被审计 18 家】 2013 年以来，市审计局以促进"优化资源配置，用好增量、盘活存量"为目标，扩大对国有企业的审计覆盖面，对浙江金汇五金产业有限公司等 3 个国企进行了立项审计，对永康市国投工贸公司等 15 个国企进行延伸审计，在推进国有企业存量资产保值增值、存量资金增益提效方面，取得较好的效果。针对永康市站前物业公司

市审计组在企业实地审计（审计局提供）

的资产负债损益审计中发现的问题，审计建议市有关部门尽快制订出台《永康市国有资本经营预算管理办法》《永康市国有资本收益收缴办法》。为使存量资金尽早发挥效益，在办法出台前，先采取适当方式进行集中管理调度，等到后结算。这一建议得到采纳，市站前物业公司已把 4 200 万闲置资金交由永康市财政保管。在审计期间永康市站前物业公司及时收回租金 143 万元，收回被其他单位占用的办公用房。

1 月 17 日至 4 月 1 日，市审计局对市影剧公司 2010 年 1 月至 2012 年 12 月的财务收支进行审计。市影剧公司在审计期间积极整改，收回以前年度欠缴房租 246 万元。审计决定下发后，已全部执行，补交了房产税及滞纳金共 101 万元、个人所得税 27 万元、收回少扣三险 6 万元、收回少扣住房公积金 0.9 万元、向职工收回多发的工资奖金补贴 216 万元。通过开展永康粮油集团公司资产负债损益审计，了解国有资产清查情况。针对永康粮油集团公司出租资产较多且情况复杂等特点，提出“改变原有粗放式出租方式、挖掘城区大宗资产商业价值、充分体现土地价值、探索增量收益共享机制、加强巡查维护和消除安全隐患、规范租金收支行为”等六个方面的建议。该公司正根据建议进行完善管理。完成市总部中心开发建设有限公司 2008 年 3 月～2012 年 12 月财务收支审计，全面了解总部中心的财务收支情况、建设进展情况及资产负债情况等，提出加大集资联建企业拖欠房款的催收力度、足额收取（提取）房屋维修基金、增强投资理财产品的风险意识、对自有房产出租实行规范化管理及减少广告费、电视宣传费等以及其他不必要的费用支出等建议，促使总部中心在较短时间内收回被拖欠的集资联建款 6 000 万元。开展 2008 年 8 月～2012 年 12 月市城市建设重点工程指挥部办公室（永康市城市建设开发有限公司）的财务收支审计，提出继续加强对往来账款进行清理，协商解决有关久拖未决的债权债务问题，防止长期挂账等建议。

【财政金融审计取证延伸】 2013 年市审计局对 2012 年度市本级财政预算执行和其他财政收支进行审计，同时实施对政府部门和有关单位的财政财务收支审计，并对乡镇债务、全部政府性资金、省级转移支付资金等进行专项审计调查，并深入二级、三级核算单位审计取证，延伸审计市规划测绘院等 19 个单位。6 月 21 日，时任市长徐华水在市审计局上报的《关于永康市 2012 年度财政预算执行和其他财政收支情况审计结果报告》上作出批示。7 月 29 日，市政府召开第十六届政府第十四次常务会议，专门听取市审计局关于 2012 年度财政预算执行和其他财政收支情况的审计结果报告，这是永康首次将财政预算执行审计情况纳入市政府常务会议作为专题汇报。通过审计，揭露全市财政财务管理中存在的“部门及乡镇会计队伍薄弱”“临时性边缘性机构监管缺位”“国资监管力量不足”等重大问题。整个“财政同级审”工作得到领导的高度好评。12 月 18 日，市政府将审计工作审议意见书面回复市人大常委会。根据审计署的统一部署，由市审计局骨干为主要成员的金华市审计组，于 8 月 1 日至 11 月 14 日按照“见人、见账、见物、逐笔、逐项”的原则，积极开展政府性债务审计工作。利用“三依托”，加快工作时效：依托财政网络系统发布通知，向各主管部门和有关单位群发短信通知；依托主管部门的配合，增强对政府性债务审计工作重要性、必要性的认识，确保审计工作全覆盖；依托各单位财务人员的力量，要求各财务人员对报表进行填写并完整提供贷款合同、担保合同、借还款凭证、利息凭证或发生顾问费凭证的复印件，做到“三到位”，确保政府性债务审计工作无遗漏：现场审核到位，由审计组进行现场实地认真审核；

数据填报核对到位，对现场审核的数据和部分财务人员自填的报表，由专人再次进行审核确认，确保审计的债务数据和其他相关数据的真实、准确和完整；跟踪督促到位，确定专人，通过电话联系，对各主管部门和重点债务单位进行多轮次的通知和落实；对无政府性债务的单位，督促其及时填报承诺书，并负责统一收回和整理。审计共收回无债务承诺书315份(是金华市被审计单位范围最广无债务承诺最多的县市)，实地核查有债务单位22个(实地核查率达100%)，及时、全面完成此次债务审计的各项任务。

【行政事业审计向民生领域倾斜】 2013年市审计局加强对行政事业单位涉及民生资金和项目的审计监督，开展2012年住房公积金财务收支审计、2012年农民专业合作社运行情况审计调查等审计项目，促进公共资源配置更多地向民生领域倾斜，把人民群众的利益维护好、保护好、落实好。1月15日至2月28日，市审计局派出审计组对金华市住房公积金管理中心永康分中心(以下简称永康公积金中心)2012年住房公积金进行财务收支审计。通过审计发现当前的公积金政策对解决中低收入职工住房困难问题成效有限，政策亟待完善。问题主要表现在：不同行业、不同单位的住房公积金缴存比例悬殊；中低收入职工参与公积金贷款比例较少。贷款人多数是较高收入者，而真正需要解决住房困难的中低收入者，由于房地产市场价格飞涨，无法承担购房首付款和还贷压力而放弃贷款购房。中低收入者缴存的住房公积金在某种程度反而接济了高收入者。住房公积金的扶贫和保障功能不断弱化，低收入者的购房愿望难以实现。为此，审计建议：健全住房公积金法规体系，完善政策措施，从改善中低收入职工居住条件出发，出台扶持政策，减轻中低收入和困难职工的住房开支压力，通过提供贴息贷款、廉租房租金以及为中低收入者贷款提供担保等形式，改善居住条件，更好地为构建和谐社会服务。市审计局专门撰写审计信息，被《金华审计》《浙江审计信息》采用。10月31日至12月9日，市审计局对市2012年农民专业合作社(以下简称合作社)的运行情况进行专项审计调查，重点调查全市合作社成立、发展、运行情况，财政补助资金管理使用绩效情况以及相关政策落实情况，并延伸调查市亿利肉类专业合作社等8家合作社。通过审计发现合作社在加快现代农业发展，带动区域产业，促进农民增收等方面，有良好的效果。也存在着科技支撑乏力，产品竞争力弱，合作社区域和行业发展不平衡，部分合作社规模较小，带动性不强，而且大部分合作社无专职财务人员，会计核算不规范，管理体制不健全等问题，制约合作社的长远发展。审计建议

市审计组检查永康市农民专业合作社台账(审计局提供)

提高对合作社的政策扶持力度，鼓励合作社积极对接科研院所，不断引进新品种、新技术，拓展新市场，健全内部会计控制制度，推进合作社健康发展。

【基建外资审计体现“四铁”精神】 2013年市审计局以“四铁”精神(铁的纪律、铁的标准、铁的手腕、铁面无私)统领政府投资绩效审计工作，继续加强政府投资项目的审计监督，规范投资行为，提高投资效益，促进科学决策，发挥政府投资项目的社会效益和经济效益，从源头上预防投资领域的腐败行为。2013年共完成基建决算审计项目331个，送审金额5.68亿元，审定5.56亿元，净核减金额1 102万元。所出具的政府投资审计报告(确认书)没有出现行政复议或行政诉讼，也未有出现审计人员因廉政违规而被举报被处分等问题。为确保政府投资项目质量，市审计局坚持实施“现场勘察”和“钻芯取样”制度。在审计时，必须到现场实地勘察、丈量尺寸、现场核对，以避免少做多报、材质不符等情况的发生。对道路工程和外墙保温工程，采取“钻芯取样”的方法，最大限度提高工程质量，节约政府投资支出。对金胜山森林公园游步道工程竣工结算审计中，经现场核对，发现实际做法与设计不符，立即责令其返工，待验收合格后再进行审计。5月15日，对此进行跟踪督查发现，工程已按要求整改到位。6月19日，出台《永康市政府投资项目工程变更管理办法》，实行工程变更联席会议制度，实行限额管理，规范操作程序，明确职能责任。根据市人大常委会的交办要求，7月15日，市审计局派出审计组对市“一通五化”(即排污畅通、道路硬化、小区绿化、小区亮化、小区封闭化、环境美化)工程的融资、建设、资金管理等情况进行审计。重点审计市创建文明卫生城乡工程领导小组办公室、市人民政府江南街道办事处、东城街道办事处、西城街道办事处等有关部门单位，对9个区块“一通五化”工程项目的报批程序、招投标管理、质量管理、资金筹集和使用情况进行审查，延伸审计白云小区雨污水管网改造工程项目融资、建设、资金管理情况，对重要事项进行必要的延伸和追溯。通过审计发现，工程实施后，人民群众的基本居住条件得到明显改善，特别是污水管和化粪池的改造、道路硬化和路灯的安装，受到居民的好评，改善小区居民的生活环境，提高生活品质，促进社会和谐稳定。

【经济责任审计17名领导】 2013年永康市的领导干部经济责任审计工作，按“全面推进、突出重点、健全制度、规范管理、提高质量、深化发展”的思路，统一以“一观三化一廉”(即落实科学发展观、权力运行公开化、资源配置市场化、操作行为规范化和廉洁自律情况)为核心评价内容，从干部管理永康市的需要出发，市审计局先后对市教育局、风景旅游管理局、科学技术局、林业局、商务局、残疾人联合会、档案局、机关事务管理局、经济和信息化局、文学艺术界联合会、浙江金汇五金产业有限公司、石柱镇、前仓镇、花街镇14个部门单位的17名领导干部开展经济责任审计。为发挥审计的“免疫作用”，对每个经责审计项目都进行审前调查和编制审计方案，从2013年3月11日开始，在被审计对象单位张贴审计公示，在市审计局网站上进行网上公示，接受更加全面的监督。为促进各审计组交流信息，梳理共性问题，对前仓镇、石柱镇、花街镇3个乡镇同步进点开展任期经济责任审计。按照省厅的要求，严格规范经济责任审计的相关文书体例、主要内容等。对审计发现的问题进行深入分析，以《审计专报》上报有关领导，促进整改和完善制度。在对残联理事长的任期经济责任审计中，针对发现的部分使用残疾人就业保障金建造或租用的残疾人基础设施未能充分发挥作用的现象，撰写《市残联残疾人服务用房管理急需改进》的审计专报，引起市领导的重视。8月22

市审计组在石柱镇召开领导任期经济责任审计反馈会(审计局提供)

日,市委书记徐华水在出具的审计结果报告上作重要批示。批示要求"市残联要对审计发现的问题进行认真整改,市审计局要加强通过走访市纪委、组织部了解及审计涉及的会计资料表明,没有发现被审计领导干部有违反廉政规定的情况。通过对领导干部任职期间履行经济工作职责,经济决策的合法、合规和效益性,以及个人遵纪守法情况等进行正确评价,增强领导干部的法律责任和管理意识,为组织部门任用和监督干部提供参考依据,较好地发挥经济责任审计在权力监督制约方面的积极作用。

(王　颖)

统计工作

【概　况】 统计资料是指反映政治、经济、社会等各方面现象的数字资料和经过整理、分析研究所得的文字资料,是统计工作的最终成果。统计资料一般可分原始调查资料和整理汇总、整理编印资料两大类,是各主体企事业单位编制各种计(规)划、制定各项政策的重要依据,是加强管理、实行监督的有效工具。永康统计资料发布从1980年开始,发布的资料逐步得到各级领导和社会各界的关注和重视。2013年9月26日,在永康五金博览会上第一次发布"中国·永康五金指数"。

【《永康统计年鉴》继续编印】 从1958年开始,除1960～1970年这十年中断外,每年都要编制"年度统计资料"。2002年以后都以《永康统计年鉴》命名。以前名称各有不同。2013年《永康统计年鉴》内数据主要以2012年的各类统计年报数据为主,包括社会经济发展的各类数据:人口,农业,城市建设和环境保护,工业、能源消费交通运输和邮电通信业,固定资产投资和建筑业,国内贸易和对外经济,财政和金融,科技教育文化卫生及其他,人民生活状况、各村基本情况、横向对比情况等;也包括主要社会经济发展数据,以满足多方面需要。年鉴对发表的统计资料重新予以核实,对个别数据作了调整。凡与最新年鉴有出入的，均以最新年鉴为准。如地区生产总值GDP，经过每五年一次的经济普查后，都会对前五年的地区生产总值进行修订，GDP数据以修订后的数据为准。

【《统计公报》向社会公布】 永康县统计局最早于1984年5月16日在《永康报》上公布《永康县1983年国民经济和社会发展情况统计公报》(简称《统计公报》)，是当时浙江省最早发布县级统计公报的县(市)之一。2013年《统计公报》于4月在《永康日报》上向社会公布。涵盖2012年度社会经济发展的统计资料，以便各级领导和广大人民群众了解市上一年度社会经济发展基本情况。

【统计分析报告公布60篇】 自1980年恢复县政府统计科的建制后，县统计部门首先以《统计资料》简报形式，刊登部分重要统计数据和专题性统计分析报告(文章)。1986年更名为《永康统计》。统计分析报告以年度、季度、月度的永康经济运行情况综合和专题统计分析报告(文章)为主，不定期的专题分析和经验交流、统计工作动态等。2013年共发布60篇。

【发放统计月度卡片】 统计资料小册子、卡片是一种较为灵活的统计资料发布形式，它根据实际需要，随时调整发布的内容、时间、形式等。2013年市统计局正常发布的统计月度卡片，主要有经济月报小册子，各镇(街、区)经济指标情况卡片，各县(市)主要经济指标卡片，浙江省17强网络县(市)经济指标小册子等。主要发布的统计资料为永康市各镇(街、区)，永康市、金华各县(市)，浙江省17强网络县(市)的工业总产值，外贸、固定资产投资，地区生产总值，财政、用电、金融等主要体现社会经济发展情况的指标情况。

【《浙江省61县(市)区主要统计指标排序》】 2002年8月首次编印主要统计指标。2013年罗列出全省61个县(市)的七十多项主要经济统计指标，按各县(市)、区各项统计指标当年完成的数值，从高到低进行排序，直观地反映出各县(市)、区各项指标在全省各县(市)、区中所处的位置，便于横向对比。该书于8月编印成册，发送给各级领导和各部门。

■ 统计调查

【概　况】 2013年市统计局根据统计研究的目的和任务，采用科学的调查方法，有组织、有计划地搜集各种统计资料，取得反映社会经济现象总体中足够多的单位的以数字资料为主的信息，使之成为开展统计计算和分析的基础。具体做法：按调查时间进行经常性调查、周期性调查和一次性调查；按调查方式进行发表调查和派员直接调查；按调查范围进行全面调查和非全面调查。切实做好普查、统计年报、全面定期报表等，后者有重点调查、典型调查、抽样调查等工作。

2013年市统计局各部门单位定期统计报表有年报、半年报、季报、月报、旬报、日报。执行定期统计报表专业统计主要有：工业统计、农业统计、粮食监测统计、固定资产投资、建筑业、房地产、保障性安居工程统计、服务业统计、批发零售贸易餐饮业统计、工业企业能源统计、劳动(工资)统计、科技统计、地区生产总值核算、财政税收统计、金融统计、计划生育统计、用电统计、外贸进出口统计等。各部门单位于年终一次性抄报统计局的专业统计有：人口经常性统计、计划生育统计、国土资源统计、教育统计、文化统计、体育卫生统计、城市建设统计、环境保护统计、气象统计、档案统计、民政统计、工会妇女统计、政法统计、交通运输统计、邮电通信统计、科学技术统计等。

【全市基本情况调查】 2013年市统计局进行的基本情况调查主要有抽样调查包括工业品价格调查、企业采购经理调查、城乡一体化调查、工业企业景气及非工业企业景气调查、劳动力调查、千分之五人口调查、非公人才调查、群众安全感调查、妇女儿童调查、招才引资调查。其中工业品价格抽样调查、企业采购经理调查为月报，城乡一体化调查为季度、其他为年报。

【"五金指数"编制首次专查】 经过前几年的筹划与准备，2013年市统计局正式开始此项调查。9月26日举办的五金博览会上首次发布了各项指数，并在五金指数网站、商务部网站的"商务预报"栏目、《永康日报》、电视台，《永康金报》等媒体以每周或每月的频率正常发布。

（俞晓蕾）

■ 经济普查

【概　况】 全国经济普查工作每10年进行两次，分别在逢3、逢8的年份实施。2013年永康市经济普查内容包括单位基本属性、组织结构情况、从业人员、财务状况、生产经营情况等。有1.4万家法人单位，1 600家产业活动单位，6万～7万家个体户，比2008年第二次经济普查增加2万家。此次普查的技术手段为全面建立电子地图，采用PDA设备进行数据采集，这在经济普查中尚属首次。普查标准时点为2013年12月31日，普查时期资料为2013年年度资料。普查工作大体分为三个阶段：2013年12月31日以前为普查准备阶段；2014年1月至9月为普查登记及数据处理阶段；2014年10月至2015年为数据发布、开发及总结表彰阶段。

【第三次全市经济普查启动】 7月30日，永康市召开第3次经济普查领导小组第1次会议，全市第3次经济普查工作全面启动。此次经济普查的对象包括在市境内从事第二产业和第三产业的全部法人单位、产业活动单位和个体经营户。

（王　珍）

经济监管

国土资源管理

【概　况】 永康经济发达,但人多地少(人均耕地为0.04公顷),用地供需矛盾突出。2013年城乡建设用地总规模超出2020年规划期末指标,工业用地占全市城乡建设用地总量的38.23%。市国土资源局(简称国土局)以国土资源利用方式耕复促进经济发展方式耕复,实行土地节约集约利用推动产业结构优化升级,提高国土资源推进永康"二次出发"和跨越发展的保障服务能力。

【杨溪稻米合作社土地流转签约】 2009年实施土地流转奖励政策以来,市政府每年拨款300万元对流转户进行奖励。全市土地流转面积达7 267公顷,其中种粮大户流转面积从2009年的1 774公顷,2013年增加到3 194公顷,优化了土地资源配置,提升了规模经营水平,促进了城乡统筹发展。2013年3月21日,杨溪稻米专业合作社与厚仁村、果园村、锦川村等村签订了87公顷土地的流转协议。杨溪稻米合作社有108户社员,其中种粮1.34公顷以上的大户就有47户,承包土地667公顷。新签的87公顷土地将实行统一规划布局、统一技术操作、统一机耕机整、统一病虫防治、统一品牌销售、分户管理的"六统一分"新型经营模式,力争两年后创建省级粮食生产功能区。

【农村土地流转鼓了农民钱包】 2009年起,市政府出台种粮土地流转奖励政策:对于连片流转规模3.34公顷以上,流转期限5年以上的农户,给予600元/公顷的奖励;连片流转种植规模在3.34公顷以上,流转期限在5年以上,80%用于种粮的流入粮食种植户,每公顷奖励300元。土地流转优惠政策进一步完善,对粮食生产功能分区内整村种粮的村级经济合作社,每公顷给予600元奖励,以鼓励整村流转,提升规模化种植水平。连续4年市政府每年拨款300万元对流转农户进行奖励,以分时承包、股份合作、委托代管等方式流转土地。全市流转面积7 267公顷,每公顷单季稻产量从7 125千克增至7 755千克。2013年3月江西籍种粮大户朱熟良流转土地40公顷,租金增长1万元,按土地流转奖励政策,可获2 000元奖金。这些年通过土地整合流转,粮食平均单产提高了,从5年前的每公顷6 000千克增到8 250千克,加上各种奖励政策,农民种粮有奔头。2013年杨溪稻米合作社有种粮大户30户,散户100户,承包土地667公顷,正朝创建省级粮食功能区努力。政府出台土地奖励政策,富了种粮大户的口袋,也鼓了普通农民的腰包。池宅村60多岁的施老伯家里0.4公顷土地用来流转,加上政策奖励,每年能收入3 000元,不种田还能进厂打工,有了双重收入,生活过得更惬意了。全年通过土地流转政策的推动,农民家中粮田流转有收益,外出打工有收入的"双收入"农户,全市已有近6万户。

【"两违"户扰乱单位秩序被拘留】 石柱镇厚仁村村民李某有占地600平方米的"两违"建筑，镇里通知要求他自行拆除。2013年1月6日，李某夫妇走进镇党委张巧丽办公室，李某掀翻了办公桌，摔坏电话机等办公用品，致使张巧丽眩晕病症发作，同事及时报警。石柱派出所以扰乱单位秩序对李某处以行政拘留5日。7日上午，市委常委、常务副市长陈美蓉在石柱镇督查工作时，向石柱镇党委委员张巧丽表示慰问。同日，市领导陈美蓉、林飞雄督查了东城街道、西城街道的违法违规用地查处整改情况。陈美蓉要求，各镇街区在2013年1月10日前必须割清"两违"卫片执法工作遗留的小尾巴，要完成清运建筑拆除后的所有垃圾。

■ 土地资源利用

【概　况】 2013年永康市土地出让和住房用地计划坚持有保有压，重点保障重点工程、民生工程，严格有序的原则供应土地。全年供应土地371.53公顷，实收土地出让金31.59亿元。主要措施是：开展消化批而未供土地，结合"双挂钩"政策，建立"按季督查、年终考核"制度。全年消化批而未供土地229.53公顷，比2010年下降426.47公顷；以低效厂房改造为突破点，实施"空间换地"工程。2013年审批低效厂房的改造项目87个，改造建筑占地面积43.79万平方米，建筑面积163.31万平方米；推进"退二进三"工程和存量土地的再开发，年内全市共盘活存量建设用地99.8公顷，超额完成上级下达的目标任务；加大浙商回归创业创新示范园、现代农业装备高新技术产业园、众泰汽车研究项目、特困户批基等重点项目土地供应。2013年浙商回归创业创新示范园入园企业6家，出让面积17.09公顷，收取土地出让金1.2亿元。现代农业装备高新技术产业园入园企业11家，出让面积29.34公顷，收取土地出让金2.2亿元。

【"圈地求发展"变"集约谋用地"】 2013年市国土局建立严格批后监管、违规违约用地责任追究、土地开发利用诚信档案、项目投资保证金"四项制度"，严把项目跟踪管理、延期抵押登记审批、违约处理和土地转让"四道关"。引导企业由"圈地求发展"向"集约谋用地"转变，市政府鼓励企业集约用地创新，公开奖励浙江欣成公司200万元。提高新增建设用地"双控"指标，工业项目容积率从原来的0.8提高到1.0以上(经济开发区容积率必须达到1.2以上)。建立工业用地供应项目库制度，实行项目联审和好中选优，使土地真正供应到需要用地的企业和好项目，最大限度发挥土地资源的效益。完善"亩产税收"评价机制，把"亩产税收"直接挂钩土地供应，实行"亩产税收"保证金制度(经济开发区和城西新区300万元/公顷，其他镇、街道225万元/公顷)，通过"亩产税收"导向作用，激励企业转型升级、节约集约用地的内生动力。在新农村建设中，以农村土地综合整治为平台，推进农房改造，鼓励"立改套"、迁村并点等进行整合腾地。

(翟　力)

■ 地籍调查登记

【概　况】 城镇村庄数字地籍调查工作从2009年起分阶段组织实施。2013年延续开展东城街道等村庄范围数字地籍调查工程，其范围覆盖东城街道、西城街道、江南街道、城西新区、经济开发区等城镇村庄居民点及象珠镇山西村，共完成1∶500地形地籍测绘23.3平方千米；一级GNSS-RTK点458个，四等水准测算265.9千米；权属调(核)查街坊195个，宗地64 799宗。全市城镇村庄各级居民点须数字测量地籍调查总面积122平方千米，2013年完成全市16个镇(街道、区)城镇范围居民点数字化测量72平方千米，剩余村庄范围居民点50平方千米。剩余50平方千米测量项目已经批准立项列入政府采购,计划在翌年3月份起实施测量。2013年城镇村庄数字地籍调查已完成调查成果整理、完善和汇交工作,按国土资源部要求转换宗地统一编码,建立城镇村庄数字地籍调查数据库,包括地形、权属、地类、区域等信息,实现了地籍调查数据动态更新。

【集体土地所有权确权登记】 2012年开始,市国土局对自全市农村集体土地所有权进行确权登记发证工作。通过农村集体土地所有权登记发证,确认集体、农民与土地长期稳定的产权关系,将农民与土地物权紧密联系起来,增强农民保护耕地、节约用地的积极性。通过农村集体土地所有权登记发证,确认和保障农民的土地物权,形成产权明晰、权能明确、权益保障、流转流畅、分配合理的农村集体土地产权制度,促进农村经济社会发展。全市农村集体土地所有权确权登记发证涉及市内所有农村集体所有权土地,包括属于农民集体所有的建设用地、农用地和未利用地。全市土地总面积104 900公顷,由16个镇(街道、区)组成,分成742个行政村、林场、农场等区域,其中集体土地面积93 140.4公顷,共有宗地数7 532宗。到2013年底,全市完成地籍调查93 140.4公顷,地籍调查完成率100%,确权登记93 128.93公顷,宗地数7 521宗,确权登记面积完成率99.9%,宗地数完成率99.8%;权属争议地14.42公顷,宗地数11宗。

(罗　静)

土地行政执法

【概　况】 2012年浙江省人民政府下发《关于在全省开展"三改一拆"三年行动的通知》,要求在全省开展以旧住宅区、旧厂区、城中村改造和拆除违法建筑为内容的"三改一拆"行动。永康在2013年3月27日召开"三改一拆"行动动员会,全面部署全市"三改一拆"工作,市委市政府成立以市长,常务副市长为正副组长,土地共同监管责任部门和各镇(街道、区)主要负责人为成员的"三改一拆"行动领导小组。建立"三改一拆"行动领导小组办公室,办公室设市国土局。

2013年全市"三改一拆"违法建筑拆除情况表

(单位:平方米)

镇(街、区)	拆除任务数	拆除宗数	拆除面积
东城街道	70 000	116	72 165
西城街道	70 000	125	76 652
江南街道	70 000	120	71 225
芝英镇	95 000	480	109 070
方岩镇	20 000	179	21 255
古山镇	95 000	251	111 682
龙山镇	95 000	438	99 572
西溪镇	20 000	51	25 802
象珠镇	95 000	281	108 382
唐先镇	40 000	154	40 159
石柱镇	70 000	191	83 596
前仓镇	50 000	247	54 918
舟山镇	20 000	115	24 418
花街镇	40 000	347	47 526
经济开发区	95 000	555	104 162
城西新区	70 000	192	88 984
合　计	1 015 000	3 842	1 139 568

【"三改一拆"首战年行动】 2013年是永康市"三改一拆"三年规划的首战年,也是拆除违法建筑决战年,各镇(街、区)和相关责任部门迅速行动,认真履职,密切配合,实行"六先拆、一必拆"原则,全面拆除和遏制新发违法用地、违法建设。市纪委和组织部联合下发《关于严明工作纪律推动我市"三改一拆"工作顺利开展的通知》,要求党员干部在违法建

筑拆除示范带头，做到“三带头、三不准”。同年金华市下达永康违法建筑拆除工作任务为90万平方米，市委、市政府将金华市下达的任务分解落实到各镇(街道、区)。截止到12月31日，全市拆除违法建筑3 842宗，拆除违法建筑面积113.95万平方米，圆满完成上级下达的拆违任务。

(吕美爱)

■ 土地规划整理

【概　况】 2009年开始，永康市开展新一轮的全市土地利用总体规划修编工作，涉及芝英、古山、龙山、石柱、前仓、舟山、方岩、西溪、象珠、唐先、花街共11个镇和东城、西城、江南3个街道。此轮规划编制以2005年为基期年，规划期限为2006～2020年，规划范围是市行政区划范围内的全部土地，总面积104 749.21公顷。规划编制工作于2011年1月份结束，编制出《浙江省永康市土地利用总体规划(2006～2020年)》。2011年、2012年开展全市土地利用总体规划数据库年度执行更新工作，确保规划图、数与实地一致，增强了新一轮土地利用总体规划成果编制的科学性和正确性。2012年7月市国土局开展基本农田划区定界工作，全市划定基本农田保护面积21 206.67公顷，保护率为87.84%。2013年开展永康市土地利用规划(2006～2020年)实施情况中期评估工作，针对评估结论提出合理、可行的建议和措施，为下一步永康市规划修改或修编提供依据。

【耕地垦造】 为实现耕地总量动态平衡的目标，2008年开始，永康市展开垦造耕地工作。2008～2013年间，共完成土地开发项目87个，新增耕地面积484.42公顷；完成土地复垦项目12个，新增耕地面积29.41公顷；验收土地整理项目4个，建成标准农田面积373.26公顷，2012年开展高标准基本农田建设工作，至2013年，直接认定高标准农田面积3 767公顷；经过改造，建成高标准基本农田面积3 873公顷。尤其是2010年开始的农村土地综合整治项目，经省国土资源厅批准立项项目17个，新增耕地11.36公顷，获得建新区指标11.24公顷。通过土地开发、复垦和综合整治，实现耕地总量动态平衡的目标，达到耕地总量动态增加，取得“保护耕地”与“保障用地”双赢。

(柳龙娟)

【土地勘测开发站】 永康市土地勘测开发站是市国土资源局下属承担土地勘测工作的技术部门。2013年共有工作人员16名，其中工程师3名，助工1名，资质技术等级为丁级。主要开展工业用地、农转用报批用地、卫片检查图斑，土地整理、开发、复垦等用地的测绘和数据制作工作。全年土地勘测开发，完成企业、用户用地测量306宗，卫星遥感变更图斑违法用地测量43宗，勘测定界项目464宗。完成8个镇(街、区)高标准农田测量4 413.34公顷，各镇(街、区)土地开发、复垦，整理项目测绘共280公顷，城区地籍图库修补测110宗，农村地籍图库修补测125宗，供地定桩放样项目35宗。

(李治峰)

地质矿产管理

【概　况】 永康境内矿产资源种类较多，部分非金属矿产(如萤石等)具有优势，但能源矿产十分贫乏，金属矿产零星分布，查明资源储量有限。主要开采矿产为建筑用凝灰岩，分布永康断陷盆地外围中生代火山岩中，是条石、块石、碎石的主要原料，资源量大，市场需求也大，有较好的发展前景。根据《永康市矿产资源规划(2011～2015年)》，全市划定7个禁采区及其他禁采地段，禁采区面积211.03平方千米，占全市面积20.1%。7个禁采区主要为城市建设规划禁采区、方岩—仙岩禁采区、五指岩、飞龙山禁采区；三渡溪、太平水库、白云湖禁采区；铁路、高速公路、国道、省道、河道、高压线和重要旅游线路两侧可视范围；国家级生态公益林及零星分布的景点；水库大坝等禁采地段。划分7个开采区，面积26.77平方千米，占全市面积2.6%，主要为建筑用凝灰岩、页岩资源较丰富，交通方便，开发条件好的区域。限采区为开采区、禁采区以外的区域，限采面积811.2平方千米，占全市面积77.3%。2013年底，全市有矿山5家，分别为象珠镇象珠二村狮子头山普通建筑石料矿、城西新区上谢村马安岗山普通建筑石料矿、花街镇龙盘岭村水满岭坑山普通建筑石料矿、东陈村观音坑山普通建筑石料矿、西城街道澡塘坑村砖瓦用页岩矿。

【建筑石料开采150万吨】 2013年全市有4家建筑用石料开采企业，花街镇2家，象珠镇1家，城西新区1家，总开采量为150万吨/年，基本满足市场需求，不足部分由周边县市的武义、东阳购入。为了保持政策连续性，利用现有资源，不再新增采矿点的原则，市国土局严格矿山准入门槛，经与环保、公安、安监、水务等部门联合踏勘确定开采矿点，并将踏勘结果在《永康日报》登载，公开征询群众意见后，开展市内建筑石料采矿权挂牌出让工作。经由金华市矿业权交易中心公开挂牌，4家石料矿山开采权分别由市山鼎石料有限公司、市久和石料有限公司、市昌达建筑石料有限公司、市龙宝建筑石料有限公司竞得，有效期限为三年，2012年8月3日至2015年8月3日。

【永康地质灾害隐患较多】 永康属半山区丘陵地带，地形地貌多样复杂，工程活动频繁，自然生态环境较脆弱。根据《永康市地质灾害防治规划(2008～2015)》，全市划分4个地质灾害高易发区、5个中易发区、5个低易发区和2个不易发区，其中高易发区主要分布花街镇中西部及龙山镇南部，面积共6.9平方千米，占全市面积0.7%，主要为萤石矿采空区地面塌陷危险区；中、低易发区分布花街镇、象珠镇、江南街道、西城街道、前仓镇、石柱镇、舟山镇、方岩镇等地，面积共245.8平方千米，占全市面积23.4%，主要为滑坡、崩塌、泥石流灾害；不易发区分布东城街道、西城街道、象珠镇及江南街道北部等地，面积378.6平方千米，占全市面积36.1%。2010年7月和2013年10月，市国土局分别开展了全市地质灾害隐患再排查工作，经过排查确定市内地质灾害隐患点36处，其中滑坡13处、泥石流9处、崩塌9处、地面塌陷5处，地质灾害规模为中型的3处，其余为小型，主要分布在方岩、前仓、花街、舟山、象珠、西溪、龙山、唐先、江南街道等9个镇(街)，受地质灾害威胁群众271户864人，威胁财产2 099.1万元。另外，运行公路沿线以山体边坡滑坡和路面坍塌等类型为主的地质灾害点7处；在建公路工程地质灾害点1处；存在校舍场地地质灾害隐患的中小学7所；方丘水库、源口水库、龙潭里水库等地也存在一定的地质灾害隐患。

【群测群防“十有县”】 21世纪初以来，市国土局对地质灾害防治，坚持“预防为主、避让与治理相结合”的原则，紧密与教育、交通运输、水务等部门配合，做好各项工作，取得了良好的成效。2011年至2013年，全市实施地质灾害防治项目共投入财政资金2 010万元，完成勘查项目1个、治理项目14个，搬迁项目1个，突发性地质灾害应急排险项目3个；建立监测点39个，有群测群防人员100人，发放地质灾害防灾避险明白卡262份，编制地质灾害单点应急预案7个。至2013年底，全面完成全市地质灾害群测群防“十有县”和基层“五到位”国土所创建，未发生因地质灾害造成人员伤亡事件。

永康市地质灾害群测群防隐患点分布

（单位：立方米）

地质灾害隐患点	隐患类型	规　模
双溪村	地面塌陷	110 000
油坑村	地面塌陷	12 500
田畈村	崩　塌	2 300
龙潭里村	崩　塌	2 000
下殿村	地面塌陷	12 500
下堑村	地面塌陷	3 000
定桥村	滑　坡	200
炳坑村	泥石流	小　型
颜宅村	泥石流	小　型
古竹畈村	崩　塌	720
后山头村	崩　塌	308
铜坑村	滑　坡	339 000
柘岭下村	滑　坡	65 000
金竹降大坑（上村）	泥石流	小　型
朝川村东	滑　坡	110 000
璋川村	崩　塌	150
法莲村	泥石流	小　型
下经堂	滑　坡	100
千秧地	泥石流	小　型
历山村	滑　坡	1 920
大陈村	滑　坡	200
舟山三村	滑　坡	60 000
方丘水库左岸山体	滑　坡	177 000
方丘水库右岸山体	滑　坡	1 920
大路任村坟山	滑　坡	3 000
洋溪村	崩　塌	280
田厂村	泥石流	小　型
胡塘下村	地面塌陷	2 500
后宅村	滑　坡	3 300
上马村	崩　塌	4 400
桃园口黄袍坑	泥石流	小　型
刘家村	崩　塌	300
大兰村	崩　塌	260
西寮村塔坑	泥石流	小　型
塘里坑村金峰寺	泥石流	小　型
俞溪头村	滑　坡	300

（陈俞斌）

质量技术监督

【概　况】 2013年永康市质量监督局（下称质监局）以质量强市为主线，开展特种设备监察、质量与标准计量、产品质量监督检查、创建品牌产品等工作，全面提升工效，取得较好的成绩。12月通过省级“全国质量强市示范城市”的审查。并向国家申报。

【网购吊机事件成功调解】 9月17日，外地的张先生称通过网购，购得金华某五金机械厂吊机一台，在使用过程中出现钢丝绳坠落事故，造成财产损失，于是向商家提出退货赔偿要求，双方未达成协议。张先生便投诉到金华质技监局网页的互动交流栏目。永康质监局稽查大队收到申述函后，迅速前往厂家进行调查调解，商家表示愿意退货退款，但不愿意赔偿损失。工作人员仔细分析申诉内容，发现有“态度恶劣”“千里投诉，只因商家太欺负人”等文字，初步判断客户在与商家斗气。因为投诉者在湖北，距离较远，工作人员通过QQ联系上张先生，与其在网上进行交流。工作人员平易近人的聊天方式、细致的解答，让张先生心情逐渐平复，最终与商家达成和解。

【保温杯标识标注投诉案】 10月29日，市质监局接到多起关于保温杯标识标注不规范的投诉，主要问题是：未按要求在销售包装或产品上标注"食品接触用""不锈钢类型"以及执行标准号。迅速组织执法人员对相关企业进行调查,发现问题确实存在,稽查人员对此要求限期整改,否则将严肃处理。深入行业协会和工业园区开展动员宣传工作,组织相关企业开展标识标注培训会,指导企业及时、准确掌握新标准的修改内容,避免企业由于不懂标准要求而导致产品不合格。

特种设备监察

【概　况】 2013年市质监局受理特种设备行政许可52件,办理新设备注册登记506台(套),受理新装特种设备告知1 364台(套)。受理信访12人次,处理举报案件8起。举办各类特种设备作业人员培训班6期,培训各类特种设备作业人员526人。

【固定式简易升降机专项整治】 2013年市质监局按照"属地管理、区域整治"原则,对全市957台固定式简易升降机进行整治,其中实施检验506台,更换为电梯152台,升降机34台,拆除停用265台。成立2个督导组对各镇(街、区)升降机整治情况进行检查督导。完善特种设备基础性工作。深入开展特种设备安全隐患大排查大整治工作,成立专项整治领导小组,共出动检查562人次,检查企业258家,检查设备865台(套),发现隐患128处,及时下发《特种设备安全监察指令书》落实整改。组织特种设备安全进社区、进校园、进企业大型宣传活动,通过发放安全知识宣传单、悬挂横幅等形式,大力宣传《特种设备安全法》,普及特种设备安全使用知识,提高预防危险和安全自救能力。开展特种设备安全事故应急演练,分别组织了石鼓寮客运索道和鹰鹏化工无水氟化氢泄漏的应急救援演练,检验特种设备使用单位的应急处置能力,增强特种设备使用单位的安全意识和安全事故防范能力。

(程　勇)

质量与标准计量

【概　况】 2013年市质监局开展全国质量强市示范城市创建活动,把将质量强市工作列入各镇(街道、区)和相关部门的目标责任考核。在开展省级质量强市示范创建基础上,争创"全国质量强市示范城市"和"全国知名品牌创建示范区"。6月初形成申报材料,8月初被省局推荐上报国家总局。8月9日,成立永康市争创"全国质量强市示范城市"领导小组,由市委书记任第一组长,市长任组长,分管副市长为副组长,当晚召开第一次成员会议,次日关键部门集中办公,财政专门划拨一百万资金用于全力开展争创活动。开展永康市城市风貌片的拍摄、后期制作,市长自述材料和PPT的制作。11月25日至27日,由市委书记徐华水、分管副市长吕群勇带队赴京参加争创"全国质量强市示范城市"的申诉、答辩,进展顺利。12月5日,市政府办收到浙江省质量强省工作领导小组"同意永康市创建质量强县(市、区)示范县(市、区)"的文件。12月25日至27日,完成"全国知名品牌创建示范区"的现场申诉论证工作。

持续开展质量强镇、强业、强企工作。结合前仓镇"全国文教用品基地"的申报,在前仓镇开展质量强镇活动。在钢门窗行业、电动工具行业深入开展质量强业工作,有13家企业开展强企活动。5月初市创建质量强市办公室出台4个文件,启动实行首席质量官、总经理质量奖评审,质量管理孵化基地建设,质量损失率统计等制度,有10家企业实现首席质量官聘任,5家企业推行质量损失率统计制度,全市新增市级先进质量管理孵化基地2个、县(市)级1个。加强质量人才培养,全年分层次共组织了35家企业81人次参加卓越绩效模式培训。6月启动2013年市政府质量奖工作,全市共8家企业申报,按程序评审后,飞神、安德、富新3家企业获奖。1

家企业申报金华市政府质量奖并进入现场评审，被列入金华市政府质量奖提名奖。1家企业荣获应用型质量管理创新项目。

【电子计价秤专项整治】 2013年永康市质监局分5个执法小组，开展每月一次巡查工作，共出动对电子计价秤生产企业的检查与巡查670人次，立案处罚案件2起，查获地下窝点1个。加强监管，不断完善电子计价秤监管机制，建立生产企业企业主和检定员双承诺制度，落实企业主体责任、有力促进电子计价秤行业持续健康发展。全年完成强制检定计量器具7 000台件，特别是对涉及民生计量器具的监督管理不断加强，开展民生计量检查与计量惠民服务进社区活动，上报金华市局“金华市诚信计量自我承诺示范单位”推荐名单19家。实施“十百千万”能源计量管理节能工程，积极、有序推进全市的能源计量工作，已有3家企业完成能源计量审查工作。

【区域性产品质量问题】 2013年质监局完成各级监督抽查共计23种产品418批次，受检企业375家；严格按有关规定完成监督抽查不合格后处理49个案件，立案处罚11个，罚没款3.48万元；结合上级部门的“六个一”活动，开展重点关注产品电子计价秤的相关工作，促进电子计价秤行业健康有序发展。到年底，有33家取得制造计量器具许可证生产企业，其中B类25家，C类8家。1月至3月质监局对31家电子计价秤生产企业进行监督抽查，合格率100%。4月开展电动工具专项整治工作，出动328人次，检查企业80家，立案查处1家。7月份和10月份召集企业法人、技术人员、检定人员共178人次学习相关法律法规知识。10月12日，召开33家电子计价秤生产企业质量约谈暨质量分析会，专家对不合格原因进行分析，帮助企业解决难题，形成电子计价秤质量分析报告一份。全年共出动676人次，对30家电子计价秤企业开展每月一次的巡查工作。12月召开电子计价秤行业协会会议，开展质量诚信活动，与33家电子计价秤生产企业签订质量诚信承诺书。全年未发生区域性产品质量问题。

【国家级质检中心通过省论证】 2013年2月，市质监局成立国家质检中心筹建办公室，开展项目建设前期准备工作，组织工作人员编制各项材料，广泛征求专家意见，深入调研，多次修改完善国家级质检中心建设方案，编制出台国家五金工具及门类产品质检中心项目建议书、可行性研究报告等申报材料。为确保国家中心筹建工作顺利进行，市质监局加强人才队伍建设，新引进高级工程师2名、工程师1名、材料学研究生1名。11月该项目顺利通过了省局组织的专家论证，上报国家质检总局审批。

【标准化项目实现“零”突破】 2013年，市政府出台《关于进一步促进工业经济发展的若干意见》，提高和细化品牌和标准化工作的奖励政策。市质监局主导制订行业标准1项，参与制修订国家标准两项、行业标准4项。推进标准创新。年终有1家企业荣获浙江省标准创新奖，1家企业通过了标准化良好行为2A确认。开展标准培训。12月20日，开展659家规模以上企业的采标培训，开展新标准培训，全国各地70家企业、160人次参加了保温杯新国标的宣传贯彻会。同时组织申报省级农业标准化项目2项、工业1项、服务业2项；培育金华市级标准化项目农业2项，服务业1项。其中，邮政分公司“快递物流服务标准化试点”顺利通过省级标准化项目考核并获得优秀，实现了市内服务业省级标准化项目和全省该类项目立项2个“零”突破。

■ 创建品牌产品

【概　况】 2013年5月开展浙江名牌新申

报工作。永康市有12家企业新申报，26家企业28个产品复评，新增浙江名牌共6只，复评27只。其中工业企业产品5只，服务业产品1只，全市在服务业浙江名牌上实现零的突破。6月开展金华名牌新申报工作，年内有6家企业新申报，10家企业10个产品复评。荣获金华名牌产品6只，其中工业企业5只，服务业1只。7月26日，中国文教体育用品协会授予永康市前仓镇“中国文教用品(学校用品)生产基地”的称号。全年受理“永康五金”浙江区域名牌的申报工作，新申报4家，复评企业为14家。

【质量系列主题活动月】 2013年市质监局发挥机关科室、基层站所、检测机构的力量和优势，开展一系列质量主题活动：质量宣传，营造质量强市氛围，在主要街道和企业内悬挂宣传横幅，开展宣传和广场现场咨询服务活动、质量整治活动，维护消费者权益。进行特种设备安全生产和防火门行业质量大检查、大整治和保温杯企业标识标注巡查和电子计价秤巡查工作，开展质量服务，促进惠民兴企“质量专家百企行”活动，聘请6名质量专家，抽调内部12名技术人员组建质量帮扶工作组，深入10家企业提供质量帮扶，帮助企业解决发展中存在的困难和问题，开展民生计量器具监督检查和计量惠民服务。对集贸市场进行公平秤检查，进社区开展血压计校准等便民服务。邀请市人大代表、政协委员参观火腿生产企业。组织开展“质监开放月”活动。向社会开放质检中心部分实验室，向市民展示产品质量检验过程、方法以及涉及百姓切身利益的计量器具检定过程。开展“阳光纤检”宣传，以“送宣传、送咨询、送安全”为主题，进校园、进厂区开展絮用纤维制品质量消费警示活动。产品、工程、环境、服务四大质量相关部门采取有效举措，在各自领域开展“质量月”活动，通过形式多样的质量评议、监督、整改方式，有力促进四大质量工程水平的提升。

【“标准创新型企业”创建“三举措”】 为深入实施标准化战略，增强企业标准创新能力，提升企业标准化管理水平，2013年市质监局在全市范围内开展创建“标准创新型企业”的活动，以三举措确保该活动顺利进行并取得实效。帮扶与引导并行，提升标准创新的有效性。围绕全市经济社会发展目标，大力鼓励企业将科研成果或专利转化为标准，并形成批量生产。积极鼓励企业为主参与制修订相关国家标准、行业标准、地方标准和企业联盟标准，努力提高实施联盟标准的企业数。传统与新兴产业并重，提升标准创新的可持续性。实行全市传统产业与新兴产业并举，在门业、电动工具等领域深入开展标准创新型企业的培育工作，组织现场观摩标准创新型获奖企业，取长补短，有效促进标准创新能力的提升。科室与基层站所联动，提升标准创新的保障性。年内市质监局质标科与基层站所联合行动，广泛宣传发动，引导辖区内标准创新基础强和创新绩效优的企业参与创建省级“标准创新型企业”，并上门落实帮扶措施，增强企业持续创新能力。

（吕慧玲　胡鸣鹤）

工商行政管理

■ 民营经济

【概　况】 2013年永康市经济户口5.3万户，其中在册各类企业1.55万家，个体工商户3.75万户。注册资金535.99亿元，在册农民专业合作社238家，登记家庭农场23家。全市有在册企业集团44家，无行政区域企业51家，冠以省名的企业893家。年底，全市有私营企业1.43万家，投资者2.44万人，雇工 29.15 万人，注册资金 333.42 亿元。分别比 2012 年增长 12.4%、10.9%、13%、7.7%。是年新开业 2 924 户，投资者 4 793 人，雇工 5.71 万人，注册资金 26.43 亿元。分别比 2012 年增长 62.4%、45.1%、71.8%、26.7%。新设企业注册资金 500 万以上的企业有 99 户，其中注册资金 1 亿元以上的企业 1 家，5 千万元以上的 5 家，无新设立的企业集团。当年新增注册资金 10 万元以下公司制企业 755 家，比 2012 年增长 69.28%，表明微型企业是该年全市私营企业增长的主力军。另有个体工商户在册数 3.74 万户（其中登记中国台湾个体户 2 户），比 2012 年增 8.3%，增速放缓；新设 8 777 户，与去年同期下降 7.5%。台湾居民个体工商户开业 2 户，从业人员 4 人，资金 60 万元。

2008～2013 年永康市私营企业发展基本情况表

项目	在册数			投资者			雇工			注册资金		
年度	总户数（户）	新开业增减量（户）	新开业增长率（+%）	总人数（人）	新开业增减量（人）	新开业增长率（+%）	总人数（人）	新开业增减量（人）	新开业增长率（+%）	总额（万元）	新开业增减量（万元）	新开业增长率（+%）
2008	7 730	997	7.73	12 464	2 073	5.19	167 372	19 163	5.60	1 605 386	114 414	11.96
2009	8 771	1 434	13.46	14 075	2 499	12.92	184 232	24 329	10.07	1 767 560	186 897	10.10
2010	10 326	1 934	34.87	17 031	3 100	24.05	215 580	37 830	55.49	1 957 428	215 042	15.06
2011	11 825	2 133	10.29	20 225	3 848	24.13	238 800	37 590	−0.63	2 808 583	266 133	23.76
2012	12 679	1 801	−15.60	21 967	3 303	−14.20	258 100	33 250	−11.50	3 095 356	208 559	−21.60
2013	14 250	2 924	62.40	24 356	4 793	45.10	291 530	57 125	71.80	3 334 165	264 341	26.70

【农民专业组织多形式】 2013 年全市在册农民合作社 240 户，比 2012 年增 13.2%，成员出资总额 8 861.2 万元，比 2012 年增长 24%。新设立农民专业合作社 29 家，出资总额 1 551.95 万元，新设数量与 2012 年持平，但有 3 户注销，这是自《农民专业合作社法》实施以来市内首次出现农民专业合作社注销的情况。土地出资年内为 0，社会团体成员为 0。成员 50 人以上规模经营、农产品延伸的加工、运输、贮藏等未有突破。作为新的农村经济组织形式的家庭农场年内新登记 18 家，并有 4 家普通种养殖场变更登记为家庭农场，总量 22 家，出资总额 527 万元，设立的数量直追农民专业合作社，组织形式也更为灵活，有个体工商户、个人独资企业，也有公司制家庭农场，进一步激活了农村经济活力。

■ 企业登记

【概　况】 2013 年市工商局办理各类企业开业登记 2 982 家，其中新设立私营企业 2 921 家，新登记农民专业合作社 29 家。私营企业注销 691 家，同期注册窗口办理变更登记 2 650 家次，补换照 306 个，预先核准名称 6 105 个。

【企业登记管理工作创新举措】 2013 年市工商局对企业登记管理采取一系列创造性的新举措：除食品流通许可外，工商行政管理事项全部实现"一窗受理"。新增市场名称登记、动产抵押登记、拍卖备案、格式合同备案等业务功能；专设工商联办窗口，实施公司设立登记时工商—公安—质监—税务"多证联办"；对 2012 年行政审批事项清理后保留的 46 项行政审批事项进行清理和规整，保留 16 项，缩减率 65%；实行"一址多照""一照多址”筹建登记，允许冠省名企业最低注册资本分期缴纳。全年办理“一照多址”8家，筹建登记1家，分期出资冠省名企业14家；推进“工商事务金融服务通”，验资通设立数562家，验资金额6.83亿元；落实助企惠企各项政策，全面免征注册登记费，免征额190万元，新登记股权出押13户，出押股权1.33亿元，融资金额31.40亿元，新登记林权出资公司1家，融资金额182万元，新登记知识产权出资公司1家，融资金额2 000万元，全年上报省知名商号企业8家，其中浙江中坚科技股份有限公司（中坚）、道明光学股份有限公司（道明）、浙江飞神车业有限公司（飞神）、浙江荣盛达锡制品有限公司（荣盛达）、浙江新达铝业有限公司（新达）5家企业获省知名商号荣誉。

（施华英）

■ 市场监管

【概　况】 2013年市工商局制订“深化市场强市建设，推进现代服务业发展”十项举措，推动政府出台《永康市人民政府关于推进市场提升发展的意见》，完善政府对市场提升发展的扶持政策。重点培育花川化工建材市场建设，按照五星级标准对市场建设规划、装饰行业布局、招商摊位安排进行全程指导。全年市工商局共完成农贸市场改造提升8家，投入资金1 530万元，改造市场面积1.3万平方米。2月1日，组织对四路、派溪吕、烈桥、永拖、商城、华丰6个菜市场提升改造项目进行了验收。4月12日，在龙山镇召开全市农贸市场改造提升现场会，以四路中村菜场改造为样板，推进全市农贸市场改造提升工作。4月下旬，牵头召开了相关部门协调会，对2011年、2012年完成改造市场投入资金进行审核，发放提升改造奖励补助资金327万元。年内完成改造提升的农贸市场有：高镇菜场、四路农贸市场、城西新区梅垄菜场、雅庄村菜场、大坟山沿农贸市场、大徐村菜场、荆山陈菜场、桥下菜场、古山三村菜场。通过验收的省级文明示范市场有6家：城西新区梅垄菜场、高镇菜场、大徐村菜场、四路农贸市场、大坟山沿菜场、雅庄村菜场。

【市场提升改造“短平快”】 2013年市工商局对全市市场改造提升实施“短、平、快”，即时间短、发展平衡、速度快。1月28日，市工商局对2011～2012年完成提升改造任务的四路、西溪、永拖、烈桥、华丰、商城菜场进行约谈。2月22日，召开深化市场强市建设暨工商行政管理工作会议，宣布“市场强市光荣榜”，表彰先进集体与先进个人，发布《永康市工商局“深化市场强市建设推进现代服务业发展”十大举措》。4月12日，全市农贸市场改造提升现场会在龙山镇召开。5月9日，申报五金城、四路农贸市场商品交易市场专项资金，30日，组织相关部门对华丰菜场活禽交易重启进行风险评估。7月5日，金华市农贸市场提升改造督查组对市上半年市场提升改造工作进行督查。9月11日，省局对五金城“五金商城网”进行“三星级文明规范市场”考核；27日，召集全市22家农贸市场举办者和市场管理负责人开展农贸市场长效管理实务培训会，从农贸市场实务管理和食品安全监管两个角度明确市场举办方、市场管理者应负的责任和义务。11月5日，会同消防大队，对提升改造后农贸市场的消防安全进行检查；20日，市工商局举办第二期农贸市场管理实务培训会，全市16家农贸市场共126名管理人员参加。12月11日，省政府考核组到永康，对永康市农贸市场创建省文明示范市场进行考核验收。

■ 合同管理

【概　况】 2013年市工商局完成“守信用重合同”单位认定：全市认定AAA级3家、续展9家；AA级9家、续展10家；A级22家，续展19家。为企业融资开辟“绿色通道”，发挥工商部门办理动产抵押登记工作的职能作用，为企业融资提供便捷、高效的服务。全年办理动产抵押登记47份，为企业融资11.69亿元。开展网上拍卖备案监管工作，办理拍卖企业备案55件，拍卖确认金额2.28亿元，备案率100%。在2013年中国旅游日和国庆节前夕，市工商局联合市旅游局、物价局、公安局、国安办对全市范围的旅游市场、快递企业进行联合检查。出动检查人员96人次，对全市12家星级饭店、17家旅行社和8个风景区(点)、23家快递企业进行全面普检。检查合同300份，发现旅游合同附件中的“特别说明”条款中涉及不可抗力影响、附加费用、责任承担等内容及快递服务合同中存在不平等条款，当场予以纠正，责令限期修改。

【消费领域霸王条款整治】 2013年4月，市工商局制定《永康市洗涤、餐饮行业合同格式条款专项整治行动实施方案》，根据全市热点消费领域分布，各分局、工商所根据辖区情况分别确定整治行业，全面拉开预付式消费领域霸王条款整治序幕。全市出动检查186人次，检查46家洗涤企业、16家餐饮企业、5家健身服务企业、23家美容美发业，征集到问题合同63份。6月在《永康日报》上刊登以“让消费者更有力量——直击霸王条款”为主题的系列宣传专刊，如《办卡消费，你被“霸王”了吗？》《消费卡条款是如何“霸王”的》《预付式消费协议公示上墙》，对日常生活中常见的“霸王”条款进行法理分析，开通新浪微博，鼓励消费者上传消费中遇到的霸王条款。全程邀请记者参与整治活动并进行追踪报道。7月，联合市消保委集中约谈了全市43家企业，邀请律师对洗涤企业经营中存在的六大共性问题进行点评，并提出整改意见。江南工商所约谈了辖区内16家餐饮企业，对其消费卡中存在的霸王条款进行评析，并责令限期整改。9月，对约谈企业进行回头看，进一步规范指导，并与15家发放预付式消费卡的洗涤企业签订《预付式消费约定》，制成公示牌统一上墙，在市工商局外网上公示。立案查处4家利用合同格式条款侵害消费者合法权益的企业，规范预付式消费领域的经营行为。

（陈加钱）

无照整治

【概　况】 2013年市工商局出动执法人员8 364人次，检查各类市场主体36 192户(50 405次)。发现无照户数2 541户，立案查处46件，案值达711万元，罚没金额90.47万元，其中大要案件39件，罚没款87.36万元，占全部罚没款的96.55%。取缔无照经营385户，引导办理营业执照2 156户，向有关部门抄告无照经营户949户。查处取缔黑网吧，出动执法人员650人次，查处关闭取缔黑网吧7家，查扣、没收用于黑网吧电脑66台。对无证无照黑网吧立案查处的信息，及时抄告网络运营企业，要求断网。年内由市查无证无照办公室牵头，组织部署部门联合专项整治工作6次，主要内容为：校园周边环境专项整治；保险公司未经许可为外地旅行社代理旅游业务的违法行为整治；无证无照经营非演艺性小酒吧专项整治，取缔规范无证无照小酒吧余家；开展无证无照餐饮专项整治。

【政协提出《规范无证无照工作建议案》】 2013年8月市工商局召开市政协工商行政管理工作主席议政会，围绕规范无证无照经营、深化行政审批制度改革等问题建言献策。会后专门向市政府提出《规范无证无照工作建议案》，将规范无证无照工作上升到政府层面统一部署，推进对无证无照经营的整治与规范。

（周炳辉）

执法检查

【概　况】 2013年市工商局查处各类案件484起，罚没款821.03万元，其中大要案228

起，查处情况如下：

2013 年永康市工商案件查处情况表

案件类型	数量（件）	罚没款（万元）
违反不正当竞争法	88	405.13
违反商标法	74	179.47
违反产品质量法	10	6.50
违反食品安全法	61	41.61
违反广告法	27	29.11
无照经营	63	70.56
违反企业登记法规	20	12.40
传　销	2	8.00
违反消费者权益保护法	3	0.31
其他案件	136	67.94
合　计	484	821.03

【传销案查处动真格】 2013 年市工商局查处两起介绍他人参加传销案，罚没款 8 万元。与市公安局联合查处两起组织领导传销犯罪案，采取刑事强制措施 11 人。组织对“安利”、“三生”等 16 家直销企业的专项检查，依法对“三生”等直销企业的虚假宣传进行调查，遏制其进行变相传销的苗头。围绕中介机构证照不齐、商业贿赂等不正当竞争和提供虚假证明等违法经营问题，对辖区内 60 家中介机构开展检查。

【“傍名牌”打击执法行动】 2013 年 5 月按照《工商总局关于开展打击“傍名牌”专项执法行动的通知》要求，开展打击“傍名牌”专项执法行动，开展健身器材休闲用品整治等专项检查。通过上述专项行动及日常检查，查处“傍名牌”等不正当竞争案件 28 件、商标侵权案件 35 件、无照经营案件 27 件，移送公安机关案件 3 件。部门联合，形成合力，各工商所在市局统一安排下行动，配合公安部门查处网店商标侵权案件 16 起，涉及人员 30 人。

（杨岳青）

■ 商标管理

【概　况】 2013 年永康市新增注册商标 2 400 件，累计有效注册商标 2.3 万件，进一步健全了省、市著名商标和驰名商标梯级培育库。按照“培育一批、创建一批、提升一批”的思路，认真有序地做好中国驰名商标、省、市著名商标的推荐工作，组织 30 家企业参加省、市著名商标申报培训。全年新申报驰名商标 1 件，新认定金华市著名商标 11 件，浙江省著名商标 5 件。年底全市有行政认定中国驰名商标 7 件，浙江省著名商标 69 件，金华市著名商标 122 件。

2002～2013 年永康市商标发展有关数据统计表　　（单位：件）

年份	国内注册商标	境外注册商标	驰名商标	浙江省著名商标	金华市著名商标	农副产品商标	服务商标	品牌基地（国家级）
2002	1 576	—	—	10	20	29	15	—
2003	1 810	—	—	15	28	41	15	1
2004	2 763	—	—	19	41	58	27	1
2005	3 967	—	—	26	53	73	32	1
2006	5 187	50	1	36	61	91	51	1
2007	6 996	107	2	38	72	134	68	1
2008	8 056	185	3	43	80	165	103	1
2009	9 978	217	3	47	89	197	186	1

（续表）

年份	国内注册商标	境外注册商标	驰名商标	浙江省著名商标	金华市著名商标	农副产品商标	服务商标	品牌基地（国家级）
2010	12 894	289	4	52	95	322	269	1
2011	15 870	437	6	59	104	527	322	1
2012	20 111	503	7	65	118	710	387	1
2013	23 306	611	7	70	130	936	497	1

注：统计数据均为累计数；境外注册商标统计口径为一国一类一标；驰名商标统计口径为国家工商总局、商评委认定。

2013年永康市著名商标分类情况表

（单位：件）

	国内注册商标	金华市著名商标	浙江省著名商标	驰名商标
制造业	21 720	116	65	7
农副产品	936	13	5	0
服务业	497	1	0	0
合计	3 306	130	70	7

2013年浙江省著名商标永康企业一览表

企 业 名 称	负责人	认定年份	商标名称
浙江四方集团有限公司	金光放	1997	四方
浙江超人集团有限公司	应 正	1998	超人
浙江恒丰电器集团有限公司	应国兴	1999	巨鹰
王力集团有限公司	王跃斌	2002	王力
浙江永康飞鹰不锈钢保温瓶有限公司	吴少华	2000	飞鹰
浙江博大电器集团有限公司	吴明厅	2001	博大
浙江霸王衡器有限公司	应天通	2001	霸王
浙江鹰鹏化工有限公司	应明明	2002	鹰鹏
浙江郑泰集团有限公司	郑敬炎	2002	金星
群升集团有限公司	徐步升	2002	群升
步阳集团有限公司	徐步云	2003	步阳
浙江弘大实业有限公司	朱世强	2003	弘大
浙江新多集团有限公司	程新贵	2003	新多
浙江神雕专利集团有限公司	程育全	2003	神雕
浙江立邦电器有限公司	徐忠顺	2003	立邦
星月集团有限公司	胡济深	2004	星月神
永康市链条厂	吕响阳	2004	永美
浙江富新工贸有限公司	楼志明	2004	富新

（续表）

企　业　名　称	负责人	认定年份	商标名称
浙江三锋工具制造有限公司	黄洵叶	2004	三锋
浙江雄泰集团有限公司	应　雄	2005	雄泰
兄弟控股集团有限公司	李世清	2005	李氏兄弟
浙江永康东立电机有限公司	李忠孝	2005	东立
浙江三环化工有限公司	方明山	2005	青蛙
浙江开成电缆制造有限公司	应开晴	2005	开成
钢海集团有限公司	胡红兵	2005	钢海
永康市新楼农业开发有限公司	谢甚金	2005	方山
浙江哈尔斯工贸有限公司	吕　强	2006	哈尔斯
浙江千禧工贸有限公司	姚湘江	2006	小飞哥
永康市高歌食品有限公司	姚富长	2006	高歌
浙江春洲铝业有限公司	朱金洪	2006	春洲
泰龙控股集团有限公司	黄伟标	2006	泰龙
永康市嘉禾工具有限公司	姜伟亮	2006	JIAHE
群升集团有限公司	徐步升	2006	群升
天行集团有限公司	应天行	2006	天行
王力集团有限公司	王跃斌	2006	王力
天河集团有限公司	厉岩伟	2006	奔驰
浙江道明反光材料有限公司	胡智彪	2007	道明
浙江康灵实业有限公司	严绍康	2007	灵山湖
星月集团有限公司	胡济深	2008	星月神
王力集团有限公司	王跃斌	2008	王力
铁牛集团有限公司	应建仁	2008	图形
浙江永康四路火腿一厂	方江波	2008	真方宗
凯丰集团有限公司	楼高东	2008	凯丰
浙江索福工贸有限公司	胡锦霞	2009	索福
万事达集团有限公司	程文全	2009	WANSHIDA
圣鸿集团有限公司	胡丽青	2009	圣鸿
永康市三农菌业专业合作社	李汝芳	2009	菇尔康
浙江巨力工贸有限公司	应美英	2010	巨力
浙江大力工贸有限公司	柴文胜	2010	大喜
浙江隆泰门业有限公司	黄　雨	2010	颐和
浙江尤奈特电机有限公司	李金东	2010	（图形商标）
先行集团有限公司	吕文广	2010	先行

（续表）

企　业　名　称	负责人	认定年份	商标名称
众泰控股集团有限公司	金浙勇	2011	众泰
浙江康利金属制品有限公司	吕清江	2011	康利
浙江精美铝业有限公司	李征美	2011	精美
浙江宇峰实业有限公司	应汝安	2011	宇峰
浙江炊大王炊具有限公司	王林兴	2011	炊大皇
永康市玲妙珍禽养殖场	胡文革	2011	清黄
浙江金大门业有限公司	崔英杰	2011	金大
浙江中坚科技股份有限公司	吴明根	2012	（图形商标）
浙江飞神车业有限公司	陈向阳	2012	FEISHEN
浙江强广剑铝业有限公司	吴子强	2012	（图形商标）
永康市新多杯业有限公司	楼新多	2012	旭光
南龙集团有限公司	应高峰	2012	南龙
南龙集团有限公司	应高峰	2012	NANLONG

2013 年中国驰名商标永康企业一览表

企　　业	商标名称	认定年份
超人集团有限公司	超人（剃须刀）	2006
浙江四方集团有限公司	四方	2007
王力集团有限公司	王力（门）	2008
浙江哈尔斯真空器皿股份有限公司	哈尔斯	2010
浙江道明光学股份有限公司	道明	2011
星月集团有限公司	星月神（门）	2011
步阳集团有限公司	步阳（门）	2012

【五金城市场品牌指导站建立】　9 月、11 月省工商局考核组对永康市中国科技五金城市场品牌指导站进行实地考核验收，得到考核组的高度肯定。深化品牌基地建设，把品牌指导站建设与品牌基地建设二者有机融合，完善各项制度，健全各类数据库，真正做到“底数清、情况明”。继续全面开展商标“五书”行政指导，全年发放各类商标行政建议书 260 多份。

【新《商标法》实施工作】　新《商标法》规定，生产、经营者不得将“驰名商标”字样用于商品、商品包装或容器上，或者用于广告宣传、展览以及其他商业活动。针对当前不少企业将“驰名商标”用于包装和广告宣传的现状，市工商局提前布局，引导企业利用政策过渡期练好内功，有效应对新《商标法》实施后的冲击。组织“驰名商标”企业负责人进行座谈和参加市工商局组织的专项培训。利用新法修订后媒体关注度较高的机会，与新闻媒体沟通，引导媒体就此事进行持续关注和报道。通过走访企业等方式，对不同企业不同的商标使用情况，有针对性地加强在商标使用、商标管理、广告策划、企业形象宣传等方面的指导力度，引导企业摆脱“驰名商标”依赖，加大产品创新与研发能力以及品牌培育力度，以消费者口碑为支撑走品牌化发展之路。

【“永康”商标被侵争议程序】 2013年“永康”商标在第六、七、八类部分商品有被诸暨、路桥等地自然人抢注，极大地损害“永康五金”的声誉，损害区域内成千上万家企业的利益，影响区域经济的健康发展。为此，市工商局积极向市人民政府建言献策，协助政府向商标局发函，要求撤销该注册不当商标，并力促政府召开有关部门协调会，全力收集整理相关证据材料，依据《商标法》启动商标争议程序。

广告管理

【概　况】 2013年市工商局开展“广告整治春雷行动”“百日广告整治”“虚假违法广告专项检查”和“户外广告专项检查”，集中整治农村公路沿线广告牌和镇(街、区)支线公路、农村道路两旁没有经过审批登记的医疗广告。全年监测检查医疗、药品、保健食品广告3 680条，发现涉嫌违法广告130条/次。检查户外广告2 500块，拆除违法广告牌600块，行政告诫19次，查处案件53起，罚没款95万元。

【保健食品违法广告被查处】 2013年按照永康市食品药品监督管理局、市工商行政管理局、市公安局《关于印发打击保健食品“四非”专项行动实施方案的通知》的总体要求，市工商局加大对保健食品广告的监测检查力度，狠抓执法办案，取得显著成效。全年监测保健食品广告130条，发现涉嫌违法广告20条/次，查处和责令停止发布20起，狠狠打击了一批从事保健食品违法宣传的单位和经销商。

【非法集资广告被排查】 重点检查以报刊、广播电视、网络媒体、户外广告、LED、电子显示装置、传单、手机短信等方式发布的涉嫌非法集资的广告资讯信息。2013年检查投资咨询公司114家、寄售行28家、农村信用合作银行131家，检查户外广告1 535个，店堂广告110个，印刷品广告225种，LED广告134个。

【广告服务推动小微企业发展联盟】 12月25日，永康市广告服务助动小微企业发展联盟正式启动。永康电视台、《永康日报》、献忠广告装饰有限公司、永商传媒等七家广告服务单位提供了助动小微企业发展方案，宣读联盟公约，并签订联盟倡议书。为加大廉政文化广告优秀作品传播力度，永康市工商局于2013年8月份以“释放廉政正能量、发挥正效应”为主题，发动全市广告公司报送优秀廉政文化广告作品15份，弘扬了党的优良作风、讴歌了勤廉楷模、传承了优秀历史文化。

（朱　伟）

保护消费者权益

【概　况】 永康消费者权益保护委员会(简称消费保护委)前身是县消费者协会，成立于1989年5月30日。2008年5月4日更名并重组。消费者协会依托工商所(分局)，下设8个消费保护委分会，在镇、街、社区、村设66个消费维权监督联络站(点)。全市建立消费教育基地4个。2013年消费保护委受理消费者申诉782件，调处768件，为消费者挽回经济损失92.9万元。年内消费保护委组织宣传活动12场，发放各种宣传资料1 500余份。3月15日，消费保护委在三江广场组织开展“让消费者更有力量”为主题的大型现场咨询受理投诉活动，12个市职能部门、15家企业单位、4个行业协会、16名消费义工参加，永康广播电台全程现场直播。现场展示2012年度消费维权典型案例，提供咨询服务、受理并处置消费投诉。活动现场接受消费者咨询457人次，解决消费纠纷32起，发放各类宣传资料5.86万份。4月份携手永康日报社联合在《永康日报》上开设“3·15周报”专栏，全年发布消费警示150篇。

2013 年永康市消费保护委员会开展工作情况统计表

项目	分项		统计数
消费调查与社会监督	开展商品比较试验		1(次)
	开展消费体验		1(次)
	开展消费调查		/
	发布消费警示(或提示)		150(条)
消费教育	消费教育中心(累计数)		1(家)
	消费教育学校(累计数)		3(家)
	消费教育基地(除中心和学校)(累计数)		/
	消费教育网站(含网页)		/
	消费教育读物		4(种)
	开展消费教育活动		12(次)
消费救助	投诉处理	受理消费者投诉	782(起)
		处理消费者投诉	768(起)
		为消费者挽回经济损失	92.93(万元)
		受理重大投诉案件	1(起)
		处理重大投诉案件	1(起)

2013 年永康市消费保护委基层维权组织统计表

项目		统计数
消费保护委分会	设街道的消费保护委分会	3(个)
	设乡镇的消费保护委分会	5(个)
消费维权联络站	设乡镇的消费维权联络站	56(个)
	设社区的消费维权联络站	12(个)
消费维权联络点		24(个)
消费维权监督员		95(名)
消费维权义工组织		1(个)
消费维权义工		16(名)
消费维权监督站(点)开展工作情况	受理消费者投诉	15(起)
	开展市场监督活动	/
	开展消费知识宣传	2(次)
消费维权义工开展活动情况	开展消费调查	1(次)
	开展宣传与教育活动	10(次)
	参与监督检查	/

2013 年永康市大世界家电商场、永康市华联商厦、中国移动通信集团浙江有限公司永康分公司荣获“第九届浙江省消费者信得过单位”。

【消费维权行动全面拉开】 5 月 1 日至 8 月 30 日，市消费保护委组织开展永康出租车行业消费满意度调查活动，并召开由市旅游局、物价局、运管部门，康迪、双飞汽车公司、旅行社等 3 家营运企业以及消费维权义工、新闻媒体等参加的全市出租车行业消费满意度调查通报会。5 月 1 日至 10 月 10 日，与金华市消费保护委联动开展永康市家用汽车润滑油消费调查评价活动，并组织召开家用汽车润滑油消费调查评价情况新闻通报会，15 家汽车公司相关负责人以及消费维权义工代表参加。6 月 1 日，开展为期 3 个月的家居装饰服务行业消费维权专项行动，整治“六大乱象”，曝光典型案例，努力构建政府监管、行业自律、舆论监督、商家自觉的“四位一体”消费维权体系。7 月 1 日至 8 月 30 日，为推进消费领域格式合同霸王条款整治，规范行业行为，切实维护消费者合法利益，市工商局、市消费保护委员会联合对全市洗涤企业开展规范整治行动。

【消费预赔基金和制度建立】 永康市综合农贸市场内共设近千个各类摊位(营业房)，其中部分属于集市摊位和年货摊位，并非每日摆摊经营。为方便消费者维权，在市工商局介入推动下，农贸综合市场完善农贸市场消费预赔制度，设立 200 万元消费预赔基金。消费者如与经营者发生消费纠纷无法协商一致或经营者不出摊时，只要通过消费维权联络站工作人员确认，证实系商户过错的，就可直接由“预赔基金”对消费者进行赔付。事后再向经营者追偿，租赁期满后退还消费预赔基金。

（夏　磊）

食品药品管理

【概　况】 2013年永康市食品药品监督管理局(简称药监局)履行食品药品监管职责,做好民生实事:实施学生饮食安全放心工程培训,开展校园食品安全专项检查;强化食品安全在线监管,在94家学校食堂和26家餐饮经营单位安装视频监控设备。首创食品药品监管"古山模式",实现食品安全网格化责任制全覆盖。启动食品药品检验检测中心项目,完成重大食品安全保障,药品不良反应监测,医疗器械不良事件监测,药品抽检等工作。组织Ⅳ级食品安全事故应急演练和药械安全事故应急实战演练,培训餐饮服务人员1 074人次。开展药品专项整治,打击保健食品"四非"专项行动,开展化妆品专项检查,捣毁无证生产窝点。全年未发生重大食品药品事故。永康市评为省级药品安全示范市,药监局评为金华市依法行政示范单位,东城街道高圳路创建餐饮服务食品一条街,市机关幼儿园、市实验幼儿园、紫微丽州府餐厅、紫微花园大酒店创建省级餐饮服务食品安全示范单位,均顺利通过省级餐饮服务食品安全示范考核验收组验收。

【食安办调整为常设办事机构】 2月20日,市食品安全委员会办公室调整为市食品安全委员会的常设办事机构,挂靠市食品药品监督管理局,为正科级。核定行政编制2名,从市卫生局和食品药品监督管理局划入,设食品安全委员会办公室主任1名,由市食品药品监督管理局局长兼任,并兼任市府办副主任;专职副主任1名;中层领导职数2名。新增市食品药品监察稽查大队事业编制3名。

【食品药品监察稽查中队设立】 5月31日,按照区域特点和方便管理的原则,市药监局分别在城区、330国道沿线、东永一线、东永二线设立4个中队,作为市食品药品监察稽查大队的派出机构,承担辖区内餐饮食品、药品、保健食品、化妆品、医疗器械的监管、餐饮服务许可的受理和前置预审及简易案件查处等职能,组织开展专项整治等工作。4个中队均挂牌,人员、办公场所、办公设施、车辆配备等全部到位,正常开展工作。

【食品药品监管体制改革】 7月11日,市政府出台《古山镇食品药品监管体制改革实施方案》,在古山镇开展食品药品监管体制改革试点工作。具体内容为在古山镇综合执法大队下设食品药品监管中队,实行双重领导的管理体制。中队有专职执法人员5名,承担辖区内餐饮服务食品、保健食品、化妆品、药品、医疗器械的日常监管及简易案件查处等职能;负责餐饮服务环节许可的申请受理、预审等行政审批;承担古山镇食品药品安全领导小组办公室日常工作。

■ 创建工作

【食品安全网络化责任制】 "食品安全网络化责任制实现全覆盖"为2013年金华市政府十大民生实事之一。永康市率先开展食品安全网络化建设试点。市政府出台《永康市食品安全网络化建设工作实施方案》,与各镇签订责任书,分解落实各部门、镇(街道、区)基层网络化建设的工作任务,明确各级网络及食品安全管理员的工作职责。市食安办出台《永康市食品安全网络化建设工作制度》《关于进一步落实食品安全网络化建设工作的通知》和《关于印发永康市食品安全网络化建设工作考核细则的通知》,制定食品安全工作例会、排查走访、信息报送等制度,并公布食品安全网络化建设工作主要监管部门责任人员名单,指导各镇(街道、区)各部门开展工作;编印镇、村两级《食品安全工作台账》《食品安全管理员培训课件汇编》《食品安全法律法规汇编》等资料。8月26日,金华市食品安全

召开全镇食品安全网络化工作动员会(方岩镇提供)

网络化管理工作现场会在永康召开。郑继伟副省长，省食安办主任朱志泉、省食安办专职副主任卢永福，金华市副市长林丹军对永康食品安全网络化建设工作给予了充分肯定。金华市食品安全办公室专门下发文件对永康进行嘉奖。11月市政府对有关部门和16个镇(街道、区)的食品安全网络化建设工作进行考核验收。全市食品安全网络工作实现“七个四”的全覆盖:食品安全监管机构、场所、人员、制度“四到位”;做到基层食品安全责任网络、人员、制度、经费“四落实”;做到镇(街道、区)负责人、办公室人员、部门联系人、网络责任人员“四培训”;做到组织领导结构图、责任网络划分图、网络人员名单、食品安全隐患点及责任人员分布图“四上墙”;明确网络员工作职责，做到上情下达、除患排查、信息收集、宣传教育的职责“四履行”;做好网络员要建立食品安全会议记录、食品安全隐患记录、食品安全事件报告、食品安全宣传教育“四记录”;加强对基层食品安全责任网络建设工作的领导，完成出台政策、会议部署、过程督查、考核奖惩“四步骤”。

【快检实验室装修改造完工】 2013年8月，市政府投入财政资金140万元，进行快检实验室装修改造，购进布鲁克车载近红外、农药残留速测仪、多功能食品安全检测仪、食品综合分析仪等20多种快检设备及食品药品快速检验专用车，开展药品、水产品、肉制品、豆制品、米面制品、蔬菜、食用油等检测。检测项目包括近红外光谱、二氧化硫、农药残留、甲醛、吊白块、亚硝酸盐等200个。8月至12月，抽检57家餐饮单位、15家药品经营使用单位和群众送检的788批次品种，其中抽检不合格9批次，送检2批次，当场销毁7批次。11月启动食品安全“你点我检”活动，通过镇网络、专题及现场等多种方式收集群众最关注的需检测的食品品种和项目，开展抽样检测。此项活动将作为一项重点工作推进。

【镇村食品安全网络】 2013年，古山镇着力构建食品安全监管网络，为食品安全网络化管理的正常运作提供强有力的组织保证。全镇分三级网络;镇为一级网络，3个工作片为二级网络，55个行政村为三级网络。聘任

165名食品安全管理员，建立健全监管档案、通报工作信息、报送案件查处情况等，实现食品安全工作与网络化管理的有效对接。市委、市政府及时推广古山经验，在全市构建横向到边、纵向到底、全覆盖、无缝隙的食品安全监管网络，切实把好食品安全关。推进10万学生饮食安全放心工程、食品安全在线监管、食品药品检验检测中心建设等工作，全力确保民众的饮食安全。

【省级药品安全示范市创建】 2013年，永康市申报创建省级药品安全示范市，为年内金华市独家。在创建过程中突出特色亮点，加大工作力度，主要做法有：实施奖励措施，对通过金华市考核验收的药品安全示范镇（街、区），由财政部门一次性给予5万元的奖励。实行突击检查，检查前随机在涉药单位中抽取对象，进行突击检查，以增强监督检查的公平、公正性。建立部门联动机制，食品药品监管局、人力社保局、卫生局联合印发《关于加强医疗保险定点单位药品质量管理的意见》，加强对定点单位药品质量的联动管理，全年各部门对10家医疗机构进行了处罚。强化对药品安全协管员进行业务知识培训，明确工作职责和工作任务。每月定时向全市586名药品安全信息员发送药品安全知识短信，提高信息员的工作能力。加大宣传力度，通过在人流密集的社区设立电子显示屏，在社区设立药品安全创建宣传点，在经营企业醒目位置悬挂标语等方式，全方位营造"人人关心药品安全、人人参与创建药品安全示范市"的浓厚氛围。开展药品安全专项整治，全年出动10次，立案查处59件，行政罚款31万元，取缔无证窝点2个。12月全市16个镇街、区均通过金华市级药品安全示范镇创建验收，永康市也顺利通过省级药品安全示范市创建验收。

【依法行政示范单位创建工作】 2013年，市药监局以建设法制药监为目标，开展依法行政示范单位创建活动：把依法行政工作摆上突出位置，为创建依法行政示范单位提供有力保障；完善制度。建立起一个"执法有依据、行为有规范、权利有制约、过程有监控、违法有追究"的依法行政责任体系；通过构建行政执法与刑事司法衔接机制、创建省级系统"群众满意办事窗口"、推行"三线五制"监管模式，提升监管效能。配合专门监督，主动接受社会监督，执法监督作用得到充分发挥。11月，顺利通过金华市考核组验收。

【食品药品检测中心项目启动】 2013年，永康市食品药品检测中心工程完成设计，占地1.33万平方米，投资6 600万元，由市药监局牵头，整合工商、质监、卫生等部门承担的食品检测功能，建成一个资源共享、资质过硬、技术全面、管理规范的区域性市级食品药品检测中心。食品药品检测中心实行统一配置检测设备、统一制定检测计划、统一检测检验、统一享有检测结果、统一信息发布的"六统一"工作模式，检测能力覆盖全市地产食品、流通领域重要食品、食用农林水产品、药品、保健食品等各个环节。加快资源整合步伐，提升食品药品监测水平。待快检设备、人员培训到位后，先期开展药品快速检测，为食品药品监管提供可靠的技术支撑。2013年8月完成食品药品快速检测能力建设，快检实验室完工。

■ 行政执法

【概　况】 2013年，市药监局开展"餐剑一号"自制面制食品专项行动。第一阶段出动执法人员100人次，检查早点店、学校机关单位食堂及部分糕点自制零售店199家，对9个餐饮单位采集了17个样品进行送检。第二阶段召开自制面制品餐饮单位食品安全工作培训会议，对检查和抽检结果进行通报，对食品添加剂相关知识进行培训。第三阶段再次进行面制品抽检，共抽检30个餐饮店30

个批次产品，对7家检测不合格家单位进行立案处罚。再次开展“餐剑二号”餐饮具消毒专项整治行动，检查18家餐饮单位，抽检150份餐饮具，抽检合格率为37.33%。对不合格的单位下达了责令整改通知书，并给予警告的行政处罚。开展“餐剑三号”夏秋季餐饮服务食品安全综合整治，以冷菜熟食、生食水产品为重点品种，以工业区和城郊结合部为重点区域，出动28人次，检查22家有冷菜供应的单位及10家疑有冷菜供应单位，责令两家超范围经营冷菜的单位限期整改。全年开展餐饮服务食品安全专项整治11次，立案查处20件，移送公安部门1件。

【熟食卤味和工地食堂整治】 2013年5月市药监局出动执法人员126人次，检查卤味熟食制品经营单位108家，对15家单位进行了监督抽检，取缔两家无证卤味单位。6月对108家卤味经营人员进行了相关食品安全知识和法律法规的培训。7月市药监局会同建设局对城区10个建筑工地食堂进行专项检查。针对检查中发现的问题，执法人员当场出具监督意见书，提出整改意见，并要求食堂负责人加强食品安全管理，预防食物中毒，确保建筑工地员工食堂的食品安全。

【保健食品“四非”专项整治行动】 7月1日，市根据省食品药品监督管理局、省工商行政管理局和省公安厅《关于印发打击保健食品“四非”专项行动工作方案的通知》的要求，永康市成立打击保健食品“四非”专项行动领导小组。通过《永康日报》，鼓励公众积极参与打“四非”专项行动，明确了举报范围、奖励办法、举报电话等相关信息。专项行动出动执法人员166人次，检查药店149家、保健品批发部10家、网店批发部2家，查出非法经营行为45起，非法宣传行为10起。查办违法案件立案2件，没收产品货值1.5万元。有效净化了保健食品市场。年内还开展化妆品专项检查3次，捣毁无证生产窝点1个。

【食品安全“强网清源”治理】 8月30日，市药监局开展“强网清源”行动，重点整治非法添加和滥用食品添加剂、回收食品作为食品生产原料、生产经营有毒有害肉食及肉制品、废弃油脂回流餐桌4个方面的问题。9月18日，市领导带领市府办、食安办、农业、质监、药监、工商等部门负责人实地督查食品安全“强网清源”集中行动开展情况。期间全市梳理了行业性、系统性食品安全隐患15个，食品生产经营重点整治对象368家，由各监管部门对企业负责人进行约谈，督促落实整改措施，消除食品安全隐患。开展联合整治11次，出动执法人员1 228人次，检查食品生产经营单位4 319家，查处各类食品违法行为30起，发出整改通知书264份，取缔14家，移送公安机关1起。通过集中行动，食品安全基层监管网络得到进一步加强，违法犯罪行为得到有效遏制，食品生产经营秩序逐步趋好。12月市药监局对市内火锅经营单位食品安全开展专项检查，出动执法人员16人次，车辆8车次，检查火锅店36家，抽检5家火锅经营单位的火锅底料，未发现有罂粟成分。

【“透明厨房”在餐饮监管中诞生】 2013年，市药监局创新餐饮监管方式，利用现代化手段，在全市餐饮单位、学校食堂、企事业食堂安装视频在线监管设备，对厨房进行远程、实时监管。全年完成餐饮监管平台软件安装，在26家餐饮单位、93所学校食堂开通在线监管视频。通过实施“透明厨房”工程，提高餐饮单位食品安全监管效率。具体表现为增强效能，监管人员能够实时、全程、动态掌控餐饮单位食品安全状况，特别是在监管真空期，可以借助录像回放功能实现错时监管，提高监管的效率和能力；增强自律，在线监管能够对餐饮单位进行监管全覆盖，消除监管“盲区”，执法人员可以减少上门监管的次数，把有限的监管力量用在刀刃上，还能促进餐饮单位自身的管理，提高食品安全意识；增强信任，在线监管使厨房真正实现透明化，餐饮单位可以将食品生产过程的现场信号传输到视频终端，让消费者能够看到食品加工生产的全过程，共同参与监督。

■ 安全监管

【概　况】 2013 年市药监局与市卫生局联合下发《关于下达 2013 年度永康市药品不良反应和医疗器械不良事件报告目标值的通知》，通过永康药学会，刊登药品不良反应信息通报等形式，将《活力苏口服液等 3 个品种非处方药说明书范本有关事项通知》等信息传达至各涉药单位。全年完成药品不良反应监测 566 件，完成目标任务 129%，医疗器械不良事件监测 53 件，完成目标任务 118%。

【食品安全事故应急演练】 2013 年 6 月 19 日，永康市举行Ⅳ级食品安全事故应急演练，市委书记担任总指挥，市府办、市食安办、市委宣传部、药监局、工商局等 11 个单位参加演练。全市 16 个镇（街、区）、食安委各成员单位、学校、中心卫生院以上医疗单位的主要负责人及部份市人大代表、政协委员、食品企业代表等 300 人现场观摩。演练采用多媒体情景模拟演示与现场演练相结合的方式，演练食品安全事故发生、预案启动、应急处置、事件终止等内容，有效地检验食品安全事故事件应急处置的流程和联防联控机制的运行情况，警示各级政府及社会各界要高度重视食品安全问题，指导各食品安全监管职能部门科学、高效地处理重大食品安全突发事故。

【Ⅳ级药品和医疗器械事故应急演练】 2013 年 8 月 16 日，永康市政府举行Ⅳ级药品和医疗器械安全事故应急实战演练，由市长助理金跃民任总指挥，市应急办、维稳办、药品安全领导小组成员单位领导、各镇（街道、区）分管领导，中心卫生院以上医疗单位院长，部分药械生产、经营企业负责人等 90 人到场观摩。演练采取现场实战与场外演练，多媒体演示模拟相结合的方法，分事件想定、事件发生、预案启动、应急处置、事件终止、领导点评 6 个阶段进行，突出实战、快速、可及的响应特点，成功演示了应急处置工作流程。通过应急演练，锻炼提高了全市应对突发重大药品安全事故的组织指挥、协调配合、快速反应、高效处置能力，药品安全应急体系得到进一步完善。

（周　凌）

安全生产管理

【概　况】 中华人民共和国成立后，安全生产工作由总工会负责。1984 年 2 月党政机关机构改革，劳动局和人事局合并成立县劳动人事局，下设劳动保护股。2001 年 11 月成立市经济贸易局，市人事劳动社会保障局安全监督科划入市经贸局管理。2004 年 10 月设立市安全生产监督管理局（简称市安监局），为市政府直属正局级行政机构，同时挂市安全生产委员会办公室牌子，主管全市安全生产综合监督管理工作。址设金城路 19 号科技大楼 5 楼，内设办公室、安全生产综合管理科（挂应急救援管理科牌子）、行政审批科（挂高危行业安全监督管理科牌子）。下设市安全生产监察大队、市安全生产教育培训中心、市冲压设备安全性能检测站（市建筑建材管理站）。核定机关行政编制 10 名，全额事业编制 12 名。2013 年全市 16 个镇（街、区）编制专（兼）职安全监管人员 42 名，协管员 50 名。全年全市安全生产教育培训中心举办各类培训班 153 期，培训安监人员 1.49 万名，完成金华市安委办下达的全年培训任务。“三类”人员：企业负责人培训班 25 期 2 540 名，完成率 181.4%；安全管理人员培训班 18 期 1 629 名，完成率 116.4%；特种作业人员培训班30期1 862名，完成率103.4%。

【全国安全生产月活动】 6月8日，由市委宣传部、市安监局、公安局、文化广电新闻局、总工会、团市委、市妇联、电视台、永康日报社等9个单位联合主办，林业局、水务局、旅游局、供电局、交警大队、环保局、新奥燃气等30个部门和单位参与的安全生产宣传月咨询日活动在市五金城广场举行。是日各部门单位分发宣传资料2万份，现场接待咨询群众1 000人次。6月28日，安监部门主办以“强化安全基础，推动安全发展”为主题的安全生产文艺晚会，浙江鸿拓实业有限公司及周边企业1 000名职工观看演出。安全生产月期间，各部门结合行业监管特点，组织举办一系列的应急救援演练：安监部门、供电部门等多家单位联合，在市内危险化学品生产企业、大型商场等地举办一次大规模突发停电事故的应急疏散演练；教育、公安、消防、交通等部门单位联合，在市球川小学举行了一次校车安全逃生演练；安监部门在中国鹰鹏化工有限公司举行一次危险化学品应急救援演练；市总部中心举行年度消防应急演练。

【“阳光安监”建设】 2011年以来，无业务实行暂挂的方式，市安监局重新梳理出拟保留审批项目20项，其中13个项目缩减5个工作日。对拟保留的审批项目应提供材料也进行重新审核，删减应提供申请材料7条，简化应提供材料2条。2013年清理部分安全生产行政审批程序，对原行政许可、其他类事项等35项办理事项，按照实现项目最少、效率最高、服务最优的清理原则，采取可取消的坚决取消，可合并的尽量合并。调整完善安监部门抱团服务企业工作方案，四个抱团服务小组坚持每周不少于3天时间深入企业，检查1 617家，发放《责令限期整改指令书》195份，责令停产、停业、停建16家，受理、立案查处非事故类案件63起，追究刑事责任5人。修改完善安监内部管理制度，严格上下班纪律，严控公务用车，严肃财经纪律，严禁公款吃喝。2013年安监部门“三公”经费支出比2012年下降34%。加强党务、政务公开力度，重新聘请16名行风建设监督员。

【“两化一体”三年大行动】 针对全市安全生产基础薄弱、历史欠账较多的实际情况，2012年5月15日，市政府制定《关于深化安全生产两化一体监管工作三年大行动的实施意见》，开始在全市范围深入开展“两化一体”三年大行动，重点突出企业标准化（规范化）达标、从业人员教育培训和隐患排查治理等方面工作。2013年1月至12月，全市发生各类生产安全事故335起（无较大以上事故发生），死亡89人，占控制指标91人的97.8%，受伤157人，直接经济损失1 037.69万元。与2012年相比，事故起数、死亡人数、受伤人数、直接经济损失分别下降14.35%、3.26%、1.26%、14.05%，安全生产三项指标连续九年保持零增长。

【安全生产专项整治】 2013年6月至9月，市安监局开展一次涵盖所有行业领域的安全生产专项整治行动，重点突出液氨制冷工艺行业、道路交通、消防、建筑施工、危险化学品、烟花爆竹、非煤矿山、机械制造、水利工程、学校医院、电镀等11个行业领域的排查。全市各镇（街、区）、有关部门共检查企事业单位和场所11 945家，参加检查14 989人次，责令改正、限期整改、停止违法行为4 105起，责令停产78家，暂扣或吊销有关许可证、职业资格证10个，关闭非法违法企业18家，处罚款185.12万元。排查出涉及可燃爆金属粉尘企业62家、涉氨企业34家，关停不符合安全生产条件的液氨制冷企业1家，对另外33家涉氨企业全部进行安全评价，并督促落实整改。9月4日，对涉粉（尘）企业从业人员400多人次进行安全生产教育培训。10月17日，组织涉氨企业从业人员58人进行安全培训。

【第二消防站进驻执勤】 2009年10月市政府批准建设永康市第二消防站。12月开工建设。经过1年多时间试运行，永康市消防大队城东中队(第二消防站)，于2013年春节期间正式投入执勤。市内16个镇街区，常住人口56万人，流动人口近几年增长惊人。市消防大队的灭火救援任务十分繁重，为实现消防站5分钟到达责任区边缘的要求，该站位于经济开发区，占地1万平方米，建筑面积6 391平方米，总投资1 803万元。2013年开始执勤，按照三类中队15～30人编配的标准，市消防大队城东中队编配了5辆执勤车、2名执勤警官、3名士兵、合同制消防员14名。

【乡镇消防队配备新消防车】 2011年起，全市着手组建11支镇级专职消防队。队员由森林消防、综治联防、派出所协警、企业保安、镇政府工作人员组成，由消防部门进行专业技能培训合格后上岗。为解决装备不足问题，投入500万元为乡镇消防队购置专业消防车及消防装备。2013年1月31日，全市乡镇专职消防队授牌成立暨消防车交接仪式在市消防大队举行。市委常委、常务副市长陈美蓉宣布乡镇专职消防队正式成立。各级领导为11支专职消防队授牌，并举行消防车交接仪式。为促进永康经济社会发展提供更加强有力的消防安全保障。

【规模企业安全标准化创建】 永康标准化创建工作始于2012年。5月15日，市政府下发《关于建立安全生产目标管理责任制与标准化等四项达标考核奖惩办法的通知》，明确规定对通过国家一级、二级标准化验收的企业分别奖励30万和10万元，对年度安全生产目标管理责任制考核优秀的镇(街、区)和“四项”达标工作综合考核都合格的镇(街、区)分别奖励8万元和4万元，以此激励全市企业标准化创建热情。是年全市有10家企业通过国家二级标准化验收，16家工贸行业企业通过国家三级标准化验收。2013年委托有评审资质的金华市高鑫安全工程咨询有限公司进行标准化创建辅导。市政府加大奖励力度，对国家一级、二级标准化验收达标的企业，由市财政安排专项资金分别奖励30万和10万元，对通过三级标准化验收的企业由安监部门给予2 000元，镇(街、区)给予1 000～2 000元的补助，基本免除了企业的创建评审费用，有力地推动标准化创建工作。8月根据《浙江省安全生产委员会办公室关于开展企业安全生产诚信机制建设和安全生产标准化建设相互融合推进的工作意见》精神，于9月2～4日、10～12日，市安监部门分两次对全市规模以上企业安全管理人员和镇(街、区)安全监管人员进行师资培训。至年底，全市累计创建工贸行业企业标准化460家，占规上企业总量98%，其中通过国家二级标准化验收企业15家，省级安全文化示范企业验收1家，诚信等级A级企业18家，B级企业269家。

【三轮冲压设备安全检测】 市冲压设备安全性能检测站成立于2004年。2013年对冲压专业村——城西新区华村进行冲压设备专项整治。通过制定标准、宣传发动、动员培训、上门指导等一系列环节对该村冲压设备进行安全性能检测。检测后，由村电工根据统一整改标准统一采购原材料，大大降低各加工户的整改投入。整改后，每户都安装了漏电保安器，电线进行套管防护并规范架设、固定，每台冲压设备都安装防护罩，现场进行清理、通道腾空、堆放合理，每户每台冲压设备都达到家庭作坊式的安全基本要求，获得《永康市冲压设备安全合格证》。是年对全市冲压设备进行三轮检测，检查冲压设备18 492台，对预防和减少冲压作业事故的发生效果良好，有效减少冲压事故的发生。

(朱青云)

劳动管理

【概　况】 2013年市人力资源和社会保障局以民生为本、人才优先为主线，以就业和社会保障为重点，扩大完善保障覆盖面，攻坚克难，狠抓落实，较好地完成各项目标任务，为全市经济发展、民生改善和社会稳定作出贡献。

【劳动力市场秩序整治】 2013年，全市劳动力市场有公共职业介绍所，用工摊位24 747个，发布用工信息3 462条，进场人员和招聘企业数与2012年基本持平，反映了全市经济运行势态总体平稳。年内市人力社保局针对劳动力市场春节期间交流活跃、人流大、秩序乱的实际，与有关部门紧密配合，先后整治4次，出动行政执法队员90人次，公安干警65人次，劳动监察队员17人次。2月27日至3月30日，由行政执法派4人、公安派4人、劳动监察派2人、就业处派2人，组成市场周边秩序管理小组，每日对劳动力市场周边环境进行巡查，确保劳动力市场的平稳有序运行。同时在劳动力市场北面新设一条行人通道，方便求职人员出入。

【劳务合作服务到位】 市人力社保局根据市内部分行业、工种招工难的实际，为企业牵线搭桥，先后为钢海等12家规模企业联系外出招聘工作。2013年4月与省职介中心联系为哈尔斯等2家企业争取到参加浙江省百校百企洽谈会，同时组织哈尔斯等16家企业统一参加金华校企对接洽谈会。9月23日至25日组织召开《2013永康市校企合作洽座会》，来自全国各地的41所高校、职技校以及劳务输出地的人力资源机构和市内110家企业齐聚一堂，共商校企合作。

【劳动保障书面审查】 劳动保障书面审查是劳动保障行政部门依法对用人单位遵守劳动保障法律、法规、规章的情况定期进行审验的一项劳动保障行政监督检查制度。书面审查结果是建立用人单位劳动保障信用档案的主要依据。主要内容包括用人单位遵守劳动用工、劳动合同、工时制度、劳动工资、社会保险、职业培训等方面的劳动保障法律、法规情

2月14日，汽车西站附近的招工市场，数千名"新永康人"在这里寻找合适的工作岗位(程卡　林群心　摄)

况。市人力社保局 2013 年完成 10 120 家单位的书面审查工作，超额完成上级下达书审的工作任务。

劳动监察

【概　况】 2013 年，市人力社保局设立号码为 96309 的举报投诉应急呼叫电话，实行 12 小时值班、节假日 24 小时值班制度，做到事事有记录、件件有结果、使来访者满意。全年接待群众来信来访来电、举报投诉 3 012 起，涉及 6 695 人次，受理各类案件 375 件，办结 355 件，其中交办 265 件，立案 44 件。责令 210 家企业进行限期整改，行政处罚 40 件，行政处理 5 件、清退童工 12 人。上缴罚没款 29.1 万元，为劳动者追回工资及各项待遇共计 3 680 万元，涉及职工 1.06 万人，发放法律法规书籍 8 500 册，巡查用人单位 890 家，涉及职工 10.1 万人。开展农民工工资支付、人力资源市场秩序整治、劳动合同签订、遵守劳动用工和社会保险法律法规情况、执证上岗专项检查等专项检查。检查各类企业 1.35 万家，督促劳动合同补签 35 850 份，指令发放工资 798 万元，督促参保人数 5 430 人。

【劳动工资保障机制运行】 2013 年，市人力社保局建立工资支付保障金制度，应急周转金制度，工资卡登记制度。为夯实基层劳动保障平台网络化建设，形成覆盖城乡的劳动用工监控网和管理服务平台，建立统一、规范、高效、便捷的劳动保障监察信息采集和监控管理系统，建立网络 173 个，招录劳动保障监察协理员 38 名，充实各镇(街、区)劳动保障监察工作岗位。同年 10 月为打击拒不支付劳动报酬、侵害劳动者合法权益行为，根据金华市人力资源和社会保障局等 4 部门的文件精神，与市人民法院、人民检察院、公安局等 4 部门一起建立拒不支付劳动报酬案件查处工作联席会议制度。年内因受各种因素影响，虽有多家企业相继发生欠薪逃匿事件，但因为有部门联动应对措施，逃欠事件都及时得到了处置，为创建全市和谐劳动关系发挥积极的作用。

劳动仲裁

【概　况】 2013 年，市人力社保局围绕“服务发展，保障民生”工作主线，努力践行公平正义首要价值观，切实维护劳动关系双方的合法权益，构建和谐劳动关系，积极调处劳动争议，重在调解，调裁结合，切实维护劳动者合法权益，全年立案处理劳动争议 579 起，涉及争议标的 2 616.6 万元，结案标的达到 1 666.8 万元。其中裁决案件 102 起占 17.6%，调解案件 421 起占 72.7%，其他方式结案 49 起，未结 17 起，结案率 97.1%，为劳动者和用人单位挽回经济损失 1 660 万元。指导镇(街、区)调解案件 2 190 件，涉及结案经济标的 2 898 万元。重点围绕窗口服务、规范办案、强化调解、基础及制度建设等进行自查，自查结果总

精诚团结的劳动争议调处一班人(人力社保局提供)

分为148分，荣获2013年度全省劳动人事争议案件处理工作优秀单位。

【建立劳动争议调处组织】 2012年10月市政府建立全市劳动争议联合调处中心，市劳动仲裁院与市劳动争议联合调处中心联合办公，案件先由市劳动争议联合调处中心处理，调解不成再移交给有关部门处理。2013年市劳动争议联合调处中心接待咨询2 420人，受理申请调解439起，成功调解230起，调解率52.4%，为劳动者追回工资、工伤赔偿计329.9万元。年底，各镇（街道、区）建工会规模以上企业劳动争议调解组建率达90%以上。全市建工会规模以上企业建立企业劳动争议调解委员会439家。

【劳动关系三方协调机制】 2013年市人力社保局召开3次劳动关系三方会议，分别学习《关于推进区域性行业性工资集体协商工作的指导意见》《关于举办全省摄影书画比赛的通知》《浙江省人力资源和社会保障厅关于做好夏季防暑降温工作的紧急通知》《全国人民代表大会常务委员会关于修改中华人民共和国劳动合同法的决定》等上级部门下发的文件和法律法规。三方相互沟通，践行公平正义，服务生产发展，构建和谐社会。

（徐航向）

科　技

综　述

【概　况】 “十二五”时期，市科技局不断完善区域科技创新体系，增强自主创新能力，进一步发展高新技术产业，加快实现产业转型升级，实施五金名城、生态城乡、商旅大市战略。科技工作坚持重点跨越与统筹兼顾相结合，自主创新与引进技术相结合，市场导向与政府支持相结合，有所为与有所不为相结合，以人为本与创造环境相结合。充分发挥科技引擎功能，整合创新资源，全面改造提升传统产业，培育发展新兴产业和高新技术产业，推进区域科技进步和企业转型升级。先后荣获科技部浙江省2012年度市县党政领导科技进步与人才工作目标责任制考核优秀单位、浙江省知识产权局2012年度知识产权信息宣传工作先进单位及2013年全国科技进步先进县(市)的称号。

2013年全市有82项科技成果项目通过验收，其中国家级项目7项，省级53项，金华市级6项，永康市级16项。一批科技成果获得各级科技进步奖励，其中获省科技进步奖2项(二等奖1项、三等奖1项)，金华市科技进步奖2项(二等奖1项、三等奖1项)，永康市科技进步奖20项(一等奖4项、二等奖6项、三等奖10项)。

【科技特派员制度】 科技特派员制度是政府为探索解决新时期“三农”问题，在科技干部

永康第二中学科技楼(科技局提供)

9月5日，总部中心和意大利戴达罗国际设计中心联合举办“创造力碰撞制造力——意大利工业设计对话永康五金产业”论坛(总部中心提供)

交流制度上的一项创新与实践。2003年3月，浙江省开展科技特派员制度试点工作。永康市于2005年6月开始实施，成立市科技特派员工作领导小组，明确对市科技特派员的管理及保障措施。选派金华市、永康市科技特派员共5人，先后派驻石柱、古山、花街、龙山、象珠、舟山、西溪、唐先8个镇。科技特派员充分发挥自身的技术、信息等优势，开展技术培训、技术攻关试验，推广新技术，引进新品种，创建农民合作组织，建立示范基地，申报和实施科技项目等服务。年内科技特派员制度全面铺开，全市11个镇都派驻了科技特派员，其中金华市派3人，永康市派8人。年内科技特派员共推广新技术23项，引进新品种27个，申报科技项目10项，组建合作社2个，建立示范基地14个，开展技术培训44场次，参训人数达4 586人次；针对特殊的高温干旱天气，积极开展抗旱救灾技术指导；首次争取到浙江大学蚕桑产业团队科技特派员结对服务；对促进农业产业提升、农民增收致富，加快农业和农村经济发展发挥了重要的作用。

【企业科技创新服务工作】 12月2日，市科技局认真贯彻落实永康市委十三届四次全会会议精神，以服务企业创新为重点，切实加强机关作风建设，提高工作效能，推进科技创新。组织干部职工深入企业走访调研。把企业的创新难点作为工作重点，有针对性地为企业科技创新提供服务。8月份以来先后共走访调研企业42家，为企业解读科技政策，征集企业技术难题18项，并帮助企业联系相关专家，已解决7项。举办高新技术成果(项目)展示交易会。邀请了浙江大学、哈尔滨理工大学等20家知名高校及科研院所的50多名专家教授参加活动，帮助企业与高校院所“联姻”，促成科技合作意向48项。举办工业设计对接洽谈会，共30家浙江省内及永康市知名工业设计机构参展，3天时间共有2 700多人次与设计公司进行对接，140多家企业和个人有合作意向，签订合同8项。通过科技局牵线搭桥，永康已有三家企业分别与意大利知名农业装备制造企业建立了合作关系。还有一批永意合作项目正在陆续对接洽谈中，中意企业间的合作将成为常态化。

【网上技术市场信息共享平台】 2002年创建浙江网上技术市场永康分市场，随后又创建了浙江网上技术市场五金专业市场、浙江省五金科技创新服务平台，永康五金产业集群中小企业服务分平台等网站，为企业提供行业资讯、行业动态、技术成果信息、企业技术难题、专家信息、科技文献查询、标准与专利查询、企业信息、产品信息等信息服务。2012年创建的永康五金产业集群中小企业服务分平台，被省中小企业局第一批纳入省中小企业公共服务平台(96871服务热线)。平台整合各类服务资源，集聚浙江省优质服务机构的质优价廉服务产品，通过与若干个产业集群"窗口"服务平台互联互通，达到信息共享、功能互补，为企业提供信息咨询、知识产权、法律维权、技术支持、人力资源等十多项服务。

科技合作

【概　况】 6月25日至29日，市科技局牵头组织相关单位赴长春，开展以科技对接、合作交流、人才引进为内容的科技合作和人才交流活动。全市有"哈尔斯""众泰""步阳""三锋""世明光学"等23家企业的27名代表参加。考察团先后参观考察了吉林大学、中科院长春应用化学研究所、长春工业大学与永康产业相关的优势研究所、实验室、科技成果展等，分别在三所高校、院所举行了"科技合作与人才交流洽谈会"，代表们与专家教授进行了面对面的科技洽谈与对接。通过校企之间"零距离"洽谈对接活动，共达成科技项目合作意向16个。

【五金博览会交易高新技术】 9月26日至28日，以第十八届中国五金博览会为契机，在国际会展中心二楼序厅举办了"高新技术(项目)展示交易会"，共设标准展位20个，邀请浙江大学、哈尔滨理工大学等省内8家、省外10家知名高校以及2家中科院研究所前来参展。参加活动的专家教授50多名，带来了1 000多个高新技术成果与项目。三天时间交易会共接待洽谈600多人次，发送各种科技成果、项目资料5 000多份，洽谈科技项

永康市与吉林大学召开科技合作洽谈会(科技局提供)

科技交流工作汇报会

目 167 项，现场达成合作意向 46 项。同时还举办网上技术市场交易活动，发布技术成果项目 34 项，其中有 12 项五金产品相关项目与企业达成初步合作意向；发布技术难题 23 项，其中有 15 项将与专家深入对接洽谈，涉及技术合作总金额 101 万元。

【科技交流对接合作活动】 9 月 26 日至 28 日，第十八届中国五金博览会期间，在永康国际会展中心举办了为期三天的“工业设计对接洽谈会”，省内知名工业设计企业与永康“基地”共 30 家单位参展。三天时间共有 2 700 多人次与设计公司进行对接，有 140 多家企业和个人有合作意向，签订合同 8 项。10 月 9 日至 11 日，市科技局组织 11 家企业与上海交通大学、中国科学院上海微机所、上海物理所、上海光机所等举办“上海机电一体化（机器人）专场科技对接活动”，达成科技合作意向 12 项，引进专家博士 5 名。年内永康与国外科技合作取得历史性突破。三锋集团、得伟工贸等三家企业分别与意大利的莫尼卡米斯特公司、SAE 公司等知名农业装备制造企业建立了合作关系，在技术支撑、品牌合作、市场开拓等方面有了创新性的进展。

举办科技交流对接活动（科技局提供）

永康市政府组织参观高校科技项目实验基地(科技局提供)

科技创新

【概　况】 2013年永康市科技创新工作以创建省五金产业工业设计示范基地，建立省五金科技创新服务平台，启动扶持、孵化、创办科技型企业，运行科技创新管理模式为工作抓手，全面推进全市科技创新。从2006年起，每年举办“中国五金产品工业设计大赛”，截至2013年，已连续举办八届，累计收到参赛作品17 000件，有1 600多件付诸产业化。

【永康市科技企业孵化器】 2009年制订了《永康市科技企业孵化器及入孵企业运行管理若干规定》，市政府每年安排种子资金300万元，用于孵化、创办科技型企业的资助和招商引智。入孵项目须符合国家、省产业发展政策。自创建以来，已有五批共28个项目进入孵化，项目涵盖机械、电子、军工、新材料、新工艺、新装备等产业。2013年入孵企业——永康市盛骏科技有限公司销售收入突破1 500万元，税收超百万元，成为孵化企业的典范。

【省五金产业工业设计示范基地】 2012年6月省五金工业设计基地正式运行后，被浙江省经信委、省财政厅联合确定为12家省级特色工业设计示范基地之一。同年市政府出台《关于促进工业设计产业发展的意见》《永康市扶持工业设计基地建设的奖励办法》《永康市工业设计产业发展专项资金管理办法》。市政府每年安排1 000万元资金用于推动工业设计产业发展。基地共有工业设计机构23家，引进了意大利工业设计机构1家，有专业设计技术人员200多人。2013年基地为1 000多家企业提供了服务，实现服务收入2 319万元，申报专利300多项。9月26日至28日，举办了为期三天的“工业设计对接洽谈会”，30多家知名工业设计机构参展，2 700多人次与设计机构进行对接，140多家企业和个人有合作意向，签订合同8项。

【第八届五金产品工业设计大赛】 3月，“五金杯”第八届中国五金产品工业设计大赛正式启动。大赛由浙江省科学技术厅、浙江省经济和信息化委员会和教育部高等学校工业设计专业教学指导分委员会共同主办，浙江

举办工业设计讲座(科技局提供)

省五金产业工业设计示范基地、永康市科学技术局、浙江永康五金生产力促进中心、永康市经信局共同承办。大赛以“设计改变生活，创新成就未来”为主题，共设“浩大”保温杯、“中信”厨具、“罗富”小家电、家居日用品、自由创意 5 个分项赛。大赛评选标准以创新性、市场价值与可实现性、造型创意与色彩协调性为主。评委会主任由湖南大学艺术学院院长，教育部高等学校工业设计专业教学指导分委员会主任何人可担任，教育部艺术设计专业教学指导分委员会委员、浙江工业大学教授周旭和德国斯图加特国立艺术学院院长彼得·利兹堡担任评委会副主任，湖南大学、日本芝浦工业大学及意大利工业设计协会等知名工业设计专家和教授担任评委会成员。大赛共收到参赛作品 2 633 件，有 161 个院校的学生、78 个设计公司的设计师参赛。共评选出 4 件金奖作品，13 件银奖作品，

第八届中国五金产品工业设计大赛获奖人员(科技局提供)

19 件铜奖作品及 30 件优秀奖作品。12 月 14 日，2013 年“五金杯”第八届中国五金产品工业设计大赛颁奖典礼在永康市行政中心举行，永康市副市长吕群勇等为获奖者颁奖。

【“水龙头”获德国“红点至尊奖”】 2013 年度德国红点设计概念奖在新加坡红点博物馆举行颁奖仪式。来自全球的 4 394 件作品参加，最终获“红点至尊奖”荣誉的有 49 件，获奖作品将收录于红点设计年鉴。2 名在杭州读书的永康学子金小能、池快应邀参加了颁奖典礼。该团队获得了 3 项红点奖，其中金小能、池快获得 Magnetic Shower 最高奖——红点至尊奖。这是永康人获得的国际设计界最高奖项。获奖作品是卫生间里的一个水龙头，即通常所说的花洒。2012 年 12 月份，池快和金小能想到了浴室里水龙头一些使用不方便的地方。例如小孩子人不高，水龙头很高，喷淋起来不舒服。反过来，人太高则会碰到头。还有角度问题，像孕妇、胖子就不能靠近水龙头冲洗，一些病人也会不方便。于是他们就想设计一个人性化的花洒，可以因人而异，改变高度和角度，实现无死角冲澡。此后，他们通过设计、试用，不断完善作品。最终采用了磁性花洒头和金属控制面板，使用者可以改变高度，也可将它推倒，改变出水的方向。“Magnetic Shower”对于患有腰椎病、伤残、关节炎的病人及小孩、老人、孕妇等弱势群体特别适用。同时高速水流通过强力磁场，可以形成磁化水，起到护肤保健的作用。

金小能 22 岁，池快 24 岁，两人均毕业于浙江理工大学工业设计专业。目前，金小能是浙大在读硕士研究生，池快则是浙江理工大学硕士研究生。读研时，两人都选择了工业设计专业。金小能的“拾遗补缺”正好是工业创新设计的一种思路，他的作品先后获得多项工业设计大奖，包括美国 IDEA 杰出设计奖、中国台湾光宝创新奖、中国“太湖奖”等国际国内奖项二十余项，拥有国家专利十余项，其中 8 项是国家发明专利，另外有 23 项实用新型专利被国家专利局受理。池快在校期间，设计的作品曾获得中国优秀工业设计奖，还在中国五金产品工业设计大赛、芙蓉杯国际工业设计大赛等获奖，拥有实用新型国家专利 15 项。

【省五金科技创新服务平台】 该平台是省级行业创新平台，由浙江永康五金生产力促进中心有限公司牵头，浙江大学、浙江工业大学参与共建，总投资为 2.28 亿元，2009 年 9 月通过了省科技厅的验收。平台拥有建筑面积 1.74 万平方米的服务场地，建成了五金产品检测中心，中试、孵化基地，网络信息、技术咨询、人才培训 3 个服务体系，4 个高校实验室，13 家龙头企业研究所。当年荣获“第四届中国技术市场协会金桥奖先进集体”，被国家科技部高新司列为全国首批 22 家“工业设计服务试点单位”之一。2010 年被浙江省科技厅认定为“浙江省重点科技中介机构”。2009 年至 2012 年连续四年被浙江省中小企业局评为“浙江省优秀中小企业服务机构”，被中国生产力促进中心协会评为“生产力促进发展成就奖”。2013 年底，已为中小企业提供各类科技创新服务 6 000 多人次，孵化器入孵项目达 28 个，成为科技成果转化的桥梁和纽带。

【科技创新管理模式运行】 2013 年科技管理工作以提升传统制造业技术水平和发展高新技术产业为重点，引导、帮助企业创建工程技术中心、高新技术研发中心以及研发设计中心。到年底，全市共有省级重点企业研究院 3 家、省级企业研究院 2 家、省级工程技术研究中心 2 家、国家高新技术企业 41 家、国家火炬计划高新技术企业 5 家、金华市高新技术企业 67 家、省级科技型企业 75 家、高新技术企业研究开发中心省级 13 家、金华市级 31 家。围绕新兴产业和行业关键共性技术，组织实施了一批汽车及关键零部件、特色装备、新材料、新能源、电子信息等科技创新项目。2013年全市共申报各类科技计划项目236项，其中国家级12项，省级134项，金华市级19项，永康市级71项。年内获得各类科技计划项目立项197项，其中国家级12项（星火计划6项、火炬计划3项、国家重点新产品2项、国家创新基金1项），省级122项（省重大科技项目4项、省农业重点项目1项、新产品计划117项），金华市级10项，永康市级53项。

高科技产业

【概　况】 2013年2月，永康市省级现代农业装备产业技术创新综合试点和现代农业装备高新技术产业园区得到省政府批准。以“企业为创新主体，由企业主导”的四方集团、威力园林被确定为首批重点企业研究院，组织实施了一批现代农业装备攻关重大项目。众泰控股公司纯电动汽车研究院成为第一批省新能源汽车综合试点单位。与国外科技合作取得了历史性的突破。有3家企业分别与意大利农业装备制造企业建立了科技合作关系，在技术支撑、品牌合作、市场开拓等方面有了创新性的进展。市科技局以提升传统制造业技术水平和发展高新技术产业为重点，引导、帮助企业创建工程技术中心高新技术研发中心，以及研发设计中心等创新载体，获批省级重点企业研究院2家、省级企业研究院1家、省级工程技术研究中心1家、国家高新技术企业6家、国家火炬计划高新技术企业1家、金华市高新技术企业7家、省级科技型企业16家、省级研发中心3家、金华市级企业研发中心5家。围绕新兴产业和行业关键共性技术，组织实施了一批汽车及关键零部件、特色装备、新材料、新能源、电子信息等科技创新项目。

【全国纯电动汽车技术创新试点】 2012年9月众泰被确定为全国首批5家新能源汽车综合试点建设单位之一，开展众泰集团纯电动汽车省级重点企业研究院建设工作。2013年众泰纯电动汽车研究院引进博士3名，其

介绍高新科技成果(科技局提供)

中1名已入选年度浙江省千人计划。组织实施了"多功能经济适用型纯电动汽车产品关键技术研发"等一批纯电动汽车技术攻关项目,开发了整车控制器(VCU)、电池管理系统(ABM-BMS)、DC/DC转换器、高压控制盒等系列关键零部件产品,申请国家专利19项,其中发明专利5项,软件著作权2项;获得国家专利11项,其中发明专利3项。

【省现代农业装备技术创新试点】 2013年2月省级现代农业装备产业技术创新综合试点和永康现代农业装备高新技术产业园区创建工作得到了省政府的批准,四方集团、威力园林2家企业被确定为首批重点企业研究院建设单位。四方现代农机装备研究院以多功能保护性智能水田作业机为当年主攻项目,与浙江工业大学、浙江大学、沈阳农业大学和湖南中天龙舟公司等单位开展合作,开发了1.5米以下耕幅、2米或2.3米耕幅无级变速一杆操纵及非无级变速3种机型的系列产品,完成4台产品样机。研究院立项的技术开发、改进、攻关项目共16项,申请专利14项,获得授权专利5项,其中实用新型4项,外观1项。威力小型收获装备研究院参加国家科技支撑计划项目"节能型自动采摘茶叶装备",开展智能型自动茶叶采摘机的研发攻关。该技术填补了国内空白,替代进口,已申请3项发明专利并受理,已获实用新型专利3项,外观专利5项。通过对2家企业技术创新综合试点的实施,带动了一批农业装备生产企业的技术创新,如得伟公司的智能喷灌植保系统、三锋公司的精准智能种植装备、挺能胜公司的水旱两用智能田间作业装备、中坚公司的智能农林机械等的研发展开,为金华乃至全省现代农业装备产业走向智能化、专业化、成套化打下基础。

【现代农业装备高新技术产业园】 7月5日,国内首家以现代农业装备制造为特色的省级高新产业园。——永康现代农业装备高新技术产业园区正式挂牌成立,园区位于城西新区,总规划面积22.89公顷,5年内开发面积将达到10.98公顷,形成"一心三基地三组团"(1个农业装备创新、设计、检测试验中心,高端农业装备制造、农业装备智能电子产业、农业装备关键部件制造3个基地,3个园区生活组团服务区)。园区内国家非道路机动车检测中心、南方农业机械研究院等项目在投资建设中。

专利与保护

【概　况】 2013年市科技局开展了"4·26"知识产权宣传周、知识产权知识培训、专利工作座谈会、走访帮扶企业和寄送知识产权明信卡等一系列活动。年内共组织开展专利宣传活动2次,举办专利知识培训、知识产权法律知识培训4次。全年专利申请量和授权量

组织知识产权、专利宣传活动(科技局提供)

分别为 5 088 件和 4 265 件，分别比 2012 年增长 6.73%和 10.32%；累计授权专利 22 809 件，其中发明专利 190 件，保持浙江省前列水平。全市拥有国家、省、市各级专利示范试点企业 142 家，其中国家级专利示范（试点）企业 4 家，浙江省专利示范企业 20 家、省知识产权优势中小企业 2 家，金华市专利示范企业 41 家，永康市专利示范企业 75 家。

【专利执法和保护行动】 2013 年市科技局查处假冒专利行为 2 件，调解专利纠纷案件 4 宗，进一步增强了企业的知识产权保护意识和专利技术开发能力。全市专利申请量和授权量分别为 5 088 件和 4 265 件，比 2012 年增长 6.73%和 10.32%；培育专利示范企业，年内新增省级专利示范企业 1 家，金华市级专利示范企业 4 家。在第四届国际门业博览会、第 18 届中国五金博览会上，设立知识产权投诉中心，共受理了专利侵权投诉 62 件，对构成侵权的 59 件投诉作出了当场撤展处理。组织对门业市场、五金制品（锅）市场和电动工具市场等流通领域进行巡查，对查出问题的商家进行现场教育，并当场要求商铺予以整改，年内共查处假冒专利行为 2 件，调解专利纠纷案件 4 宗，调处率达 100%。

【星月评为国家知识产权试点优秀单位】 永康星月集团是全省首批开展《企业知识产权管理规范》试点企业之一，通过引入知识产权管理规范，建立和完善知识产权管理手册、程序文件及规章制度，在集团范围内贯彻执行，使企业专利申请、授权数量大幅度提高。同时也促进知识产权在设计和生产活动中的吸收转化能力，有效提升了企业的市场竞争力。2003 年起，星月集团公司连续被评为省专利示范企业。2010 年星月集团公司被认定为国家企业事业知识产权试点单位。2013 年 4 月通过了国家知识产权验收。到 11 月底，集团已申报专利 725 项，其中外观 591 项，实用 122 项，发明 12 项。30 日，省知识产权局公布了省实施企业知识产权管理国家标准试点考核结果，全省有 19 家企业被评为“国家企业知识产权管理标准实施试点优秀单位”，星月集团榜上有名。

（胡建美）

教　育

综　述

【概　况】 2013年，市教育局认真贯彻落实市委、市政府“二次出发”的号召，全面深化教育改革，促进教育公平，推进教育创新，提高教育质量，加快推进教育现代化建设，各项工作取得了显著成效。年内全市有普通高中6所、在校学生数8 648人，学校占地72.74万平方米，校舍建筑面积31.10万平方米，图书馆藏书35.82万册。有职业高中4所，在校学生5 460人，学校占地20.53万平方米，校舍建筑面积12.44万平方米，图书馆藏书19.33万册。市九年义务教育，有小学52所，在校学生5.91万人，学校占地面积84.40万平方米，校舍建筑面积37.99万平方米，图书馆藏书120.99万册。有初中22所，在校学生2.17万人，学校占地85.40万平方米，校舍建筑面积42.53万平方米，图书馆藏书90.53万册。有幼儿园190所、入园幼儿3.67万人。特殊学校2所，在校学生1 001人，学校占地1.74万平方米，校舍建筑面积1.04万平方米，图书馆藏书8 672册。外来新永康人随迁子女儿童入小学1.06万人，初中3 853人。学龄前三年教育普及率98.60%，九年义务教育入学率100%，高中段教育毛入学率97.86%。高考成绩增幅超10%，2013年全市4 499人报名参加高考，其中文理科类4 105人，文理科重点上线人数由2012年的338人增至375人，增幅11%。开展社区教育活动13次，参加活动人数8 550人。全年1 320名学员参加了成人双证制教育文化课培训，有980名学员学分符合毕业要求，取得了成人职业高中文凭。全市镇(街、区)成人技术学校建设有了突破性进展，恢复或重建了镇(街、区)成人文化技术学校16所，龙山镇成技校通过省标准化成技校申评，是全市继象珠镇后第二所省标准化成技校。

是年市教育局加大投入力度，建成一批

11月16日，镇海中学校长吴国平等12位专家应邀来永康一中，交流经验、拜师结对(教育局提供)

3月12日，永康一中举行“专家组成立仪式”（教育局提供）

学校项目：转型芝英、古山中学，改善结构，扩容农村学校；完善义务教育十大共同体，新建三个学前教育共同体；普高教育实现年度承诺目标，全市一本上线375人，增幅11%。同时突破发展难点，打造阳光食堂、阳光招生、阳光人事等教育亮点，做到招标透明、监管透明、价格透明。长篇通讯《阳光食堂》加配市委书记徐华水讲话，在《中国教育报》头版头条刊出。省纪委副书记王海超、金华市委书记徐加爱批示推广永康“阳光食堂”的做法。金华市在永康召开现场会，推广经验。江苏南京市、河南省郏县等10多个单位前来学习经验。同时，实现义务教育“零择校”，招生过程公开、阳光操作、结果公开，得到省纪委、教育厅的高度肯定。省教育评估院对“招生政策”进行第三方独立评估，90%调查者表示赞同。专家认为，招生政策政府执行力强，基本实现预期目标，在百姓中赢得口碑。并深化师德师风建设，推进“阳光招聘”和“阳光评审”工作。评出2013年“双十佳”班主任、“十大名师”并进行隆重表彰。创建了18个省市县级名师工作室。采用公开选岗的办法安排新教师入岗。积极稳妥开展职称聘任，调动教师工作积极性。教学能手的评比，规范有序，阳光操作、实现零投诉。

【合作办学助推教育改革】 2013年，市教育局推进永康第一中学与镇海中学合作办学，永康中学和浙江师范大学合作办学，开展古山小学的综合改革试点工作。永康中学与浙江师范大学联合创建浙江师范大学永康附属中学后，两校根据建立双方全面科教协作关系的精神，本着优势互补、共同发展的原则，拓展办学途径，提高办学质量，创建教育品牌，为打造浙派名校、实现名校梦打下坚实的基础。古山小学办学历史悠久，文化底蕴深厚，人才辈出，在社会上有一定的影响。为适应“二次出发”的需要，作为全市三大教育综合改革试点学校之一，古山小学承担了小学教育改革的重任。根据改革的要求和古山小学的发展规划，古山小学是全市农村教育的领头雁，教育科研的先行者，教学质量的佼佼者。为此学校在人事、分配、职称、岗位设置等方面作出重大改革，以改革激活学校活力，以改革创新学校机制，以改革调动教职工的积极性和创造力。

【衢教局考察与高校合作办学】 12月24日，衢州市柯城区教育体育局（文化局）党委书记、局长吴玉珍，柯城区人民政府教育督导室主任、教育体育局（文化局）党委副书记缪宏飞，衢州第二中学原校长徐建平，柯城区教育体育局（文化局）办公室主任范成平，柯城区白云学校校长叶海涛一行5人到永康中学考察与高校合作办学事宜。市教育局和永康中学领导在学校中型会议室接待了客人。双方就与高校合作办学事宜进行了愉快而又坦诚的交流。田中朝局长和陈子文校长分别从教育局层面和学校层面介绍了永康中学与浙师大

12月24日，衢州柯城区教体局在永康中学考察与高校合作办学(教育局提供)

合作的历史与现状。吴玉珍局长表示，通过参观交流，进一步明确了与高校合作的工作思路，同时能帮助她少走一些弯路，提高合作效益。

【“双十佳”教师比武活动】 2013年，全市举行庆祝第29个教师节暨首届“双十佳”班主任颁奖典礼。金华市教育局局长徐志坚，永康市领导徐华水、金政等出席颁奖典礼。活动展播了20名“双十佳”班主任专题片和《二次出发，教育先行》专题片，现场对“双十佳”班主任的代表人物及有关家长、学生等进行了访谈。活动围绕“二次出发、教育先行”这一主题，以正能量引导激励永康教育前行，鼓舞广大教育工作者争创新优势，汇聚新动力，打造永康教育“升级版”。全年市各学科教师参加各级比赛，成果丰硕：获浙江省教坛新秀2人，获全国优质课二等奖1人，获浙江省优质课二等奖1人，获金华市优质课一等奖10人；在中职师生技能比武中，有108人获奖；开展“教学能手”评比，全市有349名选手参评，规范评比流程，采取阳光操作，评出教学能手88名。教师论文获金华市一等奖118篇、二等奖227篇、三等奖367篇。课题获省级二等奖1项、三等奖2项，金华市级一等奖4项、二等奖12项、三等奖14项。教育科研先进集体获省级1所、金华市级4所、永康市级5所，教育科研先进个人省级有3人、金华市级5人、永康市级19人。“教改之星”获省级金奖1名、银奖2名，金华市级金奖2名、银奖3名。

【城区各校划定施教区】 为了进一步做好2013年义务教育段的招生工作，市招生委员会首次举行了学生家长代表参加的全市义务教育段招生工作听证会，就城区学区的划分、城区公办学校招生的类别、外来民工子女入学、招生方式等进行了听证。经市政府常务会议讨论，原则上通过了《永康市2013年义务教育(含幼儿园)招生工作实施意见》。市招委会先后考察了周边县市的招生工作，多次召开由各个群体的学生家长代表、老教育工作者、两代表一委员、学校校长等层面的意见征求会，专门就招生工作发函咨询了市内教育专家顾问委员会的部分专家领导。与往年相比，2013年的招生由往年教育辅导中心统一报名划分的方式，转变为以学校为主体、部门监督的方式。市教育局要求割掉5%的择校尾巴，坚决实现义务教育段公办学校零择校的目标，城区公办学校严格按照施教区范围招收学生。城区各校施教区已基本划定，在《永康日报》公布。城区公办学校的招生对象分为三类：A类为2013年4月30日前取得城区17个居委会户籍的起始年级新生及城区公办初中、小学施教区域户籍的起始年级新生；B类为符合国家、省、市有关政策性安排对象的子女；C类为2013年4月30日前取得市内非城区户籍、父(母)在城区有稳定职业且在2012年12月31日(含)前持有城区有效房屋所有权证的起始年级新生。其中，C类人员在城区房产证登记居住地址的学区招生学校在满足A、B两类新生后，仍有招生余额时，在规定时间内向招生学校报名，由学校在招生计划内按房产证登记时间的先后顺序录取至额满为止。若满足A、B两类学生后已无招生余额，则该校不再安排招收C类新生。持有多本房产证的新生家长，只可选择一所学校报名。满足条件的A、C两类学生在规定时间内持相关证件到施教区范围学校报名，B类学生持相关证明在5月6日前由相关部门或个人直接到市教育局教育科报名。不管是哪一类的初中起始年级新生，2013年必须在规定时间内到各初中学校办理报名手续。

(朱春屏)

学前教育

【概　况】 为贯彻落实国务院、浙江省、金华市学前教育三年行动的要求，市政府先后下发了《永康市人民政府关于进一步加快学前教育改革和发展全面提升学前教育质量的意见》《永康市人民政府关于印发永康市学前教育三年行动计划(2011～2013年)的通知》，并切实加强领导，组织实施，狠抓落实，加快学前教育区域性整体发展水平，取得了明显成效。年内落实了财政性学前教育经费，设立了学前教育专项资金。2013年全市有幼儿园190所，其中省一级幼儿园4所，省二级幼儿园21所，省三级幼儿园84所。在园幼儿36 663人，教职员工3 331人，学前三年教育的入园率达98.6%。

创办于1952年的市实验幼儿园，迁入新校园(教育局提供)

【合格中心幼儿园】 2013年，教育局制订学前教育三年行动计划，规划建设16所镇(街、区)公办中心幼儿园，其中新建9所，改扩建7所，建筑总面积5万平方米，投入园舍建设资金9 920万元，投入设备设施玩具940万元。龙山镇、芝英镇、古山镇、舟山镇、石柱镇、象珠镇、城西新区等7所中心幼儿园已投入使用。其他镇(街、区)中心幼儿园也已开工建设。同时建立高校毕业生录用和在岗幼儿园教师按公开招聘办法进入事业编制的政策导向机制，吸引优秀大专毕业生从事学前教育事业。每年新录用的学前教育教师优先派遣到镇（街、区）中心幼儿园任教，充实幼儿教师队伍。2011年以来，每年都组织园长与骨干教师参加省、市组织的培训，实施幼师学历提升计划，鼓励幼儿教师参加进修，扩大合格学历教师比例。

【幼儿特色教育活动】 2013年，注重加强幼儿园品牌项目建设。市教育局会同卫生局、广播电视台等单位合作连续举办了10届幼儿"健康宝贝秀"比赛，内容日益丰富，形式不断创新，参与面持续扩大，充分激发了幼儿的学习兴趣与广大家长的参与热情。与广电部门合作，连续举办7届"阳光灿烂六月天"幼儿园艺术展示活动，展示了全市幼儿园的办园品位和办园水平，有效地促进了学前教育社会环境的优化与幼儿教育的健康发展，逐步形成了全市性的学前教育活动品牌。同时进一步规范办园行为，引导各级幼儿园遵循儿童身心发展规律和特点，合理安排幼儿一日活动，扭转小学教学内容向幼儿园前移的倾向；重视学前教育教科研工作。教育科研、园本教研活动广泛开展；促进园际之间的均衡发展。全市建立了学前教育共同体，三大牵头单位幼儿园通过送教下乡、开放式教研等形式，扶持农村薄弱园的质量提高，促进办园质量整体提升，不断扩大优质园覆盖面，全市省三级以上幼儿园109所，占全市在园幼儿总数85.24%。

（吴　政）

12月31日，市人民幼儿园举办家长孩子齐动员，快快乐乐过新年活动（教育局提供）

义务教育

【概　况】 2013年，根据《教育部关于印发〈县域义务教育均衡发展督导评估暂行办法〉的通知》和《国家教育督导团关于申请认定义务教育发展基本均衡县（市、区）有关工作的通知》《浙江省人民政府教育督导室浙江省教育厅关于开展义务教育均衡发展督导评估的补充通知》等文件精神，积极开展义务教育发展基本均衡县（市）的创评工作。市政府相关职能部门，狠抓创评重点工作的落实，推进义务教育学校标准化建设，缩小校际差距，使义务教育学校八项指标均达标，校际之间发展基本均衡，提高了市域义务教育的均衡度。建立健全城乡一体化的义务教育均衡发展保障机制，在财政拨款、学校建设、教师配置等方面向农村学校和薄弱学校倾斜，进一步提高义务教育均衡发展的水平。推进义务教育学校均衡发展，推出了建设标准化义务学校的有力举措。2013年，全市义务教育学校标准化建设成效明显，有18所义务教育阶段中小学申报标准化学校评估，在顺利通过金华市组织的评估后，又通过省教育厅的复评。以优质教育为核心，与一所或多所薄弱学校结成共同发展的教育实体，以扩大优质教育资源辐射效应，推动义务教育优质均衡发展。全市义务教育阶段学校组全为10个共同体，体内各成员学校（幼儿园）的原有法人地位、法人代表、领导班子、教师编制等不变。由于共同体核心学校大都具备先进的教育理念、鲜明的办学特色、良好的社会声誉、丰富的办学经验、雄厚的师资力量，对学校共同体的成员学校实施优质资源输出服务，共同教研、共同科研、共同培训、共同发展，实现共同体成员学校间的教育理念共享、教育资源共享、管理制度共享、发展成果共享，对推进均衡发展，办好优质教育起到积极的作用。

【“家庭教育百千万”工程】 2013年，家庭教育从家庭入手，不断深化校长、教师、家长间的良性互动，实施“家庭教育百千万”工程，增强教育合力。各中小学校结合学校实际，制订家校合作工作方案，成立家长委员会，开展“家长接待日”活动，定期召开家长会和“教育开放日”活动。通过短信提醒、电话联系、告家长书、家访等形式，与家庭一起关注未成年人的健康成长。3月24日，永康第二中学联合教育部十二五重点课题单位——北京思学通教育研究院举办“突破家校难题，快速提高成绩”家长学校授课活动，为家长提供更多、更好的帮助和指导，各年级家长都参加了此次活动；26日晚，高镇小学邀请150余名家长代表召开家长恳谈会，共商学校新三年发展规划。4月10日、11日，民主小学一年级的400多位家长分批集中多媒体教室，参加了“让教育成为正能量”家校论坛活动；25日，杜山头小学开展“传递爱的教育，构建和谐校园”亲子互动家长日活动等。11月28日，市教育局召开家校合作现场会暨“百名校长千名教师访万家”启动仪式。大司巷小学和白云小学做了专题汇报，两校经过多年探索与活动实践，已从家校低层次合作（建立家校联系本、通讯录，召开家长会，家长开放日等），走向高层次合作（家长参与班级管理、学校管理，参与课堂教学、课外活动，为学校健康发展出谋划策等），在社会上享有很高的声誉。在“百名校长千名教师访万家”启动仪式上，教育局号召全市广大教育工作者到家长中去，传播科学的教育理念，倾听社会、家长对教育的意见和建议，解析教育惠民政策和民生工程。会后，全市近百名校长千名教师利用节假日及休息时间，纷纷深入学生家庭，与家长们就安全、教育、成长等内容进行广泛交流。

【阳光招生“零择校”】 2012年，省教育厅提出“阳光招生”要求，全省90个县市中有62个县（市、区）义务教育段实行了“零择校”。永康市虽然从2011年就开始实行“零择校”，但仍留有“尾巴”。孩子读书关系千家万户，老百姓也希望阳光政策、阳光操作。“零择校”是政策所指、民心所向、破题所需。省标准化学校建设、均衡教育发展、彰显正气形象都需要实行“零择校”。要实行义务教育段的“零择校”，关键是党政领导班子要带头垂范，关上权力的笼子，从政策的酝酿、出台到执行，主动地接受社会民办监督。2013年4月3日，市招生委员会召开成员会议，传达了市委关于以“零择校”推动永康教育新一轮发展的决策。全市义务教育阶段要实行真正意义上的“零择校”。会议就如何真正做到“阳光招生”、在义务教育阶段实行真正意义上的“零择校”，向市招生委员会成员提出明确要求。9月1日新学期开学后，理清相关数据，向社会公开，向市招委会通报，为下一步教育发展提供确凿数据，为今后的招生工作做得更规范有序奠定基础。

【慈善文化进校园】 4月25日，市慈善总会联合教育部门，在城区5所小学分别举行了“慈善文化进校园”活动座谈会。各校介绍了4个多月来活动开展情况和各班特色内容。大司、人民、解放、高镇、民主5所小学通过开展与慈善文化相关的一系列活动让学生了解慈善、体验慈善、践行慈善，活动形式多样，各具特色。解放小学将慈善文化与学校开展的相关活动有机结合，以“感恩”为主题，引导学生开展“给父母写一封信”、《慈善读本》亲子诵读、编慈善小报等活动，在学校初步形成了团结互助、关爱他人的良好风尚。大司巷小学着重“校内引导、校外实践”，以“慈善读本交流会”、情景剧表演等形式，增强学生对慈善的理解，并开展了“感恩教育”、与山区小学和民工子弟学校“手拉手，找朋友”、和贫困孩子开展“同一片蓝天，同一个梦想”实践活动。慈善总会和市教育局对各校取得的成效给予了充分肯定。市教育局认为，学校的职能除了教书外，更重要的是育人，小学校园爱心教育十分重要。

【大司巷小学消防手报画】 2013 年 10 月底，为配合“119”消防宣传月行动，大司巷小学举行了消防安全手抄报征集评选活动，学生们积极学习各类消防知识，或阅读消防材料、或向老师、家长们寻求帮助，或上网搜索学。他们用手中的画笔，一笔笔勾勒、排版、设计，精心绘制出自己对消防的认识和理解。截至 11 月底，大司巷小学已征集了 120 余幅原创消防手抄报。通过对作品初选后，将选中的 50 幅作品张贴于校宣传橱窗上，让全校师生观看学习并投票，最终选定特等奖 1 名，一等奖 3 名，二等奖 5 名。学校将初选通过的作品整理制作成画册，进行装裱悬挂，供师生共同学习。

（王艾荷）

普通高中教育

【概　况】 2013 年是全市普通高中教育发展史上一个重要的年份。市教育局优化高中教育布局，剥离古山高中、芝英高中的高中部，并入永康六中（原永康市综合高中），芝英高中转型为市内首个“九年一贯制民工子弟公办学校”，永康六中转型为普通高中。同时全面深化普通高中课程改革，积极开发高中特色精品课程，尝试实施高中生“选课走班”。永康一中编制《永康一中深化课程改革方案》和《选课指南》，开发出 98 门选修课程，其中 3 门评为金华市精品课程，5 位教师荣获金华市高中物理创新实验大奖赛一等奖，5 位学生荣获第 30 届全国中学生物理竞赛全国三等奖，创历年新高。3 月，印发《永康市普通高中学生成长记录与综合素质评价实施方案》督促和指导学校制定学生成长记录与综合素质评价实施方案。连续 7 次进行 12 校联考，召开联考分析会，总结分析存在教学问题，指出今后阶段性工作重点。12 月 27 日，高三年级第一次联考分析会在永康二中举行，各普通高中校长、教研员参加会议。

【永康六中探索学校新模式】 2013 年，永康六中围绕“一个中心、两项重点、三大战略、四种校园、五种精神、六心育人”目标，转变工作作风，践行“爱与责任”。学校领导带头住进学生公寓，开展教师“四进”（进寝室、进食堂、进教室，进家庭）制。对领导干部提出“六要求”（有正气、有思想、有担当、有容量、有条理、有落实）。课改工作抓重点、重质量，特色教育抓亮点，重实效。以活动为载体，着眼生命教育；以国学社团为阵地，发掘传统德育资源；以省一级心理辅导室为优势，培养学生健康人生观。8 月 15 日，共青团中央权益部副部长陈琳等在共青团浙江省委权益部、共青团

戴翀副市长检查教务工作（教育局提供）

永康市委领导的陪同下，到永康第六中学调研心理健康教育工作。年末教工团支部被评为“浙江省先进团支部”。林雅、蔡琳老师分别荣获金华市高中音乐、美术优质课第一名。

9 月 12 日，副市长戴翀到芝英中学调研（教育局提供）

【芝英中学转为民工子弟学校】 芝英高中于 2013 年成功转型为九年一贯制民工子弟学校。学校现有班级 15 个，其中小学 11 个班、初中 4 个班，教师 55 人，全校学生 562 人。学校以德立校，强化师德师风建设，提升管理效能，全面提高教学质量。让“新永康人”有主人翁的归属感，在轻松愉快的教学中扎实地学习。加强家校联系，关心“流动花朵”的健康成长，让他们积极服务永康的经济建设。6 月学校团委被团市委授予“先进团委”称号。

【永康一中教学创佳绩】 2013 年，永康第一中学有班级 37 个，教师 173 人，学生 1 814 人，秋高中招生实行 100%“零择校”。3 月 12 日举行专家组成立仪式，聘请了 12 位省内知名教学专家，组成教育教学指导专家组。举办“家校合力，素质教育撑起教育蓝天”专题报告会，邀请北京思学通教育研究院何兴才院长给家长授课。8 月 27 日，省教育厅副厅长韩平来永康视察，并发表了普通高中课程改革的重要讲话。11 月 7 日，2013 台北世界自由式轮滑锦标赛在中国台北市体育馆举行，20 多个国家及地区的选手参赛。在青年男子组速度过桩项目比赛中，永康第一中学高一（6）班学生潘宇烁摘得金牌。11 月 16 日，镇海中学校长吴国平一行 12 位专家应邀来永康一中，开展交流经验、拜师结对活动。

（施振生）

8 月 27 日，省教育厅副厅长韩平视察永康一中，并发表普通高中课程改革的重要讲话（教育局提供）

中等职业教育

【概　况】 2013 年，永康市有中等职业学校 3 座。永康职业技术学校，占地 17.34 公顷，建筑面积 8 万平方米。在编教职工 234 人，其中有高级教师、研究生、高级技师等专业人才 100 多人。全日制在校生 3 637 人，成人双证制学生 580 人。2013 年招生 1 084 人，毕业生 1 342 人。学校有机电技术应用专业、电子电器应用与维修专业、汽修专业、数控、财会等多个省市示范性专业，建有以数控技术为主干专业的中央财政支持的职业教育实训基地和以机电、电子电器为主干专业的两个省实训基地，是第二批国家级中职改革发展示范校建设单位。占地 6 000 平方米的“模具产学研中心”投入使用。学校与王力、三博等知名企业开展广泛合作；与永康市卡

永康职业技术学校(教育局提供)

仕通汽车美容王国合作,设立了汽车美容实习中心;还与浙江大学、浙江工业大学等高校紧密合作。此外,学校还承办了金华市机电职教集团第二届理事会、浙江省中职机械年会暨全国中职模具课改论坛,均取得圆满成功。2013 年,学校增挂“永康农民学校”牌子,主导市农民培训,有 569 名社会人员经培训取得国家职业资格证书。职业技能鉴定工作有计划开展,年内报名考核 4 461 人次,获合格证 4 206 人次,市首届汽修技师技能鉴定也在该校成功举办。

永康市卫生学校,省二级重点中等职业学校,浙江省护理紧缺型人才培养基地,省“五年一贯制”首批试点学校,温州医科大学成教学院教学站,市医学继续教育培训基地,市康复护理培训中心,市职业技能鉴定站。2013 年,有在校生 1 968 人(其中全日制学生 1 510 人,成教学生 458 人),有专兼职教职工 120 人,其中有全国“五一”劳动奖章获得者 1 人,浙江省名中医 1 人;永康市拔尖人才 1

永康职业技术学校操场一角

永康技校上百名学生在新建成的模具研发中心上课(程卡　摄)

人，永康市后备青年拔尖人才1人。

荷园中学于2011年正式定位为职业中学，是浙江省美术特色学校。有教职工66人，专任教师45人。学校占地1.99万平方米，建筑面积1.37万平方米。设有工艺美术、计算机动漫设计两个专业，增设平面设计专业。2013年10月，35个美术生参加专业考试，全部高分上线。在单招单考中，9名美术生考上了各类院校专业线并被录取，学校获2013金华市“无邪教校园”创建先进单位，永康市学校安全工作先进集体等荣誉。施新斌老师的《农村高中体验式德育教育的研究》课题获市三等奖，陈翼老师获市音乐教学能手奖励，金东峰老师获市英语优质课一等奖、姚婷娴、刘娟分别获市语文优质课二、三等奖，并有12人次在市级各类比赛中获奖。市中等职业学校师生技能比武中获3个一等奖、4个二等奖、3个三等奖。

【永康卫校创省二级职校评估】 9月10日至11日，浙江省等级学校评估组一行在省督学、宁波市教育局督导处处长黄明杰的带领下，来永康卫校进行省二级重点中等职业学校评估。专家组听取了学校创建省二级学校评估工作汇报，并实地考察了校园和实训室、实训基地。随后，专家组分头对评估资料进行了认真细致的查阅，并进行核查和核对，同时又召开了教师座谈会、学生座谈会、对毕业生抽样电话随访、随堂听课等方式对学校进行了全面深入的检查评估。近年来，永康卫校本着“不办大超市，做好精品屋”的办学理念，立足于专业的建设与发展，以“素质提升、教学改革”为二大抓手，注重“人文・创新・特色”三项品牌建设，培养具有“基础知识扎实、核心技能过关、人文素质全面”的高技能应用型人才，形成永康卫校鲜明的办学特色。学校德育工作以人文关怀教育为主线，进行了德育的探索与实践，构建了“四以”特色德育教育模式：以“人道、人性、仁爱、仁术”理念引领为前提，以“情感训练、职场活动”的体验式活动为载

9月10日，省等级学校评估组在永康卫校召开省二级职校评估会(教育局提供)

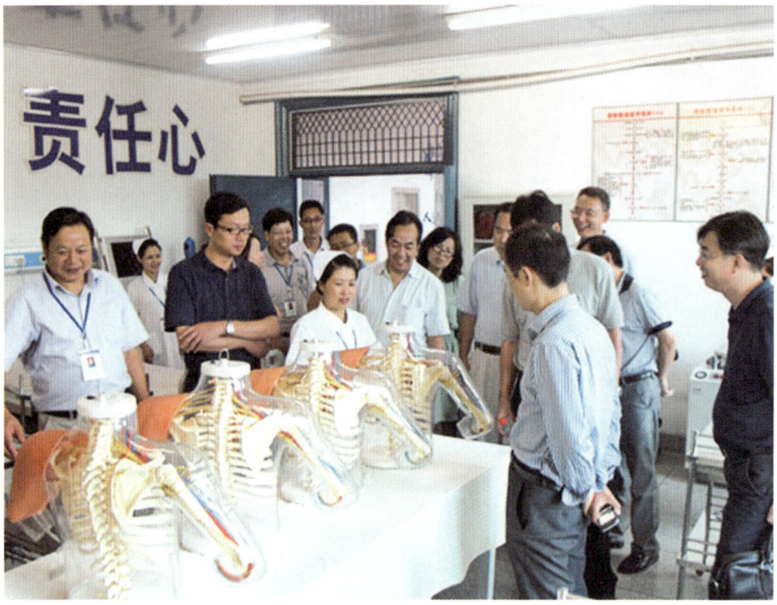

9 月 10 日，省等级学校评估组专家考察永康卫校实训室（教育局提供）

体；以“仿真化模拟”的能力实践为途径，以“人文学分制”的制度保障为根本，从而增强了学校德育教育工作的针对性和实效性。学校课程改革模式先进，学校以“公共课程＋核心课程＋教学项目”为模式，学校提出了课堂教学需满足的三个原则“教师教得活，学生学得会、医院用得上”，并以此为依据大力开发校本课程和课改课程，且卓有成效。通过考核评估，考证组认为永康卫校已具备浙江省二级中等职业学校申报要求。

【浙大、浙工大专家到职技校调研】 12 月 25 日，浙江工业大学职业技术教育研究所所长刘辉博士、浙江大学教育学院邵兴江博士、浙江趋势教育文化设计研究院石光泽总经理等一行 4 人来职技校调研校园文化建设，并将为职技校设计新校门口文化广场。刘所长一行先参观了校园、实训车间，并就校园文化建设召开了小型研讨会。校领导、校办、文化建设委、总务处等处室相关人员参加了探讨。讨论中，大家认为，职技校文化建设要体现职业学校特色，要突出五金产业的文化氛围，要处理好传承与创新关系，更要体现“十年树木百年树人”的可持续性发展理念，着力打造五金技工品牌。浙江大学邵兴江博士说，他们将对学校的办学定位、理念、核心价值观等进行梳理，并就五金校园文化的研究成立课题组；新校门口将设计成“交通之门、文化之门、创新之门”。

【全省学校心理健康教育教师培训】 12 月 28 日至 29 日，在市教师进修学校及心理健康教育指导中心牵头下，市职技校承办 2013 年永康培训点的浙江省学校心理健康教育教师 C 级资格培训与面试工作。此举极大方便了全市各中小学参加该项资格培训的教师。近年来，永康的心理健康教育成果多次登上《中国教育报》，蜚声省内外，已成为永康教育的一大亮点、一张金名片。将省 C 证的

12 月 25 日，浙工大专家到市职技校调研校园文化建设（教育局提供）

12月28日,全省学校心理健康教育教师C证培训与面试在市职技校举行(教育局提供)

培训和面试首次放在市职技校,也预示着该校心理健康教育工作的发展将步入新台阶,达到新境界。在参加此次培训的350余名教师中,仅市职技校教师就占了其中的1/3;同时该校正在积极申报浙江省优秀心理辅导室。据悉,此次培训合格学员将于1月5日到市职技校参加面试,内容包括“自我心理分析”和“学校心理健康教育活动课设计”。

【职技校技能比武屡获大奖】 2013年,永康市职业技术学校积极参加各级技能比武,学校教师获得国家级一等奖1名,省一等奖6名、二等奖11名、三等奖9名。陈超杰老师连续两年荣获全国说课大赛一等奖。学生获得国家级二等奖1名、三等奖2名,省金奖3名,省一等奖14名、二等奖23名、三等奖40名。在金华市创新创业大赛中,学校取得了4个一等奖、3个二等奖、2个三等奖的好成绩。承办了永康市第八届师生技能大比武,有8位教师获“永康市教学能手”称号。2013年有245名学生参加高考,上线187名,其中上本科线1名,国际商务(3+2)101和物流(3+2)101的升学率达100%;参加成人高考有383名,上线319名,上线率达83%,其中会计121上线率为100%。学校牵头组织“永康一中—职技校”普职合作,组建了3个金华市技能教育名师工作室和2个永康市名师工作室。全年完成课题22项,其中省级课题2项,金华市级课题16项;申报课题6项,其中3项为金华市级课题,1项为省级课题。学校在省教育厅主办的2013年度浙江省中职教育成果展上,受到高度评价。

【卫生学校与高等院校联合办学】 2013年,市卫生学校与浙江医学高等专科学校、宁波卫生职业技术学院、金华职业技术学院等高等院校联合办学,招收“3+2”五年一贯制高职护生,面向全省开展普通中专、成人大专、本科等学历教育及永康市继续医学教育培训。设有护理、药剂等专业,设置临床护理、老年护理、社区护理、药品营销、药材加工等专业,其中护理专业是省级示范专业,护理实训基地是省级示范基地。以“素质提升、教学改革”为抓手,注重“人文·创新·特色”三项品牌建设,培养具有“基础知识扎实、核心技能过关、人文素质全面”的高技能应用型人才,形成了鲜明的办学特色。荣膺全国教育改革创新示范学校、中国最具特色职业学校称号。2013年学生参加全国护士执业资格考试合格率99%,毕业生就业率100%。荣获各级各类奖项51人次,其中获省级以上三等奖2名,金华市级一等奖2名、三等奖1名,永康市级一等奖7名、二等奖16名,三等奖23名。教师参加各级各类教学技能比武及教学成果竞赛,获奖24人次,其中获国家级二等奖1名,金华市级一等奖2名,永康市级一等奖4名、二等奖6名、三等奖11名。

【中职校学生免学费】 从2012年秋季学期起,除艺术类相关表演专业学生外,其他全日制公办中等职业学校正式学籍在校生免学费。对因免除学费导致学校收入减少的部分,一二年级由省财政全额补助,三年级由财政按照享受免学费政策学生人数50%的比例和免学费标准予以补助,差额部分由学校解决。民办职校按同类型同专业公办中职学校学费标准给予补助。高出部分,学校可以按规定继续向学生收取。随着免学费政策的实行,中职学生国家助学金资助对象的范围也有所变更。2013年全市629名中职学校一年级学生享受到每学期750元的国家助学金，2 663名二年级学生均享受了国家助学金的补助。从秋季学期起，国家助学金政策覆盖范围调整为一、二年级涉农专业学生和非涉农专业家庭经济困难学生。全年永康市扶持建设4所公办中职学校，2所民办中职学校，在校生有7 106名。

高等教育

【概　况】 永康于1979年开始办浙江电大永康工作站。1994年更名为浙江电大永康分校。2003年升格为浙江电大永康学院。现有本专科学员1 512人，累计培养"下得去、留得住、用得上"的本土化本专科毕业生1万余人。学院曾先后荣获浙江省示范性县级基层电大、浙江省优秀基层电大、浙江省电大系统先进办学单位、浙江省远程教育科研先进集体、浙江省电大学生思想政治教育工作先进单位等荣誉称号，为永康高等教育发展作出了贡献。

【省示范性电大建设工程】 电大永康学院确立"以人为本　真诚服务　规范管理　创新发展"的办学理念，继续实施浙江省示范性县级电大建设工程。2013年电大学院有电大开放教育、社区学院、奥鹏学习中心以及浙江大学远程教育的多层次办学模式。打造"三大品牌"（一流的信息化课程资源品牌和教师队伍品牌，法学、会计、金融三大重点专业办学品牌，一流的导学、助学、管理和考试服务品牌），提升内涵，提高竞争力。招生规模连续5年居金华市县级电大前列，2013年秋季招生规模创历史新高，彰显了省示范基层电大的特色。学院立足自主办学，同时积极开展多种形式的合作办学。在巩固原有合作高校的办学项目基础上，努力拓展办学空间，开创与北京大学、西安交通大学的合作办学，力求适应社会成员对教育的多样化需求。

【农民大学生教学实践基地】 2013年，永康电大学院重视教师队伍建设，培养一批既胜任电大学科教学，又掌握远程教学规律和技术，能从事现代远程教学和管理的教育专家。学院沈慧鸿老师获浙江省广播电视大学系统奖教金奖和全省电大系统学生思想政治教育工作"育人奖"，卢巧娟老师获浙江省电大优秀通讯员称号，林雅老师和胡再生老师荣获金华市电大系统教职工首届"电大好声音"唱歌比赛一等奖，陈同月老师被评为金华市电大系统教师先进个人。学院高度重视"三农"，设立"一村一"农民大学生培养项目，作为电大系统支持社会主义新农村建设的重点项目内容；同时注重农民大学生实践基地建设，为"农民大学生教学实践基地"配备了教学设备和实验仪器，不断提高农民大学生创业能力。

（程春丽）

特殊教育

【概　况】 2013年，全市特殊教育根据浙江省人民政府办公厅《关于进一步加快特殊教育事业发展的实施意见》，以科学发展观为引领，以学生特殊需要为根本，遵循特殊教育办学规律，深化教育教学改革，取得了突出的成绩。年内针对智障学生个体差异巨大，市特殊教育学校（简称特教学校）大胆进行教育教学改革，推行以人为本、因材施教、因需施教、因能施教的个别化教育。市教育局制定了《永康市特殊教育学校三年发展规划（2013～015）》，开拓了一条以个别化教育为主体，以康复训练课程（自闭症康复、运动康复、语言康复、感觉统合训练、作业治疗等）为依托的有特教特色的"课改之路"，为孩子提供最适合的教育，让每一个孩子都得到充分的发展。特教学校的个别化教学已走在金华市前列。

学生参加全省残疾人中考，成绩名列前茅。市特教学校被评为2013年省残疾人招生助学工作先进单位。针对特教部分教师是从聋转培智、从普教转特教的现状，特教学校在教师专业发展上围绕职业生涯规划及个别化教育为核心，采取了“自培”“外训”相结合的方式。年内市特教学校致力于个别化教育的教师专业发展培养。在校长的带领下，制定教师个人三年自培外训计划。“自培”主要以校本培训为载体，每周开展一次业务培训。“外训”是指学校根据教学需要和个人发展规划，有计划地把教师送出去参加个别化教学、言语康复、感统康复、自闭症康复、物理治疗、心理治疗、艺术调理等专业知识培训，培养个别化教学能手。省级规划立项课题《县级市培智学校个别化教育实践研究》和永康市级课题《初中智障学生生活适应课(烹饪)校本教材的开发和实施》已顺利结题。特教学校心理辅导室通过永康市A级心理辅导室验收。8位教师被评为金华市级、永康市级各类先进。沈莉婵老师获金华市名师培养对象、永康市后备拔尖人才；胡小翠老师、陈雅君老师获永康市教学能手称号；38人次老师的论文、课件等在金华、永康市评比中分别获奖。

【特教学校被评为金华市文明单位】 2013年，特教学校秉持“仁爱、团结、敬业、奉献”的精神，全校教职工以博爱情怀育残成人成才，对学生不嫌弃、不抛弃、不放弃，教会残疾学生生存生活，引领他们回归主流社会。学校和教师签订了《永康市特殊教育学校师德师风责任书》，举行“争最美教师、展特教风采”青年教师师德演讲比赛，邀请专家来校做“幸福教师修炼”的讲座。教师在有针对性地对学生进行个训、小组训时，经常跪着为学生上课，努力改善学生的功能障碍，最大程度的补偿残疾儿童生理和心理上的缺陷，为学生向全人发展献出更多的包容和智慧，做了有力的支撑。9月胡纯英老师获永康市“双十佳优秀班主任”称号。2013年特教学校以全市第一名的成绩荣获金华市文明单位。

【特教学生成长安上翅膀】 2013年特教学校以活动为载体，开展丰富多彩的文体、社团活动，项目有棋类、篮球、羽毛球、书法等，举办师生趣味运动会、球类运动会和“六一”文艺汇演等，在体育、文艺教学方面取得了丰硕的成果。6月，永康特教学校首次参加金华市第四届残奥会。15位同学获得27金7银，并获得“体育道德风尚奖”，遥遥领先于同级各县市特教学校。其中6位同学还代表金华市参加浙江省第四届特奥会，共获得7金4银的优异成绩。市特教学校被评为金华市残疾人体育示范基地，正在努力申报浙江省残疾人体育示范基地。

【省随班就读工作在永康试点】 2013年，为促进永康市特殊教育事业发展，确保广大残疾人受教育的权利，结合永康实际，拟定了《关于进一步加快我市特殊教育发展的实施意见》，被浙江省教育厅确定为全省随班就读工作试点县(市)。随班就读是指轻度残障儿童少年在普通教育机构中和正常儿童少年一起接受能满足他们特殊需要的教育形式。制定了《永康市轻度残障儿童少年随班就读工作实施方案》，确定随班就读试点学校为白云小学、新店小学、杜山头小学，随后安排相关学校的教师参加随班就读工作培训，并成立市特殊教育指导中心，全面指导全市随班就读的工作。

(王艾荷)

成人教育

【概　况】 2009年，以永康电大为依托，建立“永康市社区学院”，内设社区教育处和社区培训处。学院紧紧围绕全市社会经济建设总体目标，开展社区教育培训活动，构建终身教育体系，创建学习型社会，提高社区居民的整体素质和生活质量。2013 年建立以市社区学院为龙头，镇(街、区)社区教育中心为骨干，村、居委会、企事业单位社区教学点为基础的三级社区教育网络。学院建有永康市社区教育网站，年内在各类媒体上发表报道 77 篇，有 7 项课题在金华市获奖或立项。周奕旻老师被评为金华市社区教育优秀通讯员。学院自编的教材《画说弟子规》《永康五金文化读本》被金华电大推选参加浙江省社区教育优秀校本教材评比。结合节假日主题，学院以培训、讲座、展览、现场交流、定期服务等形式，着力推进"四进四送"活动。是年社区学院在四方、卫星、望春、飞凤社区，经济开发区，舟山镇，李店村、石柱村，新多集团、飞雅公司等城乡社区共开展社区教育活动 13 次，参加活动人数 8 550 人。按照永康市开展成人"双证制"教育培训管理方案，对全市成人"双证制"教育文化课培训进行全程规范管理。年内全市有 1 320 名学员参加了成人双证制教育文化课培训，980 名学员取得了成人职业高中文凭。社区学院开展计算机操作、CAD 制图等培训，完成农村劳动力转移培训 300 人，农村预备劳动力培训 436 人。

【成人文化技术学校重建】 2013 年，市镇(街、区)成人技术学校建设有了突破性进展，重建 16 所镇(街、区)成人文化技术学校。龙山镇成人技校通过省标准化成技校的申评，是继象珠镇之后第二所省标准化成技校。乡镇成技校的恢复或重建在开展和推进成人继续教育中发挥了重要作用。全市顺利开展了扫盲工作，全市现有文盲 33 035 人，其中 16～55 周岁的劳动力文盲 6 677 人，占全市常住人口的 4.57%。全市已扫除文盲 4 500 人，超额完成了既定的扫盲工作目标。

（程春丽）

民办教育

【概　况】 2013 年，市针对这种现象，政府根据《民办教育促进法》及实施条例，采取"标本兼治、着力治本、疏堵结合、防治并重"的方针，坚持从实际出发，依法整治，给予无证办学机构一定的消化期。条件符合的通过审批予以合法化，另一类通过努力能达到标准的，要求在一定时间内抓紧整改到位，争取通过

12 月 6 日，前进学校在龙川公园举行亲子活动，密切父母和孩子之间的感情交流（林群心　摄）

审批。对设点布局不合理、条件无法达到要求的，坚决予以取缔。通过部门联动，加大整治力度，逐步解决非法办学问题，实现学校、幼儿园依法办学、安全办学、规范办学。

【“规范民办教育行动年”启动】 “2013 规范民办教育行动年”启动。1 月 29 日，永康专门召集几十家无证办学教育机构负责人，通报全市民办教育情况，学习国家有关民办教育的法律法规。尽管永康市一直在努力解决外来民工子弟上学问题，但随着外来务工人员的涌入，出现了大量的办学机构。这些未经审批的办学机构虽然在某种程度上解决了外来民工子女上学问题，但也带来诸多负面影响。为此市政府出台一系列管理办法，设置标准民办教育有关政策规定，启动孵化机制。以 6 月 1 日为时间点，该批的批，该进入孵化期的进入孵化期，完全不具备条件的坚决停办。

（杨杰明）

师资建设

【概　况】 2013 年，市教育局坚持围绕“教育教学”中心，倾力打造“阳光人事”，开展“师德提高年”主题活动。如开展“端正师风、提高师德”为主题的师德师风大讨论，“百名校长千名教师访万家”活动，师德师风自查自纠活动，“永康市双十佳班主任”评选活动，清理规范补课、家教行为。发放了 2 万多份师德师风家长问卷调查，查处 4 起 6 人违规家教行为。原芝英中学、古山中学和原综合高中组建成永康第六中学。芝英中学、古山中学就地转型，两校共有 115 名教师参加分流，优化资源，建立学前教育共同体。全市公办幼儿园分别以实验幼儿园、大司幼儿园、人民幼儿园为牵头单位，成立三大学前教育共同体。镇（街、区）中心幼儿园全部由城区优质幼儿园派出骨干任园长并负责其所在学区内的幼儿园业务指导工作，实现城区“名园”引领镇（街、区）新办中心幼儿园高起点、规范均衡发展的目标。

【首次组建名师工作室】 2013 年，全市评选出十名“永康市第一届名师”，55 名第三期名师培养对象，按条件与程序向上级推荐各类人才，如金华市优秀教师、金华市优秀教育工作者、金华市第五批名校长等。前仓学校郎

9 月 10 日，芝英中学组织“金秋九月颂恩师”活动（教育局提供）

10月30日，举行永康市名师工作室成立仪式（教育局提供）

旭日获浙江省第三届农村教师突出贡献奖。首次组建名师工作室，出台《永康市名师工作室管理办法》（试行）。2013年，扶持浙江省功勋教师工作室1个，浙江省特级教师工作室3个，金华市名师工作室4个，永康市名师工作室10个。每个工作室招收5至12名学员，开展名师培养、发挥名师的骨干引领、示范、辐射作用，带动中小学教师专业成长。有34人参加中小学校长培训，267人参加拟聘用教师岗前培训，55人参加名师培养人选培训，举办校办公室主任和双十佳班主任培训。

【2013年教学能手表彰大会】 12月26日，市教育局在永康四中召开了2013年永康市教学能手总结表彰大会。市教育局领导和来自全市的校长、幼儿园园长、教育辅导中心主任、教研室教研员及获奖教师代表共400余人参加了会议。会上，教育局局长田中朝发表了重要讲话。教研室主任陈如进宣读了2013年永康市中小学教学能手的名单。教育局领导分别给获奖教师颁发奖杯和证书。高镇小学青年教师郑佳佳、西溪初中教师陈旋、永康二中教师胡振福分别在会上作获奖表态发言。

【首批名师工作室成立】 12月30日，永康市名师工作室成立会议在永康第四中学隆重举行。会议表彰了永康市第一批名师，市教育局党委委员、纪检组长谢滔宣布成立永康市首批共计18个名师工作室，市教师进修学校校长陈波宣读了永康市首批名师工作室180位学员名单。与会领导为名师工作室主持人授牌，并做了重要讲话。

【教学能手培养与人才引进工程】 2013年，市教育部门评出各级各类教学能手88人；开展教师业务考试，各级各类学校675名教师参加各相应学科专业考试。教师招聘中的师范生比例由75%降至60%；笔试为辅，面试为重，面试占60%；提高本科以上大学毕业及有教师资格证的本科毕业生的招聘比例，共招聘新教师232名。新聘教师采用公开选岗的办法安排岗位，95%以上安置农村学校，体现教育资源向农村倾斜的原则。同时以浙师大教师专场招聘会及陕西师范大学、东北师范大学两所教育部直属“211工程”师范大学为平台，

12月30日，市教育局为首批18个名师工作室主持人授牌（教育局提供）

面向全国名校引进高校毕业生。全年有58名优秀毕业生与永康市签署了协议书，其中重点名校硕士研究生14名、“985、211工程”高校毕业生30名，国家免费师范生14名，学前教育专业毕业生8名，音体美专业毕业生18名。

（应爱斋）

阳光食堂

【概 况】 2013年，市教育局积极打造阳光食堂透明厨房工程，建立学校食品源头可溯、过程可控、价格可调、责任可究、满意可评的制度，做到招标透明、监管透明、价格透明，营造一个安全放心的学生饮食环境。实施统一配送，确保源头可溯；实施在线监管，确保过程可控；实施综合定价，确保价格可调；实施内部严管，确保责任可究；实施开放监督，确保满意可评。学校阳光食堂透明厨房进行了五大方面的具体改革：改“学校自主采购”为“公开招标、统一采购”；改“学校单方验收”为“校企等多重验收”；改“学校自行定价”为“开放式采价定价”；改“食品加工人力监督”为“全过程动态视频监管，实现食堂透明化”；改“学校单方管理”为“多方参与、共同管理”。

【“阳光食堂、透明厨房”推进会】 为进一步提高中小学食堂管理水平，推进全市“阳光食堂、透明厨房”的建设，11月26日、29日，市教育局分批组织90个教育单位召开“阳光食堂、透明厨房”推进会，全市各教育辅导中心主任、公办中小学校长、幼儿园园长以及教育局计财科、民办教育科、勤办食堂管理办公室的有关人员参加了会议。会议分析了当前食堂管理情况，自从2010年下半年学校食堂原材料实行统一招标采购以后，永康学校食堂工作有了很大提升，得到了上级各级领导、各大媒体、社会各界的正面广泛关注。但个别学校在食堂工作的认识上、管理上存在的问题，提出下一步完善提高的具体措施：一、校长思想上要高度重视；二、掌握政策，领会相关文件精神；三、完善组织机构；四、完善相关制度；五、推进信息公开；六、提升食堂网络管理水平；七、规范采购行为；八、规范财务管理。真正让我市食堂工作在阳光下操作，接受全社会监督。

12月6日，市教育局召开“阳光食堂、透明厨房”推进会(教育局提供)

【市百万学生饮食放心工程现场会】 11月7日，“金华市百万学生饮食放心工程现场会”在永康第一中学举行。金华市各县、市、区教育局分管副局长及相关负责人参加。金华市教育局副局长胡锦全、永康市副市长戴翀以及永康市教育局、食安办、药监局、工商局、卫生局等领导出席会议。与会人员首先参观了永康一中、永康城西小学的食堂和小卖部等，查看了进货台账、证照公示、食品留样等各项制度管理档案，深入食品原料储藏间、操作间、洗消间、售饭间等现场进行了参观。还到永康市中小学食堂五个配送企业之一的浙江伟丰肉食品有限公司进行实地参观考察。

永康市委、市政府把“十万学生饮食放心工程”作为十大民生实事之一。市教育局认真实施学生饮食放心工程，积极打造“阳光食堂，透明厨房”，努力让学生安心、让家长放心。所谓“透明厨房”，就是建立学校食品源头可溯、过程可控、价格可调、责任可究、满意可评制度，做到招标透明、监管透明、价格透明，营造一个安全放心的学生饮食环境。

11 月 7 日，金华市百万学校饮食放心工程在永康召开(教育局提供)

11 月 18 日，金华市教育局到永康调研阳光食堂工作(教育局提供)

永康市教育局在现场会上作了“阳光食堂，透明厨房”工作经验交流，介绍了学生饮食放心工程的五大改革举措，并在现场会现场演示和观看了永康全市中小学食堂的实时视频监控。

【金华市教育局调研“阳光食堂”】 11 月 18 日至 19 日，金华市教育局工作组到永康调研“阳光食堂、透明厨房”的实施工作。工作组一行人走访了永康第一中学、城西小学、溪岸初中、职技校、永康第四中学等多所学校，走进学校的食堂和小买部，查看了进货台账、证照公示、食品留样等各项制度管理档案，深入食品原料储藏间、操作间、售饭间等现场进行了参观；在各个学校举行了教师座谈会、学生座谈会、家长座谈会；到永康市中小学食堂的部分配送企业浙江伟丰肉食品有限公司、永康市石湖蔬菜配送有限公司进行实地参观考察，掌握第一手资料，深入了解阳光食堂透明厨房的具体实施措施。

(黄伟豪)

校舍建设

【概　况】 2013 年，市人民政府办公室《关于印发 2013 年度政府投资项目计划的通知》中，教育局列入年度项目有 16 个，计划投资 7 751 万元。全年完成全市建设项目 13 个：1.永康第二中学科技综合楼建设，建筑面积 1.48 万平方米，投资 3 404 万元；2.白云小学综合楼建设，建筑面积 3 757.5 平方米，投资 680 万元；3.城西小学二期建设，新建行政楼、综合楼、体艺楼，总建筑面积 9 700 平方米，总投资1 790万元；4.综合高中科技楼消防水池建设，容积200立方米，投资100万元；5.溪岸初中校园电网改造，校园电路整体改造，投资100万元；6.永康一中等26个20万以上修缮项目，投资788万元；7.江南高川幼儿园建设，建筑面积2 066平方米，投资563万元；8.职技校实训工场辅助楼建设，建筑面积580平方米，投资120万元；9.长恬小学教学楼建设，建筑面积3 000平方米，投资560万元；10.堰头小学教学楼建设，建筑面积3 000平方米，投资560万元；11.世雅小学教学楼建设，建筑面积1 900平方米，投资300万元；12.实验幼儿园校园文化建设，装饰面积2 500平方米，投资150万元；13.永康五中初中教学楼建设，建筑面积2 933平方米，投资530万元；另对永康第三中学等53所学校进行外墙、内墙、绿化、水电改造、屋顶修漏等维修改造，总投资1 600万元。

【市重点校舍建设项目】 2013年，永康第一中学扩建教学楼，面积3 565.89平方米，扩建食堂面积1 032.24平方米，科学馆装修面积6 207平方米，总投资1 060万元。后吴小学扩建教学楼、综合楼、食堂、塑胶运动场。新增用地2公顷，建筑面积7 923.22平方米，总投资2 196万元。花街初中、清溪初中、石柱初中、白云小学塑胶运动场6道环形跑道建设，总投资1 150万元。

【教师进修学校筹建初中部】 12月10日，副市长戴翀调研永康市教师进修学校附属学校进行筹建初中，并召开调研会。陈波校长就学校的具体发展现状及筹建初中后续发展的设想做了详尽的汇报，同时也提出对学校的发展空间、发展环境、师资梯队、内部配套、江南区块适龄孩子就读初中等方面的诸多思考。对于附属学校的发展现状，戴翀副市长表示，前期发展的成功的，作为拓荒者的校领导们做出的贡献与成绩值得肯定。但从打造名校的长远发展看，还存在发展中的问题、瓶颈问题。学校应着重考虑学校可持续发展，做好一期与二期的有形与无形的融合，将办学理念和学校特色有效地结合起来，打造更鲜明的品牌特色，并加强前期规划，加强沟通协调，广泛调研，听取意见，认真筹划方案，将具体方案做实做细，备足多套方案并认真分析利弊，撰写详尽的操作性强的方案报告。

12月10日，戴翀副市长到进修学校附小调研初中部筹建（教育局提供）

（胡　晓）

教学研究

【概　况】 2013年，市教学研究工作紧紧围绕“聚焦课堂教学，服务教学实践，提升教研品位”三大主题，强化教研意识，夯实教学基础，规范研训管理，突出科研重点，切实履行研究职能、指导职能、管理职能、服务职能、研训职能，积极促进全市教学研究工作可持续发展。下半年，组织开展“教学能手”评比，全市各校有349名选手参评，88名选手脱颖而出。教研员悉心指导各学科教师参加各级比赛，成果丰硕：获浙江省教坛新秀2人，全国优质课二等奖1人，浙江省优质课二等奖1人，金华市优质课一等奖10人。举办有675名初中、高中骨干教师参加的业务知识考试，引导教师钻研业务知识，提高专业水平。组织开展了全市800多名青年教师参加的小学语文、小学数学技能比武和教学展示活动。同时开展课堂教学改革，促进教学方式转变，提升课堂教学效率，取得了良好的教改局面。永康中学、龙川学校获金华市教学改革先进单位，林爱娟等4人获金华市教学改革先进个人，溪岸初中的“自主学习 小组合作”教学模式改革初见成效。高中物理实验创新大赛获浙江省一等奖2人，浙江省二等奖1人，金华市一等奖5人。教师进修学校修订了《永康市教育科研课题管理办法》《永康市教育科研论文(课题成果)抄袭行为的认定及处理方法(试行稿)》，全面净化学术环境。2013年开展3次课题开题论证和3次课题中期检查；开展科研骨干培训。3月，开展科研骨干培训，5月，举办课题方案撰写培训，9月，举办课题结题报告撰写培训，提高教师科研能力，指导学校教育科研工作，开展教学论文评比。5月，组织永康市教育科研优秀论文评比，收到论文615篇；组织教育科研专题论文评比，收到论文567篇；10月，组织第十一届课改论文大赛，收到论文586篇。全年全市教师论文获金华市一等奖118篇、二等奖227篇、三等奖367篇。课题省级、金华市重点立项计20项、金华市规划立项77项、永康市规划立项68项，课题获省级二等奖1项、三等奖2项，金华市级一等奖4项、二等奖12项、三等奖14项。教育科研先进集体省级1所、金华市级4所、永康市级5所，教育科研先进个人省级3人、金华市级5人、永康市级19人。教改之星省级金奖1人、银奖2人，金华市级金奖2人、银奖3人。

【“道德永康”主题教育活动】 5月24日，永康团市委组织的“我的青春我的梦”青春诗会在市第四中学举行。在共青团金华市委、金华市学生联合会主办的“与人生对话——我的中国梦”演讲比赛中，永康卫校倪丽慧获中学组一等奖。9月至10月，在金华市教育局等部门开展的“我的梦·中国梦”中小学生主题书信文化活动中，市教育局获金华市优秀组织奖。市教育局组织开展国学经典诵读活动。7月，在金华市第八届中华经典诵读比赛中，大司巷小学获金华市一等奖，永康四中获二等奖，人民小学获三等奖，永康市教育局第三次获优秀组织奖。11月，永康一中“道德讲堂”第一讲在校图书馆报告厅举行，并设计了《永康一中“道德讲堂”建设方案》。全市少先队员参加金华市“中小学文明礼仪主题教育活动”，有113名少先队员被评为2013年金华市文明礼仪好少年。大司巷小学4位少先队员被评为金华市美德好少年，程无恙同学被评为浙江省美德好少年。市职技校开展“保护母亲河”志愿者实践活动，纪念3月9日全国“保护母亲河日”。4月，由哈尔斯集团赞助，在吕氏文化中心举行中小学生“手拉手”爱心结对活动。暑假，根据金华市教育局《关于开展“绿色生活 你我同行”社会实践活动的通知》，许多学校都开展暑期社会实践活动。

【高三联考分析会】 12月27日，市2013学年高三年级第一次联考分析会在永康第二中学举行，来自全市各普通高中的校长、教学副校长、教务主任、高三年级组长、高三年级高考学科备课组长和高中教研员参加了本次会议，副市长戴翀、市教育局局长田中朝、教育局副局长徐莹波、市政府副总督学兼教研室主任陈如进、教育局教育科科长施振生、市教研室副主任方雄伟出席会议并作重要讲话，会议由教育局副局长徐莹波主持。古丽中学在本次联考中成绩相对突出，程朝华副校长应邀作经验总结。他把古丽进步的经验归结为“七个认真”“八个到位”。市教研室主任陈如进、副主任方雄伟介绍了联考的相关情况。

会后，各学科分组进行了交流，与会教师对本次联考分析报告进行了仔细的研究，并对下阶段的工作进行了探讨。

12 月 27 日，全市 2013 学年第一次联考分析会在永康二中举行(教育局提供)

【中数教育专家专题报告】 为进一步做好我市高中数学教育教学工作，提高全市高中数学教师的教育理论和教学水平。12 月 27 日下午，中国教育学会中心数学专业委员会副理事长、《普通高中课程标准试验教科书·数学》副主编、人民教育出版社中学数学室主任、中数教育家章建跃博士，应邀在永康第一中学做了题为《数学教育的取势明道优术》的专题报告。全市 100 多名高中数学教师和慕名前来的武义县第一中学、第三中学 20 多名高中数学教师聆听了报告。

【安全监管与教育活动】 2013 年，市教育局组织各安全保障工程监管小组先后八次对市内民工子弟学校进行学生接送车安全专项督查，出动监管人员 320 余人次，查扣违章车辆 14 辆次，停运所有非专用校车。新楼小学、球川小学、大屋小学、桥下小学 4 所公办学校拥有标准校车 10 辆，运行线路 8 条，日运行 28 车次，日接送学生 506 人。经审批成立的民工子弟学校中现有标准校车 4 辆，运行路线 13 条，日接送学生 551 人。3 月 25 日，全市各中小学校纷纷开展形式多样、内容丰富的系列主题安全教育活动，重点突出防踩踏教育、防溺水教育、交通安全教育、心理健康教育，旨在进一步增强师生安全意识，提高自救自护能力，防范各类校园安全事故。5 月 9 日，市中小学防溺水专项教育仪式正式启动，全面拉开防溺水 150 天专项教育序幕。学校开展“学生安全千万家教师家访活动”，强化防溺水安全教育进教材、进课堂、进网络、进学生头脑的“四进”活动。5 月 10 日，市教育局、市消防队、人防办在人民小学全面启动第五个“防灾减灾日”主题教育宣传活动。11 月 7 日，市教育局、市消防大队联合在永康第一中学开展“消防安全宣传月”的启动仪式。全市参加演练学生 7.5 万人，进行各类应急安全演练 80 余场。12 月底，学校饮用水城镇管网接入率为 100%，学校大宗食品统一配送或定点采购率 100%。年内教育局投入饮食放心工程资金累计 370 多万元。秋季开始，全市中小学幼儿园全部改用自来水烧成开水供应学生饮用。10 月金华市学校食堂管理工作现场会在永康召开。

12 月 27 日，中数教育家章建跃在永康一中做“取势明道优术”报告(教育局提供)

【学校阳光体育活动】 2013年,市教育局实施学校阳光体育活动,确保学生在校体育锻炼每天一小时。11月举办了永康市第二十一届中小学田径运动会。12月举办中小学生篮球赛等竞赛活动,组织学生参加第五届金华市中小学生乒乓球联赛、金华市第五届中小学生校园足球联赛、金华市第七届中学生篮球联赛。永康市获得了2项冠军、4项亚军。组织实施2013年国家学生体质健康测试工作和数据上传工作,86所学校数据上传成功。城西小学、溪岸小学、白云小学被评为金华市艺术特色学校。全市荣获金华市阳光体育先进学校4所、体育先进个人8名。

(陈如进)

招生考试

【概　况】 2013年,市教育部门组织了12次各级各类统一考试,参考学生25 042人。其中普通高校报考4 105人,上线2 966人,上线率72.3%。上文理科第一批本科线375人,第二批本科线1 277人,上专科线1 314人。普通高校录取新生2 906人(其中文科777人,理科1 875人,艺术类149人,体育类8人,自主招生97人),录取率70.8%。单招单考高职报考393人,上线189人,录取175人。成人高校报名1 038人,上线855人。参加普通高校招生三项考试报名8 015人,参加普通高中会考和学业水平考试报名6 287人。参加全国高等教育自学考试报名264人,16人取得自学考试专科、本科毕业证书。参加全国英语等级考试194人。初中毕业生学业水平考试报名人数4 746人,高中段招生录取4 573人,其中普通高中录取2 462人,职业高中录取1 969人,中专、中技学校录取142人。全市小学起始年级招生9 979人,其中永康户籍学生6 311人、占63.24%,非永康户籍学生3 668人、占36.75%。公办学校招生8 588人、占86.06%(其中城区公办小学A类生988人,B类生66人,C类生725人),民办学校招生1 391人、占13.94%。全市初中起始年级招生8 446人,其中永康户籍学生6 288人占74.45%,非永康户籍学生2 158人占25.55%。公办学校招生6 130人占72.57%(其中城区公办初中A类生1 499人,B类生20人,C类生218人),民办学校招生2 316人占27.43%。

年内全市高考上第一批本科线人数375人,比2012年增加37人。高中段招生政策,在2012年推进阳光招生和规范招生秩序的基础上,进一步加大招生政策的改革力度,取消了省一级重点高中择校计划和民办高中的指令计划,全部采用自主招生的形式,进一步体现民办学校招生的自主性。高中段招生首次启用网上填报志愿系统和网上录取系统,省一级重点高中招生录取,在符合定向录取条件且填报志愿的考生中按中考成绩从高到低由招生办统一录取,其他高中学校在同一时间内登录网上录取系统平台,同时进行招生录取。招生办全程实时监控各高中学校的招生录取工作。2013年全市普高招生计划2 670人,实际招生2 462人,完成计划92.2%;职高、中专招生计划2 280人,实际招生1 969人,完成计划86.4%。

【义务教育"阳光招生"】 2013年,中共永康市委、市人民政府高度重视中小学"阳光招生"工作,首次将民政局、规划局、各镇(街、区)等部门单位纳入市招委会,先后召开了12次专题会议,并举行永康市首次招生政策听证会。出台《永康市2013年义务教育(幼儿园)招生工作实施意见》和《永康市2013年高中段招生工作实施意见》,对义务教育招生,实施八项改革:取消城区公办学校5%的择校生,小学班额控制在45人以内,初中班额控制在50人以内。出台《招生工作十大禁令》，公办学校一律按施教区招生，进一步引导和强化“公办不择校，择校去民办”的理念。将原2012年城区公办学校A、B两类学生划分和录取顺序调整为ABC三类；改变报名方式，实施“以校为主，分类分时报名”，加强教育行政部门对学校招生工作的监管。教育局、公安局、房管会等部门联合审核。增加每个工作节点的公示，做到第一时间公示、招生计划公示、招生余额公示、每个类别公示、基本信息公示，并建立学生家长网上查询系统。健全招生组织机构，明确职责分工。各招生学校建立来访接待组、报名登记组、材料审核入户调查组、招生秩序维护组、信访接待组、招生工作监督组，强化整个招生政策的实施和监督。

【首次推行高考网上报名】 2013年，浙江省高考报名工作于2月1日开始，较往年提早。浙江省向外省籍进城务工人员随迁子女开放高考，只要符合报考条件，都可就地参加高考。即只要从高一年级第一学期开学时起，就在浙江省中小学电子学籍系统进行注册，且按规定完成高中学业，具有连续学习经历和学籍，符合条件的外省籍随迁子女，都可在当地报考，但由于2013年高考艺术类报名在2012年12月就已结束，很多学校的专业考试都已实施，因此2013年他们只能选择报考文科、理科或体育类的普通院校和军队院校（地方计划除外）。市招生办按照规定，不论省内还是省外户籍，报考公安院校（含公安现役院校）、浙江警官职院、浙江工商大学人武学院等需要政审或按户籍实行定向招生的院校（专业），都必须回户籍所在地办理报名手续。报名方式首先是登录浙江省教育考试网（www.zjzs.net），时间是2月1日至8日或2月16日至28日（其余时间高考报名系统关闭）。其次在3月3日至5日进行信息确认，考生需要持本人身份证、毕业证书等有关证件，到网上报名时所选择的现场确认点办理报名信息确认手续。其中，浙江省户籍考生信息确认点的选择，原则上在户籍所在地，若确需在省内异地确认和参加考试的，须事先征得确认地招考机构同意；报考公安、军队院校等有政审要求的院校、专业的考生，只能在户籍所在地的确认点办理现场确认；艺术类考生报名信息确认点，须与已办理的专业考试报名信息确认点相一致。值得注意的是，未到现场进行信息确认者，网上报名信息无效。随迁子女须在毕业前学籍所在地的确认点办理现场确认手续，并交验《外省籍进城务工人员随迁子女在浙高中学习经历和学籍审核表》。

【义务教育招生听证会】 4月12日，永康义务教育段招生政策听证会首次举行。市招委会主任、副市长戴翀和市纪委、教育、物价等部门领导出席听证会。人大代表、政协委员、党代表、司法工作者、市招生委员会部分成员单位负责人等担任听证员。2013年9月其子女将就读小学一年级和初中一年级的家长代表担任听证对象。各镇街区分管领导，各教育辅导中心主任，城区义务教育段公办、民办学校校长列席会议。参加听证的人员均通过自荐报名或民主推荐产生。听证会上，教育部门就《永康市2013年义务教育（幼儿园）招生工作实施意见》（征求意见稿）、新生基本情况、前期准备工作等内容进行了通报。17名听证对象就自已所关心的问题向听证员发问。会议形成听证笔录，相关人员对笔录进行签字认可。针对各方的看法和意见评论，20个工作日内将汇总形成听证意见。该听证意见将作为重要依据，为市委、市政府提供决策参考。

【浙江工商大学招收永康退伍军人】 4月15日，浙江工商大学人民武装学院定向招收优秀退伍军人。报考条件为永康常驻户口，高中毕业以上文化（不含高校在校生），年龄不超过25周岁（1988年9月1日以后出生），未婚，符合征集新兵的政治条件（服役期间未受过处分）和身体条件，（身高1.62米（含）以上，左右眼单裸眼视力均在4.2（含）以上）。符合条件的退伍军人须携带《退伍证》《居民身份证》《高中毕业证》及单位证明。符合加分条件者须带上有效证件原件，经所在镇街区人武部推荐，于16日至18日到市人武部政工科报名。市人武部统一组织考生进行文化和军事技能测试，再按综合总分从高到低择优推荐到金华军分区，届时再组织体检政审，并参加省军区统一组织的招生考试。大学学制本科四年，毕业后可参加每年金华市范围内基层武装部专武干部公务员岗位招考。

（金振远）

新闻传媒

永康日报

【概　况】《永康日报》原为中共永康市委机关报，2004 年 1 月 1 日正式加盟浙报集团成为旗下子报。《永康日报》一直坚持以为读者办一张有用的报纸为己任，突出权威性、指导性、服务性和本土化，不断创新办报理念，坚持“大众情怀，百姓视角”和为读者创造价值的核心价值观，关注民生，做好“三贴近”，坚持不懈深化报纸转型，不断拓展报道内容和表达形式，不断提高舆论引导能力，增强宣传报道效果和感染力，提升报纸区域影响力。

2013 年，永康日报围绕市委市府中心工作，先后推出“二次出发，创新驱动，全面打造永康经济社会‘升级版’解读”、“转作风在行动”“三改一拆进行时”“美丽乡村　双清行动”“选出带头人　换出新活力”等专栏和专版，认真抓好“两会”、五金博览会、门博会、国际商贸发展大会、院士专家永康行等重大活动报道。推出《学习贯彻十八大精神，加快建设两富永康——实干兴永在基层系列报道》，每期一个主题一个版，共发 21 期。推出“中国梦・创新梦”系列报道，每期一个版，介绍两个“梦想人物”，已报道了 20 多期。在经济报道领域，推出“坚守实业，满怀信心迎挑战”“转型增效外贸亮点盘点”“力推工业经济提档升级增效”等系列报道，创办“我们身边的好人”“不文明行为曝光”等栏目。

【《永康日报》品牌栏目】 2013 年 1 月份起，《永康一周》从 8 版扩到 16 个版。1 月 7 日，永康日报官方微博正式上线。4 月，《城市视窗》LCD 投入运营。继续办好“民情专递”栏目，本着“听民声、传民情、解民惑、排民忧”和“为平民百姓传个信，请有关部门办理”的宗旨，全年接听电话 1 800 多起，记录电话 800 多起，刊出民情问答 160 多条，接待来访群众近 1 000 人次。同时办好“Q 来 Q 去”栏目，把网上 QQ 聊天的形式搬上报纸，搭起了连结网友与读者的新平台。“大事小事烦心事新鲜事，进来聊聊吧。”在全年不换的“广告词”下，大家“七嘴八舌”，你问我答，你登我看，每周四五期整版与读者见面。“Q 来 Q 去”已聊来了大批忠实的粉丝，成为永康日报的品牌栏目之一。

【“永报姐妹花”工作室】 “永报姐妹花”工作室创建于 2011 年 8 月，由报社全体女采编工作者组成，她们以女性视角观察人生，用女性智慧打开心灵之窗，用女性真诚关爱弱势群体，用女性爱心温暖千家万户为服务宗旨。2013 年该专栏共刊发 48 期 60 多个版面，用调查、求证、体验形式，内容涉及家庭、教育、新法规、网络传言等百姓关注的热点、疑点问题。两年多来开展了丰富的社会公益活动，参与和组织募集慈善款 30 多万元。其主要公益活动有“温暖永康・2013”系列、“大手牵小手・立夏嘉年华”、“儿童慈善日・用爱心

"永报姐妹花"栏目进消防警营体验活动(《永康日报》提供)

滋润'流动花朵'"、"消防警营体验"等,组织记者体验烈日下一线工人劳动、做一天志愿者等活动。该工作室荣获市巾帼文明岗称号。

【温暖回家路大型公益活动】 2013年永康日报社联合团市委、市志愿者协会推出"温暖回家路 我们在行动"大型公益活动。组织志愿者为外来务工人员义务网购车票,给留永康过年的困难外来民工送红包和实物,给困难外来工送车票,并且先后组织了7期报道。活动推出后,得到了部门、企业、社会爱心人士的热烈响应。活动现场,农行、报社、团市委领导带头捐款,200多名农行员工现场募捐善款34 952元,同时成立了市农行志愿者分会。市文化局开展为外来民工送书活动,共送了5 000本"口袋书",10户困难家庭领到红包,30张爱心车票送出,全市设立40多个新永康人火车票代购点,网购车票1 400多张。同时志愿者还开展了为排队购票者送姜茶、腊八粥活动。金华市委常委、组织部部长温暖通过微博力挺这一活动。央视"新春走基层"栏目专门派记者来永采访,并在央视播出。

【"阳光爱心农场"活动】 4月,报社联合阳光爱心社共同发起"阳光爱心农场"活动,第一季阳光爱心农场选择5户贫困家庭作为试点,采用"土地认购"、西瓜苗认购以及莲子、提子、方山柿、毛芋、番薯等当季农作物认购三种方式,让困难家庭管理农场,获得收益。永康日报看点版专门开设"阳光爱心农场"专栏。通过"阳光爱心农场",5户贫困家庭总计创收4.5万元。

【《永康日报》复刊30周年纪念活动】 2013年是《永康日报》复刊30周年,加盟浙报集团10周年。为纪念《永康日报》复刊30周年,特别策划系列报庆活动,先后推出"我的读报故事"、"寻找30位老读者老通讯员"、"寻访当年新闻人物"等栏目,成功组织复刊30周年大型读者节,主办汽车展销会、房地产交易会等大型活动,隆重推出大型纪念特刊。

(周丹阳)

金报永康版

【概　况】 2012年以来,《金华日报·永康金报》坚持党的基本路线，坚持正确的舆论导向，秉承《金华日报》“权威性、本地化、时代感”的办报理念，立足永康、扎根永康、服务永康，围绕永康市委、市政府的中心工作，大力宣传永康深化改革，推进社会主义政治文明、物质文明、精神文明建设，努力贴近群众、贴近生活、贴近社会，为永康全面建设经济和社会发展升级版发挥了积极的作用。《金华日报·永康金报》创刊于2012年1月1日。由金华日报报业传媒集团创办出版，并在永康成立金华日报社永康分社负责报纸采编工作。分社办公地点位于永康市总部中心金族大厦8楼。报纸为对开大报，逢周二、三、四、五出报。自2012年创办以来，《金华日报·永康金报》在金华市、浙江省和全国好新闻年度评选中，有10多篇作品获奖。分社还通过自主经营、加强管理，各项事业取得了较好发展。

【《永康金报》在总部中心运作】 2012年1月1日，金华日报社在永康举行了分社成立暨《金华日报·永康金报》创刊仪式。邀请金华市、永康市等相关领导，永康市镇(街、区)，部门主要负责人，企业家代表150余人出席仪式。浙江省新闻出版局局长陈昆忠为金华日报社永康分社成立发来贺信。金华市委常委、宣传部长陶诚华，永康市委书记张伟亚，永康市委副书记、市长徐华水，永康市委副书记金政等四套班子领导参加了成立仪式，并为永康分社授牌。

2013年金华日报社永康分社承租了永康总部中心金族大厦8楼整层办公楼，为每个记者配置了现代化的办公用品、宿舍。分社广告经营收入也屡创新高，报纸发行稳定增长。

（孙武斌）

广播电视

【概　况】 永康市广播电视台为正科级事业单位。截至2013年底共有干部、职工247人(其中在职干部职工101人，临时工146人)，退休人员83人。大专以上学历205人，具有各种专业技术职称72人。台内设综合办公室、总编室、网络中心、电视新闻综合频道、华溪频道、电台新闻综合频道，16个镇街区各设1个广播电视站。年内永康电台有调频广播和农村有线广播二个频道。调频106.6全天24小时播音。日常报道主要围绕市委市政府各阶段的重点和中心工作，开设的系列报道、专题报道和成就报道主要有《中国梦，丽州梦，我的梦》《聚集“三改一拆”》《机器换人、空间换地、腾笼换鸟、电商换市》《创业创新促转型，合心合力强永康》《1066微感动》《清水永康江，清新丽州城》《助推永康经济社会发展，“二次出发”大型新闻行动》《学习贯彻十八届三中全会精神》和《我这一年》等。

永康广电中心大楼(广电台提供)

附：永康人民广播电台（新闻综合频道）节目冬令时间表

（2013 年 10 月 15 日开始执行）

<table>
<tr><th>时　段</th><th>周一</th><th>周二</th><th>周三</th><th>周四</th><th>周五</th><th>周六</th><th>周日</th><th>播出形式</th></tr>
<tr><td>06:00—06:30</td><td colspan="7">快乐老家</td><td>录播</td></tr>
<tr><td>06:30—07:00</td><td colspan="7">新闻和报纸摘要</td><td>转播</td></tr>
<tr><td>07:00—07:30</td><td colspan="7">浙广早新闻</td><td>转播</td></tr>
<tr><td>07:30—08:00</td><td>法律时间</td><td colspan="6">1066 早新闻</td><td>录播</td></tr>
<tr><td rowspan="2">08:00—08:30</td><td colspan="7">早安永康</td><td rowspan="2">直播</td></tr>
<tr><td>行风热线</td><td>道德看点</td><td>大队长在直播间</td><td>幸福星期四</td><td>行风热线</td><td>一周财经</td><td>一周盘点</td></tr>
<tr><td>08:30—10:00</td><td colspan="7">快乐正前方</td><td>直播</td></tr>
<tr><td>10:00—10:30</td><td colspan="6">金土地</td><td>交通专题</td><td>直播</td></tr>
<tr><td>10:30—11:30</td><td colspan="6">1066 百事通</td><td rowspan="2">1066 蔚蓝情调</td><td>直播</td></tr>
<tr><td>11:30—12:00</td><td colspan="6">微观天下</td><td>直播</td></tr>
<tr><td>12:00—12:30</td><td colspan="6">中央电视台《新闻 30 分》</td><td></td><td>转播</td></tr>
<tr><td>12:30—13:30</td><td colspan="6">影视再现</td><td></td><td>录播</td></tr>
<tr><td>13:30—14:30</td><td colspan="6">纪实 60 分</td><td></td><td>录播</td></tr>
<tr><td>14:30—16:00</td><td colspan="6">音乐下午茶</td><td></td><td>直播</td></tr>
<tr><td>16:00—16:30</td><td colspan="5">星河乐园</td><td rowspan="2">星河乐园</td><td rowspan="2">周末喜相逢（录）</td><td>直播</td></tr>
<tr><td>16:30—17:00</td><td colspan="5">百姓百事</td><td>直播</td></tr>
<tr><td>17:00—18:30</td><td colspan="7">1066 直播车</td><td>直播</td></tr>
<tr><td>18:30—19:00</td><td colspan="7">全国新闻联播</td><td>转播</td></tr>
<tr><td>19:00—19:30</td><td colspan="6">1066 晚新闻</td><td>法律时间</td><td>录播</td></tr>
<tr><td>19:30—20:30</td><td colspan="6">女人时光</td><td rowspan="3">中国大舞台</td><td rowspan="3">直播</td></tr>
<tr><td>20:30—21:00</td><td colspan="6">五峰书院</td></tr>
<tr><td>21:00—22:00</td><td colspan="6">丽州夜谈</td></tr>
<tr><td>22:00—06:00</td><td colspan="8">转中国之声</td></tr>
</table>

【《行风热线》栏目走基层进社区】 2013 年《行风热线》着力从以监督为主转为监督与服务并重，将栏目延伸到镇（街区）、村、社区、企业，联合相关职能部门为基层送服务。3 月，《行风热线》栏目来到龙山镇，开展“走进农村、服务三农”活动。6 月 5 日，由金华市政府纠风办、金华新闻广播联手推出的金华《行风热线》十周年活动——“阳光工程金华行”首站走进永康市，与永康市副市长程学军、市住房和城乡建设局局长徐首荣对话“阳光保障房，让永康低收入家庭居无忧”。7 月，《行风热线》走基层活动来到市经济开发区，开展机器换人、空间换地、腾笼换鸟、电商换市“四换”政策咨询服务活动。12 月，《行风热线》走基层进社区，开展“家校联手，让交通更畅通”现场直播咨询服务活动。先后举办了“农民工工资追讨”“旧城改造政策落实”“公交优先城乡公交一体化”“道德永康幸福永康”等

主题跟踪活动，同时，将每周三播出的《大队长在直播间》纳入，作为《行风热线》的一个子栏目运作。将交警视频监控系统联网联通到永康电台，同步共享实时的交通路况，为永康的交通路况改善起到引导作用。

【电台获全省“双十佳”第五名】 2013年永康电台全年共在浙江之声《浙广早新闻》《浙江新闻联播》等省级新闻媒体播出典型报道500百多条，各类稿件40多篇。永康人民广播电台已经连续十六年荣获浙江省广播新闻协作先进集体特等奖、一等奖，进入全省上送中央台前十强，获得全省“双十佳”荣誉。在9月的2013年度浙江省对农节目的考核工作中，进入省“十佳”，位列第五名。在年度的新闻好作品评选中，有3件获得金华一等奖，5件获得二等奖，2件获三等奖。其中1件作品获中广协会上海经济区二等奖。

【广播电视文化产业平台建设】 2013年初，永康电视台举办第二十八届“华溪春潮”春节晚会。这台晚会相继在浙江电视台六个频道和金华电视台三个频道播出，先后两次在美国斯科拉卫星电视网播出。以“华溪春潮”晚会为龙头，先后举办或承办了“第十届健康宝贝秀大赛”、“第七届阳光灿烂六月天晚会”、2013家装建材博览会、第六届竹笋节等近30场大型活动。经过半年多的努力，搭建了永康数字电视信息发布平台，这个平台能适应多种应用的开展，特别是政务公开和村“三务”(党务、村务、财务)公开，在完成市政府数据平台建设的基础上，政务公开工作全面完成，“三务”公开完成721个村。2012年中标公安监控项目后，积极开展各项工作，截至2013年底，已完成安装监控摄像头700多个，并完成了与金华监控中心和金华广电分平台的调试。2013年5月开始进行华数云宽带的测试，月底正式开始推广华数云宽带。年底已经发展到3 300多户。

【“三务”公开信息平台】 2013年1月为实现全市政务公开由入村到进户的扩面覆盖，市政府常务会议明确要求，由广播电视台实施“三务”公开信息化平台建设，并把它作为便民、利民的民生工程，作为实现权力公开“阳光工程”的重要举措来落实。市广播电视台专门建立领导小组，依托优质的技术支撑，经三个月努力，完成信息化平台建设试点后，200多个村开通“三务”公开信息平台并完成了数字电视机顶盒升级。村民足不出户就可以查询全市的党务、政务、村务信息，同时还可以查询公交车、自来水、火车时刻表、卫生教育、行政服务事项办理等公共事业方面的各类资讯。

【16家媒体聚焦农业装备高新区】 4月17日，新华社、中新社、今日科技、浙江日报等16家国内知名媒体的记者来永康市采访，多角度解读现代农业装备高新技术产业园区。市委常委、宣传部长朱世道、副市长吕群勇等参与了采访活动。吕群勇副市长向采风团介绍了永康发展情况和创建现代农业装备高新区的战略意义并回答记者提问。记者们参观了四方集团新厂区，集团副总经理徐勇向记者介绍了公司最新产品。

【广电扎根社会服务群众】 2013年4月至6月，电台策划组织了永康市第十届“妇幼杯”健康宝贝秀大赛，共有2 600多名小朋友报名参加0～3岁宝宝总动员、4～6岁才艺大赛(个人赛、家庭赛)以及“爱你宝贝”明星宝贝评比。评出健康宝宝奖10名，健康宝贝秀金奖4名，银奖15名、铜奖24名，“明星宝贝”50名。6月9日，由永康电视台、永康市电视学会联合文明办、市教育局、农行举行的永康市“农行杯”经典诵读走进校园活动走进大司巷小学，围绕端午节主题，通过合诵、吟诵、古诗对诵、情景诵等形式，让大司巷小学的3 000多名学生和家长代表在诵读中了解了端午的来历、习俗以及爱国诗人屈原的高尚情操。9月17日，走进高镇小学，以中秋节为主题，同时结合当前永康全市开展的“道德永康”建设进行了经典诵读。12月9日，《快乐老家》节目“关爱老人黄手环”公益行动在市老年大学启动，首批向容易走失需要帮助的老人免费发放黄手环1 500个。如果遇到老人走失，就可以根据黄手环上槽内藏的信息帮助老人回家，或拨打热线电话87541066，通过查询黄手环编号联系到走失老人的家属。

永康市电视栏目一览表

栏目名称	栏目性质	栏目播出情况
永康新闻	时政类新闻栏目	每周六档，周一至周六19:35播出，当晚22:30、次日11:00重播，每档15分钟。
直播永康	民生类新闻栏目	每周五档，周一至周五18:30播出，当晚21:00、次日11:30重播。每档30分钟。
西津茶馆	方言类民生新闻栏目	每周五档，周一至周五华溪步道19:50首播，当晚22:30、次日8:00、12:00重播。
乡土乡约	电视对农栏目	每周三档，周二、周四、周日20:00首播，次日12:00重播。
法治永康	法制类社教栏目	每周一档，周日19:50播出。
丽州先锋	党建社教栏目	每两周一档，周二20:00首播，周六20:00、次周二21:45重播。
环保前沿	公众服务类社教栏目	每两周一档，周四20:00首播，次周一20:00、次周五21:30重播。

【新闻发稿获浙江卫视二等奖】 《第27届“华溪春潮”春节晚会》等两件作品分获浙江电视牡丹奖一、二等奖，1件作品获广播电视省政府奖三等奖，4件作品获金华市政府奖一等奖。对农节目《乡土乡约》连续四年在全省广播电视对农节目评比中进入“十佳”。年内，电视宣传服从和服务于党和政府的中心工作，围绕“四大战略”、“二次出发”、“一园两区”“道德永康”“美丽乡村”、教育振兴等中心工作以及“两会”、门博会、五金博览会等经济、社会发展的大事、要事、新事，共推出50多个系列报道或专栏。并向上级台上送播出有关永康“三改一拆”、机器换人、空间换地、中国梦、美丽乡村建设等重大主题报道。2013年，永康电视台在上级台发稿的形势保持良好，名列全省各县市前茅，获浙江卫视通联二等奖。

【广播电视网络加入“一省一网”】 12月27日，永康广电网络加入“一省一网”签约仪式在市会议中心举行，标志着永康广电网络“一省一网”整合发展迈出了实质性的步伐。永康领导徐华水、金政、朱世道、祝鸿熙、戴翀、胡潍伟，浙江华数广电网络股份有限公司总裁曹强、执行总裁姜一飞、总裁助理袁新宇等共同见证了这一时刻。副市长戴翀代表市政府和华数公司执行总裁姜一飞签订了永康广电网络加入浙江华数广电网络股份有限公司增资框架协议。

【新浪微博预热五金博览会】 为了提高五金博览会的网上知名度、预热五金博览会，2013年8月29日，永康市与新浪网合作举办了“新浪微访谈”活动。五金城集团、市统计局、市商务局的负责人在“第18届中国五金博览会微话题”的界面，用实名微博回答了全国各地网友们的提问，相关微博在短短的一个小时里被不断刷新和转载。在一个小时的时间里，网友们共问了40多个问题。通过“微访谈”，负责人透露人们迫切期待知道有关五金博览会的方方面面的信息。如：政策措施与制造业的配套体现，此届博览会的亮点在于商贸发展大会和永康五金指数发布；此届商贸大会的主旨论坛主题是创新驱动，打造国际贸易竞争新优势；专题论坛的主题是网络经济创新发展高峰论坛。通过评论和转发，有上万人看到这些信息，从而较好地宣传了即将召开的第18届中国五金博览会。

【全省县级电视台长论坛】 2013年9月3日，年度浙江省广播影视学术年会暨县级广播影视发展台长论坛在永康台举行。吴华潭等8位县级广电台台长先后走上讲台，围绕新媒体挑战、影视产业发展等县级广播影视发展过程中遇到的课题，结合各地发展经验，提出破解和应对方法。省广播电视局、广电学会领导华宣飞、胡瑞庭、林勇毅、胡戎和永康市领导朱世道、戴翀等参加会议并作了讲话。

（应飞凤）

文化艺术

综　述

【概　况】 2013年市文化广电新闻出版局(下称文化局)围绕“文化兴市”总目标,坚持文化发展为人民的导向,认真落实“以文化人、以文惠民、以文兴市”的理念,加快文化设施建设步伐、繁荣发展群众文化、提升公共文化服务能力、科学保护文化遗产、规范文化市场监管、优化文化产业发展环境、开展文化交流、强化文化人才培养等工作,取得永康文化工作新成绩。荣获金华市庆元宵文化活动优秀组织奖、第九届青年歌手大赛组织奖、排舞大赛金奖、金华市文化干部才艺大赛总分第一,并获婺文化生态区建设和非遗保护传承工作先进单位、义乌文博会优秀组织单位称号,创建金华市级文化示范村4个,省级文化示范村1个。

文化局内设两个科室:办公室、行政审批科(内挂艺术科);设5个下属单位:文化市场行政执法大队、图书馆、文物办(博物馆)、文化馆(非遗中心)、影剧公司。全市文化系统共有专业技术人员77名,其中高级职称4名,副高级职称11名,中级职称34名,初级职称28名。

(董巧云)

【财政扶持文化事业发展】 从2008年开始,市政府不断完善文化建设扶持政策,加大公共文化建设的投入力度,为文化事业发展创

永康民间传统艺术——舞龙(宣传部提供)

造了良好的基础。市财政每年安排300万元以上的新农村建设专项资金,用于新农村文化工程建设。农村文化基础设施全面推开,丰富了群众的业余文化生活。2013年底全市已有农家书屋356个,建有室内面积100平方米以上的文化活动室的村有509个。组建业余文艺团队696支,队员23 309人,农村文化建设呈现出欣欣向荣的景象。3年来全市共有35万余人次参加了各类农村文化活动的演出。此外,非遗工作卓有成效,全市拥有国家级非遗保护项目6个,省级14个。4月10日,市委书记、市人大常委会主任张伟亚调研全市文化事业发展工作,先后走访调研了永康锡雕馆、花街镇文化活动中心、市文化馆。

(黄绕龙)

【"文化走亲"交流活动】 2月23日,金华市庆元宵"花灯大拜年","龙蛇贺春"民间艺术表演活动在人民广场举行。方岩镇先盆花灯和象珠镇雅仁布龙参加展演。3月9日,高镇村"十八蝴蝶"参加金华婺城区"山花烂漫、美丽婺城"三花节文艺演出。9月17日,文化馆组织文艺骨干参加磐安县复县30周年暨第七届药交会广场文化活动周文艺演出。这次活动共有7场演出,其中有《越剧专场》《文溪琴韵——少儿艺术晚会》《婺剧专场》是来自磐安本地,另外的四场是来自附近的县市:永康、武义、义乌、东阳。

(陈有福)

【文化建设研讨班开班】 8月29日,文化局联合市委党校举办了2013年永康市文化建设研讨班。副市长戴翀、市委党校副校长朱志豪、市文化广电新闻出版局局长翁卫航以及党组成员副局长周世勇出席了研讨班开班仪式。局属各单位、科室中层以上干部和各镇(街、区)文化员50余人参加。此次研讨班邀请了省文化厅、浙江大学、杭州市委党校的相关领导专家作"中国梦、文化梦"、非物质文化遗产保护的思考、公共文化服务体系建设等方面的讲座。

召开全市"文化普惠民生"座谈会(文化局提供)

【文化志愿者服务大队成立】 9月3日,文化志愿者服务大队成立大会在市博物馆会议室举行。市文化广电新闻出版局局长翁卫航、市宣传部部务会议成员李丽君、市志愿者协会会长傅英豪、团市委副书记应俊杰、市文化广电新闻出版局副局长周世勇参加服务队成立仪式。成立大会宣读了《关于同意成立永康市文化志愿者服务队》的批复、《永康市文化志愿者服务队章程》,提名服务队理事名单并召开服务队理事会会议,为文化志愿者服务队授旗并进行全体志愿者宣誓。大会选举文化馆副馆长周学军为服务队大队长,吕勇杰、王莺莹为副大队长,成忠星、张革、俞彬琳为理事。

【山东潍坊市组团参观永康博物馆】 11月7日,山东省潍坊市临朐县委书记顾建华一行在永康市副市长吕群勇和市文化广电新闻出版局局长翁卫航的陪同下,参观了市博物馆,深入了解了永康文物保护情况和永康发展历史。在参观过程中,顾建华一行对永康的地质时代、五金之都的形成、方岩庙会的故事等陈列内容产生了浓厚的兴趣。

(黄绕龙)

文化产业

【概　况】 2013年市文化局建成建筑面积

5 016 平方米的文化馆、建筑面积 6 000 平方米的博物馆、建筑面积 8 453 平方米的新图书馆、建筑面积 7 千多平方米的新华书店，占地 1.6 万平方米的紫微公园、建筑面积 5 000 平方米的老年大学，加上建筑面积达 8.9 万平方米的市广电中心，市区公益性文化服务场所基本覆盖到位。乡镇综合文化站建设基本完成，综合建筑面积达 1.72 万平方米。文化广电新闻出版局积极指导村落、社区文化阵地建设，创建了省级文化示范村 7 个，金华市级示范村 32 个，永康市级示范村 125 个。全市 90%以上的行政村建立了文化活动室。实现了 80%以上的行政村文化"八有"保障：有演出、有电影、有电视、有广播、有阅报、有书籍、有室内文化活动室、有室外文体活动所。实施文化惠民工程，加强面向偏远、落后地区的公共文化服务。全年组织送戏下乡 210 场，送书 1.6 万余册，举办讲座展览 100 余次，放映电影 6 千多场，开展文化走亲 150 次。打造了丽州之夏纳凉晚会、花头台音乐会、上考红糖节、后吴民俗文化节、花川文化艺术节、紫微园水上舞台表演等公共文化服务惠民品牌。鼓励社会力量参与文化活动，培育社会文化非营利社团。其中"中月一五星民乐团"已成为永康一张新的文化金名片，首次亮相台湾"丝竹相和宝岛行——两岸三地中国民族乐队展演邀请赛"，获得总分第一名和唯一的特别金奖。同年五星民乐团还获得浙江省"十佳文艺团队"称号。

（黄绕龙）

【文化馆第二期免费开放】 文化馆在总结第一期免费开放活动经验、听取一些群众的建言，联系实际情况的基础上，确定了第二期免费开放的内容，并于 2013 年 10 月 18 日在《永康金报》等媒体上公示了开放项目内容，接受市民公开报名。第二期免费开放保留了第一期内容如排舞广场、健身舞、拉丁舞、民族舞；书法；二胡、葫芦丝、巴乌；摄影交流研讨；场地免费排练预约开放等项目，并在此基础上，增加了美术类的素描、动漫、中国画免费培训；民间社团太极推手沙龙；崇善读书会的自助免费活动等项目。这些项目于 11 月 4 日全部展开。免费培训项目中，舞蹈类有近百人，美术类有 20 人、书法 21 人、二胡 14 人，并且不断有人陆续报名。太极推手沙龙、崇善读书会每周一次固定活动。

（周学军）

【337 个行政村建起农家书屋】 永康市图书馆成立于 1978 年。2007 年新建图书馆大楼，坐落在市区紫微中路 138 号，占地 1 980 平方米，建筑面积 8 453 平方米。是永康市文献和数字化信息服务中心。2013 年有藏书 30 万册，年读者量 25 万人次以上。建立了以市图书馆为中心，以镇（街）图书馆为分馆、以村（村区）图书馆为网点的三级图书馆服务网络。为普及广大农民看书读报，全市 337 个行政村建起了农家书屋，总藏书量达 50.55 万册。解决了广大农民"买书难、看书难、用书难"的问题，提高了农村群众的精神文化生活质量。

【文化信息共享中心建立】 文化信息共享工程永康市分中心建于 2008 年。截至 2013 年底，建有机房 1 间，拥有服务器 3 台，60 千瓦电源 1 台，100 M 电信光纤网络；建有公共电子阅览室 1 间，有读者用电脑 39 台，向读者免费开放。2013 年，共服务读者 7 万多人次，并建有网站 2 个——永康市图书馆网站和永康市文化共享工程网站，两个网站合计点击量达 80 多万人次；历年来购买"点击漫画书""软件通""随书光盘系统""百胜创业"等数据库 12 个，数据库累计使用人次达 40 多万次。

【地方文献库建立】 地方文献部建于 1995 年。2005 年市政府立项，2012 年被评为"浙江省地方文献示范馆"。截至 2013 年，共收藏谱志文献近 700 种，复原老谱 1 219 册。

数字化谱志 139 种 1 250 册。收藏年鉴 18 种 122 册;方志 35 种 155 册;地图 19 种 180 幅;政协文史资料 52 种 164 册;汇编 100 多种 530 册;电话号簿 110 册;名录 103 册;图册 300 多册。永康籍乡贤著作 1 100 多种,节会文化 108 种,乡镇文献 1 100 多册;地方党报及各类小报、期刊 40 多种。建立地方文献专题目录 6 个,如永康谱志、永康百工、胡公文化、陈亮文化、门博会等。建立地方文献"永康古桥"、"永康地图"、"永康谱志"、"永康百工文化"专题数据库 4 个。

(徐关元)

【电影设施更新换代】 2013 年全市共有放映单位 2 个,农村数字电影流动放映队 14 个。永康影剧院影厅 4 个,坐席 1 424 个。5 月市影剧公司自筹资金 200 多万元改造 2 号厅、3 号厅,配备尖端的 TMS 中央放映控制系统、DONVIEW-100A3D 播放器、NEC 放映机、顶级音响和影院专业座椅。6 月,"国际禁毒日"期间,市影剧公司和市公安局禁毒大队联合开展禁毒电影宣传活动。7 月,影剧公司和市规划局开展"千场电影进乡村暨城乡规划法宣传"活动,在 16 个镇街区全面铺开。8 月,影剧公司和市供电局开展电力设施安全宣传放映活动。同月,公司启动全市农村电影放映设备更新播放器,第三代农村数字电影播放器取代了第二代播放器。新一代播放器具有卫星定位功能,能更好地监测设备运行。全年全市共计放映"2131"农村数字电影 6 012 场,电影进校园活动 389 场,社区公益电影 258 场。永康影剧院放映场次 3 049 场,票房收入 180 万元,观众达 4.91 万人次。

(林　韬)

群众文化

【概　况】 2013 年,市文化局组织各文化系统单位先后多次开展群众文化活动,2 月 22 日,在紫微园水上舞台举行元宵文艺晚会。5 月 6 日,"2013 年市民素质提升工程暨文化馆免费开放培训"在文化馆开班。培训班以 3 个月为一期,共办 2 期,1 800 余人先后参加了书法、美术、摄影、舞蹈、器乐等 10 个项目的培训。7 月 17 日,前仓镇在行政中心会议室举行了"唱响时代主旋律,建设两富新前仓"文艺晚会。12 月 20 日,由市文化馆组织的"文化进基层、欢乐送万家"送戏下乡在舟山镇方山口村举行。是年,全市民间职业剧团、各文艺团队、文化馆等共送戏下乡 210 场。

(陈有福)

【节庆群众文化活动】 1 月 1 日,市文化局与电视台在广电大剧院举行了 2013"百花齐放"新年音乐会。24 日,市民间文艺家协会与东城街道联合举办了"河南一村"杯永康市第三届花头台音乐比赛,新鸿民乐队、传福民乐队、河南一村民乐队和大众民乐队获得金

12 月 23 日,市公安局书画兴趣小组开展教学培训活动(公安局提供)

教育系统 286 名新教师举行“三笔字”比赛(程卡　摄)

奖。3 月 13 日，方岩后浅举行了第七届方岩后浅水灯节。4 月 2 日，江南街道在勤丰村举行第六届永祥竹笋文化节，5 月 23 日，在下山门村举行第七届杨梅文化节。7 月 16 日，石柱镇在前郎村举行了第二届石柱“美丽乡村行”文化旅游节。8 月 6 日，岩洞口村举行了第三届中国(永康)红富士葡萄文化节。9 月 19 日至 21 日，在城西新区花川村举行了第二届文化艺术节，同时举行了永康市第三届排舞大赛。10 月 21 日，在前仓镇后吴村举行了第十三届后吴文化艺术节，同时举行永康市第二届婺剧折子戏比赛。11 月 24 日，唐先镇上考村举行第九届上考红糖文化节，同时举行全市第六届社区文艺汇演。12 月 3 日，由龙山镇政府主办，在龙山镇上村举行第七届陈亮文化艺术节。12 月 19 日，在古山镇政府广场举行第七届华釜山文化节。中秋节，十五月正圆，紫微园水上舞台前，市民们聚集在这儿，欣赏古典传统文艺演出来度过这个美好的夜晚。这台晚会由市文化广电新闻出版局主办，市文化馆承办，市戏曲协会、市汉文化研习群体、永康越剧群体倾情演出。中秋佳节，花好月圆，市民们在风景独特的紫微园里一边赏月，一边听着传统的戏曲、民乐演奏、越剧、婺剧、黄梅戏折子戏，精彩纷呈，难得一见的是汉文化研习群带来的节目，有小品《爱上汉服的女孩》、诗朗诵《经典国学》、仪式舞《祭月》、群舞《月中天》、汉服展示，这些节目通过展示汉文化来弘扬优秀传统，让观众接受传统的汉文化熏染，形式新颖，且与传统中秋佳节很是相宜。

(周学军　陈有福)

【省优秀民间文艺人才揭晓】 2013 年 2 月初，第二批“浙江省优秀民间文艺人才”名单揭晓，全省共评选出 949 名“优秀民间文艺人才”，永康吴佩君、盛一原、应业德、俞传福、程育全、柳忠、王锦璇、施燕儿等 8 人榜上有名。这 8 位民间艺人各有所长。吴佩君从事婺剧表演，盛一原的锡雕制作技艺独特，应业德的铜壶造型艺术独树一帜，俞传福参加《十八蝴蝶》的挖掘和加工，程育全是铜艺第六代传人、省高级工艺美术大师，柳忠是永康市曲艺创作最丰富的业余作家，王锦璇是《十八蝴蝶》的作曲者，施燕儿积极组织开展健身培训、舞蹈表演，将体育健身与提升文化艺术水平相结合。至此，永康共有浙江省“优秀民间文艺人才”20位。

（朱幼吾）

【宗祠文化在乡村复兴】 2月10日是大年初一，古山镇黄塘坑村全村人穿着新衣服到吴悦公祠拜祖先，领麻酥。城西新区华村，村民们聚集到慎德堂。全村人吃着麻酥，听建造慎德堂先辈们艰苦创业、和善待人的故事，春节期间，农村古祠堂成了农村举办聚会、学习教育、健身娱乐等各类活动的重要场所。胡库下村的若唐公祠前两年经过修缮，又投资30多万元添置各种文娱设施，建起阅览室、观影厅、健身房、乒乓球室、练音房、乐器室等。年初一到初五，若唐公祠里安排了乒乓球比赛、老年人专场音乐会等活动。

21世纪初以来，永康农村兴起一股修祠堂的热潮，大部分资金都来自民间，东城街道葛塘山村2012年筹集资金150余万元，修缮有100多年历史的王恭宗祠，全是村民单位资助。修缮后的王恭宗祠强化了文化功能，设立了文化活动室、农家书屋等，还办起法制教育园地、计划生育园地、政策法规园地，变成村里开展文化活动、议事和理事的场所，担负起改变村风民风的使命。农村古祠堂多、天然凝聚力强的特点，市里出台多项政策，鼓励农村对祠堂进行修缮。市城乡一体办按照村庄人口每人补助100元，对祠堂修缮进行补助。许多村将祠堂修缮与党员电教工作、农家书屋工程等结合起来，推动农村文化阵地建设。全市已有100多个农村古祠堂完成修缮改造。

（应　军）

【鼓词艺人共聚西津桥齐献艺】 一年一度的“西津鼓词”在永康西津桥上又敲响了鼓板。这是市文化广电新闻出版局、市非遗中心每年推行的进一步加强落实“国遗”保护传承工作的系列活动之一——“永康鼓词”活动专场。永康鼓词，是国家级非遗保护项目之一，属于非常典型的地方曲种，俗称“唱古事”或“唱故事”。唱词人根据故事情节变化和伴奏的需要，用鼓板击打出千变万化的鼓点，作为故事说唱的烘托，主要以历史故事、戏剧故事及地理风光为内容，本着惩恶扬善、伸张正义的宗旨，以启迪人心向善，促进社会和谐。2013年底永康的鼓祠艺人数量已不足20人，且有一部分艺人年事已高，无法进行演出与传承工作。针对这一情况，市非物质文化遗产保护中心自2011年始，每年的8月至9月邀请鼓词艺人在西津桥上演唱鼓词，以期扩大宣传，吸引更多的人了解鼓词、喜爱鼓词，甚至传承这一濒临项目。至2013年底，市非遗中心共邀请鼓词艺人12人，演唱曲目30多支，演唱场次200场。

【重阳节“打罗汉”】 “打罗汉”是永康市的省级非遗项目之一，每年八月初一到九月初九重阳节，全市各地村集都会自发组织队伍打罗汉，尤其到九月初九这天，活动更是达到前所未有的高潮。在以前，打罗汉会比试一番九枪剑戟十八般武艺，而今打罗汉一般以打拳、拆棍、舞四尺凳花、刀凳对打为主。2013年，全市尚有打罗汉队伍120支。九月初九，石柱镇多地都有罗汉队迎案出行，该镇姚塘村也举行了打罗汉活动，姚塘村原属合德乡三十六半都，打罗汉历史悠久，村里专门设有一个罗汉队，老中青代代传袭，从团阵、打拳、刀凳对打、舞大刀、醉拳、十六拆棍等不一而足，样样传承。

（朱幼吾）

校园文艺

【概　况】 2013年，永康城乡各中小学及幼儿园在各个节庆日里开展形式多样的文艺汇演、晚会、游园等活动，永康第一中学、古山中学、芝英中学、人民幼儿园、龙山镇幼儿园活动搞得有声有色，丰富多彩。

【永康一中元旦晚会】 经过20多天的精心筹划、遴选和认真排练，12月29日晚6点50分，永康第一中学在体艺馆举行了一场以“拥抱理想，相约辉煌”为主题的大型元旦文艺晚会，为全校师生员工奉献了一场精神盛宴。

12月31日，永康一中学生在“拥抱理想，相约辉煌”晚会上载歌载舞(教育局提供)

【芝英中学举行元旦文艺汇演】 12月31日，“唱响我的歌声炫亮你的风采”——芝英中学元旦文艺汇演在一(2)班小朋友的合唱《咏鹅》中拉开了帷幕。在艳丽背景映衬的鲜红大舞台上，各学生纷纷亮出了自己的绝技。上午场每班的合唱节目让观众们在欢快的歌声中感受到了新年的气息。下午场的舞蹈、哑剧、快板、相声、小品等节目的表演更是高潮迭起，此次文艺汇演不仅是学校师生辞旧迎新的回顾与展望，也是学校师生的一次文化大餐和精神盛宴，更是对学校强化规范教育、促进学生全面发展的一次巡礼。

12月31日，芝英中学举行元旦文艺汇演(教育局提供)

【龙山幼儿园“班级大合唱”】 12月31日，龙山镇中心幼儿园开展了庆“元旦”班级大合唱活动，师幼及家长共同迎接2014新年的到来。每个班全体幼儿参加，大、中、小各个班编排形式多样。也让孩子度过一个愉快的节日，感受着节日欢快的氛围。

【古山中学元旦游园活动】 12月31日下午，古山中学在各班教室举行全校性的融知识性、趣味性和活动性为一体的游园活动，丰富校园生活，培养学生各方面的素质。包括“姜太公钓鱼”“心心相印、我来比划、你来猜”“轻功水上漂”“背气球比赛”“我会数学”“你画我猜”“吹蜡烛”“贴鼻子”等在内的十几个项目。使学生能在游园中陶冶情操，在游园中获取知识，在游园中培养创新的能力，从而推进学生的全面发展。

12月31日，古山中学学生玩“轻工水上漂”(教育局提供)

【人民幼儿园包饺子迎新年】 12月31日，人民幼儿园的家长和孩子们在幼儿园里以最传统的方式——包饺子迎接新年。8时50分，升旗仪式正式开始。家长代表和幼儿代表给大家带来了新年的问候和祝福。最后，在园长的祝福中，“家长孩子齐动员，快快乐乐过新年”亲子包饺子活动进入正式环节。爸爸妈妈们和孩子们一起，挽起袖子和面、擀面、夹馅儿、包饺子。煮饺子的空隙，爸爸妈妈们和孩子一起到操场上玩起抢椅子、小推车游戏。

(朱新波)

12月31日，市人民幼儿园儿童们在学包饺子(教育局提供)

艺术赛展

【概　况】 2013年6月15日，全市首届少儿模特大赛在文化馆举行，来自城区各小学、幼儿园的300多名小朋友参加比赛。7月18日，永康选送9名文化业务干部参加金华市第二届文化馆(站)业务干部才艺大赛的音乐、书法、美术、民间艺术、文学创作、声乐6个项目的比赛。永康文化馆杨彪的民间艺术、文化站朱旭霞的音乐、卢晓青的文学创作获得金奖，并获总分第一名。传福民乐队《三弦逗鼓》获浙江省艺术团队文艺汇演三等奖。8月23日，西城街道代表队参加金华市第五届排舞大赛获金奖。10月27日，金华市第三届舞蹈大赛，李迅单人芭蕾《睡美人》获表演银奖。11月8日至11日，来自金华、永康、武义、义乌、兰溪、东阳、磐安、浦江八县(市)的9个剧团齐聚永康市城西新区小东陈村举行金华市婺剧擂台赛，九个剧团在永飙戏斗台，在400多年的婺剧史上前所未有。此次活动由浙江省婺剧促进会、金华市婺剧促进会和永康市婺剧促进会主办。浙江省婺剧促进会副会长王大同、省文化厅非遗处处长王淼、金华市婺剧促进会会长杨守春、金华市文化局局长钟世杰和永康市领导王浙强、戴翀、胡潍伟参加了活动。12月10日，第五届中老年演唱大赛在文化馆举行。

【第三届镇街区排舞大赛】 市文化局主办的第三届排舞大赛于2013年9月22日下午在花川建材市场举行。来自全市16个镇(街道、区)17支表演队参加。此次比赛参赛内容分规定曲目和自选曲目两种，邀请专业老师根据参赛队伍的仪表、节奏、舞步、舞姿等进行综合评比，最终评出金奖7名、银奖10名。其中，城西新区文化站选送的《来吧大家跳起来》、龙山镇文化站选送的《最炫民族风》、西城街道文化站选送的《石头剪子布》等节目受到了专家评委的一致好评。

(周学军)

【图书馆与老年大学联办书画展】 10月15日，永康市图书馆与市老年大学联合举办的以“迎国庆·庆重阳”为主题的书画展在市图书馆大厅展出。书画品类有红梅吐蕊、牡丹斗艳，仙鹤展翅，虎啸龙吟。有西津古韵、杨

举办“哈尔斯杯”书法获奖作品展(文联提供)

溪山水、更有石鼓留音。行、草、楷、隶，各显身手；福、禄、寿、禧，百千祝福。市委宣传部副部长丁月中、组织部副部长邵春楼、文广新闻局副局长周世勇、市美协主席胡昆、以及老年大学、图书馆等单位负责人参加开幕式。开幕式上学员们为老师献上一幅表达师生情谊的"松柏常青图"。市图书馆非常重视老年人的文化生活，不仅为他们提供良好的阅读环境，而且利用各种形式为他们提供展示平台，先后五次为他们举办书画和摄影展。此次展出的书画作品约150幅，开幕式当天，有300多人参观了展览。

（徐加元）

非遗保护

【概　况】 永康市非物质文化遗产保护中心（简称非遗中心）成立于2008年8月。同年，永康被评为浙江省非物质文化遗产普查工作优秀单位。2011年8月5日，市政府发文《关于给予市文化新闻出版局通报表彰的决定》，对"市文化新闻出版局为凸显永康非物质文化遗产资源优势，打响品牌，增强竞争力和知名度，为永康、省非物质文化遗产保护工作领先全国，做出了突出贡献"给予通报表彰。2012年市文化广电局获浙江省非物质文化遗产保护工作先进单位。2013年市非物质文化遗产保护中心获浙江省优秀传统文化教育普及活动先进集体称号，永康电视台《三十六行出永康》栏目获第三届浙江省非物质文化遗产宣传报道"好专栏奖"。年底止，永康已有国遗项目6项，省遗14项，市（地）级31项，永康市级60项，有国家级非遗项目代表性传承人2人、省级18人、金华市级36人、永康市级40人。"永康方岩庙会"（重阳节）被列入浙江省民族传统节日保护基地，"十八蝴蝶"被命名为第四批浙江省民间文化艺术之乡，民主小学（十八蝴蝶）被列入浙江省非物质文化遗产传承教学基地，方岩风景区（方岩庙会）被确认为浙江省非物质文化遗产旅游景点，浙江荣盛达锡制品有限公司"永康锡艺"被列入浙江省非物质文化遗产生产性保护基地，永康锡雕馆被列为浙江省非遗宣传展示基地，永康职业技术学校（锡艺）被列入第二批浙江省非遗传承教学基地，后吴村被列入第二批浙江省非物质文化遗产旅游景区（民俗文化旅游村）。

【省非遗保护试点市落户永康】 2013年永康被省文化厅确定为全省非物质文化遗产保护综合试点市，"永康迎花烛"被列为浙江省春节文化特色节目。1月，由省文化厅非遗处、杭州电视台联合举办的"寻找老物件，感受老手艺"主题活动组拍摄了锡雕、木杆秤制作技艺纪录片。6月8日，在城区三江广场举行永康市第八个"文化遗产日"系列活动。"九狮图""十八蝴蝶"参加第八届浙江省非物质文化遗产节开幕式暨2013浙江省"文化遗产日"主场城市（金华）展演活动，锡雕、铜艺、钉秤、调花钹、永康鼓词等5个项目参加金华市"八婺民间艺术达人秀"颁奖仪式暨传统手工技艺现场展示活动，应德印（钉秤）、程忠信（调花钹）荣获"第二届金华十大民间文化达人"称号。7月，由市城管局组织的宣传非遗项目墙画上墙。9月，锡雕项目国家级传承人应业根参加山东"2013中国台儿庄古城非物质文化遗产博览会"，浙江荣盛达锡制品有限公司（锡雕）、唐先镇石桥头村（九狮图）参加金华市非遗生产性保护基地、宣传展示基地比武活动，分别获二等奖、三等奖。8月7日开始，为期2个月，组织11位永康鼓词和铜钱棍老艺人在城区西津桥演唱鼓词和铜钱棍。10月，锡雕、永康铜艺参加在杭举行的"首届亚太传统手工艺博览会"活态展示，永康职技校九狮图表演队参加金华市中职学校首届文化艺术节获二等奖，黄宽宏的根雕作品参加“非遗薪传——浙江根雕艺术精品展”，打铁等20个传统手工技艺项目参加厚吴第十三届文化节现场活态展示。11月，胡醒华制作的彩灯参加“2013婺源·中国乡村文化旅游节暨全国‘山花奖’民间灯彩大赛”获银奖，钉秤等19个项目参加永康市第八届农展会传统手工技艺展示。

（朱幼吾）

【《兰亭的故事》博物展】 11月6日，永康博物馆第一临时展厅正式推出《兰亭的故事》展，共分为六个部分，分别为兰亭修禊、兰亭传奇、唐代摹本、宋代传本、名家临本、绍兴兰亭。以历代《兰亭序》著名摹本、临本为核心，精选十七件有重要影响的兰亭拓本和相关书籍、光盘等共计31件，系统地展示兰亭书法、兰亭文化，推动和促进中国传统书法艺术的发展和繁荣。永康博物馆还选取晋、唐时期的9件文房用品来衬托该展览。东晋永和九年（353）三月初三，会稽内史王羲之邀约谢安、孙绰、孙统等41位文人雅士和家族子弟相聚山阴兰亭，行祓禊之礼，曲水流觞，饮酒赋诗，得诗37首，事后结集由王羲之作序记事。羲之一序，文帖千古，被世人誉为天下第一行书，兰亭也因此成为书法圣地。此次展览到12月5日结束。

【省文物监察总队在永康交叉检查】 2013年12月，浙江省文物监察总队及嘉兴地区文物监察支队对永康市开展文物行政执法监察交叉检查活动。检查组重点检查了方岩镇范围内的省级文物保护单位五峰书院、刘英烈士墓和古鳌公祠以及市级文物保护单位屏风阁等的日常安全执法巡查情况、古建筑施工维修安全、文保员队伍建设、文物执法工作宣传普及等方面工作，同时检查了文物保护单位标志碑是否齐备、古建筑本体及保护范围、建设控制地带范围内是否存在安全隐患和违法行为、省级文物保护单位五峰书院、刘英烈士墓和古鳌公祠的安全责任制度是否建立健全等工作情况。检查组对永康市方岩镇内各省、市级文物保护单位积极落实各项安全制度等工作成绩表示肯定，同时检查组也与永康市文物执法中队就工作中遇到的实际情况进行了交流。此次交叉执法活动促进了永康市整体文物执法工作水平的提升。

【后莘窑址考古发掘】 2013年，浙江省文物考古研究所及永康市文物办联合对永康市石

建于明代弘治年间的花街大夫第厅堂（花街镇提供）

柱镇厚莘村高塔山窑址进行了抢救性发掘，配合东阳至永康高速公路的建设。此次发掘总面积56平方米，探方最深达3米。发掘严格按照田野考古规程，由上而下、从晚期到早期，逐层清理，共分窑址堆积地层7层，出土遗物按探方地层单位归属。窑址出土大量南宋时期婺州窑青瓷产品，以及少量的酱釉瓷、黑釉瓷、青酱釉组合瓷、素烧瓷、粗砂陶器等。青瓷器型有敞口碗、唇口碗、盘、盏、执壶、盘口壶、韩瓶、双系罐、盘口罐、钵、研钵等，酱黑釉瓷器型有碗、盏、盘口壶、罐等，青黑釉组合瓷器型有执壶、盘口壶等，素烧瓷器有扑满、器盖、韩瓶等，粗砂陶器有排水管、筒瓦等。出土瓷器多为灰胎，胎质较疏松、粗糙，施釉浅薄，釉色晦暗不清。器胎较厚，器身多见轮旋痕，圈足足壁厚薄不一，挖足较随意。出土窑具仅见喇叭形支柱。器物装烧方式为明火叠烧。从发掘出土遗物看，高塔山窑址为南宋时期民用窑业遗存。出土的大量韩瓶、碗、盏、壶等民用酒肆茶业用瓷，说明南宋时期当地酒肆茶业非常发达，已经深入老百姓的日常生活中。此次发掘所得对婺州窑瓷窑系的延续发展研究有着重要的意义，为婺州窑民用瓷窑的研究，以及南宋时期民用瓷器及民间生活用具的研究提供了重要的实物资料。

（应　军）

永康古代陶瓷(农业局提供)

文化市场管理

【概　况】 2013年全市文化市场共有经营户640家。文化板块：互联网上网服务营业场所（网吧）85家、歌舞娱乐场所25家、电子游戏娱乐场所26家、电影放映单位2家、文艺表演团体12家、演出场所经营单位2家；新闻出版板块：印刷经营单位330家、打字复印63家、出版物零售出租单位38家、音像制品零售出租单位40家；广电板块：广播电视节目制作经营单位17家。年内文化广电新闻出版局进驻市行政审批服务中心，审批项目共计32项，其中行政许可项目18项，非行政许可审批项目14项。文化窗口受理申请件198件，办结198件，办结率100%。其中：影视传媒17件，娱乐场所59件，互联网上网服务42件，印刷企业56件，演出场所6件，出版物4件，文艺表演团体4件，举办营业性演出3件，文物4件，境外印刷品印刷2件，博物馆1件。文化市场行政执法大队共出动检查人次615人次，检查文化经营场所1 085家，取缔非法演出15起，取缔无证音像制品摊点8个，取缔无证印刷厂家2家，取缔无证出版物摊点2家，收缴非法音像制品8 589张（盒），书本108本，共办理案件43起。

【文化市场规范管理】 元旦、春节期间，文化市场行政执法大队拟定并落实《2013元旦春节期间文化市场大检查行动方案》，加强春节期间文化市场监管工作。1月30日，由戴翀副市长带队，会同公安、消防、工商等有关部门负责人开展文化市场春节前安全大检查。重点检查了新概念网吧、海洋神话电子游戏室、星空钱柜、万福电影院、万福电子游戏室、康乐彩印厂等文化经营场所和生产单位。3月至4月,开展永康市文化市场2013年春季消防安全大检查,4月10日至27日,为提高印刷企业安全管理知识和能力,联合市安全生产监督管理局举办印刷企业主要负责人和管理人员安全管理知识培训,全市300多家印刷企业负责和安全管理人员共计600多人次参加。

【重大节日文化专项执法】 2013年以重大节日为契机,开展文化市场专项检查:在元旦、五一、十一等节日期间,突出以网吧、游艺和出版物市场等人群密集区域为重点,采取联合检查、错时检查、暗访巡查、重点盯防等措施,及时发现并查处各种违法违规经营行为;在"4·26"保护著作权宣传周活动期间,突出以保护著作权为重点内容,严厉查处生产、销售盗版图书、音像制品和电子出版物违法违规行为;在暑假期间,开展暑期网吧专项整治行动。四是开展秋季教材教辅用书大检查,对学校采购渠道、书店等进行核查,确保学生学习用书质量。

(徐文远)

【走访文化传承人和传承基地】 根据永康市非遗中心以"贴近群众零距离、文化服务零距离"为主题,具体贯彻落实省文化厅部署的开展省级文化系统"文化零距离——百千万行动",开展走访传承人、传承基地活动。2013年全市共有省级传承人14人(含国家级传承人2人):胡金超、吕兴宫(九狮图),应业根(锡雕),胡淑女、丁寿田、俞培德、胡海郎、吕江洪(醒感戏),卢云富(永康鼓词),余德金、陈万良(打罗汉),程忠信(方岩庙会),应德印(钉秤),蒋跃祖(铜艺)。省级传承基地7处,分别为:前仓镇后吴村(民俗文化旅游村)、民主小学(十八蝴蝶传承教学基地)、方岩镇政府(方岩庙会重阳节民族传统节日保护基地)、方岩风景区(非遗旅游景点)、浙江荣盛达锡制品有限公司(非遗生产性保护基地)、永康锡雕馆(非遗宣传展示基地)和市职业技术学校(锡雕传承教学基地)。8月23日,市非遗中心工作人员先后对国家级传承人省级传承人及传承基地进行实地走访慰问。此次走访,对每位传承人汇报的工作情况、工作计划及提出的传承工作中遇到的种种困难,进行了认真记录、归纳、总结。通过记录整理,总结出传承人遇到的困难主要集中在由于大环境及现代生产方式的改变,导致资源濒危现象出现、非遗技艺难以产生经济效益、传承人年事已高,健康状况日渐不佳,传习工作力不从心等方面。此次活动,进一步树立群众观念、增进群众关系、服务基层群众、改进工作作风,建设长效机制为重点,增强文化自觉。着力推进非遗项目的保护传承,关心非遗项目代表性传承人,积极培育非遗传人,推进非遗保护工作的健康可持续发展。

(朱幼吾)

市文化局对文化市场进行检查整治(文化局提供)

卫生与计生

综　述

【概　况】 2013年稳步推进全市医疗卫生体制改革；实施与上级医院建立协作关系，吸引优质资源为永康百姓服务；成立了120医疗急救指挥中心；市中医院和江南街道卫生院试水“双向转诊”，市第一人民医院设立东城住院分部；“工分制考核”、妇幼卫生、疾病防控、卫生监督、卫生信息宣传等工作走在金华市乃至全省的前面。

【卫生工作会议召开】 2月27日，举行全市卫生工作会议，贯彻全国、全省卫生工作会议精神，响应市委、市政府加强民生保障、打造“两富”永康号召，深化公立医院改革，巩固卫生创强成果，改善群众看病就医，缓解“看病难、看病烦”，积极改革创新，增强医疗卫生机构的管理能力、服务水平，更好地惠及民生。市卫生局以深化医改为中心，提出抓改革深化促卫生转型发展、抓医疗质量促医院能力提升、抓公共卫生促均衡全面发展、抓服务体系促资源统筹配置、抓项目推进促政策配套落实、抓廉政建设促防控机制建设六大举措。将创新公立医院监管体制机制，探索建立法人治理结构，推进以公益性为核心的公立医院目标管理责任制，并对所有公立医院实施年度绩效考核，建立以公益性、运行效率、社会满意度指标为主要内容的考核体系。完善医药服务价格、支付方式改革，财政投入保

国家卫生部副部长刘谦到永康督查卫生与计生工作(卫生局提供)

11 月 27 日，省卫生先进单位考核验收组在永康一中实地检查(教育局提供)

障，人事分配制度等措施，严格控制医药费用的不合理增长。研究出台鼓励社会资本举办医疗机构的实施意见，重点推进民营医院向规模化、高端化、特色化发展，引进家二甲综合医院，开创与民营经济大市相称的社会资本办医新局面，形成投资主体多元化、投资方式多样化的办医格局。将实施人才、资源"双下沉"工程，出台以受援地医疗卫生服务能力提升和群众受益效果评价为核心的督查考核机制，促进基层卫生院医疗业务能力提升。发挥市直医院的龙头作用，实行县乡村卫生一体化综合管理试点，确立试点先行、分步推进的思路，建立基层首诊、分级诊疗、双向转诊工作机制，满足老百姓的医疗服务需求。

【永一中通过省级卫生先进单位验收】 11 月 27 日，由金华市卫生局局长洪伟率领的省级卫生先进单位考核验收组一行 3 人来到永康一中进行省级卫生先进单位的检查考核。考核组听取学校关于创卫工作的专题汇报和对食堂、健康宣传窗、公共卫生间、下水道等实地检查之后，作了总结反馈，认为已基本符合省级卫生先进单位的标准，可以通过考核验收。

3 月 5 日，永康总部办组织入驻企业和服务机构开展"学雷锋爱心献血活动"(总部中心提供)

【永一中教师爱心献血】 国庆后全市各大医

12 月 6 日，高镇小学红十字会成立大会召开（教育局提供）

院血库存量告急。10 月 29 日，市中心血库向社会发出呼吁，希望社会爱心人士踊跃献血。当日，献血车开进了永一中，学校老师接到通知后，纷纷加入到献爱心队伍。

【高镇小学红十字会代表大会召开】 12 月 6 日下午，高镇小学红十字会成立大会暨第一次会员代表大会在体艺馆多功能厅举行。副市长、市红十字会会长戴翀和市卫生局、市红十字会、市教育局领导及全市中小学校长出席成立大会。会议选举产生了以蒋巧君校长为会长、陈望副校长为常务副会长的第一届高镇小学红十字会领导小组。陈望副校长代

12 月 31 日，城东小学召开红十字会成立大会（教育局提供）

表学校红十字会作表态发言，学校一定大力开展红十字青少年工作，结合德育，结合团队，开展丰富多彩的创新实践活动，让红十字精神深入人心。

【城东小学红十字会成立】 12月31日，城东小学红十字会成立大会暨第一届理事会第一次全体会议召开。通过举手表决的形式选举产生了第一届理事会会长、副会长、常务理事、秘书长。新当选的林巧会长要求广大师生充分利用和依托学校红十字会这个平台，多开展志愿服务活动，培养少年儿童的人道主义精神，增强青少年的社会责任感和使命感，促进青少年健康成长。

公立医院

【概　况】 2013年推进公立医院综合改革。市政府出台《永康市县级公立医院综合改革实施意见》，强化公益，破除以药养医。启动以药品零差率销售和医疗服务价格调整为主要内容的公立医院综合改革。上联下沉，积极“上联”，与上级医院建立紧密型合作关系。在省立同德医院成立永康市医院管理干部教育培训基地。市妇保院与省妇保院结盟，成为浙江大学医学院附属儿童医院永康分院，全市各家医院已与上级17家医疗卫生单位开展了形式多样、不同专业和层次的合作。开展双向转诊试点工作，一院与东城街道社区卫生服务中心成立“永康市第一人民医院东城分院”并挂牌。

【市第二医院与杭州中医院合作】 4月20日，杭州市中医院合作揭牌仪式在市第二人民医院门诊大楼举行，副市长戴翀参加揭牌仪式。市第二人民医院为提高医疗服务能力从软硬件入手，加大上联力度，争取上级医院的技术指导和合作。杭州市中医院是一所三级甲等医院，具有先进的管理经验和雄厚的技术力量。缔结为技术指导医院后，市第二人民医院将在管理、技术、人才培养和医学科研等方面得到杭州市中医院的指导和支持。

【120急救指挥中心建成】 10月底市急救指挥中心投入运行。该中心是通过120急救指挥中心网络即呼救受理与指挥调度结合的系统，方便120急救车快速地到达要帮助的患者面前，为抢救赢取时间的指挥调度部门。急救指挥中心建成后，能够合理分配急救资源，更快更好地救助病人。急救指挥中心建成后，全市的救护车增加到15辆，每辆车都加装了GPS定位系统。15辆救护车分配到全市6家直属医疗机构待命，在救助过程中，遵循“就近就急、病人自愿、专科性质”的原则。

【救护车实行打表付费】 12月6日，市医疗急救指挥中心为市区120救护车统一安装了计价器，让急救病人能更明白地消费，救护车费按照计价器打表收费。此前，救护车费的里程都是司机按照车上里程数表计算，难免会有误差，甚至造成纠纷。使用计价器后，这种问题可以避免。市第一人民医院、第二人民医院和中医院三个急救站打表收费进入试运行阶段。乡镇3个急救点的救护车也将安装计价器。永康现行的120救护车收费主要分两块：院前急救费和救护车费。院前急救费分普通急救和危重病人抢救，收费分别为130元/人次和195元/人次。而救护车费按照起步价10元3千米外的部分按2元/千米计算，含来回里程。

医疗工作

【概　况】 2013年市卫生系统深化“三好一满意”活动，以“服务好、质量好、医德好、群众满意”为内容，将医疗服务“3＋X”公益承诺作为“三好一满意”活动的延伸，开展各种形式的公益惠民活动。深化以抗菌药物临床应用专项整治为主要内容的临床药事管理。开展“医疗质量万里行”活动。增强质控中心的专业监管力度，狠抓核心制度落实和规范关键部门质量管理，加强护理质量和医院感染规范管理。强化医疗安全教育，加强卫生技术人才队伍建设，加强传染病应急防控，全面推进医政管理。

【城乡居民合作医疗建立】 1月11日止，全市有48.99万人参加城乡居民合作医疗，筹集个人基金7 200万元，参合率97.48%，为全市全面启动城乡居民合作医疗奠定基础。2013年全市城乡居民合作医疗缴费标准为500元，其中个人缴费150元，财政补助350元，两者都比2012年增加50元。全市8 655名重度残疾、低保（五保）人员的参合资金由财政全额资助。在提高筹资标准的同时，合作医疗在保障水平方面也有所提高。市直属医疗机构住院治疗的，报销比例提高5%，即起付线以上可报部分的报销比例为75%，当年最高支付限额从12万元提高到15万元，普通门诊报销当年最高限额从500元提高到600元。补偿政策、大病保障将得到进一步完善，完善20类大病保障和救助试点病种，在市级以上救治定点医院住院治疗的报销比例在原基础上上调10%。

【社区和农村医疗服务】 2013年市卫生局在龙山镇开展乡村医生工分制考核试点，探索村卫生室公共卫生经费量化考核拨付的工作机制。在东城和城西新区开展全科医生签约服务深化试点，探索连续、综合、个性化的家庭健康管理服务模式。在前仓镇和唐先镇开展基层卫生文化建设试点，以公共卫生信息系统升级为抓手，强化公共卫生专业机构指导帮扶，落实基本公共卫生服务项目。全年建立城乡居民电子健康档案549 432份，建档率95.15%。推进乡镇卫生院（社区卫生服务中心）标准化、规范化建设，全市乡镇卫生院（社区卫生服务中心）通过省级规范化创建。完成建设、运行的村卫生室（社区卫生服务站）203家，建成城乡居民“20分钟医疗卫生服务圈”的医疗卫生服务网络。推进村卫生室一体化管理，村卫生室紧密型乡村一体化管理率100%。对村卫生室的设备配置实行集体举办，统一集中购置、配备；在服务功能上，完善“六位一体”的服务功能，严格实施国家基本药物制度和药品零差率销售，并纳入合作医疗定点机构管理。

【社会非营利性民营医院】 2013年始，市卫生局推出相应举措，发展民营医疗事业。坚持“开门办医”的方向，引进一家民营二甲综合医院，推进社会办医。落实鼓励社会资金办医的各项政策，将民办医疗机构纳入职工基本医疗保险等社会保障定点服务范围，执行与公办医疗机构同等的医保报销等政策。重点推进现有民营医院向规模化、高端化、特色化发展。排出2013年时间表，年底民营机构床位占比达到10%。至4月底，全市批准设置市光大医疗美容医院、市瑞金儿童医院、市康美诺口腔医院、市普济护理院等4家民营专科医院、护理院，床位合计135张，批准设置市美莱医学美容门诊部、市爱雅口腔门诊部等2家专科门诊部。

【王杰伟骨伤诊所】 王杰伟于1989年创办骨伤科诊所，长年进行中医骨伤科医学的实践和研究，多篇论文收录于医学期刊和文集中。1998年在第二届世界中医骨伤科交流大会上，所著论文《腰骶荆间韧带损伤253例治验》被推荐大会交流，并入选《世界中医骨伤优秀文集》；同年，在第一届国际老年临床医学学术会议上，其论文《石膏夹板治疗老年Colles骨折报告》在大会上宣读并入选优秀文集。2010年撰写的《推拿拽腿法治疗腰椎间盘突出症155例报告》入选《全国第六次中国整脊学学术交流大会论文集》。2010年以来，王杰伟年均就诊患者4 000余人次，2013年获金华市第六批十佳残疾人人才称号。

预防免疫

【概　况】 2013年开展常规免疫工作，八苗接种率均达到上级要求。开展两轮麻腮风疫苗集中式查漏，补种率达95%以上。推进艾滋病病毒感染者(病人)随访管理模式的转变，社区卫生服务中心随访管理职责逐步落实。规范肺结核病人报告、转诊工作，报告率、转诊率、追踪率均达100%。死因监测、慢性病监测工作规范运作，重点推进慢性病社区综合防治，实施"全民健康生活方式行动"项目。妇幼重大公共卫生服务项目工作顺利推进，继续深入实施，住院分娩补助和农村妇女增补叶酸项目"两癌"筛查有序开展。加强流动人口孕产妇保健管理，建立登记报告、信息交换和定期考核制度。是年辖区孕产妇死亡率为零，儿童死亡率为6.76‰，新生儿破伤风发生率为零。持续做好妇女和母婴健康项目，提高新生儿疾病筛查质量，全年新生儿疾病筛查率100.40%，听力筛查率99.84%。全面实施梅毒、艾滋病与乙肝等传染病母婴阻断项目，对确认病例全部采取母婴阻断措施。

【第25个爱国卫生月活动】 2013年，市爱卫办组织全市干部群众开展以环境整治和春季灭鼠为主要内容的第25个爱国卫生月活动，市容卫生面貌有了明显的改善。顺利通过省级灭蝇先进城区考核验收，实施中央农村改厕项目，完成石柱镇、唐先镇、西城街道等6个村共1 900户卫生厕所改造，农村新建房屋基本做到卫生户厕无害化，卫生厕所普及率91.32%。在各镇(街、区)建立农民健康学校、市民健康学校、每月15日定期开学讲课。开展无烟单位创建，2013年成功创建无烟单位3家，创建省级卫生先进单位2家，金华市级卫生先进单位4家，永康市级卫生先进单位13家。

【农民进入四轮第二次健康体检】 3月4日起，城西新区启动四轮第二次农民健康体检，当天有110位农民受益。城西新区责任医师及联络员通过发放体检通知单等方式，广泛宣传发动，认真组织实施，加强体检的后续管理和重点人群的跟踪服务，让农民从中得到实惠和帮助，这轮体检1.9万人。全市各镇街区接着全面铺开，把这项惠民利民工程落到实处。

【救助心脑血管疾病患者】 3月19日，红十字会"康恩贝健康之旅——心脑血管疾病防治博爱行动"正式启动。康恩贝集团向省红十字会捐赠价值1 700万的心脑血管药品天保宁，用于浙江省贫困家庭心脑血管疾病患者的救助，人数达1 000名。被救助患者名单经乡镇卫生院摸底，再由红十字会进行核实。贫困患者即可申请免费服药，贫困心脑血管疾病患者，如果救助名单之内，可以持村集体开的证明向红十字会申请。副市长戴翀要求有关方面在救助对象的确定、救助药品的发放和免费诊疗方面，要做到公正公平公开。

【畜禽养殖场进行集中免疫】 2013年，H7N9亚型流感病毒的溯源、可能引发动物间疫情的防控已成当务之急。而永康存栏生猪16万头、家禽170万羽，病死动物无害化处理监管难度大。由于多数养殖场设施简陋、从业人员素质不高，法律意识淡薄，将病死动物丢弃在华溪、永康江一带和公路边、荒山野岭角落。3月份发生7起，其中3起发生在永康江域，都已及时进行无害化处理。市防治动物疫病指挥部下发《关于切实加强H7N9亚型流感防控工作的紧急通知》，确定具体联系人负责每周二和周五两次报告永康江上漂浮病死动物防控信息。市畜牧兽医局分4个组，重点对92家养殖场户开展动物疫情和病死动物无害化处理措施落实情况大排查，对养殖档案记录、免疫情况等进行检查核实，切实做到早发现、早报告、早处置。市农业局向养殖场户全面发放《病死动物无害化处理告知书》，告知应当履行的无害化处理义务和随意丢弃病死动物所承担的违法责任。与养殖场户签订承诺书，督促养殖户及时作无害化处理的“五个不准一处理”义务。此外，该局还开展了饲料、兽医等投入品使用的执法检查，严格落实屠宰生猪前“瘦肉精”监督抽检措施，严防发生畜产品安全事件。

【病死猪无害化处理补助调查】 2013年11月，根据浙牧医〔2013〕45号文件精神，永康市各镇（街、区）对辖区内的规模猪场病死猪无害化处理补助工作开展一次专项检查。此次检查主要针对享受无害化处理补助的规模猪场的主体责任落实情况。检查人员以规模猪场无害化处理设施运行情况、病死猪“日处理台账”、猪场养殖经营户遵纪守法情况三个方面为重点对各规模猪场进行全面检查，并当场指出检查中发现的问题，要求养殖经营户限期整改。截至20日，检查人员已将各自辖区内规模猪场存在的问题以及整改意见等情况报送至市防治动物疫病指挥部办公室。

【永康未发现H7N9禽流感】 4月5日，市中医院死亡一例外地归来患者，死因为发烧头痛。市民得知消息后，相互转告注意预防H7N9。市主要领导得知消息后，立即组织专家组深入市中医院，对相关情况进行核查。并对死亡病患进行分析，确认患者死亡系重症大叶性肺炎（细菌性）导致呼吸循环功能衰竭引起，而非感染H7N9病毒。4月6日，市政府专门召开应急工作会议，对下一步防控工作进行部署，相关部门单位在应急方案、人员培训、物资储备等方面做好了准备。医疗机构一旦发现符合监测定义的病例、疑似病例、确诊病例，将按照规定进行网络直报并做好采样工作。

综合医务

【概　况】 2013年，加大重点学科建设，完善学科发展规划和创新学科培育机制。强化科研过程管理，发挥科研工作的导向作用，鼓励各医疗机构积极申报课题。2013年，全市医疗卫生机构申报省级科技立项4项，金华市级6项，永康市级31项，有3位名老中医入选金华市名老中医药专家学术经验继承工作指导老师，6名青年中医骨干被列为继承人。开展形式多样的业务培训活动，完成初级卫生技术人员继续医学教育1 374人，乡村医生注册培训160人，参加住院医师规范化培训67人，助理全科培训18人，医技人员岗位培训项目31人。

【中医中药救治服务网络】 2013年，永康市按照国家中医药管理局等部门联合出台的《基层中医药服务能力提升工程实施意见》要求，完善中医药服务网络，发挥中医药特色优势及其在防病治病、养生保健、慢病康复中的重要作用，解决群众就医难、就医贵的问题。市中医院增设1个病区，开设名中医馆。实施中医住院医师规范化培训和中医类别全科医师岗位培训。推广中医药适宜技术，举办“永康市基层中医药适宜技术推广项目培训班”，对四大类13项常见病多发病中医药诊疗进行技术培训，参加培训中药师203人，全市镇（街、区）社区卫生服务中心、服务站和一体化村卫生室中医药适宜技术培训基本达到全覆盖。采用中医非药物疗法，全年全市公立医疗机构中草药饮片收入3 773.6万元，比2012年增长29.85%。

【卫生监督所展开整治行动】 2013年，市卫生监督所围绕医疗、公共场所、学校等重点行业开展20多个专项整治行动，累计出动卫生监督员2 891人次，检查各类监督对象2 149

家次，受理案件82个，共缴罚款14.74万元，没收违法所得2.92万元。全年受理各类投诉举报23件，查处率100%；监督抽检各类样品553份，合格489份，合格率88.4%。

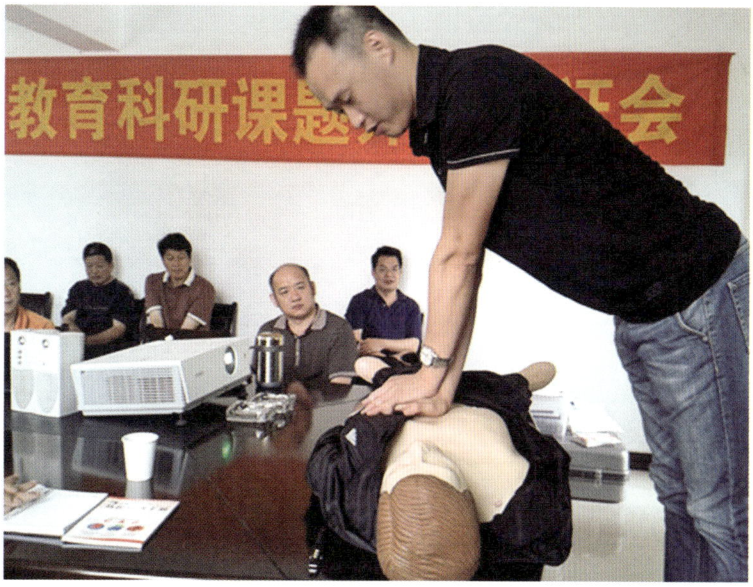

6月4日，红十字会医院专业讲师在教师进修学校进行现场救护知识技能培训(教育局提供)

【紧急救护知识培训启动】 2011年10月，启动救护培训工作以来，市红十字会通过公开课、讲座等形式，免费培训市民4 000人次，其中1 200人已获得红十字救护员证。年内永康红十字会扩大社区救护培训工作，安排有兴趣的市民到社区、村镇(街区)参加。开展大规模初级急救培训1万人次，通过考试等方法取得红十字救护员证。急救员培训内容除理论教学外，还侧重生活中的突发事件，如火灾、地震后现场应急救护能力训练等。市民急救公开课培训内容主要有心肺复苏、止血包扎两大核心急救技能。还有健康风险因素识别，如心梗前兆等。同时会针对不同岗位人员，有选择性地制定急救培训内容。

(胡颖鹏)

计划生育

【概　况】 2013年，永康出生6 384人，出生率为10.96‰，自然增长率为4.61‰，计生率

全市人口计生工作半年形势分析会(计生局提供)

市领导与镇(街、区)签订人口计生目标管理责任书(计生局提供)

为88.25%,计划外多孩率为1.55。出生性别比为100∶120.4。3月12日,召开全市计生农林水工作会议。5月2日,前往兰溪市考察学习社会抚养费征收工作。市法院与计生局联合首次创新实施社会抚养费“零询问”征收模式,即只要证据确凿,程序到位,对违法生育不配合做笔录的对象实施强制征收。全年对24例对象进行强制执行,征收社会抚养费92.7万元,强制征收力度之大、成效之好为历年之最。7月16日,召开全市计生工作半年形势分析会,给上半年暗访总分第一名的城西新区和最后一名的龙山镇授发红、黄旗。8月21日,永康市政协主席陈毅成带政协文卫体委视察人口计生工作,参观了市计生指导站和打击“两非”办,并组织召开了座谈会。坚持“一票否决”不放松,全年有64个单位和个人被一票否决,73名党员因违法生育被开除党籍。9月,国统报表出生性别比100∶116.87。综合避孕率为86.64%,长效节育率为78.80%,落实计划生育四项手术3 042例,各项计生指标均达到上级考核要求。

【计划生育奖励少生优生】 2006年至2013

发放计划生育关怀慰问金(计生局提供)

胡增强副市长等领导上门送计生奖学金(计生局提供)

年,发放计生扶助金 1 430.97 万元。关爱“失独家庭”,对已满 42 岁未满 49 周岁的“失独”对象,以特扶标准每人每年补助 3 600 元,一直到他们领养到孩子或者再生育为止。其中 2013 年全市奖励扶助独生子女家庭 2 122 人,两女户 1 213 人,特别扶助 107 人。奖扶标准每人每年两女户为 960 元,独生子女家庭为 1 440 元,独生子女死亡家庭为 3 600 元,伤残家庭为 2 880 元,共发放扶助金 455.1 万元。8 月 2 日,专门组织了锣鼓宣传队,由胡增强副市长带队,给独生子女、双农二女户子女高考成绩名列全市文、理科前 3 名对象,发

组织计生指导站科技大练兵考试(计生局提供)

放计生奖学金每人 5 000 元。

【孕前优生检查费全免】 5 月 29 日，胡增强副市长等领导参加江南街道"三优"指导中心揭牌仪式，"三优"工作全面推开。9 月 26 日，市政府印发《关于开展国家免费孕前优生健康检查项目工作的实施意见》，全面推开国家免费孕前优生健康检查项目，全市参加孕前优生检测 11 426 人，优生检测覆盖率为 91%。

【"两非"打击行动促性别比下降】 2011 年 3 月 18 日，中共永康市委、市人民政府开创金华市先例，打击非法性别鉴定和非医学需要终止妊娠。专门成立打击"两非"专案组，由副市长俞福才任组长。至 2013 年共打掉"两非"窝点 29 个，刑拘 34 人，判处有期徒刑 17 人，收取罚金 400 万元。4 月 2 日，金华"两非"案主犯王涛、张献被判处有期徒刑 10 个月，并罚金 30 万元。7 月至 9 月，西城、江南、芝英等镇街区连续捣毁"两非"窝点 10 个，打击"两非"工作得到省、金华市计生委通报表扬。是年全市出生性别比为 116.8，比 2010 年度下降近 15 个比值。

（郑国璋）

体育发展

综　述

【概　况】 中华人民共和国成立初，未设体委专门机构，体育工作由县文教科兼办。1958 年 8 月 28 日，永康县体育运动委员会（简称永康体委）成立。1996 年 7 月 11 日，更名为永康市体育发展局（简称市体育局）。2003 年，体育局移至城南路 560 号办公。市体育局主要职能为：贯彻执行党和政府有关体育工作的方针、政策、法规，研究制定全市体育事业发展规划，并负责组织实施；统筹规划竞技体育发展工作，研究和平衡全市体育竞赛、竞技运动项目设置与重点布局；指导、落实《全民健身纲要》，指导开展群众性体育活动，实施国家体育锻炼标准，开展国民体质监测，实施全民健身工程建设；开展全市体育的对外交流与合作，培育、发展体育产业，规范体育产业经营活动，归口管理体育市场，审核体育经营专业技术人员的资格，协同有关部门规划、协调体育设施建设布局，制定体育设施、器材装备标准；组织和指导体育宣传工作，培训体育干部和社会体育骨干，加强体育队伍的思想政治工作；负责全市体育社团，体育类民办非企业单位，经营高危险性体育项

市人武部机关干部参加地方机关运动会（人武部提供）

目，田径、游泳、举重等3个项目2级运动员的审批和管理，依法管理健身气功等。下属设市体育馆。2012年4月，更名为永康市体育中心。

2013年1月，浙江省体育强县（市、区）检查验收组对永康创建省级体育强市工作进行考核验收。4月3日，《浙江省人民政府关于命名临安市等6县市为浙江省体育强县（市、区）的批复》永康市被命名为浙江省体育强市。是年全市创建省级体育强镇2个，省级小康体育村55个，省级村体育俱乐部2个，省级中心村体育休闲公园1个。至年底，永康共创建省级体育强镇16个，创建小康体育村440个。市体育局被国家体育总局评为“2012年度全民健身先进单位”，2013年永康被国家体育总局评为“2009～2012年度全国群众体育先进县”，永康市体育局被浙江省体育局嘉奖为“2012年浙江省全民健身工作突出成绩单位”，被永康市委、市政府评为“2012年度市级先进单位”。

【浙江省体育强市通过验收】 1月7日至9日，创建省体育强市工作检查验收组对永康体育创强工作进行检查验收。以省体育局局长李云林为组长的检查组一行，听取市创建工作情况汇报，并深入街道、农村、机关企事业单位进行实地检查，并查阅台账资料，一致认为永康达到了省体育强市的标准。检查验收后，永康按照省检查验收组的要求和意见，拓展思路，加大体育事业在社会经济事业建设中的比例，明确财政投入保障，加大人才培养力度。推进体育公共设施向各镇街区、农村和社区延伸，广泛开展全民健身和群众体育竞赛活动，丰富群众的文体生活，促进全市体育事业与社会经济协调发展。

【全市实现体育强镇“满堂红”】 21世纪以来，永康市各镇（街、区）开始直注重体育工作的开展，在体育场地建设、健身设施安装、群体活动开展方面都给予大力支持。至2012年年底，全市成功创建省级体育强镇14个。为实现全市体育强镇“满堂红”，芝英镇和经济开发区向省体育局申报创建省级体育强镇。2013年11月14日，浙江省体育局正处级调研员陈剑影带领省体育强镇检查验收组对永康省级体育强镇创建和复评工作进行抽查。列为验收的单位为芝英镇和经济开发区，复评单位的是2009年已创建省级体育强镇的象珠、唐先、前仓、东城街道、江南街道进入复评。检查组一行在听取各镇（街、区）创强工作汇报、观看创强专题片、查阅创强台账，并检查镇（区）本级体育设施建设情况后，分别前往大儿前、寺口吕、长城等村检查村级体育场地和健身路径等设施的建设，还实地查看了中坚、飞月等企业的体育场地建设情况。

【金华市到永康调研体育产业】 11月13日，金华市体育局会同金华市统计局，对永康市开展课题为“加快发展体育事业，激发体育事业活力”的工作调研。市体育局领导参加了调研座谈会。市体育局汇报永康体育产业发展的基本状况，还就体育产业发展中碰到的瓶颈问题、对加快体育产业发展的意见建议与调研人员进行了探讨。

【戴翀副市长调研体育工作】 11月19日，永康市副市长戴翀调研体育工作。市体育局领导对2013年永康体育工作的开展情况，体育工作中取得的成绩、存在的问题及下一步要重点推进的工作进行汇报。2013年全市体育工作有序开展，针对创建省级体育强市后留下的一些薄弱环节进行加强和改进。群体性、竞技性赛事频繁开展，全民体质监测步入正轨，省级体育强镇、小康体育村的创建按计划落实，体育场馆建设管理有新突破，同时，积极探索引进新颖赛事，对高危险性体育项目经营的安全监管工作也狠抓落实。在完善常规体育工作的同时，预备争创2014年

"全国武术之乡"、举办全市综合运动会、整治修缮体育中心环境设施，并把国民体质监测工作常态化开展。戴翀充分肯定了市体育局在工作中凸显的亮点，指出永康体育工作中的薄弱环节，要求深入挖掘体育产业发展空间，借鉴学习周边县市的良好做法，调研体育协会对体育产业的带动发展作用，引导体育协会开展工作，并希望永康能组织策划落实系统性赛事的筹办，推广品牌赛事、延续性赛事，对接相关单位，提升永康办赛水平。在往后的工作中，要重视学校竞技和培训工作，探索分级段布点少体校的培养方式，推动学校竞技体育发展；发挥好全市的资源优势，推进体育闲置场所再利用，充分发挥国有企业、学校等场所的体育设施开放作用；壮大体育产业，有序引导社会力量参与体育事业，提振声势，加强对外交流联系，让体育成为宣传永康城市品牌的一个重要载体。

【市外体育交流】 2013 年，开展多次体育交流活动。6 月 26 日，永康·桐乡两市武术交流展示举行，吸引了桐乡市武术界 28 名代表及永康市武术界 80 多位代表参加。9 月 15 日至 18 日，"中国体育老记者永康行"活动举行，18 位全国资深体育宣传专家齐聚永康，交流体育宣传经验，探讨新时期体育宣传工作；24 日，金华市金东区老年体协及金东区相关镇街区老年体育工作负责人一行 20 人到永康传经送宝。10 月 10 日，市老年人体育协会在永康市体育中心广场举办文体健身节目展演，庆祝首个法定老年节。11 月 13 日，金华市体育局会同金华市统计局对永康开展题为"加快发展体育事业，激发体育事业活力"的工作调研。

群众体育

【概　况】 2013 年 4 月至 9 月，浙江省第二届体育大会在金华各县（市、区）举行。永康承办省二体会车辆模型、航空航天模型、拔河、健身气功四个项目比赛，组队参加航空航天模型、健身气功两个项目的比赛。赛前根据《浙江省体育局办公室关于举办浙江省第二届体育大会竞赛项目培训班的通知》，2012 年 12 月 24 日至 28 日，2013 年 1 月 16 日至 18 日、3 月 4 日至 5 日，举行省二体会航空航天模型、车辆模型、拔河、健身气功 4 个项目的教练员、裁判员和社会指导员培训会，共培训教练员、裁判员 150 人。5 月 18 日至 23 日、6 月 5 日至 6 日、9 月 20 日至 22 日，省二届体育大会航空航天模型、车辆模型、拔河、健身气功四个比赛项目陆续举行。永康组队获得 2 金 3 银 2 铜（总分 70 分）的成绩，分别是航空航天模型项目青少年组伞降模型火箭（1/2S3A）金牌、青少年组自旋翼模型火箭（S9A）银牌、公开组遥控直升机花式飞行（P3N）银牌；健身气功项目集体六字诀金牌，集体五禽戏银牌和个人女子易筋经、个人女

永康健儿在省第二届体育运动会上参加拔河比赛（体育局提供）

子六字诀铜牌。

【全民健身日活动】 2013年，“全民健身日”期间比赛，永康市开展贴近生活、利民惠民的体育健身活动。8月3日，“丽州之夏”广场纳凉晚会全民健身专场开演，14个镇（街、区）的22个健身站300名健身队员参加表演。8月8日，“天鑫运动季——全民健身活动”专场展示瑜伽、街舞等时尚健身方式，向市民推广具有“空中芭蕾”之称的蹦床运动。8月10日，来自杭州、浦江、义乌等地区和永康的300位骑友同聚“永康市第五届自行车友谊赛”，骑行江南街道永祥村。

【国民体质监测】 2013年，市体育局组织全市各部门单位开展国民体质监测活动，“三八节”期间，100多名机关女干部职工参加体质监测；4月至5月经济开发区、芝英镇、唐先镇、象珠镇、江南街道、东城街道和前仓镇7个镇（街、区）1 000多名干部职工接受了体质监测；10月18日，开展3～6周岁幼儿组公民体质评价等级测试，335名幼儿参加测试；11月6日至8日，开展20～69周岁成人组公民体质评价等级测试，681名来自各镇（街、区）健身站的群众参加测试。

【群众体育赛事】 2013年，举办市级比赛10场，指导并协助各体育协会、各部门单位举办各类体育赛事100场，体育培训10次。4月19日，举行“庆五一”劳动模范表彰大会暨职工拔河比赛，来自全市机关部门和企事业单位的36支代表队参加比赛。4月27日至28日，举行市第二届气排球联赛。5月6日至22日，举办“迎二体、庆五四”青年男子篮球赛。8月25日，2013“永康市环球UCC杯”山地自行车联赛（永康站）开赛，100多名来自浙江省内外的车友共赴骑行盛会。10月16日，“龙山杯”永康市木兰拳比赛正式开赛；29日，“移动杯”网球友谊赛在网球中心进行，30多名网球协会业余选手参加。11月2日，20支队伍参加2013“尤奈特”杯老年人气排球比赛；16日，市中老年健身球比赛在老干部活动中心广场举行，共有来自9个镇（街、区）的21个代表队的245名运动员参加，决出11枚金奖、10枚银奖。

10月29日，体育馆网球中心开馆试运行暨“移动杯”网球赛举行（程卞　吕高攀　摄）

【公安局举办第六届趣味运动会】 12月6日，市公安局圆满举行以“激情工作，幸福生活”为主题的第六届趣味运动会开幕式。全局29个单位组成16支代表队参加比赛。本届趣味运动会在保留传统拔河和篮球项目的基础上，新设计了蹦蹦跳、快快跑、晕晕篮等趣味性较强的项目。为了加强警民联系，每支代表队还分别邀请了一名民警家属参与活动，提升了民警家属对公安工作的支持和理解。

【省气排球活动在永康举行】 2013年，浙江省气排球嘉年华（联谊）活动12月7日至8日在永康举行。这是浙江省气排球协会成立之后的第一次嘉年华活动。来自全省28个县市区的300多名气排球爱好者、裁判员、教练员等欢聚一堂，交流球技，共叙友情。浙江

12 月 6 日，市公安局举行第六届趣味运动会开幕式（公安局提供）

省体育局对外体育交流中心主任、浙江省气排球协会常务副会长沈达军，浙江省气排球协会执行副会长黎禾以及永康市体育局、市气排球协会领导参与了嘉年华活动。

竞技体育

【概　况】 根据《学校体育工作条例》和《教育部国家体育总局共青团中央关于开展全国亿万学生阳光体育运动的通知》，2013 年在校园内开展阳光体育活动，确保每个学生每天有一小时锻炼时间。3 月 25 日，由市府办牵头，联合市体育局、教育局对永康市第五中学的少体校工作开展情况进行调研。3 月 29 日，在召开全市体育工作会议期间，市体育局会同市教育局召开了学校体育竞赛工作会议，落实全年学校体育竞赛计划，下发是年全市学校体育竞赛计划，指导和部署全年学校体育教育、教学、竞赛工作。11 月 22 日，第七届阳光体育冬季长跑活动起跑仪式在市第六中学举行。该活动于 2013 年 11 月至 2014 年 4 月举行，为期 5 个月（含寒假），主要由小学五六年级及以上年级学生参加，每个学生每天长跑参考距离数为：小学生 1 000 米、初中生 1 500 米、高中及以上学生 2 000 米。全市在校中小学生体育锻炼达标率 98%。

【业余技能训练出体育人才】 2010 年至 2013 年业余训练工作坚持教体结合，省级训练布点人数和布点经费到位率达 95%以上，全市有 20%的学校为县级以上重点布局项目学校，训练项目器材齐全、完整，能保证训练需要。参加岗位培训或岗位继续教育培训的教练员人数与专职教练员之比达到 30%以上。市实验学校引进前省体操大队运动员倪莉雀，丽州中学引进前国青队足球运动员陈晓伟。根据统计，全市等级运动员 62 人，其中 1 名为一级以上运动员；等级裁判员 195 人，其中 14 名为 1 级以上；全市有社会体育指导员 2 087 人。2013 年 9 月 10 日，永康健儿吕斌代表解放军队夺得第 12 届全运会拳击男子 46～49 千克级冠军。此前，吕斌还获得过 2011 年全国男子拳击冠军赛 49 千克级冠军、2012 年第 17 届青年拳击锦标赛冠军。

【学校竞技体育比赛】 2013 年，永康市举办

11月22日，在永康六中举行市第七届阳光体育冬季长跑启动仪式（教育局提供）

了多场以学校体育为主的竞技体育比赛。4月7日至15日，"ZSBL"浙江省第六届中学生篮球联赛初中女子总决赛在永康举行。此次比赛是2012～2013年度浙江省学生阳光体育三大联赛——第六届ZSBL中学生篮球联赛的赛事之一，有17个学校参赛，分4个组别采用混合赛制进行。5月10日至12日，市小学生篮球赛举行；24日至26日，第六届中小学生羽毛球赛举行。6月1日至2日，第七届中小学生乒乓球比赛举行，20个中小学代表队，200名选手参赛。11月6日至9日，第21届中小学生田径运动会在永康四中举行；15日至17日，高中生篮球比赛在永康一中举行；11月22日，市第七届阳光体育冬季长跑比赛在永康六中启动；11月28日至12月1日，永康市初中生篮球比赛分别在永康中学、三中、四中举办。

【潘宇烁在自由式轮滑世锦赛摘金】 2013台北世界自由式轮滑锦标赛在台北体育馆举行，在世锦赛中共有来自中国、中国香港、中国台北、韩国、法国、乌克兰、意大利、波兰、伊朗、印度等20多个国家及地区的选手参与。在进行的青年男子组速度过桩的比赛中，永康一中高一（6）班小将潘宇烁发挥出色，为中国代表团摘得首枚金牌。中国香港选手陈文丰获得该项目的第二名，另一位中国选手叶浩钦获得季军。

【国家级全地形车大赛】 4月1日，国家体

2013年10月，永一中潘宇烁荣摘2013年世界自由式轮滑锦标赛金牌（教育局提供）

育总局张东航和中国汽车技术研究中心王玮楠、吴淑霞等领导到永康洽谈全地形车赛事合作事宜，并走访调研了赛场选址。副市长戴翀及相关部门负责人参加洽谈会。永康ATV产业发展基础雄厚，像星月、飞神、凌鹰都是ATV知名的制造品牌。同时，永康地方特色明显，地理环境得天独厚，低坡、丘陵、水沟等自然形态为ATV野外赛提供了良好的条件。

【水务系统举行篮球比赛】 11月21日，市水务系统职工篮球比赛在永康市委党校拉开帷幕，共有6个单位12支代表队参加比赛。比赛由女子定点投篮和男子对抗赛两部分组成。女子定点投篮比赛首先举行。经过激烈角逐，杨溪水库队、水库联队、机关联队分别取得女子定点投篮比赛的冠、亚、季军。比赛通过三场淘汰赛挑选出3支进入决赛的队伍，并于次日举行循环赛，决出冠、亚、季军。最终，自来水公司联队取得比赛的冠军，水库联队和城区联队分别名列亚、季军。

【教育系统教职工男子篮球赛】 12月14日至24日，市教育系统教职工男子篮球赛在永康一中、永康四中、永康中学的体育馆同时举行。高中组共有8个队参赛，初中小学组共有15个队参赛，比赛按甲组、乙组进行，第一阶段进行小组循环赛；第二阶段进行交叉淘汰赛，最后确定比赛名次。经过11个晚上，紧张而激烈的比赛，最后高中组职技校代表队获得第一名，永康第一中学代表队获得第二名；永康第二中学代表队获得第三名；初中小学组龙川学校获得第一名，芝英学区代表队获得第二名；城区代表队获得第三名。

【特教学校勇夺市第四届残奥会金牌】 6月15日，金华市第四届特殊奥林匹克运动会在金华市教育学院举行。比赛共设田径、羽毛球、乒乓球、篮球、足球五个大项，共有10个单位、101位运动员参赛，其中男子运动员68人，女子运动员33人。永康市特教学校派出的15名运动员中男子9人，女子6人。在五大项17个小项的角逐中，共获得金牌27枚，银牌7枚，领先于其他各个县市。

场馆建设

【概　况】 永康市体育场所主要有体育中心，2001年开工建设，规划项目包括主体育场、比赛馆、练习馆、游泳馆、网球馆、乒乓球馆、羽毛球馆等，是集比赛、训练、锻炼、休闲为一体的综合性体育设施。至2013年底，已建成1座2 600个座位的体育馆、1座建筑面积1 500平方米的训练馆、1个400米标准跑道的田径场、2片门球场、2片塑胶篮球场、1座网球馆（包括4片室内网球场、4片室外网球场、2片练习场）、1个标准游泳池、1个200平方米的儿童初学池。其中，网球馆于2013年10月29日试运行。体育中心主体育场建设列入市“十二五”期间重点建设项目。此外，全市另有体育场馆12个；室外全民健身公园广场520个；乒乓球台1 310张；室内全民健身中心20个；篮排球房8个、羽毛球房5个；青少年体育俱乐部3个。

【体育健身活动场所建设】 2013年，永康市17个社区建有体育活动场所。城区各住宅区、城市公共绿地、公园、广场及三江六岸都已配建相应的体育健身器材。16个镇（街、区）均建立文体站或体育指导站，配有分管体育工作领导和专（兼）职工作人员，有固定的办公地点。全市有健身辅导站500个，体育活动点700个。各健身辅导站和体育活动点均有管理制度，并登记注册。全市共建有篮球场470个，健身路径377条，人均体育面积1平方余米。16个镇（街、区）本级均建有灯光球场和室内活动室，部分镇（街、区）建有网球场或门球场。2013年底，全市实现省级体

体育馆

育强镇“满堂红”，各村实现体育设施全覆盖。全市各中小学校均按国家标准建设体育场地和配备体育器材；各机关部门、事业单位和百人以上企业充分利用单位现有场地，建起篮球场、羽毛球场、网球场、乒乓球桌等室内外活动场地。各单位体育场地设施向社会开放率达70%以上。

体育市场

【概　况】 21世纪初以来，永康市体育产业得到长足发展：社会资金投资体育市场。体育健身消费成为体育休闲产业的重要组成部分，发展前景看好，社会投资体育产业的积极性高涨。2013年全市共有社会投资的体育健身、休闲场所30余家。体育培训如火如茶，三棋、游泳、乒乓球、羽毛球、跆拳道等项目培训红火，年培训1.5万人次。体育彩票销售方式创新。

【金百万彩民俱乐部开张】 5月25日，永康首家彩民俱乐部——金百万彩民俱乐部在经济开发区正式开张营业。这是永康唯一一家以俱乐部形式开放的中国体育彩票竞彩店，在金华地区也屈指可数。俱乐部面积100平方米，服务团队成员30名。

【体育市场实施行政监管】 2013年，市体育局新增体育行政执法人员2人，负责执法体育行政及体育市场监督管理。6月25日，市体育局召开经营高危险性体育项目安全管理工作会议，明确经营高危险性体育项目需先向体育管理部门申请行政许可，才能进行卫生、工商等许可执照的申领，市工商局、卫生监督所、安监局等相关单位及各游泳场所负责人参加会议。8月7日，组织人员对照游泳场所经营应具备的21条规范标准，全面开展全市各游泳场所的安全检查。截至2013年底，16个登记在册的游泳经营场所中，审批合格的有6个。

（俞冰蓉）

社会保障

综　述

【概　况】 2013 年 12 月，全市参加养老、工伤、生育保险 49.08 万人次，其中养老保险 18.88 万人，工伤保险 22.09 万人，生育保险 8.11 万人。全年征缴养老、工伤、生育保险费 13.83 亿元，其中养老 13.04 亿元，工伤保险 6 563 万元，生育保险 1 271 万元。全年有 6 149 家单位通过市社会保险服务网实现网上办理各项社保业务，其中 2013 年度新增网上申报单位 1 481 家，网上申报 36.31 万人次，新增参保 15.61 万人次，减少 13.72 万人次，社会保险缴费基数申报 6.98 万人。年内办理养老保险关系转入 1 686 人，其中跨省转入 391 人。办理养老保险关系转出 1 511 人，其中跨省转出 352 人。开具基本养老保险参保缴费凭证 1 493 张。接受各部队退伍兵养老保险关系转移 194 人，并做上军保的特殊标志。

【退职人员及待遇调整】 2013 年 5 月，调整精简退职人员生活困难补助费标准，同年 1 月开始执行，调整 86 人，发放金额 4.34 万元；调整计划外长期临时工晚年生活补助费标准，2013 年 1 月开始执行，调整 1 人，发放金额为 325 元；调整企业职工死亡后遗属生活困难补助费标准，从 2013 年 1 月开始执行。

【退休人员认证与增减】 2013 年 4 月，对退休人员及供养人员进行领取资格认证，有 1.86 万人。对异地退休现居永康的人员进行协助认证，有 980 多人。全年新增企业退休人员 1.01 万人，其中被征地农民养老保险转保职工基本养老保险 7 903 人，事业 224 人，减少企业退休人员 224 人，新增供养人员 87 人，死亡 14 人，事业减少 75 人。9 月重新计算发放 2013 年 1 月 1 日以后退休的企业退休(退职)人员的基本养老金有 902 人，补发养老金 98 万元。年度企业退休人员月平均基本养老金 1 705.67 元。10 月至 11 月办理被征地农民养老保险转保职工基本养老保险，符合发放条件的有 7 336 人，发放养老金 1 617 万元。

【失地农民社会保障】 2013 年 8 月，市人民政府办公室下发《关于完善被征地农民基本生活保障制度的通知》，对被征地农民基本生活保障待遇由基础保障金和个人账户保障金两部分组成：基础保障金，月标准以市内上年度城市居民最低生活保障标准的 60%为基数，从社会统筹账户中支出；个人账户养老金，以个人缴费档次金额除以 139 为月标准，从个人账户中支出。个人账户不足支付时，从社会统筹账户中支出。建立根据经济社会发展水平同步调整被征地农民基本生活保障个人筹资标准和保障待遇的机制。对新产生的被征地农民，严格实行即征即保。除未满 16 周岁的被征地农民不纳入基本生活保障，所有政府投资工程项目建设征地后产生的被征地农民，纳入被征地农民基本生活保障范围，提高被征地农民个人缴费待遇发放标准：个人缴费0.4万元的，发放170元/月；个人缴费0.6万元的，发放190元/月；个人缴费1万元的，发放230元/月；个人缴费1.4万元的，发放270元/月；个人缴费1.8万元的，发放320元/月；新标准实施后，每年提高5元的规定终止实行。为使被征地农民基本生活保障与城市居民最低生活保障水平相衔接，个人缴费增加3.6万元档，待遇发放标准为464元/月。全年新增被征地农民基本生活保障2 838人，累计参保人数5.76万人。全年被征地农民生活保障基金总收入2.32亿元，其中个人保障金收入772.6万元。基金总支出7 513.37万元，全年结余1.57亿元，累计结余9.94亿元。基金支付能力达331.29个月。年底，全市累计参加被征地农民基本生活保障人员5.26万人。

失业保险

【概　况】 2013年5月，成立稽核科，切实加强失业保险基金的日常监督、会计核算和财务审查管理，制订失业（就业资金）防控手册，设置AB岗，突出目标管理，细化目标责任，强化督促检查，确保基金安全运行，准确开展失业动态监测。根据浙江省人力资源和社会保障厅《关于加强企业生产经营和用工情况监测工作的通知》和全省失业动态和企业用工监测工作会议精神，继续开展80家中小企业生产经营和用工情况的监测和30家五金产业块状企业用工监测。4月对7个乡镇和80家企业用工监测人事干部进行培训，并规定给予50元/月的通信补贴。

【失业保险金发放标准提高】 2013年1月起，永康失业保险金发放标准比例由原来市内最低工资的70%提高到75%，月发放标准从812元提高到983元。全年参保人数7.18万人，基金征缴5 055万元，办理失业登记909人，发放失业金3 945人次。办理享受待遇期间参加医疗保险1 898人次，转移登记12人。办理失业人员缴纳医保费1 206人次，失业保险支出1 300万元，办理新增成长劳动力登记15人。有效保障了失业人员失业期间的生活。

养老保险

【概　况】 2013年3月起，对凡于2012年12月31日前按规定办理企业退休或退职人员的基本养老金进行调整，调整人员1.66万人，发放1 193.44万元，人均每月增加239.20元。7月至10月调整部分事业单位退休人员养老金，补发养老金2548万元。12月底，全市有社会化发放人员3.16万人，其中企业离退休（退职）人员2.61万人，精简退职人员103人，事业离退休（退职）人员4 458人，供养人员934人，因工伤离岗人员21人。全年发放企业离退休（退职）人员养老金4.47亿元，事业离退休（退职）人员养老金1.78亿元，工伤基金支付因工伤离岗人员和工亡供养人员的生活费等101万元。

【城乡居民社会养老保险】 2011年12月，市人民政府下发《关于城乡居民社会养老保险的实施意见》和《永康市城乡居民社会养老保险实施细则》，率先在金华市建立城乡居民社会养老保险制度，是全国新型农村社会养老保险试点县（市）。是年12月份，全市有7.02万位60周岁及以上人员，个人不用缴费，领取城乡居民社会养老保险基础养老金每月60元。同年4月起，80岁高龄老人增加每月30元补贴。7月起，调整城乡社会养老保险基础养老金为每月70元。2012年6月起，调整城乡社会养老保险基础养老金为每月90元。7月财政部专员办、省财政厅、省社会保障厅有关领导，到永康检查城乡居保国家转移支付有关情况。先后获得浙江省城乡居民社会养老保险经办管理服务示范单位，全国新型农村和城镇居民社会养老保险工作先进单位等光荣称号。为推进老农保与城乡居民社会养老保险和职工基本养老保险等制度的衔接并轨，改变社会养老保险制度碎片化现状，解决老农保历史遗留问题。9月，在石柱镇进行衔接新老农村社会养老保险试点工作。年底，全市参加城乡居保人数20.36万人，全年新增参保3 880人，完成上级下达任务110.86%。享受城乡居民社会养老保险待遇人员7.51万人，月平均发放养老金905.39万元。全年城乡居民社会养老保险基金总收入1.54亿元，其中个人缴纳养老保险费收入3 437.87万元，总支出基金1.17亿元，全年结余3 643.27万元，累计结余1.64亿元。基金支付能力18.21个月。

【集体企业职工养老保险】 2013年，市人力资源和社会保障局根据省《关于解决未参保集体企业退休人员及其相关人员基本养老保障等遗留问题的实施意见》精神，全年继续为符合参保条件的392人办理补缴手续。根据中华人民共和国人力资源和社会保障部令第13条，年内办理补缴182人。根据《关于转发永康市建设施工企业从业人员参加工伤保险实施办法的通知》精神，受理20多家建设施工企业上报的材料，截至12月，有1 008人参加保险。对部分工业企业临时性下调2013年养老、生育社会保险费缴费比例，为4 949户中小微工业企业减负3 944万元。全年因异地重复缴费办理基金退还463人。办理养老保险在职终止165人，其中在职死亡129人，到龄一次性支付35人。打印并寄送《个人权益单》3.59万份。配合公安、计生、建设、地税、残联、教育、人力资源和社会保障等部门开具各种社会保险缴费证明1.25万张。

【失地生活保障转职工养老保险】 2013年8月，市人民政府办公室下发《关于做好被征地农民基本生活保障转职工养老保险工作的通知》，市人力资源和社会保障局对参加被征地生活保障人员，转职工基本养老保险。9月市开展被征地农民转职工养老保险工作，12月转出被征地参保人员8 900人，转出被征地生活保障资金4 463万元、城乡居保资金775万元、老农保资金62万元。全年办理被征地农民基本生活保障转职工基本生活养老保险1.03万人，补交和被征地农民基本生活保险基金转入养老保险费5.32亿万元。

医疗保险

【概　况】 2013年，市人民政府调整医保政策，完善医保工作，制定《关于医疗保险参保人员补缴医疗保险费的补充意见》；制定《永康市基本医疗保险定点医疗机构管理办法》；调整转市外住院医疗费用报销规定；调整提高基本医疗费用最高支付限额；调整提高普通门诊医疗费用报销比例。提出《永康市城乡居民合作医疗制度管理职能移交工作实施方案建议稿》，拟定《永康市城乡居民市基本医疗保险实施办法》送审稿提交市政府讨论通过，市城乡居民市基本医疗保险制度自2014年1月1日起实施。做好医保基金阳光监督工作，完善基金管理制度，制定《永康市医疗保险管理处关于加强对医疗保险基金支付管理的补充意见》《永康市医疗保险管理处基金支付权限管理办法》，切实落实社会保险基金管理内控制度，规范基金支付审批程序，明确审批权限，控制基金风险。对2011年1月至2013年6月的大额医疗费用发票真实性进行专项复核，调整和完善医疗保险付费方式，加强对定点医院、定点药店的监管力度，发现问题及时处理。至年底，全市职工医保参保人员132 843人，比2012年增19 448人，完成金华扩面任务数的105.54%。同年社会保障卡制卡数124 108张，发卡数115 563张，比2012年增加63 614张，完成金华下达新增社会保障卡持卡任务数的132.53%。是年1～12月征缴职工基本医疗保险基金2.91亿元，支付基金2.13亿元，其中统筹基金支出1.52亿元，个人账户支出5 637万元。

【重大疾病医疗保障】 2013年，全市实施城乡居民重大疾病医疗保障试点，将尿毒症、儿童白血病、儿童先天性心脏病、乳腺癌、宫颈癌、重性精神疾病、耐多药肺结核、艾滋病机会性感染、肺癌、食道癌、胃癌、结肠癌、直肠癌、慢性粒细胞白血病、急性心肌梗塞、脑梗死、血友病、Ⅰ型糖尿病、甲亢、唇腭裂等20类疾病纳入保障和救助试点范围，试点病种患者在全市及以上定点医院住院治疗且符合规定的治疗方式，医药费用报销比例在原基础上提高10%，或实际补偿比例不低于限定费用的70%。全年办理重大疾病报销954人次904.08万元。

【合作医疗基金监管】 2013年，永康市参保患者到市外医院就诊实行登记备案制度，未按规定登记备案的，结报时按规定报销标准的90%结算，全年办理转院备案5 670人次。对意外伤害、中毒、交通事故类疾病，经审查无第三者责任的，由个人自负25%后再列入基金支付范围，全年审核意外伤害类疾病4 500人次。开展防骗保、除隐患专项活动，对报销款采用网上转账，取消现金支付，建立大额报销电话复核抽查制度，每月公示报销情况，组织合作医疗基金财务检查，结合日常网上监控，将检查结果通报全市。

【基本医疗保险实施新办法】 永康于2004年7月建立实施新型农村合作医疗制度，2007年实行城镇居民基本医疗保险，2011年整合归并为城乡居民合作医疗。2013年十六届永康市政府第十九次常务会议审议《永康市城乡居民基本医疗保险实施办法》(送审稿)。城乡居民基本医疗保险坚持政府推动、覆盖城乡、多方筹资、科学管理、以收定支、适度保障的原则，以基本医疗保险为基础，大病医疗保险为补充。参保对象为未参加城镇职工基本医疗保险的本市户籍人员。城乡居民基本医疗保险费年度人均筹资标准拟为600元，其中财政补助450元，比2012年提高100元，个人缴纳150元，保持数额不变。20种大病保障政策范围内报销比例为85%，对特殊病种门诊补偿实行“限目录、限总额、限药量”管理，特殊病种种类增加矮小症、帕金森症、重症肌无力三种，诊疗用药目录从原来的参照浙江省基本医保目录改为执行，乙类药的个人自负比例15%不变等。各部门、镇街区加大宣传力度，加强工作力度，力求做到应保尽保，参保率以镇街区为单位要达到98%以上。此外，在运行的过程中，各职能部门要加强医保工作的管理，提高工作效率，使全市医保工作得到进一步的规范。

工伤保险

【概　况】 2013年，《工伤保险条例》实施10周年，市开展《工伤保险条例》宣传活动，采用现场宣传面对面解答问题与借助新闻媒体宣传相结合。市社保还选派业务骨干分成6个组，深入企业、施工现场、社区宣讲、发放宣传材料、解答职工群众政策咨询。宣传活动接待咨询者千人次，悬挂横幅200幅、政策展板78块、发放宣传资料5 000份，出动宣传车6辆。出台《永康市建设施工企业从业人员参加工伤保险实施办法》，《办法》规定凡市内从事建设工程、线路管道和设备安装工程的企业应为建设施工人员办理工伤保险，建设施工企业中标或承揽业务后，在工程项目开工前，施工总承包企业应持建设工程项目中标通知书、工程项目承包合同，按工程项目施工承包合同总造价的0.143%计算工伤保险费，到地税一次性缴纳工伤保险，建设施工企业从业人员个人不需缴费。市社保处向建设施工企业发放宣传手册100份。

【工伤保险参保与费率调整】 2013年是市工伤保险政策实施金华市工伤保险市级统筹第二年，上缴市级调剂金73.7万元。年末，全市参加工伤保险用人单位7 645家，全年新增1 563家；参保人数22.09万人，新增2.17万人。根据2012年度收支情况，2013年调整一类行业、二类行业工伤保险基础费率，分别为0.7%、1.3%。

【工伤保险基金收支】 2013年，工伤保险基金收入6 569万元，比2012年度增加1 789万元，增长37.43%。工伤保险基金当年理赔支付合计6 397万元，比2012年度增加834万元，增长率15%。工伤保险基金全年结余172万元，历年结余693万元。是年享受工伤保险待遇累计8 752人次，比2012年度下降555人次。其中享受工伤保险伤残待遇累计2 043人次，理赔工伤伤残待遇累计3 718.36万元，包括工伤死亡22人，一次性工伤死亡待遇1 090.13万元，一次性工伤医疗补助859人次，理赔金额1242.16万元。报销工伤保险医疗费累计6 629人次，比2012年度下降890人次，理赔工伤医疗费累计2 028.33万元，比2012年度增加155.72万元。其中通过工伤协议医院网上结算累计3 666人次，网上结算工伤医疗待遇965万元。全年新增工伤死亡供养按月享受工伤保险待遇31人，待遇金额1.89万元。

【工伤定点医疗机构管理】 为了控制过度检查、过度治疗、不合理用药等小病大治现象，促使工伤保险定点医疗机构建立成本约束机制，保证医疗服务质量。2013年，市社保处按照《浙江省基本医疗保险医疗服务项目》，对工伤多发病种进行分类和合理的医疗成本核算，摸索出两个大类，33种常见多发病种实行“工伤单病种付费”模式。按此模式与8家医院签订医疗服务协议，推出“先就诊，后网上结算”的医疗服务。全年享受此项医疗服务6 494人次，其中门诊2 723人次，住院3 771人次。结算工伤医疗费1 907.53万元。工伤保险保障了用人单位因工作遭受事故伤害或者患职业病的职工获得医疗救治和经济补偿，有效分解用人单位的工伤风险。

生育保险

【概　况】 为维护职工合法权益，保障女职工生育期间的基本生活和基本医疗保健，促进妇女平等就业，根据《中华人民共和国劳动法》和《中华人民共和国妇女权益保障法》《女职工劳动保护特别规定》《浙江省生育保险暂行规定》《永康市生育保险暂行办法》《永康市生育保险实施办法》结合市内实际，修订了生育保险网上操作业务，合理过渡新老办法。2013年，根据“新文件”中规定女职工生育津贴，是按照生育时职工所在用人单位上年度月平均缴费基数计发，与计算机人员一起花了大量时间，对2011年6 373家、2012年7 101家所有机关、企、事业单位、社会团体、个体工商户、民办非企业单位的上年度缴费基数进行逐一核实，建立了2011年、2012年各企业缴费基数档案库。排除了中断补缴、基金退回等非正常缴费计入基数，解决了缴费基数的正确获取。

【生育医疗费补贴】 2013年，生育医疗费补贴实行最新标准：凡在2012年10月1日前参保生育的，连续缴费满6个月享受顺产1 500元、难产2 200元的补贴；2012年10月1日前参保、生育的，连续缴费满12个月，可享受顺产2 000元、难产3 800元的补贴；2012年10月1日后参保、生育的，连续缴费满6个月，享受顺产2 000元、难产3 800元的补贴。

【生育产假与津贴调整】 2013年，市实行调整后的生育产假与津贴：妊娠大于或等于7个月，享受98天；妊娠大于或等于3个月引产的享受50天；妊娠大于3个月流产的享受30天；难产的享受98+15天；多胞胎的多1个增加15天。生育保险计生费用，放置节育环的70元，取出70元；皮下埋植术70元，取出55元；输卵管结扎术550元，输精管结扎术350元；复通手术1 800元；人工流产术，一次性补贴90元。

【生育保险软件管理】 2013年，市人事劳动和社会保障局修订录入过程中企业名称变化影响支付，解决生育报表模块审核汇总的参保年月与生育待遇录入模块中参保年月获取数值不一致的问题，增加医疗费用报销模块，根据发票金额与额定支付比对，进行差额支付，让职工获取更合理的医疗费用。新增享受待遇期间缴费中断人员生育津贴按天计算支付。对164家生育无到账标志、323家有到账数据无到账年月的单位，向计算机中心递交相应的名单数据，配合解决遗留问题。对支付过程中遇到的单位生育欠缴的，催缴到账后再支付，填补基金遗漏。建立各省、地支付职工准生证备案库，有纸质、有电子文档。产并加强生育保险监管，与各省当地计生部门协作调查、核实准生证件260余本。查实各类利用准生证骗保人员8起，合计金额10万元，保证了生育保险基金的安全。

合作医疗

【概　况】 2013年，市新型农村合作医疗参保人数49.26万人（含中途参保），参保率97.48%，年人均筹资标准为500元，其中个人缴纳150元。全市基金收入2.5亿元，基金支出2.59亿元，其中住院病人报销4.6万人次2.06亿元，特殊病种门诊报销9.75万人次2 429.55万元，普通门诊报销220.51万人次2 838.61万元，统筹区域内政策范围内住院补偿率76.23%，累计报销达到封顶线的12人。

【保险机构参与合作医疗办理】 根据市政府2013年第二次常务会议精神，市合作医疗委员会确定委托浙江省太平洋人寿保险股份有限公司参与市合作医疗经办工作。该公司招聘23名工作人员，在市合医办下设业管中心，在各镇街区行政服务中心设立合作医疗代办窗口，在市第一人民医院等定点医疗机构派驻驻院代表，开展市外住院的报销受理、转院备案、中途参保、调查审核、政策咨询等工作，协助镇街区做好参保人员的信息录入和卡证管理等，将合作医疗服务延伸到乡镇。为加强这支队伍的建设，年内开展“强素质、转作风、抓落实”活动，举办“我与合作医疗的故事”征文，建立周例会制度，进行服务礼仪培训和业务培训。为行动不便的对象提高上门服务，全年代办报销5 796人次，转院备案2 772人次，调查核实513人次，接受群众咨询及其他事项办理6 546人次。

【合作医疗管理职能移交】 6月9日，市政府下发《永康市城乡居民合作医疗制度管理职能移交工作实施方案》。市编委下发《关于市城乡居民合作医疗制度管理职能划转的通知》，市新型农村合作医疗管理委员会办公室建制从市卫生局划转到市人力资源和社会保障局，7月30日举行移交签字仪式；11月14日市府办印发《永康市城乡居民基本医疗保险实施办法》；11月15日全市城乡居民基本医疗保险筹资参保工作会议召开，全市城乡居民合作医疗制度实施到2013年12月31日止，从翌年1月1日起实施城乡居民基本医疗保险制度。

【合作医疗宣传和工作方式改进】 市人力社保局组织人员征询各方面意见，剖析城乡居民合作医疗服务过程中存在的不足，并着手从制度设计、流程优化、内部管理、绩效考核等多方下手，抓整改转作风。此后，市民到城乡居民合作医疗业务管理中心办事，都会收到一份告知书，内容包括办理各种事项所需资料。管理中心简化了医疗卡领卡、补卡、改卡程序，参保人员凭有效身份证明可以一次性当场办理，以前补卡、改卡需要户口簿、身份证之外，还需要提供村集体证明，比较繁琐。管理中心在各镇街区开设窗口，配上代办员，办理市外转院手续等相关事项，极大方便了群众。老人和行动不方便的残疾人需要办事，管理中心还提供上门服务。12 月 23 日开始，市人力社保局除了通过短信、媒体宣传发动，还把没有参保的群体名单筛选出来，分发到各镇、村，一户不漏进行“家访”，一家一户通知到位。

【合作医保农民享受“体检套餐”】 江南街道马竹岭村共有杨木塘、高塘、黄岐 3 个自然村。自 2004 年开始实施合作医疗政策后，村里就一直全额买单让村民参保。以前村集体经济薄弱，村干部们自愿放弃误工补贴，一分一厘省钱，也要确保让每位村民顺利参保。为提高全村干部群众的身体健康水平，2013 年初村党支部、村委会决定给村民体检。为让检查项目更能反映身体实情，村两委成员再三筛选，增添了肿瘤全套、彩超等项目。有极少数村民思想不通，欲放弃体检领取钱款，村干部便上门劝说，努力让参检者一个不少。3 月 18 日，马竹岭村两委成员带领首批村民去市一医参加体检。全村 18 周岁以上的都参检，共 650 人，在一周内分批次进行。体检费用全由村集体支付，共 40 余万元，平均每人 600 多元。为方便村民，村里还包了大巴，每日定时送大家前往市第一人民医院。市一医体检中心主任徐美时说，2010 年来，参加体检的农村群众逐年增多，但都以自掏腰包为主。像马竹岭村这样全额由村集体买单，参检费用如此高、人员又如此齐全的，还是头一回。

（徐航向）

民政民生

综　述

【概　况】 2013年，市民政工作围绕“以民为本，为民解困，为民服务”的宗旨，以“法治民政、阳光民政、贴心民政、数字民政”的工作目标，开展双拥优抚安置、基层政权和社区建设、救灾救济、最低生活保障、社会福利、社会救助、行政区划管理、地名管理、婚姻管理、殡葬管理、民间组织管理等各项工作。出台《永康市养老服务需求评估办法》，完成居家养老照料中心42家，为1 200名老人提供就餐、保健、休闲、娱乐等多种服务。培训养老护理员110人次，提高服务水平。福利机构为孤儿每人每月发放基本生活费1 000元，社会孤儿每人每月600元。配备儿童福利督导员19人。开展孤残儿童抢救性康复项目10例，其中手术康复6例、脑瘫患儿训练3例、语言训练1例。中福在线永康销售中心彩票销售总额6 600万元，销售额占金华市第一。

是年全市农村最低生活保障月标准357元/人，比2012年增长12.7%，城镇居民月标准524元/人，同比增长27.5%；农村享受低保标准是城市的68%。截至12月底，农村享受低保家庭3 449户计4 832人，城镇享受低保153户205人，全年发放低保金1 056万元，发放物价补贴150万元，发放临时救助金218万元。实行最低生活保障对象动态管理，101户150人，新增60户88人；按人均11元标准，全市共筹集医疗救助经费627万元，发放医疗救助金566.28万元，有963人得到救助。开展住房救助工作，落实住房救助资金57万元，完成65户困难群众的房屋修理和改建。完成经济适用房300户、公租房400户的家庭收入审核工作；募集善款452万元，发放救助款454.7万元，救助对象1 677户(人)次、73个团体。

【“中国梦”宣传教育活动】 2013年，开展“中国梦”宣传教育活动。市民政局5个科室，11个下属单位的负责人积极参与以“中国梦”为主题的中国特色社会主义宣传教育活动，结合岗位职责开展讨论，争创金华市民政局组织的“十佳创新工作”“十佳服务团队”“十佳服务标兵”活动。进村入户，帮困解难，由市农村“两富”局级指导员(局班子成员)带领社救科、移民办、优抚科、社会事务科等相关科室负责人对江南街道上皇渡、翁埠、上把赵、下皇渡、青塘、麻车头等6个村进行“一对一”帮扶工作，为帮扶村出点子、理思路、送项目、送资金。为村庄整治、道路硬化、饮用水改造等民生问题提出合理建议。走访慰问贫困党员8人、低保家庭8户、特困家庭5户。将上皇渡村饮用水改造项目列入市内小型水库解困项目计划。

【民政全员绩效考核试行】 9月，出台《永康市民政局全员绩效考核实施办法(试行)》。考核对象分两个层次：科室(单位)考核，即局机关各科室、局属各单位；个人考核，即局机关中层(含)以下干部职工、局属单位局管干部职工

西津社区居民在全国第五个“防灾减灾日”举行“5·12”应急疏散演练(童英晓　摄)

(其中福利院单独考核)。科室(单位)考核满分为100分,由重点工作、基础工作、创新工作和上级交办的其他工作四项内容组成。个人考核满分为100分,分科室(单位)考核和民主评价两个部分。局管正职、副职和一般干部职工的科室(单位)考核分部分,分别按科室(单位)考核分的60%、55%、50%折算。并设置加减分项目,按照国家级、省级、金华市级、永康市级不同级别的奖惩情况给予相应的加减分。考核结果分别按照参加绩效考核干部职工同类人员总数的30%(优秀)、50%(良好)、20%(合格、基本合格)的比例确定考核结果,与提干、评优秀评先进挂钩。

【城乡防灾避灾中心成立】　2013年,市政府修订出台《永康市自然灾害救助应急预案》,市民政局与教育局、人防办联合下发《关于在部分学校建立自然灾害避灾中心的通知》,列入避灾中心建设的有永康三中、永康五中、溪岸中学、古山中学、桥下初中、清溪初中、前仓中小学、石柱初中、舟山初中、西溪初中等10所学校。根据避灾中心建设规范要求,对用于避灾场所的建筑、设施进行装修改造,增添避灾物资,并进行挂牌,10月底验收完毕,共下拨改造装修资金90万元。8月17日,由于全市连续遭受旱灾,市政府及时启动三级救灾应急预案;20日,组织培训全市398名农村灾害信息员,并进行考核。

(徐瑶琴)

优抚安置

【概　况】　2013年1月28日,市政府第七次常务会议确定,全市义务兵家属优待金标准根据《浙江省军人抚恤优待办法》规定和《永康市统计年鉴》公布统计数据计算,每年

8月2日,市人武部政委张永江代表人武部党委慰问98岁的老革命姜玉生(人武部提供)

实行自然增长。市内义务兵家属优待金标准为每户1.13万元，2013年发放上一年义务兵家属优待金639万元。市内现役军人有3人立二等功、3人立三等功。根据2008年第二十五次市长办公会议确定，立一等功奖励1万元、荣立二等功奖励0.5万元、立三等功奖励0.2万元标准。2013年发放立功受奖奖励优待金2.1万元。根据市人民政府办公室《永康市抚恤优待对象医疗保障实施办法的通知》，2013年发放医疗门诊包干经费51万元、为254人次补助住院医疗费40.5万元、为1 446人次的1～6级伤残军人报销门诊药费49.6万元。年初全市享受定期生活补助的重点优抚对象553人，死亡31人，年底，有重点优抚对象522人。其生活补助费标准以全市农村居民上年度人均纯收入1.3万元为基础、再按相应的比例确定。具体标准如下：

2013年永康市重点优抚对象生活补助标准 （单位：元）

类　别	自然增长后优抚金所占基数比例(%)	优抚金年标准	优抚金月标准	中央和省财政补助(元/年)
一、在乡复员退伍军人				
解放战争时期入伍	75	9 721	810	1 690
中华人民共和国后入伍	70	9 073	756	1 690
孤老人员	95	12 313	1 026	1 690
带病回乡退伍军人	70	9 073	756	1 200
二、60周岁烈士子女			200	
三、参战退役人员				
非农			385	
农业			485	

2013年1月1日起，上述人员如参加城镇职工基本养老保险的，生活费标准如下：

2013年永康市重点优抚对象参加养老保险生活费标准 （单位：元）

类　别	优抚金月标准
一、在乡复员退伍军人	
解放战争时期入伍	616
中华人民共和国后入伍	611
带病回乡退伍军人	280
二、60周岁烈士子女	200
三、参战退役人员	280

2013年全市发放重点优抚对象生活补助费466.3万元。

根据浙江省民政厅办公室《转发民政部办公厅关于落实给部分农村籍退役士兵发放老年生活补助政策措施的通知》和浙江省民政厅、财政厅、人力资源和社会保障厅《关于浙江省复退军人参加职工基本养老保险后有关优抚补助问题的通知》，2013年，市民政局对市内60周岁的农村籍退役士兵，通过本人申报、村(社区)、镇(街、区)审查、民政局审核、公示，是年符合享受条件的退役士兵共2 052名，发放农村籍退役士兵老年生活补助费138.6万元。身份证信息和个人基本信息全部录入“全国优抚信息管理系统”。

【拥军工作多渠道进行】 2013年市财政用于改善驻永康部队官兵生活、工作、训练条件及永康第二消防站建设的各项经费计1 259.7万元。市委、市政府在“八一”建军节、春节两次慰问了市人民武装部、市军队离退休干部休养所、驻永康武警三中队、武警中队、消防大队及驻守金华的各部队，慰问物资及慰问金计71万元。春节前向全市复员、退伍、转业军人、军队离退休老干部发放慰问年画3万多份。春节，市委、市政府组织“迎新春拥军优属联欢会”文艺演出，与驻地官兵共迎新春。参加金华市双拥领导小组组织的十佳拥军企业家、十佳退役军人创业能手评选活动，中国胜亚集团有限公司的王根红、旺达集团的吴银豹被评为金华市十佳拥军企业家，星月集团胡济深、三马工贸有限公司周加强被评为金华市十佳创业能手。

【伤残抚恤金按国家标准发放】 2013年全市在职伤残军人153人，抚恤金按国家规定的标准享受，发放在职伤残军人抚恤金147.7万元。是年全市在乡伤残军人有138人。其抚恤金标准，以全市上年度城镇单位职工平均工资4.75万元为基础、再按相应的比例确定，2012年具体标准如下：

2013年永康市在职伤残军人抚恤金发放标准 （单位：元）

残疾等级	残疾性质	自然增长优抚金所占基数比(%)	抚恤金年标准	抚恤金月标准
一　级	因　公	95	45 086	3 757
	因　病	90	42 713	3 559
二　级	因　战	90	42 713	3 559
	因　病	80	37 967	3 164
三　级	因　公	75	35 594	2 966
	因　病	70	33 221	2 768
四　级	因　病	60	28 475	2 373
五级(原等级为二甲级)	因　战	60	28 475	2 373
	因　公	55	26 102	2 175
	因　病	50	23 730	1 978
六级(原等级为二乙级)	因　战	50	23 730	1 978
	因　公	45	21 357	1 780
	因　病	40	18 984	1 582
七级(原等级为三甲级)	因　战	40	18 984	1 582
	因　公	35	16 611	1 384
八级(原等级为三乙级)	因　战	35	16 611	1 384
	因　公	30	14 238	1 187
九　级	因　公	25	11 865	989
十　级	因　公	20	9 492	791

2013年，全市共发放在乡镇伤残军人抚恤金274.2万元。

2013年，全市有“三属”(烈属遗属、因公牺牲军人遗属、病故军人遗属)31人。抚恤金标准以市农村居民上年度人均纯收入1.3万元为基础、再按相应的比例确定，具体标准如下：

2013 年永康市“三属”抚恤金发放标准　　（单位：元）

类　别	自然增长优抚金所占基数比例（%）	优抚金年标准	优抚金月标准
烈　属	110	14 257	1 188
因公牺牲军人家属	105	13 609	1 134
病故军人家属	100	12 961	1 080

2013 年，发放“三属”（烈属遗属、因公牺牲军人遗属、病故军人遗属）人员定期抚恤金 53.7 万元。

（周德柱）

【退伍士兵安置】 1 月 28 日，市政府第七次常务会议确定全市自主就业退役士兵经济补助标准，城镇兵和西藏兵不再发放安置费，不论城镇籍退役士兵，还是农村籍退役士兵，都享有同样安置待遇。2011 年，接收退役士兵 274 人，2013 年发放 2011 年自主就业退役士兵经济补助 121.9 万元。2012 年，接收退役士兵 264 人，2013 年发放 2012 年自主就业退役士兵经济补助 205.4 万元。

2013 年 10 月 11 日，市政府办公室印发《永康市符合安排工作条件退役士兵安置办法的通知》，确定对符合安排工作条件的退役士兵安置事业单位名额不低于三分之一，剩余的安置在国有、国有控股、国有资本占主导地位的企业。改变了自 2002 年开始的符合安排工作条件退役士兵三分之一安置事业单位、其余三分之二实行货币安置的办法。2013 年，市内接收符合安排工作条件退役士兵 3 人，安置事业单位 1 人、粮食收储公司 1 人、镇联污水处理有限公司 1 人。

【优抚安置及补偿】 2013 年，永康接收退伍义务兵 273 人，其中农村籍义务兵 251 人、城镇入伍义务兵 22 人。接收转业士官 3 人。安置费和退伍士兵自谋职业培训费纳入财政预算，补助标准实行自然增长，发放义务兵自主就业补偿金 327.4 万元。年内，永康继续实行部分优抚对象抚恤和生活补助自然增长机制，全年发放抚恤金和生活补助费 856.6 万元，农村籍退役士兵老年生活补助费 138.7 万元。加大对 60 周岁以上生活困难退伍军人的临时救助，发放优抚对象医疗救助金 25.4 万元。做好优抚对象医疗救助“一站式”实时结报系统的维护和完善工作，确保系统运行的正常数据完整准确，全年优抚对象医疗补助 153 万元。自主就业经济补助和退伍士兵自谋职业培训费纳入财政预算，完善义务兵自主就业经济补助制度，补助标准实行自然增长，发放义务兵自主就业补偿金 327.4 万元。

善举救助

【概　况】 2013 年，通过各级政府核实，全市农村有低保家庭 3 449 户、4 832 名，城镇有低保 153 户、205 人，全市发放低保金 1 056 万元。农村月补差 181 元/人，城镇月补差 405 元/人，全年发放物价补贴 150 万元。是年农村居民低保标准为人均 357 元/月，城镇居民低保标准为人均 524 元/月。全市有城镇“三无”、农村五保人员 355 人，月人均标准为 729 元。全市有 101 个孤儿列入救助，福利机构有孤儿 31 人，每人每月发放1 000元，社会孤儿 70 多人、每人每月增加到 600 元。全年发放 90 万元。年内，启用社会救助信息平台。由杭州思锐软件公司制作的市社会救助信息系统，集低保、五保、医疗救助、重残生活补助、临时救助 5 个系统模块组成。经过努

3月12日，胡增强副市长为两癌患者发放“贫困母亲两癌救助金”（党校提供）

力全部数据采集于2013年9月底前完成，10月开始启用，提高了工作效率及数据的准确度。按照上级的要求，财政按人均11元的医疗救助经费筹集到位，全年医疗救助经费达到627万元，有963人得到救助，发放医疗救助金566.28万元。全市有65户困难群众住房救助，完成修建、新建、置换3 900平方米，下拨救助资金57万元。根据《永康市临时救助实施办法》，全年按人均4元筹集临时救助经费，共筹集资金228万元，年内实际支出218万元。按期完成了经济适用房300户、公租房400户的家庭收入经济适用房、公租房申请家庭经济审核。

【年关慰问发放救助款】

1月22日，市慈善总会会长胡德伟一行前往芝英镇、方岩镇、舟山镇、象珠镇、唐先镇慰问贫困家庭，年关“慈善送温暖”慰问活动就此展开。是日，市慈善总会一行和所在镇街区领导、救助所干部一起，共走访了6户农村困难家庭。此次“慈善送温暖”活动发放的救助款，同往年一样，都是社会各界爱心人士向慈善总会捐赠的善款，凝聚了爱心人士对困难群体深切的关爱之情。该次“慈善送温暖”活动将惠及全市300余户家庭，共发放救助款达40万元，其他救助款将陆续由各镇

2月1日，市委常委、公安局局长傅建军分别到唐先镇上考村和金坑村慰问困难群众（公安局提供）

街区社会救助事务所发放到各困难户手中。

【新永康人遇难众人帮】 随着全市经济社会蓬勃发展，吸引大批人才和产业工人来永创业。4月，全市登记在册的流动人口54万人，已反超当地常住人口。2013年4月9日，永康市慈善总会下发《“关爱新永康人救助金”实施办法》。办法规定，在市内务工就业一年以上，经办理居住登记，患大病或突发事件（在市范围内发生）导致生活困难的新永康人，经所在企业（属个体就业的经居住地流动人口网格专管员）和镇街区流动人口服务管理所核实，可获得2 000元至6 000元不等的应急救助。金凯德、喜盈门、班德瑞、海心等企业为“新永康人救助金”再注“活血”，捐赠善款26万元。

【步阳公益基金助力幸福永康】 步阳集团将公益事业作为公司使命之一。成立7年来，坚持倡导“慈善·公益·责任·幸福”的理念，先后在市内开展了15次特别行动，已发放助学款和救助款300多万元。《永康日报》作为“步阳千万公益基金”活动的合作者，既是社会公益发展的记录者，也是企业社会责任的推动者。除了在《永康日报》平台上坚持开展公益传播及行动之外，也举行了许多致力于公益的行动。2013年的“步阳千万公益基金”温暖年关活动12月8日启动，救助了西城街道应宅村民董丝球，象珠镇官川村82岁的村民胡仙梅等一批家庭困难者。全市需要帮扶的困难户到所在村开具困难情况证明再带上户口本和身份证，到永康日报409办公室（民情专递中心）报名登记。至12月14日，已收到困难市民的救助申请106份。

【摄影年会为“水晶女孩”筹款】 “水晶女孩”李丽微从北京回永康后，“阳光爱心社”的志愿者们便经常商量如何帮助她再回北京治病。市摄影家协会主席卢广和几个负责人商议决定在年会上对7幅摄影作品进行爱心拍卖，现场竞拍7幅作品共38 500元，全部捐给小微微。摄影家们还为李丽微举行募捐活动。应敏首先将自己在年会上获奖的1 600元奖金捐了出来。一些非摄影家协会会员的人也加入献爱心的行列，当晚通过爱心拍卖和慈善募捐，一共为李丽微筹得爱心款61 920元。

【永康市民支援四川地震】 4月20日上午8点，四川省雅安市芦山县突发里氏7.0级大地震。9点30分，在市博物馆举办百名书画家作品联展的主办方立即和参展书画家联系并征得同意，决定从拍卖所得的3万元中先拿出3 000元捐给地震灾区，用实际行动支援四川同胞抗震救灾。接下来几天，书画展“移师”文化馆。主办方将把拍卖收入的一半捐给雅安灾区。翌日晚上7点，成都永康商会会长何卿带队开着装满3 000箱矿泉水、2 000箱蛋糕等

步阳集团举办千万公益基金年终慰问活动（步阳集团提供）

5月2日，白云小学组织学生为芦山地震灾区募捐献爱心(教育局提供)

救灾物资的汽车，匆匆赶到雅安市芦山县县城。浙江哈尔斯真空器皿股份有限公司向灾区捐赠4万只总价值约110万元的保温杯。21日晚，浙江东伦工贸有限公司组织生产车间连夜赶制一批价值15万元的“爱心锅”，捐赠运往雅安灾区。总部中心永康“创二代”商会举办慈善募捐大会，商会会长舒永亮带头捐款5万元。昆明永康商会会长胡献中带头捐款1万元。

【车票义务代购点】 永康志愿者共在全市设立40多个车票义务代购点，网购车票1 400多张，解决了许多外来工的燃眉之急。同时志愿者还为排队购票者送姜茶、腊八粥，金华市委常委、组织部长通过微博，力挺永康志愿者行动；央视“新春走基层”栏目也专门派记者来到永康市驻点采访。市农行发出倡议书，希望广大员工积极行动，为关爱新永康人出钱出力。12月20日晚，由永康日报联合团市委、市农行、市志愿者协会联合开展的“‘温暖回家路，我们在行动’大型公益活动推进会暨永康农行志愿者分会成立大会开幕”。大会上，农行、《永康日报》、团市委领导带头募捐，200多名农行员工、志愿者积极参与，现场共募集善款3.5万元。现场举行全市16个镇街区车票义务代购点授牌仪式。

【方村办起老年用餐食堂】

方村有290户，800多人口，其中60岁以上老人138位。由于地处八字墙山沟，发展滞后，大部分年轻人外出创业，留老人守村。平时为烧一日三餐，老人经常要上山捡柴火，容易摔伤。于是，村里办起老年食堂，规定60岁以上老人每天交3元，可一日三餐在食堂用餐，早餐有粥、包子、馒头等食品，中餐、晚餐一荤两素一汤。12月，村两委班子成员为集体垫资购置了各种日用品，使花街镇第一个老年食堂顺利开张，在老年食堂开张首日，在外打拼的年轻人纷纷为回报家乡、孝敬老人慷慨解囊。“90后”陈方捐款2万元；在城区办厂的陈学军，于当天赶回村里捐款3 000元；“80后”陈鹏当天也捐款1 000元；51岁的村民陈海桥在参加开张仪式现场捐助1万元。仅这一天，便收到12笔爱心捐助计4.52万元。村民捐助的善款委托老年协会管理，每笔费用公开，接受大家监督。同时，考虑到在外创业的年轻人回乡无处用餐，老年食堂也将免费向他们开放。自老年食堂开张后，在外创业的热心村民纷纷与村两委联系捐款事项。目前村里已在老年食堂门口安放捐款箱，让更多村民加入敬老爱老的爱心活动中。

【“光彩服务日”助老健康】 2013年2月初，永康老年大学开展以“抒发光彩情，共筑中国梦”为主题的“光彩服务日”活动。市消保委副秘书长夏磊对老年消费易被误导等问题进行提醒和警示；兰君养生馆负责人就老年朋

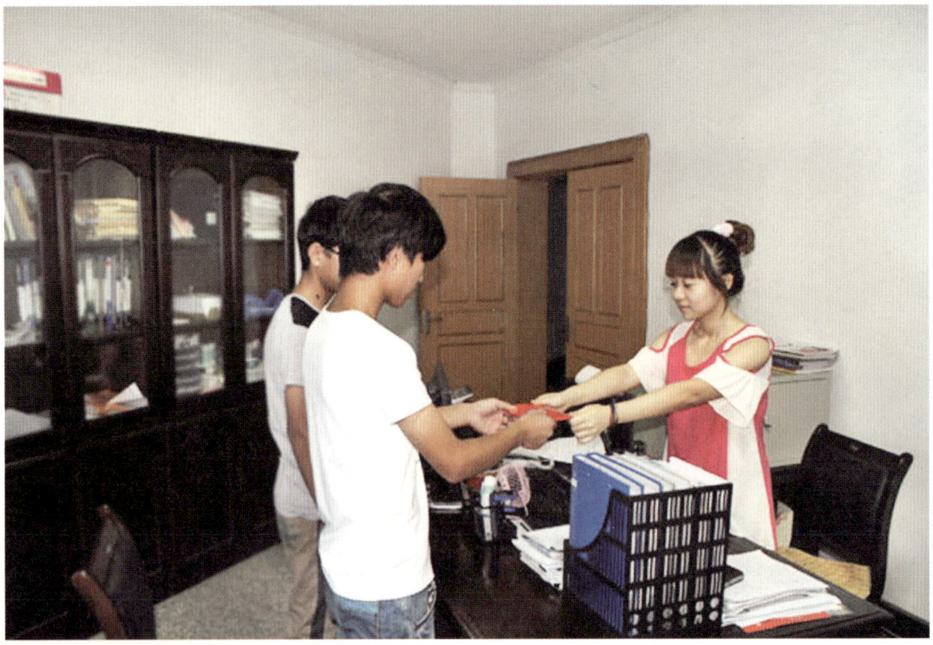

云南镇雄籍黄陶、黄康代表母亲领取慈善总会“关爱新永康人”救助金(流动人口管理局提供)

友的饮食起居等问题做知识讲座;江南工商所还免费为学员们开展理发、眼镜护理、中医义诊等服务,受到了广大老年朋友的欢迎。为增强广大学员的健康意识,老年大学还建立一个“健康小屋”,配备了电子血压计、体重身体脂肪测量器等设施,并提供健康生活方式宣传材料。

【佳信慈善爱心行】 从2010年起,永康市慈善总会用浙江佳信税务师事务所捐赠的善款设立了“佳信慈善爱心基金”。为西溪小学和柏岩小学的17位困难学生家庭送去2 000元、1 500元和1 000元不等的爱心慈善基金,共发善款3万余元。2013年2月4日,西溪小学一(3)班小琪的母亲胡月娇接过“佳信慈善爱心基金”。施嘉琪的父母因煤气爆炸导致身体大面积烧伤,父亲右手丧失劳动能力,家境困难。佳信慈善爱心基金给了他们生活的勇气和信心。

【义工乐施“爱心胡公粥”】 自7月22日开始,永康胡勇等3名义工发起“爱心胡公粥”,每天早上为贫困过往行人免费施粥,已持续4个多月。一家餐厅赞助5 000元,另一位爱心人士赞助一台煮粥机,免费“胡公粥”就这

义工在永康汽车东站施粥(张丽　摄)

样出现在永康街头。随着"胡公粥"知名度越来越大，不少外地的义工也来联系，希望能加入这个团队。如今，爱心"胡公粥"已走出永康，在金华、杭州都开始设点。

（黄亚雯）

社会福利

【概　况】 2013 年，永康有 60 岁以上老年人 9.6 万人，占全市总人口的 16.6%，并以每年 4.5%的速度递增，老龄化程度远高于全国平均水平。老年人对生活照料、康复护理等服务需求也日益增长。随着弃婴收养政策的改变，需要入住福利院的孤儿弃婴数量也有较大增加。市委、市政府及时将社会福利中心建设提上议事日程，于 2013 年初将该项目作为重点工程上报省政府，成为省重点工程项目。

【社会福利中心】 市社会福利院始建于 1996 年，设施相对落后，用地日显局促，已无进一步发展余地。为此，市社会福利中心建设项目势在必行。通过市政府财政预算，市社会福利中心总投资 4.46 亿元，建设总用地 13 公顷，分三期实施，第一期 1 200 个床位，第二期 1 470 个床位。每一期工程均计划在 2～3 年内投入使用。第一期工程建设主要内容包括：综合楼及食堂、"三无"对象楼、康复中心楼、重度残疾人托养中心、老年全护理楼、老年健康楼、儿童楼、公益救助中心、外部污水管埋设、桥梁、道路、引水工程、永祥溪驳坎及沿溪绿化带、内部景观及环境建设等。建成后的社会福利中心主要承担城区政府供养的"三无"五保对象、自费老人的赡养以及社会孤残儿童的抚养。是集老人供养、康复、健身、学习、娱乐为一体的综合性社会福利机构。

【居家养老照料中心】 2012 年，市财政补助 60 万元，建成居家养老照料中心 8 家；2013 年已投入 933 万元，建成了 20 多家，为上千名老人提供餐饮服务，并统一配备了电视机、躺椅、棋牌等设施，向老年人提供就餐、保健、休闲、娱乐等多种服务。建设农村居家养老照料中心，采用"七统一"标准，实行梯度管

市五套班子领导参加市社会福利中心开工典礼（永康日报社提供）

理，打造便民食堂、医疗保健、文化生活“三项”基础服务功能齐全的老人乐园。市居家养老中心的创办以便民食堂为重点，今后将配套“三项”服务功能体系，实行“七统一”建设标准，实行梯度管理，开展“六个一”医疗保险服务。“七统一”标准为：标识统一印制，立面统一规整，设备统一采购，环境统一布置，制度统一上墙，人员统一培训，工作统一推进。“六个一”医疗保健服务是：每日提供一站式医疗保健服务、每周制订一套营养保健餐谱、每月开展一次慢性病随访、每季开展一次老年健康讲座、每半年组织一次集中义诊活动、每年开展一次免费健康体检。市政府民政部门按照“日常统一照料，夜间分散居住，中心村统一布点，边缘较小村分餐配送”的统分结合运营模式推进居家养老照料中心建设，重点、优先保障高龄、空巢、孤寡、贫困等老人的养老需求。

（倪项进）

农村社区

【概　况】 随着永康经济社会不断发展，社区作为社会发展的基本单元，正发挥着越来越重要的作用，其功能与角色也日益彰显。2011 年市委、市政府出台《关于进一步加强农村社区建设的实施意见》，贯彻落实上级关于推进新型农村社区建设工作的决策，把农村社区建设作为社会主义新农村建设的突破口，作为解决民生问题、统筹城乡发展、构建和谐社会的重要内容。

以便民、助民、利民、安民、富民为出发点，积极探索，完善机制，实现村民自我管理、自我教育、自我服务、自我监督、自我发展，建设富裕、文明、民主、和谐的农村社区。

【社区公共服务“一站式”】 2013 年，镇（街道、区）社区服务中心承担公共服务职能。整合办事机构，推进“一站式”服务，组织开展就业培训、社区救助、社会治安、社区卫生、计划生育、社区环境、社区文化、社区体育、社区教育等公共服务。有条件的社区，配以室内文体活动场所。村级社区服务中心建设实施“12345”工程，包括农村社区服务中心；党员干部远程教育站点、村民学校；卫生服务站、救助帮扶站、农业服务站；社会治安综合治理工作室、计生服务室、老年活动室、图书阅览室；志愿服务队、平安服务队、义务消防队、文体活动队、环境保洁队。推进农村社区服务中心建设，依托村级办公服务场所，整合利用现有闲置的礼堂、校舍、仓库、民房等资源，实施必要的改建、扩建或新建。村级社区服务中心建筑面积一般不少于 350 平方米，镇（街道、区）社区服务中心建筑面积一般不少于 500 平方米，示范型社区服务中心用房建筑面积达到 600 平方米以上。

【社区公租廉租经济适用房】 2011 年 9 月 19 日，永康市首批公共租赁住房工程开工建

4 月 25 日，女企业家进村企帮扶新农村（妇联提供）

设，着力解决城市中不能享受廉租住房、经济适用房保障，又无力在市场上购买普通商品房的“夹心层”群体的住房难问题。在市一期工程竣工的基础上，继续开工建设北苑经济适用房二期工程。工程用地 1 040 公顷，建筑面积 4.37 万平方米，投资 1.2 亿元。而今 9、10、11、12 号楼已于 2012 年 8 月份全部结顶，已完成砖砌体或外墙粉刷工作。公租房工程位于三马路以东、城北路以北区域，用地 353.33 公顷，建筑面积 2 万平方米，投资 6 047 万元，在 2013 年 5 月完工。启动社区安居点工程建设，目前东城区块、西城区块、江南区块均计划在年底前完成招投标并开工建设。

【农村社区建设涌现典型】 2008 年，永康开始创建农村优秀社区，永康形成党委领导、政府负责、民政协调、镇(街、区)主抓、相关部门支持、村级组织承办、群众广泛参与的农村社区建设的运行机制。加大投入力度，凡是经考核合格的农村社区服务中心，市财政给予每个村 3 万元的奖励。至 2013 年全市涌现一批农村社区建设的典型，唐先镇石桥头村、芝英镇柿后村获得省级示范社区荣誉称号；象珠镇寺口吕村、古山镇大园东村获得金华市级示范社区荣誉称号；江南街道园周村建成集旅游、休闲、餐饮、娱乐于一体的现代化特色村等。2013 年全市在 356 个村建立健全村级社区服务中心，其中 29 个村申报省级农村示范社区、27 个村申报金华市级农村示范社区。

（应巧云）

居民生活

【概　况】 2013 年 1 月，市统计局对 200 户农村居民的抽样调查显示，2012 年，市农村居民人均现金纯收入达 1.46 万元，比上一年增长 12.38%，高于全省平均水平，增幅高出 1.05%，位于金华各县市前列。生活消费支出人均 1.11 万元，同比增长 11.11%，其中服务性支出人均 3 440 元，同比增长 24.54%。2012 年，农村居民人均食品消费支出 3 681 元，同比年增加 149 元，同比增长 4.21%；农

永康市民家庭每万人汽车拥有量达到 2 572 辆，每百户拥有 87 辆，名列全省第二位(五金城提供)

村居住消费支出人均 2 019 元，比上年增加 821 元，同比增长 68.48%。农村居民交通和通讯消费支出人均 1 533 元，比 2011 年增加 324 元，同比增长 26.79%；农村居民医疗保健消费支出人均 1 014 元，同比下降 9.01%。农村居民其他商品和服务消费支出人均 283 元，同比略微增长，其中其他商品和旅馆住宿费支出人均分别增长 21.11%和 128.74%。

2013 年，永康城镇居民月人均可支配收入首次超过 3 万元，达 3.24 万元，同比增长 11.7%，与上一年相比，增长 10.4%。

【“穷村”脱贫模式】 2013 年，永康 715 个行政村中有 467 个村集体经济薄弱，每年收入在 5 万元以下，其中有半数几近为零。为扶持经济薄弱村发展集体经济，永康市委市政府提出“穷村”脱贫的 6 种物业建设模式，通过村集体物业出租获得稳定收入，发展壮大集体经济。标准厂房、“新永康人之家”、商铺店面、仓储设施、家庭工业集聚点等物业项目前景看好。6 种发展模式分别是：资源发包模式。自然资源、人文资源丰富的经济薄弱村，利用集体所有的荒山、荒水、荒滩、荒地等自然资源，通过发包、租赁、入股等方式参与产业开发。公路、铁路沿线村则通过广告位租赁增加收入；服务增收模式。鼓励村集体经济围绕现代农业、来料加工、农家乐休闲旅游等特色产业，创设公共服务平台，发展各类中介服务组织，通过为企业和农户提供原料供应、技术指导、品牌注册、市场信息、产品营销、物业管理等服务，形成稳定的集体经济收入来源；现代农业模式。有集体统一经营的土地、山林、水面等资源的经济薄弱村，可以建设农产品种养基地，发展现代高效农业；搬迁脱贫模式。人口少、交通不便、存在地质灾害隐患或有水源保护要求的经济薄弱村，通过异地搬迁，依托新的地理环境，拓宽经济发展思路，承接周边产业转移，进行脱贫致富；村企合作发展模式。引导规划以上企业与经济薄弱村结对，鼓励企业带资金、项目、设施、原料支持家庭工业集聚点、标准厂房建设，实现村企共赢；联村发展模式。鼓励强村与弱村结对帮扶，发挥经济强村辐射作用，探索村村联合、扬长避短、共同发展的新路子。

【“富村五年计划”】 2013 年 2 月，永康市委、市政府下发《关于实施“富村五年计划”扶持经济薄弱村发展集体经济的实施意见》。从 2013 年起的五年内，市财政每年安排 2 000 万元专项扶持资金，通过“以奖代补”，扶持经济薄弱村发展集体经济。力求到 2017 年底，全市经济薄弱村集体总收入达到 10 万元以上，经济性收入不低于 5 万元或年人均经营性收入不低于 100 元。“富村”计划按照“先易后难、梯度推进、全面转化”的发展思路，分三步进行：到 2013 年底使经营收入 3～5 万元的 40 个村达标，到 2015 年底使经营收入 1～3 万元的 95 个村达标，到 2017 年底使经营收入低于 1 万元的 332 个村达标。对经济薄弱村则采取资金、政策上的全方位扶持。今后五年永康市确保将年度可用建设用地指标的 10%用于新农村建设，并每年列出不少于 6.67 公顷的建设用地指标，专项用于村级物业项目。今后五年全市金融机构涉农贷款每年投放增幅至少在 10%，对经济薄弱村的集体经济发展项目的信贷扶持，适当放宽限制条件，并执行比同类贷款利率少上浮 10%的优惠。

【金华楼盘涌向永康寻客源】 金华市区异地购房群体很大一部分来自永康、兰溪、武义和浦江、义乌等地。2013 年上半年成交总套数中，永康客户占金华市区楼盘购房群体的比重接近 10%。金华楼盘扎堆拥向永康，反映金华市区楼市供应量较大，卖方市场竞争激烈，当地后续购买力不足。2013 年 11 月 29 日至 12 月 1 日，20 个金华楼盘涌向永康寻客源。在永康国际会展中心，第三届永康房地产交易会吸引了省内外 60 家房企参展。

金华市区楼盘占三分之一，永康房展特意增加一个金华精品楼盘（永康）展销会。有来自杭州、温州和金华地区的东阳、磐安等地及上海、安徽、山东、海南、江苏等省市参展。

（徐瑶琴）

民事管理

【概　况】 2013年，市地名办公室发放门牌证1.53万本，完成“东永线”界线联检任务，签订镇（街、区）共建平安边界协议书15份。参与数字永康地理空间框架建设工作，初步建立地名地址库和地名查询系统。市民政局出台《永康市殡葬基本服务项目免费办法》，深化农村殡葬改革，建设公益性公墓和骨灰存放处28处。对丧葬用品中的骨灰盒、三项服务（乐队、鲜花、礼炮）、火化炉维修等大宗用品实行公开招投标。录入从1950年～2013年婚姻登记信息18.67万对，全部完成了历史婚姻登记信息录入工作。救助流浪乞讨人员463人次，接110指令处理18起，接收确认兄弟站人员8人次，开展“接送流浪孩子回家”专项行动，开展“送温暖——我们在行动”，救助外来流浪人员活动，帮助露宿、流浪人员回家提供车票（路费）31人次。完成移民扶持项目17个，支付后期扶持资金251.15万元；核定2013年度大中型水库移民直补人口为1.77万人。

【农村基层组织形式创新】 2013年，市民政局开展村委会换届选举试点工作，圆满完成村级组织换届选举试点。57个试点村共选举产生村委会成员187人，其中主任55人，副主任12人。全面推行村务公开民主管理，农村“四个民主”得到广泛实践，村民自治机制更具活力，村民民主权利得到充分尊重，基本达到村务公开和民主管理的目标要求，99%以上的村达到省级规范化建设标准。是年，市民政局与市纪委一起着手开展“阳光村务”工作，加强农村社区服务中心建设。全年建设农村社区服务中心120个。参与“正风提效强服务”主题系列实践活动。17个社区开展“联社区帮户、结对帮扶”活动。完善“乡村法律顾问”制度，加强农村民主法治建设。加大城市社区建设力度，积极申报示范社区。新建成省级示范社区7个，金华市级示范社区7个，完成丽丰、西津社区“和谐社区”社会工作室建设。新增城市社区居委会1个。11月27日，成立东城街道高镇社区居委会。

【社团组织管理到位】 2013年，市民政局有序开展社会组织登记工作，依法登记成立社会团体10个。全市有社会团体161个，其中联合性65个、行业性38个、学术性39个、专业性14个、其他类5个。依法登记新成立民办非企业单位16家，全市共有民办非企业单位261家。登记成立的社会组织涉及农业、文化、教育、电子商务等多种行业，基本覆盖各个领域。12月开展社会组织年检、评估和直接登记试点，对全市70家社会组织开展评估。对市顺风车协会（筹）按照直接登记程序开展前期工作。成立市社会组织服务中心，对办公场地进行了装修。

（俞　晓）

老龄工作

【概　况】 21世纪初以来，人口老龄化程度逐年递增。2013年，全市有60岁以上老年人10.23万人，占总人口数17.52%。其中有1.26万人享受30元高龄补贴，全市28位百岁老人享受每月300元的长寿保健金补贴。是年老人节期间，市民政局、老龄办安排资金10万元，慰问全市9个敬老院的老人731人。6月组织镇（街、区）、村两级基层老龄干部参加金华市老龄工作读书会，学习有关政策法规和业务知识。8月市法律援助中心和市老年人体育协会获全省老龄工作先进集体荣誉称号。象珠镇中心卫生院、市法律援助中心、老干部局活动中心、市社会福利院四家单位创建省级“敬老文明号”。市老年大学招收学员1 320人,设有戏剧、歌曲、器乐、摄影、绘画、书法、保健、电脑等43门课程。老年电视大学招生1 500人,开设4门课程。

【老年人权益保障服务】 2013年,市民政局建成农村居家养老服务照料中心35家,财政投入资金302万元,为1 123多名老人提供餐饮服务,照料中心统一配备电视机、躺椅、棋牌、图书、健身器械、食堂等设备设施,向老年人提供日托、就餐、保健、休闲、娱乐等多种服务。开展市老年活动中心装修,面积2 380平方米,投资208万元,原有房屋结构存在质量问题,又增加财政资金58万元进行加固。启动市社会福利中心一期工程,8月中旬正式开工建设,一期用地5.53公顷,建筑面积6.02万平方米(含地下建筑面积5 409平方米),床位1 200张,投资2.72亿元。

【社会养老保障应保尽保】 2013年,全市机关事业单位有退休人员6 074人,人均月标准5 431元。企业退休职工7.6万人,人均月标准1 752元。享受城乡居民养老保险人员7.51万人,人均月标准119元。重度残疾老年人托养304人,年供养资金146万元。是年,完善新型社会救助体系,对符合最低生活保障条件的特困老人实现应保尽保,纳入低保老人2 309人。全市“五保”老人307人,集中供养292人,集中供养率95%。全市有各类养老机构19家(其中公办9家、民办10家),床位2 110张,公办养老机构床位有1 369张,民办养老机构有741张。

【社会各界为老年人献爱心】 2013年,市慈善总会设立“关爱老人基金”,全市有558个行政村(社区)671名艰辛老人受到“关爱老人基金”慈善救助,救助总额73.4万元。永康义工团每周组织义工开展敬老活动,开展的项目主要面向孤寡老人、山区留村老人、各社区老人和各地敬老院,累计开展活动48次,参加活动人次578人,每次活动4～6小时、活动服务工时3 588小时,累计服务8 000人,慰问金额5万元。

【世雅上村给全村老人过生日】 2013年的重阳节,世雅上村给全村的老人一起过生日。9月25日,世雅小学的12位学生代表在老师的带领下分别给世雅村满70、80、90岁的老人送蛋糕、送祝福。

(周　熙)

9月25日,世雅小学给世雅村老人送生日蛋糕(教育局提供)

街道·镇

东城街道

【概　况】 东城街道东临经济开发区，南连石柱镇、江南街道，西接西城街道，北与象珠镇接壤。下辖3个工作片，28个行政村，8个社区，总人口49 778人，区域面积约40平方千米，耕地面积658.94公顷。辖区内有城北、九龙、黄棠等工业功能分区，内有企业900家。工业产业以五金工具、电动工具、不锈钢制品、防盗门、小家电、厨房用具、汽摩配、金属压延加工等为主。2013年实现工业总产值55.21亿元；同比增长15.71%；完成规上工业产值46.62亿元；完成出口交货值8.75亿元，同比增长24%；完成工商税收4.77亿元，同比增长6.94%；工业税收1.91亿元，同比增长8.7%。完成"个转企"119家，"小上规"8家。1月至12月份各镇(街、区)经济社会发展主要指标排序考核列A类乡镇第一名，获全市2013年度工业创强优胜奖。农业有蔬菜、花卉、养殖等基地12个，西竹园蔬菜基地成为永康市放心菜基地、金华市最大的大棚蔬菜基地、省级无公害蔬菜示

东城街道居民住宅新区一角(东城街道提供)

范基地，列入省级农业示范园区。商业依托中国科技五金城辖区，内有高镇商业区、英阁陶瓷市场、大花园门业市场、高镇菜场等。

年内，东城街道开展“争当‘两全’干部，推行‘三五’工作法”实践活动，要求联村（居）干部做到“五必访”（访问老上访户、特困户、计划生育对象户、科技示范户和老党员、老干部）、“五知晓”（知晓计划生育底子、矛盾纠纷问题、安全生产隐患、产业建设重点、弱势群体情况）、“五服务”（政策法规的宣传服务、“两富”建设的信息服务，矛盾纠纷的调解服务，制度建设的督导服务，组织建设的指导服务），各联村干部扎实开展为民办实事活动，全市梳理出各村办实事项目 90 多项。这一做法得到市内和金华市委组织部高度关注，在永康市各乡镇推广。东城街道集中力量开展“两违”拆除行动，做好卫生片检查和“两违”清理整顿工作，共拆除违章建筑 116 宗，“拆违”面积 7.22 万平方米，新增的“两违”21 宗，7 603.3 平方米，已全部拆除。消化批而未供土地 15.2 公顷，盘活存量建设用地。抓好胡店等城中村改造等项目规划，完成农房改造安置 171 户。推进低效厂房改造提升，横山农机配件厂、长利电器公司第一期工程已经结顶，天地工具公司完成工程量三分之二。全年创建“美丽乡村精品村”1 个（桐墩村）、“美丽乡村秀美村”1 个（英阁），创建金华市生态村 6 个（城塘、颜库、方塘下、小花园、绍童、下大路），永康市生态村 4 个（城塘、颜库、方塘下、小花园）。积极创建省级民间文化艺术之乡，高镇村“十八蝴蝶”列入国家级非物质文化遗产保护项目名录。高镇村歌《十八蝴蝶飞起的地方》荣获第二届中国村歌“十佳歌曲”、作词作曲银奖和第二届中国村歌大赛优秀组织奖。高镇村被评为全国“十大幸福村庄”。

【“中国梦”教育实践活动】 2013 年，东城街道开展“中国梦”主题宣讲活动，引导基层干部参与围绕“中国梦怎么做”的大讨论活动。大学生村官徐乐园以《推行“三五工作法”，提升服务真水平》为题，参加由市委宣传部主办的“中国梦·我的梦”微型党课比赛，获优秀奖。组织党员干部开展爱心奉献，助学帮困活动。围绕“中国梦”主题实践活动，建立——“永康梦之队”。6 月，东城街道机关干部牵头成立“永康梦之队”，开展爱心奉献、助学帮困活动。

【机关效能建设实施“六治”举措】 2013 年，东城街道完善街道机关效能建设管理办法，规范机关考勤、公车管理等制度，形成“树正气、促团结，干实事、促发展，求公平、促廉洁”的良好氛围。重点“抓六治”，即治懒增效、治散强纪、治庸提能、治虚务实、治假求真、治腐促廉。街道内作风建设反面典型案例，实行干部作风建设连带责任追究。街道成立干部作风建设督查组，全面考评干部作风建设和工作效能情况。全年实行效能告诫 2 次，效能谈话 2 次。街道还聘请 16 名行风监督员，加强党风、政风、行风监督，促使机关干部提高办事效率，规范从政行为，依法行政。

【环境治理巡查】 2013 年，东城街道全面实施“158”碧水蓝天工程，开展“双清”（清水永康江、清新丽州城）行动。成立督查组，加强辖区、村居和企业的巡查活动，组织班子成员巡查 34 次，下发整改通知书 34 份，提出整改意见 73 条，共清运了生活垃圾 9 860 吨，清理打捞并无害化处理病死动物 15 头，河面废弃漂浮物 100 吨、河岸垃圾 3 000 吨，新建第二代垃圾房 6 个，清理池塘 19 口，清淤 100 吨，清理乱堆乱放垃圾 1 000 吨，清理农村污水坑、臭水沟 30 条。

【重点工程建设“六个一”机制】 2013 年，东城街道强力推进重点工程建设，推行“一个项目、一个联系领导、一名负责人、一个工作班子、一套保障方案、一抓到底”的“六个一”工

星月集团省重大项目建设开工仪式(东城街道提供)

作机制,先后完成道明光学股份有限公司功能性薄膜生产线建设项目、星月集团数字化地毯簇绒机产业化项目、钢海集团扩建项目、农贸果蔬粮油批发市场工程、解放街旧城改造桃花区块、活塞厂一期工程、金胜山建设坟墓迁移、黄棠变电所、东永高速建设项目政策处理,道明公司、星月集团、农贸城、黄棠变电所等项目先后开工建设。社区第三期"一通五化"改造工程年内已基本完工。

【政协委员联村创富"五个一"】 为了认真贯彻落实市委、市政府《关于实施"富村五年计划"扶持经济薄弱村发展集体经济的意见》精神,2013年街道政协联络组开展政协委员"联村创富"活动。13个市政协委员挂钩联系11个经济薄弱村,做好"五个一"活动,即联系一个经济薄弱村、联系一个贫困户、制订一个富村计划、参加一项公益活动、办好一件实事。通过政协委员与村干部座谈,走访困难户,因村制宜,制订有针对性的帮扶计划,开发农业观光游、采摘游项目、建设蔬菜精品园基地等。

东城街道政协委员"联村创富"活动动员会(东城街道提供)

【百企百村五星联创活动】 2013年,开展"百日集中行动"有效覆盖,凡职工80人以上企业,采取单独组建临时中共党支部或联合组建形式,覆盖率100%。单独组建陶然工贸公司党支部和恒守工贸公司党支部,在九龙工业功能分区建立党群服务中心。积极开展"百企百村五星联创"活动,有17家两新组织和5个村党组织与街道11个三星级村党支部、1个二星级村党支部开展联创。宏伟公司开展"巾帼党建"、"青春党建"工作,公司党支部通过设立"笑脸墙"

"梦想树"党员责任区、示范岗以及编印《宏伟宝典》、建立"水果基金""忠诚基金""孝道基金"等制度开展创先争优活动,完成调研课题《凝聚青春力量,助推党建多元化发展》。

【大学生村官创业基地上央视】 1月30日晚,"玫瑰王子"(永康市东城街道大学生村官、花解语园艺徐金永)与"玫瑰仙子"(大学生村官池宇卓)在玫瑰园创业基地举行婚礼,中央七台以及省地市各级媒体纷来采访。3月12日,中央七台农业频道播放。2013年,徐金永新建钢架大棚4公顷,采用物联网技术,做大做强社会产业,被评为浙江省第二届"最美劳动者——创业之星"。

(程望槐)

西城街道

【概　况】 西城街道办事处于2001年7月由原古丽镇实行撤扩并分掰后建立。位于市区偏西北部,东邻象珠镇和东城街道办事处,南与江南街道办事处隔江相望,西与城西新区和花街镇相邻,北与象珠镇的雅吕工作片和白窖岭相接。自北而南的烈桥溪、西门溪、小北溪、朱明溪,以乌寮山为主峰的几条山脉贯穿全境,金温铁路和330国道横穿而过。辖区面积54平方千米,街道辖区有四方、西门、西山、飞凤、紫微5个居民社区,永丰、虹霓、大司、东街、西街、周塘、应店7个经济合作社,原烈桥、童宅两个乡(现称工作片),下辖36个行政村。人口原有4万多人,因解放街老城改造,居民陆续迁往江南,较难统计。

街道办事处城中工作片原是县制时的老城区,是历届县政府的所在地,处于繁华的商业地段。20世纪90年代老城改造胜利街、溪下街拆迁后,新建的时代广场、南龙商场、步行街等仍是全市的商业中心,还有新建的文化馆、图书馆、博物馆、新华书店等文化设施,是永康市的文化中心,境区内的火车站前的世纪广场、三江广场、飞凤山公园、上塔寺景点等休闲娱乐场所,两溪汇合多座桥梁飞架南北东西,沿江的绿化带绿树成荫,繁花垂柳中的亭榭长廊,昔时的桃洞浮花、西津晚渡、古塔夕阳等古井,双溪流月等呈现出新时代的风光。西北有城中工业区、大徐工业区和城北工业区,有大小工厂上千家,烈桥、童宅两个工作片区山水田林路都经综合治理,溪边畈有千亩高产粮基地,山下、上宅口等村建有无公害蔬菜基地,基本实现了街道农、工、商一体的全面发展的。辖区是永康市的交通中心,城区路网纵横交错、畅通无阻,铁路永康站、长途汽车西站、紫微城乡公交汽车站都在辖区内。辖区36个行政村都通公路。城乡公交有城区至方村途经四方社区、潜村、应宅村;城区至童宅,延伸至柘坑、大塘头;城区至烈桥;城区至塔石等公交线路。还有330国道至童宅直坑已建成的8千米永义公路,电信网络覆盖率和邮政通邮率达到100%。2013年辖区拥有电力主变压器200台,电力总容量7.53万千伏安。

街道原为工业重镇,近几年受土地空间、保治理二氧化碳减排的影响,积极引导企业转型升级,沉着应对经济下行压力加大等诸多不利因素,加快老城区工业区块改造,实施"退二进三"政策,工业经济难中求进。2013年,规模以上企业实现工业总产值59.15亿元,完成计划100%,比2012年增长5.13%;完成利税总额8.45亿元,完成计划100%。是年实现转型升级企业91家,个转企83家,小升规18家,工业经济运行总体平稳。农业工作围绕创精品,注重发展观光农业,实现农业增效、农民增收。2013年建成的有溪边67公顷粮食生产基地,上宅口、山下等村的无公害蔬菜基地16.67公顷。阿秋吊瓜专业合作社吊瓜基地10.7公顷,2012年8月获省农业厅无公害农产品认证书。万亩国家农业综合

随着市民生活水平提高，私人高档轿车停满西城街头巷尾（西城街道提供）

开发项目申报工作进展顺利。年内早稻种植面积98.67公顷，落实粮食生产任务面积800公顷。培训外地种粮大户、1.34公顷以上的24户、面积164公顷。对6 000多农户发放种粮补贴资金63.45万元，国家、省级良种补贴17.48余万元。全年共出动150人次、重点检查塘库13处。山下村后坑水库、柘坑村大坑水库、鸦塘村大塘水库得到加固，防汛体系建设通过金华市级验收。全镇有27个村通过“六化”整治验收，创建永康市级生态村21个，金华市级生态村17个。

西城街道是全市的文化中心。图书馆藏书万卷，博物馆月月办展，文化馆常年有文化表演活动，辖区内文化活动中心已普及到村，民间文化艺术主要有歌咏、舞蹈等。元宵节闹花灯，山下村的板桥灯是远近闻名的元宵花灯。2013年举办第六个文化遗产日，在全市传统舞蹈比赛中，溪边村的铜钱棍舞表演队获银奖，并被评为金华市文化示范村，紫微社区被评为永康市文化示范社区。是年1月，街道在周塘举办以打造平安西城为主题的“平安西城和谐周塘”联欢晚

西城市民豪华的居室（西城街道提供）

会。8月，街道组织《石头、剪子、布》节目参加金华市第五届排舞大赛获金奖。9月，周塘以《走向复兴》《灿烂的阳光下》参加“美丽中国”2013浙江省经典合唱大赛湖州复赛。同月，全市第三届排舞大赛《石头、剪子、布》金奖，市第二届婺剧折子戏大奖赛银奖，在《舞动浙江》——2013浙江排舞大赛大展演暨浙江省第七届排舞大赛中获银奖。10月，获《中华同心》排舞邀请赛金奖。辖区（含城西新区统计）有幼儿园30所，入园幼儿6 522人，专职幼师380人；小学4所（山下小学有水碓头、溪边二分校），在校生4 968人，专职教师239人，适龄儿童入学率100%；中学2所，在校生4 789人，专职教师303人。小学升初中升学率100%，九年义务教育覆盖率100%。是年度教育经费支出9 897万元，比2012年增长24.9%。有各级各类医疗卫生机构13个，其中卫生服务中心1个、服务站3个、卫生室9个，固定资产总值430万元，有专业卫生人员85人。城乡安全饮用水普及率、卫生厕所普及率、新型农村合作医疗参保率均在98%以上。先后获金华市食品药品安全创建示范镇、金华市乡镇网格化试点单位，永康市食品药品安全先进单位。旅游景点有飞龙山景区，距城区8千米，位于童宅的石佛山，方圆5平方千米，山水天造地设，具有原始自然之美。原有兴福寺，建于后汉乾祐三年（950），后毁，已新建，名不二寺，已列为重点开发风景名胜区。还有距城区4千米的人工湖即上黄水库，原始生态，环境优美，库区岛屿星罗棋布，如老鼠头、金月亮、仙大门，仰天灯盏，弥勒佛等，景区内设游船、茶座、音乐、棋馆、美食保健等综合休闲项目。街道辖区内还有省保、市保文物点8处，其他文物史迹80多处。其中以徐震二公祠、西津桥童信石牌坊尤为著名。徐震二公祠是一座具有浓郁民族风格和地方特色的古建筑，也是永康迄今保存最完整的清代古祠堂，为省级文物保护单位。西津桥位于市城区西南，建于康熙年间，多次重修，是迄今为止全国最长的古廊桥，属浙江省文物保护单位。童信石牌坊，位于童宅村。四柱三楼，抹角柱，双层柱础（上鼓形，下方形）。正楼翼角升起，檐下用重丁头拱。额坊刻“良二千石”字，坊身雕刻，高浅并施。明景泰年间（1450～1456）漳州知府童信建造。为市内仅存的二座古牌坊之一，是市文物保护单位。

【全能干部、全心服务实践活动】 2013年，西城街道开展“全能干部、全心服务”实践活动。坚持每周一晚上夜学夜读，党工委书记带头讲、其他班子成员轮流讲、并邀请市讲师团成员现场培训，做到全能业务培训到位。实行全员联村，在村务公开栏中公布联村干部的姓名、照片、职务、联系方式及服务承诺等，做到亮牌到位。建立以政工副书记为组长的督查组，公布举报电话，经常性进行明察暗访，做到督查到位。

【村换届选出“干事”干部】 在2013年的换届选举中，西城街道始终围绕“政治上的明白人、致富的带头人、群众的贴心人、干事的实在人”要求，党工委牢固树立正确的用人导向，将威信高、能力强、能干事、干成事的党员选到书记岗位上来。换届选举前重点宣传党支部初步候选人全额定向推荐、二委成员任职条件、五种情况不能参选、严重两违不能当选等政策。提前半年派工作组到永丰、赵店等村化解矛盾，牢牢把握选举主动权。根据选情复杂程度，建立村级组织换届重点村台账制度，做到“对症下药”。11个村列入换届重点村，分别由班子成员包干进行督促指导。换届工作坚持先易后难，以点带面，党工委书记现场指挥重点难点村换届，班子成员包干片区换届。加强任职资格联审，有23名“二委”候选人因两违且不承诺纠错被取消候选人资格，经劝说15人主动退出选举。36个村圆满完成党支部和村委会换届，共选举产生书记36人，副书记11人，支委154人，村委113人。13个村实现书记主任一肩挑，2名优秀大学生村官进支委班子。

【党组织“五星争创”活动】 2013年，西城街道完成131个党组织的评星定级工作，采取六项举措，重点抓好党组织示范和转化：树立典型，发挥周塘、柘坑口、岭张、步阳、群升、鹰鹏等五星先进党支部的表率作用，带动街道其他党组织晋级提升；以强带弱，凡农村每一个五星、四星党组织联系一个一星或二星党支部；五星联创，8个企业联建8个党建薄弱或经济薄弱村，推动农村经济社会发展；开展谈心，街道主要领导对两个后进村的书记、主任进行谈心谈话；派员指导，三星以下党支部派驻指导员，“一村一策”制订争创计划和赶超措施。矛盾特别尖锐的支部派驻“两代表一委员”，街道主要领导亲自“坐诊”制订转化方案；双向挂职。周塘和应店、柘坑和柘坑口等8个村16名村干部实行跨村交流任职。

【基层党建量化考核】 2013年，西城街道严把党员入口关与党员接转关，建立一套行之有效的入党积极分子、预备党员量化考核办法。主要围绕党支部的中心工作，从学习培训、按期参加支部活动、联系困难户（职工）或孤寡老人、认领公益事项、参加志愿服务五个方面，制定入党基础标准。从计划生育联系户、违章建房联系户、参与社区共建、为企业发展建言献策、做好人好事等五个方面，设定加分项目，另外还有六个方面的一票否决项目。考察培养一年后，累计积分达到80分以上的入党积极分子、预备党员才能按期转正。接转组织关系，除按组织部相关程序接转组织关系外，规定所有企业进入农村的党员接转必须经党工委集体讨论研究。对一些正常组织关系接转，如婚嫁对象、退伍军人的党员，该接转的一律接转，各支部不能以任何理由拒绝。

【环境治理全方位实施】 2013年，西城街道对“三改一拆”工作立足“四个强化”，即“强化宣传、强化纪律、强化责任、强化落实”。全年共拆除“两违”（违章建房、违章建筑）建筑113宗7.53万平方米，完成计划任务107.64%，全年新增两违33宗全部拆除，无因“三改一拆”、“两违”处理引发重大矛盾纠纷，维持社会稳定。为彻底遏制新发“两违”行为，做好疏堵结合，根据村庄规划，出具红线图50份，制定土地长效管理机制，明确责任区和责任人，制定巡查、考核、奖惩制度，确保不发生新的“两违”案件。同时结合“三改一拆”、“四边三化”、“美丽乡村”等创建工作，以水环境综合整治为切入点，认真实施“158”工程，建立“清水永康江、清新丽州城”创建工作机制，明确责任分工，设立河段长、保洁员的网络管理。以烈桥溪整治为重点，同时抓好辖区内的朱明溪、小北溪、西门溪、永康江治理。按照“自然美观低成本、水土保持效果好”的要求，采取清障、清淤、生态修复等措施，舒畅河道，改善景观，不断提升水体环境，全年共清理河道20.02千米，清理河面漂浮物26.6吨，河岸垃圾72.3吨，清除河道障碍物16个。清理池塘75口，清理淤泥3 255吨，清理臭水沟污水坑123条，投入资金214.5万元。街道积极配合市环保局加强对辖区内环境污染和生态破坏的信访投诉处理，没有发生过重大污染事故和重大生态破坏事件。街道有关部门工作人员对有环境隐患的生产单位进行跟踪，环境信访办结率100%。

【“美丽乡村”风景线建设】 2013年，西城街道在村庄河流两岸开辟绿化带和道路绿化带，同时保护河道两旁的原始绿化，全年完成河道绿化15千米，全街道36个行政村已有85%以上的村建有小型公园（健身场所），新增绿化面积3.26万平方米。完成阔叶林生态改造133.34公顷。绿化系统建设做到点线面结合，永久性绿化和机动性绿化相结合。36个村全部建有垃圾房，配备垃圾车58辆。

街道实施“五查一奖罚”的保洁监督制度，由村卫生监督员、村干部代表、联村干部及工作片和街道和干部深入检查卫生，根据得分进行表扬、批评并处奖励或处罚。85%的村已经完成污水管道埋设。2013年列入环境综合整治的有应宅、郎家、山头蒋、驮陈、郎下、横山脚、童宅、水碓头、潜村、横山下等村，应宅、郎家已于6月底通过验收。是年有27个村通过“六化”整治验收。建成金华市级小康建设示范村7个(山下、藻塘、塔石、大徐、黄阁、大塘头、柘坑口)，省级小康示范村1个(溪边)，永康市级生态村21个。通过扩点连线带面方式打造秀美村、精品村，溪边、庙下、塔石3村联动的美丽乡村风景线建设已完成设计方案，并按照创业承诺目标，年内已完成两个美丽乡村创建设和15个洁净村庄的创建任务。

【综合治理实行“网络化管理”】 2013年，西城街道深化“网络化管理、组团式服务”，建立“两代表一委员”工作室，听民声、集民意、解民忧。先后建立村际守望区、“五联社区”巡防大队，各村筹建巡防大队，逐步实现治安防控全覆盖。巡防值班巡逻制度落实到位，治安巡防工作扎实推进，治安防控建设取得了显著成效，全年刑事治安案件比同期下降45.6%。村级组织换届选举前，对重点村、难点村如横山下、塔石、永丰等村派驻工作组，做到提前介入，协调化解矛盾，消除不稳定因素。全年街道排查出矛盾纠纷62起，成功调解57起，其中重大矛盾纠纷18起，成功调解16起，及时化解因意外死亡产生的矛盾纠纷3起。全年收到群众信访61件，其中个人访23起，群体访6批次33人次。安排8次市领导下访，接待群众13批次20人次；重要信访件报结率100%，人民来信回复率97%。全面落实好村级民情“六个一”制度工作，每月5日定期开展村级干部民情接访活动，活动开展率100%。

【社会治安编织“安全网”】 2011年，西城街道整合了周塘、应店等4个村的护村力量，组建村际守望区巡防大队，巡防队员做好辖区内主要交通要道、路口、临街店面、繁华地段、公共场所和治安混乱地方的巡防执勤，为居民打造了一个安定和谐的生活空间。此后，溪边、塔石、庙下等5个村组成“五联社区”，挑选了70多名巡防队员进行区域联防，有效打击了犯罪，保障了居民生命财产安全。与之相邻的永丰经济合作社积极要求加入村际守望区，纳入守望区的安全网络。1月31日，永丰经济合作社正式加入西城街道村际守望区。永丰经济合作社加入后，西城街道村际守望区巡防大队就有周塘、大徐、岭张、应店、永丰5个中队，205名巡防人员。街道许多村都位于城区或城郊，外来人口多、流动性大、治安管理难度大，是治安防控的重点地段。针对现状，该街道许多村因地制宜，通过联合巡防等方式维护治安，取得了好成效。街道推广村际守望区和五联社区的联合防控经验，打造平安西城。同时，加强科技防控力量建设，在各村路口设置16个高清监控。

【农村贫困救助送温暖活动】 2013年，西城街道积极开展农村贫困救助工作，认真组织实施农村特困救助、大病救助和最低生活保障。2013年慈善送温暖20人次，资金2.9万元。慈善关爱3人次，慈善血透救助10人次，慈善助优励学5人次，“爱心伴你上大学”资助3人次，救助困难大学生1人，助孤助学4人，关爱“新永康人”1人，关爱老人基金救助66人，发放资金6.8万元，其他困难救助10人次。年关困难救助131人，发放救助金5万元；特困残疾人救助15人，发放资金1.06万元；居民低保46户，66名，全年发放资金21.7万元；农村低保145户，209人，发放资金38.5万多元。

【计划生育工作纳入年终考核】 2013年，西城街道继续落实开展性别比专项治理，主要做好再生育对象怀孕三个月内申领准生证工作。严格实行再生育空腹审批制度，纳入村书记、主任的年终考核。各村、经济合作社做好再生育对象规划证和准生证的申领工作，抓好生育全过程管理，不漏管一人，对无故不参加全过程管理的再生育对象将上报计生局，取消再生育指标。做好心理关怀工作，对每个再生育对象落实专人联系，每月见一次面、通一次话，及时掌握再生育对象的思想动态，将性别比指标严格控制在市下达指标内。做好政策兑现，往年计划外出生列入当年政策兑现考核任务很重，各工作片、村都加大政策力度，做好社会抚养费的征收。同时严格控制计划外生育，落实结扎放环工作。1月至10月街道出生424人，其中计划外出生50人。计划生育率为88.21%，出生婴儿性别比为115，征收社会抚养费596.4万元，政策兑现率为84.91%，综合避孕率85.22%。第二次"三查"参检率98.52%。1月至10月各项人口和计划生育，各项指标主要指标均完成市考核要求。

（吴游芳）

江南街道

【概　况】 江南街道办事处位于永康市西南部，北临永康江，西、南分别与武义、缙云县接壤，东邻东城街道、石柱镇，金丽温高速公路横贯境内，五金大道连接城市内外环线和市区，区位交通优势得天独厚。辖区总面积74.5平方千米，下辖47个行政村，5个社区居委会，7个经济合作社，总人口8.3万人。江南街道山川秀丽、风景怡人、民风淳朴，被誉为"山水永康、诗画江南"。是年街道党工委带领全体干部职工以构建"宜居江南、和谐江南"为目标，理思路、建机制，攻难点、求突破，立足"两次出发、创新驱动"，着力实现经济社会升级版，取得显著成绩，荣获2013年度永康市先进集体、创业承诺目标考核先进集体、"三清四改"村庄整治先进集体、信访工作先进集体、防范处理邪教工作先进集体，金华市级食品安全示范乡镇等荣誉称号，并获得人口与

6月14日，第七届永祥杨梅节在下山门村开幕（江南街道提供）

计划生育工作全市第一名。

江南街道旅游资源丰富，各具特色。2013年，街道积极发挥区位资源优势，推进旅游休闲业的发展。先后组建了永祥生态休闲农业观光带与白云风景区文化旅游带。永祥的石城山、蛟坑、黄塘山得天独厚的风景资源优势，拱瑞下村的杨梅、竹海优势与生态休闲"农家乐"相结合，成为"乡村游"的主阵地。拱瑞杨梅"恍若赤玉盘枝"，已通过浙江省质量检测机构认定为"无公害农产品"，并成功注册了"永祥"牌无公害杨梅商标；永祥竹笋肉白壳黄，则形成了深精加工一条线。生态农业优势突出。一年一度的永祥杨梅节与竹笋节更是招揽市内外千万市民群众前来观光、采摘、品尝的平台，大大提高了永祥杨梅、竹笋的知名度与美誉度。位于城区南郊的白云风景区，青山绿水，景区内有黄帝内宫、蝴蝶谷、白云山庄等休闲胜地。据《山海经》记载，黄帝曾在石城山炼丹铸鼎，是黄帝文化在中国南方的辐射中心，留下了黄帝铸鼎、上马石、南太子都等20多处名胜古迹。白垤里的"小漓江"，两岸玉簪挺立，罗带萦回，峭壁垂河，青山浮水。金胜山自然生态公园，山谷幽奇，林木茂密，是城市空气的最大净化器。景区内已建成江南洪记、江南渔村、山水人家、大菜园等多家生态"农家乐"，成为市民休闲、度假、居住的"后花园"。

永康园艺（农业局提供）

根据永康市城市总体规划，江南街道先后承担了市污水处理中心、新奥管道燃气站、永缙（永康——缙云）公路、临溪表面精饰整合区、南龙数控机床工业基地、溪心区块拆迁安置、王染店区块拆迁安置等一大批市级重点工程，使城市布局不断优化，城市品位不断提升。锦绣江南、金水湾、白垤里嘉园、龙域天城等高档住宅楼群以及山龙小区、溪心小区等拆迁安置区的建成，进一步改善江南街道的人居环境。辖区内荟萃了6所中学（其中永康一中为省级重点中学）、4所小学、30多所幼儿园（其中金米兰幼儿园为金华市示范幼儿园）及教师进修学校、永康卫校等，拥有诸多大中型商场、餐馆，全市最大规模的农贸市场、水果批发市场、鲜花市场与苗木市场等，都为“宜居江南”提供了最好的生活环境。

【街道干部“全员联村”活动】 2013年，街道建立了周一夜学制度，邀请职能部门领导、专家、“老乡镇”等，就特困户批基、农房改造、计生政策、社会综合治理、如何当好乡镇干部等内容进行辅导授课和现身说教，进一步提高街道干部的理论水平、政策水平和工作能力。推行“全员联村”制度，除特殊岗位外所有街道干部联系到村，班子领导联系困难多、矛盾多的村，中层干部联系大村，一般干部联系其他村，并明确每周到村工作时间和内容，多为百姓帮困解难、及时排查不稳定因素及信访对象的矛盾化解工作，做到早掌握、早报告、早调处，把不稳定因素消除在萌芽状态。自开展“全员联村”活动以来，街道信访量大大减少，已连续九个月未有群众要求市领导接访。开展全员干部夜学情况检测工作，对不过关的，要查漏补缺，力求人人都是多面手。

【班子成员联系“规上”企业】 2013年，江南街道党工委、办事处重视工业经济发展，每个街道班子都重点联系一个规模以上企业。每月通过走访、座谈等形式及时解决企业的所思、所盼、所想。2013年1月至10月完成规模以上产值11.62亿元，比2012年增长15.66%，完成工商税收0.72亿元，占年任务数的71.53%；1月至9月完成固定资产投资1.38亿元，其中工业性投入1.01亿元，完成服务业投资0.38亿元；完成新产品产值2.53亿元，完成利税总额0.55亿元；完成“个转企”80家，超额完成11%，完成“小上规”5家，9家企业签订了承诺书；完成技改立项2个，分别是华凌150万只不粘锅生产线和南龙1 000万只不锈钢保温杯；浙商回归，内资引进计划已全部完成。

【廉政防范和预警机制】 2013年，江南街道纪工委接待群众来访36起，对10名违纪党员进行立案查处，其中7名开除党籍、1名党内严重警告、2名党内警告，进一步净化党员队伍。此外，专门利用班子会议进行廉政教育和相关知识的学习，筑牢防腐防线，确保干部能干事、会干事、不出事。市行政服务中心江南分中心提出便民、得民的好举措，全年受理群众办事262件，办结率100%。调处工伤、劳资纠纷386起，涉案金额2 640万元。做好安全生产及食品药品安全网格化管理工作，年内未发生安全责任事故。村级便民服务站受理群众办事1 047件，办结1 041件，办结率99.45%。快捷的办事程序、高效的办事效率得到村民的好评。全面开展村级财务三年一轮审工作，成立专项领导小组，在村级组织换届前对各村、社财务进行全面清理。经审查清理，2011年和2012年街道有56名村干部重领报酬，金额10.03万元，已全部清退。

【金温铁路扩能工程】 金温铁路扩能改造工程中，房屋拆迁工作进展顺利。江南街道境域主要涉及西徐下店、大塘沿、西周3个村，共240户。2013年已腾空143户，彻底拆除29户、破坏性拆除68户，其中西徐下店自然村已全面完成铁路主干线房屋拆除工作。经多方协调，西周变压器于11月9日迁移，相应区域6幢房屋进行了彻底拆除。完成西周、大塘沿村铁路红线万余平方米的土地交付。成功处置下店村、上皇渡村各一拆迁户的上访工作和房屋拆除工作。协调解决翁埠、临溪村争议地问题和傅店村的相关遗留问题、上皇渡村的改溪问题、园周村的土地征地费问题，确保除大塘沿区域外其他主干线的无阻碍施工。安置区建设完成10.07公顷土地红线布点和边界踏勘工作；详细规划平面图基本成型，着手详细规划编制；详细规划公示广告牌已制作完成；完成安置区墓地，各村拟租用林地踏界及面积测算；基本完成公墓平面布置图设计。

【城市建设工程分步实施】 2013年，金胜山森林公园红线区域范围内坟墓搬迁及游步道建设全线突破。第一期1 724米游步道工程建设和两边各4米范围的林相改造政策处理工作已完成。第二期1.40万平方米拟租用林地，已租用6 248平方米，标志性建筑金豚阁顺利开工；游步道两侧迁移坟墓10穴。江南街道是低丘缓坡66.67公顷综合开发利用试点单位，涉及大溪塘、西周、大塘沿3个行政村。经过多次协调，大溪塘村和西周村已签订征地协议，大塘沿村征地工作有序进行。城南入城口道路整治提升一期工程，涉及傅店、西徐、老鸦堰、麻车头、下楼5个行政村，总征地面积25万平方米，征地协议全部签订完成，傅店村的征地款拨付到位。完成老鸦堰、麻车头、西徐村政策处理及下楼村绿化工作。市社会福利中心是省重点工程，时间紧、任务重，经过多方努力，全面完成相关政策处理工作，进入无障碍施工；330国道永康段改建工程班子成立，按照市里的部署，进行前期勘测定界工作；220 KV明珠输变电工程主楼结顶，各项后续工作进展顺利；石城山游步道建设项目预算正在审批中；金融建设项目2.2万平方米的征地工作，经过协商调处，圆满完成。

【"三改一拆"完成7万平方米】 2013年，江南街道与农民签订农房改造签订协议1 360户，确权1 300户，面积7.9万平方米；拆除1 255户，总计面积7.53万平方米，安置1 316户，面积8.94万平方米(其中1 200户为解放街拆迁溪心安置区块)。全年新发"两违"37宗，拆除35宗，拆除面积7 858平方米，拆除率97.22%。其中1宗900平方米为环宇生态养殖场8月份新发违章建筑，因其属市农业龙头企业，也已拆除了700平方米钢棚，剩余200平方米养蛇池在办理农业设施用地手续。圆满完成全年"三改一拆"任务，拆除总面积7.12万平方米。

【清洁美丽小康乡村创建】 2013年，江南街道开展"158"碧水蓝天工程和"双清"专项行动河道整治工作。清理河道19.96千米，累计打捞河道病死动物92只，清理河面废弃漂浮物178吨，清理河岸垃圾433吨，清除河道障碍物62个，河道清淤4.3千米1 100吨，投入专项资金124.3万元，基本达到"河面无漂浮废弃物、河中无障碍、河岸无垃圾"。年内完成勤丰、上范、下皇渡3个村美丽乡村的争创任务。石溪村被评为省级小康示范村，下山门村成功创建省级"兴林富民"示范村。

【社会问题排查整治工作】 2013年，江南街道深入开展"排查整治、强基促稳"专项活动，排查化解社会矛盾纠纷。全年调处纠纷100起，调处率100%，调处成功100起，成功率100%。其中重大矛盾纠纷3起；受理来信来访92起，回复91起，正在调处1起，报结率99%，其中省长信箱2件，报结率100%。村干部民情接访工作开展率100%；在辖区内开展"禁种铲毒"工作宣传和检查，举办"全能神"人员法制学习转化班，成功转化"全能神"人员2人；平安林区创建通过验收，辖区内未发生重大森林消防火灾，被评为2013年度森林消防工作先进单位。开展"彻查整治火灾隐患百日大会战"专项活动，排查化解消防安全隐患69起。

【富村五年计划启动】 2013年初，江南街道启动“富村五年计划”。通过排摸，全街道有25个村属于年收入低于5万元，集体经济薄弱的“穷村”。为此，街道结合“脱贫”总纲，坚持以干部为根本、政策为支撑，全体干部集思广益，多方筹措资金扶持，帮助“穷村”完成造血输血，早日摘除“贫困”帽，铺开发展富裕的新路子。经过深入调研、上报初稿、街道讨论、再次征求、最终汇总的模式，因地制宜，量身定做了7种脱贫模式，即对公路沿线村以制作广告牌出租，村祠堂公房、池塘出租，土地流转进行农业开发或市场开发，经济林承包出租，村开发经济林，村企合作，发展旅游和农家乐等模式。街道24个村“对号入座”，有5个村(马竹岭、双锦、大溪塘、栗园、上水碓)完成华丽转身，6个村进入协商操作阶段，另14个村还在积极探索中，以进一步寻求合适的发展模式。

【镇街区首家慈善分会建立】 市慈善总会西津分会是全市首家镇(街、区)慈善分会，2013年募集善款323万元，救助各类病、残、困对象328人，发放救助金10万多元；调整农村居民养老保险247人，城乡居民养老保险参保率55.86%，新型农村合作医疗参保率达99.2%。在南苑和西津桥两个社区创建“金华市阳光庇护点”，街道被评为2013年度全市残疾工作先进单位，金华市级爱心乡镇(街道)。

(沈硕颖)

【永祥传统造纸工艺】

劈竹丝

造纸原料一嫩毛竹为主，人称“竹丝”。

夏初开始砍竹丝，按竹林嫩竹生长的疏密择密砍伐。砍好的嫩竹顺山坡溜到山脚，然后将嫩竹截成120厘米的段子，劈成宽度2厘米的竹片，再将竹片扎成捆，每捆重15公斤，一般4捆为一担，10担竹丝可造土纸(四六屏)1担(两件)。

劈竹丝必备“竹丝榄”和“竹丝刀”，皆为特制工具。“竹丝榄”用来装捆劈好的嫩竹片，长60厘米，高40厘米，榄面宽10—15厘米，榄面中有两个相距40厘米的圆孔。使用时，备榄两张并排放置，榄面圆孔分别插上棒子，棒子高出榄面特定高度。竹片叠放到与棒子高度齐平，刚好15公斤左右，直接在“竹丝榄”上捆好，“竹丝刀”连柄长约40厘米，刀唇厚而不锋利。

腌竹丝

“纸塘”挖坑修建，内壁一石块垒成，并用生石灰和“黄金泥”捣筑，防止漏水。

腌竹丝时，先在塘底摆放长竹杠，杠距50厘米左右，把竹丝放置竹杠上，有序放至30厘米厚，撒上适量的生石灰，一层竹丝一层生石灰，装到离塘沿15厘米左右，铺一层较厚的生石灰，然后压上重石块，防止注水后竹丝浮上来。最后往纸塘注满水，并且需要每天巡看，随时保持水满。竹丝要腌四、五十天以上。

洗竹丝

腌好的竹丝，需要洗净石灰捞出，称“洗竹丝”。洗好后，将纸塘内的石灰水排出，再将洗净的竹丝放回塘内，上面覆盖茅草，轻压，注满清水，让其自腐待用。

竹丝上的石灰必须清洗干净，否则会影响竹丝充分发霉，降低纸质。

石灰水接触手足会腐蚀皮肤，所以洗完竹丝马上要用菜籽油搓洗手足，以解除皮肤不适。

批料、舂料

“批料”就是将已腐竹丝的竹青(料皮)和竹黄(生料)剥离开来。两者都用来做纸浆，但由于软硬度不一样，不能同时舂捣。料皮硬而不尽腐，需单独先舂碎成细纤，按一定比例和生料拌和，捣烂成浆，方可送纸槽桶内，槽桶内的纸浆还要经过一番搅拌，才可以使用，称为“打槽”。

“批料”常年进行，无论寒冬腊月还是酷暑炎夏都不能停工，否则将影响造纸的流水作业进度。

捞纸

捞纸有专门的“纸帘”，竹制，长 120 厘米、宽 40 厘米，还有一个放帘子的“帘床”，木框、竹制格子，捞纸时纸帘放在帘床上。

槽桶有的用石板围成，有的为木制。槽桶上装有两根垂直交叉的小竹竿，一根固定，另一根一端固定，一端搭在固定的那根上，可以滑动。捞纸师傅捞纸时，将活动的竹竿顺势往前推，然后将纸帘伸进槽桶，纸浆捞上来后，把竹竿拉回原位，将纸帘暂停放在竹竿上。然后将纸帘掀起，拿到身边已备好的木制“纸板”旁，将有纸浆的一面朝向纸板，轻轻一推，纸浆就粘到纸板上了，这样一张湿纸就完成了。纸板上的湿纸积叠到一米左右高度，利用特制的滚筒压纸板、压纸方等工具挤压出纸坯的水分，最后将纸坯从中间分成大小为 60×40 厘米的两块“纸方”，供晒纸师傅备用。

捞纸是一门技术活，娴熟的师傅做出来的纸张厚薄适中、均匀，破纸少，产量高。

土纸销路畅销时，纸厂工人经常“打联对”，即 24 小时不停工，采取换班制。

晒纸

晒纸是将湿纸烘焙干燥的过程。

晒纸有专门的“焙笼房”，也叫“焙笼坑”。焙笼房内建有“焙笼”，即烘炉，以砖砌成。长约 10 米，下宽上窄（底部宽约 1.5 米，顶部宽约 0.4 米），高约两米。两头有一大一小的炉门，从大门装柴，在小门点火，燃烧一定时间后，退出一些旺火，关闭两门，焙笼会持续保持热度，“焙笼”外壁粉刷白石灰，用于粘晒湿纸，利用炉壁热量将湿纸焙干。

晒纸师傅先用“木刮”在湿“纸方”边角刮一下，并用嘴吹风，使纸层略为分开，一次揭起 6 张为一叠，铺满焙笼墙壁。

湿纸焙干后取下，晒纸工将干纸一张张揭开，以 100 张为“一刀”，40 刀为“一件”，叠放整齐，等待装捆。

锯纸、锉纸

60×40 厘米尺寸的纸张为“四六屏”，是“大件”纸；把“四六屏”从中锯开成 40×30 厘米的纸张，则是“中方”纸，是投放市场的常用尺寸。

土纸投放市场前要经过装扮，将一件纸的 4 个面用“砻锉”和“磨纸砖”锉平、磨光。锉下来的纸毛，作为副产品，可以和生石灰混浆粉刷墙壁，防止开裂。

（周春柳）

芝英镇

【概　况】 芝英镇地处永康市中部，东邻方岩镇，南与石柱镇接壤，西邻东城街道，北与象珠镇、古山镇相邻，距市中心 12.4 千米，39 省道东永（东阳—永康）公路穿境而过，境内长 5 000 米。有县乡级公路 4 条，总长 14.5 千米。镇域背枕五峰，面临华溪碧水，历称“灵源福地”。全镇总面积 68 平方千米，其中陆地面积 65 平方千米，水域 2.9 平方千米。镇驻地面积 2.5 平方千米，是永康一大集镇，管辖 63 个行政村，5 个居委会，常住居民 1.9 万户，人口 5.6 万人，外来务工人员 4.8 万人。芝英镇人多地少，全镇耕地面积 666.67 公顷，有 66.67 公顷以上无公害稻米基地 2 个（以种植粮食为主，兼种蔬菜、瓜果、茶叶、油菜，养殖少量珍珠）。畜牧业较兴旺，主要养殖猪、牛、羊、鸡、鹅、鸭、兔、蜂。隔塘村是永康灰鹅的传统饲养地。副业较发达，下徐店粉干、上徐店索面、芝英冰模和铁皮箱、前舒酒曲、亳塘竹编等 5 个传统副业远近闻名。

芝英镇是永康经济的副中心，2001 年被列为省小城镇改革试点镇。2007 年，芝英街

公婆岩景区——公婆吟风(芝英镇提供)

道被市委市政府列为全市中心镇。2009年12月,芝英街道撤街设镇。2013年,芝英镇按照城乡一体化的要求,镇党委政府提出了建设经济强镇、商贸重镇、历史名镇的目标,以村庄整治、农房改造、美丽乡村建设为抓手,着力推进民生工程,开展"碧水蓝天工程",整治水环境。全面开创卫生镇工作,营造"人人参与全镇创卫"氛围,建立卫生长效管理制度,对镇区范围卫生保洁实行统一管理、统一清扫、统一养护。积极构建和谐社会,努力保持经济社会平稳较快发展,建设富强、文明、生态、和谐的新芝英。

芝英镇素有"百工之乡"之称。20世纪80年代,芝英工业迅速崛起,许多外出谋生的手工艺者纷纷回到家乡开铺办厂,各类中小型企业如雨后春笋般发展起来,产业结构遍及八大行业,其中以有色金属压延加工业为主导产业。产品主要有铜材、铝材、沙滩车、家用炊具(锅)、体育健身用品、防盗门(室内门)、衡器、压力机、磨具磨料(砂轮钢丝轮)、汽车配件、不锈钢日用品、棉纺、彩印等等。2013年,全镇有大小企业2 000多家,其中规模以上企业62家。列入市纳税双百的企业16家,其中有色金属企业8家,占全部双百企业的50%。是年全镇实现工业产值124.5亿元,其中规模以上产值83.5亿元,有色金属行业产值61.4亿元,占全部规上产值的73.6%;实现工商税收2.67亿元,自营出口交货值2.97亿美元,完成进度名列全市第二,出口额较大的几家企业分别为:力士达、康帅、新亚、华宝、新多、双喜、诺普等。工业性投入4.2亿元,工业产值超亿元行政村15个,亿元企业17家。为促进企业发展,芝英镇通过建立项目代理制度,解除企业后顾之忧,推进企业技术改造,提高产能。2013年1月至11月,落实技改项目立项9项,计划总

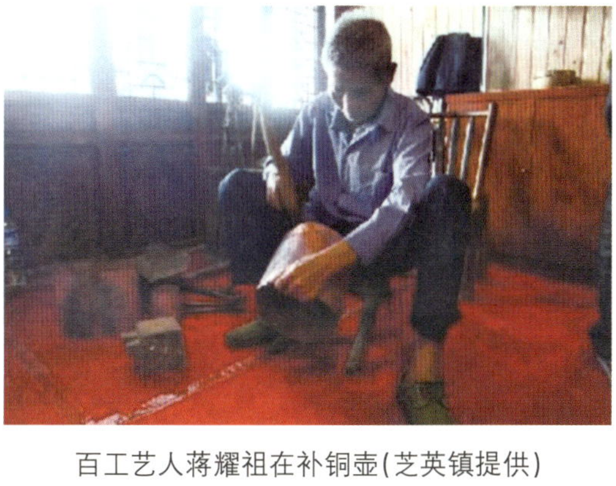

百工艺人蒋耀祖在补铜壶(芝英镇提供)

投资 1.26 亿元，实现销售收入 7.37 亿元。截至 11 月，全镇实现规模以上企业产值 75.1 亿元，规模以上企业利税 4 亿元，规模以上新产品产值完成 31.96 亿元，工商税收 2.27 亿多元。工业性投入 3.82 亿元，其他投资 0.86 亿元。

2013 年，镇党委政府增强社会管理和公共服务职能，打造党委放心、群众满意、雷厉风行、廉洁高效的法治政府。健全服务企业、服务农村机制，简化项目办理程序，提高行政服务效率。开展治庸治懒，查处推诿扯皮、行政不作为和乱作为，加大干部问责力度，改进机关干部的工作作风。年初，邀请规模以上企业和市有关部门领导一起召开座谈会，面对面沟通，及时、有效解决各类难题。一至三季度，为企业解决难题 12 个。如支持企业"煤改气"，帮助 23 家企业和 3 个村（应南溪、桑元下、松塘园）使用天然气，每日供气量约 3 万方，有色金属工业企业用气率达到 50% 以上。针对企业外来建设者子女上学难问题，妥善安排 126 名重点企业外来建设者子女就近入学。另外，对规模以上企业各种申报、办证事项，镇专派一名干部代理服务。对信访重点对象，镇班子成员重点关注。对社会矛盾、各种纠纷、安全隐患早发现、早处理。2013 年 1 月至 10 月，镇社会服务管理中心受理各类纠纷 377 起，调处 377 起，办结 321 起，追回经济损失 420 多万元，成功调处意外死亡纠纷 6 起，是年受理劳动纠纷争议案件 294 起，解决 236 起，其中工资案件 134 起，工伤案件 160 起。现有社区矫正人员 60 人，1 月至 10 月接收 35 人，解矫 31 人。组织消防检查 6 次，排查出消防安全隐患 81 起，责令整改消防安全隐患 81 起。提高新型农村合作医疗保险制度覆盖面。加强对困难群众的救助，完善农村五保集中供养、特困户救助等制度。重视残疾人工作，多种形式促进残疾人就业。加大扶农力度，加快溪岸等村旧房改造步伐。实施农民饮用水工程，改造老化、破损管网，改善 5 万人饮用水条件，农村自来水普及率达 99%。

【村换届选举实在干部】 11 月 27 日，芝英镇基本完成村党组织换届工作，共选举产生 245 名党组织班子成员，其中大专以上学历 37 人，女支委 41 人，其中 2 名大学生村官。63 个村都已成立选举委员会，将于 12 月 3 日前完成村民代表推选。选举中，芝英各村选班子选出政治上的明白人、群众的贴心人、致富的带头人、干实事的实在人。适当增加书记主任"一肩挑"比例，引导大学生村官进村党支部。全镇村级组织换届选举工作总体平稳，始终严厉打击破坏选举行为，发现一起、查处一起、通报一起。

【历史文化名镇名村】 芝英镇是永康市唯一被列入国家级历史文化名镇的乡镇。芝英，古称大田，为永康应氏世居之地，素有"芝英大，祠堂多"的美誉。第三次全国文物普查结果显示，不到一平方千米的芝英镇，仍保留着 81 座宗祠。芝英镇的宗祠，最早可追溯至东晋三国时期。2013 年，芝英有保存完整的宗祠 52 座，其中有 3 处被列入省级文保单位。有历史古建筑面积约 7.23 万平方米，历史建筑占地面积约 3.32 万平方米，新建筑少于 30%，主要集中在芝英一村至八村。其中，"谷贻堂""方塘公祠""屏山公祠""婆婆厅"与"小宗祠堂"等呈一字形排开。芝英七村祠堂较多，在同一条街上就有"褒公"、"宪辅"、"尚德"和"尚本"等公祠。创建于南朝大同二年（536）、史称"永康四大道观"之一的"紫霄观"位于芝英八村。芝英镇已成立历史文化研究会，挖掘全镇的历史文化，协助镇党委、政府在打造历史名镇、经济强镇、商贸重镇中发挥作用。

【文化礼堂创建活动】 2013 年，芝英镇确定儒家村、松塘园村为全镇文化礼堂建设试点村。儒家村是金华市"两富"建设先进村，以

12 月 24 日,芝英派出所民警到辖区举办法制讲座(公安局提供)

弘扬传统文化为主要内容,铸成孔子、孟子铜像。编撰儒家村历代名人事迹,制成现代能人榜、孝顺榜、寿星榜等宣传展板,收集 50 多种传统农耕用具,布置了农耕用具博物馆。整个文化礼堂分成"两堂五廊四室一馆一中心",成为宣传思想工作的重要阵地。在儒家、练结、松塘园、六村、下徐店村等 5 个村试点设置百姓聊天室,了解社情民意。全年创建省级文化示范村 1 个,金华市级文化示范村 2 个,永康市级文化示范村 8 个。农家书屋建成村 60%,新增小康体育村 10 个,新增文明村 8 个,文明村创建率 51%,"春泥计划"活动村达到 80%。

【城乡一体化建设】 2013 年,芝英镇党委政府按照城乡一体化的要求,找准市委、市政府中心工作和老百姓生活密切相关的结合点,大力开展"双清"行动、"158 碧水蓝天"工程,组建镇环保中队,配备专门人员、车辆。每日组织对华溪周边及重点行业企业进行巡查,已关停重污染企业 36 家(水晶加工企业 5 家)。对华溪芝英段、雅庄溪、车马何溪、球溪、灵溪等五条主要河流开展清淤清垃圾行动,总长度 29.62 千米,清出垃圾和淤泥 1 320 吨。按照《永康市河道保洁长效管理考核评分表》标准,华溪芝英段和雅庄溪、灵溪落实专业人员保洁。东永一线是交通大动脉,涉及芝英段范围 9 个村,脏乱差由来已久。为了有效改变现状,推行与美丽乡村建设、集镇创卫相结合,由主要领导带队,逐家逐户巡查落实,已清除各类乱搭乱建 30 多处,乱披乱挂 100 多处,每月两次对芝英主要干道进行冲洗。为解决污水处理厂规模过小的问题,与芝英六村达成征地意向,确保在 2015 年使污水处理能力满足现实需要。投资 210 万元,新增 3 座垃圾中转站。投资 700 万元,埋设前陈到柿后的污水管网。

【华溪河道芝英段整治工程】 2013 年,芝英镇启动华溪河道整治芝英段工程,全长 7 000 米,分两个标段。第一标段柿后至街头桥段完成河道衬砌 1 000 米,建成游步道 1 500 米,已完成工程量的 92%。第二标段街头桥至桥里村 2012 年底动工,到 2013 年 8 月,3 000 米河道衬砌全部完成。整个华溪河道整治芝英段工程剩余 400 米游步道,年底前全面完成任务。同时,搞好北部水库联网工程芝英段政策处理工作。8 月,建立领导小组，对路线进行察看，任务分解到人，政策处理已按指挥部的要求完成进度。

【各具特色的“美丽乡村”】 2013年，芝英镇列入争创美丽乡村的有4个村，分别是松塘园村、隔塘村、柳前塘村、桑园下村。镇成立由镇长任组长，副书记为副组长的创建市美丽乡村领导小组。松塘园虽然村集体经济薄弱，但全村团结一心，目标明确，全村硬件建设基本完成，道路硬化，安装路灯，外墙粉饰，文化礼堂建设也在进行中，全村干群齐心合力争创精品村。桑园下村是镇内最早进行农房改造的村，全村基本住上了新房，年内该村还进一步绿化、美化、亮化。柳前塘村村内绿化底子好，创建一个比较有特色的农业示范养殖基地，进一步搞好特色农业产业，带动农民致富。

（徐康美　胡菲菲）

石柱镇

【概　况】 石柱镇位于永康市东南部，地理位置为东经120°0320″到东经120°0912″、北纬28°4932″和北纬28°5401″之间。东与方岩镇、舟山镇相邻，南与前仓镇接址，西与江南街道和东城街道相通，北与芝英镇和工业园区相连，区域土地面积65.42平方千米，有耕地面积1 570.67公顷，山林面积2 367.47公顷，镇政府驻地在石柱新大街九号，距市行政中心8千米。石柱镇政府所在地石柱村，古为卢、李、应三姓住民组成，李姓始祖李永于明代（约1433～1482）从横麓村迁入；应姓应襄于1560年至1582年从芝英迁入；后胡姓、卢姓相继迁入，始成村落。昔村西岩山上有5～6丈石柱一根，故村以此得名。石柱镇经省认可行政村43个，但由于内部矛盾，撤扩并前自然形成的村有7个，即原由新华村分开为湖堪头、瑶山、岩洽3个村；原西岐村分为西岐、西路、山坑叶3个村，原池宅村分为皮店、石锦、锦川、果园4个村。石柱镇共50个行政村、70个自然村、2个居委会。2013年，辖区人口1.23万户，32 767人（不包括外来人口1.46万人）。人口基本上为汉族，随着改革开放、人口流动较大，与异地青年通婚普遍增加。全镇除汉族外，有藏族、壮族、布依族、苗族、侗族、瑶族、白族、土家族、哈尼族、黎族、傣族、蒙古族、彝族、回族等共15个民族。镇区东西最大距离13千米，南北最大距离12千米，全镇总面积为65.42平方千米，人口密度为每平方千米501人。2013年末，全镇从事第一产业4 463人，第二产业1.03万人，第三产业6 890人，总从业人数2.16万人。

2013年，石柱镇党委、政府从原来“发展大交通、优化大环境，促进大发动，建设新城镇”的工作思路转移到市委、市政府“创造驱动、二次出发，打造永康经济升级版”为主题的实践，提出“开拓创新、求真务实、科学发展、打造富丽和谐石柱”的指导思想，走因地制宜的发展路子，在各方面工作取得了一定成绩。特别是美丽乡村建设，共创美丽乡村精品村5个，秀美村5个，是唯一通过金华美丽乡镇验收的单位。创建工作走在全市前面。先后荣获2010年浙江省体育强镇，2011年金华市文明单位，2013年金华市学前教育达标乡镇、金华市卫生强镇金华市药品安全创建达标乡镇等荣誉。

【农民专业合作社成立】 随着农业经营方式的变更，石柱镇各村专业能手先后成立专业合作社。2013年，有友谊毛芋合作社、李溪花木合作社、古岭果蔬专业合作社、纸杨毛芋合作社、杨溪土蜂合作社、正大内鸽合作社、瑶山葡萄提子专业合作社、联伟水稻专业合作社、为民稻米生产合作社、杨溪稻米合作社等13个专业合作社。其中杨溪稻米合作社生产的杨溪稻米，经省认定为绿色产品，畅销市内外。伟丰下属的亿利肉类专业合作社肉猪饲养量达 6 625 头，年销售额 1 805.2 万元。全镇拥有农业龙头企业 2 家；杨溪稻米、舜芋、古岭柑橘、伟丰两头乌肉都获名优绿色品牌；清清鱼虾养殖专业合作社稻田养泥鳅，取得粮鳅双丰收。

【工商户“更新换代”办特色工业】 石柱镇工业起步较慢，直到 20 世纪 90 年代，有部分企业出身的技术人员开始建厂，基本上是靠翻砂起家。2013 年，全镇有规模以上企业 21 家，规模以下企业 775 户，个体工商户 1 932 家，其中有 74 家转为企业。工业总值 45.84 亿元，其中规模以上企业产值 22.33 亿元。工业支柱产品主要是汽车配件、电动工具、冷轧钢带、搪瓷、铸造业、门业、衡器和铸造业。田畈林纸花是家庭工商户的一大特色，早在 20 世纪 80 年代，全村约有 70%以上农户都有手工坊，进行生产，手工操作无法完全适应和满足市场需求，2003 年，申办拉花工业区，2013 年，全村有 20 余家引进机器设备，进行了规模化生产，产品直销俄罗斯和东南亚，部分通过义乌市场推向世界。是年经工商行政部门审验，共有个体工商户 1 932 户、企业 825 户(包括农民专业合作社 29 户)、个体转企业 73 户，共 2 757 户。是年注销 239 户，新发照 572 户，其中个体 393 户，企业 179 家，取缔、办照 157 户。

【金银首饰一条街建成】 石柱商贸发展较早，据明正德《永康县志》载，明代就有李溪市集。后设石柱市、俞溪头市厚仁市场、江瑶市场、姓傅市场等，各个市场商品云集、琳琅满目，主要经销日常生活用品、小五金、塑料制品、服装鞋类、副食品和农副产品等。但未有专业市场，企业生产产品汽配件、电动工具、不粘锅、门及衡器等主要通过外贸出口，其他商品主要由国内专业市场消化。田畈林纸拉花大多数通过义乌小商品市场外销，小部分自营并销往俄罗斯、缅甸等国家。2012 年以“美丽乡村石柱行”为契机，在石柱镇所在地开办了黄金首饰市场，创办初连同江瑶老店 12 家。两天展销创下销售额百万元。第一届展销会后，石柱村投入大量资金建造黄金首饰市场排楼和的美化基础设施，引来了不少商家投资。在 2013 年第二届金银饰品展销会上，镇区黄金首饰商店发展到 23 家，商店门面不断扩大，形成金银首饰一条街。

【药品安全评为金华市达标镇】 2013 年，石柱镇实行乡村公共卫生服务工作一体化管理，对镇区 6 个村卫生室(下杨、厚莘、田畈林、篁里、毛山、郎村)统一供药，执行零差率销售。开展农民第四轮健康体检，年底 4 496 人。是年二三月份起，对妇女儿童开展体检。共检妇女 2 930 人，儿童 3 816 人，中小学生 5 419 人。查出宫颈原位癌 1 例、癌前期数例、高危病人 14 例，同时查出高血压患者 2 685 人，糖尿病 600 人。开展第一轮麻疹脊灰疫苗查漏 3 412 人，发现 45 人，补种 39 人，第二轮查 3 580 人，发现儿童 87 人，麻疹发现 69 人，应接种 73 人，部分接种 69 人。石柱镇卫生院对医疗服务实行了阳光政策，提高服务质量，全年来门诊人数达 11.71 万人次，比 2012 年增长 0.94%，门诊费用人均 37.7 元，同比下降 10.4%。石柱镇被评为 2013 年金华市药品安全创建达标乡镇。

【土地规划阳光实施】 2013 年，石柱镇村建设办公室按照实际情况和群众的迫切要求严格规划土地把关，公开透明。全年共批准农村特困户 26 户共 2 600 平方米。按照市委市府的统一部署，认真清查，对未批先建、违章扩建和严重违反农村“三清四改一拆除”的要求和群众反映强烈的违章建筑，坚决依法予以拆除。年内石柱镇共拆除 8 万多平方米，有效制止了违法占地的倾向。镇政府按“永康市关于开展征地拆迁阳光工程建设的实施意见”。至年底，共完成东永高速公路征地 700 万平方米。金温铁路扩能建设用地

54.4 公顷。征地拆迁严格按照程序办事，推进征地拆迁阳光工程建设。

【石柱镇综合文化楼落成】 石柱镇原影剧院会堂始建于 1975 年，因修建时间长，建筑陈旧，综合利用率低。2008 年，李溪河道开始整治时，石柱镇决定拆除，建设综合文化楼。经市批准 2011 年正式动工，总投资 500 万元，2013 年 9 月建成。共五层，一楼为农业银行营业厅，二楼到五楼为综合文化楼，第五层为会议场所。

【益居利业宜游精品村建设】 2011 年 3 月，永康市启动“美丽乡村”建设工作。2013 年底，获“美丽乡村”称号的有云溪、天表、前郎、姓傅、塘里 5 个精品村，下寮、西岐、麻车口、姚塘、下里溪 5 个秀美村，连续 3 年列全市前茅。石柱镇是全市唯一通过“金华市美丽乡镇”验收的单位，塘里村、前郎村申报了创建省级文化历史村。前郎村获金华市 2013 年生态文明村和浙江省文化示范村称号，塘里村建成浙江省 2013 年五星级农家书屋，麻车口村为 2013 年市最洁净村庄之一。塘里村利用村口仿古亭、孙权劝学墙、孙权古铜像大力挖掘孙氏文化。在“大塘清波”“天朝乘龙”“老庙晨曦”“保王天樟”等古八景的基础上，又创新了孙权文化园、古戏台、水车坊、五谷墙、百工长廊等，还挖掘了传统名小吃“孙权金团”“吴国太豆腐丸”，并在永康农展会上获得金奖。前郎村在“一主二次多点”的村庄布局基础上，年内又完善了村口公园的建设，修建彩虹桥、观光塘、百亩荷花等，拆除了村中铸造厂，修建了休闲文化广场、婺剧文化墙，对宇溪公祠进行修缉，使之成为文化活动中心。前郎籍郎忠仁，在村北投资 3 000 余万元创建了探花郎公园，种古树精品百亩。是年夏季，前郎村成功举办首届荷花节，评选荷花仙子。通过荷花文化的展示，种荷能手评选，农产品展示，环村跑步比赛等，为村里聚集人气，增加收入。

【第二届“美丽乡村石柱行”活动】 7 月 25 日，石柱镇党委政府在前郎村举办第二届“美丽乡村石柱行”暨第二届金银器市场展销会开幕和前郎村荷花节活动。活动为期 2 天。25 日，举行开幕式和文艺演出、美食展示、有奖问答，举行种荷能手评选，晚上荷花仙子总决赛。26 日，举行环村跑步比赛，美食全天展示。参加荷花仙子评选有 30 名佳丽。经过总决赛，胡艳珊夺得荷花仙子冠军，杨倩获得亚军，孙瑜获得季军。米艳荷、胡媚雅、金芳、王优美、徐燕、吕梅舞恺、杨碧婵、陈晨获优胜奖。

【美丽山水一条线建设】 2013 年，石柱镇在开展“益居、利业、宜游”精品村建设的基础上，做好美丽李溪、石柱到杨溪水库山水一条线上文章。完成 330 国道沿线的绿化，下里溪村段路边广告整治，石柱村金银牌坊建设，金银老街搞好改造，金银商家发展到 23 家，使石柱镇传统的金银器产业进一步得到提升。下里溪村城隍庙广场一期工程的建设和新区道路硬化。下杨村搞好村口公园和公路旁的“二十四孝”画廊建设。西歧村完成整村绿化和村中广场建设。姓傅村迁移马路市场，拆除旧办公楼，完成滨江河道的整治，通过精品村的验收。上杨村修建连心桥，实现道路硬化、村庄绿化。在村民支持下，洪福寺恒慧法师集资的洪福寺罗汉洞山门和天王殿相继竣工，又为石柱镇提供 1 个旅游点。麻车口完成村口公园建设，村边绿化，被评为 2013 年市最洁净村。下寮村修建泉灵山公园，与原爱国主义教育基地有机结合，成为新的旅游观光好去处。

（李德璋）

前仓镇

【概　况】 前仓镇位于永康南部，距市区 15

千米，东与舟山镇交界，南与缙云县新碧镇接壤，西邻江南街道，北靠石柱镇。330 国道贯穿南北，金丽温高速公路、金台高速公路分别从镇区西部、北部通过，金温铁路从镇区东部通过。作为与温州、丽水、台州等地交往的主要通道，交通区位优势明显。全镇土地面积 78.69 平方千米。下辖 38 个行政村，1 个居委会，人口 24 243 人。户籍人口以农业人口为主，有 23 933 人，占 99%，非农业人口 310 人，占 1%。内设党政综合、农业、工业、综治、信访、计生、党建、村镇、民政室 9 个办公室和 1 个文化站，并设农业服务中心，财务代理中心，社会综合治理中心，另有土管所、广电站等机构。镇政府驻地前仓镇前仓村花园路 91 号。

前仓镇是全国闻名的文教用品之乡，生产各类校具、学校用品、体育健身器材、垃圾桶等。有规上企业 3 家，分别为龙邦塑业，富盛公司，毕尔锐思公司。2013 年，新增 5 家：浙江红太阳教学设备有限公司、浙江一恒教学设备有限公司、浙江福兴教学设备有限公司、浙江康为工贸有限公司、永康市振兴实业有限公司。前仓镇在市委、市政府的领导下，按照全面落实科学发展观的要求，紧紧围绕党政中心工作，以开展“正风提效促赶超”为契机，以打造“经济发展、改善民生、美丽前仓、和谐农村、执政为民”五个升级版为主线，解放思想、真抓实干，前仓镇经济社会事业取得了长足的发展。7 月 26 日，被中国文教体育用品协会授予“中国文教用品（学校用品）生产基地”称号。镇区有丰富的旅游资源，既有历史悠久的中国历史文化名村后吴村，又有虎踞峡、盘龙谷、历山等新近开发的风景名胜，游客络绎不绝。镇区交通方便，穿越镇境内有铁路，2 条高速公路，国道、省道、县道、乡道连接各地，辐射面广。金温铁路、金丽温高速公路、台金高速公路、330 国道、606 省道、临石公路及县道与镇内道路，均以前仓为中心，向四周辐射：镇东线，前仓至麻车店为主线，途经溪坦、朝川、枫林、璋川，麻车店临石公路止；镇南线，以 330 国道为主线，从前仓途经馆头、和乐、新下、榭垛至界牌；镇西线，县道从前仓经后吴、荆州，出境至下里溪 330 国道。镇北线，以 330 国道为主线，从前仓至善塘。另外，还有前仓街路面水泥地长 0.208 千米，宽 17 米，投资 23.42 万元，鹅市场至花园山背长 0.5 千米，宽 6 米，投资 18.75 万元，前仓金鸡桥长 8.6 米，宽 7.9 米，投资 6.5 万元。

2013 年，设有邮政网点 1 个，乡村通邮率 100%，电信服务网点 2 个，固定电话用户 334 户，移动电话用户 2 937 户，宽带接入用户 845 户。全年电信业务收入 456 万元。拥有供电主变压器 181 台，总容量兆伏安，高压输电线路 4 条，总长度 60 千米，用电负荷 1.6 万千瓦，年售电量累计 0.46 亿千瓦时。建有文化站 1 个，村活动中心 38 个。文化站建在后吴村，占地 1 300 多平方米，投入资金 100 多万元，2009 年动工，2010 年竣工。文化站图书馆有藏书 1 万册，馆藏有大量古今中外名著。距前仓镇政府 3 千米的后吴、大陈等村建有文化礼堂。地方特色的民间艺术有枫林村的“老鼠招亲”、后吴村的“十八蚌壳”等。古建筑群多的后吴村在 2007 年被评为“中国历史文化名村”。后吴村已连续举办了十三届“后吴民间民俗文化艺术节”。镇内有幼儿园 7 所，在园幼儿 850 人，专任教师 52 人；小学 1 所，在校生 966 人，专任教师 48 人，小学适龄儿童入学率 100%；初中 1 所，在校生 171 人，专任教师 14 人，初中适龄人口入学率 100%，小升初升学率 100%，九年义务教育覆盖率 100%。是年教育经费达 1.2 千万元，比上年增长 8%。有各级各类医疗卫生机构 10 个，固定资产总值 195.17 万元。专业卫生人员 47 人，年医疗机构诊疗 5.19 万人次。农村安全饮用水普及率。农村卫生厕所普及率、新型农村合作医疗参保率达到97%以上。社会保障年末农村最低生活保障户数300户，人数421人，支出92.16万元，月人均182元。以创建森林城镇为契机，完成白岩、璋川、小王元、大陈、石雅5个村金华市级森林村庄验收和本扎村省级森林村庄验收。全镇森林覆盖率60.6%，林木绿化率63.6%。继续申报麻塘、大坑、光瑶、榭垛等19个村为金华市级森林村庄，申报大陈村为省级森林村庄。是年11月麻塘、大处、石角、榭垛、光瑶、前仓、宅树下、川塘等8个村被授予金华市级森林村庄称号。大陈村在成功创建“美丽乡村”精品村的基础上，继续深化创建，在村口新建百亩荷花湿地，依托陈氏宗祠新建文化礼堂。白岩村在“美丽乡村”建设中，注重与人文景观结合，完成了40米文化长廊建设，办公楼建设还融入集文化元素、休闲健身为一体的400米休闲道。麻塘村巧借山水风光，在村口修建了景观林、休闲亭，供村民休憩。镇政府着力加快虎踞峡与后吴文化村的旅游建设，3号森林运动线——历山、盘龙谷、虎踞峡风景区、与后吴古村落串点成线，已基本形成“一山一谷一峡一村”的旅游格局。2013年，新增旅游项目水上乐园，成为永康市民夏季避暑的好去处，全年共接待游客15万人次。在上级各部门以及社会各界人士的支持帮助下，后吴古村落的旅游基础设施不断完善。是年新建两座生态公厕，并按照“文化礼堂、精神家园”的定位，完成了后吴村文化礼堂建设。文化礼堂的“两堂五廊”依古祠设计，把文化活动室、农家书屋、春泥计划活动室进行整合，新开辟百姓聊天室，挖掘传统礼仪，形成具有浓郁地方文化底蕴和时代特色的文化礼堂，成为新的旅游载体。后吴村成功举办了第十三届后吴民间民俗文化艺术节，首次引进了美食节和农副产品展销活动，吸引了上万人参加，增加了老百姓的收入。成功举办了第八届前仓九九重阳文化节，进一步营造了前仓民俗体验旅游的氛围。

【水环境综合治理工作】 2013年，前仓镇围绕市委“清水永康江、清新丽州城”的目标，抓好“158”蓝天碧水工程的落实。制定方案，明确目标，结合实际摸清底细，建立健全台账管理，分类治理，有序推进。将责任量化，进行分类治理。落实以河道长为主要负责人的河流排污监管，落实排污口的专项监管。10月底完成南溪段养护的招投标工作，实现南溪水域河道管理步入正轨。逐步推进村级污水管网建设。污水处理泵站及管网建设已基本完成，年底污水处理厂投入试运行。关闭南溪两岸的制沙企业2家，畜禽养殖场2家。加强宣传，营造氛围。以“158”蓝天碧水工程活动的开展为契机，在各个村口，人员集中的地段张贴宣传标语40多条，沿溪村发放倡议书6 000多份。4月至7月，开展专项整治工作，完成前仓镇五条主要河道的整治，涉及前仓、大陈、石雅等24个村，共计64千米，其中南溪12千米，清运淤泥、垃圾2 190吨，清理河道障碍物53处，清理臭水沟2条，38个村全部完成村庄清洁整治。投入资金105万元，新建农村生活垃圾处理站5个。专项整治后，镇政府成立了由村卫生保洁队和河道管理员组成的“双清”长效整治维护小组，并邀请广大村民共同监管“双清”成果，进一步深化巩固了“双清”行动成果。

【森林消防技能比赛】 2013年，前仓镇有森林消防队员40多人，分为2支分队，定期举行体能训练以及技能比赛。11月28日，在隔溪山森林公园，一批穿着消防服装的森林消防队员背着重重的风力灭火器进行技能比赛。比赛分为机器负重越野和徒手登山两个组别。在山顶，消防队员们讲解了消防业务知识、自救常识以及灭火技巧。前仓镇为每组前3名的消防队员颁发了证书和奖金。

【中国文化用品生产基地建设】 3月9日，

前仓镇向中国文教体育用品协会提出创建中国文教用品基地的申请；26日，中国日用杂品工业协会理事长张广荣，中国文教体育用品协会副理事长徐谷宝，全国日用杂品标准化中心秘书长李传和，由市人大副主任章锦水、政协副主席胡潍伟等信用，考察前仓镇文教市场。5月，前仓镇药品示范创建通过金华市食品药品监督管理局验收。7月中旬，永康市文教用品行业协会在市会议中心成立，协会的主要成员均为前仓文教用品行业的企业主；7月15日至17日，以中国文教体育用品行业协会理事长林小冲为组长的中国文教用品生产基地考核组，对前仓镇文教用品基地创建工作进行考核；26日，授予永康市前仓镇中国文教用品（学校用品）生产基地称号。

【最美、最差村庄评选活动】 2013年，前仓镇以省级森林城镇创建为契机，推动生态前仓建设。麻塘村、大处村、石角村、榭垛村、前仓村、宅树下村、川塘村被评为金华市森林村庄；大陈村在2012年成功创建“美丽乡村”精品村的基础上，开展省级森林村庄的争创工作，在村口新建了集廉洁亭、荷兰风车为一体的百亩荷花湿地。麻塘村在美丽乡村建设中，注重与人文景观相呼应，在麻塘岸边完成50米文化长廊建设；充分挖掘麻塘文化，编写《麻塘村歌》，投入80多万元，新建集办公、村民议事、便民服务为一体的多功能服务中心，被评为全市美丽乡村精品村。白岩村在村口修建景观塘，新建办公大楼、文化长廊，被评为美丽乡村秀美村。11月前仓镇开展美差村庄评选活动，麻塘、大处、石角、榭垛、光瑶、前仓、宅树下、川塘等8个村被授予“森林村庄”称号。12月26日至27日，大陈村、白岩村分别被评为“十大最美村庄”、“十大最洁净村庄”，溪坦村、界牌村、金斗村、石塘村、大陈村被评为文明村庄。馆头、法莲被评为“十大最差村庄”、“十大最落后村庄”。

【篁源提子】 前仓镇篁源提子葡萄专业合作社是永康市最大水果专业合作社。2013年，拥有社员187人，葡萄种植面积71.57公顷，年产葡萄2 147吨，产值1 805万元。合作社于2009年通过农业部相关部门认证，成为国家无公害葡萄生产基地，产品也成为国家无公害农产品。主要栽培品种红地球提子葡萄，占种植面积的80%，并引进夏黑、阳光玫瑰等新品种。产品销往福建、温州等地。

【虎踞峡、盘龙谷】 虎踞峡景区，坐落永康前仓镇塘头村东南，距城区15千米，占地1 000公顷，于2009年开始开发，投入资金1.5亿元，2013年5月1日正式投入营业。景区内部餐饮服务中心投入使用，完成塘头村到景区8米柏油路的建设，各项基础设施均已完善。7月份新增的旅游项目水上乐园，成为全市夏季旅游的热点，全年累计接待游客15万人次。盘龙谷景区依托自然优势，于2013年3月通过《浙中盘龙植物园规划》，建成梅花园、牡丹园两个精品园，竹博园精品园也在

新开发浙东旅游景区——虎踞峡（前仓镇提供）

紧锣密鼓的筹建中。

【金华市精品村——大陈】 大陈村位于永康市南，距市区14千米，距前仓镇3千米。全村耕地面积70.6公顷，其中水田面积56.6公顷，旱地面积14公顷，林地面积326公顷。下辖2个自然村，分别为大陈、后陇，共344户，1 015人。该村先后获得永康市“森林村庄”、金华市“森林村庄”、“美丽乡村”精品村、卫生创建先进单位荣誉称号。农业以“舜提”葡萄、舜芋为主导产业，2012年全村经济总收入950.84万元，农民人均纯收入5 024元。大陈村党支部共有党员40名，其中女党员6名，预备党员3名，大陈村极力引导村民发展“舜提”葡萄等经济作物，提高村民的经济收入，完善新农村建设，努力打造“永康市魅力乡村”，不断发展壮大村集体经济。新农村建设已完成森林公园、文化广场、陈氏宗祠、荆州桥的建设，2013年开始，重点建设湿地观光园。特色产业除继续发展壮大“舜提”葡萄、舜芋外，主要以发展农家乐等地方特色服务业。

【中国历史文化名村——后吴】 后吴村，为永康市第二大村，住民1 038户、3 120人。于2007年被建设部、国家文物局评为“中国历史文化名村”，2012年被列入浙江省第一批重点保护古村落。村内分布有规模庞大的明清古建筑群，被誉为“江南古建筑博物馆”、永康“金名片”。通过几年的努力，后吴村完成部分水系改造、卵石路恢复、三线落地、环村路绿化带建设、路灯安装工程，2012年通过市级村庄整治验收，并着手建设停车场、观光农业区、老年活动中心、文化礼堂，新村规划业已完成。随着村庄建设的推进和镇“旅游强镇”战略的实施，后吴村已成为前仓镇“一山一谷一峡一村”旅游发展格局中的重要组成部分。2013年2月前仓镇后吴村入选第二批省非物质文化遗产旅游景区后，又被国家住房和城乡建设部、文化部、财政部联合公布为首批中国传统村落。传统村落是指拥有物质形态和非物质形态文化财富，具有较高的历史、文化、科学、艺术、社会、经济价值的村落。它承载着中华传统文化的精华，是农耕文明不可再生的文化遗产。它保留着民族文化的多样性，原生性和物质性，是繁荣发展民族文化的根基。国家相关部门在摸底调查和各地推荐的基础上，确定646个村落列入首批中国传统村落名单，其中浙江省有43个村落入选。10月11日，第十三届后吴民间民俗文化艺术节在后吴村举行，首次引进“后吴村第一届美食节”，吸引1.5万市民参加。

（陈　坚）

舟山镇

【概　况】 舟山镇位于永康市东南部边境，东南与缙云县接壤，西与前仓、石柱镇相邻，西北与方岩镇相连。舟山中心村距市区19千米，镇道路交通便捷，35省级公路与外界相通，台金高速公路（在建）穿过舟山镇镇域南部。镇行政区域面积为77.7平方千米。2006年5月，永康市乡镇行政区域重新规划，设立舟山镇建制，由原石柱镇的舟一、舟二、舟三等24个行政村、舟山居民区，古山镇的19个行政村、新楼居民区组成，辖43个行政村，2个居委会。2013年，全镇有8 647户、2.27万人。耕地保护面积1 506.67公顷，基本农田保护面积1 406.67公顷，标准农田保护面积1 193.34公顷。农业主要以种植水稻、芋艿、席草为主，兼种方山柿、油茶、茶叶、蚕桑等经济作物。全年粮食播种面积339.89公顷，总产量3 300吨。

舟山镇是“浙江省生态示范镇”。全镇农业彰显自身特色，广大农民发展水果、蚕桑等特色农业，初步形成以新楼“方山柿”为产业特点的水果生产基地和以“斯莱特”为龙头的蚕桑基地。2013 年全镇方山柿森林基地种植面积达 733.34 公顷，年产方山柿 2 400 吨。"方山"牌方山柿先后获得金华市、浙江省"名牌产品"和"著名商标""浙江省绿色放心营养标志产品""浙江省绿色农产品"等荣誉称号。2006 年，成为"国家级绿色食品 A 级产品"。是年镇实施方山柿深加工项目，安装修理冷库，一层烘干区已开工建设并订购设备，二层将设置以检测、展示为主的公共服务平台，建筑面积 400 平方米。镇内有桑园面积 133.34 公顷，年产蚕茧 140 吨，是全省蚕茧质量最好的地区之一。在 2013 年全市农业农村工作会议上，荣获市先进单位称号。

舟山镇是市内唯一没有工业功能分区的镇，工业尚欠发达。镇党委政府从实际出发，择优扶强，开拓发展。2013 年全镇完成工业产值 3.73 亿元，上缴税收 291 万元，其中规模以上企业完成产值 2 682 万元，上缴税收 78 万元。企业以个体工商户为主，共有 240 余家，主要分布在舟一、舟二、舟三村、上丁村以及凌宅村。已初步形成了以条石开采、车床冲片、木柄加工等为支柱的、具有鲜明地方特色的区域经济，赢得"条石之乡"美称。

【舟山村官过"质询"关】 2 月 26 日上午，舟山镇 30 多名村干部的"新春第一考"在端头村口进行对 3 年前竞选承诺"现场交卷"，接受村民与镇领导的评分。而参与评分的是村民与其他村干部、镇领导。在现场考试中，村民可以现场指出村干部任职期间的问题，比如可以就承包工程是否公开、公平作出评价。白岩下村村委会主任应峰列出三年来为村民办的实事，对土地公开招标、粪缸清理等情况一一作了汇报。陆宅村做水泥路、新装修会堂等，也被评上高分。也有一些村干部在三年里无所作为，只好交上空白卷。一位村干部说，听了这些村干部的成绩，感到无地自容，今后一定要奋起直追，体现自我价值，为村民办点实事。

舟山新貌

【民生工程遍布全镇】 镇域内的主要饮用水源地有沉口水库、方丘水库、王坑水库、李宅坑水库等。其中沉口水库库容量最大，达156.6万立方米。2013年源口水库自来水工程开工建设，投入450万元，完工后将为端头、台门、白岩下、杨溪王、沉口等10多个村的5 200多人口提供自来水。大坝主体工程完成，自来水厂完成规划设计，开始基础开挖，通往源口水库的附属道路完成硬化。联合水务部门对自来水管网进行全面系统的建设，将在2014年1月底前完工。全镇建有污水处理站10个，沼气净化池2个，无动力厌氧生态处理池21个。污水处理方式主要有：膜处理和沼气处理。其中以膜处理方式的污水处理站涉及12个村，以沼气净化池处理方式的有2个村，以无动力液氧生态处理方式的有21个村，未建污水处理的有8个村。年底，全镇各行政村均设有垃圾房，在镇区内建成垃圾中转站。各个村垃圾集中堆置于垃圾房，每天定期由专门的垃圾运输队集中镇垃圾中转站再统一送市垃圾填埋场处理。

【旅游资源"洗牌整合"】 2013年，舟山镇党委政府充分利用石(柱)—临(海)过境公路的优势条件，以中心村区作为第三产业的发展中心，拓宽旅游、休闲观光农业。充分用好镇域丰富的名木古树、"四十四坑"的自然资源、"铜山十八寮"的传统文化、碧湍里"永康十景之一"、方山口红十三军成立之地，以及"魔墙"等有利资源进行洗牌整合，大力发展集吃、住、游为一体的休闲观光旅游业，使第三产业从业人员大幅增加。

【清末民初古建筑群修缮】 舟山二村至今保留着上百幢清末至民国初的建筑。其中有市级文保单位的不可移动文物1处，市级文保点的不可移动文物5处，在第三次全国文物普查中，正式列入的不可移动文物多达18处。2013年初，镇党委、政府将舟山二村古建筑群修缮列为镇十五项重大工程之一，确立责任领导、责任单位、具体联络人。年底，这项工程已被省农业厅立项，并委派设计师前来实地调查勘察，使古建筑群的修缮保护工作取得重大进展。

【村村通过生态村庄验收】 2013年，舟山镇有24个村通过永康市级村庄"六化"整治验收，2个村通过金华市小康示范村验收，13个村完成省补资金整治，17个村完成洁净村庄建设，3个村完成污水集中处理。有3个村通过美丽乡村秀美村验收(分别是花古、洪茂、方丘)。其中花古村在2012年完成秀美村建设后，完善各项设施，争创精品村验收。在2013年申报美丽乡村建设中，花楼自然村进行了剩余道路的硬化、绿化和外墙粉刷工作;端头村基本完成四旁绿化，外墙粉刷统一色调。经过农房改造，马关村的村庄道路全部进行硬化、亮化和绿化，外墙已经粉刷，污水处理通过验收。槐花村和方山口村二期完成安置，下丁村规划修编基本完成，陈山头村规划编制完成，通村公路开工修建，镇政府安排2 666.66平方米土地用于解决用地指标，已经完成定桩放样工作。至年底，全镇有舟二等27个村通过金华市级生态村创建，舟三等35个村通过永康市级生态村建设。

(应芳芳　徐晓娃)

古山镇

【概　况】 古山镇是永康五金产业发祥地。地处市区东北部，东接西溪、方岩镇，南连芝英镇，西与象珠、唐先镇交界，北和龙山镇毗邻。距永康市区17千米，镇区面积49.6平方千米，辖区东西最大距离9.25千米，南北最大距离9千米。有55个行政村，2013年，常住人口10.2万人，在册登记外来流动人口5.8万人。古山镇实施"五金大镇、文化名镇、生态新镇、文明城镇"的发展战略，努力建设

“和谐古山”“幸福古山”，是全国千强镇，浙江省第一批中心镇、省级卫生镇、省级生态镇、省级森林城镇，金华市重点中心镇。

胡库下村文化礼堂

该镇是市五金文化的重要发祥地，是胡则、陈亮、吴绛雪等历史名人的故里。有着深厚的民间文化艺术底蕴和悠久的民间古建筑群落，有早期新石器时代寺下胡村太婆山遗址，有省级文物保护单位古山一村胡氏旧宅——七棚头，有保存完好的金江龙村古戏台等历史文化遗产；丰富的文化旅游资源，胡公陵园、胡库画眉岩洞天、华釜山等自然人文景观与毗邻的浙中名山—方岩山构成一条黄金文化旅游线。2013年，古山镇大力开发工业功能分区，促进产业集聚、企业集群和资源集约利用，改善投资环境。努力构建优势产业链，形成了摩托车、金属材料、电动工具、防盗门、不锈钢制品、衡器、休闲用品等支柱产业。全镇有工业企业2 300多家，规模以上企业77家，产值在亿元以上的企业有25家。年末实现国内生产总值58.25亿元，五金产值165亿元，企业税收收入5.94亿元，其中第二产业增加值49.63亿元，第三产业增加值8.41亿元。

实施“城镇管理提升”工程，使城镇布局合理，管理有序，街道整洁，环境优美。实施“园区治污增绿”建设工程，推进生态型、花园式园区建设步伐，严格按照环保标准落实园区准入制度。实施“美丽乡村”建设工程，按照“六化”要求实施全镇整治，抓好生态村创建。全镇55个行政村，有51个行政村完成村庄整治；有33个行政村创建永康市级生态村，22个行政村创建金华市级生态村；31个行政村创建永康市森林村庄，8个行政村创建金华市级森林村庄；2个行政村创建美丽乡村精品村，2个行政村创建美丽乡村秀美村。2013年，成功创建“省级森林城镇”。镇政府投入巨资建成方岩迎宾大道和古山大道，创建市第一个农民公园——文昌星公园，第一个外来人口之家——青后叶安居苑，第一个农民高级住宅小区——古山金鼎花园，第一个农村物流中心——世雅物流中心。投资300余万元，建成占地400公顷，建筑面积3 200平方米的金华市示范性养老院，实现五保老人集中供养。加大教育投入，建成市一流的农村小学——古山小学。探索外来建设者党员教育管理新路子，成立古山镇外来建设者党员服务中心，在星月集团、青后叶村设立外来建设者党员服务站，使外来建设者党员在古山找到了“家”。着力社区建设，大园东村、后塘二村相继进行旧村改造，提高农民的居住水平、提升农村品味。2013年，镇投入100多万元，完成《永康市古山镇城镇总体规划(2010—2020)》修编和控制性详细规划编制工作。启动镇中村改造，镇内古山一、二、三、四村改造工程面积达6万平方米，总投资12亿元。

【“古山新韵”微博轮值开播】 3月25日，古山镇作为金华地区第一个开展微博轮值活动的乡镇,“古山新韵”微博轮值正式开播。古山镇的“乡镇工作大家谈”以“我是乡镇干部 我为自己代言”为主题,以“全科干部 全心服务”为主线,通过“竞、学、勤、创”四个篇章进行展示,最后以微总结“我们是有思想的联村干部,我们是有理想的乡镇干部,我们努力做新时期的群众贴心人,我们是乡镇干部,我们为自己代言!”成功完成此次微博轮值活动。该经验在全市得到推广。55 个行政村在公开栏上均挂有联村干部姓名、照片、联系电话的公示牌,方便群众办事。

【低效厂房改造建筑面积增 4 倍】 古山镇在开展低效厂房改造中,鼓励企业升级改造和村级工业用地整合改造,破解土地要素制约瓶颈,成效初显。2013 年 1 月,经市政府批准改造的企业有 10 家,原建筑面积 1.48 万平方米,改造后的规划建筑面积 7.48 万平方米,系改造前的 5 倍;实施区块整合改造 3 个,原建筑面积 2.9 万平方米,改造后建筑面积 11.21 万平方米。在无新增建设用地的情况下厂房面积增加 14.31 万平方米。全年共拆除旧厂房 10.3 万平方米。镇政府成立低效厂房改造工作领导小组,下设办公室。在永康市委、市政府《关于鼓励企业改造低效厂房提高土地集约水平的实施意见》以及镇领导小组多番调研的基础上,研究出台《古山镇低效厂房改造试点实施细则》,明确改造范围、实施程序和操作办法。通过宣传引导,“走村入企”,开展民意调查,发放政策汇编 1 100 本,回收改造意愿 100 余条。在镇行政服务中心特设低效厂房改造窗口,接受咨询和指导申报等相关工作。在村班子团结、农户改造意愿强烈并具有一定经济基础的村开展区块整合改造试点,以点带面推进改造,先后在后塘二村、大坟山村、金江龙村尝试村级工业用地的整合改造。其中后塘二村区块用地面积 5.5 万平方米,涉及 126 户,拆除旧厂房 300 多间,计 2.38 万平方米,改造后规划建设 18 幢 4 层高的标准厂房。镇党委政府认真当好“协调员”,及时与市委、市政府及各职能部门沟通,解决改造过程中的矛盾问题,各职能部门多次到现场勘查。特别是在后塘二村区块改造过程中,市领导蒋金红、吕群勇带领相关职能部门召开现场办公会,推进区块改造的报批工作。后塘二村区块在短

古山镇召开城镇总体规划评审会(古山镇提供)

全市低效厂房改造现场推进会(古山镇提供)

短两周时间完成一期工程报批手续。

【古山“镇中村”农房改造工程】 2013年,镇农房改造工作有序推进,拆除后塘一村后坑底区块5 179.25平方米,安置45户67间,计3 216平方米,完成整个安置工作的56%。启动“镇中村”(古山二村、三村)改造工程,完成600多户旧房的登记、评估和确认工作,完成率90%以上。12月3日,市委副书记蒋金红及农办、经信、国土、建设、规划部门到古山镇古山三村镇中村改造现场进行协调。长期以来,市内新农村建设主要在集镇周边农村开展得有声有色,古老集镇却有载重难动之感,大有“集镇不如村”、“农村包围集镇”之势。古山镇领导为改变该镇落后的集镇面貌,在经济发展上取得新突破,把工作重点转移到低效厂房改造和集镇镇中村改造上。经民意测验,古山三村100%的村民代表同意改造老村,逐户摸底也有98.8%的村民同意改造,古山二村干部也积极配合,提振了镇、村实施镇中村改造的决心与信心。12月止该村95%以上的住户已确权,新区的初步方案也已出来,打算用5年时间完成新区建设。

(徐丽疆)

【低效厂房改造古山现场会】 11月8日,市政府在古山镇低效厂房改造现场会,市委副书记蒋金红出席,副市长吕群勇主持市府办、国土、经信、消防、林业、环保、规划、建设、行政服务中心等几个联审联批部门领导参加。蒋金红察带领大家看了后塘弄二村与后郦工业区两个区块低效厂房改造现场,并听取古山镇党委政府领导有关该镇率先在全市启动低效厂房改造试点工作情况汇报。2012年,市政府下发低效厂房改造政策文件,2013年2月6日,市政府正式批准古山镇进行低效厂房改造,并下发相关试点工作实施细则。春节过后,古山镇上下就行动起来,大大小小开了几十次协调会。针对古山经济发展较早,存在着以村为单位的老工业区,该镇由刚开始的企业实行低效厂房改造转到区块改造为主。到8月,后塘弄二村就完成占地面积约5万平方米的厂房拆除,涉及三个村的后郦工业区块占地7万平方米厂房也已拆了一半。金江龙村和大坟山村两个区块的低效厂房也拆除完毕。这些区块改造适合当地经济发展,是转型升级的有力举措,而且能集约节约用地,改善各村环境，增加收入。

（徐炜康）

【省级森林城镇创建工程奖励机制】 古山镇紧锣密鼓开展“创森”工作，前期共投入200多万元，鼓励各村投身创建，出台相关奖励措施，在市奖励的基础上，对创建省级、市级、县级的森林村庄，分别给予8万元、4万元和2万元的奖励，且可以重复计奖。2012年冬至2013春，全市加大平原绿化工作力度，新增平原绿化面积128公顷，完成全年计划数的54%，省级森林城市创建工作有序推进，2013年财政拨付绿化建设资金达5 000余万元。全镇有10个村基本达到森林村庄标准。镇党委、政府将创建省级森林城镇列入年度创业承诺目标，组织编制《古山镇森林城镇建设方案》。以构建山体、水系、道路、镇区、村庄绿化于一体的城镇森林生态体系为方向，开展宣传发动，投入资金2 000多万元。实现镇区森林覆盖率37.55%，林木覆盖率38%；城镇建成区绿地率36.12%，建成区林木覆盖率30.1%（河道边均进行林木种植），人均公园绿地面积9.2平方米/人（新建世上村龙鸣公园），干线公路与骨干河道宜林地段绿化率100%，各项指标均达到或超过《浙江省森林城镇评价量化指标》标准。10月31日，省级森林城镇验收组到古山镇考察森林城镇建设工作，实地考察方岩大道沿线、乌江溪沿线等区域的绿化栽培情况，对森林城镇的创建工作表示满意。是年全镇已创省级森林村庄1个，金华市级森林村庄8个，永康市级森林村庄25个。

（胡　敏　徐丽疆）

【食品安全监管网络构建】 2013年，古山镇在全市率先开展食品安全网格化建设试点工作，着力构建横向到边、纵向到底、全覆盖、无缝隙的食品安全监管网络。建立健全食品安全工作机制。将全镇划分为三级网格，镇为一级网格，三个工作片为二级网格，55个行政村为三级网格，聘任165名村干部、村民担任食品安全管理员。制作食品安全网格化监管地图、工作职责和工作流程图等，并上墙公示。每个行政村成立食品安全工作小组，并公开食品安全责任人的姓名、联系电话等内容；着力改革完善食品安全监管体制。在镇综合执法中队下设食品药品监督管理中队，实行双重领导的管理体制。中队有执法人员5人，由市食品药品监督管理局2名执法人员和镇3名执法人员组成。明确食品安全管理员的职责，开展食品安全管理员培训，提高管理员开展食品安全工作的能力；开展食品安全联合整治。组织食品药品监管、工商、质监等部门监管食品安全联合执法行动。对辖区内的“黑作坊”“黑窝点”进行拉网式检查，坚决取缔无证无照生产单位；实现食品安全信息共享。采取健全监管档案、通报工作信息、报送案件查处情况等方式，畅通镇、村、监管部门之间的信息互通渠道，形成食品安全监管合力，确保食品安全工作与网格化管理的有效对接；构建食品安全评价机制。出台《古山镇食品安全管理员考核办法》，按照办法要求依程序进行考核表彰。

（周炳黎　徐丽疆）

【华釜山文化节助推文化强镇】 2007年至2013年，古山镇连续成功举办七届华釜山文化节，成为展示地域特色文化的载体，体现精神文明建设的窗口。文化节内容以乡间民俗表演为主，采取文艺汇演、书法摄影展、登山、拔河等多种形式，每届文化节都有万余群众参与，助推古山打造成具有时代特色、富有深厚文化底蕴的幸福文化强镇。

（徐丽疆）

【农民喜闻乐见的“文化大院”】 2013年，古山镇胡库下村和大园东村积极响应浙江省村级文化礼堂建设，成立工作小组，分别投入专项资金进行文化礼堂建设。胡库下村以古祠堂改造文化礼堂，古朴庄重，着重宣扬胡公文化。礼堂包括“两堂三馆五廊两室一场”，两堂：文化礼堂、丽州文化讲堂（崇本学堂）；三馆：胡公事迹陈列馆、廉政文化馆、文艺表演馆；五廊：村史廊、民风廊、励志廊、成就廊、艺术廊；两室：百姓聊天室、老年活动室；一场：胡公文化广场。大园东村利用村综合楼和老年活动中心改建文化礼堂，极富现代气式，突出新农村建设。礼堂包括“两堂七廊三室一园一场”，两堂：文化礼堂、丽州文化讲堂；七廊：村史廊、民风廊、民俗廊、励志廊、成就廊、寿星廊、文化廊；三室：春泥计划活动室、百姓聊天室、文化活动室；一园：大园东村休闲公园；一场：大园东村文化广场。文化礼堂的建成为村民提供条件优越的文化活动载体。胡库下村在崇本学堂开展了启蒙仪式、春泥计划，在胡公文化广场举行开殿门、打罗汉等活动；大园东村也在文化礼堂开展了美食节、春泥计划、节目汇演、平安戏等活动。村民们茶余饭后也都喜欢到文化长廊走走，看看村里的历史沿革、谈论村里的能人善举。文化礼堂可玩、可看、可听、可想、可学，已成为群众娱乐、休闲、活动喜闻乐见的“文化大院”。

（王　宾）

方岩镇

【概　况】 方岩镇位于永康市东部，距永康城区 23 千米，与芝英镇、古山镇、舟山镇、西溪镇相邻。下辖 39 个行政村，区域面积 88 平方千米，全镇共有 9 366 户，总人口 24 750 人，耕地面积 529.2 公顷，林地面积 2 786.8 公顷。境内群山连绵，林木资源丰富。2013 年，方岩镇党委、政府深入贯彻党的十八大精神，紧紧围绕市委市政府“工业强市、生态立市、商旅活市、文化兴市”的发展战略，结合镇内实际，全力推进方岩景区综合整治，全面建设“两富”美丽方岩。按照年初制定的目标计划，以发展经济、改善民生为宗旨，有条不紊的开展各项工作，保持全镇经济社会的健康发展。

方岩镇是旅游文化名镇。方岩是国家重点风景名胜区，独特的丹霞地貌风光美不胜收，以山奇、洞幽、瀑美著称，同时又有胡公大

纪念胡公诞辰 1050 年祭祀活动（方岩镇提供）

方岩镇举行消防演练(方岩镇提供)

帝的赫灵,每年都要举办方岩文化庙会,引来香客如潮,方岩景区天桥的雄伟、五峰的清幽,既是赏景的好去处,也是时尚追星族的好去处。石鼓寮影视城曾是《天龙八部》等著名影视剧的主景区,每个月都有一批批影视剧组在拍摄新剧。除了方岩山以外,镇域内的灵岩、仙岩、画眉岩景区等,景致都各有千秋,颇值一游。21世纪初以来,方岩的"农家乐"搞得有声有色,金竹降上、下村的农家乐颇具规模,在全市负有盛名,并吸引了大批的上海、江苏、杭州等地游客的光顾。方岩文化沉淀深厚,既是"为官一任,造福一方"的胡公文化的源头,又是南宋思想家、文学家、永康状元陈亮的讲学之地,也是明代榜眼、名臣程文德的故里,永康历史上最有影响力的文化名人都与方岩镇结缘密切;文化古迹遍及各村,古建筑等分布面广,全镇省级文物保护单位就有3处,占永康的37.5%,它们分别是五峰书院、占鳌公祠、刘英烈士墓,市级文物保护单位7处,文物保护点17处,文物史迹27处;民俗民间文艺精品荟萃,传承千年的方岩文化庙会几乎囊括了永康所有民间文艺,还有方岩的纸花工艺一枝独秀,几可乱真。

2013年,方岩镇政府落实强农惠农政策,加大土地开发力度,开展土地垦造项目。大园村6.67公顷耕地垦造基本完工,长坑村6公顷垦造地安排测量,高峰村老村建设用地复垦项目全面开展。完成土地流转面积占耕地总面积的50%,完成259.34公顷粮食生产播种面积。下邵村决心塘、大园村沈公岭山塘除险加固工程基本完成。严格做好各项防汛工作,全年无重大险情发生;开展动物防疫和森林防火工作,全年无发生动植物疫情和重大森林火灾;有序开展松材线虫病防治。10月31日,在市林业局会议室召开方岩镇森林城镇建设方案评审会。专家组同意《永康市方岩镇森林城镇建设方案》通过评审。按期完成第二轮低收入农户调查认定和帮扶工作。全镇实现工业总产值27.41亿元,比2012年增长19.26%,其中规模以上企业总产值3.93亿元,同比增长27.46%,完成任务108.67%;实现新产品产值1.35亿元,完成任务的132.6%;实现规模以上企业出口交货值3.68亿元,同比增长30.85%;实现固定资产投资2.11亿元，完成任务的124.06%；服务业投资4 610万元，完成任务的153.67%。引导企业转型升级，不断推进“小升规”和“个转企”工作，完成企业“小升规”4家；39家企业完成“个转企”，超额完成全年“个转企”19家的任务。全镇计生率88.17%，出生性别比115，综合避孕率86.04%，政策兑现率达90.25%，各项指标均达到上级考核指标要求。以“排查整治、强基促稳”活动为切入口，以“网格化管理、组团式服务”为平台，以矛盾纠纷排查化解为重点，全面做好信访维稳工作。全年共排查化解矛盾纠纷93起，创建平安村20个，发放各类宣传资料1万余张。开展企业安全生产检查1 500家次，排查出的隐患已全部整改到位。加强劳动保障工作，全年共调处群体性工资拖欠3起，涉及金额18万元。成功举办后浅水灯节、趣味运动会、纳凉晚会、方岩庙会暨胡公诞辰1 050周年公祭活动。成功承办老年体育运动会；先盘村成功申报省级体育休闲公园村；后战村参加全市排舞比赛获银奖，参加全市婺剧音乐“花头台”比赛获金奖；有13个村获得三星级农家书屋荣誉；在全市非物质文化遗产传统节目比赛中荣获两个金奖、一个银奖；城乡居民医保参保率达99.22%。

【全镇干部“自身硬”建设活动】 2013年，镇党委政府扎实开展“全科干部、全心服务”主题实践活动，提出“不作秀、不务虚，贵坚持、求实效”的工作思路，坚持周一“夜学夜读”制度，开设“干部轮值讲堂”，全镇中层以上干部均上台授课1次。根据“全能干部”培训计划，累计已请10多个市机关部门人员前来授课，组织干部参加“全科统考”。镇代表团参加市“全科干部”比赛中取得第二名。同时抓好“正风提效抓落实”的作风建设，结合市委书记徐华水提出的“十问永康”，镇党委组织全体干部开展大讨论，增强政治意识、大局意识、责任意识；进行值班情况突击检查，强化镇全体干部职工的纪律作风建设；镇领导带队狠抓“三改一拆”、水环境治理和方岩风景区综合整治重点任务和重点工程的落实情况，“慵懒散慢”风气得到有效整治，培养广大干部有激情、敢担当、过得硬、有作为的从政意识。

方岩风景名胜区召开管理体制创新工作会议(方岩镇提供)

方岩镇村级组织换届工作动员大会(方岩镇提供)

【39个村完成村“两委”换届】 11月9日,召开方岩镇村级组织换届选举工作动员大会。市指导组成员、全镇机关干部、39个行政村村两委成员、监委会主任、会计参加会议。村级党支部换届增加自荐报名环节。至11月下旬,39个行政村全部完成村两委换届,整个换届工作平稳有序,村级组织班子结构得到优化。39个村产生支委135人,其中女委员27人,女书记6人,大学生村官委员3人;产生村民代表857人,其中女代表274人;产生村委会成员134人,其中女主任1人,女委员36人,10个村实行书记主任“一肩挑”。通过换届,激发了新一届广大农村干部的干事热情,调动了农村一级组织的工作积极性和创造性。

【方岩风景区党工委、管委会成立】 10月15日,成立方岩风景区党工委、管理委员会;下午,方岩风景名胜区管理体制创新工作会议在镇五楼会议室召开。市委常委、常务副市长陈美蓉主持会议,市领导蒋金红、楼初阳、徐忠飞、程学军,方岩风景区综合整治建设工作领导小组成员、方岩镇全体机关干部、镇属单位负责人,方岩风景区投资经营公司中层以上干部参加会议。会议决定建立中共永康市方岩风景名胜区工作委员会和永康市方岩风景名胜区管理委员会,由副市长程学军任景区党工委书记、管委会主任。景区党工委、管委会为市委、市政府派出机构,受市委、市政府委托,行使原方岩镇行政区域和方岩风景名胜区综合整治安置区所在区域的管理权。景区管理体制创新工作是市委、市政府推进方岩风景区综合整治、提高景区管理水平的一项重要举措。景区党工委、管委会的成立,标志着方岩风景区综合整治工作进入一个全新的阶段。

【方岩风景区改造工程】 12月1日,顺利收回南岩、石鼓寮开发经营权,接收后各项工作稳步进展。大力开展景区经营秩序整治,及时处置游客投诉,全年未发生安全事故。完成景区标志、标识更新,赫灵广场厕所的改造,综合停车场、岩上停车场、圆形商场改造、胡公殿广场改造和百步峻修建;完成天街商

方岩风景名胜区管委会召开第一次扩大会议(方岩镇提供)

铺改造并成功进行招投标;景区内三个公厕重建;开通过境公路一期;积极与省建设厅、旅游局联系,方岩核心景区详细规划完成初步编制;AAAA级景区创建有序进行。拆迁安置:完成安置区规划调整;基本完成安置区两头门村年台山自然村80余拆迁户的确权、评估工作;岩上、岩下、橙麓三村自愿申报拆迁1 202户,开始组织收件、确权。安置区内6家企业完成拆除3家。完成安置区8个村66.67公顷土地征用政策处理,土地平整面积完成60%,基础设施工程(道路、管网、水系、铁塔迁移)已进场施工。工业园20公顷工业用地安置区基本完成"三通一平"。花大力气搞好方岩风景区建设,主要有管理用房(包括救护中心)、生态厕所等完成招投标工作并开工建设,安防设施着手招投标,环境整治基本完成,引导设施已完成,设备购置完成40%。截至年底,共完成投资额度1 000万元。游客集散中心、镇中心幼儿园,完成土地政策处理、土地平整、方案设计,进入招投标程序;东永高速公路建设涉及征迁政策处理工作已完成。金竹降下村滑坡山体修复工程按期完工。

【AAAA级国家旅游景区创建】 9月12日,市召开方岩景区创建国家AAAA级旅游景区工作会议。方岩风景区是永康对外开放的重要窗口,是全市旅游业的龙头,也是永康的一张"名片"。创建AAAA级旅游景区可扩大景区外延,丰富景区内涵,提升景区品位和竞争力,实现永康A级旅游景区"零"的突破。根据国家AAAA级旅游景区标准,申报程序及方岩现状,创建工作分五个阶段:基本准备阶段(2013年8月～2013年9月)、整改提升阶段(2013年10月～2014年5月)、自查申报阶段(2014年6月～2014年7月)、通过考评验收阶段(2014年8月～10月)、总结表彰阶段(2014年12月)。

【村庄"三改一拆"水环境整治】 2013年,方岩镇政府扎实开展"两违"监管,按期完成市委、市政府下达的"三改一拆"任务,拆除面积共计2.13万平方米,有效遏制新发"两违"的发生,持续保持打击违法建设的高压态势。

市委书记徐华水视察方岩综合整治工作(方岩镇提供)

成立基管办和物业公司,建立卫生保洁长效巡查、考核管理机制。大力组织开展“双清”行动,自上而下成立领导小组,制定整治实施方案,建立河道(段)长制度,组织污染源调查,全面掌握污染源情况。开展工业区污水排放整治,组织企业整改和清理,初步解决方岩溪漂浮物多、河床发黑的“老大难”问题。做好杨溪水库饮用水水源保护工作,对企业实行萎缩化管理,关停非法排污企业2个,对岩后村进行厕所改造。

【美丽绿色乡村创建活动】 2013年,方岩镇政府加大新农村建设投入,制定完善新农村建设奖励政策,投入100万元对农村卫生长效保洁、美丽乡村建设、森林村庄、森林城镇创建等进行奖励。仙岩村和可投胡村通过永康市美丽乡村验收,芭陌村被评为市2013年度最洁净村庄。省级森林城镇创建工作有序开展,森林城镇建设方案已通过评审;仙岩村和戈阳村通过永康市森林村庄验收;金竹降下村、下邵村、可投胡村创建金华市级森林村庄。21个待整治村全部通过省级验收。178户农房改造任务基本完成。

(王颖奕)

龙山镇

【概　况】 龙山镇位于永康东北部,距市区25千米,东与西溪镇相邻,南与古山镇接壤,西与唐先镇相连,北以东阳市南马镇为界,工业发达,是省政府重点培育的中心镇。全镇总面积54.69平方千米,集镇区域面积10平方千米,下辖39个行政村,2个居委会,辖区总人口51 951人,其中常住人口35 662人。2013年,全镇遵照市委、市政府提出的“二次出发”,以科学发展观统揽经济社会发展,围绕以“工业新城、湖山胜地”创建目标为引领,克难攻坚抓落实,抢抓机遇谋发展。浙商回归顺利推进,经济社会发展再上新台阶,被金华市评为十个优秀乡镇之一,在全市镇(街、区)工作会议上受到表彰。

2013年,全镇有桥下、前珠山、后宅、古陇、长龙、四路6个工业功能分区,企业1 255家,规上企业45家,亿元以上企业4家。产品以铸造和五金加工为主,形成以铝材、电动工具、五金工具、汽摩配件、日用五金制品、服装、绣品为支柱的多门类发展格局,产品远销国际市场。全年实现工业总产值50.18亿元,比2012年增长15.41%,规模以上工业总产值28.77亿元,同比增长22.9%,限额以上项目固定资产投资额7.45亿元,其中政府性投资1.07亿元,财政收入1.69亿元。持续推进小微企业转型升级,完成29家企业“个转企、家企业、小升规”任务,全镇工业经济形势保持稳健发展态势,实现持续稳定增长。年内,占地727公顷的浙商回归创业创新园区

龙山镇行政服务中心(龙山镇提供)

落户龙山,为龙山经济的二次出发创造了机遇。作为永康工业经济的增长极、现代五金产业的集聚地,作为有着浓厚"陈亮文化"底蕴的状元故里,镇党委、政府通过产城联动、政策扶持、体制创新、部门协助、市场运作等措施,建成一个特色明显、经济发达、功能齐全、辐射能力强、带动效应好、集聚水平高的龙山小新城。

【强镇扩权机构职能提升】 2013 年,龙山镇党委政府围绕"强镇扩权",进行内部机构设置和人员调整,人员结构更加科学,岗位的匹配性有效提高,用人机制也更加灵活。根据市委《关于加快推进中心镇培育工作的若干意见》和《关于龙山镇"强镇扩权"机构设置实施方案》批复,机构调整为"五办二中心一大队"(党政综合办公室、经济发展办公室、综合治理办公室、村镇建设规划办公室、社会事业管理办公室,新农村建设指导中心、行政服务中心,综合执法大队),其中综合执法大队下辖城镇执法中队、环保监察中队、安全监察中队。调整后的机构设置科学合理,更加切合"强镇扩权"后的职能转变,实现重心下移,提高中心镇行政管理效能。并试点建立镇级行政服务中心,先后投入资金 20 万元,占地 200 平方米。中心调整为 17 个办事窗口,涉及 63 个具体服务项目,其中特别增设了行政执法及"镇领导两代表一委员接访室",形成集咨询、办理、投诉于一体的综合性服务窗口,面向社会公开服务,有效地防止推诿扯皮现象,缩短群众的办事时间与流程,真正实现了便民服务。先后被评为省"百镇千村"文明素质工程示范镇、省级体育强镇、省级森林城镇等荣誉称号。

【农业产业走"三安全"道路】 龙山镇围绕粮食安全、经济安全、生态安全的目标,加强耕地特别是基本农田保护。2013 年,镇区有基本农田面积 1 509.2 公顷,耕地 1 640.53 公顷。已完成标准农田质量提升 260 公顷,在西坞、下贵、林场、张玲、樟塔塘等村完成垦造耕地 25.67 公顷。同时鼓励农民发展效益农业,促进农业增效,农民增收,开发建设 2 个市级重点千亩基地。5 个百亩基地,基地总面积

295.67公顷，主要有蚕桑、药材、生姜、葡萄、蜜梨、香草等。全镇粮食播种面积975.87公顷，开发建设两大粮食功能区，总面积251.34公顷。扶持发展规模养殖场39家，主要养殖生猪、观赏鱼、各类家禽等。2013年止，有金华市农业龙头企业1家，永康市农业龙头企业3家，专业合作社3家，建成3个现代农业示范园区。万古水稻生产专业合作社承担浙江省农技推广项目《水稻机械化插秧示范与推广》，促使龙山镇大力推广机械化插秧技术，机插面积逐年增加，降低了用工成本，提高种粮效益。由万古水稻生产专业合作社投资120万元的育秧（烘干）中心，2013年开始运行，烘干稻谷1 780余吨；大放葡萄园艺场承担的“富硒葡萄生产技术”已经完成，为提高种植效益打下基础；岩双园艺场承担的“国家星火计划”通过验收。建成金华市最大的现代化鱼种繁殖流水线，丰悦果蔬专业合作社、大放葡萄园艺场、塘里山土鸡养殖场均入选金华市现代农业示范园区项目。镇党委、政府还坚持把发展农产品加工业作为推进农业产业化经营，实现农业增效、农民增收益的战略举措来抓。农产品质量检测室投入使用。传统农家糖生产通过农展会名声远扬，销量不断扩大，主要经济作物“丰悦牌”蜜梨、葡萄获金华市农产品展示金奖；“真方宗”火腿获浙江省农产品展示金奖，并获“金华市知名商标”称号。四路观赏鱼获市首届农产品展示金奖。

【浙商回归创业创新园落户龙山】 2012年5月，永康申报创建的全省首个浙商回归创业大平台——永康浙商回归创业创新园落户龙山镇。该项目拟开发建设3.6平方千米，固定资产投资150亿元，吸引浙商回归企业100家，实现规模以上工业总产值135亿元，税收5亿元。计划2020年前，集聚浙商回归企业150家，实现工业总产值330亿元，税收超过10亿元。园区围绕先进装备制造、电子信息、新材料等产业，高起点谋划，高标准遴选，高强度扶持，提高准入门槛，优化投资结

市浙商回归创业创新园区建设工程指挥部成立（龙山镇提供）

构，推动永康五金“脱胎换骨”，全力打造成浙江浙商回归示范区。浙商回归创业创新园区将成为永康经济发展的另一个增长点。2013年春节后上班第一天，镇党委、政府立即召开专题会议，抽调精干力量，成立党委书记、镇长负总责的浙商回归创业创新园建设工程指挥部，倾全镇之力打造全省首个回归园，提出负重奋进、迎难而上、苦战半年，力争6月底前基本完成移坟、土地征用补偿、基础设施筹划、园区平面规划、入园企业动工建设等各项任务。

【七步项目遴选法经验全省推广】 2010年以来，龙山镇休闲用品产业逐渐兴起。镇党委、政府引导并牵头成立休闲用品行业协会，规划把四路绣品市场创办为休闲用品市场，促进产业发展。引导五金产业转型升级，设立专项奖励资金，激励优秀企业，运用创新创优、做强做精政策引导，使许多企业在创新能力方面有了长足进步。永美链条有限公司喜获“浙江省著名商标”荣誉称号，其产品性能达到欧美日等发达国家要求。2013年永康浙商回归创业创新园的建设，作为投资创业的高端平台，引进一批具有竞争力的项目，对整个区域企业家的创业创新发挥引领作用。园区作为以现代五金为特色的高端产业区，其建设有助于推进永康市五金名城打造。为确保回归项目“好中选优”，镇党委政府镇制订了一套“七步项目遴选办法”，共分公告招商、部门筛选、专家评审、背景调查等七个步骤，进行层层筛选，严格把关，有效地保证落地项目的先进性和可行性。该办法被省委书记夏宝龙点评为好经验，在全省进行推广。

【副省长熊建平视察浙商回归园】 8月15日，浙江省副省长熊建平、省经合办主任姚小平等来龙山镇视察调研浙商回归创业创新工作，实地察看永康浙商回归创业创新园，并与一期入驻的企业代表进行座谈。

副省长熊建平视察浙商回归创业创新工业园（龙山镇提供）

【品位龙山宜居城镇建设】 2013年，建设品位龙山的力度持续加大，基础设施，交通路网，民生服务机构不断完善，城镇建设取得显著成效。年内完成镇总体规划（2013～2030年）的编制。2011年以来共投资1亿多元，建设状元街、龙川大道、勤学路、环镇西路等，环镇道路基本形成。东永高速公路龙山段动工建设。农村13条联网公路，“三横二纵”，集镇公路联网建设规模初显。城乡公交汽车有3条经过龙山镇：永康—四路线经桥下、四路，永康—棠溪、永康—西溪经过桥下，乡际公交有桥下—唐先路线。村民出行十分便捷。镇区建成自来水厂2座，全镇居民自来水普及率100%。建成污水处理厂1座。投资2 700万元的省重点工程污水处理厂建成，污水管网一期、二期埋设工程完工，2013年底投入使用，集镇实现污雨水分流。全镇有绿化面积64.3公顷，改造公园绿地25.9公顷，道路绿化50千米，河道绿化8千米，新种植乔木10.5万棵。全镇立木总蓄积量9.44万立方米，重点生态公益林1 173.3公顷，古树名木5种41棵。全镇有商业银行营业网点4个。全镇供电依托于镇区西南的110 KV桥下变电所，固定电话用户基本就近接入各模块机房，有线电视入户率100%。投资120万元安装社会治安防范工程“全球眼”电子监控系统，成立了有56名队员的市消防大队龙山中队，投资7万多元兴建标准站房一座，拥有一辆消防车和10多台风力灭火器等扑火装备。

【里麻车村建设受省委书记称赞】 2013年，龙山镇有31个行政村通过“六化”整治验收。争创省级小康示范村1个，金华市级小康示范村3个、永康市级小康村16个。坚持“一村一品”的农房改造工作，龙川、马山头基本完成农房改造，梅陇村拆除旧房8800平方米，第一期安置区完成土地平整，由村里统一规划，135幢住房统一开工，古陇、里麻车在稳步推进，渔川、张溪头、下宅口等村正在制定实施方案，使“三清四改”村村有项目，年年有进步。里麻车村发动村民集资将旧校舍改造成标准厂房，壮大村集体经济、使农民长期得到受益。时任浙江省委书记赵洪祝就里麻车模式专门作了批示，称赞里麻车村在农村集体资产如何保值增值、让村民共享改革发展成果方面探索出一条新路子，值得推广；金华市委常委、组织部长温暖专门来里麻车视察工作，对里麻车村做法给予充分肯定。

【农民休闲公园建成3处】 龙山镇历史源远流长，文化底蕴深厚，桥下是南宋著名思想家、文学家、状元陈亮的故里，四路是全国著名的绣品之乡。全镇古刹胜迹丰富，人文景观宜人。2013年，镇党委政府本着“经济是基础，政治是保障，文化是灵魂”的理念，充分挖掘龙山丰富的文化资源和自然资源，推进

陈亮故里的陈亮塑像(龙山镇提供)

村镇的文化建设，先后建设农民休闲公园3处。总投资20多万元建造青山公园，由青山亭、青山广场和青山休闲公路组成。公园内设有各种健身器材，还有可容纳近千人活动的舞厅。四路农民休闲公园占地33.34平方千米，总投资150万元，亭榭分布错落有致，山上舞池别具一格。桥下陈亮公园总投资400多万元，建造红星塔、陈亮塑像、状元湖等人文景观。全力构建富裕、文明、和谐的大龙山，先后创建了省级“东海明珠工程”、省级百镇千村文明示范工程、省级体育强镇以及省级森林城镇，金华市文明镇。

【全民幸福之镇建设升温】 龙山镇有热心教育的优良传统，建有投资260万元，占地4 300平方米的永康市首家公立中心幼儿园龙山镇中心幼儿园。有四路和桥下2所小学，桥下初中1所，成人文化技术学校1所，九年制义务教育覆盖率为100%。2011年来龙山镇投资1 861万元，新建校舍3.27万平方米，为中小学新增微机室、语音试验室和多媒体功能室。龙山桥下小学“陈亮文化研究”

龙山镇太平村的吕氏文化中心(龙山镇提供)

被列入国家研究课题。2013年,镇有文化站1所,各个行政村基本都配有村级文化活动中心。全镇共投入文化建设资金1 500万元,建成图书馆、文化活动中心、农民休闲公园、村级篮球场、电子阅览室等多座。创建省级文化示范村1个,金华市级文化示范村3个,永康市级文化示范村5个,小康体育村35个。农家书屋建成村达100%。大力开展"村企文化联姻"活动村,每村拥有文体活动队伍3支以上,举办2013全市"龙山杯"木兰拳比赛、第七届农村文化节、第七届"陈亮文化"艺术节、第七届"哈尔斯杯"青少年书法大赛等大型活动,群众文化活动自娱自乐热情高涨。全镇有镇级卫生院1个,占地510平方米,有医务人员59人,病床20张。近两年加大投入,医疗设施不断完善,医疗水平不断提高。13个行政村设有村级卫生服务室,医务人员均毕业于正规卫生院校,持有相应的资格证书,为村民服务。全镇新型农村合作医疗参合人员31 804人,参合率达98%,农村初级医疗保障体系基本形成。社会保障服务力度不断增强,切实做好优抚、救灾救济和农村、城镇人口的低保审核发放工作,维护农村弱势人群的根本利益。社会城乡居民养老保险开始运行,百姓生活满意指数得到大幅度提升。

(陈志源)

西溪镇

【概　况】 西溪镇地处永康东北边境,距市区28千米。东与东阳市、磐安县交界,南与缙云县、永康市舟山镇、方岩镇相连,西与古山镇、龙山镇接壤,北与东阳市毗邻。辖区东西相距12.67千米,南北相距11.02千米,总面积86.01平方千米,其中陆地面积83.96平方千米、水域5.65平方千米,其中河道2.05平方千米。境内自然资源丰富:黄寮尖海拔930多米,是永康市第一高峰,风景优美,素有"永康西藏"之称;西溪、东溪、棠溪三大溪流及洪塘坑、四大坑、杜坑等水库组成镇域丰盈水系。全镇辖西溪、柏岩、棠溪3个居委会42个村民委员会。辖区人口30 215人,其中城镇常住人口11 672人,城镇化率38.6%。有流动人口6 239人。总人口中,男性14 866人占49.2%,女性15 349人占50.8%。2013年出生327人,人口出生率11‰,人口死亡率9‰,人口自然增长率2‰。

西溪镇作为永康市东北部门户,工业起步较早,个私企业较多,20世纪80年代曾有永康纺织配件"金三角"之称,逐步形成以五金加工、园林工具及旅游休闲用品为主导的工

西溪镇第二届人民代表大会第二次会议(西溪镇提供)

业产业结构。2013 年,全镇有企业 631 家,年产值 16.7 亿元,其中规模以上企业 13 家,年产值 7.68 亿元,比 2012 年增长 16%;完成出口交货值 1.79 亿元,同比增长 19.3%;实现规模以上利税总额 9 124 万元,同比增长 20%;完成规模以上新产品产值 1.36 亿元,同比增长 80%;完成工业性投入 8 300 万元。截至 11 月,完成工商税收 4 563 万元;完成信息化项目立项 1 个,信息化投资额 70 万元。完成技改项目立项 2 个,新产品立项 1 个,完成规模以上新产品产值 1.29 亿元,同比增长 65%;规模以上企业万元工业总产值能耗比 2012 年下降 4.1%。完成"个转企"21 家,完成率 150%,完成"小升规"5 家。

全镇耕地面积 1 000 公顷。2013 年完成粮食种植任务 1 082 公顷,农业总产值 0.38 亿元,比 2012 年增长 1.2%,农业增加值占国内生产总值的比重 1.6%。粮食作物以水稻为主,全年生产粮食 7 725.2 吨。全镇有规模农业基地 10 个,经济作物有元胡、贝母、白术、茶叶、蚕桑;棠溪药村、柏岩蜜梨、山地西瓜、上徐生姜、马坞蜜桃、下里葡萄等农产品逐步形成地方品牌。实现村级财务代理 100%、村级财务报账 100%。创建平安农机示范村 14 个,通过省级平安农机示范镇认定。

【"双全"主题实践活动】 2013 年,西溪镇党委积极开展"全能干部、全心服务"实践活动,要求联村干部做到"五个勤",强化"五项能力"(勤动脑,强化学习能力;勤动腿,强化联系群众能力;勤动口,强化沟通能力;勤动手,强化工作能力;勤督查,强化践诺能力)。班子成员利用周一学习夜轮流讲课以及邀请市宣讲团成员授课,组织全镇机关干部、大学生村官参加,并进行测试,检验学习成果,提高学习积极性。制定联村干部工作制度,联村干部、大学生村官的姓名、照片、联系方式、监督电话都在村里进行公布。各办公室门口张贴干部的姓名、照片、联系方式。通过业务学习、开展夜访夜谈和到村参加志愿劳动,增强干部服务基层的意识和能力。

【党建工作"六个一"制度】 为创新党员发展工作,提升党员质量,2013 年西溪镇党委制定党建工作"六个一"制度,要求入党的对象要做到每季手写一篇思想汇报,每月参加一次志愿服务,联系帮扶一个困难户、认领一件公益事项,记好一本公益笔记,接受一次理论测试。对全镇党员和发展对象进行百分制量化考核,既重视理论学习,更注重考察对象现实贡献,最后由镇党委综合考评后择优确定发展对象。4 月份以来,集中组织入党积极分子参与志愿服务活动 300 余人次,如与镇"双清"活动相结合,开展河道清理和村庄保洁工作。经过严格筛选、好中选优,最终从 102 名入党积极分子中确定 34 名表现优秀、群众认可的积极分子为发展对象，吸收为预备党员，实现了“适当控制规模，提高新党员质量”的目标。

2013 年，村级换届选举中，西溪镇 42 个村，共选出党支部书记(或任命负责人)40 人，村委会主任 40 人，支部委员 129 人，村委会成员 139 人，有 17 个村选出女党支部委员，39 个村选出女村委成员，有 4 个村实现书记主任一肩挑。

柏岩蜜梨评比(西溪镇提供)

【粮食生产多功能区建成】 2013 年，西溪镇开展黄溪滩、壶坑洞、孔村、贾处等 4 个村总面积 83.07 公顷的粮食生产功能区建设，投入资金 90 多万元，新建渠道 1 400 多米、修建渠道 3 000 多米、机耕路硬化 500 多米，利用补助资金投资 10 万元，对该功能区部分田间道路、渠道进行修建。完成西山、石江、玉川、马坞、金园、寺口 6 个村标准农田地力提升工程 162 公顷，由政府补贴发放有机肥 486 吨、配方肥 927 吨。通过三年实施，项目区土壤肥力从二等三级提升到一等。总投资 700 多万元的农村河道综合整治工程西溪镇项目区建设通过验收，主要建设内容为沿线 13 个村河道计 36.01 千米、24 口池塘清淤、护岸、绿化，新建或修复堰坝 25 座、河埠头 23 个。完成上徐村柿树种植区微灌工程，受益面积 17.34 公顷，完成上徐村上徐塘、西塘村半坑、莲屋村双坑、孔村王龙山塘整治，新增灌溉面积 27.34 公顷，旱涝保收面积 24 公顷。是年西溪镇开展污水管网建设的村有上卢、柏东、石江、桐塘等，其中上卢、桐塘两村完成验收。

【柏岩蜜梨享誉大江南北】 5 月 18 日，在柏岩工作片举办柏岩蜜梨标准化生产管理技术培训会，邀请浙江大学园艺系教授滕元文作南方早熟梨高品质生产关键技术的讲座，来自西溪、龙山的 150 多位梨农参加培训。7 月 25 日，在柏岩寨口村举行 2013 精品柏岩蜜梨评比会，参加评比会的农户 60 户。评出一等奖 1 人，二等奖 2 人，三等奖 3 人，优质奖 10 人。镇政府通过精品蜜梨的评比，引导梨农不断改进蜜梨种植技术和管理水平，促使蜜梨品质逐年提升，提高“柏岩蜜梨”的品牌知名度。翠冠梨在 2013 年浙江省精品水果展示展销会上荣获金奖。“柏岩蜜梨”享誉大江南北，深受广大消费者青睐，温州、嘉兴、杭州、福建、上海、江苏等省内外客商纷纷慕名前来采购，产品供不应求。

【15 个村开展农房改造】 2013 年，西溪镇有 15 个村开展农房改造工作。完成旧房确权 507 户，面积 4.15 万平方米；拆除 226 户，面积 1.87 万平方米；安置 160 户，面积 1.48 万平方米。其中，桐塘村完成一期和二期的拆除安置工作，完成老年公寓建设；下赵村拆除 13 户，完成立改套房屋建设；金园村二期农房改造安置工作基本完成，拆除旧房 63 户，安置 40 户；杜坑自然村完成整体搬迁安置及建造工作；石江村完成旧房确权 126 户，签订旧房拆除协议 15 户。

【洁净村庄建成 17 个】 2013 年，西溪镇党委政府采取集中清运和长效管理相结合的办法，组织13次集中“双清”行动，累计完成池塘清淤95吨，清理乱堆乱放垃圾2 400吨（含建筑垃圾），清理臭水沟、污水坑23条，清理河面废弃漂浮物3.8吨、河岸垃圾89吨，清除河道障碍物4处，完成东溪、西溪、棠溪等3条河道清淤疏浚工程23千米，垃圾污泥2 900吨。完成第二代垃圾房建设4座，另有6座正在建设中。创建“洁净村庄”17个，评选“洁美家庭”147户。

【修通“永康西藏”回家路】 素有“永康西藏”之称的后岗头地处永磐交界，海拔670米，有156户400多人口，两条出村路分别通往磐安和市内。后岗头村离棠溪2.5千米，但通往该村的机耕路路况差，行车危险，而平坦的公路却要绕道东阳、磐安，路况虽好，但比机耕路远30多千米，行车要1个多小时。经过历届村领导班子的努力，2008年修路计划再次提上议事日程，在与周边百念秤、上马村协商后，各村按修通路段长短筹集款项，共同修建通往山外的“致富路”。当时，后岗头村经多方募捐筹集4万元修路资金。然而，由于资金缺口大等原因，修路计划暂时搁浅。2013年，村里通过招商引资，流转4.34公顷山地，所得30多万元，作为修通“回家路”启动资金。新修的上后公路（老机耕路）是后岗头到正在建设中的永磐公路的连接线，道路全长2.5千米，路基宽7米。公路于2013年10月完成路基工程，工程投标价48.8万元，加上征地费用及各项开支，全线修通花费上百万元。

【“滴水”公益银行成立】 2013年，针对部分党员“形象不突出、品行不模范”问题，西溪镇党委结合“五星争创”活动，创新基层党员管理方式，在石江村成立全市首个党员“滴水”公益银行，真正体现党员的先进性。该银行要求每名党员围绕村里公益事业做实事，并把所做的事项定期存入公益银行。村党支部根据党员的“银行存款”，每季度进行评比，并作为党员星级评定的主要依据。当年全村126名党员做了900余项公益事项。村党支部每季度组织一次“最美爱心党员”评选，对表现差的进行通报和组织谈话直至组织处置。这个做法曾在市级以上新闻媒体多次报道。

石江村“滴水”公益银行成立仪式（西溪镇提供）

【弱势群体关护】 2013年，西溪镇有低保户227户313人，大病救助39人，各类残疾人救助305人，慈善关爱老人基金救助31人，“爱心伴你上大学”、励学、血透等救助66人次，民政困难家庭助学12人，残疾人家庭及残疾子女助学76人，滩坑水库移民人员困难救助2人，退伍军人困难救助10人。落实安居工程，其中民政8户，残联6户。创建市级示范社区8个村、居家养老服务中心3个，并通过验收。新型农村合作医疗参保率94.68%。

【文体示范村创建活动】 2013年，全镇创建永康市体育小康示范村3个、文化礼堂2个（壶坑洞村、玉川村）、金华市及永康市文化示范村各1个。投资150万元完成西山文化宗祠修缮。棠溪片、柏岩片举办丰富多彩的民间民俗文化艺术周活动，累计参与者1万人次。桐塘、西溪、西山、丁坑等村常年开展健身操、舞蹈等活动。桐塘村的舞蹈“大面姑娘”获市民间舞蹈比赛第1名，西山村排舞获

玉川村文化礼堂业余活动室(西溪镇提供)

市第3届排舞比赛银奖。老年健身站从2012年22家增加到29家(其中创建四星级1个、二星级5个、一星级4个),老年活动中心俱乐部1个。参加市级以上演出10多次。

【壶坑洞村修建文化礼堂】 2013年5月,壶坑洞村经村民代表会议决定修建文化礼堂。6月开始收集资料进行图片制作和施工,10月完工,总投资15万余元。礼堂正门上方是壶坑洞村礼堂匾额,左右两边有文化礼堂、精神家园,一楼外设农家书屋和百姓聊天室,内设村史廊、英雄榜、光荣榜、荣誉榜、艺术廊、学子榜、寿星榜、孝悌榜和戏台;二楼安放新旧二十四孝图;三楼设道德讲堂。文化礼堂已成为该村文化娱乐活动中心,经常开展跳舞、乒乓球、羽毛球等文体活动。组织丰富多样的活动,如邀请市书法协会送春联下乡、邀请西溪卫生院做卫生知识讲座、"春泥"活动等。

(胡　超)

书法家到壶坑洞村送春联(西溪镇提供)

象珠镇

【概　况】 象珠镇地处永康市北部,东接古山镇,南邻东城街道、芝英镇,西接西城街道、花街镇,北界唐先镇。镇域面积83.08平方千米,下辖54个行政村,总人口近4万。镇政府坐落清渭街村,距市区10千米,省道东永二线贯穿镇区,交通便捷。

象珠镇是一个农业大镇。21世纪初以来,镇政府大力推进农业产业结构调整,发展效益农业,培植出一批种养大户及特色农业产业,形成了具有地方特色的三渡溪茭白、清溪蔬菜等专业生产基地。拥有527.8公顷的省级粮食生产功能区。在柳墅村、象珠三村、江头村、荷沅村建设粮食高产示范方26.67公顷,完成标准农田质量提升工程368.13公顷,派溪吕村、官川村改田造地15.2公顷,黄岗村改田造地16.73公顷正在施工。建成水稻生产育秧中心2家,发展种粮大户23户,专业合作社13家。全镇粮食播种面积1 303.47公顷,粮食总产量8 509.1吨。林业生产,喷洒松材线虫病防治药物20多吨,疫木砍伐工作投入70多万元,共砍伐疫木750吨。出动森林扑火队30多次。被评为浙江省森林城镇。

象珠镇党委、政府加强工业基地开发,先后开发象珠一号、三号、寺口吕等3个工业区,总占地面积91.38万平方米,有入园企业257家。2013年共有工商登记企业876家,主要生产防盗门、气筒、保温杯、炊具、铸造汽车配件、光伏、反光、休闲等产品。是年工业总产值40.76亿元,工商税收1.70亿元,有5家企业进入市纳税"双百"企业,其中市道明

象珠镇人民政府(象珠镇提供)

光学股份有限公司在2011年11月成功上市,成为市内第二个上市企业。全年完成新产品立项4项,完成信息化项目立项2项。市道明光学有限公司被评为省级创新型试点企业,道明光学的浙江省反光材料工程技术研究中心被评为"省级工程技术研究中心",微棱镜型反光材料被评为"浙江省职工优秀技术创新成果",陈高庭创新工作室被评为"金华市高技能人才创新工作室"。是年"个转企"任务23家,完成32家,完成任务139.1%,"小升规"任务8家,完成8家,其中1家产值达2 000万元,7家均达1 500万元以上。

【周三夜访夜谈制度】 2013年3月,镇党委开展"全科干部、全心服务"主题实践活动,以加强镇干部队伍作风建设为重点,在全镇干部中建立"周三夜访夜谈"制度。在每周三晚上下村、走家串户,采取集体座谈和个别交心等形式,密切干群关系。在走访过程记好"民情手记",并做到"结合当前工作、社会稳定、宣传政策、访贫问苦、收集意见处理问题"等五个结合,确保夜访夜谈活动扎实有效。对夜访夜谈中发现的问题,建立办事首问责任制,实行限时反馈、办结制度。按照干部个人分类整理、以片为单位汇总分析、召开党政班子会专题研究的"三步走"程序,全面掌握干部夜访情况。并制定了五项制度促进夜访夜谈:全员参与,领导带头,全体干部参与夜访;定时开展。除正常值班外,每周三开展夜访夜谈,时间不少于3小时;相互学习。组成3~5人夜访小组,将夜访与镇里中心工作相结合,与各村创业承诺开展情况相结合,促进工作的落实;化解问题。将夜访与镇里中心工作相结合,与每村创业承诺开展情况相结合,促进工作落实;督查落实。领导干部带头执行夜学夜访、住夜制度,所有镇班子到联系村走访,同时积极采取有效督查措施,确保机关干部落实夜访夜谈活动。对夜访夜谈情况利用周一学习夜采取随机抽查汇报情况和现场检查相结合方式进行督查,确保夜访常态化。4月下旬,以调查问卷的形式征集机关干部对周三夜访夜谈活动的看法,并选取有代表性的意见、建议在《象珠简讯》上予以刊登。

【合格干部党员建设系列活动】 6月25日,镇党委政府邀请市委组织部常务副部长胡天忠，为象珠镇全体党员干部和各村两委成员上了一堂以“提高自身素质、增强工作能力，当一名合格的农村干部”为主题的党课；26 日，在全市镇(街道、区)民情大比武知识竞赛决赛中，象珠镇代表队荣获三等奖；是月下旬，象珠镇党委在各支部推荐的基础上，选出 20 名具有代表意义的老党员、贫困党员进行走访慰问。11 月 6 日，由市民政局局长徐妙亲、镇党委书记马海华带队，象珠镇 40 个村的党支部书记和村委会主任赴金华市金东区参观学习晚田畈、毛里和下宅 3 个村的居家养老中心，推进居家养老试点工作。年内镇党委开展“党员五星评定”工作。全镇评出五星党员 369 人，四星党员 758 人，三星党员 265 人，两星党员 121 人，一星党员 52 人。6 月镇党委教育处置了一星级以下的预备党员 4 人。其中 2 人被劝勉谈话，2 人取消预备党员资格。

【“九先拆一必拆”对象重点拆除】 2013 年，象珠镇制订“三改一拆”宣传方案，努力营造“三改一拆”的强大声势。全面开展违法建筑物调查摸底工作，要求各行政村对违章建筑逐户、逐区块进行调查，进行审核、汇总。同时开展“党员干部违法建筑自查行动”，按要求填报自查表和汇总表。制订详细的工作计划，集中开展违法建筑拆除行动，重点拆除属于“九先拆一必拆”的对象。全年共拆除违章建筑 299 宗，拆除面积 11 万平方米。

【五水共治投资 2 800 万元】 2013 年，象珠镇深化水环境整治，中小河流治理工程总投资 2 800 万元，涉及 46 个村，治理河道 29.4 千米，整治清理池塘 114 口，一期工程投资 1 500 多万元，完成招标，进入施工。第二个垃圾中转站投入使用，39 个村完成第二代垃圾房的建设，新建农村生活污水处理站 32 个。投入 4 万元在各村设立不锈钢标语牌，引导各村标语上墙，加大宣传力度。组织全镇力量，对朱明溪、塘里坑溪、三渡溪和苏溪等河道进行全面清理，对垃圾堆放、污水排放比较集中的地方进行专门整治。实现无成堆垃圾、无污水坑、无臭水沟，房前屋后整洁有序。对有污水排放的企业进行了一次全面排查，共排查出污水排放企业 67 家，对其中排污严重的 3 家企业采取了断电关停的措施。

【美丽乡精品村工程建设】 2010 年以来，象

象珠尖山公园(象珠镇提供)

珠镇实施畅通工程，投入1 760万元，新建道路19条，总长22.6千米，完善交通网络，改善出行条件。通过实施村庄整治、农房改造，镇村环境不断美化，寺口吕村被评为美丽乡村精品村，大儿前村、郎川村被评为美丽乡村秀美村。镇级污水处理站和第二个垃圾中转站已建成并投入使用。成立镇清新保洁有限公司，负责集镇和工业区的卫生保洁，招聘卫生保洁员40名，并投资15万元，置办服装、垃圾车、清扫工具等装备。全镇54个村都建立农村卫生长效保洁机制，新建第二代垃圾房39座，新建农村生活污水处理站32个。被评为金华市生态乡镇、省级生态乡镇和省级森林城镇。

【省级示范镇创建活动】 象珠镇是浙江省教育强镇，辖区内有高中1座，初中1座，小学4座，公办幼儿园1所。医疗救助网络逐步完善，有中心卫生院1所，卫生分院2所，13个标准化卫生室都已投入使用。镇区文化底蕴深厚，是“十八蝴蝶”“九狮图”的发源地。雅仁村“布龙”、派溪吕村“十八蝴蝶”“鼓歌”等节目多次赴外地演出并获奖。全镇有省级文明村1个，金华市级文明村2个，永康市级文明村13个，艺术特色村3个，省级文化示范村2个，金华市级文化示范村3个。

【卫生大清扫公益活动】 1月21日，象珠镇联合工商、行政执法等部门开展镇区环境整治集中行动，对镇区周边环境乱堆乱放、乱设广告牌、出店经营等行为进行集中整治，同时组织派溪吕、清渭街、象珠一至四村党员干部进行镇区环境卫生大清扫活动。4月9日，镇成立“双清”(清理河道、清洁乡村)行动卫生督查小组，主要由村妇女主任、团支部书记组成，定期在全镇各村开展卫生巡查，督促落实整改。6月14日，组织100多名2013年入党积极分子和预备党员对东永二线、双舟线沿线河道和集镇所在地进行卫生大清扫公益活动。

【体育强镇通过省级复评】 2009年，成功创建金华市、浙江省体育强镇。2013年1月9日，以省体育局局长李云林为组长的创建省体育强市工作检查验收组来象珠镇检查工作。11月14日，省体育局检查组和市体育局一行到象珠镇开展省级体育强镇复评工作。检查组认真听取并肯定了象珠镇近3年来在体育事业发展和体育设施建设上所取得

象珠中心幼儿园(象珠镇提供)

的成果，并到象珠一村、大儿前村等14个村进行实地察看，体育强镇顺利通过复评。

【便民服务有序开展】 2013年，象珠镇办理信访件72起，报结率100%，其他群众来信回复率100%。开展矛盾纠纷大排查，班子成员包案解决化解重大矛盾纠纷，共调处化解重大疑难矛盾纠纷6起，其中2起"老信访"难题得到妥善解决。成立镇消防队，投入50余万元，配备消防车等设备，共有专职队员13名，被评为金华市优秀基层消防队。禁毒和反邪教工作深入千家万户，社区矫正对象帮扶、教育、安置工作及监管体系逐渐完善。顺利完成对468名大、中专学生非转农户籍(非农业户籍转为农业户籍)的申报审查工作。投入大量资金进行路灯改造和视频监控系统建设，形成以农村为主体，与公安联网互动，共抓社会治安管理工作的新格局。成立镇流动人口管理所，人员、场地、经费都得到落实，外来人口管理不断加强。19日，市纪委副书记叶海滨一行来象珠镇督查村级便民服务中心建设，对寺口吕村、山西村进行业务指导，现场查看村级财务公开的操作及落实情况，为创建第二批省级示范村级便民服务中心打下基础。11月建成以象珠一到四村为中心的十村区域联防，得到市政法委和公安局的高度肯定。象珠镇司法所申报创建省五星级司法所。

【农村社会保障体系建设】 2013年，象珠镇解决落实移民扶持项目5个。派溪吕村道路硬化资金20万元，官川村老年食堂改造20万元，黄岗村视频监控设施建设18万元，楼下陈村和泉头村道路硬化各14万元。完成54名大学生困难救助对象的调查审核以及170多名60周岁以上退伍老兵养老政策补办工作。居家养老试点工作全面铺开，27个村开始动工建设。成功举办象珠镇专场纳凉晚会，深受群众好评。寺口吕村的"两富"先进村创建有序推进。镇基层党校以"中国梦"、十八届三中全会精神等主题的学习实践活动开展得有声有色。是年新增创建村11个，继续开展"文明村"创建工作，新增文明村6个。

(朱江浩)

唐先镇

【概　况】 唐先镇位于东经120°，北纬29°。东以白象山隔太平水库与龙山镇相邻，南通古山镇、芝英街道与象珠镇接壤，西同象珠镇毗邻，北隔五指岩与东阳市为邻，西北与义乌接界。2013年全镇辖58个行政村，下设477个村民小组。分四个工作片，分别为中片，辖14个村；南片，辖16个村；西片，辖16个村；中山片，辖12个村。总人口42 936人，其中女性20 833人，占48.52%。流动人口6 617人。年人口出生率10.8‰，死亡率5.6‰，自然增长率5.2‰。

唐先镇工业基础良好，有大后和官山背2个工业功能区，入驻企业498家，以摩配、休闲用品、园林工具等五金传统产业为主。2013年全镇实现工业总产值20.8亿元，工商税收5 939万元，自营出口5 192万美元。工业性投入1.3亿元，其中规模以上企业产值8.4亿元，利税5 462万元。年内有规模以上企业(产值2 000万以上)7家。

2013年1月18日，召开唐先镇第二届人民代表大会第二次会议。21日，召开中国共产党唐先镇第三次代表大会。2月27日，唐先镇召开"全科干部、全心服务"作风建设动员部署会。3月11日，制定"全科干部、全心服务"工作方案，实行周一学习夜、住夜制度；19日，对辖区内企业、矿山、烟花爆竹、建筑等行业进行安全检查。4月24日，召开"三改一拆"动员部署会，分解"三改一拆"工作任务；27日，完成3.3千米葡萄长廊两边绿化工程；29日，对象牙里村、长塘头村、后力坑村、前渡金村、白莲塘村、塔儿头村、格山沿村、前山村进行松毛虫防治。5月10日，启动前渡金村和塔儿头村两条林区防火道路修建；28日，开展“双清”活动，全镇联村干部与各村干部一起对村河道、村庄进行垃圾清扫、清运。7月4日，邀请市消防大队教员开展主题为“全民消防、安全至上”的消防安全知识讲座，全镇100多名机关干部、100多名村企事业单位负责人参加。8月15日，第三届中国(永康)红富士葡萄节产销对接签约暨网上葡萄节开幕仪式在唐先镇农业公共服务中心隆重举行；16日，镇党委、政府于岩洞口村举办第三届中国(永康)红富士葡萄节；24日，完成塔山公园的后期绿化及游步道建设；26日，召开全镇工作推进暨作风建设会议，全面部署下半年工作，并就干部工作作风征求各村干部的意见建议。9月27日，启动小流域河道治理工程，涉及22个行政村和石湖口、前山两大溪水系。10月20日，启动集镇引水滴灌工程对白莲塘村、后力坑村进行土地开发。11月6日，召开共青团唐先镇第三次代表大会，选举产生共青团唐先镇第三届委员会委员7名，其中书记1名，副书记2名；11日，召开村级组织换届选举工作动员大会，唐先镇全体班子成员、机关干部、大学生村官、村二委成员、经济合作社社长、监督委员会主任、会计等400人参加会议；24日，第九届上考红糖文化旅游节隆重开幕。12月20日，市委宣传部对唐先镇石桥头村、桐溪村两个文化礼堂进行验收；25日，镇39名工作人员参加市红十字会组织的公益性应急救护知识培训，并通过救护员考试。

【进企业、解难题、送服务系列活动】 2013年，唐先镇认真开展落实进企业、解难题、送服务活动，宣传“机器换人”“空间换地”“腾笼换鸟”理念，深入宣传“个转企、小升规”的重要意义和优惠政策，采取“一对一”分类指导模式进行帮扶，确保企业“零负担过渡、零障碍审批、零顾虑转型”，共完成“个转企”23家，“小升规”2家。切实做好劳动保障工作，加大劳资、工伤纠纷的调处，共妥善处理劳资纠纷82起，受理工伤纠纷44起，支付伤残、医疗、就业补助费106万元。

【五星党组织新一轮争创活动】 2013年，唐先镇开展新一轮基层党组织和党员“五星争创”活动，全镇有五星级党组织4个，四星级14个，三星级26个，二星级17个，一星级7个。为提升“五星争创”活动的质量，镇建立领导班子成员帮扶联系制度，示范一批先进党组织，提升一批一般党组织，转化一批后进党组织，促进各基层党组织晋位升级。

【现代农业产业观光示范园区】 唐先镇葡萄长廊兴建于大石坎自然村，全长3.3千米、宽9米，由太平工贸有限公司董事长吕泽亮投

千亩葡萄种植基地(唐先镇提供)

资300多万元建成。围绕266.67公顷葡萄园的设施建设钢架避雨设施和肥水同灌设施为重点，结合葡萄长廊建设、岩前畈百万羽鸽子基地建设、岩渡里万头生猪养殖基地建设和六泉塘观赏鱼养殖基地建设，形成一个农业种养、农业观光和农业营销一体化的现代农业农业园区格局。唐先一村、二村等23个村，由镇农业技术服务中心实施建设唐先五指岩葡萄产业示范区，通过项目实施，使大棚葡萄平均每公顷产值提高到30万元，利润超21万元。对永东二线以东的上千亩葡萄进行避雨设施建设及喷滴灌建设。借助中央财政小型农田水利重点县项目，在唐先镇金畈、上仁等村实施葡萄喷滴灌工程。对葡萄避雨设施，每公顷给予3万元的财政补贴，提升精细化管理。

【特色经济作物“聚宝盆”】 2013年，唐先镇特色经济作物有五指岩生姜53.34公顷，太平莲子66.67公顷，上考甘蔗13.34公顷，“迷你”番薯13.34公顷，新引进新疆阿勒泰油葵20公顷，特色水果534.34公顷(清塘黄金梨40公顷，葡萄种植面积基本稳定在333.34公顷)。其中特色“唐八鲜”：即红富士葡萄、五指岩生姜、太平莲子、黄金梨、上考红糖、迷你小番薯、太平水库有机鱼、牛血汤等，取“八仙”之谐音。红富士葡萄列“唐八鲜”之首，具有糖度高、汁液多、风味浓、易剥皮等特点，远销全国各地，深受消费者喜爱，2010年被中国果品流通协会授予“中国红富士葡萄之乡”的称号。五指岩生姜栽培在海拔700多米高的中山五指岩山上，无污染，是纯天然绿色食品。鲜姜外形美观，肉质细嫩，汁多渣少，宜鲜食或制成姜片、姜茶、姜汁等，乃烹饪调味之佳品，畅销全国各地，远销日本、中国香港、澳门等地。

【22口池塘用管网联通】 2013年，唐先镇从大桥水库进行引水，用管网将镇区4个村的22口池塘联通，将“死水”变成“活水”，达到治污效果，满足村民日常用水需求，还确保千亩葡萄的滴灌用水。工程总投资260元，主管道总长2 950米，工程按期建设，2014年建成投入使用。

【科普示范镇普及创建活动】 2010年来，唐先镇党委政府高度重视科技工作。2013年8月13日，唐先镇正式被命名为“永康市科普教育宣传基地”。为大力推广科学技术，镇建立健全科普领导小组，落实专项经费，辖区人均科技经费4元。高标准建设科普活动站，订购多种科普读物1 200册；建成一个20米的标准科普画廊，高标准建设农业大镇农函大辅导站，并配合培训教室和实践基地，成立两个农村专业技术协会，经常性的开展培训活动，各行政村都建有一个5米以上长度的标准科普宣传栏。针对“四类重点人群”，认真开展科普宣传、农函大培训、科技示范、农职称评定等活动，在全镇上下营造了浓厚的科学种养殖氛围。

【葡萄节获浙江省农业金名片】 葡萄产业是唐先镇重点产业，全镇葡萄种植面积333.34公顷，有设施葡萄基地11个，其中国家级1个。葡萄节集旅游、经贸、文化为一体，以“团

第三届中国(永康)红富士葡萄节开幕式(唐先镇提供)

结、友好、合作、发展”为主题，广交经贸工商、旅游文化等各界朋友，扩大对外交流，进一步宣传唐先，提高唐先知名度。每年8月份举办一次中国(永康)红富士葡萄节，至2013年共举办3届，荣获“浙江省农业金名片”称号。为吸引游客，推动旅游，唐先镇政府通过报纸、电影院等媒体发放价值10万元的“葡萄采摘旅游联票”，使唐先镇知名度得到大幅提升。

【红富士葡萄获全国金奖】 8月20日，由唐先镇五指岩葡萄专业合作社选送的红富士葡萄在全国中、晚熟葡萄评比中荣获金奖。

【美丽强体活跃的新农村生活】 2013年，唐先镇有8个村申报“美丽乡村”，其中5个村完成验收；36个村完成村庄整治；35个村新申报建设洁净村庄；2个村完成森林村庄创建。“春泥计划”工作全面铺开，共有50个村开展活动，铺开率86%。完成体育强镇创建，创建市小康体育村4个，为12个无健身设施或设施不全的村安装健身器材。对全镇体育运动场地开展调查，全镇共有篮球场40个、乒乓球桌41张、健身点34处、羽毛球场21个。建立特色健身队4支，分别是石桥头的九狮图、岩洞口的舞龙队、潘川的腰鼓队、岩渡里的罗汉队。

【“一村一品”特色节庆活动】 唐先镇党委政府按照“一村一品”、“一村一节”的发展思路，鼓励各村按照特色举办节庆活动。经过多年发展，已形成较为成熟的节庆活动习俗。古代每年夏至，岩前村隆重举办“夏至福”，热闹程度不亚于春节。活动内容有演戏、布龙、“十八狐狸”、腰鼓等民俗表演，2010年来，一些爱养狗的年轻人还将斗狗、斗鸡等节目搬上舞台。岩前村斗狗小有名气，远近村庄的男女老少都赶来凑热闹。每逢重阳佳节，游客纷纷来到五指岩，登高爬山、吃重阳糕、饮菊花酒、插茱萸。五指岩风景区都要举办登山比赛，吸引市内外游客前来登高望远。上考村种糖梗制红糖有100多年历史。为继承和发扬红糖传统产业，挖掘红糖传统食品文化，上考村自2005年起每年举办一次“红糖文化旅游节”，吸引市内外群众前来制糖、打糖勾，还邀请投资者就红糖深加工进行研究、共同开发带动村民致富。

【古文化习俗带动文化艺术之乡建设】 唐先镇古文化习俗丰富多彩，民间群众文化活跃。前渡金村的《走马灯》，大后村的《斩纸马》，上新屋村的《旋车》，石湖坑村的《迎纸龙》等都源于清代，民间文化艺术项目达20多种，其中《走马灯》《马灯舞》《哑口背疯》《鲤鱼戏龟》4个项目列为市首批非物质文化遗产保护名录；《九狮图》、醒感戏被列入国家级非物质文化遗产保护名录，还多次受邀参加国内外民间艺术展览和出国访问演出，被誉为“东方一绝”；马灯舞、铜钱棍、骄东腰鼓、莲花舞等民间艺术表演各具特色，2008年，马灯舞被评为“八婺民间艺术精品”。全镇有文物保护单位及保护点19处，其中省级文物保

东方一绝——九狮图(唐先镇提供)

护单位1处，市级文物保护单位2处，文物保护点16处。2008年，文化部开展中国民间文化艺术之乡评选中，唐先镇以独特的民间文化艺术被命名为“中国民间文化艺术之乡”。2013年，全镇有文化中心1个，农家书屋30个，民间艺术表演队82支。

【百家宴文化打造精神文明家园】 石桥头村、桐溪村是唐先镇第一批文化礼堂建设村。村两委大力弘扬石桥头村的九狮文化、桐溪村的百家宴文化，打造村民的精神文明家园。除配全文化礼堂硬件设施建设外，两村都组织文化活动，丰富村民精神文明生活。石桥头村文化礼堂建成后，置办琴、鼓等道具，配套灯光、音响等设备，并建起一支农民演艺队。每年10月3日晚，石桥头村文化礼堂里的婺剧大戏开演，四里八乡的戏迷们都赶来看戏。12月12日，桐溪村全村600多村民团聚一堂共享“百家宴”。

唐先农民在荷花园举办百家宴(胡 鹏 摄)

【“九狮图”获中国艺术金奖】 “九狮图”起源于清朝康熙年间，距今400多年。经挖掘、整合、创新后的“九狮图”栩栩如生，活灵活现，预示平安吉祥，和谐幸福。21世纪初以来，“九狮图”驰誉大江南北，曾代表国家先后出访法国、新西兰、新加坡、意大利等国，传播中华民族的古老文化，先后荣获“中国艺术金奖”、“全国华夏一绝大奖赛银奖”，在1999年法国举办的新世纪元宵灯会上，还获得“东方一绝”的称号。2000年入选文化部举办的首届《中国表演艺术成果展》，入编《灿烂的浙江文化》表演艺术专辑。2008年被列入国家级非物质文化遗产名录。

【美丽风景线与田园风情线】 2010年至2013年，唐先镇开展“美丽乡村”建设。58个行政村中完成六化整治的有37个村，埋设污水管道49个村，创建“森林村庄”21个村。开辟2条风景线：一条是1号街道景观线，从大后开始至新河、云路、三村、石桥头。大后村投入百万元，对公路两侧沿线房屋进行统一着色；新河村在入村口建设一座假山；云路村开展堤岸景观及塔山公园建设，公园已基本完成绿化、游步道、亮化、牌坊改造，初具规模；三村景观墙成为集镇一道靓丽风景线；石桥头建成村广场、文化墙，丰富了全村文化内涵。另一条是“十里葡萄长廊”“百川仙姜产地”“千亩荷花湿地”“万亩葡萄基地”，从岩洞口村开始至葡萄长廊、荷花湿地、太平新村、清塘、金畈的2号田园风情线。岩洞口村通过秀美村验收后继续加大力度，进行“美丽乡村”建设，开展绿化、文化墙、机耕路硬化、龙景山公园、池塘改造等一系列工作。

【老年食堂与居家养老中心】 唐先镇是永康市建成老年食堂最早最多的镇区之一，2013年，云路村、新河村、上仁村、岩洞口村、长塘头村等5个村先后建成老年食堂、老年居家养老中心。均建有专门场地设施，还配备棋牌室、乒乓球桌、健身室等，大大丰富老年人生活。老年食堂、居家养老中心建设费用除上级补助外，均由各村老年会、捐助等负担，符合条件的老年人每天只要交2～5元的伙食费，就可在食堂享用一日三餐，保障村老年人日常生活，解除子女外出工作的后顾之忧。

【五指岩】 五指岩风景区，位于市最北部，西北与义乌市交界，北与东阳为邻。主峰五指岩海拔712米，方圆5平方千米，比浙东名胜方岩高约一倍。与五指岩相联的密浦山是华溪发源地。五指岩风景区分密浦、桃岩、指峰

省级风景区——五指岩(唐先镇提供)

三大景区及附近的九泄泻滩、石牛山等景点。景区交通方便,永东二线公路从岩下经过,四通八达。与旅游相配套的住宿业和饮食业也相当完善。

【正觉寺】 正觉寺位于唐先镇大后村,寺院用高大砖墙围合,圆门曲径,莲池花坛,青砖铺地。自创建以来,高僧云集,谈禅论道,蔚为大观。并以其得天独厚的佛教文化、宏伟壮丽的殿宇建筑和秀美幽雅的自然风光,吸引着四方信徒,成为人们观光、祈福、旅游休闲的佛教胜地,常年香火不断。

(朱　蕾)

花街镇

【概　况】 花街镇位于永康市西部,东南与西城街道相连,西与武义县接壤,北与义乌市及市内象珠镇毗邻。镇政府所在地位于330国道倪宅路口,距永康城区3千米。下辖5个工作片,3个居委会,62个行政村,辖区面积112平方千米,人口3万余人。辖区内有工业企业425家,其中规模以上企业28家,集团公司3家,超亿元产值企业10家。产品以防盗门、农机、化工、五金铸造和休闲用品为主。有“中国驰名商标”企业6家。2013年实现工业产值59亿元,完成工业税收1.4亿元。拥有永康市级农业龙头企业10家。镇内的绿地生态农庄荣获浙江省首批林业观光园、浙江省“五星”级农家乐称号;大寒山老鹰峰茶场的寒峰牌茶叶获金华市知名品牌,并通过国家级绿色农产品认证。全镇有清泉果品专业合作社、一凡土鸡专业合作社、花街咸菜专业合作社、花街通富粮食专业合作社等10多个专业合作社。2013年全镇粮食总产5 168吨,农民人均收入1.3万元。

镇域山清水秀,有常年云雾缭绕的永康第二高峰大寒山(海拔925.6米),有集旅游、观光为一体的森林蔬菜示范园,有“水果之乡”闻名省内外的八字墙三十里坑万亩水果

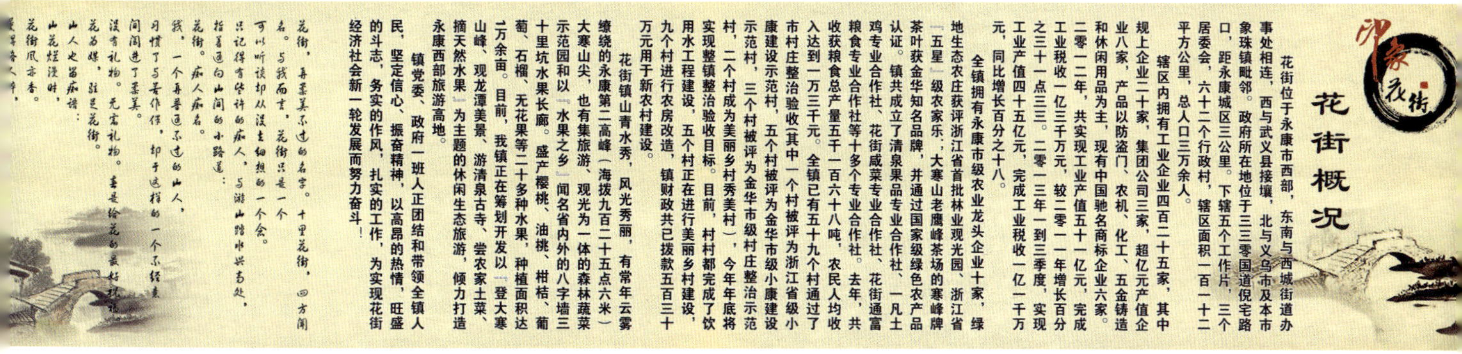

花街镇概况图(花街镇提供)

长廊等。2013 年加紧筹划开发以“登大寒山峰、观龙潭美景、游清泉古寺、尝农家土菜、摘天然水果”为主题的休闲生态旅游带，倾力打造永康西部的旅游胜地。

（陈　杰）

【“抓五干、兴五风”主题实践活动】 2013 年，花街镇党委政府根据市委“全能干部，全心服务”的要求和镇区实际，深入开展“抓五干、兴五风”主题实践活动。采取全员联村、周一夜学、值班驻夜、民情手记、民情地图等措施，给每位干部配发干部身份“小红帽”，制作干部联系卡，张贴到各村的醒目位置。开展干部轮值讲学，采用现场抽签、临时定人、即兴发挥的方式上台授课与交流，领导现场点评，干部现场互动，并将授课内容和点评结果结合定期考试成绩，编印成《干部轮值讲学资料汇编》。有 54 名同志授课，并先后组织 4 次理论考试和 1 次半年考核。深化作风建设，严格落实上下班、值班、住夜、请销假、用餐、用车、用电等办公制度及联村制度。值班住夜，设置专门值班室，每组由班子成员带队，在宿舍紧张的情况下，安排 3 人以上住房一间用于轮值。日常工作中，按照各项制度规定，由纪委、组织、办公室等人员组成督查组，每周 2 次以上突击检查，将效能检查结果在干部大会上定期通报，对不良作风、行为现象等问题视情况进行效能责任处理与追究。实行干部下放交流锻炼机制，班子成员以及部分中层工作岗位，进行阶段分工轮换、交替锻炼；将工作姿态佳、精神状态好的干部充实到村一级领导班子中任职锻炼，如选派人员到下殿村、项宅村任职。进行全员绩效考核，考核结果与提拔使用和个人奖金相挂钩。

【评星晋级“两新”党建模式】 2013 年，花街镇党委扎实开展村级组织和基层党员评星晋级活动，创新“两新”党建模式，实现基层党组织全覆盖，落实流动党员动态跟踪管理，开展巾帼党建创新活动，进行村企联建共谋发展。抓实村级组织换届工作。提前布局开展调研、座谈、整转、提升等工作，进村入户发放和宣传相关政策、纪律，确定新一届村级班子创业承诺，确保各村组织换届平稳顺利。加强“爱心基金”运作。定期组织“两代表一委员”进行走访慰问活动，帮助 260 多位困难党员、贫困学生和急难群众走出困境。

【“三改一拆”滚动“两违”处置】 2013 年，花街镇政府筹资 200 万元用于“三改一拆”。按照提前布局、递进排查、分户建档、集中拆除、滚动推进、清违复绿等步骤强力推进，超额完成全年任务指标。并加强“两违”查处工作，保持高压态势不放松，每月统一组织作为清理整治乱堆乱放，抓紧抓实节假日违章抢建、盗矿偷矿的巡查和管制。2013 年，新发现违章 13 宗，拆除 13 宗，完成 3 宗卫片检查执法处理工作。在此基础上，认真做好土地登记、地质灾害防治和国土资源管理，按照法定程序扎实做好黄山1号地块、太公坟山地块、倪宅地块、红元坑地块的后续工作。

【农村农业建设多元推进】 2013年，花街镇下殿村省级村庄整治已完成道路硬化、外墙粉刷、污水管网建设等工程，后续工作在扎实推进。镇财政拨款530万元用于新农村建设。双溪、里坞等9个村农房改造全面铺开，王样村已获批，开始启动前期工作。里坞村62户旧房全部拆除，计8 440平方米，完成屋基安置等工作；双溪村旧房拆除61宗，计6 895平方米；大屋村25户已经确权，计4 100平方米。深入开展“洁净村庄”、“美丽乡村”的整治，全镇村庄改造整治完成率达到97%。“永康市美丽乡村建设现场会”于10月份在花街镇召开。全镇创建美丽乡村精品村1个，秀美村7个。八字墙村完成省第二批中心村建设重点培育和验收。完成土地流转786.67公顷，粮食种植面积866.67公顷，垦造耕地7.87公顷；完成粮食功能区建设154.67公顷、标准农田质量提升工程80.87公顷。及时落实农业各类直补资金与申报工作，茶叶新品园基本完成，等待验收。农产品质量安全监管有力，动植物防控成效明显。落实防汛防旱责任目标，全镇12口山塘完成整治，龙潭里水库除险加固工程在12月底完成验收，下路坑水库、塘里水库、上京岭水库等工程修缮正在施工阶段。八字墙旅游开发、养猪生态产业园和豆制品加工基地建设等项目，前期工作全面启动，完成彩化工程，在绿化基础上村村种植花木，根据各村实际种植情况，每个村补助资金2万～15万元，使花街镇真正成为名副其实的“花”街。

【花街商会成功换届】 2013年，成功召开花街商会第二届一次大会，完成商会换届。筹备成立互基会，筹集资金2亿元，帮助企业应急调度和周转互助。依托商会平台，开展村企联姻办实业，壮大村集体经济。是年皇族工贸、搏扬工贸两个企业破产，兴鹏威、麦特尔两个企业出现资金链问题，镇成立专门协调小组，与商会及时解决职工工资遗留问题和对外界的影响，协助解决后续相关事宜，确保职工稳定和社会的安定。

【“果园飘香线”工程改造】 2013年，花街镇对330国道、八字墙“果园飘香线”进行整治改造。拆除沿线违章建筑及不规范的广告牌和路牌，在道路两侧20米范围内统一绿化。330国道花街路段整治全部完成。拆除双舟线公路双侧乱堆乱放、乱披乱挂、乱贴乱搭等违建物，启动道路加宽和双侧20米范围内绿化工程，店园村路段道路两侧绿化基本完工，枫坑村、枫坑口村、下姓王村、八字墙村、陈弄坑村等沿线村庄美化建设正全面推进。完成八字墙水果品种改良338.65公顷，实现年度既定目标。道路建设。市西三环道路倪宅段拓宽建设工程全面完工通车。完成花街村老330国道路段等道路拓宽、绿化、污水管网建设、路灯安装等工作。镇域月桂路建设首期投入300万元，前期工作完成，进入建设阶段。330国道永康段改建工程涉及花街的部分工作，进行动员、调查摸底、相关论证规划，召集有关行政村开座谈会，完成地质勘测放样，待市相关政策到位后即可进入下一步工作。

【森林城镇建设“引花”工程】 2013年11月，花街镇突出“创森”特点，在全镇范围内营造村庄彩化氛围，开展种花热潮的村庄越来越多，“引花”工程进入尾声。全镇62个行政村在原有绿化基础上补种茶花、樱花、腊梅等20多个品种花木，总投资300多万元，其中镇财政补助每村2万元，投入120多万元。为确保“引花”工程的稳步发展，镇配套出台新政，要求各行政村、单位在确保绿化成果的同时，按“创森”要求在村庄周围、村内主要道路两侧种植四季花卉的，可获1～5万元的追加奖励，以此推进“彩化”工作。

【花街森林城镇通过省级验收】 2013年3月，花街镇召开“创森”动员会，明确“创森”考核标准，要求年底前基本达到省级森林城镇标准。对于成功创建省级、市级、县级的森林村庄，将在市奖励的基础上，再分别追加2万元、3万元、1万元的奖励，且可以重复计奖。花街镇62个行政村中，2013年创建市森林村庄25个，其中金华市绿化示范村5个，省级森林村庄2个，完成330国道两侧宜林地绿化26.67公顷。至年底，全镇成功创建市级森林单位3个、省级森林村庄3个、省级绿化示范村2个，金华市级绿化示范村36个、永康市级森林村45个。新建双溪等6个休闲公园，开发尚仁村、颜宅村千亩特色生态休闲林基地，全镇顺利通过省级森林城镇验收。

【平安花街创建系列活动】 2013年，以"平安花街"建设为载体，维稳与综治相结合，开展"排查整治，强基促稳"和平安创建系列活动。落实"网格化管理，组团式服务"，深化普法教育，落实赌博、"两抢"、"清网"等专项治理工作，完善社会治安视频监控网络系统，加强重点人员教育和管理，健全了社区矫正和法律援助工作体系。加强安全生产监管巡查，大力推进"大排查、大整治"专项行动，实现安全生产常态化管理。配合省纪委解决积案，3个多年信访老户得到化解息访。开展矛盾纠纷和社会不安定因素排查调处工作，共调处民事纠纷249宗(其中重大纠纷8宗)，调处率和成功率均为100%。建立镇信息网络，每村设立信息员，实现村企综治工作室全覆盖。开展村级民情接访工作，成功处理群众来信52件、来访15批20人次，信访件回复率和报结率、群众来访来电解决率均为100%。

【巾帼创卫服务大队推进卫生共建】 2013年，花街镇以河塘沟渠为重点，投入183万元，清理打捞废弃漂浮物，清除河道障碍物，彻底清理河岸垃圾，进行复绿，整治疏浚河塘沟渠40.8千米。全镇由452名妇女组成"巾帼创卫服务大队"，使全镇62个行政村形成卫生共建合力，实行农村卫生长效保洁，新一代垃圾房正常运转，对农村沿路、房前屋后的垃圾进行重点清理。

（蒋贤良）

【咸菜合作社】 花街镇雅陈等村农民历来有腌制咸菜的传统。旧时腌菜都是家族各自制作，待腌菜熟后到附近菜市场小卖，销量不大，价格低廉。2006年，镇区10多个村200多户农民联手建立咸菜产销专业合作社，制订章程进行规范生产，使产品品质显著提升，质量符合食品安全标准。并申请注册"幽里香"商标，共同打品牌闯市场，各户加工的咸菜由合作社统一集中，通过在杭州、温州、金华等城市设立的经销点，以及上网等方式销售。

2013年永康咸菜远销湖南、江西、山东等省，新加坡、土耳其、俄罗斯等国家的客商从淘宝网获悉后，也慕名上门大量订购，仅2012年就统一销出咸菜200多吨。

自咸菜畅销国内外以后，加工所需要的芥菜、萝卜、芋头、毛笋等原材料当地已远远不能满足需求，合作社就拉长产业链，把原材料"生产车间"延伸到周边县市，以包收购的方式向当地农户下单，发动农户大量种植芥菜、萝卜、毛芋，然后晒制成咸菜卖给合作社。合作社名副其实地成为产供销为一体的"总部中心"，带动了金华、丽水等县市的农业发展。

【大寒山】 大寒山位于永康市八字墙北部，与义乌市交界，海拔925米，为永康第二高峰。山腰有大安坪，山下有大安寺，相传始建于东汉，山上苍松翠竹、鸟语花香、气候宜人。在海拔600多米的山后胡村东头，一棵古松高大挺拔，虬枝苍劲，气势雄伟，已有一千多年历史。大寒山上有一口方圆二三里的龙宿塘。21世纪初户外建有休闲俱乐部，在大寒山林场和山后胡村拓展场地，分别设有岩降、天梯、空中断桥、天使之手等高空项目和蜘蛛网、大脚霸、信任倒等活动，游乐设备齐全。还有坐落在山腰空旷幽静的野外露营场所，满目的绿水青山、野壑涧泉、虫鸣鸟叫，真正

全市第二高峰——大寒山(花街镇提供)

体验人与自然的和谐。

【大夫第】 大夫第位于花街镇大屋村，为大屋村倪氏一世祖永密公于明弘治年间(1490)始建，后族人倪承课于明万历二十三年(1595)中进士，且官至南京刑部郎中奉政大夫，改称“大夫第”，占地1 600多平方米。大夫第“正心堂”为该村倪氏九世祖志颜公于清代乾隆年间创建，占地814平方米，坐东北朝西南，砖木结构。中轴线上建有前厅、茶亭、后厅。前厅五开间，明、次间梁架结构为抬梁式，梢间边缝穿斗式，前厅外檐斗拱出跳，是典型的明代建筑风格。东西围墙内侧有花草、动物等石雕，工艺精湛，现存建筑为前厅、茶亭、后厅。

省文物保护单位——花街大夫第(花街镇提供)

花街大夫第的室内建筑(花街镇提供)

前厅(又称大厅)，面阔五间，悬山顶，进深为九檩，明间梁架为五架梁，前后双步用梁袱月梁造，梁下施丁头栱，檐下斗栱为丁字重栱。前厅与后厅之间为过厅(茶亭)，两侧设木栏板、木格窗。后厅，原为五开间，尚存明间。大夫第是省内仅存极少、且保存较完整，时代特征明显的古代建筑。2005年3月被公布为省级文物保护单位。

(陈　杰)

先进名录

（2013 年度）

楷模人物

【全国科技管理系统先进工作者】

程可可　市科技局

【市科技人员突出贡献奖】（每人奖 2 万元）

刘慧军　众泰控股集团有限公司　高级工程师

王云峰　市正大实业有限公司　总工程师

王志强　环新氟材料有限公司　工程师

卢纯福　浙江工业大学　教　授

陈　斌　浙江飞神车业有限公司　董事长

胡寿仁　浙江中坚科技股份有限公司　高级工程师

李红阳　浙江四方集团有限公司　高级工程师

王银雪　市妇幼保健院　主任医师

林友红　市经济特产站　农艺师

【永康市首届十佳道德楷模】

杜光华　陈楼津灏　俞济飞　张新志

朱卫生　胡　祎　陈梅蕊　吴凤香

陆天脱　陈子秋

【永康市优秀城市美容师】

胡洪波　郑俏袅　胡佩燕　于　芬　王玉齐

杨　政　舒　畅　徐月珍　曹笑姿　章永光

曹岩昆　柳爱群　曹燕群　陈文充　池礼辉

王云忠　徐绍良　应　雄　潘　超　王　伟

陈　亮　林志均　郑安心　徐卜志　林风梭

李明仙　胡长根　林　桔　吴汉民　薛显恩

王艳丽　王全标　王俊发　袁彩霞　钱同庆

宋加营　王赞梅　姚康红　董丽珠　应美丽

叶艳娟　施建敏　张荷荣　陈子灵　马小芳

贾贺美　郭泽军　商美英　鲁中林　李付生

陈　礼　耿红建　董月红　徐　慧　戴金美

吴　琼　杜笑英　李淑英　王位玲　王　芳

田金玲　张美玲　马士兰　应春华　赵凤霞

孔凡丕　郑冬妮　朱德成　方美兰　林大党

马献芳　姚国平　李彩女　徐志文　胡玉良

景　志　楼伟飞　陈小云　程圣强　卢　辉

赵晓杰　董美霞　宋红伟　王刘刚　汪爱兰

周爱秋　吕林峰　胡临川　陈丽萍　陈高来

沈跃双　葛建法　陈露瑶　倪心哲

【永康市十大种粮大户】

一等奖　段国辉　（芝英镇）

二等奖　朱安良　（芝英镇）

　　　　胡忠横　（象珠镇）

　　　　章天寿　（芝英镇）

三等奖　胡　志　（芝英镇）

　　　　李新根　（东城街道）

　　　　池振学　（石柱镇）

　　　　刘义泉　（西城街道）

　　　　李小根　（龙山镇）

　　　　赵胜良　（城西新区）

优胜奖　王东升　（象珠镇）

　　　　许小燕　（东城街道）

　　　　卢水荣　（芝英镇）

　　　　李冬波　（城西新区）

李盛桔　（前仓镇）
詹雨开　（江南街道）
王多娇　（经济开发区）
朱熟良　（城西新区）
张殿忠　（芝英镇）
李建荣　（城西新区）
楼金道　（象珠镇）
倪谷根　（芝英镇）
饶　源　（古山镇）
吴少明　（西城街道）
李小青　（城西新区）
李军子　（经济开发区）
曹海根　（唐先镇）
盛世昌　（古山镇）
段如辉　（石柱镇）
何加仁　（芝英镇）

【全国“五一”劳动奖章获得者】

徐玲玲

【浙江省级劳动模范】

胡华东　刘国梁　童跃峰　俞健宁

【金华市级劳动模范】

应　杰　蒋爱女　童跃峰　俞健宁　陈如进
邓如莹　陈美平　黄绍雄　沈迎春　胡华东
刘国梁　徐玲玲

（童文贤辑录）

【永康市劳动模范】

刘国梁　浙江永康农村合作银行董事长
钱月绸　先行集团有限公司财务总监
王跃斌　王力集团有限公司董事长
徐胜男　鹰鹏化工有限公司总经理
应竹青　浙江省永康市华宝电器有限公司总经理
王　敏　浙江大邦电动工具有限公司总经理
姚　帅　浙江黄金甲工贸有限公司总经理
黄绍雄　市西城街道周塘经济合作社党支部书记
胡冬生　市西溪镇马坞村党支部书记
付美贞　浙江伟丰肉食品有限公司总经理
马晓中　市三泉水果产销专业合作社农产品经纪人
李爱萍　市人民法院行政庭庭长
朱东波　市妇幼保健院院长
沈迎春　市广播电视台华溪频道总监
胡华东　浙江四方集团研究所所长
陈宏亮　浙江宏伟供应链股份有限公司项目经理
徐玲玲　浙江新华建设有限公司技术中心主任
邵　嘎　道明光学股份有限公司工程师
李玲巧　浙江强大实业有限公司珩磨主任
李志宣　康灵集团有限公司办公室主任

（胡学军辑录）

先进个人

【市人大建议政协提案办理先进个人】

李　挺　（市民政局）
章　毅　（市建设局）
朱　亮　（市交通运输局）
陈素芬　（市教育局）
舒朝波　（市环保局）
杨永晓　（市城管执法局）
朱俊峰　（市水务局）
陈晓阳　（市林业局）
卢慧红　（市人力社保局）
夏跃其　（市经信局）
吕启进　（市规划局）
李　萍　（市供电公司）
黄　森　（市农业局）
曹俊权　（市农办）
陈跃成　（市国土局）
应新献　（市卫生局）
何志云　（市招商局）
董巧云　（市文化局）
应华波　（市府办）

方新禄　（市运管所）
钱　武　（市公路段）

【永康市安全生产先进个人】

陈　庆　（市府办）
钱　忠　（市交警大队）
陈飞海　（市公安局）
刘琳琛　（市消防大队）
朱林敢　（市建设局）
吴卓绛　（市监察局）
应跃星　（市检察院）
吕　雄　（交警大队）
沈高阳　（市环保局）
俞俊杰　（市交通运输局）
朱青云　（市安监局）
方　钦　（市人力社保局）
黄秋萍　（市体育局）
徐郎庭　（市经信局）
王　海　（市农业局）
邵绍军　（市供销社）
陈邦完　（总部办）
陈　志　（市安监局）
王曙光　（市国土局）
周灵芝　（永康日报社）
童　政　（总工会）
程松山　（市安监局）
吴　赟　（市安监局）
黄　俊　（市广播电视台）
邵鹏飞　（东城街道）
黄　毅　（江南街道）
胡仁江　（西城街道）
吕文泰　（芝英镇）
吕振益　（古山镇）
吕文勇　（龙山镇）
施志华　（前仓镇）
邵　巧　（唐先镇）
李孟平　（方岩镇）
徐林革　（象珠镇）
李勇建　（西溪镇）
陈　显　（石柱镇）
陈旅军　（花街镇）
楼敦阳　（舟山镇）
杨华斌　（城西新区）
李洪喜　（经济开发区）
周跃群　（旺达集团）
朱荣忠　（盈联科技公司）
徐法理　（星箭电器公司）
程孟波　（压延铜业公司）
应希毫　（浙中衡器厂）
应新列　（天利金属公司）
胡新军　（索普实业公司）
李高峰　（一恒教学设备公司）
魏　征　（方岩包装公司）
胡浙标　（欧亿工贸公司）
吕金财　（金梦包装公司）
应银虎　（石柱电机碳厂）
凌飞伟　（鹏杰门业公司）
金勇钢　（黄金甲门业公司）
李　超　（先行集团）
胡桂华　（新达铝业公司）
俞永远　（鹰鹏化工公司）
倪一峰　（三环化工公司）
施台青　（山鼎石料公司）
应冯峰　（富华公司）
王俊伦　（喜来乐公司）

【永康市食品安全先进个人】

陈晓峰　（市委宣传部）
金广超　（市府办）
王晶晶　（市食安办）
王　海　（市农业局）
徐　勇　（市工商局）
陈　敏　（市工商局）
应红梅　（市卫生局）
林雪玲　（市质监局）
王洵进　（市商务局）
程梅月　（市药监局）
陈　广　（市药监局）

王仁理 （市教育局）
胡王直 （市教育局）
俞　竣 （市公安局）
赵文河 （市广播电视台）
颜继海 （市城管执法局）
周灵芝 （永康日报社）
池　娜 （东城街道）
吴方晓 （西城街道）
舒红晓 （江南街道）
周方敏 （花街镇）
应　静 （芝英镇）
徐文正 （方岩镇）
周炳黎 （古山镇）
徐明岳 （龙山镇）
陈　念 （西溪镇）
朱江浩 （象珠镇）
孙海滔 （唐先镇）
李依依 （石柱镇）
朱荣武 （前仓镇）
郎业育 （舟山镇）
吕　静 （经济开发区）
胡丽霞 （城西新区）

先进单位

【浙江省“五一劳动”奖状】

众泰控股集团

【浙江省“工人先锋号”】

浙江新亚休闲用品公司平车车间

（童文贤辑录）

【永康市劳动模范集体】

市供电局
市公安局禁毒大队
市龙山镇里麻车村

（胡学军辑录）

【永康市人民政府通报表彰单位】

市人力资源和社会保障局
市商务局（粮食局）
市质量技术监督局
市发展和改革局（物价局）
前仓镇人民政府

【人大建议政议提案办理先进集体】

市民政局　市建设局　市水务局
市环保局　市教育局　市城管执法局
市林业局　市农办　市招商局
市经信局　市规划局　市人力社保局
市国土局　市卫生局　市农业局
市供电公司　市交通运输局

【永康市安全生产目标责任制考核奖单位】

镇（街道、区）优秀奖

古山镇　奖8万元
芝英镇　奖8万元
石柱镇　奖8万元
经济开发区　奖8万元

重点部门一等奖

市安监局　奖4万元
市公安局　奖4万元
市交通运输局　奖4万元
市建设局　奖4万元
市消防大队　奖4万元

一般部门一等奖

市教育局　奖2万元
市林业局　奖2万元
市商务局（粮食局）　奖2万元
市城管执法局　奖2万元
市供电公司　奖2万元

一般部门二等奖

市水务局　奖1万元
市民政局　奖1万元
市工商局　奖1万元
市财政局　奖1万元
市质监局　奖1万元
市文化局　奖1万元
市旅游局　奖1万元
市卫生局　奖1万元

【永康市四项达标工作考核奖单位】

四项达标镇(街道、区)

东城街道　奖1万元

方岩镇　奖1万元

舟山镇　奖1万元

唐先镇　奖1万元

三项达标镇

城西新区　奖3万元

前仓镇　奖3万元

象珠镇　奖3万元

【永康市企业安全生产标准化达标奖】

二项达标镇

西城街道　奖1万元

龙山镇　奖1万元

花街镇　奖1万元

浙江中坚科技股份有限公司　奖10万元

浙江哈尔斯真空器皿股份有限公司　奖10万元

浙江兰歌化学工业有限公司　奖10万元

浙江尤奈特电机有限公司　奖10万元

浙江安德电器有限公司　奖10万元

浙江中信厨具有限公司　奖10万元

春天集团有限公司　奖10万元

【完成股份制改造单位】

浙江川岛电器股份有限公司　奖30万元

浙江七星工具股份有限公司　奖30万元

市新凯迪电子信息技术股份有限公司　奖30万元

浙江尚森工贸股份有限公司　奖30万元

【永康市安全生产先进单位】

市公安局交警大队

市电工协会

浙江大力工贸有限公司

浙江盈联科技有限公司

浙江正钢机械设备有限公司

市高新金属科技有限公司

浙江超越休闲用品有限公司

市佳隆泵业有限公司

浙江红太阳教学设备有限公司

市强盛工贸有限公司

浙江鑫鑫家居用品有限公司

浙江索福工贸有限公司

浙江徐氏工具有限公司

市时利禾电子有限公司

浙江东伦工贸有限公司

市惠康砂轮有限公司

浙江浩天实业有限公司

浙江安德电器有限公司

中国石化永康公司

浙江兰歌化学工业有限公司

市山鼎石料有限公司

市富华日用杂品有限公司

市喜来乐烟花爆竹有限公司

浙江省永康市洪盛建筑工程有限公司

【永康市先进专职消防队】

古山专职消防队　一等奖　奖8万元

西溪专职消防队　一等奖　奖8万元

方岩专职消防队　一等奖　奖8万元

龙山专职消防队　二等奖　奖6万元

花街专职消防队　二等奖　奖6万元

前仓专职消防队　二等奖　奖6万元

石柱专职消防队　三等奖　奖4万元

芝英专职消防队　三等奖　奖4万元

象珠专职消防队　三等奖　奖4万元

唐先专职消防队　三等奖　奖4万元

舟山专职消防队　三等奖　奖4万元

优秀企业

【国家出口产品免验资格通报表彰单位】

浙江三锋实业股份有限公司　奖50万元。

【主导、参与国家标准和行业标准制定企业】

浙江三锋实业股份有限公司　（主导行业标

准，参与制订《LY/T2156-2013 园林机械杆式电动绿篱修剪机》，奖 20 万元）

浙江华亚杯业有限公司 （参与国家标准，参与制订《GB/T29601-2013 不锈钢器皿》）

南龙集团有限公司

浙江哈尔斯真空器皿有限公司

先行集团有限公司

浙江省永康市华川电器有限公司

雄泰集团有限公司 （参与制订《GB/T29606-2013 不锈钢真空杯》，奖 5 万元）

浙江道明光学股份有限公司 （参与行业标准，参与制订《GA/T1005-2012 校车停车指示标志牌》）

浙江道明光学股份有限公司 （参与制订《GA/T1045-2012 道路交通事故现场防护服》）

浙江小白杨工贸发展有限公司 （参与制订的《QB/T1334-2013 水嘴通用技术条件》）

浙江金凯德工贸有限公司

市永佳门业有限公司

浙江金和美工贸有限公司

浙江海心门业有限公司

市鑫德机电有限公司

浙江班得瑞工贸有限公司

市旺家利工贸有限公司

市百得工贸有限公司

浙江鼎泰工贸有限公司

浙江群喜门业有限公司

群升集团有限公司 （参与制订《JG/T392-2012 建筑用钢木室内门》）

浙江三锋实业股份有限公司 （参与制订《LY/T2236-2013 园林机械手推式电动草坪松土机》，奖 4 万元）

【浙江省标准创新奖企业】

浙江三锋实业有限公司　奖 5 万元

【永康市纳税百强企业】

铁牛集团有限公司

浙江永康农村合作银行

步阳集团有限公司

王力集团有限公司

星月集团有限公司

群升集团有限公司

国网浙江永康市供电公司

中坚机电集团有限公司

市包装有限公司

金华市烟草公司永康分公司

市房屋综合开发总公司

浙江哈尔斯真空器皿股份有限公司

钢海集团有限公司

超人集团有限公司

能诚集团有限公司

南龙集团有限公司

富新集团有限公司

飞神集团有限公司

道明光学股份有限公司

永康市长红机械制造有限公司

三锋集团有限公司

市物华回收有限公司

先行集团有限公司

中国移动通信集团浙江有限公司永康分公司

泰龙控股集团有限公司

天行集团有限公司

浙江三环化工有限公司

浙江安德电器有限公司

浙江省永康市第二建筑工程有限公司

浙江中国科技五金城集团有限公司

雄泰集团有限公司

天河集团有限公司

浙江新华建设有限公司

浙江宏伟供应链股份有限公司

浙江豪族工贸有限公司

新多集团有限公司

浙江宁帅实业有限公司

中领集团有限公司

浙江三博实业有限公司

正阳实业投资有限公司
浙江博大实业有限公司
浙江兴达钢带有限公司
永康市华联商厦
永康润泰商业有限公司
浙江尤奈特电机有限公司
永康新奥燃气有限公司
强广剑集团有限公司
浙江天鑫运动器材有限公司
浙江中信厨具有限公司
浙江康利金属制品有限公司
旺达集团有限公司
市皇冠电动工具制造有限公司
浙江浩天实业有限公司
浙江金汇五金产业有限公司
浙江开成电缆制造有限公司
市钱江水务有限公司
飞鹰集团有限公司
超越控股集团有限公司
浙江赢佳电器有限公司
中月集团有限公司
浙江富源工贸有限公司
浙江万金实业有限公司
浙江特畅恒实业有限公司
市桑禾散热器有限公司
弘大集团有限公司
市华丰小额贷款有限责任公司
市益远机电制造有限公司
春天集团有限公司
东立集团有限公司
浙江隆泰门业有限公司
永康宾馆
鹰鹏化工有限公司
浙江弘盛工贸有限公司
浙江索福工贸有限公司
市宝驿汽车销售服务有限公司
浙江大邦电动工具有限公司
浙江双超运动器材有限公司
浙江四方集团公司
市灵山电机有限公司
永安科技集团有限公司
浙江新亚休闲用品有限公司
浙江万安铝业有限公司
浙江博泰工具有限公司
浙江世达工具制造有限公司
浙江闽立电动工具有限公司
浙江省永康市协恒实业有限公司
中国电信股份有限公司永康分公司
浙江千足集团有限公司
交通银行股份有限公司金华永康支行
浙江炊大王炊具有限公司
嘉禾工具有限公司
金华银行股份有限公司永康支行
浙江邦达科技有限公司
浙江双飞运输有限公司
万事达集团有限公司
永康君威工具有限公司
浙江省东阳市南方建筑工程有限公司
市市政工程公司
中国农业银行股份有限公司永康市支行
中国工商银行股份有限公司永康支行

【永康市纳税优胜企业】

郑泰集团有限公司
浙江永压铜业有限公司
浙江兰歌化学工业有限公司
浙江春洲铝业有限公司
市华凌机械有限公司
市金标机电工具有限公司
市大金氟材料厂
浙江鑫煜工贸有限公司
市华龙机电有限公司
浙江明珠建设工程有限公司
市华鹰衡器有限公司
浙江华茗园茶业有限公司

中国建设银行股份有限公司永康支行
市堪诚工具有限公司
市杨溪彩印包装厂
市大成工贸有限公司
市科捷休闲用品有限公司
浙江鸿拓实业有限公司
浙江经典建筑装饰有限公司
市新多杯业有限公司
市石柱建筑工程有限公司
浙江省永康市明和铝业有限公司
金华市浙金钢材有限公司
浙江新达铝业有限公司
浙江博宇实业有限公司
浙江稠州商业银行股份有限公司永康支行
浙江正钢机械设备有限公司
浙江得伟工贸有限公司
永康拉瓦清洗设备有限公司
浙江永康力士达铝业有限公司
市电力设备厂
市众利机械有限公司
浙江顺虎铝业有限公司
浙江霸王衡器有限公司
市顺和铝业有限公司
浙江普阳深冷装备有限公司
浙江永康盛达电线有限公司
浙江宇森百联工具有限公司
浙江永康弘福工贸有限公司
市万思特纺织有限公司
圣鸿集团有限公司
浙江奥锐工贸有限公司
市珠峰气筒有限公司
浙江创新铜业有限公司
浙江伦达实业有限公司
浙江宇峰实业有限公司
市东街五金机械有限公司
市威力园林机械有限公司
凯丰集团有限公司
中国银行股份有限公司永康市支行
浙江省永康市华宝电器有限公司
浙江广和制衣有限公司
市超帅工艺礼品有限公司
市光明送变电工程有限公司
市新时代实业有限公司
市大世界家电商场
浙江喜泽荣制漆有限公司
浙江嘉盛工具有限公司
浙江省永康市新宏建设有限公司
浙江紫微建筑工程有限公司
浙江司贝宁照明电器有限公司
浙江摩兴电器有限公司
浙江红果村休闲用品有限公司
浙江大力工贸有限公司
浙江飞剑工贸有限公司
浙江佳汇装饰工程有限公司
市双喜工贸有限公司
浙江七星工具股份有限公司
市皇庭户外用品有限公司
市有色合金铸造厂
康灵集团有限公司
浙江省永康市鸿运实业有限公司
浙江维亿工贸有限公司
浙江信源电器制造有限公司
市三星门业有限公司
浙江联美实业有限公司
浙江飞越铜业有限公司
浙江拓新工贸有限公司
浙江永美链条有限公司
浙江三人机械有限公司
浙江航鹰锁业有限公司
浙江黄金甲工贸有限公司
浙江盈联科技有限公司
浙江金凯德工贸有限公司
浙江鑫和工贸有限公司
浙江维欧工贸有限公司

浙江飞鸿工贸有限公司
浙江钱龙工贸有限公司
浙江金拓机电有限公司
浙江华亚杯业有限公司
浙江旋风工具制造有限公司
浙江德世电器有限公司
浙江金意达实业有限公司
浙江领阳工贸有限公司
浙江省永康市宏达实业有限公司
市海力实业有限公司
浙江快利工具有限公司
浙江信普工贸有限公司
浙江环新工贸有限公司
浙江省永康市金都工贸有限公司

【永康市劳动管理信得过企业名单】

钢海集团有限公司
浙江顶诚工贸有限公司
市沪龙电动车有限公司
浙江钱龙工贸有限公司
市永商传媒有限公司
旺达集团有限公司
浙江得伟工贸有限公司
浙江卡罗特工贸有限公司
新奥燃气有限公司
市华凌机械有限公司
浙江南龙金属科技有限公司
浙江正钢机械设备有限公司
浙江省永康市鸿运实业有限公司
浙江超越实业有限公司
鹰鹏化工有限公司
弘大集团有限公司
市皇冠电动工具制造有限公司
浙江庆大橡胶有限公司
天行集团有限公司
天河集团有限公司
浙江永康力士达铝业有限公司
市新多杯业有限公司
市物华回收有限公司
浙江霸王衡器有限公司
浙江省永康市华宝电器有限公司
市华鹰衡器有限公司
浙江永压铜业有限公司
浙江创新铜业有限公司
浙江飞越铜业有限公司
市万思特纺织有限公司
市芝英五金焊接工具厂
浙江新亚休闲用品有限公司
超人集团有限公司
圣鸿集团有限公司
浙江泰龙铝轮有限公司
浙江伦达实业有限公司
浙江哈尔斯真空器皿股份有限公司
浙江博大实业有限公司
浙江摩兴电器有限公司
浙江金大门业有限公司
浙江强广剑铝业有限公司
浙江三锋实业股份有限公司
浙江浩天实业有限公司
浙江中坚科技股份有限公司
王力集团有限公司
浙江弘盛工贸有限公司
浙江飞剑工贸有限公司
浙江维欧工贸有限公司
浙江巨力工贸有限公司
市电力设备厂
浙江先行实业有限公司
飞鹰集团有限公司
浙江尤奈特电机有限公司
新多集团有限公司
市星光电器制造有限公司
浙江嘉禧工贸有限公司
浙江安德电器有限公司
浙江新达铝业有限公司
浙江金凯德工贸有限公司

市永泰工贸有限公司
浙江索福工贸有限公司
浙江福日工贸有限公司
浙江鸿拓实业有限公司
浙江环新氟材料股份有限公司
富新集团有限公司
春天集团有限公司
浙江黄金甲工贸有限公司
浙江信普工贸有限公司
浙江康利金属制品有限公司
浙江永美链条有限公司
浙江强大实业有限公司
浙江广和制衣有限公司
市天利金属制品有限公司
浙江虹泰不锈钢制品有限公司
星月集团有限公司
浙江省永康市华川电器有限公司
浙江华亚杯业有限公司
市加效焊接自动化设备有限公司
市堪诚工具有限公司
市华泰实业有限公司
浙江红太阳教学设备有限公司
浙江鑫鑫家居用品有限公司
国网浙江永康市供电公司
市大通公路工程有限公司
中国建设银行股份有限公司永康支行
金华银行股份有限公司永康支行
中国电信股份有限公司永康分公司
金华市烟草公司永康分公司
浙江新华建设有限公司
市石柱建筑工程有限公司
浙江明珠建设工程有限公司
浙江省永康市新宏建设有限公司
浙江省永康市第二建筑工程有限公司
市东风建筑工程有限公司
浙江紫微建筑工程有限公司
浙江海林建设有限公司
市宇涛建筑工程有限公司
华溪建筑工程有限公司
浙江佳汇装饰工程有限公司
浙江佳华时代装饰工程有限公司
浙江经典建筑装饰有限公司
市市政工程公司
浙江省永康市洪盛建筑工程有限公司
浙江盛昱建设有限公司
市望春园林工程有限公司
市华丰市政工程有限公司
浙江新天装饰工程有限公司
浙江九金装饰工程有限公司
市建筑工程有限公司
市天睿建设有限公司
市兴建建筑工程有限公司
市康盛建设有限公司

【永康市创新型企业】

浙江和能现代物流有限公司
弘大集团有限公司
浙江天鑫运动器材有限公司
新多集团有限公司
浙江普阳深冷装备有限公司
浙江环新氟材料股份有限公司
浙江天河铜业股份有限公司
浙江炊大王炊具有限公司
浙江挺能胜机械有限公司
市华港厨具配件有限公司
市沪龙电动车有限公司
浙江飞剑工贸有限公司

【重新认定的农业龙头企业】

浙江华茗园茶业有限公司
浙江伟丰肉食品有限公司
浙江毕尔锐思生物技术有限公司
浙江旺盛达农业开发有限公司
浙江利康熟食有限公司
浙江绿地生态建设发展有限公司
浙江省永康市土特产公司

金华市邵万生泰康食品有限公司
浙江白云园林艺术有限公司
市超时生态种养殖农庄
市秀山生态养殖山庄
市食用菌研究所
市高歌食品有限公司
浙江省永康市滨辉火腿有限公司
市飞月鹿业发展有限公司
市华磊养殖有限责任公司
万利养殖有限公司
浙江省永康市名茶研究所
市杨溪粮油有限公司
市石柱上杨水寨休闲养殖场
市姥姥豆制品有限公司
市一凡农庄
浙江挺能胜机械有限公司
市花果山种养基地
市大寒山老鹰峰茶场
浙江斯莱特蚕业有限公司
市万泰农业开发有限公司
市洁虹植物研究所
市茂盛农业开发有限公司
市康长源土特农产品总汇
市菇尔康农产品有限公司
市新楼农业开发有限公司
市芝英精制米厂
市大烨农庄(原永康市芝英黄龙山家禽养殖场)
市黄龙休闲农庄
市江南威丰豆制品厂
市远大猪场
市富隆食品有限公司
市环宇生态养殖场
浙江省永康市食品公司
市古丽妙鲜食品园
市海丰食品有限公司
市新楼莲花绿色山庄
浙江本元生物科技有限公司
市福瑞祥食品厂
市四路观赏鱼养殖场
市玲妙珍禽养殖场
市牧歌养殖有限公司
市长城绿林花木场
市皆鑫农庄有限公司
市远霞机械制造厂
市国美高科技花卉有限公司
市古山满园养殖场(原永康市先锋实业有限公司养殖分公司)
市长大生态养殖场
市英君生态农庄
市东城新乡园蔬果种植场
市农贸城有限公司
市俞家食品有限公司
市绿旺达养殖场
市晨隆木业加工厂
市同力农业综合开发有限公司
浙江喜泽荣农业开发有限公司
市福正食品有限公司
市唐先镇山里生态养殖场
市方岩竹林寺农场(原永康市方岩竹林寺农庄)
市志伟农业开发有限公司
市栗园农业开发有限公司
浙江三棵松园艺有限公司
市创基电子有限公司
市芳年养殖场
市华溪农业开发有限公司
市农药厂
市丰谷农业观光有限公司
市江南峥嵘豆制品加工厂
市文高豆制品有限公司
市真味食品有限公司
市花解语园艺场

【新增农业龙头企业】

市七九湾农业开发有限公司
市康宁藏香猪养殖场

市江南吴合兴食品厂
市支点生物科技有限公司
浙江鸿顺达农业开发有限公司

【永康市自营进口先进企业】

浙江天河高新金属材料有限公司　奖30万元
浙江盈联科技有限公司　奖20万元
天行集团有限公司　奖20万元
浙江四方进出口有限公司　奖10万元
浙江飞神车业有限公司　奖10万元
南龙集团有限公司　奖10万元
浙江安德电器有限公司　奖10万元
浙江中坚科技股份有限公司　奖10万元
星月集团有限公司　奖10万元
浙江哈尔斯真空器皿股份有限公司　奖10万元
步阳集团有限公司　奖10万元
市桑禾散热器有限公司　奖10万元

【永康市科技进步先进企业】

浙江环新氟材料股份有限公司　奖10万元
正阳实业投资有限公司　奖10万元
浙江博大实业有限公司　奖10万元
浙江信源电器制造有限公司　奖10万元
浙江宇森百联工具有限公司　奖10万元

【永康市专利实施奖企业】

步阳集团有限公司　特别奖　10万元
浙江飞神车业有限公司　一等奖　5万元
市正大实业有限公司　一等奖　5万元
浙江炊大王炊具有限公司　二等奖　3万元
嘉禾工具有限公司　二等奖　3万元
市安德电器有限公司　二等奖　3万元
浙江信源电器制造有限公司　三等奖　2万元
浙江双超运动器材有限公司　三等奖　2万元
浙江哈尔斯真空器皿股份有限公司　三等奖　2万元
星月集团有限公司　三等奖　2万元
浙江三锋实业股份有限公司　三等奖　2万元

【永康市专利示范企业】

正阳实业投资有限公司
市沪龙电动车有限公司
浙江宇森百联工具有限公司

【永康市工业投入十强企业】

群升集团有限公司　奖5万元
旺达集团有限公司　奖5万元
市包装有限公司　奖5万元
钢海集团有限公司　奖5万元
浙江南龙金属科技有限公司　奖5万元
市桑禾散热器有限公司　奖5万元
市丰球包装彩印有限公司　奖5万元
浙江顺虎铝业有限公司　奖5万元
浙江兴达钢带有限公司　奖5万元
浙江忠恒工贸有限公司　奖5万元

【永康市属地报关前十名企业】

浙江天河高新金属材料有限公司
浙江飞神车业有限公司
浙江安德电器有限公司
南龙集团有限公司
市桑禾散热器有限公司
浙江先行实业有限公司
浙江闽立电动工具有限公司
浙江步阳汽轮股份有限公司
市益远机电制造有限公司
浙江哈尔斯真空器皿股份有限公司

【“中小企业培育工程”获奖企业】

南龙集团有限公司　奖20万元
浙江隆泰门业有限公司　奖22万元
市海狮刀剪有限公司　奖15万元
浙江广和制衣有限公司　奖15万元
浙江永康弘福工贸有限公司　奖15万元
市华鹰衡器有限公司　奖15万元
浙江飞剑工贸有限公司　奖15万元
浙江鑫鑫家居用品有限公司　奖15万元

浙江步阳汽轮股份有限公司　奖10万元
浙江东方星月地毯产业有限公司　奖10万元
浙江鸿耀高新铜材有限公司　奖10万元
浙江泰龙工贸有限公司　奖10万元
浙江现代精工机电有限公司　奖10万元
市玉林混凝土有限公司　奖10万元
浙江维亿工贸有限公司　奖10万元
市有色合金铸造厂　奖10万元
市扬帆工贸有限公司　奖10万元
市大金氟材料厂　奖10万元
浙江深茂器械有限公司　奖10万元
浙江哈雷动力机械有限公司　奖10万元
浙江宇森百联工具有限公司　奖10万元
浙江省永康市金都工贸有限公司　奖10万元

【浙江出口名牌企业】

浙江春洲铝业有限公司　奖10万元
富新集团有限公司　奖10万元
浙江中坚科技股份有限公司　奖10万元
雄泰集团股份有限公司　奖10万元

【浙江省专利示范企业】

浙江飞神车业有限公司　奖5万元

【浙江省著名商标】

浙江哈尔斯真空器皿股份有限公司　哈尔斯HAERS　奖20万元
浙江丹弗王力润滑油有限公司　DANFER　奖20万元
市正大实业有限公司　PIGEON　奖20万元
浙江安德电器有限公司　Arda　奖20万元

【浙江省知名商号企业】

浙江中坚科技股份有限公司(中坚)　奖20万元
道明光学股份有限公司(道明)　奖20万元
浙江飞神车业有限公司(飞神)　奖20万元
浙江荣盛达锡制品有限公司(荣盛达)　奖20万元
浙江新达铝业有限公司(新达)　奖20万元

【浙江名牌单位】

浙江金凯德工贸有限公司　钢木门　奖20万元
永康市新多杯业有限公司　不锈钢保温杯(壶)　奖20万元
浙江索福工贸有限公司　防盗安全门　奖20万元
浙江兰歌化学工业有限公司　油漆　奖20万元
浙江南龙集团有限公司　铝不粘锅　奖5万元

【浙江省AAA级“守合同重信用”企业】

浙江特畅恒实业有限公司　奖5万元
浙江中坚科技股份有限公司　奖5万元
浙江金大门业有限公司　奖5万元

【金华名牌单位】

浙江丹弗王力润滑油有限公司　(润滑油)
浙江宇森百联工具有限公司　(油锯)
浙江红太阳教学设备有限公司　(黑板)
浙江新亚休闲用品有限公司　(休闲折叠桌椅)
浙江邦达科技有限公司　(不锈钢真空保温杯)

【永康市食品安全工作先进单位】

市农业局　市质监局
市工商局　市药监局
市教育局　市公安局
经济开发区管委会　西城街道办事处
芝英镇政府　舟山镇政府
古山镇政府

【永康市国际物流企业】

浙江恒邦国际货运代理有限公司
市顺捷国际货运代理有限公司

【永康市“3510”工程首次达标“巨人”企业】

群升集团有限公司　奖200万元

(童文贤　辑录)

科技奖励

【永康市科学技术进步奖】

	项　目	单　位	参与人员
一等奖	JNJ7153 轿车	众泰控股集团有限公司、浙江铁牛汽车车身有限公司、杭州益维汽车工业有限公司、湖南江南汽车制造有限公司	刘慧军、董　明、沈长海、刘志民、应振有
	氟硅橡胶	浙江环新氟材料股份有限公司	方海滔、应永安、谢福钦、王志强、陈　伟
	芋芽培育技术研究与示范	永康市欣盛生态养殖场	黄世荣、潘　晓、黄　晓、王　海、徐春才
	孕期维生素 D 水平与婴幼儿维生素 D 缺乏的关联性研究	永康市妇幼保健院	朱东波、李红玮、邵　洁、徐香芬、申屠飞兰、陈子松、庄学玲、陈黎勤
二等奖	具有越障功能的电动轮椅车	浙江飞神车业有限公司	陈　斌、汤　敏、沈昌群、罗良坤、匡国嘉
	便携式迷你锯	正阳实业投资有限公司	胡万里、王云峰、王纲礼、陈焕田
	微型电动汽车后桥总成 SCG2-250CWS	永康市森川电动机械有限公司	周拥军、周拥建、张长尊、肖信枫、徐益春
	大球盖菇高产高效栽培技术研究	永康市食用菌研究所	李汝芳、陈勇光、吕振衔、林友红、王健康、李金辉
	永康市恶性肿瘤流行病学研究	永康市第一人民医院	吕章春、黄金莲、李　可、朱佩祯、陈　涛、章　敏、倪笑媚、王惠君、毛晓鸣、朱永红
	Vitalstim 治疗仪电刺激联合康复训练对神经源性吞咽障碍的影响	永康市第一人民医院	胡江彪、吕祺美、马蓓艳、陈海挺、陈赛璇
三等奖	(数显)风冷汽油锯	浙江宇森百联工具有限公司	胡全宇、唐恩常、王建伟、童昌明、武同强
	36V 锂电割草机	浙江三锋实业股份有限公司	韩焕忠、米　颖、冯致远、贺乃瑞、黄爱明
	机械双速多功能电钻	嘉禾工具有限公司	卢云峰、毛　成、杨海生、徐正洋、姜卫亮
	双杆搅拌器(Z1V-KY-130X2)	浙江信源电器制造有限公司	金红霞、黄端俊、池相献、徐　峰、胡秀强
	海洋原油泄漏环保清理颗粒	永康市农药厂、永康市中翼工贸有限公司	黄建社、曹昭斌、李懋鸿、张　栋、黄　颖
	HEK-1200-1 真空电热保温壶	浙江哈尔斯真空器皿股份有限公司	翁文武、王　炯、喻芬良、吕代忠、李春晖

（续表）

	项　目	单　位	参与人员
三等奖	森林村庄建设示范与研究	永康市林业技术推广中心	应尚蛟、金　攀、应光明、胡美君、任立超、成志良、严玲玲
	北枣南引高产稳产栽培技术研究	永康市良春水果专业合作社	林友红、徐振良、陈红星、黄　森、徐苏君、潘豪杰、徐巧春
	剖宫产围术期短疗程使用抗生素预防感染的可行性研究	永康市妇幼保健院	王银雪、夏胜男、徐世维、程文君、骆爱武、申屠飞兰
	结核性胸膜炎的 T-SPOT.TB 诊断研究	永康市第一人民医院	李月翠、胡伟跃、李　进、骆红霞、周　晶、李成行、方　清

注：永康市科学技术进步奖，一等奖每项奖励 3 万元，二等奖每项奖励 1 万元，三等奖每项奖励 0.5 万元。

（童文贤辑录）

文件汇编

文件目录

2013年中共永康市委员会部分文件目录

文　号	标　题
永委〔2013〕1号	关于加强和改进新形势下工商联工作的实施意见
永委〔2013〕2号	关于进一步改进工作作风密切联系群众的实施意见
永委〔2013〕3号	关于进一步加强镇(街道、区)干部队伍建设的实施意见
永委〔2013〕4号	关于深化行政审批制度改革加强政务公开和政务服务工作的长效管理意见
永委〔2013〕5号	关于开展以中国梦为主题的中国特色社会主义宣传教育活动的实施意见
永委〔2013〕6号	关于加强和改进调查研究工作的若干意见
永委〔2013〕7号	关于进一步加快农村住房改造建设的若干意见
永委〔2013〕8号	关于印发《永康市市管领导干部年度考核办法(试行)》的通知
永委〔2013〕9号	关于印发《永康市考绩任用领导干部实施办法(试行)》的通知
永委〔2013〕10号	关于印发《永康市科级领导班子配备运行综合评估办法(试行)》的通知
永委〔2013〕11号	关于印发《永康市调整不适宜担任现职领导干部实施细则(试行)》的通知
永委〔2013〕12号	关于进一步加强新形势下统一战线工作的实施意见
永委〔2013〕13号	关于进一步促进工业经济发展的若干意见
永委〔2013〕14号	关于创新方岩风景名胜区管理体制的意见
永委〔2013〕16号	关于认真做好全市村级组织换届选举工作的通知
永委〔2013〕17号	关于进一步加强打击和处置非法集资工作的意见
永委〔2013〕18号	关于印发《永康市村级组织(社区)换届工作责任追究办法(试行)》的通知
永委发〔2013〕20号	关于成立永康市招才局的通知

2013年中共永康市委办公室部分文件目录

文　号	标　题
永委办〔2013〕8号	关于实施“富村五年计划”扶持经济薄弱村发展集体经济的实施意见
永委办〔2013〕11号	关于开展进企业解难题送服务活动的通知
永委办〔2013〕14号	关于开展“比学赶超促发展、求真务实抓落实”争创省工业强市活动的通知
永委办〔2013〕16号	关于印发永康市推行投资项目审批代办制实施方案的通知
永委办〔2013〕17号	关于2013年镇(街道、区)经济社会主要指标排序通报考核调整方案的通知
永委办〔2013〕18号	关于印发《2013年度“道德永康”建设重点工作》的通知
永委办〔2013〕21号	关于印发《永康市2013年普法依法治理工作要点》的通知
永委办〔2013〕25号	关于进一步加强党管人才工作的实施意见
永委办〔2013〕27号	关于印发《中共永康市委防范和处理邪教问题领导小组办公室2013年工作要点》的通知
永委办〔2013〕28号	关于加快引进创业创新领军团队和人才的实施意见
永委办〔2013〕31号	关于印发《2013年永康市人才工作要点》的通知
永委办〔2013〕35号	关于印发永康市“三改一拆”行动违法建筑拆除工作实施方案的通知
永委办〔2013〕37号	关于印发《永康市村级计生服务员岗位责任制考核办法及基本报酬发放的实施意见》的通知
永委办〔2013〕38号	关于印发《永康市2013年度镇(街道、区)人口和计划生育工作责任制考核办法》和《永康市2013年度城区属地单位人口和计划生育工作责任制考核办法》的通知
永委办〔2013〕39号	关于印发《永康市村级(社区)便民服务中心考核办法》的通知
永委办〔2013〕40号	关于开展涉企单位、涉企岗位民主评议活动的实施方案
永委办〔2013〕41号	关于印发《永康市涉密文件信息资料保密管理办法》的通知
永委办〔2013〕42号	关于在全市开展“十佳网格”和“优秀网格长”、“优秀网格服务管理员”评选活动的通知
永委办〔2013〕44号	关于坚决制止违规建墓行为的紧急通知
永委办〔2013〕45号	关于建立市领导联系重大项目制度的通知
永委办〔2013〕46号	关于进一步加强“违法用地、违法建设”查处工作的实施意见
永委办〔2013〕47号	关于印发2013年永康市实施全民科学素质行动计划纲要工作要点的通知
永委办〔2013〕48号	关于加快推进永康市广播电视有线网络整合发展工作的实施意见
永委办〔2013〕51号	关于严格控制党政机关工作人员外出学习参观考察的通知
永委办〔2013〕52号	关于“比学赶超促发展、求真务实抓落实”争创省工业强市活动二季度考核结果的通报
永委办〔2013〕53号	关于印发《2013年反腐倡廉建设组织领导与责任分工》的通知

永委办〔2013〕54 号	关于印发《永康市“正风提效抓落实”活动实施方案》的通知
永委办〔2013〕62 号	关于印发《永康市拔尖人才“5050 计划”选拔管理办法》的通知
永委办〔2013〕63 号	关于开展永康市拔尖人才“5050 计划”选拔工作的通知
永委办〔2013〕64 号	关于印发《永康市行政中心异常访应急处置流程》的通知
永委办〔2013〕66 号	关于印发永康市进一步深化行政审批制度改革工作实施方案的通知
永委办〔2013〕68 号	关于建立特殊利益群体联系制度的通知
永委办〔2013〕71 号	关于印发永康市重点建设项目百日攻坚活动实施方案的通知
永委办〔2013〕72 号	关于印发永康年鉴(2014 版)编纂工作意见的通知
永委办〔2013〕74 号	关于“比学赶超促发展、求真务实抓落实”争创省工业强市活动三季度考核结果的通报
永委办〔2013〕75 号	关于印发永康市基本侨情调查工作方案的通知
永委办〔2013〕84 号	关于印发永康市突发公共事件和热点问题舆论引导工作协调机制的通知
永委办〔2013〕85 号	印发《关于实行市级机关部门(单位)党政主要领导不直接分管财务、人事、工程建设、行政审批和物资采购工作的暂行规定》的通知
永委办〔2013〕87 号	关于印发《永康市行政中心非正常上访处置工作预案》的通知
永委办〔2013〕89 号	关于印发《市委、市政府领导联系高层次人才制度》的通知
永委办〔2013〕90 号	关于做好党的十八届三中全会精神宣讲工作的通知
永委办〔2013〕91 号	关于转发《中共永康市委宣传部关于加强网上舆论工作的意见》的通知
永委办发〔2013〕33 号	关于开展永康市行政事业单位国有企业资产清查工作的通知
永委办发〔2013〕34 号	关于实行市领导坐堂接访的通知
永委办发〔2013〕35 号	关于开展全市办公用房清理工作检查的通知
永委办发〔2013〕38 号	关于开展“二次出发、创新驱动,全面打造永康经济社会发展‘升级版’”工作思路调研活动的通知
永委办发〔2013〕39 号	关于开展永康市美丽乡村建设系列评选活动的通知
永委办发〔2013〕47 号	关于开展“2013 院士专家永康行”暨省农业机械学会协同创新活动的通知

2013 年永康市人民政府部分文件目录

文　号	标　题
永政〔2013〕1 号	关于 330 国道永康段改建工程涉及南溪饮用水源准保护区的有关意见
永政发〔2013〕1 号	关于确认永康市动物卫生监督所为市级行政执法主体的通知
永政发〔2013〕4 号	关于原则同意寺口方村整体搬迁的批复
永政发〔2013〕5 号	关于同意永康市西三环道路工程集体土地上房屋拆迁补偿方案的批复
永政发〔2013〕6 号	关于同意永康经济开发区中央服务区 2 号地块控制性详细规划的批复
永政发〔2013〕8 号	关于同意调整永康市表面精饰整合区用地性质的批复
永政发〔2013〕10 号	关于表彰 2012 年度永康市纳税百强和纳税优胜企业的决定
永政发〔2013〕12 号	关于同意公告永康市第六号基准地价的批复

永政发〔2013〕15号	关于调整全市最低工资标准的通知
永政发〔2013〕16号	关于发布实施永康市矿产资源规划(2011—2015)的通知
永政发〔2013〕21号	关于同意永康市金大塘一号、二号地块控制性详细规划调整方案的批复
永政发〔2013〕22号	关于同意局部调整经济开发区D-01-02、D-02、D-03地块控制性详细规划的批复
永政发〔2013〕23号	关于做好2013年粮食生产工作的通知
永政发〔2013〕29号	关于公布第十批重点安全事故隐患整改单位的通知
永政发〔2013〕44号	关于开展春季安全生产大检查的通知
永政发〔2013〕50号	关于开展征地拆迁阳光工程建设的实施意见
永政发〔2013〕51号	关于印发进一步推进市场提升发展意见的通知
永政发〔2013〕52号	关于公布第六批市级文保单位保护范围及建设控制地带的通知
永政发〔2013〕55号	关于扶持影视文化产业发展的暂行意见
永政发〔2013〕60号	关于进一步加强和改进统计工作的意见
永政发〔2013〕64号	关于批转永康市2013年义务教育(幼儿园)招生工作实施意见的通知
永政发〔2013〕66号	关于加强畜禽养殖病死动物无害化处理长效管理的实施意见
永政发〔2013〕86号	关于修改进一步推进现代农业发展意见的通知
永政发〔2013〕116号	关于开展五金博览会国庆节前后安全生产督查工作的通知
永政发〔2013〕124号	关于调整市政府领导分工的通知
永政发〔2013〕128号	关于永康市万士利布艺有限公司家居广场等2家2013年度政府挂牌重大火灾隐患单位摘牌销案的通知
永政通告〔2013〕1号	关于2013年春节期间城区烟花爆竹有限开禁和日常继续实行“双禁”的通告
永政复〔2013〕1号	关于对市人大社区卫生服务体系建设工作视察意见的回复

2013年永康市政府办公室部分文件目录

文　号	标　题
永政办发〔2013〕1号	关于做好2012年度应急管理总结评估工作的通知
永政办发〔2013〕3号	关于要求先对前仓镇荆州村迎春桥泄洪要求进行科学评估的批复
永政办发〔2013〕4号	关于召开全市今冬明春消防安全工作暨“除隐患、保安全”消防专项行动部署会的通知
永政办发〔2013〕6号	关于印发永康市地方税务局主要职责内设机构和人员编制规定的通知
永政办发〔2013〕7号	关于印发“除隐患、保安全”消防专项行动实施方案的通知
永政办发〔2013〕10号	转发市总工会关于开展评选表彰永康市劳动模范和模范集体工作意见的通知
永政办发〔2013〕11号	关于召开2013年全市春运暨“排堵保畅”工作会议的通知
永政办发〔2013〕14号	关于开展2013年国有建设用地供应计划编制工作的通知
永政办发〔2013〕16号	关于公布永康市2012年度十大种粮大户评选结果的通知

永政办发〔2013〕20 号	关于下达 2013 年垦造耕地任务的通知
永政办发〔2013〕26 号	关于印发永康市化工行业整治提升方案的通知
永政办发〔2013〕25 号	关于下达 2013 年粮食生产任务的通知
永政办发〔2013〕27 号	永康市人民政府办公室关于印发永康市清洁水源行动实施方案的通知
永政办发〔2013〕39 号	关于印发政府工作报告目标任务分解的通知
永政办发〔2013〕48 号	永康市人民政府办公室关于印发永康市清洁空气行动实施方案的通知
永政办发〔2013〕49 号	关于印发永康市关于促进电子商务发展若干政策暂行意见的通知
永政办发〔2013〕50 号	关于开展新一轮低收入农户调查认定工作的通知
永政办发〔2013〕51 号	关于下达“三改一拆”行动 2013 年违法建筑拆除任务的通知
永政办发〔2013〕55 号	关于实施道路交通排堵保畅常态化管理的通知
永政办发〔2013〕56 号	关于印发永康市政务公开和政务服务系统运行维护管理办法的通知
永政办发〔2013〕57 号	关于建立消防检查日工作制度的通知
永政办发〔2013〕58 号	关于印发永康市 2013 年地质灾害防治方案的通知
永政办发〔2013〕60 号	关于印发永康市服务业优秀企业评比暂行办法的通知
永政办发〔2013〕61 号	关于印发永康市服务业发展引导资金暂行管理办法的通知
永政办发〔2013〕63 号	关于印发永康市加强网上审批管理开展工商注册联合办理房地产登记联合办理和市重点工程建设项目同步办理工作方案的通知
永政办发〔2013〕64 号	关于印发永康市行政审批和行政服务一口子收费暂行办法的通知
永政办发〔2013〕67 号	关于印发永康市清理河道清洁乡村专项行动方案的通知
永政办发〔2013〕68 号	关于下达 2013 年固定资产投资和镇(街道、区)经济主要指标分解任务的通知
永政办发〔2013〕69 号	永康市人民政府办公室关于建立永康市部门统计工作联席会议制度的通知
永政办发〔2013〕71 号	关于永康市磐安引水和北部水库联网工程建设政策处理相关问题的若干意见
永政办发〔2013〕78 号	关于进一步加强无偿献血工作的通知
永政办发〔2013〕81 号	关于印发永康市化工产品经营布局规划与安全管理意见的通知
永政办发〔2013〕82 号	关于举行市政府教育发展顾问委员会委员聘任仪式暨第一次全体会议的通知
永政办发〔2013〕83 号	关于印发 2013 年度政府投资项目计划的通知
永政办发〔2013〕84 号	关于印发永康市重大建设项目前期工作暂行管理办法的通知
永政办发〔2013〕88 号	关于组织开展 2013 年“文化遗产日”系列活动的通知
永政办发〔2013〕89 号	关于批转永康市“十二五”中后期(2013—2015 年)非物质文化遗产保护规划的通知
永政办发〔2013〕90 号	关于印发永康市电镀行业长效管理办法的通知
永政办发〔2013〕92 号	关于印发永康市大面积停电应急联合演练总体方案的通知
永政办发〔2013〕98 号	关于印发永康市食品安全网格化建设工作实施方案的通知
永政办发〔2013〕100 号	关于组织开展全市安全生产大排查大整治专项行动的通知

永政办发〔2013〕103 号　关于印发永康市工程建设项目施工招标评标定标办法的通知
永政办发〔2013〕104 号　关于印发永康市工程建设项目招标投标管理办法的通知
永政办发〔2013〕107 号　关于印发永康市 2013 年主要污染物总量减排计划的通知
永政办发〔2013〕108 号　关于印发永康市首批公共租赁住房租赁管理实施细则的通知
永政办发〔2013〕109 号　关于做好 2013 年气象灾害防御工作的通知
永政办发〔2013〕110 号　关于印发永康市鼓励和促进民办博物馆发展意见的通知
永政办发〔2013〕111 号　关于做好强降雨天气防范工作的紧急通知
永政办发〔2013〕115 号　关于召开全市消防安全和禁毒工作会议的通知
永政办发〔2013〕122 号　关于转发浙江省“三改一拆”行动违法建筑处理实施意见的通知
永政办发〔2013〕125 号　关于进一步加强固定资产投资统计工作的通知
永政办发〔2013〕127 号　关于印发永康市物业管理办法(试行)的通知
永政办发〔2013〕128 号　关于印发永康市“158”碧水蓝天工程实施方案的通知
永政办发〔2013〕129 号　关于印发永康市机动车排气污染防治实施方案的通知
永政办发〔2013〕130 号　关于印发永康市个体工商户转型升级为企业工作实施细则的通知
永政办发〔2013〕131 号　关于印发永商创业创新信息库建设实施方案的通知
永政办发〔2013〕132 号　关于印发政银企互动系列活动总体方案的通知
永政办发〔2013〕133 号　关于切实做好高温天气应对工作的紧急通知
永政办发〔2013〕134 号　关于印发对口帮扶四川省甘孜藏族自治州泸定县工作实施方案的通知
永政办发〔2013〕135 号　关于印发永康市重点建设项目档案专项验收办法的通知
永政办发〔2013〕136 号　关于召开全市工业口贯彻落实全会精神工作会议的通知
永政办发〔2013〕137 号　关于成立 330 国道永康段改建工程建设指挥部的通知
永政办发〔2013〕138 号　关于印发永康市河道保洁实施方案的通知
永政办发〔2013〕140 号　2013 年度垦造耕地任务完成情况通报
永政办发〔2013〕143 号　关于建立永康市涉外管理部门协作机制的通知
永政办发〔2013〕145 号　关于印发永康市道路交通事故社会救助基金管理暂行办法的通知
永政办发〔2013〕146 号　关于公布永康市第一批湿地保护名录的通知
永政办发〔2013〕149 号　关于印发永康市全民健身器材管理办法的通知
永政办发〔2013〕150 号　关于加强行政调解工作的意见
永政办发〔2013〕151 号　关于调整土地整治有关政策的通知
永政办发〔2013〕152 号　关于印发永康市支持小微工业企业规范升级实施细则的通知
永政办发〔2013〕155 号　关于批转永康市建设施工企业从业人员参加工伤保险实施办法的通知
永政办发〔2013〕156 号　关于印发东永一线永康段户外广告整治工作方案的通知
永政办发〔2013〕157 号　关于印发永康市支持小微工业企业规范升级专项行动工作方案的通知
永政办发〔2013〕159 号　关于公开选调事业身份工作人员的通知
永政办发〔2013〕162 号　关于印发永康市政府投资项目并联审批实施办法(暂行)的通知
永政办发〔2013〕164 号　关于印发开展国家免费孕前优生健康检查项目工作实施意见的通知
永政办发〔2013〕166 号　关于开展行政审批项目清理工作的通知
永政办发〔2013〕169 号　关于印发方岩风景区创建国家 AAAA 级旅游景区实施方案的通知

永政办发〔2013〕170号	关于印发永康市雷电灾害应急救援预案的通知
永政办发〔2013〕171号	关于印发永康市符合安排工作条件退役士兵安置办法的通知
永政办发〔2013〕172号	关于建立永康市行政调解联席会议制度的通知
永政办发〔2013〕173号	关于加强行政机关合同管理工作的意见
永政办发〔2013〕179号	关于开展全市畜禽养殖情况普查工作的通知
永政办发〔2013〕180号	关于印发永康市当前政府信息公开重点工作任务分解的通知
永政办发〔2013〕184号	关于实行行政规范性文件"三统一"制度的通知
永政办发〔2013〕187号	关于推进商贸企业升级发展的通知
永政办发〔2013〕192号	关于印发永康市开展调整城镇土地使用税政策促进土地集约节约利用试点工作实施方案的通知
永政办发〔2013〕193号	关于印发永康市企业环保排查专项行动实施方案的通知
永政办发〔2013〕199号	关于印发加快推进"数字永康"地理信息公共平台推广应用实施意见的通知
永政办发〔2013〕212号	关于召开信息化和工业化深度融合宣讲会的通知
永政办发〔2013〕215号	关于印发低效厂房改造审批、验收和奖励实施细则的通知
永政办发〔2013〕216号	关于印发永康市创建浙江省教育现代化市实施方案的通知
永政办发〔2013〕217号	关于印发永康市太平水库和三渡溪水库放水预警方案(试行)的通知
永政办督〔2013〕5号	今年前6月群众来信市长批示落实情况通报

文件选载

中共永康市委　永康市人民政府关于进一步促进工业经济发展的若干意见

为认真贯彻落实市委十三届四次全体(扩大)会议暨市政府十六届三次全体会议精神,深入实施"工业强市"战略,加快产业结构调整和优化升级,努力打造我市工业经济升级版,经市委、市政府研究,对工业经济政策修订完善如下:

一、鼓励引导企业做大做强

(一)深入推进"3510"工程

对2015年前年销售收入达到100亿元且税收达到3亿元的"航母之星"工业企业、年销售收入达到50亿元且税收达到1.5亿元的"航母"工业企业、年销售收入达到20亿元且税收达到0.6亿元的"巨人"工业企业,由市委市政府给予表彰,并分别奖励1 000万元、500万元、200万元。

(二)深入推进"双百"工程

按照五金八大行业进行分行业排序,对年度工业税收排名首位的企业,由市政府授予"行业龙头企业"称号,并各奖励5万元。按照工业性投入进行排序,对排名前十位的企业,由市政府授予“工业投入十强企业”称号，并各奖励5万元。

（三）深入推进“中小企业培育”工程

1. 对首次年销售收入达到0.2亿元、1亿元、5亿元、10亿元的企业，由市政府给予表彰，并分别奖励5万元、10万元、15万元、20万元。

2. 对获得“中小企业培育”工程表彰奖励，且年销售增幅20%以上，工业税收增幅高于全市平均水平的企业，在上述奖励的基础上，各档企业再分别奖励3万元、5万元、7万元、10万元。

（四）积极鼓励企业发债融资

对通过发行企业债券，短期融资券和中期票据等方式一次性融资5亿元以上，且工业税收增幅高于全市平均水平的工业企业，奖励20万元。

（五）加大资源配置倾斜力度

对获得“3510”、“双百”等表彰奖励，或在“纳税双百”企业中工业亩产税收考核前30名的企业，在土地资源、金融信贷等要素配置方面给予重点倾斜，并在财政性资金、人才政策等方面实行“一企一策”扶持。

二、加大企业开展“机器换人”等技改投入创新的扶持

（一）鼓励企业加大技改投入

1. 技术改造项目经市经信局或上级部门核准、备案登记，总投资500万元以上(其中设备投入不少于40%)，且实施企业上年度工业税收超过30万元的，按照实际到位设备和增值税发票，对国际先进进口设备奖励10%、国产高档设备奖励6%、国产通用设备、专用设备及配套模具奖励4%。(受奖励设备均为新设备，且单台价值须在2万元以上，其中国产高档设备的单台价值须在50万元以上，模具的单位价值须在5万元以上)

2. 对一次性设备投入1 000万元(含)以上的技术改造项目，在上述奖励基础上，再提高四个百分点给予奖励。

3. 对企业自制单位价值5万元以上的成台套自动化设备、2万元以上的货架(类比市场同类型号设备单价)，按照4%的标准给予奖励。

4. 投资额在1亿元以上(设备投入不少于40%)的技术改造项目，给予5万元的项目立项奖励。

5. 对经立项的模具企业技术改造项目(尚不具备技术改造立项条件的，可挂靠模具行业协会立项)，金额奖励该企业年度新增税收的地方留存部分。

6. 对采用先进技术改造主要耗能工艺和设备，以及研发应用节能、节水，节材、资源综合利用的新技术、新工艺、新设备的工业循环经济项目，设备投资额20万元以上的，给予目录内设备15%的奖励，最高不超过150万元。

7. 新供地工业项目的设备投入参照以上技术改造项目的奖励标准执行。

（二）设备购置增值税抵扣额纳入考核统计

对经审批的技术改造项目，设备购置的增值税抵扣额计入企业工业税收、亩产税收等年度考核统计。

（三）开展技改投入创新评优活动

对年度设备投入1 000万元(含)以上的技术改造项目，按照设备投入60%、用工替换率

20%、税收贡献度20%的权重进行评选:排名前三位的,分别奖励50万元、40万元、30万元。

三、加大企业科技创新扶持力度

(一)扶持科技创新载体建设

1. 对首次被认定为国家级、省级工程技术研究中心的企业,分别奖励200万元和50万元。对首次被认定为国家级重点实验室的企业,奖励100万元。

2. 对首次被认定为国家级、省级企业技术中心,高新技术研发中心(企业技术中心、高新技术研发中心两项只奖一项)的企业,分别奖励50万元和20万元。

(二)扶持创新性和高新技术型企业创建

1. 对首次被认定为国家火炬计划重点高新技术企业,高新技术企业的,各奖励20万元。

2. 对首次被认定为省级科技型企业(省农业科技型企业)的,奖励10万元。

3. 对首次被认定为省级创新型试点企业和示范企业的,分别奖励10万元和20万元。

(三)扶持科技项目和高新技术产业化项目

1. 对科学技术研究计划项目(包括国家科技攻关计划、重大,重点和一般省科研计划)、科技型中小企业技术创新基金(资金)项目、高新技术开发应用项目以及重点新产品,重点星火计划项目等,按上级资助额给予50%的配套奖励,单个项止配套奖励总额最高不超过100万元。

2. 对首次被认定为国家级、省级高新技术产品或高新技术产业项目的,分别奖励10万元和3万元。对企业与大专院校、科研机构进行技术合作或引进高新技术成果的,按照所支付合作费或技术转让费的20%给予补助,最高不超过30万元。

(四)加大对关键共性技术攻关项目的扶持

对国家级和省级技术创新项目、应对技术性贸易壁垒技术攻关项目、高新技术开发应用及计划项目等,按照上级补助给予50%配套奖励。对经立项验收的关键共性技术攻关科技计划项目,视实际投入研发费用给予15%的补助。上述两项补助最高均不超过30万元。

(五)鼓励新产品和新技术开发

1. 对被列入国家级和省级的各种科研计划、星火计划、软科学计划、火炬计划、科技成果推广计划、新产品开发项目,经费全部自筹的,在鉴定(验收)后分别给予国家级、省级项目补助20万元和5万元。

2. 对被认定为国家级、省级高新技术产品或优秀工业新产品的,分别奖励10万元和3万元。对获得国家级、省级装备制造业重点领域首台(套)产品,优秀工业新产品新技术、提高工艺水平奖励的,按照上级奖励50%给予配套奖励,单家企业最高不超过50万元。

3. 对获得"金圆规奖"、"IF设计奖"、"红点奖"、"中国设计红星奖"等工业设计大赛一等奖(金奖)、二等奖(银奖)、三等奖(铜奖)的参赛企业,分别奖励30万元、20万元、10万元。对获得"五金杯"中国五金工业设计大赛或其他国际国内知名设计大赛奖项的,按获得大赛奖金额给予全额的配套奖励。

(六)鼓励企业专利申请

同一专利在国外获得授权的,奖励4万元。购买国外发明专利并产业化的,按照购买费用的50%给予补助,单项专利最高补助不超过5万元。国内发明专利每项奖励1万元,实用新型专利每项奖励0.15万元,外观设计专利每项奖励0.1万元。对被评为国家级、省级专利示范企业(省自主知识产权优势中小企业)的，分别奖励10万元和5万元。对专利授权当年实施，实现年销售收入超5 000万元的，评选一等奖2名，二等奖3名、三等奖5名，分别奖励5万元、3万元、2万元；专利产品年销售收入超5亿元的，评选特别奖1名，奖励10万元。在省外(含国外)的专利诉讼中胜诉的。按实际支付诉讼费的30%给予补助，最高不超过10万元。

四、鼓励企业拓展市场

(一) 支持企业扩大进出口

1. 对年出口实现同比增长且出口额达300万美元以上(含)的生产企业，以上年度出口实绩为基数，超基数部分奖励0.04元/美元；对年出口实现同比增长且出口额达1 000万美元以上(含)的流通企业，以上年度收购当地产品出口实绩为基数，收购当地产品超基数部分奖励0.03元/美元。

2. 对年进口(一般贸易)6 000万美元以上的企业，由市政府授予自营进口先进企业称号，并对年进口(一般贸易)6 000万美元、1亿美元、2亿美元，5亿美元以上的企业分别奖励20万元、30万元、50万元、100万元。

3. 对外贸流通企业年出口额达6 000万美元以上、生产企业年出口额达4 000万美元以上的，由市政府授予"自营出口先进企业"称号，并奖励10万元。对年出口额达1亿美元以上的企业，由市政府授予"自营出口特别奖"，并奖励20万元。

4. 对高新技术产品或农产品年出口额达100万美元以上的生产企业，奖励5万元。

5. 对年加工贸易进口额达100万美元以上的企业，按照进口额给予0.02元/美元的奖励。

6. 外贸流通企业收购本市以外产品部分不计入出口计奖总额。本市以外产品收购额超过年销售收入30%的，不享受上述相关奖励政策。

(二) 支持企业境内外参展

1. 对市政府组织参展或认可的境外展会，给予参展企业每个展(摊)位1万元的补助，单家企业年度最高补助不超过8万元。对市政府组织开拓国际新兴市场的展会，展(摊)位费实行全额补助(每个参展企业同一市场只能享受1个展(摊)会全额补助，全年最多享受2个展(摊)位补助)。对东盟博览会、上海华交会、宁波消博会等国内展会，给予参展企业每个展(摊)位补助0.3万元。

2. 上年度自营出口500万美元(含)以上，且未分配到广交会展(摊)位的生产企业，若联营参展广交会，给予每个展(摊)位补助2万元；若外购展(摊)位参展，给予每个展(摊)位补助1.5万元，每届广交会单家企业仅限于1个展(摊)位补助。

(三) 支持企业开展出口信用保险业务

对上年度自营出口额在200万美元以内的企业，全额补助出口信用保险的保费。对自营出口额超过200万美元的企业，按照实际支付出口信用保险保费的40%给予补助。

(四) 支持企业应诉"两反一保"

对反倾销，反补贴、"337"调查、贸易壁垒等方面的应诉企业，按照实际支付诉讼费的50%给予补助，单家企业同一宗案件诉讼费补助最高不超过50万元，二家以上的企业应诉同一宗案件诉讼费补助最高不超过100万元。

(五) 支持企业属地报关

对本市注册企业，属地报关业务每票奖励20元。对属地报关进出口额达到60万美元以上的，按照进出口额分别奖励生产企业、流通企业0.3分/美元、0.2分/美元(以海关统计为准)，单家企业最高奖励不超过40万元。

(六) 支持企业境外项目投资

对在境外投资设立企业，且一年内出口实绩达200万美元以上的，按照实际投资额100万美元以上、300万美元以上、500万美元以上分别奖励10万元、20万元、30万元。

(七) 支持创建国家级特色产业基地

1. 对在争创国家级行业特色区域称号中作出较大贡献，且年销售收入、税收增长幅度均在50%以上的龙头骨干企业，实缴税款的地方留成部分第一年全额奖励，第二年奖励50%，第三年奖励30%。

2. 对在首次争创国家级出口、生产基地或质量安全示范区称号中发挥主导作用的部门和单位，由市政府给予通报表彰，并奖励工作经费30万元。

(八) 鼓励拓展进出口运输业务

对本市注册的国际物流企业在属地办理进出口货物运输，且每年标准集装箱规模达2 000(含)只，4 000(不含)只以上的，分别奖励每只标箱10元和20元(以海关统计为准)。

(九) 鼓励办理提(运)箱业务

对本市注册的运输企业成立集装箱运输车队，并经申请批准为海关监管车辆并主要办理属地业务的，每辆集装箱拖(卡)车奖励1万元。对船务公司在本市开办提、运箱业务，并在永康国际物流中心提(运)箱每年达到500(含)只、1 000(不含)只、2 000(不含)只以上的，分别奖励每只标箱20元、30元、40元(以国际物流中心统计为准)。

五、积极推进"标准化、品牌、质量强市"三大战略

(一) 鼓励企业参与标准制定

1. 对主导制修订国家标准、行业标准、省地方标准的企业，按照每项标准分别奖励30万元，20万元，10万元。对参与制修订国家标准、行业标准、省地方标准的企业，按照每项标准分别奖励5万元、4万元、3万元。(注：主导制修订国家、行业、地方标准是指除国家级研究院所外，企业排在标准文本"前言"所列起草单位首位)

2. 对全国专业标准化技术委员会、分技术委员会和工作组及省级标准化技术委员会秘书处挂靠的企业，奖励15万元。对制订联盟标准并组织实施，且成效显著的企业，奖励10万元。对获得国家标准创新贡献一、二、三等奖的企业，分别奖励20万元、10万元、5万元。对年度获得浙江省标准创新奖的企业，奖励5万元，对获得AAAA级(国家级)、AAA级(省级)标准化良好行为奖的企业，分别奖励16万元、8万元。

(二) 鼓励开展国际标准认证

对开展质量、环境、安全等国际管理体系认证和各类出口产品国际标准认证的，按照企业实际支出费用的50%给予奖励，每个认证奖励最高不超过1万元，单家企业年度奖励最高10万元。

(三) 打造"永康五金"区域国际品牌

在中央电视台等国家级媒体和凤凰卫视等知名媒体做产品宣传推广，且规范使用"永康五

金”标识的，按照合同约定支付广告费的10%给予补助，单家企业年度补助金额最高50万元。

（四）鼓励开展品牌商标创建

1. 对首次获得中国名牌、中国驰名商标（不含司法程序认定）的企业，各奖励100万元。对已获得中国名牌、中国驰名商标（不含司法程序认定）的企业，其他产品系列又获得同一荣誉的（不含司法程序认定），每个产品系列各奖励10万元。

2. 对首次获得浙江省名牌产品、浙江省著名商标、浙江知名商号的企业，各奖励20万元。对已获得浙江省名牌产品、浙江省著名商标的企业，其他产品系列又获得同一荣誉的，每个产品系列各奖励5万元。

3. 对获得省出口名牌的企业，每个品牌奖励10万元；对企业收购境外国际知名品牌，且经工商行政部门认定的，按每个品牌实际支付收购额的50%给予补助，单家企业最高不超过50万元。

4. 对企业境外注册商标的，每件最高奖励人民币1万元。按马德里协定办理注册且一次性五个国家（地区）以上，或办理欧盟商标注册的，每件最高奖励5万元。

（五）推进“质量强市”创建

1. 对首次获得国家级、省级“守合同重信用”的企业，分别奖励50万元和5万元。

2. 对获得永康市政府质量奖的企业，奖励60万元。对获得浙江省政府质量奖、金华市政府质量奖的企业，按获得上级奖金额给予50%的配套奖励，单家企业年度配套奖励最高不超过60万元。

3. 对获得出口免验产品荣誉的企业，奖励50万元。对已获得出口免验产品荣誉的企业，获得免验扩项的，每项奖励5万元。

4. 对首次通过中国合格评定国家认可委员会CNAS认可的企业实验室，奖励20万元。对首次获得省检验检疫局认可社会实验室资格的企业实验室，奖励5万元。

5. 对新获得检验检疫绿色通道、检验检疫出口工业品一类管理资格、出口商品质量许可证的企业，分别奖励2万元、1万元、1万元。

（六）推进行业协会建设

对新升格为国家级、省级行业协会的，分别奖励20万元和10万元。

六、加快推进“两化融合”工程

（一）鼓励企业信息化建设

对经市经信局或上级部门立项的信息化项目，总投资达50万元以上的，验收后按照企业实际的软、硬件投入分别给予10%、6%的补助，单家企业最高不超过50万元。对国家级、省级的企业信息化项目、电子信息产业发展项目，按照上级补助50%给予配套奖励。

（二）推进信息化示范工程

对被认定为国家级“两化”融合示范或试点企业的，按获得的资金补助额给予全额配套补助；对被认定为省级“两化”融合示范或试点企业的，按获得资金补助额的50%给予配套补助。

（三）扶持信息服务业发展

对注册资金50万元（含）以上，专业人才10人以上，专业从事工业嵌入式软件开发应用等业务，且当年税收地方留存部分达 20 万元(含)的软件和信息服务公司，奖励 20 万元。

(四) 鼓励企业精细化管理

对服务合同经市经信局备案，企业年度新增税收 15%以上且财务制度健全的，通过验收和评审后，按合同规定的咨询服务费 30%予以奖励，单家企业最高奖励不超过 20 万元。

七、进一步优化工业发展环境

(一) 切实减轻企业负担

按照“依法合规、能减则减、能免则免、快速高效”的原则，明确下列行政事业性费用在现行标准基础上暂行减半收费：市国土局的报名费、工本费，公证处的公证费；市发改局(代收)的水土流失费；市气象局的防雷技术评价费和跟踪检测费；市建设局下属房管会的测绘费、白蚁防治费，安全押金、措施费；市规划局下属测绘院的定桩放样费、工业企业厂房竣工验收费；市经信局的墙改费、散装水泥费。

(二) 防范和化解企业资金链风险

1. 调整完善应急专项资金使用管理办法。工业企业应急专项资金管理委员会办公室改设市金融办。为支持帮助工业企业防范和化解资金链风险，由市金融办牵头，按照“安全、规范、高效”的原则，调整完善《永康市支持工业企业应急专项资金管理办法》，提高资金使用效率，扩大受益面，切实发挥专项资金“应急”的功能和作用。

2. 增加工业企业应急专项资金规模。为加大对企业资金链风险的防范和化解能力，新增工监企业应急专项资金 1 亿元。

(三) 强化管理考核

1. 工业发展资金管理使用领导小组(市长、分管工业副市长分别担任组长、副组长，领导小组办公室设市府办)要进一步建立和完善协调推进机制，切实加强资金的管理和使用。市府办具体负责工业经济的考核评比、奖励兑现等的牵头协调工作。

2. “3510”、“双百”、“中小企业培育”等工程的考核以市经信局为主，市发改局、市统计局、市财政(地税)局、市国税局等部门配合；发债融资的考核以市金融办为主，人行永康支行、银监办，市财政(地税)局等部门配合。“技术改造”、“机器换人”评优、“两化”融合的考核以市经信局为主，市发改局、市财政(地税)局、市国税局等部门配合。“科技创新”的考核以市科技局为主，市经信局、市财政(地税)局配合。拓展市场的考核以市商务局为主，市发改局、市财政(地税)局、市国税局、海关永康办事处、商检永康办事处、经济开发区等单位配合。“标准化、品牌、质量强市”三大战略的考核以市质监局、市工商局为主，市经信局、市财政(地税)局、市商务局、海关永康办事处、商检永康办事处等单位配合。

八、附则

(一) 本政策意见自 2013 年 1 月 1 日起执行，永委〔2011〕5 号、永委办〔2012〕10 号、永政办发〔2012〕120 号文件停止执行。

(二) 各类奖励与我市其他政策重复的，按照“就高不就低”原则执行，不再重复计奖。

(三) 本文件由市工业强市领导小组负责解释。

2013 年 8 月 27 日

■ 永康市人民政府
关于进一步推进现代农业发展的若干意见

为提升农业综合生产能力、市场竞争力和可持续发展能力，促进优质、安全、生态、高效农业发展，推进农业品牌建设，加快农业两区(现代农业园区和粮食生产功能区)一中心(基层农业公共服务中心)建设步伐，现就进一步推进我市现代农业发展提出如下意见：

一、推进农业集约发展

(一)加快现代农业园区建设

根据《永康市人民政府关于加快推进现代农业园区建设的若干意见》(永政〔2011〕2号)精神，集聚产业发展要素，完善生产配套设施，整合相关资金、资源，重点扶持现代农业园区农业基础设施建设。主要农业项目资金要用于扶持现代农业园区建设。

(二)推进农村土地承包经营权流转

加大农业两区土地流转扶持力度，对农业两区内土地整村流转(全村所流转面积达到或超过耕地总面积的90%)的，在永政〔2009〕4号文件奖励的基础上，对该行政村新增流转面积以项目形式给予每公顷600元奖励。其他按照市政府相关政策执行。

(三)发展地方特色优势农业

对地方特色优势农业(指在生产销售中发展良好、带动当地农民增收效果显著的农业产业)实行项目扶持，扶持内容主要为：优质种子种苗工程、标准化示范基地建设、现代设施建设工程、技术攻关及品种改良工程、创品牌工程、产品精深加工、产品营销市场开拓等。

二、改善农业生产条件

(一)扶持农业基础设施建设

1. 土地整理后，农田引排水配套工程、农田机耕路衔接工程、机电排灌配套工程，以项目形式申报，补贴额度为投资额的60%～80%。

2. 农用机耕路建设：对连片3.33公顷以上的种养业基地修建机耕路，采取“以奖代补”形式补贴，标准按工程量补贴40～60元/米。

3. 旱坡地蓄水池建设：新建5立方米以上砼的蓄水池，补贴1 000元/口；节水灌溉面积6.67公顷以上，补助投资额的50%。

4. 土地开发整理复垦按相关奖励政策执行。

(二)建设生态型标准化鱼塘

列入浙江省百万亩生态型水产养殖塘标准化示范建设项目的，根据浙江省海洋与渔业局和浙江省财政厅联合下发的《浙江省百万亩生态水产养殖塘标准化建设项目和资金管理办法》(浙海渔计〔2006〕119号)相关规定，1∶1给予资金配套。对1.33公顷以上养殖塘进行生态型标准鱼塘建设的，以项目形式进行支持。

（三）发展村级集体经济

加强农村集体资金、资产、资源管理，扶持农村集体资金、资产、资源网络监管系统建设，推进村务公开和民主管理，发展壮大村级集体经济。

（四）农机化奖励及农机购置补贴

1. 创建"农机化"示范镇（街道、区），配套奖励3万元；创建"农机化"示范村，配套奖励1万元；创建"农机化"示范户，配套奖励1 000元。

2. 本市户籍农户和直接从事农机作业的农业生产经营组织，购买补贴机具按浙江省农业机械购置补贴有关规定实行补贴。农机服务（粮食生产）专业合作社购买机械式秧盘播种成套设备每套追加补贴4 000元，水稻机插育秧硬盘每只补贴2元，烘干机配套的热风炉20型补贴1.5万元、40型补贴2万元。凡本市籍拖拉机（手扶拖拉机、轮拉机、履带式拖拉机和拖拉机运输机组）按规定办理报废手续的，均可享受报废经济补偿。拖拉机报废按照种类和功率大小实行定额补偿，具体补偿标准为：14.7千瓦以下的1 500元/台，14.7千瓦（含）以上的3 500元/台。纯农田作业拖拉机在2012年6月30日以前已达到报废条件但未办理注册登记的，可凭村和镇（街道、区）权属证明申请报废经济补偿。

（五）发展设施农业

建立水果避雨钢架大棚，以村或合作社为单位连片3.33公顷以上，大户为单位连片1公顷以上，补贴3万元/公顷。养蚕用钢架大棚或连片0.67公顷以上的单体钢架标准大棚，补贴9万元/公顷。建成连栋设施大棚0.4公顷以上的，视配置情况给予如下补贴：建成连栋钢架大棚并配套防虫网和手动传动卷膜机构的，补贴30元/平方米；配套建成外遮阳设施的，补贴10元/平方米。

以行政村或合作社为单位，连片推广水果套袋3.33公顷以上，每公顷补助2 250元；集中推广当年浙江省农机购置补贴产品目录内的太阳能杀虫灯150盏（有效杀虫面积13.33公顷）以上，按购置价的40%给予补助（含省农机补贴），单机最高限补1 000元，购买补助程序按农机购置补贴流程办理。

（六）扶持农业灾后重建

对农业龙头企业、农民专业合作社、规范化规模养殖场、标准化基地（指无公害、绿色、有机农产品基地），因遭受不可抗拒的灾害性天气影响造成重大农业损失，进行灾后重建的，给予优先立项，立项时间不受限制。

三、鼓励农业科技创新

（一）推进农业标准化

1. 鼓励和扶持农业生产主体推行农产品标准化生产，促进农产品质量优化。经主管部门推荐，对具有自主品牌和生产技术标准，年产值在30万元或认证规模在6.67公顷以上的农产品，通过绿色食品、农产品地理标志认证的，给予2万元奖励。通过质量安全认证（QS）、有机农产品、森林食品、无公害农产品认证的，给予2万元奖励。对同一个基地认证两个以上无公害农产品、绿色食品，有机农产品的，从第二个起，每个产品奖励5 000元。期满后复评合格的，绿色食品每个基地奖励1万元、其他奖励2 000元。

2. 鼓励有关单位针对我市特色农产品研究制定相应农业标准，经我市标准规范主管部门颁布实施的，每个奖励2万元；经省级标准规范主管部门颁布实施的，每个奖励10万元。农业企业、农民专业合作社研究制定并实施高于国家和行业标准的企业或联盟标准，经农业和标准规范主管部门认定的，每个奖励2万元。

3. 按照有管理制度、有专门人员、有生产记录、有质量检测、有产品标识的“五有”要求，对获得省级产地准出规范化管理示范单位的，给予5万元奖励。对规范运行的镇(街道、区)农产品质量检测室根据考核情况每年给予1～3万元补助。

(二) 推进行业创新

鼓励有实际示范推广作用的农业技术和水稻—药材、水稻—食用菌、稻田养鱼等“千斤粮万元钱”农作制度模式创新应用。

对年度内在农业新技术、新品种引种、示范、推广和市场开拓等方面有所创新、成绩突出、对农业产业化贡献大的农业科技人员，每年评选10名予以奖励。

(三) 加强信息化建设

加大投入力度，加强浙江农民信箱、永康农业信息网、农产品网络销售、农民之家以及镇、村农业信息网络建设和推广应用。

四、培育现代农业主体

(一) 对晋级为省、金华市、永康市级农业龙头企业的，当年分别给予10万元、3万元、1万元的奖励。部门评定的龙头企业降一档次奖励。

(二) 对晋级为金华市星级示范性合作社的，一星级奖励0.5万元、二星级奖励1万元、三星级奖励2万元；晋级为省级示范性合作社的，奖励5万元。

(三) 对畜牧规模养殖场获星级评定的，按二星级以下1万元、三星级2万元、四星级5万元、五星级10万元予以奖励。此项奖励以项目形式申报，在验收评级后实施。

(四) 工商业主参与农业开发，享受相关农业扶持政策的同时，对于投资农业基础设施建设、新农业技术或品种开发、高新农业基地建设、农产品精深加工，年度内投资200万元以上的，给予投资额1%的奖励。

(五) 在永康市内种粮、种菜达到规模以上的农户，可以参加我市城镇职工基本养老、基本医疗等社会保险并享受相应待遇(规模标准及操作程序另行制定)。

(六) 对具有全日制普通高校专科以上学历，年龄35周岁以下，在本市牵头兴办农民专业合作社并担任理事长，被市农业主管部门认定为规范化农民专业合作社的；在市内签订5年以上规范化土地流转合同专职从事现代农业创业，并达到一定规模的；到金华市星级以上的本市农民专业合作社就业，签订三年(含)以上劳动合同，年基本报酬2万元以上，办理相应社会保险，人员到岗的大学生或当年辞职投身农业的在职大学生村官，经农业、人事劳动部门审核认定，三年内每月给予1 000元补助(大学生村官每月补助1 200元)，规模标准及操作程序另行制定。大学生村官领衔发展的农业项目，优先予以立项扶持。

(七) 实行农业贷款财政专项贴息，农业龙头企业、农民专业合作社及重点农业经营大户当年新投入在种植业、养殖业、农副产品加工业等产业的农业贷款，实行贴息扶持。

五、强化农业品牌培育

经主管部门组织或推荐：

（一）在国家、省、金华市级政府组织开展的综合性农业展会评选中首次获金奖的，分别给予参评单位或个人3万元、2万元、1万元的奖励，获银奖、优质奖的分别给予2万元、1万元、0.5万元的奖励；在国家、省级、金华市政府（或部门）组织开展的单项农产品评比中首次获金奖的，分别给予参评单位或个人2万元、1万元、0.5万元的奖励，获银奖、优质奖的分别给予1万元、0.5万元、0.3万元的奖励；继续荣获同级别奖励、推广面积大、效益显著的，按上述标准减半给予奖励。同系列产品只能奖励一种，同一产品三年内不重复奖励。

（二）在享受市政府创牌奖励政策的同时，获国家驰名商标或名牌产品的，再给予创牌者10万元奖励；获省级著名商标、知名商号或名牌产品（名牌农产品）的，给予5万元奖励；获金华市级著名商标、知名商号或名牌产品的，给予3万元奖励。

（三）获国家、省、金华市农（林）业特色镇（产品之乡）荣誉称号的，分别给予8万元、4万元、2万元奖励；获得特色村（示范场）称号的，分别给予2万元、1万元、0.5万元奖励。创建省级兴林富民示范村、省级绿化示范村的，配套奖励1万元。

（四）新创浙江农业吉尼斯纪录的获奖者，奖励2万元。

（五）获国家知识产权登记的，在享受有关科技奖励的同时，给予1∶1配套奖励。

（六）经主管部门组织或推荐，参加市级以上政府或部门举办的农产品展销会和农业博览会、森博会、苗交会展销的，给予国内展位费的全额补助，国外展位费的60%补助，单次补助不超过2万元。

六、发展生态循环农业

（一）大力推广节地、节水、节肥、节能和循环农业技术，促进农业废弃物、排泄物的资源化利用，积极改善农业生产生活环境。鼓励稻田稻草种菇、桑园桑枝条种菇、葡萄园葡萄枝种菇等农作物秸秆利用种植模式的示范推广。鼓励创建省级生态循环农业示范区、示范企业，对通过认定的省级生态循环农业示范区、示范企业分别给予10万元、5万元奖励。

（二）实施沃土工程

1. 绿肥种植补贴：对农田连片种植紫云英6.67公顷以上、黑麦草、马铃薯3.33公顷以上、蚕豌豆2公顷以上等绿肥作物，按实际面积补贴，每公顷补贴300元。对连片33.33公顷以上的示范基地，补贴磷肥、除草剂150元/公顷。

2. 测土配方施肥补贴：连片种植水稻20公顷以上，水果、蔬菜、桑叶、茶叶6.67公顷以上的示范基地，应用测土配方施肥技术，发放配方施肥建议卡，提高科学施肥水平并经考核合格者，补贴配方肥料费450元/公顷。

3. 沼液利用补贴：对建造贮液池、铺设输送管网、购置沼液输送泵、沼液运输槽罐车用于提高农田肥力的，以项目形式申请补贴。

4. 商品有机肥使用补贴：以村或合作社为单位使用商品有机肥10吨以上，每吨补助200元（补助操作程序另行制定）。

（三）发展蚕桑产业

扶持蚕桑产业发展，促进生态环境改善。新发展、改造老桑园0.33公顷以上，给予桑苗补贴0.2元/株；普通蚕种补贴30元/张，雄蚕、彩色茧等新型蚕种补贴50元/张；建设桑园节水灌溉设施连片面积达到3.33公顷以上的，优先给予项目立项。对蚕桑重点技术推广、蚕茧收烘、生产加工技术改进、蚕茧创牌工程建设、蚕桑新产品开发等项目实行补贴。

七、家庭农场与农民专业合作社享受同样的优惠政策

八、项目申报和资金管理

（一）项目申报

1. 建立农业项目储备库制度。农业扶持项目坚持自主申报、严格审定、从储备库中择优立项的原则，必须有责任农技员参与（加工类和基础设施类项目不作此要求），经项目实施单位申请，责任农技员签字，所在镇（街道、区）推荐，首席专家审核，主管部门组织专家组审查确定。

2. 强化农业扶持项目的农产品质量安全监管，项目单位在申报农业项目的同时必须作出农产品质量安全承诺，生产档案记录齐全。有下列情况之一的农业生产主体，三年内不安排项目：

（1）年度内永康市级以上农产品质量安全抽检 3 次以上不合格的；

（2）年度内省级以上农产品质量安全抽检 2 次以上不合格的；

（3）有其他产生较大负面影响的农产品质量安全方面不良记录的。

3. 扶持类农业项目，扶持资金不超过投资总额的 50%。

4. 财政配套 10 万元以上的扶持项目，须经主管部门推荐认定，并经市农业产业化经营工作领导小组审核。项目实施过程中必须保持项目建设资料的完整。

5. 残疾人从事农业产业化，在扶持政策上给予适当倾斜。

（二）资金管理

规范资金管理，公开、公平、公正地实施扶持政策，发挥好财政资金的支农效益。项目扶持资金的兑现程序为：由符合上述补助或奖励政策的企业、单位和个人在项目完成 1 个月内提出申请，经所在镇（街道、区）认定，由主管部门会同财政部门等单位进行项目验收，提出项目验收意见，经主管部门同意，与财政部门联合发文下拨扶持资金。

为确保项目建设，除因周期长或种植季节原因当年不能完成全部项目，经主管部门同意可适当延长项目建设时间外，对无正当理由当年未完成项目的，取消该单位的项目计划，并在三年内不予安排财政扶持项目。

本意见自 2013 年 1 月 1 日起实施。

2013 年 7 月 4 日

永康市人民政府
关于进一步推进市场提升发展的意见

一、总体发展思路

全面贯彻落实党的十八大和全省商品交易市场提升发展大会精神，深入实施“商旅活市”战略，围绕“整合、改造、创新、提升”主线，以整合市场资源、优化结构布局为基础，以改造市场基础设施为重点，以提升市场发展理念、创新服务功能、经营模式为动力，以升级市场流通业态为突破口，进一步调整市场结构，改善硬件设施，增强全市商品市场的综合实力，推进专业市场向规模

化、集群化、现代化、信息化方向发展，推动农贸市场向超市化、商场化方向转型。

二、目标任务

力争通过 5 年努力，基本完成以中国科技五金城为龙头的五金专业市场体系和现代物流框架体系构建。全市各类专业市场成交额达到 1 000 亿元以上，其中年交易额 500 亿元的市场 1 个，100 亿元以上的市场 3 个，50 亿元以上的市场 2 个，10 亿元市场 7 个，1 亿元以上市场达到 15 个。培育三星级以上文明规范市场 10 家；培育 4 家网上交易市场，年成交额突破 500 亿元。初步建成浙中城市群中的区域性五金商品的物流中心、会展中心、信息中心、精品名牌聚集中心。

三、工作举措

（一）培育完善市场体系建设

进一步完善市场体系建设，按“十二五”市场规划，以市场信用建设为主线，以星级市场创建为抓手，以知识产权保护为重点，加快化工建材市场等专业市场建设，努力推进传统市场的改造提升和转型升级。

（二）推动中国科技五金城转型升级

围绕“拓展市场、经营市场、创新市场”的总体思路，推动市场与产业、实体市场与网上市场的联动发展。加强金城市场一区市场的综合开发利用，研究金都市场生产资料功能区的整合和扩容。编制并发布“中国五金指数”，进一步提高永康五金在国内外的话语权。拓展延伸金融服务、配送中心、仓储物流等经营领域，提高市场综合服务能力。深化体制改革，创新运行机制，理顺中国科技五金城管理体制。

（三）积极引导发展壮大会展经济

坚持“以贸兴展”，利用国际会展中心平台，大力发展会展经济，以创新现代会展发展机制来培育市场新增长点。根据市场化、专业化、国际化和品牌化办展思路，发挥五金博览会、门博会等国家级展会带动作用，加强与国家部委、国家级行业协会的合作，大力拓展举办各类专业展会，不断提升展会规模和办展水平，着力打造国家级会展平台。进一步完善国际会展中心的配套服务，逐步将国际会展中心建设成为集产品展示、经贸洽谈、商务采购、商业论坛、文化交流、旅游观光为一体的多功能展馆。同时，深化“以展促贸”，通过专业展会的举办，带动一批制造业，繁荣一批市场。

（四）推进网上市场建设

一是加大对电子商务平台的扶持力度，依托五金市场网络，引导传统制造业、优势产业企业开展网上交易，培育打造行业性、示范性的当地电子商务平台。二是吸引专业人才集聚。着眼长远，加大电子商务人才引进和培养力度，扭转人才缺乏的被动局面，要特别重视培养或引进一批兼备网络技术和商务知识的复合型电子商务人才，不断推动网上市场的发展。

（五）实施品牌战略，促进市场转型升级

引导市场举办者提高品牌意识、升级品牌理念，注册市场服务商标，加大宣传力度，提高市场品牌的知名度。鼓励和帮助市场经营者自创经营品牌，争创著名商标、驰名商标，使市场成为品牌商品的孵化器。鼓励市场举办者以优惠条件引进品牌商品，吸引名优品牌企业到市场开设专营专卖店，发展总经销、总代理、企业直销等现代营销方式，与市场建立品牌战略联盟，提高市场上市商品质量和品牌化程度,全面推进品牌基地建设。

(六)培育壮大商品交易市场集群,促进五金制造业互动发展

以市场需求带动实业制造,借市场的影响力打造实业的品牌,以市场的转型激励实业创新,根据我市现代产业集群发展需求,推进以五金城为龙头的市场集群建设,在各开发区和龙山、古山、芝英等中心镇,培育链接上下游产业、多功能多层次的商品交易市场集群,促进商品交易市场与各类产业集聚区、物流园区的融合互动,提升市场服务产业转型升级功能。开展市场强镇认定工作,引导块状区域经济发展。

(七)加快农贸市场提升改造

在实施农贸市场改造提升三年行动计划基础上,对全市的农贸市场经营环境、硬件设施和配套设施等进行改造提升,全面完成农贸市场改造提升任务。新建、改造农贸市场按照浙江省《农贸市场建设规范》开展标准化建设。引导农贸市场因地制宜采取整体改造、农加超、农改超等模式提升自身业态水平。

四、扶持政策

(一)财政扶持

市财政每年从服务业发展引导资金中安排500万元专项资金,重点支持商品交易市场提升发展、网上交易平台建设和市场经营管理人才培训等。对新建及改造提升商品交易市场、星级文明规范市场、认定为市级以上重点市场、商品交易市场集群以及市场经营管理人才培训等项目,给予一定的奖励补助;对获得省商品交易市场扶持资金的项目,按规定比例予以配套。

(二)税费优惠

对省、市重点市场,纳税有困难的,经地税部门批准,可减免房产税和城镇土地使用税。优化网上市场征税流程。对省、市重点专业市场、农贸市场新建和改造提升工程,开通行政审批绿色通道,行政事业配套费等减半收取,落实市场用电、用水、用气的优惠政策。

(三)用地支持

对重点市场改造提升项目,同等条件下优先列入重点建设项目,所需新增建设用地指标优先安排。对迁入现代商品交易市场集群的市场,优先规划安排市场发展用地和仓储、物流等配套设施用地。鼓励利用存量土地发展网上市场,在不改变用地主体、不重新开发建设等前提下,利用工业厂房、仓储用房等存量房产、土地资源兴办网上市场的,其土地用途可暂不变更。

(四)金融支撑

鼓励金融机构与市重点市场建立战略合作关系,加大对市重点市场的授信额度,并在利率上给予一定优惠。金融机构要创新市场商位使用权质押、货物质押、仓单质押、联贷联保等融资担保方式,开发适合市场经营户的短期融资产品,缓解市场经营户资金压力。鼓励金融机构在市场增设服务网点,推动银行卡、电子支付、网上银行等业务在市场的应用,为市场经营户提供高效、便捷的金融服务。

五、保障措施

(一)统一思想认识,强化组织领导

坚持"政府领导、统一规划、多方投资、工商监管"原则,由永康市市场提升改造工作领导小组

负责统筹协调商品交易市场提升发展的重大问题，督促落实商品交易市场提升发展的各项优惠政策。各相关部门要各司其职，加强沟通和协调，形成促进商品交易市场提升发展的合力。将商品交易市场转型提升发展工作纳入政府目标责任制考核内容。

（二）科学编制规划，加强市场宏观调控

要加强市场规划编制工作，根据市域总体规划、土地利用总体规划、市场发展规划，合理规划市场的布局。市场建设应遵循统一规划、合理布局、公平竞争、协调发展的原则。继续严格控制在同一区域内新建与重点专业市场同类型的市场，避免过度竞争，实现资源的有效配置和利用。

（三）理顺管理体制，深化市场体制改革

充分发挥工商部门对市场的培育指导作用，区分不同类型商品交易市场的特点和对经济发展的不同作用，进行培育指导。强化市场举办者第一责任人的意识，积极为政府当好参谋。农贸市场是事关千家万户日常生活的公益事业，农副产品批发市场是解决“三农问题”的重要平台，省重点市场、区域性重点市场对地方经济具有重大影响力。对于这四类市场，要加大调控力度，加强重点培育和指导。

（四）加强监督管理，促进市场规范运行

工商、商务、经信、建设、规划、公安、卫生、税务、质监、价格、药监等行政主管部门要认真履行各自职责，依法对商品交易市场实施监督管理。严厉打击假冒伪劣、侵犯知识产权等违法行为，促进市场规范有序运行。建立健全市场协会及市场内的行业协会、个私协会等行业组织，充分发挥其自我教育、自我管理、自我服务的作用。加强市场党建工作，充分发挥党员经营户的模范带头作用。

（五）强化教育培训，提高举办者和经营者素质

制定市场人才培养计划，联系高等院校，聘请专家学者，举办各种形式、各种层次的学习班、培训班，全面推行职业教育和岗位培训。加强经济、管理、金融、外贸、法律、外语、职业道德、安全经营等方面的教育培训，增强市场举办者和经营者的创新意识、法制意识、诚信意识、品牌意识、知识产权保护意识、产品质量安全意识、诚实纳税意识和环保意识等，着力提高他们的文化知识素养和经营管理水平，培养一支适应市场现代化、国际化发展需要的专业人才队伍。

2013 年 4 月 2 日

永康市人民政府永康市第六批市级文保单位保护范围及建设控制地带划定方案

一、吕公望旧居

保护范围：东界：沿卢献贵宅东墙，向南延至与南界相交。南界：以吕公望旧居南墙向南量出 2 米，东、西分别延至与东界、西界相交。西界：北起适园东南墙角，沿虹霓巷西侧，至与南界相交。北界：从适园东南墙角起，沿吕公望旧居伙房北墙、卢献贵宅北墙，至卢献贵宅东北墙角。

建设控制地带：东界：以保护范围红线向东量出 20 米，南、北分别延至与南界、北界相交。南界：以求知路北侧规划红线为界。西界：从适园西北墙角起，沿适园伙房西墙、陈杏仙宅东墙，向南延至与求知路北侧规划红线相交。北界：沿适园北墙，向东延至与东界相交。

二、澄一公祠

保护范围:东北界:以澄一公祠东北墙向东北量出2米,两端分别延至与东南界与西北界相交。东南界:沿吴林兄宅北墙、吴连丁小宅西墙角、存诚堂西墙角、吴连丁宅西墙角,至章友来宅西墙角,并向东北延至与东北界相交。西南界:连接吴林兄宅西北墙角与吴崇瞿宅北墙角,并向西北延至与西北界相交。西北界:以澄一公祠西北墙向西北量出2米,两端分别延至与东北界与西南界相交。

建设控制地带:东界:沿吴量东宅东墙、吴富康宅西墙角、吴方钱宅西墙角、吴康火宅西北墙,至存诚堂东南墙角。南界:沿存诚堂东南墙、吴崇江宅东南墙及西南墙、吴崇瞿宅西南墙、吴新瞿宅西南墙,至吴学良宅南墙角。西界:以后吴大街西侧为界。北界:以下前线公路南侧为界。

三、吴仪庭公祠

保护范围:东界:从吴加仓宅西南墙角起,沿吴高林宅西墙、吴富寿宅西墙、金方十三间东墙、吴开兴宅东墙及南墙、吴木兴宅东南墙、吴忠禄宅东墙、吴寿来宅东墙,至吴寿来宅东南墙角。南界:沿吴寿来宅南墙、吴朝晖宅南墙、吴加云宅南墙、吴周宇宅南墙、吴炳和宅南墙,至吴炳和宅西南墙角。西界:从十四间东墙角起,沿后吴大街西侧、下屋塘东岸、吴炳和宅西墙,至吴炳和宅西南墙角。北界:从十四间东墙角起,沿吴有华宅东南墙、吴天生宅东南墙,至吴加仓宅西南墙角。

建设控制地带:东界:沿吴贵圆宅东墙、吴贵行宅东墙、吴振良宅东墙、后塘东岸、吴忠禄宅东墙,至吴贵瑶宅东北墙角。南界:沿吴江来宅东北墙、吴高良宅西南墙、吴儿贞宅西南墙及东南墙、吴寿来宅南墙、吴贵君宅西南墙、吴贵厚宅西南墙及东南墙、吴富仓宅东南墙及东北墙、吴世忠宅西墙及北墙、吴贵瑶宅北墙,至吴贵瑶宅东北墙角。西界:沿十四间西墙、吴富杰宅西墙、吴国龙宅西墙、吴富瑶宅东墙及南墙、吴方晓宅西墙、上屋塘西岸,至吴江来宅北墙角。北界:沿十四间北墙、吴有华宅北墙、吴天生宅北墙、吴加仓宅西北墙及东北墙、玲玲幼儿园东南墙、吴永正宅东北墙、吴贵园宅西北墙,至吴贵园宅北墙角。

四、司马第

保护范围:同吴仪庭公祠

建设控制地带:同吴仪庭公祠

五、醴泉井

保护范围:东北界:沿施永坚宅西南墙,向东南延至何高云宅西北墙。东南界:沿何高云宅西北墙,向西南延至司马第古宅东北墙。西南界:以司马第古宅东北墙为界。西北界:以后吴大街东南侧为界。

建设控制地带:东北界:从南峰拱秀宅东墙角起,沿施永坚宅东北墙,至该宅东墙角。东南界:沿施永坚宅东南墙、何高云宅东南墙、吴日华宅东南墙、司马第古宅东南墙,至司马第古宅南墙角。西南界:从同仁堂西南墙角起,沿司马第古宅西南墙,至该宅南墙角。西北界:以后吴大街西北侧为界。

六、衍庆堂

保护范围:东北界:以吴跃新宅东北墙、吴贵强宅东北墙为界。

南界:西段:以张英昌宅1西南墙、吴完全宅西南墙为界。中段:沿吴完全宅东南墙、吴高康宅东南墙、前塘西北岸至前塘北角。东段:从前塘北角起,沿吴贵强宅东南墙,至该宅东墙角。西界:沿吴龙明宅东南墙、周明强宅东南墙、吴富良宅东北墙、吴明章宅西北墙、张英昌宅1西北墙,至张英昌宅1西墙角。北界:从吴龙明宅东墙角起,沿吴贵然宅东南墙、吴征然宅东南墙,至吴跃新宅北墙角。

建设控制地带:东界:沿吴存育宅东北墙、下园塘东岸、吴汉洪宅西墙至前园路,沿前园路北侧,至吴贵品宅东墙角。南界:沿吴文法宅西南墙、吴同起宅西南墙、吴富为宅西南墙、吴传行宅西南墙及东南墙、张子如宅南墙、吴汉双宅南墙、任七召宅东南墙、吴贵品宅东南墙,至吴品贵宅东墙角。西界:沿吴月峰宅西北墙、吴存岳宅东南墙、李根法宅西南墙、吴青红宅西南墙、吴岩品宅西墙角、吴中党宅西墙角,至吴文法宅西墙角。北界:沿吴月峰宅东北墙、吴本方宅西北墙、吴贵宾宅西南墙及东南墙、树玉堂东南墙、田基塘东岸、司马第古宅西南墙及东南墙,至吴存育宅北墙角。

七、红十三军第三团成立旧址

保护范围:东界:以前铜线公路西侧为界。南界:沿徐星亮宅2北墙,向东延至前铜线公路西侧。西界:北起徐振鞅宅西南墙角,沿小路西侧至徐星亮宅2西北墙角。北界:沿徐振鞅宅南墙、徐振高宅南墙、徐小峰宅南墙,向东延至前铜线公路西侧。

建设控制地带:东界:以前铜线公路东侧为界。南界:沿徐星亮宅1南墙、徐星亮宅2南墙,向东延至前铜线公路东侧。西界:从徐振高宅西北墙角起,沿徐振鞅宅北墙、邵福红宅东墙,至徐星亮宅1西南墙角。

八、勤常厅

保护范围:东界:以勤常里西侧为界。南界:沿陈碧薇宅南墙、陈杰学宅南墙、陈贤勇宅北墙至勤常里。西界:以勤常路东侧为界。北界:以勤常路三弄北侧为界。

建设控制地带:东界:以五金大道西侧为界。南界:以下街路北侧为界。西界:以下街路一弄东侧、大基西侧为界。北界:以杜溪路南侧为界。

九、宇溪公祠

保护范围:东界:以宇溪公祠东墙向东量出2米,南、北分别延至与南界、北界相交。南界:沿郎龙双宅1南墙,向东延至与东界相交。西界:沿郎双龙宅1西墙、郎双龙宅2西墙,向北延至与北界相交。北界:以宇溪公祠北墙向北量出2米,东、西分别延至与东界、西界相交。

建设控制地带:东界:沿郎中华宅西北墙、郎瑞林宅西北墙、郎高银宅南墙及东墙、郎介仁宅东墙、郎根杨宅东墙、吴董空宅东墙、郎华光宅西墙,向北延至大洋山南麓。南界:沿郎绍统宅南墙、郎加进宅南墙、郎省进宅西南墙、郎德良宅西南墙、郎高然宅西南墙、郎华美宅西南墙,至郎中华宅西墙角。西界:沿郎邵统宅西墙、郎方庭宅东墙、变电房西北墙角、郎明亮宅西北墙,向东北延至大洋山南麓。北界：以大洋山南麓为界。

十、西坞洋房

保护范围：东界：沿朱樟足宅东墙、朱昌仕老宅西墙，至与北界相交。南界：沿朱樟足宅南墙、菱塘北岸，至朱才法宅东南墙角。西界：沿朱才法宅东墙，至朱永海宅东南墙角。北界：从朱永海宅东南墙角起，沿洋房厨房北墙，向东延至朱昌仕老宅西墙。

建设控制地带：东界：沿朱昌仕老宅东墙、朱富全宅西墙，至朱富全宅西南墙角。南界：沿朱贵祥宅南墙、菱塘南岸，至朱富全宅西南墙角。西界：沿朱永海宅西墙、朱才法宅西墙、朱老四宅西墙、朱贵祥宅西北墙，至朱贵祥宅西墙角。北界：沿朱永海宅北墙、朱望威宅北墙、朱建民宅北墙、朱昌仕老宅北墙，至朱昌仕老宅东北墙角。

十一、绍裔堂

保护范围：东界：从绍裔堂附屋东北墙角起，沿吕振叶宅西墙、吕振德宅2西墙、吕振德宅1西墙，至吕振德宅1西南墙角。南界：从吕永化宅东墙角起，沿绍裔堂披屋南墙，至吕振德宅1西南墙角。西界：沿吕永化宅东墙、吕兴旺宅东墙角，并沿正北方向直至与北界相交。北界：沿绍裔堂附屋北墙向西，直至与西界相交。

建设控制地带：东界：沿葛双岩宅东墙、葛建明宅东墙、黄有南宅东墙、吕振德宅2东墙、吕振德宅1东墙、吕美君宅东墙，至小塘东角。南界：从三间厅南墙角起，沿廿四间头东墙、吕小康宅南墙、吕顺阳宅南墙、小塘南岸，至小塘东角。西界：沿骑溪亭西墙、吕宏伟宅西墙角、三间厅西墙，至三间厅南墙角。北界：从跨溪亭西北墙角起，沿吕胜岳宅南墙、大会堂南墙、廿间头南墙、葛双岩宅北墙，至葛双岩宅东北墙角。

十二、万五公祠

保护范围：东界：沿方亮宅西墙、陈恭宅西南墙角、李文斌宅西墙，沿正南方向直至与南界相交，沿方亮宅西墙向北直至与北界相交。南界：从万五公祠南墙向南量出2米，东、西分别延至与东界、西界相交。西界：沿李丰礼宅西南墙角、李丰收宅东墙、李世中宅东墙、周绍根宅东墙，向南延至与南界相交。北界：沿李丰礼宅南墙向东，延至与东界相交。

建设控制地带：东界：沿新区路西侧、十三间北墙、吴苏贞宅1北墙、吴苏贞宅2东墙、李保根宅东墙、李月飞宅东墙、李阿金宅东墙、李永加宅西墙，至李传恭宅东北墙角。南界：沿李传恭宅北墙、李高东宅北墙、李文斌宅北墙、廿间头北墙、李子平宅北墙及西墙、李志仁新宅北墙、李志仁老宅东北墙、新厅附屋南墙角，至新厅西南墙角。西界：沿李成对宅西墙、李跃军宅西墙、李培成宅西墙、新厅西墙，至新厅西南墙角。北界：沿李成对宅北墙、李得胜宅北墙、李金财宅西北墙、李来喜宅北墙、李杏超宅北墙、后泉塘北岸、厚仁新店隔路南侧，直至与新区路相交。

十三、李立卓、李立倚烈士墓

保护范围：东北、西南、西北：分别以烈士墓围墙为界。东南：以环村路东南侧为界。

建设控制地带：东南界：以保护范围红线向东南量出10米，西南方向延至灌溉渠，东北方向延至与东北界相交。东北界:沿村办公室东北墙,东南方向延至与东南界相交。西界与南界:沿村办公室西北墙,向西南延至灌溉渠,沿灌溉渠东岸向南,直至环村公路,再沿灌溉渠北岸折而向东,直至与东南界相交。

十四、城祠

保护范围:东南界:沿和平桥西北侧、朱见尧宅东南墙,至该宅南墙角。南界:沿朱济邦宅1东墙、应其昌宅北墙、朱明伟宅西北墙角、朱济时宅南墙,至朱见尧宅南墙角。西界:从朱济邦宅1北墙角起,沿祠堂附屋东墙,向北延至朱秀溪宅南墙。北界:以坑口溪北侧为界。

建设控制地带:东南界:从村屋西墙角起,沿朱金杭宅南墙、朱金城宅南墙、朱龙兴宅南墙,至朱文东宅东墙角。南界:沿朱华政宅西南墙、朱济邦宅2西南墙、应其昌宅南墙、朱文东宅南墙,至朱文东宅东墙角。西界:从朱文柱宅东南墙角起,沿朱小标宅西墙,至朱华政宅西墙角。北界:以金城街北侧为界。

十五、魁盛公祠

保护范围:东界:沿胡寿山宅西墙、胡阿法宅西墙、胡国岳宅西墙,向南延至横街北侧,向北延至胡林伟宅南墙。南界:以横街北侧为界。西界:从北界西端起,沿胡顺然宅东墙、胡中然宅东墙、胡根胜宅东墙至横街北侧。北界:从东界北端起,沿胡林伟宅南墙,向西延至胡顺然宅东墙。

建设控制地带:东界:沿胡林伟宅东墙、胡寿山宅东墙、胡阿法宅东墙、胡国岳宅东墙、胡秋如宅东墙,至胡秋如宅东南墙角。南界:沿胡明祝宅南墙、胡茂秋宅南墙、胡振华宅南墙、胡岩华宅南墙、胡秋如宅南墙,至胡秋如宅东南墙角。西界:沿胡顺然宅西墙、胡中然宅西墙、胡根胜宅西墙、胡明祝宅西墙,至胡明祝宅西南墙角。北界:沿胡顺然宅北墙、胡林伟宅北墙,至胡林伟宅东北墙角。

十六、若唐公祠

保护范围:东界:沿牛栏间东墙、村屋东墙,向南延至胡公路五弄北侧。南界:以胡公路五弄北侧为界。西界:以胡公路西侧为界。北界:沿牛栏间北墙,向西延至胡公路西侧。

建设控制地带:东界:沿胡岩水宅东墙、绍裔祠堂东墙、明鉴公祠东墙,向南延至胡库大街北侧。南界:以胡库大街北侧为界。西界:北起胡岐周宅东南墙角,沿大基西侧至超市北墙,沿超市北墙及西墙,向南延至胡库大街北侧。北界:从胡岐周宅东南墙角起,沿胡库下村小学北墙、胡岩水宅北墙,至胡岩水宅东北墙角。

十七、来龙桥

保护范围:东界:桥体东侧向东量出2米,南、北分别延至与南界、北界相交。南界:桥体南侧向南量出3米,东、西分别延至与东界、西界相交。西界:以临溪小路东侧为界。北界:桥体北侧向北量出2米,东、西分别延至与东界、西界相交。

建设控制地带:东界:以保护范围红线向东量出3米,南、北分别延至与南界、北界相交。南界:以保护范围红线向南量出5米,东、西分别延至与东界、西界相交。西界:以临溪小路西侧为界。北界:以保护范围红线向北量出 5 米,东、西分别延至与东界、西界相交。

十八、永延程公祠

保护范围:东界:以松溪西岸为界。西界:沿电话机房西墙、祠堂伙屋西墙、学舍东墙,向南延至松溪西岸,向北延至松溪南岸。北界:以松溪南岸为界。

建设控制地带:东界:以松溪东岸为界。南界:从程德亮宅西墙角起,沿上旺路北侧、学舍南墙角、松溪桥南侧,至松溪东岸。西界:沿小桥西侧、程忠全宅西北墙角、程德亮宅北墙及西墙,至上旺路北侧。北界:以松溪北岸为界。

十九、石湖坑十六间壁画

保护范围:东界:沿成南亮宅 1 东墙、七间头东墙,至小溪南岸。南界:沿成南亮宅 1 南墙、成新法宅北墙、成新金宅北墙,向西延至与西界相交。西界:沿五间头西墙,向北延至小溪南岸,向南延至与南界相交。北界:以小溪南岸为界。

建设控制地带:东界:沿成祖法宅东墙、成汉中宅东墙、成南亮宅 2 东墙、成立奎宅东墙,至成立奎宅东南墙角。南界:从成立奎宅东南墙角起,沿成新法宅南墙、成新金宅南墙,至成文斌宅西南墙角。西界:以成文斌宅西墙为界。北界:以小溪北岸为界。

二十、上考保永桥

保护范围:东南界:以桥体东南侧向东南量出 4 米,两端分别延至与西南界、东北界相交。西南界:以桥体西南侧向西南量出 1 米,两端分别延至与东南界、西北界相交。西北界:以桥体西北侧向西北量出 4 米,两端分别延至与西南界、东北界相交。东北界:以桥体东北侧向东北量出 1 米,两端分别延至与东南界、西北界相交。

建设控制地带:东界:从徐新杰宅东南墙角起,沿徐美杰宅东墙至该宅东南墙角。南界:沿徐威灵宅北墙、徐幸爽宅北墙、徐美杰宅南墙,至徐美杰宅东南墙角。西界:从徐威灵宅西北墙角起,沿徐根生宅西墙至该宅西北墙角,沿与保永桥平行方向,延至村道北侧。北界:以村道北侧为界。

二十一、抗战时期两浙盐务管理局旧址

保护范围:东界:从十三间东南墙角起,沿李龙兴宅西墙、李龙强宅西墙,至李宝福宅西北墙角。南界:沿李世朝宅北墙、陈复生宅北墙、李光辉宅北墙,至李宝福宅西北墙角。西界:从李永进宅 1 东北墙角起,沿李永进宅 2 东北墙角、朱汉庭宅东墙、李世东宅东墙、陈华良宅东墙,至李世朝宅西北墙角。北界:从李永进宅 1 东北墙角起,沿李丰宅南墙、十三间南墙,至十三间东南墙角。

建设控制地带:东界:沿胡明通宅东墙、李世友宅东墙、李龙兴宅东墙、李康献宅东墙,至李康献宅东南墙角。南界:沿李永安宅南墙、李世复宅南墙、李世中宅南墙、李光辉宅南墙、李康献宅南墙,至李康献宅东南墙角。西界:沿章龙兴宅西墙、李永华宅东墙、十四间东墙、李永仁宅东墙、李永正宅西墙、李永安宅西墙,至李永安宅西南墙角。北界:沿章龙兴宅北墙、胡顺利宅北墙、李永岩宅北墙、十三间北墙、胡明通宅北墙,至胡明通宅东北墙角。

二十二、又新堂

保护范围:东界:从施香萍宅东南墙角起,沿施国六宅东墙、施国宝宅东墙,至施财宅东北墙角。南界:沿施新建宅南墙、施金中宅南墙、施祖印宅南墙、施倍茶宅南墙、施朱典宅南墙、施财宅北墙,至施财宅东北墙角。西界:沿施俊齐宅西墙、施俊昌宅西墙、施金奖宅东墙、施金中宅西墙、施新建宅西墙,至施新建宅西南墙角。北界:沿施俊齐宅北墙、施新喜宅北墙、施凤亮宅南墙、施木庭宅南墙、施香萍宅南墙,至施香萍宅东南墙角。

建设控制地带:东界:沿施有奖宅东墙、思齐堂西墙、余庭公祠东墙、夏乾新宅东墙、夏结遥宅东墙、施国六宅东墙、施仙媛宅东墙、施乾清宅 2 东墙、施乾清宅 1 东墙,向北延至北街南侧。南界:沿槐庭公祠南墙、承德堂北墙、疑瑞堂西北墙角、施有奖宅南墙,至施有奖宅东南墙角。西界及北界:沿槐庭公祠西墙、吕跃雨宅西墙、吕建跃宅西墙,向北延至西街东侧,沿西街东侧、北街南侧直至与东界相交。

二十三、荆山陈陈氏宗祠

保护范围:东界:以石板巷东侧为界。南界:以九博路北侧为界。西界:沿陈旭庭宅东墙,向南延至九博路北侧。北界:从陈旭庭宅东北墙角起,沿陈安山宅 2 南墙,至陈安山宅 1 西南墙角。

建设控制地带:东界:从陈子仁宅东墙角起,沿陈起元宅 2 东墙、村屋东墙、新学堂东墙,至新学堂东北墙角。南界:沿陈振宝宅南墙、陈新康宅南墙、陈子友宅南墙、陈业发宅南墙、王根育宅南墙、陈岩成宅南墙、陈子帮宅东北墙、王根明宅 1 西南墙、陈子仁宅东北墙,至陈子仁宅东墙角。西界:沿陈振财宅西墙、卢跃福宅西墙、陈美升宅西墙、陈振宝宅西墙,至陈振宝宅西南墙角。北界:沿陈振财宅北墙、陈华宅北墙、王根明宅 2 西墙及北墙、陈龙其宅北墙及东墙、陈岩木宅 2 北墙、陈岩木宅 1 北墙及东墙,至新学堂东北墙角。

二十四、寿常公祠

保护范围:东界:沿熙一公祠西墙,向北延至永康气筒厂,向南延至与南界相交。南界:沿徐晓东宅北墙,向西延至与西界相交,向东延至与东界相交。西界:从寿常公祠西墙向西量出 2 米,南、北分别延至与南界、北界相交。北界:从东界北端起,沿永康气筒厂南墙,向西延至与西界相交。

建设控制地带:东界:沿永康气筒厂东墙、祠堂伙房东墙、祠堂附房东墙、王根有宅东墙,至王根有宅东南墙角。南界:从王根有宅东南墙角起,沿徐晓东宅南墙,至四村大厦东南墙角。西界:从四村大厦东南墙角起,沿象珠北街西侧,至施天永宅东北墙角。北界:从施天永宅东北墙角起,沿戏台南墙及东墙、永康气筒厂北墙,至永康气筒厂东北墙角。

二十五、朱明粮仓

保护范围:东界:从吕明友宅 2 西北墙角起,沿胡凑加宅西北墙,向北延至与北界相交。南界:沿应明分宅北墙、吕明友宅 1 北墙,至吕明友宅 2 西北墙角。西界:从应明分宅西北墙角起,沿老乡政府东墙,至老乡政府东北墙角。北界:从西界北端起,沿老乡政府北墙,向东延至与东界相交。

建设控制地带：东界：从吕见东宅东北墙角起，沿胡平章宅东墙、吕银台宅东墙、吕见有宅东墙，向北延至与北界相交。南界：从兽医站西南墙角起，沿卫生院东北墙角、供销社北墙、门口头塘北岸、部文庭宅北墙、吕见东宅北墙，至吕见东宅东北墙角。西界：沿兽医站西墙、老乡政府西墙，向北延至与北界相交。北界：从老乡政府北墙向北量出 20 米，向东延至与东界相交。

二十六、峡源古桥群

保护范围之一（胡家桥）：东北界：从桥体东北侧向东北量出 5 米，两端分别延至与西北界、东南界相交。东南界：从桥体东南侧向东南量出 8 米，两端分别延至与东北界、西南界相交。西南界：从桥体西南侧向西南量出 5 米，两端分别延至与西北界、东南界相交。西北界：从桥体西北侧向西北量出 8 米，两端分别延至与西南界、东北界相交。保护范围之二（里源桥、万古桥、济川桥）：东界：从李洪海宅 1 东南墙角起，沿李洪海宅 2 东墙、李祥有宅东墙、李招阳宅东墙、李小弟宅东墙、李跃明宅东墙、李加升宅南墙及东墙、李龙星宅东墙，至李龙星宅东北墙角。南界：沿李洪海宅 1 南墙，至李云昌宅东南墙角。西界：从李云昌宅东南墙角起，沿新源路西侧，至李火昌宅北墙角。北界：从李火昌宅北墙角起，沿李文中宅北墙、李龙星宅北墙，至李龙星宅东北墙角。保护范围之三（峡源蹬步、木梁石板桥、继济桥）：东南界：从李建长宅西墙角起，沿李益农宅西北墙、李肖含宅东南墙，至李肖含宅南墙角。西南界：沿李绍开宅西南墙、李高金宅西南墙、李云东宅西南墙、李肖含宅西南墙，至李肖含宅南墙角。西北界：从李绍开宅西墙角起，沿李有星宅西北墙，至胡艳秋宅 1 西墙角。东北界：从李建长宅西墙角起，沿新源路北侧至胡艳秋宅 1 东墙角。保护范围之四（上源桥）：东南界：苏溪东南岸向东南量出 1 米为界。西南界：上源桥西南侧向西南量出 5 米，西北延至六家厅，东南延至与东南界相交。西北界：从西南界西北端起，沿六家厅东南墙、听风观月台门东南墙，直至与东北界相交。东北界：上源桥东北侧向东北量出 5 米，西北延至听风观月台，东南延至与东南界相交。

建设控制地带之一（胡家桥）：东界：以新源路西侧为界。南界：沿群乐堂附屋南墙、群乐堂东南墙角、群乐堂附厕南墙，向东延至新源路西侧。西南界：从群乐堂西南墙角起，沿与保护范围西南界平行方向，向西北延至与西北界相交。西北界：沿李金宝宅东南墙，向东北延至新源路西侧，向西南延至与西南界相交。建设控制地带之二（里源桥、万古桥、济川桥、峡源蹬步、木梁石板桥、继济桥）：东界：以前山山麓为界。南界：沿李其祥宅南墙、李加长宅南墙、李福孙宅西南墙角、李其继宅西墙、智房祠堂西墙及南墙、李开发宅南墙，向东延至前山山麓。西界：沿李岩星宅西墙、李源根宅西墙、里头厅附屋西北墙、里头厅西北墙、施苏芬宅北墙及西墙、李回忆宅 1 西南墙、李回忆宅 2 西南墙、李章存宅西南墙、李秋莲宅 1 西南墙、李大军宅西南墙、李秋莲宅 2 西墙、李昌有宅 1 西墙、李昌有宅 2 西北墙、李子康宅西墙、李其祥宅西墙，至李其祥宅西南墙角。北界：沿李岩星宅西北墙、李子寿宅西北墙、胡艳秋宅 2 西北墙、李文学宅西北墙及东北墙、李晓刚宅东北墙、李祥磋宅东北墙、李岩火宅东北墙、李红亮宅东南墙、李关安宅东南墙、牲口棚东南墙，向东北延至前山山麓。建设控制地带之三（上源桥）：东南界：从李振韶宅 1 西墙角起，沿新源路东南侧，至李招月宅西北墙角。西南界：沿六家厅西南墙，至李振韶宅 1 西墙角。西北界：沿台门伙屋 1 西北墙、台门伙屋 2 西北墙、六家厅伙屋西北墙，至六家厅西墙角。东北界：沿台门伙屋 1 东北墙、听风观月台门东北墙、李振韶宅 2 东北墙，至李招月宅西北墙角。

2013 年 4 月 11 日

■ 永康市建设施工企业从业人员参加工伤保险实施办法

为规范建设施工企业从业人员参加工伤保险，依法维护建设施工企业从业人员的工伤保险权益，根据《建筑法》、《工伤保险条例》(国务院令第 586 号)、《浙江省人民政府关于解决农民工问题的实施意见》(浙政发〔2006〕47 号)、《浙江省劳动和社会保障厅、浙江省建设厅转发关于做好建筑施工企业农民工参加工伤保险工作的通知》(浙劳社工伤〔2007〕24 号)和《永康市人民政府办公室关于完善社会保险相关问题的通知》(永政办发 2〔2008〕104 号)等有关规定，结合本市实际和建设施工企业的特点，制定本实施办法。

一、实施范围和对象

在本市行政区域内从事建设工程(包括房屋建筑、市政工程、园林绿化工程、水利工程、交通工程、土石工程、电力工程及其附属工程等)、线路管道和设备安装工程及装修工程的新建、扩建、改建和拆除等有关活动的企业(以下简称建设施工企业)，应按照《工伤保险条例》和本办法的规定，为在建工程施工人员办理工伤保险，落实工伤保险待遇。

本办法所指的从业人员，是指符合法定劳动年龄，直接从事建设工程施工，与建设施工企业建立劳动关系的全部人员。

二、参保缴费程序

建设施工企业从业人员参加工伤保险，以建设工程项目为单位，由建设施工企业凭施工承包合同为参与该项目建设的所有未办理工伤保险参保手续的从业人员，统一办理参保登记和缴费手续。

建设工程项目需分包时，由建设总承包企业统一办理参保登记和代缴工伤保险费。建设施工总承包企业应当与专业工程分包、劳务作业分包单位签订《建设工程项目代缴从业人员工伤保险费协议》(附件 1)，并作为分包合同的组成部分。

专业工程分包、劳务作业分包单位应当依法承担工伤保险的法定义务。

三、工伤保险费缴纳标准

建设施工企业中标或承揽业务后，在工程项目开工前，应持建设工程项目中标通知书(或工程交易单)、工程项目承包合同原件及复印件，按工程项目施工承包合同总造价的 1.43‰(以承包合同总造价的 11%作为工资总额，按 1.3%的工伤保险费率计算)，填报《永康市建设施工企业从业人员工伤保险参保申报表》(附件 2)，到市地税部门一次性申报缴纳工伤保险。

建设施工企业工伤保险费应列入工程总预算造价中，单独列项，不参加投标竞争。市人力社保部门可会同有关部门，根据工伤保险基金运行情况，适时调整建设工程项目从业人员工伤保险缴费费率。

建设项目追加工程造价的，建设施工企业应当按规定向地税部门申报缴纳差额部分的工伤保险费，补缴后再进行工程竣工结算，并将差额部分列入工程预算。

四、参保登记及注销

建设施工企业凭市地税部门出具的缴费凭证和工程承包合同书(复印件加盖公章),15日内向市社会保险管理处(以下简称市社保处)办理建设工程项目工伤保险参保登记手续,填报《永康市建设工程项目工伤保险参保人员增(减)登记表》(附件3),经市社保处审核后作为建设工程安全生产条件备案审查的必备内容之一。

建设施工企业完成从业人员参保工作后,应当按规定在工地的显著位置,将参保人员名单予以公示。

建设施工企业在施工过程中从业人员发生变化的,应当15日内向市社保处申报《永康市建设工程项目工伤保险参保人员增(减)登记表》。

建设施工企业申报的参保职工的工伤保险关系,自申报核定次日起生效。因建设工程需要临时增加或调用的从业人员,未及时申报工伤保险参保的从业人员,在施工过程中发生工伤,建设施工企业应在事故发生后48小时内,如实填报《参保工程项目未及时申报名册职工工伤按参保职工处理申请确认表》(附件4),并提交职工招录用表和记工考勤卡等有效证明,经市人力社保部门确认后,允许其补办参保登记,按参保职工享受工伤保险待遇。

从业人员参加多个工程项目施工,建设施工企业应逐一按工程项目为从业人员办理参保登记。在参保有效期内,因工作原因遭受事故伤害或患职业病的,工伤保险待遇由市社保处按规定支付给建设施工总承包企业,并由建设施工总承包企业与专业工程、劳务作业分包单位结算。从业人员在参保有效期外或在未参保的工程项目工地上遭受事故伤害或患职业病的,由用人单位按《工伤保险条例》等有关规定支付工伤保险待遇。

建设工程项目的工伤保险期限至合同规定的竣工之日止。建设项目工期延长,建设施工企业应于合同到期前30日内报市社保处备案,其工伤保险有效期顺延到工程竣工期满止。

工程竣工期限为从业人员参保最后期限。企业应当及时办理中断手续,企业未及时办理中断手续的,可视为自期限届满之日起已经自动中断参保。

已为从业人员办理工伤保险的建设工程项目,建设单位、建设施工企业以及建设工程项目名称发生变更的,原建设施工企业应当持主管部门的变更批准文件等有效证明及时填报《永康市建设施工企业从业人员工伤保险参保申报表》,到市社保处办理参保登记变更手续。

五、工伤认定及工伤保险待遇支付

从业人员因工受到事故伤害后,建设施工企业应当为从业人员提出工伤认定申请、办理劳动能力鉴定和落实工伤保险待遇。自从业人员受事故伤害发生之日或者被诊断、鉴定为职业病之日起30日内,由建设施工企业向市人力社保部门提出工伤认定申请。如专业工程、劳务作业分包单位为从业人员提出工伤认定申请、办理劳动能力鉴定的,由建设施工总承包企业盖章确认。

建设施工企业未按规定提出工伤认定申请的,工伤职工或者其近亲属、工会组织可作为申请人,自事故伤害发生之日或者被诊断、鉴定为职业病之日起1年内,可以直接向市人力社保部门提出工伤认定申请,工伤认定受理前发生的有关费用由该建设施工企业负担。

建设施工企业从业人员工伤保险待遇的计算,采取从业人员本人与职业技术资格等级挂钩的办法。职业技术等级分初级工(含普工、杂工)、中级工和高级工三个等级,其月工资分别按发生事故时上年度市在岗职工月平均工资的60%、80%、100%确定，作为从业人员遭受工伤事故或职业病伤害后享受工伤待遇的本人工资。

建设施工企业从业人员工伤认定、劳动能力鉴定和其他工伤保险待遇按照《工伤保险条例》及有关规定执行。

市社保处在审核工伤保险待遇时，应当严格核对工伤从业人员的职业技术资格等级证书原件，按其工伤事故发生前持有的职业技术资格等级计算其本人工资，计发工伤保险待遇。对未提供职业技术资格等级证书的工伤从业人员，其本人工资一律按发生工伤事故时上年度市在岗职工月平均工资的60%确定。

六、企业参保的监督

建设施工企业违反规定将工程(业务)或经营权发包、分包给不具备法定资质或用工主体资格的组织或个人的，该组织或个人招用的劳动者发生工伤的，由具备法定资质或用工主体资格的建设施工企业承担用工主体责任，其他组织和个人承担连带赔偿责任。

从业人员与建设施工企业因工伤待遇发生的争议，按照国家处理劳动争议的有关规定处理。

市人力社保部门负责对建设施工企业从业人员参加工伤保险情况实施劳动保障监察。对未为从业人员办理工伤保险参保手续和缴纳工伤保险费的建设施工企业，责令其限期参保，拒不参保的，依法进行查处。

市建设部门要加强指导、监督建筑施工企业做好参加工伤保险工作。对没有参加工伤保险、不能出具工伤保险参保证明的建筑施工企业，市建设部门不得发放《安全生产许可证》。对拒不参加工伤保险或领取《安全生产许可证》后却不按规定及时足额缴纳工伤保险费的建筑施工企业，市建设部门应责令其改正，逾期未改的，暂扣或吊销其《安全生产许可证》等有关证件，并依法予以处罚。

七、市人力社保、建设、财政、地税、发改、规划、交通、水务、供电等有关部门单位应通力合作，相互配合，各负其责，共同做好建设施工企业社会保险费用的征收和管理工作。

八、本办法从下文之日起施行，由市人力社保局、建设局负责解释。

永康市人力社保局　永康市财政局

永康市住房与建设局　永康市地税局

2013年11月13日

永康市2013年义务教育(幼儿园)招生工作实施意见

为做好2013年义务教育(幼儿园)招生工作，根据《中华人民共和国义务教育法》《浙江省义务教育条例》《浙江省教育厅人民政府纠风办财政厅物价局关于治理义务教育阶段中小学择校乱收费的通知》《浙江省教育厅关于进一步规范公办初中招生工作的通知》《浙江省教育厅关于做好民办中小学招生工作的通知》《浙江省教育厅关于进一步促进民办初中学校改进招生工作的指导意见》等政策法规精神，结合我市的实际，现就我市 2013 年义务教育(幼儿园)招生入学工作提出如下实施意见：

一、指导思想

坚持以科学发展观为指导，以教育法律法规为依据，立足办好每一所学校，让每一个孩子有书读，读好书，办人民满意的教育，坚持公开、公平、公正，阳光招生的原则，切实维护广大中小学生的合法权益，切实保障招生工作的顺利开展，大力促进学前教育优质化，义务教育均衡化、现代化。

二、学前教育招生

各幼儿园要认真做好年满 3 周岁(出生日期截至 2010 年 8 月 31 日)幼儿的调查摸底工作，积极动员其按时入园，规范幼儿园幼儿成长档案管理，严格按照规定年龄注册编班，切实提高我市学前教育的普及率，认真做好学前教育与义务教育的有序衔接工作。各公办幼儿园，包括镇(街道、区)中心幼儿园，要深化招生改革，积极探索阳光招生办法。2013 年我市幼儿园的招生工作于 6 月份开始。

三、义务教育招生

义务教育招生工作在市招生委员会领导下，由市教育局和镇(街道、区)组织各中小学校实施，各教育辅导中心认真做好指导、监管和服务工作，保障适龄儿童少年(含“三残”儿童少年)全部依法入学。

年满 6 周岁(2006 年 9 月 1 日至 2007 年 8 月 31 日期间出生)的我市常住人口的学龄儿童必须按时入学。因身体状况需延缓入学者，须经镇(街道、区)或市教育局批准。各义务教育段公办小学要在招生报名前向施教区域内的学龄儿童少年依法发放义务教育入学通知书，力求入学率、巩固率均达到 100%。

各初中、小学要严格控制起始年级的班学额，初中控制在每班 50 人以内，小学控制在每班 45 人以内。

义务教育段公办学校不得招收择校生。

(一) 城区公办学校招生

1. 招生学校。

初中：永康中学、永康三中、实验学校。

小学：大司巷小学、民主小学、人民小学、解放小学、实验学校、教师进修学校附属小学、高镇小学。

2. 招生对象和招生顺序。

各初中、小学严格实行学区(施教区域)内招生，在招生计划内按以下条件和规定依次(按 A→B→C 的顺序)录取适龄儿童少年，就近免试入学。

A 类：2013 年 4 月 30 日(含 4 月 30 日)前取得下园、西津、南苑、丽丰、金胜、平安、卫星、园丁、山川坛、许码头、望春、西门、西山、四方、飞凤、紫微、五金城等17个居委会户籍的起始年级新生及城区公办初中、小学施教区域户籍的起始年级新生。

以上人员报名时须提供户口簿原件及复印件，在户籍所在区域招生学校规定时间内直接向学校报名。已属A类的对象不得报其他类别。

B类：符合政策的烈军属、服役的现役军人、当年转业军人等对象子女；持有浙江省居住证的流动人口中属于我市引进的高层次人才（指《永康市高层次人才“生活服务绿卡”制度暂行办法》中规定的适用对象）的子女；在永的港、澳、台籍人士子女、外国籍人士子女及其他市委市政府政策性安排（相关办法分别由发改局、经信局、总部中心在招生启动前对外发布）对象的子女。

以上人员报名时须提供户口簿原件及复印件、相关部门的证明材料，在5月6日前由有关部门或个人直接向市教育局教育科报名，经市教育局审核、公示后统筹安排到以上招生学校入学，如在公示期间，发现有不符合政策安排条件的，核实后将取消统筹安排资格，相应指标不再递补。

C类：2013年4月30日（含4月30日）前取得本市非城区（“城区”指上述17个居委会辖区范围，下同）户籍、父（母）在城区有稳定职业且在2012年12月31日（含12月31日）前持有城区有效房屋所有权证（简称“房产证”，下同）的子女（起始年级新生）。

以上人员在城区房产证登记居住地址的学区招生学校有招生余额时，在规定时间内向招生学校报名，由学校在招生计划内按房产证登记时间先后顺序录取至满额为止。C类对象有多本房产证的只能选报一所学校。报名时须提供以下材料：原户籍地无监护人证明；父（母）城区稳定职业的相关证明；户口簿原件、复印件；父（母）城区房产证原件、复印件。

城区各初中、小学招生学校要切实保障以上A、B类起始年级新生就近免试入学，在有招生余额的前提下再根据以上招生顺序和条件招收C类人员。

3. 招生工作实施。

（1）招生计划和划分学区。

城区各公办初中、小学的招生计划由市教育局下达。市教育局要根据适龄儿童少年的数量和分布状况，按“总体稳定，适度调整”的原则，科学合理地划定城区各公办初中、小学学区（施教区域）。

（2）分类分时报名。

在市招委会统一规定的招生时间内，招生学校要在招生计划内根据不同类别依次科学安排不同的报名时间。各适龄儿童少年家长根据子女所属类别的报名时间分别到所属学区招生学校报名。

（3）审核录取。

每个类别报名后，由招生学校负责逐一核查。信息核查和入户调查后，由学校在招生计划内按A→B→C类的顺序依次录取并按规定时间报教育局审核。审核录取后，新生信息由教育局统一组织录入电子学籍管理系统。

凡查实属提供虚假信息和材料的，取消报名资格（如已录取取消录取资格）；情节严重的或涉嫌伪造证件的，提交公安机关等相关部门依法处理。

（4）公开公示。

市教育局要在招生工作开始前通过新闻媒体及时向社会公布招生学校的招生计划。

招生学校要在学校醒目位置及时公布招生办法、招生时间和招生流程；在每个类别报名后要向家长及时公布下一类别的招生余额。

招生录取工作完成后，招生学校要在学校醒目位置及时公布各种类别的招生结果。

4. 招生工作组织机构。

各招生学校要成立以校长为组长的招生工作领导小组，并设立以下组织机构：

来访接待组：负责向来访人员解读招生政策、报名程序、材料要求及其他相关问题，组织招生政策的宣传工作。

报名登记组：负责不同类别的招生注册工作。

材料审核和入户调查组：负责学生报名材料审核及拟录取学生一人一档的建档工作，小学至少要保存6年，初中至少要保存3年。有必要入户调查的由学校安排相应人员落实。

招生秩序维护组：负责维持招生秩序，及时处置突发事件。

信访接待组：负责接待来信来访，调查取证核实，及时解决各类因招生引发的矛盾纠纷。

招生工作监督组：邀请普通教师、学生家长、社会人士代表负责招生过程的监督工作。

5. 招生工作要求。

(1) 各招生学校的招生工作领导小组及组织人员名单须在4月下旬交市教育局。

(2) 各招生学校要制定具体的招生办法，并在5月2日前交市教育局审核后由学校向社会公示。

(3) 5月11日—6月上旬，各招生学校根据不同类别依次组织报名工作及材料的审核工作。

为不影响学校的正常工作，不同类别的报名时间原则上分别安排在周六周日。具体报名和审核时间安排为：

A类：报名时间为5月11日—12日；学校审核时间为5月13日—14日。5月15日上交A类名单并公布A类、B类之后的招生余额。

B类：B类人员在取得相关证明材料后，由牵头部门或个人直接向教育局教育科报名，报名截止时间为5月6日。教育局在5月11日A类开始报名前将B类名单统筹下达至各招生学校。

C类：报名时间为5月18日—19日；学校审核时间为5月20日—29日。5月30日前上交C类名单。

(4) 6月上旬，各招生学校将各类报名审核结果及时上报市教育局，市教育局汇总审核后在永康教育网向社会公示，各招生学校要同时在学校醒目位置公示。

(5) 6月底，城区公办义务教育学校招生工作完成。

6. 永康五中招生对象为东城街道与经济开发区范围户籍的学龄儿童少年。永康四中、永康五中(初中)在完成施教区域内起始年级招生任务后，在学校招生计划尚有余额的条件下，可以先招收符合条件的进城务工人员子女入学，再招收施教区域内符合条件的外来务工人员子女入学。

7. 永康少体校(永康五中)可面向全市招收体育特长生，具体方案由永康五中报教育局审核后实施。

(二) 非城区公办学校招生

1. 非城区公办学校应严格在施教区域内招生，各非城区公办学校的施教区域由各教育辅导中心协同各镇(街道、区)及各中小学校商定后,形成方案在5月底前报市教育局。

2. 切实保障施教区域内本市户籍适龄儿童少年(含“三残”儿童少年)依法入学。

3. 古山中学、芝英中学原地转型为义务教育段学校,并结合古山、芝英当地生源和流动人口现状招生。古山镇、芝英镇政府以及古山教育辅导中心、芝英教育辅导中心要大力协助该两所学校做好转型后的招生工作。

4. 城西小学、白云小学在完成施教区域内起始年级招生任务后,在学校招生计划尚有余额的条件下,可以先招收符合条件的进城务工人员子女入学,再招收施教区域内符合条件的外来务工人员子女入学。

5. 非城区公办小学、初中在完成施教区域内户籍的学龄儿童少年招生后,在招生计划尚有余额的前提下,可招收符合以下条件的学龄儿童少年:

(1) 本市户籍,父(母)在本施教区域内有稳定职业,原户籍地无监护人的适龄儿童少年。

(2) 非本市户籍,户籍所在地无监护条件,父(母)或其他法定监护人员在本施教区域内已持有浙江省居住证或持有临时居住证且按规定已缴满基本养老保险半年以上的学龄儿童少年。

6. 非城区公办学校的招生从6月份开始,具体招生办法由学校制定,各教育辅导中心负责指导和监管。严禁无条件的跨施教区域招生。在符合条件的外来务工人员学龄儿童少年多于学校可招生计划数时可根据浙江省居住证或临时居住证取得的时间先后依次录取。

(三) 民办初中、小学招生

民办教育是我市教育事业的重要组成部分,按照“积极鼓励、大力支持、正确引导、依法管理”的方针,鼓励民办学校合理利用现有教育资源,开展规范招生。

1. 民办学校要根据实际的办学条件及有关标准,科学制定起始年级的招生计划,根据核准登记的招生范围向市教育局报批招生计划。各初中、小学的招生计划,须在4月15日前报市教育局审批,经审批后由市教育局统一在新闻媒体上向社会公布。

2. 切实保障义务教育阶段适龄儿童、少年免试入学。任何学校不得举行或者变相举行与入学相关的书面考试、面试,也不得通过培训机构搞变相招生考试。当报名人数超过招生计划数时,鼓励民办学校采用面谈加摇号等办式开展招生。

3. 民办学校招生应始终贯彻公平、公正和公开透明的原则,招生名额、方式、程序、收费标准等均应向社会公示。民办学校应严格遵守执行发改(物价)部门有关民办学校收费标准、收费方式的规定和要求。

4. 民办学校招生工作从5月1日开始,5月6日将已招收的学生名单报市教育局教育科。

5. 民办学校要严格执行有关招生规定,对不履行规定违规招生的民办学校,市招委会将责令其限期整改,并予以警告;情节严重的,要通报批评,减少招生规模,直至责令停止招生,年检定为不合格。

四、严肃招生纪律

成立由市领导和纪委、宣传、教育、财政、发改(物价)、公安、流动人口管理局及各镇(街道、区)等相关部门单位负责人组成的永康市义务教育“阳光招生”工作领导小组,下设招生工作管理指导、宣传、信访接待和违规调查处理组,负责全市招生工作的组织实施、管理与督导,保障招生政策的实施和招生工作的顺利进行。

（一）各中小学必须在市招委会或市教育局规定的时间内招生，不得擅自提前招生。

（二）公办学校严格执行按施教区域招生，不得自行组织跨施教区域招生，严格执行规范收费的各项规定，禁止收取与入学挂钩的赞助费。

（三）各初中、小学不得举行与入学资格挂钩的选拔性招生考试和面试。

（四）严格执行招生计划，未经市教育局同意不得超计划、超班学额招生。

（五）各初中、小学不得进行有偿招生和变相有偿招生，不得举行与招生相关的宴请，相关人员不得借机收受钱物。

（六）任何学校未经市教育局的审批或备案，不得在新闻媒体或其他场所发布招生广告和进行变相的招生宣传，严禁任何学校利用宣传车、横幅等方式上街进行招生宣传活动。

（七）任何学校都不得接纳未经市教育局许可的任何单位和个人进校开展招生活动，不得向违规招生学校提供学生相关信息。

（八）公办学校无正当理由不得拒绝接收施教区内户籍的适龄儿童少年入学，不得拒绝接收“三残”适龄儿童少年随班就读。

（九）严禁各小学招收不足年龄的儿童入学。

本实施意见由市招生委员会办公室负责解释。

永康市招生委员会

2013年4月28日

服务指南

行政服务

【概　况】 市行政服务中心坐落永康市金城路21号，前称为365全程服务中心，成立于2002年10月，2005年8月更名为永康市行政服务中心，是市政府派出的正科级行政单位，内设办公室、业务科、督查科3个职能科室，下设信息管理站1个(事业单位)，主要行使有关行政审批和行政服务事项的组织、协调、监督和管理职能。经过10年的改革发展，进驻中心办事大厅的窗口30个，另设办公场所的11个分中心和10个部门综合窗口，窗口工作人员176人，其中副科长以上干部30人。年办件量20多万件。

行政服务中心及服务窗口的主要职责是：办理国内外投资者申请投资生产性、非生产性、经营性项目等需报经各行政主管机关审批、审核、登记、备案的各项批文、证、照；办理供水、交通等方面的审批；办理各类经济组织和城乡居民设零的有关证件；受理各类投资政策、税收政策、人才劳动力需求及各种证照申领的咨询、释疑、资料发放、信息发布等事项；处理"中心"工作范围内的投诉；负责对各窗口项目审批、证照发放、服务态度等工作的监察、督办和协调；办理招投标有关事项；承担市委、市政府交办的其他事项。

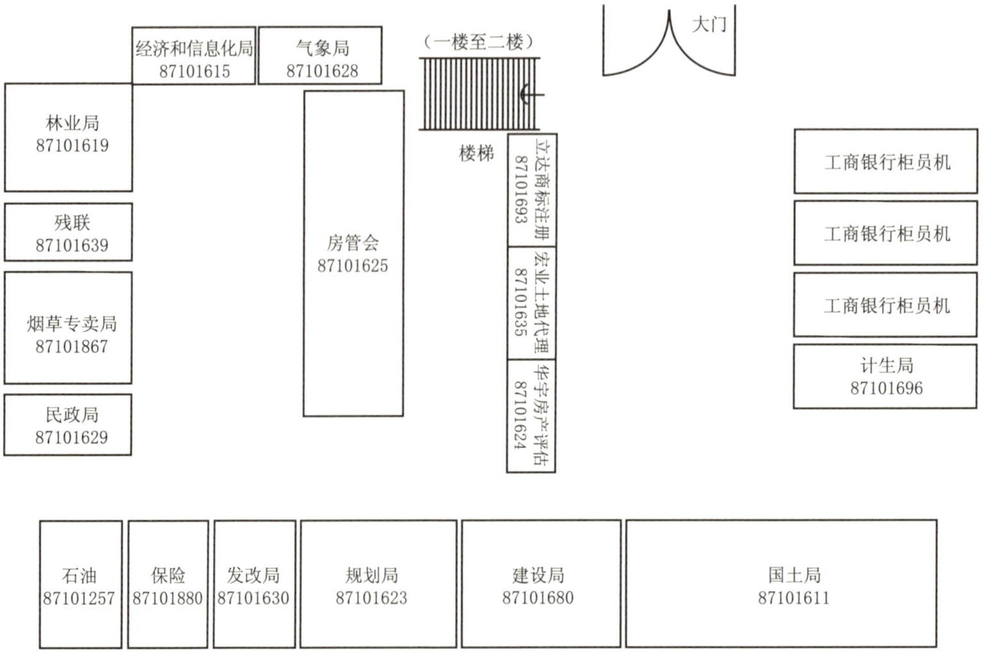

市行政服务中心一楼服务窗口平面图

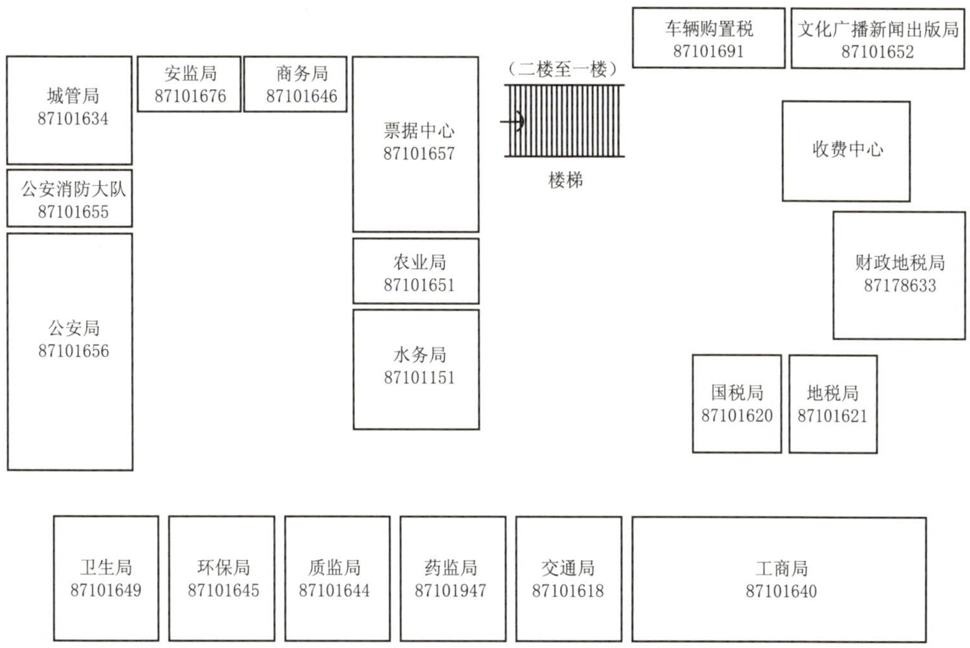

市行政服务中心二楼服务窗口平面图

市行政服务中心设立窗口的单位及联系电话一览表

服务单位	联系电话	服务单位	联系电话
车购税	87101691	卫生局	87101649
票据中心	87101657	环保局	87101645
消防大队	87101655	文化局	87101652
发改局	87101630	商务局	87101646
经信局	87101615	安监局	87101676
公安局	87101662	城管局	87101634
民政局	87101629	规划局	87101623
财政局	87178637	市监局	87101640
国土局	87101611	国税局	87101620
建设局	87101680	质监局	87101644
交通局	87101618	烟草局	87101867
水务局	87101151	气象局	87101628
农业局	87101651	残　联	87101639
林业局	87101619	运管所	87101618
计划生育局	87101696	房管会	87101625

市行政服务中心综合窗口的单位及联系电话一览表

服务单位	联系电话	服务单位	联系电话
民族宗教事务局	87101423	统计局	87101572
教育局	87101251	药监局	87101947
科技局	87101915	风景旅游管理局	87127707
司法局	87101228	体育局	87101222
人力社保局	87101370	档案局	87101797

市行政服务中心未进驻的乡镇街道及联系电话一览表

服务单位	联系电话	服务单位	联系电话
经济开发区	87229197	城西新区	87278100
东城街道	87216406	西城街道	87170032
江南街道	86875938	芝英镇	87441160
石柱镇	87355002	前仓镇	87051002
舟山镇	87081002	古山镇	87513365
方岩镇	89282900	龙山镇	87475128
西溪镇	87400013	象珠镇	87310032
唐先镇	87503365	花街镇	89269900

【市行政服务中心设立综合办事窗口】 经过精心筹备，市行政服务中心“综合窗口”投入运行，9 部门 46 事项实行“一窗”受理，标志着全市所有部门审批科进驻“中心”，实现行政审批项目进驻中心率 90%以上的目标。

在市行政服务中心一楼大厅最显眼位置设立的综合窗口，受理市统计局、科技局、档案局、体育局、人力社保局、风景旅游局、司法局、民宗局、教育局 9 个部门 46 个行政审批与服务项目的受理。这些审批项目，有的办件量较少、有的办理季节性较强，设立综合窗口集中办理这些事项，所有进驻该窗口的事项均实行“一个窗口”对外受理，原部门不得另行受理，不仅方便办事群众，简化办事流程，且更便于管理，是永康市行政审批制度改革的又一项新举措。

综合窗口主要办理统计局的市统计员证发放、市档案局的重点建设项目档案验收、市体育局的经营高危险性体育项目许可、市人力社保局的特殊工时制度审批、市民宗局的举办不跨县(市、区)非通常宗教活动许可、市教育局的教师资格认定等 46 个行政审批服务项目的受理和发证工作。设立综合窗口也是实行受理与审批分离，减少窗口场地和工作人员，提高办事效率的尝试。

【中介机构在行政服务中心网上挂牌服务】 经过市监察局对涉及审批的中介机构清理规范，各职能部门按照审改方案中提出的“同一性质中介机构达 3 家以上”要求，做好中介机构引进、注册等工作。行政服务中心组织软件开发公司构建了面向公众的中介机构网上挂牌信息平台，按照中介机构服务事项“六公开"原则,对业务主管部门上报的 39 家中介机构实行网上挂牌服务,接受业主单位自主选择。业主单位只要登录行政服务中心网站(www.yk365.gov.cn),点击"中介服务"栏目即可进行查询和自主选择。

凡在浙江省内注册或备案,具备相应资质的中介公司皆可在永康市承揽相应中介业务。限于篇幅,市行政服务中心网只介绍少量经常在主要中介项目:永康市开展业务的中介公司情况。更多中介机构请参考省厅网站。

1. 建筑工程设计、市政工程设计、工程咨询。

2. 危险化学品、烟花爆竹建设项目安全设施设计。

3. 危险化学品建设项目安全预评价报告及竣工验收评价。

4. 编制项目使用林地可行性报告。

5. 水土保持方案编制。

6. 新建民用建筑项目节能评估。

7. 固定资产投资项目节能评估。

8. 危险化学品建设项目安全预评价报告及竣工验收评价报告。

9. 建设项目环境影响评价。

10. 矿山建设项目安全设施设计。

旅游服务

【概　况】 永康境内有国家级风景名胜区和中国历史文化名村各 1 处,省级风景名胜区 3 处,其他名胜景点遍布城乡。风景旅游区面积达 232 平方千米,超过永康地域总面积的五分之一。有展示永康林壑之美、泉石之胜、险峰飞瀑、奇石怪洞的丹霞翠谷;有以方岩广慈寺、灵岩福善寺、石室山洪福寺、石鼓寮德清寺为代表的古代石洞寺庙群;有传说中的南中国黄帝文化中心辐射地白云石城;有壁立如削,拔地耸天的五指探云;有江南最大的地方神胡公大帝;有倡导事功哲学的浙东学派发祥地五峰书院;有在改革开放中脱颖而出的农家乐休闲游。

永康旅游有特定的区域优势和"名游"特色。陈从周教授为方岩题写的"方岩居中、游遍浙东"充分表述永康旅游的区位优势。名城中国科技五金城;名都—石城山黄帝南都;名街—方岩山脚的明清五里长街;名村—中国历史文化村后吴村;名湖—流域面积达 124 平方千米的灵山湖(杨溪水库);名山—方岩的丹霞地貌、林壑翠谷更是享誉国内外。它们构筑了浙东永康黄金旅游线路。旅游产业已具规模。全市有四星级宾馆酒店 2 家,三星、二星级宾馆饭店 11 家,旅行社 10 余家,能满足八方游客。

【方岩风景名胜区】 是国家级风景名胜区,位于永康东北部是植根于丹霞地貌的山水奇葩。全区包括方岩山、五峰、南岩、石鼓寮、灵山湖、刘英烈士陵园、五指岩、太平湖等八大景区,总面积达 92 平方千米。方岩风景名胜区峰险石怪,瀑美洞奇,不但融雄伟险峻、青山秀水于一体,兼擅山石之胜,而且历史悠久,人文荟萃,遗踪胜迹触目皆是。飞桥栈道依附于壁立的峭岩上,甚是奇险。飞桥尽头可见一崔巍巨石豁然中立,两面岩石对峙为关,中间有一门为"天门"。方岩岩石色彩丰富,岩层结构独特,层层皱折、纹路清晰的大石面比比皆是。

方岩风景名胜区经过多年来的建设和发展,旅游服务设施日臻完善,吃、住、行、游、购、娱与旅游景点相配套的服务设施完全能满足游客需要,已经成为观赏丹霞地貌、朝觐古圣先贤的著名游览胜地。

【刘英烈士陵园】 坐落在方岩马头山麓。紧靠公路的墓道宽 6.5 米,长 62 米,由条石铺砌,依地势逐渐升高,通陵寝。墓前平坛长 18.3 米,宽 20.4 米,条石铺砌,简朴庄严。墓基为台基式，也用条石铺面，长10.16米，宽20.15米，与平坛之间有踏道相连。墓室呈圆形，下半部墓圈系石砌，上半部填土盖草皮，墓室周围筑石栏杆。中间一座是刘英烈士墓，墓前立石碑一块，碑高2.28米，宽1.14米，上刻“中国共产党浙江省委书记刘英烈士墓”，系粟裕同志所书。左右两边分别为中共衢属特委书记张贵卿、永康六支队革命烈士墓碑墓室。

【寿山坑风景区】 景区环境优美，空气清新，幽静舒适，历来是文人墨客的荟萃之地。南宋著名学者陈亮、朱熹、吕祖谦曾在五峰书院著书立说。现在人们习惯把五峰内的重楼、丽泽祠、学易斋、五峰书院等岩洞建筑统称为“五峰书院”。丽泽祠系明代学者应典于正德年间创建，祀陈亮、朱熹、吕祖谦三位学者，故俗称此为“三贤堂”。构筑在天然石洞中，宽16.4米，深13.3米。学易斋位于丽泽祠西侧，是明代永康学者周佑康为纪念婺郡学者何北山、王鲁斋、金仁山、许白云、章枫山而建。其建筑面积较丽泽祠、五峰书院为小。五峰书院建筑壁北朝南，三开间，略呈方形，洞宽12.75米，深11.3米，总面积175平方米，屋高二层，屋内设直径37厘米的圆柱18根，柱础造型系明代风格。书院久经沧桑，因洞造屋，建筑十分牢固。

【石鼓寮景区】 景区内洞、溪、泉、瀑、石俱全，且山石峥嵘，绝壁丹霞，蔚为壮观。人文景观中有德清寺、卧佛寺等，都是占洞而建，依覆崖为顶，不施椽瓦，形成了独特的石洞寺庙建筑群。吕东来书院（鸳鸯瀑）又名德清寺，该寺依山傍水，环境优雅。举目仰望，两条飞瀑相伴而下意境如诗，无不令人神往。

【灵山湖风景区】 坐落方岩南面的灵岩山下，距城区约25千米。20世纪80年代初，杨溪水库建成后，在灵岩西南面形成一座巨大的人工湖，后称灵山湖，与灵岩遥相呼应。湖长7.5千米，湖面约500公顷，蓄水5 000多万立方米。湖边群山环抱，谷壑蜿蜒，山明水秀，景色宜人；竹林葱茏，果树成林，奇洞遍布，古迹众多，灵岩寺、洪福寺、回光洞、仙崖瀑等点缀其间。改革开放后方便了交通，增加了由副坝通往灵岩寺前的快艇。湖内有许多小岛，林木烟云、赤岩崖峰、湖水环流，各具特色，乘快艇浏览，情趣盎然。

【白云风山景区】 位于永康南郊，距市区3千米，面积15.3平方千米。自然景观以青山秀水、层峦叠嶂为特色。有怪石嶙峋的石城山，峭岩壁立的将军岩，惟妙惟肖蛤蟆岩等。白云湖镶嵌在白云山麓，湖水清澈碧绿，是游人戏水、休闲的理想去处。白云山景区中心——石城山，具有丰富的历史文化内涵。据《张氏土地表》、《山海经注》记载，黄帝曾在石城山炼铜铸鼎，留下了三天子都等遗踪胜迹。现建有南都禅寺。

【飞龙山风景区】 飞龙山风景区位于永康市城郊，距市区7千米，公路直达，交通便捷。飞龙山风景区，山峰巍峨，石笋耸天，瀑布高悬，飞珠溅玉，林深树密，环境优美。它还有许多东汉开国皇帝刘秀当年为逃避王莽的追剿，曾暂躲于此的民间传说，更为风景区增添了深厚的历史文化底蕴。因此，飞龙山风景区既有秀丽的自然景观，又具有丰富的文化内涵，是人们休闲游览的好去处，是市民双休日回归大自然、拥抱大自然的理想休闲场所。

【五指岩风景区】 位于永康市最北部，西北与义乌市交界，北与东阳为邻，是永康北部的天然屏障。五指岩主峰海拔712米，方圆5千米。五指岩拔地耸天，壁立如削，雄奇壮观，被称为“五指探云”，为永康十景之一。五指岩的秀丽奇特风光，吸引着历代文人名士前来登山游览，赋诗会友，并筑庐隐居，留下过唐代高僧洪雅、宋代思想家陈亮等名人的足迹。

【其他休闲景区】

石苍岩 位于唐先镇长塘头村旁，有低山，形如粮仓，奇石如林。山间石怪、洞奇、崖险林茂、竹修。山泉叮咚，幽静恬神，身临其境，如入仙山福地，令人心旷神怡。山中有一天然巨石佛头像，称之为“仙翁岩”，神工鬼斧，实为华夏一绝。

盘龙谷 是生态旅游休闲园，东距永康市区 15 千米，面积 100 公顷，核心区 46.67 公顷，园区由浙江大学园林规划设计研究所牵头规划设计。曾经，盘龙谷除了杂草就是老头松，如今，已是松林苍劲，花木掩映……春季百花盛开、果花飘香，秋季层林印染、果实累累，形成了以自然观光、生态休闲和高科技开发为主要特色的新型观光农业园。

九狮沟 位于市区北部唐先镇石桥头村，景区山清水秀、鸟语花香、风光旖旎。内有长约 410 米的绿色长廊，水上农家饭餐厅，少数民族格调的木屋，是集休闲、娱乐、居信、农家饭、荡秋千、九狮图、斗羊表演等为一体的旅游胜地。

虎踞峡 北至塘头村农田区，南至缙云界，西至盘龙谷农业观光区，东部山体至新规划铁路线，总占地面积约 705 公顷。距市区仅 15 千米，距东永高速前仓镇新店高速出口仅 5 千米。景区内有奇峰、怪石、花草、碧潭、地质景观等多达 60 余处的自然景点。

仙岩山 位于永康东南部，距市区 20 千米。境内以山险、石怪、瀑奇、景幽、洞古为特色。景点有：南山雾茶、沈洞闲樵、绝尘雪韵、秀松迎客、鹃花争春、筝岩插云、观音神刀、仰天美女、俞樾祖墓、画笋松涛、画坑流韵、鸟岩形胜、飞来鸡石、石仓春晓、桐园闻鸳、龙海晚钟、仙岩眺晨、云松眠石、凌湖荡月、石寮烟霞、定楚古刹、羊石幽洞、郡马园观、灵湖春涛、石臼岩、猫儿岩、板壁岩、大刀岩、石笋岩、表麻岩、蜂桶岩、一线天、纱帽岩、青蛙石、雨伞岩、瑶石等 100 多处。

画眉岩 坐落在离方岩以北约 3 千米的胡库上村附近。据传，在明超永乐年间，儒生贾仲善携眷来此山洞隐居，因每日晨起梳洗完毕总会为其妻画眉，故在山洞峭壁写上“画眉洞天”四字。

华釜山 位于市境东北部在古山镇金城川境内，距市区 25 千米，海拔 517 米。此山上平旷，中凹旁高，状如仰釜，因名。左为画眉岩，右为栖霞洞。华釜栖霞两山相夹处名金城坑。是元、明、清时代文人墨客常涉足的地方。有大小景点 30 多处，寺庙 10 余座。

富　山 原名永祥，位于永康南部，距市区 5 千米，被称为永康的肺。主要景点分为 3 个原生态旅游区：石城、梅林、竹海景区。

大寒山 又名大安山，位于花街镇八字墙之北，与义乌交界，海拔 925 米，为永康第二高峰。山腰处有大安坪，山下有大安寺，据说始建于东汉。山上苍松翠竹、鸟语花香、气候宜人，是不可多得的地域性游览登山之地。

紫微园 位于古城楼由义门的南边，是永康唯一的集人文历史、古典园林于一体的公园。紫微园由宋代名臣胡则故居丛桂坊和明代名臣王崇私家花园百可园组成。园内有紫微湖，环湖建筑亭台水榭，回廊花径，小桥流水，曲径通幽。

太平湖 “依地利而兴族望，源晋鲁肇基，当承千载炎黄裔胄；聚人和以振家声，喜永康开派，又续一篇吕氏春秋。”此联描写的位于太平湖边上的吕氏文化中心，山清水秀的太平湖，古典巍峨的吕公遗风，构成了此地自然景观与人文景观的完美结合，令人流连忘返。

园周村 “林中村、水中村、花中村、品质之村，乃人间天堂。”在圆周胜景中，有两处瀑布从一座低矮平坦的小山上飞流而下，小山形如俯卧的蟾蜍，因此村民称之为“金蟾”，其下是口塘，中有诸多红鲤鱼，颇有“金蟾观鱼”之韵味。

永康市重点风景区门票电话地址一览表

名称	门票	联系电话	地址
方岩景区	50 元	0579-87307612	方岩镇岩上、岩下村
石鼓寮景区	50 元	0579-87391679	方岩镇西村北部
五峰景区	20 元	0579-87306010	方岩镇方岩山北边
刘英烈士陵园	免费	0579-87307652	方岩镇马头山麓
五指岩景区	20 元	0579-87021666	唐先镇中山村旁

【永康旅游线路】 分时间旅游线，产品旅游线，外联旅游线。主要有方岩祈福圆梦游；南岩民族风情游；石鼓寮朝山进香游；石城山、历山寻根休闲游；五指岩、华釜山登高健身游；太平湖、九泄攀岩戏水游；五峰、龙窟访古觅踪游；五金城观光、购物游。

方岩一日游 上午：方岩景区，下午：五峰景区。

永康二日游 第一日：游览方岩山景区、南岩景区、石鼓寮景区。第二日：游览五峰景区、刘英烈士陵园、五金城、西津古桥。

永康三日游 第一日：游览方岩山景区、南岩景区、石鼓寮景区。第二日：游览五峰景区、刘英烈士陵园、五金城、西津古桥。第三日：游览五指岩景区、白云风景区。

方岩、缙云仙都二日游 第一日：永康接团，游览方岩风景名胜区。第二日：游览鼎湖峰、倪翁洞、小赤壁、铁城送团。

方岩、东阳横店影视城二日游 第一日：永康接团，游览方岩风景名胜区。第二日：游览东阳横店影视城。

省内连线多日游 浙江中南部山海风情线以金丽温高速公路为串连，由金华双龙，武义俞源、郭洞、刘秀垄，永康方岩，缙云仙都和温州雁荡山、南溪江、洞头组成。

【永康旅游交通】 永康市区距省城杭州 150 千米，离金华 48 千米。每日有衢县、诸暨、奉化、宁海、宁波、象山、天台、临海、缙云等地定时班车或专车。高峰期日进汽车 100 多个班次。外县外省来方岩游览，公路可通过市区或世雅站中转，铁路可在杭州、金华、义乌转汽车直达方岩。21 世纪后，金丽温高速公路穿过永康境内，可直达温州、杭州、宁波、上海等地。330 国道、39 省道均通过永康市区，并与通往外省、市、县的交通线路接轨。永康市区到方岩风景名胜区的中巴车，每 4 分钟一班。每到旅游旺季，金华、兰溪、武义、浦江、义乌、嵊州、奉化、上海、磐安、东阳、诸暨、绍兴、丽水、松阳、遂昌等市县都有直达方岩的班车旅游专车或包车。到永康其他风景旅游区也有定时班车直达，自驾车更是便捷。

永康市二星级以上涉旅宾馆酒店一览表

名称	地址	联系电话	星级
永康宾馆	市江城路 4 号	0579-87112801	★★★★
明珠大酒店	市紫微北路 8 号	0579-87269168	★★★★
紫微大酒店	市紫微南路 48 号	0579-87174999	★★★
紫薇花园宾馆	市金都路 1 号	0579-87136666	★★★
振东大酒店	市望春东路 108 号	0579-87126668	★★★
假日宾馆	市望春东路 208 号	0579-87102999	★★

（续表）

名　称	地　址	联系电话	星　级
金海湾大酒店	市胜利街 85 号和平桥头	0579-87102222	★★
新丽中宾馆	市丽州中路 51 号	0579-87102598	★★
四季风尚酒店	市紫微中路 149 号	0579-87263788/87265061	★★
紫微京城大酒店	市金城路 299 号	0579-87212222	★★
股旺金来酒店	市城北西路 219-221 号	0579-87111555	★★
涛涛大酒店	市望春东路 172 号	0579-87139688	★★
飞凤宾馆	市飞凤路 358 号	0579-87297777	★★

永康市农家乐情况表

农家乐名称	户主姓名	地　址	农家乐名称	户主姓名	地　址
桃源山庄	赵明军	东城街道十里牌村	革命老区福家乐	胡双秋	方岩镇金竹降下村
江南洪记渔村	洪国军	江南街道园周村	鸿宣山庄	丁香配	方岩镇金竹降下村
江南渔村农业生态园	胡春英	江南街道白云东村	画眉岩观光园	胡金亮	古山镇胡库上村
江南哈啰农庄	章永胜	江南街道麻车头村	垒馨园山庄	俞振兴	龙山太平水库
江南陈思湾休闲农庄	舒无产	江南街道勤丰村	金凤凰山庄	李礼庆	龙山太平水库管理处
江南清塘湾休闲农庄	傅建成	江南街道清塘村	四路金渔农庄	吕智祝	四路张川路鱼种场
绿色家园农庄	舒慧群	江南历山小学对面	辰昕农庄	陈伟仁	西溪镇棠溪村
江南溪边农庄	徐伟祥	江南街道溪口村	阿拉伯休闲农庄	董高良	西溪镇上坛村
大莱园生态农庄	卢兴赵	江南街道山后卢村	康康农庄	谢鲜红	象珠镇南湖村
江南三联坝振仁酒家农庄	潘振仁	江南溪边三联坝	清风雅吕农庄	胡苏雪	象珠镇雅吕村
山之味土菜馆	丁玲芳	方岩镇金竹降下村	唐先镇仙牛洞府	胡响阳	唐先镇下位村
卓越山庄	叶美珊	方岩镇金竹降上村	新记上考牛庄	曹新记	唐先镇夏杜曹村
古月土菜馆	吕莲好	方岩镇金竹降下村	九狮沟农庄	胡双福	唐先镇石桥头村
阿建土菜馆	程有建	方岩镇金竹降下村	唐先镇龙山三代牛庄	施新雄	唐先镇龙山村路口
竹叶山村餐饮楼	胡根叶	方岩镇金竹降下村	唐先上考牛庄	徐起安	唐先镇三村
山里山菜馆	周银锁	方岩镇金竹降下村	石景山庄	李哲东	石柱镇石锦村
秀丽餐馆	施秀丽	方岩镇金竹降下村	石柱上杨水寨休闲养殖场	马玲爱	石柱镇上杨村
相约农家土菜馆	徐丽群	方岩镇金竹降上村	伟丰农庄	杨　莉	石柱镇下杨村
胡记农家乐	陈笑琍	方岩镇金竹降上村	天表农业景观园	程新江	石柱镇天表村
聚友山庄	杨和友	方岩镇金竹降上村	秀山生态养殖山庄	任掌财	前仓镇枫林村
程氏山庄	丁艮萱	方岩镇金竹降上村	盘龙谷生态旅游区	徐小飞	前仓镇塘头村
银焦土菜馆	丁银焦	方岩镇金竹降上村	绿地生态农庄	孙建明	花街镇大屋村
竹海山庄	杨岩柱	方岩镇金竹降上村	木子李鱼馆	李　怀	城西新区桐塘头村

交通服务

【概　况】 浙江双飞运输有限公司是一家国有独资的综合型专业运输实体。公司总资产达3.1亿元，现有从业人员2 000人，占地17.5公顷，各类大小车辆705辆，其中营运客车450辆，营运货车22辆，出租车156辆，教练车36辆，叉车、吊车等其他车辆41辆。拥有一级、二级、四级客运站各1个、三级货运站2个、一类汽车修理厂2个、A级汽车检测站、二类驾驶员培训学校各一个。企业被评定为国家二级道路旅客运输和四级道路货物运输经营等级。

公司下设16个经营单位：快客分公司、市城乡公共交通有限公司、客运西站、客运东站、客运分公司、公交出租分公司、联运分公司、物流分公司、双飞汽车销售服务有限公司(大众)、汽车销售服务分公司、汽车修理分公司、交通运输学校、市双飞车辆综合性能检测有限公司、市长运旅行社、市永安学生交通服务管理有限公司、搬运吊装分公司。参股经营单位2家：中石化双飞加油公司、远通公交公司等2家。

主要服务项目：客、货运站管理，汽车客、货运输，城乡公交客运，客运出租，学生接送服务，集装箱转运，货物联托运，货物搬运吊装，汽车综合性能检测，汽车驾驶员培训，汽车修理，汽车销售，汽配，油料销售，旅游等。

【金温铁路永康站】 坐落在市区西城街道金大塘村附近，东邻西城街道西园村，南近世纪广场与市汽车客运西站，西依西城街道金大塘村，北靠西城街道西街村工业区，是金温铁路沿线中心站之一。金温铁路永康站由候车大厅、售票厅、行李房、行车控制室组成。货运中心坐落在客运站台的北侧，有营业楼、货物仓库5间。设站前开发区，由站前广场区、商业公建区、居住区、仓库区等建筑物构成。布局合理，设施配套，社会效益与环境效益相统一，集商住、仓储、交通、文化、娱乐于一体。

【永康客运西站】 址设九铃西路1098号，主站房建筑面积3 000平方米，停车场占地1.17公顷，车站采用电脑售票、电视监控、电子显示、条码检票、危险品检查仪等现代化、智能化的管理设备，成为具有现代管理服务功能的公用型汽车客运二级站。西站启用后，跨省客运班车，除台州、丽水、温州方向的跨(地)市客运班车，发往金华、兰溪、武义方向的跨县(市)客运班车。

【永康客运东站】 址设金城路528号，站内建筑主要分主站房、停车场、站前广场、宾馆四部分。主站房采用电子显示、电视监控、电脑售票、条码剪票、自动消防、车辆安全自动检测、危险品检查仪等现代化、智能化的管理设备。

【紫微客运站】 坐落九铃西路1153号，站房面积325平方米，停车场面积2 669平方米，为公用型汽车客运四级站。主要发往市内八字墙、双溪、颜宅、方村、水泥厂、童宅、李店等方向。

2013年永康市主要交通站点线路一览表

单　位	地　址	网　址	电　话	班车发送
永康火车站	市区城北路		0579-87295904	温州、杭州、广州、北京、南昌等
永康汽车西站	市区九铃西路	http://www.zjsf.com.cn	0579-87295904	除温州、丽水、台州以外的永康至全国各地的长途客运班车
永康汽车东站	市区金城路	http://www.zjsf.com.cn	0579-87218817	豫、皖、闽、川等省份和本省内温州、丽水、台州地区以及金华地区内义乌、东阳、浦江、磐安等方向的长途班车，市境班车(开放型)四路、棠溪、方岩、芝英、新楼等18条班线
永康快客分公司	市区金城路		0579-87218817	已开通永康至杭州、没影和、南昌、广州等浙江快客班线4条

永康市火车客运站列车一览表

车次	类型	出发站	开车时间	到达站	到达时间	用时	里程	硬座	软座	硬卧下	软卧下
K8424	空调快速	永康	00:09	杭州东	03:43	3小时37分	254	41	61	109	162
K8492/K8493	空调快速	永康	00:46	杭　州	05:01	4小时18分	248	41	61	109	162
K8396	空调快速	永康	01:48	杭　州	05:13	3小时30分	248	41	61	109	162
K8364	空调快速	永康	10:06	杭　州	13:56	3小时53分	248	41	61	109	162
K8402/K8403	空调快速	永康	13:54	杭州东	17:57	4小时6分	254	41	61	109	162
K102	空调快速	永康	15:29	杭州东	19:36	4小时17分	254	41	61	109	162
K552/K553	空调快速	永康	16:37	杭州东	20:34	4小时0分	254	41	61	109	162
K8384	空调快速	永康	17:31	杭　州	20:44	3小时16分	248	41	61	109	162
5056	普　快	永康	18:51	杭　州	22:30	3小时45分	248	20	33	67	102
K8438	空调快速	永康	23:11	杭州东	02:26	3小时18分	254	41	61	109	162
K8424	空调快速	永康	00:09	上海南	05:53	5小时47分	421	63	97	118	175
K8402/K8403	空调快速	永康	13:54	上海南	20:31	6小时40分	421	63	97	118	175
K8438	空调快速	永康	23:11	上　海	05:02	5小时54分	451	65	101	123	183
K8424	空调快速	永康	00:09	上海南	05:53	5小时47分	421	63	97	118	175

2013年永康市汽车客运西站班车一览表

	出发站	到达站	出发时间	里程	车型	全程票价(元)	备注
早班	永康	金华	06:00	50	客　车	18	约10～20分钟1班车
末班	永康	金华	20:30	50	客　车	18	约10～20分钟1班车
早班	永康	杭州	05:50	248	高一大客	70	约20分钟1班车
末班	永康	杭州	23:59	248	高一卧铺	61	约20分钟1班车
首班	永康	上海	17:10	1453	中级卧铺	64	每天2班车
末班	永康	上海	21:00	1453	高三卧铺	79	
当班	永康	扬州	17:00	620	中级卧铺	64	每天1班车
当班	永康	无锡	16:30	111	中级卧铺	64	每天1班车
当班	永康	湖州	15:30	355	高一大客	65	每天1班车

注:票价以当天为准

2013年永康市城乡公交发车时间表

班线	各支线	班次	首班时间	末班时间	间隔时间	途经
棠溪线(6辆)	永康—柏岩(棠溪)	15	6:30 5:10	18:10 16:50	20分钟	古山、桥下、西溪
	永康—上卢(支线)	3	7:40 5:40	13:40 14:50	3个小时左右	古山、桥下、西溪、柏岩

（续表）

班 线	各支线	班次	首班时间	末班时间	间隔时间	途 经
西溪线（12辆）	永康—西溪	45	6:30 5:30	18:30 17:20	15分钟	世雅、桥下
	永康—玉川（支线）	3	7:08 6:20	15:30 16:40	5个小时左右	世雅、桥下、玉川
油川线（8辆）	永康—油川	56	6:30 6:00	18:00 18:00	20分钟	江瑶、田畈林隔班发
	永康—芝英八村					黄泥塝班车已经过芝英八村
	永康—两头门（黄泥塝）（支线）	12	6:10 7:10	16:45 17:35	35分钟	油川、芝英、岘口
芝英线（8辆）	永康—芝英	56	6:00 6:30	18:20 18:15	10～15分钟	杜山头
金川线（2辆）	永康—金川	12	6:00 6:00	17:00 17:00	1个小时左右	世雅、古山（修路暂时停开）
后塘弄线（2辆）	永康—黄塘坑（后塘弄）	12	6:10 6:10	16:10 17:10	1个小时左右	世雅、古山
胡库线（2辆）	永康—前杭（支线）	6	6:20 7:00	17:00 16:00	2个小时左右	杜山头、世雅
	永康—楼店（胡库）	6	7:30 6:30	17:30 16:30	2个小时左右	杜山头、世雅、胡库
象珠线（10辆）	永康—象珠	60	6:10 5:20	18:30 17:30	10～15分钟	十里牌、清溪
	永康—雅吕（支线）	12	6:10 7:00	17:25 17:00	1个小时左右	十里牌、清溪、象珠、九里口、雅吕，其中2班先到塘里坑
唐先线（15辆）	永康—唐先	90	6:10 5:20	19:00 17:55	9分钟	清溪、荷园、大后
	唐先—金坑下位	3	5:50（唐） 6:20（下）	16:00（唐） 16:40（下）	5个小时左右	中山、外岭脚
桥下线（3辆）	唐先—桥下（区间）	12	7:00（唐） 6:00（桥）	17:00 16:00	100分钟	太平
方岩线（15辆）	永康—方岩	78	6:00 6:00	18:50 18:00	10分钟	世雅、金江龙
	永康—独松（支线）	10	6:30 6:30	18:00 18:00	70分钟	世雅、金江龙、派溪
新楼线（10辆）	永康—新楼	37	6:00 6:10	17:30 17:30	20分钟	世雅、方岩
	永康—铜山（支线）	3	10:25 6:25	15:10 16:45	5个小时左右	世雅、方岩、大路任
石湖坑线（2辆）	永康—石湖坑（区间）	4	7:30 6:00	17:20 15:20		长城工业区

（续表）

班　线	各支线	班次	首班时间	末班时间	间隔时间	途　　经
舟山线（8 辆）	永康—木坦（支线）	24	6:30 6:00	17:28 17:10	20 分钟	石柱、麻车店、舟山
	永康—小坦（舟山）	24	6:45 6:35	17:50 17:10	25 分钟	石柱、麻车店、舟山
白云线（4 辆）	永康—白云	34	6:30 7:00	17:30 18:10	15 分钟	白云、园周（2 趟早、晚）
	永康—白垤里（支线）	6	6:30 7:00	16:30 17:00	2 小时左右	园周
俞溪头线（4 辆）	永康—俞溪头（下寮）	24	6:20 5:30	17:40 17:00	30 分钟	石柱、下杨
前仓线（10 辆）	永康—前仓（界牌）	60	6:20 6:00	18:00 17:40	10 分钟	石柱、前仓
大陈线（8 辆）	永康—大陈	45	6:30 6:00	18:00 17:40	15 分钟	下里溪、新店、荆州
	永康—石雅（支线）	3	6:30 7:15	15:50 16:50	4 小时左右	下里溪、新店、大陈
黄岗线（6 辆）	永康—黄岗	12	7:10 6:10	18:00 17:00	40 分钟	下溪、雅庄、上柏石
	永康—世雅上徐店（支线）	24	6:10 6:30	17:30 18:00	20 分钟	上徐店
永祥线（6 辆）	永康—永祥	30	6:00 6:00	17:50 17:30	20 分钟	付店、永青西卢
	永康—小告朱（支线）	6	6:50 6:00	16:30 17:30	2 小时左右	付店、白雁口
双石线（2 辆）	石柱—石鼓寮（区间）	4	7:00 7:10	16:50 16:40		江瑶、芝英、金江龙

2013 年永康市紫微车站公交发车时间一览表

班　线	各支线	班次	首班时间		末班时间		间隔时间	途　　经
			紫微站	回头站	紫微站	回头站		
八字墙（12 辆）	永康—八字墙	48	6:30	5:30	17:40	16:30	15 分钟	大屋、杨家、双桥头
双溪线（3 辆）	永康—双溪	19	6:40	6:00	17:20	16:50	30 分钟	倪宅
	永康—尚裘（支线）	3	7:25	6:30	17:00	17:50	4 小时左右	倪宅、双溪（道路未开通，等道路允许后立即开通）
方村线（2 辆）	永康—方村	12	6:20	5:30	17:30	16:30	40 分钟	潜村、炳坑
	永康—杨坑、吴坑（支线）	3	10:00	6:20	17:00	17:30	3 小时左右	杨坑、吴坑

（续表）

班线	各支线	班次	首班时间		末班时间		间隔时间	途经
			紫微站	回头站	紫微站	回头站		
童宅线（5辆）	永康—童宅	14	6:30	5:50	17:40	16:50	20分钟	群升、水碓头
	永康—塔石（支线）	14	6:50	5:50	17:30	16:35	50分钟	群升、水碓头
	永康—大塘头（支线）	7	7:10	6:30	17:10	16:30	1小时左右	柘坑口
颜宅线（2辆）	永康—颜宅	12	7:00	6:00	17:30	16:40	1小时左右	花街、大屋
深塘线（5辆）	永康—深塘	35	6:20	6:05	17:40	17:00	20分钟	花街、隆泰
水泥厂线（7辆）	永康—水泥厂	49	6:00	6:30	17:30	18:00	15分钟	看守所、花川
李店线（10辆）	永康—李店	40	6:20	6:40	17:20	17:50	20分钟	西城工业区、章店
	永康—栗园（支线）	14	7:00	7:00	17:00	17:00	45分钟	上把赵
	永康—前新渥（支线）	目前修路，不能通行，等工程完工后排班						
八方线（3辆）	八字墙—方岩（区间）	12	5:30（八）	6:50（方）	15:40（八）	17:00（方）	1小时左右	雅吕、象珠、清溪、世雅

以上是2013年1月20日后城乡公交各条班线车辆数、班次、首末班时间、间隔时间、途经地等，随着以后车辆数逐步增加，线路班次及间隔时间会有所调整，以最后发车时间为准。投诉电话0579-87270000。

2013年永康市邮政网点汽车票代售地址一览表

网点名称	地址	电话
九铃邮政支局	九铃东路3090号	87128356
古山邮政支局	古山镇经纬西路158号	87511082
邮储银行铜陵西路支行	铜陵西路81号	87229577
邮储银行五金城支行	城东路193号	87211207
邮储银行前仓镇支行	前仓镇前仓村金鸡路43号	87051044
邮储银行芝英支行	芝英街道南市街10-12号	87441202
邮储银行胡库支行	古山镇胡库下村	87065368
邮储银行三马支行	九铃中路2033号	87130676
邮储银行解放街营业所	解放街39-1号	87128035
邮储银行紫微路营业所	华丰西路123号	87170039
邮储银行华丰路营业所	华丰路92-94号	87176037
邮储银行东塔路营业所	东城东塔路106号	87128606
邮储银行石柱营业所	石柱镇四新村	87355171
邮储银行派溪营业所	古山镇派溪村	87300369
邮储银行西溪营业所	西溪镇桐塘村西玉街43号	87400360
邮储银行四路营业所	龙山镇四路上村	87555021

（续表）

网点名称	地　　址	电　话
邮储银行清渭营业所	象珠镇清溪村	87310731
邮储银行唐先营业所	唐先镇唐先三村	87500049
邮储银行桥下营业所	龙山镇桥一村状元街	87475018
邮储银行珠山营业所	象珠镇象村四村双峰西街 53 号	87567596
邮储银行花街营业所	花街镇花街村	87291171
蓝天路邮政所	城西新区蓝天路 16 号	87252226
电子商务分局	总部中心金族大厦一楼	87128205
集邮公司	九铃东路 3090 号	87128036
中邮广告公司	九铃东路 3090 号	87128088
报刊发行投递公司	龙川西路 90 号	87128043

2013 年永康市区公交车线路及站点一览表

班车	时间	线　路	上行站点	站数	下行站点	站数
1 路	6:00—20:00	溪口村→四方集团	溪口村—永康四中—泰龙集团—城西路口—雕塑公园—下园朱—南苑五弄—中医院—解放广场—南苑三弄—南苑二弄—南苑一弄—华联商厦—河头大厦—邮政大楼—丽州商城—食品市场—三马路口—园丁新村 1 站—园丁新村 2 站—应店村—330 国道口—四方集团(24 站)	23	四方集团—330 国道口—应店村—园丁新村 2 站—园丁新村 1 站—三马路口—食品市场—丽州商城—工商银行—邮政大楼—河头大厦—华联商厦—南苑一弄—南苑二弄—南苑三弄—中医院—南苑五弄—下园朱—雕塑公园—城西路口—泰龙集团—永康四中—溪口村	23
2 路	6:00—20:00	客运东站→大徐工业区	客运东站—高镇商业区—会议中心—行政服务中心(五金城)—联通公司—远通公交公司—邮政大楼—丽州商城—食品市场—三马路口—东街新村—紫微路口—客运西站(火车站路口)—客运西站出口处—国际装饰城—三马九铃转盘—车辆检测站—大徐工业区	18	大徐工业区—车辆检测站—三马九铃转盘—国际装饰城—客运西站出口处—客运西站(火车站路口)—紫微路口—三马路口—食品市场—丽州商城—工商银行—邮政大楼—远通公交公司—联通公司—行政服务中心(五金城)—会议中心—高镇商业区—客运东站	18
3 路	6:00—20:00	解放广场→南龙集团	解放广场—南苑三弄—南苑二弄—南苑一弄—华联商厦—河头大厦—邮政大楼—丽州商城—卫星路口—公安宿舍—江城路口—妇幼保健院(西)—古丽中学—第六人民医院—小白杨公司—宏达公司—开邦公司—城北初中—苏溪村—下田畈村—溪碧山村—夏溪村—农机交易市场—飞神车业—神州模具城—大坟山沿 1 站—大坟山沿 2 站—南龙集团	28	南龙集团—大坟山沿 2 站—大坟山沿 1 站—神州模具城—超人集团—农机交易市场—夏溪村—溪碧山村—下田畈—苏溪村—城北初中—春风实业—永园阀门公司—宏达实业—小白杨公司—第六人民医院—古丽中学—妇幼保健院(西)—江城路口—公安宿舍—卫星路口—丽州商城—工商银行—邮政大楼—河头大厦—华联商厦—南苑一弄—南苑二弄—南苑三弄—解放广场	30
5 路	6:00—20:00	第一人民医院→城西新区管委会	第一人民医院—五金三桥—溪心路口—客运东站—巴黎商街—高镇小区—行政中心—四方小区—龙川公园—工商局—华联商厦—解放桥—西津桥—紫微橡皮坝—紫微桥—龙川西路五弄—端头路口—端头—城西路口—鹰鹏公司—永化路口—城西新区管委会	22	城西新区管委会—永化路口—鹰鹏公司—城西路口—端头—端头路口—龙川西路五弄—紫微桥—紫微橡皮坝—西津桥—解放桥—华联商厦—工商局—龙川公园—四方小区—行政中心—高镇小区—巴黎商街—客运东站—溪心路口—五金三桥—第一人民医院	22

（续表）

班车	时间	线　路	上行站点	站数	下行站点	站数
6路	6:00—20:00	五金城二期→五金城二期(甲线)	五金城二期—五金城集团公司—前进学校—望春东路口—振东大酒店—联通公司—远通公交公司—河头大厦—华联商厦—三中路口—江南电信—土管大楼—华丰菜场—实验学校—农贸市场—华丰西路口—紫微大酒店—龙川西路口—移动公司—明珠学校—西街大厦—明珠大酒店紫微路口—三马路口—食品市场—丽州商城—工商银行—邮政大楼—河头大厦—华联商厦—三中路口—江南电信—白云西路口—金茂大酒店—龙川公园—鸿业家具城—行政服务中心—会议中心—五金城—五金城集团公司—五金城二期	40	五金城二期—五金城集团公司—五金城—会议中心—行政服务中心—鸿业家具城—龙川公园—金茂大酒店—白云西路口—江南电信—三中路口—华联商厦—河头大厦—邮政大楼—工商银行—丽州商城—食品市场—三马路口—明珠大酒店紫微路口—西街大厦—明珠学校—移动公司—龙川西路口—紫微大酒店—华丰西路口—农贸市场—实验学校—华丰菜场—土管大楼—江南电信—三中路口—华联商厦—河头大厦—远通公交公司—联通公司—振东大酒店—望春东路口—前进学校—五金城集团公司—五金城二期	40
乙线	6:00—20:00	第一人民医院→第一人民医院	第一人民医院—五金城集团公司—五金城—会议中心—行政服务中心—鸿业家具城—龙川公园—金茂大酒店—白云西路口—江南电信—三中路口—华联商厦—河头大厦—邮政大楼—丽州商城—食品市场—三马路口—东街新村—紫微路口—明珠大酒店—西街大厦—明珠学校—移动公司—龙川西路口—紫微大酒店—华丰西路口—农贸市场—实验学校—华丰菜场—土管大楼—江南电信—三中路口—华联商厦—河头大厦—远通公交公司—联通公司—振东大酒店—望春东路口—前进学校—五金城集团公司—五金城二期—第一人民医院	42	第一人民医院—五金城二期—五金城集团公司—前进学校—望春东路口—振东大酒店—联通公司—远通公交公司—河头大厦—华联商厦—三中路口—江南电信—土管大楼—华丰菜场—实验学校—农贸市场—华丰西路口—微大酒店—龙川西路口—移动公司—明珠学校—西街大厦—明珠大酒店—紫微路口—东街新村—三马路口—食品市场—丽州商城—邮政大楼—河头大厦—华联商厦—三中路口—江南电信—白云西路口—金茂大酒店—龙川公园—鸿业家具城—行政服务中心—会议中心—五金城—五金城集团公司—第一人民医院	42
7路	6:00—20:00	国防教育基地→火车站	国防教育基地—旺达公司—牛栏头路口—协恒公司—黄棠村—运管大楼—滨江花园—溪心路口—客运东站—高镇商业区—行政中心—永一中—溪心别墅—丽州中学—城建小区—金胜路口—交通大厦—江滨公园—南苑一弄—南苑二弄—南苑三弄—中医院—南苑五弄—紫微桥—龙川西路五弄—端头路口—消防大队—飞凤大厦—松石路口—西山头村—九铃路口—客运西站—火车站	33	火车站—客运西站—九铃路口—西山头村—松石路口—飞凤大厦—消防大队—端头路口—龙川西路五弄—紫微桥—南苑五弄—中医院—解放广场—南苑三弄—南苑二弄—南苑一弄—江滨公园—交通大厦—金茂大酒店—城建小区—丽州中学—溪心别墅—永一中—行政中心—高镇商业区—客运东站—溪心路口—滨江花园—运管大楼—黄棠村—协恒公司—牛栏头路口—旺达公司—国防教育基地	34
8路	6:00—20:00	教师进修学校→交警大队	教师进修学校—高川花苑—溪心村—锦江华庭—金水湾—广电局—金胜花苑东门—金胜花苑西门—紫荆苑—安居苑—房管会—解放小学—体育馆—老年大学—城南转盘—国际大酒店—农贸市场—华丰西路口—紫微大酒店—龙川西路口—紫微园—新华书店—和平桥头—三眼井桥—卫生局(疾控中心)—文化宫路口—丽州商城—工商银行—邮政大楼—公安大楼—新河路口—丽州城市花园—东塔路口—妇幼保健院(西)—妇幼保健院—城东路口—香格里拉花园(交警大队)	37	香格里拉花园(交警大队)—城东路口—妇幼保健院—妇幼保健院(西)—东塔路口—丽州城市花园—新河路口—公安大楼—邮政大楼—丽州商城—文化宫路口—卫生局(疾控中心)—时代广场—新华书店—紫微园—龙川西路口—紫微大酒店—华丰西路口—农贸市场—国际大酒店—城南转盘—老年大学—体育馆—解放小学—房管会—安居苑—紫荆苑—金胜花苑西门—金胜花苑东门—广电局—金水湾—锦江华庭—溪心村—高川花苑—教师进修学校	35

（续表）

班车	时间	线　路	上行站点	站数	下行站点	站数
9路	6:00—20:00	金胜山公园→永康五中	金胜山公园—实验幼儿园—金胜花园—巴黎商街—客运东站—五金城二期—总部中心—世贸中心—方塘下村—金色港湾—开发区管委会—铜陵路口—东永公路口—长城村—永康五中	15	永康五中—长城村—东永公路口—铜陵路口—开发区管委会—金色港湾—方塘下村—世贸中心—总部中心—五金城二期—客运东站—巴黎商街—金胜花园—实验幼儿园—金胜山公园	15
12路	6:00—20:00	物流中心→火车站	物流中心—摩兴公司—铁牛集团—铜陵路口—王力集团—嘉禾公司—郑泰集团—河南村口—方塘下村—田宅路口—五金三桥—溪心路口—客运东站—高镇商业区—五金城—英阁陶瓷市场—东城卫生院—中浙阳光花园—塔海村—平安小区—法院—公安大楼—新河路口—丽州城市花园—东塔路口(妇保院)—江城路口—东库路口—农畜市场—三马路口—永拖路口—西门社区—站前区菜场—火车站(客运西站)—国际装饰城—三马九铃转盘	35	三马九铃转盘—国际装饰城—火车站(客运西站)—站前区菜场—西门社区—永拖路口—三马路口—农畜市场—东库路口—江城路口—东塔路口(妇保院)—丽州城市花园—新河路口—公安大楼—法院—平安小区—塔海村—中浙阳光花园—东城卫生院—英阁陶瓷市场—五金城—高镇商业区—客运东站—溪心路口—五金三桥—市委党校(紫薇花园宾馆)—田宅路口—方塘下村—河南村口—郑泰集团—嘉禾公司—王力集团—铜陵路口—铁牛集团—摩兴公司—雄泰集团—珠峰公司—物流中心	37
市郊甲路	6:00—20:00	雕塑公园→荆山陈	雕塑公园—农贸市场—数码城—实验小学—华丰菜场—劳动市场—恒丰—金胜路口—公园—检察院—五金城—五金菜场—双飞公司—陶瓷市场—桥头—城塘—长城中学—卫生院路口—雄泰热处理—航宇—超人—伦达—三峰—王力—模具市场—雄鹰—学院路口—新时代—荆山陈	29	荆山陈—龙翔—泰龙—外贸—宏大—嘉禾—管委会—电动工具厂—银川路口—热处理—雄泰—卫生院路口—长城路口—黄城里—城塘—小花园—陶瓷市场—双飞—五金菜场—五金城—检察院—公园—三中路口—恒丰路口—华丰菜场—实验小学—数码城—农贸市场—雕塑公园	29

（童文贤辑录）

数字永康

永康市历年地方财政收支比较一览表

（单位：万元）

年份	一般预算收入	同比增幅(%)	地方财政收入	同比增幅(%)	一般预算支出	同比增幅(%)
1978	1 249	—	—	—	769	—
1979	1 336	7.0	—	—	848	10.3
1980	1 423	6.5	—	—	1 062	25.2
1981	1 614	13.4	—	—	955	−10.1
1982	1 822	12.9	—	—	1 085	13.6
1983	2 087	14.5	—	—	1 374	26.6
1984	2 422	16.1	—	—	1 622	18.0
1985	3 571	47.4	—	—	2 216	36.6
1986	4 308	20.6	—	—	2 536	14.4
1987	5 005	16.2	—	—	2 622	3.4
1988	6 071	21.3	—	—	3 650	39.2
1989	7 052	16.2	—	—	5 044	38.2
1990	6 900	−2.2	—	—	4 797	−4.9
1991	7 656	11.0	—	—	5 208	8.6
1992	8 850	15.6	—	—	6 314	21.2
1993	11 191	26.5	—	—	7 902	25.2
1994	14 143	26.4	6 341	—	10 679	35.1
1995	18 247	29.0	9 156	44.4	12 147	13.7
1996	22 069	20.9	10 694	16.8	14 149	16.5
1997	26 186	18.7	12 514	17.0	16 546	16.9
1998	30 423	16.2	14 830	18.5	18 938	14.5
1999	40 125	31.9	20 613	39.0	23 585	24.5
2000	58 035	44.6	28 907	40.2	30 688	30.1
2001	80 129	38.1	43 970	52.1	41 489	35.2
2002	101 416	26.6	46 362	5.4	54 134	30.5
2003	131 134	29.3	59 178	27.6	65 364	20.7

（续表）

年份	一般预算收入	同比增幅(%)	地方财政收入	同比增幅(%)	一般预算支出	同比增幅(%)
2004	151 889	15.8	61 993	4.8	75 392	15.3
2005	200 968	32.3	99 331	60.2	97 720	29.6
2006	233 452	16.2	116 966	17.8	115 487	18.2
2007	268 466	15.0	133 528	14.2	137 403	19.0
2008	313 989	17.0	157 981	18.3	158 752	15.5
2009	336 919	7.3	177 160	12.1	192 351	21.2

永康市历年生产总值比较一览表

（单位:亿元）

年份	生产总值	第一产业	第二产业	工业	建筑业	第三产业	人均生产总值(元)
1949	0.15	—	—	—	—	—	56
1966	0.53	—	—	—	—	—	157
1978	0.96	0.53	0.28	0.24	0.04	0.15	221
1979	1.23	0.70	0.33	0.28	0.05	0.19	278
1980	1.44	0.77	0.42	0.35	0.07	0.25	323
1981	1.47	0.77	0.43	0.37	0.06	0.27	325
1982	1.73	0.94	0.47	0.40	0.07	0.32	378
1983	1.83	0.91	0.56	0.48	0.08	0.36	394
1984	2.12	0.97	0.71	0.63	0.08	0.43	452
1985	3.05	1.13	1.35	1.19	0.16	0.57	645
1986	3.66	1.17	1.75	1.57	0.18	0.74	767
1987	4.53	1.43	2.17	1.98	0.19	0.92	939
1988	6.05	1.85	2.75	2.53	0.22	1.45	1 238
1989	6.67	1.73	3.33	3.03	0.31	1.61	1 345
1990	7.45	1.84	3.73	3.36	0.37	1.88	1 481
1991	8.89	2.01	4.58	4.24	0.34	2.30	1 746
1992	11.03	2.08	5.88	5.39	0.49	3.07	2 153
1993	15.87	2.28	9.82	9.04	0.78	3.77	3 094
1994	24.10	3.47	15.79	14.67	1.12	4.83	4 686
1995	40.53	4.23	27.07	25.48	1.60	9.23	7 837
1996	50.67	4.88	34.30	32.15	2.15	11.50	9 742
1997	56.64	3.83	39.73	37.52	2.08	13.09	10 844
1998	61.51	3.71	43.39	41.29	1.98	14.41	11 901
1999	66.43	3.62	46.41	43.82	2.50	16.39	12 602
2000	75.28	3.59	53.13	50.08	2.95	18.56	14 223

（续表）

年份	生产总值	第一产业	第二产业	工业	建筑业	第三产业	人均生产总值(元)
2001	84.20	3.67	57.07	53.30	3.77	23.46	15 821
2002	93.67	3.62	63.21	58.95	4.27	26.84	17 517
2003	110.25	3.82	72.18	66.82	5.36	34.25	20 529
2004	135.92	4.18	90.10	83.49	6.61	41.65	25 128
2005	156.93	5.17	103.31	97.30	6.01	48.45	28 731
2006	180.05	5.17	118.66	112.09	6.58	56.21	32 623
2007	213.54	5.56	141.52	132.60	8.92	66.46	38 296
2008	247.26	6.73	163.29	153.30	9.99	77.24	43 962
2009	260.87	6.90	169.16	156.96	12.21	84.81	46 058
2010	310.48	7.43	200.38	184.15	16.23	102.67	54 396
2011	355.39	8.40	225.94	207.23	18.71	121.05	61 764
2012	392.09	8.76	245.29	225.20	20.09	138.04	67 780
2013	422.56	9.28	259.94	238.98	20.97	153.34	72 547

注：本表按当年价格计算。

永康市历年生产总值不变价增长率比较一览表

（单位：%）

年份	地区生产总值	第一产业	第二产业	工业	建筑业	第三产业	人均生产总值
1949	基数为0	—	—	—	—	—	—
1966	9.3	—	—	—	—	—	—
1978	基数为0	—	—	—	—	—	—
1979	12.8	10.0	13.6	—	—	22.7	11.6
1980	15.8	10.1	23.9	—	—	23.1	14.6
1981	1.3	−1.6	3.6	—	—	6.3	−0.1
1982	14.9	13.2	14.6	—	—	20.0	13.1
1983	8.4	1.1	19.2	—	—	11.5	7.0
1984	16.2	9.2	25.2	—	—	18.3	15.0
1985	31.3	−0.8	79.7	—	—	17.9	30.1
1986	18.1	3.6	27.4	—	—	20.9	17.2
1987	14.9	−3.3	24.8	—	—	16.6	13.7
1988	16.8	−2.7	21.9	—	—	27.7	15.2
1989	7.7	−3.2	13.5	—	—	1.8	6.2
1990	10.9	5.0	11.9	—	—	13.8	9.3
1991	14.7	22.2	27.3	—	—	−17.5	13.4
1992	18.1	−15.1	13.3	—	—	81.0	17.4

（续表）

年份	地区生产总值	第一产业	第二产业	工业	建筑业	第三产业	人均生产总值
1993	23.8	－4.4	42.3	44.9	11.5	7.3	23.6
1994	30.3	12.8	37.8	38.3	30.2	21.7	30.0
1995	37.6	9.9	47.4	48.6	27.8	25.2	36.9
1996	21.5	10.8	25.7	25.1	37.6	12.3	20.7
1997	11.6	－18.6	17.3	18.4	－1.0	4.7	11.2
1998	12.3	5.5	13.1	13.8	－2.1	11.3	13.5
1999	11.5	8.2	10.6	9.9	27.0	16.9	9.4
2000	12.0	－1.5	13.0	12.9	15.5	12.3	11.5
2001	10.9	4.5	9.5	9.0	17.6	16.3	10.3
2002	12.9	2.0	12.8	12.7	15.4	14.9	12.4
2003	15.6	6.3	15.1	14.6	22.4	18.1	15.1
2004	16.5	2.5	17.0	17.1	14.7	17.2	15.6
2005	13.0	2.5	12.8	14.2	－7.1	14.7	11.9
2006	12.8	2.9	12.9	13.2	8.7	13.7	11.6
2007	14.8	1.6	15.9	15.2	28.6	13.8	13.6
2008	12.0	8.7	12.1	12.7	2.9	12.1	11.0
2009	9.5	3.9	8.6	7.9	21.1	11.7	8.7
2010	12.8	2.2	12.1	11.4	21.6	15.0	11.9
2011	10.5	4.7	10.0	10.5	3.4	11.9	9.6
2012	10.4	2.3	10.3	10.5	7.8	11.2	9.8
2013	9.3	1.4	9.8	10.1	6.3	8.8	8.5

注：本表按不变价格计算。1978 年以前以 1949＝100，1978 年以后以 1978＝100 计算。

永康市历年全社会固定资产投资比较一览表

（单位：亿元、%）

年份	全社会固定资产投资（亿元）	同比增幅（%）	限额以上投资（亿元）	同比增幅（%）
1951	0.000 1	—	—	—
1966	0.004 9	11.4	—	—
1978	0.083 3	—	—	—
1979	0.094 7	13.7	—	—
1980	0.090 2	－4.8	—	—
1981	0.083 5	－7.4	—	—
1982	0.274 9	229.2	—	—
1983	0.323 2	17.6	—	—
1984	0.382 3	18.3	—	—

（续表）

年份	全社会固定资产投资(亿元)	同比增幅(%)	限额以上投资(亿元)	同比增幅(%)
1985	0.745 8	95.1	—	—
1986	0.791 3	6.1	—	—
1987	0.941 0	18.9	—	—
1988	1.107 7	17.7	—	—
1989	1.291 6	16.6	—	—
1990	1.533 1	18.7	—	—
1991	1.712 2	11.7	—	—
1992	2.63	53.7	—	—
1993	4.80	82.3	—	—
1994	6.56	36.8	—	—
1995	9.00	37.1	—	—
1996	11.76	30.8	—	—
1997	11.19	−4.8	—	—
1998	12.10	8.1	—	—
1999	14.32	18.4	—	—
2000	20.58	43.7	—	—
2001	29.84	45.0	—	—
2002	36.38	21.9	21.91	—
2003	47.46	30.5	28.82	31.5
2004	48.74	20.5	36.47	26.5
2005	49.88	8.4	39.83	9.2
2006	55.57	11.4	43.74	9.8
2007	59.84	7.7	49.56	13.3
2008	73.93	23.5	63.54	28.2
2009	86.42	16.9	76.06	19.7
2010	109.94	27.2	96.58	27.0
2011	○	○	109.59	13.5
2012	○	○	139.11	26.9
2013	○	○	167.51	20.4

注：1979 年及以前全社会固定资产投资为基本建设和更新改造合计数。1979 年及以前全社会固定资产投资为基本建设和更新改造合计数。1979 年以前如无分组数，仅填投资合计数。2011 起取消全社会固定资产投资，只有固定资产投资数即为限上固定资产投资数。

永康市历年规模以上工业企业主要指标一览表

（单位：亿元）

年份	企业单位数（个）	工业总产值	同比增长幅度(%)	产品销售收入	同比增长幅度(%)	利润总额	同比增长幅度(%)
1997	118	31.86	—	—	—	—	—
1998	118	37.74	18.5	35.3	—	1.3	—
1999	102	49.47	31.1	48.1	36.3	1.6	21.2
2000	109	68.39	38.3	66.9	39.2	2.3	45.0
2001	130	73.15	7.0	72.6	8.4	2.5	6.6
2002	252	109.86	50.2	106.5	46.8	4.7	88.3
2003	303	160.38	46.0	160.1	50.3	7.5	61.0
2004	510	242.24	51.0	240.7	50.3	11.0	45.6
2005	500	321.19	32.6	315.4	31.0	14.5	32.0
2006	504	388.99	21.1	380.5	20.7	15.5	7.2
2007	695	466.05	19.8	455.1	19.6	23.7	52.9
2008	830	556.56	19.4	544.5	19.6	30.8	30.0
2009	760	567.90	2.0	547.8	0.6	34.8	13.0
2010	783	681.60	20.0	664.2	21.2	44.9	29.2
2011	460	704.14	—	695.9	—	64.3	—
2012	489	729.61	12.2	715.1	10.4	56.7	8.1
2013	496	811.32	11.9	—	—	—	—

注：1. 1996年前为全部工业总产值数据，不分规模以上或规模以下工业企业。

2. 规模以上企业为年主营业务收入在500万元以上的工业企业。

3. 2011年起规模以上工业为年主营业务收入2 000万元以上企业。

4. 2012年的同比增速由于2011年同期数省统计局同意可调整，因此增速由2012年调整后的数据来算，而不是直接除以2011年的数得出。

永康市历年金融机构人民币各项存款和贷款余额一览表

（单位：万元）

年份	各项存款合计	同比增长幅度(%)	各项贷款合计	同比增长幅度(%)
1949	2	—	—	—
1966	475	19.6	1 059	13.7
1978	1 763	7.4	2 526	6.2
1979	2 819	59.9	3 018	19.5
1980	4 276	51.7	4 041	33.9
1981	5 166	20.8	3 996	−1.1
1982	6 376	23.4	4 652	16.4
1983	8 338	30.8	5 419	16.5
1984	10 758	29.0	9 229	70.3
1985	11 941	11.0	10 524	14.0

（续表）

年份	各项存款合计	同比增长幅度(%)	各项贷款合计	同比增长幅度(%)
1986	17 970	50.5	13 603	29.3
1987	21 352	18.8	16 545	21.6
1988	21 514	0.8	19 436	17.5
1989	43 676	103.0	33 781	73.8
1990	60 214	37.9	41 133	21.8
1991	77 399	28.5	50 194	22.0
1992	98 722	27.5	63 291	26.1
1993	123 037	24.6	83 798	32.4
1994	174 932	42.2	113 064	34.9
1995	229 706	31.3	149 237	32.0
1996	308 660	34.4	196 088	31.4
1997	374 223	21.2	274 039	39.8
1998	471 594	26.0	317 804	16.0
1999	588 686	24.8	376 278	18.4
2000	726 139	23.3	474 493	26.1
2001	947 517	30.5	610 884	28.7
2002	1 127 922	19.0	830 947	36.0
2003	1 371 003	21.6	1 104 282	32.9
2004	1 589 419	15.9	1 305 837	18.3
2005	1 870 673	17.7	1 449 139	11.0
2006	2 216 051	18.5	1 795 999	23.9
2007	2 472 421	11.6	2 084 576	16.1
2008	3 331 974	34.8	2 536 775	21.7
2009	4 604 176	38.2	3 869 179	52.5
2010	5 776 775	25.5	4 950 081	27.9
2011	6 653 240	15.2	5 742 477	16.0
2012	7 636 047	14.8	6 850 747	19.3
2013	8 860 912	16.0	7 930 630	15.8

注：本表数据：1988 年及以前按银行存款，贷款数据；1989 年开始按金融机构数据。

永康市历年人民生活基本情况一览表

（单位：万元）

年份	城市居民家庭人均可支配收入	同比增长%	农村居民家庭人均纯收入	同比增长%
1978	—	—	0	—
1979	—	—	0	—
1980	—	—	0	—
1981	—	—	0	—
1982	—	—	0	—
1983	—	—	338	—
1984	—	—	406	20.1
1985	—	—	513	26.4
1986	—	—	560	9.2
1987	—	—	610	8.9
1988	—	—	794	30.2
1989	—	—	908	14.4
1990	—	—	965	6.3
1991	—	—	1 135	17.6
1992	—	—	1 267	11.6
1993	—	—	1 621	27.9
1994	—	—	2 245	38.5
1995	—	—	2 940	31.0
1996	—	—	3 622	23.2
1997	—	—	3 800	4.9
1998	—	—	3 920	3.2
1999	—	—	4 038	3.0
2000	—	—	4 260	5.5
2001	—	—	4 578	7.5
2002	—	—	4 868	6.3
2003	—	—	5 412	11.2
2004	—	—	6 015	11.1
2005	—	—	6 625	10.1
2006	16 874	—	7 348	10.9
2007	18 817	11.5	7 995	8.8
2008	20 608	9.5	8 939	11.8
2009	22 388	8.6	9 744	9.0
2010	25 319	13.1	11 126	14.2
2011	28 988	14.5	12 961	16.5
2012	32 380	11.7	14 566	12.4
2013	35 526	9.7	16 243	11.5

注：城镇居民人均可支配收入从 2006 年开始有数据。

永康市历年国内贸易和对外经济贸易一览表

（单位：万美元）

年份	社会消费品零售额（亿元）	同比增长幅度（%）	进出口总额（万美元）	同比增长幅度（%）	出口额（万美元）	同比增长幅度（%）	进口额（万美元）	同比增长幅度（%）	实际利用外商直接投资额（万美元）	同比增长幅度（%）
1949	0.054	—	—	—	—	—	—	—	—	—
1966	0.225 2	8.1	—	—	—	—	—	—	—	—
1978	0.4	4.0	0	—	0	—	—	—	0	—
1979	0.5	25.0	0	—	0	—	—	—	0	—
1980	0.7	40.0	0	—	0	—	—	—	0	—
1981	0.8	14.3	0	—	0	—	—	—	0	—
1982	0.9	12.5	0	—	0	—	—	—	0	—
1983	1.0	11.1	0	—	0	—	—	—	0	—
1984	1.1	10.0	0	—	0	—	—	—	0	—
1985	1.4	27.3	0	—	0	—	—	—	0	—
1986	1.7	21.4	0	—	0	—	—	—	0	—
1987	2.1	23.5	0	—	0	—	—	—	0	—
1988	2.8	33.3	0	—	0	—	—	—	0	—
1989	3.0	7.1	0	—	0	—	—	—	12	—
1990	3.0	0.0	0	—	0	—	—	—	67	444.7
1991	3.5	16.7	4	—	1	—	—	—	22	−67.2
1992	4.1	17.1	8	100.0	4	300.0	—	—	51	131.8
1993	4.2	2.4	316	3 850.0	208	5 100.0	—	—	143	180.4
1994	7.4	76.2	2 353	644.6	2 083	901.4	—	—	279	95.1
1995	10.1	36.5	6 510	176.7	5 840	180.4	—	—	218	−21.9
1996	12.9	27.7	4 663	−28.4	4 663	−20.2	—	—	233	6.9
1997	14.2	10.1	4 891	4.9	4 891	4.9	—	—	184	−21.0
1998	15.2	7.0	6 168	26.1	6 091	24.5	—	—	12	−93.5
1999	16.7	9.9	9 249	50.0	8 380	37.6	—	—	305	2 441.7
2000	18.6	11.4	15 553	68.2	13 773	64.4	—	—	331	8.5
2001	21.0	12.9	18 137	16.6	16 217	17.7	1 920	—	56	−83.1
2002	23.8	13.3	27 911	53.9	27 911	72.1	2 657	38.4	544	871.4
2003	26.9	13.0	51 829	85.7	46 884	68.0	4 946	86.1	2 021	271.5
2004	30.8	14.5	86 131	66.2	78 371	67.2	7 760	56.9	4 297	112.6
2005	43.6	14.5	112 899	31.1	104 593	33.5	8 306	7.0	4 477	4.2
2006	49.8	14.4	146 742	30.0	138 936	32.8	7 806	−6.0	5 429	21.3
2007	57.5	15.4	189 946	29.4	185 014	33.2	4 932	−36.8	5 037	−7.2

（续表）

年份	社会消费品零售额（亿元）	同比增长幅度（%）	进出口总额（万美元）	同比增长幅度（%）	出口额（万美元）	同比增长幅度（%）	进口额（万美元）	同比增长幅度（%）	实际利用外商直接投资额（万美元）	同比增长幅度（%）
2008	68.9	19.9	248 312	30.7	240 248	29.9	8 064	63.5	5 052	0.3
2009	78.9	14.4	221 564	−10.8	207 302	−13.7	14 262	76.9	2 064	−59.1
2010	91.7	16.3	323 693	46.1	306 082	47.7	17 611	23.5	3 533	71.2
2011	109.2	19.0	395 205	22.1	370 544	21.1	24 661	40.0	3 577	1.2
2012	127.2	16.5	391 893	−0.8	365 003	−1.5	26 890	9.0	812	−77.3
2013	140.4	15.4	480 693	22.7	434 402	19.0	46 291	72.4	306	−62.3

注：本表进出口总额1986年以前为外贸业务统计数，1986年起为海关进出口统计数。2005年经济普查后，根据经济普查数据增速调整。

（俞晓蕾）

索　　引

说明：

一、本索引为主题词索引，按主题词（专用名、人名）首字的汉语拼音顺序排列。

二、主题词（专用名、人名）后面的数字表示内容所在的页码。

D

E

F

G

H

J

K

L

M

N

P

Q

R

S

T

W

X

Y

Z

图书在版编目(CIP)数据

永康年鉴:2014/永康市地方志编纂委员会编.
—上海:上海人民出版社,2015
ISBN 978-7-208-12998-6

Ⅰ.①永… Ⅱ.①永… Ⅲ.①永康市-2014-年鉴
Ⅳ.①Z525.54

中国版本图书馆CIP数据核字(2015)第101995号

责任编辑 高笑红 马瑞瑞
封面设计 储 平

永康年鉴(2014)
永康市地方志编纂委员会 编
世 纪 出 版 集 团
上海人民出版社出版
(200001 上海福建中路193号 www.ewen.co)
世纪出版集团发行中心发行 浙江新华数码印务有限公司印刷
开本 889×1194 1/16 印张 55.75 插页 8 字数 1211,000
2015年9月第1版 2015年9月第1次印刷
ISBN 978-7-208-12998-6/Z·195
定价 680.00元

2014

YONGKANG
YEARBOOK

永康年鉴

(上)

中共永康市委员会
永康市人民政府
主办

永康市地方志
编纂委员会
编

上海人民出版社

永康市地方志编纂委员会

（2013.10～　）

主　任： 金　政

副主任： 陈美蓉　朱世道　戴　翀（　～2015.3）　叶　新（2015.4～　）

委　员： 程　坚　黄立华　金志强　胡天忠　丁月中　方新军　项　敏　倪应生
施建民　赵晨晓　徐首荣　翁卫航　周振有　周跃忠　蒋东炜　陈洁丽
施海鸥　方荣广　徐明岳　杨　献　陈伟强　朱长林
朱志昂　胡宏立　徐首荣　陈旭波　胡　浩　赵　斌　林益勇　池　斌
肖先振　陈振祥　王仁胜（　～2015.3）
徐广涛　施礼干　程可可　叶建永　陈麟新　胡广辉　应伊娌　骆建江
徐　鹏　应四勇（2015.4～　）

办公室　主　审： 施礼干（2015.4～　）
黄立华（　～2015.3）

主　任： 周跃忠

副主任： 应梅芳　吴哲儿　童文贤

《永康年鉴》编辑部

主　编： 童文贤

编　辑： 徐赤金　项瑞英　林锦泉　施志俊　董振煜　胡学军　傅尤奕
徐巧玲　金晓敏　应　群

市长寄语

经全市方志工作者的辛勤努力，《永康年鉴(2014)》和全市人民见面了，这是值得庆贺的一件喜事。

永康有着悠久的历史，三国孙吴赤乌八年(245)建县。永康人民吃苦耐劳，民风素来淳朴。1700多年来，一代又一代聪明勤奋的永康人，在这片美丽又充满生机的土地上，创造了一个个奇迹，书写了一部部华章。尤其是进入20世纪80年代以来，改革开放的号角唤醒了这块古老的大地。永康人民以其智慧和勤劳将传统的“百工之乡”铸造成享誉中外的“五金之都”。2000年起，永康连续成为全国百强县(市)之一，人民过上了幸福的小康生活。今日永康，正以崭新姿态，围绕全面打造经济社会发展升级版的宏伟目标，实施“工业强市、生态立市、商旅活市、文化兴市”发展战略，致力打造实力永康、活力永康、法治永康、幸福永康，为建设现代化国际五金名城奠定了扎实的基础。

纵观《永康年鉴(2014)》，至少有四个方面值得称道：一是实事求是。这部年鉴以党的十八大精神为指针，全面客观地记录2013年全市人民在市委、市政府正确领导下，围绕“物质富裕，精神富有”的目标，在各个领域所取得的新成就、新经验，出现的新情况、新问题，不溢美、不饰非，既报喜、亦报忧，力求资料和数据真实可信。二是乡土味浓。年鉴抓住全市重点工程、各部门的工作亮点，突出反映了2013年全局性影响的要事、新事和特事，充分体现出这些大事的永康特色和年度特点，使永康浓郁的乡情和人民的豪迈风貌跃然纸上。三是图文并茂。全书围绕市委、市政府2013年中心工作，以文字记述的同时，配有多幅图片，图文相映地记录了先进单位和先进人物的事迹，介绍了永康著名品牌和名、优、新、特产品，以及知名企业的骄人业绩，从而使年鉴内容生动活泼，增色生辉。四是体例规范。这部年鉴按事物分类，城乡一体记述，保持卷首、百科、卷尾三个基本组成部分和类目、分目、条目三个层次的框架结构，以条目为主，行文朴实、简洁、明了。

编纂年鉴是一项系统工程，各部门单位的撰稿人员尤其是年鉴编辑部的同志为之付出了大量心血。在此，我向他们表示衷心感谢，并祝愿永康的明天更加美好。

市长 金 政

2014年12月29日

编辑说明

一、《永康年鉴》是中共永康市委和市人民政府主办的综合性年鉴，是具有政府公报性质的资料性工具书。由永康市地方志编纂委员会及办公室组织实施，市机关各部门，镇(街、区)供稿，《永康年鉴》编辑部汇编。其宗旨是为各级领导开发永康提供决策依据，为永康人民建设永康提供资政信息，为国内外读者研究永康提供地情资料。年鉴从2014年开始编辑出版，面向国内外公开发行。

二、《永康年鉴》以马列主义、毛泽东思想、邓小平理论、“三个代表”重要思想、科学发展观为指导，全面、系统、客观地记载永康人民在市委、市政府的领导下，实施“工业强市、生态立市、商旅活市、文化兴市”发展战略，打造实力永康、活力永康、法制永康、幸福永康，建设现代化国际五金名城中取得的新成就、新经验和出现的新情况、新问题。既突出当今社会主义建设时期的鲜明特征，又体现永康“百工之乡”“五金之都”的地方特色，以凝聚人心，教育人民，为实现“两个百年”和中华民族伟大复兴的中国梦而奋斗。

三、《永康年鉴》采用分类编辑法。分类目、分目、子目三个层次设计，以条目为记述形式，按时间顺序记述，条目标题采用【 】表示。

四、《永康年鉴(2014)》记录时限为2013年1月1日至12月31日。作为综合性叙述和背景资料的综述、概况和有些跨年度条目以及表格中的数据适当上溯。本年鉴由特载、特辑、专记、大事记、市情概览、亮点、正文、附录组成，内容以现代城乡社会分工和管理体制为基础，按事分类，横排纵述，力求记事详尽、完整，全方位地反映永康总情。

五、《永康年鉴》收录范围以永康现有行政区划为界，发生异地有关永康的事件适当兼及。文中表述为“全市”的，均指永康市行政区划内的11个镇、3个街道和2个开发区范围；表述为“市区”的是指东城、西城、江南街道和经济开发区、城西新区范围。称谓用第三人称。单位名称、专用术语首次出现时用全称(除标题用简称外)，此后一律用简称。

六、《永康年鉴》文稿均由市机关各部门和各镇(街、区)提供(文后署作者名)，并经单位领导审核，加盖公章，由年鉴编辑部校核编纂成书。全书照片由市机关各部门提供的署单位名，本人提供的署摄影作者名。彩页的部分文字说明和拍照时间下限放宽至定稿时。书内涉及全市性的综合数据由市统计局提供；统计未及的酌用各供稿单位提供的数据。所有计量单位，以国家法定计量单位为准。凡用“以上”“以下”的均含本数字。

七、《永康年鉴》前置总目、中英文目录，后设索引。标题索引采取主题分析索引方法，按主题词首字以汉语拼音字母顺序排列。书封粘贴有电子版本，其内容与纸质版本相同。

总目

上册

下册

第 18 届中国五金博览会

会场全景（徐恩东 摄）

永康
争创新优势汇聚新
二次出发谱写新篇章

开幕式（林群心 摄）

市委书记徐华水在开幕式上讲话
（五金城提供）

市长金政在开幕式上致欢迎词
（五金城提供）

外商在五金博览会展销区

会展中心全景（林群心 摄）

会展中心大门（林群心 摄）

第四届门博会（公安局提供）

第八届农展会（农业局提供）

安全

商交馆（五金城提供）

MANSION SMART HOME
曼申智能管家
曼申智能管家
中北门
EAST DELUX DOORS

A01
专业生产三聚氰胺模压面门

上海威士迪电子技术有限公司
Wise team
品质大不同

崛起的永康经济开发区
（应　敏摄）

浙商回归创业创新园区奠基（龙山镇提供）

总部中心庆典活动（总部中心提供）

总部中心晨韵（林群心 摄）

总部中心一期全景
（总部中心提供）

鑫茂物流中心全景
（交通局提供）

市委书记徐华水到永康总部中心巡查
（总部中心提供）

意大利考察团在总部中心签约
（外事办提供）

众泰集团公司厂貌（应　敏 摄）

汽车生产装配车间（应　敏 摄）

整装待发的众泰汽车（应　敏 摄）

众泰新能源汽车在北京巡游通过天安门（产业集团提供）

中国科技五金城二期金都市场
（五金城提供）

五金市场

全国首个农业装备产业创新园农机展示区
（城西新区 提供）

金城市场一角（五金城提供）

市长金政主持永康农村合作银行“普惠金融大行动”启动仪式（陈　敏 摄）

杨溪水库（杨鸣放 摄）

葡萄种植基地——唐先（唐先镇提供）

灵山湖（太平水库）（龙山镇提供）

甬优 12 高产攻关田（农业局提供）

永康杨梅（农业局提供）

唐先红富士葡萄（农业局提供）

绿色大棚 （俞来红 提供）

永康市域绿道网规划
与东阳对接
与义乌对接
与义乌对接
与东阳对接
与武义对接
与武义对接
与缙云对接
与缙云对接
与缙云对接
N
0 600 1200 2400 4800(m)
市域绿道主线
市域绿道支线
规划一级驿站
规划二级驿站
规划三级驿站
资源要素
行政界线
市域绿道布局
浙江省城乡规划设计研究院
永康市规划局
2014.01

永康市域绿道网规划

永康市行政区划图

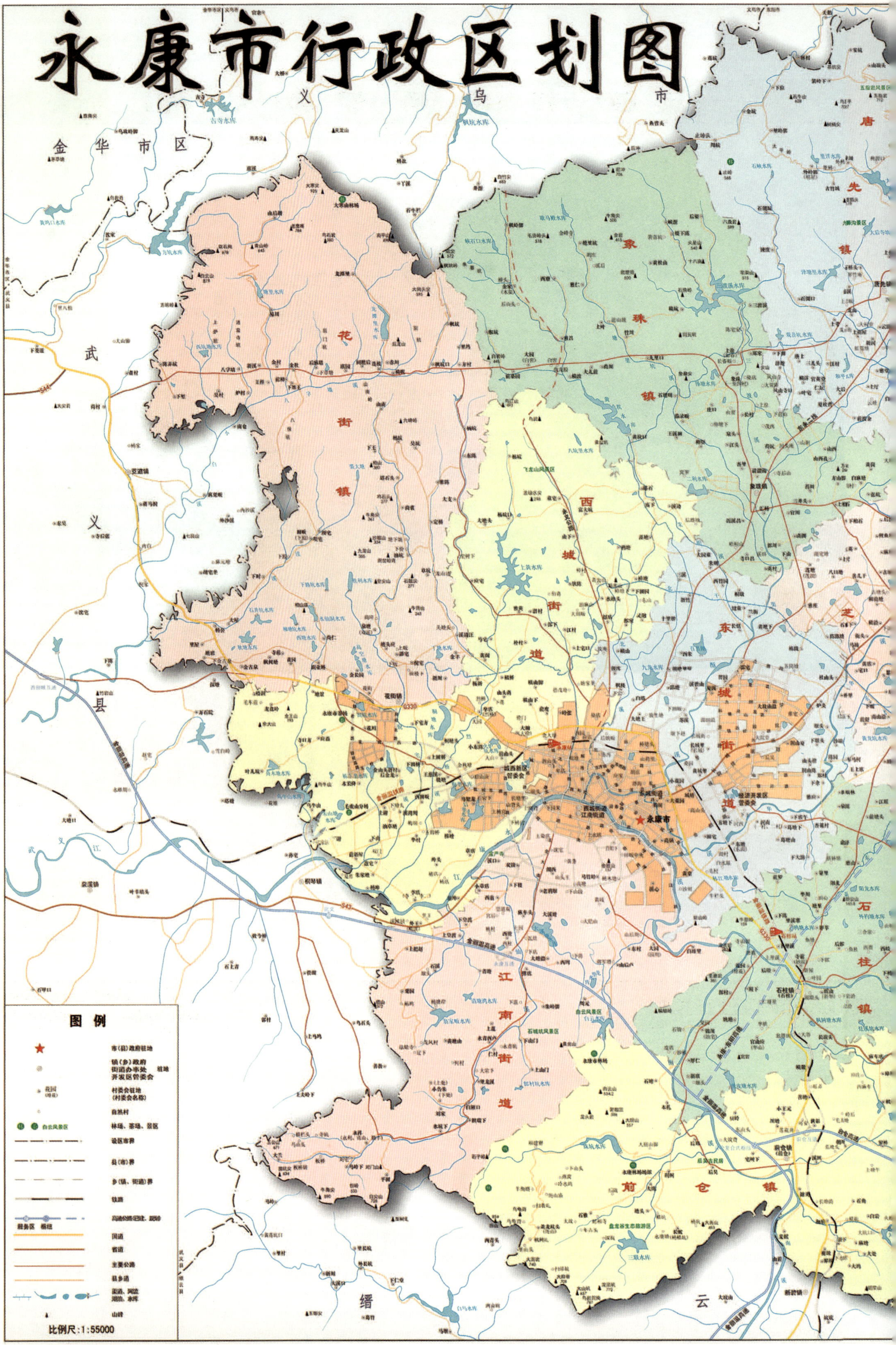

义
乌
市
金
华
市
区
武
义
县
缙
云
花
街
镇
象
珠
镇
西
城
街
道
东
城
街
道
唐
先
镇
芝
英
镇
石
柱
镇
江
南
街
道
前
仓
镇
永康市
图例
市(县)政府驻地
镇(乡)政府
街道办事处
开发区管委会
驻地
村委会驻地
(村委会名称)
自然村
林场、茶场、景区
设区市界
县(市)界
乡(镇、街道)界
铁路
高速铁路(已建、规划)
服务区
枢纽
国道
省道
主要公路
县乡道
渠道、河流
湖泊、水库
山峰
比例尺:1:55000

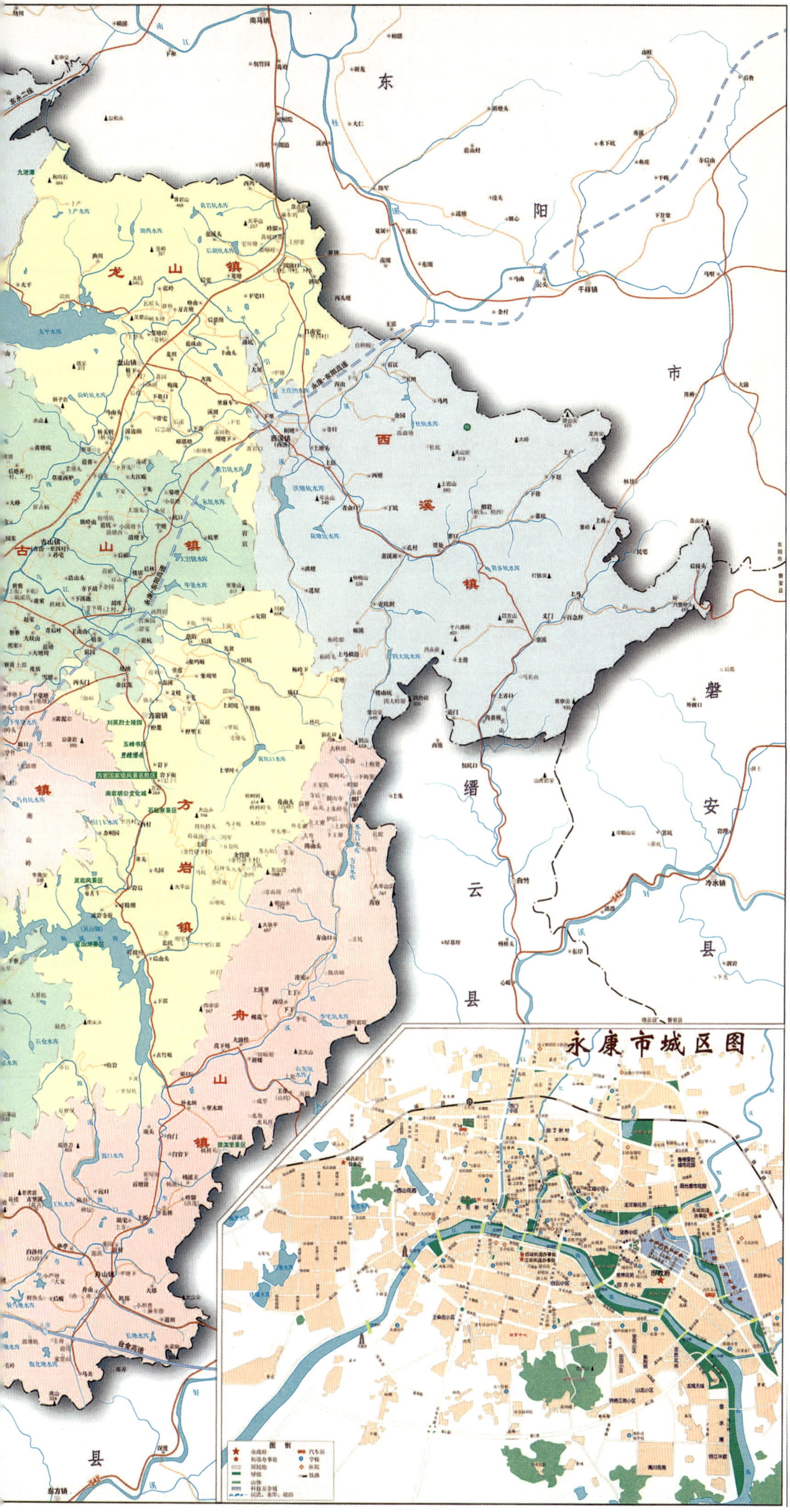

永康市行政区划图

大路任
下杨
田畈胡
新楼
王大山
山龙坑水库
上处
王庄（山坞）
南坞
成里
水角
水乢任
洋溪
330国道
大田
金大塘
火车站
求德路
九铃西路
城北西路
城北路
双飞路
汽车西站
兴达一路
兴达路
兴业路
城西路
西塔路
温
金
铁
路
前山头
城西新区管委会
松石西路
松石路
西塔一路
西塔二路
西塔三路
西塔四路
灵石路
后山应
杨官水库
梅垄水库
西山花苑
西山头
气象局
明珠学校
飞凤路
山岭头
紫微中路
中国移动
大司新村
第三人民医院
花城东路
永化路
龙川西路
龙川中路
紫微桥
西津桥
江滨南路
华丰桥
长塘里
永
康
江
龙虎塔
南苑路
华丰西路
永康卫校
后垄路
后垄水库
马架龙
杨官路
龙川西路
山背头
阳关桥
城南路
排塘水库
蓝天路
下杨官
千鸿路
千锦路
紫微南路
解放南路
王染店小区
五金大道
老年活动中心
西塔桥
永康四中
凤凰塔
沈宅
溪口
章店
黄务
双锦
湖西
龙川学校
下楼
溪心路
图例
市政府
街道办事处
居民地
绿地
山体
科技五金城
河流、水库、湖泊
汽车站
学校
医院
铁路

永康市城区图
330国道
永康市骨科医院
后姚畈
古丽中学
丽州北路
东湖路
桥糖头
车管所
香樟公园
园丁新村
园丁南路
供电局
检察院
山荷里
交巡警大队
金温铁路
妇幼保健院
胡店
城北东路
香格里拉城市花园
花园大道
东库街
卫星路
东塔路
阳光都市花园
江城小区
永康宾馆
古丽小学
公安局
法院
龙洋湖花苑
华溪北路
小花园
东城街道办事处
城东桥
华川桥
望春东路
城塘
民主小学
红十字会医院
中行
文化书店
公园里
望春小区
农行
永康日报社
中国科技五金城
信用社
英阁
大花园
第一人民医院
工商局
龙川公园
电动小区
人行
城管局
海关
星牌花苑
机关幼儿园
市政府
总部中心
白云小区
交通局
四方小区
望春桥
溪
丽州广场
汽车东站
民政大楼
高镇
五金二桥
五金三桥
高镇桥
城南路
党校
上水碓
丽州高级中学
永康一中
安居小区
溪中桥
高镇小学
交管所
自来水厂
田园小区
紫荆苑
金胜花苑
溪心大桥
金胜山
金胜山公园
龙域天城
广电广场
山龙小区
锦绣江南小区
马竹岭
杨木塘
溪心
金水湾
南溪
教师进修学校
锦江华庭
黄岐
高川花苑
酥溪
北

永康市城区图

永康城区影像图

国际会展中心

上册目录

亮　点

中共永康市委

市人大常委会

市人民政府

市政协委员会

民主党派

社会团体

人民法治

人民武装

农村经济

工业经济

开发区

Content

Yongkang Standing Committee of People's Congress

Yongkang People's Government

Yongkang Committee of the CPPCC

Democratic Parties

Mass Organizations

Law

People's Armed Forces

Agriculturical Economy

Industrial Economy

Tourism

Commerce

Development Area

特　载

市委全会报告

在二次出发新起点上奋力前行　为全面打造经济社会发展升级版奠定扎实基础
——在市委十三届五次全体(扩大)会议暨市政府十六届四次全体会议上的报告

徐华水

同志们：

这次全会的主要任务是：认真贯彻落实党的十八大、十八届三中全会、中央经济工作会议和中央城镇化工作会议及省委、金华市委全会精神，回顾总结2013年永康经济发展和社会管理各方面工作，研究部署2014年永康全面深化改革和二次出发排局布阵的各项工作任务，动员全市党员和广大干部群众，进一步解放思想，改革创新，凝心聚力，克难攻坚，在二次出发新起点上奋力前行，为全面打造经济社会发展升级版奠定扎实基础。

现在，我代表市委、市政府向全会作报告。

永康市委书记　徐华水

一、难中求进，主动有为，2013年经济社会发展平稳有序，各项目标任务圆满完成

2013年是永康在长期高增长、高期望值和较大财政支出惯性下，面临巨大发展压力的一年。企业普遍经营困难，不少企业反映这一年是改革开放以来最困难的时期。面对挑战和困难，市委、市政府沉着冷静，积极应对，知难而进。全市经济社会发展努力保持平稳向上良好态势，各项

工作取得明显成效。预计全市实现生产总值425亿元,同比增长9.5%;财政总收入首次突破60亿元,达到61.4亿元,同比增长11.7%,其中地方财政收入35.3亿元,同比增长17.2%;固定资产投资完成172亿元,增长20%;城镇居民人均可支配收入3.56万元,增长10%,农村居民人均纯收入1.61万元,增长11%。永康先后荣获"全国科技进步考核先进县(市)"、"浙江省卫生强县"、"浙江省体育强县"、"浙江省药品安全示范县"、"浙江省质量强市示范县"称号,成功列入首批"全国质量强市示范城市"创建名单,被浙江省确定为首批循环经济示范市(县)创建地区,并作为浙江省唯一县级市被国家发改委确定为国家循环经济示范市(县)创建地区,有望连续八年被评为"浙江省平安县(市)"。

(一)讲政治、明方向,二次出发形成共识

市委反复强调,必须把讲政治作为第一要求,坚定自觉地贯彻落实党中央、省委和金华市委的要求,自觉从大局想问题、作决策,在思想上行动上始终与中央、省委和金华市委保持高度一致,确保政令畅通。坚持把贯彻落实上级精神与创造性地做好永康工作结合起来,在经历年中市委、市政府主要领导调整后,迅速召开了市委十三届四次全会,认真分析永康经济社会发展所处的阶段和面临的形势任务,及时提出了"二次出发,全面打造经济社会发展升级版"的发展新思路。紧接着,市委先后召开了"正风提效抓落实"全市深化作风建设大会和以打造"有激情、敢担当、过得硬、打胜仗"干部队伍为导向的全市干部队伍建设大会,迅速把全市上下党员干部的注意力和精力引导到谋发展上来,充分激发干事创业的激情,强调以"非常之举",尽"非常之能",履"非常之责"。下半年来,马上干、抓紧干、认真干,已成为全市各级干部的指南。有的镇街区干部说,工作压力从未像今天这么大,工作热情从未像今天这么高。"三改一拆""四边三化""双清行动""个转企""小升规",水环境综合整治、村级组织换届选举……各项工作强势出击,有力推进,取得非常明显的效果。全市各级党组织、干部群众紧紧围绕"二次出发,全面打造经济社会发展升级版"的目标,勇当战士,奋力冲关、攻坚克难,争创新优势,汇聚新动力,迅速形成了"心往一处想、劲往一处使、话往一处说、事往一处做"的良好氛围。

(二)强措施、保增长,经济运行稳中向好

工业经济保持稳定增长。在企业普遍感到压力和困难的严峻形势下,市委、市政府积极作为,重引导,强服务,树信心,出台一系列政策,采取了许多积极有效措施,保企业增长。通过大家共同不懈努力,工业经济难中求进,稳中向好,继续在金华市保持领先地位。主要指标稳步增长,实现规上工业总产值811.3亿元,增长11.9%;增加值146.8亿元,增长11.5%;规上工业新产品产值319亿元,利税总额85亿元;出口交货值232亿元,增长5%;工业用电量28.2亿千瓦时,增长10.9%;完成工业投入89亿元,增长20%。完成"个转企"1 018家,完成总量位居金华第二。实现"小升规"192家,规上企业总数达637家。

技改创新步伐加快。新批技改项目102项,累计投入43.9亿元,其中技术装备投入30亿元。高新技术产业增加值32.1亿元。认定国家重点扶持高新技术企业41家,新增金华市级以上企业研发中心8家,新增科技型企业16家。成功举办第八届中国五金产品工业设计大赛。深入推进质量强市(县)示范创建活动,出台"永康五金"区域国际品牌推广使用与监督管理办法。新增注册商标2 400多件,注册商标总量位居金华第二。中国铁路通信信号创新投资有限公司区域总部落户永康。实现自营进出口总额47.5亿美元,自营进口额首次居金华首位。

现代服务加快推进。编制《永康市现代服务业发展规划(2012—2020)》,健全完善“1+X”服务业政策体系和考核体系①,预计实现服务业增加值152亿元,可比价增长9.0%。五金城成功创建“省级现代服务业集聚示范区”和“省五星级文明规范市场”,全年举办规模展会18个,实体交易额366亿元,增长7.1%,网上交易额200亿元,增长20%。“中国·永康五金指数”通过商务部平台正式发布,“永康五金”影响力显著提升。总部中心新增入驻企业30家,总税收3.2亿元。出台扶持影视文化产业发展意见,引进影视文化企业20家。经济开发区国际物流中心公共保税仓库主体工程结顶,城西物流中心一期投入运营。

农业生产提质增效。推进农业“两区一中心”建设,建成粮食生产功能区900公顷,提升标准质量农田2 500公顷。实现全年粮食播种面积13 000公顷、粮食总产量8.45万吨。水稻每公顷最高1.46万千克,连续三年打破金华纪录。举办第八届农展会、第三届中国(永康)红富士葡萄节、第六届方山柿节等农业展会。实现农村土地承包经营权流转7 333.33公顷,新增市级农业龙头企业和农民专业合作社16家。

(三)重投入、强管理,民生社会和谐稳定

狠抓民生实事落实,不断加大财政投入,全年民生支出占公共财政支出的80%。城区义务教育实现“零择校”,促进了教育均衡;民办教育健康发展,被列为全省民办教育综合改革试点县(市)。出台公立医院综合改革实施意见,推进城乡基本公共卫生服务均等化。缓解城乡交通拥堵,完成25个(条)易堵路口路段改造。省级体育强镇实现全覆盖,被国家体育总局评为“农民体育健身工程先进县”。开展出生性别比综合治理,严厉打击“两非”行为。社会福利中心建设进展顺利,新建农村居家养老服务中心30家。开工建设保障性安居工程1 672套,建成公租房304套。出台失地农民转社保政策、被征地农民转职工基本养老政策。完成农贸市场改造提升9家。新增省级文明示范农贸市场6家。实施“平安永康”社会管理“十项工程”,稳步推进“网格化管理、组团式服务”。完善领导下访机制,信访态势总体平稳。切实加快治安防控体系建设,受到省委常委、公安厅长刘力伟的充分肯定,金华市在永康召开现场会加以推广。组织打击“黄赌毒”、经济犯罪等专项行动,重点打击非法集资、境外赌博案件。全市各类案件警情总数同比下降23%,侵财发案总量同比下降26%。落实安全生产责任制,全年无重大安全事故发生。全市近60万流动人口得到有效管理,流动人口管理工作跃上了新台阶。

(四)强推进、抓落实,重点项目克难攻坚

水环境整治全面实施。围绕“清水永康江、清新丽州城”目标,启动“158”碧水蓝天工程,全面开展以空气和水环境污染为主的综合环境治理。杨溪水库生态湿地一期投入运行。全国中小河流重点县综合整治4个项目开工,华溪一期、二期工程完工。开展清理河道、清洁乡村“双清”专项行动,治理农村河道67千米。生活垃圾焚烧发电厂点火发电。完成城市污水处理厂二期工程建设。芝英污水处理厂一期工程第二条生产线投入使用。对违法排污“零容忍”,开展“雷霆治污一号”环境整治专项行动,排查企业2 175家,立案查处82家,关停取缔176家,刑事拘留3人,其

① “1”是指纲领性文件《关于加快推进永康现代服务业发展的实施意见》,“X”包括与之相配套的《永康市服务业引导资金暂行管理办法》《永康市服务业优秀企业评比暂行办法》,及《关于扶持影视文化产业发展的暂行意见》《关于促进电子商务发展若干政策暂行意见》《关于加快总部经济发展的若干意见》等各服务业行业的子政策。同时,研究制定《现代服务业发展工作考核办法》,首次把服务业发展工作纳入各服务业相关部门的创业目标考核中,适当增加内容和分值,真正做到鼓干劲,求实效,增强推进现代服务业提升发展的整体合力。

中判处有期徒刑 1 人。

城镇建设推进有力。解放街旧城拆迁改造拆除房屋 47 宗、建筑面积 7 471 平方米。金胜山公园金豚阁项目主体工程结顶。方岩风景区管理体制进行有效调整，理清了“方岩梦”的思路，综合整治工作有序推进。北部水库联网一期工程完成工程量的 20%。“三改一拆”稳步推进，拆除违法建筑 131 万平方米；城中村改造面积 17 万平方米，完成旧住宅区综合整治面积 33.3 万平方米。东永高速公路永康段主线完成路基工程。金温铁路扩改工程按进度要求推进。完成江南新城概念规划及核心区块城市设计。完成章店大桥和蓝天路改造工程。开展“数字永康”地理空间框架建设，“数字城管”信息系统一期工程投入试运行。稳步推进“一通五化”三期工程。开展户外广告清理，加强城市管理，提升城市形象。

美丽乡村建设有新提升。实行市领导每月督查农村卫生制度，开展“卫生最差村”媒体曝光。创建美丽乡村“精品村”10 个、“秀美村”20 个、“洁净村”300 个。园周村入选全省“最美乡村”，入围全国“美丽乡村”创建试点村。美丽乡村 3 号森林运动线、4 号果园飘香线基本成型。新增农房改造村 25 个，完成农房改造 3 550 户。深入推进省级森林城市创建，完成平原绿化 246.87 公顷、四边绿化 72.53 公顷。创建省级森林城镇 2 个、省级森林村庄 5 个。

（五）抓作风、求创新，党建工作不断提升

作风建设取得明显成效。按照“二次出发，全面打造经济社会发展升级版”的新要求，市委全面部署开展“正风提效抓落实”活动。强化对市委市政府重点工程项目、重点工作的督查督办，开展国有资产清查，积极推进村级便民服务中心规范化和“三务”公开信息平台建设。组织开展“慵懒散奢”专项整治等作风建设系列活动。开展全国政务公开试点，协调推进行政审批制度改革。全面落实中央关于加强作风建设八项规定和省委“28 条办法”、“六个严禁”有关精神。全市“三公”经费支出明显下降，行政效能得到有效提高。

干部队伍与基层组织建设不断加强。推出集考核、用人、奖惩为一体的“1+5”干部工作机制。开展市管领导干部年度考核、全员绩效考核，考出了压力，考出了活力。进一步以选拔“狮子型”干部为重点，选好配强“一把手”，以增强领导班子整体功能为重点，建设“好班子”；以加强后备干部队伍建设为重点，培养“好梯队”。出台了“不适宜担任现职领导干部实施细则”，加强党管人才工作。全力打造“智汇丽州·双龙精英计划”引才品牌。开展“全科型干部、全身心服务”和“五星争创”主题活动，探索推广村干部“异地挂职”制度。平稳有序地完成了全市村级组织换届工作。

宣传思想工作务实开展。深入推进“道德永康”建设，部署开展“学雷锋、扬美德、树新风”“道德讲堂”与“道德永康、文明出行”等主题活动。深入挖掘宣传“最美现象”，广泛开展各级道德模范评选活动。进一步加强网络舆情监控和舆情动态分析研判，提高网上舆论引导水平。开展农村文化礼堂建设和农村“两富”创建活动，建成“农村文化礼堂”30 个。

巾帼党建、青春党建、统一战线、人民武装工作亮点纷呈，工会、科协、文联、残联、关工委、慈善总会、红十字会等群众团体紧密围绕中心服务大局，切实抓好自身建设，工作卓有成效。

回顾过去的一年，可以说我们在克难攻坚中取得了很不容易的发展成绩。这些成绩的取得是上级党委政府正确领导，市委统揽全局，市政府狠抓落实，市人大、市政协全力支持配合的结果，是全市各界包括各位老领导积极支持和全市广大人民群众共同努力奋斗的结果。在此，我代表市委、市政府，向全力支持与推动永康经济社会发展的各级领导、广大干部群众和社会各界人士，表示衷心的感谢并致以崇高的敬意！

二、再聚共识、二次出发，全面打造经济社会发展升级版

在充分肯定成绩的同时，我们也要清醒地认识到，当前世界经济进入深度调整期，国际和国内环境正在发生深刻而复杂的变化。永康正处于爬坡过坎、不进则退、慢则掉队的重要历史关口：增速进入换挡期，发展面临巨大压力；调整进入阵痛期，转型升级任重道远；改革进入深化期，需要啃骨头涉险滩；统筹进入关键期，需要下决心求突破。面对经济增速下滑、投资规模偏小、企业效益不高；环境污染压力增大、维稳形势不容乐观；部分干部群众存在小富即安的思想、缺乏大气包容的气概、创业创新激情衰退；少数干部作风不实、消极应付等问题，我们必须敢于面对，深刻剖析，必须以更大的勇气和决心，啃硬骨头，重拳出击，全力突破。

市委十三届四次全体(扩大)会议已经全面回顾了永康改革开放三十五年以来的发展历程，并认真分析了永康发展面临的困难、挑战、动力与优势。在历届党委、政府的正确领导下，永康人敢为人先，趁着改革开放的好政策，靠"铜头铁嘴飞毛腿"走南闯北，使"五金工匠走四方，府府县县不离康，离康不是好地方"的传说发扬光大，也使永康五金的美名传遍天下。一大批能人闯市场、办工厂，艰苦创业，顽强拼搏，勤劳致富，将永康从一个贫穷落后的农业小县，发展成为工业基础较为扎实的、闻名中外的"五金之都"。我们永康的"一次出发"取得了巨大的成功。然而，随着经济社会快速的发展，问题和矛盾也在不断积累，特别是原有的发展模式难以为继，发展内生动力逐步弱化，传统路径依赖日趋严重，制约经济转型升级的体制机制障碍盘根错节，经济下行压力不断加大。长期面临企业多、土地少、生产模式粗放、产业定位偏低的困局，内外夹击下的永康如何逆境突围？城市环境承载力日益饱和、环境污染问题如何治理？面对标兵渐远、追兵超越的态势，我们怎么办？还能坐得住吗？……这一切，使我们深深感受到了"成长的烦恼"和"制约的疼痛"，也已成为全市上下必须思考和回答的问题。市委十三届四次全会向全市上下提出了"十问永康"的思考。永康，这个有着浙中"最稳定经济板块"美誉的"五金名城"，要顺利越过当前的坎，跃上更高的台阶，出路在哪里？市委认为，在这爬坡过坎的关键时刻，我们必须清醒认识面临的风险和挑战，增强忧患意识，坚持底线思维，抓住发展机遇，搞好统筹兼顾，牢牢把握发展的主动权：二次出发、改革创新，全面打造经济社会发展升级版！这是永康当前和今后一段时期必须牢牢把握的一条发展主线。

三、解放思想、深化改革，为二次出发打造升级版增添强劲动力

(一) 以解放思想引领永康二次出发

深入开展解放思想大讨论活动。组织开展"二次出发，我们准备好了吗"解放思想大讨论活动，大胆突破传统思想观念束缚，以更加坚定的信心，不畏艰难的决心和敢担当、敢负责的勇气，紧密结合永康实际，坚持用正确的方法解放思想不动摇，继续通过"十问永康"找差距来解放思想，站在金华市、全省、全国的高度，来看待永康的建设和发展；通过"树标杆"寻求卓越来解放思想，以省内外先进县市作为自身发展的标杆，用更高的标准来激励自我，要求自我，超越自我；通过"走出去"寻觅良方来解放思想，组织开展有针对性的考察调研，出台有力举措来缩小与先进县市区的差距。坚持不断丰富解放思想的内容不停步。在大讨论中，结合以"中国梦"为主题的中国特色社会主义宣传教育活动，坚持不懈地用马克思主义中国化最新理论成果武装头脑。破除一些党员干部思想中存在的小农意识、狭隘思维，改变习惯作风、习惯思维、习惯作派，牢牢树立谋长远、重整体、讲动态的意识，以思想的大解放，推进各项事业大发展。

大力弘扬创业创新精神。永康改革开放35年来所取得的巨大成就，依靠的是广大干部群众和企业家自强不息、坚韧不拔、敢为人先、敢闯敢干的创业精神。在当前深层次矛盾和新情况面前，在二次出发的新起点上，我们更要弘扬创业创新精神，努力消除求稳守摊、消极畏难思想，以开拓进取、奋发有为的精神面貌创造新的业绩。

坚决破除传统路径依赖惯性。传统发展路径就是一味依赖要素驱动求得发展，已经证明不可持续。我们要根据新形势新变化，走改革创新的新路子。要更多地依靠科技进步、劳动者素质提高和管理创新，实现新的发展。要破除对传统市场的路径依赖，充分发挥市场作用和电商优势，大力推进电子商务与实体市场互动发展，推进永康产品网上销售，再创永康市场新优势。要破除对传统县域经济的路径依赖，坚持从实际出发，充分发挥永康在永（康）武（义）缙（云）五金产业集群中的核心优势，稳步推动县域经济向更高层次的城市（都市区）经济转型。

（二）全面深化改革创新，争创新优势、汇聚新动力

2014年是全面深化改革的开局之年，我们要按照省委和金华市委确定的全面深化改革分阶段目标要求，着眼永康实际，以促进社会公平正义、增进人民福祉为出发点和落脚点，以解决“鼓励创新、宽容失败”的制度建设为核心，破解改革创新发展中的体制性障碍，推进重要领域和关键环节的改革步伐，打造体制机制更为科学完善、富有生机的活力永康。

激发工业经济活力和创造力。通过“管用、实效”的政策改革，引导、促进企业实施“机器换人、腾笼换鸟、空间换地”，完善产业升级体制机制，健全发展壮大高新技术产业和战略性新兴产业，改造提升传统产业，淘汰落后产能。积极稳妥推进金融系统股份制改革，加强中小企业金融服务中心的建设，增强服务小微企业的能力。建立完善金融风险处置机制，有效防范金融风险。

做好“减、合、整、强”四篇文章推动政府改革。正确理清政府与市场的关系，让市场在资源配置中起决定性作用，并更好地发挥政府作用。政府要主动做好该做的事，在营造公平开放便利的市场环境上多下功夫，在激发市场主体活力上多想办法，在加强薄弱环节建设上加大力度，不断优化政府服务，提高政府效能。做好“减、合、整、强”四篇文章，“减”就是减掉臃肿，通过“脱外衣”精简机构，提高机关工作效率，减少人浮于事现象；“合”就是合并职能，确保权责一致，切实消除推诿扯皮现象；“整”就是整合资源，在人权、财权、物权、事权各方面，做到五指合力，发挥更大效应；“强”就是加强治理，统筹兼顾，堵疏结合，标本兼治，营造更好的改革发展稳定环境，最大限度激发社会活力。

构建城乡一体新格局。推进城镇化改革，进一步优化城乡发展规划，构建有利于人口集中、产业集聚、服务便利、环境优美的中心城区—中心镇相连接的城市带、特色小镇—特色产业功能区新格局：逐步形成以中心城区（包括花街、芝英、石柱）为核心，城区—古山（小城市）—龙山（依托浙商回归创业创新园支撑，把龙山、四路、西溪相连接）城市带，唐先、象珠、前仓、舟山、方岩等特色小镇及东部生态保护区（包括舟山和方岩、西溪大部分）、方岩风景名胜区、西部现代农业观光区（包括唐先、象珠和八字墙）、以开发区为龙头的“一区两园”工业集聚区，这样一种众星捧月、龙飞凤舞的城乡一体化发展的新形态。着力推动基本公共服务向农村延伸，建立健全城乡一体的基本公共服务供给制度，创新现代农业经营体制和农村产权制度，加快农村集体资产及村经济合作社股份制改造，完善土地征用制度，深化户籍制度等配套改革，有序推进农村转移人口市民化。

加快推进社会事业改革。积极鼓励社会力量投资文化设施，参与文化产业园区和特色街区开发建设。鼓励发展影视制作、文化旅游、创意研发、文化培训等文化创意产业。全面深化公立

医院综合改革,积极探索县乡村卫生一体化综合管理机制。大力推进民办教育综合改革,加强对民办学校的资金、人才、信息支持。全面推行教育精细化管理,推进学校布局优化,不断提高教学质量。落实人口计划生育政策调整措施。健全群众体育服务体系,推进学校体育设施向社会开放。积极推进广播电视台与新媒体的融合。进一步健全就业和社会保障机制。

推进社会治理体制改革。进一步健全完善党委领导、政府负责、社会协同、公众参与、技术支撑、法治保障的社会治理体制。认真梳理各级政府的权责界限,全面履行公共服务、市场监管、社会管理、环境保护等职责。深化行政执法体制改革,推进综合执法和执法力量下沉。整合国土、环保、质监、安监等执法力量,建立镇级综合执法队伍。整合基层工商、药监机构和人员,建立基层市场监督管理所,加强食品药品安全监管。

新一年永康具体改革要率先探索七个项目:一是“低效厂房”改造中不同性质用地整合利用的改革突破;二是制定打造全国循环经济示范县和全国质量强市的配套改革政策;三是流程再造、审批提速的审批制度改革;四是企业风险防范联动预警机制的进一步完善;五是城市社区建设和加强管理的改革;六是农村污水处理设施管理体制的改革;七是国库集中支付、部门预算、乡镇财政、预算绩效管理等各项财政改革。

为加强对全面深化改革的领导,市委将成立全面深化改革工作领导小组,负责全市改革的组织领导、统筹协调、整体推进、督促落实。市政府要制定有关改革实施方案,并抓好组织实施。各级、各部门要营造全面深化改革的良好氛围,引导广大干部群众不断解放思想,始终保持勇于实践、勇于变革、勇于创新的良好精神状态。要大力弘扬创新文化,及时总结宣传在改革实践中涌现出来的成功经验和先进典型。对看准的改革要马上干、抓紧改,对深化改革的新要求、新政策要抓紧研究,排定时间表,画出路线图,不断用深化改革来解放和发展生产力,解放和增强社会活力。

四、奋力前行、狠抓落实,为二次出发打造升级版奠定扎实基础

2014年是永康二次出发、改革创新、为全面打造经济社会发展升级版奠定扎实基础之年。全市经济发展的主要目标是:地区生产总值增长9%;固定资产投资增长20%,外贸出口额增长7.5%,社会消费品零售额增长13%,地方财政收入增长10%,城镇居民人均可支配收入增长9%,农民人均纯收入增长9.5%;研究与试验发展经费支出占GDP比例2.2%;万元生产总值综合能耗下降和污染物排放量削减完成省定目标。

根据以上目标,我们要努力狠抓以下重点工作落实:

(一)重引导、抓投入,激发转型升级新活力

扎实推进工业强市建设。以实现规上工业产值1 000亿元为目标,以“四换三名”为抓手,扎实推进省级工业强市建设试点工作。强化自主创新,狠抓企业技改,促进“信息化与工业化”深度融合。实施战略重组、创优创牌、技术创新、要素集聚四大工程,提升行业企业核心竞争力。全力实施“智汇丽州·双龙精英计划”,加大对“千人计划”专家的引进力度。深入开展“全国质量强市示范城市”和“全国知名品牌创建示范区”争创工作。加强区域特色产业研究,助推产业转型升级。总结试点经验,全面推进低效厂房改造。加快推进工业强镇建设,实施“1153工程”①。建立

---

① 按照工业强镇(街、区)区域发展计划,到2016年实现产值规模达到600亿元的工业强镇(街、区)1个,达到200亿元的1个,达到150亿元的5个,达到50亿元的3个。

与企业要素资源利用效率挂钩的资源配置机制，强力推进工业用地“清零行动”，全面建立“产量论英雄”的综合评价体系和分档管理、有保有压的政策导向机制。

狠抓平台建设和有效投入。加快推进现代农业装备高新技术产业园、永康浙商回归创业创新园建设，整合提升经济开发区，打造错位发展、各具特色的镇(街道)工业功能区。加快总部中心四期大楼建设，着力打造永商回归创业创新中心、金融服务中心、工业设计中心、投资创业中心。加快生产力促进中心、国家五金工具及门类产品质量监督检验中心、国家级非公路机动车检测中心、新能源汽车研究院和南方农业机械研究院等创新载体建设。构建市级招商大平台，主攻世界500强企业、央企和行业龙头企业，积极引进新特材料、先进机械装备制造等新兴产业项目。不断完善招商选资绩效考核机制。要快速扩大固定资产投资、工业投资和企业技改投入，确保投资有效性。紧盯项目储备、产业大项目、民间投资、考核引导等关键环节，深入开展“项目推进年”活动。

加速发展现代服务业和现代农业。深入实施现代服务业产业发展规划，打造集专业市场、电子商务、总部经济、科研设计、现代物流于一体的五金国际贸易中心和集旅游度假、文化休闲、宜居宜业、品质生活于一体的浙江文化休闲旅游胜地。以创建国家4A级风景区为目标，加快方岩风景区综合整治工程，尽早完成拆迁安置和景区提升改造。规划开发五金城四期市场，加快建设电商总部，改造提升金城一区市场，打造省级现代服务业集聚区。加大现代农业园区、粮食生产功能区和农田水利基础设施建设投入，加强粮食安全生产能力建设。有序推进农村土地流转，重点发展农业企业与农民专业合作社，大力培育家庭农场等新型农业主体，大力发展设施农业、生态农业、规模农业。努力提高永康农展会、中国红富士葡萄节等特色展会办会质量和效益，加强名优特产品开发，打响永康农业品牌。

（二）明导向、争主动，推进文化事业新发展

积极践行实现“中国梦”。深入开展以“中国梦”为主题的中国特色社会主义宣传教育活动，扎实抓好党的十八大和十八届三中全会精神学习宣讲工作，坚定中国特色社会主义的道路自信、理论自信、制度自信。加强社会主义核心价值体系建设，推进“道德永康”建设，广泛开展第二届永康市道德模范评选、社会志愿服务、文明出行教育、“春泥计划”、“道德讲堂”等活动，进一步提升市民素质。坚持用社会主义荣辱观引领社会风尚，不断深化群众性精神文明创建活动，新建“农村文化礼堂”80—100家，创建各级文化示范村20个，有效挤压非法宗教组织、邪教组织活动空间，进一步构建“精神家园”。

牢牢把握舆论主动权。坚持党管媒体不动摇，把握好时、度、效，做到关键时刻不失语，重大问题不缺位，宣传报道不过度，舆论引导不失效。坚持以团结稳定鼓劲、正面宣传为主，更加鲜明有力地把党和政府的声音传递好，把社会进步的主流展示好，把人民群众的心声反映好。不断巩固壮大主流舆论，着力做好市委市府中心工作的宣传报道，为全市经济社会发展营造良好氛围。加快党报党刊、电视电台数字化、网络化、移动化步伐，做强“永康发布”“永康新闻网”等网络文化阵地建设，健全网上舆情发现、研判、报送和应急处置机制，开展“让网络空间清朗起来”主题实践活动，加强网军队伍建设，牢牢掌握舆论斗争特别是网上舆论主导权和主动权。

着力推动文化大发展。继续实施文化惠民工程，出台文化产业发展专项规划，加快文化产业结构调整和资源整合，推进文化基础设施建设。加大文化投入，扶持优势文化产业发展，加快培育创意、旅游、影视、信息咨询等文化特色产业。力争引进文化影视企业60家。深入挖掘历史文

化资源，推进"非遗"数字化建设，加强古镇、古村落、古民居等历史文化遗产的保护开发利用。加强文化市场监管，确保文化市场安全。开展社区文化、广场文化、农村业余文化和"文化三下乡"活动，努力满足群众文化需求。积极推进方岩、石鼓寮、四方影视基地建设，努力将文化产业打造成永康支柱产业之一。

（三）强保障、促共享，顺应百姓民生新期待

完善就业政策与保障体系。实施更加积极的就业创业政策，千方百计扩大就业渠道，努力解决农村困难群众和城市低收入群体的增收问题，确保居民收入增长与经济发展同步、劳动报酬增长与劳动生产率提高同步。推进农村劳动力转移培训，打响"永康技工"品牌。建立更加公平可持续的社会保障制度，提高养老、医疗、工伤、生育、失业等保险覆盖面，切实加快保障性住房建设，不断改善劳动关系和新永康人创业环境。推进"低收入农户奔小康工程"，构筑城乡统筹的社会救助体系，构建稳定可靠的残疾人保障和服务体系。推行"政府引导、村级主体、社会参与、统分结合"的新型农村居家养老模式，建成居家养老照料中心200家。强化法律援助工作，让贫弱群体平等享受司法资源。

加快社会事业发展。推进教育"品牌化、特色化、精细化、集团化"发展，实施学校布局三年优化行动，争创全国义务教育发展基本均衡市。促进健康服务业发展，完善公共卫生体系，组建区域医疗联合体，打造五大医疗服务共享中心①。大力支持社会力量办医，探索县乡村卫生一体化管理。保障饮用水源安全，完成合格规范饮用水源保护区创建，继续推进城乡老旧供水设施提升改造，继续开展境外引水，推进北部水库联网工程建设，构建水源联网联调的格局。继续加快体育基础设施建设，全面开展全民健身运动。继续实施档案数字化工程建设，创建国家三级档案馆。

创新社会治理体制。改进社会治理方式，激发社会组织活力，创新有效预防和化解社会矛盾体制，健全公共安全体系。做深做细"网格化管理、组团式服务"，完善长效工作机制，夯实社会管理基础。加强社会矛盾纠纷调解，拓宽群众利益诉求渠道，及时妥善处理群众的合理诉求。健全立体化治安防控体系，努力压降各类发案。加大涉众型经济犯罪和跨境赌博打击力度，维护金融秩序稳定。优化流动人口结构，提高流动人口管理服务精细化水平。加强社会公共安全监管，推进食品药品检测中心建设，确保群众饮食用药安全。完善"党政同责、一岗双责、齐抓共管"安全生产责任机制。大力推进交通治堵，着力缓解城乡交通拥堵问题。

（四）重生态、提品质，建设宜居宜业新永康

打造永康碧水蓝天。根据上级的总体部署，以开展"五水共治"为突破口，全面深入实施"158"碧水蓝天工程，大力实施水环境、空气环境综合整治，深化"三改一拆"、"四边三化"，实现"清水永康江、清新丽州城"目标。健全自然资源资产产权制度和用途管制制度，实行资源有偿使用制度和生态补偿制度。加强环保执法检查，形成严厉打击环境违法行为高压态势。实施城乡污水收集处理工程、河道内源污染防治工程和农村环境综合治理工程。加强饮用水源保护，开展实施最严格的水资源管理制度试点，加快推进"浙中水乡"建设，全面实行"河段长"制度；实施全国中小河流治理项目，全面开动永康江、南溪治理工程；实施争创最美河流和整治最差河流行动；狠抓农业面源污染治理；全面完成排污口普查和标准化改造。以创建国家循环经济示范市县为

① 五大医疗服务共享中心：是指临床检验中心、影像会诊中心、消毒供应中心、会计核算中心、慢性病治疗管理指导中心。

目标，大力发展循环经济，推行清洁生产。全面建设“森林永康”，加大森林城市建设力度。

积极提升城镇品质。城市发展要体现经济社会发展和资源环境保护的结合，促进经济建设、政治建设、社会建设、文化建设和生态建设五位一体，实现城市生产空间集约高效、城市生活空间宜居舒适、城市生态空间山清水秀。加快解放街拆迁安置的政策处理，着力解决旧城改造区块已拆除户的遗留问题，重点开展求知路以北区块拆除工作，完成主要路网建设，完成溪心F地块安置套房建设。大力实施城中村改造。启动江南新城建设，推进西三环、北三环等城市路网工程建设，继续开展入城口整治。建立市区“规划一张图纸、保洁一把扫帚、园林一把剪刀、养护一把铁锹”新机制，全面实现建管分离。深入开展卫生城市创建和城市精细化管理年活动，推进市容环境综合整治，下大力解决绿化、美化、亮化和交通等方面的突出问题。打造数字化管理、网格化定责、精细化管控的城市管理模式。抓好东永高速、330国道永康段改建，金温铁路扩能，500千伏永康变等重大基础设施项目建设。坚持分类指导、梯度发展的原则，加快完善集镇基础设施和公共服务体系建设，构建功能配套完善、环境优美宜居的特色小镇。加快推进城镇道路、地下空间、供排水、污水管网等基础设施建设，完善购、娱、行、医、教等生活设施配套。

全面营造农村“四化”新环境。以争创省级美丽乡村先进县市为目标，进一步强化农村污水治理、加强农村卫生保洁、推进农村“赤膊墙”整治、提升“美丽乡村”建设文化内涵，全面打造“净化、洁化、美化、文化”农村“四化”新环境，建设水清、村美、户富、人和的新农村。完成国省道沿线永康段专项整治；农村生活污水治理行政村覆盖率达到85%以上，农户受益率达到60%以上；大力推行“立改套”和“农民合股经营”农房改造模式，完成3 600户改造任务；加强农村历史文化的挖掘与利用，重点抓好芝英镇国家级历史名镇创建和后吴历史文化名村保护利用建设工作；深化建设1号“秀美山水”和2号“田园风情”两条风景线；全年创建美丽乡村精品村10个，秀美村20个，洁净村500个。

（五）抓教育、强队伍，提供二次出发新保障

认真开展党的群众路线教育实践活动。上半年，认真按照中央要求扎实开展党的群众路线教育实践活动。坚持把学习放在首位，做到真学真懂真用，切实解决好“我是谁、为了谁、依靠谁”的问题。全面落实“照镜子、正衣冠、洗洗澡、治治病”总要求，以抓好学习教育、听取意见为基础，以查摆问题、开展批评为关键，以整改落实、建章立制为根本，把完善工作落实和推进机制摆上重要位置。各级党员干部要讲党性、重品行、作表率，用理想信念来武装自己，在顺境里不安逸，在逆境里不气馁，在风浪中不动摇，在诱惑中不迷失，坚定共产党人的精神追求，始终保持先进性和纯洁性。要完善领导干部下访接访、蹲点调研制度、“两富”局级指导员驻村指导等做法，促进党的群众路线教育活动扎实有效地开展。

建设一支敢担当的干部队伍。敢不敢担当，能不能担当，既是衡量一个领导干部党性和责任的重要尺子，也可以看出一个领导干部的能力和水平。面对事业要有担当，面对激烈的竞争、面对人民群众的期盼，我们就要有“坐不住”、“慢不得”、“等不起”的意识，就是要有二次出发、争创一流的勇气，要对原则有担当。领导干部任何时候都要讲原则，不回避矛盾，不怕得罪人。要对组织有担当，要对组织负责，特别是要保持政令畅通，决不允许“上有政策、下有对策”，决不允许有令不行、有禁不止。要进一步树立实绩用人导向，大力选拔任用领军挂帅的“狮子型”、脚踏实地的“老黄牛”、群众贴心的“全科式”干部，真正把信念坚定、为民服务、勤政务实、勇于担当、清正廉洁的好干部选拔出来。深入实施“领头雁”工程，开展新一届村干部上岗培训，严格村干部考核

管理，深化“五星争创”活动，实现农村党建规范提升。开展“两新”党建“发展助推年”活动，实施“红领”计划，大力培育“两新”组织示范典型，以党建强促进发展强。开展“党员先锋升级版”工程，健全党员进出口机制。

大兴真抓实干之风。全市广大党员干部特别是各级领导干部，一定要大兴真抓实干之风，戒虚，戒伪，戒空，做到时不我待，只争朝夕，敢作敢为，善作善成。深入开展“正风提效抓落实”活动，制止和查处工作中不作为、慢作为、乱作为现象。提升问责水平和实际效果，认真开展整治公款送礼吃喝、奢侈浪费、超标配备公车、办公用房清理等专项行动，完善“三公”经费预算管理和公开制度。规范权力行使、执法行为，加强对党员领导干部特别是“一把手”行使权力的制约和监督。严肃查办发生在重点领域和关键环节的腐败案件，严肃查处干扰和阻碍永康二次出发的人和事，着力查处发生在群众身边的腐败问题。加强基层党风廉政建设，着力提升制度反腐科学化水平，扎实推进具有永康特色的惩治和预防腐败体系建设，坚决杜绝形式主义、官僚主义、享乐主义和奢靡之风。进一步强化工作督查，坚持全过程、不间断狠抓督查落实，不只听干部说什么，更要看干部干了什么，不只看票数，更要看干事实绩，真正营造干事创业的浓厚氛围。

着力加强民主法治建设。全面增强党委领导核心作用，支持人大及其常委会、政府、政协依照宪法、法律和章程独立负责、协调一致地开展工作。做好民族、宗教、外事和对台工作，支持工会、共青团、妇联、科协、工商联、文联、残联、关工委、慈善总会、红十字会等群众团体依法依规开展工作。坚持党管武装原则，重视全民国防教育，加强国防动员和国防后备力量建设。完善法治工作领导体制，推进法治永康建设。更加注重健全民主制度、丰富民主形式，从各层次各领域扩大公民有序政治参与。在推动人民代表大会制度与时俱进、推动全面正确履行政府职能、推进协商民主广泛多层制度化发展、确保依法独立公正行使审判权检察权等方面作出努力。

同志们，永康发展站在了新的起点上，机遇难得，挑战严峻，竞争激烈，任务艰巨。战胜困难，应对挑战，二次出发，再创辉煌，是我们的职责所系，使命所在。让我们咬定目标不放松，爬坡过坎不畏难，振奋精神不懈怠，在二次出发新起点上奋力前行，为全面打造经济社会发展升级版奠定扎实基础！

政府工作报告

2014年1月13日在永康市第十六届人民代表大会第三次会议上的报告

金　政

永康市长　金　政

各位代表：

现在，我代表市人民政府向大会作工作报告，请予审议，并请市政协委员和其他列席人员提出意见。

一、迎难而上，积极有为，2013年经济社会发展保持良好态势

2013年是永康面临复杂形势、经受重大考验的一年。面对经济转型升级的持续阵痛，面对社会管理创新的巨大压力，面对生态环保的严酷倒逼，面对少数企业资金紧张引发的严峻危机，我们沉着应对，积极响应市委"二次出发"号召，紧紧围绕全面打造经济社会发展升级版宏伟目标，一以贯之，实施"工业强市、生态立市、商旅活市、文化兴市"发展战略，在加快科学发展、构建和谐社会的道路上迈出了坚实一步。预计全年实现生产总值425亿元，增长9.5%；财政收入61.4亿元，增长11.7%，其中地方财政收入35.3亿元，增长17.2%；金融机构存款余额898.1亿元，增长15.8%，贷款余额892.4亿元，增长15.4%；全社会消费品零售总额140亿元，增长15%；固定资产投资172亿元，增长20%；城镇居民人均可支配收入3.56万元，增长10%，农村居民人均纯收入1.61万元，增长11%，均高于GDP增速；城镇登记失业率2.7%。先后荣获"全国科技进步先进县(市)"、"全国全民健身先进县(市)"、"中国文教用品生产基地"、"浙江省药品安全示范县"、"浙江省卫生强县"、"浙江省体育强县"、"浙江省集体林权制度改革模范县"等称号，成功列入首批"全国质量强市示范城市"创建名单、全省首个国家循环经济示范市创建地区，有望连续八年被评为"浙江省平安县(市)"。

(一)一年来，致力于做强实体，经济运行在转型升级中持续向好

工业强市强力推进。推出系列扶持政策，激励企业转型升级，主要工业经济指标领先增长。预计实现规上工业总产值811亿元、增加值147亿元，分别增长11.9%、11.5%；规上工业新产品产值319亿元、利税总额85亿元，分别增长32%、13%；出口交货值232亿元，增长5%；工业用

电量28.2亿千瓦时,增长10.9%。完成工业投入89亿元,增长20%。承办全省“机器换人”、“空间换地”现场会,永康经验在全省推广。完成低效厂房改造78.9万平方米。完成“个转企”1 058家、“小升规”192家,规上企业总数637家。完成股份制改造4家,申报上市企业3家。加快推进“一区两园”建设,经济开发区继续领跑工业主战场,现代农业装备高新区管委会挂牌运行,浙商回归创业创新园指挥部实体化运作,两园首批20个项目开工建设。国家级非公路机动车检测中心主体工程完工,五金工具及门类产品质检中心通过省级论证。超额完成能源双控目标。新增省“绿色企业”2家、省“工业循环经济示范企业”1家,20家企业通过清洁生产验收。

现代服务业蓄势待发。编制现代服务业发展规划,出台一揽子扶持政策,设立6 000万元引导资金,实现服务业增加值152亿元,可比价增长9%。完成商贸企业“下升上”69家。五金城成功创建“全国诚信示范市场”、“省级现代服务业集聚示范区”和“省五星级文明规范市场”,实体市场交易额366亿元、增长7.1%,网上市场交易额201亿元、增长20%。举办规模展会18次,交易额157.5亿元,其中第十八届五金博览会和第四届门博会分别增长6.5%、13.7%。“中国·永康五金指数”全球发布。总部中心三期基本完工,四期开工建设,人才公寓一期交付使用,新增入驻企业30家,总税收3.2亿元,实现翻番目标。创新方岩风景名胜区管理体制,完成南岩、石鼓寮景区整合。虎踞峡景区正式营业,西部旅游带规划通过论证。整合方岩、四方、后吴等影视资源,引进影视文化企业20家。国际物流中心公共保税仓库主体工程结顶,城西物流中心一期运行,王力大酒店主体工程结顶,世贸中心酒店进入内部装修,农贸果蔬粮油批发市场二期基本完工。

农业生产提质增效。推进农业“两区一中心”建设,建成粮食生产功能区900公顷,完成标准农田质量提升2 500公顷,新建农业公共服务中心6个。2个主导产业示范区基本建成,1个精品园区通过省级验收。稳定粮食生产,实现播种面积13 000公顷、总产量8.45万吨。积极推行粮食订单,完成储备粮轮换。成立农产品经纪人协会,举办第八届农展会等农业展会。加强农田水利设施建设,全国中小河流重点县综合整治4个项目开工,中央中小河流综合治理华溪一期、二期工程完工,永康江河道治理工程开工建设,南溪河道前期治理工程基本完成,3座水库完成除险加固。实现土地承包经营权流转7 333.33公顷。有效防控H7N9禽流感和松材线虫病。积极应对极端高温干旱天气,省级气象防灾减灾标准乡镇实现全覆盖。

(二)一年来,致力于开放创新,发展后劲在活力释放中持续增强

加大要素保障力度。强化项目申报,新增省重点建设项目6个、省重大产业项目3个、省服务业重大项目3个、省重大工业项目4个,均创历年之最。健全市领导联系项目制度,深入开展“百日攻坚”行动,道明、星月等省重点项目开工。完成土地利用规划中期评估,消化批而未供土地229.53公顷,盘活存量建设用地140公顷,落实省林转用指标93.33公顷,完成低丘缓坡征地报批133.33公顷。开展工业用地清查,启动调整城镇土地使用税政策试点,完成城区“退二进三”9.79公顷。深化政银企互动,新增贷款规模110.5亿元,新增股份制银行1家。创新“缴一贷一”等金融产品,开展异地授信划转,规范清理企业互助基金会,防范化解金融风险。提升供电保障水平,220千伏明珠输变电工程完成土建,110千伏黄棠输变电工程开工。金丽温燃气管道永康段工程完成主线定位。新建院士、博士后工作站5家,引进省“千人计划”3人,实现零突破。

加快科技创新步伐。新批技改项目106项,累计投入31.3亿元,其中装备投入16.2亿元。高新技术产业增加值32.1亿元,增长3.5%。推进“科技架桥”活动,校企共建研发中心27家。现代农业装备、新能源汽车产业技术创新综合试点稳步推进。培育认定国家重点扶持高新技术

企业41家，新增省级创新载体6家。建设创新成果展示交易中心，举办第八届中国五金产品工业设计大赛。强化知识产权保护，商标注册2 400件，专利授权3 954件。18家企业参与4项国家标准、13项行业标准制修订。“永康五金”区域国际品牌管理办法出台实施。

加深开放合作层次。承办第三届中国国际商贸发展大会，举办第二届市外永康商会会长会议，创建全国永康五金专业市场联盟。筹建浙商回归创业创新中心，引进回归项目21个，到位资金18亿元。加大央企对接力度，中国铁路通信信号区域总部落户永康。完成山海协作和对口帮扶。完善外经贸扶持政策，着力拓展新兴市场。1至11月，实现进出口总额43.7亿美元，其中出口39.6亿美元，增长17.9%，进口4.15亿美元，增长64.7%，自营进口额首次居金华首位。新批外商投资企业3家，实际利用外资306.4万美元。新批境外投资项目2个，投资额550万美元，新注册服务外包企业1家。办理出口退税22.7亿元。

（三）一年来，致力于统筹协调，城乡面貌在一体发展中持续改观

基础建设上台阶。完成解放街重建区块街景设计、江南新城概念性规划及核心区块城市设计。实施入城口景观提升工程，开建城市绿道。推进解放街旧城拆迁改造，华丰西路、城东路地块套房安置到户，三马路地块安置套房基本建成。加快金胜山公园改造。蓝天路改造和章店大桥工程完工，丽州南路延伸工程启动招投标程序。东永高速永康段主线路基贯通。金温铁路扩能改造永康段路基桥隧工程完成形象进度71%。330国道永康段改建工程完成初步设计。永义公路雅吕至木渠段、永磐公路永康段路基桥隧工程基本完成。金义永快速路进入项目前期。芝英至开发区联网公路芝英段基本建成。全力开展“三改一拆”，拆除违法建筑135.6万平方米，城中村改造17.7万平方米，完成旧住宅区综合整治33.3万平方米。

城市管理上水平。建设“数字永康”地理空间框架，开通“数字城管”信息系统。强化环境卫生管理考核，开展废土运输封箱式管理，新纳入“一把扫帚”清扫面积25万平方米，城区主街道保洁水平明显提升。加大治堵工作力度，完成广场路夜市搬迁，建立交通事故快速处理中心，成立城管排堵保畅中队，查处交通违法行为28.6万起。加强户外广告管理，打造望春东路示范一条街。建成便民零星工程41项，开展市政设施和绿化维护，检测疏通污水管道7.1千米。健全社会服务联动机制，开通96310城管服务热线。出台物业管理办法，促进小区规范运行。

美丽乡村上档次。大力开展“双清”行动，实行市领导每月督查农村卫生制度，开展“卫生最差村”媒体曝光，推动农村生活垃圾处理工程建设。稳步实施村庄整治扫尾，50个待整治村通过省级验收。创建美丽乡村“精品村”11个、“秀美村”22个、“洁净村”300个，园周村入选全省最美乡村、入围全国“美丽乡村”试点，“美丽乡村”3号线、4号线基本成型。打响国省道环境整治战，东永一线芝英段、330国道石柱和花街段环境明显改善。深入推进省级森林城市创建，完成平原绿化246.87公顷、四边绿化71.8公顷，创建省级森林城镇2个、省级森林村庄5个。新增农房改造村25个，完成农房改造3 550户，创建省级农房改造建设示范村3个。新建农村联网公路6.8千米。完成财政“一事一议”项目35个，安排资金1 600万元。

（四）一年来，致力于利民惠民，民生福利在共建共享中持续改善

生态建设奋力推进。围绕“清水永康江、清新丽州城”目标，启动“158”碧水蓝天工程。加大饮用水源区保护力度，杨溪水库生态湿地一期运行。治理农村河道67千米，城区新埋设排污管网18.3千米。城市污水处理厂一期完成提标改造，二期建成试运行。龙山、前仓污水处理工程和芝英污水厂一期扩容基本完成。垃圾填埋场扩容工程开工建设，垃圾焚烧发电厂运行。整治

提升电镀和化工行业，推广无磷零排放、纳米磷化技术。加强农业面源污染治理，实行畜禽养殖数量和污染物排放双控。完善三级“河段长”责任制，实行饮用水源水质和城市空气质量周报制度，无重特大环境污染事件发生。开展“雷霆一号”治污和环保排查专项行动，排查企业 4 769 家、关停 419 家、刑拘 6 人。创建省级生态镇 3 个。

民生事业齐头并进。加大财政投入，民生支出 28.6 亿元，占公共财政支出 79.3%。成立教育发展顾问委员会，城区义务教育实现“零择校”。启动全省民办教育综合改革试点，首所公办民工子弟学校开始招生。公立医院实行药品零差价，与 17 家品牌医院建立优质医疗资源共享机制。25 分钟院前急救服务体系基本建成。“三馆一站”免费开放，建成镇级文化站 3 个、农村文化礼堂 30 座，出台民办博物馆扶持政策，芝英镇通过国家级历史文化名镇初审。承办省体育大会 4 项赛事，农村体育基础设施全覆盖。广电“台网”分离稳妥推进。严厉打击计生“两非”行为，捣毁窝点 10 个。新增就业岗位 10 083 个，实现再就业 3 869 人。实施合作医疗管理职能划转整合，城乡居民基本医疗保险财政补助人均增加 100 元，参保率 98%。出台被征地农民转职工基本养老政策，社保扩面超额完成任务。新增托(安)养重度残疾人 222 名，在金华率先试点政府购买残疾人意外伤害保险，受益 1.2 万人。完成农贸市场改造提升 9 家，新增省级文明示范市场 6 家。

社会管理与时俱进。实施“平安永康”社会管理“十项工程”。深化领导下访机制，积极应对网络舆情，信访态势总体平稳。成立新居民调解委员会，启动刑事被害人救助试点。完善应急联动机制，稳妥处置突发事件。推进“十张网”建设，社会治安持续好转。落实安全生产责任制，全年无重大安全事故发生。推进基层流管所规范化建设，11 个镇专职消防队组建运行。积极创建“无欠薪城市”，评选表彰劳动管理信得过单位 107 家，劳动争议调解中心解决纠纷 258 起。完成“十二五”规划中期评估，启动第三次经济普查和基本侨情调查。村级组织换届选举平稳有序。武装、人防、民宗、外事和对台工作取得新的成绩，工会、共青团、妇联、工商联、科协、文联、社科联、慈善、红十字、关工委等各项事业取得新的进步。

在做好以上工作的同时，我们重点抓好十大民生实事的落实。(1)饮用水安全方面：新埋设自来水管网 161 千米。北部水库联网一期开建，四大坑至洪塘坑隧洞、主管线工程完成 20%。杨溪水库到南山水厂原水管线二期工程完成 60%。(2)缓解城乡交通拥堵方面：完成 25 处易堵路口、路段改造，新增地下空间面积 15.4 万平方米且一半以上用于停车，新增城区停车泊位 800 个，1 000 辆公共自行车即将投放使用。(3)完善交通基础设施方面：建成城乡公交始末站 3 个、港湾式停靠站 115 个和公交站点 1 900 个，城乡公交 IC 卡系统和出租车电召中心试运行，开通 9 路公交线路，市民公交出行分担率提高 3.1%。(4)提升城市配套功能方面：启动“三江六岸”整治提升，休闲游步道即将贯通。(5)完善社会保障体系方面：社会福利中心 10 幢大楼全部开工，综合楼、“三无”楼主体工程结顶，新建居家养老照料中心 30 家。(6)加大住房保障力度方面：开工建设保障房 1 672 套，建成公租房 304 套、经适房二期 404 套，特困户批基农转用报批 10 公顷。(7)提高医疗服务水平方面：急救指挥中心和卫生信息中心试运行，创新推广村卫生室“工分制”管理办法，基层医疗服务体系基本构建。(8)促进教育科学发展方面：永康一中和镇海中学、永康中学与浙师大深化教学改革合作交流。7 家镇级公办中心幼儿园投入使用，学前教育共同体建设走在全省前列。(9)加强食品安全工作方面：开展“十万学生饮食放心工程”，120 家单位实现食品安全在线监管，“透明厨房”做法全省领先。(10)强化社会管理服务方面：加快治安防控体系建设，安装视频探头1 808个，警情总数下降26%。加强社区建设，望春社区入选全省群众最满意“平安社区”。

过去一年，我们自觉接受市人大依法监督和市政协民主监督，办理代表建议214件、委员提案368件。完成全国政务公开和服务试点工作，电子监察系统投入运行，推行“一口子收费”，办事效率进一步提高。加强行政调解工作，规范行政合同管理，行政首长出庭率达70%。严格执行中央“八项规定”，“三公”经费支出下降8.1%。开展国有资产清查和党政机关办公用房清理，争创国家级节约型公共机构示范单位。完善招投标制度，完成部门审计项目30个、基建决算审计项目331个，净核减1 102万元。严格落实党风廉政建设责任制，完善惩防体系建设。开展“正风提效抓落实”作风建设系列活动，效能责任追究113人次。

各位代表，过去一年取得的成绩实属不易，这是市委正确领导的结果，是市人大、市政协大力支持和帮助的结果，是全市上下共同努力的结果。在此，我谨代表市政府，向在各行各业辛勤劳动的全市人民，致以崇高的敬意！向大力支持、帮助和监督政府工作的人大代表、政协委员，向各民主党派、人民团体、社会各界人士，向全体离退休老同志，向驻永部队官兵，向所有关心、支持永康发展的朋友们，表示衷心的感谢！

在看到成绩的同时，我们必须正视存在的困难和问题，主要有：传统发展方式难以为继，转型升级内生动力不强，部分企业经营趋难；土地征收、拆迁安置等政策处理日益困难，一些重点项目建设推进缓慢；财政收支平衡压力加大，环境、交通、住房、教育、医疗等公共领域还存在不少突出问题；涉众型金融经济案件和特殊群体群访时有发生，维护稳定任务繁重；政府职能转变、行政效能与人民群众的期盼还有较大差距，干部能力和作风有待进一步加强，等等。对此，我们将以开放的胸怀、诚恳的态度、扎实的工作，一步一个脚印，认真加以解决。

二、实干苦干，破难前行，努力夯实经济社会发展升级版基础

2014年是永康抢抓机遇、深化改革的关键一年。政府工作必须树立“改革为先、发展为上、平台为要、项目为源、民生为本”的执政理念。政府工作的总体思路是：以党的十八届三中全会精神为指针，按照省委省政府和金华市委市政府总体部署，认真贯彻落实市委全会精神，解放思想引领，改革创新驱动，坚持稳中求进、改中求活、转中求好，围绕“发展经济和改善民生”两大主线，着力在产业转型升级、城镇提档改造、生态持续向好、民生不断改善四方面下功夫，为打造永康经济社会发展升级版奠定基础。

综合分析各种因素，建议2014年经济社会发展的预期目标是：生产总值增长9%；地方财政收入增长10%；研究与试验发展经费支出占生产总值比重为2.15%；固定资产投资增长20%；社会消费品零售总额增长13%；外贸出口增长7.5%；城镇居民人均可支配收入、农村居民人均纯收入分别增长9%、9.5%；城镇登记失业率控制在4%以内；人口自然增长率控制在6‰以内；其他约束性指标完成省、金华市下达的考核目标。

为完成上述目标任务，我们要着重抓好以下四方面工作：

（一）突出以人为本，狠抓环境治理，力促民生福祉普惠均等

整治生态环境，全力打造群众最期待的碧水蓝天。以水环境综合整治为突破口，全面深化“河段长”考核，合力开展“五水共治”，坚定不移实施“158”碧水蓝天工程。加强环保执法检查，综合运用科学手段、行政手段、法律手段和舆论监督，形成严厉打击环境违法行为高压态势。全面

完成企业排污口排查改造，推行重点监控企业刷卡排污。完成表面精饰整合区扩容改造，开展化工、铸造等重污染行业整治。加快推进“浙中水乡”建设，继续实施中小河流治理重点县整治及水系连通试点项目，全面开展永康河流“大体检”，实施华溪整治提升工程，初步将李溪建成永康最美河流。狠抓农业面源污染治理，开展畜禽养殖污染专项整治。全面完成污水治理规划，实施污水设施提标改造。城市污水处理厂二期运行、筹划三期，城市污水处理率达到83%，建成城镇截污纳管工程44.2千米，开建芝英污水处理厂二期。推进农村污水治理，行政村污水处理设施覆盖率75%。继续实施空气质量通报制度，多措并举治理雾霾。强化企业清洁生产，完成企业煤改气100家。深入治理粉尘污染，划定高污染燃料禁燃区。深化建筑工地扬尘和废土清运治理，制定工业垃圾、建筑垃圾综合处置办法，严处偷倒、焚烧垃圾行为。开展汽车尾气排放综合治理，实施无绿色环保标志机动车区域限行。

发展民生事业，倾力提供群众最需要的基本服务。推进学校布局三年优化行动，争创全国义务教育发展基本均衡市。实施校园“三化”工程，9所中心幼儿园投入使用。市职技校创建国家中职示范学校。开展县乡村卫生一体化综合管理全省试点，争创全省慢性病综合防治示范区，组建区域医疗联合体和医疗服务共享中心。出台文化产业发展规划，实施“非遗传承千人计划”，开展县域文化走亲活动。芝英镇创建国家级历史文化名镇。举办市第三届运动大会。创建国家三级档案馆。继续实施“五费合征”，扩大社保覆盖面。深化城乡居民最低生活保障制度，加大困难群众重特大疾病医疗救助力度，实施残疾人共享小康工程。抓好重点群体就业，提升就业水平。出台城市住房建设规划，启动保障性住房项目建设。

保持社会稳定，致力强化群众最关心的安全保障。加强综治基层基础建设，推进平安创建活动，提升“网格化管理、组团式服务”社会治理水平。深化“六五”普法，开展法律援助，强化特殊人群管控，发挥调解组织、法律工作者化解矛盾纠纷作用。深入推进领导干部下访活动，引导群众理性合法反映诉求，着力推动信访积案化解。注重网络维稳，增强反制能力，提升舆情导控水平。深入开展社会治安防控体系建设，重点打击“盗抢骗”、“黄赌毒”。推行企业信用体系建设，建立“四色”预警机制，严厉打击非法集资犯罪行为。全面落实安全生产责任制，加强消防、建筑和道路交通安全监管，完成年产值500万元以上企业安全标准化建设。开展职工维权帮扶。初步建立“积分入户”制度，推进流动人口管理规范化建设。切实做好双拥、国防、征兵、人防、民族、宗教、外事、侨务、对台工作，促进工会、共青团、妇联、社科联、科协、文联、红十字、老龄、关工委、慈善等事业协调发展。

办好十件实事，努力满足群众最现实的公共需求。(1)完成境外引水项目前期，实施杨溪水库生态湿地二期工程，改造自来水管网10千米，北部水库联网工程一期完成80%。(2)推进丽州南路延伸工程，城南路至三环线段基本建成，三环线至新火车站段完成政策处理。(3)推进城乡公交一体化，实施城市公交“公车公营”改造。(4)加强城市绿地系统改造，提升金胜山公园、飞凤山公园、“三江六岸”景观建管水平，规划建设溪心郊野公园。(5)实施城区学校扩容工程，完成进修学校附小、五中、城西小学三校二期扩容，人民二小交付使用，江南小学启动建设。(6)开工建设新中医院、东城卫生院、开发区卫生院，引进1家二乙以上民营医院。(7)拓展农村文化阵地，建成农村文化礼堂80座。(8)完善养老服务体系，建成居家养老照料中心200家，完成社会福利中心一期土建工程。(9)推进食品药品检测资源整合，打造“食安通”监管平台，创建省级餐饮服务食品安全示范市。(10)理顺社区管理体制，提升社区服务水平，创建物业管理示范小区3个。

（二）突出转型升级，狠抓要素保障，力推区域经济换挡提速

做大升级平台，做优主导产业。牢固树立工业强市理念不动摇，做大做强五金产业不动摇，打好转型升级“组合拳”。正确把握速度增长与质量效益的关系，努力走新型工业化道路。以实现规上工业产值1 000亿元为目标，大力实施“四换三名”工程，促进三大支柱产业提质增效。强力推进国家循环经济示范市和质量强市示范城市创建，加快国家五金工具及门类产品质检中心建设。充分发挥“一区两园”工业主战场作用，促进企业集聚、产业集群、发展集约。加快经济开发区整合提升，推进汽车产业园和现代物流产业园规划建设。加快现代农业装备高新区基础设施建设，引导现代农机装备产业链延伸发展，力争引进国内外500强企业和行业领军企业，完成四方公司二期搬迁。加快浙商回归创业创新园建设，启动二期招商。完善科学评价考核体系，拓展工业功能分区平台，大力创建工业强镇。以大项目培育大企业，新增产值亿元以上企业10家。继续推进“个转企”“小升规”“规改股”“股上市”，新增规上企业60家以上，完成股份制改造3家，推进“新三板”挂牌。深化产量税收考核，下决心开展“四破”专项整治，即破“僵尸企业”、破围墙圈地、破低效用地、破既得利益。

强攻项目落地，强化要素支撑。初步安排政府性投资项目235个，年度计划投资66.5亿元。申报一批省“411”重大项目、省重点项目、省重大产业项目和省重大服务业项目。东永高速建成通车，永磐公路永康段主线贯通，永武公路永康段完成改移工程，330国道永康段改建工程一期路基完成形象进度15%，金义永快速路争取立项。金温铁路扩能改造永康段完成路基工程，力争路面铺设。火车南站开工建设，推进金台铁路永康段、老金温铁路南移项目前期。大力推进耕地垦造工作，加强土地收储，消化批而未供土地200公顷，完成存量建设用地盘活任务。强化金融监管，金融办实体化运作，努力化解企业资金和互保风险。启动农合行股份制改造，开展民间融资服务试点。新增贷款120亿元。推进电力基础设施建设，220千伏明珠变、110千伏黄棠变投产，500千伏永康变、110千伏苏溪变开工。基本完成金丽温燃气管道永康段工程管道铺设。大力引进实用性人才，组建拔尖人才服务团，新建院士专家、博士后工作站3家。

集约发展服务业，集聚升级新优势。大力培育服务业，新增龙头企业3家。强力推进“电商换市”，建设电商总部，做大做强电子商务平台、永康五金网上市场。做强五金城实体市场，交易额突破385亿元、增长5%以上，四期市场开展前期。大力发展会展经济，办好第十九届五金博览会和第五届门博会，举办规模展会24次以上，力争交易总额增长7%以上。深度开发利用“五金指数”，提升永康五金话语权。构建商贸流通新平台，重点推进现代汽车装备城、城西物流中心、核电关联产业中央仓储物流供应中心、溪心城市综合体、农贸果蔬粮油批发市场、花川化工建材市场建设与招商。加快建设总部中心，收入突破4亿元。全面推行“营改增”试点。方岩争创国家4A级景区。完善全市旅游规划，推出特色工业游。鼓励民间投资文化产业，引进文化影视企业60家。

紧抓创新驱动，紧推开放发展。加大科技投入，新增百个项目前期、百个项目开工，总投资增长20%以上，其中技术装备投入25亿元，投资总量100亿元以上。培育创新载体，新增省级研发机构5家、高新技术企业10家、科技型和创新型企业15家。保护创新成果，实现专利授权3 500项，其中发明专利授权56项。加快省级五金产业特色工业设计示范基地建设，办好第九届中国五金产品工业设计大赛，积极引进国内外知名设计机构，完成工业设计服务300项。深化科技架桥，解决技术难题200项，引进技术50项，促成合作项目40项。深化“走出去”战略，积极做好境

内外参展，完善外贸预警平台建设，创建国家级餐厨用品出口基地。积极培育出口品牌，引导企业参与反倾销应诉。支持企业参与标准制定，引领永武缙企业抱团打造“永康五金”区域国际品牌。大力发展“永康人经济”，建成浙商回归创业创新中心，积极引进商会企业总部。主动接轨义乌国际贸易综合改革试点、上海自由贸易区等国家战略，深度融入浙中城市群，深化对口帮扶和山海协作。

（三）突出规划引领，狠抓功能完善，力求城镇建设日新月异

统筹城乡规划，建设新型城镇。按照转型提升中心城区、培育发展小型城市、推动城镇特色发展、全面建设美丽乡村的发展思路，统筹优化城乡规划体系，全力构建“一带一区五小镇”、“四区两园”城乡一体发展新格局。统筹江南、城北、解放街区块，整合芝英、石柱、花街区块，拉开城市框架，释放城市空间，优化功能布局，彰显山水特色，努力将主城区建设成为一个与 60 万人口基本匹配的新城市。着眼产城联动，开展古山、龙山小城市培育，推进方岩综合整治。加快完善专项规划，完成土地中长期规划修编，促进城乡规划、土地规划、经济社会发展规划“三规融合”。注重地下空间开发利用，编制管线综合专项规划。优化集镇总规控规，分步修编村庄规划。

深化城市管理，建设美丽城区。实施老旧街区提档升级，启动解放街旧城改造区块重建，推进历史文化街区改建。加快安置区建设。完成“一通五化”三期，启动四期建设。加快城区“退二进三”，大力实施城中村改造。启动江南新城建设，打造城市亮点。优化路网框架，推进北三环、西三环、松石西路、滨江大道、龙川东路延伸工程建设，启动九铃西路拓宽改造，开展东塔路、紫微北路延伸前期。继续开展入城口整治。开建市政道路配套、城区水电配套、市政便民配套工程 30 项。启动新型建筑工业化试点，助推建筑业转型升级。以开展文明城市、卫生城市创建和实施城管精细化年活动为抓手，开展乱停车、占道经营、户外广告等市容环境专项整治，打造城管精品示范街 3 条。加快垃圾填埋场扩容步伐，开展老填埋场封场准备。充分挖掘停车资源，新增停车泊位 1 000 个，开展立体停车场试点。积极倡导低碳出行，治理背街小巷脏乱，严管重罚交通违法行为。优化完善城乡公交线网，推进公交总站、长途客运站项目前期。

提升基础设施，建设特色小镇。坚持分类指导、梯度发展原则，整合支持政策，加快完善集镇基础设施和公共服务体系建设，拉开道路框架，挖掘风貌特色，构建功能布局好、设施配套全、辐射带动强的特色小镇。改造提升集镇基础设施，大力实施“六个一”工程：一个集镇规划、一个实施方案、一个集镇中心、一条美丽大街、一个现代农贸市场、一条最美河流，打造特色亮点。深入开展文明镇、卫生镇创建活动，实施集镇环境综合整治。注重绿地、道路、环卫等设施建设维护，合理布局商贸、休闲广场、停车场等服务设施，开展农村经营综合体试点。坚持宜工则工、宜商则商，凸显特色产业发展，打破区域框框，加快产业集聚、人口集中、资源整合，推进集镇间功能协作空间整合，重构永康美丽集镇。

（四）突出城乡统筹，狠抓强农惠农，力争农村面貌美丽升级

着眼效益，大力发展现代农业。深入推进农业“两区一中心”建设，新建基层农业公共服务中心 6 个。继续实施标准农田质量提升工程，新增粮食生产功能区 866.67 公顷，实现粮食播种面积 12 000 公顷，总产量 7.5 万吨。强化储备管理，确保粮食安全。创新农业组织，大力培育家庭农场等新型农业主体。加强农产品营销和品牌建设，加快农超对接，办好农展会等知名节会。完成国家综合开发项目油茶示范基地建设，建成林业精品园 3 个，铺设防火道路 40 千米。新增中央财政小型农田水利项目 1 个。实施国家级标准气象观测场搬迁。

着眼增收，大力培育新型农民。继续实施“富村五年计划”。开展林权股份制改革试点，成立林权股份制经济合作社两家以上。加大政策扶持力度，完成土地承包经营权流转 7 666.67 公顷，增加农民权益性收入。继续开展农民素质提升工程，农村劳动力转移培训 8 000 人，增加农民工资性收入。落实被征地农民基本生活保障政策，实施低收入农户奔小康工程，增加农民保障性收入。落实各种强农惠农措施，增加农民补贴性收入。加强农村三项制度建设，查处加重农民负担行为。提高政策性农业保险农户参保率。

着眼宜居，深入建设“美丽乡村”。以创建省级“美丽乡村”先进市为目标，打造五号稻香村线、六号五金腾飞线，创建“精品村”10 个、“秀美村”30 个、“洁净村”500 个。继续开展“四边三化”，全面完成国省道永康段环境整治提升工程。继续推进“三改一拆”和农村“赤膊房”粉刷。加强平原绿化，创建省级森林城镇 1 个、省级森林村庄 3 个。强化财政扶持，实施美丽乡村“一事一议”项目 36 个。创新农房改造模式，推进古山镇三村，石柱镇妙端村、镇中村试点，创建黄城里、梅垄、下店午村为省级示范村。强化历史文化、乡村记忆的传承保护，推进后吴等历史文化村落保护开发。实施卫生长效保洁，扶持社会力量创办保洁公司，建成农村垃圾房改造升级示范点 150 个。推进生态墓地建设，查处违规建墓行为。着力改善城乡运输基础条件，建成联网公路 9.8 千米，完成农村公路大中修 12 条。

三、解放思想，改革创新，努力建设高效务实、勤政为民的政府

各位代表，发展的重任，人民的期盼，对政府自身建设提出了更多、更高的要求。我们必须以促进社会公平正义、增进人民福祉为出发点和落脚点，进一步凝聚共识，锐意改革，坚决破除各种弊端，再创体制机制新优势，以实际成效取信于民，努力建设人民满意的政府。

（一）以深化改革为抓手，实现资源配置更合理

凡是中央明确的改革措施坚决执行，凡是省市部署的改革任务坚决落实，凡是对永康发展有利的改革事项坚决推进。注重改革的关联性和耦合性，准确有序协调推进改革。紧密结合实际，率先在重要领域和关键环节探索突破。整合机构设置、优化职能配置，重点解决职责交叉问题，切实推进政府职能转变。加快深化经济体制改革，推进资源要素配置市场化等改革创新，健全产业集聚转型升级机制。推进新型城镇化等综合配套改革，加快完善城乡一体化体制机制。深化行政执法体制改革，推动综合执法力量下沉。深化户籍制度配套改革，推动农村转移人口市民化。加快文化体制和社会事业改革，鼓励民资办医办学办文化。

（二）以审批提速为抓手，实现百姓办事更便捷

深化行政审批制度改革，推动审批大提速，审批事项从原来 529 项精简至 200 项以内，取消部分投资项目审批，取消或降低部分行政事业性收费。新进驻部门综合窗口 3 个，进驻率 90%以上。推行网上审批制，重大项目实施全程代办制、联办制、模拟制。简化审批程序，优化审批流程，扩大多证联办实施范围。一般事项、便民事项即办率 90%以上，一审一核事项 60%以上，平均办理时限缩短至 3 个工作日以内。试行前置审批统一办理，投资项目审批时限缩短至 30 个工作日以内。推动审批关口下移，下放一批审批权限。建立投资项目负面清单制度。整治中介机构，规范执业行为。深化涉企科所站队行风评议活动，疏通中层梗阻，切实提升政府窗口形象。

（三）以“三公”减负为抓手，实现公务支出更阳光

严格遵守廉洁从政规定，坚持制度管权、管事、管人。稳步推进公务消费制度改革，切实防范

"舌尖上的腐败",有效杜绝"车轮上的铺张",实现"三公"经费下降30%。执行中央《党政机关厉行节约反对浪费条例》,继续清理办公用房,行政中心能耗下降4%。启动公务用车制度改革,切实降低行政成本。严格控制公务接待和因公出境。领导干部经济责任审计10名以上。强化公共投资项目和经营性国有资产监管,加强土地出让、政府采购、工程建设等公共资源交易管理。深入治理商业贿赂,严肃查处违法违纪案件。

(四)以正风提效为抓手,实现政令执行更到位

深化"正风提效抓落实"行动,弘扬真抓实干精神,力除"庸懒散慢"弊病。健全调查研究常态化机制,着力解决基层突出难题。全面实施服务承诺制、首问负责制,彻底改掉"电话问来问去、批示转来转去、最后哪来哪去"的恶习,力戒不催不办、不推不动懒政现象。加强部门间、部门与镇街区间协调配合,营造合力干事氛围。严肃组织纪律,重点治理公务人员赌博、非法集资、违法建设、严重交通违法行为。围绕上级决策、中心工作、惠民实事开展联合督查,督查结果纳入绩效考评。深化考核评比,确保政令畅通。坚持从严治政,加大行政问责力度,提升政府工作执行力。

(五)以百姓问政为抓手,实现政务监督更透明

通过市长热线、行风热线等平台,开展百姓问政系列活动,切实保障公民知情权、参与权、表达权和监督权。推进民主决策,把公众参与、专家论证、风险评估等作为重大决策必经程序,实施重要政策跟踪评估。自觉接受人大依法监督、政协民主监督,定期通报政府工作。认真办理人大议案、建议和政协提案,重点建议提案实行上门走访制度,切实提高代表委员面商率。重视司法监督,加强行政审计监察。健全行政执法责任制,做好行政复议仲裁工作。

各位代表,仰望永康先贤、北宋名臣胡则为民请命的公仆情怀令后人敬仰,南宋状元陈亮经世致用的事功学说影响至今。苦干实干,富民兴邦。让我们在中共永康市委的坚强领导下,紧紧依靠百万新老永康人民,迸发二次出发高昂热情,鼓足改革创新澎湃干劲,切实担当起推动永康科学发展的时代重任,为全面建设永康经济社会发展升级版而努力奋斗!

专　记

全国百强榜永康排名第66位

10月21日，中国社会科学院召开《2013年中国中小城市绿皮书》发布会，公布了2013年度中国中小城市综合实力百强县市暨科学发展百强县市的排名情况。《绿皮书》显示，江苏、山东和浙江三省的表现最为抢眼，占据了百强的近半壁江山，其中浙江省占据14席，依次为慈溪、义乌、余姚、诸暨、乐清、富阳、瑞安、海宁、玉环、德清、温岭、长兴、永康和平阳。永康市省内排名第13位，全国排名第66位。

2006年前后几年，国家统计部门曾作过排名。这次社科院的排名与以往稍有不同，中小城市科学发展评价体系不仅以经济发展情况作为标准，还从经济发展、社会进步、环境友好和政府效率四个方面综合性地对全国中小城市进行了评价。2013年永康市委提出：进一步深入推进"工业强市、生态立市、商旅活市、文化兴市"发展战略，争创新优势，汇聚新动力，实现"二次出发"，全面打造永康市经济社会发展"升级版"。这一思路与2013年中小城市科学发展评价体系不谋而合。从经济发展的角度看，2013年上半年永康市呈现稳步运行状态，主要经济指标平稳增长，在金华各县（市）中的总体表现良好。从改善民生来看，当前永康市正着重推进三项大举措：第一项是启动"158"蓝天碧水工程，以水环境整治为突破口，全面开展空气和水环境污染为主的综合环境治理，五年实现"清水永康江、清新丽州城"的目标。第二项是大力发展文化产业。第三项是推进平安和谐城市建设。在加强公共服务配套，促进教育、卫生等民生事业均衡发展的同时，加强基层社会综合应用平台建设，不断创新社会管理工作，争创国家、省级和谐社区，实现让群众安居、乐业、幸福、和谐的梦想。这些战略举措的施行，正是永康登上全国中小城市百强榜的综合实力体现。

全国科技进步先进市

12月1日，国务院科技部公布了2013年度全国县（市）科技进步考核结果。全国有2 467个县（市）通过考核，其中1 045个县（市）荣获2013年度全国县（市）科技进步先进县（市）称号，永康市榜上有名。徐华水、吕群勇、应向群、应晨俊被评为全国科技进步先进个人。

全国首个水资源管制市

1月7日，《永康市加快实施最严格水资源管理制度试点方案》（简称《试点方案》）获国家水利部、省政府正式批复。此次试点实施时间为三年，即2012年至2014年。作为全国第一个实行最严格水资源管理制度的县级市，永康市肩负着探索建立县级行政区实行最严格水资源管理基层模式的重任。《试点方案》立足永康市实际，以建立最严格水资源管理"四项制度"和确立用水总量控制、用水效率控制、水功能区限制纳污"三条红线"为重点；以建立"监控体系、统计体系、信息系统、管理机构、科技支撑、宣传教育"六大支撑体系为基础；以建设"节水减污、面源治理、固废收集处理、水库生态湿地、非常规水源利用、水库联网工程、信息化管理系统"七大示范项目为载体；以明确责任分工、强化监督考核为抓手，全面实施最严格水资源管理制度。指导思想清晰，工作目标合理，建设内容全面，考核指标明确，可以作为试点工作依据。

全国政务公开在永康试点工作

自永康被列为全国政务公开和政务服务试点单位以来，已梳理行政权力事项4 653项，并列入电子政务平台运行，建立"一门受理、一次告知、集中勘查、限时办结、统一回复"的网上审批运行新机制。1月16日，正式启动电子政务平台，下放行政职权167项，建成镇级行政服务中心16个，村级便民服务中心示范点90个，简易型便民服务中心600多个，基本实现"大事不出镇，小事不出村，行政服务到家门"的目标。

中国文教用品生产基地创建

前仓镇文教用品市场经过二十多年的培育发展，已形成集制造、贸易、流通为一体的文教用品专业市场，经营传统文教用品、校用垃圾桶、校用体育健身器材三大门类产品，成为国内规模较大、功能齐全、辐射力强的文教用品行业中心、集贸中心、信息中心和技术交流中心。现有从事文教用品制造企业332家，规模以上企业42家，经营户530家，行业协会2个。年市场销售总额34亿元，外贸出口额14亿，在全国有着较高的知名度和广泛的影响力。前仓生产的传统文教用品、校用体育健身器材、校用垃圾桶占有全国50%至60%的市场份额。3月26日，中国日用杂品工业协会理事长张广荣到前仓镇指导中国文教用品基地创建工作，希望前仓镇在开展"中国文教用品基地"申报的同时，集中资金和政策投入，最大限度地发挥生产要素能量，实现规模化、集约化经营，提升产业层次，实现文教产业向更高层次发展。7月16日，中国文教体育用品协会专家考核组来永康考评中国文教用品生产基地建设情况，同意授予永康市"中国文教用品（学校用品）生产基地"称号。

全国餐厨用品示范基地建设

2012 年全市有餐厨用品生产及配套企业 1 700 多家，从业人员 6 万余人，实现产值 110 亿元，被商务部授予第二批“外贸转型升级专业型示范基地”。2013 年 1 月至 8 月出口额 8.58 亿美元，同比增长 15.12%，出口额继续位居全国县级市第一，成为浙江省第一批餐厨用品出口基地。同时，餐厨用品产业形成了产业链完整、规模优势明显、服务平台配套齐全、品牌集聚、标准化领先等产业特色。2013 年 9 月 27 日，全国轻工餐厨用品出口基地建设工作交流会在永康市行政会议中心召开。中国轻工工艺品进出口商会副会长张杰和永康市领导蒋金红、黄瑞燕，以及来自全国各地的餐厨用品企业代表与会。各地企业代表就餐厨用品产业发展问题展开热烈的探讨、交流。会后，永康市充分吸取各地基地建设的宝贵经验，进一步加强与轻工商会的联系和合作，加大对基地发展的规划执行和政策扶持力度，加快创新平台建设和创新型企业培育，力争把基地建设成为特色鲜明、配套完善、技术领先、平台健全的示范型基地。

国家级五金制品质检中心

2013 年 4 月，永康市政府决定创建国家级五金制品质检中心，预算投资 1.5 亿元，土地 2.73 公顷，获得市人大批准。该款项主要用于建设实验室和购置检测试验设备。规划分两期投入，建设周期为三至五年。一期是筹建国家质检中心，投入 9 000 万元，其中基建投入 5 200 万元，检测设备投入 3 800 万元。二期投入 6 000 万元，购置大型、精密科研设备，建设五金制品相关实验室及培训基地。建成后，中心承担国家五金行业科研开发、人才培训、科研成果转化、法定公正性检验，并参与国家、地方相关标准的制定修订和标准方法的研究验证工作，为国家五金产品质量认证和安全风险评价预测提供技术手段等工作。实现中型门业企业每年检测成本下降 40%，惠及永武缙三地，辐射华东六省一市乃至全国相关产业的中小企业产业集群。除为五金及零配件企业服务外，还为国家相关产业产品提供技术支撑，最终形成覆盖面广、触及点多的良好格局。

永康五金评为“中国百佳产业群”

永康的五金工业产值占市工业总产值的 90%以上，是中国最大的五金产品生产基地和集散中心之一。2013 年五金产业实现生产总值 425 亿元，比 2012 年增加 9.5%；财政总收入 61.4 亿元，增长 11.7%。永康市获“中国五金之都”“中国电动工具之都”“中国五金商标品牌基地”“中国门都”“中国休闲运动车之都”“中国金融生态城市”“中国口杯之都”“中国餐厨用品出口基地”等称号。至年底拥有中国名牌 6 只，浙江名牌 61 只，金华名牌 46 只。获浙江区域名牌使用权的企业 94 家、产品 158 种。获行政认定的中国驰名商标 7 只，省著名商标 69 只，省知名商号 25 只，国家出口产品免验企业 3 家，授权专利 1.86 余万件，其中有效发明专利 135 件，位列全省前茅、金华市首位。产品涵盖机械五金、装潢五金、日用五金、建筑五金、工具五金、小家电等 1 万多个品种，初步形成了汽车及零部件、电动工具、不锈钢制品、金属加工、防盗门、衡器、休闲运动车等支柱产业。产品远销俄罗斯、美国、巴西、澳大利亚、日本等一百三十多个国家和地区。永康是全国电动工具、摩托车配件、保温杯、防盗门、休闲运动车等的重要生产基地，电动工具总产量和出口量分别占全国总量的四分之一和三分之一；永康是著名的“衡器之乡”，电子计价秤等衡器产品占全国市场份额的 70%以上；电动剃须刀出口量居全国第一；小型拖拉机、柴油机出口创汇连续 12 年列全国第一，是全国农用车生产大市；年产电动滑板车和电动自行车四百多万辆，是全国重要的生产和出口基地；防盗门占全国总量的 70%，是国内最大的防盗门生产基地。随着科技创新力度的加大，永康形成了从传统五金产业脱胎而出的以新能源汽车为代表的汽车及零部件产业、以现代农业装备为代表的农机制造产业和以传统五金提升的现代五金产业“三大支柱产业”的格局，成为“中国百佳产业群”。

永康会展中心获中国展业最高奖

2011 年 9 月永康国际会展中心建成，投资 10 多亿元，建筑面积 16.2 万平方米，拥有 10 个展厅，可设置室内外标准展位 5 000 个，能满足举办大中型展览、会议、商务洽谈等需要。自启用以来，已举办中国五金博览会、中国(永康)国际门业博览会、永康国际机械装备及工模具展览会等十余类大小展会二十余场次，交易额三百多亿元。中国五金博览会是国家商务部和省政府的重点支持展会之一。1996 年开始，已连续成功举办了 17 届，吸引国内外数千家企业商家参展，交

永康国际会展中心(程卡　摄)

易额从首届的 3 亿元，至 2012 年第十七届的 108.7 亿元，17 年间增长了 36 倍，成为永康会展经济发展的重要平台，被誉为国际五金界的一大盛会。

2013 年 5 月始经全国会展办、行业协会、知名专家、权威机构共同推选，并联合全国会展城市、新闻媒体、组委会历时三个月调查问卷，永康国际会展中心被评为 2012～2013 年度中国会展产业大奖——第十届“中国会展之星”十佳商贸会展中心。中国五金博览会入选“中国最具影响力的品牌展会 50 强”，分别受到国家商务部、中国贸促会、国际会展组织等机构嘉奖。

永康八年连获浙江平安市称号

2013 年 2 月 7 日，省委政法委副书记刘树枝到永康考评平安综治工作。省考核评估组先后参观检查了永康劳动争议联合调解中心，花街镇黄园村、双溪村，正阳、中坚等企业及 110 指挥中心。永康市重视和创新社会管理，深化“平安永康”建设工作，切实把维护社会稳定、创新社会管理、建设“平安永康”纳入经济社会发展总体规划，进一步加大服务经济发展的力度，巩固社会政治稳定局面，不断推进“网格化管理、组团式服务”，不断强化重点人群的管理与服务，不断创新矛盾纠纷调处机制。全市划分网格 1 663 个，服务团队 2 049 个，为市民开展矛盾调处、治安防范等服务。同时扎实推进综合治理，持续加大打击犯罪力度，大幅度提升市民的安全感。2012 年全市新增视频监控探头 1 808 个，新招专业巡逻队员 182 名，不断满足社会治安防控的实际需要。在中心城区建立了 31 个治安岗亭，加强了布点防守，最大化布警街面，使街面犯罪率下降一半以上。3 月 29 日，永康市连续第八年被评为“浙江省平安县(市)”。

永康跻身浙江工业强市先进单位

2013 年永康市紧扣省委、省政府加快建设工业强省的决策部署，全市上下形成“抓工业、兴实业”的良好势头，出台一系列政策措施，引导和支持企业实施各种技改，积极开展“机器换人”专项行动，推动工业经济转型升级。同时结合永康实际，存量升级，增量提速，加快现代农业装备高新区和永康浙商回归创业创新园建设。通过“腾笼换鸟”“空间换地”“电商换市”，加快工业经济转型升级，开辟永康经济发展新格局。5 月 27 日，在全省工业强县(市、区)建设工作电视电话会议上，永康被评为浙江省工业强县(市、区)综合评价先进单位，获奖金 100 万元。

永康农房改造全省领先“三连冠”

永康市农房改造工作已连续三年被评为省农房改造工作先进单位。2012 年市政府拨付农房改造资金 5 880 万元，完成改造 6 217 户，比实际任务多了 27 户。其中下拨 180 万元特困救助金，用于 217 户农村困难家庭危房改造，超额完成新增建设用地指标 123.13 公顷，其中农用地转用指标 119.53 公顷的计划任务。2013 年农房改造各项工作有序推进，市政府不断创新农房改造工作机制，因地制宜采取“二手房”安置方式，对残疾人员、贫困人员、孤寡老人和低保户等无能力再建房的下山脱贫困难户，由村集体提供居住条件较好的“二手房”给予安置；针对人口密集、规模小的村，引导“立改套”（独立低屋改建成连户套房）安置，集约开发利用土地资源。同时，搞好困难户保障性住房建设，112 户低收入家庭住上廉租房，提早实现困难户保障性住房全覆盖。通过完善农房改造保险机制，全面开展城乡居民社会养老保险工作，率先在金华市范围内对年满 60 周岁及以上人员发放城乡居民基础养老金，较好地完成了各项重点考核指标。

（童文贤辑录）

特　辑

打造永康发展“升级版”

《政策瞭望》杂志2013年第9期(总第129期)重点刊发了永康市委书记徐华水的署名文章《全面打造永康经济社会发展“升级版”》。文章分三大块分析了永康发展所处的现实方位、创新发展的新动力、新形势和需要落实的几项重要工作。提出了全市下一阶段工作的指导思想、方针策略和具体目标:致力人文环境创新,打造改善民生“升级版”;致力产业优化创新,打造经济发展“升级版”;致力城乡统筹创新,打造城乡发展“升级版”;致力提高党建水平,打造执致为民“升级版”。永康实现新跨越的方向已定、目标已明、战鼓已擂响。就如何树立“二次出发”的信心和决心,把精力和注意力集中到创业创新上来,争创新优势、汇聚新动力,全面打造永康经济社会发展“升级版”,徐华水书记概括为“六个动力”:

一、改革推动,争取制度新红利

专家分析,当前我国经济增长仍在合理区间,政府不太可能用扩张政策刺激短期投资和出口,而是要进一步通过深化体制机制改革,释放市场自动调节的能量,促进经济转到消费导向的增长轨道。可以预见,落后的体制机制将进一步打破,固化的利益将进一步调整,必然会产生制度新红利,为地方经济社会发展提供强大动力。浙中城市群是我省继杭州湾城市群、温台城市群之后的第三个城市群,是我省新的经济增长点。永康五金产业是浙中城市群与永(康)武(义)缙(云)五金产业集群的重点支柱产业。要进一步破除县域经济的路径依赖,依靠深化城市群和产业集群体制机制改革创新,统筹规划,融合发展,扎实推进县域经济向更高层次的新型城市经济和都市圈经济迈进。

二、创新驱动,构建发展新模式

对以传统型工业为主体的工业较发达县市来说,只有构建创新驱动这一新模式,才能增添升级发展的强劲动力。要不断加大企业技改力度,花大力气、下真功夫抓企业技改、抓新兴产业的培养。新兴产业在永康已经初露端倪。永康的高新技术产品已经涉及众多领域,包括军工领域。省委全会作出了创新驱动的决定,提出“新兴产业决定浙江未来发展”。永康产业结构和全省类似,永康未来的发展同样由新兴产业来决定。抓投入、抓技改、抓人才,还有抓项目、抓平台,创新驱动要素就能形成,创新驱动新的发展模式也就能尽快建立起来。

三、市场拉动，拓展消费新领域

从国内来看，国家大力实施城镇化战略，力求进一步打开国内投资消费新领域。研究表明，每增加一个城市人口，可以带动城镇固定资产投资 50 万元；一个农民转化为市民，可以拉动住房、医疗、教育等消费 10 万元以上。就永康来说，现有 35 万多农村从业人员中，按 80%计算，就有 28.6 万农民已经从事工业、建筑业，如果把这部分农民转移到城镇，消费拉动作用不可估量。新型城镇化还内在地要求我们加快产城联动，依靠产业经济的发展、支撑优势，提升城镇化质量，同时，通过城镇化质量的提升，为新型工业化发展提供新的条件与空间。

四、产业联动，创造竞争新优势

永康目前有 1.3 万家五金生产企业、489 家规上企业、51 家无区域集团、850 家冠省名企业，许多五金产品在国内市场占据半壁江山，有的占有率在 90%以上，从事五金产业人数超过 40 万。四五十万产业工人集中在 1 000 多点平方公里土地上生产出上万种五金产品，这在国内是绝无仅有的。随着科技创新力度的加大，以新能源汽车为代表的汽车及配套零部件、以现代农业机械为主的装备制造、以传统五金提升的现代五金，这“三大支柱产业”吸纳了越来越多的新技术、新工艺、新材料、新能源。永康规模以上工业对产业集群辐射区域的带动支撑作用更加明显。要努力把二产进一步做实做强，并把一、三产带动起来，大力培育和发展现代服务业，以现代服务业的发展，促进新型工业化，使产业联动的优势进一步有效发挥。

五、平台互动，强化服务新功能

继续推进工业发展平台、科技创新平台、市场提升平台、金融服务平台、网络服务平台、物流服务平台、设计与产业发展研究平台等各种平台的建设、整合、提升，为“二次出发”提供强大支撑。经济开发区不断转型提升；浙商回归创业创新园、中国南方农机产业园开发建设稳步推进；生产力促进中心、创意设计中心不断发挥作用；总部中心四期将打造永商回归创业创新中心、金融服务中心、工业设计中心、投资创业中心；科技五金城将积极探索“电商换市”新路子，大力发展会展经济；全国所有省区省会城市的永康商会也在摩拳擦掌、谋划为家乡“二次出发”助力；全省县级首家特色产业研究机构——浙江区域特色产业研究中心在我市助推转型提升。

六、人文带动，积蓄发展新能量

南宋的思想家、哲学家陈亮“农商并举、义利双行”思想，成为永康五金工业发展的重要文化动力。改革开放以来，“创一代”靠的是“千山万水、千辛万苦、千家万户、千言万语”，利用卖方市场，生产销售五金产品，功不可没。如今在永康爬坡过坎的关键时期，我们“二次出发”，除了拥有已经经历风雨、经受考验的“创一代”企业家的坚守和执着，更可喜的是成长起来了一批视野更开阔、思维更活跃、目标更高远的“创二代”。“创二代”在永康激流勇进、风生水起、走向国际，逐渐成为规上工业企业的中坚力量，这是我们全面升级的强大动力与宝贵精神财富。

让永康五金畅行世界

2013 年 9 月 25 日召开第十八届中国五金博览会、第三届中国(金华·永康)国际商贸发展大会新闻发布会，永康市市长金政发表“让永康五金畅行世界”为题的重要讲话。围绕这一主题，金政向全国各大报刊、电台到场的媒体朋友介绍了永康市五金产业的基本情况、中国五金博览会的优势，并发布“中国・永康五金指数”。

一、第十八届中国五金博览会的主题思想和亮点

本届五金博览会是以“让永康五金畅行世界，让世界五金汇集永康”为主题，按照“创新、开放、务实、有序”的要求进行部署。除了将继续举办大规模的开幕式活动、商品交易活动、技术交易活动、网上博览会等活动外，围绕产业需求和企业要求，在博览会期间组织举办浙江省工业设计成果展、金义都市新区规划图片展，发布“中国、永康五金指数”、举办第三届中国（金华、永康）国际商贸发展大会等重大活动。这些活动与本届五金博览会的“同台联欢”，既丰富了博览会的内容，又扩大了交流合作，各方都将取得丰硕的成果。

二、五金博览会对永康经济社会发展的推动作用

首先，引领产业大发展。通过举办博览会，吸引国内外一大批行业品牌企业参展参会，为永康企业搭建了一个与行业品牌交流合作的平台，深化了与世界各地的经贸往来，为永康五金产品进入国内外市场打开了新的通道，对五金产业发展发挥了巨大的推动作用，树立起了“永康五金”的品牌形象。目前，全市共拥有 2 家上市公司，累计拥有 8 件中国驰名商标、64 件浙江省著名商标。

其次，提升现代服务业发展水平。博览会的带动作用、联动效应、经济贡献远远超过博览会本身，极大提升永康三产服务业发展水平，促进其他行业发展。2012 年第十七届中国五金博览会期间，大约 5 万多名采购商和专业观众来参会参展，极大带动了住宿、餐饮、交通、广告等服务业发展。随着办展水平和博览会影响力的提高，在永康举办的各类展会越来越多，2013 年共达 17 次，有力地推动全市现代服务业的发展。

第三，提高我市经济外向度。我市从 1996 年连续举办中国五金博览会，为我市五金产业同时也为全市扩大对外开放、深化与各地合作奠定坚实基础，加快实现“让永康五金走向世界”这一目标。据统计，1997 年，永康全市自营出口总额只有 6 000 万美元，到 2012 年达 36.5 亿美元，十五年间翻了约 61 倍。

第四，提升了城市的知名度和美誉度。博览会办到一定水平，将成为举办地的无价“品牌”。博览会期间，各级领导和社会各界高度关注，国内外嘉宾客商云集，五金博览会已成为永康对外宣传的重要窗口，成为展示永康经济社会综合发展成果的新“品牌”，成为永康的一张“金名片”。

三、五金博览会上发布“中国・永康五金指数”的特色

在第 18 届中国五金博览会将发布“中国・永康五金指数”，主要内容是：根据永康五金生产行业、五金产品贸易情况，“中国・永康五金指数”分为价格指数、景气指数两大部分。价格指数分为五金产品生产价格指数、五金产品外贸价格指数、五金市场交易价格指数。指数值上升表明五金产品综合价格上涨；指数值下降，则表明五金产品综合价格回落。景气指数分为五金产品生产景气指数、五金产品外贸景气指数、五金市场交易景气指数。景气指数取值为 0—200 之间，100 为荣枯线；指数值大于 100，表明景气处于扩张状态，其值越趋近于 200，表明景气越繁荣；指数值小于 100，表明景气处于回落状态，其值越趋近于 0，表明景气越萧条。

永康是闻名全国的“中国五金之都”，是我国重要的五金产品生产、流通和出口基地。永康五

金市场龙头——中国科技五金城，汇聚五金产品1万多种，产品辐射180多个国家和地区，市场成交额连续多年居全国同类市场榜首。2012年达到470亿元，网上交易额为167.5亿元，现已成为目前国内规模最大的五金专业市场。依托永康五金市场，在永康发布五金指数，能客观真实地反映五金产品价格、市场和企业景气状况。

发布五金指数，既能准确反映五金产业发展趋势与波动，同时将助推永康市五金产业的转型升级，进一步提升永康在行业内的话语权和区域内的影响力，巩固永康五金产业龙头地位。

"中国·永康五金指数"的发布，对进一步提升永康五金行业和专业市场的国内外知名度，引导五金行业调整产品结构和转型升级，为国家有关部门制定行业政策、发展规划等提供基础资料和动态信息具有重要意义。并将起到以下几个积极作用：(1)价格形成作用。根据"中国·永康五金指数"系统的价格信息，可以为采购商与生产企业提供丰富的产品价格资料，从而在博弈中形成双方的"均衡价格"。(2)经营决策作用。"中国·永康五金指数"可为生产企业提供很好的成本控制信息与产业景气趋势，从而为生产经营决策提供服务。(3)市场预测作用。基于"中国·永康五金指数"的时间序列，可构建各种预测分析模型，判断主要产业指标的基本发展趋势。(4)市场规范作用。以"中国·永康五金指数编制"为契机，推进五金产品分类与质量标准的规范化，引导产品价格形成的规范化，促进产业竞争的良性有序循环。

创建全国循环经济示范市

永康循环经济发展起步早，基础扎实。早在2006年永康市已被商务部列为全国再生资源回收体系建设26个试点城市之一(全国唯一县级城市)。2009年通过国家商务部验收，成为浙江省工业循环经济"4121"示范工程十个试点县(市)之一，首批"浙江省发展循环经济先进县(市)"。2011年9月浙江省发改委认定永康再生资源回收利用循环经济试点基地为省级循环经济试点基地。

2013年9月10日，由省发改委资环处处长曲建国带队的调研组，就永康创建省级循环经济示范市相关情况进行走访调研。为深入实施省循环经济"911"项目，永康市通过规划和政策，确定建立良好的循环经济发展导向，以项目建设推进循环经济。2011年至2013年，全市有6个项目列入省循环经济"911"行动计划重点项目，获得省循环经济补助85万元。下一步主要是抓好城市矿产、绿色能源、建筑废弃物资源化、清洁生产、水资源的循环再利用、垃圾无害化处理、餐厨废弃物资源化、农业废弃物资等十大重点工程。调研组通过实地考证，肯定了永康创建循环示范市工作，同时建议永康以结合地方特色，突出"再生金属回收利用"主题，树立一批竞争优势明显的区域"标杆型"企业，加快实施"机器换人"，努力构建企业小循环、产业中循环、园区大循环，发展循环型工业。10月26日，永康成为浙江省的7个循环经济示范县(市)之一，并作为全省唯一的县(市)，代表浙江参加全国循环经济示范县(市)的评选。

一、经济循环的"永康路径"

像国内其他一些地区一样，永康面临着人多地少，水、地、能源等资源匮乏的现实困境。走"减量化、再利用、资源化"的循环经济发展之路，已成为永康经济发展的必然选择。经过多年探索，逐渐走出了一条发展新路。

永康素有"五金工匠走四方、府府县县不离康"的美誉。"补锅补铜壶、打铜修锁"等五金

永康百工生产的旧金属产品——铜壶铜罐(农业局提供)

手工技艺是永康传统中最原始的资源节约利用模式。基于此,改革开放初期,永康人就开始发展废铝、废铜、废铁等废旧金属回收利用产业,回收网络分布全国各地,建立了较为完善的再生资源市场。

永康基本形成了"废旧资源回收站点——废旧资源分拣中心——废旧金属回收中心——废旧金属集散市场"这一结构完整的废旧物资回收体系,并逐渐向关联行业拓展,发展成为全国知名的五金产品生产基地和集散中心。五金八大行业的原材料很大一部分来自废旧金属的回收再制造。2012年规上企业实现废旧物资年加工利用量有150万吨,其中废旧金属占72%以上。

循环经济的发展促进永康各产业间不断融合发展,并推动战略性新兴产业和传统优势产业、先进制造业和生产性服务业互动发展。引导传统五金产业提升,发展新兴产业,推动新技术、新材料、新装备、新工艺在传统产业领域的应用。加快建设以产前、产中、产后联合制造为特征的现代产业集群,加快发展以总部—基地型合作制造为特征的总部经济,促进产业和企业向开发区、工业园区和乡镇工业功能区集聚。现代农业装备制造业在农业领域推广应用,推动现代农业的加快提升,农业正逐步以"龙头企业+合作社+农户"的组织形式,向"农业综合区"、"农业精品园"、"农业产业区"规模化发展。现代农业装备制造业在农业领域推广应用,推动现代农业的加快提升。

产业转型升级为循环经济的发展创造了有利的产业发展环境。五金特色产业是永康再生资源回收网络体系建设的重要基础。作为全国知名的五金产品生产基地和集散中心、全国再生资源网络体系建设试点城市、浙江省经济创新发展试点市,永康市产业转型步伐进一步加快。五金

为五金产业、机械设备提供服务的金都市场(五金城提供)

产业被列入浙江省21个产业集群转型升级示范区。“十二五”期间将进一步把浙江省首个现代农业装备高新技术产业园区建设作为永康经济“升级版”的切入点和突破口，加强与现代农业装备强国的对接，实施重大技改项目，提高数控装备自动化、智能化水平，提升研发设计和品牌运营能力，全力拓展国内外中高端市场。永康市先后被列入浙江省两化融合试验区、区域国际品牌试点区、浙江省产业转型升级示范区。

现代服务业快速崛起。中国科技五金城为全国规模知名的五金专业市场，2012年市场交易额470.2亿元。总部中心、五金科技创新服务中心、会展中心、物流中心、通关中心等建设为现代服务业升级壮大提供了所需的载体平台和科技、人才等要素保障。其中永康总部中心为浙江首批现代服务业集聚示范区，一二期已建成并部分投入运营，规模效应初步显现。永康五金生产力促进中心是浙江省12个特色工业设计示范基地之一、国家科技部首批22家工业设计服务试点单位。永康已形成多个二手机械设备市场，为机械设备的循环使用提供了便捷的交易平台。金融服务业发展较快，规模较大。旅游、餐饮、运输等服务行业保持平稳发展。

生态循环农业稳步推进。实施节能降耗和节本增效农业工程，减少化肥农药施用；实施农药减量控害增效示范工程，统防统治示范面积比2010年增加1 266.67公顷。全市测土配方施肥技术推广达到1 666.67公顷，建立测土配方施肥综合应用示范方206个，绿肥示范方18个。通过“三品”认证71个，建设一批标准化农业生产基地，总结推广一批示范模式，推进农产品无公害生产、标准化管理。制定了10个农业生产标准，已通过“三品”认证71个，面积4 000公顷。深入开展生态循环示范模式示范和创建，总结推广“猪—沼—作物”生态循环、废弃物综合利用和种养结合示范模式。实施规模畜禽养殖场排泄物治理，推进农村清洁能源推广和示范。大力实施“811”环境整治，开展畜禽规模场排泄物治理。全市规模养殖场建设沼气工程156处，总池容1.2万余立方米，每年四十余万吨养殖污水经沼气工程等得到有效处理。积极推进资源化利用，探索畜禽粪便集中统一收集处理和资源化利用，农作物秸秆综合利用率80%，废农膜回收利用率75%，规模化养殖场粪污资源化利用率95%。推进农村清洁能源利用。全市累计推广太阳能热水器面积13.9万平方米，17个太阳能推广示范村通过验收，1个村列入省级清洁能源利用示范村创建点。

城市化为永康循环经济发展奠定了良好的基础。2010年来，随着城市化水平不断提高，旧城改造稳步推进，永康城市面貌日新月异，“一城两翼二组团”中等城市框架初步形成，建成区面积36平方千米，建成区绿化覆盖率41%，城区纳污面积18平方千米。

净化环境，变废为宝。永康垃圾焚烧发电厂于2012年12月试运行并网发电。目前永康日均垃圾500吨，垃圾焚烧发电厂可以从容应对。垃圾焚烧发电厂在消灭垃圾的同时，为永康供应了清洁能源和大量的新型建筑材料。2012年开展首个垃圾分类试点小区，居民参与垃圾分类率80%，垃圾分类正确率80%，其余垃圾分类由开始的10%上升到50%。

增配设施，保护水源。上半年，芝英污水处理厂二期完成土建主体部分，日处理生活污水量为5 000吨，有效缓解方岩、古山、芝英3镇的污水处理压力，为防止污水对河流、地下水资源的污染提供了保障。

建筑节能，率先推广。位于江南街道的锦绣江南小区二期，为节能减排，合理开发利用清洁能源，在577套住宅的阳台上全部安装了太阳能热水器。

能源升级，推进减排。永康规划形成“多气源一环网”的供气格局和“总买总卖”的销售体系，主管部门积极与上游供气企业沟通衔接，接纳多方气源，形成统一公开的天然气市场。据初步统计，目前永康市城区使用管道天然气的居民用户为2.98万多户，工商用户有200余户，城区气化率为51%，日均用气量为18万方。五金工业是永康市的支柱产业，对燃料需求旺盛，天然气作为一种清洁、稳定的新型能源，为永康经济发展和生态环境提供了可靠保障。

完善设施，绿色出行。在永康市入城道路整治提升工程中，计划在入城道路两侧适宜处设置自行车等慢行道路，为自行车爱好者创造舒适环境。同时，规划将永康市域内各主要街道、镇、风景区用绿色慢行交通连接起来，按规划建成后将适宜骑自行车绿色出行，进而减少汽车使用量。

二、循环经济的"永康模式"

永康再生资源回收利用体系是在资源紧缺、环境约束的条件下，在永康市原有的废旧金属材料市场、五金产业的基础上建立起来的。它不断满足了日益增长的再生金属资源需求，弥补了永康矿产资源不足，促成永康有色金属加工、电动工具、汽摩配件等几大特色产业的发展。

永康再生资源回收利用体系的回收模式、产业依托、管理制度和协会作用都各具特色，构建起"企业主体＋政府主导＋行业自律＋公众参与"的长效发展新机制，形成了"回收站点＋龙头企业＋回收基地＋信息管理"的"永康模式"。再生资源的加工利用，大大完善了永康市再生资源市场网络体系，形成"再生金属—五金制造—废旧金属回收—再生金属"循环型产业链，提高永康市再生资源产业的经济效益。

在永康，全社会构建了一条以废旧金属材料市场、再生资源回收利用中心为原材料供应基地、经济开发区（工业园区）为生产基地、中国科技五金城为产品集散销售中心的"回收体系——原料基地——生产利用——专业市场"的大循环模式。通过"城市矿产"推动产业发展，带动服务业发展，实现了二、三产业有机融合；同时通过现代农业装备产业带动农业现代化，实现一、二产融合发展。"永康模式"对资源匮乏型地区通过循环经济助推经济发展具有示范作用。

市政府出台《永康市工业循环经济实施方案》《关于加强节能降耗发展循环经济工作的实施意见》等文件。每年安排500万元专项资金，用于工业循环经济试点推动、重大项目补助以及资源循环产业链技术的开发推广。在回收方面，出台了《永康市公安局废旧金属收购业专项整治方案》《废旧金属收购点管理办法》等9个规范性文件，为全市再生资源回收利用的管理提供了制度保证。在加工利废方面，出台了地方优惠政策，支持利废企业技改，为利废企业的发展注入强大的动力。

建立再生资源回收利用协会是开展废旧金属收购行业自治的关键。由物华公司牵头，组建永康市再生资源回收利用协会，设立专门管理办公室，配备专职管理人员，落实专项资金，建立管理制度，充分发挥行业协会的作用，大力开展废旧金属收购行业自治。协会主要针对永康市前期废旧金属收购行业中存在的无证经营、收购不登记或不规范等问题开展行业自查自纠，建立内部管理制度，规范经营，开展日常巡查工作等。

按照永康市规划，"十二五"期间，循环经济将向更宽领域、更深层次发展，结合当地产业特点，加快与周边县市形成区域大循环，大力推动新型城镇化建设，使循环经济呈现出更加美好的前景。

三、循环经济的"永康"做法

在创建省循环经济示范市的过程中，永康市不断总结经验，建立了一套符合永康特色的具体做法：成立了以市政府主要领导任组长，常务副市长和分管市长为副组长，发改、经信、财政、环保等13个部门为成员单位的永康市发展循环经济领导小组，办公室设市发展和改革局，建立健全循环经济建设的目标责任考核体系。2010年成立了由永康市主管副市长为组长，各相关职能部门以及相关企业为主要成员的永康市再生资源回收利用基地建设试点工作领导小组，下设办公室，组织、管理、协调、督查再生资源回收利用体系建设。

"十一五"以来，永康市通过加快淘汰落后产能、全面取缔小冶炼、金属表面处理行业污染整治、实施"158"碧水蓝天工程等措施，节能减排工作取得一定成效。"十二五"中期，万元生产总值综合能耗、化学需氧量、二氧化硫三项指标分别下降了10.96%、5.4%和7.3%，均完成上级下达的任务。2012年全市削减化学需氧量2.77%、氨氮2.2%、二氧化硫4.45%、氮氧化物0.8%。

2013年永康市深入实施省循环经济"991"项目、企业清洁生产、垃圾无害化处理、农业循环经济、金太阳示范工程等项目建设，推进全社会循环经济的发展。省循环经济示范市创建期间，围绕创建省循环经济示范市的目标、内容和任务，根据永康实际，重点在再生资源回收利用、再制造、新能源、新材料、节能环保、园区循环化改造、垃圾焚烧发电、污泥资源化利用、中水回用、余热利用、农业废弃物资源化利用等领域，实施60多项循环经济重点项目，总投资400多亿元。

（谭李军　王珍妮）

全国农业装备高新区

为加快农业装备现代化建设，2013年浙江省政府着手现代农业装备产业技术创新综合试点，其总体目标是建设全国重要的现代农业装备创新基地、设备设计基地、装备制造基地、智能电子与仪表制造基地，打造现代农业装备制造科技新城区。试点主要任务是加快推进现代农业装备企业创新能力建设，加大培育现代农机装备产业集群，高水平推进省级现代农机装备高新园区（简称农机高新园区）创建。试点重点主攻领域和方向以"智能、绿色、超常、融合、安全"为导向，瞄准产业发展制高点，发展智能化成台套农机田间作业装备，农用物联网自动化的园林和林业装备，设施农业与精准农业装备，能替代人工的采摘装备等。为抓好试点，省政府在金华范围内，选择具有较好研发基础、较强创新能力的现代农业装备企业、建设若干家重点企业研究院。

一、省领导批示支持永康农机高新区

2月6日，毛光烈副省长在《专报国办信息》第22期《浙江省农机制造业发展全国领先》上批示：请科技厅、经信委、农业厅共同研究，支持永康建设现代农业装备高新区的创建，打通现代农业装备工业设计基地、创新与人才基地、装备智能化电子与软件产业基地、装备制造基地建设的产业链，为智能化农机装备制造业的发展共同作出贡献！

毛光烈副省长考察三锋实业公司（经济开发区提供）

二、高新园区试点落户永康

2月15日至16日，副省长毛光烈到永康开展现代农机装备产业技术创新综合试点工作调研，落实现代农机装备产业技术创新综合试点，

并计划中国南方农机产业园在两年内建成省级现代农机装备高新技术产业园。市长徐华水介绍了永康市开展现代农机装备产业技术创新综合试点工作和创建省级现代农机装备高新技术产业园的优势条件和工作思路。经过多年的培育发展，永康市的农机产业规模、技术水平以及配套能力在国内都已具备较高的比较优势。永康市将农机列为三大战略性产业之一，到2020年将打造成为千亿级的现代农机装备设计、创新、制造、营销基地。毛光烈实地调研了中坚公司、三锋公司、四方集团、尤奈特公司等企业，并与得伟工贸、挺能胜、超越股份、威力园林、莱恩农业设备等企业负责人座谈，探讨农机产业发展前景和出路。毛光烈说："永康'工业强市'抓得紧，形成了重视转型升级、技术创新的氛围，管理创新、商业模式创新有好的苗头和典型，要继续保持和发扬。永康企业不缺智慧，缺少的是现代理念，要开阔思路和视野，不能再维系传统发展道路，而是要走协同创新、协同制造、智能制造的道路，为浙江转型升级树榜样。"

三、四路并举搞好园区试点准备

为了搞好现代农业装备产业技术创新综合试点工作，永康市委、市政府大力开展现代农机装备产业技术创新综合试点准备和现代农机装备高新技术产业园创建规划，做到"四路"并举：发挥龙头企业骨干作用，加大投资成为现代农业装备的发展龙头，带动其他企业协同发展；引进央企，借助央企平台站在农业装备发展前列；引进外资，引进在现代农业装备发展中有示范性的现代农业装备企业，吸收他们的理念和技术；引进知识资本，要出台政策，打造平台，吸引现代农业装备工业设计、电子设计等方面的"高、精、尖"人才。同时要抓好统筹，避短扬长，推动现代农机装备产业技术创新综合试点和现代农机装备高新技术产业园互动发展，"高新区"建设要做好规划，现代农业装备工业设计基地、创新基地、电子基地、制造基地、企业研究院五个基地要一体化发展，全面开放，以"高新区"品牌优势及产业链配套优势做好招商引资工作。

四、高新园区工程全面启动

2月17日，省委、省政府在永康召开现代农业装备产业技术创新综合试点与高新园区创建启动工作会议。副省长毛光烈为永康农业高新园区授牌。永康成为全国首个现代农机装备高新区。永康市设施配套和产业基础好，全市一万多家企业有70%从事五金机械装备制造，高素质技术工人多，有得天独厚的发展优势；创业资本丰富，创业型企业家密集；带动力强，建设高新园区有助于带动浙江中西部工业制造业转型升级。根据企业的行业影响地位、规模实力条件、技术研究基础、科技创新能力和重点研发方向，四方集团、莱恩农装、威力园林等3家企业被省政府确定为首批重点企业研究院建设单位。永康建立高新农机产业园，依托城西新区(中国南方农机产业园)进行整合提升，园区规划面积22.89平方千米，一期开发面积10.89平方千米。高新区专门制订科学编制园区空间布局规划、现代农业装备产业发展规划，确保现代农业装备产业技术创新基地、现代农业装备的工业设计与电子软件仪表等智能产业基地、现代农业高端装备制造基地的落地和合理布局，形成"一心三基地"(一个农业装备创新、设计、检测试验中心，高端农业装备制造、农业装备智能电子产业、农业装备关键部件制造三个基地)，形成以现代农业装备高新区为核心，与高新区外中小企业配件生产的"协同制造、联合发展"新格局。工作启动以来，永康市坚持"高起点规划、高标准定位、高效率运作"，迅速掀起现代农业装备产业的创业创新热潮。截至5月中旬，现代农业装备产业培育工作进展顺利，产业园区规划已编制完成，研究院建设正式启动，成立了永康现代农业装备高新区开发有限公司，筹集启动资金3亿元，完成首期66.67公顷土地征地工作，建成100万平方米建筑面积的商业配套小区；6月份首批高新区入驻企业将开工建设，高新区的产业聚集、板块效应正在凸显。7月12日，永康现代农业装备高新技术产业园区党工委和管委会正式挂牌成立，成为全省首个农业装备高新技术产业园区。该园区管委会为市政府派出机构，代表市政府行使管理权限，对园区实行统一规划、统一建设、统一管理；制定和实施园区有关管理规定；负责园区内改革和发展重大事项的决策等。

（胡发登）

浙商回归创业创新园

2011年12月浙江省人民政府颁布《关于支持浙商创业创新促进浙江发展的若干意见》，支持浙商创业创新，推动浙商跳出浙江、扎根浙江与发展浙江有机统一的战略举措，成为2012年全省的重要工程。永康是浙中工业经济的高地，也是浙商经济最活跃的区域之一。改革开放30多年来，已呈现“三分天下”的格局：三分之一在永康，三分之一在周边县市，三分之一在省外。10多万永康浙商足迹遍布大江南北，省外投资累计超过3 000亿元，涉及领域包括汽车整车及关键零部件、新能源新材料、机电一体化、建筑五金、家用五金等行业，创造经济总量超过8 000亿元，相当于8个永康经济总量的规模。在外永商回乡投资创业的热情空前高涨。据永康有关部门调查的数据显示，64.8%的永商有回归投资的意愿。2012年5月份开始，市委、市政府创建全省首个浙商回归创业大平台——永康浙商回归创业创新园。

永商回归创新园落户省重点培育中心镇——永康市龙山镇。位于市域东北部，界于永康、东阳、磐安三地之间，距永康城区25千米，东界吕南宅，南至龙山大道和永东调整公路，西界桥下，北至四路和永东一线，面积727公顷。园区地理位置优越，交通便捷，永东一线南北向贯穿整个园区，永东高速公路在境内有出口。此外，早在2007年，龙山镇就被评为省级中心镇，拥有低丘缓坡资源1 917.22公顷，地势较缓、拆迁量较小，有利于较大规模的连片、分块布局。

正在兴建创业创新园的基础工程（龙山镇提供）

一、构筑永商投资的高端平台

永康市委、市政府以科学发展观为指导，贯彻落实浙江省“八八战略”和“创业富民、创新强省”的目标，着力实施永康“工业强市”发展战略，充分发挥在外“永商”资源与龙山镇低丘缓坡资源优势，以创业创新为动力，以“构筑大平台、实施大开放、引进大项目、培育大企业、发展大产业”为目标，打造五金名城，重点发展先进装备、汽车零部件、新材料三大五金关联产业，建成产业高度集聚、功能设施完善、投资环境良好的现代五金高端产业园、永康工业强市建设的新平台、金衢丽区域经济合作的典范区、浙江省浙商回归创业创新的示范区。

永商回归创新园作为投资创业的高端平台，高起点谋划，高标准遴选，高强度扶持，推动永康五金“脱胎换骨”。园区规划采用“一心五区”空间结构（公共服务中心、先进装备产业区、汽车零部件产业区、新材料产业区、关联产业区、现代物流产业区）。项目重点围绕先进装备制造、新材料、汽车零部件三大产业，打造永康工业强市建设新平台，现代化国际五金名城的高端产业区、现代五金产业集聚区以及浙商回归创业创新示范区，对整个区域企业家的创业创新发挥引领作用。至 2013 年 12 月，浙商回归创业园区首期已供地 53.34 公顷，投资 20 多亿元，入驻企业 26 家，其中 10 家企业已投入生产，2 家企业工程主体已结顶，8 家企业已基本完工。2020 年前，争取集聚浙商回归企业 150 家，实现工业总产值 330 多亿元，税收超过 10 亿元。

二、营造创新园区的四项工程

（一）建成浙江省浙商回归创业创新示范区

以产业特色突出、空间开发有序、资源节约利用为目标，加大吸引永康籍省外浙商回归力度，着力建成特色明显、核心竞争力突出的产业区，率先探索建立浙商回归示范区的新型体制机制，在开发模式、重点领域、体制机制率先取得突破，成为浙江省浙商回归创业的亮点，为全省浙商回归创业创新提供先行示范，引领全省浙商回归区的建设。

（二）建成金衢丽区域经济合作典范区

永武缙五金产业集群的实践，表明永康经济带动了武义、缙云等县的经济发展。选择金衢丽地区欠发达山区县（市）开展区域经济合作，通过在园区内设立合作功能区块或在合作县（市）设立园区的“飞地”区块，合力共建园区，充分发挥园区的带动示范作用，促进欠发达县（市）的经济发展。

（三）建成永康市工业强市建设新平台

围绕浙商回归区在永康市工业强市建设“两园一区多点”新格局中“一区”的战略定位，以“高起点规划、高标准建设、高效能管理”的原则进行规划建设，加快优质项目集聚、优势资源要素集聚，推动龙山镇工业经济可持续发展，成为永康工业强市建设的重要增长点。

（四）建成现代五金高端产业园

利用永康市的技术、人才、市场、信息、物流、区域品牌等优势，引进融合外地优势资源的永商回归项目，聚集五金制造延伸产业价值链中最具增值潜力和核心竞争力的高端环节，重点发展先进装备、汽车零部件、新材料三大主导产业，提升永康五金整体产业层次，成为以现代五金产业为地域特色的高端产业区。

三、推行“筑巢引凤”的五条举措

（一）构筑大平台

加大财政投入，建设完善基础配套设施，实行优质高效服务，加快“筑巢引凤”力度，打造优越的软硬环境，建设有规模、有影响力、有特色的浙商回归创业园区，为永商回归提供发展平台。

（二）实施大开放

充分发挥“区位优势、永商优势、空间优势”，以开放促开发，积极实施全方位、高水平、宽领域、深层次的开放举措，形成内外联动、互利共赢、安全高效的开放机制，提升区域竞争能力。

（三）引进大项目

强化产业导向，积极参与全球产业分工，加快引进技术先进、带动力强的龙头项目，提升产业层级，推动产业向高端化、高质化、高新化发展。着力提高招商引资水平，健全完善招商引资工作考核办法，提高引资实效，吸引更多的好项目向园区集聚。

（四）培育大企业

以在外“永商”行业龙头企业为对象，以项目引进带动大企业集团的培育，引导企业实施差别化竞争和自主创新战略。支持企业向“专、精、特、优”方向发展，并加强与跨国公司、世界500强、大型央企国企的对接。通过资产重组、兼并收购、强强联合等方式，培育一批国际国内有竞争力的优秀企业群体。

（五）发展大产业

以五金产业为基础，延伸和完善产业链，引入上游原材料生产项目，并向先进装备、汽车零部件等领域扩展，提高产品档次，通过产业集聚形成规模效应，推进结构调整和发展方式转变，实现速度、质量、结构和效益的统一。

四、建成功能齐备的工业园区

2012年是永康工业经济快速发展的一年，中国南方农机产业园于9月起航，浙商回归创业创新园开始启动。12月3日，副省长王建满宣布：浙商回归金华千亿投资系列工程——永商回归创新园开工！作为全省首个开工建设的县级“浙商回归创业创新园”，受到各级领导和社会各界的高度重视和支持。

举行永康浙商回归创业创新园首批入园企业集体开工仪式（龙山镇提供）

2013年永康市紧紧围绕省委、省政府支持浙商创业创新，推进民营经济大发展、大提升的重要战略决策，在全省率先规划、开发建设浙商回归创业创新园。永商回归创新园占地727公顷，近期开发建设3.6平方千米，固定资产投资150亿元以上，吸引浙商回归企业100家以上，实现规上工业总产值135亿元，税收5亿元。计划2020年前，集聚浙商回归企业150家以上，实现工业总产值330亿元，税收超过10亿元。永康浙商回归创业创新园项目主要围绕先进装备制造、电子信息、新材料等产业，提高准入“门槛”，优化投资结构，推动永康五金“脱胎换骨”。目前，园区一期33.33公顷征地已经完成，首批10个入园项目已经确定，园区内基础设施配套工程有序推进。

（陈志源）

省级园林城市创建活动

永康城市自然条件得天独厚，拥有山清水秀的园林风光。经过多年努力，被授予浙江省高标准平原绿化县（市）、全国森林绿化百佳县（市）等荣誉称号。2010年以来，永康市大力实施“五金名城、生态城乡、商旅大市”三大战略，稳步推进创建国家卫生城市、国家环保模范城市和省级园林城市“三城联创”的战略方针，把改善人居环境、建设宜居城市，作为构建和谐社会的有效载体、增强城市综合实力和服务人民大众的重要途径。2013年永康市委、市人民政府注重以人为本，加大投入力度，精心组织部署，科学规划布局，加快绿地建设，注重景观保护，城市园林绿化建设和生态环境改善成效显著。

一、节约型园林绿化建设

为切实加强对“创园”工作的领导，永康市成立了以市长为组长，分管建设、城管、林业的副市长为副组长，30多个相关职能部门领导为成员的创建省级园林城市工作领导小组，下设办公室。各部门、各单位成立相应组织，明确分管领导和联系人，为“创园”工作顺利开展奠定了扎实的基础。

市委市政府制定了“创园”方案，保障“创园”经费，与有关责任单位签订了“创园”责任书，层层分解、落实创园工作任务，明确各部门分工，制订阶段性计划。坚持一级抓一级，层层抓落实，为创园工作稳步推进提供了有力的保障。同时严格依法治绿，先后出台了《永康市绿化管理办法》《永康市公园管理规定》等规章制度，健全临时占用绿地和移植树木审批制度，有效杜绝了非法侵占绿地、破坏树木行为的发生。

座落三江口的园林式广场（建设局提供）

永康城市园林绿化一直遵循着“科学增绿、生态增绿、经济增绿”的原则，坚持“节地、节水、节材、节能、节资”，大力开展节约型绿化建设。绿化设计突出当地树种，选择适合永康市生长条件的植物，如樟树、杜鹃、黄山栾树、无患子等；减少大面积草坪铺设，种植各种地被植物；减少大规格树木种植；减少难引种、难成活、难养护的外来树种，保证苗木成活率和长势，大幅降低绿化成本；多用当地石材，减少不必要的铺装面积。提倡屋顶绿化、墙面绿化、垂直绿化、立体绿化等节地型园林形式，利用每一寸土地，做到科学规划，合理使用土地资源，提高土地资源利用率。在日常绿化养护管理中，利用江水进行喷灌。

根据当地自然条件和资源特点，充分利用自然资源营造园林绿化。保持场地原有的地貌特征，尽量做到土方就地平衡，避免大规模地形改造。《永康市城市绿地系统规划（2005～2020）》确定了“一横三纵重要景观路，十大特色公园，二横四纵绿色景观带，十大景观节点”的城市绿地系统，完善了绿地布局，确保了绿地建设健康发展。“一横”指五金大道——西三环，“三纵”是：高速入城口——紫微路、永东二线——330国道和九铃路。“二横”指永康江绿化带和金温铁路城区段两侧防护绿带；“四纵”分别指华溪、苏溪、烈桥溪、北溪绿化带。十大特色公园是中心城区的金胜山公园、华溪公园、香樟公园、塔山公园、龙川公园和南苑公园,城东片的凉帽山公园和六百岭公园,城西片的桐塘公园、下金龙公园。十大景观分别是城东入口、城南入口、城西入口、城北入口、三江广场、体育广场、会展广场、北溪华溪交汇口、西津桥、龙虎塔凤凰塔二塔。通过沿河沿路绿带、大型郊野公园,使绿山、绿水、绿带、绿园互相贯穿,有机结合,构筑了融山、水、城、绿于一体的网络状绿色生态系统。

二、结合景观保护精品绿化

永康市创园工作坚持以人为本,齐抓共管,园林绿化建设成效显著。

结合旧城改造,采用拆违建绿、拆房增绿、破墙透绿、立体添绿等有效措施,因地制宜开展单位和居住区绿化,极大地改善了城区绿化,美化了居民生活环境。积极开展园林单位、园林小区的评选活动,不断推动单位和居住区绿化建设。

把公园绿地作为绿量增长的重要抓手,使之成为市民的休闲活动场所。充分利用和挖掘自然、人文资源,打造精品公园,先后完成了永四中公园一期、金胜山公园、龙川公园、香樟公园等9个公园建设。先后完成丽州广场、三江广场、世纪广场等广场绿地建设,突出植物造景,广场绿地率达到65%以上。大力开展"见缝插绿"工作,先后完成零星绿化工程12万多平方米,最大限度增加城市绿量。新建、改建、扩建等各类工程项目配套绿化,严格实施绿地指标核准、设计方案审查、工程质量跟踪监督、竣工验收资料备案等制度,丽州广场、飞凤山公园等多个项目获得各种奖项。

加强铁路、公路、国道、省道、县道两侧防护林建设。随着城市道路基础设施建设力度不断加大,路网骨架进一步拉开,道路绿化水平同步提升。先后完成了330国道、五金大道两侧等防护林建设。在道路绿化中,注重品种引进和选择搭配,精选乡土树种、色叶树种和适宜生长的花草品种,力求"一路一树"、"一路一景",不断提高道路绿化档次。

加强三江六岸绿地建设,形成了独具特色的山水永康绿色景观长廊。永康江穿过全城,与华溪、苏溪、北溪、烈桥溪形成一江连多溪水网格局。一江四溪不仅是城市内流动的景观带,也是重要的生态水道。全市新增绿地300多万平方米,人均绿地面积达到9.47平方米,建成区绿化覆盖率41.01%,建成区绿地率35.9%。一个公共绿地、居住区绿地、单位附属绿地星罗棋布、布局合理,道路绿化、河渠绿化、环城绿化纵横交错、环环相扣的美丽蓝图,逐步变成了永康人民可触可摸的美丽现实。

三、搞好文物古迹名木保护

永康历史悠久,人文景观和文化底蕴丰厚。有黄帝铸鼎的古老传说;有春秋铸剑、汉造弩机、唐铸铜铳、宋制"三刀"的传统技艺;有全国最长的古廊桥——西津桥;有南宋状元陈亮读书、讲学的五峰书院;有凸显清代民俗文化的徐震二公祠;有独具丹霞地貌的方岩国家级旅游景区;有中国历史文化名村后吴村。这一切都为创建省级园林城市提供了极为有利的条件。

市政府紧紧抓住建设文化大市的历史机遇,加强历史文物保护、利用和管理,先后出台了《关于在城乡建设中加强文物保护工作的实施意见》《永康市历史建筑及遗存认养保护办法》《永康市文物安全突发事件应急预案》《永康市后吴历史文化名村保护规划》等文件。投入资金1 000多万元,完成徐震二公祠、花街大夫第等10多处文保单位的加固维修。

以丹霞地貌捆绑申遗工作为契机，全面启动方岩核心景区村落搬迁工程。修葺了西津晚渡、双塔锁江、东郭望春、双溪流月等古景，重现千年古城风貌。新塑“百工”、“三马九铃”等城雕，尽显浓厚的五金文化底蕴。

为加强对古树名木的保护，永康市出台《永康市古树名木管理办法》，编制《永康古树名木录》，对古树名木的分级、鉴定、管理和保护作出具体规定，给古树名木建档立卡，设立专项资金用于全市古树名木的保护管理。一棵棵姿态各异的古树，见证了永康文明发展的进程。

四、加快推进民生工程建设

在推进城市绿化的同时，永康把完善城市功能列入城市建设又一重点，加大城市基础设施的建设力度，实施环境综合整治，狠抓城市大环境的建设。实施的工程具体有：

整治户外广告环境，严格审批制度，推行市场化运作方式清理“城市牛皮癣”；整治交通客运环境，严厉打击非法营运行为；整治城市环境卫生，实现从清扫垃圾到清除粉尘的提升；全面开展噪音污染、乱扔垃圾、停车秩序、违法建设等整治活动，实现从突击性整治向经常性、精细化管理转变，营造优美的人居环境。

市政府发布《永康市“811”环境保护新三年行动实施方案》，全面实施废物、废水、废气等生态问题整治，切实加强水资源保护和节能减排工作；以“清污、清障、清垃圾，改水、改厕、改路、改环境”为主要目标的“三清四改”工程在全市715个村全面实施；启动总投资1.7亿元的生态清洁型小流域治理和清水母亲河工程；投资300多万元的光瑶水质自动检测站和两座空气自动监测站投入使用；垃圾填埋场完成三期工程建设，垃圾处理能力从350吨/日扩容到800吨/日；城区10个垃圾中转站和10个镇级垃圾中转站相继投入使用；总投资2.45亿元的垃圾焚烧电厂完成开工前期工作。

加强市区公用设施建设，城市功能日臻完善。燃气普及率100%，城市道路照明装置率100%，亮灯率99.21%，人均道路面积28.34平方米，城市用水普及率100%，水质综合合格率99%，城市宜居程度日益提高。

加快城市住房保障体系建设，切实解决城市低收入家庭住房困难问题。永康市先后制定了《永康市住房建设规划》《永康市人民政府关于低收入家庭住房保障规划及年度计划的备案报告》《永康市住房保障规划(2009～2011年)》等方案，发布《永康市人民政府关于印发永康市经济适用房销售管理办法的通知》和《永康市人民政府关于做好廉租住房保障工作的通知》。全市建设廉租房113套，建筑面积9 408平方米；建设安居房648套，面积10万平方米；建设经济适用房一期608套，建筑面积6.47万平方米；旧居住区拆迁工程总面积4.79万平方米，总户数1 094户，完成投资8 000万元。永康市已基本解决低收入家庭住房困难，改善了群众居住条件，提高了居住水平。

五、提升永康资源大市品位

提高城市化水平，组建“一城两翼二组团”的中等城市框架。建成区面积36平方千米，绿化覆盖率41%，人均公共绿地面积9.2平方米，城区纳污面积18平方千米。积极推进解放街区块旧城改造和方岩核心景区综合整治工作，扎实开展“三城联创”，顺利通过省级卫生城市复评和省级园林城市验收。突出抓好水污染治理和水环境整治，完成金属表面处理行业准重点监管区"摘帽"，农民安全饮用水问题三年任务一年完成，生态清洁型小流域治理走在全国前列。广泛开展"三清四改"，建立"户集、村收、镇运、市处理"的垃圾收集处理运行机制，农村环境进一步好转。

芝英五金工匠应业根正在打锡(芝英镇提供)

积极有序推进"三城联创"，基本完成解放街大司、桃花区块拆除工作，首批拆迁户安置到位，启动虹霓、东街、西街区块旧城拆迁改造。北苑经济适用房一期工程结顶，城南廉租房投入使用。实施城区创卫零星工程 180 项，基本完成 4 个入城口改造，建成金胜山公园游步道，开工建设第二消防站。加强城市管理，突出抓好城区环境卫生整治，科学施划停车泊位，整顿交通秩序，城市社区办公用房全面落实。加快交通基础设施建设，金温铁路永康段改造工程确定线位和站房规模，开工建设东永高速、永磐公路西溪段、永义公路雅吕段和方岩过境公路，完成永祥公路二期路基工程、龙川东路延伸工程和西三环征地，建成农村联网公路 50 千米。全力推进新农村建设，109 个村启动"六化"整治，41 个村实施农房改造，拆除"两违"建筑 1 226 宗 46 万平方米。编制全国首个生态清洁型小流域建设规划，开展杨溪水库饮用水源专项保护行动，226 个村建成污水收集处理系统。大力发展高效农业，新增土地流转 1 493.33 公顷、农民专业合作社 36 家、金华市级农业龙头企业 3 家，实现粮食播种面积 1.19 万公顷。完成人工更新造林 104 公顷。

在永康市委、市政府的正确领导下，在永康人民的共同努力下，一个山清水秀、风姿绰约的园林城市正在崛起，一个人文魅力与生态园林浑然一体的新永康呼之欲出！

(郑建苹　陈　燕)

实施"生态立市"战略

一、环境现状

(一) 水环境

1. 地表水环境总体状况

2013 年永康市地表水永康江流域总评价河段长 61.1 千米，分华溪、南溪、永康江三条河段，设监测断面 6 个。地表水 6 个断面监测 72 次，水质达到或优于Ⅲ类 18 次，占总次数的 25%；Ⅳ类 21 次，占总次数的 29.2%；Ⅴ类 12 次，占总次数的 16.7%；劣Ⅴ类 21 次，占总次数的 29.2%。按地表水环境保护功能区划分近期目标统计，2013 年永康市地表水环境质量 6 个断面均未满足功能要求，主要污染物有氨氮、总磷、氟化物、石油类。综合评价前仓断面入境水质Ⅳ类，世雅断面水质Ⅳ类，南溪断面水质Ⅲ类，塔海断面水质劣Ⅴ类，章店断面水质劣Ⅴ类，桐琴断面水质Ⅳ类。

水质按河段分别：(1)华溪段：综合评价为中度污染，表征颜色为橙色，主要污染物：氨氮(超标 0.56 倍)、总磷(超标 0.2 倍)。该河段设有世雅、塔海两个断面，评价河段长 30.7 千米，占总评

市长金政在全市"五水共治"万人行动大会上讲话(水务局提供)

价河段长的50.2%。指定功能水质均为Ⅱ类,2013年世雅断面水质为Ⅳ类、塔海断面的水质为劣Ⅴ类,水质均不能满足功能要求。(2)南溪段:综合评价为良,表征颜色为绿色。该河段设有南溪水厂、前仓两个断面,评价河段长20.5千米,占总评价河段长的33.6%,指定功能水质前仓为Ⅲ类、南溪为Ⅱ类。2013年南溪水厂断面水质为Ⅲ类、前仓断面水质为Ⅳ类,均未满足功能要求,主要污染物为总磷、石油类。(3)永康江段:综合评价为中度污染,表征颜色为橙色,主要污染物(超标倍数):氨氮(超标0.83倍)、总磷(超标0.4倍)。该河段内设章店、桐琴桥两个断面,评价河段长9.9千米,占总评价河段长的16.2%,指定功能水质均为Ⅲ类。2013年章店断面水质劣Ⅴ类、桐琴桥断面水质Ⅳ类,均未能满足功能要求。永康江流域:综合评价中度污染,表征颜色为橙色。

2. 饮用水源地水质为三类

杨溪水库水质综合评价为三类,符合GB3838-2002《地表水环境质量标准》中的三类水质标准,项目达标率100%。太平水库水质综合评价为三类,符合GB3838-2002《地表水环境质量标准》中的三类水质标准,项目达标率100%。

3. 交界断面水质偏劣

2013年对永武交界断面进行了12次监测。按各项监测指标年均值来综合评价,为Ⅳ类水质,主要污染物为总磷(超标1.40倍),其次氨氮(超标1.43倍);水质类别分布统计,两次为三类水质,占总监测次数的16.7%;5次为四五类水质,占总监测次数的41.7%;两次为四类水质,占总监测次数的16.7%;3次为劣四类水质,占总监测次数的25%。断面总达标率为16.7%,与2012年相比,桐琴桥断面水质略有好转,达到三类水质比例上升8.3%,劣四类水质持平。并对丽水—金华交界断面进行了12次监测,光瑶断面水质综合评价为五类,定类指标为总磷(超标1.1倍)。达到或优于三类水质4次,占33.3%;五类水质3次,占25%;四类水质1次,占8.3%;劣四类水质4次,占33.3%。断面总达标率33.3%,达标率比2013年下降32.7%。

还对永康江流域各镇街道16个交界断面水质进行了12次监测,综合评价分别为:(1)华溪流域的下里溪(西溪—龙山)为劣Ⅴ类水质,主要污染物为氨氮(超标1.13倍);桥头周(龙山—古山)为五类水质,主要污染物为氟化物(超标 0.06 倍);柿后丁高桥(古山—芝英)为Ⅳ类水质,主要污染物为氟化物(超标 0.07 倍);桥里大桥(芝英—经济开发区)为Ⅴ类水质,主要污染物为氨氮(超标 0.84 倍)、氟化物(超标 0.18 倍);河南大桥(经济开发区—东城街道)为劣四类水质,主要污染物为氨氮(超标 1.41 倍)、总磷(超标 0.05 倍);望春东路后槽桥(东城街道)为劣四类水质,主要污染物为氨氮(超标 1.23 倍)。(2)南溪流域的新店大桥(前仓—石柱)为三类水质;白垤里(石柱—江南街道)为三类水质。(3)苏溪流域的山西村北岭桥(唐先—象珠)为四类水质,主要污染物为总磷(超标 0.8 倍),氨氮(超标 0.79 倍);下山村普济桥(象珠—经济开发区)为Ⅳ类水质,主要污染物为氨氮(超标 0.30 倍);东城街道小花园(经济开发区—东城街道)为劣Ⅴ类水质,主要污染物为氨氮(超标 1.52 倍)、总磷(超标 0.73 倍)、氟化物(超标 0.13 倍)。(4)倪宅溪流域的花街镇政府驻地(花街—城西新区)为劣四类水质,主要污染物为氟化物(超标 3.40 倍)、氨氮(超标 1.29 倍)、总磷(超标 0.17 倍);城西新区范宅(城西新区)为劣四类水质,主要污染物为氨氮(超标 4.40 倍)、总磷(超标 1.46 倍)、氟化物(超标 1.17 倍)。(5)烈桥溪流域的花城路桥(西城街道—城西新区)为四类水质,主要污染物为氨氮(超标 0.54 倍);杨埠(城西新区)为四类水质,主要污染物为氨氮(超标 0.77 倍)、氟化物(超标 0.04 倍)。(6)永祥溪流域的小章店(江南街道)为Ⅲ类水质。

4. 废水和主要污染物排放有所下降

2013 年全市废水排放量为 2 387.68 万吨,其中生活及其他污水排放量 2 074.03 万吨;工业废水排放量 313.65 万吨,占总量的 13%,比上年有所下降。废水中化学需氧量排放总量为 7 906 吨,比上年下降 2.8%,其中工业废水中化学需氧量排放量 403.64 吨,占总量的 5.1%。废水中氨氮排放量为 1 012 吨,比上年下降 3%,其中工业废水中氨氮排放量 12.21 吨,占总量的 1.2%。

(二) 大气环境

1. 城市空气总体良好

2013 年永康市城市空气综合污染指数为 2.32,比上年上升了 0.47,城市环境空气质量总体属于良好水平。2013 年永康市城市空气质量日报 365 天,其中Ⅰ级—Ⅱ级 293 天,占 80.3%;Ⅲ(1)级 57 天,占 15.6%;Ⅲ(2)级 12 天,占 3.3%,Ⅴ级及以上 3 天,占 0.8%。相比 2012 年城区空气质量有所下降,2013 年空气中的首要污染物仍为可吸入颗粒物(PM10)。

2. 全市空气质量基本达标

2013 年影响全市空气质量的污染物中,二氧化硫(SO_2 二级标准:0.06 mg/m^3)日均值范围为 0.001～0.118 mg/m^3,年均值 0.041 mg/m^3,达到国家二级标准,比 2012 年升高 0.01 mg/m^3。二氧化氮(NO_2 一级标准:0.04 mg/m^3)日均值范围为 0.005～0.126 mg/m^3,年均值 0.040 mg/m^3,达到国家一级标准,比 2012 年升高 0.014 mg/m^3,从日均值浓度分析,按一级标准年超标率为 0.1%。可吸入颗粒物(PM10 二级标准:0.10 mg/m^3)日均值范围为 0.003～0.465 mg/m^3,年均值 0.114 mg/m^3,超出国家二级标准,比 2012 年升高 0.014 mg/m^3,从日均值浓度分析,年超标率为 23.1%。

3. 酸雨出现率下降

2013 年全市采集降水样品 118 个,其中 pH 值小于 5.6 的酸雨降水样品 74 个,酸雨出现率为 62.7%,与 2012 年相比,酸雨出现率下降了 8.2 个百分点;降水 pH 值范围为 2.73～8.53,降水

pH 值年均值为 4.17，与 2012 年相比，降水 pH 值年均值下降 0.8 个 pH 单位。根据国家对于“两控区”酸雨污染控制要求和省酸雨状况划分类别，市酸雨污染等级为Ⅲ级，属重酸雨区。全市降水中硫酸根（SO_4^{2-}）、硝酸根（NO_3^-）、氟离子、氯离子、铵离子（NH_4^+）、钙离子（Ca^{2+}）、镁离子、钠离子和钾离子的平均当量浓度百分比为：37.5∶13.9∶1.4∶11.6∶9.9∶11.3∶0.8∶6.3∶7.3，即对降水 pH 值起主要作用的是硫酸根，属硫酸型酸雨。

4. 主要污染物排放量减少

2013 年全市二氧化硫排放量为 2 697.72 吨，比上年下降 4.0%，其中工业二氧化硫排放量 1 955.170 吨，生活二氧化硫排放量 742.55 吨。2013 年全市氮氧化物排放量为 3 346.8 吨，比上年下降 0.8%，其中工业氮氧化物排放量 399.986 吨，生活氮氧化物排放量 56.794 吨，机动车氮氧化物排放量 2 890.02 吨。

5. 区域环境噪声稍有升高

2013 年永康市在城区设 7 个功能区监测点，在全市设 106 个区域环境噪声监测点，在 20 条交通干线设 27 个监测点。区域环境噪声平均值 54.7 dB(A)，比 2012 年稍有升高。功能区噪声总合格率为 87.5%，除 1 类功能区（测点为环境监测站和锦绣江南小区）夜间噪声超标外，其他测点均合格。交通干线噪声平均值 67.5 dB(A)，监测时段平均交通流量 2 346 辆/小时，监测路段总长 58.29 千米，超标路段总长 11.98 千米，路段超标率 20.6%，与 2012 年相比略有降低。合格测点 22 个，合格率为 81.5%；不合格测点 5 个，不合格率为 18.5%。不合格测点分别为：人民小学（城北路）、明珠文化广场（紫微中路）、紫微北路铁路与城北路间（紫微北路）、九铃西路 1130 号（九铃西路）、步阳集团（330 国道）。环境噪声构成比情况：各类噪声源中，以生活噪声源构成比最高，占总噪声源的 56.6%；其次是工业噪声源和交通噪声源，分别占总噪声源的 23.6%和 19.8%。

（三）工业固体废物

2013 年全市一般工业固体废物产生量 4 125 吨，综合利用量 4 124 吨，综合利用率 99.9%；危险废物产生量 6 780 吨，处置量 6 695 吨，贮存量 85 吨。

二、节能减排

永康属缺水型城市，境内多为丘陵盆地，水资源开发利用条件差。全市缺水主要为资源型缺水，兼有水质型缺水与工程性缺水。2013 年永康市水资源人均占有量约为 1 540 立方米，低于国际公认的人均 1 700 立方米严重缺水警戒线。根据《永康市水资源综合规划》调查和预测，永康市现状供水能力能满足现状市域内 50%、90%频率下缺水 1 000～3 000 万立方米。缺水现状主要出现在二、三产业和农业需水上，生活和生态环境有小部分缺水。水资源短缺日益成为制约全市经济社会发展的因素。

同时存在土地资源严重短缺，人均耕地占有量仅为 0.04 公顷，低于金华市平均水平。市域大部分农地已经整理完成，土地开发整理的新增耕地潜力比较有限，全部完成可耕地整理可增耕地 1 022.49 公顷。土地供需矛盾十分突出，未来建设用地对耕地的占补平衡，主要靠农村居民点用地整理和废弃工矿用地复垦，以及通过低丘缓坡资源开发、宜耕园地和林地开发补充。为此，永康市在保环境资源的基础上，大力推进节能减排整治。

（一）稳步推进节能减排

全市化学需氧量排放总量比2005年累积削减19.09%；二氧化硫比2005年累积削减18.57%；两项指标均超额完成“十一五”减排目标。“十二五”中期，万元生产总值综合能耗、化学需氧量、二氧化硫3项指标分别下降了10.96%、5.4%和7.3%，均完成上级下达的任务。2012年全市削减化学需氧量2.77%、氨氮2.2%、二氧化硫4.45%、氮氧化物0.8%。

（二）加快淘汰落后产能

实行新上项目准入制度，对新建项目进行节能评估和审查制度，严格控制高污染、高耗能行业的发展。2012年通过节能审查的新建项目30个，钢铁、水泥、铸造等行业限制准入。坚决淘汰严重耗费资源和污染环境的落后生产能力。关停4家铅蓄电池企业，淘汰铅蓄电池落后生产设备45台(套)、产能15.4万千伏安时。

（三）全面取缔小冶炼

2004年以来，具有20多年历史、涉及40多个行政村的1 361户小冶炼全部取缔，为浙江省“811”环境污染整治开了个好头，得到了浙江省政府的嘉奖。近几年来，查处“小冶炼”三百余起，基本杜绝了小冶炼复燃。

（四）开展金属表面处理行业污染整治

2012年对192家金属表面处理企业进行限期治理，14家企业通过市政府整治验收，3家企业停产整顿，1家拟搬入整合区，其余全部关停。出台《永康市污染源长效管理实施方案》等多项相关配套制度，建立企业信用档案，实施排污许可，巩固污染整治成果。

（五）实施“158”碧水蓝天工程

2013年永康计划5年投资42亿元，实施水环境综合治理“158”工程：以“清水永康江、清新丽州城”为目标，用5年行动计划，实现市域内8条主要河流水质得到全面治理改善。为此，全市开展工业污染防治、环保基础设施建设、交通污染防治、扬尘污染控制、畜禽养殖治理、饮用水保护和监测监控能力建设等工程。

（六）推进太阳能光伏发电和垃圾无害化处理项目

群升集团太阳能光伏发电项目分别被列入2009年、2012年国家金太阳示范项目，先后获得国家补助1 561万元和1.1亿元。2009年项目已竣工验收，2012年项目也已完工。垃圾无害化处理，项目总投资2.4亿元，建设垃圾焚烧发电厂已完工投入运行；2013年新建总投资2.95亿元的垃圾填埋场，已完成前期工作。

三、环境整治

2013年的环保工作是领导最重视、百姓最关注、舆论最聚焦、推进力度明显加大的一年。市委市政府明确执行“生态立市”战略，坚守“推进生态文明，建设美丽永康”工作主题，全力推动“善行环保、厉行环保、众行环保”建设。具体做法为：

（一）深化污染防治，全方位保护环境

抓好电镀行业整治工作，出台《永康市电镀行业长效管理办法》，整合区内企业全部停产整治，表面精饰整合区全面进行改造提升，表面精饰整合区污水集中处理站实施扩容提标工程。出台实施《永康市化工行业整治提升方案》，9家化工企业中2家企业生产线已关停到位，7家完成整治。抓好大气污染防治工作，出台实施《永康市大气复合污染防治实施方案》，建成机动车排气污染监督管理信息系统并与省市联网，开展机动车环保标志发放和分类管理，实施“无绿标”机动车区域限行，划定高污染燃料禁燃区，完成油气回收治理工作。启动城区餐饮服务业整治，油烟净化设施配备率100%。

（二）加强环境监管，下降污染物排放

着重审批验收，严格执行空间、总量、项目“三位一体”的环境准入制度，深化审批制度改革，实行政府投资项目并联审批，实现纸质和电子审批流程同步。2013年审批项目119个，否决项目15个，验收申请156个，验收合格63个。经上级核定，2013年永康4项主要污染物减排指标化学需氧量、氨氮、二氧化硫、氮氧化物排放量分别比上年下降2.8%、3.3%、4%、0.8%，完成年度目标任务。着力环境监测层级提升和监测信息及时公开，严格执行镇街区河流交接断面水质、城区及3个中心镇空气质量每月监测通报制度，每月重点污染源监督监测制度。加强环境监测能力建设，完成两个自动空气站的升级改造，空气质量监测扩展至6项(PM2.5、PM10、二氧化硫、二氧化氮、一氧化碳、臭氧)，环境保护监测站通过全国标准化建设验收。每周发布杨溪水库饮用水源地水质和城市空气质量每日监测情况，每月发布乡镇河流交接断面水质情况。芝英、古山、龙山3个中心镇每月进行一次环境空气质量监测。

（三）加大执法力度，关停排污企业

先后组织开展了涉重金属行业整治行动、春季环境执法行动、关停取缔“低、小、散”污染企业行动、雷霆治污一号行动、整治违法排污企业保障群众健康行动等专项执法活动。其中雷霆治污一号行动，全体环保工作人员分16个组走访企业，芝英、古山、龙山3个中心镇分别组织人员排查企业2 175家，立案查处82家，关停取缔176家。2013年立案查处环境违法排污企业129家，关停取缔419家，行政拘留1人，刑事拘留6人，其中2013年判处有期徒刑1人。抓好环境信访工作，受理环境污染投诉774起，及时调处率100%，信访件按时报结率100%。开展排污企业固废管理工作检查，其中7家企业完成“双达标”创建，医疗废物和有害废物处置率100%。辐射安全综合检查专项行动检查涉源企业104家次，严格执行辐射安全许可制度，辐射工作单位持证率100%，废源收贮率100%。

（四）注重饮用水源保护，达标率100%

先后出台了《杨溪水库饮用水源保护区管理办法》《杨溪水库饮用水源保护区整治方案》和《杨溪水库饮用水源区农业产业结构调整政策实施办法(试行)》等文件，委托科研单位对水库底泥进行全面采集和成分分析。制定并完善全市7个水库饮用水水源污染事故应急预案，7个集中式饮用水源地每月监测结果达标率为100%。开展全市300多个联村、单村供水水质定期检测和制水设施检查。对上黄和洪塘坑水库进行合格饮用水源保护区创建验收。境外引水工作，永康、磐安两市县已协商形成《好溪引水虬里水库建设合作方案协调会纪要》，完成可研文本编制。北部水库联网工程，基本完成四大坑至洪塘坑水库隧洞、主管线工程政策处理，四大坑水库引输水隧洞工程、主管线埋设工程、四大坑续建工程全面开工。生态湿地杨溪水库入库口16公顷一期工程基本完成，总投资950万元，日处理地表水能力4.6万吨。

（五）加快基础设施建设，环境排放基本达标

永康市生活垃圾焚烧电厂已正式发电，日处理垃圾能力800吨。城市污水处理厂提标改造和二期工程目前正在试运行，项目完成后污水处理厂总规模达到8万吨/日，排放标准达到《城镇

杨溪水库湿地工程(林群心　摄)

污水处理厂污染物排放标准》(GB18918-2002)一级A标准。污泥干化工程正式投入运行,污泥处理规模为25吨/日。芝英三地联建污水处理厂一期第二条生产线已投入试运行。龙山镇污水处理厂土建工程和配套设施都已建成,完成9 000多米污水主管道埋设。出台实施《永康市企业刷卡排污总量自动控制系统建设实施方案》,两家试点企业均已完成建设任务。

(六)推进公众参与,建成一批生态绿色单位

开展"清水永康江、清新丽州城"系列宣传报道活动,"美在环保"系列典型征集摄影比赛活动,"六五"世界环境日环保公益骑行暨绿色电脑公益捐赠活动,"6·30"浙江省生态日大型广场环保宣传咨询等。向企业发放《最高人民法院、最高人民检察院关于办理环境污染刑事案件适用法律若干问题的解释》等法律资料,向部分社区、学校和市民、学生赠送《城市居民环保知识读本》等环保书籍。推进绿色永康系列创建,创建省级生态文明教育基地1个,省级绿色社区2个,金华市级绿色社区4个、绿色学校3个,以及一批省市级绿色家庭。芝英镇、古山镇、西城街道创建为省级生态镇(街道)。

(胡心红)

富裕美丽和谐永康建设

永康五金制造业发达,实力雄厚,人才聚集,是转型升级时代的实干家,是浙中经济崛起的领头羊。2013年11月22日,永康市政协十三届三次常委会议审议通过了《关于建设"幸福永康"的建议案(征求意见稿)》,提出要加强组织领导,建立"建设'幸福永康'评价指标体系",健全督查考核评价机制,提升健全建设"幸福永康"的推进机制,让"幸福永康"成为看得见、摸得着的实绩。提高人民的幸福指数,意味着下工夫解决老百姓衣食住行各方面的问题:通过增加群众收入、缩小收入差距,提供公共服务设施均等化服务,消除人们对老龄化社会的担心。切实解决看病难、

锦绣江南小区(二期)(建设局提供)

养老难、上学难、生活不便等具体问题。“工业强市、生态立市、商旅活市、文化兴市”,是永康“十二五”期间的四大战略目标。永康市委、市政府大力将“实力、活力、法治、幸福”八个字变成现实,是永康人民共同努力奋斗的根本。

一、依托五金优势增强综合实力

改革开放以来,永康的五金产业迅猛发展,先后获得了“中国五金之都”、“中国门都”、“中国休闲运动车之都”、“中国口杯之都”、“中国家具清洁用品之都”、“中国电动工具之都”等荣誉称号,以及“中国五金商标品牌基地”、“中国轻工工艺品商会餐厨用品出口基地”的称号。“永康五金”被评为首批浙江区域品牌,列为浙江省块状经济向现代产业集群转型升级示范区、浙江省首批区域国际品牌创建试点单位、信息化和工业化“两化”深度融合试验区。尤其近几年来永康综合实力提升显著,主要经济指标连续保持快速增长,2011 年实现地区生产总值 355.3 亿元,年均增长 11.9%,人均生产总值突破 5 000 美元;财政收入 47.1 亿元,五年来年均增长 16.7%。其中地方财政收入 25.3 亿元。2012 年 11 月更被列为浙江省工业强市建设试点单位,在中国最具竞争力百强县(市)排行榜中,位列第 54 位。2013 年 10 月东北亚开发研究院、中国社科院社会科学文献出版社、中小城市经济发展委员会等单位联合发布《2013 年中小城市绿皮书》,永康登上年度中国中小城市综合实力百强县(市)排行榜第 66 位。

永康是工业大市,2013 年有近万家五金生产企业,从业人员超过 50 万人。经过多年培育,已形成车业、门业、杯业、电动工具、电器厨具、休闲器具、技术装备、金属材料等八大支柱产业。五金产品有一万多种,其中十多种产品销量居全国之最,一百多种产品销量居全国前三位。永康市国家级经济开发区、汽车产业园和高新技术园区创建工作有序推进,并建立了节能与新能源汽车产业发展联盟,成为全国新能源汽车生产基地之一。实施“810”和“3510”工程,122 家企业销售收入超亿元，其中一家突破 50 亿元，两家突破 20 亿元。2012 年工业产值突破千亿大关，达 1 041.3 亿元，五年年均增长 14.7%，规模以上工业总产值位居金华各县(市)之首。在全省率先开展工业企业分离发展现代服务业，成为 7 个示范县(市)之一。永康(包括武义、缙云)五金产业集群成为全省 5 个工业产值超千亿元的产业集群之一。

新落成的永康国际会展中心，是中国总部经济发展实践研究基地、浙江省现代服务业集聚示范区，也是永康产业发展突出重围，创新提升的见证。市委、市政府倾力发展“总部经济”，打造以“十大中心”为载体的生产性公共服务平台。总部中心被列为省首批现代服务业集聚示范区、全国首个县级总部实践研究基地。市长徐华水把“总部经济”比喻为“地瓜经济”，地瓜的枝藤可以遍布全国甚至世界各地，充分吸收阳光雨露，但目的是为了地瓜的发展壮大。

组建异地商会，凝聚在外永商力量。已在 30 个省会城市建立永康商会，市工商联被评为“中国最具影响力民间商会 50 强”。中国科技五金城是国内最大的五金产品流通、信息、商贸中心之一，是国内目前规模最大、全球第三的五金专业市场，设有 19 个交易区，汇集上万种五金产品，产品辐射全国各地及 180 多个国家和地区，已连续多年居全国同类市场榜首。2011 年成交额 439 亿元，跻身中国十强品牌市场首位。“中国五金商城”网上市场 2011 年实现交易额 106.7 亿元，永康也被评为浙江省十大市场强县(市)。市场依托，永康市大力培育发展展会经济，建成了建筑面积 17 万平方米，拥有三千多个标准展位的现代化的国际会展中心，已连续成功举办了十七届中国五金博览会、三届中国国际门业博览会。

二、坚持文化创新提升道德素养

《华溪春潮》是一台富有地方特色的春节联欢晚会。它紧扣时代主题，演绎永康五金发展历史，反映老百姓身边喜闻乐见的故事。到 2012 年已经举办了二十六届，生动形象地记录了永康市民精神生活的不断丰富和提升。

永康文化积淀十分深厚，南宋状元陈亮“义利并举”的精神遗产，“十八蝴蝶”和“九狮图”等民俗文化，为永康精神文化奠定了坚实的基础。2013 年永康深入开展了“解放思想、转变作风、科

全国第二届市外永康商会会长会议召开(经合办提供)

学发展、崛起浙中”大讨论，以科学发展、崛起浙中为目的，通过全面审视当前全市经济社会发展面临的困难与挑战，着力剖析各级党员干部存在的思想作风问题，推动新一轮思想大解放、作风大转变，为全面建设现代化国际五金名城提供坚强保证。在全市范围内深刻开展了讨论思想解放、科学发展如何实现；讨论工业发展、转型升级如何推进；讨论市域统筹，城乡发展如何协调；讨论改善民生，百姓富裕如何确保；讨论优化服务，优良环境如何打造；讨论干事奉献，责任担当如何实现。这六个方面内容的大讨论，为加快全市经济社会跨越发展提供了有力的思想保障，注入了强大的精神动力。

全面开展道德永康建设，弘扬社会主义核心价值体系的主旋律，组织开展“我们的价值观”讨论，“学雷锋、扬美德、树新风”等系列活动，深化“寻访身边的感动”活动，提倡职业道德、社会公德、家庭美德、个人品德，不断提高广大党员干部群众的道德素养，切实把社会主义核心价值观体系融入国民素质和城市文明建设全过程，转化为人民的自觉追求。为此，永康脚踏实地进行着自己的实践：

（一）加强公共文化基础设施建设，推动城乡文化一体化和均等化发展

近年来，新图书馆、博物馆和 6 个镇综合文化站相继投入使用。实施新农村文化建设“十项工程”，基本实现全市高清互动数字电视整体转换，永康广播电视台被评为“全国十佳（县级）电视台”。

（二）加强文化遗产保护

永康被评为全国文物工作先进县（市）和省级文化先进县（市）。九狮图、十八蝴蝶、铜雕、锡雕、方岩庙会、省感戏、永康鼓词被列入国家级非物质文化遗产名录，成为全省拥有非物质文化遗产最多的县（市）。

（三）实现农家书屋全覆盖，打造农民精神家园

按照“新建一批、提升一批、整合一批”的建设思路，围绕“全覆盖、统资源、管促用、创星级”的要求，全市 711 个行政村全部建成了农家书屋，其中成功创建五星级农家书屋 7 个，四星级农家书屋 14 个，其他全部达到三星级标准，真正成为农民群众的“精神家园”。

（四）积极开展社区文化、广场文化、农村业余文化和“送文化下乡”活动

市政府连续九年举办了“丽州之夏”广场文艺演出。2013 年还开展了省级体育强市创建建设工作，群众体育活动蓬勃开展，先后举办了首届气排球比赛、全市职工乒乓球比赛、职工羽毛球赛、第二届武术大赛、第三届篮球联谊赛、“新永康人”趣味运动会等十几项运动会，极大地丰富了群众的文体活、激发了人民的参与热情。

三、推进统筹发展建设美丽乡村

永康市紧紧围绕建设“宜居、宜业、宜游”的现代化国际五金名城的战略目标，以统筹城乡配套改革为主线，以打造“绿色家园、富丽村庄”为载体，以改善农村民生为落脚点，深入实施村庄整治、农房改造、平原绿化、发展现代农业等一系列政策举措。通过资源整合、模式创新、深化改革，大力改善农村环境，着力推进创业增收，全力打造精品区块，全面提升建设内涵，逐步形成了“点上出彩、线上出新、面上推开”的美丽乡村建设格局。

按照“串点成线、连线成片、整镇整治”的建设思路，加大农村环境综合整治力度，全市 711 个

行政村基本全部完成整治任务，16个镇(街道、区)基本完成全镇整治目标，创建金华市村庄整治建设示范村94个、省全面小康建设示范村17个。同时选取了生态环境、文化底蕴、产业特色等基础条件较好的连线连片区块，在突出“美”字上做文章，结合乡村生态旅游项目开发，开展连线连片生态环境综合整治提升和基础设施配套建设，以发展生态经济引领新农村建设向更高的层级发展，打造“十里葡萄长廊”、“千亩湿地荷花”和“万亩红富士基地”等具有品牌影响力的“美丽乡村”精品区域。

永康市委、市政府坚持统筹城乡发展理念，进一步加快推进城市化步伐，提升中心城区服务功能，增强对区域发展的辐射带动作用，精心培育中心镇，扎实推进新农村建设，形成城乡一体化发展的新格局。“一城两翼二组团”的中等城市框架初步形成，城市化水平提高到64%，完成市域总规编制，建成区面积36平方千米，居住人口30万。加快提升城市品位，推进总部中心和世贸五星级酒店、三江六岸绿化亮化等一批城市基础设施项目建设。启动江南新城区和城北区块规划和设计，开展解放街大司、桃花、虹霓、东街、西街五个区块24.7万平方米旧城改造。

一座幸福城市还应该是宜居的，极具特色的城市风貌。2013年市委、市政府和全体市民奋力推动这一远大目标的早日实现。具体表现为：

顺利通过省级园林城市验收和“创国卫”省级专家组调研，新增绿地面积300多万平方米，区绿化覆盖率41%。污染治理和水环境整治成效明显，主城区纳污面积达20平方千米，城市生活污水处理率68.3%，鹰鹏化工6条氢氟酸生产线全面关停。

实施节能减排，开展建设项目“环保清查”，深入推进电镀行业污染整治，积极推广无磷替代工艺，启动“华溪风暴”环保专项行动，永康江劣Ⅴ类水质基本消除，全年城市空气质量优良天数达到85%以上，确保“山青、水绿、天蓝”的良好生态环境。

推进民生水利建设，深入开展境外引水工程、生态清洁小流域工程、北部水库联网工程、杨溪水库生态湿地建设工程等大型民生水利工程建设。“民生水利”工作经验在全国水利厅局长会议上推广，连续4次在全国性水利工作会议上介绍农村改水、水务工作经验，水利部主要领导两次视察永康并给予了充分肯定。

推进“数字城管”工作试点，进一步践行城市管理“以人为本、精细管理”的工作理念，市区主要路口搭设了便民遮阳挡雨棚。针对现代城市普遍拥堵问题，创新成立了“排堵保畅”中队，主要对城区违章停车、占道摊点进行有效疏导。通过实行错时上班制，科学合理安排勤务，着重站好高峰岗、校前岗和中层示范岗，有效地治理和缓解城区拥堵难题。

四、加大民生投入提高政府效能

随着经济实力的提升，永康市委、市政府始终秉持执政为民理念，坚持把解决民生问题作为政府工作的出发点和落脚点。近年来全市财政支出增量的三分之二以上用于民生。2013年城镇居民人均可支配收入2.90万元，五年年均增长11.4%；农民人均纯收入1.30万元，五年年均增长12%；城乡居民储蓄存款余额318.9亿元，五年内增长2.4倍；汽车保有量13.7万辆，五年内增长2.6倍。

永康市推进教育强市建设，开展振兴教育“三大工程”和“万名家长评校长”活动。新人民小学、实验幼儿园、教师进修学校附小、特教学校、永康五中、二中附小等一批校园投入使用，市职技校被评为全国教育系统先进集体。加快医药卫生体制改革，实施基本药物零差率销售。加强卫生基础设施建设，第一人民医院迁入新址，公共卫生中心投入使用，新增 4 家社区卫生服务中心、227 家服务站（卫生室），基本形成城乡 20 分钟医疗卫生服务圈。第一人民医院、妇幼保健院通过三乙评审。社会保障三级网络体系比较完善，城乡居民社会养老保险参保率达到 96.4%，7 万多名 60 周岁以上农村老人每月可领取养老金。2012 年新型农村合作医疗补助标准为每人 300 元，人均筹资额 400 元。全市城乡居民合作医疗参保人数达 48.31 万人，参保率 96.36%，筹资总额达 1.97 亿元。

2013 年竣工的永康市公共租赁住房（建设局提供）

推进城镇困难群体住房保障工程，建成经济适用房 608 套、廉租房 133 套，“新永康人之家”7 个。开工建设首批公租房、北苑经济适用房二期，启动社区安居点工程，解决 4 000 多户农村住房特困户建房难题。营造就业创业良好氛围，实施“百千万”青年创业贷款工程，助推大学生“村官”自主创业，开展国家创业型城市创建活动，五年新增就业岗位 5.6 万个，城镇登记失业率稳定在 3%。出台一系列深化完善社会养老服务体系建设的政策措施，计划到 2015 年，城乡社区居家养老服务实现全覆盖，养老服务设施合理布局基本形成，基本建立以护理型为重点、助养型为辅助、居家型为补充的机构养老服务模式。

“平安永康”建设不断推进，深入实施加强和创新社会管理“十项工程”，稳步推进“网格化管理、组团式服务”工作。目前全市已划分网格 3 567 个，建立服务团队 1 385 个。在全市范围创建了“小鸽警务室”、总部中心警务室、城西新区晨晨警务室等 30 个警务室，着力打造更多群众“家门口的派出所”。积极推进网上警务室、流动警务室等新型警务室的建设，年内建成了 11 个网上警务室，并投入运行，实现了传统警务向网络警务的延伸。为更好地服务 50 万外来人口，永康市成立了流动人口管理局，在流动人口较多的 14 个镇（街道、区）设立流动人口服务管理所。不断完善社会矛盾纠纷“大调解”工作体系，筹建劳动争议联合调解中心，深化和夯实村级民情接访工作，强化村级民情接访工作职能，切实提高村级矛盾纠纷化解能力，有效地把矛盾纠纷化解在基层，解决在萌芽状态。

建设“幸福永康”，是一项复杂长期的系统工程。党的十八大描绘了中国特色社会主义伟大事业的宏伟蓝图，也为永康的今后发展指明了奋斗方向。永康市委、市政府以党的十八大精神为指导，结合永康实际，坚持稳中求进、稳中求变，突出科学发展和改善民生这两条主线，切实增强发展的稳定性、协调性和可持续性，朝着建立“现代化国际五金名城”的宏伟目标不断迈进！

（江趵禄）

大事记

全年纪事

1月

1日起，市财政局、物价局取消和免征部分行政事业性收费。

2日，市发改局建立政府投资项目工作联络员制度，并创建“永康市政府投资交流”QQ群。

2日统计，富新集团有限公司上一年技术服务外包出口60.14万美元，实现永康服务外包出口零突破。

3日，建立涉重金属生产环境违法行为有奖举报制度，奖金额度最低为1万元。

5日，永康公共电子阅览中心被国家文化部评为“全国文化信息资源共享工程·公共电子阅览室示范点”。

6日，市统计局获“2012年全国城乡住户一体化工作国家级先进集体”称号。

9日，《永康市加快实施最严格水资源管理制度试点方案》获国家水利部、浙江省人民政府正式批复，成为全国首个试点最严格水资源管理制度市(县)。

10日，杨溪生态湿地一段工程基本完成，每天过滤4.6万吨入库溪水。

△　召开首届农产品经纪人大会，通过《市农产品经纪人协会章程》，马朝中当选首届会长。

△　市广播电视台《第27届“华溪春潮”春节联欢晚会》获得第22届浙江省电视“牡丹奖”。

12日，来自华东地区周边省市的百余家旅行社总经理考察方岩风景区旅游建设情况。

14日，康利金属制品公司173名员工领到返乡火车票，留厂过年的发放补贴。

15日，副省长毛光烈、省科技厅副厅长邱飞章、省经信委副主任王素娥、金华市副市长傅利常来永康调研现代农业装备产业技术创新综合试点工作。

16日，省第二届体育大会拔河比赛教练员、裁判员培训班在永康紫薇花园宾馆开班。

△　在城西新区花川村举行垃圾焚烧发电项目试运行仪式。

17日，举行市电子政务平台启用暨镇(街道、区)行政服务(分)中心授牌仪式。

20日，金华各县(市、区)命案侦破评比出炉，永康上一年侦破3起10年以上命案积案，侦破成绩排金华地区第一。

21日，在全省质量技术监督工作会议上，市质监局获2012年度省级工作创新奖。

22日，市法律援助中心被司法部授予的全国法律援助“便民服务示范窗口”荣誉称号。

△　永康农合行城西支行获金华市“工人先锋号”荣誉称号，为全市农信系统唯一获此殊荣的单位。

23日，古山镇大园东村被评为第三批“浙江省森林村庄”。

△ 城西新区华村被评为“金华市文化示范村”。

△ 召开春运“排堵保畅”工作会议。春运道路旅客运量389.33万人次，同比增1.5%，最高峰日客量达到11万人次。

25日，首家镇（街道、区）慈善分会——西津分会成立，首期募集善款300万元。

26日，全市有11支政府专职消防队正式挂牌成立，实现消防力量全市11个建制镇、3个街道、2个经济园区全覆盖。

27日，启动“秀美山水线、田园风情线、森林运动线、果园飘香线、五金腾飞线、陈亮故里线”的建设。

30日，沈阳永康商会被沈阳市民政局评为5A级社会团体。

2月

2日，市交警大队创建平安顺畅交通圈，330国道永康段入选全国文明交通示范公路。

4日，市国税局获“全国税务系统先进集体”称号。

5日，投资400多万元，整改省道东永一线芝英段。

6日，副省长毛光烈为永康现代农业装备高新技术产业园区授牌。

△ 市公安系统开展“忠诚公安、民生公安、智慧公安、法治公安、纯洁公安”活动，提升社会“安全指数”；

△ 市民政局慰问15位百岁以上寿星，每位老人送上慰问金500元、丝棉被一床。

17日，30位全国各大中城市永康商会会长齐聚一堂，共叙乡情，共话发展。

18～20日，首届精品兰花鉴赏会在紫微园举行。

21日，召开解放街旧城改造推进会，部署解放街旧城改造攻坚任务。

22日，市国土局编制的《永康市土地整治规划（2011—2020年）》通过市级评审。

△ 市科技局程可可被国家人力资源社会保障部、科技部授予“全国科技管理系统先进工作者”称号。

23日，市经合办（招商局）腾讯官方微博通过腾讯微博正式开通。

24日，经济开发区综合档案室顺利通过省“第三批”示范数字档案室审核验收。

25日止，“中国五金商城”网络市场加盟企业35万家、注册会员57万个、网上商铺会员7万个，网上市场年交易额达161亿元，连续两年增幅超50%。

28日，市社会福利中心一期项目列入《浙江省2013年度重大建设项目联合稽察计划》。

△ 市国税局被国家税务总局授予“全国税务系统先进集体”荣誉称号。

△ 开播两个月《行风热线》接待群众来信来访922件次，帮助解决难题523件次，解决率为99.23%。

3月

1日，市审计局开始将《县级以下领导干部任期经济责任审计公示》等信息进行网上公开。

△ 二手房交易呈现“潮涌”现象，至月底全市办理房产交易1 801户，入库税收1.2亿元，同比增长541.03%。

5日，永康市顺利通过省级食品安全示范县创建验收复评。

6日，举行第十六届人民代表大会第二次会议，市长徐华水作《政府工作报告》，提出十件民生实事。

△ 市环保局完成环保产业发展情况调查，调查显示全市规模企业环保产值超4亿元。

7日，《永康现代农业装备高新技术产业园区规划》编制小组开展规划编制调研。

△ 永康农村合作银行创新实行“1＋N”综合贷，发放首笔抵押物全覆盖贷款640万元。

12日，召开方岩风景区综合整治建设工作会议，打造永康最美旅游景区。

13日，市志愿者协会义工团分会获2012年度浙江省志愿服务优秀集团（站）称号。

14日，市公安局组织400多名警力开展“禁毒一号”扫毒行动，抓获130多人。

19日，省经济合作办姚少平主任一行调研永康浙商回归创业创新工作。

△ 团市委、水务局、教育局、少工委联合组织开展“红领巾林”、“水务巾帼林”、“水务共青林”种植活动，植树200余棵。

△ 全长17.44千米的省重点交通建设项目永磐公路（12米宽）路竣工。

20日，永康农村合作银行实施“4112便农支付工程”，在373个行政村设立助农取款服务点，覆盖率52％，居金华首位。

22日，市公安部门抓获20多名参赌人员，扣押10多辆高档轿车，没收数十万赌资，一举端掉花街镇尚仁村附近山上的赌博窝点。

24日，市土地收储交易中心正式通过国土资源部审核，列入《国家土地储备机构名录》，获土地储备、土地融资资格。

25日，城市污水处理厂二期工程、现代汽车装备城（一期工程）、核电关联产业中央仓储物流供应中心、西溪至磐安新渥公路工程、330国道永康段改建工程等5个项目新增为2013年省重点建设项目。

26日，国家轻工业联合会对前仓镇创建全国文教用品基地进行实地考察。

27日，永康电台《行风热线》《连心桥》栏目到龙山镇开展“走进农村、服务三农”活动。

△ 省卫生厅来永康调研县乡村卫生一体化综合管理工作。

△ 市文化局被评为婺文化生态区建设和非遗保护传承工作先进单位。

△ 十六届政府第八次常务会议决定每年市财政安排6 000万元扶持服务业。

30日止，完成招拍挂40个标次，完成交易额14.97亿元，比保留价增加、预算价节约4.94亿元。

4月

2日，开始实施全市道路交通“排堵保畅”常态化管理。

4日，全市掀起“机器换人”新浪潮，“机器红利”成为永康产业升级和经济增长的动力之源。

△ 浙江欣成机械制造股份有限公司因集约用地创新获得市政府200万元奖金。

7日，市公安局开展“扫毒二号”行动，清查各类场所68家次，检查出租私房1 200多户、车辆2 000多辆，抓获吸贩毒人员16名，缴获毒品若干。

4月2日，常务副市长陈美蓉带领交警上街宣传全市排堵保畅常态化管理（公安局提供）

8 日，文化馆向市民免费开放民族舞蹈、书法沙龙、二胡等 10 项活动。

9 日，举行慈善总会网站开通暨“关爱新永康人”项目拓展仪式，筹集“关爱新永康人救助金”24 万元。

10 日，副市长吕群勇赴北京参加中高与三菱重工内燃机技术引进、合作生产签约仪式。

△ 市直机关工委组织开展第四届“品味书香·提升素养”机关读书系列活动。

△ 永康首次对城乡一体化 300 宅（城乡）居民数据进行抽样采集显示：1～3 月，全市农村居民现金收入人均 5 598 元，同比增长 10.5%，城镇居民可支配收入人均 1.37 万元，同比增长 8.99%。

12 日，省青企协在永康开展“走进金华”经贸考察活动，团省委副书记王征一行参观考察五金精品馆、总部中心、众泰集团。

△ 副市长吕群勇赴上海考察调研国家机动车产品质量监督检验中心、同济大学汽车学院。

13 日，供电局创新成果《缩短带电导线上悬挂警示牌时间》在全国第六届“海洋王杯”QC 成果发表赛上获得一等奖，是金华电网唯一获得此奖项的单位。

14 日，全省第六届中学生篮球联赛（初中女子总决赛）在永康圆满结束。

17 日，新华社、中新社、今日科技、浙江日报等 16 家国内知名媒体记者到永康，采撰现代农业装备高新技术产业园区新闻。

18 日，市规划局确定南苑分洪渠为城市绿化带。

△ 金华市召开全市政府系统政务信息工作会议，永康市府办获得政务信息工作先进集体一等奖。

△ 召开全市现代服务业发展推进大会，省发改委副主任、省发展规划研究院院长黄勇莅临永康指导。

20 日，林业局、团市委、教育局、少工委联合开展“珍贵树种进校园”活动，向 10 所学校赠送名贵树种红豆杉、浙江楠等 400 棵。

22 日，市邮政速递物流公司承担的“快递物流服务标准化试点”项目顺利通过省级标准化项目专家组考核验收，实现了全省快递物流服务业标准化项目零突破。

23 日，永康小型农田水利重点县建设连续第三年在省级绩效考评中被评为优秀。

24 日，金华市农田水利标准化建设考核组到永康检查考核。

26 日，省国土资源厅厅长陈铁雄到永康调研节约集约用地、浙商回归创业创新园工作。

5 月

2 日，省人大常委会副主任厉志海到永康调研和谐劳动关系建设工作。

4 日，龙山镇里麻车村被评为金华市劳动模范集体。

5 日，市国土资源局被评为全省节约集约用地工作先进集体。

6 日，前仓镇荆州村种粮大户李维哲领到“永康市维哲农场”营业执照，成为永康首位注册农场主。

8 日，市香樟公园香樟湖建起人工生态浮岛。

13 日，国家住房和城乡建设部、文化部、财政部联合公布了首批中国传统村落名单，前仓镇厚吴村榜上有名。

15 日，永康农村班车实行公交化。

16 日，金华市政府督查组到永康督查“双千亿投资系列工程”推进情况，参加“永康—良渚文明展”开幕式。

17 日止，市财政补助“机器换人”后，全市种粮大户基本实现生产全程机械化。

19 日，总投资 42.63 亿元的核电关联产业中央仓储物流供应中心、现代汽车装备城（一期工程）、总部经济营销研发中心列入省服务业重大项目。

20日，全省推进“机器换人”实现“四减两提高”现代化技术改造工作现场会在永康召开。

△ 市粮食收储公司大徐粮库被评为省级储备先进代储库点。

21日，市体育发展局被省体育局授予“2012年省全民健身工作突出成绩单位”称号，是金华地区唯一获此殊荣的单位。

22日，市道明光学股份有限公司等4家企业项目列入2013年省重大工业项目计划，拉动产业投资46.7亿元。

△ 流动人口管理局在永康苍南商会设立“新居民事务工作站”，更好地为广大“新永康人”维权服务。

23日，省第二届体育大会航空航天模型比赛落下帷幕，来自全省10个代表队88名运动员参赛。永康组队代表金华参赛，获一金两银。

27日，举办“千人采购商参会采购活动”，吸引近30家全国百强房产商来永康采购。

6月

1日，市国税局4年内用7亿元资金支持“机器换人”，一企业购500多万元机械设备，可抵税额85万元。

5日，举行“六·五”世界环境日环保公益行暨绿色电脑捐赠活动。

“六·五”世界环境日环保公益运行暨绿色电脑公益捐赠活动(环保局提供)

8日，首家以俱乐部形式开放的中国体育彩票销售店落户经济开发区。

△ 第八届“文化遗产日”系列活动在三江广场举行，展出非物质文化遗产项目22个。

9日，开展“农行杯”经典诵读走进校园活动，首站走进大司巷小学。

12日，城西新区卫生院为3 000名老人进行一年一度的健康体检。

17日，市农村合作银行向“永康市维哲农场”发放首笔“家庭农场”贷款50万元。

21日，市水务局、关工委幼儿园联合举办“五彩之梦、水润童真”文艺汇演。

△ 哈尔滨金华商会成立，成为第5家由永商担任会长的市外金华商会。

24日，市“三型”干部高级研修班在市委党校举行开班仪式。

25日，330国道永康段规划改建，设计建成双向6车道，时速100千米，全长29.28千米。

28日，杨溪水库生态湿地引进几十种湿地植被，开凿人工河和生态沟，建成截污净化系统。

△ 市委组织部组织400名新党员到方岩刘英烈士陵园举行宣誓仪式。

△ 先行集团和浙江万里学院举行校企战略长期合作签约仪式，成立浙江万里先行创新设计中心。

6月28日，全市400名新党员到方岩刘英烈士陵园举行宣誓仪式(林群心　何悦　摄)

7月

1日起，政府性投资项目开始在网上受

理和审批，项目业主通过审批服务平台查询项目审批进展。

2日，省现代农业装备产业技术创新综合试点工作推进会在永康召开。

△ 市政府出台扶持政策，鼓励创办民间博物馆。

△ 全省现代农业装备产业技术创新综合试点工作推进会在永康召开。

4日，团市委、志愿者协会、永康日报开展创建"爱心休息点"活动，城区休息点已有13家。

5日，市远大生猪和康宁藏香猪标准化规模养殖场扩建项目获省发改委批复，两项目总投资338万元，其中获得中央补助160万元。

△ 永康现代农业装备高新技术产业园党工委和管委会正式挂牌成立。

6日，星月集团、众泰集团成立省级博士后工作站，实现永康此项工作"零"突破。

8日，举行十六届政府第十三次常务会议，审议永康首部物业管理办法(草案)。

12日止，永康流动人口数58.09万人。

13～14日，2013夏季人才交流会在市人才市场召开，161家企业进场招聘，为求职者提供4 300多个工作岗位，进场应聘1 400多人，达成工作意向300多人。

16日，市政协召开第十三届常委会第六次会议，审议通过《关于推进"美丽乡村"建设，打造"美丽永康"的建议案》。

17日，中国文教体育用品协会领导现场调研前仓镇，参加"中国文教用品生产基地"考评工作反馈会，参加市文教用品协会成立大会。

△ 城西新区花川化工市场主体工程完工。

上半年全市累计外贸进出口金额22.25亿美元，同比增长15.77%。

△ 中国文教体育用品协会专家考评组一行，实地考评前仓文教中心用品生产基地。永康市文教用品行业协会成立，有公司会员125家。

19日，市环保部门开展"雷霆治污一号行动"。

中旬，四方集团与浙江大学、浙江工业大学正式签订"青年科学家培养计划"合作协议书，成立省级重点企业研究院，"浙江省四方现代农机装备研究院"成立。

22日，"2013年度永康市驻企少年宫"开班仪式在先行集团举行，200多名大学生志愿者和少年宫学员参加开班仪式。

23日，永康电台《行风热线》开展"机器换人"、"空间换地"、"腾笼换鸟"、"电商换市"等政策咨询活动。

△ 市"创二代"传承培训班结束香港之行，16家规模以上企业"创二代"人员接受香港职业训练局(VTC)关于企业传承培训。

△ 成立永商创业创新信息库建设工作领导小组，对在外永康人进行系统的调查摸底和信息采集。

25日，永康太阳能光伏并网发电1个月，安全运行状况良好，累计发电量15.782万千瓦时，上网电量2.8万千瓦时。

26日，金华市委常委、常务副市长金中梁一行到永康督查金温铁路扩能改造工程永康段征迁工作和东永高速建设推进工作。

△ 举行解放街重建地块建筑方案评审会。

△ 全市16个镇街区建立"果农档案"，更好地服务当地自产自销农户。

△ 市委十三届第四次全体(扩大)会议暨市政府第十六届第三次全体会议召开。

27日，永康中国科技五金城被省工商局认定为"五星级文明规范市场"，成为金华市第二家晋升五星级的专业市场。

28日，第二批国家金太阳示范工程项目竣工验收意见下发，群升集团有限公司综合楼1.5兆瓦金太阳示范工程项目和浙江千禧工贸有限公司综合楼300千瓦金太阳示范工程项目通过验收。

△ 2013年中国五金年度产业峰会在永康召开。

29日，国家工程建设质量奖审定委员会对永康总部中心C-1商务办公楼开展国家优质工程奖评审前的复查工作。

23～29日，连续7天出现39℃上的高温天气，部分区域连续5天超过40℃。

30日，设立2亿元应急转贷资金，用于企业转贷使用。

30日起，市城乡公交公司开始办理IC卡业务，全市城乡公交IC智能系统正式启用。

8月

1日，启动东永一线环境整治行动。

△ 召开“县域经济”向“都市区经济”转型讨论会。

2日，开始实施江南河湖联通工程，新挖一条全长约6 000米，宽104米至120米的人工河。

8日，省委副书记、政法委书记王辉忠来永康调研流动人口服务管理工作。

8月8日，省委副书记、政法委书记王辉忠调研流动人口管理工作(公安局提供)

△ 团市委组织志愿者协会助学团开展“玫瑰义卖、爱心无限”扶困助学活动，募集爱心款1.85万元，资助100多名贫困学子。

9日，开始编制全国首个五金专业指数“中国·永康五金指数”。

10日，人力社保局从百强企业中挑选出16名创二代青年企业家，赴香港学习企业发展与管理。

14日，省委政研室舒国增主任一行调研永武缙产业集群转型升级工作。

△ 永康市日用五金制品协会成立。

15日，副省长熊建平到龙山镇调研浙商回归创业创新园工作。

△ 前仓镇正式被中国文教体育用品协会授予“中国文教用品(学校用品)生产基地”称号。

17日，市成立饮用水源联合执法工作组，启动保护区饮用水源禁泳禁钓等行动。

中旬，王力集团董事长王跃斌等10位人物荣获“2013改革之星——中国改革10大创新企业家”称号。

20日，完成2013年营职以下军转干部安置定岗工作。

△ 首批1 000辆公共自行车列入政府采购计划，11月底前投入使用。

△ 金华市地下空间开发建设专项组来永调研。

20～22日，政府组团赴四川甘孜藏族自治州泸定县，就对口帮扶工作进行考察。

22日，全市6个项目列入国家非物质文化遗产保护，分别是十八蝴蝶、九狮图、永康锡雕、方岩庙会、醒感戏、永康鼓词。

23日，“中国·永康五金指数”顺利通过专家组论证。

△ 象珠镇归国华侨联合会成立。

26日，步阳集团千万公益基金会向每名

寒门学子发放 5 000 元助学金。7 年间,已经有 280 名贫困学生得到资助。

△ 群升集团以 109.83 亿元的营收总额,入选 2013 中国民营企业 500 强第 317 位,为永康唯一的上榜企业。

27 日,由行政服务中心牵头,房管、财税、国土等部门参与的“房地产登记多证联办”窗口正式挂牌,此后二手房两证变更登记办理期限缩至 5 个工作日。

△ 市远通公交公司采取公车公营模式开通城区第 9 路公交车。

28 日,解放街拆迁水平式套房安置符合条件的 28 户在公证处公证下进行抽签分房到户。

9 月

1 日起,被征地农民参保人员享受的月基本生活保障待遇由 170 元增加到 308 元。

1 日,市正式开通运营城区第 9 路公交线路,线路全程约 8 千米,始于南都路(金胜山公园),终于铁铃路(永康五中),采取公车公营模式。

2 日,历时两个月的“雷霆治污行动”排查了 2 175 家企业,关停取缔企业 96 家,立案查处环境违法案 82 起,处罚金额 612 万元。

3 日,召开全市村级组织换届试点工作动员大会,象珠镇、东城街道桐墩村、古山镇世雅村为试点村。

4 日,市中医院牵手江南社区卫生服务中心,试水“双向转诊”,作为县乡村一体化重要内容。

5 日,市公安局召开中层干部竞争上岗动员大会。

△ 首批分布式太阳能光伏并网发电 3 个月,累计发电量 403 241 千瓦时,上网电量 89 220 千瓦时。

6 日,中国科技五金城入选第三批浙江省现代服务业集聚示范区。

7 日,市招商局完成永商创业创新信息库信息采集工作,收录在外永商信息 2 693 条。

10 日,市政协举办优化丽州古城规划建设主席议政活动。

△ 市第一人民医院位列第三届“中国县级医院竞争力百强”排行榜第 29 位。

9 月 5 日,市公安局召开中层干部竞争上岗动员大会(公安局提供)

△ 永康国际会展中心和中国五金博览会，入围中国十佳商贸会展中心和中国最具影响力的品牌会展50强。

12～13日，国务院发展研究中心调研组到永康调研工业经济转型升级与产业集群发展情况。

13日，江南街道园周村在全省100多个美丽乡村中登上了“浙江最美乡村”荣誉榜。

16日起，启动惠农政策，失地农民可凭身份证、户口簿复印件、《永康市被征地农民生活保障手册》、银联卡，到社保经办单位办理被征地农民基本生活保障转为职工养老保险相关转保手续。

17日，历时两个多月的对在外永康人首批信息采集工作结束，收录省外永商信息2 347条。

19日止，全市已发放社会保障卡100 360张。

20日，中月·五星民乐团被评为“省十佳群众文艺示范团队”。

24日，2012年在第九届国际名茶评比中获金奖的“旗王牌永康红”茶叶，在2013年中国茶业博览会拍卖会上拍出每千克9800元的高价。

26日，第十八届中国五金博览会在国际会展中心开幕，第三届中国(金华·永康)国际商贸大会同日召开。

△ 召开“个转企”推进会、1个多月内有691家个体户完成转型升级程序。

△ 中国科技五金城评为第三批省级现代服务业集聚示范区。

29日，第十八届中国五金博览会结束，来自欧、美、非洲近40位外商组成采购团参会，现场成交额135万美元，意向订单380余单，金额达1 550万美元。

10月

1日，全市新增前仓花木、石柱苗木、江南毛竹3个省级林业精品园。

4日止，永康市有32个村列入首批文化礼堂建设试点村，其中有21个村完成礼堂建设。

6日，金胜山森林公园投资240多万元的金豚阁举行开工典礼。

8～9日，675名初、高中骨干教师走进考场进行业务知识考试。

9日，市领导及民政等相关部门负责人，分组慰问全市31位百岁老人；首家民办医护型敬老院——普济敬老院正式挂牌成立。

△ 全省有10个单位评为块状经济向现代产业集群转型升级优秀示范区，永康五金产业集群名列第二。

10日，现代汽车装备城一期在经济开发区兴建，集汽车用品、汽车零配件、汽车原材料等采购交易，配送等多功能于一体。

13日，全市9万多老人迎来了第一个法定“老年节”，各地纷纷为老人祝寿。

14日，启动重点工程项目“落实月”活动，其中东城街道就有解放街旧城改造、总部中心第四期工程、农贸城区块等政策处理、金胜山森林公园坟墓搬迁、“一通五化”三期改造等11项。

17日，中国通号创新投资有限公司与浙江铭瑞建设有限公司举行股权转让签约仪式，开启了永康企业对接央企的新篇章。

△ 全国各地在永康务工的58万新永康人的数据，经造册登记已全部输入市流动人口管理局的电子库。

18日，召开打击跨境赌博工作会议，专题部署开展打击跨境赌博违法犯罪专项行动。

19日，市姥姥豆制品有限公司的“基于传统风味的耐贮豆腐皮智能化工厂化安全生产技术研究”项目，列入省首个重大科技专项计划的农业项目。

21日，在金华农博会上永康25家参展农企展出100多种农产品，3天现场成交额130万元，创历史新高。

22日，市人大常委会组织市人大代表赴

绍兴市人大培训基地，开展为期3天的代表培训。

25日，9万张含永康城乡公交IC卡芯片的老人优待证均已制作完毕并陆续发放。

26日，永康市被评为全省首批循环经济示范县，成为全省唯一一个参评全国循环经济发展的县级市。

29日，市文学艺术界联合会召开第三次代表大会制定通过“文化兴市”战略目标。

30日，龙山镇四路“绣品之乡”的天鹅绒等产品销售业成为全国“单打”冠军。

△ 省科技厅委托浙江尤奈特电机有限公司筹建的浙江省电动汽车动工总成工程技术研究中心正式立项，双方签订了项目建设计划任务书。

△ 省农业厅、省农业综合开发办公室、浙江大学等有关专家考察永康农业综合开发水稻高效“缓控释肥”施用技术推广项目。

11月

1日，永康方山柿产业建立早熟、矮化试验基地、方山柿精品园、深加工中心。

2日，中国衡器标准专家委员会一行30余人来永康考察衡器行业，并对修订《电子秤标准》进行座谈调研。

4日，正式发布各镇街区河流交接断面水质，永康成为全省首个实行跨乡镇河流交接断面水质按月发布机制的县。

5日止，市财政安排补助资金60万元，建成农村居家养老照料中心8家。

6日，王力门业有限公司、王力电动车业公司、丹弗王力润滑油公司，被评为“中国质量、服务、信誉AAA级企业”。

△ 第八届农展会优质农产品获奖名单出炉，有17家“永字号”农产品榜上有名。

7日，召开村级组织换届选举工作会议，全面启动村级组织换届选举。

8日，芝英三村投资百万建戏台，还建起了跳舞广场、篮球场、健身场。

12日，龙域天城舒女士家楼顶分布式光伏电站顺利通过金华供电公司验收，开始向国家电网“卖电”，一度卖价0.42元，一年收入3 000元。

18日，召开工业提质增效工作推进会，开始“机器换人”和“优化服务”的“二次出发”征程。

19日止，有49万人参加城乡居民基本医疗保险，参保率97.48%。

21日，政府为残疾人投保意外伤害险，全市1.2万人。

22日，新形式居家养老照料中心建设投入2 000万元，建造230家。

26日，永康被推荐为全省唯一参加全国循环经济示范县(市)评审。

△ 永康14家农企在省农博会上展出50多种产品，现场成交额50多万元，签单100多万元。

△ 永康市政府组团赴北京参加创建全国质量强市示范城市申述会。

27日，召开创建省级慢性非传染性疾病综合防治示范区暨国家级肿瘤登记处启动工作会议，举行国家级肿瘤登记处授牌仪式。

29日，永康推广清洁能源使用和节能新工艺应用，有上百家企业完成煤改气、油改气项目。

12月

1日止，市粮食收储公司已收购入库中晚籼稻13 154吨，收购进度居金华各县市第一。

2日，开始启动评选太阳能利用示范村。

6日止，全市有210个村开展农村住房改造，拆除旧房占地212万平方米，完成改造建筑面积671万平方米，24 885户农民住房条件得到了改善。

11日，省考核组一行到永康，对农贸市场创建省文明示范市场进行考核验收。全市已完成提升改造农贸市场9家，改造面积1.3

万平方米，投入资金1 600万元。

△ 武汉大学质量发展战略研究院与中国王力集团举行签约仪式，“中国好质量项目暨全国首家质量工作站”正式启动。

12日，召开共青团永康市第二十一次代表大会，选出新一届团市委正副书记。

14日，中国真实店铺网“永康频道”正式开通。为全市2万多家企业、3万多户个体工商户免费配套一个与实体一样的网上真实店铺。

16日止，永康已列入国家级非遗名录6项，省级非遗名录14项，市（地）级非遗名录31项，永康市级非遗名录60项，有国家级传承人2人，省级传承人19人，金华市级传承人22人，永康市级传承人41人。

19日止，全市建成农村水厂7座，农村简易供水设施232处。

20日，由省教育厅职成教育教研室主办，市职业技术学校承办的2013年全国中职模具专业新课改论坛会在永康举行。

△ 经过两个多月的努力，市公安局东城派出所成功侦破了一起依托网络，组织人员参与境外赌博的网络跨境赌博案，涉案资金上千万元。

23日，召开门业协会年会。

24日，“步阳千万公益基金”温暖年关活动正式启动，在全市寻找最需要帮助的200户贫困家庭，让他们过一个温暖的春节。

25日，举行2013年院士专家永康行暨省农机学会协同创新活动大会，进行“协同创新基地”授牌。这是全省省级学会与基层共建的第1个“协同创新基地”。

27日上午，市政府与浙江华数广电网络有限公司举行合作签约仪式，永康广电网络正式加入“一省一网”。

30日，有28个村获批准建造生态公墓、骨灰堂，其中已验收14个村。

（童文贤　胡学军）

十件实事

一、“两次出发”打造经济社会升级版

2013年面对国际国内复杂的严峻形势，全市人民积极响应市委“二次出发”号召，紧紧围绕全面打造经济社会发展升级的宏伟目标，突出“科学发展和改善民生”两条主线，继续深入实施“工业强市、生态立市、商旅活市、文化兴市”发展战略，经济社会持续保持平稳发展势态。全年实现地区生产总值422.56亿元，按可比价同比增长9.3%，居金华各市（县）第三位。其中第一产业实现增加值9.28亿元，第二产业实现增加值259.94亿元，第三产业实现增加值153.34亿元。按可比价计算分别同比增长1.4%、9.8%和8.8%。财政总收入61.4亿元，增长11.7%，其中地方财政收入35.3亿元，增长17.2%。金融机构存款余额898.1亿元，增长15.8%，贷款余额892.4亿元，增长15.4%。实现全社会消费品零售总额140亿元，增长15%。外贸进出口额43.7亿美元，其中出口额39.6亿美元，同比增长17.9%。完成固定资产投资172亿元，同比增长20%。城镇居民可支配收入3.56万元，增长10%，农村居民人均收入1.61万元，增长11%，均高于GDP增速。人口自然增长率为4.61‰，控制在年度目标6‰以内；新增城镇就业10 083人，完成年度计划的100.83%。城镇登记失业率为2.7%，控制在年度目标4%以内。先后荣获“全国科技进步先进市”、“全国全民健身先进市”、“中国文教用品生产基地”、“省药品安全示范市”、“省卫生强市”、“省体育强市”、“省集体林权制度改革模范市”等称号，成功列入首批“全国质量强市示范城市”创建名单、全省首个“国家循环经济示范市”创建地区，连续8

年被评为省“平安县市”。

二、改革行政审批制度

为了深化行政审批制度改革，加快转变政府职能，优化发展环境，提高工作效率，市委、市政府于2013年8月22日召开进一步深化行政审批制度改革工作实施方案任务交办会。市机关各部门单位迅速展开行动，与全市开展的“正风提效抓落实”活动和市里出台的相关制度、上级要求、永康实际情况相结合，以“审批项目最少、效率最高、服务最优、收费最低”为目标，明确细化责任，注重时间节点，完善修改好全市进一步深化行政审批制度改革工作的实施方案。会后市机关各相关部门按照在审批权力上做好“减法”，在管理服务上做好“加法”的要求，对现有行政许可事项、非行政许可事项及日常管理中具有审批性质的其他事项，进行一次全面彻底的集中清理，制定规范行政审批事项目录管理，目录以外的审批事项一律不得实施。经清理，全市行政许可项目由原来的398项减少为169项，缩减57.3%；非行政许可项目由原来的131项减少到21项，缩减84%。取消5项行政事业性收费，免征3项行政事业性收费。对保留的行政审批项目，按照“依法、规范、高效、便民”要求优化行政审批流程，实行“一审一核”，对行政审批科室充分授权，使进驻市行政服务中心窗口的审批事项比例达到90%以上。一律取消行政审批中没有依据的前置条件，减少所有不必要的环节。

三、实施集约用地，推进“空间换地”

随着永康经济的快速发展，土地要素制约加剧。为了破解这一难题，市委、市政府从2012年5月开始谋划工业用地节约利用工作，7月份出台《关于鼓励企业改造低效厂房提高土地集约水平的实施意见》，开始启动低效厂房改造工作，并在古山镇开展了试点。在总结试点经验的基础上，2013年制定出台了《关于印发低效厂房改造审批、验收和奖励实施细则的通知》，引导企业向空间要土地，对改造低效厂房的企业予以奖励。《实施意见》规定新增(批)工业用地新建厂房4层以上的，验收合格后，第四层按照建筑面积每平方米奖励100元，第五层及以上的按照建筑面积每平方米200元给予奖励。为了提供高效便捷的行政审批保障，市政府牵头发展与改革、规划、国土、环保、消防、建设等部门联合成立低效厂房改造审批工作领导小组，简化手续，并联审批，进一步缩短审批时限，提高审批质量。“空间换地”实施以来，极大激发了全市企业“二次创业”的干劲，有力地推动了企业的有效投资。至2013年底，全市低效厂房改造已审批的企业93家，改造建设新厂房177.4万平方米，厂房平均3.71层，政府支出1 500万元奖励金，换取47.89公顷工业用地，建筑成本按照每平方米1 000元计算，仅此项投资就接近18亿元。“空间换地”的实施，推动了全市企业就地转型升级，大大增加了区域经济发展空间，提高了工业节约集约水平。“空间换地”真正起到了“四两拨千斤”的成效，并受到上级领导的关注。

四、“三改一拆”完成186.6万平方米

2013年浙江省人民政府下发了《关于在全省开展“三改一拆”三年行动的通知》，要求在全省开展以旧住宅、旧厂区、城中村改造和拆除违法建筑为内容的“三改一拆”行动。3月27日市委、市政府召开了动员大会，全面部署全市“三改一拆”工作，成立以徐华水为组长，陈美蓉为副组长，土地共同监管责任部门和各镇(街、区)主要负责人为成员的“三改一拆”领导小组，抽调部门相关人员建

立领导小组办公室，设市国土局办公。各镇（街、区）和相关责任部门迅速行动，实行“六先拆、一必拆”，全面拆除和遏制新发违法用地、违章建设。市纪委和组织部联合下发《关于严明工作纪律推动永康“三改一拆”工作顺利开展的通知》，要求党员干部在违法建筑拆除中作表率，做到“三带头、三不准”。市委、市政府将金华市下达2013年违法建筑90万平方米的拆除任务具体分解落实到各镇（街、区）。至2013年12月底，全市已拆除违法建筑3 842宗，拆除建筑面积135.6万平方米，城中村改造17.7万平方米，完成旧住宅综合整治33.3万平方米，圆满完成了上级下达的拆违任务。

五、提升展会业引领经济发展

2013年永康深入实施现代化国际五金名城战略，坚持“以小促大、以大扩馆、拓展产业、面向全球”的办展思路，充分利用国际会展中心和五金城原商交馆两个场地，实行开门办展，借助会展引领全市产业“二次出发”，转型升级，将会展业打造成永康产业发展的一张“金名片”。办展内容从原有的五金、门业、机械装备，拓展到家居建材、电动工具、房产展览、门配、服装等。第十八届中国五金博览会、第四届中国国际门业博览会两个重点展会在规模、层次、客商参与、成效等方面都取得了突破性效果。第四届门博会吸引全国各地（包括港澳台地区）千余门类企业前来参展。门博会展出规模、参展企业均创历届之最，有656家企业商家参展，比2012年增加47家。其中，外地企业249家，比去年增加50家，占参展企业总数的38%；特装企业350家，占参展企业总数的53.4%。第十八届中国（永康）五金博览会的展会现场更为火爆，国际会展中心11个展馆的展位在8月初已全部预定一空，共1 883家申报企业。报名企业中，市内企业占申报总数的56%，外地企业占44%，这些外地企业涵盖全国各省市，主要来自广东、上海、江苏、山东、福建、湖北、河北、浙江、辽宁等24个省市。还有来自韩国、日本的采购团以及近几年新兴拓展的欧美国家采购团，永康五金迈向国际化。博览会实际参展企业1 600家，有特装展位面

6月21日，意大利卡萨巴达纳银行、意大利莫尼卡米斯特公司、SAE公司、意大利全国工业设计协会到永康考察签约（总部中心提供）

积1.79万平方米，标准展位1 988个，分别比上一届增长13%、11%。同时通过合作办展、出租办展等形式也取得了良好的效果。全年办展18次，比上一年增加11次，总交易额157.5亿元，增长21.2%。永康国际会展中心被评为2012～2013年度第十届“中国会展之星”十佳商贸会展中心，中国五金博览会获“2013年度中国行业品牌展会金手指奖”，中国(永康)国际门业博览会获“中国最具创新价值奖”荣誉称号。

六、市垃圾焚烧发电厂并网发电

为加快永康生态建设，解决城乡生活垃圾量快速增长的难题，实现城乡垃圾处理的减量化、无害化、资源化，2006年7月市人民政府通过BOT项目形式公开招投标，确定浙江伟明环保股份有限公司中标。根据合同书的约定，特许经营期27年(含两年建设期)，由浙江伟明环保股份有限公司负责工程报批、建设、运行及接水、接电的报批手续及相关费用，总投资2.44亿元，市政府负责土地征用、相关政策的处理，并协助浙江伟明公司办理相关手续。2009年9月省发改委批准立项，同年10月省环保厅环评报告通过批准。2010年上半年完成土地征用，同年6月30日正式开工建设，2012年12月试运行，2013年1月中旬正式点火并网发电。

根据生产工艺流程和功能的要求，发电厂建设布局分为主厂房区、辅助子项区、运输设施区、厂前生活区和灰渣处理填埋区等5个功能区。焚烧设计能力为日平均处理垃圾800吨，分别设置两条日处理400吨的垃圾焚烧生产线，每条垃圾焚烧生产线配置一套“半干法旋转喷雾反应塔＋活性炭喷射＋袋式除尘器”组合工艺的烟气净化装置，余热锅炉产出的蒸汽供1台15 W的汽轮发电机组发电。设计借鉴、吸收国内外先进焚烧工艺和设备，结合永康生活垃圾特点，充分应用浙江伟明集团垃圾焚烧发电厂成功运行经验，确定焚烧工艺和选用可靠的焚烧设备；采用先进、成熟的烟气、污水净化技术，严格控制二次污染；采用先进的自控技术，对工艺过程和运营管理实施计算机集中控制，从而确保垃圾电厂安全、稳定、经济运行。由于垃圾焚烧尾气中通常含有一定浓度的二恶英，因此系统中考虑通过喷入活性炭的方式来吸附烟气中的二恶英。在烟气进入布袋除尘器前，向烟道内喷入粒度为200目的活性炭粉，进入除尘器后这些活性炭粉末同样被截留在布袋表面，当烟气通过布袋时，烟气中的二恶英因被活性炭吸附而得到净化。

发电厂工艺系统技术水平在正常情况下达到以下要求：二氧化硫去除率80%以上，氯化氢等强酸的去除效率95%以上；达到国家环保法规《生活垃圾焚烧污染控制标准》(GB18485-2001)中关于二氧化硫和氯化氢的环保要求；烟尘排放浓度低于30毫克/标方；系统主机寿命20年以上；出反应塔烟气温度在155℃。

七、“雷霆治污”还永康蓝天碧水

围绕“清水永康江、清新丽州城”目标，2013年市委、市政府启动“158”碧水蓝天工程，以水环境整治为突破口，全面开展空气和水环境污染为主的综合治理。“雷霆治污”是实施“158”蓝天碧水工程的一号行动。6月市水环境综合整治办公室组织各职能部门和单位，分16个行动组对永康江、南溪、李溪、华溪、苏溪等8条主要河流沿线的所有废水排放企业开展全面排查，严厉打击超标排污、偷排、私设暗管排放污水等行为。对重点排污企业则进行严查。开展“雷霆一号”治污和环保排查专项行动以来，排查企业4 759家，

蓝天碧水永康城(五金城提供)

关停取缔违排企业419家,立案查处82家、刑拘6人。经过整治,6月至8月永康市空气污染指数(API)全部达到优良,整个夏天未出现空气污染。永康江、南溪、华溪三江水质明显好转。9月份全市16个镇(街、区)交界面整体水环境质量较2012年同期总体好转,其中Ⅲ类(含Ⅰ、Ⅱ)的断面增加到5个。在大力开展工业污染整治的同时,全市还加大了农村河道环境综合整治力度,全面推进治水重点项目建设。各镇街区行政一把手担任“河道长”,在河边立起“公示牌”,接受群众监督和举报,全面落实整治责任。市还出台《永康市河道保洁实施方案》,着力打造花街镇全流域“美丽溪流”、石柱镇李溪“最美河流”示范工程。年底,全市完成农村河道治理67千米,池塘清淤疏浚土方251万立方米,农村河道、池塘生态护岸建设总长119千米。创建省级生态镇3个。

八、金台铁路起点城市设定永康

永康被确定为金(华)台(州)铁路起点城市,金台铁路是永康第二条铁路。市委、市政府高度重视铁路规划建设工作,为了加快铁路建设,早在2012年11月就成立了永康市金台铁路建设工程前期工作小组,并确定委托中铁五院开展永康地区铁路专题研究和编制工作。在最大限度节约土地资源,减轻对环境承载力影响的前提下,研究评估重点包括铁路运量预测,现状、在建及金台铁路相关内容,永康铁路总体规划布局及适应性分析、规划结论、分步实施意见和有待进一步解决的问题。

2013年7月17日,市委、市政府召开永康地区铁路规划专题汇报会,市领导金政、陈美蓉及市府办、发展和改革局、财政局、国土局、建设局、交通局、规划局、铁路和交通等单位负责人参加会议。来自中铁五院高级顾问吴德增、集团主管总工程师戴建龙等专家详细介绍了永康地区铁路规划编制情况,对永康境内既有的金温铁路、在建的金温双线及规划中的金台线提出了总体规划布局和分步实施意见。10月16日,全国人大代表浙江中心组第四代表小组代表也来永康专题调研金台铁路线位。中共丽水市委书记、人大常委会主任王永康,金华市人大常委会党组书记、主任黄锦朝,台州市人大常委会党组书记、主任薛小仙等参加调研活动,永康市委书记徐华水陪同。金台铁路全线长168千米,设计时速目标值为160千米,已列入《国家中长期铁路规划》《浙江省中长期铁路建设规划》。金台铁路永康段正线长约21千米,疏散线(豆岭货运站至永康南站)长约7.6千米。金台铁路永康客运站、货运站分设。客运站与在建金温扩能铁路永康南站共用,货运站为豆岭货运站。铁路在永康市境内线位走向为：从在建金温扩能铁路永康南站引出，向东沿金温扩能铁路穿过蝙蝠岭，在石柱镇新店村上跨东永高速公路，在豆岭设置货运站，向东经前仓镇北部，在舟山镇东部与缙云壶镇北站相接。

金台铁路的建设对优化永康地区铁路网，增加市内铁路货运能力，统筹利用好丽水、台州等地的山海资源，促进永康经济的可持续发展具有重要战略意义。

九、“创森”美丽乡村，绿映五金名城

2011年永康已把“生态立市”作为建设“现代化国际五金名城”重要战略组成部分，列入全市率先实现全面小康社会的计划。出台《永康市森林城市建设总体规划》，按照国家级森林城市标准，决定投资7亿元，创建城乡森林化、通道林荫化、水岸绿茵化、农田林网化、森林网络化、山水田路一体、防护功能完备的城乡森林生态体系。

为稳步推进森林城市创建工作，成立了由市长任组长、各镇（街、区）、有关部门主要负责人组成的“创森”领导小组，出台《永康市创建省级森林城市工作方案》，与全市39个相关部门及镇街区签订“军令状”，将“创森”工作纳入年度考核。2013年市财政为列入“创森”的乡镇投入资金1.1亿元，推进近期规划任务的实现，对创建永康市级、金华市、省级森林村庄给予奖励。在政策激励下，全市“创森”3年，城市建成区新增绿地1 000公顷，新增公园绿地800公顷。2013年全市完成通道绿化建设47公顷，新增城镇绿化面积25.6公顷，新增村庄绿化46.87公顷。完成河道绿化70.2公顷，杨溪水库水源保护区产业结构调整种植经济生态林木146.93公顷，农田林网建设30.27公顷，迹地更新133.33公顷，森林抚育2 000公顷。开展“我为创森添片绿”、“珍贵树种进万家”等系列创建活动，组织各单位、部门动手种绿种环境，营造全民添树种树的良好氛围，3月份就完成植树造林60公顷。五年前，永康率先在全省启动森林村庄创建活动，至2013年，全市创建省级森林村庄14个，金华市级森林村庄62个，市级森林村庄309个，创建省级森林城镇4个（龙山、象珠、花街、古山）。江南街道园周村先后入选全省“最美乡村”，入围全国“美丽乡

生态屋顶上的精巧小花园（总部中心提供）

村”试点村。

十、失地农民领取职工养老金

2010年1月1日，浙江省人民政府颁布第264号令，明确被征地农民的基本生活保障。2011年8月，市人民政府下发文件，提高被征地农民个人缴费待遇发放标准，根据缴费高低每月可领取170～464元不等的养老金。2013年8月为了完善、提高被征地农民基本生活保障制度，建立根据经济社会发展水平，同步调整被征地农民基本生活保障个人筹资标准和保障待遇的机制，市人民政府办公室下发了《关于做好被征地农民基本生活保障转职工养老保险工作的通知》，参加被征地农民生活保障人员也可以与城镇居民一样，转为职工基本养老保险。凡市内已达到领取养老金年龄的失地农民，从9月份开始转办手续，下个月起可按月领取职工养老金。

市政府出台的这项政策，为金华地区各县(市)最先推出。市政府为每位符合转办条件的失地农民提供3 780元的补贴，转办后，达到申领年龄的失地农民每月可以领取养老金1 000多元。2013年9月至12月底，全市被征地农民转出参保人员8 900人；转出被征地生活保障金4 463万元，城乡居保资金775万元，老农保障金42万元。当年新增被征地农民基本生活保障2 838人，累计参保人数57 624人；被征地农民生活保障基金总收入2.32亿元，其中个人保障金收入772.6万元，基金总支出7 513.37万元，当年结余1.57亿元。

（徐赤金）

百项工程

2013年实施百项建设工程，分发展运行、产业工程、民生事业3个方面。

发展运行：(1)宏伟核电关联产业供应中心等，列入省重点建设项目。(2)储备包装江南区块城市综合交通枢纽、台金铁路永康段工程等优质项目。(3)完成城市公交总站、长途客运站工程项目前期。(4)开工建设火车南站，金温铁路扩能改造永康段工程拆迁完成。(5)东永高速永康段完成路面工程60%。(6)永磐公路永康段完成路基工程。(7)永义公路雅吕至木渠段完成路基工程，开工建设飞龙山隧道。(8)加快低丘缓坡综合开发利用试点，加强土地卫片执法整改，盘活存量建设用地26公顷以上，批而未供土地比2012年下降54公顷。(9)深入推进人才强市战略，招才引智“千人计划”实现零突破，新建海内外人才工作联络站5家。(10)出台《现代服务业发展规划(2013—2020)》。(11)10月份前完成“五金指数”发布。(12)引导城区工业小区和厂房“退二进三”。(13)推进中国科技五金城转型提升，争取实体市场交易额增长7%以上、网上交易额增长30%以上。(14)做大做强“五金商城”等电子商务平台。(15)第十八届五金博览会、第四届国际门博会成交额增长8%以上。(16)接轨金义都市新区，开工建设永康至金义都市新区公路。(17)开工建设330国道改建工程。(18)筹建出租车电召中心，推广应用公交IC卡，优化公交线路和站点设置。(19)芝英至开发区公路建成通车，建成农村联网公路8.5千米。(20)继续实施“五费合征”，建立社会保险扩面长效机制。(21)加快基本医疗保险制度城乡统筹。(22)加大高校毕业生、就业困难人员创业扶持力度。(23)完善信访“三级联动”网络，及时排查化解各类矛盾纠纷，妥善处置群体性事件。(24)落实流动人口社会化管理责任制，加强基层所站规范化建设。(25)深化“六五”普法，强化法律援助。(26)完善社会化劳动争议调解和仲裁机制，创建“无欠薪城市”。(27)加强应急管理规范化建设，提高突发公共事件防范应对能力。(28)认真办理人大代表建议和政协委员提案。(29)加强规范性文件审查，进一步做好行政调解、行政复议和行政应诉工作，行政首长出庭应诉率不低于50%。深化行政执法责任制，规范行政执法程序，不断提高依法行政水平。(30)进一步规范各类接待、检查考核、访问考察活动。完善镇(街道、区)干部住夜值勤制度，促进服务效能提速。(31)严格执行中央"八项规定"，进一步完善调研制度，精简会议活动、文件简报、新闻报道，开短会、讲短话、发短文。完善联动工作机制，坚持定量化考核，实施行政问责制，对重大部署、重要决策、重点项目落实情况跟踪问效，全面提高政府工作执行力。强化工作督查、效能监察、绩效评价，坚决杜绝推诿扯皮、行政不作为和乱作为，确保令行禁止、政令畅通。(32)深化国库集中支付改革，强化国有资产和政府性债务管理。严格控制和压缩一般性支出，严格控制和降低"三公"消费。

产业工程：(33)天然气热电联产、现代汽车装备城一期等工程，列入省重点建设项目。(34)加快经济开发区国际物流中心建设。(35)积极稳妥推进低效厂房改造。(36)完善金融业综合考核体系，继续加大金融对"四个一批"工程支持力度，新增融资性担保机构1家，新增贷款90亿元。(37)推进全省小额贷款保证保险市(县)试点。(38)加快汽车产业园规划，深入推进众泰新能源汽车研究院建设。(39)建设国家级五金制品检测中心和防火门烧试检测中心。(40)建设国家级五金制品检测中心和防火门烧试检测中心。(41)现代农业装备产业技术创新综合试点，全力支持现代农业装备研究院和重点农机企业研究院建设，引进高、精、强农机及配套企业，努力打造全省首个现代农业装备高新技术产业园。(42)加快浙商回归创业创新园区建设，完善机制和配套设施，完成一期33.33公顷土地政策处理和项目供地，开工建设首批10个项目，打造永康市北部现代五金产业集聚区，争取建成全省浙商回归创业创新示范区。(43)推进省级创新型城市。(44)推进质量强市(县)创建活动。(45)打造"永康五金"国际化品牌。(46)继续开展"扶百企、促百亿"活动，引导产业技术创新，大力推进"腾笼换鸟"、"机器换人"，计划新增技改项目99个，工业总投资增长30%以上，其中技术装备投入22亿元，力争总量超百亿。(47)引进五金产品工业设计中心10家，新认定省级技术中心1家、高新技术企业5家，新增专利授权3 000件，新产品总产值291亿元。(48)抓好企业主体培育，争取3至5家企业完成股改、3家企业申报上市，新增亿元企业15家、规上企业99家。(49)承办第三届中国国际商贸发展大会。(50)加大外贸政策扶持力度，加快餐厨用品转型升级示范基地建设，国际物流中心保税仓库投入使用，主动对接美国洛杉矶黄金集团、罗马尼亚红龙等海外市场。(51)发挥总部中心集聚示范效应，入驻企业税收翻番。(52)城西物流中心首期建成投入使用。(53)完成"个转企"330户。(54)改造提升城乡市场。(55)加快形成网商集聚中心、网货配送中心和快递分拣中心。(56)争取入选全国首批循环经济试点市(县)。(57)深化"营改增"试点。(58)开展工业用地"清零行动"。(59)开展"产量税收"考核。(60)储备包装磐安引水工程等优质项目。(61)粮食生产目标责任制，开展水稻高产创建、良种展示等活动，完成播种面积1.2万公顷、总产量7.5万吨任务。(62)深入推进农业"两区一中心"建设，实施866.67公顷粮食生产功能区和2 466.67公顷标准农田质量提升工程，加快清溪省级现代农业综合区建设，力争1个主导产业示范区、1个精品园通过省级验收。(63)健全农业服务体系，新建6个基层农业公共服务中心。(64)污水处理厂二期争取列入省重点建设项目。(65)加快改造城乡老旧供水设施。(66)打造美丽乡村森林运动线、果园飘香线。(67)创建"精品村"10 个、"秀美村"20 个、"洁净村"300 个,培育建设"特色村"。"美丽乡村"串点成线,构建绿色景观走廊。

民生事业:(68)实施农村卫生长效保洁专项整治,推进新一代垃圾房升级改造,垃圾太阳能减量化试点运行。(69)加快实施低收入农户奔小康工程,完成农村劳动力转移培训 4 000 人。(70)创建省级森林城镇 1 个、森林村庄 3 个,完成平原绿化 235.33 公顷。(71)积极开展"四边三化"行动,完成四边绿化 28.33 公顷。(72)继续推进生态清洁小流域建设,开工建设永康江和南溪综合治理工程。(73)创建省级气象防灾乡镇 2 个,启动气象观测场迁建。(74)从严控制计划外生育,综合治理出生人口性别比偏高。(75)加强残疾人社会保障服务体系建设,纵深推进残疾人共享小康工程。(76)深化城乡居民最低生活保障制度,健全低保金标准动态调整和价格补贴机制。(77)加大困难群众重特大疾病医疗救助力度。(78)深化殡葬改革,积极推行生态葬法。(79)扎实推进中心镇改革发展和小城市培育试点。(80)扎实推进方岩风景区综合整治,完成南岩、石鼓寮景区整合,启动核心景区老村搬迁,及时提供搬迁安置用地,完成安置面积 10 万平方米以上。(81)挖掘石鼓寮影视、厚吴古村落等旅游文化特色。(82)开展"数字永康"地理框架建设。(83)有序推进解放街、江南新城等重点区块改造和规划建设。(84)继续实施丽州南路延伸、龙川东路延伸、溪心区块道路配套等工程,实施便民利民工程 40 项以上。(85)完成章店大桥建设和蓝天路改造,启动松石西路工程。(86)加强城市精细化管理,推进"数字城管"建设。(87)大力开展清洁水源、清洁空气、清洁土壤行动,提升城市环境质量,集中式饮用水水源地水质达标率 100%,武义江桐琴桥交接断面地表水水质达到省考核标准合格以上,城市空气质量优良天数符合生态市考核标准达到 85%以上,无重特大环境污染事件发生。(88)推进垃圾填埋场扩容工程建设。(89)垃圾焚烧发电厂投产运行。(90)加强城区污水管网联通和维护,建设酥溪两侧污水主干管,龙山、前仓污水处理厂投入使用。(91)争创省级生态镇(街道)2 个。(92)优化教育布局,启动花川学校、江南小学等前期工作。引导和扶持社会力量办学,依法规范办学行为。稳步推进代课教师清理,加大城乡师资交流,完善困难家庭学生助学政策,推进"阳光招生"和"减负高质"改革。(93)进一步深化医改,完善公共卫生体系,加快推进市中医院迁建工程,启动二院整体改建和一院二期工程等前期项目。(94)大力扶持发展影视文化产业,继续实施文化惠民工程,"两馆一站"免费开放,全面开展可移动文物普查。(95)实现农村体育基础设施全覆盖,体育中心网球场投入使用。(96)推进广电广场二期工程建设。(97)启动数字档案三期工程,加快登记备份中心建设。(98)开展红十字"双百万"救助活动。(99)深化国家政务公开和政务服务试点。(100)加快行政审批规范化管理,深化市镇村三级行政(便民)服务中心建设,行政审批及电子监察系统平台投入运行。推行"一口子收费",缩短办事时限,提高行政效率。

(童文贤)

市情概览

自然地理

【位置面积】 永康 YONG KANG，是县级市，隶属于浙江省金华地级市，市人民政府驻东城街道金城路 25 号。行政区划代码：330784，邮政编码：321300，电话区号：0579，车牌号：浙 G。全市位于浙江中部腹地，瓯、钱两江分水岭上，素有“鲫鱼背”之称。地扼衢、婺与处、台、温通衢，是浙东内地通往浙东南地区的要冲。北至省会杭州市径距 180 千米。地理坐标介于北纬 28°45′31″～29°06′19″与东经 119°53′38″～120°20′40″之间。东南与丽水地区缙云县接壤，东北与东阳市、磐安县相连，西邻武义县，北毗义乌市。全市四至为：东起西溪镇棠溪后岗头村，西至花街镇八字墙陈弄坑村白云岩洞，东西长约 44 千米；南起石柱镇新店扫帚坑乌岩洞，北至唐先镇中山下位村枫坑岭，南北宽约 38 千米。全境总面积 1 049 平方千米，其中山区面积 755.28 平方千米，占 72%，平原地区面积 209.80 平方千米，占 20%，江河塘库面积 81.82 平方千米，占 7.8%。土地总面积 10.48 万公顷，其中农用地 8.9 万公顷，城镇村及工矿和交通运输用地 1.29 万公顷，其他 0.28 万公顷；林业用地 6.23 万公顷，其中林地 5.20 万公顷，灌木林地 0.64 万公顷，其他 0.39 万公顷；水域及水利设施用地 8 182 万公顷。

【地质土壤】 永康市在大地构造上属华夏陆台的东部，是浙闽地质的一部分。出露最老的地层为上侏罗纪磨石山群火山岩，分布于永康盆地周围，组成中低山丘陵，除局部出露外，其他出露广泛。上覆下白垩统馆头组，以不整合或假整合接触。盆地内部大都为朝川组红层，其上为方岩组砂砾岩，出露于盆地的东南一带。而第三系玄武岩则零星分布于盆地中。第四系主要分布于华溪、南溪、永康江和永康至武义县桐琴公路两侧。它们形成于 1.2 亿年前，地质史上称为早白垩世。全市土壤面积 88.70 千公顷，占全市土地面积的 84.5%。有红壤、黄壤、岩性土、潮土、水稻土等 5 个土类，9 个亚类，25 个土属，52 个土种。红壤广布于永康盆地以及盆地周围海拔 600 米以下的低山丘陵和缓坡岗地上，包括红壤、黄红壤和侵蚀型红壤 3 个亚类，5 个土属，8 个土种，面积 46.33 千公顷，占土壤总面积的 52.2%。黄壤呈峰状分布于海拔 600 米以上的盆地低山，包括黄壤和侵蚀型黄壤 2 个亚类，2 个土属，3 个土种，面积 2.10 千公顷，占土壤总面积的 2.36%。岩性土分布于低岗地和高丘台地上，仅紫色土 1 个亚类。红紫砂土 1 个土属，3 个土种，面积 12.03 千公顷，占土壤总面积的 13.56%。潮土主要分布于永康江及其支流两侧的溪滩地以及谷口洪积扇上，呈狭长带出现，仅潮土 1 个亚类，4 个土属，8 个土种，面积 1.32 千公顷，占土壤总面积的 1.50%。水稻土主要分

芝英公婆岩的砂砾岩(芝英镇提供)

布在海拔 250 米以下的沿江平原和低丘缓地,它是各种自然土壤,经人为长期耕作,水耕熟化影响下发育而成。根据水分活动特点分为渗育型水稻土和潴育型水稻土 2 个亚类,13 个土属,33 个土种,面积 26.91 千公顷,占土壤总面积的 30.34%。

【地形地貌】 永康市的地势由东北向西南倾斜。仙霞山脉余脉从东北和东南延伸入境,连绵起伏。中部、西部丘阜广布。最低处在城西新区夏作,海拔 72 米。丘陵山地约占土地面积的 72%,平原占土地面积的 20.3%,有“七山一水二分田”之说。境内最大河流永康江,汇南溪、华溪、李溪、酥溪等大小支流 38 条,构成树枝状水系,把中部河谷平原与四周的丘陵山地紧密联系在一起,形成东、北、南三面向中,西部逐级倾降的开口式盆地——永康盆地,盆地内部地势低平。全市建设蓄水量 1 000 万方以上的中型水库 3 座,100 万方以上的小(一)型水库 16 座,10 万方以上的小(二)型水库 83 座,形成杨溪、太平、三渡溪、黄坟、上黄五大骨干水库的完整水网体系,各类水利工程供水量 2.64 亿立方米,有效灌溉面积 16 941 公顷,实现田成方、树成行、渠成网、路相通的现代农业示范园区,有标准农田面积 7 667 公顷,是主要产粮区。最高处在东部,与磐安、缙云交界处的黄寮尖,海拔 930 米。

【气候特征】 市域属亚热带季风性湿润气候,兼有永康盆地的小气候特征。四季分明,光照充足,雨量充沛。

2013 年永康市天气多变,气温明显偏高,降水偏少。年初暴雪袭击,梅季降雨偏少,高温天气偏多,雷电灾害频发,时空分布异常,全年雾霾多发,给全市人民生活带来不少影响,也造成一定的经济损失。

全年平均气温 19.1 ℃(较常年偏高 1.2 ℃,为 53 年来仅次于 2007 年 19.3 ℃的第二高温年),年降水量 1 305.7 毫米,日照时数 1 837.7 小时,年蒸发量 1 707.1 毫米,年大雾日数 19 天,年结冰日数 23 天,年霜日 28 天,霜初日(12 月 6 日)、霜终日(4 月 7 日),年雷暴日数 37 天(初日 3 月 11 日,终日 9 月 13 日)。

高温热浪袭击,50 余年最强 7 月至 8 月,全市遭受 1961 年以来最强的高温热浪少雨天气,出现了严重伏旱。全市平均气温 31.9℃,比常年同期偏高 2.6 ℃,超 1961 年以来最高纪录;市区极端最高气温 41.4 ℃,并列历史第二(1966 年 41.7 ℃, 2003 年 41.4 ℃)。

三十年一遇第二低高温期 1 月上旬的平均气温是近三十年来第二低温期;紧接着的下旬,温度陡然上升。往年 1 月下旬的平均气温为 5.2 ℃, 2013 年的平均温度是 9.6 ℃,比正常的年份高 4.4 ℃,为近三十年来第二高温期。伴随着高温天气的是大晴天,降水量明显偏低。永康城 1 月下旬降水量仅为 1.6 毫米,相比平均年份的 31.5 毫米,下降了 90%以上。

全年雾霾频发,12 月最强 2013 年雾霾天气多发,1 月、12 月大雾持续出现。特别是 12 月上旬,是 1961 年以来持续时间最长、影响范围最广、强度最大的一次雾霾。12 月 4 日至 9 日,市内出现重度霾,能见度均不足 3 千米,7 日至 8 日,PM2.5 浓度甚至高达 400 微克/立方米至 450 微克/立方米,永康市气象台首次连续多日发布霾黄色、橙色预警信号。

10 天有 9 天雾霾 1 月下旬都是晴天,每日天空上总是覆盖着一层厚厚的“灰棉被”,也就是霾。10 天时间里,除了 1 月 24 日天空通透外,其余 9 天均有雾霾。原因除空气中污染物增多外,还与晴好天气有关。晴好天气的空气流动能力差,再加上一直没有降水,造成了污染物的相对静止状态,雾霾就会长时间停留,覆盖在永康城区上空。要等到下一次冷空气来临,伴随着明显降水,才会吹散雾霾。

年初暴雪袭击,影响全市 受冷空气及高空槽影响,1 月 3 日夜间至 4 日夜间市内普降大到暴雪,雪深 5 至 10 厘米,部分山区 10 厘米以上,市区气象观测站最大雪深为 9.3 厘米。4 日,全市普遍出现积雪冰冻,市境内发生了 280 多起交通事故,部分农村客运班线停运。

“菲特”来袭,风雨强势 强台风“菲特”秋季强势来袭,是继 1956 年 12 号台风以来影响浙江最强的一次,呈现了秋台风的特性,雨量大、范围广。受“菲特”外围环流影响,10 月 6 日至 8 日,市内普降暴雨,过程最大风力 7 级。全市平均降雨量 145.9 毫米。

雷电灾害频发,损失较大 2013 年全市雷暴日数 37 天,比常年偏少 10 天,但雷暴强度强,如 7 月 9 日、8 月 25 日等,强雷电、局部地区频发暴雨、大风。

降水偏少,时空分布异常 永康市全年降水量 1 305.7 毫米,比常年偏少 145.2 毫米,呈现时空分布起伏大的特点。全市降雨量东西部降水多,中部降水少;10 月、12 月降水量比常年显著偏多,1 月、7 月的降水量则不足常年的一半。

梅雨不典型,期间出现阶段性高温 2013 年市内于 6 月 6 日入梅,7 月 1 日出梅,梅雨期 25 天。入梅后虽出现了 3 次系统性降水过程,但没有出现连续暴雨甚至大暴雨的强降雨过程。主要是当年梅雨带总体处于金华以北的杭州、嘉兴、绍兴一带,永康处于梅雨带南缘,导致梅雨不典型,过程不强、雨量偏少,梅雨期间出现阶段性高温。

(刘学萍)

【资源物产】 永康市森林资源丰富,生物品种多样,是“浙江中部的生物基因库”。全市有林地 6.23 万公顷,占土地总面积的 59.6%,森林蓄积量 250.5 万立方米,森林覆盖率 53.1%。有林木品种(包括竹类)近百种。珍贵树种有银杏、红豆杉、紫楠、金钱松、榧树、花榈木、马褂木、桤木、青冈、黄檀等;用材林有马尾松、杉木、香樟、楮树等 40 余种;经济林有银杏、油桐、柑橘、杨梅、柿树等 35 种;竹类有毛竹、雷竹、紫竹、丝竹等 25 种。名木古树有 9 科 22 属 39 种 1 000 株,坑里的古柏,金坑的银杏,箬岭下的榧树,方岩山顶的母子樟等树龄均已千年。药用植物资源有千余种，据清道光《永康县志》载：金胜山少竹木，惟产天门冬。山中有一种千叶桃花，以酒浸饮之，除百病，名桃花酒。有观赏植物200余种。境内动物资源种类繁多。野生哺乳动物主要有野猪、野兔、山狗、白猸、黄鼬、九江狸、香狸猫等；爬行动物有山乌龟、穿山甲、各种蛇类等30多种；鸟类有猫头鹰、杜鹃、雉鸡、黄雀、八哥、野鸭、鹧鸪等156种；由于森林绿化及环境的改善，近年来豺、狼、豹、野山羊及已临绝迹的鹿、麂、水獭等兽鸟也时有所见。昆虫有蜻蜓、蝉、各色蝴蝶等20多类。水产资源较为丰富，淡水鱼有鲤鱼、青鱼、鲫鱼、黑鱼等；甲壳类有乌龟、甲鱼、蟹、泥螺、黄蛤、河蚌等。

境内矿产资源丰富，尤以萤石为最，为全国重点储藏区之一；还有沸石、高岭土、珍珠岩、黄铁矿、钴矿、石油沥青及金、银、铜、锌、铅等矿产，不少矿产具有开发前景。永康境内矿产丰富，种类繁多。经地质勘探部门勘探，探明和发现矿物达30余种，可分为贵金属、有色金属、黑色金属、冶金辅助原料、化工原料、建筑原料、燃烧和其他矿物8种类型。贵金属主要是金矿、银矿，有色金属有铜矿、铅矿、锌矿、钴矿，黑色金属有磁铁矿、褐铁矿，冶金辅助原料有萤石矿，化工原料有黄铁矿，燃料有石油、天然气、油页岩，还有矿泉水、地下水等等。尤以萤石矿为最，已进行开采萤石矿床85处，年开采量有10多万吨，品位极高，有色元素含量低、是国际市场上的畅销矿产。主要分布在花街、渎溪、枫林、下堑、野山、金坑等地。多种金属及贵金属，因矿体小，未开采。现已开发利用10余种。

（童文贤）

历史人文

【建置沿革】 早在七千多年前的新石器时期，已有先民在永康土地上种植猎渔，繁衍生息。上古社会，永康地属扬州，春秋时期属越国。战国时代，越国被楚国所灭（约公元前306），因此成为楚地。秦始皇二十五年（公元前222），建会稽郡乌伤县，永康属之。汉沿秦制。三国吴赤乌八年（245），分乌伤县南界上浦乡设置永康县。吴宝鼎元年（266），属东阳郡。晋沿吴制。南朝梁绍泰元年（554），永康为留异所据的缙州驻地，管辖东阳郡、新安郡，势力达到永嘉、临海、新安等郡。陈天嘉三年（562）废缙州，属金华郡。隋开皇九年（589），属吴州。唐代永康为望县（县之最高等级）。唐武德四年（621），永康县擢升为丽州，属越州总管府，徙县治于县城之北。武德八年废丽州，复称永康县。唐武后天授二年（691），析永康县西部置武义县。万岁登封元年（696），又析县之东南部置缙云县。此后至南宋，均属婺州。宋代，永康为紧县。元代，永康为上县，属婺州路。自明至清，属金华府。1912年，属金华道。1927年直属浙江省。1932年起，先后属第六、第四、第八行政督察区。1939年2月永康县东北翠峰、五美、盘峰三乡划归大盘山区（磐安县前身）。抗日战争时期，浙江省政府一度（1938年1月至1942年5月）迁永康方岩办公，成为浙江省临时省会。1949年5月8日，永康解放，辖区承旧（后改金华专区）。1958年10月撤武义县，武义县行政区域划归永康。1961年10月复设武义县。1978年以后，永康属金华地区。1985年6月归金华市管辖。1992年8月18日，国务院批准永康撤县建市。

【行政区划】 2013年永康市辖11镇、3街道和经济开发区、城西新区，713个行政村、17个社区、35个居民区。

2013年镇村行政区划情况表

建制镇	辖村数	行政村名	居民区数	居民区名称
芝英街镇	63	芝英一村、芝英二村、芝英三村、芝英四村、芝英五村、芝英六村、芝英七村、芝英八村、下蔡、亳塘、黄泥塥、岘口、隔塘、溪岸、上胡、前陈、前俞、后沈、下柏石、上徐店、下徐店、大塘、鲤鱼塘、上英、麻塘头、上时、下西坑、柿后、郭山、柳前塘、古塘里、善儿干、桑园下、应南溪、游溪塘、前山杨上村、前山杨下村、松塘园、练结、后杜、下畈、郭段、南山沿、继绪塘、儒堂头、西卢、胡堰街、王上店、胡祖坑、横沿、街头、石塔下、马坊、黄店、宅口、里塘下、桥里、前舒、雅庄、莲湖、八口塘、儒家、仙陵	6	芝英一 芝英二 芝英三 溪岸 堰头 油川
花街镇	62	倪宅、下王、杨坑、柄坑、大支、吴坑、东陈、雅陈、尚裘、塔石头、定桥、油坑、章坑、尚仁、双溪、溪边汪、大屋、颜宅、项宅、下殿、下时、杨公、塘店、里屋、枫树塘、寺前、黄园、金古泉、八字墙、吴村、山后胡、龙潭里、易川、枫坑、陈弄坑、金村、后麻塔、店园、阔塘后、赤川、横岘、枫坑口、方村、里坞、新溪、前柳、金杜、下姓王、连枝、下堑、炉村、王样、山南、副业场、潘宅、塘头应、金丰、花街、金长园、新川、梧涧、龙盘岭	3	花街 八字墙 大屋
石柱镇	48	石柱、田畈村、江瑶、泉湖、前塘头、磨山、俞泽、前罗、阳龙、�里、塘里、华川、下陈、里溪寨、厚莘、后郎、下里溪、妙端、麻车口、湖塘、上杨、云溪、俞溪头、下寮、前阳、天表、西岐、下杨、前郎、峰箬、长端头、横麓、姓傅、新店、塘花、后项、殿下、郎村、姚塘、华山、池宅、厚仁、岩沿、湖坎头、山坑叶、瑶山、西贵、新华	2	石柱 俞溪头
前仓镇	38	前仓、馆头、麻车店、獐川、善塘、罗桥、枫林、小王元、川塘 、世彰、朝川、宅树下、溪坦、法莲、石角、白岩、斗潭、和乐、光瑶、大坑、麻塘、新下、榭垛、大处、界牌、金斗、大坞、石塘、本扎、豆岭、后郑、荆州、后吴、大陈、历山、塘头、石雅、杨横坑	1	前仓
舟山镇	43	舟一、舟二、舟三、坦郑、端头、台门、白岩下、沅口、石塘徐、洪茂、下东桥、陆宅、上桥、前村、申亭、白沙、花古、大塔、溪塘、后畈、清源、道坦、马关、大路任、铜山、陈山头、方山口、高寮、方丘、凌宅、上溪里、下丁、西岸、槐花、新楼、高下杨、渠口、山坞、里木坦、外木坦、洋溪、上丁、杨溪王	2	舟山 新楼
古山镇	55	古山一村、古山二村、姚岭山、古山三村、古山四村、落英山、后塘弄一村、后塘弄二村、世雅上街、世雅下街、大峥、黄塘坑、前黄、草席西炉、榔山殿、弓塘、林坑陈、大园东、西坑、孙宅、后郦、汤店、黄家、浩山头、坑口、坑里、宁塘、晏塘、下朱、大江畈、清塘下、前坑、胡库上村、胡库下村、后林、楼店、下溪池、寺下胡、青后叶、王南山、溪干、大坟山、整雅、祝家、前塘、赵家、前金、前杭、前园、大塘周、金江龙、墁塘、寮前、皮店、雪塘	2	古山 胡库
方岩镇	39	岩上、岩下、橙麓、岩后、杏桐园、西村、井头、灵岩寺前、可投胡、大园、金竹降上村、金竹降下村、后山头、长坑、可投应、下邵、古竹畈、仙岩、两头门、派溪、戈阳、葩阳、先盆、铜坑、柘岭下、定塘、庙口、象鸣畈、象瑚里、堂慈、独松、上胡坑、下宅、双瑶、文楼、上里叶、高峰、后浅、橙里王	2	方岩 派溪
龙山镇	39	桥下一村、桥下二村、桥下三村、渔川、太平、张岭、万古塘、格山、茭杨、后景颜、前珠山、丰山头、龙川、梅陇、下蓂口、古陇、马山头、贾宅、里麻车、溪田、桥头、溪边颜、下贵、樟塔塘、胡塘下、四路口上村、四路口中村、四路口下村、吕南宅一村、吕南宅二村、吕南宅三村、吕南宅四村、西坞、岭脚、张溪头、新屋、后宅、菱塘、下宅口	2	桥下 四路

（续表）

建制镇	辖村数	行政村名	居民区数	居民区名称
西溪镇	42	西溪、下里、桐塘、上塘头、寺口、西山、石江、玉川、马坞、金园、上坛、西塘、青山口、丁坑、莲屋、洪塘、潘坑、大川、寨口、柏东、柏西、上卢、下赵、下楼山坑、柘溪、棠溪、上弄口、道门、上徐、尚黄桥、义门、百念秤、上马、上蒋、后岗头、下徐、董坑、上马横沿、孔村、贾处、壶坑洞、黄溪滩	3	西溪 柏岩
象珠镇	54	清渭街、柳墅、江头、荷沅、杏里、山西、山西孔、黄岗、白麻塘、方山脚、苔川、三井头、张坑、上柏石、派溪吕、汇杨、官川、南湖、郎川、下山、寺口吕、英村、象珠一村、象珠二村、象珠三村、象珠四村、峡源、楼下陈、后渠、三渡溪、横坑、如春、郑家、庄口、长村、泉头、雅吕、枫岭脚、塘里坑、雅仁、西寮、木渠、上叶、竹川、椒坑、前桑园、白窖、横渡、大儿前、荷川、九里口、石塘明、茹录畈、王溪田	2	清溪 象珠
唐先镇	58	唐先一村、唐先二村、唐先三村、唐先四村、石湖坑、谏庄、桐溪、岩前、唐东、清塘庄、金畈、太平新村、上仁、石桥头、前溪、石湖口、唐下舒、上考、龙山、前山、塔儿头、格山沿、云路、新河、上新屋、岩洞口、岩渡里、大后、下田、泽塘、唐上、三儿头、汪村、叶宅、横洋、凤山寺口、官英堂、仁坛、夏杜曹、雅堂、上厅、象牙里、白莲塘、长塘头、前渡金、后力坑、中山、安坑、山端头、箬岭下、下位、金坑、周坑、长川、里岭脚、明星、洋川、古竹城	2	唐先 中山

2013年市区行政区划情况表

街道名称	辖村数	行政村名称	社区数	社区名称	居民区数	居民区名称
东城街道	29	大花园、英阁、黄棠、小花园、城塘、方塘下、河南一村、河南二村、葛塘下、下店午、杏花村、葛塘山、下大路、东湖、田宅、颜库、枫楼、十里牌、横山、白塔、大塘王、朱明、大园童、三溪、新竹、西竹园、桐墩、绍童、高镇	7	望春 平安 五金城 许码头 园丁 山川坛 卫星	2	城北 城东
西城街道	37	山下、柘坑、童宅、富大坑、大塘头、柘坑口、鸦塘、樟塘、下田园、水碓头、赵店、灵阳、郎家、横桥、马宅、黄阁、应宅、驮陈、潜村、雅英、郎下、江村、上宅口、朴村、烈桥、山头蒋、岭张、俞皮、横山下、横山脚、柘新、大徐、塔石、庙下、溪边、藻塘、（原江南街道）翁埠	5	四方 紫微 西门 飞凤 西山	3	花川 童宅 烈桥
江南街道	48	麻车头、溪口、双锦、下楼、西翁、小章店、大溪塘、老鸦堰、下皇渡、西徐、上把赵、石溪、青塘、傅店、栗园、马竹岭、湖西、东村、园周、山后卢、大塘沿、西周、白垤里、周元、永利、南山、勤丰、上处、下处、刘家、马岭下、朱岭脚、上范、下山门、上山门、永青西卢、仁村、黄塘山、白雁口、里龙溪、水坑下、拱瑞下、大兰、平田、临溪（原花街镇）、上皇渡、西徐、溪心	5	丽丰 下园朱 金胜 西津 南苑	3	永祥 白云 城南

（续表）

街道名称	辖村数	行政村名称	社区数	社区名称	居民区数	居民区名称
经济开发区	29	黄城里、大坟山沿、荆山夏、长城、苏溪、西朱、湖塘里壁、曹园、邵塘、溪碧山、夏溪、兰街、长恬、邵宅、(原芝英街道)黄塘下、陈路塘、栋陇、杜山头、荆山陈、下堰头、雅应、陈园、郑村、下余、车马何、山头徐、堰头、炉头、沙端				
城西新区	34	李一、李二、乌牛山、下谢、前新屋、范宅、下山、朱家塘、杨埠、马架龙、排塘、华村、章店、埠头、上田桥、下田桥、塘景、寺口方、叶儿坑、花川、下宅方、桐塘头、小东陈、前山头、王慈溪、应益、楼塘、后金龙、木长降、上谢、溪湾周、西田畈、油草塘、金山头新村				

【人口民族】 2013年末，全市户籍总户数22.8万户，户籍总人口58.5万人，比2012年末增加5 891人。户籍总人口按性别分，男性人口29.9万人，女性人口28.6万人。按农业与非农业分，农业人口48.7万人，非农业人口9.8万人，农业人口占总人口的比重为83.2%。全市出生人口8 896人，出生率15.2‰；死亡人口3 696人，死亡率6.3‰；自然增长人口5 200人，自然增长率8.9‰。因改革开放以来，永康五金产业快速发展，每年招引了江西、安徽、四川、云南、贵州等省民工蜂拥而至。2013年外来人口达到52.8万人。

永康属汉族聚居区，至今无少数民族乡和村。在1964年6月全国第二次人口普查时，永康仅有回、满、苗、彝、畲等少数民族，共13人，其中居住在城区有9人。到2000年11月第五次全国人口普查时，永康的少数民族人口也只有5 113人，主要有蒙古、回、藏、维吾尔、苗、彝、壮等少数民族，还有当时未识别的少数民族25个。居住在现在城区的少数民族人口2 022人，占39.55%。21世纪后，永康的少数民族人口猛增。到2013年12月，永康的少数民族人口达到4.2万人，共计民族41个。以人口多少排序，主要是畲、壮、苗、彝、土家、满、傣、白、回、布依、拉祜、蒙古、藏、维吾尔、朝鲜、侗、瑶、白、哈尼、黎、佤、傈僳、水、土、仫佬等少数民族。分布在全市16个镇街区，相对集中于经济开发区和芝英、古山、龙山3个民营企业较多的镇。

经济社会

【综　述】 2013年全市实现地区生产总值(GDP)422.6亿元，按可比价计算增长9.3%。第一产业实现增加值9.3亿元，可比价增长1.4%；第二产业实现增加值259.9亿元，可比价增长9.8%，其中工业实现增加值239.0亿元，可比价增长10.1%，建筑业实现增加值21.0亿元，可比价增长6.3%；第三产业实现增加值153.3亿元，可比价增长8.8%。第三产业中，交通运输仓储及邮政业实现增加值9.5亿元，可比价增长1.0%；批发零售业实现增加值45.8亿元，可比价增长12.1%；住宿餐饮业实现增加值6.6亿元，可比价增长9.3%；金融业实现增加值27.3亿元，可比价增长13.6%；房地产业现增加值19.8亿元，可比价增长12.1%；其他服务业实现增加值44.4亿元，可比价增长3.7%。全市一、二、三产业在地区生产总值中的占比是2.2∶

61.5∶36.3。按户籍人口计算，全年全市人均GDP为7.26万元，按美元计算，人均GDP为1.18万美元。

【农　业】 永康是工业大市，农业占GDP的比重只占3%，在浙江省61个县(市、区)中排名最末位。2013年实现农林牧渔业总产值13.8亿元，按可比价计算增长1.6%。全市农作物播种面积19 298公顷，同比下降0.9%，其中粮食作物播种面积12 984公顷，同比下降0.4%；粮食总产量84 763吨，同比下降2.1%；油料播种面积553公顷，同比下降4.5%；蔬菜播种面积3 603公顷，比2012年略有增加；果用瓜播种面积990公顷，同比增长10.0%；茶园面积249公顷，比2012年减少1公顷；茶叶产量23吨；果园面积3 776公顷，比2012年减少80公顷；水果产量6.21万吨，比2012年增加1 174吨。全年零星植树30万株，幼林抚育面积519公顷，封山育林面积1 645公顷。肉类产量9 849吨，比2012年增加453吨。生猪饲养量15.9万头，比2012年增加5千头。

【工　业】 2013年全市规模以上工业企业(年主营业务收入2 000万元以上的工业企业)496家，亿元以上工业企业158家，大中型工业企业80家。规模以上工业企业完成工业总产值811.3亿元，比2012年增长11.9%，其中大中型企业实现工业总产值455.5亿元，比2012年增长9.5%。规模以上工业企业完成出口交货值237.8亿元，比2012年增长5.9%。出口交货值占销售产值的比重为30.1%。规模以上工业企业的产销率为97.5%，比2012年提高0.5个百分点。全市规模以上工业企业实现利润总额56.2亿元，比2012年增长16.2%，其中亿元以上工业企业实现利润总额45.6亿元，增长14.5%。亿元以上工业企业家数占全市规模以上工业企业家数的31.9%，利润总额占全市规模以上工业企业利润总额的81.1%。全市规模以下工业实现工业总产值376.9亿元，比2012年增长8.7%。全市有三级及以上建筑业企业40家，实现建筑业总产值65.1亿元，比2012年增长28.1%，房屋建筑施工面积530.6万平方米。

【第三产业】 2013年实现社会消费品零售总额140.4亿元，比2012年增长15.4%。按行业分，批发零售业实现社会消费品零售总额128.1亿元，比2012年增长15.3%。住宿餐饮业实现社会消费品零售总额12.3亿元，比2012年增长16.3%。2013年外贸出口总额为43.4亿美元，增速为19.0%。1～3月、1～6月、1～9月、1～12月增速分别为4.8%、14.1%、19.2%、19.0%。外贸出口增速不断提升原因部分是由于去年同期数的影响。2012年外贸出口的增速四个季度分别为9.0%、5.8%、1.0%、−1.5%，逐渐降低，是年增速逐步提升，主要是出口好转。全市实现自营进出口总额48.1亿美元，比2012年增长22.7%，其中自营出口总额43.4亿美元，比2012年增长19.0%。全市有自营进出口备案企业1 709家，比2012年增加174家，其中有出口实绩的企业959家，比2012年增加48家。出口超千万美元企业110家，比2012年增加17家；出口4 000万美元以上企业17家，比2012年增加5家；出口超亿美元企业2家，比2012年增加1家；金华市出口100强企业7家，比2012年减少5家。全市外商企业85家，与2012年持平。全市合同利用外资205万美元，实际利用外资306万美元。全市新批境外办事处2家，境外投资总额550万美元。全年接待国际旅游者3.8万人，旅游创汇收入1 292.2万美元，分别比2012年增长4%、2.8%；接待国内旅游者385.2万人，比2012年增长11.6%，国内旅游收入23.1亿元，比2012年增长22.1%。

年末，全市金融系统(人民币)对外存款

余额886.1亿元，比2012年增长16.0%，其中单位存款443.4亿元，增长17.4%，个人存款424.5亿元，增长15.3%。全市金融系统（人民币）对外贷款余额793.1亿元，比2012年增长15.8%。保费收入18.1亿元，比2012年增长15.6%，其中财产保险保费收入8.0亿元，增长17.2%；人身保险保费收入10.1亿元，增长14.3%。

【财政投资】 固定资产投资（指房地产企业的投资和计划总投资在500万元以上的投资项目），按房地产、投资项目分，房地产开发完成38.1亿元，比2012年增长40.5%，投资项目完成投资129.4亿元，增长15.6%。按国有控股情况分，完成国有投资42.4亿元，比2012年增长16.7%，完成非国有投资125.1亿元，增长21.7%。按全年总投资和时间段分2013年完成固定资产投资167.5亿元，增长20.4%。1～3月、1～6月、1～9月、1～12月，增速分别为26.8%、23.8%、20.9%、20.4%。其中工业投资完成88.5亿元，比增长21.0%。主要特点有：国有控股投资增速首次低于非国有投资。固定资产投资按国有控股情况分，国有投资完成42.4亿元，增速为16.7%，非国有投资完成125.1亿元，增速为21.7%。1～3月、1～6月、1～9月、1～12月国有及国有控股投资增速分别为96.0%、120.8%、35.2%、16.7%，呈较大幅度下降；非国有投资增速分别为15.7%、9.8%、16.7%、21.7%，有所提高。但至2013年末，国有及国有控股投资增速再次超过非国有投资。

2013年全市实现财政预算收入61.4亿元，同比增长11.7%，其中中央收入26.1亿元，比2012年增长7.3%；地方财政收入35.3亿元，同比增长17.2%。财政支出为36.0亿元，增长11.3%。1～6月、1～9月、1～12月，财政预算总收入增速分别为10.7%、12.2%、11.7%，增长较为平稳，地方财政收入增长趋势与其一致。财政支出从6月份开始出现负增长，在1～7月时累计负增长幅度最大，增幅为负增长8.1%。负增长一直持续到11月，12月由负转正。

【环境建设】 2013年全市公路里程1 100.5千米，其中国道49.8千米，省道56.7千米，县道328.4千米，乡道324.3千米。全年完成公路客运量3 298.8万人次，公路货运量2 799.6万吨。全市民用汽车拥有量19.1万辆，其中私人汽车拥有量为17.2万辆。完成邮电业务收入10.6亿元，比2012年增长4.7%。年末固定电话用户20.2万户，比2012年减少9 179户；移动电话用户134.8万户，比2012年增加4.9万户；国际互联网用户17.6万户，比2012年增加6 248户。

2013年全市立案查处违法排污企业单位129家。全年接到环境信访、污染投诉案件774起，调处率100%。严格执行镇（街、区）地表水交接断面水质及三个中心镇空气质量每月监测通报制度，并对外发布杨溪水库饮用水源地水质及环境空气质量AQI指数。抓好电镀、化工等重点行业整治。开展机动车环保标志发放；实行无绿标机动车区域限行；铁腕治污，开展“雷霆治污”一号行动；整治违法排污企业，保障群众健康行动等。全年行政拘留1人，刑事拘留6人，判刑1人。加强辐射安全监管，辐射安全许可证持证率100%，废旧放射源收贮率100%。年末烟尘控制区面积60.56平方千米，环境噪声达标区总面积21.4平方千米。全市饮用水源水质达标率100%，地表水交接断面水质考核合格，全年空气质量达标（API<100）天数293天，城市区域环境噪声值52.9分贝。

【科技教育】 2013年各类科技计划项目申报数236项，其中国家级项目12项，省级项目134项，地市级项目19项，县市级项目71项。获科技进步奖24项，其中省级二等奖1

项，三等奖1项，地市级二等奖1项、三等奖1项，县市级一等奖4项、二等奖6项、三等奖10项。科技项目通过验收82项，其中国家级7项，省级53项，地市级6项，县市级16项。全市各类专利申请受理量5 088项，专利授权量4 265项。全市拥有各类学校277所，其中普通高中6所、初中22所、职业中学4所、小学52所、幼儿园190所、特教学校2所、教师进修学校1所；全市教职工9 041人，在校学生13.3万人，其中小学在校学生5.9万人，初中在校学生2.2万人，普通高中在校学生0.9万人。小学适龄儿童入学率、小学巩固率、小学升学率都达到100%；初中入学率、初中巩固率均为100%，初中升学率98.0%；高中毕业生升学率75.1%。2013年考上大中专院校4 090人，其中普通高校3 081人。

【社会事业】 2013年全市有图书馆（流通站）231个，藏书60万余册。文化馆1个，文化站16个。非物质文化遗产国家级保护项目国家级6个，省级14个，金华市级31个，永康市级60个。电影院1个，放映厅6个，票房收入202万元。艺术表演团体16个，演出场次3 049次，观众人数99.3万人次。全市有省级文保单位15个，永康市级文保单位75个，永康市级文物保护点221个，有馆藏文物2 508件。全市有线电视用户17万户，数字电视用户16.2万户。全市拥有医院、卫生院26个，医院、卫生院床位数2 484张，医生1 251人，注册护士1 493人，有医院、卫生院技术人员3 767人。参加农村合作医疗人数49.2万人，新型农村合作医疗参保率97.4%。拥有室外健身公园、广场530个，室内全民健身中心20个，省级以上青少年体育俱乐部3个，体育场馆12个。举办全民健身活动20次，参加活动人数2.5万余人。在校中小学体育锻炼达标率为98.0%。全市有社会福利院1家，年末床位498张，年末收养183人；集体办敬老院8家，床位1 007张，住院668人。全市参加基本养老保险18.9万人（其中年末离退休参保人数3.1万人，在职参保人数15.8万人），参加工伤保险22.1万人，参加基本医疗保险13.3万人，新增城镇就业岗位12.16万个，企业劳动合同签订率95.3%，享受农村居民最低生活保障4 441人，享受城镇居民最低生活保障167人。

（李响阳）

居民生活

“十一五”规划以来，永康市经济持续稳定发展，带动城镇居城镇居民收入不断增加。城镇居民消费水平和生活质量也不断提高，居民物质精神文化生活得到较大改善。城镇居民人均可支配收入由2008年的2.06万元提高到2013年的3.55万元，平均每年增长11.5%。随着收入水平提高，城镇居民消费观念发生了显著变化，消费水平明显提高。2013年城镇居民人均消费性支出为2.12万元，比2008年的1.09万元增加1.03万元，年均增长14.3%。农村居民人均现金纯收入由2008年的8 939元提高到2013年的1.62万元，平均每年增长12.7%；农村居民人均消费性支出为1.29万元，比2008年的人均消费支出7 080元年均增长12.7%。

【城乡居民收支】 抽样调查统计资料显示，2013年永康城镇居民人均可支配收入3.55万元，五年平均增长11.5%；农村居民人均现金纯收入为1.62万元，平均增长12.7%，农村居民收入平均增速比城镇居民平均增速快1.2个百分点。

【城镇居民收入】 2013年永康市城镇居民收入平稳增长，人民生活质量继续改善。全年城镇居民人均家庭总收入3.74万元，比2012年增长5.7%；其中人均可支配收入3.55万元，比2012年增长9.7%，增幅比上年回落2个百分点。

2013年城镇居民收入及增幅情况

主要指标	金额（元）	同比增长（%）	构成总收入比重（%）	拉动总收入增幅（%）
家庭总收入	37 437	5.1	100.0	—
可支配收入	35 526	9.7	—	—
（一）工资性收入	22 035	16.0	58.9	8.5
（二）经营净收入	4 166	6.0	11.1	0.7
（三）财产性收入	4 205	88.8	11.2	5.6
（四）转移性收入	7 030	−31.4	18.8	−9.1

1. 财产性收入增幅居首。

2013年永康市城镇居民人均财产性收入4 206.0元，比2012年增长88.9%，居四大类收入增幅之首，占家庭总收入的比重为11.2%，拉动家庭总收入增长5.6个百分点。财产性收入中除投资收入大幅下降外，利息收入、出租房收入和其他财产性收入均大幅增长，分别同比增长47.4%、61.2%和11.6%。进一步表明永康市城市居民理财观念新的改变。选用多方投资、降低投资风险，给家庭增收带来利益最大化。

2. 工资性收入增长幅度加快。

2013年永康市城镇居民人均工资性收入为2.20万元，比2012年增长16.0%，增幅高出去年5.1个百分点。工资性收入占家庭总收入的58.9%，是家庭总收入的一半多，拉动家庭总收入增长8.5个百分点，是总收入增长的最重要因素。

3. 经营净收入增幅回落。

2013年永康市城镇居民人均经营净收入4 166.0元，比2012年增长6.0%，增幅比上年回落3.8个百分点。经营净收入占家庭总收入的11.1%，拉动家庭总收入增长0.7个百分点。

4. 转移性收入大幅下降。

2013年永康城镇居民人均转移性收入7 030元，比2012年下降31.4%。转移性收入占家庭总收入的18.8%，影响家庭总收入下降9.1个百分点。

【农村居民收入】 2013年据全市农村居民家庭抽样调查，2013年永康市农村居民人均现金纯收入1.62万元，比2012年增加1 677元，增长11.5%。较城镇居民家庭总收入的增速快5.8个百分点。

2013年农村居民人均纯收入及增幅

主要指标	金额（元）	同比增幅（%）	构成纯收入比重（%）	拉动纯收入增幅（%）
人均纯收入	16 243	11.5	100.0	—
（一）工资性收入	8 690	20.4	53.5	10.1
（二）家庭经营收入	5 782	5.2	35.6	2.0
（三）财产性收入	942	0.6	5.8	0.0
（四）转移性收入	830	−9.3	5.1	−0.6

1. 人均现金纯收入增幅有所回落。

2013 年永康市农村居民人均现金收入为 1.62 万元，比 2012 年增长 11.5%，同比回落 0.9 个百分点，总体上仍处于较为稳定的增长区间。

2. 工资性收入推动收入增长。

2013 年永康市农村居民在各类企业中从业或从事劳务活动，获得的工资性收入人均 8 690 元，占全部纯收入的 53.5%，比 2012 年增加 1 474 元，同比增长 20.4%，拉动人均现金纯收入增长 10.1 个百分点。2008 年永康市农村居民工资性收入为 4 080 元，占全部经纯收入的 45.6%。2008 年至 2013 年，全市农村居民工资性收入累计增长 1.13 倍，成了永康市农村居民收入的主要来源，更是收入增长的主要推动力。2009 年下半年永康市经济回升以来，企业普遍加薪。2013 年即使在总体经济不振的情况下，为了稳定人员、保证生产，大部分企业的工资增长机制依然存在，工资收入增长具有刚性。2013 年国家进一步加大农村实用人才培养力度，农村很多年轻人对学习专业技术，提高自身综合素质有了新认识，崇尚专业技术知识的学习，迫切要求加入专业技术人才行列。争取由普通工转向具有专业技术性的工人，力求工资性收入总额增加。2013 年永康市农村短工（如泥水匠、木工等）劳务日薪明显提高，有一定技术含量的工种日收入已超 200 元，也带动了工资性收入的刚性增长。

3. 家庭经营增速有所回落。

2013 年永康市农村居民来自家庭经营纯收入人均 5 782 元，占全部纯收入的 35.6%，比 2012 年增长 5.2%，拉动人均现金纯收入 2 个百分点，增幅虽比去年回落 3.1 个百分点，但仍处于增长的区间。

4. 财产性收入与转移性收入。

2013 年永康市农村居民获得财产性纯收入平均为 942 元，与去年基本持平；转移性纯收入 830 元，比 2012 年下降 9.3%。

城乡居民收入绝对额、增幅纵横比较

名称	城镇居民人均可支配收入（元）			农村居民人均纯收入（元）		
	2013 年	2012 年	增幅（%）	2013 年	2012 年	增幅（%）
全　省	37 851	34 536	9.6	16 106	14 552	10.7
金华全市	36 423	33 164	9.8	14 788	13 286	11.3
武义县	24 530	22 278	10.1	10 872	9 757	11.4
浦江县	30 711	27 840	10.3	12 389	11 191	10.7
磐安县	24 088	21 816	10.4	9 013	7 878	14.4
兰溪市	26 649	24 098	10.6	10 882	9 721	11.9
义乌市	48 962	44 509	10.0	21 273	19 147	11.1
东阳市	33 350	30 395	9.7	16 634	15 008	10.8
永康市	35 526	32 380	9.7	16 243	14 566	11.5

2013 年永康市城镇居民人均可支配收入为 3.55 万元，从绝对额来看，比金华全市的 3.64 万元低 897 元，比全省的 3.79 万元低 2 325 元。在金华各县市中位居义乌市之后，排名第二位。从增幅上看，2013 年城镇居民人均可支配收入增幅为 9.7%，比金华市的 9.8%低 0.1 个百分点，比全省的 9.6%高 0.1 个百分点。在金华各县市中与东阳市

并列最后一位。

2013 年永康市农村居民人均现金纯收入为 1.62 万元，比金华全市的 1.48 万元高 1 455 元，位居金华各县市第三位。从增幅上看，2013 年永康市农村居民人均现金收入增幅为 11.5%，比金华的 11.3%高 0.2 个百分点，比全省的 10.7%高 0.8 个百分点。增幅位居金华各县市第三位。

21 世纪初以来，永康农村居民收入总体呈现稳步持续增长的态势。但受长期城乡二元化发展影响，城乡居民的收入差距依然较为明显，城乡居民收入比由 2008 年的 2.31∶1 缩小到 2013 年的 2.19∶1。与金华全市比较，永康市城乡居民收入差距低于金华全市的 27%，低于全省城乡居民收入差距 16%。

【城镇居民消费】 2013 年城镇居民人均消费支出 2.12 万元，同比增长 11.5%。从八大类消费支出看，总体呈“七升一降”态势。

2013 年城镇居民消费支出表

指　　标	金额（元）	同比增长（%）	构成总消费的比重（%）	拉动总消费增长（%）
消费支出	21 165	11.5	100.0	—
1. 食品	6 142	7.8	29.0	2.3
2. 衣着	2 809	5.9	13.3	0.8
3. 居住	1 417	16.6	6.7	1.1
4. 家庭设备用品及服务	1 442	41.7	6.8	2.2
5. 医疗保健	1 026	−14.3	4.8	−0.9
6. 交通和通信	4 266	18.0	20.2	3.4
7. 教育文化娱乐服务	3 070	10.8	14.5	1.6
8. 其他商品和服务	993	21.8	4.7	0.9

1. 食品消费由量的满足转向质的提高。

城镇居民随着生活水平的不断提高，更加注重质量的提高，营养食品、保健食品、鲜活食品、方便食品以及近年来出现的安全、营养、无公害的绿色食品，很受人们的欢迎。这一变化不但改变着人们的膳食结构，还改变了人们吃的观念。2013 年城镇居民食品支出为 6 142 元，比 2012 年增长 7.8%，构成总消费支出比重为 29.0%，拉动总消费支出增长 2.3 个百分点。恩格尔系数是衡量一个国家和地区人民生活水平的重要指标之一。根据联合国粮农组织提出的标准，恩格尔系数在 60%以上为绝对贫困，50%～60%为温饱，40%～50%为小康，30%～40%为生活富裕，低于 30%为更富裕。永康市恩格尔系数已连续 5 年稳定在 30%～40%之间，处于生活富裕区间。2013 年突破少于 30%界限，为 29.0%，开始向更富裕生活型转化。

2. 衣着消费追求品牌化、高档化、时装化、个性化。

各类时装专卖店、连锁店大量兴起，满足了人们求新、求美的消费心理。居民对穿着款式、品牌、档次更加讲究，更注重服装的质地、款式和色彩的搭配，单调划一的服装被新颖美观的时装代替。2013 年城镇居民人均衣着支出为 2 810 元，比 2012 年增长 5.9%，拉动消费总支出增长 0.8 个百分点，比 2008 年增长了 1.22 倍，年均增长 17.3%。

3. 住房条件不断改善，生活更加舒适便利。

随着经济的不断发展，购买住房成了城镇居民的普遍行为。城镇居民居住条件逐年得到改善。人们对生存环境、生活环境的高层次需求，使住房消费成为明显的亮点，2013年永康市城镇居民用于居住的支出人均达1 417元，比2012年增长16.6%，拉动消费总支出增长1.1个百分点，比2008年增长0.8倍，平均每年增长12.2%。

4. 家庭设备进一步优化。

2013年永康市年人均家庭设备用品及服务支出1 442元，比2012年增长41.7%，拉动消费总支出2.2个百分点。较2008年以来增长1.34倍，平均每年增长18.6%。

5. 医疗保健支出同比下降。

医疗保障制度不断完善，给城镇居民带来了越来越多的实惠。城镇居民生活健康有了保障，医疗费用支出相对减少。2013年医疗保健支出1 026元，比2012年下降14.3%。

6. 交通和通讯消费支出5年翻番，汽车消费成为热点。

2012年以来，永康城镇居民的交通与通讯工具变化很快，从自行车、摩托车、电动车发展到家用汽车。交通与通讯消费也有质的飞跃。2013年永康市城镇居民人均交通和通讯支出为4 266元，比2012年增长18.0%，拉动消费总支出增长3.4个百分点，比2008年增长2.85倍，增速平均每年30.9%。家用汽车数量不断增加，城镇居民交通消费支出保持较快增长，成为2012年以来消费热点，表明城镇居民家庭交通工具正在升级换代。

7. 教育意识转变，学习投资增加。

随着教育事业的快速发展，城乡居民对子女教育更加注重向个性化发展，愿意花更多的钱用于子女的校外教育。为孩子请家教、送孩子上各种培训班的消费继续增长。2013年城镇居民家庭人均教育文化娱乐服务支出3 070元，比2012年增长10.8%，拉动消费总支出1.6个百分点。比2008年增长1.04倍，平均每年增长15.3%。

8. 其他商品和服务消费支出增长较快。

2013年城镇人均其他商品和服务消费支出993元，比2012年增长21.8%，拉动消费总支出0.9个百分点。

【农村居民消费】 2013年永康市农村居民消费水平进一步提高，生活质量明显改善，全市农村居民人均生活消费支出1.28万元，比2012年增加1 778元、增长16.1%。全市农村居民的物质消费既满足了传统的吃、穿等最基本消费，又逐步向家庭设备、医疗保健等现代消费转变。

2013年农村居民消费支出情况

指　　标	金额（元）	同比增长（%）	构成总消费的比重（%）	拉动总消费增长（%）
消费支出	12 847	16.1	100.0	—
1. 食品	3 748	1.9	29.2	0.6
2. 衣着	1 138	12.9	8.9	1.2
3. 居住	2 485	23.1	19.3	4.2
4. 家庭设备用品及服务	1 520	105.8	11.8	7.1
5. 医疗保健	1 016	0.2	7.9	0.0
6. 交通和通信	1 615	5.4	12.6	0.7
7. 教育文化娱乐服务	926	17.1	7.2	1.2
8. 其他商品和服务	399	41.1	3.1	1.1

1. 食品支出增长放缓。

2013年永康市农村居民食品支出为3 748元，比2012年增长1.9%，与去年比回落2.3个百分点。恩格尔系数为29.1%，比2012年下降4.2个百分点，说明农村居民生活越来越富裕。

2. 衣着消费支出保持增长。

2013年永康市农村居民用于衣着的消费支出人均1 138元，比2012年增长12.9%。衣着消费占整个生活消费比重为8.9%，拉动消费总支出1.2个百分点。

3. 农村居住呈现较快增长。

2013年永康市农村居民用于人均居住支出为2 485元，比2012年增长23.1%，占消费总支出的19.3%，拉动总消费支出4.2个百分点，居住支出增长主要是来自于购买建筑、装修生活用房材料，购买生活用房以及支付建筑、维修雇工工资的增加。随着农村经济的不断发展及近几年的新农村建设，老村改造，农村居民居住环境发生很大的变化。

4. 家庭设备及服务支出增幅居各消费之首。

随着居住条件改善以及家电下乡、以旧换新等消费政策的影响，家庭高档耐用品拥有量不断增多。2013年永康农村居民购买家庭设备及服务1 520元，同比增长105.8%，占总消费的11.8%，拉动消费总支出增长7.1个百分点。

5. 交通与通讯服务支出增加。

2013年交通和通讯消费服务支出1 615元，比2012年增长5.4%。随着私家车数量增长，农村居民出行方式已经出现较大的变化。农村居民的通讯方式也已发展为以电话和网络为主。

6. 文化娱乐、服务支出、医疗保健提升。

富裕起来的农民，在旅游、休闲娱乐方面的消费也逐渐增多。2013年永康市农村居民教育文化娱乐服务人均支出为926元，比2012年增长17.1%。农村居民在精神文化生活逐渐丰富、充实的同时，越来越注重对身体的保健。显示出农村居民生活提升潜力巨大。

【城乡居民消费比较】 城乡居民八大消费支出增幅见下列比较，购买家庭设备消费支出增速农村居民比城镇居民快64.1个百分点；教育文化支出比城镇居民快6.3个百分点，其他商品服务支出比城镇居民快19.3个百分点；居住支出比城镇居民快6.5个百分点。各项消费支出的增速均快于城镇居民，说明农村居民生活改善已接近城镇居民。提升农村居民生活条件和质量，成为又一个新观念。

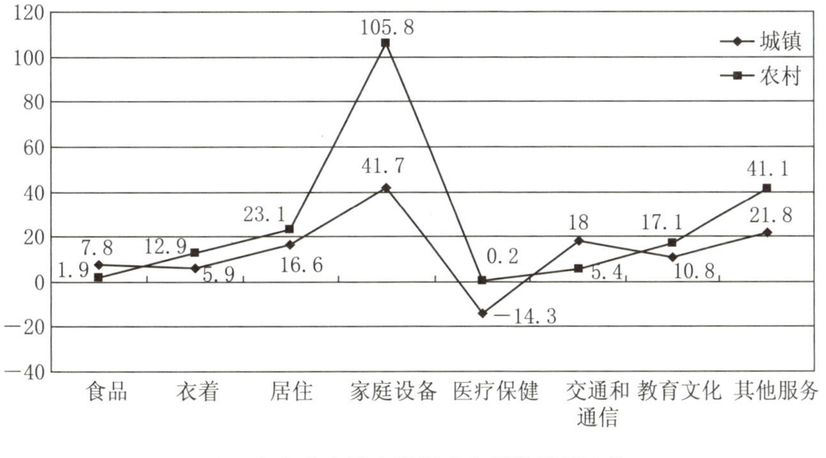

2013年永康市城乡居民八大消费增幅比较

2013 年金华地区城乡居民消费支出绝对额、增幅比较表

名　称	城镇居民人均消费支出		农村居民人均消费支出	
	金额(元)	增幅(%)	金额(元)	增幅(%)
全　省	23 257	7.9	11 760	10.4
金华全市	23 172	5.5	10 672	15.1
武义县	16 925	12.8	8 199	15.8
浦江县	19 023	8.6	8 242	10.6
磐安县	19 192	11.1	8 284	14.5
兰溪市	15 376	18.2	8 326	25.6
义乌市	30 914	4.7	12 563	14.3
东阳市	21 658	−1.0	12 455	16.1
永康市	21 165	11.5	12 847	16.1

2013 年永康市城镇居民人均消费支出为 2.12 万元，从绝对额来看，比金华全市的 2.32 万元低 2 007 元，比全省的 2.33 万元低 2 092 元。居于义乌、东阳市之后，位居金华各县市第三。从增幅上看，2013 年永康市城镇居民人均消费支出增幅为 11.5%，高于金华市 6.0 个百分点，高于全省 3.6 个百分点。在金华各县市中位居第三位，增幅位居金华各县前三位的还有兰溪市、武义县。

2013 年永康市农村居民人均消费支出为 1.28 万元，高于金华全市的 2 175 元，位居金华各县市第一位。从增幅上看，2013 年永康市农村居民消费支出增幅为 16.1%，比金华快 1.0 个百分点，比全省快 5.7 个百分点。增幅居金华各县市第二位，与东阳市并列。

（马笑苏）

体制改革

2013 年全市经济体制改革工作根据党的十八大和十八届二中全会关于深化改革的决策部署，在行政体制、金融、统筹城乡等重点领域和关键环节上下功夫，激发社会活力、增强发展动力。为加强领导，市委成立全面深化改革工作领导小组，负责全市改革的组织领导、统筹协调、整体推进、督促落实。

根据永政办抄〔2007〕49 号及市府办〔2007〕54 号专题会议纪要精神，为解决历史遗留问题，明确企业产权关系，促进经济发展，对原属计划经济年代挂靠性质的集体企业，参照金轮摩配总公司等 25 家挂靠集体企业脱钩的方式进行企业改制。2013 年完成改制的有华东模具厂、麒龙五金量具厂、康宝电器厂、独松模具电器厂、万安车轮厂、珠山五金气筒厂、杨溪彩印包装厂、邵宅机械配件厂、芝英铝件压铸厂等集体企业 10 家，并参与保安公司企业改制工作，妥善解决历史遗留问题。

【产业转型升级】 2013 年出台《永康市工业循环经济实施方案》《关于加强节能降耗发展循环经济工作的实施意见》等文件，每年安排 500 万元专项资金，用于工业循环经济试点，重大项目补助以及资源循环产业链技术的开发。再生资源回收方面，出台《永康市公安局废旧金属收购业专项整治方案》《废旧金属收购点管理办法》等文件，为全市再生资源回收利用的管理提供了制度的保证。在加工利废方面，出台了地方优惠政策，支持利废企业技改，为利废企业注入强大的动力。强化节能减排措施，全市通过加快淘汰落后产能、全面取缔小冶炼、金属表面处理行业污染整治、实施“158”碧水蓝天工程等措施，节能减排工作取得一定成效。“十一五”期间，全市化学需氧量排放总量比2005年累积削减19.09%，二氧化硫比2005年累积削减18.57%，两项指标均超额完成“十一五”减排目标。“十二五”中期，万元生产总值综合能耗、化学需氧量、二氧化硫三项指标分别下降了10.96%、5.4%和7.3%，完成上级下达的任务。2012年全市削减化学需氧量排放2.77%、氨氮2.2%、二氧化硫4.45%、氮氧化物0.8%。

1. 推进制造业改造提升。

2013年运用产量、用电、贷款、排污的税收排序考核，差别电价手段、绩效评价和清算奖惩的倒逼机制，积极引导企业推进“机器换人”、“腾笼换鸟”、“空间换地”和“电商换市”，不断强化节能减排和土地节约集约利用，逐步形成“四减两提高”（减员、减能、减耗、减污和提高优质产品率、提高全员劳动生产率）的良好局面。5月在永康召开的全省推进“机器换人”现代化技术改造工作现场会上，永康的“机器换人”经验在全省推广。技改创新步伐加快。新批技改项目102项，累计投入43.9亿元，其中技术装备投入30亿元。高新技术产业增加值32.1亿元。认定国家重点扶持高新技术企业41家，新增金华市级以上企业研发中心8家，新增科技型企业16家。成功举办第八届中国五金产品工业设计大赛。深入推进质量强市（县）示范创建活动，出台“永康五金”区域国际品牌推广使用与监督管理办法。新增注册商标2 400多件，注册商标总量位居金华市第二。中国通号创新投资有限公司区域总部落户永康。实现自营进出口总额47.5亿美元，自营进口额首次居金华首位。

2. 推进现代服务业综合配套改革。

紧紧围绕服务业改革第一阶段实施意见确定的内容，出台了服务业发展规划、服务业三年行动计划、服务业引导资金管理办法、服务业优秀企业评比办法等一系列配套政策。首次编制《永康市现代服务业发展规划（2013～2020）》，明确今后一段时期全市服务业的发展方向和重点，健全服务业政策体系和考核体系。打造永康市“1＋X”政策，力推服务业转型升级。同时，研究制定《现代服务业发展工作考核办法》，把服务业发展工作纳入相关部门的创业目标考核中。五金城成功创建“省级现代服务业集聚示范区”和“省五星级文明规范市场”，全年举办规模展会18个，实体交易额366亿元，比2012年增长7.1%，网上交易额200亿元，比2012年增长20%。“中国·永康五金指数”通过商务部平台正式发布，显著提升“永康五金”影响力。总部中心新增入驻企业30家，增税收3.2亿元。出台扶持影视文化产业发展意见，引进影视文化企业20家。经济开发区国际物流中心公共保税仓库主体工程结顶，城西物流中心一期投入运营。

【金融服务创新】 2013年先后出台《永康市金融支持“四个一批”工程活动实施意见》《关于金融支持实体经济发展若干意见》，提出了19条金融支持实体经济发展的意见，充分发挥金融对经济创新驱动、转型发展的支持作用，确保实体经济在实现发展战略目标中的重要地位和作用。

1. 夯实实体经济转型升级基础。

2013年11月全市本外币各项贷款新增120.24亿元，其中对实体经济的贷款新增140.61亿元，占全部新增贷款84.38%。重点支持小企业发展。截至11月，全市小企业贷款新增额与个人生产经营性贷款新增额合计48.71亿元，占全部新增贷款的43.6%。

2. 提高金融支持实体经济发展服务能力。

2013年召开政银企恳谈会，充分发挥政府、银行、企业三方的作用。市政府与16家银行的上级行达成了合作支持框架协议，并进行现场签约，签约额213亿元。市级金融机构与安德电器、星月集团等16家企业当场签订8.55亿元授信协议，并由企业家代表和银行代表分别发出《做强实业、做大主业倡议书》《远离不良恶习，强化道德建设倡议书》《银行机构从业人员职业规范承诺书》。

3. 优化金融服务实体经济环境。

加快中小企业信息共享平台建设步伐，为支持中小企业发展提供融资支撑。加快建立农户电子信用档案，培育和提高农户信用意识落实《关于开展2012年全市深化金融服务活动实施意见》，到企业宣讲金融支持实体经济发展的政策措施，了解生产经营和金融服务需求情况，帮助企业破解转型升级中遇到的困难和问题。深入开展金融知识宣传活动，各银行机构上街开展金融宣传。全年接受现场咨询1 500余人次，发放宣传资料2.5万册。

4. 加强系统性金融风险监测。

及时召开金融会议，分析金融面临的严峻形势，进一步加强地方非银行机构风险监测，完善地方非银行机构风险应对预案。加强贷款审查和贷后管理，强化资金用途监管，切实防范信贷资金违规进入民间借贷、股市等领域，继续加强反洗钱和合规制度建设，配合有关部门严厉打击各类金融犯罪。

【城乡各业改革】 2013年继续推进城镇化改革，进一步优化城乡发展规划，构建有利于人口集中、产业集聚、服务便利、环境优美的中心城区——中心镇相连接的城市带、特色小镇——特色产业功能区新格局。逐步形成以中心城区（包括花街、芝英、石柱）为核心，形成城区——古山（小城市）——龙山（依托浙商回归创业创新园支撑把龙山、四路、西溪相连接的小城市）城市带，唐先、象珠、前仓、舟山、方岩等特色小镇及东部生态保护区（包括舟山和方岩、西溪大部分）、方岩风景名胜区、西部现代农业观光区（包括唐先、象珠和八字墙），以开发区为龙头的“一区两园”工业集聚区的城乡一体化新形态。建立健全城乡一体的基本公共服务供给制度。创新现代农业经营体制和农村产权制度，加快农村集体资产及村经济合作社股份制改造，完善土地征用制度。深化户籍制度等配套改革，有序推进农村人口市民化。

1. 加快社会事业改革。

2013年积极鼓励社会力量投资文化设施，参与文化产业园区和特色街区开发建设，鼓励发展影视制作、文化旅游、创意研发、文化培训等文化创意产业。全面深化公立医院综合改革，积极探索县乡村卫生一体化综合管理机制。大力推进民办教育综合改革，加强对民办学校的资金、人才、信息支持，全面推行教育精细化管理，不断优化学校布局，提高教学质量。落实中央人口计划生育政策调整措施。健全群众体育服务体系，推进学校体育设施向社会开放。积极推进广播电视台与新媒体的融合。进一步健全就业和社会保障机制。

2. 推进社会治理体制改革。

2013年进一步完善党委领导、政府负责、社会协同、公众参与、技术支撑、法治保障的社会治理体制。认真梳理各级政府和各职能部门的权责界限，全面履行公共服务、市场监管、社会管理、环境保护等职责。深化行政执法体制改革，推进综合执法和执法力量下沉。整合国土、环保、质监、安监等执法部门的力量，建立镇（街、区）级综合执法队伍；整合基层工商、药监机构和人员，建立基层市场监督管理所，加强食品药品安全监管。

（胡美珍）

文明建设

【概　述】 永康从1989年开始创建文明城镇，全面开展“做文明市民、创文明单位，建文明城市活动”，先后被省委、省人民政府授予为“浙江省卫生城市”、“浙江省文明城市”荣誉称号。2013年永康市委、市人民政府加大创建力度,组织全市人民向建设全国文明卫生城市的目标迈进。

【开展公德教育】 2013年永康市从三方面着手加强公德建设,提升城市文明。

1. 加强公德宣传教育。

提倡身教示范,开办公德教育班。利用社区可以利用的资源,如社区内的大学、社区内的先进模范、专家学者等,组织开办社区公德教育班,对社区成员进行公德教育,向社区成员讲解社区公德的内容及遵守的必要性;加强外来流动人口的公德教育。外来流动人口可能对城市公德比较陌生或者以前在公德方面的意识比较薄弱,他们的行为影响着他们所在城市的整体道德水平,因此,加强外来流动人口的公德教育显得非常迫切而且必要。

2. 完善公德建设制度。

将公德建设制度化、规范化、程序化,制定各种规章制度和公约,把公德建设的内容规范成文字化、具体化。根据公德建设的具体要求,制定相应的规章制度,将这些内容以明确的制度形式规定下来;建立健全相应的监督机制和赏罚制度。在制定完整、科学的公德建设制度的基础上,积极建立监督、检查机构,监督、检查制度,保证这些规章制度实施的有效性。

3. 提高市民道德素质。

城市公德的道德主体是每个独立的市民成员,提高市民成员个人道德素质是城市公德建设的重要措施。促使市民养成遵守公德的习惯,让人们遵守公德的行为成为一种"自然现象",利于良好公德氛围的形成;促使每个市民在公共生活中实践公德行为,将正确的公德意识运用到日常的公德行为中去。

(胡万鹏)

【创建卫生城市】 1998年10月18日,永康市委、市政府成立市创建文明卫生城乡工程领导小组办公室(简称创建办),创建文明卫生工作正式开始。2007年市委、市政府提出创建国家卫生城市(简称创国卫)工作目标,正式开展创国卫工作,市创建办与各部门、单位、社区通力协作,通过治理脏乱差、加快城市基础设施建设,加强城市卫生管理等手段,开展文明卫生创建工作。2009年3月成立创建与诚信志愿者协会,创办《创建与诚信》刊物,创卫宣传队、创卫服务队、创卫义务监督员队伍,开展文明卫生宣传、服务活动;28日,向金华正式申报创建国家卫生城市。6月22日,金华考核组到永康核查巩固省卫生城市和创国卫的工作情况;10月15日,市创建办赴金华参观学习创国卫的经验。10月底,永康市顺利通过省级卫生城市复查考核。2011年11月10日,通过创国卫省级调研。2013年3月4日,省爱卫办组织创国卫专家组到永康进行暗访检查。7月17日,省爱卫会专家莅临永康,检查指导创国卫工作。

2013年市创建办为市委宣传部下属机构,为公益类全额拨款事业单位,编制2人(空缺),实有工作人员9人。内设主任办公室,共建科、督查科、综合科、秘书科。在南苑路4弄42号(老法院)2楼办公。主要职责为永康市创建文明卫生城市和文明卫生镇(街、区)的工作进行统筹计划、实施方案、并组织实施,对创建文明卫生城市和文明镇(街、区)各项工作进行指导、协调、监督、考评,部署市基层文明单位、卫生先进单位的创建工作及进行指导、考核、复评,并提出奖惩意见,对社区文明、卫生共建各项工作进行组织、协调、检查和考评等工作。

创建办健全长效管理机制,先后制订创卫联席会议、创卫巡查、社区创卫考核、门前屋后三包、驻区单位列入社区管理、社区单位交流等制度,全面促进创卫工作的开展。

1. 环境整治常抓不懈。

市创建办每个月组织社区开展环境整治活动,并在重大节假日活动前组织社区、部门单位开展相应主题整治，如“迎五金博览会环境大整治”“迎新春环境大整治”“迎接省级卫生城市复评环境大整治”等。2013年4月全国第25个爱国卫生月，全市17个社区及城西新区、经济开发区都组织开展了“爱国卫生月环境整治活动”。9月组织了“迎接第十八届中国五金博览会市容环境整治活动”。3个街道（含村级）共投入资金600多万元，对9个城中村进行整治改造，埋设污水管道1 169米，平整硬化路面1.1万平方米，整治乱堆乱放326处，粉刷墙壁4 550平方米，新增绿化面积1 053平方米，新建公厕2个，围墙围护4 295平方米。

2. 市区开展“一通五化”工程。

2013年市委办、市府办出台城区“一通五化”（通下水道、亮化、绿化、硬化、封闭化、美化）工作方案，先后开展“一通五化”一、二、三期工程。是年“一通五化”二期工程基本竣工，硬化道路面积32 505平方米，安装雨水管、污水管7 512米，绿化面积2 225平方米，修建化粪池160个。

3. 全民发动除“四害”。

2013年创建办在春季灭鼠活动中投入鼠药218箱，蜡丸20箱，粘鼠板150箱；夏秋季灭蟑活动中用去灭蟑烟剂51 471只，蟑蚁净粉剂49 250瓶，灭蟑饵剂52 880包，胶饵3 900盒，组织分发到户，定时投药杀灭。对外部环境及一些重点场所，投入经费19万元，由消杀公司负责除“四害”。2013年9月4日至6日，由省爱卫办副主任汪垂章带队的考核组5人，到永康考核灭蝇先进城区创建工作。对市区的市场、宾馆、饭店、饮食店、医院、学校、车站、机关单位、居民小区等地进行实地检查后，认为永康市灭蝇工作的各项指标符合考核标准，报请省爱卫办审查批准，命名永康市为“灭蝇先进城区”荣誉称号。

4. 建立创卫巡查督导和考核机制。

市创建办人员每周开展一次巡查社区卫生，发现问题，按照《创卫工作巡查制度》进行分类处理。2013年开展创卫巡查1 786次，发现各类环境卫生问题2 041起。对未列入环卫管理的28座公厕进行考核检查，达到公厕管护要求的给予拨付管护经费，全年累计拨付经费18.8万元。

5. 开展社区环境卫生巡查。

市创建办建立创卫工作巡查队伍，由科室牵头，共建科长任队长，队员由创建办工作人员组成，一个社区派遣一个巡查人员。巡查内容有社区环境卫生存在的问题，经整治后出现的反弹苗头，社区落实各项创卫任务的情况，部门和单位在创卫中暴露出来的薄弱环节。每个巡查员详细记录巡查情况，在每周五进行反馈、总结。2010年1月至2013年12月，开展社区卫生巡查7 500余次，发现各类创卫问题8 600个，处理、解决7 900个。

6. 每季度开展社区创卫考核。

2010年开始，市创建办组织人员每个季度对社区开展创卫考核，检查社区外环境，查看创卫资料等，并评选出名次，合格的授予红旗，不合格授予黄旗，考核结果进行公示和通报。创建办还要求社区每月上报创建交流表，定期检查社区创卫工作情况。

7. 多举措开展创卫宣传服务。

市创建办利用《永康创建》简报、《创建与诚信》刊物以及永康创建网站3个创卫宣传平台，组成三位一体的创卫宣传网络。2013年永康创建网站访问量达10万人次，报道创卫信息1 569条，发行《永康创建》简报14期计2 660份。印发《创建与诚信》刊物5期5 000本。创建办组织人员，一年两次对城区的175只2次供水水箱进行了清洗消毒。

《创建与诚信》刊物在宣传永康市创建国家卫生城市工作和普及创卫知识中，开辟创建动态、道德与创卫、同创共建、创卫知识等栏目。刊物为双月刊，每期印数1 000本，分别寄送国家爱卫办、浙江省爱卫办、金华市爱卫办及市内各单位、部门、社区和一些公共场所。2009年8月～2013年12月，已发行了26期2.6万本。

8. 省检查永康创国卫城市。

2013年3月，省爱卫办组织创国卫暗访专家组，随机检查了永康的市容环境卫生、农贸市场卫生、小餐饮卫生、公共场所卫生、城中村卫生、健康教育、宣传情况等。暗访组用2天时间，重在发现问题促进永康整改到位，使创国卫工作做得更好。暗访结束后，专家组向永康市相关领导反馈了暗访情况。对照《国家卫生城市标准》，永康还有不少差距，如主次干道出店经营、占道经营、车辆乱停乱放普遍；城中村、老旧小区乱堆乱放现象突出等问题。

（金立峰）

【建设文明规范】 2013年永康市文明建设围绕市委市政府中心工作，以提高公民道德素质和社会文明程度为总目标，以《2013年度“道德永康”建设重点工作》为中心，深入落实“道德永康”建设工作要求，精心组织，紧密部署，扎实开展各项工作，取得了明显成效。

1. 创建文明单位。

3月26日，召开省级以上文明单位座谈会，以文明单位“亮、树、展”活动为主要抓手，部署了文明单位形象展示、文明形象树立、“道德讲堂”活动等工作，并发放了文明单位指示牌，让社会各界监督。7月16日，举办2013年度文明单位培训班，印发了《文明单位创建指南》，全市339个各级文明单位及14个新申报单位，还有宣传系统妇委会成员、妇工委主任、妇女代表以及巾帼文明岗岗长参加了培训。9月和11月，分别组织开展了金华市级文明单位和永康市级文明单位选拔赛，新创建金华市级文明8家、文明村15个，永康市级文明单位11家、文明村40个。经过复评的历届文明单位174家、予以警告处分的有8家、撤销文明单位荣誉称号的5家，提出申报全国级的文明单位2家、提出申报省级文明单位14家。开展农村“两富”创建活动，由市委宣传部对全市25个“两富”创建村镇进行走访调研，形成了镇、村两类《“两富”创建评分标准》，向金华市推荐石柱镇为先进镇，并推荐示范村3个、先进村10个。

2. 思想道德建设。

2013年开展首届永康市道德模范评选工作，有近30万人次通过网络、报纸参与投票，评选出首届“永康市道德模范”10名、提名奖15名，在“华溪春潮”晚会上对各道德模范进行了表彰，并整合模范事迹编印了3 000册《身边感动　扬善丽州》在全市范围进行发放。其中陈梅蕊荣获第三届金华市道德模范（诚实守信）荣誉称号，陆天脱、俞济飞两位获得提名奖。深入挖掘“身边感动”，在广电、《永康日报》和《永康金报》三家媒体上开设“身边好人”、“道德看点”等10个专栏，确保每周宣传报道“最美现象”和道德永康相关信息10篇以上，使“最美精神”深入人心。挖掘宣传了“最美义工”邓明辉、“最美乡村医生”朱苏银、“最美老表”韩春钊和韩胜灯、见义勇为积极分子应云多等先进典型，并组织开展了“十大名师”、名医评选、劳模评选等活动。4月25日，举办了“道德讲堂”启动仪式暨首届永康市道德模范事迹报告会，宣讲团10名成员分别作了详实感人的报告。8月23日，举办“道德讲堂”推进会，将“道德讲堂”作为文明单位创建、文化礼堂建设等工作的必备内容，提出有计划、有人员、有牌子、有氛围、有活动的要求，活动范围进一步扩大，涌现了教授讲堂、“微讲堂”、师德讲堂、青年职工讲堂等典型 。开展“我们的节日”活动，以“文明祭奠，绿色清明”为主题，开展“我们的节日・清明”活动，大力倡导文明祭祀、绿色祭祀、节俭祭祀、英烈祭祀。以“文化传承”为主旨，开展“我们的节日・浓情端午”活动，主要内容有“民俗端午”农家共庆、“国学端午”走进校园、“粽香情浓　孝感永康”端午粽爱心

7月25日，省文明办、公安交管局、电视集团在永康举行“文明出行”巡回演出（公安局提供）

传递、“健康端午”文明倡导等。以“共享团圆”为主线开展“我们的节日·中秋”活动，围绕“乐中秋”民俗文化、“爱中秋”志愿服务、“颂中秋”经典诵读三大项目，开展文化礼堂礼仪活动、“秋夜雅韵”音乐晚会、“爱心胡公粥”施粥活动、敬老服务、“诵经典 育新人”、网络签名寄语等活动。“春泥计划”活动扩面率达到80.5%，将工作重心放在抓村企合作、村校合作上，积极探索“春泥计划”新模式，进一步提升“驻企少年宫”活动，构建“小候鸟”的“爱心巢”，此项工作荣获浙江省“春泥计划”活动创新工作一等奖，古山镇被评为2013年度浙江省“春泥计划”活动先进乡镇、后吴小学陈春窕被评为2013年度浙江省“春泥计划”活动先进个人。开展国学经典诵读、国学教育进课堂等活动，确定综合高中、人民小学、龙川学校等10多所中小学校为重点开展“一校一书读国学”活动，并在参加金华市第八届中华经典诵读活动中，获得一、二、三等奖各1项。组织5 000多名志愿者开展“温暖回家路，我们在行动”大型公益活动，设立40多个网络车票代订票点，为返乡“新永康人”免费购票，并搭起20多米的简易塑料棚，为寒冬中的买票队伍送出姜茶1万多杯。募集善款3万多元，向生活困难的外来务工人员和新永康少年送上冬衣3万多件，除夕前后开展“新”“老”永康人共吃团圆饭，并为返乡人员提供看家、代收邮递等服务。大力弘扬“雷锋精神”，精心策划了“实践扬美德”、“评优扩影响”、“合力建阵地”、“纪念造声势”、“服务迎盛会”、“注册强队伍”、“访先倡新风”等7项活动。

3. 开展文明出行。

2013年以“道德永康·文明出行”为主题，举办文明出行知识电视对抗赛，采用路况视频、现场案例、标识辨识等内容，让广大市民在观看中增强文明出行理念、在参与中提升文明出行意识。开展公交出租行业形象提升行动，实施微博发布、行风监督、作风整治三项举措，向市民发出“行风征集令”，利用官方微博征集不文明行车行为，挑选一批行风

公安干警在国际会展中心广场举行“文明出行千人倡议”签名活动（公安局提供）

监督员，针对出租车司机不打表和强行拼载等市民反映最为强烈的违规行为进行暗访式督查。开展“8个不文明出行行为”整治行动，以“中国式过马路”、闯红灯、酒驾、违法停车、超速、违反禁令标志、违法使用公交专用车道、路口违法穿插排队车辆等8类出行陋习为主要内容，在市中心城区开展为期两个月的城市道路严重交通违法行为集中整治行动，半年时间共查处闯红灯1 241起、违法停车6 180起、违禁行驶8 845起、违法插队163起、非机动车驶入机动车道2 578起，发放宣传资料2.2万份。承办文明出行巡演，以“看清灯、守住线、不添堵”为主题，以演育人、以演寓美，引领出新一轮倡导文明出行的宣传热潮。组建文明出行志愿服务队，按照常态运作、服务为本、安全至上、文明为先、团队引领的原则，每周选择1～4个点开展文明出行志愿服务活动。

（王　璨）

永康市领导人名录

中国共产党永康市委员会

书　记　张伟亚（　～2013年7月）
　　　　徐华水（2013年7月～　）
副书记　徐华水（　～2013年6月）
　　　　金　政
　　　　蒋金红（2013年8月～　）
常　委　蓝群英（　～2013年5月）
　　　　陈美蓉
　　　　朱世道
　　　　范晓东（2013年5月～　）
　　　　金新春（　～2013年7月）
　　　　张永江（2013年7月～　）
　　　　楼初阳
　　　　郑俊杰
　　　　傅建军
　　　　王国人
　　　　胡积合

永康市人民代表大会常务委员会

主　任　张伟亚（　～2013年7月）
　　　　徐华水（2013年7月～　）
　　　　王浙强
　　　　徐忠飞
　　　　章锦水
　　　　祝鸿熙
　　　　俞福才
　　　　王　瑛

永康市人民政府

市　长　徐华水（　～2013年6月）
　　　　金　政（2013年6月～　）
常务副市长　陈美蓉
副市长　吕群勇
　　　　黄瑞燕
　　　　胡增强
　　　　程学军
　　　　卢群星（　～2013年6月）
　　　　李卫星（2013年6月～　）
　　　　戴　翀

中国人民政治协商会议永康市委员会

主　席　陈毅成
副主席　胡明星
　　　　王　伟
　　　　林广平
　　　　叶成超
　　　　林飞雄
　　　　胡潍伟
　　　　陈剑云

中国共产党永康市纪律检查委员会

书　记　蓝群英（　～2013年5月）
　　　　范晓东（2013年5月～　）

永康市人民检察院

检察长　王宪峰

永康市人民法院

院　长　诸葛美龙

亮　点

第十八届中国五金博览会

【概　述】 1996 年开始，永康市坚持“以贸兴展，以展促贸”联动发展，大力发展会展业，已连续举办中国五金博览会 18 届。中国五金博览会从零开始，经过 17 年努力，已打造成中国五金产业的“集散地”。五金博览会的成功举办，使永康收获了丰硕果实。如今，永康市有近 1 万家五金企业，员工 30 万人。全市自营出口总额从 1997 年的 6 000 万美元，增加到 2012 年的 36.5 亿美元，17 年间翻了 61 倍。上一届博览会成交额超 100 亿元。中国五金博览会带动越来越多当地企业走向国际市场。

【盛大的会展】 第十八届中国五金博览会由国家商务部、浙江省人民政府共同支持，中国国际贸易促进委员会、中国商业联合会、中国轻工业联合会、中国科技金融促进会、中国发明协会、中国五金制品协会主办，永康市人民政府、中国国际贸易促进委员会浙江省分会承办。2013 年 9 月 26 日在永康市国际会展中心，由中国轻工业联合会会长步正发宣布第十八届中国五金博览会开幕。第十八届中国五金博览会组委会主任、市委副书记、代市长金政主持开幕式。浙江省副省长梁黎明，国家商务部原副部长孙广相，金华市委副书记、代市长暨军民和永康市委书记徐华水共同启动水晶球，发布了中国首

第十八届中国科技五金博览会广场（五金城提供）

个五金指数——“中国·永康五金指数”。国际会展中心11个展馆的展位在8月初已全部报满，当地企业占申报总数的56%，外地企业占44%。外地企业涵盖全国，主要来自广东、上海、江苏、山东、福建、湖北、河北、浙江、辽宁等24个省市。组团参展的政府组织、协会数量较往年有所增加。除了当地的参展企业，还有不少来自韩国、日本的采购团以及近几年新兴拓展的欧美国家采购团，本届博览会实际参展企业1 600家，有特装展位面积1.79万平方米，标准展位1 988个，分别比上一届增加13%、11%，还有370多家报名企业因展馆容量限制无法安排展位。据本届五金博览会招商交易组统计，会期发生交易额115.8亿元，比上一届增长6.5%，发生出口额8.33亿美元，同比增长11.8%，展出面积8.3万平方米。本届中国五金博览会，除了参展企业数量增加，不少知名企业也跨入五金展会行列，五金制造业开始向装备制造业发展的态势越发明显，特别是汽车业、机械设备等重工业的比重明显增加。本届博览会除了举办大规模的商品交易活动、技术交易活动、网上博览会等外，还安排了浙江省工业设计成果展、第三届中国国际商贸发展大会等活动。首次设立浙江省工业设计成果展区，有2 000家企业2 700多人次与参展设计公司对接，140家企业和个人达成合作意向，洽谈科技项目167项，现场达成合作意向46项。

展销单位客服人员向顾客介绍产品(五金城提供)

【高标准的办展特色】 2013年五金博览会积极推动招展方式变革，改变以往“先外地企业再当地企业”做法，首次实行“当地、外地企业同步申报、同步审核”招展，高标准把好参展企业、参展产品质量关，建立“科技型或技术型企业优先参展”“中国驰名商标产品、省著名商标产品、高精尖产品优先参展”“高新企业、国(境)外企业优先参展”的“三个优先参展”引导机制，有效提升了展会品质。吸引了全国24个省(市)、中国香港、台湾和德国等国家(地区)的企业参展，永武缙以外参展企业数量、比例均创历史新高。博览会产品不断推陈出新，吸引来自美国、荷兰、俄罗斯、孟加拉等30多个国家和地区的国际采购商组团参会洽谈采购，现场达成意向订单380多件。大力拓展政府组织和协会组团参展的规模，24家全国浙商五金机电营销联盟企业组团参展，达成国内交易意向千余万元、出口意向数十万美元。着力推动展馆扩容升级。第十八届博览会参展企业有2 000多家，比上届增加一百多家，申报特装展位面积和标准展位个数也均比上届增长10%以上。为满足需求，两次进行展馆扩容，新设两个室外展馆，扩容面积8 000多平方米。重新对会展中心精品展示厅进行规划布局和设计装修，实现了展示厅的升级改造，使永康五金各行业的发展水平和业内领先水准得以直观展现。积极提升展会发展后劲。公司在切实做好十八届博览会各项工作的同时，未雨绸缪，谋划下届展会，健全采购商资料登记。各工作点、服务台采取名片换证件等方式收集到100多家采购商的资料，有效充实了采购商资料库，夯实了展会经济持续升温的基础。

【见证升级的平台】 2013年9月28日，第十八届中国五金博览会闭幕，参展企业大都满意而归。浙江未来之星五金机电有限公司是一个整合五金机电行业所有品牌以及产品的连锁销售公司，在全国建立了23个办事处、100多家加盟店和580多家经销商网点。第十八届博览会上，未来之星布置406平方米展位，创下了展位面积之最。高调征集五金机电的制造商和经销商，与100多位客户洽谈，效果超过了预期。明新公司是一家以外贸为主的企业，借博览会平台“转身”拓展国内市场，其推出的节能锅和气垫锅等几款新产品吸引了客商的目光。小白杨公司正在起草制订电动晾衣架的国家标准，公司的电动晾衣架经销权成了客商争抢的“香饽饽”。杰诺公司的推广方式可谓一绝，现场展示的强吸力吸尘器能把水柱吸到2米多高，很是抢眼。

五金博览会是一个平台，参展企业借此深化了产品内涵和外延。移动洗澡机，无论海边浴场还是山区、工地临时用房，只要有水插上电，就可以洗澡。电动独轮车，两边各安装一个踏板，人直立骑行，个性十足。老牌企业四方集团的SK柴油机，不仅体积小马力大，而且更节能环保，比同等功率普通柴油机节能20%。该届博览会浙江省工业设计成果展区，有2 000家企业2 700多人次与参展设计公司对接，140家企业和个人达成合作意向。

第三届中国国际商贸发展大会

【概　述】 2013年9月26日至28日，第三届中国国际商贸发展大会在五金博览会期间举办。由中国轻工工艺品进出口商会、中国纺织品进出口商会、中国五矿化工进出口商会、中国食品土畜进出口商会、中国机电产品

第三届中国（金华·永康）国际商贸发展大会召开（五金城提供）

进出口商会、中国医药保健品进出口商会、中国对外承包工程商会和金华市人民政府共同主办，永康市人民政府承办。大会以“创新驱动，打造国际商贸竞争新优势”为主题，借助商务部 7 个商会人才优势，邀请了各商会骨干会员企业及境外重要采购商代表及业界精英 300 余人。国际商贸发展大会主要活动内容分 8 大块，除了主题论坛和专题论坛外，还包括重大投资项目签约仪式和展览展示，其中项目签约仪式是金华市招商引资取得的又一成果。

【精简会展活动】 中国国际商贸发展大会是永康市开展高层次、宽领域交流合作的重要载体，是走出去、请进来的重要纽带和桥梁，是招商引资和促进国内外贸易的重要平台，也是永康市各行业企业建立促进当地经济发展的新型合作机制、借助国家级商会资源优势，推动市场、产业、城市转型发展，全面提高开放型经济水平的重要举措。永康市委、市政府特把会展重点放在投资项目上，专门举行了签约仪式，有 39 个项目和经济合作项目达成协议，包括 4 个经济合作协议，2 个重大项目投资合作意向框架协议，33 个重大投资项目正式协议，总投资达到 133 亿元。重大投资项目的投资领域涉及网络科技、电子通讯、节能环保、装备制造、智能电网、生物医药、新能源材料、日用轻工、高档纺织、现代服务业等 10 多个重点主导产业，其中有内资项目 22 个，总投资 109 亿元；外资项目 11 个，总投资 3.92 亿元。

与往届大会相比，除了规格和权威上赶超往年，“节俭、务实、简约”的办会理念是本届大会的一个亮点。精简活动项目，砍掉一些论坛类、庆典类活动，签约推介由去年的 2 场精简到 1 场，专题论坛由去年的 3 场精简到 1 场。在预算环节，本届大会的活动经费比 2012 年节省了三分之二。

【主旨论坛举办】 9 月 26 日，第三届中国（金华·永康）国际商贸发展大会主旨论坛在永康市行政会议中心举行。论坛由金华市副市长邵国强主持，金华市委副书记、代市长暨军民作《强化改革创新、加快转型升级，全力打造国际贸易竞争新优势》的演讲。改革开放 30 多年来，金华人民敢闯敢干，艰苦创业，自强不息，奋发有为，走出了一条“市场群＋产业群＋城市群”相融合的科学发展之路，不断积累发展优势，不断激发发展活力。充分释放改革试点溢出效应，在改革开放上先行一步；加快推进产业结构调整，在产业转型升级上先行一步；加快县域经济向都市经济发展，在城市转型升级上先行一步；不断完善市场发展体系，在市场转型升级上先行一步。着力优化投资环境，提供一流的政务环境、商务环境、服务环境，积极支持国际贸易改革的创新和发展。

【重大项目签约】 9 月 26 日，第三届中国（金华·永康）国际商贸发展大会重大投资项目暨经济合作协议签约仪式在永康市行政中心举行。签约仪式上，金华市人民政府与德国迪恩市签署了设立中德经济关系有限责任公司金华代表处的协议。永康市委副书记、代市长金政与五矿化工、轻工工艺品、机电产品等国家级产品进出口商会签订建立经济合作关系的战略框架协议。会上还签订了两个重大投资项目合作意向框架协议和 33 个重大投资项目正式协议。其中永康城西新区与华能浙江分公司达成了预计投资额 15 亿元的分布式光伏发电项目；众泰新能源汽车与瑞士某公司签订了投资额为 5 000 万美元的新能源电动汽车生产项目，预计年产新能源电动汽车 5 000 台，产值 10 亿元；群升集团也将上马城西新能源智能微电网建设项目，投资额超 2.1 亿元。商贸发展大会成功举办，提升了金华地区外向型经济水平，打造了“经济”升级版，使商会与企业深化合作领域，在更高层次、更广领域、更大范围参与国际经

第三届国际商贸发展大会重大投资项目暨经济合作协议签约仪式(经合办提供)

济合作,充分利用国际国内资源,着力扩大开放,构筑与国际接轨的良好商贸环境。据统计,中国国际商贸发展大会举办两届以来,有78个项目成功落地,总投资近200亿元。

第四届中国国际门业博览会

【概　述】 2013年永康拥有各类门业企业500多家,是名副其实的“中国门都”。以永康为龙头的永武缙门业产业集群,已成为中国门业产业集聚度最高、市场辐射最广、标准引领最强、科技创新和品牌建设成果最多的地区,持续引领中国门类产品的发展趋势和潮流。经国家商务部批准,决定举办第四届中国(永康)国际门业博览会,由中国建筑金属结构协会、中国商业联合会、中国房地产协会、永康市人民政府共同主办,中国科技五金城集团有限公司、中国建筑金属结构协会钢木门窗委员会、中国建筑金属结构协会联络部、永康钢门窗行业协会承办。

【展出规模】 5月26日,第四届门业博览会在永康国际会展中心隆重开幕,来自全球各地的千余家门类企业相聚“中国门都”。门博会按照“市场化机制、专业化办展、国际化标准、品牌化目标、数字化成果”运作,成效显著。组织了千人采购商参会采购、中国门业转型升级主题沙龙、中欧建筑门窗新技术论坛、防火门产品质量研讨会等多项活动。服务门企的“门道”更宽,活动的安排更加贴近企业实际需求,更能助力企业创新发展。群升房配集团在展会上展出的重点不是门类产品,而是公司的整体运营平台,包括门类产品的整体设计、整体采购、整体产品集成和整体售后等。“跳出门来做门”的理念让群升房配获益匪浅,也为门企今后的发展提供了借鉴。第四届门博会展出规模、参展企业均创历届之最,656家企业商家参展,比上一年增加47家。其中外地企业249家,比上一年增加50家,占参展企业总数的38%;特装企业350家,占参展企业总数的53.4%。第四届门博会新增3个展馆,首次增设2 000多平方米的机械类室外展馆,使门博会展出总面积达7.2万平方米,比上届增加1.2万平方米。特

第四届中国(永康)国际门博会(宣传部提供)

装展位面积 3.2 万平方米，创下历届之最。5 月 28 日，门博会落下帷幕。据统计，参展参会 17.5 万人次，同比增长 5.4%。其中专业观众 16.2 万人次，同比增长8.9%，其他人员1.3 万人次。发生交易额 23.5 亿元，同比增长 13.7%，其中达成意向 15.85 亿元，同比增长 14.5%。现场成交 7.65 亿元，同比增长 12.2%。出口额 6 642.9 万美元，同比增长 14.2%。网上门博会访问量 25.3 万人次，同比增长 16.1%。

【特装展位】 5 月 25 日，来自中外的 620 家知名企业参展，其中特装展位企业 345 家，标准展位 431 个。

这次展销以“相聚门都，合作共赢”为主题，看点颇多，其中最大的亮点是特装展位。其展位企业 345 家，面积 3.2 万平方米，其中展位面积 90 平方米的参展企业有 150 家，最大的有 382 平方米。除了尽力争取展位面积，参展企业对展位布置和会展期间的活动安排不惜投入巨资，设计出各色各样展示企业个性、充满现代或复古的特装展位，犹如一个个“企业专卖店”。在门博会期间，一些企业还专门雇请模特，吸引客商眼球。

与前三届相比，第四届门博会的外向度有所提高。在参展的 620 家企业中，“永武缙”企业有 400 家，占 64.5%；外地企业 220 家，占 35.5%。其中参展的省外、境外企业合计 119 家，为历届之最。外地名品、名企，持有中国驰名商标、中国名牌的企业明显增多，

外商在门博会上参观(五金城提供)

提升了展会的档次和水平。除国内企业外，还有来自意大利等国家及中国港澳台地区的参展企业来探“门道”，以求得更大发展。

永康原本无“门”。从1997年起步，经过10多年努力，“永康门”在产业转型中横空出世，平地崛起，取得年产3 500多万樘、出口900多万樘，占全国门产量80%的业绩，数十家门企品牌获得“中国驰名商标”、“中国名牌产品”等称号。如今，永康门业不仅位居当地八大产业之首，还在国内、国际两个市场都具有相当的知名度。永康也因此成为一个名副其实的“门业王国”，从这里走出去的一个个新老品牌不断引领着中国门产品的发展趋势和潮流。

【网上招商】 5月26日至28日，第四届中国国际门业博览会在永康国际会展中心举行。3月11日开始，参展的企业可登录中国国际门业博览会官方网站(www.chidf.com)进行展位申报。以防盗安全门为核心产品的永康门业，是五金八大行业中规模最大、增速最快、发展最稳定的产业之一。凡门类生产或经营性的国内外企业均可登录，按照申报流程直接进行网上申报。报名企业可根据自身需要选择标准展位或特装展位。对国(境)外企业、设国内的外商独资或控股企业、参展的门类产品获国家质检总局认定的“国家免检产品”或国家工商总局认定的“中国驰名商标”称号的企业、市2012年度重点企业(门类)等4类企业在申报成功后可优先审核定位。

第四届国际门博会由中国商业联合会、中国建筑金属结构协会、中国房地产协会和永康市人民政府等单位联合主办，招商范围包括门类、电动门类、门类配件、门类辅料、门窗类、设备类等6类产品。

第六届国际机械及模具展览会

【概　述】 2013年3月29日至31日在国际会展中心举办，展出面积1万多平方米，设标准展位462个，参展企业200余家。展会期间，接待专业观众2.08万人次，较上届增长80.9%；发生交易额2.37亿元，较上届增长9.7%。参展范围包括模具类、金属加工机床、五金机械设备、自动化设备、五金技术及设备、工夹具与检测仪器类、塑胶、塑料机械

第六届永康国际机械装备及工模具展览会开幕式(五金城提供)

国际机械装备和工具(五金城提供)

类、涂料、涂装及表面处理设备和技术等产品。

【结构优化】 展览会立足于中国科技五金城坚实有力的市场基础，充分发挥产业集群效应，以国际化、市场化、专业化为导向，加强地区之间的交流和合作，致力创新驱动、结构优化，加速五金机械装备与五金生产要素的流动，推动五金产业转型升级，促进区域经济快速健康发展，为建设现代化国际五金名城增强发展动力。

展览会由永康市政府、中国机床总公司主办，浙江中国科技五金城集团有限公司、市模具行业协会承办，浙江永康中国科技五金城会展有限公司执行承办。公司充分发挥中国五金博览会等大型展会的运作经验，创新招商模式，扩大宣传，做好媒体公关。深化展位费优惠机制，大力支持组团参展，建立展位招商激励机制，成果显著。此届展会展位数较上届增加1倍，设有室内展馆1个，室外展篷2个；参展参会人数较上届增长80.9%。

【开源节流】 创新展位定位机制。公司一改以往展位招商先缴费、后定位的方式，充分考虑客户需求，及时交流展会信息，首次采取先定位、后缴费的办展模式。既提高了参展企业缴费积极性，也缩短了展位定位流程，降低了时间、人力等成本。

宣传力度加大，更有针对性。公司联系了省内各地模具协会，发动员工作地毯式的电话宣传、上门走访。在着力引进优秀制造企业的同时，加大了对永武缙产业带企业的招商力度，组织企业团体参展。与国内各大新闻媒体密切合作，及时跟踪报道展会进度，有效提升了展会的知名度和美誉度。

展会产品科技含量高，自动化设备“吃香”。机械自动化、智能化是本届展会的一大看点。操作熟练的机械手、会跳舞的机器人、高精度加工的锯床等等，不仅有效增添了展会人气，也为企业节约劳动力，提升装备自动化、加工智能化予以支持。

机械装备及工模具展览现场(五金城提供)

展会开源节流，精简开支。展会以厉行节俭为原则，简化开幕式流程，削减了部分装饰性项目；标准展位搭建和展馆保洁工作一改往届承包制，全部由浙江中国科技五金城集团有限公司员工负责落实。

【扩大交往】 为扩大战果，3 月 29 日市领导陈美蓉等及缙云县副县长楼锦游受邀带队参展，出席了开幕式。开幕式上，陈美蓉希望广大生产企业和各参展商充分交流、扩大交往，实现供需双赢，加强与国内外同行的合作，实现自我提升；进一步促进永康机械装备及工模具产业在更高的起点上转变发展方式，提升产业层次，从而推动永康五金工业的转型升级，为建设现代化国际五金名城奠定更加坚实的产业基础。缙云县锯床行业协会第一次大规模组团参展，40 多家企业设展位 80 来个，带来了高精尖的先进设备和技术。缙云县带锯床和特色机械装备产业经过 20 多年的发展，已成为全国最大的带锯床生产基地。永康市宇隆机电设备有限公司从 2010 年起，已经连续三年参展，3 次展会接待客户一千多人，签订合同 8 000 万元，达成意向 1.2 亿元，同期利润占全年增长量的 30%。该公司总经理卢秀果说："这次展会扩大了我们的影响力和知名度，为企业机械装备及配件贸易的开展提供了便利。"

2013 年汽车展与家居建材博览会

【概　述】 2013 年 4 月 12 日，永康市春季汽车展销会与首届永康家居建材博览会在永康国际会展中心隆重开幕，由浙江永康中国科技五金城会展有限公司分别与市汽车行业协会、市建材行业协会合作举办。其中，汽车展展位 4 万平方米，参展企业 49 家，展销会展期 3 天，接待观众 5.2 万人次，较上届增长 12.3%，其中专业观众 3.5 万人次，较上届增长 14.5%。达成包括意向销售、成交销售在内的车辆 3 209 辆、交易额 6.42 亿元，分别较上届增长 6.3%、6.7%。家居展区 7 000 平方米，设展位 420 个，参展商 100 家，3 天展期接待观众 2.3 万人次，其中专业观众

2013 年春季汽车展销会新型汽车爆满（五金城提供）

1.5万人次。达成交易额2 489.4万元，其中意向销售1 612万元，现场成交877.4万元。两者无论展览规模、参展企业数量，还是展品数量、档次，均创永康历史新高。

【车展规模空前】 在春季汽车展会上，永康市友米汽车销售服务有限公司坚持专业化、规范化，无论在展位的整体结构，还是在灯光、地板的细节布置，都做到符合国内最高标准。宝驿汽车销售服务有限公司、永安汽车销售有限公司等多家参展企业，都搭建起具有立体感、时尚感的现代化展位。曼联汽车销售服务有限公司展出的菲亚特500、福特野马、猛禽，金佰利汽车销售服务有限公司展览的奔驰CLA等车型，很多人也许只能在网上通过图片才能看到，在车展上却真实地出现在了大家眼前。曼联车行展位负责人说，在今后的汽车展上，还将会继续为广大市民带来更多当地不多见的名车，提升展会档次。

市民群众参观永康市2013春季汽车展销馆(五金城提供)

2013年汽车展有鲜明特点：厂商参与程度更高，规模、档次俱增。奔驰、宝马等多家汽车厂商专程调运了展会用C级专业展具，地板、音响、灯光等设备设施一应俱全。展台搭建精美，灯光效果出众，大面积应用LED电子显示屏，声像宣传俱佳，车模靓丽惹眼，有效聚集人气。展位面积较大。各大展商纷纷申报了1 000平方米以上、几乎占据单个展馆四分之一面积的超大型展位，导致馆内展位供不应求。市公安局与浙江永康中国五金城会展公司合作，开展“安全行车，畅通永康”文明出行千人倡议活动，大力宣传文明出行，树立新风，礼让行人，有序驾车。

【居材优惠让利】 首届家博会以“品牌建材、品质生活”为主题，吸引了永康百余家家居建材商参展，涵盖装修、陶瓷、卫浴、地板、衣柜、橱柜、家具等行业，让消费者实现“一站式”购物。如箭牌卫浴、马可波罗瓷砖、德国汉斯格雅卫浴、TOTO卫浴、太阳地板、生活家巴洛克地板、欧派橱柜、索菲亚衣柜、劳卡衣柜等国内外知名品牌，还有大世界家电、万士利家居市场、永康市家具市场等商场参加。

市民争相参观首届永康家居建材博览会(五金城提供)

首届家博会展会起点高，室内装修上档次。馆内以精装修、大面积的特装展位居多，装潢考究，展会人气鼎旺，展出效果良好。展会充分利用同期举办汽车展的庞大人流，在各个出入口、电梯口、楼梯口设置引导牌吸引人气，收效明显。参展企业都打出“让利优惠”的广告标语，这种场景在平时的建材市场难得一见。据永康市建材协会会长李岩敏介绍，为回馈顾客，本次展会的参展商将尽最大限度让利消费者，全场最低2折起，让利高达10%至30%。大世界家电商场展位里，许多顾客在展柜前争先恐后地试用着三星电视机的3D立体影像功能。三星SmartTV不仅可以看3D电视，而且还具有语言、手势控制，面部识别以及网上冲浪等功能和应用。最关键的是，在家博会期间，购买该智能电视机可享8折优惠。人性化的家居趋势更是本届家居展的集中体现。索菲亚衣柜主打的“定制”思想，在很大程度上诠释了人性化家居的概念。客户只需要提供房间的详细尺寸数字，设计师将数字输入电脑，再通过软件自动画出3D效果图，让衣柜所有细节呈现在眼前。不仅如此，设计师还能按照客户需求对效果图进行实时修改，免去装修后由于规格样式不符要求而带来的麻烦，真正做到“人性化家居”。现场成交屡见不鲜，部分展位仅3天就收获往常半年的订单量。各参展商纷纷推出底线价格，有的商品甚至2折起，让消费者可以真正享受到实惠。展会期间还有各种抽奖活动。

首届中国国际门配产品博览会

【概　述】 2013年7月29日至31日在国际会展中心召开。由永康市政府、中国五金产业技术创新战略联盟与中国国际展览中心集团公司主办，浙江永康中国科技五金城会展有限公司、北京华港展览有限公司承办。展出面积6 800平方米，100多家企业参展，其中70%来自当地企业。参展范围包括锁类、其他安防产品、门窗五金、相关配(附)件及耗材、门业辅料、机械工具设备类等产品，交易额3 500万元。

第一届中国(永康)国际门业配套产品博览会展览门业生产先进机械设备(五金城提供)

【相关会展论坛】 展会期间，同期举办第十届永康电动工具园林工具配套展、2013中国五金锁具年度产业峰会暨颁奖盛典和门业与锁业供需交流会等活动。本届锁具年度产业峰会由中国五金产业技术创新战略联盟主办，浙江中国科技五金城集团有限公司、《环球五金》杂志社承办。锁具峰会以“襄盛举　绘蓝图　新跨越”为主题，集行业表彰、高端论坛、产品展示为一体，邀请相关部委领导、五金行业协会领导、国内外企业代表、企业家、社会各界名流、中外新闻媒体等近300人出席，参会的行业协会组织、企业包括五金锁具企业、门业、保险箱、地产商、装饰公司、代理商等上、中、下游企业200多家。高峰论坛及“2012年度中国五金锁具行业评选”颁奖盛典，设置了“风云人物”、“科技创新企业”、“最佳工程配套企业”、“我的中国芯”4个奖项。

【年度产业峰会】 2013年7月28日，中国五金年度产业峰会在永康召开。中国科协原党组书记、副主席高潮，中国民族贸易促进会会长刘延宁，中国五金产业技术创新战略联盟理事长马宝东，国家商务部流通业发展司副司长吴国华，国家工商总局个体与私营经济司副司长刘世如等相关部委领导、五金行业协会领导以及永康市领导参会。与300多位国内知名门业企业、五金锁具企业代表共同探讨在新的形势下，面对新的历史机遇，如何

第一届中国(永康)国际门业配套产品博览会布展区(五金城提供)

以创新驱动、促进产业转型、提升五金产业品牌价值。峰会集行业会议、高端论坛、产品展示为一体,以落实国家产业政策,保障五金产业健康、持续、稳定、快速地向前发展,推动行业创新和技术进步,促进产业战略转型升级为主要目标,力争实现全行业的快速高效发展。峰会通过名企专场报告会、专题互动、现场产品展示等形式,搭建沟通五金产业上下游产业链的平台,整合创新要素推动五金产业转型发展。与会代表深入探讨了国内外的经济发展形势,尤其是与五金行业发展密切相关的宏观经济因素。在工艺创新和技术改革方面,代表们提出了许多具有建设性的意见。峰会上举办的"2012年度中国五金行业评选"颁奖典礼是国内五金行业极具权威性的奖项,其中设置了"中国五金产业科技创新企业"、"中国五金行业科技创新产品"、"最佳工程配套企业"等奖项。五金产业峰会的召开,推进和加强了门业与五金配套及上下游产业链的对接,为五金行业寻找发展契机提供了交流平台,有利于整合全行业的信息资源,加强行业内五金企业之间的沟通交流,增强互信互利,共同促进五金行业的健康发展。

(项红友)

第八届农展会

【概　述】 永康市农展会,是全市范围内最大的农业类展会,2006年开始已举办8届。农展会在每年10月底、11月上旬举办,集中展示展销永康特色农产品、传统美食、省内外名特优新农产品,影响力覆盖浙中,辐射全省。2013年11月8日,永康市第八届农展会在五金城广场隆重开幕。农展会围绕"生态、科技、精品"主题,认真贯彻党的十八大精神,落实科学发展观,宣传农业农村发展新成就;展示展销农业新技术、新品牌,展销名特优新产品,不断提升农产品的市场竞争力;努力提高农业装备水平,大力发展生态、科技、精品农业,推进现代农业快速发展。

【各类农业产品】 第八届农展会有参展单位492个,设摊位562个,创历届展会之最。其中传统美食参展单位88个,农业机械参展

太阳能展览(农业局能源办提供)

23 个,太阳能产品参展 10 个,农副产品参展 371 个。农副产品展销有来自金华地区的婺城、金东、义乌、东阳、兰溪、武义、浦江、磐安等 8 个县(市、区)的 66 家农业企业,及省内其他地区的 43 家知名农业知名企业参展。还专门设置台湾主题馆,88 家来自台湾的农产品企业参展。展销期间,参观购物市民达 14 万人次。展销交易总额 1 707.8 万元,比上届增加 16.5%,创历史新高。其中农产品展销区交易额 1 115.4 万元,现代农业设备装备展区销售订单 320 万元,太阳能产品展销区交易额 57.4 万元,传统精品美食展区交易额 215 万元。

现代农业展示主要内容有:有机农产品、绿色农产品、无公害农产品、金华市级以上名牌农产品、知名商号,生态循环农业,QS 认证企业。农村文化展示主要内容为:《清洁新田园、美丽新农村》摄影比赛获奖作品展,从 600 余件参赛作品中评选出的优秀作品,展现了永康美丽新农村建设和美好生活环境;永武缙书法作品展,展出来自永康、武义、缙云的农民书法作品,以农民的独特视角和艺术风格,体现淳朴美丽的乡村文化;古建筑保护成果展,集中体现永康古建筑风貌,积极宣传古建筑保护的意识。

非物质文化遗产展区集中展示永康传统手工技艺,磨剪刀、补缸、钉秤、弹棉絮、箍桶、织带、剪窗花等,这些伴随着时代发展已经淡出人们日常生活的传统手工艺重现农展会现场,勾起了不少老一辈的回忆。不少市民专门带孩子来看农展会的非遗手工产品,当今孩子接触的都是智能电子产品,使用的都是工厂流水线生产下来的商品,对过去的传统技艺了解很少,带孩子参观永康乡土非遗手工品的展示,让孩子了解地方悠久传统和民间工艺文化,感受永康百工魅力是很有必要的。

【展会特色活动】 2013 年 11 月 8 日,在市会议中心 8301 会议室举办《优质葡萄栽培技术讲座》和《生态畜牧业发展与畜禽养殖污染治理讲座》,分别由南京农业大学葡萄专家陶建敏教授、浙江大学汪开英教授主讲,听众 600 多人次。展区入口显著位置开设涉农咨询窗口,由市农业、林业、水务、科技等各部门首席专家接待种粮大户、养殖大户和广大农业从业人员咨询,同时向农民朋友发放各类涉农政策、农技知识技术宣传资料。

第八届农展会利用各类网络信息元素,力求与时代接轨,办成一个现代化农业展会。以二维码技术为代表的物联网技术在展会中

省农业厅厅长冯一鹤参观农展会展馆(农业局提供)

首次得到应用,市民可使用手机等移动终端获取展会各项信息。许多参展企业利用二维码宣传品牌。形式新颖的农产品免费“秒杀”活动提前两日启动,为展会预热,5天时间送出农产品礼品300多份,吸引上千网民参与互动。借助综合网站的微博、微信平台发布的展会信息引起网民群体关注,扩大了农展会的影响力。还有网上农展会和农民信箱,打破了传统农展会的时间空间限制,将展会效应最大化。

永康对口帮扶的四川省泸定县的贡嘎山食品厂首次前来参展第八届农展会。企业带来了珍贵的鹿茸、高原无污染苹果、牦牛肉干、松茸、青稞酒等富有藏族特色的农产品。金政代市长一行到泸定县展位指导,表示希望借助泸定县首次参加永康农展会这个契机,两地能像“亲戚”一样常来常往,加强交流与合作。希望泸定县的农副产品能在永康乃至整个南方打响知名度。为促进泸定县企业的产品在农展会上的销售,永康还借助农民信箱、媒体平台为该企业产品做好宣传促销。

【奖励农特产品】 为加快农产品经营主体的培育,不断提高农副产品的质量,打响农产品的商标品牌,第八届农展会组委会对参展产品进行评比。分别设立金奖、银奖、创新奖、优质奖等奖项,在闭幕期间进行奖励。

美食产品获金奖:如窕麻酥(象珠镇);塘里农家乐的孔家蒸团(石柱镇);婆媳发糕(花街镇);小红发饼(西溪镇);山里乡食品厂豆腐干(舟山镇)。获银奖:三马东路的芝麻糖(东城街道);福瑞祥粽子(西城街道);山里生态养殖场虫子鸡煲(唐先镇);永康溢桶香烧饼(花街镇);玉莲千层糕(西溪镇)。

农特产品获金奖:金华市邵万生泰康食品有限公司“真方宗”牌火腿;市玲妙珍禽养殖场“清黄”牌富硒土鸡蛋;市菇尔康农产品

11月10日,金华市妇联主席陈雷红参观美食街(党校提供)

有限公司“菇尔康”牌竹荪；浙江伟丰肉食品有限公司“伟丰”牌两头乌鲜猪肉；市古丽妙鲜食品园“妙鲜”牌燕麦酥。获创新奖：市土特产公司“丽州”牌可水洗蚕丝被；市杨溪粮油有限公司“杨溪”牌真空小包装大米；市俞家食品有限公司“俞家”牌石磨手工面；市康长源养蜂产销专业合作社“蜂康源”牌桑果蜂蜜。获优质奖：市姥姥豆制品有限公司“胡姥姥”牌豆腐皮；芝英精制米厂“枝源”牌米粉干；市花果山种养基地“天上飞”牌永康灰鹅；石柱上杨水寨休闲养殖场“绿康科”牌兔肉；花街咸菜专业合作社“幽里香”牌雪菜；市超时生态种养殖农庄“七星”牌鸽蛋；市红球西瓜专业合作社“红球”牌西瓜；唐先镇山里生态养殖场“山里虫”牌鸡蛋。

（农业局）

中共永康市委

综述

【概　况】 2013年是永康在长期高增长、高期望值和较大财政支出惯性下，面临发展巨大压力的一年。中共永康市委沉着冷静，积极应对，召开市委十三届四次全体（扩大）会议全面回顾永康改革开放35年以来的发展历程，并认真分析永康发展面临的困难、挑战、动力与优势。永康的"一次出发"取得了巨大的成功。然而，随着经济社会快速的发展，问题和矛盾也在不断积累，特别是原有的发展模式难以为继，发展内生动力逐步弱化，传统路径依赖日趋严重，制约经济转型升级的体制机制障碍盘根错节，经济下行压力不断加大。于是市委十三届四次全会向全市上下提出了"十问永康"的思考。在爬坡过坎的关键时刻，带领全市人民清醒认识面临的风险和挑战，增强忧患意识，坚持底线思维，抓住发展机遇，搞好统筹兼顾，牢牢把握发展的主动权：二次出发、改革创新，全面打造经济社会发展升级版。

一年来，永康市委致力于统筹协调，使城乡面貌在一体发展中持续改观。完成解放街重建区块街景设计、江南新城概念性规划及核心区块城市设计。实施入城口景观提升工程，开建城市绿道。推进解放街旧城拆迁改造，华丰西路、城东路地块套房安置到户，三马路地块安置套房基本建成。加快金胜山公园改造。蓝天路改造和章店大桥工程完工，丽州南路延伸工程启动招投标程序。东永高速永康段主线路基贯通。金温铁路扩能改造永康段路基桥隧工程完成形象进度71%。330国道永康段改建工程完成初步设计。永义公路雅吕至木渠段、永磐公路永康段路基桥隧工程基本完成。金义永快速路进入项目前期。芝英至开发区联网公路芝英段基本建成。开展"三改一拆"，拆除违法建筑135.6万平方米，城中村改造17.7万平方米，完成旧住宅区综合整治33.3万平方米。建设"数字永康"地理空间框架，开通"数字城管"信息系统。强化环境卫生管理考核，开展废土运输封箱式管理，新纳入"一把扫帚"，清扫面积25万平方米，提升城区主街道保洁水平。加大治堵工作力度，完成广场路夜市搬迁，建立交通事故快速处理中心，成立城管排堵保畅中队，查处交通违法行为28.6万起。加强户外广告管理，打造望春东路示范一条街。建成便民零星工程41项，开展市政设施和绿化维护，检测疏通污水管道7.1千米。健全社会服务联动机制，开通96310城管服务热线。出台物业管理办法，促进小区规范运行。开展"双清"行动，实行市领导每月督查农村卫生制度，开展"卫生最差村"媒体曝光，推动农村生活垃圾处理工程建设。实施村庄整治扫尾，50个待整治村通过省级验收。创建美丽乡村精品村11个、秀美村22个、洁净村300个，园周村入选全省最美乡村、入围全国美丽乡村试点，美丽乡村3号线、

永康市委、市政府举行“中国·永康五金指数”水晶球启动仪式(五金城提供)

4号线基本成型。打响国省道环境整治战,东永一线芝英段、330国道石柱和花街段环境明显改善。推进省级森林城市创建,完成平原绿化246.87公顷、四边绿化71.8公顷,创建省级森林城镇2个、省级森林村庄5个。新增农房改造村25个,完成农房改造3 550户,创建省级农房改造建设示范村3个。新建农村联网公路6.8千米。完成财政“一事一议”项目35个,安排资金1 600万元。围绕“清水永康江,清新丽州城”目标,启动“158”碧水蓝天工程。加大饮用水源区保护力度,杨溪水库生态湿地一期运行。治理农村河道67千米,城区新埋设排污管网18.3千米,城市污水处理厂一期完成提标改造、二期建成试运行,龙山、前仓污水处理工程和芝英污水厂一期扩容基本完成。垃圾填埋场扩容工程开工建设,垃圾焚烧发电厂运行。整治提升电镀和化工行业,推广无磷零排放纳米磷化技术。治理农业面源污染,实行畜禽养殖数量和污染物排放双控。完善三级“河段长”责任制,实行饮用水源水质和城市空气质量周报制度,无重特大环境污染事件发生。开展“雷霆一号”治污和环保排查专项行动,排查企业4 769家、关停419家、刑拘6人。创建省级生态镇3个。加大财政投入,民生支出28.6亿元,占公共财政支出79.3%。成立教育发展顾问委员会,城区义务教育实现“零择校”。启动全省民办教育综合改革试点,首所公办民工子弟学校开始招生。公立医院实行药品零差价,与17家品牌医院建立优质医疗资源共享机制。25分钟院前急救服务体系基本建成。“三馆一站”免费开放,建成镇级文化站3个、农村文化礼堂30座,出台民办博物馆扶持政策,芝英镇通过国家级历史文化名镇初审。承办省体育大会4项赛事,农村体育基础设施全覆盖。广电“台网”分离稳妥推进。打击计生“两非”行为,捣毁窝点10个。新增就业岗位10 083个,实现再就业3 869人。实施合作医疗管理职能划转整合,城乡居民基本医疗保险财政补助人均增加100元,参保率98%。出台被征地农民转职工基本养老政策,社保扩面超额完成任务。新增托(安)养重度残疾人 222 名，在金华率先试点政府购买残疾人意外伤害保险，受益 1.2 万人。完成农贸市场改造提升 9 家，新增省级文明示范市场 6 家。实施“平安永康”社会管理“十项工程”。建立领导下访机制，应对网络舆情，信访态势总体平稳。成立新居民调解委员会，启动刑事被害人救助试点。完善应急联动机制，稳妥处置突发事件。推进“十张网”建设，社会治安持续好转。落实安全生产责任制，无重大安全事故发生。推进基层流管所规范化建设，11 个镇专职消防队组建运行。创建“无欠薪城市”，评选表彰劳动管理信得过单位 107 家，劳动争议调解中心解决纠纷 258 起。完成“十二五”规划中期评估，启动第三次经济普查和基本侨情调查。村级组织换届选举平稳有序。武装、人防、民宗、外事和对台工作取得新的成绩，工会、共青团、妇联、工商联、科协、文联、社科联、慈善、红十字、关工委等各项事业取得新的进步。

【市委十三届三次全会】 1 月 16 日，召开市委十三届三次全体(扩大)会议暨市政府十六届二次全体会议，市委书记、市人大常委会主任张伟亚向全会作报告，市委副书记、市长徐华水主持会议。会议明确全年的工作总基调：深入学习和全面贯彻落实党的十八大精神，围绕物质富裕、精神富有的“两富”目标，坚持稳中求进、民生为先、转型提升、科学发展，继续深入实施“工业强市、生态立市、商旅活市、文化兴市”发展战略，坚定不移地打造实力永康、活力永康、法治永康、幸福永康，为率先建成更高水平全面小康社会和现代化国际五金名城奠定扎实基础。

会议回顾 2012 年全市上下凝心聚力、攻坚克难，经济社会发展取得的丰硕成果历程。前三季度，全市实现生产总值 267 亿元，比 2012 年同期增长 9.8%；1～12 月，实现财政总收入 54.94 亿元，同比增长 16.6%，其中地方财政收入 30.12 亿元，同比增长 19.2%；完成规上工业总产值 718.5 亿元，同比增长 12.23%；实现自营出口额 33.56 亿美元(前 11 月)；金融存款余额 775.65 亿元，同比增长 15.45%，贷款余额 714.93 亿元，同比增长 21.52%；工业用电量 25.43 亿千瓦时，同比增长 0.71%；固定资产限额以上投资 143.51 亿元，同比增长 31.0%。

会议提出，2013 年全市要强工业、重三产、优一产，着力拓展工业发展平台，促进产业转型升级，推进第三产业发展，发展优质高效农业，优化服务发展环境，提升经济发展质量效益，致力打造“实力永康”；抓生态，建基础，推进生态文明建设、新型城市化建设、城乡基础设施建设和美丽乡村建设，统筹城乡建设全面发展，致力打造“美丽永康”；讲文明，树新风，加强社会主义核心价值体系建设，全面提高公民道德素质，丰富群众精神文化生活，增强文化整体实力和竞争力，积极构建正确价值导向，致力打造“道德永康”；促投入，惠民生，优先发展教育事业，提高公共卫生水平，加强社会保障和救助，加强和创新社会管理，增强公共服务管理能力，致力打造“幸福永康”；推改革，求创新，切实提高党员干部的思想认识水平，破除阻碍科学发展的体制机制障碍，解决一批影响大局的难点问题，凝聚全市各界干事创业的合力，致力打造“活力永康”；转作风，讲实干，加强学习型、服务型、创新型党组织建设，抓好主题教育活动，加强干部队伍建设，夯实党的基层组织，推进反腐倡廉建设，致力提高党建科学化水平。

【市委十三届四次全会】 7 月 26 日，召开市委十三届四次全体(扩大)会议暨市政府十六届三次全体会议，市委书记徐华水向全会作报告，市委副书记、代市长金政主持会议。会议主题是：全面推进“工业强市、生态立市、商旅活市、文化兴市”发展战略，争创新优势，汇聚新动力，全面打造永康经济社会发展“升级版”，为率先基本实现现代化奠定扎实基础。

徐华水书记在报告中提出了涉及永康经济社会发展的方方面面，事关永康当前及今后发展大局的“十问永康”：当前永康到底处在怎样的发展阶段？标兵渐远、追兵超越，永康还能坐得住吗？全市700多亿的金融贷款到哪儿去了？为什么一些家长要千方百计地把孩子送到外地读书？为什么老百姓对永康的环境质量如此不满意？当前企业要转型升级最缺的是什么？为什么永康的第三产业发展总是不尽如人意？永康人钱包鼓了，人们的思想道德水准提高了吗？全市的重点工程、重点工作为何总是推进缓慢？打造永康全面发展升级版的新优势、新动力在哪里？然后徐华水书记提出，永康，再次到了一个爬坡过坎的重要关口。永康人民必须“二次出发”，创新驱动，坚持从实际出发、从广大群众根本利益出发，紧紧围绕市第十三次党代会提出的“实力永康、活力永康、法治永康、幸福永康”的目标，致力人文环境创新以改善民生、致力产业动力创新以发展经济、致力融合结构创新以推进城乡发展、致力加强党的建设以提高执政为民能力，争创新优势、汇聚新动力，全面打造永康经济社会发展“升级版”。徐华水书记在报告中还提出，要用“四个致力”来打造全市经济社会各个方面的发展升级版：致力人文环境创新，打造改善民生“升级版”；致力产业优化创新，打造经济发展“升级版”；致力城乡统筹创新，打造城乡发展“升级版”；致力提高党建水平，打造执政为民“升级版”。

【中央处理薄熙来违纪案件通报】 11月8日，市委召开常委扩大会议，传达学习中共中央关于薄熙来严重违纪违法案及其教训的通报。市委书记徐华水主持会议。会议认为，在党中央的坚强领导下，中央纪委、司法机关稳妥及时处理了薄熙来违纪违法案件，这是全党深入推进反腐败斗争的重大胜利，充分体现党中央从严治党的根本要求和依法治国的执政理念，表明党反对腐败、建设廉洁政治和社会主义法治国家的鲜明立场和坚定决心。会议要求全市各级党组织要清醒认识反腐败斗争面临的严峻形势，清醒认识党风廉政建设的长期性、复杂性、艰巨性，以薄熙来案为反面教材，结合党的群众路线教育实践活动，采取多种有效方式，加强对党员干部的教育、管理和监督，严明党的纪律，改进党的作风，推进惩治和预防腐败体系建设，提高自我净化、自我完善、自我革新、自我提高能力，始终保持党的先进性和纯洁性，始终保持党同人民群众的血肉联系。

【党群系统工作会议】 11月29日，市委召开党群系统工作会议，市委副书记蒋金红就如何学习贯彻落实党的十八届三中全会精神，推进党群系统工作，提出具体要求。市委政研室、农办、团市委、党史办、总工会、妇联、残联、科协等11个单位先后汇报2013年工作亮点，提出2014年工作思路，同时对各自工作中存在的困难和问题作了阐述。蒋金红听取汇报后说，2013年党群系统工作全面推进，亮点纷呈，完成常规工作任务，2014年工作思路清晰，目标明确。下一步要根据各个上级主管部门的要求，认真学习贯彻落实党的十八届三中全会精神，结合市委、市政府的中心工作进一步完善调整。各部门单位一定要把工作融入到中心工作中，围绕中心工作，服务中心工作，创造工作新业绩，重点要更突出，亮点要更亮丽，难点要更明确，做出自身特色，做到抓住重点、打造亮点、突破难点。每个部门都要用心去打造一个新亮点，做到“人无我有，人有我优，人优我特”，服务企业，服务美丽永康建设，树立永康新形象。

【各套班子工作会议】 12月2日，市委召开各套班子工作会议，市委书记徐华水围绕工作主题，部署12月份全市重点工作：深入学习宣传贯彻党的十八届三中全会精神。全市各级党组织要把学习宣传贯彻好十八届三中全会精神作为当前及今后一个时期的首要政治任务，把智慧和力量凝聚到全会确定的各项目标任务上来，把行动引领到市委确定的“二次出发、创新驱动，全面打造经济社会发展升级版”的具体抓手上来，让“二次出发”充满动力和活力。确保全面完成今年各项目标任务。对未完成的工作，要抓紧排出时间表、责任表，逐一排查问题、逐一细化破解、逐一落实到位。特别是对省“411”重大项目、“双千亿”投资项目和省、市重点项目实施进度，要逐个进行督查。全力抓好2013年的十大民生实事，兑现政府对百姓的承诺，对进度相对落后的项目，要按天倒排进度，快节奏推进，强力度攻坚，保质保量完成任务。切实抓好村级组织换届选举。是年11月底止，全市村级党组织换届已基本完成，全面进入村委会换届，各级各部门要高度重视村委会选举，要把困难想得多些，把情况摸得准些，把准备做得充分些，随时应对突出复杂情况。切实维护社会稳定。各级各部门要重心下移、关口前移，着力解决一批信访难题，加大安全隐患排查力度，全面开展节庆活动、工程建设、交通运输、生产经营等重点领域的安全整治，防止重特大事故发生，继续加大对非法集资和跨境赌博活动打击力度。谋划好2014年工作思路。面对新的改革和发展机遇，要将中央关于全面深化改革的部署与永康实际紧紧结合起来，进一步理清2014年及今后一段时期的工作思路。要在践行三中全会精神中深入调查研究，在一些重点领域、重点环节开展实实在在的改革。

【农业农村工作调研】 11月4日，市委副书记蒋金红赴石柱镇调研农业农村工作，重点沿着李溪山水休闲1号线的建设，先后实地踏访前郎、云溪和塘里3个美丽乡村精品村，听取石柱镇领导和相关村干部有关农业农村工作的介绍。云溪村和前郎村分别通过举办首届美丽乡村石柱行和首届荷花节，引起社会各界和新闻媒体的极大关注，实现了农民增收。石柱镇在每一个美丽乡村都布置有景观林与休闲林。前郎村村口有休闲公园，村中有文化广场，村尾有百亩古树精品园。云溪村口老树迎宾，搭配农业示范园建设。塘里村口的仿古亭绿树掩映，村尾的孙权文化园选址在山林中，沿村道路树木栽种错落有致。蒋金红指出，一定要以最高规格抓紧做好李溪规划，将一个个美丽村庄串连起来，营造“长藤挂珠”景象，把李溪打造成永康最美河流。

【村级组织换届工作会议】 11月7日，全市召开村级组织换届选举工作会议。市委书记徐华水出席并作了重要讲话，市委副书记、代市长金政主持会议，市委常委、组织部部长楼初阳对村级组织换届选举工作进行部署。象珠镇、古山镇在会上介绍选举经验。会议回顾并总结了村级组织换届试点工作和经验。试点工作中，细化了严重“违法建筑和违法用地”的具体表现情形和处置程序；首次探索实行村党支部女委员专职专选；实行候选人现场回避制度；全面推行“竞选承诺、创业承诺、服务承诺、辞职承诺”四项承诺制度；开展有组织的竞选活动，探索统一发放竞职材料和走访选民等做法，积累了村级组织换届选举全面铺开的经验。农村“二次出发”需要一个好的带头人，村级组织换届要选出“四类人”：选出政治上的“明白人”，而不是以为权力可以用来谋私的毫无原则的“糊涂人”；选出群众的“贴心人”，而不是村民难得一见的“陌生人”；选出致富的“带头人”，而不是没有能力什么事都不做，你好我好大家好的“老好人”；选出干事的“实在人”，而不是夸夸其谈，只知空口承诺不知干实事的“天上人”。省里明确规定“五种情况人员”不得当选，“六种情况人员”不宜当选。市委也明确提出了相关规定，各镇（街、区）要做好选前排摸，绝不让不符合

8 月 29 日，市委召开全市组织工作会议暨干部队伍建设大会（组织部提供）

条件的人员进入村干部队伍。换届选举每一个程序都要到位，决不允许随意简化程序，切实保障换届选举程序的合法性和选举结果的有效性。严肃选风选纪，对贿选等违法违纪行为要有报必查，露头就打，从严从重打击。全市村级组织换届工作要结合实际，把握时间节点，确保 12 月底前全面完成。

【美丽乡村建设工作督查】 11 月 15 日，市委组织农办、城管执法、环保、水务、农业、建设等部门负责人，督查农村卫生保洁、污水处理、建设美丽乡村工作。市委副书记蒋金红一行先后督查东城街道河南二村污水管网埋设，象珠镇清渭街村历史村落保护情况，并视察方岩镇象瑚里村占鳌公祠等省文物保护单位、大园村饮用水源保护区污水处理情况，还考察舟山镇外木坦村的生态湿地建设、前仓镇枫林村落保护工作。随后转道石柱镇新店村、厚仁村等，检查卫生长效保洁工作。督查组发现有些镇街区村存在脏乱差现象，当即要求相关领导抓紧落实长效保洁责任，对污染环境的低效厂房尽快统一思想，实行改造，转型升级，或转为发展三产。河南二村、大园村、灵岩寺前村管网实现雨污分流，采取沼气进行污水处理，取得很好的效果。蒋金红提醒各镇村管护要跟上，做好正常的维护与检测，把处理池建成花园式的景点。对饮用水源保护区，各相关镇与农业、林业等部门要一起认真探讨既能保护好生态、处理好污水，又能让老百姓富起来的办法。鼓励山区农民搬出去实现致富梦，同时引导留在这里的农民发展生态环保产业，实现致富梦。

【李溪南溪沿线环境协调】 12 月 10 日，市委举行李溪、南溪沿线环境整治暨《李溪河道水环境改善工程项目建议书暨可研报告》审查工作协调会。市委副书记蒋金红与有关部门领导参加会议，李溪、南溪沿线镇、街道、村负责人与会。蒋金红一行实地查看李溪南溪沿线环境状况，听取石柱镇有关李溪河道水环境改善工程前期工作情况的汇报，听取市水利水电勘测设计院有关李溪河道水环境改善工程设计的报告。规划、林业、交通、建设、农办等十多个职能部门负责人，结合李溪、南溪沿线环境整治及李溪河道水环境改善工程，就河道防洪标准、坟墓整治、污水管网、游步道与自行车道等配套设施的设置，如何结合沿线街道、镇与村庄规划来设计等提出意见和建议。李溪、南溪沿线以打造休闲运动观光旅游功能为主。在水环境整治中，沿线建筑垃圾、工业垃圾、生活垃圾要全面清理。在河道清淤清障过程中，要尽可能保持原生态。李溪、南溪整治要与石柱山水休闲一号线、江南永祥运动休闲线等连贯起来。12 月底前做好规划的完善工作。

纪检监察

■ 廉政教育

【概　况】 2013 年市纪律检查委员会及监察局开展多渠道、多形式、全方位的反腐倡廉宣传教育。以领导岗位、中层岗位和涉及"人权、财权、事权"等重点岗位的党员干部为对象，组织各级党员干部特别是领导干部进行廉洁从政专题学习教育。召开全市领导干部党风廉政专题教育会，开展政治品质和道德品行教育，观看廉政专题片《失德之害——领导干部从政道德警示录》，以真实案例警醒和教育党员领导干部从中吸取教训，重点强调学习中央"八项规定"、省委"六个严禁"和"28 条办法"，金华市委"25 条规定"和市委"21 条规定"的纪律要求。加强党员领导干部理想信念和宗旨、党性党风党纪的教育，不断夯实党员干部廉洁从政的思想基础。以开展任前廉政教育谈话、观摩警示电教片、发放廉政教育读本等方式对全市中层以上干部进行党风廉政教育。一年来对 120 名提拔任用的市管领导干部开展任前廉政教育谈话，分别发放《领导干部廉洁从政学习手册》，填写《廉政承诺书》、《新任(转任)市管领导干部廉洁自律情况登记表》和《新任(转任)市管干部基本情况登记表》，增强领导干部廉洁自律意识。坚持开展反面典型教育和庭审警示教育，组织各部门单位中层以上干部参加职务犯罪开庭审理旁听，以身边案例教育身边人。向全市 710 名市管以上领导干部发放廉政教育读本《前进一步深呼吸》。加强农村党风廉政教育，组织开展《农村基层干部廉洁履行职务若干规定(试行)》的宣传学习。

【反腐倡廉网络信息宣传】 2013 年市纪委监察局围绕反腐倡廉热点问题和涉腐涉纪信息，广泛开展网络舆论引导，形成正确的舆论引导。加强永康反腐网站建设，提高信息更新速度，增强宣传教育实效。完善领导干部廉政短信息教育平台，更新全市中层以上领导干部和家属通讯号码。开展廉政短信温馨提醒。元旦春节期间，将中央"八项规定"和省委"六个严禁"主要内容编辑为 7 条廉政短信开展温馨提醒，每周五发送给全市中层以上领导干部；"五一"、中秋、国庆等节假日期间均发送廉政短信，提醒领导干部在节日期间加强廉洁自律。

【反腐倡廉新闻专题报道】 2013 年市纪委监察局建立反腐倡廉新闻宣传联络组和联络机制，每月召开反腐倡廉新闻宣传联络组碰头会，对作风建设、非公企业防治腐败工作、阳光工程建设、廉政文化建设、便民服务中心规范化建设等五个专题开展了新闻采写活动。推出《正风提效抓落实》电视新闻专题报道活动，围绕 2013 年市委市政府抓反腐倡廉工作和作风建设工作的重点，通过《市领导率先垂范，关注民生转作风》《克难攻坚敢担当，重点工程稳步推进》《加快行政审批制度改革，服务环境不断优化》《打造阳光工程，权力运行更加规范》《新举措新气象，农村党风廉政建设更加深入》《惩防并举，拒腐防变体现更趋完善》六个主题，宣传反腐倡廉和作风建设工作取得的成效。

【廉政文化精品工程建设活动】 2013年市纪委组织开展多种形式的廉政文化活动，建设廉政文化精品工程。方岩作为永康市第一个省级廉政文化教育基地，从载体创新、内容拓展、设施维护、加强管理等四个方面不断强化教育基地的管理，提升廉政文化教育基地的功能，为开展党员干部理想信念教育创造良好条件。完善教育基地设施建设，充实基地宣传教育资料，增加现代化宣传展示设施，丰富廉政文化教育方式。拓展方岩廉政文化教育基地的外延，开展胡库下村廉政文化礼堂建设。利用胡公故里优势，挖掘胡公“为官一任，造福一方”传统廉政文化资源，丰富廉政文化教育基地的内涵。开展廉政文化建设系列活动。开展廉政文化“六进”示范点创建。坚持突出重点，以点带面，创新非公企业廉洁文化建设，丰富农村廉政文化活动，加强廉政文化进家庭建设，开展廉政文化“六进”示范点创建活动，新增创建省级廉政文化“六进”示范点3个（东城街道高镇村、众泰控股集团、市妇联）。组织开展廉政文艺巡回演出，由市文化馆选取两个廉政文艺节目纳入送戏下乡工作，推动廉政文化进农村。继续与永康电视台联合办好《气象廉政》栏目，定期播出廉政格言、警句、漫画。参加第二届全国中小学生廉洁文化书法创作邀请赛和第三届中国（浙江）廉政小小说大奖赛。开展优秀廉政文化优秀作品征集推选活动，向上级纪委选送我市优秀廉政文化作品《为了卫士忠诚》和《高镇小学童谣》。

（俞文晓）

■ 违纪查处

【概　况】 2013年共立案136件，其中大案103件，要案4件，移送司法机关6件，监察对象21名。从处理结果来看，全年处理党员干部136人，其中受党纪处分129人，受政纪处分12人，受党政纪双重处分5人。受党纪处分人员中，开除党籍的103人，留党察看3人，撤销党内职务1人，严重警告9人，警告13人；受政纪处分人员中，开除公职4人，撤职1人，记大过1人，记过5人，警告1人。从违纪类型来看，被开除党籍的103名党员中，超计划生育的54人，占52.4%；开设赌场11人，占10.7%；危险驾驶（醉驾）6人，占5.8%；交通肇事，故意伤害，掩饰、隐瞒非法所得各4人，分别占3.9%；贪污受贿7人，占6.8%；失职、诈骗罪各2名，分别占1.9%，抢夺、包庇、非法传销、非法转让土地使用权罪、销售假药等各1名。非开除类的33名党员中，留党察看3人，其中非法经营1人，侵犯著作权2人；撤销党内职务1人（违反财经纪律）；严重警告9人，其中违反财经纪律3人，赌博4人，拒不服从组织决定1人；使用伪造公文1人；警告13人，其中赌博12人，侵犯他人人身权利1人。政纪处理8人，其中撤职1人，违反工作纪律3人，失职4人。在被处置的党员中，公职人员占24人，其中开除党籍的12人，分别是贪污7人，危险驾驶1人，包庇1人，非法传销1人，失职2人。

【群众信访举报办结492件】 2013年，市纪委注重发挥信访举报主渠道作用，开展市、镇两级纪委领导定期接访、下访、约访活动，对重点信访问题进行跟踪督办，有效解决疑难复杂信访案件；全面实行乡镇纪检信访举报工作四级责任制、“三访”预警机制和重复信访复查复核机制，做好重信重访专项治理工作，对上级重点信访交办件实行领导包案化解。2013年，永康市纪委监察局共受理群众信访举报535件，同比上升22.0%，已办结492件，办结率为91.9%。

【村组织换届选举违纪问题查处】 2013年市纪委监察局加强案件审理工作，通过开展协助审理、坚持公开审理、进行回访教育，有效提高案件审理的质量；充分发挥办案治本功能，切实增强案件查办的综合效应；开展公职人员党纪政纪处分决定执行情况专项检查，维护处分决定的严肃性。按照市委“有报必查、露头就打”的指示要求，严肃查处村级组织换届中违纪违法问题。2013 年村级组织换届选举期间，共查处涉选案件 24 起、违纪违法人员 30 人，其中贿选案件 14 起、20 人，破坏选举秩序案件 8 件、8 人；殴打他人案件 2 件、2 人，阻碍执行职务案件 1 件、1 人；妨害公务案件 1 件、1 人。

【案例选登】 方某，男，汉族，1964 年 1 月 21 日出生，浙江永康人，大学文化，行政机关公务员，1986 年 7 月参加工作，1996 年 7 月加入中国共产党，2003 年 7 月任永康市行政服务中心党组成员，2003 年 8 月任永康市行政服务中心副主任。2011 年 8 月方某利用职务之便，非法收受他人财物为他人谋取利益，受贿金额 17 万元，其行为已构成受贿错误，情节严重，市纪委开除方某党籍，市人民法院以受贿罪判处有期徒刑 7 年。

徐某，男，汉族，1975 年 4 月出生，浙江武义人，本科文化，1999 年 9 月参加工作，2007 年 8 月加入中国共产党，原系永康市公安局民警、物证鉴定室主法医师。2007 年至 2012 年，徐某利用职务之便，非法收受他人财物，为他人谋取利益，受贿金额 42 000 元，其行为构成受贿，情节严重，市纪委已开除徐某党籍。被市人民法院以徇私枉法罪、受贿罪分别判处有期徒刑 1 年 6 个月、有期徒刑 2 年，决定合并执行有期徒刑 2 年 6 个月。

胡某，男，汉族，1963 年 12 月出生，浙江永康人，大学文化，行政机关公务员，1988 年 8 月参加工作，1998 年 8 月加入中国共产党，原系永康市公安局民警、物证鉴定室副主任法医师。2009 年至 2011 年期间，胡某身为中共党员、行政机关公务员，徇私舞弊，出具虚假鉴定结论，构成徇私枉法错误，情节严重。市纪委开除胡某党籍，市政府开除胡某公职。

陈某，男，汉族，1954 年 3 月出生，初中文化，1997 年 11 月加入中国共产党，永康市江南街道山后卢村人，1999 年至 2013 年 11 月任山后卢村党支部书记、经济合作社社长。2005 年至 2006 年期间，陈某身为村党支部书记、经济合作社社长，为筹集村庄整治资金，召集村三委成员集体讨论，违反土地管理法规，将村集体房屋非法转让给个人，其行为已构成以其他形式非法转让土地使用权错误，情节较重；另陈某将招待费等费用以虚开工程款的方式进行报销，其行为已构成其他违反财经纪律错误。2013 年 12 月 10 日，市纪委给予陈某留党察看一年处分。

2013 年 9 月，象珠镇江头村党员邵某为达到当选新一届党支部委员目的，分别向江头村邵某某等三人赠送人民币 20 000 元、8 000 元、9 000 元，要求该 3 名党员在党支部换届选举中予以支持，其行为已构成侵犯他人选举权的错误，被给予留党察看 2 年处分。

2013 年 12 月，经济开发区荆山陈村党员郑某为达到当选新一届党支部书记的目的，授意党员陈某、陈某等人出面向该村 10 名党员进行拉票，向 12 名党员贿送人民币总计 29 万元。郑某、陈某、陈某三人行为已构成侵犯他人自由行使选举权的错误，市纪委决定给予郑某留党察看一年处分，给予陈某、陈某党内严重警告处分。

（王　献）

■ 行政监察

【概　况】 2013 年为规范和加强国有资产存量和使用情况，市监察局、财政局牵头，会同市国资办、审计局、建设局等职能部门，对行政事业单位国有企业开展资产清查。9 月 27 日，市委、市政府下发《关于开展永康市行政事业单位国有企业资产清查工作的通知》，对清查的工作目标、范围、开展步骤及时间安排、工作要求等环节制定方案。29 日，国资办召开动员部署会议，永康市纪委监察局于同日下发《关于严明纪律确保我市国有资产清查工作顺利进行的通知》，明确工作责任，严肃核查纪律以及责任追究机制。10 月 16 日至 18 日，市委常委、纪委书记范晓东，副市长李卫星带领市监察局相关工作人员，对清产办、国资办、财政局、交通局、经信局、卫生局、教育局、芝英镇等重点单位进行督查走访。11 月 5 日至 6 日，范晓东、李卫星一行又对西城街道、明珠投资有限公司、象珠镇等 8 家资产量大、资产复杂的单位进行督查走访。12 月，由市监察局、审计局、财政局、国资办、国土局、建设局、规划局、中介机构等单位组成的 16 个核查小组对各单位的房产、土地、车辆等固定资产存量使用情况、对外投资、债务等实行核查，并由中介机构出具核查报告。市资产清查办公室将对自查与核查中发现的问题进行归纳整理，按照相关政策提出处理意见并下发《整改意见通知书》。

【学校食品采购配送情况检查】 3 月 14 日至 21 日，永康市监察局会同市府办、市食安办、教育局、农业局、工商局、药监局等单位对市内五家配送企业和八所公办学校校园配送食品安全情况进行专项检查，落实省委省政府提出的“千万学生饮食放心工程”及永康市委市政府提出的“十万学生饮食放心工程”方案。针对发现的问题，市教育局召开校长会议，下发《永康市教育局关于进一步加强全市学校食堂管理工作的意见》。6 月 17 日和 11 月 8 日，永康市监察局会同市府办、食安办、教育局、药监局对部分中小学食堂终端网络探头安装情况、市药监局监控中心网络平台建设情况以及学校食堂食品原料配送情况进行专项督查。现全市各中小学的食堂已全部完成在线监管，监管率达到 100%。

【中介机构检查整顿】 4 月 3 日，市监察局会同市工商行政管理局下发《关于开展中介机构专项检查整治的通知》，规范中介机构从业行为，建立健全对中介机构监管的有效机制，推进社会诚信体系建设，优化全市经济社会发展环境。针对中介机构的自查情况，2013 年 7 月 8 日至 19 日市监察局会同市工商局、审计局、物价局、财政局对全市 11 家中介机构进行重点抽查。针对检查中发现的问题，各职能部门依照各自职责严肃处理。

【社会团体专项清理整治】 4 月 7 日，市监察局联合民政局、财政局、审计局、纠风办等单位下发了《关于开展社会团体专项清理整治工作的通知》，对全市的社会团体进行专项清理检查。10 月 9 日至 15 日，市监察局联合相关部门对 16 家社会团体进行抽查。针对发现的问题，告知被检查单位，要求主管部门对整改情况进行跟踪。

【党务村务财务公开】 4 月 8 日上午，市纪委、效能办、电信局、石柱镇纪委等部门领导深入调研石柱镇新店村、姚塘村，查看有关村级便民服务和“三务”（党务、村务、财务）公开信息平台建设情况。随后，叶海滨在现场召集相关部门会议，要求市电信局不断改善村级“三务”平台。对群众提出的一些好的意见要认真吸取，要把特色工作做足，尽快做到全覆盖。村务监督委员会工作人员要站好岗，积极热心接听接待群众来电来访。各有关单位要按省纪委的要求，加快推进村级便民服务和“三务”公开信息平台建设，让村（居）民在家里打开电脑或电视机以及手机就能了解村里（小区）的情况。

【“三改一拆”台账资料工作督查】 5 月 22 日至 6 月 4 日，永康市监察局会同组织部、市府办、国土局等相关部门单位，根据金华市“三改一拆”行动领导小组办公室《关于进一步规范和完善“三改一拆”工作台账资料的通知》以及《关于严明工作纪律推动我市“三改一拆”工作顺利开展的通知》的要求，对全市16个镇(街、区)“三改一拆”工作推进情况以及党员干部违法建筑自查情况和违法建筑拆除相关工作台账的建立情况进行督查。经督查发现各部门均已高度重视“三改一拆”工作,并建立专门工作机构,明确工作任务,完成“三改一拆”情况调查摸底,建立台账资料。

【楼堂馆所和办公用房清理】 10月21日,永康市委办、市府办下发《关于开展全市办公用房清理工作检查的通知》,全面贯彻落实浙江省委办公厅发的《浙江省党政机关停止新建楼堂管所和清理办公用房方案实施办法》。11月11日至20日,在前期自查的基础上,市监察局会同市机关事务管理局对全市各镇街区、办事处、管委会以及各部门单位进行复查并下发整改通知书,制定办公用房清理规范建议方案。

【水环境综合整治督查】 11月25日,市委常委、纪委书记范晓东带领市水务、环保等部门,对东城街道、江南街道和城西新区等区域的水环境综合整治工作进行督查,对下一步工作提出要求。范晓东一行实地走访华溪东湖段、金属表面精饰整合区和倪宅溪。华溪东湖段水环境整治工作已取得一定效果,经过迁址和改建,新建的垃圾房能有效阻止垃圾进入河道。电镀行业污染整治进入扫尾阶段,18家电镀企业有14家通过整治验收,1家在整合区动工建设,其余3家停产整治。化工行业整治提升工作取得初步成效,9家列入整治的化工企业中,7家完成整治,被停产整顿的2家11月底完成验收。镇街区交接断面水质在9月至10月达到Ⅲ类以上水质的断面数较去年有所增加。从桐琴桥断面监测情况看,7月至10月,氨氮、总磷浓度较2012年有所下降,但断面水质类别不容乐观。督查过程中,范晓东肯定前一阶段各个部门的工作成果,要求在水环境综合整治过程中形成共识,加强主体责任意识,打好整治工作的持久战。

【公务员、事业单位人员招考监督】 2013年市监察局围绕招考公告、报名、笔试、面试、体检这一主线,对公告的公平性、出卷的保密性、考官的公正性、体检医院的抽签等方面进行监督,提出合理化建议,保证招考工作的公开、公平、公正。全年参与公务员、卫生系统、教育系统等554名干部的录用监督工作。

2013年招考监督情况表 (单位:人)

总计	公务员	教师招聘选调	事业编制	卫生系统招考及进城选调	定向农村社区医生
676	82	257	73	253	11

【工程建设领域突出问题治理】 2013年永康市工程建设领域突出问题专项治理领导小组办公室将工程招投标、政府采购、土地招投标的公告和中标企业名称、中标额、预算额等信息全部在永康招标网上公开,接受社会监督。参与永康招投标的145家企业(特别是建设工程类企业)的相关信息,如企业的资质、企业从业人员的资质信息、企业从业人员的社保信息等情况全部录入数据库,用于招投标资格审查。加强对应用信用报告工作的落实,对招投标企业的违法违规行为,全部在永康招标网上公开。

(任云峰)

组织工作

【概况】 2013年,市委组织工作坚持“实、稳、好”三字,围绕中心、服务大局,不断加强党的建设和组织工作。年内市委组织部对原有干部工作制度进行全面梳理,以“从实绩看德才、凭德才用干部”为导向,出台“单位创业承诺考核”、“市管干部考核”、“全员绩效考核”、“考绩任用干部”、“班子运行评估”、“不胜任调整”等“1+5”干部新政策，建立一套实绩用人、能上能下、奖优罚劣的干部选任管理机制。科学调配市管干部，2013年调整市管领导干部2批107人次。开展市后备干部集中调整，首次运用“立体式”考察法，上报金华市级后备干部人选33名，确定永康市管后备干部319名。加强换届后干部教育培训，全年举办34个培训班，培训干部5 500人次。年内招收85名公务员(含参公)，实际录用81名，其中党群、乡镇28名。安置军转干部4名。完成党群系统单位最后一批8家拟参公单位材料收集上报工作。做好17名事业身份乡镇选任制班子成员公务员登记和机关事业身份班子成员公务员调任工作，开展公务员登记和非领导职务确认工作。做好77名试用期满转正定级和军转干部公务员登记。做好干部档案日常归档和查阅工作，完成干部档案卷盒更换工作。

【党组织“五星争创”主题活动】 2013年，市委组织部通过乡镇干部业务培训、举办全科干部民情比武电视竞赛等举措，提高乡镇干部全身心服务群众的能力。实行全员联村和“周三夜访夜谈”制度，建立巡查暗访机制，推进干部作风转变。开展“五星争创”主题活动，对全市1 961个党组织重新分类定级，全市党员开展五星评定。探索推广村干部“异地挂职”制度，实施农村“领头雁”工程，进一步夯实村级组织力量。

【引进创业领军团队和人才】 2013年，市委组织部制定出台《关于加快引进创业创新领军团队和人才的实施意见》，成功申报双龙计划人选6名、省千人计划3名。实施地方拔尖人才“5050计划”，举办青年企业家香港传承培训班和中国人民大学EMBA永康研修班。出台《高层次人才“生活服务绿卡”制度暂行办法》，抓好人才保障性住房建设，开展院士专家永康行活动。建立各类人才科研(工作)站102家。加强大学生村官队伍管理，新选聘2013年大学生村官24名，实现6年聘期满大学生村官平稳有序流动。

■ 干部工作

【概　况】 2013年，市委组织部联合市纪委发出《关于严明工作纪律推动我市“三改一拆”工作顺利开展的通知》等文件，抽调40多名市管副局级后备干部组成8个督查组，参与“三改一拆”工作。对党员干部违章建筑等情况进行督查。全年先后抽调120名干部参与“八大指挥长”工程、“进企业、解难题、送服务”活动等全市重点工作。通过组织程序开展谈心谈话，先后做通浙商回归产业园、现代农业装备高新区等重点工程涉及的4批次农户工作，年轻干部在一线得到锻炼和考验。

【干部考核制度创新】 8月29日，市委组织部召开全市组织工作暨干部队伍建设大会，出台“领导班子配备运行评估办法”，加强领导班子建设，为科学调配领导班子提供翔实参考依据。完善“市管干部年度考核办法”、出台“全员绩效考核办法”，以考核结果作为干部“上”和“下”的依据。出台“调整不适宜担任现职领导干部实施细则”，设定“下”的5大类27种情形，制定对“下”的干部分类安排的相关配套制度，让“下者”心里服气。实行“考绩任用领导干部实施办法”，每年从考核优秀单位的优秀个人中定向选拔一定数量的科级干部。加强镇(街道、区)全科干部队伍建设，制定出台《关于进一步加强镇(街道、区)干部队伍建设的实施意见》，定期对各镇(街道、区)干部队伍建设工作进展情况、制度落实情况进行督查暗访。做好部管干部交流调整、试用期满考核和镇(街道、区)中层干部调整指导工作，提任或调整部管干部26名。联动开展县处级领导干部和“80后”乡镇党政正职人选公开选拔，选拔出“80后”镇长

1名。

【干部培训1万人次】 2013年，市委组织部制发《2013年度永康市干部教育培训计划》，全年举办新任市管班、“三型”领导干部高级研修班、中青年干部培训班等，开展网络教育、知识更新培训等1.05万余人次。推进干部教学方式改革，主体班次实行体验式教学、情景模拟教学、举办学员论坛、选派学员到重点工程调研、实行“双百”学分考核、评选优秀学员等做法，增强培训实效。加强学风建设，出台《关于在干部教育培训中进一步加强学员管理若干规定》，加强现场教学基地建设，创建省级现场教学示范基地（总部中心）和金华市级现场教学基地（众泰集团）各1家。

（孟　军）

■ 基层党建

【概　况】 2013年市委组织部开展基层党组织“五星争创”主题活动，对全市1 961个党组织进行分类定级，评出五星级农村基层党组织57个，四星级162个，三星级293个，二星级196个，一星级36个。其他领域基层党组织五星级117个，四星级515个，三星级323个，二星级224个，一星级38个。实施“示范”、“提升”、“转化”三项工程推动“五星争创”，共帮助化解信访矛盾951件，协调解决发展难题689件，办实事、好事567件，各基层党组织普遍得到晋位升级。开展党代表工作室“争星创先”活动，各个领域的党代表参与调研视察、列席会议、集中询问等工作。推行“党员五星管理”办法，完善党员公益日、党员“一岗双联”、党员“三亮化”等制度，实施无职党员、预备党员、入党积极分子认领村公益事项，党员志愿服务、机关党员进社区“微心愿、心连心”等主题活动，搭建好党员作用发挥平台。全年全市28支党员志愿服务队，吸纳5 600名党员志愿者，开展2 680次志愿服务活动。9 300名在职机关党员进社区报到，帮助实现“微心愿”1 500个。

【全科型基层党组织培训】 2013年2月，市委组织部全市各镇（街道、区）开展以“全科业务大培训、全科民情大联系、全科之星大评比”为主要内容的“全科型干部、全身心服务”主题实践活动。编印下发《全科宝典》1 500本，开展“周一学习夜”普学、“干部轮值讲堂”互学、乡镇技能讲师团送学、老乡镇“拜师”帮学、定期考评促学等“五学”，评定一批十佳“全科之星”。推行全员联村、周三夜访夜谈，

11月1日，中组部组织二局崔亚飞一行来调研总部中心党建工作（总部中心提供）

形成了联村“六字歌”、“三字经”、联村“三五工作法”等一批联村工作法。分类制定乡镇“全科干部”建设标准，出台加强乡镇干部队伍建设的“八条意见”，推行“六项督查法”、“四线工作法”、巡查暗访等有效机制，抓工作落实，转变干部作风。围绕“育强领头人素质、推进新农村建设”主题，举办新一轮农村领头雁培训班，选派36名优秀村党支部书记到江苏苏州等地学习农村先进建设管理经验，请苏州专家卢水生作“发展村级经济，实现共同富裕”讲座，拓宽新农村发展思路。探索推广村干部“异地挂职”制度，选派优秀村干部下挂后进村任职和后进村干部到先进村进行挂职学习，推进帮学互促、共同提升。完善两新党建领导体系，两新工委直接管理党委2个、支部46个。探索总部党建及党员干部教育培训现场示范基地建设工作，成立总部中心党委，实现对175家企业的网格式组织覆盖。完成两新党组织覆盖目标，新增单建党支部7家，临时党支部41家。部署开展党群服务中心建设，对2 316名流动党员开展同等化管理工作。开展“百企百村五星联创”活动，104家“双百”企业和行政村结对“联创五星”。开展两新党建标准化建设、青春党建、巾帼党建、网络党建等工作。金华市双重管理两新组织党组织书记第一次交流学习活动和“巾帼党建”现场推进会在永康召开，群升集团党委党建标准化建设工作和众泰控股集团党委的青春党建工作得到上级肯定。推进两新党建信息化建设，开展6次“两新党建会客厅”、“双强学堂”微博直播活动，激发两新党建活力。

【村级组织换届选举工作】 2013年9月，村级组织换届开始，先在象珠镇54个村和古山镇世雅上村、世雅下村以及东城街道桐墩村试点，11月7日全市启动，到12月底基本完成。全市710个行政村选举产生党支部委员2 492名、村委会成员2 265名，其中女支委391名、女村委691名，57名大学生“村官”进入村“两委”，村级组织班子结构进一步优化。18个城区经济合作社同步换届(12月23日东城街道高镇撤村建居)。

全市村级组织换届试点工作动员大会(组织部提供)

5月15日，浙江省委组织部到总部中心考察省干部教育示范基地建设情况（总部中心提供）

先进典型；设立外来建设者党支部、永康在外商会党支部等，深化完善党员的管理服务体系。

【村干部任职激励保障机制】 2013年，市委组织部对全市1 399名村主职干部进行基本报酬考核，向其中1 371名村干部发放基本报酬1 549.72万元。出台《关于实施"富村五年计划"扶持经济薄弱村发展集体经济的实施意见》，对集体经济年收入少于5万元的405个经济薄弱村发放经费补助1 566.08万元。对任职15年以上的758名离任村主职干部发放补助金120.94万元。市财政按照革命老区村每村平均3万元、其他每村2万元的补助标准，给19个村发放补助金49万元。

【非公企业党建工作调研】 11月1日，中组部调研组和省委组织部副部长、省委两新工委书记庄跃成等来永康实地调研非公企业党建工作。市非公企业党建工作更加扎实，青春党建、巾帼党建等群体党建工作做到精细化、品牌化。党建工作、党组织在实现"两覆盖"的基础上，进一步围绕企业生产经营，充分发挥非公企业党组织作用，实现有形覆盖到有效覆盖。

1993年市第一家非公企业党组织建立，2013年10月底，全市7 982家注册民营企业实现党组织全覆盖。固定从业人员80人以上的非公企业单独建立党组织，有党委10家、党总支3家、单建支部701家和联建支部152个。在有力推动非公党建工作开展的同时，还搭建平台，依托非公党建理论研究会丰富活动载体；通过设计开展党建工作质量年、组织建设规范年、巩固提升年等系列党建活动，党员亮化身份、亮化承诺、亮化考核；以和谐企业建设活动等载体，推进两新组织双强争先；通过主抓32家市级双重管理两新党组织的党建提升工作，以点带面，积极培育党建

【非公企业党建工作研究会】 2013年，市委组织部发挥永康非公有制企业党建理论研究会平台作用，组织全市两新组织党组织书记培训考察，开展"党建强"促进"发展强"活动，推动两新组织双强争先。举办研究会成立十周年纪念活动，编印市非公有制企业党建理论研究会活动纪实《求索实践的十年》，组织"发展强、党建强"征文活动，并召开纪念大会。年内研究会第三届理事会任期届满，召开第十次会员大会，完成理事会换届工作。

（刑智坚）

■ 干部监督

【概　况】 2013年，市委组织部在继续深化《条例》学习的同时，出台《永康市机关部门（单位）、镇（街道、区）选拔任用干部会前预审和会议列席监督办法》，派员列席相关单位的

市委常委、组织部部长楼初阳主持召开全市干部监督工作联席会议(组织部提供)

人事任免会议。完善"一把手"任前《条例》测试制度,对新任的3位党政"一把手"进行任前测试。对7家单位开展《条例》抽查,下发抽查结果通报和提醒整改通知书。召开全市干部监督联席会议,聘请27名组织工作监督员,建立"18957912386"手机短信举报平台,完成全年信访举报案件的调查回复工作。

【因私出境管理培训机制】 2013年,市委组织部下发《关于开展市管干部因私出国(境)证件清查工作的通知》,对全市682位市管干部重新登记报备和因私证照核查,对63本有效因私证照予以收缴,注销5本遗失证照。下发《关于召开国家工作人员、领导干部因私出国(境)报备工作会议的通知》,开展全市因私出国境报备工作培训。下发《关于对国家工作人员配偶及子女移居国(境)外有关情况调查的通知》,排摸出13名国家工作人员的配偶、子女有移居情况。全年登记备案因公出国(境)31人,审查审批因私出国(境)10人。

(李中秋)

4月19日,市委组织部举办国家工作人员因私出国报备业务培训(公安局提供)

■ 人才工作

【概　况】 2013年,市委组织部调整、充实人才工作领导小组,全年召开2次全市人才工作领导小组会议,建立人才工作专项述职制度。制定实施《关于进一步加强党管人才工作的实施意见》，建立《市级党政领导联系重点人才制度》。按照"虚拟机构、实体运作"模式组建招才局，落实办公经费100万元。充实镇（街道、区）人才工作站，建立重点企业人才联络员制度。

【选拔干部实行"双推三考"】 4月20日，市委组织部采取市县联动的方式"双推三考"选拔后备干部，培养造就一支素质优良、数量充足、结构合理的后备干部队伍。全市竞争性选拔干部工作在永康三中进行笔试，有26位建议人选参加联动选拔金华市管副职后备干部笔试，有404位建议人选参加联动选拔永康市管副局级后备干部。市委常委、组织部部长楼初阳到场巡考。这次竞争性选拔金华市管副职后备干部面向各县市选拔，按照领导班子副职1∶1的比例配备后备干部；永康市管副局级后备干部，面向各镇街区、机关部门、市直企事业单位按照市管领导班子副职1∶1的比例，确定市管副局级后备干部400名，其中机关部门单位240名，镇街区160名。以35～40周岁的干部为主体，30岁以下的干部有一定数量。女干部不少于总数20%，非中共党员干部不少于总数10%。这次"双推三考"市县两级后备干部，经过前期的全员公推、党委差额民主推荐，资格审查，资格考试之后，组织进行综合考评和差额考察，最终市委组织部在汇总考察情况的基础上，按照分配名额、后备干部结构要求、各单位排序意见等情况，集体研究确定市管副局级后备干部名单。

【第二批大学生"村官"入企挂职】 2012年7月，选派首批30名大学生村官进企业挂职。2013年4月9日，根据金华市"千名大学生村官进千企"活动部署，全市第二批大学生村官入企挂职启动仪式在市委党校举行。第二批选派31名大学生村官，到众泰、群升、星月、超人等10多家重点企业，开展为期3个月的挂职锻炼。市委常委、组织部部长楼初阳与会。会议要求第二批大学生村官进企业挂职要完成三大任务，即服务企业转型发展、促进人才队伍建设、推动党建工作开展。入企挂职期间，要拟定一份计划、开展一次调研、开展一次政策宣传、参与一项工作、提供一条建议、撰写一篇体会。要珍惜机会，全身心地认真履职，把握重点，确保进企业挂职取

市委组织部召开人才工作会议（组织部提供）

得实实在在的成效。

【"狮子型"干部队伍打造】 10月22日，永康市委组织部举办全方位、全系统的中青班培训，打造"狮子型"干部团队，进而推进地方经济社会的改革和发展。培训班上，由市领导和部门、乡镇"一把手"作为主讲人的占了一半。主讲人采用案例式、模拟式、情景式等不同的讲学方法，避免一味的"填鸭"式机械教学。培训班还邀请上级党校专家教授、兄弟县(市、区)级领导传经送宝。增设行政执法岗位体验、重大项目工程调研等课题，让学员在实践中更好地掌握做好群众工作的本领。首次将理论学习成绩与党性锻炼相结合考核；在培训中增设国学晨读环节；干部轮流上台主持主讲，交流一线工作点滴经验；与上海复旦大学等单位签订教学协议，开阔学员眼界。

【智汇丽州引才品牌打造】 2013年，市委组织部实施"人才强市"战略制定出台《关于加快引进创业创新领军团队和人才的实施意见》，打造"智汇丽州·双龙精英计划"引才品牌，对来永创业创新团队或人才给予最高1 000万元的奖励资助以及贷款贴息、税收奖励、政府津贴、购房购车补助等系列优惠政策。成功申报浙江省"千人计划"3人(金坚勇、吕晓珍、张洪延)，"双龙计划"6人(金坚勇、吕晓珍、张洪延、吴通、夏庆华、王琦)。

【丽州英才"招才月"活动】 2013年，成立"丽州英才"联谊会上海分会，开展"2013院士专家永康行"暨省农业机械学会协同创新活动，组团参加"海外清华学子浙江行"活动。市委组织部依托永康商会，在天津、南京、昆明、美国、澳大利亚建立人才联络站。11月，开展"招才月"活动，先后召开第五届人事经理会议，召开北京、上海高层次人才招聘会，湖南长沙人才招聘会、湖南校园招聘会、湖北高校"1+2"巡回招聘会，组团参加杭州国际人才交流会。118家企业参加12场各类活动，提供各类工作岗位3 000多个，收到各类求职简历4 200份，达成意向2 000人。

【本土拔尖人才培育选拔】 2013年，市委组织部选拔永康市拔尖人才41名、后备青年拔尖人才37名，成功推荐金华市级拔尖人才4名。并建立信息档案、领导联系、目标管理、实绩考核、服务基层、学习交流、合理使用、动态调整等8项日常管理制度。实施"传承接力"计划，抓好新生代企业家培养，举办青年企业家香港传承培训班和中国人民大学EMBA永康研修班。开展"永康技工"技能比武，打造"永康技工"品牌。

【人才保障服务机制】 2013年，市委组织部出台《高层次人才"生活服务绿卡"制度暂行办法》。加强人才保障性住房建设，建设2幢900套、总建筑面积7.7万平方米的人才公寓。建立省级企业研究院3家、院士工作站3家、博士后工作站2家，建立省级高新技术研发中心10家、校企共建研发中心等研发机构27家，培育认定国家重点扶持高新技术企业41家，组建行业龙头骨干企业研究所13家，申报青年科学家培养计划7人。

【大学生"村官"锻炼培养】 2013年，计划选聘"大学生村官"26名，实际选聘24名。截至9月，2007年首批选聘的6年期满"大学生村官"45人，除1人因怀孕延长合同期外，其他44人均实现平稳有序流动。全年离岗"大学生村官"130人，其中考取公务员31人、考取事业单位66人、另行择业33人。在村级组织换届中，积极引导"大学生村官"参选村两委成员，57人进入村两委班子，其中当选村党支部成员的43人，当选村委会成员的14人，有2人实现村党支部书记和村委会主任"一肩挑"。2013年10月市开展村官知识更新培训，来自全市各镇街区140名大学生村官参加培训。此次培训采用集中授课的方式进行，培训内容紧贴村官工作实际需要，开设大学生村官政策解读、微博与网络问政等课程，同时结合当前重点工作，邀请部门负责人对村级组织换届选举、三改一拆等业务知识进行专题辅导，使培训更具有针对性和实用性。

（王 臻）

宣传工作

【概况】 2013年，市委宣传部在开展理论党教，狠抓大众传媒，加强对外宣传管理和精神文明建设、思想道德建设等方面，做了大量工作，取得显著成绩。年内永康的大众传媒包括《永康日报》、《永康金报》、电视台、电台、新闻网等，以服务永康及周边县市和满足当地群众需求为宗旨，提供指导性、权威性、完整性和实用性信息，承担着分辨是非，宣传党的方针、政策的社会责任。年内市委宣传部认真贯彻落实省、市宣传思想工作会议精神，为全市经济发展、社会进步拓展宣传领域，创新方法手段，完善体制机制，为实现永康社会经济持续全面发展营造良好的舆论氛围。如市“两会”宣传、农展会宣传等。并根据不同时期、不同要求配合各部门、各单位做好各类宣传工作。如安全生产月、征兵、“双清”治理、村级组织换届选举工作等。制定《关于进一步加强和规范对外宣传报道工作的实施意见》，调动新闻宣传工作积极性、严肃对外宣传工作纪律性。

年内，以市委中心组为龙头，带动各级党委理论学习中心组开展学习。市委宣传部制定《市委中心组2013年学习计划》，组织市委中心组成员专题学习十八大精神，以及中国梦专题学习，全国、省、金华市宣传思想工作会议，十八届三中全会和习近平总书记系列讲话精神等，邀请央视评论员杨禹作《中国，在奔跑中调整呼吸——从十八大到两会的社会热点解读》等专题报告。2013年组织学习13次，并编发《中心组学习参考资料》《金华社科论坛》《红旗文稿》《时事报告——党委中心组学习》《苦难的辉煌》《大国悲剧》等多种理论学习书刊。

【培育政治思想工作及各类人员】 2013年6月和11月市委宣传部举办两期新闻发言人培训班，并做好政工职称培训、推荐工作。对具有政工职称的相关人员进行培训，把好推荐和评定关，对不符合要求的相关人员进行解释、沟通，对材料欠缺的相关人员进行指导、帮助，评定政工专业初级职称5名，推荐政工专业中级职称3名。在4月8日公布永康市2012年度社会科学优秀成果奖的名单共5项，张晓的《浙江省某中学中学生网络依赖心理与行为干预》获一等奖。市博物馆、市图书馆、市学生实践中心被金华市社科联确定为金华市社会科学普及示范基地。

（胡万鹏）

【三项主题教育实践活动】 2013年市委宣传部开展十八大精神宣传教育活动：组织十八大精神宣讲团进机关、进农村、进社区、进企业、进学校宣讲，并发动理论志愿者、老干部、大学生村官等，成

首届永康市道德模范颁奖典礼搬上第二十八届“华溪春潮”春节联欢晚会（宣传部提供）

立多种形式的业余宣讲团；开展以“中国梦”为主题的中国特色社会主义宣传教育活动，重点针对机关事业单位、学校、企业、农村四个领域。制作一套宣传画，通过图片从“富强梦”、“人民梦”、“强军梦”、“文化梦”、“宜居梦”、“个人梦”、“幸福梦”等方面解说中国梦的内涵和意义。在全市城乡公共场所张贴宣传画 2 000 幅，编印《中国梦学习辅导简明读本》1 000 本，设计 500 米以中国梦为主题的墙体公益广告，创新结合百姓聊天室、微型党课等宣讲模式和载体，开展主题宣讲 100 场次；还开展十八届三中全会精神宣传教育活动。对全市 200 名宣传骨干进行十八届三中全会精神培训，听取省委宣讲团成员、省社科院党委书记张伟斌关于党的十八届三中全会精神的专题报告。

【党员理论教育阵地建设】 2013 年，市委宣传部开展基层党校规范化建设，对基层党校场地布置、教学活动、档案管理等工作作出明确规定，半年进行一次督查指导，对永康一中和先行集团两家优秀的基层单位进行典型培育，争创省级先进。先行集团的李均获金华市基层党校优秀教员。开展“学习贯彻十八大，建设‘两富’新永康”微型党课教案评选，开展“中国梦我的梦”微型党课比赛，有 35 个党组织 38 名选手参加，15 名选手得奖。国土局任雨露获金华市优秀微型党课奖，永康卫校谢爱娥获金华市优秀微型党课教案奖。组织全市党员开展“三读”丛书、2013 理论热点面对面等理论读物学习，培育了国税局党委、第一人民医院党总支两家金华市优秀学习型党组织。开展政研会换届工作，选举产生新一届政研会领导班子。召开论文发布会，开展思想政治工作论文评选，评选出优秀政研论文 35 篇。推进对职工心理关怀工作，在先行集团和王力集团建立职工心理港湾工作室。在各镇（街、区）有条件的村（社区）建立百姓聊天室，创新理论宣讲新模式。并采用“五个一”管理模式：一块牌子，一个班子，一套管理制度，一本《活动记录簿》，一份学习资料。通过《活动记录簿》记录活动开展情况以及百姓反映的社情民意。

【市领导带头调研写论文】 市委理论中心组成员带头开展调查研究。加强社会科学工作，全面完成 2012 年课题结题，新申报 2013 年立项课题 8 项。先后到前仓镇、舟山镇等地开展古村落开发与保护的调研，了解古村落开发与保护的现状、存在的问题，探索进一步促进古村落开发与保护的有效举措。开展“三深入”活动，走访市流动人口管理局、教育局、公安局等单位，召开座谈会并发放调查问卷，撰写《加强对外来民工思想政治工作研究》论文。推进企业职工人文关怀工作，在企业建立“企业职工心理港湾工作室”，开展心理疏导。众泰、王力集团的“企业职工心理港湾工作室”获金华市委宣传部好评。

（施杭锦）

■ 大众传媒

【概　况】 2013 年，市各媒体服从和服务于党和政府的中心工作，围绕“工业强市、生态立市、商旅活市、文化兴市”四大战略和“二次出发，打造永康经济社会升级版”、“一园两区”建设、“道德永康”建设、“美丽乡村”建设、永康教育振兴等，以及“两会”、门博会、五金博览会等经济社会发展大事要事，推出《转作风、在行动》《实干兴永在基层》《我们身边的好人》《寻访身边的感动》等多个系列报道或专栏，为打造“实力永康、活力永康、法治永康、幸福永康”发出主流媒体的时代强音，营造积极向上、团结和谐的主流舆论氛围。

【官方电子信息平台】 1 月 7 日，《永康日报》官方微博正式上线，在腾讯微博和新浪微博两大平台同时发布信息。新闻网加强新闻运作、经营推广、论坛管理和安全防范等工作。是月《永康一周》从2012年的8个版扩到16个版。3月开始在全市推广《城市视窗》LCD屏，覆盖城区酒店、商场、车站等人群密集的场所。继续办好《天下五金》杂志，使之成为五金产业集群的信息平台。广播电视台在数字电视整体转换工作完成后，开展数字电视信息发布平台的建设，特别是政务公开和“三务”公开，扩展了政务信息公开的范围和覆盖人群。开展公安监控项目的建设，完成安装监控摄像头700个，并完成与金华监控中心和金华广电分平台的调试。5月开始进行华数云宽带的测试，月底正式开始推广华数云宽带。截至年底，发展用户3 300户。

（胡万鹏）

【网络舆情24小时监控】 市委宣传部通过全市统一配置的网络舆情导控系统对全网进行监测，对图片、视频、电子报等软件无法有效监测的互联网信息进行人工搜索监测，实行网络舆情24小时响应机制，及时发现网络舆情和可能形成网络舆情的相关信息。2013年报送互联网舆情快报98期。在“公安6·14事件”等重大舆情发生以后，分管网管工作领导第一时间紧急召集相关部门分管领导召开舆情分析会议，经过会议交流使各部门间的信息得以充分互通，对舆情展开深入研判，并提出应对意见。

【网络环境规范】 2013年，永康新闻网开设《“两富”浙江建设进行时》《民族魂 中国梦 金华梦》《建设美丽永康·共筑中国梦》《第十八届中国五金博览会》《向国旗敬礼，做一个有道德的人》等多个网宣专题；根据网络宣传管理平台要求及时部署开展网评和网宣工作；协助兄弟科室做好博览会、门博会等重要展会宣传准备和媒体接待工作。紧紧围绕市委、市政府中心工作，全面做好网络管理、宣传和舆情导控等工作。严格做好永康新闻网论坛贴文管理，及时删除不合管理要求和内容失实贴文，清理市新闻网站刊登或转发的有害政治、涉黄、涉赌等负面信息。对互联网上含“永康”地名作为名称的网站进行了一次全面的排查，整理出网络论坛、留言板等网友互动板块的网站，列入重点监管网站名单。年内还完成网评任务60次，组织网评员500人次，完成微博转评、论坛跟帖、新闻跟帖等各种形式网络评论计800次；组织核心网评员，做好重大事件网络舆情引导，完成“6·14事件”、“薄熙来庭审”、“余姚水灾”等重大事件的网络舆情引导工作。

（陈馨泽）

■ 对外宣传

【概　况】 2013年，市外宣办分两次邀请新华社、中新社、中国商报、中国企业报、新浪网、浙江日报、浙江在线、都市快报、钱江晚报、金华日报、金华晚报等新闻媒体采访团深入永康进行新闻亮点采访报道。记者从“空间换地”、“商会航母”、“阳光食堂”等角度入手，仅12月就撰写20篇稿件，从不同的视角赞扬永康，取得较好的宣传效果。加强与中央、省主流媒体的密切联系，了解媒体特点，通报发展情况，掌握重点宣传安排计划，磋商报道角度，主动通报宣传设想，报送宣传选题，协调统筹上稿工作。至12月底，外宣办全年接待各级媒体记者100批200人次。

（陈馨泽）

【第五届门博会对外报道】 2013年市外宣传办利用第五届门博会契机，集中推出城市形象宣传，除组织新闻发布会等宣传项目以外，精心策划相关领导参加走进“交通之声”直播间专访活动，《市场导报》还专门就此做了专题重点报道。先后在新华社、中新社、经济导报、浙江日报、钱江晚报、香港卫视、香港商报等30家媒体组织宣传专版，在显著位置开辟图文与视频结合的宣传报道。

（俞海英）

市场导报 12-13

中国（永康）国际门博会特刊

第四届中国（永康）国际门业博览会探营

“中国门都”有“门道”

如此火爆

807 家企业要求参展，606 家通过审核

如此迷人

大面积展位成宠儿，全国百强房地产商前来采购

如此创新

“中国门都”加速产品布局，再夺市场一杯羹

如此升级

全国首个五金专业指数即将启动，“中国门都”迈进指数时代

今年门博会办展规模创历史之最

“五大亮点”备受瞩目

第四届中国（永康）国际门博会亮相《市场导报》（宣传部提供）

■ 文化宣传

【概　况】 2013 年，举办第 28 届“华溪春潮”春节晚会，发挥地方文化优势，围绕“实力永康、美丽永康、活力永康、道德永康、幸福永康”为主题创作节目。文艺晚会相继在浙江电视台六个频道和金华电视台三个频道播出，先后两次在美国斯科拉卫星电视网播出。全市各媒体先后举办或承办“第十届健康宝贝秀大赛”、“第七届阳光灿烂六月天晚会”、2013 家装建材博览会、第六届竹笋节等近 30 场大型活动。

【首批 30 个农村“文化礼堂”建成】 2013 年，市委宣传部围绕党的十八大建设文化强国的战略部署，根据省委、省政府和金华市委、市政府关于在农村开展文化礼堂建设的要求，充分利用村庄原有的礼堂、会堂、祠堂、社屋和办公用房作用，进行改建、扩建或新建农村文化礼堂。年内建成首批 30 个农村“文化礼堂”。对农村文化礼堂建设以“两堂五廊一室＋X”为基本架构：“两堂”指礼堂和学堂，“五廊”包括村史廊、励志廊、文化廊、成就廊、民俗廊，“一室”指百姓聊天室，“X”为各村结合本村特色的其他设施。突出“精神家园”的核心定位，注重教育功能，调动农民群众参与的积极性，增强文化礼堂生命力。

【开展文化、科技、卫生“三下乡”活动】 为宣传贯彻党的十八大精神，丰富群众的精神生活，市委宣传部组织市文化局、文联、科技局、科协、卫生局、计生局、团市委、文明办、司法局等 10 个单位开展文化、科技、卫生“三下乡”活动，为群众服务。组织人员到农村书写春联，把科学知识和实用技术送到农村、引导农民学科学、用科学，依靠科技致富，送医送药下乡，宣传防病治病卫生知识，引导农民养成健康生活方式，提高健康水平。

【寻访来自身边的感动活动】 2013 年，市委宣传部组织新闻媒体“走基层、转作风、改文风”，通过寻找、踏访身边的感人事迹，传承中华民族传统美德，引导广大干部群众学习模范事迹，弘扬道德新风，营造文明和谐的良好氛围。

（胡万鹏）

■ 社科活动

【概　况】 2013年，市社会科学界联合会（简称市社科联）发出《关于开展永康市2013年度社会科学研究课题立项申报工作的通知》，课题申报范围为在永人士担任课题负责人并能在2013年完成的社会科学类研究课题。规定凡经过批准立项，成功结题或公开发表的课题，给予奖励。课题研究重点和选题方向是：以科学发展观为指导的马克思主义基础理论研究；围绕学习宣传贯彻党的十八大精神，具有创造性的方式、方法、项目等；现代化国际五金名城建设，包括经济开发区、城西新区、科技五金城、总部中心、浙商回归创业创新园和农机产业园等建设；农业、农村和农民；“平安永康”、“法治永康”、文化强市、教育强市、体育强市、卫生强市、科技强市等重大部署、重要政策实施中的理论和现实问题研究；网络媒体运用、舆论引导研究；永康特色文化研究。如永康学派、民风民俗、永康名人等地方文化；党建、哲学、法律历史等社会科学相关领域有学术创新价值的前沿问题；提高公众社会科学素养的措施；社会科学队伍建设，社会工作机制的优化。

【社科课题立项评奖】 2013年3月，市社科联组织全市参加社会科学研究课题的人士进行课题研究申报工作，并组织专家评审，于3月15日公布永康市2013年度社科立项课题名单，确定《诗词在当代永康文化建设、精神引领和道德素养提升中作用、价值、意义探索》等45项课题为立项课题。12月26日，对2013年度社会科学研究课题进行验收，确定《诗词在当代永康文化建设、精神引领和道德素质提升中作用、价值、意义探索》等13项课题成功结题并给予奖励。

（应广胜）

统一战线

【概　况】 2013年，永康市统一战线工作着力营造统战氛围、打造统战亮点、彰显统战职能，拓展非公经济政策宣讲团的功能，发挥企业帮扶“带头人”作用，分批次组织20个宣讲团成员单位开展“转作风、进企业、送政策、解难题、优服务”系列宣讲活动达15次，走访企业155家。开展全市基层商会换届，推出一批能力强、素质好、威望高的民营企业家进入基层商会领导班子。着力开展民营企业家素质提升工程，先后开展“永商龙泉青瓷文化行”和“永商徽派文化之旅”活动。关心基层关注民生，引导非公有制经济人士健康成长、回报社会，深入开展“回报社会、感恩行动”系列活动，引导非公有制经济人士投身美丽乡村建设，永康组织“寻找十位最艰辛母亲”大型公益活动，引导市异地永康商会投身光彩事业，开展助老、助贫、助学、助残活动。

指导民主党派和统战团体规范组织建设，指导市知识分子联合会开展换届工作。加大党外领导干部实职安排力度，完成122名永康市党外代表人士和70名金华市党外代表人士后备人选推荐。开展以“推进创新驱动发展”为主题的九三学社专家永康行活动，各民主党派、统战团体联合开展服务月活动服务三农，举办多形式的医疗、科技、扶贫下乡共计4次。实施民主党派、工商联、统战团体负责人民主恳谈会制度三次，主题囊括新农村建设、政府效能建设和市重点工程推进，完善基层民主协商制度。在舟山镇槐花村、市残联等基层组织设立3个统一战线服务实践基地，创新社会服务机能。开展党外人士看效能活动，创新民主监督机制。

开展以“教风”为主题的和谐寺观教堂创

建和星级宗教活动场所评选工作。注重抓好宗教活动场所消防安全工作，开展“除隐患、保安全”专项行动和“彻查整治火灾隐患百日大会战”专项活动。强化宗教活动场所建设管理工作。开展民间信仰活动场所调查，全市共有民间信仰活动场所600余处。开展非通常宗教活动安全专项检查，落实安全预案和防范措施。开展宗教活动调查摸底工作。创新宗教管理机制，建立宗教管理预警员队伍，健全市、镇(街、区)、村居(社区)三级宗教事务管理和信息通报网络。组织非公经济人士对婺城区塔石乡高塘村进行脱贫帮扶，支援开化县贫困山区美丽乡村建设。做好中高考政策性加分中少数民族考生的民族成分审核工作，切实保障少数民族权益的落实。

召开市侨联四届八次全委会，出台《永康市侨联常委、委员行为守则》。开展基层侨联组织建设，实现全市基层侨联组织全覆盖。开展全市基本侨情调查，建立和完善侨情数据库。做好港、澳、台、侨胞及海外重点人士回乡探亲的接待工作，全年共接待135人次。开展万名侨商进百区活动，推动侨商回归发展永康经济。指导香港永康同乡会换届，完成香港永康同乡会乡情基础资料的收集。深化海外工作站建设，积极开展“三个一”活动，先后从美国和新西兰引进3位博士，省“千人计划”实现零突破。

【民主恳谈会制度施行】 2013年，民主党派、工商联、统战团体负责人民主恳谈会由永康市委统战部主办，各民主党派、工商联和统战团体轮流承办，每季度召开一次。恳谈会由承办单位提前确定一个会议主题，并邀请涉及会议主题的政府各部门领导参加，党外人士就相关工作向政府部门进行议政和监督。全年进行3次，主题囊括新农村建设、政府效能建设和市重点工程推进。

【宗教活动预警员队伍建立】 为全面掌握宗教活动动态，及时发现不稳定因素端倪并有效处置，2013年，市委统战部探索成立一支30人的预警员队伍，建立一套行之有效的宗教矛盾纠纷预警防控机制，覆盖全部镇(街、区)。预警员在宗教教职人员、信教群众和基层村(社区)干部中挑选，预警员的职责是了解所处辖区范围内宗教活动状况，随时掌握宗教活动的变化和发展，将掌握的宗教工作隐患报告给宗教管理部门，开展调解和排解工作。

【海外工作站建设】 2013年，市统战部先后从美国和新西兰引进3位博士，实现了在省“千人计划”上的零突破。这得益于深化海外工作站建设开展的“三个一”活动：一次永康市情推介会，发布永康经济社会发展等信息；一次海外人才招聘，协助做好人才的招聘、项目的引进等工作，为永康经济社会发展牵线搭桥；一次侨商侨胞联谊，及时发现海外侨商侨胞和留学人员中的优秀代表人士并为我所用。

【统一战线服务基地创建】 2013年，永康设立3个“统一战线社会服务实践基地”，旨在凝聚统一战线力量，发挥统一战线优势，集中智力、财力、物力，在最需要服务的基层单位、弱势群体中设立长效平台。改变各统战团体社会服务工作各自为战，只求形式不求实效，只做时点没有长效的状态，整合资源，联系实际，科学安排，统筹服务，锻炼人才，强化统一战线社会服务规范性、实效性、长效性的统一。实现统一战线社会服务的品牌化，打造“同心”品牌。根据统一战线2013年社会服务工作目标及规划，永康市委统战部计划用3至5年的时间着力打造一批囊括农村教育、扶残助残、敬老服务、社区卫生培训、法律服务、人才培训等各类惠及民生的社会服务实践基地，着力提升社会服务水平和服务和谐社会建设的能力。

【党外人士看效能】 党外人士看效能活动是永康市统战部会同市纪委联合打造的一项效

能监督创新举措。党外人士会同纪委组成督查组，明察暗访整治干部队伍的“慵、懒、散、奢”问题，进一步巩固永康市机关作风效能建设成果。在明察与暗访、重点督查与全面督查、定期督查与不定期督查相结合的督查工作中，一看精神面貌，二查效能建设，三开各阶层人士参加的座谈会，对永康市已开展和正在开展的效能工作进行现场考察，收集意见和建议。从 2013 年 9 月份开始，督查组通过“一看二查三座谈”形式，走部门、访企业、下农村，对已开展和正在开展的效能工作进行现场考察，共走访 30 个部门单位，开展明察暗访 5 次，召开意见征集座谈会 4 次，对违反作风效能建设规定的 25 名公职人员进行问责。

（朱宇夭）

侨务工作

【概　况】 2013 年，市侨办侨联建立市侨务工作联席会议制度，加强全市涉侨组织工作，建立各镇（街、区）侨（留）联组织，实现全市基层侨（留）联组织全覆盖。开展“侨法宣传角”和“全国社区侨务工作示范单位”创建工作，江南街道西津桥社区被国务院侨办授予“侨法宣传角”。牵头组织全市基本侨情调查工作，用好用足全市华侨资源，推动全市经济社会稳步发展，为打造永康经济社会发展“升级版”做出了积极贡献。全年累计帮助侨胞侨眷解决侨资企业纠纷、年审，子女上学，高考加分，拆迁安置等实际问题和困难 30 件。帮助意大利华侨金根强办理回国定居手续，并领取了华侨回国定居证；积极组织侨界人大代表、政协委员参政议政。

【侨办海外联络联谊活动】 2013 年，市侨办在澳大利亚昆士兰建立永康海外引才工作站，聘请了 2 名海外引才大使。组建了加拿大多伦多和美国加州两个海外留学人员联络站；开展“百名侨商进园区”活动。动员和组织 100 名侨商、港商回归永康，与创业创新园、现代农业装备高新技术产业园区开展项目考察、对接洽谈，为永康企业抓住机遇转型升级搭建合作平台；做好第十八届中国五金博览会重点侨商、港商的邀请、接待和服务工作。来自美国、匈牙利、阿联酋、南非、香港等 5 个国家（地区）的 18 名侨领侨商、港澳同胞参加了此次博览会；通过电话、贺卡和电子邮件等方式，加强与 30 位海（境）外重点人士的联络沟通；指导香港同乡会开展换届班子人选考察、乡情资料补充完善和自身建设工作；指导市留学生联合会开展走访会员企业、外出活动考察和留学生创业基金会、会所的筹备等工作，有力推动留联会的自身建设。

（张豪建）

民族宗教

【概　况】 永康是全省民族宗教工作重点县市之一。2013 年全市有基督教、佛教、道教三大教派。宗教团体 4 个，即市基督教三自爱国运动委员会、市基督教协会，市佛教协会、市佛教居士林。经批准登记的宗教活动场所 77 处（净明禅寺正在筹备设立阶段），信教群众 6 万人。其中基督教堂（点）49 处，信教群众 2.24 万人；佛教寺院 25 处，佛教信众 3.06 万人；道教宫观 2 处，信教群众 1 000 人。信众以高中以下文化、当地中老年人为主，45 岁以下占 25%，45 岁以上占 75%，职业以务农、打工、经商为主。

永康全市流动人口 58.09 万，其中少数民族人口 4.2 万，共 41 个民族。多民族交往、多元文化交流的特征日益凸显。以外来务工人员及其家属子女组成为主，有少数大学毕业分配到永康的工作人员，青壮年占大多数，分布在全市 16 个镇街区，相对集中于经济开发区、芝英镇、古山镇、龙山镇。无民族乡、民族村。全市有民间信仰活动场所608处、2.8万人。场所面积在1 000平方米以上的7处，500～1 000平方米9处，100～500平方米207处，100平方米以下385处。建造年代大多在20世纪80年代初期，少部分在明代至清代年间。信众在500～800人9处，列入文物保护单位2处。方岩胡公祠信众30万人，场所占地2 000平方米，主要崇拜、供奉神灵胡则，民间称胡公大帝，由市方岩风景区投资经营有限公司管理，场所产权归属国资办。日常活动以自由朝拜为主，逢重阳节、春节等节日香客较旺，主要活动有方岩庙会，十八蝴蝶、打罗汉等表演。

杜山头小学民族文化艺术节表演(民族宗教局提供)

【和谐寺观教堂创建活动】 2010年起，永康市连续开展和谐寺观教堂创建活动。按照省民宗委要求，全市100%的宗教活动场所在五年内通过和谐寺观教堂创建考核。这项活动已陆续开展4年，全市有44个宗教活动场所通过创建达标考核。其中慈恩禅寺、金川教堂被金华民宗局评为先进场所，广慈寺、南都禅寺、洪福寺、街头教堂被省民宗委评为先进场所。2013年完成创建和谐寺观教堂15个场所，南都禅寺、方岩广慈寺评为首批金华市三星级宗教活动场所。12月17日，南都禅寺评为第二届全国创建和谐寺观教堂先进集体。

胡公诞辰1 050年祭祀朝拜仪式(方岩镇提供)

【宗教信息员队伍机制】 2013年，市佛教协会更选新秘书长，建立佛协会长会议制度，定期研究佛教事务，使佛教协会工作正常化。年内在宗教界开展“宗教政策法规学习月”和法律法规进场所活动，组织各宗教团体负责人学习国家宗教法律法规，邀请法律工作者进行现场咨询，提高宗教教职人员和信教群众的法制意识，牢固树立依法开展宗教活动理念。市民族宗教事务局建立宗教信息员队伍，每镇街区各2名，全市32人。信息员职责：及时发现宗教活动和民间信仰活动中的不稳定因素，配合当地政府和宗教部门做好调解处置工作。为建设平安永康营造良好的社会环境；了解辖区内宗教及民间信仰活动状况，掌握宗教和民间信仰活动动态、人员变化和发展情况。

【非通常宗教活动申请制度】 2010年以来，永康市有多个宗教场所开展非通常宗教活动，如法云庵、画眉禅寺、宝严寺大雄宝殿佛像开光水陆法会，不二寺药师殿佛像开光法会，南都禅寺天皇殿、钟鼓楼开光法会，普照寺佛塔奠基法会，不二寺财神殿、洪福寺天王殿、灵岩福善寺地母殿、普济禅寺大雄宝殿、大后正觉寺开光法会，雅贵教堂、象珠教堂献堂、街头赐恩堂十周年庆典培灵会，王公山新教堂落成培灵会等活动安全有序，无重特大事故发生。2013年，市民族宗教事务局对各

南都寺僧侣举行祭天仪式(民族宗教局提供)

宗教场所举办非通常宗教活动实施申请制度,要求制定具体活动方案和安全措施,在举办日一个月前报市民族宗教事务局审批,经市民族宗教事务局、镇街道区政府、公安部门检查合格后方能举办。

【宗教职员和财务管理】 2013年,市民宗局做好宗教教职人员社会保障工作和认定备案工作。基督教教职人员参加农村社会养老保险和城乡居民基本医疗保险33人。佛道教教职人员58人参加市城乡居民基本医疗保险。完善宗教教职人员认定备案工作,建立宗教教职人员数据库档案,建立长效管理机制。完成宗教教职人员认定备案55人,其中佛教18人,基督教31人,道教6人。做好宗教活动场所财务监督管理工作。市佛教协会集体聘请会计1名,对各佛教寺庙财务进行统一登记做账。市基督教两会设有财务管理小组,不定期到各基督教堂点进行财务监督检查。

【一方名寺——南都禅寺】 南都禅寺坐落在市江南街道白云风景旅游区的石城山,1999年,市人民政府计划修建黄帝南都旅游风景区。2008年,经市政府同意,该地块规划建设为佛教场所用地。12月经金华市民族宗教事务局批准筹备设立为固定宗教活动处所。2009年6月经市民族宗教事务局批准登记为固定宗教活动处所。该场所在市佛教协会副会长释润华法师主持下,得到市内各热心企业家和八方信众支持,于2010年9月落成大雄宝殿、黄帝殿、三圣殿、药师殿、财神殿、观音殿、东西厢房、山门、放生池等建筑。2010年9月15日,举行竣工典礼暨大雄宝殿全堂佛像开光法会,浙江省佛教协会、金华市民宗局、永康市有关领导及省内外寺院代表参加庆典活动,市内信教群众约5 000人参加了活动。2012年6月建成殿堂五处,面积2 000平方米,周围回廊及配套用房1 500平方米。

(胡林江)

对台工作

【概　况】 2013年,中共永康市委台湾工作办公室贯彻落实党和政府对台工作方针政策,加强永康与台湾两地的联络沟通,促进两地经济、文化交流,做好涉台投诉协调和对台宣传工作。11月止,全市赴台湾旅游人数2 690人次,创历史新高。12月18日,市机构编制委员会同意增设台办综合科,核定中层职数一名。年内为台属办理公证证明22份，提供帮助40起。2009年至2013年因对台宣传工作突出，市台办连续5年被国台办宣传局评为对台宣传先进单位。

【两岸交流】 2011年8月，应雨桥被台湾中国文化大学国际贸易专业录取，为永康首位被台湾高校录取的学生。2012年1月，台资企业大润发超市在永康九铃路顺利开业，年营业额约2亿元。2013年3月，浙江双超运动器材有限公司等16个运动、休闲器材生产企业，应台北世界贸易中心邀请前往参展。5月，金华市两岸艺术交流中心成立，永康籍台胞胡远龄、朱文理、朱永霖的9幅作品和台属俞兴邦、杨长乐、李腾、王杰伟的5幅作品参展。8月，金华市开展两岸学生书信交流活动，永康市各中、小学全员参与。王珏莹、施若可、吕欣怡3人被台湾相关院校录取。9月5日，永康籍台胞、台南青商会副会长陈旭伟带领台南青商会回永康参观，受到市委台办热情接待。19日，世界吕氏宗亲总会会长、台胞吕学樟、秘书长台胞吕理正到永康吕氏文化中心参加由台属吕强主办的祭祖仪式。22日至29日，戴翀副市长带领永康医学会赴台考察，与台湾中山大学附设医院签订友好医院协议，在医疗管理、医疗服务、科学研究等方面开展交流与合作。是月第十八届五金博览会期间，陈召雄、董锦波等10名台胞回乡参加。11月8日至10日，市第八届农展会专门设立台湾展区，有120家台商参展。

（潘曲滔）

政策调研

【概　况】 2007年11月，中共永康市委政策研究室成立，列入市委机构序列，为正科（局）级单位，与市委办公室合署办公，设主任、副主任各1名，中层领导职数1名。主要职能是对市委重要决策和工作部署进行调查研究，提出政策性建议；起草或参与起草市委和以市委名义发文的重要文件及市委领导的重要文稿。2011年，为加强省直部门与地方条块合作，加快推进块状经济向现代产业集群转变，在中共永康市委的重视与市委政研室争取下，省委政策研究室正式下文批准，同意由永康市委、市政府与省委政策研究室联合建立浙江区域特色产业研究中心。该中心以“立足永康，服务全省，注重特色，推动转型”为宗旨，重点围绕浙江区域特色产业，特别是浙江中部以永康为核心的五金特色产业块状经济向现代产业集群发展，通过政校企联合、合作调研、服务外包等形式开展各项研究，是集党政、科研高校、企业各方研究力量为一体的全省首家区域特色产业发展研究平台。办公地址设中共永康市委政策研究室，会同缙云、武义等兄弟县市党委政研部门，组织开展研究中心各项工作。

2013年，市委政研室组织完成市委市政府全会工作报告、市委主要领导有关重要文稿的起草工作；落实市委加强和改进调查研究工作重要文件精神；扎实有效组织开展区域特色产业发展研究，均取得较好成效，受到上级政研部门和市委市府领导的肯定。

【市委市府重要文稿起草】 2013年，市委政策研究室起草完成市委十三届三次暨市政府十六届二次全会报告《深入实施“工业强市、生态立市、商旅活市、文化兴市”发展战略，着力推进现代化国际五金名城建设》。7月，认真学习市委书记徐华水提出的“二次出发”系列讲话精神，起草完成市委十三届四次暨市政府十六届三次全会报告《争创新优势、汇聚新动力，全面打造永康经济社会发展“升级版”》，总结上半年所取得的成绩，深刻地分析2013年永康经济社会发展所处阶段与面临的问题（“十问永康”），提出争创新优势、汇聚新动力，全面打造永康经济社会发展“升级版”。根据全会报告精神，按照市委书记指示经多次修改，形成《全面打造永康经济社会发展“升级版”》，在省委办公厅、省委政研室主管的刊物《政策瞭望》第 9 期上刊发，《永康日报》10 月 1 日全文转载。11 月下旬，学习与整理市委书记徐华水提出的“2014 年要围绕‘二次出发，全面打造永康发展升级版’、‘一条主线，依靠体制机制改革、创新驱动两大动力’依托‘三大路径、四个聚焦’，狠抓‘五项重点工作’落实”等有关全市新年工作思路系列讲话精神，形成《以全面深化改革为动力，推动永康经济社会新发展》，在《政策瞭望》第 12 期刊发。12 月起草完成市委十三届五次暨市政府十六届四次全会报告《在二次出发新起点上奋力前行，为全面打造经济社会发展升级版奠定扎实基础》。

【党委调查研究工作梳理】 2013 年，市政研室根据《中共永康市委关于加强和改进调查研究工作的意见》，专门下文，梳理出加强重要决策的调研论证、加强区域特色产业研究、建立调研成果与信息交流制度、开展优秀调研成果评比活动等 12 项工作，明确责任分工，落实各项调研工作。根据市委主要领导指示，市委办、政研室组织开展全市工作思路调研，协调落实并汇总市委、人大、政府、政协四套班子成员和市机关部门、镇街区党（工）委主要负责人调研报告 120 篇，汇编成《二次出发、改革创新，全面打造永康经济社会发展“升级版”——永康市领导机关部门镇街区 2014 年工作思路调研文集》，供市委务虚会交流，并印发各单位，使全市上下进一步围绕市委决策，形成“二次出发”共识，理清新一年思路。2013 年内，赴诸暨市、德清县、富阳市学习深化开发区整合提升工作的经验，在市府办、经济开发区支持下，牵头完成《关于赴诸暨、德清、富阳开发区整合提升工作考察情况汇报与我市深化开发区整合提升工作方案建议》调研报告。牵头完成由省科技厅下达给永康市政府《关于完善高新区转型发展政策体系的对策研究》课题调研。协助完成国务院发展研究中心与省委政研室来永康专题调研工作：省委副秘书长、政研室主任舒国增、省委政研室副主任朱卫江 8 月来永康调研工业发展情况，走访农村社区，并召开永武缙产业集群发展座谈会；国务院发展研究中

省、金华市政研领导汇集永康（市政研室提供）

心副主任刘世锦一行9月来永康,围绕企业转型升级面临的挑战、路径选择和相关政策支持,以及产业集群发展情况进行专题调研。徐华水分别汇报永康工业经济发展情况,刘世锦副主任、舒国增副秘书长予以充分肯定,认为永康在工业经济转型升级和产业集群发展方面探索出独特的发展之路,为研判全国、全省宏观经济形势提供了宝贵经验。

【浙江区域特色产业研究推进】 在上级政研部门与市委、市府重视下,由市委政研室牵头,武义、缙云党委政研部门积极协同,确定研究中心2013年度28个产业转型升级重点调研课题,其中由永康市完成的课题有18个,内容涉及《关于拓展永康产业发展新领域问题调查报告》《关于完善高新区转型发展政策体系的对策研究》《清理"零税收"工业用地问题调查与建议》《加大企业技术改造("机器换人")面临的困难与建议》等。有关课题在研究中心内刊《区域产业研究》陆续刊发,为更好地为市委、市政府建设工业强市的决策提供充分依据。有关永武缙产业集群发展的调研课题得到省委政研室高度肯定,李强省长专门作出了重要批示。在建设研究中心研究员队伍基础上,完成研究中心网站建设前期工作。

(应晓红)

保密工作

【概　况】 永康市保密委员会办公室(市保密局)为市委办挂牌机构,主要职能是贯彻、落实上级有关保密工作的方针、政策、决定、指示,组织、指导和宣传全市保密工作,依法履行保密行政管理,完成领导交办的其他事项。市保密技术检查中心是根据永康市编制委员会文件成立的全额拨款事业编制单位,主要担负职责:负责重点部门(部位)、场所通信、办公自动化设备的保密技术检查工作;负责全市党政机关门户网站公开发布信息的日常保密监管工作;负责对涉密计算机信息系统定期进行安全保密评估;负责对涉密计算机信息系统和计算机公共信息网络的日常保密技术检查工作。2010年来,市保密局先后开展保密工作规范化建设、保密专用系统配备、全国保密普查、政府信息公开保密审查等多项工作,牢固树立"保密工作无小事"的意识,坚决查堵泄密隐患,严防泄密事故发生。

【保密工作规范化建设】 2012年以来,市保密局部署开展全市保密工作规范化建设。全市机关部门、镇(街道、区)均建立保密管理员制度,加强涉密工作人员教育,规范保密工作台账管理制度;组织开展新修订《中华人民共和国保守国家秘密法》的学习宣传活动;开展各单位分管领导保密意识警示教育1期、举办保密管理员业务培训班1期,260余人接受保密教育。年内按照金华市统一部署,在省里设备供应商技术人员的协助下,利用两周时间圆满完成全市83家党政机关和涉密企事业单位涉密电脑的保密专用系统安装工作,涉密电脑全面纳入违规外联安全监管平台进行实时监管。在全市开展全国保密普查工作,对全市各部门单位涉及保密工作的相关信息进行搜集、汇总、建档。2013年12月开展政府信息公开保密审查,对政府信息公开制度建立健全情况、计算机网络使用管理情况、机关单位网站管理情况、社会网站监管等方面进行对照检查。启用互联网信息检查平台,实时对机关单位网站进行自动搜索监控。

(应安浪)

农村工作

【概　况】 永康市农业和农村工作办公室于2002年4月挂牌成立,是永康市委指导农业和农村工作的职能机构。2013年内设农业科、新农村建设科、农村工作督查科，下设新农村建设服务站，为全额拨款事业单位。人员定编10名，其中行政编制4名，事业编制6名。主要职责是：贯彻执行党和国家有关农村工作的方针政策，深入农村基层调查研究，提出全市农业农村经济发展，农业农村现代化建设的规划、措施、建议，并指导有关部门实施；指导农村改革，提出农村改革的实施方案，指导制订农业结构调整、效益农业、农业产业化、农业龙头企业、农业规模经营和农村外向型经济的发展等有关政策；负责制订农业和农村工作的有关考核办法，牵头组织考核和实施；承担市城乡一体化工作领导小组和市农村住房改造工作领导小组的日常工作，为市委、市政府制订城乡一体化、农村住房改造工作政策、规划和工作计划当好参谋，协调统筹城乡发展；负责全市村庄整治、“美丽乡村”建设、农村住房改造、农村卫生长效管理、农村生活污水处理、历史文化村庄建设、农民素质提升培训、农家乐产业、农村工作、山区经济、扶贫开发的指导和考核工作。

【市领导督查农村环境卫生】 2013年2月起，根据市委统一安排，每月由3名市领导分组带队，抽调相关部门领导与新闻媒体，对各镇（街道、区）集镇、工业功能分区、国道、省道、县乡道路、河流沟渠（池塘）沿线及村庄的环境卫生保洁责任落实情况、垃圾清理、长效机制建立等进行督查。督查情况由市委、市政府督查室进行通报，市委农办连续跟踪督查，督促各镇（街道、区）对照问题全面整改，促进全市农村长效管理工作秩序化、规范化。

【美丽乡村建设系列评选】 10月至12月，在全市开展10个最美村庄、10个最洁净村庄、10个卫生最差村庄、10个最落后村庄系列评选活动，挖掘、提炼、展示一批“美丽乡村”典型，曝光一批卫生“脏、乱、差”的落后单位。经信息发布、提名推荐、群众举报，最后由市领导带领部分市党代表、人大代表、政协委员以及评选工作领导小组进行实地暗访，现场察看，采用无记名投票方式，评出西城街道溪边村、江南街道园周村、芝英镇松塘园村、石柱镇塘里村、前仓镇大陈村、西溪镇石江村、象珠镇寺口吕村、唐先镇岩洞口村、花街镇双溪村、城西新区小东陈村为10个“最美”村庄；东城街道桐墩村、西城街道柘新村、石柱镇麻车口村、舟山镇方丘村、方岩镇葩陌村、龙山镇下奠口村、西溪镇上徐村、象珠镇大儿前村、唐先镇云路村、花街镇陈弄坑村为10个“最洁净村庄”；西城街道烈桥村、江南街道马竹岭村、江南街道双锦村、石柱镇田畈林村、舟山镇新楼村、古山镇前塘村、龙山镇四路上村、西溪镇贾处村、经济开发区苏溪村、城西新区李店二村为10个“卫生最差”村庄。东城街道黄棠村、西城街道横山下村、芝英镇芝英四村、石柱镇泉湖村、石柱镇果园村、古山镇雪塘村、龙山镇前珠山村、西溪镇寺口村、唐先镇前山村、城西新区金山头新村为10个“最落后村庄”。

【美丽乡村风景线】 开展连线连片生态环境综合整治和基础设施配套建设，打造具有品牌影响力的“美丽乡村”精品区域。“秀美山水”线、“田园风情”线、“森林运动”线、“果园飘香”线等4条美丽乡村风景线和“十里葡萄长廊”“百壑仙姜基地”“千亩荷花湿地”“万亩红富士基地”等景点已初具规模。2013年全市创建美丽乡村精品村24个，秀美村54个。

【省级农房改造建设示范村试点】 4月1日，永康市向省住房和城乡建设厅申报芝英镇松塘园村、古山镇大园东村、象珠镇寺口吕村为2013年浙江省农房改造建设示范村试点。10月24日，浙江省住房和城乡建设厅副厅长沈敏一行到永康实地调研、指导芝英镇松塘园村、古山镇大园东村农房改建示范村创建工作。通过优化规划设计、营造风貌特色、提升基础设施、改善生态环境等措施，形成具有地域、生态和人文特色的新农村。

【永康农民学校成立】 12月17日，永康农民学校正式挂牌成立。学校依托永康职业技术学校雄厚的教学力量，突出强化服务“三农”的办学宗旨，坚持以市场需求为导向的办学指导思想，整合人才资源，推进培训工作规范化、制度化和标准化，创建永康特色培训“品牌”。

【“双清”系列宣传活动】 7月至12月，由市委宣传部、市城乡一体化办公室牵头，开展全市“清水永康江、清新丽州城”系列宣传报道活动。在新闻媒体设立一把手访谈专栏，由各镇（街道、区）书记或镇长（主任）、各相关部门“一把手”谈思路、表态度，对镇村两级和企业、个人在生态环保、卫生保洁、污水处理、工业治污、河道治理等方面的优秀典型、先进做法进行挖掘、宣传；对镇村两级企业、养殖大户、个人在生产生活中偷排废水废气、卫生“脏、乱、差”、生活陋习等不良习俗现象和违法行为进行曝光。永康日报社、永康电视台、永康人民广播电台、永康金报都以每周2期连续开展宣传报道。

【园周村获评浙江省最美乡村】 2001年江南街道园周村提出“整合山水资源，挖掘民俗遗风，创特色旅游村，实现富民强村”的发展目标，依托“离城市不远，与自然很近”的区位优势，大力发展乡村旅游业。经过全村干部群众的共同努力，打造以映湖水系为主的生态景观公园，建设了园周长城等景点，成为永康及周边市县最火爆的短线旅游景点，2010年入选永康市新十景之一。2013年9月，园周村在全省100多个“美丽乡村”参评的“美丽浙江”首届“浙江最美乡村”评选中脱颖而出，成为全省20个最美乡村之一。

【美丽乡村进行打分考核】 2013年1月“美丽乡村”考核实行分体系打分制，满分为100分，分生态人居体系、生态环境体系、生态经济体系、生态文化体系4大项22小项。考核实行一票否决制。诸如因“美丽乡村”建设造成集体上访和恶性信访及重大安全事故的，主要干部因经济问题被市委相关部门处分的，严重污染致群众反响强烈的，一年内发生重大安全事故的，毁坏古木破坏生态的，均不能参选“美丽乡村”。美丽乡村分为精品村和秀美村，可获得相应奖励。其奖金分别是基础20万元+受益户籍人口每人1 000元，基础10万元+受益户籍人口每人500元。全市美丽乡村评比结果：城西新区小东陈村，石柱镇塘里、前郎、天表村，东城街道大花园村，前仓镇大陈村等6个村被评为美丽乡村精品村；江南街道朱岭脚、下山门、里龙溪村，石柱镇姓傅村，方岩镇金竹降下村、堂慈等26个村被评为美丽乡村秀美村。2013年全市7条美丽风景线建设正有序推进，预计2015年全面完成。

（李作森）

机关党建

【概　况】 中共永康市直属机关工作委员会（简称市直属机关工委）有编制6名，专职书记1名，副书记1名，纪工委书记1名，2009年贯彻落实《中共浙江省委办公厅关于加强和改进县（市、区）机关党建工作的意见》，科室由原来办公室1个，增加到办公室、组宣科2个科室；开展了组织关系理顺工作，管辖范围由原有8个党总支，106个党支部，2 035名党员，扩大到现在的17个直属机关党委，5个企事业党办，11个直属机关党总支，49个直属机关党支部，9 319名机关党员，共有机关党支部434个。

【“三型机关”党建会】 3月14日，市委召开机关党建工作会议，部署学习型、服务型、创新型“三型机关”的建设工作。市领导楼初阳指出，2012年以来，市机关党组织创新实践、真抓实干，服务中心、服务发展、服务基层的作用明显。2013年全市机关党建工作是：深化机关学习型党组织建设、提高党员干部综合素质；深化五星争创活动、提高党建工作科学化水平；深化机关作风建设、提高服务发展能力。强调机关党建工作要坚持紧扣中心，服务大局，凝心聚力激发干事热情，强化学习提升干事本领，改进作风提升干事效能；深化机关党组织五星争创活动，着力提升服务机关党员干部水平；坚持开拓进取、创新学习培训方式、创新党建工作载体、创新责任考核机制，按照“讲党性、重品行、做表率”的要求，全面加强市直机关思想、组织、作风建设。会上，表彰2012年度“十佳”学习型党组织等一批先进单位。给市机关退休干部及55名调休干部遗属发放生活困难补助8万余元。

【市直机关党组织书记培训班】 12月4日至6日，在市委党校举办市直机关党组织书记培训班，自市直机关各党组织的49名党组织负责人参加培训。培训旨在学习贯彻党的十八届三中全会精神，提高机关党建工作科学化水平，为永康经济社会“二次出发”提供保障。培训内容有党的十八届三中全会精神辅导、党的群众路线教育实践活动讲座、党风廉政建设教育、办文与办会专题知识讲座、干部政策解读讲座等。

【机关党建工作交流会】 5月15日，在国税局机关党委召开机关党建工作交流会，回顾总结了上半年全市机关党建工作，明确了下一步工作任务，并选取具有代表性的6家单位，交流机关党建工作先进做法、工作亮点，有力促进党建工作交流借鉴。交流会共有来自机关党委、党总支、部分机关党支部的47家参加，围绕“学习板块、五星争创板块、廉政建设板块”三个方面，市国税局、检察院、机关事务管理局、水务局、城管局、组织部等6家单位参加交流发言。

【机关党建课题调研活动】 2013年，市机关工委下发《关于开展2013年度机关党建课题调研活动的通知》，要求机关各党组织围绕四个方面课题开展调研：围绕建设“三型”机关党组织目标加强对机关党建工作科学化水平问题的研究，围绕建设为民务实清廉机关加强对机关党员和作风建设问题的研究，围绕贯彻落实中央《条例》省委《实施意见》、加强机关党组织建设规范化、制度化，围绕提振机关党员新精神，加强机关思想文化建设问题的研究。年底，机关工委将组织对上报的调研文章进行评选表彰。工委杨芳同志撰写的《永康以“四个突出”为抓手，大力推动机关文化发展》一文去年获得金华市机关党建调研文章二等奖。年内又撰写《提升机关文化软实力、激发创先争优内动力，推进机关党建工作创新》一文章上报金华。

【机关党组织“星级”评定】 在2012年星定级工作基础上，2013年市机关工委根据市委组织部要求，开展了新一轮的星级评定工作，经过基层党组织自评、审核把关等程序，综合评定五星党组织73个（其中金星4个，银星16个，铜星53个），四星党组织350个（其中金星201个，银星126个，铜星22个），三星党组织46个（其中金星39个，银星7个），以此推动五星争创活动深入开展。

【机关学习型党组织创建】 2013年，市机关工委通过组织读书、荐书、赠书、讲书、评书系列活动，营造机关浓郁的学习氛围。下发《关于在市直机关开展第四届学习型党组织创建活动的通知》，向机关党员干部精心推荐道德永康建设、国学经典、热点前沿等七方面百本优秀书籍，同时，购买《中国文脉》《何为文化》《毛泽东评述中国历史名人名著》等书籍，赠送给机关党员干部阅读，以此鼓励和引导机关党员干部多读书、读好书、善读书。举办第四届“品味书香、提升素养”机关读书讲述会，

11月7日举行预选赛，从33个节目中选取15个进入决赛。11月13日下午举行决赛，评选产生一等奖2名，二等奖3名，三等奖4名，优胜奖6名，教育局直属机关党委选送的郦旭颖《没有什么不可以》、阮锐锐《我心有梦、永不止步》获一等奖。

【市直机关中层干部培训班】 2013年，市机关工委用3天时间，围绕"作风建设"主题，邀请金华市直机关工委、金华市委党校、永康市纪委、市委宣传部等单位的领导，开展社会主义核心价值观、群众路线、党风廉政建设、"中国梦"等内容的专题辅导，49名机关中层干部认真按照"一课一小结、一天一交流、培训后总结反馈"的要求，严格到会时间、强化课堂纪律、增强学习成效。

【机关党员志愿服务队】 2013年初，市直属机关工委组织30名机关党员到永康市火车西站售票厅，举行"温暖回家路"党员志愿服务活动，为返乡购票排队人员送上姜茶、热粥等物品。9月，组织600名机关党员开展"五金博览　党旗飘扬"机关党员服务十八届中国五金博览会活动，党员佩戴志愿者标志，开展交通秩序维护、文明劝导、医疗救护等活动。12月会同群众路线办、组织部下发《关于开展全市机关企事业单位在职党员到社区报到志愿服务的通知》，开展机关党员服务社区、参与社区管理志愿服务活动，组织开展认领"一千个心愿、一千个梦想"主题活动。

（杨　芳）

党校工作

【概　况】 2013年，市委党校创新干部培训模式，提升科研咨政水平，被评为省级党校系统先进单位。年内，实施教师全员试讲听评制度，加强对年轻教师和各类干部的培养。经过全员公推、班子成员差额推选，并通过考试、考核、考察，圆满完成市管副局级后备干部人选工作。制订出台《中共永康市委党校全员绩效考核办法》和《中共永康市委党校科室岗位职责》，完善全体干部职工考核评价机制。邀请市水务局、环保局、人社局和市志愿者协会领导来校作永康水资源建设、环境保护、社会保障和志愿者组织等专题讲座。开展整治庸、懒、散活动，重点解决教职工队伍事业心责任感不强、工作创新不够、怕担责任等问题，开展以"党校人价值观"为主题的讨论活动，弘扬强责任、敢担当、有作为的正能量。加强理想信念教育、宗旨廉洁教育、职业道德教育，维护和发扬良好的校风。向市委办、市府办、市机关部门赠送图书《十八大精神学习辅导》和《夯实执政基础　助推浙中崛起》200余套。学习宣传贯彻十八大以及十八届三中全会精神，为机关部门、镇（街、区）、农村宣讲32场次，听众2 586人。开展打气排球、美丽乡村行、团队拓展训练、赴平阳红军公园重温入党誓词、文明出行知识竞赛等活动，培养合作意识和团队精神。获市委宣传部举办"中国梦"微型党课比赛一等奖。组建志愿者服务队。

（李建川）

【中青年干部培训班】 9月12日至11月8日，2013年市中青年干部培训班在市委党校举办。理论学习内容涵盖基本理论、领导科学、党性锻炼、永康市情等内容。再到复旦大学学习培训，培训专题包括《新时期的创新思维》《十八大后中国政治新走向》《当前宏观经济分析》《中国周边关系与中国军事力量分析》《国际热点问题分析与中美关系解析》《沟通激励与心态管理》《国学精读——〈周易〉的智慧》《音乐鉴赏与人文修养》《人类生存的困境与出路》以及情景模拟和危机事件处理与媒体应对。最后开展调研和实践锻炼。学员分组到市城管执法局和交警队等一线岗位体验交通执法，到重点工程开展主题调研，完成

2013年中青年干部培训班在市党校开学(党校提供)

调研文章,并进行交流、总结和结业考核。

【干部培训5 300人次】 2013年,市委党校举办"永康市领头雁苏州培训班"、"市管领导干部北大班"、"中青年干部能力素质提升班"等29期,培训干部5 300人次。坚持"按需培训,学以致用"的原则,推进干部教育培训改革创新,开展分类别、分专题培训,取得良好效果。中青班《立足岗位,焕发激情,提升能力,助推永康二次出发》主题演讲材料获市委书记徐华水批示。加强与高校、上级党校联合办班,校内和校外相结合,实现优质资源为我所用。与市委组织部联合制定《关于在干部教育培训中进一步加强学员管理的若干规定》,严格考勤制度,加强党性锻炼。抓好函授教育管理工作。浙江经济管理职工大学经济管理专业农干班在校生158人,61人毕业。与省级机关职工大学合作办学,新招2013级学员66人。市委党校做了大量材料收集编写工作,使市总部中心升格为省委组织部、省委党校干部培训现场教学基地。

(王灿灿)

【党校科研"本土化"】 2013年,市委党校突出科研"本土化",申报各级课题立项并完成各级课题结题多项。在省级以上刊物发表论文9篇,其中1篇获2013年度金华市党校系统理论研讨会三等奖,2篇获2013年"浙中学术年会"优秀论文。创办《市情研究》刊物,参与市纪委课题调研,执笔调研文章《建立村级工程项目保廉机制的实践与思考》《村务监督委员会作用发挥研究》。

【年轻教师到校外锻炼培养】 3月,市委党校选派陈宝、高新、陈培浩3位年轻教师赴义乌党校顶岗锻炼,学习义乌学校的教学、科研及管理方面的先进经验,重点完成中心镇课题。4月,对陈宝、高新、陈培浩三位年轻教师采用"磨课"方式,即通过同一专题"试讲——点评——修改——试讲"环节,进行多次试讲、多次点评,逐步完善专题内容、讲课风格、动作仪态、语音语调,强化提高授课水平。10月,选派陈培浩到市群众路线教育办公室挂职锻炼。选送年轻教师参加浙江大学金华市党校系统骨干教师培训班、复旦大学短期理论素质培训和市管班、中青班、中层干部班、新闻发言人班、公文知识培训班等班次培训。

【按程序引进3名专业人才】 3月5日，制定《中共永康市委党校2013年人才引进实施方案》。22日，在永康市人才网、市委党校发布《中共永康市委党校人才引进公告》。4月11日，发布中共永康市委党校人才引进符合报名资格人员公示，20日，与市人社局人才中心组织考核，经过笔试、说课、面试考核，按照从高分到低分原则，确定第一名王灿灿进入组织体检程序。后赴王灿灿家乡芝英镇黄泥塘村、户籍所在地西城街道四方居委会、市委610办公室与市人才交流中心档案室进行政审，然后由市委党校向人社局递交“关于王灿灿同志的人才引进报告”。9月5日，市人社局同意党校人才引进，于9月6日发布《中共永康市委党校拟引进人员公示》。9月13日正式办理手续。

【“党校人价值观”大讨论】 6月，采用价值观专题讲座、课题研讨和座谈讨论等形式开展“党校人价值观”的讨论活动，界定党校人价值观的内涵为“忠诚、敬业、求实、创新”。7月1日，参加金华市党校系统“党校人价值观”演讲比赛，教师陈宝、陈培浩分别荣获三等奖、优秀奖。

【市委党校志愿者服务队】 7月23日，上报永康市注册志愿者10名，组成市委党校服务队。同日，申请加入永康市志愿者协会并成为理事成员单位。9月26日至28日，市委党校党员志愿者服务队参加十八届五金博览会党校校园区域车辆停放管理工作。10月13日，吕健等5名队员帮助城西街道童宅村贫困农户收割晚稻。

【科研咨政成果《市情研究》创刊】 8月20日，市委党校科研咨政成果《市情研究》创刊。首期研究报告《加快中心镇建设，打造城乡发展“升级版”》，分送市有关领导。获省党校系统第15批规划课题立项1项、金华市社科联重点课题立项3项；2013年度金华市委党校课题3项、2013年度永康市社科联课题5项。撰写典型案例4个，入编由浙江人民出版社出版的专著《“两富”乡村　崛起浙中》。

（李建川）

党史工作

【概　况】 中共永康市委党史办公室是市委主管地方党史工作和从事地方党史研究的职能机构。2013年党史办在市委领导下，根据上级党史部门工作部署，以“存史、资政、育人”为目标，坚持史料征集研究与党史宣传教育并重，做好地方党史资料的征集和编研，利用现有党史教育基地，开展党史胜迹教育和开发利用，促进永康红色旅游，推动红色文化在社会各领域的宣扬和传承。在革命遗迹遗址保护利用工作中，党史办被省党史研究室评为先进集体，并作为典型向各地推广，两位同志被评为先进个人。开展专题党史编研工作，包括完成《日军侵略浙江重大惨案集》永康部分专题史料征集及综述撰写，完成“日机轰炸永康县城”、“日军在古山的暴行”两个专题编写，以及15篇相关人物口述史资料的征集和整理。完成党史专题集《中国共产党永康市历次代表大会文献选编》的定稿工作，全书25万字，收集和整理永康从1956年5月至2012年1月期间历次党代会的重要资料。为保证党史展示和教育效果，党史办加强对党史教育基地的维护及日常管理，通过多形式、多渠道，向社会推介永康党史教育基地。七一前夕，组织开展红色旅游活动、接受党史教育的单位及个人大幅增加。党史办及时编印宣传资料，制作4个党史教育基地宣传小册子5 000册，免费发给参观者。

在抓好现有党史教育基地管理的同时，党史办以新农村建设为契机，加快新党史教育基地的建设步伐。2013年实施位于古山镇前黄村的“中共永康县委联络站旧址——涵成初小”的修缮和开发利用工程，至年底已完成前期的项目规划、设计以及旧址维修。

【党史教育课到部门单位】 1月5日，市委党史办送党课下乡，为芝英镇前舒村党支部党员及村委会干部上党课，宣讲十八大精神和永康党史。6月15日，市委党史办带领金华和永康两地刑侦大队100人到练结、金竹降党史教育基地参观学习。6月28日，市规划局党员干部50人在党史办带领下来到练结党史教育基地，聆听党课并举行新党员入党宣誓、老党员重温入党誓言仪式。在学习夜，为市委办、组织部、武警中队等部门单位讲了党史教育课。9月26日，市委党史办带领党校中青班学员参观方山口、下寮等党史教育基地。

【红三团纪念馆成为省国防教育基地】 2011年6月设立纪念馆，位于舟山镇方山口村徐公祠内，占地990平方米，是市级文物保护单位、爱国主义教育基地。徐公祠是中国工农红军第十三军第三团成立旧址以及永康苏维埃政府所在地。红三团及其所属的红十三军，是列入中央军委正式序列的全国14支红军之一，在中共历史上具有重要地位。该处的苏维埃政府是永康唯一的一届苏维埃，同时还是金华地区首个苏维埃政权。2013年3月，纪念馆成功申报金华市一级党史教育基地。经省政府批准成为金华全市唯一一家浙江省国防教育基地。

【《永康党史》第二卷初稿编写】 按照省、市党史部门对县市级地方党史二卷编写工作的进度要求，市委党史办把编写《永康党史》二卷列为2013年党史工作重中之重，全面开展以编写地方党史二卷为重点的基础研究，以正本与专题编研齐头并进的方式，集中力量，稳步推进。围绕《永康党史》二卷本的编研展开资料征集，征集1949年5月至1978年12月永康各类史料65万字，完成《永康党史》二卷第一编、第二编初稿(1949年5月至1966年5月)20万字，进度居于金华各县市前列。

【“红色之旅一号线”建成】 2013年，以市委党史办联合市发改局、市民政局开展“美丽永康·红色之旅一号线”项目建设，加快推进永康红色旅游建设、促进革命老区经济发展。该路线旅游内容包括瞻仰刘英烈士陵园，参观金竹降革命历史展示室和张文碧将军故居，品味金竹降特色“农家乐”，从金竹降上村步行到舟山镇方山口村体验军旅生活，参观红十三军第三团纪念馆。“美丽永康·红色之旅一号线”涵盖和整合永康境内最优秀的旅游资源。地理资源，方岩是永康境内唯一的国家4A级景区，“一号线”涉及区域以方岩为中心向外扩展，丹霞地貌，山水风光，一脉相承，独具特色。红色文化资源，“一号线”串联永康3个最重要的党史教育基地，其中刘英烈士陵园为省级党史教育基地，其他两处为金华市级党史教育基地。地方特色资源，跟“一号线”相关的金竹降村和方山口村都具有独特的农家风光，金竹降村的“农家乐”和方山口村的方山柿在社会上享有相当高的知名度和美誉度，得到市领导的重视和认可。为探究该项目的可行性与趣味性，市委党史办多次进行实地考察，并邀请党校全体干部职工一起进行该路线的红色旅游体验。

【党史资政调研成果】 2013年市委党史办开展党史资政调研。论文《红色文化在“绿色家园、富丽村庄”建设中互促发展——永康市舟山镇方山口村综合利用开发红军文化的可行性调研》在金华市级党史刊物上发表。《红色文化助力永康新农村建设》入选市委领导调研思路文集。为纪念毛泽东同志诞辰120周年和中国共产党成立92周年，深入开展中国共产党创建史和红船精神的研究。省委党史研究室举办“中国共产党的创建暨红船精神”学术研讨会，党史办提交论文《中国共产党建党理论的形成与发展》《中国早期先进分子的建党思想》。

（卢俊英）

档案管理

【概　况】 永康市档案局为市委办公室管理的正科级事业单位，实行局（馆）合并，两块牌子一套班子。2013年内设一办二科：办公室、业务监督指导科（行政审批科）、档案保管利用科（登记备份中心）。市志办与档案馆合署办公，由档案局管理。编制人员12名，包括市志办1名。档案馆（局）履行全市档案业务监督、指导、检查，以及档案接收、征集、保管、利用、编研等职能。

2013年市委、市政府继续把档案安全监管工作列入机关、镇（街、区）综合考核中，8月市府办出台《永康市重点建设项目档案专项验收办法》，加强对重点建设项目档案工作的监督管理，使重点建设项目的档案管理工作有序化、规范化。为贯彻落实省政府出台的《浙江省档案登记备份管理办法》，市档案局结合档案工作业务培训，对全市档案与电子文件信息安全做好监督和登记备份数据的真实性证明服务工作，年内已备份市民政局、人事局、建设局、工商局、教育局、卫生局、环保局等18家单位涉民领域电子业务数据，以及文物普查数据等。已备份开展档案数字化的有市司法局、水务局、安监局等12家单位，数字化成果910 G。根据“十二五”期间全市60%以上的市级部门、镇（街、区）、有关企事业单位要求建成数字档案室（预计70家），在2012年首批6家档案数字化试点工作基础上，2013年有两批25家单位档案集中进行数字化工作。数字化档案室建设累计完成扫描237.1万页，并做好数字化成果与备份同步。市司法局、水务局等21家单位已做好室藏档案数字化成果的数据挂接，并正在试运行。市司法局、计生局、安监局等3家数字档案室进入争创规范化数字档案室与示范化数字档案室。档案局在完成数字档案馆建设一期民生档案数字化建设的基础上，开展数字档案馆二期项目建设。投入147万元，对馆藏300万页纸质档案及市政府直属部门的档案进行数字化，已基本完成扫描工作。5月金华市档案数字化工作现场会在永康召开。年内按规定接收各部门移交档案馆的档案资料，及时做好上架工作，并开展档案寄存捐赠业务。继续抓好馆内信息科技和档案软硬件的维护等工作。开辟网上展厅，利用网站发布馆藏声像档案，打造档案文化资源共享平台。2013年接待档案利用3 430人次，提供利用案卷数量3 640卷，出具证明3 306份，复印5 820张。接收市政协等12家单位档案进馆，计文书档案3 646卷。8月1日起，取消“档案利用收费”。

【永康方言语音建档工程】 永康方言语音建档工作自2012年5月开始，历经方言语音发音人评选、方言专家聘请、方言调查、文本确定、音频视频录制、材料整理和移交等环节，于2013年1月底顺利完成。此次永康方言语音建档内容包括：省局规定文本、永康方言自选内容、现代歌曲《我是一个兵》（永康方言演唱）、永康鼓词《五爪袍》的音频、视频档案等。2月底市档案局向省档案局移交永康方言语音档案，永康方言语音建档工作顺利完成。

【国际档案日活动】 为庆祝国际档案日，进一步宣传档案工作，提升档案工作的社会关注度，市档案局印发《关于开展“国际档案日”宣传活动的通知》，对宣传活动进行部署。以“档案在你身边”为主题，利用馆藏资源举办一次展览，展出一批图书资料；开展一次“送档案下乡”活动。6月9日，前往石柱镇设摊咨询，并利用网络平台，现场提供数字化涉民档案查询服务；开展一次征文活动，收到征文11篇，并进行评奖，择优向上推荐；在16个镇(街、区)悬挂宣传标语等,普及档案法律法规、档案珍藏、档案利用、档案整理等方面知识,发放《档案知识普及宣传挂图》等系列活动,收到较好的效果。9 月 17 日,在三江广场发放《家庭档案 ABC》等资料。

【档案监管与执法】 2013 年,市档案局重点监管市司法局、国税局、社保处、公路管理段等单位的档案工作目标管理省级认定工作,以及市安监局、计生局、司法局等 25 家单位申报规范化、示范化数字档案室创建。对 2012 年档案年检中需要整改的单位(如民政局、残联等),华亚杯业、原保温材料厂等私营企业,加强业务指导,推进企业档案室建设,建立健全规章制度。6 月 27 日至 28 日,举办一期面向镇(街、区)、农村、企业档案员的培训班,加强对新农村、民营企业档案管理的指导,有 23 名民企档案员参加培训。为加强重点建设项目档案的监管,确保重点建设项目档案的完整、准确、安全和有效利用,更好地为重点建设项目和经济建设服务。8 月 16 日,联合市监察局、发改局下发《关于开展重点建设项目档案执法检查的通知》,开展一次重点建设项目档案执法检查。9 月 22 日至 30 日,3 家单位联合组成执法检查组,分 2 个组,由局领导带队,依法对市级以上重点建设项目档案管理情况进行执法检查,并向市委、市政府专题汇报执法检查情况。

【档案资源共享平台】 市档案局继续开展"三重一特"(重要人物、重点建设、重大活动、地方特色)优质档案资源建设,将地方特色档案贯穿于档案馆资源建设的始终,做到经常性征集、归类、整理和利用,保证档案馆功能的正常发挥。2013 年,市档案局征集接收实物档案 4 件(证书 2 件、印章 2 枚),图书 24 册,征集永康中学百年校庆活动的文字与声像资料(图书 4 册、光盘 6 张)。开展"百岁寿星"建档工作,年初对全市 26 名百岁老人上门拍摄相片,收集资料,建立档案,配合市民政局出版《百岁寿星》画册。年末又对 14 名新增百岁老人建档。新编《永康市志》约 500 万字,总纂已基本完成,进入送审阶段。《永康年鉴》(2013)的编纂各项准备工作全面启动。以实施"地方记忆"工程为主线,不断丰富馆藏资源,并打造档案文化资源的共享平台。按照省档案局部署,用永康方言语音制作出版《乡音的呼唤——浙江方言语音典藏(光盘)》,作为第二届世界浙商大会音像宣传资料。编印《永康档案资料编研》第 9 期。

【重点建设档案"督查通报"】 2013 年,市档案局为加强重点建设项目档案的依法监管,确保重点建设项目档案的完整、准确、安全和有效利用,更好地为重点建设项目和经济建设服务。8 月 16 日,市档案局联合市监察局、发改局下发《关于开展重点建设项目档案执法检查的通知》,9 月 22 日至 30 日,三家单位组成两个执法检查组,依法对市级以上重点建设项目档案管理情况进行一次执法检查,并向市委、市政府作书面汇报。11 月 28 日,市政府办公室就全市重点建设项目档案执法检查情况发出《督查通报》,要求各部门单位对存在的问题进行了整改。

【永康记忆示范基地创建】 根据浙档发〔2013〕25 号文件精神,2013 年 8 月始,在全市上规模企业中开展"企业记忆之窗"示范点创建工作,深度挖掘全市上规模企业文化内涵,展示上规模企业曲折辉煌的发展历程和企业职工的精神风貌,增强企业职工的凝聚力和归属感,促进上规模企业的文化建设,提升企业软实力。建立神雕集团与烟草公司两个示范点。并开展新农村建设、美丽乡村建设及文化礼堂建设"乡村记忆"示范基地创建,先后走访前仓镇后吴村、石柱镇塘里村、西溪镇玉川村和壶坑村,指导他们开展"乡村记忆"建设,已成功创建了前仓镇后吴村、石柱镇塘里村 2 个"乡村记忆"示范基地。

【档案"数字智慧化"工程】 2010 年 12 月,

数字档案馆建设第一期工程公开招标以来，市档案局先后进行4次公开招标，2013年12月12日进行第5次公开招标。每次都是软件与硬件分开招标。招标过程中设置一定的门槛，让有经验丰富、相关资质的大公司报名入围。为了检验中标公司档案数字化的质量，档案局专门成立检测小组，对已加工的档案进行抽检。局还招聘2名专业检测人员，对已加工好的档案进行全检、实时检测。按照全宗分类，组织力量对服务外包企业递交的数据进行及时抽检。为了检查更全面，及时进行数据挂接，要求查档室、各单位档案员在实际查找利用中进行二次检查。2013年市档案局在实施档案数字化工程建设过程中，采取“十个统一”把“数字档案”推向“智慧档案”。“十个统一”即“统一规划、统一资金、统一招标、统一加工、统一检测、统一机房、统一培训、统一建章、统一创建、统一监管”。以馆藏档案数字化带动数字档案室规范化、示范化建设，馆室同步，规范档案移交的前处理，加大业务档案收集归档力度；在数字档案馆与数字档案室建设同步进行过程中，不停留在档案数字化一个项目上，用数字化带动信息化，带动现代化，带动规范化，共同打造档案信息资源公共服务总平台；紧密结合登记备份中心建设与档案数字化工程建设，相互促进，为登记备份中心的建设打下坚实的基础。开展数字档案建设所需经费由局分期分批统一向市财政申请，市财政局根据招标情况将经费分期、分批拨付到位，由局统一支配。2013年止市财政累计投入资金664.33万元，完成1 017万页扫描总量。在此基础上，第三期预算投入资金为610万元，其中数字档案室第三期预算投入450万元，计划在12月12日进行招标。馆内馆外数字化工作到2014年全面完成。在数字化过程中，为确保信息安全，全程控制档案数据安全保密。档案局与承建方签订保密协议，承建方对其聘用人员进行身份审查和登记备案，签订保密协议。项目加工所用的一切存储设备全部由档案局登记在册，项目结束后全部收回进行数据保密清理；监控存储硬盘全部留在档案馆长期备案。并将标有绝密、机密、秘密字样的涉密档案全部区分保管，不提供挂接利用，确保档案信息安全。为提高档案数字智慧化工程质量，市档案局专门召开各部门、镇（街区）相关人员会议，落实到人，做好统计、登记工作，确保档案安全，专车送到档案局进行数字化加工。各部门、各镇（街区）单位室藏档案在进馆扫描前，由档案局业务部门上门指导，切实做好进馆扫描前的档案整理工作。结合登记备份的要求，所有同一全宗下长期以上有保存价值的档案都实现数字化，防止数量管理上的混乱。同时，与行政中心的信息中心机房统一使用一个机房。档案信息化机房与行政中心的信息中心虽不同服务器，但统一网络、统一维护，统一利用人力资源、技术力量优化档案信息化机房配置。对于档案管理人员，档案专门举办培训班。培训的课程有《档案与电子文件登记备份》、《档案数字化加工与管理》等，邀请金华市档案局、北京档案数字化加工公司的专业讲师前来授课。数字化加工中标单位也对档案员进行现场培训。为加强全市各数字档案室管理，专门制定《永康市数字档案室电子文件归档与管理办法》《永康市数字档案室安全保密制度》《永康市数字档案室档案数据网上查询利用制度》《永康市数字档案室档案数据管理维护制度》《永康市数字档案室数字档案鉴定销毁制度》《永康市数字档案室档案数据网络和信息设备维护使用制度》等六项制度。向各镇（街、区）市机关各部门印发《关于切实加强档案数字化和档案信息化服务外包管理的通知》。为加强档案安全监管工作，在5个必要的场所安装了10个摄像头，24小时监控，并做好温馨提示标牌。为维护数字档案馆信息安全，保障数字档案馆的正常运行，保护授权用户查阅权益，制定《永康市数字档案馆数字档案查询利用权限管理规定》。在档案数字智慧化工程建设方面，市档案局特别注重在数字化成果备份，专门使用光盘、移动硬盘、磁盘阵列等“多载体多份”备份，保障数据备份安全及方便利用。各部门单位数字档案室建成后，目录数据库、档案数字化成果制作三套备份，其中两套在本单位保存，一套在市档案馆登记备份。档案局通过登记备份考核，给各单位统一实施数字化加工以及配置相应的设备。试点工作的实践证明，市档案局的“十个统一”实施，让创建单位“既开好头，又省了心”，共享档案馆内和本单位全宗可公开的信息资源，进一步实现档案信息资源共建共享、互联互通。2013 年档案局与金华市档案局实现异地备份。

（胡妙鸳）

信访工作

【概　况】 市信访局为市委、市政府管理的负责信访工作的行政机构，业务上接受金华市委市政府信访局指导，址设金城路 19 号科技大楼。内设办公室、接访科、综合办信督查科、网上信访科、复查复核科 5 个科室，核定行政编制 10 人，有公务员 9 人，合同制临时工 24 人。2013 年市信访局受理群众来访 420 批次 2 999 人次，同比批次升 4%，人次升 18.2%，其中集体访 97 批次 2 417 人次，批次升 22.8%，人次升 17.8%。赴京上访 5 批次 5 人次，没有去省、金华集体上访。全市受理群众来信 1 313 件，同比降 18.5%。受理网上信访件 713 件，同比升 3.3%，其中省长信箱 143 件，同比升 139.3%；复查复核信访案件 9 件，受理 1 件，不予受理 8 件。年内有省级挂牌信访积案 5 件，金华挂牌积案 2 件，都是上访多年的“钉子案”。为此，市联席办专门下发文件，每个案件成立化解稳控责任小组，7 个案件全部由市领导包案化解，推动了无杂疑难信访事件的解决。2013 年 3 月市信访局先后被省委、省政府，金华市委、市政府评为 2012 年度信访工作目标管理考核优秀单位。

【领导批示信件联合督办制度】 2013 年，市主要领导对群众来信批示率达 95%以上。为提高初信初访办结率和群众满意度，永康市根据市委主要领导的要求，建立市主要领导批示信件联合督办制度。市委督查室、效能办对市委市政府主要领导批示的信件，按照“当日交办、3 日催办、7 日办结”的原则，将办理结果在 7 日内反馈给信访人和批示领导，超期不办或办理质量低下的，由市委督查室、效能办进行实地督查，并在全市书面通报批评，不断提高信访件办理的时效和质量。

【市领导下访】 市四套班子领导每月 15 日到各自联系的镇（街道、区），面对面接触群众、了解民意、倾听诉求、解决问题。2013 年，市领导 68 人次参与下访，接待群众来访 132 批次 286 人次，当场解决 36 件疑难信访案件，批示各镇（街道、区）或市机关部门解决 81 件。全市村级组织开展干部民情接访 12 次，接待群众来访 326 批次 563 人次，解决 227 件。

【特殊利益群体联系制度】 2013 年，针对信访总量居高不下，利益群体频繁串联的情况，市委办、市府办下发《关于建立特殊利益群体联系制度的通知》，明确农村电工、转业士官等 12 个群体由 9 个部门牵头联系，召开专题会议，要求各镇（街道、区）、各部门按照“做在基层、做进家庭、做入心坎”的要求，落实好特殊利益群体联系责任，维护特殊利益群体的稳定。2013 年 10 月，市联席办专门下发文件开展一次特殊利益群体联系走访情况督查，确保制度落到实处。

【群体性事件调处】 2013年，多次召开会议研究行政中心集体上访处置工作，由市委副书记蒋金红带队赴宁波等地学习经验，制定《永康市行政中心非正常访处置工作预案》，明确群体性事件处置中各职能单位的责任和处置流程。在发生群体性事件的情况下，根据群体诉求，市信访局严格按照国家法律法规和政策妥善解决群众反映的问题，引导群众以理性合法的方式表达利益要求，解决利益矛盾，防止矛盾激化和事态扩大。市信访局先后牵头调解了航宇集团职工、豪华坟墓、九龙口酒店债权人、屠宰场死亡员工家属、三德工贸公司职工、全旺工贸职工、新永小学家长等数十起群体性信访事件，实现无恶性上访事件发生。

【信访工作绩效指标考核】 2013年，市信访局结合上级绩效考核方式的调整，以联席办名义下发《关于调整各镇(街道、区)经济社会发展主要指标排序情况的督查通报中信访通报内容的通知》《永康市2013年信访工作绩效考核评分办法》，取消原来每月通报赴京去省到金华市上访数量的排名，增加对初信初访、要信要访、网上信访、赴京去省信访事项按时报结率的排名，从而达到由过去单纯量的考核，转变为事项按时解决和质量提高的实质性飞跃。根据省、市要求，以争创"4A级"来访接待场所建设为重点开展信访文化建设。明确信访工作的目标和任务，建立健全完善各项服务制度，规范工作流程，注重服务细节，完善服务措施，提升服务品位。

（施　佩）

老干部工作

【概　况】 1984年，市委老干部局成立，隶属于县人民政府序列。12月，改为县委序列工作机构。1992年，撤县建市，更名为市委老干部局。下属有两个事业单位：市老干部活动中心、市老年大学。1984年，成立老干部中心活动室，1997年，更名为老干部活动中心。1988年，成立金华老年大学永康分校，1994年，更名为永康市老年大学。中草药课在2010年被评为"金华市级特色课程"。2011年，市委老干部局被评为省老干部信息报道工作先进集体，金华市老干部工作先进集体。陈成强被评为全国先进老干部工作者、省老干部信息报道工作先进个人。市老干部活动中心被省委老干部局授予"满意家园"荣誉称号。老年大学先后被省委老干部局授予"优胜老年大学"和"规范化建设示范校"等荣誉称号。

2013年1月4日，召开离休干部主管单位和老干部工作者交流座谈会；21日，举行全市离退休干部政治经济形势报告会，听取市委书记、市人大常委会主任张伟亚作报告；23日，组织离休干部召开老干部工作新春座谈会；3月27日，召开校务会，市委副书记金政，市委常委、组织部长楼初阳等领导参加会议；4月16日，市委组织部、机关党工委、市委老干部局联合举办"五好"离退休干部党支部和优秀离退休干部党员评选活动；5月9日，永康、兰溪老干部局联合举办"宣传十八大精神、展示夕阳红风采"文艺演出；17日，举行发挥离退休干部作用经验交流暨参观活动，离休干部、省级优秀党员孙禄仁作经验介绍；23日，全省老干部活动中心工作会议在永康市老干部活动中心召开，浙江省委老干部局副局长诸春华、金华市委组织部副部长、老干部局局长胡正明，永康市委副书记金政出席会议，永康市委老干部局介绍了如何做好县级老干部活动中心工作情况；28日至29日，一年一度的离休干部健康体检在市第一人民医院进行；6月13日，离休干部许东山荣获"浙江省优秀离退休干部党员"荣誉称号;21 日,为十位 90 岁、80 岁离休干部举行祝寿活动,市委常委、组织部长楼初阳出席并与老同志合影留念;8 月 5 日至 9 日,组织离休干部学习组长、活动组长在浦江县举办暑期疗养读书会,专题宣讲研讨“中国梦与中国共产党的历史使命”;在市图书馆举办“迎国庆,庆重阳”老年大学 25 周年书画展,展出书法作品 80 幅,绘画作品 130 幅,市委宣传部、市委老干部局、文化局、图书馆等单位有关领导出席书画展开幕式;25 日至 27 日,在市老干部活动中心举办“庆盛会、迎国庆”老干部集邮收藏品展览;10 月 9 日,“寻找最美老干部、同心共筑中国梦”表彰大会在杭州市音乐厅隆重举行,永康离休干部孙禄仁荣获浙江省“最美老干部”荣誉称号;12 日,在市老干部活动中心举办庆祝“全国第一个老年节”趣味游园活动,近百名老同志参加;27 日,老年大学举办庆祝建校二十五周年文艺汇演。

【离休干部“三机制”】 2013 年,市委老干部局加大对离休干部各项政策落实情况的监督检查,针对离休费保障机制、医药费保障机制、财政支持机制运行中发现的新情况、新问题,协调有关部门,不断完善,确保“三个机制”正常运行。离休干部公用经费(包括特需经费)进行调整提高,由原来的 1 880 元调整为 2 500 元。

【老干部活动中心】 市老干部活动中心原址位于工人文化宫。2008 年 5 月,新的老年大学和老干部活动园区投入运行,新活动园区位于解放南路 309 号,占地 1.13 公顷,建筑面积 6 600 平方米。一、二层约 4 000 平方米,为老干部活动场所,内设乒乓球活动大厅、报告厅、排练厅、健身房、阅览室、荣誉室等,可同时容纳数百人的活动和比赛,各人可根据自己的爱好选择活动项目;三、四层 3 000 平方米为老年大学教室,2013 年设有 44 个班级,22 门学科,1 300 名学员。

(楼继宁)

市人大常委会

综　述

【概　况】 2013年1月6日，永康市人大常委会召开市第十六届第八次会议，讨论有关代表增补选事项，审议表决有关代表辞职的议案，审议召开市十六届人大二次会议有关事项。2月25日至26日召开市第十六届人大常委会第九次会议，初审人代会各项工作报告，讨论决定大会日程(草案)、代表变动及资格审查报告(草案)、议案截止日期的决定(草案)、各项建议名单等人代会有关事项；审议通过市人大常委会2013年重点监督内容。通过新闻媒体向社会公开市人大常委会2013年重点监督内容。组织在永的金华市人大代表参加金华市第六届人大第四次会议。4月组织开展工商行政管理工作专题调研，召开市第十六届人大常委会第十次会议，听取和审议市政府关于2013年度新增政府投资1 000万元以上项目计划草案的报告；听取和审议市检察院关于行政执法检察监督工作的报告并作出决议；审议通过关于调整市第十六届人民代表大会常务委员会代表资格审查委员会的建议名单；进行有关人事任免。3月6日至9日举行第十六届人大二次会议。5月视察全市保障性安居工程建设管理工作。6月视察全市“三改一拆”工作。召开市第十六届人大常委会第十一次会议，听取和审议市政府关于2012年财政预算执行情况的审计报告；审查和批准市政府关于2012年的政决算报告。7月10日，召开镇

3月6日，举行第十六届人民代表大会二次会议(人大提供)

(街道、区)人大工作会议。8月1日,代市长金政到经济开发区走访、问计人大代表,视察解放街区旧城改造工作。8月14日上午,省人大常委会党组副书记、副主任茅临生一行来永开展与基层人大代表"走亲联心"活动。14日下午,召开市第十六届人大常委会第十二次会议,听取市法院、市检察院2013年上半年工作情况报告和下半年工作安排的报告;听取和审议市政府关于2013年上半年财政预算报告;听取和审议市政府关于2013年上半年国民经济社会发展计划执行情况的报告及《永康市国民经济和社会发展第十二个五年规划纲要》中期评估报告;学习贯彻市委第十三届四次全体(扩大)会议暨市政府第十六届三次全体会议精神;进行有关人事任免。市人大常委会党组副书记、副主任王浙强主持会议。9月召开市第十六届人大常委会第十三次会议,审议表决市公安局提请的对有关市人大代表采取刑事强制措施的报告。市人大常委会党组副书记、副主任王浙强主持会议。组织视察科技创新服务工作。组织对公安系统工作调研。组织视察西城河道整治和高新高精农业开发工作。召开人大机关干部职工会议。传达学习《中共浙江省纪委、省监察厅切实加强中秋国庆期间党风廉政建设通知》精神。组织视察森林城镇创建工作。10月开展人大代表走访道路交通活动。调研杨溪水库水源保护区重大污染隐患情况,实地走访丽缙五金科技产业聚集区大面积超越分水岭建设施工现场。组织视察文化基础设施建设工作、食品安全工作和市福利中心建设工作。召开市第十六届人大常委会第十四次会议。11月组织人大代表到城区拥堵路段开展代表问政交通活动。召开市第十六届人大常委会第十五次会议。组织市城管执法局、交通局、环保局、创建办等部门负责人前往芝英镇、经济开发区督查农村环境卫生整治工作。12月召开代表建议意见办理工作测评会与镇(街道、区)人大工作会议。全市分七个代表小组征求市人大代表对"人代会"各工作报告意见。

重要会议

【市十六届人大第二次会议】 3月6日,永康市十六届人大第二次会议开幕。来自社会各界的240多名人大代表同议民生福祉。市长徐华水作《政府工作报告》。会议书面听取《永康市2012年国民经济和社会发展计划执行情况与2013年计划(草案)的报告》,听取《永康市2012年财政预算执行情况和2013年财政预算(草案)的报告》《永康市第十六届人大第一次会议代表建议意见办理工作的报告》。次日,市十六届人大二次会议举行第二次全会,听取市人大常委会、市人民法院、市人民检察院工作报告。市人大常委会党组副书记、副主任王浙强受市委书记、市人大常委会主任张伟亚委托作工作报告,市人民法院院长诸葛美龙和市人民检察院检察长王宪峰分别作了工作报告。会议通过《永康市第十六届人民代表大会第二次会议选举办法》。3月9日,市十六届人大第二次会议在圆满完成各项议程后胜利闭幕。

会议坚持以人为本,高度关注民生,突出"科学发展和改善民生"两条主线,对推进全市经济和社会全面、协调、可持续发展具有十分重要的意义。大会选举2名市人大常委会委员,通过《关于永康市人民政府工作报告的决议》《关于永康市2012年国民经济和社会发展计划执行情况与2013年国民经济和社会发展计划报告的决议》《关于永康市2012年财政预算执行情况和2013年预算报告的决议》《关于永康市2012年财政预算执行情况和2013年预算报告的决议》《关于永康市人大常务委员会工作报告的决议》《关于永康市人民法院工作报告的决议》《关于永康市人民检察院工作报告的决议》。

【市十六届人大常委会第十六次会议】 12月31日，市第十六届人大常委会召开第十六次会议。听取并审议市政府关于市人大常委会审议意见和视察意见办理工作的报告；听取副市长吕群勇、副市长黄瑞燕，市司法局局长黄兴强，市人力社保局局长赵晨晓，市农业局局长黄培杰，市环保局局长朱彭年，市安监局局长吕福有，市民宗局局长施文武的述职报告，并进行评议；初审市十六届人大三次会议各项工作报告；讨论决定市十六届人大三次会议议程(草案)、日程(草案)、代表变动及资格审查报告(草案)、各项建议名单及原则意见、议案截止日期的决定(草案)和选举办法(草案)等人代会有关事项；并进行有关人事任免。

重要活动

【市人大代表到方岩景区视察】 4月18日，市人大代表视察方岩景区综合整治情况。方岩景区的游步道坑坑洼洼直接影响游客游玩的心情，也存在潜在的安全隐患。代表们提出景区游步道的修缮迫在眉睫，并对景区停车场改造和综合整治提出建议。原小学旧址虽改造为景区停车场，可容纳大小汽车100辆，但是停车场只能提供简单的泊车功能，后续的美化和安全功能尚未跟上。代表们还就景区经营秩序、垃圾处理、山体绿化、旅游宣传等方面提出建议。

【江南、舟山人大代表座谈会】 11月3日，市委副书记、代市长金政等走访江南街道、舟山镇的市人大代表。座谈中，江南街道市人大代表希望对拥堵路段增加警力，打通断头路；居家养老增加社区活动场所；江南新区建设起点要高，求好不求快；教育事业要做好规划等。江南街道负责人汇报各项重点工作的进展情况。金政指出，江南街道地位重要，江南的发展事关永康城市未来十年发展大局，希望大家认真学习贯彻党的十八届三中全会精神，解放思想，谋划永康城市建设和城市管理，对城区工业区块进行萎缩化管理，采取有力措施，把江南建成永康最美丽最宜居的区块，完成好2013年工作任务，谋划好2014年工作思路。舟山镇市人大代表提出，舟山镇作为杨溪水库饮用水水源保护区，老百姓做出很大贡献，但收入很低，希望政府能加大对库区的帮扶力度，提高库区老百姓的生活水平；有些农村的污水管网未能发挥应有作用，有待加强后续管理；舟山镇区建设落后，希望市政府给予支持。舟山镇负责人汇报了2014年工作思路，提出“治水、造林、修缮、筹资”的工作重点。金政认为舟山镇肩负保护永康“大水缸”的重任，保护好水源，保护好生态，是舟山镇工作的重中之重，要大力发展生态经济，

市人大调研公安派出所建设(公安局提供)

走生态富民之路。为了保护好饮用水源，舟山镇人民确实作出很大贡献，市政府将出台有关政策，建立生态补偿机制，加大资金投入，支持舟山镇的发展，提高群众生活水平。

【唐先、城西人大代表座谈会】 11月12日，市委副书记、代市长金政前往唐先镇、城西新区走访市人大代表。唐先镇市人大代表在座谈中提到，农村集体经济薄弱，难有作为，希望能增加收入来源；文化产业投入太少，希望政府加强引导，增加投入；东永二线堵车严重，尤其是周末上下学时职技校门口路段，望能采取有效措施；东永二线长川村路段还剩一段未安装路灯，望能尽早安装；五指岩风景区虽属方岩风景区，但政策扶持较少，村里开发困难，希望得到政府的重视等。唐先镇主要领导汇报下一步的工作思路。金政对唐先镇发展提出建议：谋发展，促和谐，打造好永康北大门。唐先特色在农业，特色农业要变为产业，但发展要多元化，现有工业要做强做大做精，并大力发展旅游业。小城镇建设要有大的发展，唐先镇的人气比较旺，先要整出一条像样的街道来。把当前的工作抓好，做好村级组织换届选举工作，把讲政治、能干事、群众拥护、自愿奉献的人选上来。城西新区市人大代表在座谈中提到，新区已初具规模，希望基础设施等配套能跟上去；能不能把多个民间文艺组织整合成文化艺术中心，打造永康文化的金名片；加强诚信体系建设，保障金融安全；道德永康建设要从小抓起，有关部门要严格执法等。城西新区主要领导汇报下一步的工作思路。金政对城西新区（现代农业装备高新技术产业园）的下一步发展提出建议：要建成美丽新城西、繁荣新城西、生态新城西。要解放思想，敢创敢试，抓住机遇，体现新城西的新实践、新水平。要产城联动，把建成区做成精品，与主城区很好衔接。要把现代农业装备高新技术产业园的建设作为工作重中之重来抓，抓规划、抓项目、抓建设、抓投入、抓管理。以水环境整治为突破口，更加重视生态环保。并说，市人大代表们提出的具体问题，都是出于公心，反映所在村、选区老百姓的心声。金政表示带回去一一梳理，能解决的马上解决，不能马上解决的列入工作逐步解决。

【西溪、龙山人大代表座谈会】 11月26日，代市长金政到西溪镇、龙山镇走访市人大代表。西溪镇市人大代表提到，棠溪山区农民大多种有药材，与磐安新渥往来密切，望加快永磐公路建设速度；西溪有永康最高峰黄寮尖，山区夏天的气温明显比城区低，适宜发展旅游和农家客栈，希望政府给予扶持；集镇脏乱差，希望加强管理等。金政对西溪发展提出建议：要把西溪放在全市发展的大局中来谋划，着力把西溪打造成有特色、有活力的镇；要认真研究集镇建设管理工作，打造整洁、干净、亮丽的新镇区。龙山镇市人大代表提得最多的就是浙商回归创业创新园的建设，希望能成立专门工作机构，增加力量，得到更多的支持，建好园区，增强龙山镇实力。代表们还就加快中心镇建设、提高市民的幸福指数、加强中心幼儿园软件建设、提升政府部门审批效率等方面提出建议意见。金政希望大家认真学习十八届三中全会精神，解放思想，深化改革，并勉励龙山镇在改革创新方面要走在前列；要以浙商回归创业创新园建设为突破口，以现代化城镇建设为契机，启动龙山的城镇建设；要以治水生态环保为突破口，狠抓工业经济；要充分挖掘陈亮文化，做好相关保护工作。

（姚小波）

市人民政府

综　述

【概　况】 2013年是永康面临复杂形势、经受重大考验的一年。面对经济转型升级的持续阵痛，面对社会管理创新的巨大压力，面对生态环保的严酷倒逼，面对少数企业资金紧张引发的严峻危机，市人民政府沉着应对，积极响应市委“二次出发”号召，紧紧围绕全面打造经济社会发展升级版宏伟目标，一以贯之实施“工业强市、生态立市、商旅活市、文化兴市”发展战略，加快科学发展，推出系列扶持政策，激励企业转型升级，现代服务业蓄势待发。编制现代服务业发展规划，出台一揽子扶持政策，设立6 000万元引导资金，实现服务业增加值152亿元，可比价增长9%。完成商贸企业“下升上”69家。举办规模展会18次，交易额157.5亿元，其中第十八届五金博览会和第四届门博会分别增长6.5%、13.7%。“中国·永康五金指数”全球发布。总部中心三期基本完工，四期开工建设，人才公寓一期交付使用，新增入驻企业30家，总税收3.2亿元，实现翻番目标。创新方岩风景名胜区管理体制，完成南岩、石鼓寮景区整合。虎踞峡景区正式营业，西部旅游带规划通过论证。整合方岩、四方、后吴等影视资源，引进影视文化企业20家。国际物流中心公共保税仓库主体工程结顶，城西物流中心一期运行，王力大酒店主体工程结顶，世贸中

市长金政会见意大利卡萨巴达纳银行总行副行长格罗赛帝(外事办提供)

心酒店进入内部装修，农贸果蔬粮油批发市场二期基本完工。同时，推进农业“两区一中心”建设，建成粮食生产功能区900公顷，完成标准农田质量提升2 466.67公顷，新建农业公共服务中心6个。2个主导产业示范区基本建成，1个精品园区通过省级验收。稳定粮食生产，实现播种面积1.3万公顷、总产量8.45万吨。积极推行粮食订单，完成储备粮轮换。成立农产品经纪人协会，举办第八届农展会等农业展会。加强农田水利设施建设，全国中小河流重点县综合整治4个项目开工，中央中小河流综合治理华溪一期、二期工程完工，永康江河道治理工程开工建设，南溪河道治理工程基本完成前期，3座水库完成除险加固。实现土地承包经营权流转7 333.33公顷。有效防控H7N9禽流感和松材线虫病。积极应对极端高温干旱天气，省级气象防灾减灾标准乡镇实现全覆盖。强化项目申报，新增省重点建设项目6个、省重大产业项目3个、省服务业重大项目3个、

省重大工业项目4个，均创历年之最。健全市领导联系项目制度，深入开展“百日攻坚”行动，道明、星月等省重点项目开工。完成土地利用规划中期评估，消化批而未供土地229.53公顷，盘活存量建设用地140公顷，落实省林转用指标93.33公顷，完成低丘缓坡征地报批133.33公顷。开展工业用地清查，启动调整城镇土地使用税政策试点，完成城区“退二进三”9.79公顷。深化政银企互动，新增贷款规模110.5亿元，新增股份制银行1家。创新“缴一贷一”等金融产品，开展异地授信划转，规范清理企业互助基金会，防范化解金融风险。提升供电保障水平，220千伏明珠变完成土建，110千伏黄棠变开工。金丽温燃气管道永康段工程完成主线定位。新建院士、博士后工作站5家，引进省“千人计划”3人，实现零突破。新批技改项目106项，累计投入31.3亿元，其中装备投入16.2亿元。高新技术产业增加值32.1亿元，增长3.5%。推进“科技架桥”活动，校企共建研发中心27家。现代农业装备、新能源汽车产业技术创新综合试点稳步推进。培育认定国家重点扶持高新技术企业41家，新增省级创新载体6家。建设创新成果展示交易中心，举办第八届中国五金产品工业设计大赛。强化知识产权保护，商标注册2 400件，专利授权3 954件。18家企业参与4项国家标准、13项行业标准制修订。“永康五金”区域国际品牌管理办法出台实施。承办第三届中国国际商贸发展大会。举办第二届市外永康商会会长会议，创建全国永康五金专业市场联盟。筹建浙商回归创业创新中心，引进回归项目21个，到位资金18亿元。加大央企对接力度，中国通号区域总部落户永康。完成山海协作和对口帮扶。完善外经贸扶持政策，着力拓展新兴市场。1月至11月，实现进出口总额43.7亿美元，其中出口39.6亿美元，增长17.9%，进口4.15亿美元，增长64.7%，自营进口额首次居金华首位。新批外商投资企业3家，实际利用外资306.4万美元。新批境外投资项目2个，投资额550万美元，新注册服务外包企业1家。办理出口退税22.7亿元。

【劳动模范集体和个人表彰】 4月19日，市委、市政府召开2010～2013年度劳动模范表彰大会暨庆“五一”职工系列文体活动开幕式。刘国梁等20人被授予“市劳动模范”称号，市供电局等3个单位被授予“市模范集体”称号。

（陈　庆）

【重大项目每月一督查】 9月市政府实施对市北部水库联网工程、市现代汽车装备城、市核电关联产业中央仓储物流供应中心等25项重大项目实施每月一督查制度。督察方式采取听取汇报、实地检查办法全面掌握工作进度并对督查结果进行通报。对投资比例低于全年计划50%或按计划应开工而未开工的项目开展重点督查，分析原因，分清责任，对在实施过程中问题相对较多、矛盾较为集中的重大项目进行现场交办、督办。对未按计划实施的重大项目，相关联系负责人加大工作指导、检查、协调力度，督促项目按时开工建设和竣工投产。督查工作结束后，市作风办、效能办根据督查掌握的实际情况，按照《永康市“正风提效抓落实”活动实施方案》有规定，对在重点项目实施过程中措施不力、推诿扯皮、进展缓慢的部门实施效能问责。

（彭亚浓）

【农村环卫长效管理推进会】 11月26日，市委、市政府举行全市农村环境卫生长效管理工作推进会。市领导与各镇街区党（工）委书记与市委农办、市城管执法、交通、环保、卫生、水务、创建办、妇联等部门主要负责人从城区出发，沿经济开发区、芝英等，随机现场检查了炉头、溪岸、王上店、葛塘下等村和芝英集镇及公路沿线两边环境卫生状况。

（应华波）

【市领导赴省外调研粮源基地】 12月7日，副市长李卫星就粮源基地建设情况到江西弋阳、东乡进行了为期两天的走访调研。走访期间，李卫星副市长与当地粮食部门进行座谈交流，实地了解当地的粮食生产、收购相关情况。调研后，江西弋阳、东乡与永康合作，做到早稻保质保量，履行购销合同及时，为永康市粮食宏观调控夯实了基础。

（周　磊）

【四色预警与响应机制】 12月，市政府召开打击和处置非法集资工作会议，全面启动企业风险四色预警与响应机制，实行每月1日的“零报送”制度，做到有问题报问题，没问题报“平安”。新制定的企业风险四色预警与响应机制涉及司法、经贸、工商、金融、民政、投资、消费、社会责任等8个方面，细分为28种指标，归类于A、B、C三个等级，其中A级为最高等级。市打击和处置非法集资工作领导小组办公室根据各镇（街、区）、行业主管部门以及金融机构反映的情况和评估意见，对企业风险作出蓝色、黄色、橙色、红色等四色等级预警评估，定期组织分析研判企业风险，提出意见，报相关领导启动相应级别预案。市政府要求12月23日17时前完成第一次报送，之后每月1日将情况上报处非办。

（陈　庆）

机构编制

【概　况】 市机构编制委员会办公室是市机构编制委员会的常设办事机构，内设综合科（挂监督检查科牌子）、机构编制科（挂行政管理体制改革科牌子）。负责全市行政管理体制和机构改革以及机构编制的日常管理工作，既是市委的工作部门，又是市政府的工作部门，列入市委机构序列。

3月全市事业单位统一开展年检工作。3月底，全市事业单位总数401家，符合登记单位268家，应年检数254家，已年检数249家，同意暂缓年检数5家，年检率及合格率均达到100%。变更登记数37家，遗失补领2家，注销登记4家。开展政务和公益域名注册宣传工作。为提高事业单位法定代表人的思想和业务素质，强化机构编制意识，普及事业单位相关知识，12月10日市编委办下属事业单位登记管理局对全市事业单位法人进行了培训。

【市场监督管理局职责整合】 2013年，市编制办公室根据《中共中央、国务院关于地方政府职能转变和机构改革的意见》、《国务院关于地方改革完善食品药品监督管理体制的指导意见》和《浙江省人民政府关于改革完善市县食品药品监管体制的意见》，提议市委、市政府将市食品药品监督管理局、市工商行政管理局职责进行整合，设立市市场监督管理局（保留市工商行政管理局、市食品药品监督管理局牌子），并下发《关于印发永康市市场监督管理局主要职责内设机构和人员编制规定的通知》。

【市招才局成立】 3月22日，永康市招才局成立，市领导金政、楼初阳出席授牌仪式。金政强调成立市招才局是推进全市招才引智工作、打造金丽衢五金科技人才高地的重要举措。市招才局要担负起全市人才工作的牵头抓总、宏观指导、综合协调和督促检查的职能。当前要重点抓好规划政策再梳理，大力实施“人才强市”战略，加快培养引进海内外创业创新领军人才和团队，努力开创市招才引智工作新局面。楼初阳指出，市招才局要做好人才项目的落地协调，配合有关部门推进高层次人才创业平台、创新载体建设，做好人才服务保障工作。负责牵头与高校院所和央企的有关战略合作事宜，落实本土人才的培养、开发，建立相关评价、激励体系等工作。

【农村合作医疗管理职能移交】 7月，根据金华市政府《市新型农村合作医疗制度管理职能移交工作实施方案》和市政府第十二次常务会议精神，市编制办起草方案以编制委名义把市卫生局承担的市城乡居民合作医疗制度管理职能，以及具体实施该项职能的市新型农村合作医疗管理委员会办公室建制划转给市人力资源和社会保障局。

【389家事业单位完成分类改革】 2013年，市编制办根据省编办《关于深化完善事业单位分类工作的实施意见》及《关于从严认定承担行政职能事业单位的通知》文件要求，对原确定为监督管理类的事业单位，上报金华市编委办审定，调整为承担行政职能的事业单位；对不符合承担行政职能类别条件的事业单位，调整为公益一类事业单位；对原分类为纯公益类的事业单位，调整为公益一类事业单位；原分类为准公益类的事业单位，调整为公益二类事业单位。经过调整，全市401家事业单位完成分类389家，其中承担行政职能事业单位32家，公益一类251家，公益二类84家，从事生产经营活动事业单位15家，需"还政于政"事业单位7家。

（王陈儒）

人事管理

■ 公务人员管理

【概　况】 2013年，市人事劳动与社会保障局（简称市人力社保局）围绕市委、市政府部署，以抓人才、推改革、强服务作为主线，做好全市公务员及参照公务员法管理事业单位工作人员的综合管理工作。全年有28个招考单位计划招考录用公务员85名。招考采用网上报名审核方式，报名人数2 667人，审查通过2 527人，缴费后参加考试2 326名，因报名人数不足等原因核减1人、取消1人。经笔试，有41名考生进入体能测评，222名考生进入面试，134名考生进入体检。经考察，正式录用82人。对上一年度公务员进行考核，有市管干部以下公务员（含参照公务员法管理事业单位工作人员）2 394名，其中考核结果优秀346人，基本称职6人，称职1 928人，其他114人。

根据浙委办〔2007〕13号文件精神以及上级统一部署，参照公务员法管理，2013年内把24家符合上报条件的监督管理类事业单位，上报省公务员局参照公务员法进行管理，根据省批复对符合参照公务员法管理的单位进行人员过渡工作。

【企业军转干部解困维稳】 2013年春节期间上门慰问企业退休军转干部31人，并视具体情况送上1 000～2 000元慰问金。5月组织企业退休军转干部182名进行健康检查；给2012年度家属无工作的每人每年补助2 000元，双下岗的每年补助3 600元。对企业退休军转干部提出的一些问题给予热情解答，尽心尽力化解不稳定因素，确保永康企业退休军转干部总体平稳。全年度安置营职以下（含技术干部）军队转业干部6人，其中副营3人、正连1人、技术9级1人、技术11级1人。随调家属2人，其中事业1人，企业1人。

■ 人才交流招聘

【概　况】 2013年，市人才市场通过举办各类招聘会，为大学毕业生提供就业岗位，解决企业人才需求，促进全市经济和社会快速发展。全年举办大型招聘会11场，周末招聘会28场，1 776家次企业进场招聘，提供各类工作岗位2.3万个，进场求职人数2万人。通过外出招聘、校企合作、网站引荐等多种渠道，为市卫生局、市教育局、永康党校、明珠中学、市质监局质监检测中心、市财政局下属造价和审价中心、市农业局下属蔬菜站、市畜牧局等事业单位引进优秀人才计 114 人。春夏两季举办 10 场招聘会，其中 6 场为大型招聘会，4 场为专场招聘会。2 月 19 日第一场大型招聘会，有 161 家企业参加，提供 3 248 个岗位，报名 2 330 人次，达成意向 369 人次。20 日第二场大型招聘会，161 家企业参加，提供 3 845 个岗位，报名 1 559 人次，达成意向 415 人次。22 日第三场大型招聘会，160 家企业参加，提供 2 963 个岗位，报名 1 142 人次，达成意向 169 人次。23 日第四场大型招聘会，160 家企业参加，提供 2 441 个岗位，报名 602 人次，达成意向 161 人次。26 日第一场专场，78 家企业参加，提供 1 387 个岗位，报名 421 人次，达成意向 107 人次。3 月 3 日第二场专场，78 家企业参加，提供 853 个岗位，报名 531 人次，达成意向 157 人次。10 日第三场专场，78 家企业参加，提供 800 个岗位，报名 515 人次，达成意向 99 人次。17 日第四场专场，50 家企业参加，提供 480 个岗位，报名 178 人次，达成意向 48 人次。7 月 13 日，举办夏季大型招聘会，有 160 家企业参加招聘会，提供 2 278 个岗位，报名 906 人次，达成意向 159 人次。14 日，160 家企业参加夏季招聘会，提供 2 199 个岗位，报名 502 人次，达成意向 111 人次。

全年举办周末招聘会 28 场，其中 3 月举办 2 场招聘会，27 家企业参加，提供岗位 187 个，报名 91 人次，达成意向 25 人。4 月举办 4 场招聘会，46 家企业参加，提供岗位 321 个，报名 147 人次，达成意向 47 人。5 月举办 4 场招聘会，40 家企业参加，提供岗位 563 个，报名 117 人次，达成意向 35 人。6 月举办 5 场招聘会，41 家企业参加，提供岗位 285 个，报名 150 人次，达成意向 42 人。7 月举办 2 场招聘会，33 家企业参加，提供岗位 471 个，报名 123 人次，达成意向 32 人。8 月举办 5 场招聘会，45 家企业参加，提供岗位 285 个，报名 95 人次，达成意向 72 人。9 月举办 3 场招聘会，28 家企业参加，提供岗位 302 个，报名 95 人次，达成意向 72 人。10 月举办 3 场招聘会，20 家企业参加，提供岗位 192 个，报名 70 人次，达成意向 21 人。

【春季大型人才交流会】 2 月 19 日，首场春季大型人才交流会拉开帷幕。此次系列交流会共提供近 1 000 个展位，为人才提供各类岗位近 2 万个。参加交流会有企业 642 家，提供岗位 1 9447 个，岗位数量比 2012 年春季招聘会增 51.56%。其中永康本地企业 507 家，占企业总数的 78.97%。武义、缙云等周边地区报名企业 135 家，占 21.02%，其他地区报名企业 18 家，占 2.8%。从行业来看，参加企业数量最多的行业依次是电动工具行业(园林工具类)、门业、休闲器具行业(健身器材)、杯业。技工类、销售类和物流仓管类人才为企业最为需求。和 2012 年相比，技工类人才占总需求比的 31.2%；销售类人才占总需求比的 28.12%；物流仓管类人才占总需求比的 8.46%；工程师、技术类人才从第三位退到第五位；品质检验类人才第四位。从数量上来看，技工类人才需求数量恢复正常，从 2012 年只占 19.9%恢复到 31.2%。前三位的岗位需求总数占全部岗位需求的 67.78%，体现出人才需求种类的集中化，特别是物流仓管类人才的需求，从 4 年前开始一路飙升，2013 年挤入需求总量的第三名，反映该类人才的匮乏。据统计，19 日的交流会提供岗位 3 428 个，2 330 人报名求职，达成意向 369 项。

【永康与 43 家高校合作】 2013 年，市人力社保局采取请进来、派出去等方法，先后与山东、湖北、安徽、湖南、浙江师大等 43 家高校和单位开展校企合作洽谈，引进人才。8 月 12 日，山东商业职业技术学院来永康举行校企座谈会，市康灵集团有限公司等 7 家企业参加会议，并就有关学生输送、校企合作进行探讨。9 月 23 日，在紫薇花园宾馆召开市第六届校企合作洽谈会，邀请湖北人力资源中心、长沙市人才服务中心、安徽阜阳市劳动就业管理局、湖南大学、湖南师范大学、浙江师范大学等41家高校和单位参会，市有110家企业与会。11月17日，组织市内7家企业和湖北工业职业技术学院签订校企合作协议，并举行“永康市校企合作基地”授牌仪式。

【网上招聘全国人才】 2008年，永康人才网(www.zjykrc.com)开始营运，作为全市唯一官方人才网站，在提供求职招聘网络平台，引导人才网站行业健康发展上起到积极作用。2013年1月至11月，市人力社保局吸收各类会员676个，网上注册各类人才简历1万多份，现场注册人才简历3 000份。年内根据全市各企业引才的实际需要，制定全年工作目标，有计划组织市内企业前往江西、湖北、湖南、山东、上海、北京等地及省内杭州、宁波、金华、衢州等市招聘。组织各类外出招聘20场，参加企业204家，引进各类人才3 000人。

职业技能鉴定

【概　况】 2013年，全市职业技能鉴定7 675人次，其中中高级以上技能鉴定首次超过初级技能鉴定；开展企业技能人才自主评价试点；成功举办第三届“永康技工”技能比武；举办首届汽车维修工技师班并实施技能鉴定等，为全市企业转型升级提供强有力的人才支撑。全年市政府投入20万元建成市职业技能电子考务系统。该系统主要功能模块包括培训管理、考试管理、资金管理、档案管理和统计查询等，提升全市职业技能培训和考核鉴定水平。

【“永康技工”技能比武】 6月27日，市人力社保局在永康职技校举办第三届“永康技工”技能比武，有200多名选手参加角逐。分普通车工、数控车工、CAD制图员等7个比赛工种。分获各工种第一名的是：普通车工顾跃关、数控车工周湍、维修电工吕海军、电焊工黄天旷、计算机操作工吴勇、CAD制图员钟正礼、中式烹饪工单宁。对取得相应名次的选手除给予一定的物质奖励外，还分别颁发了技师、高级工和中级工国家职业资格证书，为技术工人切磋技艺，交流技能搭建良好平台。

【汽车维修工技师班】 11月1日，由道路运输协会和汽车维修协会联合举办市首届汽车维修工技师班。52名来自各汽车修理厂(店)的技术骨干经严格选拔后参加培训，其中49位在完成规定课时内的应知应会培训和考核鉴定后取得技师国家职业资格证书，成为市内汽车维修行业的精英，提升全市汽车维修行业的水平，解决企业技能人才、特别是高技能人才短缺的“高技荒”。年内市人力社保局召开评委会10次，推荐中、高级专业技术职务365人，经上级中、高级专业技术职务评审委员会评审，有196人取得高级专业技术职务，117人取得中级专业技术职务。经过市内各系列初级专业技术职务评审委员会评审，有136人取得初级专业技术职务。是年全市初定专业技术职务208人，其中上报金华市人力资源和社会保障局初定中级专业技术职务12人，市内初定初级专业技术职务196人。

【企业技能人才自主评价试点】 企业技能自主评价是将技能评价的决定权交给企业。为了让更多企业参与自主评价，2013年市人力社保局采取两项措施：树立典型，以点带面。如推广超人公司的经验，使大家效有方向、学有东西、做有套路；在培训补贴上，对试点企业采取“先试先补”的政策，即对被政府确定为技能评价试点的企业，可以证书换取财政培训补贴。这一举措旨在调动企业自主培养、评价和使用的积极性。2013年全市有30家企业被确定为技能人才评价试点企业。

事业单位管理

【概　况】 2013年,市人力社保局稳妥地研究制定事业单位工作人员的商调、聘用、考核、奖惩、调配、辞职、辞退等实施办法,全面提高事业单位人员依法管理力度。年内教育系统面向应届师范类毕业生及社会人员计划招聘教师286人,采用现场报名审核方式,有817人报名,746人参考。经笔试,421名考生进入面试,242名考生进入体检,考察后聘用233人。同年卫生系统面向毕业生及社区工作人员计划招聘264名。采用现场报名审核方式,有622人报名参考,经笔试234名考生进入体检,考察后聘用226人。

【事业单位公开招聘】 2013年,组织两次事业单位公开招聘考试。第一次是面向大学生村官计划招聘18人、面向社会计划招聘事业单位工作人员57人。第二次是体育中心等4家事业单位计划公开招聘工作人员15人,镇(街、区)中心幼儿园公开招聘教师5人。第一次招聘考试因报名人数不足核减计划1人。有1 568人报名,211人进入面试,116人参加体检,招聘74名事业单位工作人员。第二次事业单位招聘按程序办好招聘。

【事业单位岗位设置】 根据中共浙江省委办公厅、浙江省人民政府办公厅印发的《浙江省事业单位岗位设置管理实施办法(试行)》及中共浙江省委组织部、浙江省人力资源和社会保障厅关于事业单位岗位设置管理有关问题的处理意见等文件,结合永康工作实际,至2013年12月,全市302个单位,全部完成事业单位岗位设置管理工作,核准岗位总量10 426个,其中管理岗位560个,专业技术岗位9 463个,工勤技能岗位403个,并进行事业单位聘用合同的审核。12月制定事业单位岗位聘任须知,规范事业单位岗位设置管理工作及办理流程。

工资福利

【概　况】 2013年,根据浙江省人事厅《关于印发机关工作人员级别(岗位)工资正常运行有关问题处理办法的通知》等文件精神,对机关单位五年考核合格人员级别工资和两年考核合格人员工资档次进行正常晋升,全市有81个单位827人参加晋升,月增资总额为37 216元,月人均增资45元。根据浙江省人事厅《关于印发事业单位工作人员正常增加薪级工资有关问题处理办法的通知》,对上一年考核合格的事业工作人员薪级工资档次实施正常晋升,有268个事业单位9 078人次参加晋升,月增资总额32.05万元,人均增资35.3元。办理机关各类人员工资确定和介绍466人,其中新进机关123人,职务学历变化而变动工资确定233人,调动人员工资确定和转介110人。办理事业各类人员工资确定和介绍3 338人,其中新进609人,职务职称学历岗位变化而变动工资确定2 729人。2012年度全市享受政府津贴人员35人计37.6万元。

【事业单位岗位设置工资变动】 2013年,根据浙江省人事厅《浙江省事业单位人员聘用制度试行细则》若干问题的意见,对实行岗位设置的部分事业单位符合条件专业技术人员实施工资晋升变动审批,有1 468名在职专技人员变动了岗位工资,月增资总额为10.86万元,月人均增资为74元。对完成岗位设置的事业单位2006年工改后退休的专技人员实施工资性退休费的变动调整审批,有811名退休专业技术人员提高工资性退休费,月人均增资57元。

【退休退职人员福利待遇】 2013年,市人力社保局办理退休972人,其中企业673人、机关68人、事业231人、托管18人、延期退休手续26人。办理退休证900本。办理机关单位亡故人员抚恤手续38人,遗属生活困难

市委书记徐华水会见意大利卡萨巴达纳银行总行副行长格罗赛帝，并举行签约会(外事办提供)

补助16人。年终对机关单位特殊困难补助47人，补助金额7.49万元。并陪同市领导上门慰问，11月组织全市单位进行一年一度退休干部“两项待遇”落实情况的自查和抽查。12月对全市4 500多名退休干部发放慰问品。根据中共浙江省委组织部、省人力资源和社会保障厅、省财政厅、省民政厅《关于进一步解决部分精简退职人员生活困难补助问题的通知》，2013年办理部分精减退职人员生活困难补助审批214人，累计审批1 529人。全年对机关单位退休退职人员(退休人员从65%提到80%，退职人员从50%提到70%)生活补贴进行审批，共1 165人，月增资总额95.80万元，月人均增资822元。对事业单位退休人员津贴补贴从65%提到80%发放，退休退职人员4 473人，月增资总额328.77万元，月人均增资735元。

(徐航向)

外事工作

【概　况】 1988年8月18日，县人民政府外事办公室成立。1994年3月23日，成立市人民对外友好协会。1996年4月5日，成立市外事办国际交流服务中心。2013年市人民政府外事办公室(简称“市外事办”)围绕市委、市政府的中心工作，坚持服务国家总体外交，全面深化国际交流与合作，努力优化涉外环境，并着眼于服务地方经济和社会事业发展，取得较好的成绩，被金华市人民政府外事与侨务办公室评为“2013年度金华市外事系统先进集体”。全年共审核、报批因公出国、赴港澳人员21批43人次，其中党政机关和参公管理事业单位21人次。接待重要外宾来访6批50人次，审批外国人邀请函件17批18人次，代办企业APEC商务旅行卡18批47人。

【永康组团外出访问】 5月17日至26日，副市长吕群勇率市招商引资考察团访问意大利、比利时和法国。考察团访问意大利全国工商联、意大利全国农机制造联合会、意大利卡萨巴达纳银行总行、比利时圣路克设计学院和法国巴黎INRA农业研究院，并与多家意大利企业对接，推介永康现代农业装备高新技术产业园。7月21日至28日，市委常委、组织部长楼初阳率永康市“创二代”家族企业传承培训团访问中国香港。培训团参加香港职业训练局本部的课程，参观香港金融管理局、稻苗学院和香港知专设计学院，并与海天堂集团、德国宝集团、创科实业、九龙表行等企业进行交流。

【外商到永康洽谈合作频繁】 2月21日，意大利全国工业设计协会副主席顾托勒一行访永。参加永康意大利戴达罗设计中心开业仪式，并会见市委书记张伟亚，双方就工业设计等方面进行交流。代表团还参观永康国际会展中心和星月集团。同日，日本伊藤忠商事株式会社中国区总经理真木正寿一行访永，市委书记张伟亚会见，双方就现代服务业等方面进行交流，希望有合作机会。6月20日，意大利卡萨巴达纳银行总行副行长格罗赛帝率团访永，与市委副书记、市长徐华水会见并举行签约会，双方就如何加强制造业等方面的交流合作交换了意见。签约会上，意大利莫尼卡米斯特公司、SAE公司、意大利全国工业设计协会分别与永康市三锋集团、得伟工贸、戴达罗工业设计中心签订合作协议。代表团先后参观了四方集团、三锋集团、铁牛集团等企业。7月11日，中国香港特区政府中央政策组首席顾问邵善波一行访永，考察众泰集团，对新能源汽车的运行以及推广经验进行探讨。

【外商云集第18届五金博览会】 9月26日至28日，第十八届中国五金博览会在永康举行。印度尼西亚亚齐查雅县县长阿扎尔·阿卜杜拉赫曼及意大利卡萨巴达纳银行总行副行长格罗赛帝率代表团参加了博览会，与市委副书记、代市长金政就进一步加强经贸合作交换了意见。此外，意大利籍永康市荣誉市民、意大利永康拉瓦清洗设备有限公司董事会成员保罗·罗斯，意大利永康拉瓦清洗设备有限公司总经理卢卡·基亚维利，意大利永康唯意咨询服务有限公司总经理格雷西亚·法盖蒂等参加博览会。韩国、日本及一些欧美国家还组织了买家采购团。

副市长黄瑞燕看望参加中国五金博览会的意大利外宾(外事办提供)

【外商在永康创业建树】 保罗·罗斯(Paolo Rossi)系意大利籍永康市荣誉市民、意大利永康拉瓦清洗设备有限公司董事会成员。2013年永康拉瓦清洗设备有限公司实现生产总值1.6亿元，纳税587万，为永康提供就业岗位200个。格雷西亚·法盖蒂(Grazia Facchetti)，意大利人，意大利永康唯意咨询服务有限公司总经理。2013年受永康市人民政府邀请，永康唯意公司与中国美术学院风景建筑设计院和杭州市城乡建设设计院共同参与解放街拆迁改造工程的设计，通过评分，获得第二名。高夫曼·弗拉基米勒(Gofmanas Vladimiras)，立陶宛人，永康芭维拉洁具有限公司总经理，毕业于立陶宛国考纳斯市理工大学无线电电子学专业，硕士学位。2013年公司拥有员工20人，在永康从事拖把、超细纤维平拖把，擦窗器等洁具用品生产制造，出口俄罗斯、立陶宛，产值639.7万元。

（胡晋博）

行政服务

【概　况】 2013年市行政服务中心以新一轮行政审批制度改革为契机，以行政审批和服务工作提速增效为重点，发挥行政审批和电子监察系统平台优势，开展行政审批项目清理，实施工商注册和房地产登记联合办理，推行投资项目代办制联办制模拟制，行政审批和服务工作效率得到明显提高。

【电子监察系统运行正常】 2011年，永康被列为依托电子政务平台开展政务公开和政务服务全国试点工作县市后，按照试点工作要求，市政府投入400万元，经过一年多的设计开发，到2012年底，全市统一的集政务公开、行政审批和电子监察为一体的系统平台搭建完成并投入运行。2013年，该系统平台覆盖市、镇、村三级行政审批和服务体系，全市所有行政审批和服务事项的受理办结均在该系统平台上进行，统一接受市纪委的实时电子监察，对事项办理超过规定时限的，进行效能督查。行政服务中心依托该系统平台，为企业和群众提供网上咨询、网上投诉、网上表单下载、网上预审等服务，为各窗口、各分中心开展并联审批提供信息共享和硬件支撑。

【行政审批项目清理】 按照新一轮行政审批制度改革的要求，2013 年 10 月 8 日，由市行政审批制度改革工作管理领导小组办公室牵头，组织全市 45 个具有行政审批职能的市政府组成部门、直属机构和法律法规授权的单位，围绕“四个减少”（减少审批项目、减少审批环节、减少审批前置条件、减少审批层级）和“四最”（项目最少、效率最高、服务最优、收费最低），对行政审批项目进行一次彻底清理，重点清理因法律法规的立、改、废而增设或废止的行政审批项目和国务院、省政府、金华市政府取消和下放的行政审批项目。经审改办审核汇总，全市行政许可项目从 398 项缩减到 170 项，缩减率 57.5%，非行政许可项目从 131 项缩减到 21 项，缩减率 84%，其他类项目从 293 项缩减到 83 项，缩减率 71.3%；建议市政府取消或调整 21 个审批前置条件，把 35 个审批项目从“二审一核”、“一审一核”和“二审二核”调整为“一审一核”，取消 8 项行政事业性收费，对 16 项行政事业性收费按政策规定实行减免。

【企业低效厂房改造联合审批】 企业低效厂房改造，是市政府实施“空间换地”的重要内容，是提高土地集约化水平的重要举措。按照《关于鼓励企业改造低效厂房提高土地集约化水平的实施意见》要求，2013 年，由市行政服务中心牵头，组织市发改、规划、建设、国土、环保、消防、水务等相关部门窗口，采取“部门联合踏勘、联席会议讨论、领导小组同意、窗口同步办理、部门联合验收”的方式，对符合改建、新建的企业厂房进行审批。至 2013 年 11 月，全市先后有 87 家企业通过审批，其中低效厂房改造 40 家，改造后占地面积 13.16 公顷，建筑面积 53.83 万平方米；新建厂房 47 家，占地 30.63 公顷，建筑面积 109.48 万平方米，所有改建和新建厂房均在四层以上。企业低效厂房改造的实施，提高土地利用率，有效缓解全市土地资源紧缺、企业工业用地需求量大的问题。同时，市委市政府出台的优惠政策，减轻了企业的负担。

【工商注册和房地产登记联合办理】 对涉及多部门、多环节审批同一行政审批和服务事项的，采取牵头部门窗口负责，其他部门窗口配合，实行联合办理或同步办理，方便企业和群众办事，提高办事效率。2013 年 6 月和 8 月，市行政服务中心先后实施工商注册联合办理和房地产登记联合办理，通过设立多证联办窗口，按照“一窗受理、数据共享、同步办理、一次领证”的流程，企业和群众只要一次性提交办事材料，就能在规定时限内从多证联办窗口领取工商营业执照、组织机构代码证、税务登记证、企业公章以及房产证、土地证、契证，办事时限由 10 个工作日缩短为 5 个工作日以内，有效解决企业和办事群众多头跑、重复提交材料、审批时间长等问题。

【投资项目办理模拟制】 针对政府投资和企业投资项目审批手续繁琐、中间环节多、延续时间长的实际，2013 年市委、市政府先后出台《关于印发永康市推行投资项目审批代办制实施方案的通知》和《关于印发永康市政府投资项目并联审批实施办法（暂行）的通知》等文件，配备专职代办员，采用牵头单位“一门受理、抄告相关、同步办理、限时办结、一口收费”的运行机制，通过召开联席会议，组织联合踏勘，进行模拟审批，实现审批事项减少、审批流程优化，使投资项目审批由 100 个工作日缩短到 30 个工作日内。

【便民服务措施】 市行政服务中心始终坚持“服务永康经济发展,方便丽州百姓办事”的宗旨。2011年至2013年来先后推出一些便民服务措施:“免填单”服务,办事群众只要把材料送交办事窗口,相关表格由窗口工作人员填写,办事群众签字确认后即可办理;“预约代办服务”,相关窗口每月定期选取适量有代表性的受理事项,经窗口与办事群众事先约定,由窗口工作人员免费代理办结相关审批事宜,包括应提供资料的调取等;“上门服务”,各窗口合理安排人员深入企业和乡村宣传相关政策、为民办实事。工商窗口定期安排人员到企业和农村宣讲股份制改造、股权出资、知名商标保护和农村土地作价登记等相关政策法规,公安窗口每月安排人员深入农村、为孤寡老人、体弱多病、行动不便的群众办理第二代身份证;房管会窗口对行动不便或有其他特殊情况的群众和企业推出“送证上门”服务。

(陈天富　应加富)

修志编鉴

【概　况】 2013年是实行《浙江省实施〈地方志工作条例〉办法》开局年,也是完成《永康市志》编纂、启动《永康年鉴》编辑,开创市地方志工作新局面的一年。年初,市志办组织编志人员学习《浙江省实施〈地方志工作条例〉办法》,中国地方志指导小组《关于第二轮地方志书编纂的若干意见》《地方志书质量规定》,围绕《永康市志》编纂工作进行反复研究讨论,做到任务具体、责任明确。结合市志编纂任务即将完成的实际,研究确定2014年地方志工作重点:收集市志修编史料,整理历史旧志、点校当地遗著、编辑地情书,为第三轮市志修编打好基础;组织业务培训和指导,分部门撰稿,搞好年鉴编纂,每年完成一部《永康年鉴》;结合永康市情,不定期编辑出版《永康志鉴》,指导全市编鉴修志工作。鉴于编辑人员外聘较多和年龄偏大的实际情况,采取定量和弹性工作制,及因人因岗制定的集中与分散相结合的办公编辑制度,实行定质定量考评办法,实施人性化工作管理。为方便编纂工作管理,将编辑人员分为定岗编辑和改稿编辑,在实行考勤制度的基础上,定岗人员实行考勤考绩评分制度,改稿人员实行编稿评分制度,每月20日结算一次,采取每月基础工资加评分奖励工资办法支付报酬,最大程度调动编辑人员的工作主动性、自觉性和积极性。

【《永康市志》总纂封稿】 2013年,《永康市志》总纂封稿工作主要是:修订完善总纂封稿方案,由主编重点检查篇目框架,史料虚实,文体规范,保证通篇横不缺项、纵不断线;总纂工作各司其职,组织编辑人员做好资料核实,文字修改,删除重复,做到与主编通力合作,尽量减少差错;分步落实总纂细则标准,大到体例结构,小到数字标点,逐条逐句进行对照,切实使修志工作标准化。确保总纂质量,专门建立市志办全体人员修改工作责任制,既抓进度、更抓质量,反复修改。严格按照中国地方志指导小组印发的《地方志质量规定》等相关规定,从大处着眼,小处着手,力求在修改工作中减少差错。坚持“精心修编,确保质量,加快进度,既快又好”的工作思路,严格编修程序,全面实行“四步五稿”制,设立初改、复改、联改、通改四个工作环节,切实保证第五稿送审质量。突出四个重点推敲:反复精炼志稿篇目标题,打磨精品佳志,避免粗制滥造;吃透行业特性,按照实情修炼,彰显各业特色;重视图表运用,提升志书内涵;追求全志统一的文风,保证志书的质量。

【《永康年鉴》编纂工作启动】 9月20日,市地方志办公室拟定《永康年鉴(2014)版》编写纲目及分工方案,22日向市人民政府提交

《关于要求批转〈永康年鉴(2014)版〉编纂意见的报告》,10月10日市委办、市府办下发永委办〔2013〕72号《关于印发〈永康年鉴(2014)版〉编纂工作意见的通知》,要求各镇街区、市机关各部门认真组织实施。本次年鉴编纂以2013年永康行政区划为界,侧重市区,兼顾镇、街道、开发区,按事物分类法作城乡一体记述。时限从2013年1月1日起至12月31日止。因本册年鉴是新刊,单位概述适当追溯到2008年(新编《永康市志》时限之后)。体裁采用分类编辑法,设卷首、百科、卷尾3个基本组成部分和类目、分目、条目3个层次的框架结构,以条目为主体。

11月7日,市召开永康年鉴编纂动员暨培训工作会议,学习贯彻《浙江省实施〈地方志工作条例〉办法》精神,安排部署《永康年鉴(2014)版》编纂工作。副市长戴翀出席会议并作了动员报告,对全市编纂年鉴工作提出要求。各部门要切实增强责任感和使命感,坚持标准,保证质量,突出重点,扎实细致做好年鉴编纂工作。要加强领导,通力合作,力争将《永康年鉴(2014)版》编成具有年度特色、永康特色、行业特征的精品年鉴,不负市委、市政府的重托,成为人们普遍喜欢的百科资料工具书。会议由市档案局局长、方志办主任周跃忠主持,市方志办副主任、《永康年鉴》主编童文贤作年鉴条目编写辅导,来自各镇街区、市机关各部门单位分管年鉴编纂工作的领导、市年鉴编辑部编辑和各承编单位的撰稿人员300人参加培训。

【《永康年鉴》编纂"四准则"】 2013年市志办在编纂《永康年鉴》中,始终做到四条准则:"知往鉴来,为现实服务"的准则。以党的十八大精神为指针,实事求是、全面客观地记载2013年全市人民在市委、市政府领导下,围绕"物质富裕、精神富有"的目标,坚持稳中求进、民生为先、转型提升、科学发展,继续深入实施"工业强市、生态立市、商旅活市、文化兴市"发展战略,坚定不移地打造实力永康、活力永康、法制永康、幸福永康,率先建成更高水平的全面小康社会和现代化国际五金城,努力完成经济和社会发展各项任务,加强社会主义精神文明建设中所取得的新成就、新经验,以及在发展中遇到的新情况、新矛盾,重点反映全市的大事、要事、新事和特事,着力体现时代特征、永康特色、年度特点,更好地发挥年鉴在宣传永康、研究永康中的作用;坚持全、新、精、特、鉴、便的编写准则。"全"是内容完备,要素齐全;"新"是内容新,有新鲜感;"精"是文字语句精炼,条目数量越多越好,条目文字则越短越好;"特"是有永康特色、年度特点;"鉴"就是所载内容确实能发挥鉴戒作用;"便"就是方便读者,力戒不规范简称、缩写和行话。同时,抓住永康当地的强项和特点,突出年度工作重点,将年内有全局性影响的大事、新事,社会热点和焦点问题等反映出来;坚持质量和时效准则,体现"博大精深"资料质量特征。"博"是内容广博,做到对应领域的基本资料没有大的遗漏,概全率高;"大"是收录内容的信息容量大,资料内容丰富;"精"是选题选材精炼,有效信息高度密集;"深"是题材开阔有一定的深度,通过实例分析、数据比较、特点归纳、图照衬托等方法,以精练的语言将内容写深写透。在年鉴稿件的撰写中,力避将条目写成年度工作总结,或者条目化的工作总结。坚持述而有著的原则,即通过叙述、陈述、转述说明需要说明的问题,变资料简单堆砌为有价值的著述性资料;图文并茂准则。大力宣传围绕市委、市政府2013年中心工作,实施"打造实力永康、活力永康、法制永康、幸福永康"战略中涌现出来的先进机关部门、企事业单位;大力宣传永康著名品牌和名、优、新、特产品;大力宣传支柱产业企业、知名民营企业、商贸企业和外商投资企业所取得的业绩。为增强年鉴时效性,切实加快编纂进度,《永康年鉴》的编纂工作十分注重组织各部门单位分头搜集资料，撰写条目；至2013年12月底，市地方志编纂委员会已完成年鉴编纂动员和培训工作，各镇街区、市机关各部门单位全部成立年鉴工作小组，落实经费、条件、人员。全市共有部门单位分管领导和撰稿人员300名。所有参与年鉴编纂工作的人员都以高度负责的精神，尽心尽力，做好年鉴资料的搜集整理工作。

【《永康志鉴》改版出刊】 《永康志鉴》丛刊于2007年10月15日创刊，每期约10万字，国标大16开本，发行量800册。至2013年11月28日已编纂发行36期。后由于市志办修编《永康市志》事务繁忙，暂缓志鉴编印工作。2013年《永康市志》基本完成编辑任务，进入排版、校正、送审阶段。根据《浙江省实施〈地方志工作条例〉办法》和省人民政府地方志办公室要求，第二轮地方志编纂完成之日，即是第三轮地方志修编启动之时。为了搞好新一轮永康市志修编的史料搜集、整理、准备工作，决定从2013年10月开始恢复编印发行《永康志鉴》丛刊，用于积累、发掘修志编鉴资料，并吸引广大修志编鉴爱好者写稿、投稿，获得更多的永康地情资料。复刊后的《永康志鉴》改为32开本，发行量1 000册，分为两种形式出版，一是丛刊，分栏目反映永康现代大事和古代史事，图文并茂，不定期出刊；二是专刊，每期集中一个专题进行系统反映，不限字数，依据内容多少出刊。至11月5日已出刊第一期，主要内容为《永康年鉴》编写知识，指导全市年鉴编写工作；年前出刊第二期，主要栏目为特载专记、政治公务、环境设施、经济产业、科教文卫、社会生活、街道镇区、古迹旧踪等，主要反映2013年全市重要纪事。

【搜集省史料征集委员会在方岩资料】 民国28年(1939)11月，民国浙江省第一届临时参议会第二次会议在永康召开，时为参议员的余绍宋向大会提交一份名为《拟请省政府设委员会征集通志、县志材料》的提案。呼吁由民国浙江省政府成立史料征集委员会，在战火硝烟中收集保存各地资料，待战后编成志书。提案获得通过后，余绍宋等一直跟随省政府在方岩五峰后山洞的万成庙内办公，组织人员收集整理各地抗战资料，为编修《浙江通志》做准备。后又由民国浙江省政府成立浙江省史料征集委员会，余绍宋担任主任委员。1943年8月，史料征集委员会迁移至丽水地区云和县改为浙江通志馆。为纪念这一重要历史事件，1990年浙江省地方志编纂委员会办公室主任魏桥带队到永康方岩考察，并在万成庙前立下“民国浙江省史料征集委员会旧址”纪念碑。2012年2月21日，浙江省人民政府地方志办公室主任潘捷军来方岩考察省史料征集委员会旧址，了解民国浙江省政府在戎马倥偬之时不忘修志的历史，并拟定地方志课题研究方案，着手编写《民国浙江省史料征集委员会浙江通志馆》志稿。2013年2月，永康市志办将收集方岩省史料征集委员会资料列为年度工作重点调研专题。收集工作在进行之中。

【方志图书室对藏书造册归档】 方志图书室始建于1986年4月，设胜利街137号县志办二楼，书籍来源主要是向社会征集，根据修志业务需要邮购，到书店购买，用县志与全国一些县市交换，至1996年已有各类方志书籍(包括县志库存)800余册。1998年，因老市政府大院整体拆迁，随市志办搬迁到九铃东路3066号，在主编室占用半间藏书。2002年12月，市志办迁移到行政中心5号楼，专门设立方志图书室，使用面积1间30平方米。2007年5月，第二轮修志工作启动后，市志办组织无偿或有偿征集各行业志、村镇志、宗谱、个人专著、书籍、图片、报刊、珍藏品，进行分类整理、收藏。2013年对室内藏书进行造册归档。据统计，已收藏各类方志书籍、史料本等2 100多册，其中全国各县市志书、年鉴500多册，永康市内方志、宗谱900多册，各类书籍、报刊、资料700多册。

（童文贤）

政府信息

【概　况】 市政府于2002年7月组建财政全额拨款事业单位市信息管理服务中心，隶属于永康市政府办公室，编制5人，市信息管理服务中心主要负责市人民政府门户网站的建设和维护。2003年9月，第一版永康市人民政府门户网站正式上线，总投资约30万元，由浙大网新科技有限公司开发建设。2003年至2013年政府门户网站历经三次重大改版，是时版本于2012年12月上线，由杭州湛联科技有限公司开发建设。同时搞好全市信息产业业务管理和指导；开展信息基础设施、信息技术、信息工作项目、信息资源和信息人才的建设、开发、服务、培养工作；协调解决及管理永康全市信息网络工作中的问题；指导企业加快产业结构调整，加快信息化产业发展步伐。2013年，增加编制到10人，实有在编人员3人。部门单位基本上都有自己的网站。但普遍存在重建设、轻维护的问题，很多部门网站长期无人维护，信息更新迟滞甚至几年没有更新成为僵尸网站。运维更新比较好的部门网站一般都有自己的专业技术人员队伍，如由农业局网站、公安局网站、社保处网站等。

【政府门户网站施行政务公开】 为了适应社会形势的发展和政府职能的转变，完善政府门户网站的功能和内容，提高市政府网上服务和交流的能力，2013年市信息管理服务中心十分注重政府门户网站的建设和服务。政府网站按照"严格依法、全面真实、及时便民"的政务公开要求，全面及时准确地公布政务工作重要信息，从满足企业和社会公众日益增长需求出发，提高办事服务能力，加强公众参与、政民互动，提高科学民主决策水平。做好四方面工作：全面扩充网站内容，建成全市的综合信息中心；全面增加内容时效，建成全市政务要闻发布平台；全方位提升服务功能，建成为民办事的服务窗口；完全改变版面风格，建成亲民为民的重要门户。设置丰富的栏目：走进永康栏目有永康概览、永康年鉴、永康市志、统计公报、永康经济。政务公开栏目有：政府领导、市级部门、政策法规、领导活动、财政公开、工作报告、永康政报、工作规则、政府信息公开、干部选拔、公务员招考、事业单位招考、部门信息、镇（街道/区）之窗、应急管理、发展规划、政府采购、重点工程、常见问答。永康动态栏目有：今日永康、视频信息、媒体点击、热点专题。政务服务栏目有：窗口电话、市民办事、企业办事、办事机构、表格下载、在线办理。政民互动栏目有：12345市长信箱、市长热线、在线访谈、在线调查。招商引资栏目有：投资环境、服务结构、招商项目、政策汇编、工业园区。历史文化栏目有：历史名人、五金文化、民间文艺、非遗、戏曲、历史典故。永康旅游栏目有：风景名胜、重大节庆、购物休闲、美食特产、交通指南、城市剪影、精品线路、旅行社。市民生活栏目有：气象、教育、社保、医药、就业、婚姻、救助、丧葬、文娱、体育、科普、交通、旅游、金融、法律、外事、购物休闲、房产、民生商品价格、邮政通信、常用工具、便民窗口电话、民生热线、供电、燃气、供排水、企业、消费维权、环保信息。查询中心栏目有：网上办事受理查询、车辆信息查询、市区学区查询、水费查询、电信话费查询、移动话费查询、联通话费查询、营运车辆查询、考分查询、水费查询、会计考试成绩查询、发票数据查询、公积金查询、燃气费查询、图书查询、公务员查询、社保金查询、公交车线路查询、长途客车查询、火车查询预定、航班查询、文件查询、电话区号、邮编、彩票查询、万年历、永康本地网站手拉手、电费查询、民生价格信息查询。

【政府门户网站办出永康特色】 2013年的政府门户网站首页欢迎语以市委市府中心工作为内容："建设现代化国际五金名城"、"科学发展、改善民生"、"推进经济转型升级、提升民生幸福指数、提高政府行政效能"、"工业强市、生态立市、商旅活市、文化兴市"、"实力永康、活力永康、法治永康、幸福永康"。栏目标题采用黑体，增强视觉冲击力，颜色采用当前政府门户网站常用的黑色，体现庄重大气，文字一般采用网站常规字号。页面风格是无形中的政府形象色，首先进入网友视野，对政府形象和城市形象有着潜在的联系和无形的关联度。鉴于永康是五金之都，五金选用的是红火、热烈的整体格调，参照国务院网站使用橘偏红颜色。按照认识事物的顺序，网站首先从走进永康开始，紧接着向网友介绍永康政务架构，按照此逻辑顺序将10多个栏目依次排列，做到记述可靠。网络平台：支持多媒体信息传输，能灵活调度网络资源，有较完备的网管功能，有切换到备份系统的能力，有安全防范和审计分析能力。应用体系：重点建设好全局性的、自上而下的网上应用项目，包括可开放的各类静态数据库全部实现资源共享。安全、保密和可靠的内部多媒体通信系统，逐步建立支持公共政策分析和办公决策系统。数据库体系：建立安全可靠的数据库体系，使之具有高效的信息采集、分析、整理、数据备份和恢复功能。安全体系：建立标准统一、分级管理、适应应用需要、切实可行的网络安全保障体系。

【全市政务工作交流的平台】 为打破信息中心独家经营管理政府网站的理念，2013年市信息中心将永康政府网建成全市部门单位发布信息、交流工作的平台。积聚力量，形成合力。充分借助市行政服务中心、公开办、市府办专业科室和部门单位的力量，让部门单位成为信息发布的主体，中心作为后台审理机构。借助全市其他综合性网站的优势，由信息中心整合永康新闻网、永康广电网新闻内容并及时更新。加强管理，健全队伍。建立健全中心的管理制度，加强对个人的考核，细化分工，优化结构，配齐配强技术、新闻、平面等方面的人才，形成团队合力。科学定位，注重服务。提高信息服务水平，创新服务模式，为机关提供个性化、多样化的服务。结合全市部门职责调整，将信心中心定位为"电子政务中心"，做好领导办公的信息化服务，做好网站的建设。

（彭亚浓）

政府法制

【概　况】 2013年，市人民政府法制办公室（简称法制办）着力推进法治政府建设，营造依法行政氛围，加大执法监督力度，健全科学民主依法决策机制，完善规范性文件及行政合同管理，规范行政执法行为，依法化解行政争议，努力提高行政机关工作人员依法行政能力，协助政府把准发展方位、争取制度创新、助力改革发展，促进全市经济又好又快发展和社会和谐稳定。

【规范性文件及行政合同管理】 2013年，永康市法制办严格实施浙江省推行规范性文件"三统一"制度和加强行政合同管理制度，确定专人负责统一登记、统一编号、统一发布工作，对行政规范性文件及行政合同的制定计划、起草、征求意见、审查、审定公布、备案等各环节程序进行明确、规范，严格规范程序制定，细致把握制定内容，加强备案审查，定期开展清理，确保全市文件的制发质量。年内，审查备案《永康五金区域国际品牌推广使用与监督管理办法（试行）》、《关于推进全市民办教育综合改革工作的若干意见》等行政规范性文件37件。在2010年和2012年进行文件清理的基础上,2013年会同市编办对涉及行政许可事项的138个行政规范性文件进行清理,其中应予保留的134个、已经失效或应予废止的4个,确保全市行政规范性文件体系的合法、科学、合理。

【行政执法加强法律支持】 2013年,市法制办先后组织行政执法资格考试和行政处罚案卷评查,全市行政执法部门有97人参加。市政府法制办组织全市行政执法部门的13名法制专员,对市内13个单位抽取的65本行政处罚案卷进行集中评查,并将问题和整改建议书面反馈给相关执法部门。市政法办多次参与、协调有关部门的行政执法工作,研究解决行政执法过程中涉及的法律问题,为执法部门依法行政提供法律支持。

【行政复议和应诉】 2013年,市法制办积极畅通群众表达诉求意见渠道,在行政复议案件中贯彻落实先行调解的原则,出台《加强行政调解工作的实施意见》,推动行政复议诉讼的制度化、专业化建设,提高办案质量、效率和公信力。在查明事实、分清是非,不损害国家利益、社会公共利益和他人合法权益的前提下,争取以和解、调解的方式解决行政争议,努力实现定纷止争、案结事了。年内收到行政复议申请12件,经与镇、街道、信访等相关部门联手协调解决而未予受理的4件,受理后通过调解,申请人撤回复议申请的1件,调撤率为41.7%。积极与法院联系行政诉讼案件审理情况并跟踪督查,指导应诉、参与调解。针对市内工伤认定纠纷频繁,且被上级法院改判较多的情况,市法制办专门组织市法院及人力社保局召开关于做好工伤认定工作的专题联席会议,就存在的难点问题分析探讨,增加对法律、法规设置本意的理解,在工伤保险基金安全运行与劳动者权益保障间寻求平衡。2013年本级市法院办结的23件行政诉讼案件,行政机关负责人出庭应诉率70%,其中9件经协调原告申请撤诉。

【行政执法与刑事司法衔接】 市法制办以市委、市政府出台《关于加强行政执法与刑事司法衔接工作的意见》为契机,与市检察院密切配合,牵头起草《永康市关于进一步加强行政执法与刑事司法信息共享平台建设的实施意见》,由检察院投入50万元购进服务器2台、硬件防火墙及相关软件,通过政务网建成“永康市行政执法与刑事司法共享信息平台”。2013年,与23家行政执法单位落实分管领导、职能科室,完成各自单位网络与信息共享平台的链接及相关软件的安装工作。上传信息共享平台的行政处罚、行政许可等执法信息3 000多条,通过网上送案件12件12人。

(金　枝)

机关事务

【概　况】 2002年12月,市机关事务管理局成立,隶属市政府。内设综合科、接待科、基建房管科、保卫科、机关车队。有5个下属单位:永康宾馆、机关幼儿园、机关食堂、机关卫生所、机关服务中心。2013年,机关事务管理局紧紧围绕市委、市政府的中心工作,以管理为基础、以服务为核心、以保障为目标,扎实做好各项工作,为全市重要会议、重大活动的顺利进行,为行政中心的安全有序运作,提供良好的后勤保障。

【公共机构节能工程运行】 2011年,永康市委、市政府成立公共机构节能工作领导小组,并在市机关事务管理局设立办公室,负责推动全市公共机构节能工作的开展。市机关事务管理局抓好用电、用水、用气、用油等高能耗设备的管理、保养、巡查,提高各类设备的运行效率,杜绝“白昼灯,长明灯”、“跑冒滴漏长流水”等浪费资源现象,加强公务用车节油的管理力度，加强宣传提高节能意识，每年都在行政中心开展“能源紧缺体验活动”、“熄灯1小时”和“绿色出行”活动。2013年3月15日，省公共机构节能工作考评组，对永康市公共机构节能工作情况进行考评，对如何创建国家级示范单位给予指导。

【机关后勤服务工作】 2012年11月，市机关事务管理局直属机关党委结合机关后勤工作实际，成立以水工、电工、木工、泥水工等工程人员为主力的党员服务队。党员服务队以“走进社区，服务群众”为宗旨，定期深入社区居民家中，开展水电等维修服务，帮助居民解决生活困难。2013年组织党员志愿者80人次，受益居民60户。4月，浙江省机关事务管理局组织的机关幼儿园学前教育研究会成立，机关幼儿园成为市内唯一会员单位。机关幼儿园不断创新，针对许多幼儿家长忙于工作而无法及时接幼儿回家这一问题，组织园领导及老师采取分片包干的办法，及时与幼儿家长取得联系，并安排专人将幼儿安全送交家长手中。永康宾馆在中共中央八项规定出台以后，在餐饮环境受到影响的情况下，积极开展“星级品质、大众消费”为主题的促销推广活动、“光盘”活动、会议自助餐活动等，全年实现营业额1.03亿元，荣获“永康市纳税百强企业”、“四星基层党组织称号”等称号。

【“中国梦”主题活动】 2013年4月，组织员工积极参加气排球、足球等比赛，在市第二届气排球比赛中取得前八的好成绩。5月，选派的两名党员在全市开展的“中国梦·我的梦”为主题的微型党课评选活动中，分获二等奖、优秀奖。5月28日，机关幼儿园“梦开始的地方”庆六一文艺晚会在广电大剧院拉开帷幕，市委书记徐华水发来贺电，副市长黄瑞燕等领导亲临表演现场。6月，组织开展认领社区群众“微心愿”活动，帮扶困难群众完成五个微心愿。7月至9月永康宾馆组织岗位技能训练，通过班组初赛、部门选拔、实操演练来培养技能骨干。11月，宾馆优秀选手参加金华市旅游系统青工操作技术比武，取得高星级组中餐摆台第一名、前厅综合接待第一名、客房中式铺床二等奖、西餐摆台三等奖的优异成绩。同月选派两位代表参加以“中国梦·我的责任”为主题的第四届“品味书香·提升素养”读书讲述会，双双进决赛，最后分获二等奖、三等奖。

【规范办公用房】 2013年9月，对全市党政机关及企事业单位的办公用房进行统计和汇总，形成《党政机关办公用房清理情况的报告》。11月，按照《党政机关办公用房标准》的规定和金华市党政机关停止新建楼堂管所和清理办公用房办公室的要求，市清理办公用房工作领导小组办公室对全市党政机关办公用房使用情况、清理情况进行统一的核查和检查。12月，领导小组结合市内实际情况，特别是行政中心办公用房使用情况，进行研究和讨论，多次修订和完善全市办公用房清理的实施方案，26日，向市委、市政府提出办公用房清理规范的建议方案。

【机关后勤接待】 根据中共中央“八项规定”、省委“六个严禁”精神，2013年9月制定和完善《公务接待管理规定》《一般接待工作流程》《大型考察团赴外参观考察接待流程》等制度。全年接待来宾728批7 023人次，其中省部级16批320人次，厅局级145批620人次，20人以上考察团、检查组、调研组等111批4 164人次，外宾、外商和采购团45批150人次，港澳台侨胞11批23人次。全年公务接待经费支出比2012年减少30.24%。并做好年内人代会、市政协会、门博会、五金博览会、商贸发展大会、全省现代化技术改造现场会等各项重大会议活动的接待和后勤工作。车队全年安全行车80万千米，连续13年获得“安全行车先进集体”荣誉称号。保卫科进一步完善安保制度，健全安全管理网络，做好各项服务，全年接待外来办事人员17万人次，处置接待上访人员300批次3 100人。物业管理部门完成行政中心大楼设备设施的管理和维护保养工作，保障各类会议召开600场次，完成弱电系统故障排除440次，水暖设备修理460次，空调机组和锅炉设备维修100次，桌椅等修理500次。更新会议中心8 306会议室发言系统，以及会议中心大会堂灯光系统、音响系统、舞台升降系统，更换会议中心中央空调水泵，维修主楼中央空调系统。

【国家级示范单位争创活动】 2013年，市机关事务管理局开展节约型公共机构示范单位创建工作，结合市行政中心用能情况和特点，投入专项资金，实施办公室照明系统改造、生活饮用水设施更换、中央空调冷水机组换热器清洗等项目的节能改造，顺利通过创建节约型公共机构示范单位的申报、推荐和考核。10月22日，省检查组周嘉峰一行来永康，检查节约型公共机构示范单位创建工作。

（俞馨怡）

市政协委员会

综　述

【概　况】 政协永康市委员会(简称市政协)是永康市委领导下的全市最广泛的爱国统一战线组织,依据政协全国委员会章程实施组织建设,履行政治协商、民主监督、参政议政三项职能。政协第十三届永康市委员会2013年在编委员259名,其中中共党员委员98名,非中共党员委员161名。全年共辞去政协委员5名,免去1名,新增1名。主席陈毅成、副主席胡明星、王伟、林广平、叶成超、林飞雄、胡潍伟、陈剑云,秘书长胡红专。驻永康的1名浙江省政协委员和26名金华市政协委员参加永康市政协履行职能的活动。

2013年政协永康市委员会仍设20个界别,分别是:中共界、无党派人士界、共青团界、总工会界、妇联界、工商联界、科学技术界、科协界、侨联界、台联界、文艺界、社会科学界、农业界、经济贸易界、教育界、新闻体育界、医药卫生界、社会福利界、民族宗教界、特邀界。依据政协委员的专业特长、工作任务而设置的专门委员会仍为10个,分别是:提案委员会、学习与文史委员会、工商财贸委员会、工业科技委员会、农业与农村委员会、城乡建设委员会、教育委员会、文化卫生体育委员会、社会法制委员会、台侨民宗委员会。另按政协委员所在地域划编了16个镇(街、区)政协委员联络组。常设办事机构设置5个办公室,分别是:政协永康市委员会办公室、提案委员会办公室、文史委员会办公室、经济科技办公室、农业农村工作办公室。

【协政职能履行】 2013年,政协永康市委员会履行职能的总目标是执行政协第十三届永康市委员会第二次会议确定的方向,围绕中共永康市委、市人民政府的中心工作和重点工作,切实履行政治协商、民主监督、参政议政三大职能,为全面推进永康全市的政治、经济、社会、文化、生态建设与繁荣建言出力。年内永康市政协履行职能的形式主要有:市政协全体会议、市政协常务委员会会议、市政协主席会议、会议建议案、政协委员及政协团体提案、委员视察、专题调研报告、召开民主评议会等。其中召开永康市政协全体委员会议一次。大会采用提案、大会发言、会议讨论建言等形式,对2012年全市工作进行评议,提出若干建议意见。召开常务委员会议三次,其中专题议政会议两次,就全市"美丽乡村"建设和城市规划等工作进行了专题讨论与协商,向市政府及相关部门递送了《关于推进"美丽乡村"建设　打造"美丽永康"的建议案》《关于优化城市规划　提升城市品位的建议案》两个专题建议报告。召开主席会议10次,主席专题议政会议11次,对政府投资项目计划、体育事业发展、完善交通路网、治安防控、解放街拆迁安置、工商行政管理、"丽州古城"规划建设、规范审计监督工作、海关工作、城市综合执法等工作进行专

市政协在方岩召开饮用水源保护区污水整治视察座谈会(方岩镇提供)

题讨论，并向市委市政府报送意见建议函。全年委员提案412件(正式立案数)，其中有关经济建设的215件，有关教育、文化、卫生、体育等项工作的91件，有关社会法制建设、社会管理等项工作的106件。2013年组织政协委员视察9次。对四方集团搬迁、佛教活动场所建设、电网改造、入城口改造、人口与计生工作、杨溪水库水源保护区污水整治、居家养老、师生道德建设、影视文化产业发展等工作，提出许多项建议意见，并撰写调研报告报送市委市政府。全年共组织民主评议会2次，分别对市委农办和民政局的工作进行评议。

重要会议

【市政协十三届二次会议】 会议于2013年3月5日至8日在城内举行。会议听取市委书记张伟亚同志题为《开创团结合作新局面 谱写兴永富民新篇章》的重要讲话。认为，市政协2012年的工作是富有成效的，市委对政协的工作表示满意，对做好2013年政协工作提出四点希望和建议。会议听取并讨论市政协主席陈毅成代表市政协常务委员会所作的工作报告。报告回顾市政协2012年的工作，简要阐述市政协围绕"工业强市、生态立市、商旅活市、文化兴市"四大战略开展的若干项专题议政、视察和调研工作，向市政府提出"规划和培育战略新兴产业"、"加大产业发展平台建设的力度"、"加快我市重点技改项目的实施"、"完善工业用地供给制度"、"加快工业转型升级"、"加强空气、水源保护、打造良好城乡生态环境"、"加强饮用水保障工程建设"、"加强教师职业道德建设"等具有前瞻性、系统性、可操作性的建议意见，为市委市政府实施决策提供有力的智力支持。会议听取并讨论市政协副主席陈剑云代表市政协常务委员会作的关于提案工作情况的报告。报告回顾2012年政协委员提案的立案、交办和办理的情况，指出市政府十分重视提案办理工作，2012年首次将机关部门提案办理工作纳入年度责任制考核。提案中提出的很多建议意见已在我市有关政策措施和部门工作中得到采纳。报告还回顾2012年市政协关注民生、反映民意、创新履职各项工作情况，提出了2013年提案工作的思路。会议列席永康市第十六届人民代表大会第二次会议，听取市政府工作报告及其他相关报告。全体政协委员参加政府工作报告的讨论，并对政府工作及法院、检察院工作提出若干建议意见。会议选举增补应香完、李卓、程勇健为政协第十三届永康市委员会常务委员，会议期间共收到委员和政协团体组织的提案384件。

【市政协十三届五至七次常委会】 3月4日、6日、7日，市政协分阶段召开十三届五次常务委员会议，审议通过政协第十三届永康市委员会第二次会议的相关议程、日程、大会和选举的相关事项。7月16日召开政协十三届六次常务委员会议，听取市政府关于我市经济社会发展情况的通报，听取财政局关于我市民生工程投入情况介绍，审议通过《关于推进"美丽乡村"建设　打造"美丽永康"的建议案》。12月24日，召开政协十三届七次常务委员会议。听取市政府关于2013年全市经济社会发展情况及2014年工作思路的通报；协商讨论政府工作报告并提出修改意见；听取关于市政协十三届二次会议以来的建议案和提案办理情况汇报；协商讨论常委会工作报告、提案工作报告；审议通过市政协《关于优化城市规划　提升城市品位的建议案》；协商通过政协委员调整名单和有关人事调整事项、政协十三届永康市委员会第三次会议筹备工作相关事项。

【市政协十三届九至十八次主席会议】 2013年，政协永康市第十三届委员会先后举行10次主席会议。会议主要内容有：部署政协第十三届永康市委员会第二次会议筹备工作；回顾2012年工作并对2013年工作进行初步计划安排；协商讨论政协机关工作和管理制度；协商通过政协常委会工作报告和提案工作报告；协商讨论政协第十三届永康市委员会第二次会议日程和大会发言；协商确定重点提案；审议讨论委员对政协机关工作的建议；讨论《永康历史名人》编纂事宜；确定委员约谈名单；汇报并讨论"推进美丽乡村建设"的调研情况；讨论完善《关于推进"美丽乡村"建设　打造"美丽永康"的建议案》；确定市政协7月份重点工作和十三届六次常委会相关事宜；听取并讨论市府办关于重点提案办理情况的汇报，听取陈毅成主席传达全省政协工作会议精神；协商讨论《关于优化城市规划　提升城市品位的建议案》；部署政协第十三届永康市委员会第三次会议相关筹备工作；协商讨论《关于优化城市规划　提升城市品位的建议案》、常委会工作报告、提案工作报告、十三届七次常委会议程。听取并讨论发改局关于《2014年政府投资性项目计划(征求意见稿)》和市府办关于《永康市土地房屋征地补偿意见(征求意见稿)》；协商讨论政协第十三届永康市委员会第三次会议议程、日程。

重要工作

【概　况】 2013年是深入贯彻落实党的十八大精神的开局之年，也是全市上下应对金融危机，稳增长、促发展的关键一年。把握发展脉搏，为科学发展而谋，为民生福祉而呼，彰显了独特优势，发挥了积极作用，政协履职成效硕果累累。2份常委会建议案、11份主席议政会意见建议函和9次专委会重点视察报告，成为服务党政科学决策、助推全市发展大局的重要参考；412件提案和24期《社情民意》专刊，促进经济社会发展和市民关注热点问题的有效解决；50多次委组活动的认真开展，发挥人民政协作为党和政府联系群众、团结各界的重要桥梁和纽带作用，为推动全市各项事业协调发展作出积极贡献。

【政协主席议政日活动】 2013年，市政协通过组织主席议政日活动在开展调研视察、听取部门汇报的基础上，先后对2013年度政府投资项目计划、完善交通路网建设、优化丽州古城规划建设、促进体育事业发展、加强审计监督工作、“森林城市”创建、加强海关工作等方面，开展了11次专题议政，有针对性地提出意见建议，促进相关问题的解决。如针对解放街拆迁安置工作进展缓慢的现状，市政协专题调研后，有针对性地提出建议，得到市委徐华水书记的高度肯定。对“丽州古城”规划进行议政后，市政协提出要将解放街旧城区规划定位为“传承永康历史文化、恢复保留永康城市记忆、集聚永康特色文化的历史文化休闲街区”的建议，金政代市长专门批示要求相关部门抓紧落实政协调研报告精神。

【协商议政通过会议实现】 2013年，市政协组织召开全委会议1次，常委会议3次，主席会议10次。全委会议召开期间，委员们以分组讨论、专题协商等形式，围绕市政府工作报告、市委书记讲话，以及全市经济、政治、文化和社会建设中的热点、难点问题进行全面深入的协商讨论。会上有42位委员向大会提交大会发言材料，其中有10位委员围绕公共财政民生投入、民营医院发展、中心镇建设、小区物业管理等议题上台作了口头发言。市政协常委会围绕推进美丽乡村建设、优化城市规划这两个事关民生的课题进行专题协商，并分别形成建议案，报送市委、市政府，其中的很多建议被采纳落实。主席会议就一些重要议程、关键问题进行重点研究和部署，确保了协商议政的实效性和针对性。

【“六督办机制”促进提案落实】 2013年，市政协收到委员提案415件，立案412件，其中9件被确定为重点提案。提案工作围绕发展，选题更加贴近大局；注重质量，建议更加贴近实际；关注民生，内容更加贴近群众。提案所提建议对策具有较强的针对性、可行性、前瞻性，集中反映了人民群众的期待与诉求。为确保提案办理质量，市政协不断创新督办方式，实行“六督办机制”，即重点提案主席督办、热点提案委组视察、全部提案面商沟通、重部门民主评议、提案办理网上公开、办理质量绩效考核。提案反映的诸多问题得到了较好解决，许多建议在我市制订政策、出台措施、部门工作中得到充分体现。

【重点工程视察建议工作】 2013年，市政协紧密结合永康市实际和当前形势，选实题、察实情、求实效，分别组织各专委会就加快入城口改造、推进农机产业园建设、促进影视产业发展、加快推进居家养老工作、加快电网改造、加强人口与计生工作、杨溪水库水源保护区污水整治等开展9次重点视察，提出很多切实可行的建议和解决办法。《社情民意》工作专刊日益成为党委政府联系政协委员、了解民生诉求的桥梁纽带。一年来市政协共编发《社情民意》专刊24期，其中有10期得到了市委市政府领导的批示。

【政协界别活动月活动】 2013年，市政协深入开展界别活动月活动，组织各界别委员深入基层开展一系列特色鲜明的为民、惠民、便民活动。将广泛开展公益活动、关爱弱势群体作为联系群众的重要形式，组织广大政协委员情系社会、奉献爱心。政协各专委会、联络组、界别活动组共开展各种公益慈善活动50余次，制定并出台《政协永康市委员会办公室(科)全员绩效考核办法(试行)》，提高机关工作效率。加强委员履职管理，根据相关制度规定，对年度考核活动参与率在60%以下和全程未参加政协二次全会的4名政协委员进行约谈教育，免去1名委员资格。

办委工作

【政协永康市委员会办公室】 政协永康市委

员会常设办事机构之一。主要任务是做好市政协各种会议的服务和保障工作。2013年在编干部10名，职工1名。2013年完成政协第十三届永康市委员会第二次会议的文件起草、印制、分发及会议后勤保障管理服务等各项会务工作。完成三次政协常委会议，10次主席会议，11次主席议政会的会务安排和服务。此外，还负担政协机关干部生活管理服务，全体政协委员的联络工作和对外交往的接待工作。

【政协永康市委提案办公室】 2013年，提案办在编干部1名。完成政协第十三届二次会议提案工作报告等。编辑《提案选题参考提纲》及征集提案意见，在三次全会前寄发委员，通过调研转化有价值提案。二次全会以来共征集提案415件(共立案412件、3件作为意见处理)，经筛选10件提案列为各专委会督办提案，9件提案列为主席会议重点督办提案。提案办公室及时做好提案的交办、督办。不定期走访承办大户，推进提案办理“三见面”。积极参与承办部门“面商会”。其中已经解决或基本解决的130件，占31.6%；正在解决或已列入计划解决的242件，占58.7%；因不符合现行政策或受条件所限暂不能解决的40件，占9.7%；委员对提案办理满意或基本满意率达90%以上。提案办公室积极配合政协办公室，做好委员提案《参政议政集》入录编印工作；2013年提案委委员，在真情履职上下功夫，关注政府工作、留意民生民意，积极提交社情民意9篇；并积极开展了慈善爱心助困活动。

【政协永康市委文史办公室】 2013年，文史办在编干部1名，共有19位委员，提交42份提案。开展4次联谊专委会活动。组织委员赴山西考察学习，专题视察助推永康市影视文化产业发展。献爱心帮扶弱势群体。精心编辑出版《永康政协》杂志6期。编发政协社情民意专刊24期。开展“委员一事”文史资料征集活动，为《委员一事》编辑出版做前期征稿准备。

【政协永康市委经济科技办公室】 2013年，经济科技办在编干部1名。完成各项年初制定工作计划。组织重点视察1次，形成视察报告1篇，组织专项培训及视察活动2次，开展重点提案督办会1次，献爱心送温暖活动1次，撰写提案32件。

【政协永康市委农业农村工作办公室】 2013年，农业农村工作办组织重点视察1次，形成视察报告1篇，组织专项培训及视察活动5次，外出考察1次，献爱心送温暖活动1次，撰写提案47件，为永康市农业农村发展献计献策，圆满地完成了政协交给的任务，较好地履行了专委会工作职责。

【政协永康市教育委员会】 2013年3月，教育委组织委员参观缙云县桃花节，增强委员间的沟通与了解。11月份组织委员视察桥下小学，对该校近年来开展的“依托陈亮文化，加强师生道德建设”活动进行关注和推动。结合界别活动，组织教育委和教育界别的委员走访市特殊教育学校，了解学校工作状况，关心弱势学生，为特殊教育学校每一位学生送上围巾和保暖手套。

【政协永康市社会法制委员会】 2013年4月，政协永康市社会法制委全体委员实地参观考察委员俞振贤旗下的浙江天鑫运动器材有限公司、联鑫厨具公司、美日鑫公司，了解学习公司的运营模式和发展规划。5月30日，市政协社会法制委委员前往市社会福利院、特殊教育学校，看望慰问孤残儿童。6月社会法制委组织委员到三峡、襄阳等地考察社会管理与创新工作，通过“东张西望”，了解其他市(县)在社会管理创新方面的好经验好做法。11月5日，市政协社会法制委委员对永康市居家养老情况进行专题视察。

【政协永康市城乡建设委员会】 2013年，城乡建设委开展委员联谊活动一次。按计划组织开展了永康市入城道路整治提升工程的视察活动。开展花街镇集镇建设、美丽乡村建设和大寒山旅游开发的调研活动。组织委员对贵州的山村旅游建设进行考察。继续开展结对助学活动。对9位结对助学的中小学生继续进行结对帮助，帮助学生缴纳学杂费和伙食费，为2013年升上大学的二位学生每人送上5 000元的助学金，利用界别活动月，委员分组联系结对学生，了解学生的学习情况和生活情况，并给学生送上新一学期的学费和生活费，一年来城建委、无党派界别委员给学生共支付了4.6万的学费。积极参加政协组织的完善永康城市规划的调研活动，为永康的城市建设建言献策。

【政协永康市台侨民宗委员会】 2013年，台侨民宗委组织召开学习研讨2次。积极参政议政，增强委员履行职责能力。政协全会期间，全委就上交提案35件。并就《关于加快解决北苑经济适用房社区归属问题的建议》进行跟踪、重点督办。5月10日组织全体委员视察了普明禅寺的建设情况。此外还赴奉化雪窦寺进行学习考察，为永康的宗教工作提供借鉴。侨联界别于12月开展以“侨法进社区、进党校、进侨乡、进侨企”为主题的宣传活动。5月组织委员赴江西萍乡进行学习考察。10月，组织委员慰问市福利院老人，送去水果200箱、饼干20箱、冰柜1个。

重要活动

【政协各专委会九次组织专题视察】 2013年，市政协各专委会先后组织9次专题视察。主要内容有：“加快四方集团搬迁，促进农机产业园建设”、全市佛教活动场所建设情况、“加强电网改造，服务永康经济”、“加快入城口改造，促进城区建设”、“加强人口与计生工作”、“加强杨溪水库水源保护区污水整治”、“加强我市居家养老工作”、“依托陈亮文化，加强师生道德建设”全市影视文化产业发展情况进行专题视察。

【社会服务活动】 2013年，市政协利用自身人才聚集、智力荟萃、联系广泛的优势，组织委员开展了多项社会服务活动。5月30日，市政协社会法制委组织委员前往永康市社会福利院、特殊教育学校看望慰问孤残儿童并向他们赠送礼物；文化艺术界组织委员前往西溪小学开展儿童节慰问活动，向当地学生赠送500册课外书籍和学习工具书。8月27日，城乡建设委委员、无党派界别委员开展结对助学活动。11月开展“界别活动月”，20个界别结合自身的特点和优势分别组织委员开展进社区、访企业、走乡村、送温暖等丰富多彩的界别活动。继续关注学习、交流和借鉴的平台建设。全年共编刊发行《永康政协》期刊6期，社情民意专刊24期。

（陈欣欣）

民主党派

民革永康支部

【概　况】 2013年，民革永康总支部有党员39人，其中新发展党员3人。民革永康总支部坚持以科学发展观为指导，不断加强自身建设，切实履行参政党职能，为促进永康经济发展、社会和谐作出积极的贡献。党员中，有浙江省政协委员1人、金华市人大代表1人、金华市政协委员2人、永康市政协委员8人。两会期间提交提案、议案22件。民革永康总支部坚持以多种形式，组织党员开展社会服务，3月民革永康总支部向槐花村捐助30万元进行“美丽乡村”建设。11月民革永康总支部在龙山镇太平开展同心助学活动。

（胡惠惠）

民建永康支部

【概　况】 2013年，民建永康市总支部有会员34人，其中新发展会员1人，有人大代表3人，政协委员4人。民建永康市总支部不断加强自身建设，认真履行参政议政、民主监督职能，两会期间，代表提交提案、议案9件，并在政协会议分别作《民生为本，全力妥善推进解放街区旧城改造工程》和《进一步治理大气污染，提升永康空气质量》发言。

【应敏用相机记录雅安抗震救灾】 2013年，民建永康总支会员立足本职，积极参与社会服务。委员应敏成立了永康市艺术摄影学会，并当选为主席。雅安地震后，应敏前往灾区，既当志愿者，又当摄影师，用相机记录下众多军民抗震救灾的感人画面，多幅作品被新华社、《金华晚报》等新闻媒体采用。其他会员也通过拍卖或直接捐款等方式支援灾区。

（胡惠惠）

农工党永康支部

【概　况】 2013年，农工党永康市总支部加强自身建设，新入党员5人，现有党员91人。红十字会医院支部被农工党金华市委会评为2013年度先进基层组织，并被农工党浙江省委员会评为2012～2013年度先进基层支部。金华及永康人大、政协两会期间，农工党员中有1名金华人大代表、2名金华政协委员，1名永康人大代表，8名永康政协委员，共提交15件提案，1件大会发言，2件团体提案，2件议案。总支部调研报告《关于促进我市民营医院发展的几点建议》，受到金政市长的肯定。总支委员应勇的《浅探参政党民主监督的正常发挥之道》、胡盛容的《充分利用网络优势，打造参政议政新阵地》，被农工党浙江省委评为优秀论文，入选《参政党理论研究论文集》。

【王晓敏受农工党中央表彰】 2013年，农工党永康支部利用前进学校为载体接管新永小学，协助市政府解决永康籍学龄儿童的入学问题。总支部利用前进门诊部的医疗资源，组织党员下乡送医送药 2 次，服务百姓 300 人次，发放资料 400 份。党员王天中为永康新农村建设捐赠 10 万多元。党员陈美红组织爱心人士看望孤寡老人。党员吕强为四川雅安灾区捐赠 110 多万元。党员王晓敏被选为 2013 年金华市 321 人才工程第二批培养对象，因其在社会服务方面成绩突出，被评为中国农工民主党中央委员会社会服务先进个人。

（孙　静）

九三学社永康基委会

【概　况】 2013 年，永康九三学社有社员 71 人，其中新社员 5 人，内有中高级职称 1 人，特殊人才 1 人。各支社、老龄委、妇委会分别组织开展形式多样的活动 10 次，增进社员友谊，提高社组织的凝聚力，各项工作取得一定的成效。基委会学习浙江日报评论《干好“一三五”，实现“四翻番”》、中央统战部关于《深刻领会和认真贯彻十八大关于统一战线的新思想新要求》的文章和《关于全面深化改革若干重大问题的决定》，以及相关会议精神，提高理论水平和自身素质。社员应香完为永康慈善事业捐赠 5 万元。社员方海滔为市红十字会捐资 10 万元，并为新农村建设捐资 26 万元。社员唐健雄向市红十字会捐款 5 万元。在金华市、永康市召开人民代表大会和政协会议期间，九三学社有 1 位金华人大代表、2 位金华政协委员、1 位永康人大代表、9 位永康政协委员共提交议案提案 17 件，其中 1 件为永康政协大会发言，2 件为永康政协团体提案，人大议案 5 件。主委应香完《关于扩大车辆检测中心场地建设的建议》获市政协 2012 年优秀提案，同时获优秀委员称号。

【九三学社社员为社会服务】 2013 年，九三学社结对舟山镇一村，助推新型农村建设。开展“食品添加剂与真假药品鉴别”知识讲座，服务广大市民。开展送医送咨询下乡活动，为舟山镇槐花村村民们送温暖。开展“推进创新驱动发展”为主题的九三学社专家永康行活动，组织九三学社浙江大学委员会、科技教育工作委员会有关专家学者 30 多人与永康市企业家展开“产学研合作与转型升级”研讨，助力永康“二次出发”。九三学社社员、浙大机械工程学系主任、工程院院士谭建荣作《从数字化制造到智能化制造》讲座，300 家企业负责人参加，市委书记徐华水、副市长吕群勇参加听讲。

（孙　静）

社会团体

市总工会

【概　况】 2013 年，市总工会内设办公室、组宣部、生产生活部、法律顾问室。全市有教育、财贸两个产业工会，8 个工委，16 个镇（街、区）总工会，1 976 个基层工会，共有会员 25.05 万人。市总工会着力开展“廉政文化进企业”活动，研究制定了实施方案，帮助企业健全教育、制度、监督并重的惩治和预防腐败体系，教育企业干部职工学好法纪、遵章守纪，严于律己，自觉防范和抵制各种不廉不洁、不健康行为。通过印发有关资料、召开会议、举办培训班等各种形式，大力宣传推进非公企业工资集体协商制度。2013 年全市 50 人以上单独建立工会的企业，工资集体合同签订率达到 100%。

年内市总工会加强市联合调解中心工会窗口的服务功能，建立健全调处机制，充分利用工会组织三级调解网络，引导劳动争议当事人在企业工会调处平台先行调解，做好双方劳动纠纷的调处工作，争取将劳动争议解决在萌芽状态，解决在单位内部，有效预防和减少由劳动争议引发的社会矛盾。2013 年工会窗口累计接受法律咨询、心理辅导、开展前期调解等 600 余人次。市总工会维权中心接待职工来访 104 人次，接受来电咨询 102 人次，受理案件 82 件，结案 82 件，为职工挽回经济损失 20.5 万元。

【职工生活时时处处关心】 2013 年元旦春节期间，市总工会筹措资金 50 万元，慰问困难劳模、困难职工，用于医疗救助及生活救助，共 300 户。邀请 300 名留永过年“新永康人”参加“迎新春年夜饭”活动。“六一”节慰问市福利院孩子和城东小学困难外来民工子女，送去价值近 2 万元的玩具、食品及慰问金。开展“送清凉”活动，为在高温生产一线工作的工人送去价值 10 万元的冬瓜茶、西瓜等清凉防暑降温物品。开展“金秋助学”活动，为 16 个困难职工家庭送去人均 1 500 元助学金，计 2.4 万元。组织企事业单位女职工进行妇科病普查，开展女职工重大疾病保险工作。组织 69 家非公企业 2.48 万名一线职工进行免费体检，占金华市全年总体检人数的 35.77%。按照市纪委、市总工会、市财政局等五部门联合通知，强化市总工会履行疗休养组织、管理的行政职能，促进全市疗休养价格的合理性、疗休养服务的优质性。根据广大干部职工的要求，原来由市总工会统一组织调整为各系统工会自行组织，市总工会实行监管的管理模式。年初各单位统一上报疗修养人员计划和名单，市总工会督促疗休养人员的各项保险交纳。是年全市有 4 200 名职工参加疗休养，达到安全无事故。

【市工会十五届八次全委会】 2 月 28 日，召开市工会十五届八次全委（扩大）会议，回顾总结 2012 年的主要工作，并研究确定了全年的工作任务。总工会主席王瑛代表十五届委员会作题为《求真务实，努力开创永康工会工作新局面》的工作报告。市委副书记金政发表重要讲话。会议通过了市总工会第十五届委员会委员、常委会常委替补事宜。

【职工文化体育活动】 2013年“三八”妇女节，举办了心理健康知识讲座，邀请金华市第二医院主任医师黄恩老师进行授课，来自全市各行业300名女职工参加。“五一”前夕，举办庆“五一”职工文体活动，全市各行业36支代表队400名职工参加比赛；举办“卡克车载杯”全市职工乒乓球比赛，来自全市各行业的25个代表队200人参赛。深化“职工之家”建设，着力建设农民工文化家园，全年建立省级模范职工之家1个，省级模范职工小家1个，省级“农民工文化家园”1家，省级“职工书屋”示范点6家；金华市示范镇（街、区）总工会1家，模范职工之家3家，模范职工小家2家；永康市示范镇（街、区）总工会2家，先进基层工会40家。

【职工技能培训及“岗位练兵”】 2013年，市总工会与市安监局联合举办职工技能培训班，来自全市各行业的630名职工参加培训；在市委党校举办全市基层工会主席学习会，来自全市规模以上企业的工会主席和16个镇（街、区）总工会主席共400名参加学习。邀请省总工会组织部副部长杨宝明就如何做好基层工会组织的规范化建设作了辅导；以“金点子”、“我为企业发展献一计”、“我是发明家”等形式，开展“合理化建议”竞赛活动；开展“安康杯”竞赛活动，提高职工的安全生产意识；以创建“工人先锋号”、“创新示范岗”活动为抓手，开展群众性创新创效技术攻关竞赛，建立道明光学股份有限公司龚庆贤创新工作室、陈高庭创新工作室、星月集团余江德创新工作室等一批高技能人才创新工作室；深入开展技能比武、“岗位练兵”活动。经过培训练兵，层层选拔，选派尖子参加金华市和全省职工职业技能大赛。在金华市职工技能大赛中，永康团队荣获“数控车工技能竞赛团体二等奖”、“汽车修理工技能竞赛团体二等奖”、“焊工技能竞赛团体三等奖”，并包揽数控车工技能竞赛个人二、三等奖。

【“双亮”推选先进】 2013年，市总工会按照“双亮”标准要求，针对全市企业实际，采取分类指导的办法，对工会工作相对薄弱的企业，突出“亮牌子、亮身份”，引导企业开展符合自身特点的活动。对工会工作基础较强的企业，把重点放在发挥作用方面，在推进企业民主管理、协调劳动关系、提升职工素质、丰富文化生活等方面体现特色与亮点。在此基础上，经过严格推荐评选，浙江博大实业有限公司等34家企业被市政府授予“永康市创建和谐劳动关系先进企业”荣誉称号；中坚科技有限公司等6家企业被评为“金华市创建和谐劳动关系先进企业”，弘扬了企业和谐文化。评选出永康市级劳模20人，模范集体3个；推荐评选金华市级劳模12人，模范集体2个；推荐评选国家级、省级优秀工会工作者各1人，金华市级2人；省五一劳动奖状1人，浙江省工人先锋号1个，省级工会积极分子1人；金华市级4人，金华市级职工之友1人。

（应红进）

共青团市委

【概　况】 1949年11月，中国新民主主义青年团永康县工作委员会成立。1950年，有支部53个，团员963人。1952年10月，中国新民主主义青年团永康县委员会成立。1965年，全县有共青团支部778个，团员1万人。“文化大革命”开始不久，团组织活动被迫停止，1970年恢复。是年底，全县复建基层团委41个，支部718个，团员1.21万人。1992年，永康撤县建市，更名为团永康市委。2013年，全市基层团委67个，支部

1 248 个，团员 3.95 万人。内设机构 2 个：办公室和基层工作部。

【团工作受到省团委重视】 1 月 10 日，省中学共青团工作“互观互学”考核组来永康检查指导，实地考察了市职业技术学校的共青团工作，走访了市中小学生实践活动中心，中学共青团工作能围绕《团中央、教育部关于加强中学共青团工作的意见》精神，亮点多、工作实，切实有效地发挥团组织在中学生思想道德建设、促进中学生全面发展中的作用，整体工作值得肯定。为了加强团省委、青企协与金华市和永康市团委、青企协会之间的联系与合作，密切各地青年之间的交流与沟通，4 月 12 日共青团浙江省省委副书记、省青企协会会长王征带一级省青企协会 70 多人来永康考察。考察团在参观中对永康的经济发展现状、城市建设、产业特色等方面给予高度评价。永康不仅有优美的环境，更有良好的发展环境，愿将永康所见所闻带回去，向投资者推介。

【团中央领导来永康调研】 根据团中央“走进青年、转变作风、改进工作”的安排，8 月 13 日，团中央权益部副部长陈琳带领权益部协调督导处、法制工作处相关负责人一行 5 人到永康市开展为期 18 天的蹲点调研，团省委权益部部长陈玉锋陪同调研。调研组一行深入农村、学校、企业、机关、社区等单位，与青年一起生活、一起劳动、面对面交流，宣讲习近平总书记对青年和共青团工作的重要指示，倾听青年呼声，掌握情况，查摆问题，分析原因，总结经验，全面完成调研既定工作目标。调研组认为永康共青团工作亮点纷呈、成效卓越，很多工作思路和做法为团中央提供有价值的参考和启发。

【团组织建设全方位开展】 4 月 27 日，永康总部中心召开首届团代会，来自总部各入驻企业的 80 名团员代表经无记名投票选举产生 9 名共青团永康总部中心第一届委员会委员。5 月 5 日，成立杭州永康青年联合会（以在杭永康籍优秀青年为主体的联合组织），现有登记在册委员 368 名，分属于公共管理、公安部队、教育科技、医疗卫生、文化传播、金融企业等 6 个界别。6 月，杭州永康青年联合会组织教育科技界别委员成立高考志愿填报咨询服务队，返乡为永一中、永二中的高三学子们提供志愿填报和招生咨询等服务。五四青年节期间，开展激扬青春“五四”青年男子篮球赛，30 家基层团组织组队参赛，增强了全市基层团组织的活力和凝聚力；举办“我的青春我的梦”大型主题诗会，100 多名青少年参加演出。6 月 26 日，成立浙商少帅会永康分会，现有会员 66 人。6 月至 9 月，组织青企协会员参观阿里巴巴、遂昌农产品网店协会、金华银泰配送中心物流园区等地，加强传统制造业与电商平台嫁接。

8 月 15 日，共青团中央权益部副部长陈琳等到永康六中调研心理健康教育工作（教育局提供）

【团中央领导考察永康职技校】 8 月 21 日，团中央权益部协调督导处调研员翁莉、副处长张斐、法制处副处长王飞等团中央调研组成员来永康市职技校考

8 月 21 日，团中央调研组在永康职技校考察(教育局提供)

察。调研组一行人首先参观了职技校的模具研发中心。该中心按标准厂房建造，占地6 000平方米，层高达13米，并配有起重行车。在设施配备上，立足行业前沿，高起点、高标准建设，针对永康五金行业进行特别配置，在产品设计、逆向工程中，配备有三坐标测量、三维扫描以及3D打印设备；在五金加工制造领域，配备北京精雕三轴、四轴加工中心，引进德国制造的德玛吉五轴加工中心。现场参观过程中，调研组成员纷纷赞叹学校的实训实习工作做得好，深切体会到永康职技校打造"永康技工"品牌的用心和决心。他们还参观实训大楼汽修车间。调研组在职技校五楼中型会议室召开座谈会，进行具体深入的调研。他们仔细翻阅记录职技校发展历程的《一个农村职校的破冰之旅》，并就永康职技校的特色发展、中职学生的学分制管理、中职学生的法制教育、中职学校团委工作开展等方面问题做了具体调研。

【公安局第六次团代会召开】 10月30日，共青团永康市公安局第六次代表大会召开。共青团永康市委副书记应俊杰出席会议，并向大会的胜利召开表示热烈的祝贺，希望新一届的团委班子坚持以"中国梦"引领青年，在服务中心上要有新作为，在服务青年上要有新举措，在组织建设上要有新创造，团结凝聚广大公安青年，为促进平安永康建设和经济社会发展做出更大的贡献。公安局党委副书记、政委钱子健在会上充分肯定了第五届团委取得的成绩，并对新一届的团委成员和全体团员青年提出殷切希望：要胸怀理想、坚定信念；要勤奋学习、提高本领；要扎根基层、敢于实践；要开拓进取、勇于创新。会上审议并通过市公安局《第五届团委工作报告》，选举并产生新一届共青团永康市公安局委员会。

【"青春勇担当"节水护水养水行动】 2013年，团市委围绕市委打造"清水永康江、清新丽州城"的任务，根据水环境综合治理"158"工程的具体部署，开展以"清水永康江　青春勇担当"为主题的系列节水、护水、养水行动。上半年以"保护母亲河"行动为抓手，先后在舟山、唐先、芝英等地与相关企业开展"小手拉大手·保护水源地"植绿护绿、青少年"水资源管理试点示范项目"参观考察等活动；组织团员青年和志愿者开展"夏季环保行"河堤

10月30日，市公安局第六次团代会召开（公安局提供）

路面清理、“世界地球日——保护母亲河”、“我为创森添片绿——金胜山植树”等环保活动。市委召开美丽永康建设暨水环境综合整治工作会议后，团市委迅速行动，制定并下发“清水永康江　青春勇担当”环保系列活动文件，设计“生态保护与企业发展”、“水情知识流动课堂”、岸堤清洁劝导等10项活动。7月18日上午，“清水永康江　青春勇担当”水资源保护系列活动在能诚集团正式启动，来自全市青年企业家代表和各基层团委书记70人参加活动。金华市环保局副局长胡宗见为与会人员做了环境保护专题讲座。11月22日，联合水务局、石柱镇政府在石柱镇里溪河段联合举行“清水永康江　青春勇担当”系列行动之“小鱼治水”公益活动。石柱镇60名团员青年参与活动，投放白鲢鱼苗3 000尾。全年依托“流动少年宫”活动平台，在全市中小学开展“水情知识流动课堂”8次，组织志愿者、青少年开展岸堤清理、植绿护绿、垃圾清扫等活动13次。

【永康市新居民调解中心成立】 7月，团市委联合政法委、流动人口管理局挂牌成立永康市新居民调解中心，并采取“两室一社”模式深化青少年权益保护工作。依托市流动人口管理局和镇街区派出所建立3家新永康人调解室，专注外来青少年矛盾纠纷调解、犯罪预防和普法宣传等。开通调解服务热线87110885，及时有效化解外来青少年的各类矛盾纠纷，打造青少年心中的“老娘舅”品牌。8月，团中央权益部调研组在永康调研期间，对新居民调解中心的工作给予肯定，指出以调解来化解矛盾是最可取的纠纷处理方式，对于构建和谐社会有很大的促进作用。全年调解各类纠纷318起，其中，网络平台调解188起，线下纠纷调解130起。依托学校心理辅导员队伍和阵地建立“小芳谈心室”，以青少年的志愿心理咨询来推进平安校园建设。通过专设小芳热线、广播、微博等私密性较强的载体进行个案心理健康辅导、青春期解惑和价值观引领。全年接受青少年心理咨询900多人次，进学校普法宣讲7场次。成立爱心社提供外来青少年就业信息咨询、贫困外来青少年助学、外来青少年免费流动书屋等服务。开展“蒲公英”欢乐课堂、“挑战杯”创业竞赛、红色百米长卷绘画、学农成果爱心义卖、迎新年送新衣等公益活动，为外来青少年提供切实有效的心理健康教育和援助。

【全省首创“驻企少年宫”】 2013年，团市委针对农民工子女“假期无人照料、安全事件多发、学业辅导缺失”等问题，通过整合青少年宫、志愿者协会、企业、高校等社会资源，在全省首创“驻企少年宫”。7月24日，市委宣传部、教育局、青少年宫在先行集团举办2013年“驻企少年宫”开班仪式，在为期1个月时间里，为155名“新永少年”提供作业辅导和安全监管服务，开设书画、歌舞、棋类、朗诵表演等兴趣班。开展走读参观、梦想秀、手工DIY等活动，邀请专家前来讲授安全、科普课程。8月7日，中共浙江省委宣传部副部长黄明辉率调研组一行，在市委常委、宣传部部长朱世道陪同下，参观调研驻企少年宫。调研组一行仔细询问了驻企少年宫的具体运行情况，详细了解“小候鸟”们的学习生活，认真听取驻企少年宫开展“中国梦”主题宣传教育活动情况。12日，政协共青界别组的政协委员们一行8人赴驻企少年宫视察，为每一位在宫内学习的小候鸟送去学习用品。8月12日至16日，以反映小候鸟梦想为题材的微电影《林夕的红舞鞋》在驻企少年宫完成前期拍摄，10月完成后期制作，通过网络等渠道上映播放。

【志愿服务活动遍布城乡】 2013年春节期间，团市委组织市志愿者协会开展“温暖回家路，我们在行动”大型公益活动，先后为新永康人捐赠冬衣3万件，发放御寒姜茶1 000份，并在全市设立40个车票代购点，义务代购车票1 800张。副市长戴翀也参加调研走访。1月18日，中央电视台记者专题采访为新永康人免费代购车票的服务项目。同日，市政协共青团界别年末送温暖暨宏伟公司慈善捐赠仪式在永康市特殊教育学校举行，界别委员和部分青年企业家为特教学校孩子们送上一批价值上万元的崭新篮球架和篮球。1月30日，组织团市委机关干部、市志愿者协会志愿者和石柱镇团员青年70人赴石柱镇上杨村开展“美丽乡村　清洁家园”环境卫生集中大扫除活动。1月31日，团市委组织志愿者协会和创业青年联合会一行8人前往磐安开展冬日送温暖活动，走访慰问10位磐安贫困学子，为他们送上助学款和学习、生活等用品。5月6日，联合市红十字会、市志愿者协会举办“情系雅安　爱在永康”大型公益晚会，收到各界捐款26万元。5月19日，与国税局、市残联一起，举行“青春梦我的梦”贫困残疾青年网上创业培训暨圆梦帮扶对象对接仪式。6月7日至9日，高考期间，与市文明办、市交通局、市交警大队、永康金报联合举办“文明出行、爱心助考”2013年高考应急爱心服务活动。6月9日至12日，与市文明办、市志愿者协会、永康日报、永康电视台、永康仁和缘素食餐厅一起开展“粽香情浓　孝感永康”大型端午粽爱心传递活动，志愿者们向600位老年人免费发放爱心粽3 000只，义卖粽子4 200只，募得爱心款4 200元。7月22日起，市志愿者协会成立“永康爱心胡公粥联盟”，每天在市汽车东站设立爱心施粥铺免费施粥。7月7日，由团市委、石柱镇政府主办，志愿者协会义工团、市第一人民医院、移动公司承办的“夏季环保行”活动在石柱镇拉开序幕，80名志愿者参与河堤清理活动。暑假期间，组织13家爱心单位在城区人流聚集区、施工地段等地设立爱心休息点，免费向前来的环卫、建筑、修路工人等群体提供座椅、饮用水、毛巾、解暑药物，日平均供应饮用水200瓶。8月13日，组织市志愿者协会助学团开展“玫瑰义卖、爱心无限”扶困助学活动，募得爱心款1.85万元，全部用于资助贫困学子。12月5日（第29个国际志愿者日），志愿者协会助学团为50户贫困生送去爱心助学款6万元。

【“红领巾相约中国梦”活动】 2013年，永康少先队工作以开展“红领巾相约中国梦”活动，推进农村少先队达标创建，普及鼓号队建设，启动活动课程等工作为重点，推动少先队工作均衡发展。点面结合，开展“中国梦”主题教育。5月，组织方岩小学部分少先队辅导员、少先队员前往丽水市遂昌县王村口镇开展“红领巾相约中国梦——红色寻访之旅”活动；举办“多民族少年手拉手，红领巾相约中国梦——流动少年宫活动”。6月，举行“红领巾相约中国梦——博物馆里感受过去、现在和未来”活动，在永康博物馆设立“红领巾小讲解员培训基地”，培训百名“红领巾小讲解员”，并以校外雏鹰争章活动为载体，向队员们讲述永康的历史和文化。“六一”儿童节、“十一三”建队日期间，相继举行市级少先队“红领巾相约中国梦”大型活动。围绕“金色童年梦”、“绿色家园梦”、“蓝色畅想梦”、“粉色爱心梦”、“红色中国梦”板块，组织2 000名少先队员用歌、画、诗、舞、书等形式，展示青少年的五彩梦想。全市70个大队组织，相继开展“点燃青春梦　共筑中国梦”舞台剧汇演、“中国梦”诗会、“校园梦、民族梦、中国梦”民族文化节等活动90场次;统筹攻坚,推进农村少先队达标创建。通过分级评估、实地查看、随机问卷、量化计分“四步验收”程序,先后组织三批次验收评估,累计编印《达标创建简报》22期。截至年底,80%农村小学通过达标验收,涌现出一批农村少先队示范典型。全市农村小学中队角、红领巾广播站覆盖率100%,队室建成率90%,新建红领巾种植(养殖)园41个,新增校外争章基地30家;争章园地、宣传橱窗等基本普及;大队辅导员全部按中层正职配备,举行“少先队名家讲坛”,人均参加培训70课时以上;雏鹰争章活动基本实现农村争章参与率100%,获章率97%以上;分步推进,实现整建制鼓号队全普及。5月,组织6名辅导员参加全省鼓号队培训。6月,邀请中国少年先锋队鼓号队总教练陈膺老师来永,举办“少先队名家讲坛——鼓号队的组织与培训”讲座,组织全市150多名大队辅导员和音乐教师,系统学习鼓号队的理论知识、曲谱训练、演奏技能、队列编排等内容。12月26日,与教育局、少工委等单位举办全市“少先队鼓号队大检阅”活动,26支来自城区、农村中小学校的鼓号队,1 300名鼓号手代表全市7万少先队员接受市委、市政府和金华团市委、少工委的检阅。检阅结束后,各鼓号队分为城区组和农村组进行鼓号队评比,并决出了名次;积极探索,推进活动课程建设。上半年启动“少先队活动课程建设”,转发《加强中小学校少先队活动的通知》《关于推进少先队活动课程建设的通知》文件。截至9月1日,全市小学一年级至初中八年级都已开设每周1课时“少先队活动”课程。动员各校征订《少先队活动》教材700本。

【市第二十一次共青团代表大会】 12月12日,共青团永康市第二十一次代表大会召开。市领导徐华水、陈毅成等出席开幕式。团金华市委副书记钱福安到会祝贺。徐华水在开幕式上讲话,团市委书记应雄受共青团永康市第20届委员会的委托,向大会作《青春谱写中国梦“二次出发”建新功 团结带领全市团员青年为打造永康经济社会发展“升级版”贡献力量》的工作报告。大会第二次全体会议选举产生由27名委员、6名候补委员组成的第21届委员会。团市委二十一届一次全委会选举应雄为书记,李卓、应俊杰为副书记。

【市青少年宫】 永康市青少年宫始建于1995年,占地2 100平方米,建筑面积3 360平方米,编制10人,在岗9人,属自收自支事业单位,是共青团永康市委下属的公益性青少年校外教育事业单位,设办公室、活动部、培训部、幼儿园管理部。2013年1月引进金华青少年宫开翔工作室,为永康青少年提供优质校外教育平台。年内举办各类(艺术类、科普类、体育类、文化类)培训100多个班次,受训青少年3 000人次;开展青少年学生综合实践活动,参与青少年学生3.5万人次,其中参与综合实践活动学生3万人次;开展“流动少年宫”进农村、学校等活动8次;围绕“快乐生活、牵手互动、人文关怀、风采展示、成长服务”五大板块,举办“关爱新永少年”,维护外来民工子女权益活动,组织实施各类关爱服务,惠及新永少年2万人次。团市委联合水务、教育部门,连续6年开展“保护母亲河”活动;联合禁毒委,连续5年举办“青少年禁毒宣教”系列活动。

(华　勋)

妇女联合会

【概　况】 永康市有16个镇(街道、区)妇联,8个机关系统妇委会,711个农村妇代会。2013年围绕市委市政府中心工作,以“弘扬

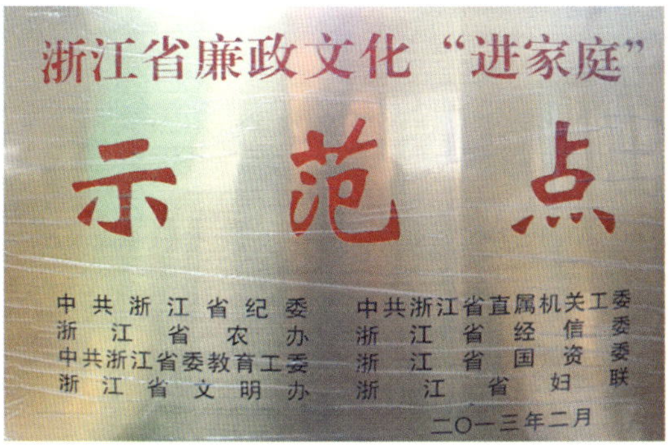

浙江省廉政文化“进家庭”示范牌匾(妇联提供)

美丽主旋律，投身两富主战场”为抓手，认真贯彻落实党的十八大精神，服务大局、服务基层、服务妇女，取得显著成果。先后荣获全国妇联宣传部《婚姻与家庭》杂志宣传推广优秀奖，浙江省廉政文化“进家庭”示范点，金华市五星基层党组织、金华市妇女儿童发展十二五规划中期监测评估报告一等奖，永康市两新组织“党建强、发展强”征文活动组织奖、市第八届农展会先进集体等。

【两新组织和巾帼党建工作】 2013年，全市建立两新妇女组织1 178个，覆盖“两新”组织8 314家，新经济组织和新社会组织中妇女组织覆盖率分别达到100%和90%以上。创建金华市巾帼党建示范岗10个，永康市巾帼党建示范点和巾帼党建五星示范岗20个，建立“妇女之家”、谈心室1 178个。发放《两新组织建设100问》200册。开展“中国梦：半边天的责任与担当”以及“展美丽风采，强巾帼党建”征文比赛，征集文章78篇，评出一、二、三等奖共12篇。“七一”前夕走访慰问7名优秀“两新”组织女支部书记。在市委组织部的指导下，将巾帼党建工作纳入两新组织党建工作考核内容，为巾帼党建的深入持续发展注入正能量。先后有经济开发区先行集团、东城街道宏伟公司、总部中心的楼宇妇工委、警花谈心室和佳信税务师事务所成为金华市巾帼党建工作的典范。5月22日，金华市巾帼党建现场推进会在永康召开，金华市委常委、组织部长温暖，金华市两新工位书记姚激扬，金华市妇联主席陈雷红参加会议。同时通过妇联官方微博直播现场会动态，及时发布巾帼党建工作进展情况。

【妇联干部在实践工作中成长】 1月10日，市妇联第十四届十次执委(扩大)会议召开，周晓青当选市妇联十四届执行委员会主席。

8月26日至28日，金华市巾帼文明岗创建工作培训班在永康举行(妇联提供)

5月22日，金华市巾帼党建工作现场推进会在永康召开（妇联提供）

3月5日至8日，永康市人大十六届二次会议召开，周晓青参加会议并当选市十六届人大常委会常委。6月5日至8日，市妇联主席周晓青以及郦建宜、蒋爱女、李亚敏、章莉、李晓庆等6名代表出席省十三次妇代会代表大会，郦建宜当选浙江省妇联第十三届执委。选派领导班子和妇联干部"走出去"，先后参加北大班、金华市科级女干部培训班、永康市中青年干部培训班、全国心理咨询师培训等25人次。8月25日至10月10日，市妇联2名领导参与村级组织换届试点工作，积极探索女支部委员和村委委员专职专选，村级两委中女委员比例大幅提高。党风廉政建设工作取得明显成效，《永康市妇联正风提效　狠抓落实　深化作风建设》一文先后被省妇联《浙江妇运》和金华市妇联网站采用，《市妇联"接地气"帮扶弱势群体》在《永康日报》"正风提效抓落实"栏刊出。

（应晓莉）

【平安家庭宣传教育活动】 1月15日，市妇联开通永康市妇联官方微博，专设"妇儿维权"和"法律课堂"等栏目，定期发布相关法律知识，成为宣传妇联工作、传递妇联信

1月10日，市妇联十四届十次执委扩大会议选举产生的新一届妇联领导班子（妇联提供）

8月27日，金华市妇联在永康开展领导下访约访活动（妇联提供）

息的重要平台。3月1日至8日，联合市司法、计生等部门举行“三八妇女维权周”活动，发放妇女权益保障、反家暴、防艾、禁毒等宣传资料1.3万份，宣传用品5 000份，环保袋1 000只，接待咨询1 700人次。3月12日举行“贫困母亲两癌救助”中央专项彩票公益金发放仪式，副市长胡增强为2名贫困妇女发放补助金2万元。5月31日，成立市巾帼维权志愿者服务队，邀请律师、警察、法官等志愿者轮值，为来访群众提供有针对性的咨询服务。6月4日，在市儿童乐园举办“快乐六一　梦想起飞”文艺表演。6月29日，启动家庭教育“百千万”工程。8月15日，在丽州广场举办“平安家庭　智慧爸妈　欢乐童年”亲子纳凉晚会。8月27日，金华市妇联在永康开展妇联领导下访、约访和群众路线教育座谈会，广泛听取民意。全面完成“十二五”妇女儿童发展规划中期检测评估工作。全年完成农村妇女“两癌”筛查38 971例，累计慰问学校21所，捐款赠物折价14.5万元，开展关爱留守儿童等宣传活动22次，发放资料6 342份，助学结对195人，发放结对款8万元，调处来信来访182件。

（陈王芳）

【优秀女性文化发展活动】 2013年2月22日，召开新闻媒体座谈会，宣传市妇联全年主要活动和优秀女性事迹。3月1日，市第

3月1日，市第六届妇女文化节开幕（妇联提供）

六届妇女文化节启动仪式，市领导金政等出席。3月5日至8日，发放“争做美丽女性　共建美丽永康”倡议书1万份，走访慰问现任市管女干部以及先进女性，送出书籍《宋庆龄传》120套，号召广大女性争做知性女性、美丽女性、幸福女性。8月26日至28日，成功举办金华市巾帼文明岗培训班和永康市巾帼文明岗培训班。年度创建省级巾帼文明岗5个。

【妇女投入美丽乡村建设】 2013年，市妇联将“洁净村庄”和“门前三包”卫生长效管理工作纳入市领导每月督查内容，并及时通报督查情况。对新申报的441个“洁净村庄”开展“随手拍”和“美丽互评”，在微博上大力宣传他们的做法和创建成效。创下省绿色家庭2户，金华市绿色家庭13户，永康市绿色家庭30户。评选永康市“洁美家庭”3 000户。4月25日，开展女企业家“进村企、优服务、促赶超、建两富”活动，筹集“美丽款”20余万元，帮扶后吴村、一凡农庄、罗桥村、如春村等开展“美丽乡村”建设，扶持农村科技致富女带头人创业。11月10日至12日，举办以“生态、科技、精品”为主题的永康市第八届农展会美食节，88个展户3天销售额215万元，评出美食金奖银奖各5名，推出“婆媳发糕”、“玉莲千层糕”、“小红发饼”等女性自主创业品牌，创下金华市女性创业基地3个，发放奖励资金3万元。

（应晓莉）

工商联合会

【概　况】 2013年，市工商联把握新形势下全市民营经济特点和规律，以全面实施“223工程”为抓手，创新载体，服务增效，扎实推进工商联工作再上台阶，在促进全市非公经济健康发展及非公有制人士健康成长等方面取得了较好成绩。11月，市工商联组织纳税百强和纳税优胜企业的企业主赴杭州参加体检，为企业家送上了贴心的健康服务。针对全市基层商会和镇（街、区）的人员调整，召开了基层商会秘书长会议，专题研究和部署基层商会的换届工作。

【市工商联第九届执委二次会议】 1月11日，召开永康市工商业联合会（总商会）第九届执行委员会第二次会议。根据《中国工商业联合会章程》规定，经民主推荐，以无记名投票方式，增选林广平为第九届工商业联合会（总商会）主席（会长），统战部副部长、党组书记程勇健为第九届工商业联合会（总商会）第一副主席（副会长），潘志行为第九届工商业联合会（总商会）驻会专职副主席（副会长），加强工商联干部力量，提高工商联服务能力。

【工商联走访24家副主席单位】 2013年新年伊始，市工商联领导一一走访、慰问所有副主席单位，向企业负责人致以新春祝福，并向他们详细了解企业生产经营情况，新年的打算以及需要帮助解决的问题。并指导企业再次进行节前安全隐患排查，做好过节的各项准备工作，精心安排节后的生产，确保实现新年首季开门红。

【参政议政建言提议】 2013年，市工商联围绕全市非公经济发展及非公经济人士提升，工商财贸专委会委员在市政协大会上积极建言献策，提交提案30份，无论是数量、质量均有明显提升。4月1日，组织工商财贸委全体政协委员视察中国南方农机产业园的建设情况，并就存在的问题发表了许多建设性意见，取得良好的效果。

【帮困助学公益活动】 2013年初，市委召开全市农村干部大会后，市工商联领导及时前往方岩镇调研，了解所联系的村庄情况，指导新年美丽乡村建设规划。帮助联村制定新年发展集体经济计划，积极牵线搭桥与异地商会结对帮扶，融入新农村建设资金。1月28日，在市工商联撮合下，四川省成都永康商会对石柱镇江珧村因煤气中毒而惨遭横祸的农户献上爱心款5万元，首开永康百姓有难，在外永商递送爱心之先河。8月15日，市工商联、市中小企业发展促进会联合苏酒集团贸易股份有限公司、市花好月圆食品有限公司开展“中国梦·我的梦”百村助学活动，筹集善款15万元，用于捐助全市各镇(街、区)的50名贫困学子，发放给每人3 000元慰问金。9月16日，召开永康市温州企业联合会、永康市苍南商会成立庆典和年会，会上开展募捐活动，通过对名家字画及红酒等商品的义卖，为市残联捐赠善款5万元。

【院士授课提升企业家素质】 11月3日，市委统战部、市工商联联合举办“科技创新、转型升级”为主题的专题讲座。市委书记徐华水、副市长吕群勇等市领导与全市相关单位人员及非公经济人士共350人参加听课。中国工程院院士谭建荣作了《从数字化制造到智能化制造》为主题的演讲，院士团队还与市部分非公经济人士进行了产学研合作与产业转型升级研讨交流。谭院士就当前的经济现象和永康经济现状，结合某些企业依靠创新取得的成果事例，做了精彩的分析、讲解，赢得了到会人士的赞许。为把握新形势下企业如何调整发展方向，实现转型升级的路径与方法，市委统战部和市工商联联合举办一期以“推进创新驱动发展”为主题的专题讲座，有非公经济人士200人参加，为全市民营企业转型升级提供有力的智力支持。

【金华市优秀社会主义建设者评选】 根据金华市委办文件精神和市委、市政府的有关要求，2013年，市工商联在全市开展“第四届优秀社会主义建设者”、“新一代优秀建设者”、“光彩之星”评选工作。浙江兴达钢带有限公司董事长胡香秋(女)、浙江三锋集团有限公司董事长黄会飞(女)、浙江宏伟供应链股份有限公司董事长吕宏伟、超人集团有限公司董事长应正、中月集团有限公司董事长俞朝忠等5人被评为金华市第四届优秀中国特色社会主义事业建设者。

(池斯斯)

科学技术协会

【概　况】 永康市科学技术协会(简称市科协)是科技工作者的群众组织，是党领导下的人民团体，是国家发展科技事业的重要社会力量。2013年市科协贯彻落实党和国家有关科普工作的方针、政策、法律、法规；研究制定全市科普工作规划和计划；组织全市科技工作者开展学术交流，维护科技工作者的合法权益，表彰奖励优秀科技工作者，举荐人才；开展科学论证、咨询服务，提出政策建议促进科学技术成果的转化，接受委托承担项目评估、成果鉴定、专业技术职务资格评审等；开展民间国际科学技术交流活动，发展同国外的科学技术团体和科学技术工作者的友好交往；普及科学知识，弘扬科学精神，推广先进技术，开展青少年科技教育活动，提高全市人民的科学文化素质。年内“伟丰两头乌”生产基地被评为“浙江省科普示范基地”；唐先镇通过金华市级科普创建示范乡镇验收，被命名为“金华市科普示范乡镇”；江南街道圆周村、石柱镇前郎村通过金华市级科普创建示范村验收，被命名为“金华市科普示范村”。市科协荣获金华市“科普工作先进单位”。

【“科技活动周”宣传普及活动】 2013年，市科协主办的“保护生态环境、确保食品药品安全、实施碧水蓝天工程”全国科普宣传日活动在市三江广场举行。各街道社区、机关单位及市科协下属学会协会研究会等参与。活动现场设立咨询台30个，展出宣传版面近百块，发放科技书籍资料3 000册，向过往市民宣传普及科技、环境保护、卫生保健、健康知识、节能减排、防震减灾等各类知识，并就市民现场提出的一些专业性问题做详细解答。活动现场还开展科普知识知多少有奖问答、发放环保袋等趣味活动。为配合全国科普日活动，市科协在8月底提前在《永康日报》刊登科普知识竞赛题，收回答卷1 969份，经过评审与抽奖，产生一等奖3人、二等奖10人、三等奖20人、鼓励奖100人。西城街道、经济开发区、市药学会3家单位获优秀组织奖。

【院士专家“永康行”】 “2013院士专家永康行”暨省农业机械学会协同创新活动，有欧洲人文和自然科学院院士、爱尔兰皇家科学院院士、国际食品科学院院士、国立爱尔兰都柏林大学教授、国际农业工程委员会主席孙大文，中国工程院院士、中国农业机械学会理事长罗锡文，中国农机化科学研究院院长、教授、亚洲农业工程学会主席、中国农业机械学会秘书长李树君等50名专家教授参加。省委副书记王辉忠、副省长毛光烈分别讲话，作了批示。活动期间举办了现代农业装备高峰论坛暨科技项目推荐对接活动，省农机学会与永康市现代农业装备高新区进行了“协同创新基地”互授牌。市内有90家企业参加科技项目推荐对接活动。

【科技竞技培训活动】 2013年，市科协举办第28届永康市青少年科技创新大赛，组织全市各校选手及教师200人次参加比赛。根据各镇街区不同的区域农业特色，市科协开设蔬菜生产技术、葡萄种植、莲子种植、水果栽培、荸荠栽培、水稻栽培、果桑管理等精品班，培训农函大学员2 613人次。农函大永康分校被浙江省农函大授予“先进集体”的荣誉称号。针对各类专业技术人员的特点，邀请浙江师范大学政法学院李院林副教授来永为专业技术人员授课。全年有6 000名专业技术人员参加了培训，进一步学习和掌握基础知识、专业知识和基本技能，更好地为永康经济社会的发展服务。发挥科技人才聚集优势，组织各类专家下村进行技术辅导、举办技术讲座、赠送科普书籍。市科协班子多次深入帮扶结对村调研，帮助解决疑难问题。组织各学会按期进行年检，加强对学会的管理和指导，引导各基层学会围绕党委、政府的中心工作，为全市经济社会发展服务。

（胡旭晗）

文艺界联合会

【概　况】 永康市文学艺术界联合会是中共永康市委领导下由永康市各文艺家协会（研究会、学会）联合组成的人民团体，是中国共产党团结联系广大文艺工作者的桥梁和纽带，主要履行联络、协调、服务职能。2013年10月，召开永康市文联第三次文代会，与会代表138名，大会听取市委书记徐华水的重要讲话，审议并通过市文联工作报告，修改《永康市文联章程》，选举产生了由21人组成的第三届文联委员会，丁月中同志担任主席，麻建成同志担任副主席。2013年文联及下属协会开展的较大各类文艺活动20次，出刊《方岩》杂志6期，丛书2套，省级以上奖项或入展20人次，参与送戏下乡及农村文化礼堂建设200人次。

【文艺活动遍地开花】 2013年春节期间，市文联配合市委宣传部开展文化三下乡活动，组织书法家下乡写送春联1 000幅，为基层免费书写春联1 300幅。指导协会文艺工作人员参与“丽州之夏”纳凉文艺晚会，举办方山柿节专题文艺晚会。8月份与唐先镇政府联办“第三届中国（永康）红富士葡萄节征文比赛”，从参赛80余篇作品中，评选出一等奖

永康市文学艺术界联合会第三次代表大会召开(文联提供)

1人,二等奖3人,三等奖6人,优秀奖15人,进一步宣传永康唐先葡萄。10月份与市委宣传部联合举办永康市农村文化礼堂建设摄影比赛。市文联还举办"永武缙"三地书法联展,承办"永武缙"三地画展。举办了永康市第五届中老年演唱比赛。开展"纪念陈亮诞辰870周年主题征文活动"。举办摄影家协会成立30周年摄影艺术节。

【社团活动百家争鸣】 2013年,市作家协会召开"永康市兄弟文学基金暨首届兄弟永桥水郡纯文学奖"颁奖大会,对文学创作上取得优秀成绩的给予重奖。著名诗人作家鲁光、柯平、孙侃、卢文丽等参加颁奖典礼。美术家协会组织参观杭州逸仙书画院藏品画展,协办程远松画展,承办窦金庸水墨青花艺术展,"武义、永康、缙云"三地画展。组织"四川雅安震灾"书画义卖活动,18位画家的25幅作品义拍,募得赈灾款10万元。配合农村文化

市文联举办永康艺术作品展(文联提供)

礼堂建设为舟山镇送书画130余幅。戏曲协会参与送戏下乡(柏西、上珠、八字墙、花街等)活动,在紫微公园筹办了2013中秋晚会,参加人员150人次。参与群众性的文化活动,如建材市场开业一周年文艺活动,桐琴文化节活动。赴金华、建德、磐安、浦江、武义等地,与当地戏曲爱好者交流。坚持每周一次活动,经常对永康业余戏曲爱好者进行辅导。承办方山柿节文艺晚会。胡公文化研究会在胡公曾留下足迹的仙居召开一次胡公文化研究座谈会。出刊《胡公文化研究》四期,编发《胡则年谱》。根据史料将胡则一生主要经历进行整理,制定研究专题16个。程文德、程正谊文化研究会挖掘二程文化,由神雕集团程朱昌、程育全出资整理成《程氏遗书》一套五本,举行首发仪式。

【书法家协会举办各类赛展】 2013年,市书法家协会举办"以古为师"永康市书协会员临帖书法展。与市文化馆联合举办"书法沙龙"活动,邀请永康籍著名学者胡松植先生授课。配合省书协、金华市书协搞大型"钱塘笔阵"书法展。在全国和省级比赛中,1人获得优秀奖,1人获得三等奖。与美协共同参与组织"四川雅安震灾"书画义卖活动。与文化馆联合举办紫微园楹联重新书写活动。为国家电网永康公司举行"永电文化长廊建设"书写书法作品。协助西泠印社社员柳晓康先生在金海湾大酒店举办个人书法篆刻展览。举办"美丽永康"建行杯全市书法大展,承办永康、武义、缙云书法联展。

【摄影家协会佳绩连连】 2013年市摄影家协会与《数码摄影》杂志社联合举办"寻找中国数码摄影师"永康选拔赛活动;举办"魅力神雕"、"三棵松"、"黄城里"摄影比赛。协会与《数码摄影》杂志社联合举办"柴达木杯"第四届寻找中国数码摄影师活动城际选拔赛。协会副主席应华媚参加中国女摄影家协会第四次全国代表大会,并当选为理事。与市作协、美协共同探讨当下在摄影界最为热门的"新锐摄影",旨在借力文学、绘画各艺术派系所长,来解读和剖析当下的摄影生态。沙龙月赛是永康摄协多年来坚持不懈举办的影友交流活动,沙龙月赛首次实行"草根评委"制。与《中国摄影报》联合举办"美丽永康"影友联谊会。承办永康市农村文化礼堂建设摄影比赛。与农展会组委会联合举办"清洁新田园、美丽新农村"摄影比赛。项新平、陈敏等会员作品入选第十五届国际摄影展。陈敏、贾锦新入选浙江省文联新峰人才培养计划。卢广荣获荷兰克劳斯王子基金奖。卢广等会员作品拍得61 920元,所拍善款用于捐助小微微。

【诗词楹联学会活动丰富】 2013年,市诗词学会组织参加"以竹喻检"诗词赋散文征文比赛、宁夏"黄河金岸"诗词赋联大赛、"二安"杯全国诗词楹联征文大赛。参加在万泰美术馆举行的钱法成等五人诗书画展。组织会员参加葡萄节征文创作。参与农村文化建设,为八字墙村新建的休闲长廊题写诗词楹联。继续收集历代吟咏永康的诗词作品,编辑《永康历代诗词选》、《永康诗词》年刊。楹联学会组织会员到革命老区方岩镇上里叶村、新农村示范村石柱镇塘里村采风,交流农村文化建设。与武义县诗词楹联学会联办"庆八一、长城颂"征联比赛。联合"百工乡村"土菜馆开展每月一次的趣味征联活动。印制《南都禅寺征联作品集》。

【文艺创作硕果累累】 2013年,为鼓励纯文学创作和出版,市文联联系出版社完成《方岩文丛》的编印工作,由大众文艺出版社正式出版,全九册。整套书以诗集为主,兼顾散文随笔,穿插青花瓷片欣赏,语言质朴,雅俗共赏。反映本土作者对文学的热爱之情,诗集以质朴语言抒发作者情、景、物;散文以作者抒情随笔游记为主,记录作者的心境和追求;青花瓷片欣赏主要反映作者对古文化的探求。为统计永康二十多年来出版的文艺类图书，历经一年时间搜集整理，完成《永康建市20周年图书出版录》的编印工作，汇辑永康80余名作者，近200部作品简录，为永康20年的出版成果提供了查询资料。为保护永康话这一典型吴语系地方语言，并为永康话词语标注较为规范的音、形、义，也为永康人或非永康籍人士学习永康话提供一部实用的工具书，组织市民间文学人士编写《永康话词典》一书，已完成前期的资料收集整理工作。

（田　旭）

残疾人联合会

【概　况】 2013年，永康市有持证残疾人1.2万名。市残疾人联合会（简称市残联）有干部职工25人，党组成员5人、执行理事7人。内设综合办公室、康复科、教育就业科，下属单位有劳动服务所、康复中心、残疾人服务社、自强扶贫开发公司。残疾人康复中心大楼、残疾人综合服务中心总建筑面积5 350平方米，为全市残疾人提供康复指导、物资救助、残疾人用品用具、就业、技能培训、文体活动等全方位的服务。是年，全市残疾人工作围绕“十二五”规划确定的总体目标，以召开残疾人联合会第六届代表大会为契机，以“赶超发展　爱心圆梦”助残活动为载体，以深入实施残疾人共享小康工程、巩固和深化扶残助残爱心城市建设为抓手，全面实施残疾人事业发展“十二五”规划取得新进展，保障与服务体系建设取得新突破，广大残疾人得到新实惠。市残联先后荣获全国白内障无障碍县（市），省听障儿童康复训练工作先进单位、省残疾人招生工作先进单位，“十一五”金华市残疾人工作先进单位等多项荣誉。2012年永康市以全省总分第一的成绩，成功创建省扶残助残爱心城市。

【机关单位营造扶残社会氛围】 2013年“全国助残日”，市残联与团市委、国税局、恒丰银行金华永康支行、美国LDS慈善协会、杭州西子画院等，在三江广场举办大型助残公益活动。1月30日，组织市3家残疾人扶贫基地及其创业产品参加金华市残联举办的“国际残疾人日活动暨残疾人创业产品展销会”，组织市政协福利界别组委员慰问金华市残疾人爱心家庭，视察市第三人民医院重度精神病托养中心以及正在建设中的社会福利中心重度残疾人托养楼，引起政协委员们对残疾人工作的关注和重视。

金华市副市长张伟亚视察残疾人生产成果展览活动（残疾人联合会提供）

【残疾人家庭无障碍设施改造】 2013年12月完成全市112户残疾人家庭无障碍设施的免费配送、安装和改造，包括安装楼梯扶手、卫生间扶手、走廊过道扶手，进行卫生间改造等，以及赠送无障碍辅助器具轮椅车、护理床、沐浴椅防滑垫、盲人用电饭锅、音乐报警水壶、音乐声光盲杖等

70 个品种、400 件物品。

【省残疾人意外伤害保险县市试点】 2013 年市残联出台各项惠残政策，实施对无固定收入的残疾人生活补贴、重度残疾人托(安)养扩面、无障碍设施进家庭和学前教育助学等。联合各部门细化残疾人事业发展“十二五”规划配套实施方案，残疾人康复与儿童残疾预防、辅助器具服务等实施方案。开展残疾人意外伤害保险，为残疾人在政策层面上采取措施，加强防范，加强保障。出台残疾人意外保险实施方案，政府出资 48 万元为全市 1.2 万名持证残疾人购买意外伤害保险。省残联将永康列入残疾人意外伤害保险试点县市，成为金华市首个开展此项工作的县级城市。投保工作已全面完成。

【政府助残项目提标扩面】 2013 年，永康市有 1524 人享受基本生活保障(其中年内新增 247 名)。从 4 月 1 日起，已列入基本生活保障工程的重度残疾人每月补助款从 280 元提高到 357 元(城镇户口的从每月 465 元提高到 524 元)，进一步保障了贫困残疾人的基本生活。实施范围从残疾等级为一级、且生活不能自理的持证重度残疾人，逐年扩大至 18～60 周岁的残疾等级二级且生活不能自理的持证重度残疾人。全年有 882 人享受重度残疾人托安养服务(新增 222 人)，其中集中托养 136 人，居家安养 730 人，发放补助款 380 余万元。加大残疾人基本生活保障力度，对在就业年龄段内且丧失一定程度劳动能力的残疾人提供每人每月 100 元生活补贴。为 405 名残疾人实施康复，其中完成白内障免费复明手术 220 例、赠送助听器 84 台、免费安装假肢 10 例、赠送低视力助视器 11 例、盲人定向行走训练 80 例，赠送辅助用具 120 件。按照“发现一例抢救一例”的原则，为 42 名残疾儿童提供抢救性康复，其中完成辅助器具适配 11 例，听力语言康复训练 9 例，脑瘫康复训练 9 例，智力残疾儿童康复训练 7 例，孤独症康复训练 3 名，肢体矫治手术 2 例，免费人工装配耳蜗(0～6 岁)1 名。按照“发现一户改造一户”的原则，为 51 户居住危(旧)房的贫困残疾人实施住房改造或修缮。开展“康复进家庭、居家无障碍”行动，为 112 户残疾人家庭进行无障碍改造，提供个性化的居家康复服务。对学龄前残疾儿童实行教育补助。为 737 名适龄残疾学生和贫困残疾人家庭子女学生发放教育补助 47 万元，其中 17 名残疾儿童享受每人每年学前补助 1 500～3 000 元。

【残疾人爱心圆梦对接活动】 2013 年，在巩固和深化“扶残助残爱心城市”建设基础上，市残联结合工作特点，广泛发动、深入开展“赶超发展　爱心圆梦”助残行动，并将其列入年度重点工作之一。广泛发动社会各界，联合残工委等单位，动员机关党员干部，包括爱心企业、爱心人士，爱心社团，深入开展爱心圆梦对接活动，成立恒丰银行爱心圆梦基金，有 48 名亟盼圆梦的残疾人得到及时有效的帮扶。动员社会力量为残疾人生活工作学习提供服务，进一步营造全市爱心助残氛围。

【残疾人“小康·阳光庇护”工程】 2013 年，市残联出台残疾人阳光庇护中心建设标准，新建“小康·阳光庇护中心”4 家(金华市级、县(市)级各 2 家)，庇护 40 名精神智力残疾人；年内进行残疾人康复中心和残疾人辅助器具服务中心达标建设，达到一级标准；建立省级社区康复站 1 个；继续建设永康市重度残疾人托养中心，完善残疾人托养体系，努力改善重度残疾人生存发展条件；建立健全康复工作机制和服务网络建设，出台《永康市残疾人社区康复“十二五”实施办法》，对社区康复站的建设、规范、考核等进行明文规定；扎实推进残疾人社区康复建设工作，走访 16 个镇(街、区)社区卫生服务中心康复站，并提供业务指导，开展社区残疾人残疾预防和康复知识宣传、康复调查登记，建立健全康复服务档案1万人次，为3 000名残疾人提供康复服务。

【残疾人文体才艺展现活动】 2013年，市残联利用"助残日"组织进行残疾人书画义卖活动，市著名肢残人书画家卢陈诚捐出3幅作品进行义卖，聋人书画家吴惠英进行现场作画义卖。7月，组织参加金华市第七届残疾人艺术汇演，盲人吕贫忠荣获乐器类一等奖，后又代表金华市参加省第七届残疾人艺术汇演，获得乐器类三等奖。组织参加金华市第四届特殊奥林匹克运动会，永康运动员的总成绩名列前茅，永康代表团获"体育道德风尚奖"。是年成功创建两个金华市级残疾人文化体育示范基地。组织推荐王杰伟医生参加金华市十大杰出人才评选，并成功当选。

【阳光政务光照残疾人工作】 2013年，市残联制订《永康市残联对接审批服务事项办事指南》《永康市残联机关科室和基层站所联系指南》，发放到各个镇(街、区)、村(社区)，明确残疾人工作相关业务对接事项的办事程序、科室职能、联系方式等，方便群众办事。加强队伍作风建设，通过电话、短信、上门走访等形式对各科室单位的服务对象进行跟踪回访，出台"正风提效"活动实施方案，就学习规章制度、党组织五星争创、完善业务流程、开展效能评估检查、深化阳光工程建设等提出要求，落实措施和责任，提升工作效能。配合市委组织部做好绩效考核试点工作，及时制定考核办法向全市推广。严格按照考核办法对全体员工进行考核，凭实绩用干部，发挥考绩的激励惩戒作用。

【市残联信访维权当好"娘家人"】 2013年接待残疾人及其亲属来信来访、法律咨询(援助)700批次1 015人次，涉及残疾人法律援助75起，其中指派接待残疾人及其亲属律师参与诉讼11件，为残疾人挽回经济损失260万元。8月，浙江省司法厅首次组织行业法律援助先进工作站评选，市法律援助中心残联工作站表现突出，被评为浙江省先进行业法律援助工作站，成为金华市唯一获此殊荣的单位。

【开辟残疾人创业门路】 2013年，市残联为508名残疾人提供就业帮扶，为43名从事自主创业的残疾人发放贷款贴息、创业补助金

开办2013年残疾人种植养殖技术培训班(残疾人联合会提供)

25万元。为残疾人举办就业招聘会，30多家企业为残疾人提供100多个就业岗位。开展按比例安排残疾人就业工作，对全市337家用人单位进行按比例安置残疾人就业审核确认，全年征收残保金1 800万元，比2012年增加10%以上。落实全市新增残疾人就业114名，其中按比例就业29名，按比例就业人数比2012年增3%。全市建有省级残疾人扶贫基地2个，其中当年新建金华市级残疾人扶贫基地1个，县级扶贫基地3个，使180户残疾人家庭增收。

为残疾人多层次、多渠道、个性化创业培训服务。如开展残疾人书画艺术培训、十字绣手工艺培训、创业提升培训、种养殖技术培训等，全年举办各类残疾人培训班7期，有345名残疾人参加学习，超额完成上级下达的培训任务。

【扶残助残先进典型受表彰】 2013年，经金华市人民政府残工委审评，永康市西溪镇、江南街道获评金华市扶残助残爱心乡镇(街道)，西城街道溪边村、江南街道南苑社区、芝英镇八口塘村获评金华市扶残助残爱心行政村(社区)，经济开发区池妙婷家庭被评为金华市爱心家庭。市残工委还继续加强宣传爱心乡镇(街道)、爱心行政村(社区)、爱心家庭的感人事迹，营造讲奉献、比爱心、颂善行的良好社会氛围。建立健全残疾人工作宣传长效机制，持续推动各镇(街道、区)以先进为榜样积极参加创建活动。

关心下一代工作委员会

【概　况】 1989年6月，永康县关心下一代协会成立。1991年6月更名为永康县关心下一代工作委员会(简称市关工委)，设主任1人，副主任若干人，秘书长1人，委员若干人。名誉主任和顾问若干人。自县(市)建立

6月21日，市领导金政等为关工委、教育局主办的“学雷锋、爱环保、争做最美小公民”主题征文比赛获奖学生代表颁奖(教育局提供)

关工委至2013年12月，先后经过8次机构人员调整充实，后期增设专职副主任1人。是年市关工委编制人员2人，实有2人，临时人员1人。全市16个镇(街、区)，711个行政村都已成立关工委。6个市机关部门，86个学校，267个民营企业建立了关工委组织。有民办非企业单位1个——青少年素质教育服务中心。工作站8个：老游击队员宣讲团、志愿军老战士宣讲团、市关工委青少年书法工作站、市关工委青少年视力保护工作站、市关工委摄影工作站、市关工委文艺宣传队、创卫五老义务监督队、康市关工委国学教育指导站。全市有1 720余名老同志投身关心下一代工作。

(胡　俊)

【金华市关工委在永召开经验交流会】 2013年9月16日至17日，金华市关工委在永康召开金华市关心下一代工作经验交流会。金华市关工委主任黄友源、常务副主任、专职副主任及各县(市、区)关工委主任、副主任、办公室主任共50人参加会议。永康市委副书记蒋金红到会讲话，市关工委负责人翁其龙作“五老加一老，共筑关心桥”的经验介绍。

(应明高)

【青少年素质教育服务中心】 2013年，市关

工委青少年素质教育服务中心先后开办"书友斋"、"青少年心理咨询服务室"、"新童谣联络组"、"剪纸与编织工作室"、"金工工作室"、"木工工作室"、"陶艺工作室"、"餐巾折花与布艺工作室"、"食品雕刻与拼盘工作室"、"舞蹈培训教室"、"电脑培训教室"、"英语培训教室"、"少儿绘画教室"、"趣味数学教室"、"讲演与口才教室"等素质教育项目。与司法局联合建立"青少年法律维权中心"、"浙江省永康市法律援助中心",开展青少年法律维权工作。10月16日,创办内部交流报刊——《蓓蕾园》。

(胡　俊)

【爱国护法革命传统教育】 2013年,永康市关工委老游击队员宣讲团和志愿军老战士宣讲团利用市丰富的爱国主义革命传统教育基地,编撰永康籍志愿军老战士回忆录,制作了VCD光盘。在清明节前夕开展爱国主义和革命传统教育,年内有万人次接受教育,参观抗美援朝纪念公园的人数超过30万人次。前往前仓镇莲花井抗战阵亡将士纪念碑凭吊的青少年学生和海内外人士逾2万人次。市政法系统关工委还结合自身职能,围绕青少年的法律服务、法律援助、社区矫正、安置帮教和防毒戒毒等开展青少年法制教育。组织讲师团宣讲《中华人民共和国未成年人保护法》。请中小学校法制副校长上法制课、讲授交通安全知识。开展校园周边环境整治和"平安校园"创建活动等。

(应明高)

【关工委国学教育基地】 2013年,在龙山镇太平村中华吕氏文化中心建立永康市关工委国学教育基地。浙江哈尔斯真空器皿股份有限公司关工委分别在7月至8月举办2期暑期国学教育夏令营,有180名7～18岁中小学生参加。13日至14日,举办幼儿园园长国学教育讲座,邀请中华文化经典诵读全国指导中心常务副主任刘斌主讲。28日至30日,与教育局在基地举办了国学经典教育师资培训班,邀请国学教育专家讲课,首批培训对象是各教育辅导中心、中小学的关工委主任。10月3日,放假回永的26名大学生,在徐震二公祠国学大讲堂举办了"中华传统美德——存好心、说好话、做好人"讲座。由永康市关工委青少年书法工作站承办,浙江哈尔斯真空器皿有限公司独家协办的永康市青少年书法大赛,至2013年已开展九届。由市关工委少年摄影工作站承办的青少年摄影大赛,已连续举办七届。

(翁其龙　应明高)

【"争做最美小公民"活动】 2013年,首期争做最美小公民活动仪式由解放小学和龙山镇桥下、四路小学各54对学生家长参加。年内市关工委开展"学雷锋、爱环保,争做最美小公民"主题教育活动,在各学校举办主题征文比赛,参赛率达70%,收到参赛作品1 072份。使广大中小学生深入学习雷锋精神实质,增强节约、环保、生态意识,营造爱护生态环境的良好风气,倡导文明新风。

【"五老"队伍关心青少年成长】 2013年,市关工委调动老干部、老战士、老专家、老教师、老模范等"五老"队伍,协助和配合党、政有关部门和政法机关、工会、共青团、妇联、学校等部门,深入社区、农村、企业、学校等基层单位,对青少年进行革命传统、爱国主义、集体主义、社会主义教育,法制和科学技术教育。贯彻执行《未成年人保护法》,保护未成年人的合法权益,教育挽救失足青少年;调查研究青少年问题,向党和政府反映情况,提出建议;完成党和政府交办的任务。在纪念中国关工委成立20周年暨全国关心下一代表彰大会上,市关工委主任吕振挺荣获"全国关心下一代工作先进个人"称号。

(翁其龙)

其他团体组织

老年协会

【概　况】 农村(社区)老年协会是老年人开展活动,由老年人自我管理、自我服务、自我教育、自我保护,并经市民政部门注册登记或备案管理的基层老年群众自治组织。2013年全市16个镇(街区)都成立老年协会,710个行政村全部设立老年协会分会,每个村老年协会设理事3～9人。老年协会经费全部来源于村集体经济和自筹。全市各级老年协会按照"老有所养,老有所依,老有所教,老有所学,老有所乐"的要求,因地因人制宜开展各项适合老年的活动。

【宣传《老年人权益保障法》】 2013年7月1日,新《中华人民共和国老年人权益保障法》颁布实施,市老龄办印制2 550份图书,发放到各镇(街道、区)及村老年人协会,并贴挂上墙进行宣传。新修订的《老年人权益保障法》主要有四大亮点:精神慰藉,明确规定不仅子女具有"常回家看看"的义务,而且所在单位也必须协助;老年监护,老人有权根据自己的实际情况,自主自愿确定自己的监护人,子女对老人的决定无权干涉;养老机构,政府将通过加大投入,鼓励、扶持单位、组织、个人兴办养老机构;社会保障,对生活长期不能自理、经济困难的老年人,根据其失能程度等情况给予护理补贴。

【发放9万张老年人城乡公交IC卡】 2013年,由市老龄办和交通局统一制作,在市内实现老年优待证与城乡公交IC卡合二为一,发放含城乡公交IC卡芯片的老年人优待证9万张。新版老年人IC卡优待证分老年卡(发放对象为60～69周岁的老人,绿卡)和老年爱心卡(发行对象为70周岁以上的老人,红卡)两种。

【老年人文体活动丰富多彩】 2013年,永康市710个行政村设有老年活动室,其中创建"星光老年之家"277个,配置了棋牌室、电视室、聊天室、图书馆、象棋室、运动场等。市老年协会积极参与市老年体协组织的各项大型文体活动,每年农历八月初一,古山镇胡库下村老年协会主办大型"胡公文化节"活动,有打罗汉、祭胡公等民间传统表演节目。9月16日,由市老年体协主办的柔力球交流活动,全市有140名位老人参加。农历九月初九,第一个法定老人节期间,全市有217个协会组织15 625人举行庆祝活动。

【农村居家养老照料中心】 2013年,永康市建成农村居家养老照料中心35家,财政投入资金310万元,为1 123名老人提供餐饮服务。照料中心统一配备有电视机、躺椅、棋牌、图书、健身器械、食堂等设备设施,向老年人提供日托、就餐、保健、休闲、娱乐等多种服务。居家养老中心由所在村老年协会负责日常管理。

(周　熙)

慈善总会

【概　况】 永康市慈善总会成立于2002年11月19日。十多年来总会坚持以"慈善"为本,锐意进取,宣传身边典型,传播慈善文化,至2013年累计募集善款4 569.13万元。救助总额2 559.01万元(其中接收办理省慈善总会、金华百万福彩等项目110.6万元,不包括汶川地震等市外赈灾捐款),受益14 392户人次、126个团体。

【永康市慈善网站开通】 市慈善总会在市五金城电子商务有限公司大力支持下,总会网站于4月9日开通,创办《永康慈善网站资讯》,记录网站发布信息,提供网站资讯索引。6月至9月开展感受慈善、寄语慈善征文活动,编发《慈善与我》征文集,反映慈善总会成立11年来在社会各界大力支持下开展慈善救助的效果，加强全市慈善文化建设，让全社会有更多的人了解慈善，关心慈善。8月至9月在全市开展“进村宣传慈善　寻找艰辛老人”活动，得到镇街区、村(居)、老年协会和广大热心人的热情支持，在1 000个自然村和社区张贴《有困难找慈善　有爱心找慈善》宣传材料，使全市城乡670名艰辛老人在重阳节前获慈善救助。11月向全市68所小学的三年级学生和全校教师赠送14 374册《慈善读本》，各校根据校内实际开展活动，并在中华慈善总会《慈善》杂志上报道。

【善款捐助450多万元】 2013年6月至12月发展冠名慈善基金，第二轮30家百万慈善基金冠名企业中8家续捐“慈善助优励学”基金200万元，为期5年，每家企业25万善款一次性捐入总会账户。市慈善总会向39个异地永康商会、15个永康乡镇商会和41个行业协会发出公开信，为热心慈善的各界人士提供慈善服务平台。年内接收捐款461.36万元。开展多种形式赈灾、助困、助学、助医、助残、助老、助孤活动，至12月31日，救助1 677户(人次)、73个团体，计454.71万元。

【关爱新永康人救助金项目】 2010年6月，浙江佳信税务师事务所定向捐款设立的“佳信慈善爱心基金”拓宽救助对象，捐资者根据救助款支出情况适时注入资金，保持救助余额10万元。2013年，市慈善总会与市流动人口服务管理局和部分受助新永康人所在企业探讨，从救助对象、救助资金、救助工作网络三个方面拓展“关爱新永康人救助金”项目。浙江金凯德工贸有限公司、市喜盈门门业有限公司、浙江班得瑞工贸有限公司、浙江海心门业有限公司和超人集团再注入善款。

(黄亚雯)

■ 市个民协会

【概　况】 2013年，永康市民营(私营)企业协会更名为市民营企业发展联合会(简称民联)，迁至南苑路30号办公。永康市个体劳动者协会、永康市民营企业发展联合会，简称永康市个民协会(简称个协)，拥有会员31 062户，民营会员10 165家。1月8日，市个体劳动者协会召开民营(私营)企业协会三届五次理事会，成立市个体劳动者协会总支部委员会及8个基层分会党支部成立。市民营(私营)企业协会更名为市民营企业发展联合会。年内全市个体工商户3.4万多家。上一年协会通过调研，建立培育库，开展绿色通道等举措，成功助力70多家个体户蜕变为企业，完成跨跃式腾飞。在协会不断发展壮大之际，非公党建组织机构得到健全和完善，协会党总支及8个分会党支部顺势而生。协会党组织成立后，发挥共产党员的先锋模范作用，围绕中心、服务大局、内求转型、外促发展，成为活力协会、效能协会。

【个协“创业之星”评选】 2012年度浙江省“诚信民营企业”“诚信工商户”开始申报和评选后，市个民协会选送春天集团、浙江旺盛达食品商贸公司2家企业和奚尔余、李龙飞、杜泽生3名个体户。还联合市委宣传部、工商局开展首届永康市“诚信民营企业”“诚信工商户”认定活动，考评认定“诚信民营企业”100家，“诚信工商户”300家。2013年，永康市玫瑰创业者徐金永作为金华市唯一人选，当选第二届浙江省“最美个体劳动者——创业之星”。

【光彩服务日活动】 10月18日，市个民协会开展光彩服务日活动。分别走进老年大学、龙山镇敬老院、象珠镇老年协会等单位，提供老年消费、养生知识讲座、中医义诊、理发、眼镜护理等免费服务，在老年大学免费义诊50人次、理发20人次，眼镜护理40人次，并免费发放视力表、眼镜布50份。

【服务企业发展】 2013年，市个民协会开展商务代理服务，免费代办工商注册登记、税务登记、行业代码证以及商标注册等；搭建信息服务平台，为会员提供免费使用的网页平台“永康民营经济服务网”；市工商局公职律师兼任协会法律顾问，为会员免费提供经济发展的政策、法律、法规咨询服务；建立企业信息联络员QQ群，构筑“温暖关爱家园”，帮助会员企业解决困难；搭建与银行合作融资平台，助推企业转型升级；网上及时公布工商各种荣誉评定信息，提供指导评优创建服务，全面构建企业发展平台，助力企业驶入发展快车道。市个民协会出资15万元，为获得省级以上工商荣誉的66家民营企业、浙江中国科技五金城集团有限公司、四方集团等永康特色知名企业，在方岩大道延伸（世雅——清溪）路段，免费发布广告。年内“浙商财富快车”邀请东方名家、《实战网络销售，核心手法揭秘》讲师张有为作“网络营销全局观与实战思维”的讲座，200名永康民营企业家、个体工商户参加培训。组织尤奈特电机、鸿运实业、雄杰齿轮、广泰工贸、广园汽配等5家生产汽配的民企参加在广州举行的第十届中国国际中小企业博览会，并参加中小企业高峰论坛及中小企业国际交流合作活动。

（章博涵）

台胞台属联谊会

【概　况】 1986年12月25日，永康市台胞台属联谊会（简称台联会）成立。至2013年有代表94人，理事40人，会长1人，常务副会长1人，副会长9人，秘书长1人。下设镇（街道、区）分会16个。程双红等10人当选为市台联界政协委员，其中厉晓明当选为市政协常委。

【永康、台湾架起联谊桥】 2013年初，市台联会开展与岛内台胞联谊活动，向台北永康同乡会、台南永康市长李坤煌等单位及个人寄去200份贺年卡和慰问信，在第十八届中国五金博览会及吕氏宗祠祭祖大典等活动期间，市台联会积极协助市台办做好接待工作，组织台联会、台北同乡会座谈。订阅100份《台湾工作通讯》、编印《永康台联》4期计520份，分发给对台工作领导小组成员和台联会理事。市台联界10名政协委员提案11件，被市政协评为优秀界别。组织理事、政协委员参加4次培训会，计270人次。邀请《金华日报》总编何成明主讲台湾义勇队历史。市台联会第四活动组筹集1万多元资金，走访慰问13名困难台属和年老台胞。

【市台联第六次代表大会】 4月10日，市台联会召开第六次代表大会，参会代表130人。省台办、省台谊会，金华市台办、台谊会领导到场祝贺，市委副书记金政等发表重要讲话。会议选举由40人组成的第六届理事会，选举程双红为会长，选出常务副会长1人，副会长9人，秘书长1人，副秘书长2人。会议制定台联分会学习和活动意见，将16个分会组成4个活动组，开展访贫走困、台胞台属联欢、分会代表集体活动等项目。6月13日，永康台属代表王书源、李腾参加浙江省台胞台属联谊会第四次代表大会，王书源当选为省台谊会理事。

（潘曲滔）

团体活动

【永康组团加盟中国五矿商会】 五矿商会五金分会成立于2011年9月，两年来，围绕分会建设、课题研究、基地建设、贸易促进等方面做了大量工作。五金行业受来自国际国内各方面压力，其行业特别是出口贸易将受到一定影响。该协会表示要坚持用科学发展观指导行业和企业发展，由粗放型向集约型转变；要加快技术革新，推进五金制造业向精细工业方向发展；要大力培育民族品牌，提高我国五金企业的核心竞争力；要从自身做起，加强行业自律，增强企业的社会责任意识。五矿商会五金分会成员单位涵盖五金产业，永康已有8家企业入会，其中步阳集团为副理事长单位。此前，五矿商会与永康市签署《关于进一步加强合作关系的战略框架协议》。内容包括在广交会组馆过程中给予永康市企业政策上的引导与支持，扶持永康市五金品牌发展，构建永康市与境外企业、商会、协会之间的国际交流平台，加强各类商务信息和行业协会间的交流，协助永康市健全国际贸易争端应对机制，助推博览会进一步向国际化迈进等。2013年2月27日，作为第三届中国(金华·永康)国际商贸发展大会系列活动之一，五矿商会五金分会召开第一届二次理事扩大会议，中国五矿化工进出口商会会长陈锋到会。市门、模具、衡器、燃具等行业协会和部分重点企业负责人与会。

（五矿分会）

【农产品经纪人协会举行大会】 2010年以来，永康市农产品规模化生产经营不断推进，建成130家农民专业合作社，有社员7 000户，培育一批具有浓郁地方特色的农产品品牌。农产品附加值提升，离不开农产品经纪人的付出。作为基层合作经济重要组成部分，他们把千家万户的小生产与千变万化的大市场连接起来，把大量的农副产品销往各地，帮助农民解决“卖难”问题；又为农民提供生产、生活资料和科技、市场信息等方面服务，在繁荣城乡市场，增加农民收入，带动农民创业、就业等。2013年1月10日，来自全市蚕桑、柑橘、畜禽、茶油等行业的60名农产品经纪人汇聚一堂，召开首届农产品经纪人大会。大会选举产生市农产品经纪人协会第一届理事会会长、副会长、秘书长，通过了《市农产品经纪人协会章程》，马朝中当选首届会长。

（农经协）

【异地永康商会会长齐聚总部中心】 2012年，永康充分利用现有优势条件，以建设浙商回归创业创新园和中国南方农机产业园作为支撑浙商创业创新两大平台，大力发挥总部经济的集聚效应，全力打造一个永商的总部经济基地，建立“丽州英才”信息库和省外永商回归项目库，开展智力回归，引进项目、技术和人才，为永康“回归工程”奠定基础、指明方向。2013年2月17日，30位异地永康商会会长齐聚一堂，共叙乡情、共话发展。市领导张伟亚、徐华水等参加，并向全国10万永商致以春节问候。乌鲁木齐永康商会会长陈勇跃说，创业回归必须“里应外合”，要集聚所有永康精英，做强做大总部经济，真正让“地瓜”根部深植于家乡。杭州永康商会会长陈坚认为，永商的回归最主要还是技术和文化的回归，商会将全力以赴集中在杭永康人的智慧和资源，服务永商回归。众多游子认为虽然在外打拼多年，却时时刻刻心系家乡，不忘根在家乡。希望家乡能够出台更多扶持政

永康市招商局创办“市外永康商会”期刊(异地商会提供)

策，提升城乡统筹水平，提升市民文明素养，助推更多在外永商回归创业、回乡发展。

（总部中心）

【礼品行业协会成立】 3月26日，市礼品行业协会举行成立大会。市礼品行业协会由市从事礼品销售、生产的企业和商家自愿组成，是行业性、地方性、非营利性的社会组织，协会旨在充分发挥全市礼品企业商家的作用，推动创业创新，促进地方经济发展。协会由永商传媒有限公司、雄泰集团有限公司、浙江神雕雕塑工艺集团有限公司、市爱宁电器有限公司、市云安金银币集藏有限公司等五家企业联合发起成立。协会成立后，进一步提高广大会员素质，促进全市礼品行业健康有序发展。为会员提供维权、经济、技术、信息、生产、管理、金融、法律法规等方面的咨询服务；举办、参与国内外礼品行业展览会；编辑出版礼品行业资料，创建网站，为企业和商家更好地拓展市场、提高经济效益做好服务。

（礼品行会）

【市科技模型协会成立】 2010年以来，永康市科技模型运动取得了优异成绩。在金华市第八届运动会航空航天项目比赛中获得11枚金牌、10枚银牌、9枚铜牌，比赛成绩居金华各市县代表队之首。在永康承办的2013年浙江省第二届体育大会航空航天模型比赛中，又取得了金牌1枚、银牌2枚的好成绩。12月6日，永康市科技模型协会成立，市科协、民政局、体育局、教育局领导出席大会。这次大会50多名会员举手通过永康市科技模型协会章程和理事选举办法，选出协会理事、协会会长、副会长、秘书长和副秘书长。王云缤当选为协会会长。

【上海永康商会设立“爱心帮助”基金】 上海永康商会有会员77人。2011年建立上海永商基金，基金公司注册5亿元。成立以来，通过与银行及信托等金融机构合作，为30家会员企业提供投融资服务。2013年7月，该会为鼓励和帮助永康籍在沪大学生和留学生自主创业，由上海永商股权投资基金出资1 000万元发起设立“爱心帮助”创业风险引导基金。9月，上海永康商会开理事会后决定，开展“慈善助学献爱心”活动，帮助永康籍在沪大学生。对是年考入上海高校的88名永康籍新生，每人发放800元一次性奖学金，截至11月6日，已有45名永康学子领取了该项奖学金。

（上海永康商会）

人民法治

执法监督

【概　况】 2013年，市委政法委员会（简称政法委）对本级人民法院、人民检察院、公安机关、国家安全机关、司法行政机关的执法活动进行全方位监督。执法监督工作坚持依法按程序监督、检查政法部门的执法活动，支持政法部门依法行使职权，促进政法干警严格规范公正廉洁文明执法，保障党的路线方针政策在政法部门得到贯彻落实，保障宪法和法律在政法部门得到正确实施，保障党委政法委员会对执法工作实行有效领导。

全年执法监督工作内容和方式：监督、检查政法部门贯彻执行宪法和法律、党关于政法工作的方针政策、党委关于政法工作重大决策部署的情况；监督、检查政法部门贯彻宽严相济刑事政策的情况，指导政法部门建立健全贯彻宽严相济刑事政策的工作制度，推动政法部门之间以及政法部门与相关部门、单位之间建立贯彻宽严相济刑事政策的协作配合机制，确保宽严相济刑事政策正确实施；总结推广执法和执法监督工作经验，评查纠正政法部门执法中存在的苗头性、普遍性和倾向性问题，推动政法部门建立健全执法监督工作制度；指导政法部门建立健全办案协调工作机制，政法部门之间的相互配合、相互制约和办案协商工作机制，政法部门与有关部门之间的案件沟通工作机制；督促政法部门依法及时办理有重大影响、群众反映强烈的案件；协调政法部门之间、地区之间有重大分歧，上级交办、本级政法等有关部门提请协调的对国家安全和社会稳定有重大影响的案件；支持政法部门依法行使职权，帮助政法部门排除执法办案中的困难和阻力；办理、督办涉法涉诉的群众来信来访，指导政法部门处理涉法涉诉信访工作；协助地方党委及其组织部门考察、管理政法部门领导干部时，把是否严格执法作为称职与否的重要依据；

12月6日，金华市领导在永康检查社会治安综合治理工作（公安局提供）

协助纪检监察机关查处政法部门领导干部和干警在执法中的违法违纪问题;办理本级党委交办的其他执法监督工作。执法监督工作的方式包括执法检查、执法巡查、案件督办、案件评查、案件协调、政策法律问题协调、重大执法活动和事项报告备案、信访接待等。

执法监督队伍:特邀督查员为2008年从政法部门或其他部门聘任的9名人员。2013年从公、检、法、司聘用专职督查员4名,于3月27日至29日参加全省党委政法委专职督查员培训。

常务副市长陈美蓉整治严重交通违法行为执法工作检查(公安局提供)

【组织执法检查】 2013年5月,根据中央政法委员会《关于依法做好清理纠正久押不决案件工作的通知》和金华市委政法委《关于依法做好清理纠正久押不决案件工作的通知》文件要求,市政法委通知组织各部门开展久押不决案件清理纠正工作。6月,根据金华市委政法委《执法办案风险评估机制建设专项检查工作方案的通知》文件要求与工作部署,对新增政府投资1 000万元以上的新建项目和前期项目,由维稳办专门发出通知,要求承办单位按照评估制度,做到应评尽评。牵头开展普通高中招生稳定风险评估,确保2013年招生改革顺利有序进行。8月,市政法委根据金华市委政法委《关于对司法救助工作开展情况和资金使用情况进行专项检查的通知》文件要求与工作部署,开展司法救助专项检查工作。

【重要案件督办评查协调】 2013年,市政法委对金华市委政法委交办的两起案件,采取转办的方式督办并按时回复。根据金华市委政法委《关于2013年开展案件评查工作的通知》文件要求与工作部署,于8月至10月开展案件评查工作。8月27日,对新永小学办学场纠纷一案进行工作协调;9月13日,对象珠镇缸头村贿选案件进行案件协。是年永康作为省刑事被害人救助工作试点之一,率先开展刑事被害人司法救助工作,召开座谈会,建立试点工作方案,确定5月至10月为试点工作时间,划定3个阶段。向市委打报告申请了80万元刑事被害人救助专项资金。试点期间救助16件,救助12.5万元。完成重大执法活动和事项的报告备案:吕子江案件庭审和李世宝案件庭审执行报告制度,由市法院报告市委政法委后再转告金华市委政法委。截至11月18日,政法委受理并处理信访92件次,完成接待、阅信、登记、转办、督办全部工作。

(朱勇刚)

综合治理

【概　况】 根据中央、省综治委的工作要求,2012年2月,原永康市社会治安综治理委员会(办)统一更名为市社会管理综合治理委员会(办),与市委政法委合署办公,并充实调整市综治委成员单位。2012年3月,各镇(街、

10 月 18 日，召开全市打击跨境赌博工作会议（公安局提供）

区）综治委（办）也相应地完成了更名工作，原社会治安综合治理工作中心统一更名为社会服务管理中心，村、企业综治室统一更名为“社会服务管理站”和“服务管理站”，并对便民服务的工作内容进行有效的整合。

2013 年，市社会管理综合治理委员会（简称市综治委）下设办公室，作为常设办事机构，同时承担市委建设“平安永康"领导小组办公室工作，与市委政法委机关一个机构、两块牌子。办公室设主任 1 人（正局长级），由市委政法委副书记兼任，设专职副主任 2～3 人（副局长级）。市社会管理综合治理

市政法系统在农贸市场开展以“打击犯罪保平安、服务群众创满意”为主题的广场宣传活动（公安局提供）

委员会设立10个专项组。分别为实有人口专项组(办公室设在市公安局)、特殊人群专项组(办公室设在市司法局)、"两新组织"专项组(办公室设在市委组织部)、社会治安专项组(办公室设在市公安局)、公共安全专项组(办公室设在市应急办)、法规政策专项组(办公室设在市人大常委会法工委)、预防青少年违法犯罪专项组(办公室设在团市委)、校园及周边治安综合治理专项组(办公室设在市教育局)、护路护线联防专项组(办公室设在市综治办)、信息网络管理专项组(办公室设在市委宣传部)。年内在金华地区率先成立的永康市劳动争议联合调处中心形成"调解为主、调解优先"的解决劳动争议格局,中心共接待群众1 834人,受理申请调解253起,成功调解186起,转仲裁87起,为农民工讨回工资及工伤赔偿211.79万元。

【省委政法委领导到永康调研】 11月7日,浙江省委政法委调研组一行由省委政法委副书记、维稳办主任刘树枝带队,为制定2014年全省政法、综治、维稳和平安建设工作总体思路,赴永康开展专题调研。刘树枝认为,永康"排查整治,强基促稳"活动开展扎实有效,化解了矛盾纠纷;在金华市率先成立劳动争议联合调处中心,形成了"调解为主、调解优先"的解决劳动争议格局。截至12月,中心接待群众1 834人,受理申请调解253起,成功调解186起,为农民工讨回工资及工伤赔偿211.79万元,成效明显;永康积极推进管理创新,风险评估落实有力,司法救助创新有方,是省委政法委确定的开展刑事被害人救助工作试点市,深入开展"助力攻坚、政法保障"工作,在全市政法部门开展"正作风、严警纪、强警能"主题教育活动,实现了平安"七连冠"的工作目标。

【排查整治强基促稳活动】 2013年,市综治委根据省委政法委统一部署,组织开展各类专项活动:"走基层、解矛盾、保平安""排查整治,强基促稳"专项活动共排查矛盾纠纷370起,化解366起,排查安全隐患664起,完成整改576起。其中治安安全隐患58起,完成整改55起,交通安全隐患31起,完成整改24起,安全生产隐患575起,完成整改497起,化解大塘王村与胜达公司征地遗留纠纷、后吴村与小王元村祖坟墓地纠纷、三环公司爆炸事故、垃圾填埋场纠纷等,切实防止发生重大的群体性事件。有序开展"进企入户"活动,共发放宣传资料30万份。

【网格化社会管理信息系统】 2013年,市综治委开展"十佳网格、十佳网格长、十佳网格服务管理员"评选活动,提高网格工作者的积极性。全市开通基层社会管理信息系统603个村,运行情况基本良好。加强信息平台建设的检查督查,实行"网上督查、实时通报"的工作制度,每季对每个镇(街道、区)抽查10个村(社区),督促落实信息的录入及更新。全市建有网格1 663个,服务团队2 049个。

【综合服务社区警务建设】 2013年,永康市综治委、公安局分3个组到各镇(街道、区)会诊市重点工程建设中遇到的涉法问题,助力攻坚、政法保障,主动介入查找症结,竭尽全力服务基层;全面组织开展矛盾纠纷大排查,对可能影响村级换届顺利进行的问题予以梳理,对矛盾纠纷和不稳定问题落实"三定两包"工作责任,把不和谐不安全不稳定隐患消除在萌芽状态。加强流动人口服务管理工作,建成流动人口服务管理所6个,村级和工业区新居民服务管理站99个,"新永康人之家"企业公寓代办点300个。摸索"警企警村合作"的治安防控新路子,采取群防群治整合办法,专群巡防,推广"村村"、"村企"联防模式。加强科技助防建设,提升人技互动水平,加大社会治安动态视频监控、电子围栏建设,以及CK报警器普及安装,实施"天网"工程,织严织密防控网眼。

(陈望安)

人民公安

【概　况】 永康市公安局位于丽州北路1号。内设机构21个：政治处、监察室、警务督察大队、办公室、指挥中心、法制大队、警务保障室、网络警察大队、出入境管理大队、国内安全保卫大队、经济犯罪侦查大队、治安大队、刑事侦查大队、刑事科学技术室、打黑除恶办公室、技术侦查大队、行政审批科、交通警察大队、禁毒大队、巡逻特警大队、流动人口服务管理大队。派出机构11个：江南派出所、西城派出所、东城派出所、经济开发区派出所、石柱派出所、芝英派出所、方岩派出所、古山派出所、龙山派出所、象珠派出所、花街派出所。直属单位2个：看守所、拘留所。核定编制744人，其中局领导职数9人，中层领导职数144人。2013年底，在编民警665人（含行政职工13人），在编领导142人，职工31人，协辅警1 692人。

2013年，全市公安系统有57个集体、144人次受到各级表彰，其中7个集体和16人次立三等功，“8·19”涉黄涉黑犯罪案件专案组和侦破“10·12”案件专案组分别被省公安厅记集体二等功。市公安局被省公安厅评为全省信访工作县级考评优秀单位，荣获浙江省公安厅《平安时报》公安新闻宣传工作一等奖。市看守所被省公安厅评为全省公安监管系统教育感化深挖犯罪先进单位；市禁毒大队被金华市人民政府评为模范集体；国保大队被金华市委评为防范处理邪教工作先进集体；芝英派出所被金华市人民政府评为模范公安基层单位。

7月25日，市委常委、公安局长傅建军慰问在高温下工作的一线民警（公安局提供）

人大召开公安派出所建设工作座谈会（公安局提供）

12 月 4 日，市公安局举行新警入警仪式(公安局提供)

11 月 22 日，市公安局召开队伍管理预警预防联席会议(公安局提供)

【新警入警宣誓仪式】 12 月 4 日，市公安局在 8 楼会议室举行新警入警仪式。局党委委员、政治处主任施一军到会讲话，仪式由政治处副主任卢杰主持。19 名新警进行庄严的入警宣誓，新警代表作了表态发言。局纪委副书记王革在纪律作风方面对新警提出“六慎”要求，结合自身的从警经历，要求全体新警在工作中始终保持一身正气，养成常态学习的习惯，尽快适应角色的转变。

【立体化治安防控体系】 2013 年，市公安局围绕中心、服务大局，勇于亮剑、敢于担当，忠实履行职责。先后完成“三改一拆”、村级组织换届选举、水资源保护、第十八届五金博览会等安保任务 307 场次，处置各类突发性、群体性事件 27 起。全年立刑事案件 10 043 起，同比 2012 年下降 28.95%，破案绝对数 2 424 起，采取刑事强制措施 3 173 人，起诉 2 499 人。行政处罚 3 198 人，同比 2012 年上升 24%，行政拘留 2 246 人，同比 2012 年上升 51%。其中移送起诉侵财犯罪嫌疑人 1 085 人，打掉侵财犯罪团伙 257 个，移送起诉黄赌犯罪嫌疑人 298 人，打掉黑恶势力团伙 20 个，命案连续 9 年保持全破。年内交通四项指标全面下降。立体化治安防控体系建设成效明显。全年全市 110 接警总

12 月 6 日，永康市公安局在金华市社会治安防控现场会作典型经验介绍(公安局提供)

量、刑事发案、侵财发案、命案分别同比2012年下降23%、26%、23%和51.61%。

■ 户政工作

【概　况】 2013年，市公安局开展全市户口清理整顿工作，组织各派出所对存在的计划外出生申报和育龄妇女户口迁移的设置前置条件等违规行为进行自查自纠；对2005年以来收养户口、补录户口、1990年前出生未做证人员的户籍档案进行复核，就重点户口登记事项、易发问题户口登记事项和存疑户口登记信息等，进行档案核查、线索深挖和问题查处。全年核查2005以来的补录人口624人、收养814人、复核各类户口卷宗1 312卷，查出各类户口问题79个、纠正补充材料220份、查出重人160名(已注销)。2012年2月至2013年2月，根据市统一部署，通过主动走访协调，创新预约服务、延时服务，缩短审批时限等举措，做好大中专毕业生“非转农”的审批和清理工作，办结大中专院校毕业生“非转农”6 281人，归档486卷。年内市公安局接待两劳释放人员106人，办理边境通行证80份，审批刻章7 221份，办理民用爆炸物品使用许可证416份、烟花爆竹运输证119份，发放旅馆、宾馆特种行业许可证8份，发放金融网点“准予施工通知书”18份，金融网点竣工验收25个。10月1日起，市公安局各办理户籍窗口全面开展居民身份证指纹信息登记。10月1日至12月31日，全市办理指纹登记信息身份证2 522张。全年办理第二代居民身份证25 353张，临时身份证7 323张。全年出入境窗口受理因私出国出境33 355人次(其中护照12 663人，港澳通行证及签注17 726人次，前往港澳通行证8人次，大陆证及签注2 958人次)，比2012年上升6.9%。办理港澳签注再次申请5 462人次，比2012年下降34.4%。办理外国人签证、居留许可121人次，比2012年上升10.0%。办理台胞签注33人次，比2012年下降19.5%，查处境外人员在永“三非”案件3起。看守所收押各类在押人员2 210人，投入监狱服刑948人，办理释放人员880人，确保监管工作的绝对安全。

【开展“全警谈心”活动】 2013年5月至8月为增强民警的职业归属感和队伍凝聚力，加强局党委的决策力，提振公安队伍的正能量，市公安局组织开展为期3个月的“全警谈心”活动。局长与各单位一把手谈，政委与其他正职以及部分老民警谈，局党委班子成员与分管联系的所队中层副职、民警谈；基层所队中层领导与本单位民警、协辅警谈，局长、政委与个别重点民警、要害岗位民警再次谈，确保谈话落到每位民警。活动期间收集整理各类意见和建议265条，及时落实整改175条，为基层民警解决实事、难事7件。

【“日检查、周督察、月通报”机制】 2013年，市公安局逐步完善“日检查、周督察、月通报”工作机制。应用队伍“精细化管理”系统，从窗口形象、内务建设、安全管理等入手，开展“一日十守”、“一日十查”，实施当面提醒、短信提醒、通报提醒和“日查、月评、季考核”等方式，加强作风纪律检查、督导，坚决克服“庸、懒、散、乱”等作风问题。

■ 流动人口管理

【概　况】 2013年，市公安局进一步完善流动人口内部周查、月考核机制，建立流动人口服务管理所14个，村级新居民服务管理站387个，配备协管员751人，流动人口落地管控成效明显。全年新登记流动人口48.93万人，受理变更信息76.52万条，发放《浙江省临时居住证》25万本，排查化解涉及流动人口矛盾纠纷117起，教育处理违法房东、业主399人次，收集各类情报信息2 916条，抓获违法犯罪人员47人、上网逃犯31人。出租房登记率99.69%，居住登记率95.62%，人户

12 月 25 日，举行镇街区流管所公务用车首发仪式（流动人口管理局提供）

一致率 92.45%，案前登记率 53.85%，各项指标考核均居金华市前列。

【江南流动人口管理所成立】 6 月 4 日，永康市江南街道流动人口服务管理所在江南街道党委政府的支持下正式挂牌运行。江南流管所是永康市第五个镇级流动人口服务管理所，设在江南街道华丰东路 58 号，紧邻江南街道丽丰居委会，所长由江南街道办事处副主任陈正元兼任，派出所分管基础工作副所长童连明兼任流管所常务副所长，专职民警

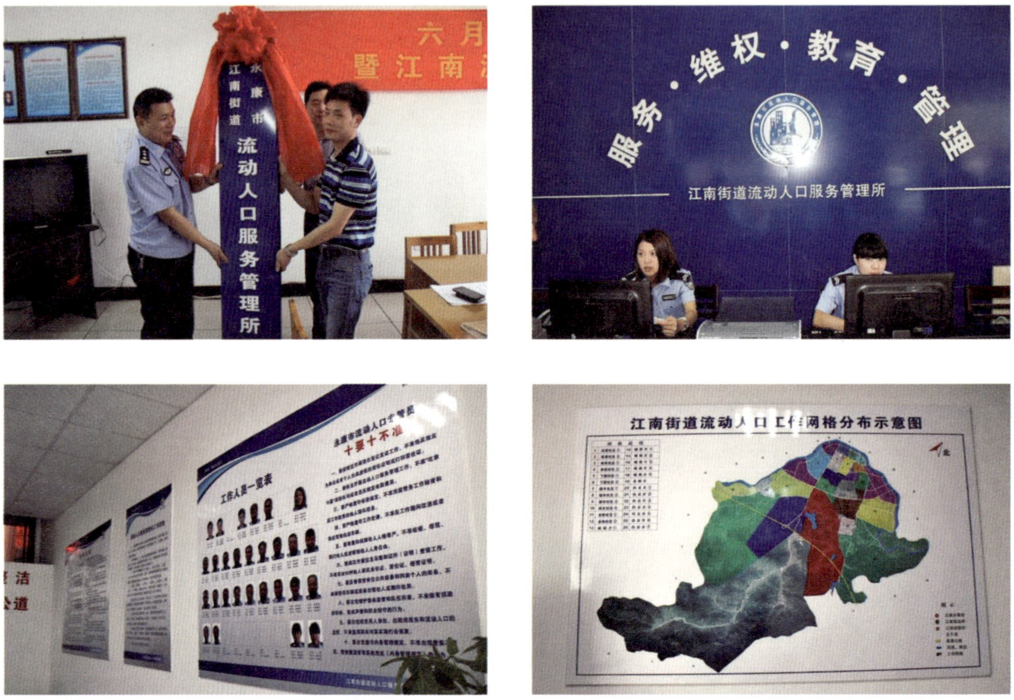

6 月 4 日，江南流管所正式挂牌办理流动人口相关业务（流动人口管理局提供）

沈慧东具体负责流管所的日常工作。江南流管所内设服务办事大厅、所长室、信息室等，接入永康公安专网，配备电脑、打印机等办公设施，基本形成集办证服务、信息核查、纠纷调处等功能为一体的样板流管所。江南街道共划分流动人口工作网格新居民服务站26个，26名网格专管员分别担任网格长，与村(社区、工业区)、企业代办点工作人员一起，共同承担辖区内14 307户出租房6余万流动人口基础信息的采集、发证和房屋租赁、劳动用工、矛盾调解、人口计生、卫生防疫、法律援助等服务管理工作。市公安局党委副书记、流动人口服务管理局局长马南峰与江南街道党工委副书记、办事处主任蒋东炜为江南流管所授牌。

【流动人口子女晚会专场】 7月1日晚，由市委宣传部主办、多家单位协办的“丽州之夏”纳凉晚会在市体育馆广场举行。在堰头小学举办专场，参加演出的主要是流动人口子女，吸引了2 000余名观众前来观看。晚会期间，市流动人口管理局会同公安局禁毒大队一起就流动人口政策法规和禁毒工作开展现场宣传咨询服务，共受理咨询(服务)20人次，发放《永康市流动人口居住证制度实施办法》小册子70本，《新永康人须知》《用人单位须知》《房屋出租户须知》等宣传资料240份，印有宣传标语的环保袋60余只，清凉扇100把。自颁布《永康市流动人口居住证制度实施办法》以来，已引起广大新永康人的高度关注，每天都有来人来电询问居住证相关政策的新永康人。市流动人口管理局通过不断加大宣传力度，力求让更多的新永康人知晓这项政策，让更多优秀的新永康人融入永康、扎根永康，与永康本地人一起共建新家园。

【流动人口工作会议】 10月25日，市流动人口工作领导小组办公室在机关会议中心8209会议室召开流动人口工作例会。会议通报前三季度全市流动人口工作进展情况，解读《2013年度永康市机关部门和镇(街道、区)流动人口工作考核办法》，对下一阶段重点工作和省流口办即将组织开展的明察暗访工作作了具体部署。会议对2014年流动人口工作进行吹风。市流口办主任、局党委副书记、流管局局长马南峰指出，明年流动人口工作要落实好“五个抓”：抓平台建设，提高流动人口信息平台的准确度和共享性；抓网格管理，实现流动人口服务管理的专业化和精细化；抓公共服务，实现流动人口服务管理的人性化和社会化；抓挤压防控，增强流动人口服务管理的针对性和实效性；抓管理创新，推动流动人口基础信息采集的社会化和常态化。会上还对新启用的象珠、方岩、龙山流管所进行了授牌。

10月25日，召开流动人口工作例会(流动人口管理局提供)

【举行“十佳”新永康人评选活动】 2013年11月，市流动人口服务管理领导小组办公室、流动人口服务管理局、永康日报社、广播电视台四部门联合在全

为乡镇流动人口管理所授牌（流动人口管理局提供）

12月25日，评选“十佳新永康人”（流动人口管理局提供）

市开展“十佳新永康人”评选活动，充分展示广大流动人口的良好精神风貌，发挥先进典型的示范、引领作用，引导和激励他们继续创业创新。活动开展以来，各镇（街、区）、部门、企事业单位、社会团体及个人积极参与，截至30日，全市共有46名新永康人参与评选，经资格审查，共有41人符合“十佳新永康人”评选条件。12月3日下午，市“十佳新永康人”评选活动领导小组召开候选人首次评审会。会议研究“十佳新永康人”评选细则，通过报纸、电视、广播、网络等广泛开展先进事迹宣传，通过专家组投票、报纸、电话、短信、网络投票等方式组织“十佳新永康人”评选。首次评审会以专家组投票形式确定顾峰峰等20名“十佳新永康人”候选人。25日晚，市“十佳新永康人”评选小组召开评审会。本次“十佳新永康人”评选活动共收到报纸投票4 776张（有效票4 582张）、电话短信投票1.23万票、网页投票6.08万票。会议通过“十佳新永康人”投票计分方法，分别按专家组60%、公众40%的权重计分。经专家组现场投票、计分，当场评定产生10名“十佳新永康人”和10名“优秀新永康人”。会上从参与投票的移动电信用户和《永康日报》读者中，随机抽取100名幸运用户（读者），奖品为价值100元的电话卡。

市公安局开展“安全行车，畅通永康”文明出行千人倡议活动（公安局提供）

■ 交警管理

【概　况】 2013年，市公安局交警部门根据全市道路通行状况，排摸出城区急待整治的25条易堵路口、路段，上报市政府，列入2013年永康十大民生实事之一。年底完成城区25个（条）易堵路口、路段改造工作，使交通条件明显改善。正式启动道路交通事故快速处理中心，推出“微信”、“移动彩信”交通事故快速处理机制，实行轻微物损道路交通事故

市公安局交警部门组织开展城市道路严重违法行为整治活动(公安局提供)

处理、保险理赔、损失评估“一站式”服务，提升道路交通事故处理效能。4月1日至9月30日，开展“大排查、大教育、大整治”货车违法行为专项行动，排查货运企业98家，货运场站、物流集中站点59家，重点工程施工单位28家，汽车改装和维修企业60家，排查货车923辆，查处重型货车不按规定行驶585起，货运机动车违法载人257起，发送温馨提醒短信12.4万条。

【交警全员上路确保春运安全】 为切实做好节日前后市道路交通安全工作，2013年1月起，市交警全员上路，对相关营运车辆进行安全检查。检查主要内容有：查驾驶员的准驾符不符合，有没有超载和违章，车辆是否参加过年检等。在检查一些中、长途客车的过程中，民警除了检查车上载客情况、驾驶员相关营运证件之外，详细查看了车厢内监控装置和GPS定位系统的运行情况。春运期间市交警大队确保国、省道每天有4个巡逻组上路执勤，严查车辆的超载、酒驾等违法行为，对客运车辆严管重罚。在城区53个主要路口部署警力，确保全市主要道路和城区主要路口通畅。

【城市道路违法集中整治】 3月1日，永康市开展城市道路严重交通违法行为集中整治行动，成立城市道路交通治堵工作领导小组，出台《永康市实施道路交通“排堵保畅”常态化管理工作方案》。截至12月31日，市公安局交警部门查获八类交通违法行为58 202起，车辆、行人闯红灯3 211起，酒后驾驶1 122起，醉酒驾驶218起，违法停车21 024起，超速50%的3 133起，违禁掉头、左转、闯禁23 449起，非机动车驶入机动车道5 381起。

【道路交通事故快速处理中心启用】 为打造交通管理工作亮点，切实将便民利民实事做实，好事做好，进一步加强道路交通事故处理工作，提升交通事故处理和保险理赔效率，12月16日，市道路交通事故快速处理中心正式运行。为创新服务管理模式，提升为民服务水平，交警大队推出“微信”、“移动彩信”交通事故快速处理机制。当发生车损交通事故时，只需拍摄现场照片发送至微信“永康交警”或移动彩信至“10637777”即可快速处理。

12月16日，市道路交通事故快速处理中心启用(公安局提供)

交警大队联合人保、国寿、大地、平安等10家保险公司入驻，对轻微物损交通事故实行道路交通事故处理、保险理赔、损失评估一站式服务。事故快速处理中心设在西塔一路239号斯柯达4S店内。

【机动车上牌检测】 2013年，市公安局交警部门通过采取延时工作制、预约服务、新增检测线及复检线等措施，缓解机动车检测压力。全市办理机动车上牌26 162辆、其中摩托车2 400辆，检测汽车、摩托车114 901辆，办理驾驶证补证换证31 408本，审验1 707本，转移登记汽车、摩托车11 311辆，变更登记汽车2 691辆。5月13日至6月12日，交警部门开展为期一个月的摩托车下乡送检服务活动，检测摩托车3 162辆，超额完成任务数199辆，完成目标数的106.72%。

【《畅通进行时》特别活动】 12月19日，由市纪委、监察局、市委组织部、市委宣传部等单位主办的《行风热线》进社区暨《畅通进行时》开播三周年特别节目“家校联手，让学校周边交通更畅通”在西津桥社区拉开帷幕。市交警大队听取各学校校长对学校周围的交通情况提出的意见和建议，一一作出了回应，并介绍2013年交警大队的具体工作情况和明年“排堵保畅”工作的新举措以及即将进入年关的永城交通的工作安排。钱忠大队长还与打进热线的听众朋友们交流和解答各种交通问题，并向全市市民发起文明出行的倡议。通过此次活动，让《行风热线》更加贴近群众，扩大交通安全宣传影响力。同时，也让学校师生家长共同关注永康的交通安全与畅通，用“小手拉大手”的方式，让家庭与学校的联系更加紧密，也让交通更加的安全文明、畅通有序。

12月19日，举行《畅通进行时》开播3周年特别活动(公安局提供)

■ 安全保卫

【概　况】 2013年，市公安局先后完成华溪春潮、春节、元宵节、“两会”、第4届门业博览会、高考、第十八届中国五金博览会、“三改一拆”拆违保卫任务等重大安全保卫活动307场次，出动警力10 597人(次)，确保各类重大活动的安全。5月26日至28日，第四届中国(永康)国际门业博览会在永康国际会展中心举行。为确保展会万无一失，市公安局提前谋划、精心组织，认真制定方案，合理安排警力，组织保卫力量988人，其中公安592

5月26日，市公安局民警在国际会展中心做好第四届门博会的安保工作(公安局提供)

市公安局积极做好全市性重大活动的安全保卫工作(公安局提供)

人,圆满完成博览会各项安全保卫任务,得到市委、市政府及社会各界的肯定。9 月 26 日至 28 日,第十八届五金博览会在永康国际会展中心举行。市公安局按照“万无一失,一失万无”的目标要求,立足早筹划、早部署、明职责、强措施,组织保卫力量 1 270 人,其中公安 757 人,圆满完成博览会各项安全保卫任务。

年内市公安局以围绕中心、服务大局为己任,坚持“态度坚决,头脑冷静,保障规范,处置稳妥”的总体工作思路,立足本职、不等不靠、超前谋划、强化措施,投入警力 3 120 人次,参与“三改一拆”现场安保 134 次,对 8 起阻扰执行职务案件进行了及时查处,采取刑事强制措施 1 人、行政拘留 3 人。确保全市“三改一拆”工作依法、有序、平安、和谐、顺利推进。按照“提前介入、重点预防、积极化解、依法打击”的总体要求,通过强化事前矛盾纠纷排摸化解,事中选举现场秩序维护以及严打贿选等方式,维护了全市 700 多个行政村选举工作的顺利开展。选举期间,市公安局出动警力 2 万人(次)参与选举现场安保,180 人次警力参加涉选案件的查处。在 10 月至 12 月,市公安局部署开展全市村级组织换届选举维稳“清风行动”,立案查处破坏选举案件 40 起,其中查处 20 起。抓获违法犯罪嫌疑人 23 人,其中刑拘 1 人、行政拘留 15 人、罚款 6 人、警告 2 人。启动应急处理机制,成功处置“退伍老兵上访事件”、“花街麦特尔公司破产事件”、江南夜市搬迁等重大群体性事件 27 起,确保全市的社会稳定。

【化解两村祖坟接垄纠纷】 700 年前,后吴村埋葬于小王元村的祖坟因小王元村“三清四改”被挖断“龙脉”,双方多次协商未果。5 月 28 日,后吴村要强行接“龙脉”,而小王元村人则准备头盔、鞭炮与之对抗。市公安局迅速启动应急机制,治安大队、石柱派出所领导联合政法委、前仓镇政府快速赶到现场进行秩序维护与劝说工作。经过一个下午的沟通与协商,成功化解这起群体性事件,有效制止一起重大村际械斗事故的发生。

【处置麦特尔公司破产事件】 11 月 4 日,市公安局花街派出所接到报案,称有 50 多家外协件厂家到麦特尔公司讨要货款,并准备强拉厂内机器等，哄抢公司财物。花街派出所立即派员前往现场处置，积极会同镇党委政府做好现场秩序维护，阻止哄抢行为。接到报告后，市委常委、公安局长傅建军立即落实分管局领导，召集治安、巡特警、交警等相关部门紧急会议，坚决制止哄抢行为，同时制定应急处置预案，随时准备应对突发事件，并与花街镇政府一起商讨该厂有关资产处置工作。13 日，市公安局派出治安大队、巡特警大队、交警大队、花街派出所等 87 名警力，全力协助花街镇政府对该厂开展资产处置工作，做好现场秩序维护及外协户、公司员工的劝解工作。当晚对公司产品、财务等进行清点、核算，浙江麦特尔门业有限公司与王力安防产品有限公司、外协件厂家代表签订了协议，8 481 扇成品门顺利出厂，由王力公司回购。公司职员工资得到有序发放。期间没有发生任何围攻、哄抢事件，秩序良好。

■ 社会治安

【概　况】 2013 年，市公安局进一步规范 110 接处警工作，提高接处警快速反应水平和现场处置能力。110 报警服务台受理各类报警 587 717 起，其中有效报警 457 743 起，指令出警 119 032 起，处置各种事故 38 613 起，解决公民求助 1 559 起，编写治安要情 377 期，信息快报 131 期，110 应急联动简报 4 期。

6 月 5 日，市社会治安防控工作会议在市行政会议中心召开（公安局提供）

【治安防控“满天星”行动】 6 月 5 日，市公安局在国际会展中心南广场举行全市公安机关治安防控“满天星”行动启动仪式，金华市公安局党委副书记施欣辉，市领导陈美蓉及市公安局机关各警种的民警、交警、武警官兵、专业巡防力量，有来自预防街面犯罪联合会、猎人犬公司、各单位、各基层的保安人员、协辅警、护村队员及全市各乡镇街道的一些群防群治力量等数千人参加，仪式上给大家配发肩夹式警灯，仪式结束后，各人员方阵、

6 月 5 日，举行公安机关治安防控“满天星”行动启动仪式（公安局提供）

警车方阵按既定方案立即开展巡逻。

【视频监控建设工程】

11月19日，公安局召开警用地理GPS定位仪发放及培训会（公安局提供）

2013年，市委、市政府将视频监控建设工程纳入“十大重点工程”，制定《永康市视频监控建设3年规划实施方案》。在坚持科学布局，高标建设，全面细致调查摸底、研讨基础上，确定在城区原有监控的基础上加密879处监控点，在农村原有监控的基础上加密721处监控点，在全市范围内新增卡扣26个函208个摄像机，合计1 808个摄像机。按照“统一规划、统一标准、统一建设、统一管理、统一维护”的原则，组织对全市视频监控工程建设进行了系统规划，在建设中全部采用200万像素的高清网络摄像机，真正做到“建一个成一个、抓一个像一个”，圆满完成1 808个视频监控建设任务，并于12月18日通过验收。深入开展对社会不安定因素、矛盾纠纷的滚动排查、化解，加强稳定风险评估预警，以解决问题、化解矛盾、平息事态为处置原则，合理运用调处策略和化解战术，及时调处社会不安定因素41起，稳控60起。继续加大安全隐患整治力度，组织派出所对涉危涉爆单位、重点单位、校园、医疗机构、人员密集场所老旧结构房屋，“三合一”场所和出租房等开展消防安全检查，全年检查单位2 756家，发现并落实整改安全隐患311处。开展信访“抓打强促”活动，坚持执行局领导接访，开门接访等制度，做好信访源头治理和积案清理工作。是年清理化解疑难信访积案8起，受理群众来信来访274件，办结260件，办结率95%；越级访17起，同比下降17.7%。主动护航水资源治理工作，采取有力措施，加强对水资源环境污染的查处力度。是年，共查处污染环境案件4起，采取刑事强制措施5人，行政拘留2人。7月至10月，组织对无证旅馆和“旅馆式”出租房屋开展专项整治，出动警力300人次，取缔无证旅馆31家，依法处罚3家，拆除“无证旅馆”灯箱广告等标志牌15块，为符合开办条件的无证旅馆办理相关证照4家。按照“一区一警或一区多警”的要求，在规模以上工业园区、总部中心、杨溪水库等重点区域相继建立固定警务室，全市建固定警务室（站）15处，网上警务室62个，购置流动警务车6辆。网上警务室开辟了警务室介绍、警务动态、警情播报、办事指南、安全

公安干警整装待发投入治安防控行动（公安局提供）

构建“三道防线”和“一体两翼”布警(公安局提供)

防范、法制宣传、生活常识、警民互动等专栏，实现传统警务向网络警务的延伸。加强社会面基础信息的采集、录入工作，以警用地理信息系统建设为平台，5月至12月采集警用地址85 312个，虚拟建房84 909幢，301 764间，采集建筑物照片138 871张。

【立体化治安防控体系】 2013年，永康市公安局加快立体化治安防控体系建设，制定出台三年规划、实施细则等文件，成立防控指挥部(防控办)，组建防控情报分中心，与“防控办”合署办公。积极构建“三道防线”和“一体两翼”布警。一道防线即市际卡点7个，二道防线即市郊卡点27个，三道防线即市区卡点30个。通过三道防线布警，全年查各类人员110万人次，刑拘犯罪嫌疑人302人，抓获逃犯43人，缴获被盗车辆217辆。“一体两翼”布警，即根据全市流动人口占比和发案占比，在经济开发区、城西新区分别进驻防控一中队和防控二中队，警力配置各200人，由巡特警大队2名副大队长分别负责。便衣、警犬、防暴中队以及“防控办”“防控情报分中心”驻守巡特警大队本部。大力推进“十张网”建设，即社区防控网、街面防控网、情报网、单位内部防控网、高危管控网、基础防控网、网上舆情防范网、科技助防网、打击整治网、区域协作网，健全十大工作机制，完成1 808个视频监控建设任务，社会治安环境持续好转。全市110接警总量、刑事发案、侵财发案、命案分别同比降23%、26%、23%和51.61%。12月16日，金华地区推进社会治安防控工作现场会在永康召开，市公安局作经验介绍，并在金华市总结推广。

■ 刑事查处

【概　况】 2013年，全市立刑事案件10 043起，同比下降28.95%，破案绝对数2 424起，采取刑事强制措施3 173人，起诉2 499人。行政处罚3 198人，同比上升24%，行政拘留2 246人，同比2012年上升51%。全年市公安局部署开展打击涉网犯罪专项行动，起诉涉网嫌疑人8人，协助破获刑事案件236起，抓获犯罪嫌疑人183人。围绕保民安、改善民生，全面开展打击整治制售假劣食品药品“黑作坊”、制售假劣生产生活资料“黑工厂”、收赃销赃“黑市场”和涉黄涉赌“黑窝点”的“打四黑除四害”专项行动。全市破获“四黑四害”重点刑事案件 435 件，查处行政案件 1 553 件，侦破 1 起公安部督办案件和 2 起省公安厅督办案件。“打四黑除四害”进入金华市先进行列。

【缉枪治爆专项行动】 2013 年，市公安局以打击非法储存、买卖、使用爆炸物品和非法持有、贩卖枪支等行为为重点，严查涉枪涉爆违法犯罪活动及非法携带管制器具违法活动。全年查处非法携带枪支、弹药、管制刀具案件 184 起，采取刑事强制措施 21 人，行政拘留 201 人，收缴枪支 62 支，子弹 4 674 发，管制刀具 686 把。治爆缉枪工作列金华全市考核第二名。

市公安局查缴大批管制刀具(公安局提供)

【黄赌毒假打击工作】 2013 年，市公安局针对赌博机、山头聚赌、开赌场放账、站街招嫖、路边色情美容美发、足浴店、歌舞娱乐场所涉黄涉赌等现象，采取集中打击、交叉打击、重点打击的方式，全年查处涉黄涉赌案件 939 起，其中刑事案件 227 起，行政案件 712 起，抓获涉黄涉赌违法犯罪人员 1 952 人，其中采取刑事强制措施 405 人，起诉 325 人，同比上升 43.17%，行政处罚 1 560 人，同比上升 17.56%。11 月市公安局制定出台维护金融秩序稳定十项举措，组织打击涉众型经济犯罪和跨境赌博犯罪专项行动，抓获犯罪嫌疑人 62 人。开展“扫毒害保平安”、“肃毒害创平安”毒品严打整治行动。全年破获各类毒品案件 1 330 起、刑事处理 151 人，查获吸毒人员 282 人、行政处罚 282 人、作出社区戒毒 39 人、作出强制隔离戒毒 40 人，缴获毒品 1 000 克，铲除罂粟 1 422 株，收缴罂粟果实 270 个，有效遏制了毒品蔓延。集中开展贯穿全年的“打假专项行动”，全年破获涉嫌假冒伪劣案件 30 起，破获公安部督办案件 1 起，提请发起集群战役 9 起，捣毁制假窝点 9 个，抓获犯罪嫌疑人 42 人，抓获涉假上网逃犯 4 人，其中年前逃犯 2 人。

市公安局民警把宣传禁毒知识的图片专栏送进学校展览(公安局提供)

【刑事案件侦破】 2013 年，永康境域发生命案 17 起，破 17 起，破案率为 100%；发生五类恶性案件 44 起，破 44 起，破案率为 100%。连续 9 年保持全破命案、五类恶性案件。组织开展涉黑涉恶违法犯罪线索的排摸、收集及打击处理工作，并加大对涉黑涉恶案件的打击力度。全年排摸涉黑涉恶线索 50 多条，抓获犯罪嫌疑人 140 余人，破获各类涉黑涉恶性案件 150 余起，摧毁恶势力团伙 25 个，打黑除恶考核位列金华市第一。以打击跨地市以上系列性、团伙性侵财犯罪为重点，组织开展打击侵财专项行动。全年移诉 1 101 人，打掉系列性、团伙性案件 278 个，抓获逃犯 167 人，破获省、市级督办案件 8 起，重大电信诈骗案件 6 起，破获“两抢”案件 221 起，追回赃款、赃物(折现)1 000 万元。打击侵财犯罪工作名列金华考核第三。

11 月 14 日，市公安武警在农贸市场接受“智勇神警，盗贼克星”锦旗（公安局提供）

【技术破案提升效能】 2013 年，市公安局通过运作各个职能机构，全面推行现场勘查，技术破案效能提升明显。全市勘查各类现场 5 413 起，利用指纹比中嫌疑人 295 人，抓获 241 人，利用 DNA 比中嫌疑人 149 人，抓获 107 人，破获系列性案件 20 多起。合成作战室于 2012 年 4 月正式投入使用，综合情报、信息、刑侦、技侦、网侦、视侦、GPS 及相关警种为一体，配备专职民警 4 人。2012 年 4 月至 2013 年 12 月，合成作战室协助侦破各类案件 1 000 起，抓获各类犯罪嫌疑人 600 名，破获百万以上案件 8 起，金东、义乌、台州、丽水刑侦支队等多个单位前来永康交流合成作战经验。2013 年 9 月在“华高”视频工作室（成立于 2011 年 5 月 11 日）基础上，成立视频侦查中队，配备专职民警 3 人，全市通过视频监控直接破获刑事案件 139 起，治安案件 67 起；带破刑事案件 98 起、治安案件 17 起；采取刑事强制措施 269 人、治安处理 96 人、其他措施 29 人；现场视频采集 2 119 条；视频突破重大案件 11 起；视频现场抓获 71 人。出租车管理站成立于 1998 年。2013 年出租车管理站抓获各类违法犯罪嫌疑人 117 人，其中抓获在逃人员 9 人，杀人逃犯 2 人，刑事拘留 40 人，缴获毒品 50 克，缴获赃款赃物价值 2 万元，破获刑事案件 47 起，治安案件 25 起。被金华市公安局评为 2013 年度出租车治安管理先进单位。2013 年，市公安局投资 30 万元，在公安大楼内新建法医鉴定室。法医鉴定室有法医 3 人，全年出具伤检鉴定 639 份，涉及伤情鉴定信访案件数为零，重新鉴定案件 9 起，比 2012 年下降 52.63%。2013 年市公安局投入 500 万元建设 DNA 实验室。是年 12 月，DNA 实验室正式挂牌投入使用，当月 DNA 实验犯罪嫌疑人 10 人，串并案件 4 串，涉案价值百余万元。

■ 社区服务

【打击经济犯罪宣传日活动】 5 月 15 日，市公安局联合市工商、烟草、质监等部门在三江广场组织开展以“打击防范经济犯罪，携手平安法治建设”为主题的打击防范经济犯罪宣传日活动。活动放置展板 12 块、发放宣传手册600份、悬挂标语横幅8条、提供咨询服务200人次、受理举报线索2条。

【全方位禁毒宣传】 2013年，市公安局联合宣传、教育、文化等部门，先后开展“职工拒绝毒品零计划行动”、“社区青少年远离毒品”等宣传活动，充分利用黑板报、标语、横幅、图片、影片、座谈会、学习会、广播电视、文艺演出等宣传形式，全方位宣传毒品的危害。全年共编印分发禁毒宣传资料30万份，开展“六进”预防宣传活动200场次，禁毒公益宣传固定广告牌2块，下发教育录像光盘200套、播放禁毒电影60场，全市学生、流动人口、市民接受禁毒教育50万人次。

10月10日，市禁毒办开展送禁毒宣传到党校活动（公安局提供）

【禁毒文艺汇演进社区】 6月20日，在“6·26国际禁毒日”来临之际，永康市禁毒办在城西新区花川夜市举办一场禁毒宣传进社区文艺演出。晚会通过《醒悟》《毒品之害》《走出迷途》等14个禁毒题材节目向广大市民宣传毒品的危害，表明市委、市政府、市禁毒委禁绝毒品的信心和决心。市公安局组织民警在现场开展禁毒防毒宣传，提高广大群众防范意识。

■ 案例选载

【注册商标卷烟标识案被破获】 2012年9月29日，市公安局得知有一伙犯罪嫌疑人从温州购买非法印制的假冒“利群”“云烟”等多种卷烟外包装注册商标运至丽水，通过丽水德邦等物流公司将卷烟包材发至广东、河南等地，制售假冒卷烟。2013年1月18日，市公安局成立专案组进行侦查。31日早上7时许，在公安部经侦局上海总队的统一指挥下，浙江永康、安徽、河南、广东、福建等五省多地公安机关同时展开对犯罪嫌疑人的抓捕，打响2013年公安部“打假专项行动”第一场集群战役。市公安局抓获犯罪嫌疑人20人，缴获烟盒包装20多吨。查明2012年初以来，犯罪嫌疑人易某某、陈某某等10多人从温州立可达印业有限公司（经浙江省中烟公司、湖南省中烟公司、云南省中烟公司等中烟公司授权生产“利群”“白沙”“云烟”等多种注册商标标识烟盒的厂家）收取的废料中，挑拣出完整的“利群”“白沙”“云烟”等各类卷烟烟盒1 000箱（折算成烟盒件数600万件以上），销售给他人制造假冒卷烟，涉案价值3.3亿元。7月6

5月15日，市公安局在三江广场开展打击经济犯罪宣传（公安局提供）

日，该案移送市人民检察院审查起诉。

【11个制假窝点一锅端】 颜某是永康小有名气的刀具企业负责人。从事刀具生产10多年，拥有自己的刀具品牌100多种。由于品牌不够有名，自己产的刀具销量不好。从2010年开始，他开始仿冒广东阳江一家全国知名的刀具企业生产销售假冒名牌刀具。他买来正宗的品牌刀具，根据品牌刀具的尺寸在自己的企业里进行生产。刀子做出来后，通过激光打印机将名牌注册商标图案印在上面。用假冒商标标识包装后，再把这些假冒菜刀卖给了山东一家长期合作的销售商。这种菜刀零售价从60元到100元不等，他仿冒的菜刀出厂价卖70～80元，再加上刀具质量并不差，一时间假冒菜刀供不应求。2013年11月底，接到广东阳江警方提供的线索后，永康警方展开一次专项行动。这次行动民警查获11个制假窝点，涉及7家企业抓捕25名涉案人员。现场查获的假冒名牌菜刀8万把，各类假冒标签、包装10万套，涉案金额2 000万元。经过调查，警方进行总结分析：这些制假的窝点采取批量生产，每批不超过5 000把，刚好在刑事立案标准之下。而工商的查处，对他们来说只是挠痒痒；采取直销模式，只卖给熟人，不留票据和单据；工厂招收的工人都要熟人担保才能进来，不招陌生人。尽管如此，隐蔽生产4年后，还是没能逃脱公安的查处。由于仿冒商标，他们中的一些人将面临3年有期徒刑或处拘役，并处罚金。

【网络贩卖枪支案侦破成功】 3月14日，市公安局在“2013-99”号公安部毒品目标案件开展“扫毒一号”统一抓捕行动中，发现公安部督办的“3·26永康非法贩卖枪支案”，并坚持“上追源头、下追流向，循线追踪、深挖细查”原则，对该案立案侦查，坚决查清枪爆物品来源、流向。经过7个月的侦查，成功侦破此案，移送起诉3人，行政处罚1人，提供涉案线索32条，涉及全国14个省份，缴获仿狙击步枪G22，仿手枪1911、1911A1，仿M4和仿AK-47等非军用枪支30多支，其中经鉴定11支枪支具备致伤能力。

【侦破电信诈骗案】 4月2日，古山镇胡某所在公司被犯罪嫌疑人以盗取QQ号的方式骗走人民币600万元。市公安局迅速成立专案组开展案件侦破工作，经过两个多月努力成功告破，专案组民警先后在南宁、温州、义乌等地将犯罪嫌疑人阮某等6人抓获，并追回赃款389万元。

【“8·19”专案】 2011年8月19日，市公安局在前期侦查的基础上，成立专案组，对公安部督办的浙江温州市永嘉籍人员在永康经济开发区夏溪一带以开设美容院为名，强迫妇女从事卖淫活动案件进行全面侦查，该案称为“8·19”专案。通过近4个月的经营侦查，于12月12日凌晨，在公安部、浙江省公安厅、金华市公安局的统一指挥下，市公安局组织力量对该特大组织、强迫妇女卖淫犯罪团伙开

12月31日，开展街头治安清查（公安局提供）

10月28日，举行武警武装巡逻查夜(公安局提供)

防暴中队在“第二道防线”卡点(公安局提供)

展代号为“零点风暴”的统一收网行动。行动得到了广西、安徽警方，浙江温州、湖州警方及金华九个县市局警方的大力支持，对位于古山镇世雅下村，经济开发区夏溪村、曹园村，经济开发区铁牛公寓，广西，安徽等地涉案犯罪嫌疑人进行抓捕。行动当日出动警力800人，抓获违法犯罪嫌疑人员188人，经过审查，采取刑事拘留58人，取保候审2人，监视居住1人，依法扣押包括宝马、本田在内的15辆中高档轿车，缴获铁棍、电击棍、橡皮警棍、伸缩警棍、砍刀、避孕套、避孕药及窃听器5套、对讲机18台等一大批作案工具，解救失足妇女115人。其中41名未满18周岁，82名系被强迫卖淫，经卫生部门检查，患有梅毒、尖锐湿疣等各种性病34人，失足妇女涉及全国16个省市，以云、贵两省为主，年龄最小14周岁，最大26周岁。2013年12月止，“8·19”专案抓获犯罪嫌疑人122人，涉嫌故意伤害致死、强奸、组织领导参加黑社会性质组织、组织卖淫、强迫卖淫、寻衅滋事、拐卖妇女等10多种罪名，涉及12个团伙，破获各类刑事案件500余起。年底止判决93人，未判决29人，其中被判处无期徒刑31人，10年以上刑期26人，10年以下刑期36人。刑事拘留并上网在逃人员33人。

【破获飞车抢夺案】 10月13日，江南街道农贸市场一带发生一起特大飞车抢夺案。在农贸市场沙瓦蒂卡饭店门前，一名男子驾驶摩托车，趁受害人吕某不注意，抢走其手提包后驾车逃跑，包内有现金2.3万元、手机、卡包等物价值4.1万元。市公安局立即成立专案组，启动合成作战机制。经缜密侦查，14日，专案组民警将犯罪嫌疑人应某抓获。

【12小时破获涉毒杀人案】 11月30日下午2点44分，群众报警称市飞凤路某出租房有一名男子倒在血泊中。警方接到报警后，立即前往现场勘查，经法医鉴定该男子于当日凌晨死亡。在死者身上以及发案的出租房里都发现了毒品。金华、永康两级公安机关对此案高度重视，金华刑侦支队赴永指导案件侦破工作。12月1日上午9时许，永康警方经广西桂林警方协助，在高速龙胜出口处对客车进行搜查时成功抓获犯罪嫌疑人周某。

(胡砚芝)

人民检察

【概　况】 2013年，市人民检察院全面履行法律监督职能，大力加强队伍建设，坚决打击刑事犯罪，注重化解矛盾纠纷，切实维护全市社会的和谐稳定。全年市人民检察院受理提请批准逮捕案件1 033件，涉及人员1 728人，移送审查起诉案件1 803件，涉及人员2 763人。经审查，依法批准逮捕犯罪嫌疑人1 575

人,起诉2 485人。全年在严厉打击严重刑事犯罪的活动中,依法处理故意杀人、绑架、抢劫、强奸等严重暴力犯罪120人,处理盗窃、抢夺等多发性侵财犯罪955人。紧扣市委"铁腕治理生态环境"的要求,快结快诉首批环境污染案件。积极参与打击"黄赌毒"犯罪专项活动,是年受理相关案件198件,涉及人员509人。与公安机关密切配合,妥善处理"破案会战"经济类刑事案件,做到政治、法律、社会三个效果有机统一。

【公诉庭审监督同步实施】 2013年,市人民检察院提起公诉的案件,在人民法院开庭审理时,由检察长或者检察员根据事实和法律以国家公诉人的身份对被告人进行公诉,支持人民法院对被告人进行审判,监督审判活动是否合法。在庭审活动中,公诉人通过宣读起诉书指控犯罪,参与庭审调查证实犯罪,协助法庭审判人员及时、全面、正确地查清案情;通过发表公诉词,指出被告人犯罪本质和对社会的危害性,指明被告人应负的法律责任;开展法庭辩论,用确实、充分的证据与犯罪嫌疑人及其辩护人进行辩论,达到打击犯罪、宣传法律知识、教育群众的目的。侦查监督与审判监督寓于审查批捕、审查起诉和出庭支持公诉工作之中。全年依法监督立、撤案22人,纠正漏捕漏诉18人,刑事抗诉13件,已改判7件。对相关违法行为发出纠正违法通知或检察建议29件(次)。不批准逮捕134人,不起诉179人。年内加强对看守所监管及刑罚执行活动的监督,监督监管机关、律师等法律执业人员不当行为27件次,其中有5人被相关部门给予党纪政纪或执业纪律处分。

【贯彻"老虎苍蝇一起打"】 2013年,市人民检察院坚决贯彻党中央"老虎苍蝇一起打"的方针,开展查办发生在群众身边、损害群众利益职务犯罪专项活动,围绕民生关注的环保、拆迁、金融、行政服务、执法司法等热点领域和关键环节,立案查办贪污贿赂犯罪案件14件16人,判决6件7人。其中查处环保系统贿赂窝串案4件4人、金融领域贿赂窝串案5件5人。

【反渎职侵权】 反渎职侵权是市人民检察院依照法律规定,直接受理、侦查对国家机关工作人员的渎职犯罪、国家机关工作人员利用职权实施的侵犯公民人身权利和侵犯公民民主权利犯罪的一项检察活动。2013年立案查处渎职侵权犯罪案件9件14人,判决6件10人,其中查处拆迁领域滥用职权案4件4人、执法司法领域徇私枉法案4件5人。

(王　倩)

人民审判

【概　况】 2013年,永康市人民法院履行宪法和法律赋予的神圣职责,发挥审判职能作用,全面开展各项审判工作。全年受理各类案件16 372件,办结15 936件,其中受理行政诉讼案件23件,审结23件;受理非诉行政执行案件167件,审结167件。坚持支持与监督并举,经协调后和解撤诉案件9件,占39.13%。推动行政首长出庭应诉率达81.25%。建立预防化解行政争议联席会议制度,提升预防和化解行政争议能力。会同市府法制办、人力资源与社会保障局召开联席会议,就规范工伤行政确认工作等议题达成共识,预防和减少官民矛盾。

【刑事审判不枉不纵】 2013年,市法院办结刑事案件1 627件2 258人,其中194名被告判处五年以上有期徒刑。在刑事审判中,坚持实体公正与程序公正并重,严格依法办案,确保办案质量,认真把好案件事实关、证据关和法律适用关,做到不枉不纵。突出打击重点,严厉打击金融犯罪、严重影响人民群众安全感的多发性犯罪,从严打击3人以上共同

7月23日，市人民法院召开廉政执法监督员座谈会（法院提供）

犯罪，共181件787人。强化刑事审判的挽救功能，对一些情节较轻、社会危害性不大的犯罪量刑轻缓化，全年对552名被告人依法适用了缓刑。注重未成年人权益保护，施行《未成年人犯罪记录封存实施办法》，确保未成年人无痕回归社会。6月1日实施以来，对66名未成年罪犯的记录进行封存。注重被害人权益保障，着力开展刑事附带民事诉讼调解工作，新刑事诉讼法实施以来，市法院审理的附带民事诉讼无一矛盾激化，无一上访。坚持惩罚犯罪和保障人权并重，开展指定辩护工作，为247名无力聘请辩护人的被告指定辩护。积极开展帮教活动，年内帮教552名未成年罪犯、偶犯、轻刑罪犯，无一重新犯罪。

【民商审判诉调结合】 2013年，市法院审结民商案件9 426件。推进诉调衔接，增聘经验丰富的法院退休干部坐镇诉调对接调解室，规范和指导诉前调解，提高调解成功率，全年办理984件。多举措全力做好诉讼保全工作，在防止财产流失的同时避免出现崩盘效应。办理诉讼保全1 286件次。全年裁定与确认人民调解协议425件，充分发挥司法确认程序快捷、便利、零费用等优势，为当事人减少讼累，提升诚实信用度。着力保障民生优先，注重涉民生案件的审理，探索上门调解、就地办案、巡回审理等工作模式。基层法庭就地办案、巡回审理比例，占涉民生案件的68.96%，维护社会和谐稳定。对企业主逃跑引发的连锁性债务及劳

7月5日，市人民法院举办人民陪审员培训会（法院提供）

12月10日,市人民法院开辟绿色通道为民工讨薪(法院提供)

务纠纷,采取统一管控方式,依镇街区通报,诉前介入保全,固定证据,集中协调立案庭、业务庭同步跟进,与地方党委政府、辖区镇村、派出所、当事人近亲属等衔接、联系,诉中妥善协调,财产处置及时跟进,妥善处理劳务纠纷。全年办理批量性劳务、债务案件1 620件,其中群体性劳务案件的平均审理天数仅7.07天,为民工讨回拖欠工资470.72万元。推行适用简易快捷的小额诉讼程序,提高办案效率。是年适用小额诉讼程序审结案件899件,平均审理天数为9.83天。积极推动新民事诉讼法关于"实现担保物权特别程序"的实践应用,充分发挥特别程序的优势、高效、便捷、低成本地解决金融债权纠纷,为实现银行担保债权、处置不良资产提供了高效便捷的新路径。是年适用实现担保物权程序案件61件,平均审理天数26.51天,解决标的2.76亿元。积极稳妥地审理知识产权案件,市人民法院是年获得知识产权中的部分著作权和商标权管辖权,通过组织企业行业协会、主管部门等综合协调,并聘请有相关专业知识的专家为人民陪审员参审,妥善办理知识产权案件268件,为全市企业创业创新和对外交流提供司法保障。

【"永康车王"非法集资判无期】 陈某27岁时,几乎一夜之间成了"亿万富豪"。29岁时已拥有十几辆总价近2 000万元的豪车,号称"永康车王"。2013年10月被金华市中级人民法院一审判处无期徒刑,剥夺政治权利终身,没收个人全部财产。

陈某出生在永康一个普通的农民家庭,曾在象珠镇办过一家小型加工厂,没赚到什么钱。但通过放高利贷以及境外赌博积累一些资金。2008年陈某向人吹牛,说在江西省南昌市开发房地产,购买写字楼,投资高速公路,开办高档汽车销售店,其余是以投资、资金周转等为名,进行集资诈骗,先后向他人集资上千万元。到2011年9月,在近4年时间里,陈集资诈骗的金额经一审认定有近10亿元。陈某之所以能屡屡得逞,主要原因是:他给借款者开出了每月3%—8%的高额利率,引人上钩;他谎称自己拥有各种房产、工程,对自己进行奢华包装,骗得信任。在借贷过程中,用小鱼钓大鱼的方式。"先借十几万元、几十万元,爽快还清,赢得信任后,再慢慢借大钱。到2013年10月陈某还有1.78亿元借款无法归还。

【企业老板排污超标被判刑】 胡某是永康方岩镇双头门村一家电镀厂老板。2013年以来,他的电镀厂每天要加工3 000个保温杯,排出近1吨废水。工厂建有一个污水处理池,但是效果不好,排出去的废水仍然不达标。根据检测,工厂废水水样中的pH值、总磷以及总铬、总铜、总镍的浓度都不符合标准。其中总铬的浓度达到260毫克/升,超标260倍。市人民法院审定,胡某电镀厂排放的污水远远超过了国家污染物排放标准,属于"严重污染环境"。12月19日,胡某被判刑期1年半，并处罚金2万元。

（徐廉球）

司法行政

【概　况】 2013年，永康市司法局司法行政工作推进矛盾纠纷化解、社会管理创新、公证廉洁执法等项重点工程，为维护社会和谐稳定提供优质高效的法律服务和法律保障。年底止，司法局有4个内设机构，全市712个行政村、17个社区均设立社区矫正工作站，在仲裁院、4个行业性专业调委会（医调、交调、检调、诉调）建有34家法律援助工作站，有律师事务所14家。2013年来，做好社区矫正对象的教育管理，积极参与金华市开展的"千村千顾问"活动，成立市交通事故和医疗纠纷人民调解委员会、检调衔接人民调解委员会、劳动争议联合调解中心，"农村（社区）法律顾问"在729个村（社区）的全覆盖，并成立新居民人民调解中心，使永康市"大调解"机制更加完善。在金华市司法行政工作综合考核中，永康市司法行政工作连续五年获优胜单位，并连续五年荣立集体三等功。

【普法新格局形成】 根据"六五"普法工作要求，市委、市政府及时调整充实市委普法依法治市领导小组，各镇（街道、区）、机关各部门和市直各单位也及时调整了普法依法治理领导小组成员，并建立以机关部门、镇（街道、区）为单位的普法联络员队伍和以行政村、企业、学校为单位的普法宣传员队伍，调整和充实了普法志愿者队伍和农村法律顾问队伍。2013年5月市委把普法依法治理工作纳入各镇（街道、区）综合考核内容，市委普治办根据目标考核分值细化考核内容，逐步完善普法考评机制。"六五"普法经费列入财政预算、从"六五"普法启动之年起，永康市普法经费都足额拨付到位。11月举办普法联络员培训班，对237人进行了相关业务知识培训。

（颜振远）

【"六五"普法中期督导】 2013年是"六五"普法中期督导检查年，也是"六五"普法关键之年。市司法局按照上级统一部署，认真开展"六五"普法中期督导检查工作。5月中旬，市委普法依法治市领导小组成员会议对全市"六五"普法中期检查督导工作进行部署，下发相关文件。6月初至7月上旬，全市完成自查，并向金华市和省普法办上报自查材料。7月17日，金华市委常委何杏仁带领检查督导组，对永康市"六五"普法中期工作进行督导检查，听取市委常委、常务副市长陈美蓉的汇报，召开社会各界人士座谈会，实地检查了市烟草局、象珠镇两个单位。

【"法律六进"主题活动】 2013年，市司法局突出重点对象学法用法、深化"法律六进"主题活动，对市中层以上干部开展《浙江省违法建筑处置规定》《道路交通安全法》等专题辅导讲座，邀请省内外法学专家教授为领导干部作专题辅导，按时完成省管干部、金华市管干部年度学法用法网上考试，并组织完成全市领导干部和公务员年度法律知识分级考试。在全市中小学校开展第三届"法在心中"系列宣传活动。依托市青少年普法教育基地，开展形式多样的普法实践活动。5月，配合市文化局举办第八届未成人读书节活动，在全市中学开展普法图板巡展。在"法律进企业"活动中，重点开展了省级"诚信守法企业"的创建。7月，市中坚科技股份有限公司被评为浙江省"诚信守法企业"创建工作先进单位。农村普法工作结合民主法治村（社区）创建工作，采取年初申报，集中培训，现场指导，年终考核，动态管理等步骤，将创建活动不断向纵深推进。年内顺利完成了1个省级民主法治村、6个金华市级民主法治村的创建任务。

【立体化法治宣传载体创新】 2013年春节

期间，市司法局在市劳动力市场、汽车西站、火车站等人员密集的场所开展以“情暖回家路，普法送温暖”为主题的外来人员法制宣传月活动。5月和12月先后开展“浙江法治宣传月”和“12·4”全国法制宣传日系列宣传活动。年内举办法制讲座34场、普法骨干培训班2期，受训人员287人。开办有线广播《法律时间》栏目50期，电视栏目《普法视窗》24期，大型法律咨询活动9场(次)，出动普法宣传车18辆(次)，印发各种宣传资料9万份，制作普法图板120块，发放普法纪念品3 300个。并利用普法短信平台和微博平台发送普法信息1 800条(次)，为农村“农家书屋”配置法律书籍8 000册，在农村安装普法宣传栏13个，给农村、社区发放普法宣传挂图2万张。6月在全省法制好新闻评比中，永康市广播电台程煜、章凌云、牛晨光撰写的《侵犯英国公司专利被判赔8万元，我市无叶风扇企业表示不爽，但要吸取教训》和市法院刘婷婷撰写的《永康致力打造司法服务品牌》分别被评为2012年度全省法制好新闻报刊通讯类之专栏一、二等奖。

(范培文)

【市法律援助中心】 永康市司法局下属的法律援助中心(简称援助中心)发挥法律援助在保障和改善民生中的职能优势，履行法律援助职责。2013年，指派法律援助案件2 908件(其中刑事辩护案件608件)，解答法律咨询7 237人次，代拟法律文书328份，帮助贫弱人员挽回经济损失3 850万元，为维护社会公平正义发挥了积极的作用。1月30日，司法部授予援助中心“全国法律援助便民服务示范窗口”荣誉称号，3月20日，召开法律援助志愿者座谈会和办理侦查阶段刑事辩护案件的律师座谈会。5月8日，经市长批示，同意永康市法律援助经费实行“实报实销”，打破了援助经费短缺的瓶颈。努力提升援助案件办理业务水平，5月31日，组织培训全市30名法律援助工作站站长。7月30日，《中央彩票公益金助力永康法律援助事业》一文在《浙江法制报》头版头条刊登，提高法律援助的社会知晓率。8月26日，浙江省老龄工作委员会授予援助中心“浙江省老龄工作先进集体”荣誉称号。全年援助中心推进“情暖农民工工程”、“巾帼工程”、“春苗工程”、“夕阳红工程”、“法律援助扶残助残工程”。农民工、下岗失业人员、残疾人、妇女儿童、老年人等弱势群体得以平等享受司法资源；认真贯彻修改后的《刑事诉讼法》，规范刑事诉讼法律援助程序，加强侦查和审查起诉阶段的法律援助工作，依法维护犯罪嫌疑人和被害人的诉讼权利，充分保障了司法公正；为提升法律援助质量，援助中心建立法律援助专家顾问团，完善援助案件回访制度，实行审批卷和承办卷分离制度，深化援助案件办理签约制、点援制，与9家律师事务所签订了法律援助案件办理协议。为使更多的贫弱人群平等享受司法资源，援助中心继续与义乌市外来农民工法律援助工作站合作，全年运用中央彩票公益金办理法律援助案件617件，使用公益金50万元。9月3日，对执业未满两年的年轻律师进行法律援助业务培训，为提升法律援助“软实力”，援助中心坚持每季度编印一期《永康法律援助》和《舆情分析》，向市领导和有关部门反映法律援助工作情况和社会热点难点问题，并结合新法律法规，及时更新编印《法律援助常用法律法规》《司法行政法律服务中心工作手册》供市民和群众取阅。

(陈志明)

【法律服务工作者服务基层】 2013年永康市有律师分会1个，基层法律工作者协会1个，律师事务所14家、执业律师104人；法律服务所12家；执业基层法律服务工作者51人；公证处1家；公证员4人。全市法律服务工作者围绕建设“法治永康”的目标任务，结合全市中心工作，为永康市经济社会发展提供法律服务和支撑。一年来，全市律师担任法律顾问605家，办理各类案件2 255件；基层法律服务工作者担任法律顾问299家，代理各类案件446件；公证处办理公证案件6 866件。年内市司法局大力推进政府法律顾问工作，引导律师为政府重大投资建设项目提供专项法律服务，参与政府重大政策制定的法律风险评估，为政府和政府部门的科学决策、依法管理当好法律参谋。全年有3名律师担任市政府法律顾问；有14家律师事务所为16个镇（街道、区）担任法律顾问；为全市5家客运企业31条农村客运班线270辆班车公交化改造、“6·2”春风事件的善后处理，村级组织换届选举等工作提供法律服务。大力推进企业法律顾问工作，组织有较强经济经营管理能力的律师，对市内200家中小企业进行针对性走访，了解企业经营状况，解答一线职工和企业负责人有关法律问题，为企业的合法经营、科学发展提供的法律咨询，免费为中小企业进行“法律体检”。指导企业完善公司法人治理结构，帮助企业完善法律风险控制体系和预警机制，增强企业抵御市场风险能力。针对法律体检中发现的企业和劳动者未签订劳动合同等共性问题，提出改进意见，以书面形式发到企业。帮助中小企业及时发现、解决依法经营与公司规范治理方面存在的缺陷，完善有关危机处理的法律预案，提高企业防范风险的能力。围绕构建和谐劳动关系，市司法局指导律师参与“无欠薪浙江”行动，维护劳动者合法权益。发挥永康各法律服务机构优势，大力推进农村（社区）法律顾问工作，配强配好重点、难点村（社区）法律顾问，采取不同模式开展农村（社区）的法律服务。农村（社区）法律顾问为全市农村（社区）提供法律咨询5 631人次，开展法制宣传27次，开展村务体检423个，帮助修订完善村规民约、合同、协议268个，代理各类诉讼93件，处理其他涉法事务361起，协助处理信访案件35起，调解矛盾纠纷203起，办理法律援助案件836起，963人次受到法律援助。2013年律师、基层法律服务工作者参与接访178批次，415人次，参与调解7次。

（胡淑缘）

【三级人民调解组织网络】 2013年，永康市司法局从抓组织建设入手，建立健全三级人民调解组织网络，形成横向到边、纵向到底、依托基层、多方参与的“三位一体”大调解组织网络化体系，使人民调解工作延伸到社会的各个领域和角落，保证哪里出现矛盾纠纷，人民调解工作就做到哪里。建立市级人民调解工作指导委员会，负责对辖区基层人民调解工作的检查指导，调处辖区重大矛盾纠纷。建成健全镇（街道）、村（居）委会人民调解组织网络，全市16个镇（街道、区）和712个村（居）委会全部建立人民调解委员会，同时建立集贸市场、个体私营企业和住宅小区等调解组织168个。

2009年开始，市司法局陆续成立了市诉调衔接人民调解委员会、交通事故人民调解委员会、医疗纠纷人民调解委员会、模具行业矛盾纠纷人民调解委员会、物流矛盾纠纷人民调解委员会、检调衔接人民调解委员会、劳动争议人民调解委员会、新居民矛盾纠纷人民调解委员会等专业性调委会。坚持公平、公正、自愿的调处原则，积极发挥独立的“第三方”作用，得到群众信任。调解成功率高，促进基层社会的和谐。2013年市各级调委会排查矛盾纠纷6 342起，成功调处5 604起，成功率88.3%，其中重点疑难纠纷346起，包括25件意外死亡赔偿纠纷。由于措施得力，没有发生由于纠纷调处不力引起的上访、民转刑案件。涌现一大批以象珠镇李拥根、王连进，花街镇楼爱珍为代表的全国优秀人民调解能手。

【四级社区矫正工作】 2008年1月16日，

成立由副市长任主任，市公安局、法院、检察院、人事、教育等局为成员的市社区矫正工作委员会，下设社区矫正办公室，统一部署、指导和协调全市社区矫正工作。各镇(街、区)成立由镇长任组长，派出所、法庭、检察室等单位为成员的社区矫正工作小组办公室，下设司法所，具体负责社区矫正日常工作。村级设社区矫正工作站，村长或书记任站长，主要协助社区矫正人员的日常管理和帮助教育。成立志愿者队伍，建立志愿者人才储备库，实行志愿者与矫正人员“一对一”帮教责任制度。形成市、镇、村、志愿者四级社区矫正工作网络，全力夯实社区矫正管理基础，保障工作有效开展。市社区矫正试点工作于2008年9月在古山镇启动，2009年7月在全市铺开。2009至2013年，累计接收社区服刑人员2 784人，解除社区矫正2009人，现在册775人。矫正期间对矫正对象发出司法行政警告69人次，治安拘留19人次，收监执行16人，再犯新罪15人，再犯罪率0.5%。累计接收刑释解教人员3 019人，解除485人。2012年6月单设社区矫正工作管理科，工作人员7人，司法所专职社区矫正工作人员50人。2013年12月底在册2 534人，无脱漏管和严重再犯罪现象发生。

（朱　健）

人民武装

综　述

【概　况】 永康市人民武装部(简称市人武部)为辖区军事领导指挥机关，是当地政府领导班子之一。2010 年以来，永康市党管武装、军事训练、民兵建设、兵役工作、国防动员、国防教育及双拥参建等各项工作均走在金华市前列。市人武部先后圆满完成上级赋予的野战指挥所开设现场会、民营企业武装部规范化建设现场会、人武部战备规范化建设现场会、全省民兵预备役应急力量应对突发事件实兵演练现场观摩会、永康市军警民应急维稳力量联合大演练及“两项改革”、“两项试点”、“三大演训”等重大工作任务。强化思想政治建设，提升各级队伍素质，扎实推进军事斗争准备，深入开展全民国防教育，积极参加军民共建，持续推动全市武装工作和国防后备力量建设全面深入发展。市人武部曾先后被中宣部、教育部、解放军总政治部、国家国防教育办公室等四部委联合评为全国国防教育先进单位，连续 3 年先后 5 次被省军区评为先进团单位，多次被省军区评为军事训练先进单位、安全管理先进单位、保密工作先进单位、征兵工作先进单位，市人武部党委

8 月 2 日，市委常委、人武部政委张永江代表部党委慰问 90 岁的老部长吴有荣，并参观他的个人荣誉室(人武部提供)

连续2年被省军区党委评为先进团级单位党委、“创先争优”活动先进团级单位党委。

【民兵工作调整改革】 2013年，市人武部按照国家民兵工作调整改革部署，本着构建“规模适度、结构科学、布局合理、训练有素、可靠管用”新型民兵力量体系，以“三个现地”为主要形式，采取“三个一起”的办法，编实建强各类队伍。5月21日，组织开展全市基干民兵分队成立大会，对新组建分队基干民兵进行现地点验。组织召开市国动委办公室主任工作会议，规范设置，建立制度，逐步推进民兵规范化建设工作；搞好国防动员潜力调查，组织国防动员指挥机构带部分实兵演练。

【民兵应急连规范化建设试点】 2013年，市人武部按照“任务常态、队伍专业、建设规范”的要求，全力打造一支“一队多装、一队多能、一队多用”，“反应灵敏、行动迅速、精干管用”的市民兵应急连队伍，依托市民兵训练基地综合楼，成立民兵应急连连部，按照规范化标准建立“一部二室二库”。6月，金华军分区在永康市召开民兵应急连规范化建设现场会。按照军分区关于开展民兵预备役“五队”建设部署会议精神和《金华市民兵预备役“五队”建设基本方案》要求，围绕“打造‘市场民兵’品牌，当好军民融合代表队”这个重大课题，努力摸索符合民兵预备役“五队”建设方法，形成军民融合代表队，探索研究创新成果。

【军事练习按纲施训】 2013年，市人武部严格落实上级的军事训练指示精神，以战场管制体系构建和国防后备力量转型升级为重点，注重质量效益，固强补弱，按纲施训。按照“领导带头、集中组训、严格训考、全员达标”的要求，依照训练大纲科学制定计划，组织为期一周的首长机关强化训练。3月，根据军分区统一安排，组织全市专武干部进行10天的集中强化训练，共完成军事理论、手枪射击、识图用图、轻武器分解结合和“四会”教学5个课目的训练考核，有3名专武干部荣获军分区优胜奖。5月，结合民兵工作，调整改革整组点验，完成全市基干民兵“三个现地”训练。6月，派出民兵专业骨干分别赴宁波、湖州、嘉兴参加省军区跨区联训考核，取得两个个人第一，一个个人第三的优异成绩；11月，结合战场管制行动演练，落实交通管制分队、公路护路分队、工程抢修分队演练。

【民兵战备应急行动训练】 2013年，市人武部认真抓好战备应急行动训练。组织市属民兵应急连成建制训练，组织民兵航模侦察分队训练并参加金华市2013年防汛抗洪行动演练，组织全体干部开展值班部位应急行动处置指挥演练。抓好“金动2013”战时国防动员指挥机构带部分实兵演习。组织全体战时指挥所编组人员参演，分平战转换、首批动员、持续动员三个阶段组织实施，应急动员电力抢修分队参加遂行战时行动演练。抓好“聚焦使命2013”战役演习。组织战场预先勘察，环境分析研究，情况科学构设，制定战时战场管制方案和实兵演练计划，高标准完成了“四个一”成果梳理上报。

【安全管理“六个规范”】 2013年，市人武部依法从严治军常抓不懈，贯彻落实省军区安全管理“六个规范”，深入开展“暑期百日安全竞赛”，实现“案件和事故不能有、严重违规违纪问题不能有、重大安全隐患不能有、一点小事不能有”的安全目标。抓好安全管理制度末端落实，扎实开展自查自纠活动，突出重点，提升安全能力，编印《安全工作应知应会手册》，组织开展火灾自救和现场急救知识培训，安装指纹门禁系统、手机屏蔽器、视频监控和红外报警器，建立健全军地协作机制，组织核心要害部位人员参加计算机网络培训，形成全方位、多空间的隐蔽斗争安全防范网。

兵役工作

【概　况】 2013 年，全国征兵时间首次由冬季调整为夏秋季。市征兵办认真组织征兵工作相关部门学习全国、全省和金华市征兵工作会议精神，深入开展调查研究和形势分析，及时制定全市征兵工作实施方案。着眼征集目标要求，及时调整征集对策，提出“三个严格、三个确保”具体目标任务：严格标准，严格程序，严格纪律，确保大学生比例不低于 25%，确保连续 30 年无责任退兵，确保高质量完成年度征集任务。据统计全市完成 295 名新兵（其中女兵 8 名）征集任务，党团员率达 100%，大专以上文化程度占新兵总数的 50.5%，兵员质量较往年有很大提高。9 月 10 日，市征兵办在市委党校组织召开全市新兵入伍欢送大会，鼓励新兵建功军营报效祖国，要求各级党委政府关心帮助军人军属解决实际困难，让子女安心在军营。

【夏秋季征兵首次实施】 针对 2013 年国防部将征兵时间首次从冬季调整为夏秋季的新情况，4 月，市征兵办联合市教育部门深入 10 所中学进行调研，发放调查问卷 800 份，了解摸清应届高中毕业生参军意向和比例。6 月，市征兵办迅速组织各级政府力量进学校、乡村、社区、企业、农户，对应届高中毕业生、在校大学生、往届毕业生等对象开展一对一、面对面的兵役登记，宣传征兵最新政策。同时把握高校应届毕业生面临“毕业就业季”热潮的到来和在校生陆续放暑假的重要时间节点，联合人力资源和社会保障部门，在组织召开各种人才交流招聘现场会上特设兵役登记站，为征兵宣传造势，与招聘单位“抢人才”，发放征兵宣传册，播放征兵宣传片，展示宣传图板，宣传大学生参军优待政策和永康市籍大学生士兵建功军营的典型事例，鼓励高学历青年积极应征，报效祖国，历练素质，成长成才。市征兵办通过多渠道、多形式的宣传发动，兵役登记数比 2012 年提高五成。

【高标准高质量搞好征兵】 7 月 8 日至 16 日，市征兵办统一计划，分镇街区实施，开设 16 个目测初检体检站，全市适龄青年踊跃参加，其中大学生比率达 50% 以上，为多征集高学历青年打下扎实基础；18 日，市征兵办召开全市征兵工作会议，总结 2012 年冬征兵工作，表彰先进，部署 2013 年度夏秋季征兵工作任务，层层签订征兵工作责任书。30 日，在市国防教育培训基地开设征兵中心体检站，市长金政亲临征兵体检现场，检查指导征兵体检工作，为预征青年积极应征加油鼓劲。8 月 5 日，市委常委、常务副市长陈美蓉亲临征兵体检现场，检查市征兵体检站，了解应征青年参检情况。市征兵办还针对体检时间调整、天气炎热等带来的实际问题，严格

9 月 27 日，市人武部慰问古山镇墁塘村现役军人应鸿轶的母亲（右二）（人武部提供）

规范市征兵体验站，协调市政府投入专项经费，对征兵体检站进行改造升级，得到金华市体检中心组巡检“环境设置好、人员调配好、组织规范好、标准把握好和永康最好”的“五好”评价。

【连续30年无责任退兵】 2013年市征兵办严格程序标准，重点抓好征兵宣传、体检政审、走访调查、审批定兵、廉洁征兵、交接输送和新兵回访七个重点环节。为体现公平、公开、公正，严肃征兵纪律，让广大群众满意，确保把最优秀的青年送到部队。市征兵办每年坚持在各大媒体公布廉洁征兵“五个制度”和“八个公开”：即办事公开制度、严明纪律制度、挂牌上岗制度、好中选优制度、举报制度；公开征兵政策规定、公开体检标准条件、公开各阶段工作程序、公开预征对象名单、公开体检政审合格名单、公开预定新兵名单、公开征兵监督举报渠道、公开违纪违法人员查处结果。在征兵体检政审工作全面展开后，联合纪检监察部门，及时组织基层武装部、公安、卫生、教育等相关单位的征兵工作人员，召开廉洁征兵工作会议，认真领会军区、省军区、军分区各级关于进一步贯彻落实今夏秋季廉洁征兵工作文件精神和《浙江省预防征兵领域职务违法违纪工作若干规定（试行）》，制定下发《永康市廉洁征兵十一个不准》，制作征兵工作证和廉洁征兵卡，要求征兵工作人员开展政审家访时需持证（卡）上岗，并由各基层专武干部、派出所民警、卫生院医生、民兵连长等共同参与，坚持高学历青年优先批准入伍原则，禁止私下接待应征青年和家长。在此基础上，市征兵办专门成立由市人武部、市人大、政协、纪检监察等部门组成的廉洁征兵巡查组，深入各镇（街、区）进行不定期督查，确保兵员质量，让每位优秀青年带着阳光堂堂正正、高高兴兴走进军营。市人武部连续3年被南京军区评为征兵工作先进单位，多次被省政府、省军区评为征兵工作先进单位。已实现连续30年无责任退兵的目标。

民兵工作

【概　况】 2013年，市人武部按照全国民兵工作调整改革精神，着眼构建“规模适度、结构科学、布局合理、训练有素、可靠管用”的新型民兵力量体系，以“三个现地”为主要形式，采取“三个一起”，编实建强各类队伍，严密组织相关部门和各基层武装部，分别召开全市民兵工作调整改革任务部署会、民兵整组集中点验工作协调会和民兵工作调整改革工作推进会。5月21日，人武部举行全市基干民兵分队成立大会，对新组建各支基干民兵分队进行现场点验。市领导和各编兵单位领导参加了此次大会，大会组织严密，参点民兵精

5月26日，市人武部组织西城街道民兵应急分队参加首届“中国国际门业博览会”安全保卫工作（人武部提供）

神饱满，斗志昂扬，受到军地领导的一致好评，也扩大了民兵队伍在驻地的正面影响。5月22日至24日，组织没有参加现场点验的其他基干民兵分队，对每支队伍、每个编兵单位过一遍，确保人员装备到点率、兵员“七率”、官兵相识率“三个达标”。

【民兵“两项规范化建设”试点】 2013年，市人武部按照“任务常态、队伍专业、建设规范”的要求，全力打造一支“一队多装、一队多能、一队多用”，“反应灵敏、行动迅速、精干管用”的市民兵应急连队伍。市委、市政府拨出专项资金，用于民兵应急连规范化建设，并将民兵应急连常态化建设经费列入年度财政预算；依托市民兵训练基地综合楼，成立民兵应急连连部，按照规范化标准，建立“一部二室二库”，即应急连连部、办公室、资料室、通用器材库和专用器材库。采用请领和自购相结合的方式，按标准要求配齐个人战备携行物资、指挥器材、土木工具、防台抗洪、维稳防爆、森林灭火、航模侦察、观测工具等8大类59项共3 000件装备物资器材；规范组织建设、政治工作、战备工作、军事训练、参建共建、应急行动等6大类32项内容；建立应急连每名队员个人档案，建立完善专项保障基金、劳务补偿薪金、意外伤亡保险等机制。6月14日，金华军分区在永康市召开民兵应急连规范化建设现场会，样板化建设标准得到与会观摩人员一致好评。为抓好国动委八个办公室规范化建设，按照军分区要求，市人武部先后牵头组织国动委各办公室成员单位领导，分别召开市国动委办公室主任工作会议、国防动员潜力调查任务部署会议、国动委各办公室成员单位联络员工作会议，进行具体研究部署。组织各办公室成员单位领导学习相关文件精神，建立国动委各办公室联络员制度，统一规范各办公室设置，制作并上墙国动委各办公室标牌和工作职责牌，悬挂各类标识，明确各类职责，建立各项工作制度，逐步推进规范化建设。开展国防动员潜力调查工作，完成市级国防动员委员会人民武装动员办公室国防动员潜力调查数据汇总工作，按照《国防动员潜力调查标准》，汇总16个镇（街道、区）的退伍军人采集表、地方与军事专业对口人员采集表和其他编入民兵预备役组织人员采集表，对口各办公室大部分完成好相应数据上报工作，对相应的数据进行核对梳理，确保数据真实有效。

【民兵“三项演训”战备训练】 2013年，市人武部按照战备应急行动要求，着重抓好市民兵应急连成建制训练，完成抗洪抢险、山林灭火、反恐维稳等多样化军事训练，使队员掌握基本技能、政策法规、行动组织程序。组织市民兵应急连一排和应急连全体民兵干部班长参加金华军分区战备应急行动民兵应急连紧急拉动点验。装备物资携带齐全，人员到点率100%，着装整齐、标志完整、行动一致。组织民兵航模侦察分队训练并参加金华市2013年防汛抗洪行动演练；在军分区统一导调下，组织全体干部值班部位应急行动处置指挥演练，做到及时、准确、高效，提升战备应急行动指挥处置能力。

【“金动2013”国防动员机构带兵演习】 7月25日至26日，在金华军分区的统一组织下，市人武部协调组织市委市政府主要领导参加的“金动2013”国防动员机构带部分实兵演习，协调战时指挥所编组人员全体到位参演。在演习中，按照战时编制体制，以室内推演为主、部分实兵演练为辅的形式，区分平战转换、首批动员、持续动员三个阶段，对战时国防动员的基本指挥程序进行了室内推演，永康市民兵电力抢修分队参加了应急出动演练。

【“聚焦使命2013”战役演习】 2013年，市人武部多次组织战场现地勘察，进行战场环境分析研究，开展战场情况科学构设，制定战场管制方案和实兵演练计划，进行充分准备，规范设置。11 月,结合战场管制行动演练,组织民兵交通管制分队、公路护路分队、工程抢修分队,开展实兵实装现地演练。为突出演练效果,投入专项资金,购置一架无人侦察机。组织民兵航模分队进行训练并参加军分区组织在兰溪地域战场管制演习保障,高标准完成军分区战场现地勘察保障及汇报、实兵演练和拍摄、“四个一”成果梳理上报。市人武部还持续抓好首长机关训练、专武干部业务技能训练、基干民兵集中和分散训练、民兵专业骨干跨区联训等各级各类军事训练演练活动。在组织民兵专业骨干跨区联训中,民兵高射机枪分队专业训练取得了两个个人第一、一个个人第三的优异成绩,有效提高首长机关指挥水平、专武干部履职能力和民兵专业分队和应急分队遂行任务能力。开展民兵“五队”建设的实践探索研究。按照分区关于民兵预备役“五队”建设部署会议精神和《金华市民兵预备役“五队”建设基本方案》要求,市人武部针对地处浙中经济发达城市实际,在总结过去民兵预备役建设经验基础上,适应新形势、把握新特点,不断调整“军民融合”新思路,紧紧围绕“打造‘市场民兵’品牌,当好军民融合代表队”重大课题,努力摸索符合民兵预备役“五队”建设方法,寻求如何达成在机制、训练、保障等方面的军民最佳融合方式,通过组织调查统计、研究提炼、专家指导、座谈论证的步骤方法,总结经验做法,加强探索研究,历经 1 个多月的时间,形成近七千字的军民融合代表队探索研究创新成果。

国防教育

【概　况】 2013 年,永康市调整健全了市国防教育组织机构、运行机制,规范教育制度,积极开展“八个一”宣传活动,组织全市党政干部过“军事日”活动,开展对 280 名全市新上岗教师和 10 所学校 8 000 名中学新生军训,联合相关部门规范普查国防教育基地,对建立国防教育网站、开设国防教育专栏、国防“三微”平台建设等进行调研,发挥刘英烈士陵园、抗美援朝纪念公园、“红三团”旧址等爱国主义教育基地、省级国防教育基地红色教育资源作用,增强吸引力、感染力、渗透力。同时注重国防教育的渗透融合,把国防教育融入训练演练、民兵整组、征兵工作等实践活动中。筹备组建了由市人武部、市委宣传部、市委党校和革命老前辈等组成的国防教育讲师团,赴机关、学校、乡村、社区、企业等地开展国防教育宣讲。在舟山镇方山口村红军第十三军第三团纪念馆举行浙江省级国防教育基地和金华市党史教育基地授牌仪式,营造全社会关心国防、支持国防、建设国防的氛围。

【南京军区捐赠坦克进纪念公园】 2013 年,为进一步充实完善抗美援朝纪念公园国防教育设施,增强国防教育的观赏性,同时为实现抗美援朝老战士要求在纪念公园内增设一辆坦克的期望,市人武部牵头,与总装备部、军区装备部及坦克训练基地等单位进行协调,获得批复,同意捐赠一辆轻型退役坦克,作为国防教育基地教育使用。3 月 28 日,南京军区捐赠的一辆 62 式轻型退役坦克落户永康抗美援朝纪念公园,也圆了抗美援朝老战士们的最后一个心愿。这辆重约 20 吨的 62 式轻型坦克“进驻”抗美援朝纪念公园后,给这个省级国防教育基地增色不少,从此纪念公园内的教育设施更基本完善了,教育功能也更加全面。

【国防教育进学校】 为切实增强全市中小学生的国防意识,市人武部积极开展渐进式国防教育,以增强对学生开展国防教育的有效性和针对性,组织并展开对全市各重点中小学校入学新生进行有针对性地军事训练和国防教育。8 月 8 日至 19 日,市人武部联合市

市人武部领导在“六一”节前夕代表部党委慰问结对的棠溪小学3名贫困小学生(人武部提供)

教育局、教师进修学校，结合新上岗前业务培训，穿插开展军事训练，组织国防历史、国防法规、国防常识、国防形势、国防文化等教育系列内容宣讲，教唱军营歌曲，展播军事题材影片，举行军训汇演，开展军营文艺晚会，组织军训先进评选和体会交流等丰富多样的活动，营造良好的军营文化氛围。新教师在训练中体验军人生活，在学习中强化全民国防教育观念。教师们不仅关注国防建设、增强国防观念，也提高了思想觉悟，强化了纪律意识，锤炼了作风意志，更为学校开展国防教育打好师资队伍基础，也加深了军地双方更多的了解和友谊，使新教师在各自岗位上更好地奉献爱心，为国家培养更多爱党、爱国、爱军的栋梁之才。军训课程融入到新教师岗前培训全过程，教师的纪律观念、团队意识、协作能力等方面都有明显提高，教师的仪容举止、作风养成等有明显改观；教师的爱国情怀、国防意识、教育理念也明显加深。2010年以来，市人民武装部联合教育部门加强对新教师国防教育、军事训练已经成为每年岗前培训的“必修课”。

【《永康日报》设立“八一光荣榜”】 为增强永康籍现役官兵建功军营的光荣感、荣誉感、使命感，强化全民国防观念，8月1日“建军节”，市人武部在《永康日报》显眼位置设立“八一光荣榜”，刊登永康籍2012年度3名荣立二等功、10名荣立三等功现役官兵的英武相片和先进事迹，展示家乡亲人建功军营的“金名片”，增强“光荣之家”的荣誉感，极大提高现役官兵建功军营报效祖国的积极性，同时也鼓励高学历青年积极报名参军，献身国防的责任感和荣誉感。

【“红三团”纪念馆被授予省级国防教育基地】 2011年6月，在庆祝建党90周年之际，永康市在舟山镇方山口村徐公祠红军第十三军第三团成立旧址举行纪念馆开馆仪式。作为永康市重要的红色教育资源，市人武部联合市委党史部门进行挖掘宣传，完善相关教育设施，规范管理制度，努力向上级国防教育部门申报。2012年12月，通过省国防教育办公室现场检查验收。2013年5月，“红三团”纪念馆经省人民政府批准命名为浙江省国防教育基地。9月17日上午，市人武部联合市委党史办在“红三团”纪念馆举行浙江省国防教育基地暨金华市党史教育基地授牌仪式，金华市国防教育委员会办公室主任、金华军分区政治部主任戴克华出席并为“红三团”纪念馆授予浙江省国防教育基地牌匾，中共金华市委党史研究室副主任胡建松出席并为“红三团”纪念馆授予金华市党史教育基地牌匾，金华市国防教育委员会办公室专职副主任陆润曹宣读浙江省人民政府关于授予“红三团”纪念馆为省级国防教育基地的决定，中共金华市委党史研究室征研处处长张才宣读了中共金华市委党史研究室关于授予“红三团"纪念馆为金华市党史教育基地的决定。市国防教育委员会主任办公室主任、市人武部政委张永江主持授牌仪式及市人武部部长傅敏出席授牌仪式，市党史办及周边金东区、武义县党史办人员、舟山镇全体党政干部和方山口村广大人民群众200余人参加了授牌仪式。

双拥工作

【概　况】 2013年，永康市人武部围绕上级党委机关和市委市政府关于积极组织民兵预备役人员开展双拥参建的指示要求，组织人武部机关和全市民兵预备役队伍积极参与地方应急维稳、抢险救灾、新农村建设、结对帮扶、文明创建、军民共建等为民参建活动，广大群众的高度肯定。

【举行迎新春拥军优属联欢会】 2012年，永康市用于部队建设的各项经费达1 552万元，发放抚恤和生活补助费880余万元、安置费34万元、义务兵家属优待金403万元，为1 695人次的重点优抚对象补助医疗费177万元，优抚对象临时困难补助27万元，安置转业干部8人、士官4人、家属1人。在永官兵和民兵预备役人员大力维护全国安全稳定，完成了多项急难险重任务，为全市经济社会发展作出了积极贡献。2013年1月21日，市举行迎新春拥军优属联欢会。市委副书记金政代表市委、市政府向在座的驻永官兵、烈军属、革命伤残军人、军队离退休干部、复员转业退伍军人、现役军人家属表示亲切的问候，并通报了上一年的经济社会发展和"双拥"工作情况。

【军民共建文化示范村】 为拓展"百连结对百村、共建社会主义新农村"活动，2013年，市人武部积极探索军民文化共赢发展的路子，围绕"文化育民、文化乐民、文化富民、文化惠民"的军民共建要求，开展以"共建促'两富'、互学兴武装"为主题的"军民共建文化示范村"活动，推动农村实现物质富裕、精神富有的"两富"目标，促进基层武装工作全面提升。年初，市人武部按照省军区、军分区《关于广泛开展"军民共建文化示范村"活动的实施意见》精神，坚持把文化参建作为深化"双争双送"活动的重要内容，以人武部干部职工、基层专武干部、民兵预备役人员和村(居)民兵文化骨干为参建主体，广泛开展文化惠民工程主题活动。成立领导小组，规范制度，军地互学交流制度，组建"青年民兵之家"文化阵地，使"军民共建文化示范村"活动成为新农村文化建设的新平台和弘扬先进民兵文化、军事文化和国防文化的新载体。8月1日，市人武部与东城街道高镇村举行"军民共建文化示范村"签约授牌仪式，市委常委、市人武部政委张永江和副市长戴翀为东城街道高镇村授予"军民共建文化示范村"牌匾。

9月9日，市人武部在"教师节"前夕慰问解放小学教师(人武部提供)

【结对帮扶建设新农村】 为贯彻落实党的群众路线教育实践活动，结合市委市政府开展的“走亲连心”活动，9月25日，市人武部按照结对帮扶计划，组织市农业和农村工作办公室、农业局、林业局、水务局、国土资源局、团市委、西溪镇党委政府、青年摄影协会以及青年企业家代表等单位企业，深入贫困山区村西溪镇百稔称村，开展“访民情、听民意、解民忧”联村结对帮扶活动。各单位领导在为山区村建设发展“传经送宝”的同时，共为百稔称村实现“美丽乡村”筹得首期启动建设资金23万元，为山区村脱贫致富迈出了实现梦想的第一步。按照省军区、军分区提出的“双带双扶”要求，连续多年开展“一村一策一干部”的结对帮扶活动，先后与3个镇11个村结对，共筹帮扶建设资金230万元，共与26名贫困党员和贫困民兵结对，平均每人捐款3 000元，帮助协调解决困难家庭子女就学、生活住房、重大疾病医疗、家庭增收致富等难题60个。每逢春节、建军节、教师节等节日开展慰问结对贫困家庭、特困学生、市内籍现役基层干部和特困基层干部家庭、革命老前辈、人民教师等人员。

市人武部、市委信访局、先行集团结对帮扶西溪镇百稔称村，送去优待政策和致富项目(人武部提供)

【协助地方保一方安全】 2013年，市人武部先后组织民兵预备役人员为五金博览会、门业博览会安全保卫提供保障，组织城区民兵应急队伍开展安全巡逻、交通疏导、除雪护树等活动，组织干部职工为社区创卫开展卫生大清扫活动并为社区创建每年捐助2万元资金。年底，市人武部还开展“大走访”慰问活动，对全市现役官兵家庭进行按级走访慰问，当好现役官兵的“大后方”、“娘家人”，让现役官兵切身感受到地方各级组织和家乡人民对他们的关爱，感受到军人的光荣，激发他们安心军营、建功军营的信心和决心，也让军人家属克服现实困难，支持鼓励子女献身国防事业，为“强国梦、强军梦”出力。

（应元忠）

9月27日，市人武部慰问西城街道溪边村特困干部徐旭升家庭(人武部提供)

武装警察

【概　况】 1949 年 8 月，永康县公安队建立。1966 年 6 月，中国人民公安部队撤销。公安部队统一改编为中国人民解放军，县中队划归县人武部领导。1976 年 1 月，根据国务院、中央军委规定，改为人民武装警察，称永康县公安局人民武装警察中队。1983 年 6 月 19 日，根据中共中央决定，组建中国人民武装警察部队，县人民武装警察中队改为中国人民武装警察部队永康县中队。1992 年 10 月，永康撤县改市，改为市中队。2005 年 6 月，根据中央军委体制编制调整要求，原武警浙江省总队金华市支队和原武警浙江省总队第三支队合并为武警浙江省总队金华市支队，中队隶属于直属一大队。2013 年，支队编制调整，中队隶属于四大队。中队党支部围绕“士气高昂、素质过硬、秩序正规、内部安全、争创先进”的奋斗目标，坚持树立科学发展观，着力提高党支部三个能力，狠抓思想政治建设，大力开展科技练兵活动，严格正规“四项秩序”，高标准实现“两个确保”。

【政治主题教育纳入武警建设】 2013 年，永康市武警中队突出思想政治建教育，夯实官兵思想政治基础。在主题教育开展前，及时进行调研，认真制定方案、搞好教育相关准备。中队组织官兵学习《党章》十八大报告；开展“军营理论热点怎么看”讨论；组织《党史、军史、警史》教育等活动，为普及理论知识，全面铺开教育打下扎实基础。在教育过程中，中队从提高教育质量抓起，认真备课，先后鼓励 4 名士官上讲台授课，提高战士的认同感，增强教育的针对性和实效性。中队开展多种形式的活动，如发挥驻地优势，到鹰鹏化工参观；邀请驻地学生到中队参观；邀请康美诺口腔医院到中队义诊；每逢节假日组织党员慰问飞凤社区贫困残疾的王阿姨一家等，深化教育成效。同时在教育过程中，充分利用各种渠道吸取正能量。如及时组织官兵观看央视《第四届全国道德模范候选人先进事迹展播》节目，从中汲取精神力量；组织官兵观看神舟十号载人飞船发射直播，感受祖国航天事业腾飞发展取得的辉煌成就；中共建党 92 周年之际，党支部组织全体党员在抗美援朝纪念馆重温入党誓词，进一步坚定理想信念。

【军事演练提高警务技能】 2013 年，武警中队根据“支部议勤、主官主抓”的要求，做到“四个结合”：即结合每月的支部议勤，做到经常议；结合重大临时勤务，重大节日，做到重点议；结合每季安全总结工作，向军人大会通报执勤情况，做到群众议；结合事故通报和中队隐患，做到及时议。同时与目标单位进行联系，每天了解在押犯人犯情，通过召开联席会议、隐患排查治理、联合演练等方式，确保执勤目标安全。对新颁布的《执勤规定》，中队支部

10 月 28 日，武警进行街道武装巡逻（武警市中队提供）

7月26日，武警、特警举行警务技能交流赛（武警中队提供）

边学习边改进、边提高，为官兵依法执勤、文明执勤奠定基础。同时按照总部首长对训练工作的要求，通过建立训练组织、干部带头、教学分工、培训骨干等方法，加强了对训练工作的组织领导。年内通过正规训练秩序、开展会操评比、建立训练档案、落实奖惩制度等方法促进训练工作取得实效。以体能达标竞赛活动为目标，科学组织开展“军事训练尖子”评比活动，积极营造“强素质、当标兵”的热潮，坚持“五小练兵”，积极开展“三个一”活动（每天一组综合体能训练，每周一次体能素质测试，每月一次体能项目达标考核）。

【每月评选“优秀领班员”、“优秀哨兵”】 为进一步激发战士履职热情，2013年，武警中队建立《哨兵履职情况登记本》，通过干部不定时进行网络、实地查勤，领班员全程监控，对哨兵准时集合、物品携带、警容警姿等6个方面进行评分，每月评选“优秀领班员”、“优秀哨兵”。另外严格落实早交班制度，通报执勤情况，对问题进行分析讲评，表扬好哨兵，对屡教不改的同志利用点名批评教育。针对中队与看守所对监门哨设置不合理，A、B门联控失效、验证不方便等老大难问题，完成监门哨的改造。5月，看守所在押解车上安装3G车载系统；6月，中队在一号哨观察死角和监区增加8个摄像头，视频全部接入一号哨和勤务值班室；建立监门哨运货通道开启登记表，于18时下哨后与看守所值班民警做好签字交接；7月，监门哨观察死角增加摄像头，更换监控伺服器，对执勤设施进行全面检修；8月，通讯股在岗楼安装高音喊话器，对内线电话进行维修，进一步提高了目标安全系数。

【行政管理长效机制】 2013年，武警中队坚持以《纲要》《武警法》《条令条例》等法规为依据，坚持从严治警不放松，不断提升正规化管理水平。通过开展整顿“作风纪律”活动，严格落实责任制，先后归纳6大类20个方面的具体问题，并针对问题进行逐一挂牌销号。中队建立并执行隐患治理长效机制，坚持中队每月一次，班每周一次活动治理回头看；落实每月一次安全教育制度；坚持每天安全警示换牌仪式，教育全体官兵牢固树立时时、处处、事事、人人讲安全的意识。是年，中队利用支委会、队务会等时机分析部队安全综合治理形势10次，抓好“春节”前后和“两会”等敏感期的安全工作。

消　防

【概　况】 永康市消防大队成立于1994年9月，位于市区飞凤路46号，占地2.13公顷，建筑面积8 000平方米，是永康唯一的现役消防队伍，承担着全市的火灾扑救、抢险救援、消防审核验收、消防监督检查、消防培训以及消防宣传工作。下设市消防中队、城东消防中队。有执勤车9辆，其中52米云梯消防车1辆，25米高喷车1辆，水罐消防车4辆，泡沫消防车2辆，抢险救援消防车1辆。全市11个镇均成立专职消防队。大队连续多年受省消防总队等单位表彰。先后被评为1999年度省消防先进大队。2001年12月，评为全省消防部队党风廉政建设示范点、“浙江省卫生先进单位”，2003年8月消防中队记集体三等功。2003年授予“省级青年文明号”。2004年评为“执法为民先进单位”。

2005年评为“基层建设标兵单位”。2006年评为“岗位练兵先进大队”。2008年评为“三基”工程建设先进大队，被省公安厅记集体三等功。2010年被省厅公安机关党委授予“党员先锋岗”。1999年至2013年被武警浙江省总队评为“先进单位”。2001年至2008年、2010年、2011年，先后10次评为“基层建设先进大队”。在2013年上半年支队组织的“铁军比武”竞赛活动中，永康中队和城东中队分别获得了现役中队和合同制中队双第一的好成绩，1名同志被当场记功受奖。

年内市消防大队检查企事业单位共1 436家，下发《责令改正通知书》1 244份，处罚单位38家、个人12人，拘留2人。“三停”单位18家，共处罚款67.6万元，设计审核项目41个，验收项目42个，设计备案项目88个。验收备案项目125个，开业检查项目110个。完成16个镇(街、区)网格划分，成立16个消防安全工作站、11个派出所、17个社区成立消防安全警务室。

全年市消防大队接警出动累计1 175起，出动车辆2 983辆、警力15 018人次，抢救被困人员153人，疏散被困人员57人，抢救财产价值1 993.60万元。其中扑灭火灾777起，出动车辆2 159辆次，出动警力10 779人次，解救被困人员19人，疏散被困人员21人，抢救财产价值1 967.10万元。抢险救援383起，出动车辆802辆次，出动警力4 109人次，解救被困人员132人，疏散被困人员36人，抢救财产价值26万元；社会救助12起，出动车辆15辆次，出动警力95人次，解救被困人员2人；其他出警3起，出动车辆7辆次，出动警力35人次，抢救财产价值500万元。

【重大火灾事故奋力抢救】 2月24日21时12分，119指挥中心接到报警，位于前仓镇的后吴大会堂着火。大队立即调集辖区永康中队1辆五十铃水罐车和1辆曼底盘重型水罐车及12名指战员赶赴火场进行处置。通过37名消防官兵连夜奋力扑救，大火于25日凌晨5时被扑灭。11月1日21时36分，市区丽州南路和城南路交叉口，一辆装载水泥的槽罐车发生侧翻，近百吨的槽罐压住了一辆宝马车，车内有一对母子受困。接到报警后，大队迅速赶赴现场。通过与事故处理中心合力配合，移开罐体，并利用液压剪与液压扩张器进行救援，在将车门和车篷破拆后，成功将车内的两人救出。

（丁　涛　赵　陆）

【消防重点单位预案制作】 2013年，永康有在册市政消火栓1 206只，大队定期组织官兵对辖区内的消火栓逐一进行上黄油、试水压、拍照登记造册，对损坏的消火栓及时标注并向市政府作专题汇报。全年上报重点单位146家，完成对有可燃气体、易燃液体、粉尘事故、建筑物垮塌等类型的重点单位进行预案制作，每月组织官兵开展不少于4家重点单位的熟悉演练，适时开展夜间演练。先后开展消防水源调查和防护排烟装备实际测试专项活动。充分发挥消防水源设施和器材装备作用和效能，提高部队灭火成功率。

【消防安全宣传培训】 2013年，市消防大队先后组织消防安全培训60余期，共培训2 076人，同时完成管理人员培训312人、建构筑消防员培训150人。通过户外显示屏、电子宣传栏等，发布各类消防安全宣传语10万余条；通过QQ、微信、微博、博客等网络平台发布消防信息3 500余条；通过报纸、电视、广播等传统媒体发布消防信息1 800余条，受益群体达15万余人。在中央级媒体发稿量以及省、市级媒体发稿均占全市首位。结合独特人群特点，多形式、多渠道地组织开展各类志愿者活动，不断扩大消防志愿者队伍。成立建筑工人消防志愿者服务队、红十字会消防应急救援队、少数民族儿童消防宣传队、摄影家消防宣传队、名厨志愿者消防队等特色消防宣传队。创新各种宣传方式，使消防知识融入日常百姓生活中。仿效中国人口福利基金会为有走失危险的老人设计的“黄手环”，设计了“消防黄手环”，送到农村、敬老院等场所，使全市4 000多名老人受益。自编《消防西游记》漫画读本、消防宣传十二生肖剪纸等各类百姓喜闻乐见的消防宣传品，向城乡居民和新永康人发放。

（曹伊璐）

人民防空

【概　况】 1997年，永康被浙江省确定为第一批人防重点城市，1998年，设立国动委人民防空办公室，机构暂设在市建设环境保护局，正式开展人民防空工作。2002年，机构改革核定市人民防空办公室事业编制3名，机构性质未定。2008年8月，市机构编制委员会批准内设综合科和人防工程建设管理科。2009年，确定为参照公务员管理事业单位。2011年，将市人民防空办公室由议事协调机构调整为政府工作部门，增挂市民防局牌子，与市住房和城乡建设局合署办公。2012年，明确人防办主任（局长）、副主任（副局长）各1名（编制在建设局），行政编制5名，设指挥通信科、人防工程管理科，另和建设局联合设立建设（人防）行政审批科。2013年，人防办设立市人防（民防）指挥信息保障中心，核定全额拨款事业编制3名。

2013年，在14所初级中学、1所小学开展人防教育，受教育学生七千多人。组织社区、学校开展防空防灾应急疏散演练已成常态化。截至2013年，已先后组织8个社区开展疏散演练。连续5年在永康广播电台每天播出《人防时空》栏目。在抗美援朝纪念馆建立了人防宣传教育基地。

【人防工程建设】 市人民防空办公室致力做好防护工程体系，截至2013年10月底，全市共落实防空地下室项目88项，面积共计30.97万余平方米，通过竣工验收的项目54项，面积18.23万余平方米，其中有人防中心医院一个，面积3 711平方米，抢险、抢修专业队掩蔽部5个，面积7 020平方米，自建人防工程一个（龙川公园人防工程），面积7 000平方米。同时完成两个区块的《人防控制性详细规划》编制工作，与省人防设计院签订《人防专项规划》修编合同。并制定《永康市民用建筑修建防空地下室审批量化规定》，对各行政审批事项进行清理规范，累计收取人防易地建设费近8 936万元，为企业减负约1 000多万元。还落实4个人防重点镇的“结建”工作。

【人防组织指挥通信建设】 永康市成立人民防空指挥部，制订《永康市人民防空专项规划（2002—2020）》，并经市政府批准执行。至2013年，各街道、经济开发区、城西新区及芝英镇、古山镇、花街镇、石柱镇相继成立人民防空办公室，17个社区成立人防工作站，供电公司建立重要经济目标单位人防机构。同时加快通信警报体系建设，装备人防移动指挥车1辆，短波固定电台1台，实现与金华市办进行3G图像传输和语音通话。安装固定警报35台、移动警报2台、手摇警报10台、中继站1个和广播电台、电视台人防警报强插系统，实现人防报警进入千家万户，固定警报、中继站实现统一遥控，“5·12”、“9·18”防空防灾警报试鸣活动实现常态化。在望春、许码头、金胜、南苑、飞凤、西门6个社区和花街镇开展人防基层规范化建设。在方岩五峰书院、南都禅寺挂牌为人防疏散基地。与民政局联合共抓应急避灾疏散场所建设，建成10个疏散中心，完成应急避灾点的“双挂牌”工作。组建7支132人人防专业队伍，25个人民防应急救援分队。4个人防重点镇各成立25人的民防应急救援队伍，17个社区各成立20人的民防志愿者队伍，对人防专业队进行组训。

（杨　晨）

农村经济

综　述

【概　况】 永康有农用地 88 995 公顷，占土地总面积的 84.9%；建设用地总面积 12 914 公顷，占土地总面积的 12.3%；未利用土地 2 840 公顷，占土地总面积的 2.7%。根据耕地后备资源调查，2010 年前全市拥有垦造耕地资源总面积 681 公顷，其中可开垦土地面积 654 公顷，可复垦宅基地 26.4 公顷。

林业用地 6.23 万公顷，其中有林地占林业用地面积的 83.45%，灌木林地占 10.31%。有林地面积中乔木林和竹林分别占 95.0%和 5.0%；乔木林中以片林为主，占 97.2%，混交林占 2.8%。全市森林覆盖率为 53.4%，活立木总蓄积量为 250.5 万立方米，毛竹蓄积量 815.4 万支。全市已界定生态公益林面积 2.92 万公顷，占有林地面积的 56.1%，其中省重点生态公益林 1.73 万公顷，占有林地面积 33.3%。

全市水资源总量为 8.45 亿立方米，其中地表水 6.66 亿立方米，地下水 1.79 亿立方米（可开采量 5 300 万立方米）。全市多年平均过境水量为 2.86 亿立方米。全市有大小蓄水工程 1.54 万处，正常蓄水 1.79 亿立方米，

永康超时生态养殖农庄（农业局提供）

其中库容百万方以上水库19座，库容1.29亿立方米。

农　业

【概　况】 2013年市农业局进行部分职责调整，内设办公室、农业法制科（农产品质量监管科）、产业发展科、行政审批科。行政编制13名，领导职数4名、中层正职4名。1月4日，市人民政府确认市动物卫生监督所为市级行政执法主体。6月26日，永康市种子技术推广服务站更名为永康市种子管理站，属行政监督管理类单位，核编职数7名。10月15日，成立市直、芝英、清溪、龙山4个动物检疫申报点。年底生猪定点屠宰监管职能从商务局划入农业局。市农业局有12个事业单位（有3个参照公务员法管理），正式在编人员129名，其中公务员（含参照公务员）编制54名，事业编制75名。

2013年新增永康市级农业龙头企业9家，合并1家、注销3家，总数79家。新增的金华市级以上龙头企业增1家，合并1家，共30家；省级骨干农业龙头企业3家，分别为浙江伟丰肉食品有限公司、浙江毕尔锐思生物技术有限公司、浙江华茗园茶业有限公司。

2013年底，全市有农民专业合作社238家，其中省优秀示范合作社2家，省示范合作社10家，金华市名社强社2家、金华市示范合作社11家，金华市星级合作社33家，其中三星级9家，二星级12家，一星级12家。全年新增合作社备案27家，新增工商注册家庭农场14家，新增市和力农机专业合作社为省示范社。对原有9家省示范性合作社开展动态监测。

【农业生产功能区建设】 2013年农业生产功能区建设任务为866.67公顷，分布在13个镇（街、区）的13个区块。通过整合农业、水务、国土、农发办等部门相关项目，加上省、市财政粮食生产功能区"以奖代补"资金、水稻生态补贴资金等的支持，各镇（街、区）积极投身建设。全年900公顷粮食生产功能区建成并通过验收，新建（修）排灌渠63.3千米、机耕路24.5千米、泵站93座。农田基础设施日益改善，粮食生产能力得到加强。

【标准农田质量提升工程】 2013年，永康实施标准农田质量提升工程面积2 466.67公顷。提出2013年项目物资采购清单并进行报批，委托金华市土肥站进行物资公开招投标，采购和发放有机肥7 456吨、配方肥1 500吨。积极组织实施客土工程，在石柱镇姚塘村实施客土工程1.33公顷，扩大水稻种植面积1.33公顷，增加粮食产量12吨。开展农作物测土配方施肥，全年实施面积2.03万公顷，其中粮食作物1.21万公顷。通过项目实施，土壤肥力不断改良，耕地质量得以提高，

永康日报组织"阳光爱心农场"记者现场采访（永康日报提供）

促进农业可持续发展。

【病虫害综合防治】 4月26日至5月6日，在全市农村开展春季灭鼠活动。各镇(街、区)广泛开展宣传，共印发灭鼠技术资料5 000份，落实灭鼠责任制，有组织、有计划、有专人负责。做到“三集中”、“四统一”、“五不漏”，集中时间、人力、财力，统一指挥、培训、供药、检查，镇不漏村、村不漏户、户不漏室、地不漏丘、田不漏块。发放灭鼠药25.95吨，完成了春季灭鼠工作。针对2013年水稻病虫害高发的趋势，市农业有关部门召开全市病虫害统防统治培训，组织实施农作物病虫害统防统治。全市27家合作社参与实施，统防统治面积3 866.67公顷。全年发放《病虫情报》22期，为农户及时、准确和科学防治提供帮助，为提高农产品质量，保障粮食安全奠定基础。

【水稻产业提升项目】 为发展水稻生产，提升产业发展水平，实施中央现代农业发展资金2012年水稻产业提升项目。2013年永康保丰农技服务专业合作社、万古水稻生产专业合作社、和力农机专业合作社实施的育秧、烘干中心建设项目，石柱镇政府实施的粮食生产功能区农田基础设施建设项目，农技推广中心实施的三新技术推广项目全面完成建设任务并发挥效益。6月5日，通过农业局、财政局、国土局联合验收，8月13日，通过省财政厅绩效评价。申报2013年中央现代农业生产发展资金水稻产业提升项目，有西溪镇黄川农田基础设施建设项目1个，丰登粮食生产专业合作社、兴农稻米生产专业合作社建设育秧、烘干中心项目2个，唐丰、互助等4家粮食生产专业合作社建设烘干中心项目4个，三新技术推广项目1个，申请中央、省级资金230万元。同时，还申报和实施农业部万亩单季稻高产创建和省水稻高产创建千亩示范片项目。在石柱镇田畈林、芝英镇桥里、黄店等地建示范片1个，总面积810.87公顷。建立省千亩示范方5个，面积257.33公顷。通过应用良种、精确定量栽培、测土配方施肥、统防统治、机插机收等技术，降低生产成本，提高粮食产量，为永康粮食稳产、增产，保障粮食安全奠定扎实基础。开展高产创建活动，单产水平明显提高，年内有8个高产示范创建户的9块高产田参与单季稻单产破纪录竞赛。经省、金华市、永康市验收，有5处田块单产均在900千克以上，其中3处田块打破永康单季稻生产历史纪录。最高田块为象珠镇上柏石村陈林海2号，单产971.5千克；另有象珠镇上柏石村陈林海1号，单产954.8千克；石柱镇石柱村池振学，单产947.6千克。

【粮食供需行情预测监测制度】 2012年以来，永康市及时测算粮食供需情况，鼓励经营者拓展粮源，加大力度扶持粮食生产者，开展水利、地力和基础设施建设，保障粮食生产，增加储备规模，增强抗击粮食风险能力，加强粮食行情预测，深化储备粮油的管理和检查，做了大量的探索创新工作。2013年在加强粮食行情监测上，市物价局根据金华市对价格监测工作的要求，按照《金华市城市成品粮价格监测制度》规定，对市区5个大米品种、2个面粉品种和4个小杂粮品种的零售价格进行监测，对8个成品粮和2个食用植物油的批发价格进行监测，并于每月25日向金华市物价局报告监测结果。市粮食局健全了3个点、8个品种的监测网络，认真落实粮食市场价格监测制度，强化数据信息的收集、整理、核对分析预测，并按时上报金华市粮食局。

【十家种粮大户评选】 2013年对十家种粮大户评选办法做了小幅调整，取消60分达标的限制，尽量消除不同年份天气情况对产量的影响。邀请金华市和市内8名农技专家，对36家参评户的56个村253.33公顷早稻，153个村1 266.66公顷单季稻，38个村200公顷连作晚稻进行测产。通过十家种粮大户评选营造全社会关心、支持粮食生产的良好氛围，调动农民种粮积极性，对扩大全市粮食种植面积、制止良田抛荒、提高粮食单产和总产等方面发挥了重要作用。评选出十家种粮大户是：段国辉（芝英镇）、朱安良（芝英镇）、胡忠横（象珠镇）、章天寿（芝英镇）、胡志（芝英镇）、李新根（东城街道）、池振学（石柱镇）、刘义泉（西城街道）、李小根（龙山镇）、赵胜良（城西新区）。

【百万奖金奖励种粮高手】 2013年1月"十家种粮大户"评选领导小组对报名参加评选的农户进行审核考评，并在《永康日报》上公示。"种粮大户一等奖"空缺，只有7人跻身"十家种粮大户"行列，而优秀奖种粮大户比往年增加，达到18人。2012年连晚、单季稻普遍增产，早稻产量偏低，复种指数不高，永康多年存在"广种薄收"现象。随着永康多年强农惠民政策的出台，大批外地农民来永扎根发展，助推永康农民专注农业的信心，报名符合参评条件的大户比2012年增加13户。在参评门槛降低的同时，对评选分数比例也进行调整，延续往年百分制评分模式，省去往年"新技术应用"一项，通过种植规模、粮食产量、农业生产安全三项内容计分。"十家种粮大户"要符合规定的参评条件，总分必须60分以上，第一名必须符合全年粮食复种面积53.33公顷以上、总分80分以上两个条件。年内，市政府奖励"种粮能手"，分一、二、三等奖和种粮大户优秀奖等4个奖项，奖金分别是10万、8万、6万、3万元。2013年获奖人数增加四分之一，有25户入围，其中3户获二等奖、4户获三等奖、18户获优胜奖。

【按面积奖励粮食生产】 2011年永康部分农户在申报种粮生产政策情况时，存在虚报现象，严重影响了国家政策的实施。因未如实上报，虚骗国家资金，2012年全市有2户种粮大户被取消"十家种植大户"参评资格，6户被取消市级所有种粮补贴。2013年起，经市粮食生产功能区建设工作领导小组认定的粮食生产功能区和标准农田质量提升项目区域，对连片"非粮化"面积占整个区块面积5%以上，或者累计面积占整个区块面积20%以上的，取消整个区块的粮食生产功能区扶持政策和标准农田质量提升补助政策，未经认定的粮食生产功能区则不予验收认定。我市按面积奖励粮食生产的标准：以种植早稻为例，连片种植早稻3.33公顷以上，并种上连作晚稻，且与粮食收储公司签订收购订单合同的农户，收获稻谷每公顷超出6 000千克的，可获市里每公顷1 500元补贴，比2012年提高了600元。加上省、地方政策补贴450元，应用水稻机械插秧作业每公顷补贴750元，另外根据省里的政策，订单稻谷每50千克奖励30元，按订单实际投售量奖励，最高每公顷可达3 600元，加上烘干补贴费用180元，以上补贴，每公顷补贴费用高达6 480元。水稻政策性农业保额，从2012年的每公顷6 000元提高到9 000元，保费提升到675元，小麦每公顷保额4 500元，保费337.5元，参保对象为种植小麦、水稻的农户（合作社、村）。油菜首次被列入补贴范围。连片种植6.67公顷以上油菜、小麦经考核合格的示范方，每公顷补贴450元；种植油菜0.33公顷以上，可得省、地方财政补贴600元/公顷。

【当好"五员"确保中晚稻收购】 2013年中晚稻丰收，农户售粮积极，粮食市场行情却持续低迷。市粮食局全面加强粮食收购监管，确保收购工作顺利有序。当好研究员，为政府定价提供决策依据。联合相关部门，认真研判市场行情，根据保障种粮农户收益、保持粮食价格基本稳定的原则，报经市政府同意，确定11月25日前，政策性中晚籼稻收购价格为每50千克长粒型145元、圆粒型142元。当好宣传员，努力做到应收尽收。售粮联络员服务队伍深入农户、田头，广泛开展政策宣传。公开收购时间、地点、质量标准、监督电话等政策内容，让农户售“明白粮”。到12月3日止，3家收购企业共收购中晚籼稻16 454吨，其中国有粮食购销企业收购13 154吨，比2012年增幅55.5%。当好服务员，助力农户增收节支。开展优质收购服务，收购库点验质、过磅、除杂、入库等实现机械化操作，使农户售粮快速、方便、节支。大徐、上柏石两个粮食烘干服务中心，坚持保本零利润服务，以0.10元/千克的综合价格，一个多月每日24小时连续开机运营，为农户烘粮6 840吨，有效避免了农户因阴雨天气而引起“晒粮难”的问题。当好监督员，切实维护收购秩序。按照“五要五不准”粮食收购守则，组织粮食收购专项检查活动4次，加大对粮食收购、验收、储存等各环节的检查，规范收储行为，严防出现“打白条”“转圈粮”、违反质价政策，营造和谐收购氛围。长圆粒分类收购、分仓储存，32个粮仓入库粮质均符合规定要求。当好安全员，确保安全生产无事故。各粮食收购部门及早准备，面对中晚稻收购量历史性突破的形势，充分挖掘仓储潜力，及时调整增加8 000吨收储仓容。落实消防、用电、机械操作等安全主体责任，大力加强收购现场的安全管理，消除事故隐患2处，保证收购、储存等环节的人身和财物安全。

（吕振街　夏华卓）

■ 粮食生产

【概　况】 2013年粮食生产较为稳定，种植早稻667公顷，单产380.9千克，总产3 811吨。晚稻遭受多年不遇的高温干旱天气和台风影响，仍取得好收成，种植单季稻8 157公顷，单产508.9千克，总产62 259吨；连作晚稻627公顷，单产439千克，总产4 129吨。种植小麦42公顷，油菜553公顷。全年粮食播种面积1.30万公顷，总产8.45万吨，比2012年略减。

【水稻新品种示范试验】 2013年，市种子管理站实施浙江省水稻新品种示范展示项目，在桥里与溪边2个基地落实水稻新品种连片示范方8个、参与试验展示新品种36个。早稻良种示范：在桥里宅口畈，实施早稻“中嘉早17”、“中早39”新品种百亩示范，全片面积

9月30日，农业局召开全市晚稻新品种现场观摩会(农业局提供)

8公顷，每公顷平均为7 807.5千克，2年内从4%推广到85%，单季水稻新品种示范普获丰收，在桥里、溪边水稻新品种示范基地，"甬优538"、"春优84"、"甬优15"百亩示范片每公顷平均分别为9 804、9 577.5、9 676.5千克，比全市面上平均增产26.9%、24.0%、25.3%。双季晚稻桥里基地的8公顷"甬优538"，每公顷平均8 026.5千克，加上早稻后的全年每公顷产量1.58万千克。比该大户种单季稻田的平均增产65%，增产效益520元。参与试验展示的31个单季稻品种中，值得推广的品种有"浙优18"、"甬优17"、"甬优15"，比较值得扩大试种的有"春优618"、"甬优1540"、"甬优1140"、"甬优1512"、"甬优20"及早熟品种"钱优930"。其他示范品种如"中早39"、"甬优12"、"甬优538"和"春优84"也值得全市继续推广。双季晚稻新品种筛选试验得出："甬优1140"、"甬优538"、"甬优1540"、"嘉优2号"、"嘉优中科2号"等值得永康种粮大户机械插秧法扩大试种的新品种。

8月2日，中国水稻研究所所长程式华带领所内专家吴明国、徐青及浙江省农科院副院长张明生及洪晓富等12人，来永康桥里水稻新品种示范基地，进行专业考察与技术指导。9月17日，在天台召开的全省单季晚稻新品种考察观摩研讨会上，市种子管理站作为2个县级典型之一，在大会上介绍永康市示范经验。

【早晚稻用良种加良法栽培】 2013年全市种植的近万亩"早稻——连作晚稻"，在种粮大户采用良种加良法的科学栽培下取得好收成，每公顷平均普遍超过1.5万千克。桥里水稻新品种示范基地的种粮大户胡志种植的8公顷早稻品种，选用"中早39"和"中嘉早17"，连作晚稻搭配品种为"甬优538"和"甬优9号"，两季全获丰收，每公顷平均1.58万千克，其中早稻7 807.5千克，晚稻8 026.5千克。比其他只种一熟单季水稻的大田每公顷1.01万千克，增加5 709千克、增幅56.4%，增效7 800元/公顷。为促进双季水稻生产发展，市种子管理站积极推广早稻良种"中早39"。2013年专为种粮大户引试5个籼粳杂交的新型双季晚稻新品种，进行9个大区的生产试验，全获成功。"甬优538"、"甬优1140"、"甬优1540"、"嘉优中科2号"在6月30日以前播种，每公顷均超8 550千克。这对永康种粮大户在双季水稻品种搭配选择上，具有重要指导意义。

【水稻"缓控释肥"】 10月30日，省农业厅、省农业综合开发办公室、浙江大学等有关专家组成的考察组，对市农业综合开发水稻高效"缓控释肥"施用技术推广项目实施情况进行考察。水稻常规施肥技术是在水稻不同的生长期，将传统肥料分次施入农田中，而"缓控释肥"施用技术是在传统肥料的外面"包"一层高科技的膜，一次性施入农田中，根据作物的营养需要控制肥料养分的释放量和释放速度，从而达到省工增效、节约环保的目的。该项目由市农技推广中心负责实施，浙江大学提供技术支持，在杨溪库区、石柱镇、芝英镇推广水稻"缓控释肥"施用技术，推广面积800公顷，示范面积200公顷。专家组认为，水稻施用"缓控释肥"具有良好的增产、增效、节肥、环保效果，特别是对农业节能减排、改善农田水质、控制农业面源污染作用明显。

【八块甬优高产田验收】 11月5日，由省种植业管理局、省农业技术推广中心和金华市农业局专家组成的验收组对永康参加单季稻高产创建的攻关田进行实产验收。验收组分成2批，对8块攻关田实产进行验收，品种为"甬优12"。验收专家组先实地察看了攻关田水稻的长势长相，认为每块高产田生长整齐平衡，青秆黄熟、穗大粒多、结实率和千粒重较高，显示出超高产水平。通过实割测产，

“甬优 12”高产水稻攻关田(农业局提供)

实割面积丈量,毛湿谷称重,取毛湿谷小样,经风干、去杂、去空秕粒后,小样称重,测定小样平均含水量,折成标准水分(14.5%)计算净谷单产。虽受到夏季高温及台风天气的影响,但成绩依旧喜人。当天验收的 8 块高产田,有 5 块每公顷超过 1.35 万千克。其中有 3 块每公顷超过市内 2012 年最高纪录(1.41 万千克每公顷),分别是由象珠镇上柏石村陈林海的一块 1.46 万千克和另一块 1.43 万千克;石柱镇石柱村池振学创造的一块每公顷 1.42 万千克。

【中晚籼稻收购量创新高】 截至 11 月 25 日,市粮食收储公司收购入库中晚籼稻 12 187 吨,完成 7 500 吨政策性收购计划的 162.5%,比 2012 年 8 460 吨增 3 727 吨,增幅 44.05%,再创永康中晚籼稻收购总量新高,居金华市之首。入库中晚籼稻品种以“甬优”系列为主,水分低、质量好,长圆粒分类储存、品质优。芝英镇桥里粮食综合生产区的种粮大户朱安良说,2013 年虽经历了罕见高温干旱、台风等不利天气,种粮收成却好于往年,至少创收 20 多万元。朱安良 2013 年流转土地 73.33 公顷种植粮食。早稻 8.67 公顷,收获 50 多吨粮食,收益 10 多万元。单季稻、连作晚稻 66.67 公顷,收获 530 多吨粮食,其中 90%的稻谷以每 50 千克 142～145 元的价格售给市粮食收储公司,收入 100 多万元。据市粮食局收购进度统计,截至 2013 年 12 月 1 日,市粮食收储公司收购入库中晚籼稻 13 154 吨,比 2012 年 8 460 吨增加 4 694 吨,收购量位居金华各县市之首。

【种粮大户售粮翻番】 2011 年以来,永康种粮大户的中晚稻生产连年取得大丰收,国家粮库入库量快速增长。2012 年全市入库中晚稻净谷 8 460 吨,比 2011 年 2 139 吨增加 1.96 倍。2013 年市种粮大户交售到粮贮公司的中晚稻谷总量 13 330 吨,入库量比 2012 年增长 82.3%。市种粮大户稻谷售粮连年翻番,永康已成了金华市收粮最多的(县)市。永康作为农业总产值只占全市国民经济总产值 2.5%的工业强市,实现农业大丰收,得益于市政府、涉农部门领导、农技人员、种粮大户的齐心协力、务实开拓、技术创新与辛苦劳作。同时,还与 2012 年至 2013 年更新推广高产优质稳产的水稻新品种“甬优 9 号”、“甬优 12”、“甬优 15”、“甬优 17”关系密切。在天气正常年份和一般种植水平下,2007 年前种粮大户水稻每公顷平均徘徊在 7 500 千克。2008～2009 年,永康在全省率先推广“甬优 9 号”,产量很快提高到 8 250 千克以上。2010 年开始推广“甬优 15”、“甬优 12”,产量提高到 9 000 千克每公顷以上。2012～2013 年大面积推广高产、抗倒稳产的“甬优 12”,将连片水稻产量提高到 700 千克以上,超过小户农民种植的高产水平。其中“甬优

12”高产田每公顷实现1.35万千克以上的超历史水平。

（王新溪　吕高强）

经济作物

【概　况】 2013年永康市主要经济作物蔬菜播种面积5 600公顷，总产量12.87万吨，平均单产1 532.1千克。水果面积4 042公顷，年产6.2万吨，产值2.34亿元。蚕桑面积389.9公顷，主要分布杨溪水源保护区的舟山镇、方岩镇和西溪镇的柏岩、棠溪等山区，占总面积的96.5%。茶园面积400公顷，其中生产茶园333.3公顷，无性良种茶园27.7公顷，产茶21吨，产值304万元，与2012年相比减产47%，产值基本持平。其中名优茶10.2吨、产值293.2万元，比2012年增14.7万元，增长5%。

受七八月罕见连续高温寡雨天气影响，部分经济特产作物产量质量下降。茶园出现严重的旱热害，夏秋无茶叶可采。夏季成熟的黄花梨、中晚熟桃减产过半。干旱影响蔬菜的正常播种和生长，据8月19日高温干旱灾情报表统计，全市蔬菜受灾面积866.7公顷，成灾400公顷，绝收26.7公顷，生产量减少，菜价上涨。

方山柿基地(林业局提供)

【国家标准红富士葡萄园建设】 1月16日，五指岩葡萄专业合作社创建的千亩国家红富士葡萄标准果园通过省农业厅验收，成为浙江省首个国家葡萄标准果园。果园坐落唐先一村、二村、三村、四村等地，面积66.7公顷。按照国家标准果园标准，搭建葡萄钢架避雨棚面积及滴灌设施4.7公顷，园区道路修建1 000米，配置太阳能杀虫灯100盏，推广商品化有机肥500吨及标准化栽培技术。项目建设期1年，总投资132万元，其中中央专项补助资金50万元，地方配套资金10万元，自筹资金72万元。

【第三届中国(永康)红富士葡萄节】 8月16日至18日，由永康市人民政府主办，中国农学会葡萄分会、中国果品流通协会、浙江省农业厅协办，唐先镇人民政府、市农业局承办的第三届中国(永康)红富士葡萄节在唐先镇举行。参加葡萄节的领导有省人大常委会副主任程渭山，中国农学会葡萄分会会长晁无疾，副会长李世诚，省农业厅副厅长冯一鹤，金华市副市长蔡健，永康市委书记徐华水以及相关部门领导。葡萄节开展优质红富士葡萄评比、标准示范园评选、科技讲座、网络销售、产销对接、科普长廊揭幕和红富士葡萄观光采摘游等活动，评出特等、一、二、三等奖和优质奖25个，标准示范园10个，与4家水果销售公司签署产销意向。

【唐先红富士葡萄首获全国金奖】 8月23日，由市唐先五指岩葡萄专业合作社选送的红富士葡萄参加全国中晚熟优质葡萄评比，首次获得金奖。

【调整水果品种结构】 花街镇在市人民政府“两富”工作组及相关部门大力支持下，对小水果之乡八字

第三届中国(永康)红富士葡萄节在唐先镇开幕(农业局提供)

墙的水果品种老化，品质下降，效益差的现状，进行分批分阶段改造。第一批八字墙、金杜、新溪、易川、陈垅坑等8个村，引进特早熟柑橘大分、早熟翠玉梨、晚熟白丽桃等新品种，更新和开发果树166.7公顷。

【水果生产技术培训】 2013年市农业局先后邀请中国农学会葡萄分会会长晁无疾、中国农学会葡萄分会专家委员会主任李世诚、浙大滕元文、南京农大陶建敏、浙江省农科院吴江等5位专家，前往唐先、柏岩、前仓等地进行6次优质葡萄、梨等生产技术培训，培训果农1 200人次。市特产站编写并发放无公害桃、梨生产技术和柑橘病虫防治资料2 000多份。

【茶叶无性良种园开发】 永康茶叶以农药投入少、水土保持能力强的特点，参与杨溪水源保护区产业结构调整，在库区发展7.33公顷无性良种茶园。茶农俞新楼在山坞村新种无性良茶叶——“武阳一号”3公顷。2013年10月底，销售额超1 000万元的企业有2个，浙江华茗园茶业有限公司销售额2.75亿元，浙江省永康市名茶研究所销售额1 599万元。

【蚕桑种养新技术引进】 2013春，市农业局引进“农桑14”、“强桑1号”、“育-711”、“丰田2号”、“桂桑12”、“果桑大10”等新品种7个4.77万株，其中强桑1号3.2万株。舟山镇道坦村、市联农蚕桑专业合作社建立新品种示范基地470公顷，其中连片种植330公顷。舟山镇碧湍里蚕桑基地新种“强桑1号”等2.3万株，连片发展桑园1 230公顷，配备太阳能杀虫灯4盏、频振式杀虫灯3盏，电动伐条机3台；建成活动房小蚕共育室1 200平方米，配备空调机1台，小蚕加温补湿器3台，电风扇19台等。2013年养蚕120.75张，产茧3.2吨，收入15.8万元。舟山镇马关村进行蚕桑先进适用技术综合示范，建成桑园面积17公顷，占耕地面积85%，其中自流灌溉桑园1.33公顷，百亩喷灌桑园基地已建成0.67公顷。养蚕场地配备小蚕加温器7台，空调3台；全村养蚕197.25张，蚕茧产值33.02万元。马关村在2012年桑园套种

永康特产——蚕丝宝枕(农业局提供)

桑枝大球盖菇0.13公顷获得成功的基础上,2013年利用桑园冬闲,套种黑木耳0.2公顷,九头芥0.67公顷,制作咸菜、霉干菜等;市联农蚕桑专业合作社利用蚕沙加工保健枕、有机肥,为资源化利用蚕桑副产品进行有益的尝试。

【保障性蔬菜生产基地】 3月20日,市农业部门召开总结表彰会,对西竹园、山下、上宅口、十井坑、毛虎山、栗园等28户无公害蔬菜生产技术示范户进行表彰。7月23日,召开蔬菜产业调研会,永康有关瓜菜专业合作社、农业企业、家庭农场等18名负责人参加,会上通报蔬菜产业相关信息,发放蔬菜生产记录档案表,进行蔬菜质量安全知识培训。9月11日至13日,举办全市种菜大户和各镇(街、区)分管蔬菜生产农技人员共170多人参加的市蔬菜安全生产技术培训。印发相关培训资料200多份。同时开展保障性蔬菜基地规划,先后到西城街道、东城街道、石柱镇等地考察土壤、水源、大气环境状况,完善永康2012年至2020年保障型蔬菜基地建设的目标、任务、新蔬菜基地建设的适宜区域、具体建设内容及工作措施等。同年向浙江省农业厅、财政厅申报“永康市岩治蔬菜基地建设”项目,面积3.33公顷,总投资76万元,主要建设内容有扩建钢架大棚3.33公顷、完善蔬菜基地用电设备等有“永康市水碓头蔬菜基地建设”项目,面积3.33公顷,总投资82万元,主要建设内容:扩建钢架大棚3.33公顷、田间操作道路和渠道整修等。西竹园蔬菜基地扩建提升,整修沟渠3.19千米,硬化田间操作道路3千米、蔬菜分级整理场地1 200平方米,建成堆料池200立方米,招标扩建钢架大棚10公顷,新增微灌、滴灌节水设施28.67公顷,推广使用有机肥159吨。

(林友红　朱双瑶)

■ 畜牧养殖

【概　况】 2013年,永康畜牧业生产经受春夏之交禽流感疫情和夏季高温干旱天气的考验。年末全市生猪存栏6.7万头,同比增4.69%,其中能繁母猪存栏0.56万头,同比持平;生猪出栏9.8万头,同比持平。牛存栏561头,比2012年减少8.93%,其中奶牛存栏2头,同比持平;牛出栏247头,同比减少2.37%。羊存栏0.4万头,同比增加33.3%;羊出栏0.7万头,同比增加1.45%。家禽存栏48.3万只,同比减少35.8%,其中鸡存栏21.1万只,同比减少40.56%;鸭存栏24.5万只,同比减少32.88%;鹅存栏2.7万只,同比减少10%。全年家禽出栏130.7万只,同比减少21.04%,其中鸡出栏62.2万只,同比减少7.47%;鸭出栏56.6万只,同比减少34.03%;鹅出栏11.9万只,同比减少4.8%。兔存栏0.26万只,同比增加18.18%;兔出栏1.2万只,同比增加50%。

【禽流感疫情防控到位】 2013年初,浙江省出现禽流感疫情,永康市政府于4月6日召

永康本地土种“永康灰鹅”(农业局提供)

开紧急会议,落实各项防控措施,开展流感疫情调查,强化消毒工作,严格执行疫情报告和举报核查制度,做好高致病性禽流感免疫工作。4月24日,邀请市疾控中心专家对市畜牧兽医局全体人员、各镇(街、区)畜牧防疫员进行禽流感防控个人防护知识宣讲。25日关闭全市活禽交易市场,6月初恢复活禽交易。21～30日,对全市范围内的畜禽养殖场(户)开展安全生产大检查。年内永康未发生人感染H7N9禽流感病例,畜禽样品中未检测出禽流感病毒阳性反应。

【全市建成能繁母猪预警系统】 2010年9月15日,召开能繁母猪预警体系建设培训会。30日完成全市能繁母猪基础数据采集及传输工作,年内发放能繁母猪耳标6 922枚。2011年685枚,2012年2 074枚,3年发放耳标1.05万枚,做到一母猪一耳标的钉载工作。2013年11月将2011年与2012年省市补助经费8.13万元发放给各个规模养殖户和防疫员。

2012年1月生猪生产定点监测启动,永康被列入申报市,每月将10个生猪养殖固定监测村生产情况表、20个生猪养殖固定监测户生产和效益情况表,上报畜牧业统计监测系统。

【“星级猪场”等级评定】 2009年始,金华市开展星级猪场评定,永康万利养殖有限公司评为四星级猪场。2010年市龙鑫养殖场评为二星级猪场、市远大猪场和市芳年养殖场评为一星级猪场。2011年浙江伟丰肉食品有限公司评为三星级猪场。2012年市芳年养殖场评为二星级猪场,市西城旺隆养殖场和市美星农庄评为一星级猪场。2013年市绿宝养殖场评为一星级猪场。

【规模养殖场备案登记】 2010年始,开展规模养殖场申请备案工作。采取公开、透明、讲究实效的原则,由申请人在市行政服务中心农业窗口索取备案条件材料并提出申请,受理申请后,15个工作日内组织专业人员完成核查,符合条件者予以备案,进行登记,发放畜禽养殖代码,向社会公布。2010年至2013年全市151个养殖场完成备案工作,其中生猪养殖场13个、家禽养殖场6个、蜜蜂养殖场131个、野兔养殖场1个。市石柱野兔精品园建设项目由石柱上杨水寨休闲养殖场承建,2013年7月通过省级验收。

【畜牧业长效机制】 永康市为国家生猪现代产业技术体系金华综合试验站示范县,每月上报6个生猪规模养殖场的基本情况,包括存栏、配种分娩、死亡、出栏、投入使用情况及经济指标等。2013年10月制订《永康市推进农牧结合生态循环农业发展行动方案》,按照“生态优先、供给安全、调量提质、助农增收”的畜牧业转型升级要求,重点破解制约农牧结合、生态循环的发展障碍,着力构建促进农牧紧密结合的长效机制。

【动物疫病可追溯体系】 2009 年始，对全市存栏 1 000 头以上的生猪规模养殖场(户)和行政村生猪散养户，开展动物标识及疫病可追溯体系建设工作。所用的智能识读器、IC 卡、SIM 卡由市统一采购，各镇(街、区)均配置 1 至 2 台，规模养殖场 1 台。同时做好二维码耳标扫描和佩戴，把免疫信息实时输入智能识读器上传。生猪出栏时，产地检疫通过扫描耳标的二维码查询免疫记录，对检疫合格的出具动物检疫证明。屠宰场待宰生猪宰前检疫通过扫描耳标，读取防疫和产地检疫信息，才能进场。建立和完善动物标识及疫病可追溯体系是动物卫生监督执法工作实现由传统模式向现代管理模式转变的重大变革。通过对动物戴标识别，将动物免疫、产地检疫、屠宰检疫等环节的信息上报中央数据库，实现动物源性食品从生产到消费的全程监管，使重大动物疫情及动物产品质量安全事件快速追踪成为现实。

【村级防疫员队伍“精兵强员”】 2008 年 4 月永康成立村级动物防疫员队伍，并根据防疫工作情况变化，适时作出调整。2013 年 8 月中旬，通过防疫技能比武和理论考试，精减 26 名村级动物防疫员；9 月组建成立民办非企业性质的公益性社会组织——永康市动物防疫服务中心，村级动物防疫队伍组织化建设走向正轨。各镇(街、区)根据畜禽饲养量设立 1～3 名防疫员，重点配合动物卫生监督所和镇(街、区)做好防疫、检疫、监测、监管以及疫情处置和无害化处理等工作。

【病死动物无害化处理】 2012 年 10 月 22 日，市出台生猪规模化养殖场病死猪无害化处理补助政策，对年出栏 50 头以上规模养猪场死亡生猪无害化处理进行补助。2013 年 4 月 18 日，为加强永康病死动物及其产品无害化处理，有效防止随意丢弃病死动物及其产品事件的发生，确保畜牧业健康发展和公共卫生安全，颁发《关于进一步加强病死动物无害化处理工作的紧急通知》，防止发生漂浮死猪事件和病死猪流向市场，各部门密切配合，形成病死动物无害化处理监管合力。

【动物卫生监督执法】 10 月 15 日，设立市直、芝英、清溪、龙山 4 个动物检疫申报点。年内出具省外动物及产品调入备案单 2 份，启用《分销凭证》，管理市外调入市内不同屠宰场的生猪。对辖区内的动物诊所进行二次全面执法检查。全年屠宰检疫生猪 19.19 万头，检出病猪 167 头，高温处理 72 头，销毁 95 头，销毁脏器 575 副，车辆消毒 8 781 辆。市场检疫生猪 2 911 头，羊 885 头，家禽 19.9 万只。产地检疫活猪 2 万头，家禽 6 890 只。10 月 25 日，在全市范围内开展动物卫生监督执法行风规范行动，查处动物卫生违法案件 5 件，经营和运输无检疫证明动物案 1 件，收购销售无畜禽标识动物案 4 件。

【畜产品质量安全监管】 做好兽药、饲料经营和使用环节的监督管理，与养殖户签订畜产品质量安全承诺书，不定期开展以“瘦肉精”为主的违禁药物检测。截至 2013 年 11 月 25 日，已检测 1 829 份，均为阴性。年内查处 1 起动物非法使用人用药品案件。加强全市 15 个生猪经纪人的监督管理，实行生猪经纪人承诺制度。加强对 4 个生猪定点屠宰场的监管，按规定比例对进场生猪抽取尿液“瘦肉精”检测，截至 11 月 25 日，已检测尿样 1.07 万份，未发现有饲喂“瘦肉精”的生猪进场屠宰。开展“绿剑”执法行动和“强网清源”集中行动，对全市养殖场进行清查摸底，对畜产品生产经营单位进行排查。2013 年 9 月 1 日至 10 月 8 日，走访养殖场 80 户，约谈畜产品生产主体 2 家，瘦肉精尿样抽检 286 份，发放材料 330 份。永康未发生因假劣兽药及饲料添加剂引发的重大畜产品质量安全事故。

【重大动物疫病疫情监测】 2013 年开展重大动物疫病病原监测，包括口蹄疫、猪瘟、猪伪狂犬病、猪圆环病、高致病性猪蓝耳病、经典猪蓝耳病和新城疫病原检测；开展重大动物疫病免疫抗体监测，包括猪瘟、口蹄疫、高致病性禽流感 Re-4 株和 Re-6 株、新城疫抗体检测。11 月开展全市畜禽养殖情况普查，凡在永康境内存栏生猪 4 头以上、牛 3 头以上、羊 10 头以上、禽 200 只以上的养殖场(户)均属普查对象，普查内容包括养殖场基本情况、畜禽存栏情况、养殖场证照取得情况、粪便污水及病死动物无害化处理设施情况。制订《永康市畜禽养殖污染整治专项行动方案》。市动物疫病预防控制中心实验室于 2012 年 3 月 31 日通过浙江省质量技术监督局计量认证，7 月 18 日取得计量认证证书，具有出具检验报告资质。

【畜禽养殖场集中免疫】 4 月初，永康有存栏 50 头以上规模养猪场 272 家、规模养禽场 93 家，生猪存栏量 16 万头、家禽 170 万羽。为做好 H7N9 防控工作以及春季动物防疫工作，永康市切实加强对规模和散养畜禽免疫工作，确保 10 天内完成集中免疫任务。对病死动物实行不准收购、不准宰杀、不准运输、不准加工、不准食用和及时做无害化处理的“五不准一处理”。

（方岩录　朱相如　李　正）

■ 农业机械

【概　况】 2013 年永康拥有农机总动力 33.83 万千瓦，其中柴油机 30.06 万千瓦，汽油机 0.87 万千瓦，电动机 2.9 万千瓦，总动力比 2012 年增 0.99 万千瓦。全市有大中型拖拉机 149 台，比 2012 年增 50 台；手扶拖拉机 3 954 台，同比增 17 台；旋耕机 2 729 台，同比增 95 台；耕整机 394 台，同比增 145 台。种植、排灌、植保、收获机械有水稻插秧机 117 台、同比增 26 台，农用水泵 11 320 台，节水灌溉机械 841 套，机动喷雾机 2 608 架，联合收割机 208 台，机动脱粒机 32 988 台，谷物烘干机 29 台。设施农业设备有温室 180 万平方米，工厂化育秧设备 16 套，育秧秧盘 18.95 万只。运输机械有农用运输车 554 辆，与 2012 年持平；运输型拖拉机 6 440 辆，同比增 434 辆。农业机械原值 3.85 亿元，同比增 12.3%，净值 2.45 亿元，同比增 12.6%。

农业局组织农机产品展示(农业局提供)

全市1.6万个农机经营单位，农机化作业收入3.08亿元。

2013年春耕期间，全市农机维修网点修理农机具4.57万台。“双夏”期间，4 200台拖拉机及配套农具投入夏耕，机耕面积1.14万公顷。全年投入水稻插秧机117台，水稻机插0.28万公顷，调用联合收割机208台，收割面积0.94万公顷。

【农机使用示范操作技术推广】 5月24日，在龙山镇万古塘举办永康单季稻机插现场会。6月17日，在西溪镇中心小学开展“平安农机”进校园活动；19日召开拖拉机驾驶员协会第四届会员代表大会，选举产生新一届协会理事。8月为应对严峻的抗旱形势，动员全市5 000多台排灌机械参与抗旱，前往前仓、芝英、象珠等地，指导农户做好抗旱机具保障服务工作，确保90%以上的机插晚稻长势良好。9月中旬，完成农机维修服务中心考察、立项工作。10月为规范市粮食烘干中心的管理及粮食烘干机操作技术规程，印发《粮食烘干车间管理制度》《粮食烘干机操作技术规程》。11月，和力农机专业合作社通过省级农机专业合作社示范社考核认定，成为浙江省首批50家省级农机专业合作社示范社之一。

【农机购置专项补贴发放】 2013年发放农机购置补贴资金472.06万元，其中国补资金391.64万元，省补21.12万元，县补59.31万元。按照《浙江省农业机械购置补贴专项资金使用管理办法》的要求，实行“全价购机、县级结算、直补到卡”，完成补贴机具购置1 184台(套)，其中大中型拖拉机68台，手扶拖拉机38台，耕整地机械438台，水稻插秧机28台，育苗机械设备26套，田间管理机械320台，联合收割机14台，农产品初加工机械2台，粮食烘干机10台，排灌机械181台，畜牧水产养殖机械53台，降温设备5套，固液分离机1台，带动农民投资1 400万元。补贴资金的及时拨付，减轻了农民负担，调动了农民购买先进适用农机具的积极性。

【育插秧烘干机械化推广】 水稻育插秧机械化示范项目历经2年，于2013年6月通过省农机局验收。项目新增水稻机械化育插秧示范点10个，插秧机9台，育秧秧盘3.9万只，育秧播种流水线5套，种子催芽机4台。年内举办现场演示会8次，培训技术人员108人次，参加现场观摩的农民、农机农艺技术人员及基层干部620人次，实现机插面积396.2公顷。2011年完成水稻机插面积0.21万公顷，2012年0.28万公顷，2013年0.35万公顷，年均增幅30%以上。年底止，全市有水稻育秧中心(基地、点)19个，供秧能力0.29万公顷，水稻机插率33%。新建粮食烘干中心3个，有烘干机5台；扩建烘干中心4个，有烘干机5台。至年底，全市拥有粮食烘干中心17个，粮食烘干机45台，批次烘干能力544吨，为种粮大户机烘稻谷(麦)2.7万吨，基本解决全市种粮大户“烘谷难”问题。

【农机安全生产月宣传】 2013年以农机安全生产为目的，强化农机监理工作。对全市农机生产企业、维修网点、农机零配件经营部、农机专业合作社、农机大户、二手农机经营市场、拖拉机培训机构等25家单位的农机安全生产隐患进行排查治理。开展“安全生产月”活动，发放农机安全生产警示资料300份，《告全市拖拉机驾驶员一封信》1 000份，悬挂宣传横幅20条，制作安装公路警示牌10块。对西溪中学500多名师生进行道路交通法规、事故案例分析的宣传教育活动。做好拖拉机驾驶员、农机操作手的技能培训。办理新车上牌349台，新驾驶员考试200人，检验拖拉机3 018台，审验驾驶员2 563人，复训拖拉机驾驶员54人。加强路面巡查，全年进行路检路查212次，参加人员1 055人次，检查拖拉机、农用运输车、外省籍变型拖拉机8 330台，纠违处罚2 747台次，按报废年限规定，强制报废拖拉机133台。

【创建“省级平安农机”示范市】 2009年以来，通过建立“政府负责，农机主抓，部门协作，社会参与”的工作机制，市农机部门制定《永康市创建省级“平安农机”示范市活动实施方案》，开展多部门联动协作、多角度宣传教育、多方位排查整治行动，促进各项农机安全生产责任制的落实连续创建象珠镇、西溪镇等5个镇为省级“平安农机”示范镇，103个村为市级及以上“平安农机”示范村。营造一个浓厚的“平安农机”社会氛围。拖拉机等主要农机及驾驶员的上牌率、持证率均达98%以上，检验率86%以上。镇、村基层农机安全生产环境得到改善，事故隐患明显减少，农机经营者的质量安全意识、农机使用者的安全生产意识得到加强。2013年10月22日，经省农业厅、省安监局、省公安厅组成的创建“省级平安农机示范县(市、区)”考核认定小组考核，永康市通过省级“平安农机”示范市验收。

【《农业综合区规划》调整】 2010年制订《永康市清溪省级现代农业综合区规划》。2013年市农业园区建设领导小组根据现阶段农业发展实情、土地总规、城乡规划，重新调整和完善综合区规划：撤销高歌肥肝鹅主导产业示范区与市红岩肉鸽精品园建设规划；增补市西城藏香猪精品园建设规划；调整鸽肉精品园到新址建设；黄坟坑蔬菜主导产业示范区建设地点往西扩容，整合富大坑、山下、水碓头等村进行连片建设。

【“现代农业园区项目”建设】 2013年市农业部门实施永康市现代农业园区建设专项资金及省现代农业发展资金项目，推进综合区内红富士葡萄示范区、黄坟坑蔬菜产业示范区、西竹园精品园、唐先有机肥料厂及市舟山蚕桑示范区等现代农业园区建设。年内新申报立项10个，总投资2.22亿元。年底完成石柱野兔、四路观赏鱼、西城罗非鱼、方山柿精品园的建设并通过验收。舟山桑蚕、唐先红富士葡萄两个主导产业示范区基本建成，新增葡萄避雨设施13.4公顷，完成葡萄长廊绿化配套工程及销售一条街建设。黄坟坑蔬菜主导产业示范区扩建钢架大棚10公顷，微灌40公顷，操作道路硬化2.16千米。两头乌精品园新建猪舍和沼液综合利用系统。食用菌精品园新建1 650平方米菌包房。鸽肉精品园完成鸽舍改造。茶叶精品园完成车间改造。唐先茶油等在建项目进展快速。

（施妙录　章　帅　李方华）

■ 农技推广

【概　况】 2013年市农业部门以示范创建活动为载体，推进循环农业发展，组织开展永康市唐先省级生态循环农业示范区创建申报，被省农业厅列为省级创建点。开工建设市舟山镇蚕桑生态循环农业发展及农业废弃物处理利用技术模式并进行示范推广，石柱镇畜禽粪便收集处理中心及伟丰两头乌养殖场排泄物资源化利用项目在进行中。结合永康实际情况，整理沼液综合利用示范素材和生态循环农业创新模式以及养殖场治理模式图。如“猪—沼—作物”生态养猪综合利用模式，“猪—沼—果”生态种养就地消纳模式，“农业废弃物—沼气工程—蔬菜生产”能源生态循环等模式。

【农业技术人员知识更新培训班】 4月18日，市农业局组织全市125名种粮大户、农机大户，连续举办2期农机新技术推广与使用培训班，传授拖拉机、插秧机的使用及保养维护知识。年内完成市、镇(街、区)50名农技人员的知识更新培训，培育科技示范户500户，从全市农技人员中筛选出重点培养的农业农村实用人才4名，新招农民职业教育学员40名，从应届高中毕业生中招收、委托浙江农林大学定向培养基层农技人员8名，组织现代农业经营领军人才生源3名，通过公务员招录、事业单位招考引进农业大学毕业生8名。举办农民沼气工理论培训班，进行沼气生产工职业资格考试，有21名通过职业技能鉴定。组织171名畜牧养殖户进行“三沼”综合利用和沼气安全生产培训。通过农民信箱建立全市养殖场沼气工程用户和沼气生产工数据库，每周发送沼气安全知识、“三沼”综合利用知识短信，累计15万多条。在全国科普宣传日以及市葡萄节、农展会等期间，向市民发放模式图1 200份，沼气生产安全知识手册600册，挂图400份。

【万村联网农业信息化建设】 2013年农民信箱发布“每日一助”信息167条，促成农产品交易额1 096.8万元。买卖信息685条，公共信息408条；网上摊位数351个，产品展示数719个；农民信箱专题信息24条，新增注册农民信箱用户600人。开展农民信箱畜牧二级平台建设，录入规模养殖场122个，畜牧专业合作社17个。推进联网工程建设。全市建镇(街、区)网站16个，经济主体网站154个；新农村网站716个，占行政村(居委会)总数98.35%。全年发布信息24条以上的村级子网630个，占建站总数88%。成功争创前仓镇世彰村、大陈村，芝英镇桑园下村3个省级新农村示范网站。《永康农业信息网》栏目信息累计维护更新648条，其中农业快讯信息353条，农事指导71条，政策法规13条，通知公告43条，农业论坛54条。《中国永康》网站上政务信息238条。先后开通第三届中国(永康)红富士葡萄节网上葡萄节和第八届永康市农展会网上农展会专题网站。网上葡萄节发布信息61条，为葡萄种植大户发布“每日一助”手机短信12条。网上农展会录入参展企业49家，产品187个；首次使用永康网上农展会、农展会展馆示意图、永康农业信息网和展会主要日程安排等4个二维码。

【农业公共服务中心建成】 2012年全市创建示范性农业服务中心2个：唐先镇、前仓镇，非示范性农业服务中心2个：方岩镇、经济开发区。2013年创建示范性农业服务中心2个：古山镇、东城街道；非示范性农业服务中心4个：龙山镇、城西新区、舟山镇、花街镇。创建主要内容：完成镇(街、区)农业公共服务中心办公用房、培训室和检验检测室建设和改造装修，规章制度上墙，办公、检测设备的购置，农技人员培训和知识更新。

(邵唐洪　谢凤珍)

■ 产品监管

【概　况】 2013年永康市建立农业植物疫情监测点17个，其中农业部阻截带建设监测点3个。柑橘溃疡病零星轻发生面积40公顷，加拿大一枝黄花零星轻发生面积3.03公顷。对全市40万株桃、梨、杨梅、柑橘等水果苗木，2 333.34万公顷桃、梨、李、葡萄、杨梅、柑橘、柿、西瓜、蔬菜、甜玉米、生姜、中药材、茭白、食用菌等植物产品进行产地检疫，除少部分橘园发现柑橘溃疡病，未发现其他检疫性有害生物。全市检查了7个水果农贸市场、检疫水果苗木约15万株和24家农业种植企业、农民专业合作社及8家种子经营店植物检疫证书单证签发情况。

【高毒农药退出市场】 10月1日起，市农药行业协会85家会员共同承诺，一律不经营国家明令禁止使用的农药，国家限制使用的高毒农药，社会反映强烈、影响永康农产品质量安全的农药，从源头上堵住全市农产品尤其是蔬菜、瓜果、茶叶、中草药材的农药残留超标等质量安全问题。首批退出市场的有呋喃丹、氧乐果、水胺硫磷、速扑杀(杀扑磷)、五氯酚钠、乙酰甲胺磷、丁硫克百威(拌种粉剂除外)等7种。

【农资信息化建设项目完成】 2013年11月按照省农业厅“统筹安排、市级指导协调、县级为主负责、业主责任落实”的责任要求和

"试点先行、项目推进、分步实施、稳中求进"的总体思路，采取"财政补一点、农资店自筹一点"的资金筹集办法，组织 30 家经营店进行 POS 机的使用培训，全市"农资信息化建设"项目基本完成。"农资监管与服务信息化建设"主要目标和任务是：创建农资实名销售和农资实时监管平台，利用计算机和网络技术，建立信息库，对农资购销信息进行管理；建立农资商品市场准入备案制度。由农资经营单位将其新进的商品信息在农资监管（永康市农业行政执法大队）信息平台进行备案登记，农资监管部门对登记信息进行核对审查，把好农资市场准入关。农资商店实行 POS 机管理，使用 POS 机进行农资进货、销售和商品库存管理，农资商店的进销货信息自动通过网络自动上传农资监管部门的信息平台，有利于监管部门实时监控。

【"一岗双责"全员监管】 市农业局印发《2013 年农产品质量安全专项整治行动实施方案的通知》，从岗位责任、检打联动、健全巡查制度、农业扶持与政策联动、应急管理及信息通报等方面，完善农产品安全监管措施，落实岗位责任。局全体干部职工既当农技推广员，又当农产品质量安全宣传监管员，在下乡农技推广和行政工作中，同时肩负起农产品质量安全管理的职责。监管工作从面上铺开，建立农产品质量安全"黑名单"，形成上下齐抓农产品质量安全工作的新局面，有组织有计划地开展农产品质量安全监管工作。

【农产品质量追溯管理系统】 按照"产销可记录、流向可跟踪、信息可查询、责任可追究"要求，市农业部门建立农产品质量安全追溯管理平台，采用 IC 卡、射频卡、条形码等信息采集技术以及激光扫描识别、标签打印机、贴标机、喷码机、IC 卡、射频卡、IC 卡读写器、射频卡读写器等专用设备，形成农产品的"生产者—营销者—消费者—监管机构"可溯数据链。消费者可以利用追溯条码，通过手机二维码扫描、互联网网站等方式查询农产品相关信息，完成从生产源头到消费终端的集成化质量全程控制，有效提高对农产品安全的监管水平。以栗园农业开发有限公司、茂盛农业开发有限公司为重点追溯管理对象，加强综合监管，逐步消除监管盲区。在此基础上，逐步向畜牧、粮油、水果等多种农产品延伸，建立完善从田头到餐桌的全程信息管理系统，实施信息共享，提升永康农产品质量安全整体水平，建立全市农产品质量安全追溯管理的运行机制。

旺盛达农业开发公司生产的永康土茶油（农业局提供）

【动物标示及疫病可追溯体系】 2013 年购置 56 台移动智能识读器，在 16 个镇（街道、区）以及年出栏量 1 000 头以上的养殖场注册使用 28 台。以畜禽标识、养殖档案和防疫档案为基础，在动物生命周期中，通过移动智能识读设备，对免疫注射、产地检疫、运输监督、屠宰检疫等 4 个环节进行信息采集、网络传输、计算机分析处理和移动智能识读设备查询、输出等一系列功能操作，对动物饲养及动物产品生产、加工、销售等不同环节可能存在的问题进行有效追踪和溯源，实现重大动物疫情及动物产品质量安全事件快速追踪。全年上传入库动物 27.4 万头。

【农产品质量安全监测】 市农产品质量检测中心依据《中华人民共和国农产品质量安全法》，加强"三品"质量安全监测，从源头上强化农产品质量安全。2013年抽检2 921个样品(其中定性抽检2 705个、定量检测216个),合格率为99.01%。抽检规模养殖场尿样643个批次,生猪定点屠宰场尿样3 841个批次,检测样品全部合格。通过全方位农产品质量安全监测,保障了农产品消费安全。

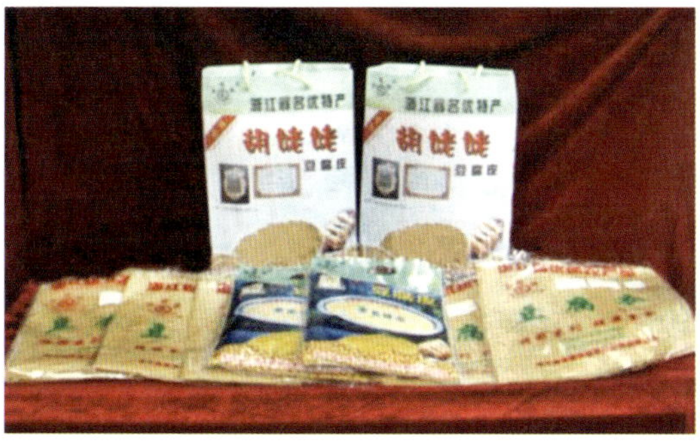

永康市姥姥豆制品公司生产的"胡姥姥"豆腐皮(农业局提供)

2011年"永康市农产品质检站项目"在市农贸城建设。项目由省发改委批准立项,总投资305万元。2013年4月完成检测设备购置和实验室改造,9月,市检测中心整体搬迁至农贸城内办公。

【无公害蔬菜栽培培训】 2013年9月下旬,全市有55名蔬菜种植大户参加了由市农业局举办的蔬菜安全生产技术培训会。如何在使用农药的情况下,实现无公害蔬菜的栽培;对蔬菜种植过程中出现的虫害如何采取科学合理的方法。有条件的种植户可以采取一些生物防控和物理防控的手段,例如培养农作物天敌或利用防虫网来杀灭害虫。

2013年为进一步提高永康食品安全质量,把好百姓入口第一关,市农业部门推进蔬菜产业健康发展,建立严格的检测机制,相关部门每一季每一月都定期对农药残留进行检测,建立严格的农药回收制度,实行空瓶子、空塑料袋安全处理,发现丢放家中,一律当作不合格处理。

【秋季禽畜免疫检测】 为有效督促和检验永康重大动物疫病防控工作,确保规模畜禽养殖场程序免疫、免疫质量和防控效果,2013年11月7日,金华市畜牧兽医局检查组一行3人到永康开展秋季重大动物疫病防控免疫效果进行检测。检查组随机市万利养殖有限公司和经济开发区林建养殖场抽取15份猪血样和15份鸭血样。这是2013年来金华市农业局对永康进行的第3次例行抽检,品种包括猪肉、猪肝、禽蛋、猪尿等29个样品。除对猪尿样进行了当场检测外,猪肉、猪肝、禽蛋等样品均由专家组带回金华市检测,结果全部正常。

【养殖场治理验收】 根据2013年永康规模化畜禽养殖场排泄物治理任务目标,至11月全市已有19家养殖场完成沼气工程建设。11月20日,市能源办召集相关养殖场主部署验收准备工作会议。要求各养殖场主改变传统养殖方式,通过埋设污水管道做到雨污分离;配置干粪棚,畜禽排泄物经过干粪棚堆放发酵后消纳处理;建设沼气池,提高沼气利用率等方式,推进养殖业建成种养结合、生态养殖和清洁生产模式,同时要求做好养殖场及周边环境卫生。会后发放安全警示牌和沼气工程安全运行和管理制度,要求各场主将安全警示牌和制度上墙,提高安全意识,避免发生安全事故。规模化养殖场治理验收工作于12月初进行,市农业、环保、畜牧、财政等部门联合实地逐家验收。

【草莓质量安全检查】 12月17日,农业局质监科牵头,会同农业行政执法大队和农产品质量安全检测中心相关人员,对东城街道和城西新区开展草莓质量安全检查,以农业投入品规范使用、生产主体落实农产品质量安全责任为主要内容,实地检查生产记录、产地环境、农业投入品使用情况和农资仓库,督促生产主体规范农业投入品的使用,抽取草莓样品送省农科院进行定量检测,发现有违法行为即进行坚决打击,移交公安机关查处。按照属地管理原则,督促镇(街道、区)农办加大巡查力度,广泛宣传国家有关法律规定和禁限用农药相关知识,保证永康的草莓质量安全，促进草莓产业健康发展。

【蜜蜂养殖情况调查】 为了保障永康蜜蜂生产健康发展，积极发挥蜜蜂在农业生产中的重要作用，2013 年市畜牧局在全市范围内对蜜蜂存栏 50 箱以上的养蜂户开展蜜蜂养殖情况调查。养殖在市辖区内的养蜂户由市动物防疫服务中心负责调查；异地养殖的养蜂户由市康长源养蜂产销专业合作社负责调查。做到数据客观真实，不瞒报不虚报，市不漏村，村不漏户，户不漏箱，确保养蜂户姓名、联系电话等信息无误。调查结束，市畜牧局采取实地、电话等多种形式进行抽查并进行总结。

（应书礼　沈新庭　王　海）

■ 综合管理

【概　况】 2013 年市农业部门出动检查人员 345 人次，排查 219 户，开展联合执法行动 6 次，查处违法案件 6 起，开展集中宣传活动 2 次，下发整改通知书 15 份。开展“绿剑”系列执法行动，出动执法人员 458 人次，检查农资生产经营单位 203 家次，农业种植大户 143 户次。受理投诉举报 6 起，查处违规行为 35 起，立案查处 19 起，查获不合格农业投入品 13.37 吨，罚没款 6.9 万元。开展春、秋季种子执法检查，先后出动 17 次，抽查、检测种子样品 17 个。开展“强网清源”集中行动，着力解决种子质量安全领域方面存在的问题，杜绝区域性、系统性农业安全事故的发生。

【农业行政执法证件审验】 12 月 2 日，市农业局根据省农业厅工作部署，积极组织开展农业行政执法证件审验及换证工作，此次审验对象为执法证颁发日期在 2010 年或 2012 年的农业行政执法人员。农业局严格按照上级要求，对持证人执法工作考核，是否按时参加法制培训，是否存在违纪违法或重大执法过失，以及受奖励或处分等情况进行了审验，认真开展审验及换证工作，已完成审验 21 人，换证 1 人，注销退休人员执法资格 2 人。

【农业行政审批项目清理】 2013 年市农业局根据《永康市人民政府办公室关于开展行政审批项目清理工作的通知》，保留行政许可事项 10 项，分别是兽药经营许可，动物诊疗许可，动物防疫条件合格证核发，农药经营许可，兽医执业注册，拖拉机、联合收割机操作人员操作证件核发，植物产地检疫证明核发，植物、植物产品调运检疫证明核发，动物及动物产品检疫证明核发；非行政许可事项 1 项：设施农用地审批（属多部门联合审批，农业局为统一受理窗口）；其他类项目 3 项：拖拉机驾驶人的安全教育和考试、养殖场及养殖小区的备案、省外调入动物和动物产品备案；便民服务类项目 4 项：联合收割机牌证的补换领、联合收割机驾驶证的补（换）发、拖拉机驾驶证的补（换）发、拖拉机牌证的补换领。其余事项或调整到行政确认类，或因两年以上没有办理过业务被挂起。

【完成农村土地流转任务】 2013 年永康市有 6.65 万户农民、7 551.8 公顷土地投入流转，流转率 49.37%，完成金华市下达土地流转 200 公顷任务。全市有 235 个村 3.33 公顷以上，5 年以上规模土地流转 2 880.9 公顷；有 3.33 公顷以上，5 年以上经营规模主体 188 个，经营流转土地 2 563.27 公顷，市财政发放规模经营流转土地奖励补助资金 363.02 万元。10 月 24 日止，全市除 3 个村未结束之外，其余均已完成农村集体三资管理。其中年内完成 658 个村级组织的审计或清理，审计金额 88.54 亿元。

【村级经济合作社换届】 村经济合作社换届工作统一纳入新一轮村级组织换届，通盘考虑、同步部署。按党支部、村委会、村监会、村经社的顺序开展工作。2013 年 9 月在象珠镇试点，10 月底完成试点工作，11 月份在全市铺开，年底全面完成。换届工作遵循党委领导，同步部署；于法周严，于事简便；精干精简，交叉任职的原则。采用社员大会或经社员大会授权的社员代表大会等方式依法选举产生社管会、社监会。社监会的职能由村务监督委员会兼任。

（梅航赛　方振慰）

水　利

【概　况】 2013年市水务局围绕市委、市政府“八大重点工程”和“十大民生实事”的工作目标，做强做实民生水务、科学水务、生态水务，积极推进全市城乡水务发展。全面开展水利基础设施建设，做好境外引水和北部水库联网，中小河流重点县治理、永康江和南溪河道综合治理等重点项目的相关工作，加快实施全国最严格水资源试点，继续深化水务体制改革，开展生态清洁小流域治理，做好水库加固除险、饮用水安全、水厂扩容、河道治理、防汛抗旱、水土保持、水产养殖、水资源保护、水行政执法等工作，完成了水务年度创业目标承诺。

水库加固

【概　况】 全市有小(二)型以上水库102座，其中中型水库3座、小(一)型水库17座、小(二)型水库82座。大多建于20世纪五六十年代。施工质量低，多年运行，设施老化。主要存在溢洪道达不到防洪标准，坝体渗漏，涵洞为砖石、陶瓷涵管、易渗漏水，启闭机损坏，岸坝蚁害等。至2013年全市已完成水库除险加固51座(2003年至2007年29座，2007年至2013年22座)，总投资2.15亿元。2013年完成源口、隐清塘、龙潭里3座水库除险加固工程。

【沅口水库重建坝体】 沅口水库位于舟山镇沅口村，属永康江水系杨溪源头，集雨面积5.96万平方千米。大坝于1965年10月始建，1979年4月完工，系土石混合坝，坝高27米，正常库容130万立方米，总库容152.5万立方米。这原是一座以灌溉、供水为主，结合防洪、发电等综合利用的小(一)型水库。2011年列入水库除险加固项目。拆除原坝体，在下游约40米处新建一座C15砼重力坝，坝长135.6米，坝顶宽4米，坝高31.8米，是永康首座小(一)型砼重力坝，总投资2 847万元。工程于2011年11月28日开工，2013年8月16日完工。

【云清塘水库除险重修】 云清塘水库位于舟山镇舟山一村，属永康江水系李溪支流舟山溪，集雨面积1.03万平方千米，正常库容8.66万立方米，总库容13.11万立方米，是一

山清水秀太平水库(龙山镇提供)

弘丰建设公司建造的南山自来水厂（建设局提供）

座以灌溉为主的小（二）型水利工程，灌溉农田20多公顷。水库始建于明永乐年间（1403～1424），明朝万历年间重修。1958年9月进行水库扩容续建，坝体为土石混合体，坝高17.18米。2011年列入水库除险加固项目，主要内容：拆除原坝体，在下游约10米处新建一座C15砼重力坝，坝长63米，坝顶宽2.5米，坝高21米，是永康首座小（二）型砼重力坝，总投资786万元。工程于2011年12月21日开工，2013年10月15日完工。

【龙潭里水库除险加固】 水库位于花街镇赤川村，属武义江上游八字墙溪，集雨面积8.9万平方千米，正常库容205.6万立方米，总库容238.8万立方米，灌溉耕地400公顷，装机容量235千瓦，且提供农村用水，是一座以灌溉为主兼防洪、发电、农村供水的小（一）型水利工程。2012年列入水库除险加固项目，总投资1 204万元，工程于12月25日开工，2013年12月25日完工。

（李红霞）

■ 供水扩容

【概　况】 城区供水主要由南山水厂承担。2005年7月南山水厂一期工程建成投入运行，日供水规模为10万吨。2009年南山水厂最高日供水量11.2万吨，超过设计供水规模的12%。为适应城区供水需求，8月开始筹备南山水厂二期工程。12月21日，工程项目建议书获得省发改委批复。2010年10月二期工程开工，2011年10月竣工。投资5 206万元，扩建10万吨/日规模制水生产线。建成后，至2013年南山水厂总供水能力达到20万吨/日。

【象珠水厂供水扩建】 水厂位于象珠西侧边尖山上，水源为三渡溪水库，供水范围为象珠镇和唐先镇，设计供水规模为2.5万吨/日，一期工程于2007年建成，供水规模1.0万吨/日。为满足水质和水量要求，于2013年底开工扩建，规模为2.5万吨/日，新敷设DN700-800的原水管线一条，长2 435米，其中DN800原水管道长300米，DN700原水管道长2 135米，厂区内新增输水配套设备、设施。工程计划于翌年完工，建成后一期供水工程改为备用。

【珠坑水厂供水扩容】 水厂位于珠坑水库附近约600米的林坡地上，水源为珠坑水库，供水范围为前仓镇和石柱镇，设计供水规模为2万吨/日，一期工程于2008年建成，规模为0.9万吨/日。经过4年多运行，水厂供水量远超原设计规划。为满足供水范围内的水质和水量要求，于2013年底开工扩建，总投资2 065.8万元，扩建规模2万吨/日，新敷设DN600的原水管线一条，长710米，厂区内新增输水配套设备、设施。扩建工程计划在翌年完工，建成后一期供水工程改为备用。

【北部水库水源联网】 工程主要是扩建黄坟水库，总库容969万立方米，续建四大坑水库总库容99.77万立方米，新建棠溪山塘（总容积9.99万立方米），新建塘里坑引水渠引水面积11.8平方千米，并将市北太平、三渡溪、黄坟、洪塘坑、四大坑5座水库联网，作为城区供水第二水源，解决城区单水源供水量不足、保证率低的问题。工程总投资8.2亿元，供水范围涵盖西溪、象珠、龙山、古山、芝英、石柱、经济开发区等7个镇（街、区）。工程建成后，在满足工程所在地用水需求的前提下，以95%保证率向城区供水3 000万立方米。北部水库联网工程于2012年开工建设，累计投资1.83亿元。2013年底，一期四大坑至洪塘坑引输水隧洞和四大坑续建工程已完成20%。太平、洪塘坑水库至城区南山水厂主管道工程管径分别为1米和1.2米，总长度43千米。于10月动工，计划2015年6月完工，在夏季用水高峰前向南山水厂供水，发挥工程效益。

【境外引水工程开工】 2013年市委、市政府将境外引水工程确立为全市八大重点工程项目之一，组建工程指挥部。磐安引水工程已列入金华市重大工程前期项目。市水务局与磐安县水务局进行多次协商。在金华市水利渔业局的协调下，永磐双方就引水源虬里水库的合作建设方案进行协商，并形成会议纪要。11月14日达成初步合作建设意向。永康磐安引水工程的可研文本编制已经完成，进入上送报批工作。市委、市政府出台《关于永康市磐安引水北部水库联网工程建设政策处理相关问题的若干意见》，市水务局抽调骨干人员参与，已基本完成市内四大坑至洪塘坑水库隧洞工程和主管线工程政策处理，并已开工建设。年内完成工程量的20%。

（丁　翔　应　灿）

■ 治污工程

【概　况】 永康市城市污水处理主要在城西新区章店村的永康江北岸，总规划设计日处理规模16万吨，分四期实施，每期规划建设规模4万吨/日。一期工程生产线于2007年建成投入使用。2010年污水厂最高日进水量达到设计处理规模。是年5月启动二期工程报批准备。2012年二期工程列入省市重点工程项目。二期工程排放指标执行《城镇污水处理厂污染物排放标准》一级A标准，同时对一期工程进行提高标准改造，由一级B标准提高到一级A标准，使一、二期生产线出水指标同步达标。9月二期工程及一期提高标准工程开工建设，工期15个月。工程采用“A2/O微曝氧化沟＋活性砂反硝化滤池”深度处理工艺，并增加了投加絮凝剂、碳源以及消毒设施。工程建设面积2.25余万平方米，总投资7 000多万元。2013年12月完工并通过竣工验收。

【杨溪水库生态湿地建设】 2012年8月20日，杨溪水库饮用水水源生态湿地16公顷一期工程动工兴建，2013年8月10日完工并投入试运行。工程设计日处理地表水能力4.6万吨，总投资940.47万元。工程主要是新建活动坝、固定坝各1处，修复固定坝2处，衬砌河道挡墙568.4米；新建公路涵洞2处、引水渠211米；开挖人工河2条、稳定塘3口；新建生态滤池1座；安置木地板190.26平方米、栏杆257.6米；安装钢架大棚768平方米；架设花架塑木长廊50米；水面架设碳素纤维草732条（新型水体净化技术）；栽植银杏、紫薇、栀子花等乔、灌木苗木34种5.95公顷；种植睡莲、黑藻等草本植被苗木34种9.89公顷。2013年10月开始对湿地进出口水质进行监测，12月出口水质总磷、总氮对比进口水质有不同程度降低。工程正常运行后，可削减经过工程区水体中的氮和磷，有效去除其他微量有毒污染物，常年平均氮去除率15%～35%，磷去除率10%～30%，保障入库水质指标达到Ⅱ类水标准。

【污水处理厂污泥处理】 市城市污水处理厂污泥处理工程，采用目前国际最先进并广泛应用的污泥无害化处置工艺。引进美国密西西比国际水务技术，采用天然气作为热源，在热干化的基础上，用无氧干馏热解，污泥经过干馏工艺处置后含水率由80%下降至3%，将污泥转化成可利用的生物碳，达到污泥处理与能源回收的双重效果，实现污泥“无害化、减量化、稳定化和资源化”的处理目标。工程分二期实施，一期工程占地1 200平方米，总投资1 700万元，污泥处理能力为25吨/日，按处理厂8万吨/日满负荷运行及其他乡镇污水厂脱水污泥干馏生产配套，于2013年10月建成，并投入运行。

【芝英污水处理厂续建完工】 该厂地处芝英镇街头村东永线东侧，西邻华溪，北靠芝英镇横沿村。一期工程由古山、方岩、芝英3个镇联建，工程占地1.79万平方米，设计规模1万立方米/日，其中第1条生产线设计规模为5 000立方米/日，2011年7月投入运行，目前标准为GB18918—2002《城镇污水处理厂污染物排放标准》一级B标准。2013年5月18日，一期续建工程开工，12月25日完成并通过验收，12月底进行氧化沟的培菌工作，正常运行后处理规模将达到1万立方米/日。

（施奈良）

■ 河流治理

【概　况】 根据水利部、财政部甄选中小河流治理重点县综合整治试点有关要求，从2012年起，永康市列入全国中小河流综合整治试点县市。为推进量多面广的农村中小河流综合治理进程，决定按照全镇连片推进原则，对境内河流、沟塘等进行综合整治，计划经过3年建设，达到县镇中小河流综合整治示范效果。根据《永康市中小河流治理重点县综合整治及水系连通试点规划》，整个工程涵盖全市16个镇（街、区），投入资金2.93亿元，计划整治河道371.89千米，各村池塘456口。工程任务主要为改善水环境，加强新农村建设，为实现镇村河道“水清、流畅、岸绿、景美”打好基础。2013年底唐先、象珠、江南、西城4个项目区已开工建设。

【南溪—永康江治理投入0.9亿元】 永康江治理工程和南溪治理工程是全国中小河流治理项目之一。工程实施时间为2013～2015年。永康江计划治理河道5.86千米，其中溪口至李店3.45千米、李店至桐琴公路桥2.41千米，总投资5 300万元。2013年底该工程开工建设，工程计划治理河道16.7千米，分江南街道段、石柱镇段、前仓镇段三段实施，总投资0.9亿元。

【华溪治理达到防洪20年一遇】 2011年中小河流项目华溪治理工程河段为华溪芝英镇横沿村泵站到东城街道河南大桥。工程建设堤防总长17.95千米，其中加固11.83千米，拓宽新建6.12千米，另河床清淤8.72千米。华溪段河道治理一、二期工程于2011年10月由省水利厅、财政厅批复实施。一期批复投资2 681万元，二期批复投资2 270万元。一期工程于是年11月2日开工，二期工程于28日开工。2012年12月底，一、二期工程均基本完工。项目建设以防洪为主，改建、加固现状堤防，充分发挥河流泄洪排水、恢复河道生态功能，恢复和改善沿河步行系统（河道两岸做通3米休闲道路），保持河道两岸原生态树木不被破坏，适当增种其他树种，使河道生态环境、绿地系统及开放空间体系充分融合，提升沿溪镇村环境品位，实现河道20年一遇的防洪标准，达到“水清、流畅、岸绿、景美”的综合整治目标。

【“万里清水”河道建设】 2003年全市“万里清水”河道建设工程启动，围绕“省万里清水河道建设”的总体要求，依据“水清、流畅、岸绿、景美、人水和谐”的方针，科学规划设计。2010年省里下达计划河道疏浚整治81千米、河沟整治44千米，李溪堤防加固7.36千米，投资802万元（一期已下达7.34千米，投资700万元）。年内全市建设万里清水河道

11月22日,举行"清水永康江、青春勇担当"系列之"小鱼治水"公益活动,团员们向李溪投放了3 000多尾白鲢鱼苗(程卡　摄)

175.9千米,投资8 645万元,其中财政补助3 439万元。李溪堤防加固14.7千米,投资1 810万元。2013年继续进行万里清水河道建设,改善和美化村庄水环境,改善村民的用水条件,提高河道防洪能力,确保当地消防应急水源。

【李溪河道治理加固】 李溪治理工程位于石柱镇。治理范围为杨溪水库大坝下起,沿线有居民6 367户18 854人,耕地面积568.07公顷。李溪流域面积170.3平方千米,主流长31千米,平均比降4.6‰,年平均降雨量1 483毫米。河道位于杨溪水库下游,堤防年久失修,堤顶宽度不足、堤脚严重冲蚀,迫切需要进行河道治理及堤岸修复加固。工程投资2 971万元,申请中央财政补助1 000万元,省补助500万元,市财政配套600万元,石柱镇自筹871万元。省补助资金用于河道整治建筑、购买水泥、块石等建筑材料。工程建设内容为:河道宽40～98米,防洪标准20年一遇,防洪堤水毁修复并维修加固长11.5千米,岸高2.0～4.6米。改建活动闸(坝)2座,闸(坝)高2米。集镇沿河景观建设1.6千米。2013年工程建成后改善河道水环境,保护沿线1.89万人和568.07公顷耕地的安全,保证206.67公顷耕地灌溉。

【华溪古山段河道综合治理】 华溪(古山镇段)河道治理工程初步设计报告于2010年10月18日批复,工程概算总投资4 923.81万元,计划工期10个月。工程建设范围:治理华溪古山镇段河道长度4.76千米,堤防修复加固左岸长度4.76千米、右岸长度4.23千米。工程建设内容主要为河道疏浚、拓宽,两岸堤防修复、加固,河道植物防护工程及附属工程,改建KH15+904水力自动翻板闸29米×2.1米(长×高)、新建KH17+874水力自动翻板闸23米×2.1米(长×高)。该工程的完成,有利于实现河道20年一遇的防洪标准要求,确保河道行洪安全,保障人民群众生命财产的安全。

【金塔橡胶坝竣工】 橡胶坝位于华溪塔海桥下游河段,是城市防洪工程的组成部分。2010年4月30日,项目列入市委、市政府重点工作之一。8月9日批准,工程投资概算802.91万元,由市财政全额拨款。12月13日开工,

2011年6月20日主体工程完成，2012年11月30日通过验收。工程采用50年一遇的防洪标准，工程为Ⅲ等，主要建筑物防洪标准为3级，临时建筑物为5级。橡胶坝顶长50米，坝高3.5米，回水长度3 065米。

【水文遥测站点及设备升级】 2008年7月永康城区、白雁口、前仓、永祥、八字墙、潘川、黄坑口7个国家雨量站和永康、白雁口2个基本水位站安装水文遥测设备。2011年8月安装第2套水文遥测设备。2012年4月中小河流建设项目及山洪灾害项目，新建西寮、方山脚、玉川、下赵4个雨量站和建馆头、永利、芝英、古山、石柱、邵宅6个流域河道水位站。黄坑口、莲塘山、王坑、大坑、泽塘里、白云、翁家畈、大桥、源口9个水库遥测设备升级。2013年2月在各个大水库新装遥测设备，8月永康、前仓、杨溪水库、三渡溪水库、太平水库5处报汛机由5位码升级为8位码，12月云清塘新装遥测设备。年底全市有水文遥测设备58套，遥测站点51处。

【溪口水文站投入施工】 2012年始实施溪口水文站建设。项目坐落在城西新区章店大桥下游左岸，占地1 500平方米，总投资295.87万元。新建测流缆道房和管理用房324平方米，占地160平方米；河道测流断面整治50米；水位测台1座；测流缆道房1座；雨量、蒸发观测场地200平方米；进站及观测道路200米及购置相关观测设施设备等。9月委托浙江省水文局编制《浙江省2012～2013年度中小河流水文监测系统永康溪口水文站实施方案》。10月15日，项目经省发改委批复，列入中央投资项目，是《浙江省中小河流治理和中小水库除险加固、山洪地质灾害防治、易灾地区生态环境综合治理总体规划》中，省中小河流水文监测系统建设项目的一个组成部分。2013年7月2日，市批复项目立项。年底完成选址、地形图测量、地质勘探、项目建议书的编制申报、项目实施方案编制审批，开展施工图设计及用地指标落实工作。

（陈映洲　舒艳萍）

防汛防旱

【概　况】 2013年1～9月，永康降雨量为945毫米，比常年平均少322毫米。汛期降雨848毫米，低于常年。6月6日入梅，7月1日出梅，梅雨量162毫米。全市出现6次系统性降水过程，分别在4月28～30日，6月1日、19日、26～29日，8月19～22日，9月13日，10月6～7日。其中4月28～30日，水仙洞水库站84毫米、桐塘水库站76.5毫米、西寮站72毫米、其他站点50～70毫米之间；6月1日，翁家畈水库站87.5毫米、白云80毫米、永祥站74毫米；6月19日，白雁口站90.5毫米、永祥站84毫米；6月26～29日，全市降雨量在50～70毫米；8月19～22日，方丘水库站154.5毫米，太平水库站146毫米，泽塘里水库站146毫米，其他站点90～140毫米；9月13日，上黄水库97毫米，邵宅站88.5毫米，桐塘水库站80毫米；10月6～7日，方丘站214.5毫米，黄坑口雨量站210毫米，棠溪站206.5毫米，其他站点在90～160毫米之间。10月7日，永康江最高水位81.26米，洪峰流量460立方米/秒；2013年4月19日，永康江最低水位78.03米，入汛时全市20座小(一)型以上水库蓄水9 649万立方米，占正常库容75%，比正常年份多740万立方米；汛末时蓄水9 357万立方米，占正常库容72%，比正常年份多448万立方米。

2013年7月1日至8月19日，全市出现连续50天高温天气，高于35 ℃气温有47天，高于38 ℃有29天，40 ℃有10天，最高41.4 ℃。全市受旱农作物面积2 186.67公顷，其中轻旱1 586.67公顷，重旱560公顷，干枯40公顷，旱地缺墒2 173.33公顷，因旱至临时饮水困难人口2 200人，直接经济损失1.23亿元，其中粮食作物损失738

古山镇民兵应急分队参加抗洪抢险(人武部提供)

万元,经济作物损失5 787万元,其他行业损失5 800万元。

【防灾物资提前储备】 2月21日至3月15日,市水务局组织对全市山塘水库、堰坝、防洪堤等水利工程进行全面检查,同时开展水库工程专项检查。期间召开水利员、水务局工程技术人员参加防汛检查和水库专项检查汇报会。汇报防汛工作准备落实情况和水库存在问题。结合防汛工作实际,做好防汛防旱准备工作,储备防汛麻袋2万只、编织袋2万只,冲锋舟2艘,抢险、抗旱机具30台套。全市建立17支875人的防汛抗台应急抢险队伍。

【台风"菲特"引发强降雨】 2013年第23号台风"菲特"于10月7日上午1时15分在浙闽交界处沿海登陆,登陆时中心附近最大风力有14级(42米/秒),中心最低气压955百帕。省防汛防台抗旱指挥部在10月5日至6日,连续发布4次通知,将防台风应急响应等级从Ⅳ级提高到Ⅰ级。永康于10月6日发布台风黄色预警,启动防台风Ⅲ级响应。受台风影响,6日至7日,全市出现强降雨,平均降水量141.2毫米,有3个雨量站观测到超过200毫米,其中方丘站降水量214.5毫米。10月7日,永康江最高水位81.26米,洪峰流量460立方米/秒。

【应对强台风袭击】 第23号强台风"菲特"于10月7日1时15分在浙闽交界处(福鼎沙埕镇)登陆,近中心最大风力42米/秒(14级),将给浙江省带来狂风、暴雨的消息在广播、电台、电视播放后,10月6日,代市长金政视察国网永康市供电公司电力调控中心,检查防范强台风"菲特"的落实情况,要求电力公司全力确保电网安全稳定运行和人民群众生命财产安全。国网永康市供电公司周密部署防台防汛各项应急响应措施,积极防御应对强台风"菲特"。做好抢修备员、备品、备件,确

市委书记徐华水到总部中心三期部署防台工作(总部中心提供)

保抢修所需的人员、物资、设备到位，发电车、照明车以及照明灯具等正常。并强调应急值班，加强与地方水文、气象、交通等部门的沟通和联系，确保通信畅通和防汛抗台应急反应。

（应　灿）

■ 气象防灾

【概　况】 2013年，永康市气象局加强监测预警和信息发布，坚持一天两报，若出现极端天气状况，通过短信等平台直接通知各镇街区和基层群众。其次围绕保安全、保畅通、保供给、保民生，找准要害部位和薄弱环节，重点关注建筑、道路、山体安全，尤其是农村危房，严防伤亡事故发生；交通运输、公安交警、城管执法等部门要加强路面巡查，落实防冻防滑物料、应急抢险设备的储备和路面除雪等工作，保障道路畅通。对结冰严重山区道路、安全隐患大的路段采取临时封道措施，农村客运班线必要时暂停运行，各镇街区做好值守和解释工作；通讯单位采取一切措施，加强对线路设施的管护，及时组织抢修损坏的线路、管道，保障信息畅通；电力、水利部门切实做好供应、维护、抢修和除冰保安全工作；粮食、工商、物价等部门积极做好粮食、蔬菜、肉类、食用油等生活必需品的储备、调运、投运和市场监管，制止借机哄抬物价的行为，确保市场正常供应；农业等部门指导和帮助农民及时落实对农作物和牲畜的防冻措施；民政、卫生等部门加强救灾救济，关注贫困群体的生活，及时做好救灾救助。各部门都认真落实应急工作的各项制度，抓好值班值守，严格岗位责任制，遇到紧急、重要情况，立即请示报告，保证政令畅通。全市强化领导责任，强化责任落实，全力应对，统一指挥，行政一把手负总责，将灾害损失降到最低限度。

【兴建多媒体气象显示屏】 2012年全市气候总体平稳，阶段性极端天气仍然多发，对经济社会发展和群众生活造成影响，总体上仍属气象为害影响中等偏轻年份。为加快气象事业发展，有效破解突发气象灾害、减少人民生命财产损失，促进经济社会可持续发展。气象部门全面提高气象业务水平，丰富气象服务内容，拓展气象服务渠道，强化“民生气象”工作理念，围绕上级部署和民生需求，积极实施气象观测场搬迁、基本公共气象服务均等化建设项目，完善气象防灾减灾和服务体系，增强气象灾害监测预报，加强防雷监管。2013年上半年全市在各乡镇和社区兴建40个多媒体LED气象显示屏，已完成选址，4月上旬完成招投标，5月底完成部分安装。

城区3个街道民兵应急队开展除雪护树活动（人武部提供）

【防雷安全专项整治】 2013年3月全市开展防雷安全专项整治，消除事故隐患，杜绝相关责任事故的发生。此次专项整治重点为各类易燃易爆场所和危险化学品生产、储存、使用场所。整治主要内容包括防雷安全措施、制度的落实情况；新建项目防雷装置是否依法进行设计审核和竣工验收；已建防雷装置是否按规定进行定期维护和检测;安装使用的防雷产品是否符合国家规定等。各镇街区都成立相应的整治领导小组,制定工作方案,报市气象局。对辖区内分管领域的企业、事业单位,按要求开展检查工作,按单位逐个填写《防雷安全专项整治检查表》。5月至8月,市安委办公室组织了联合检查组进行集中抽查,对拒不整改、整改不到位的责任单位按相关规定进行了处罚。

【气象防减灾标准乡镇全覆盖】 11月22日,金华市应急办、气象局、民政局、防指办组成专家组莅临永康,对市内芝英镇、经济开发区的省级气象防灾减灾标准乡镇创建工作进行初步验收。检查组通过听工作汇报、查台账资料、现场检查等程序,按照省气象局《气象防灾减灾标准乡镇建设考核验收参考评分标准》对申报的各镇、街道进行了逐项考评打分。检查组对创建工作给予了充分肯定,认为芝英镇和经济开发区的创建工作扎实、体系完善、成效显著,均通过初步验收,省气象局审查评定后将正式发文授牌。全市16个镇(街道、区)均成功创建省级气象防灾减灾标准乡镇,实现标准乡镇的全覆盖目标。

【抢救双舟线山体滑坡】 12月15日,全市出现强降雨,16日至17日雨量中大,局部出现暴雨,造成双舟线公路发生山体滑坡。灾情发生后,石柱公路养护站与路政管理人员立即奔赴险情发生路段(即双舟线42 km+900 m处的方岩镇可投胡村的山体滑坡地段),对公路上200多立方米的泥石流与条石路障,进行清障排险,确保行车与行人安全。几天的强降雨使这里的山体容水量处于饱和状态,导致山体松动边坡下滑。16日下午15时,下滑泥石流将20多米长的高挡墙冲泻到公路路面,造成交通受阻。险情发生后,公路管理部门在当天傍晚前,就紧急抢出了一条通道。17日早上,路政人员再次赶赴山体滑坡地段察看险情。为确保过往车辆交通安全,保留该路段塌落在公路边上的部分条石,挡住继续下滑的泥石流,与此同时,在山体滑坡路段两头均设置交通标志,提醒过往司机注意交通安全。

【山洪灾害提前防治】 为摸清全市山洪灾害影响的基本情况,增强雨水情检测预报能力,扩大预警预报信息覆盖面,落实山洪灾害防御责任,增强山洪灾害防御应急能力,提高全民防灾避灾意识,最大限度地减少山洪灾害造成的人员伤亡和财产损失,2010年开始,市政府水务部门实施山洪灾害防治非工程措施建设。2011年11月15日,委托浙江省水文局编制《永康市山洪灾害防治县级非工程措施实施方案》。11月21日获得浙江省水利厅、财政厅、国土资源厅、气象局联合批复通过。工程项目投资588万元,其中中央财政补助200万元,省级财政补助120万元,不足部分由地方财政配套。该项目建设主要有监测系统、预警系统、市级检测预警平台、群测群防体系4个部分。项目于2012年3月开工,5月底建成,6月6日通过验收。

(刘学萍)

■ 水产养殖

【概　况】 2012年以来,永康市掀起稻田水产养殖高潮,有稻鱼共生、稻鳅共生等几个模式,养殖面积66.67公顷。其中清清鱼虾养殖专业合作社在石柱镇上杨村曹塘下片建立"水稻泥鳅"稳粮增效试验示范田6.97公顷,实收稻谷53.3吨,商品泥鳅15.83吨,总产值79.03万元,利润41.3万元,取得了较好的成果。全市实现水产产值效益1.5亿元,比2012年增长16%,产量1.21万吨,增长12%。是年一季度培训养殖户92人次,接待农民咨询980人次。

【四路建成观赏鱼精品园】 四路观赏鱼精品园区位于后湖坑水库大坝下,四路公园旁,森林覆盖率高,雨量充沛,水质清澈无污染,生态资源丰富，自然环境优越，水利设施完备，灌溉条件良好。园区离义乌机场30千米，交通运输、电力通信等基础条件优越。项目总投资135万元，其中省补助资金40万元，地方配套10万元，养殖场自筹85万元。2011年被省海洋与渔业局列为第4批精品园建设项目，2013年5月通过验收。该项目建成，使得锦鲤、红鲤鱼、四大家鱼等苗种生产达到了5亿尾，冬片鱼种50吨，年产观赏鱼1 500万尾，年产值1 368.7万元，利润136万元，并带动全市养殖户100户。

【西城新豪养殖场获省批准】 新豪罗非鱼养殖属于省级现代渔业生产发展资金项目。2012年8月8日，向省海洋与渔业局、省财政厅申报立项，经浙海渔业〔2012〕41号文件批准。项目园区面积1.41公顷，总投资182.6万元。2013年建成罗非鱼养殖鱼塘护坡1 535立方米，清淤2 608立方米，进水渠道158米，简易用房500平方米，修建道路1 665米，购买罗非鱼苗种30万尾，饲料153吨，合计实际投资184.83万元，其中省财政补助30万元，地方财政补助10万元，其余为自筹资金。项目实施后，园区生产基础设施进一步完善，标准化生产技术得到推广应用，生产能力大幅度提高，成鱼养殖单产提高20%，经济效益增加50万元。

（朱新丁）

■ 水土保持

【概　况】 永康市水土保持工作在花街镇花街村设立监测点。该点是国家确定的浙江省14个水土保持监测点之一，位于东经119°57′22″，北纬28°55′46″。工程于2011年3月开工，占地800平方米，设置坡度为10度的径流场5个，分别种植柿树、麦李、柿树、茶叶。每个监测点面积100平方米。2012年11月完工并种上植物。2013年1月正式开展观测工作。监测点的建立为水土流失监测提供试验场，掌握永康各种植物模块水土流失数据，为治理水土流失提供科学依据。是年，开展建设项目水土保持监督检查75批次，下发《限水保方案编报通知书》4份，立案处理2件。完成丽州一品一期工程、新银坛大厦、星月湾工程、金塔橡胶坝、东方雅苑等6个项目的水土保持设施专项验收。

【永祥小流域水土综合治理】 永祥溪小流域水土流失综合治理工程和可行性研究报告由省水利河口研究院编制，施工图由市水利水电勘测设计所完成。2012年11月1日开工，2013年6月11日竣工。营造水土保持林122公顷，种草60公顷，封禁治理565公顷。修建排水沟15千米，拦砂坝7座，沉砂池、蓄水池各20座。设置封禁标牌8处，治理水土流失面积805公顷。总投资260万元，其中中央支持资金86万元，省级补助35万元，市财政出资138万元。

【三渡溪水源区水土流失综合治理】三渡源水源区水土流失综合治理工程于2011年11月开工，2013年6月完工。治理水土流失面积385公顷，总投资123万元。营造水土保持林67公顷，种草25公顷，封禁治理262公顷，修建截、排水沟7.75千米，修建沉砂池、蓄水池各10座，新建拦砂坝3座。通过治理，提高土地生产能力和水分利用效率，控制面源污染，使水土资源得以可持续利用。

（胡响明）

■ 水政实施

【概　况】 2013年，永康市全面开展河道违章建筑“三改一拆”行动。3月，市水务局对华溪马坊段、杜山头段、田畈林段，南溪石柱镇段等河段的违法建筑物实施拆除，拆除面积1.74万平方米。对全市河道进行定期定点巡查，全年累计巡查139次，出动执法人员417人次，下发停止违法行为通知书21份，责令改正违法行为通知书22份，立案7起，结案 4 起。拆除华溪 6 处 12 户河道违章建筑 4 318.4 平方米，收缴罚款 3 万元。为防有人意外落水，在永康江溪中桥至紫微桥河段两岸配置救生圈 100 个，每隔 50 米一个。

【水法规宣传形式多样】 2013 年 3 月 22 日是第二十一届“世界水日”。3 月 22 日至 28 日是第二十六届“中国水周”。3 月 19 日，市水务部门联合团市委、教育局、少工委等部门，在杨溪水库生态湿地开展“小手拉大手保护水源地”植绿护绿活动，种植湿地树木 200 多株。同时制作 110 幅水法规宣传标语，悬挂于水库库区显要路段，利用宣传车在全市范围播放《水法》《防洪法》《取水许可和水资源费征收管理条例》《河道管理条例》《浙江省水资源管理条例》等水法律法规录音宣传，并在《永康日报》上刊登宣传标语，收到较好的效果。

（贾梦思）

林　业

【概　况】 中华人民共和国成立后，永康林业机构变动频繁。1984 年 2 月县机构改革中，专设县林业局。2013 年市林业局设科室 4 个，下属事业单位 9 个，有正式在编人员 64 人（不含林场职工）。职能是负责全市林业及生态建设的监督管理，组织、协调、指导和监督全市造林绿化工作，承担森林资源保护发展监督管理责任及涉林事项审核报批工作，负责林业行政案件查处，组织、指导和监督森林病虫害防治和森林防火工作，推进林业改革，指导林业产业发展。圆满完成 2013 年度各项工作目标，永康被评为浙江省集体林权制度改革模范县市、浙江省平安林区县市。

【森林消防落实责任区】 11 月 12 日，林业局召开市森林消防指挥部全体成员会议，总结全年森林消防工作。一年来，工作开展整体平稳，无重大森林火灾，无人员伤亡。由于夏季受特殊高温天气的影响，新增了 8 月份的森林消防防火期。市森林消防责任落实到位，坚持以防为主的方针，加大森林消防宣传力度，严格控制野外用火，切实落实应急预案。全市 177 名护林员和 18 支专业森林消防队伍尽心尽责，保卫全市生态安全。会议通过了《永康市人民政府森林消防指挥部成员单位分片责任制》，对 16 个成员单位分片划定森林消防责任区，每成员单位负责联系 1 到 2 个镇（街、区）或市林场森林消防工作。副市长胡增强部署了今冬明春的森林消防工作。11 月 20 日，永康市委、市政府召开全市森林消防工作会议。表彰 2013 年森林消防先进集体和先进个人。

【省厅领导到永康调研助农增收】 11 月 19 日，省林业厅副厅长吴鸿带领省林业厅科技

浙江省扑救重大森林火灾在永康实战演习（林业局提供）

省林业厅吴鸿副厅长视察林业工作(林业局提供)

助农增收小组,到永康开展助农增收服务调研,指导帮助基层、企业、农民群众灾后重建、秋收冬种、特色农业、农村二三产业的发展,为下一年“三农”工作制定新政理清思路。2012年以来,市林业局通过政策增收、科技培训增收、林业科技项目助农增收、科技下乡助农增收,以及中央、省林业项目助农增收等五个途径助力农民。2013年全市省级生态公益林建设面积增至2.54万公顷,使林农每年增收近20万元。积极鼓励农民发展名特优经济林,组建专业合作社、创建林业龙头企业,引导农民规模、集约化种植。每年拨款300多万元奖励上规模、等级的林农组织,助力林农增收。在引导农民积极创富之际,林业部门广送技术和知识,年内开展了13次科技培训班,培训一千三百余人,以满足农民日益增长的科技需求。林业技术推广中心不断引进各类林业科技项目,从市级财政争取七十多万元,建立了柿子良种选育与软腐病防治,产品加工技术研究与示范等6个省、市、县科技项目,带动农民增收八百多万元。另争取了五百多万元、地方配套资金一千万元,建立了浙江旺盛达油茶产业开发项目等十多个中央、省级林业项目,促进林农增收。吴鸿一行视察了江南街道马岭下村毛竹、拱瑞下江南杨梅精品园创建点、前郎村古树精品园等基地,听取了相关情况介绍,并与毛竹合作社、方山柿大户、林业各部门负责人进行座谈交流。

【市领导晨查绿化养护】 11月27日清晨,市委常委、市政府党组成员郑俊杰带领行政执法、建设等部门负责人对城区绿化工作进行检查,发现安居苑边上绿化带内冬青枯死,沿街店铺存在乱扔垃圾、损坏行道树行为,立即要求及时将枯死的冬青更换成红叶石楠,在路边安置垃圾桶,更换破损的垃圾桶,对故意破坏绿化和行道树的行为要加大打击力度。对溪心路边一些绿化建设后因没有做好交接,杂草丛生、缺株等情况,要求及时做好补植养护工作。五金大道上,园林工人在绿化带内养护树木,道路两侧一些绿化带内苗木已经老化,要求及时做好加密、补植,花卉、乔灌木要选择特色品种,更好地展现绿化带的立体感和层次感。紧接着又查看了城南路、丽州路和香樟公园的绿化养护工作。

【乡镇新增森林消防装备】 自2013年11月1日起,市进入法定森林防火期。年内全市接到森林火情报警129次,成灾4起,过火面积40公顷,受害森林面积合计24公顷,损失林木蓄积292立方米,其中森林火灾受害率、发生率、控制率均低于省下达的控制指标。2013年全市投入20多万元,用于宣传森林消防知识,增加11名护林防火员,组建20支森林专业、半专业消防小分队,共同开展护林防火工作。年内森林消防装配新增了森林消防高压水泵9台、进口风力灭火机19台、灭火机44台、阻燃服268套,配备便携式远程灭火系统发射器10门、MSD-60森林灭火弹200发,全面提升了森林消防水平。11月2

日，市领导来到石柱镇、前仓镇督查森林消防和松材线虫病防控工作。督查组详细了解各类森林消防器具的情况，要求市各部门切实抓好源头管理，严防严守，消除一切火灾隐患，有效防范和遏制森林火灾的发生；坚决克服麻痹松懈思想，加强森林防火卡点管理，严格检查进入林区的人员和车辆，杜绝各类明火进山；加大森林防火宣传力度，积极倡导文明祭祖。

（胡美君　黄　飞）

森林资源

【概　况】 全市有林地 62 377.6 公顷，占土地总面积的 59.6%，活立木总蓄积 250.5 万立方米，全市森林覆盖率 53.1%。林地中有一般林地 51 632.53 公顷，占 82.8%；疏林地 87.53 公顷，占 0.14%；灌木林地 6 391.93 公顷，占 10.22%；未成林造林地 1 867.67 公顷，占 3.0%；苗圃地 83.33 公顷，占 0.13%；无立木林地 644.67 公顷占 1.0%；宜林地 1 663.07 公顷，占 2.7%；辅助生产林地 6.87 公顷，占 0.01%。平原绿化规划区林地 6 521.36 公顷。森林覆盖率 15.7%，林木覆盖率 17.2%，其中城镇建成区林木覆盖率 24.7%，村庄建成区林木覆盖率 5.7%，干线通道长度绿化率 82.8%。列为国家重点保护珍稀树种有 8 种，其中国家一级保护珍贵树种有南方红豆杉、银杏（原生种），国家二级重点保护珍贵树种有香樟、浙江楠、楠木、鹅掌楸、厚朴等。野生动物 256 种，其中兽类 47 种，鸟类 156 种，爬行类 33 种，两栖类 20 种。属于国家一级保护动物有云豹、黑鹿，国家二级保护动物有穿山甲、大灵猫、鸳鸯、苍鹰、雀鹰、松雀鹰、草鸮、雕鸮、鸺鹠、虎纹蛙。

【浙江省平安林区落户永康】 2012 年开始平安林区创建。9 月《永康市森林病虫害监测试验设施建设》开始实施。2013 年全市省级重点生态公益林从 2.25 公顷扩至 2.57 公顷，优质林面积从 1.07 公顷增加至 1.65 公顷。2011～2013 年投入资金 1 947 万元，发放损失性资金 1 522.6 万元，每年受益农户 2.1 万户。市林业局重点做好公益林保护、病虫害防治、森林防火等工作，加强森林病虫害防控知识宣传。组建清理病死松木专业队，清理枯死松树 7 231 吨，注射免疫剂 4 000 多瓶，施放白僵菌 10.15 吨；采用噻虫啉防治松褐天牛面积 1 753.33 公顷。3 月全市松材线虫病防控工作现场会在象珠镇召开，10 月再次召开全市松材线虫病防控工作会议。市政府出台《永康市松材线虫病防控管理暂行办法》《永康市松材线虫病防控目标责任制》等制度和考核办法，组建了市级森防专业队 1 支，镇级森防专业队 17 支，共有专业队员 360 人。同时做好省级生态公益林火灾保险和护林员人身意外伤害保险等常规管理工作，完成生态补偿资金发放清册的变更、核对、编制等工作。年底，被省林业厅评为浙江省平安林区县市。

【森林消防受国家及省市表彰】 2013 年市林业局以“尽力减少火灾次数，坚决杜绝大火发生”为工作目标，层层落实防火责任。安排市指挥部成员深入一线检查督促森林消防工作；通过张贴通告，发放宣传资料等方式，增强防火意识；启用 GPS 定位系统强化巡逻管理，全面布防，做好火源管理。强化队伍建设，坚持“打早、打少、打了”，依靠科学、群众、法制，创新管理机制，加快推广“以水灭火”；增强基础设施建设，提高防控水平和应急能力。一有灾情及时组织扑救。4 月，应加兴被国家林业局授予“2010～2012 年度全国森林防火先进个人”。7 月 26 日至 27 日和 8 月 9 日至 11 日，永康森林消防“以水灭火”分队支援东阳和富阳两起森林火灾扑救，得到金华市政府、省林业厅的表彰奖励。全年接到森林火情报警 69 次，成灾 3 起（其中一次火源在外县），过火面积 19.07 公顷，受害森

用便携式灭火器远程排救重大森林火灾演习(林业局提供)

林面积合计 11.66 公顷，损失林木蓄积 328 立方米。森林火灾受害率、发生率、控制率分别为 0.2‰、3 次/10 万公顷，均低于省控制指标。无持续燃烧时间超 24 小时的火灾，无重特大森林火灾，无扑救人员死亡和群死群伤的事故发生。市森林消防指挥部办公室被金华市政府评为“2011～2013 年度金华市森林消防工作先进单位”。

【“森林永康”创建启动】 2013 年，市林业局全面学习贯彻落实党的十八大精神，积极开展形式多样的宣传思想工作，围绕中心、突出重点、求真务实，紧紧围绕发展现代林业，建设“森林永康”“美丽永康”这一主线，服务林农，为永康经济“二次出发”提供生态保障。与永康各媒体保持密切联系和合作，宣传林业政策、森林防火、公益林补贴等相关信息，提高市民对林业发展的关注度。具体做法在清明、春节等森林防火期内利用农村广播和新闻媒体，提醒市民注意森林用火安全，呼吁文明祭祖；制作横幅标语宣传“创森”工作重要性，树立典型乡镇、村庄，广泛传播“美丽永康”、“美丽乡村”的新面貌等。

【林业战线员工“充电”】 2013 年林业局坚持周一学习夜制度，局领导带头学习中央、省、市文件精神；由技术骨干为全体干部职工授课，学习专业知识，提升业务能力。积极开展科技扶农活动，多次邀请省内外林业专家为林农传道授业解惑，仅 10 月份就组织 7 次林业科技培训或讲座，包括邀请省首席柿子专家龚榜在舟山镇为新楼的方山柿种植户现场教学，邀请丽水林学院教授潘芝梅为全市林农进行嫁接培训等。此外，局技术骨干与各镇(街、区)密切联系，随叫随到为全市林农解决生产难题，取得了良好的社会效果。

【野生动物疫病防控列入管理】 2013 年市林业局认真落实《陆生野生动物疫源疫病监测防控管理办法》，加强永康春季野生动物保护和疫源疫病监测，建立市林业局禽流感疫情防控工作领导小组，配置相关防护设施和消毒器具。积极开展野生动物的救护和“爱鸟周”活动的宣传等工作。组织人员深入野生动物驯养场、野生动物经营场所和花鸟市场等场所进行防疫防控检查。加强资源管理，完成《永康市林地保护利用规划2010～2020年》修编并组织了评审。开展湿地保护名录调查，杨溪水库等43处水面符合湿地保护小区的条件，经市政府审查批准在《永康日报》公布，其中16处典型湿地报省湿地保护委员会批准，成为重点湿地。

造林育林

【概　况】 2013年省下达永康造林面积466.67公顷，其中人工造林266.67公顷，封山育林200公顷，迹地更新33.33公顷，中幼林抚育2000公顷，四旁植树30万株。全市做到早动员、早部署，抓住植树造林有利时机开展造林，完成人工造林面积292.33公顷，占全年计划数(266.67公顷)的109.6%，完成四旁植树30万株，封山育林200公顷、迹地更新54.67公顷，完成森林抚育2 000公顷。

【创建省级“森林城镇”】 2013年市林业局按《永康市省级森林城市建设总体规划》的要求，围绕全面建设森林永康为目标，加快工程建设进度，积极开展以森林村庄、森林城镇、森林单位创建为重点的平原绿化及“四边”绿化工作，先后在方岩镇、舟山镇等地举办“森林村庄”“美丽村庄”绿化养护管理培训。邀请省市有关专家为林农开展森林抚育、栽培和林木嫁接等技术培训，受训1 000多人次，发放资料2 500多份。全市创建市级森林村庄279个、森林单位68个，金华市绿化示范村60个、金华市森林村庄62个，省级森林村庄9个、省级森林城镇2个。加强以国省道绿化为重点的通道绿化建设，启动330国道、东永一线、东永二线的通道绿化建设工程。龙山镇、古山镇、象珠镇相继开展东永一线龙山段、东永二线象珠段两侧20米的绿化建设，象珠镇、古山镇已完成双舟线象珠段方岩大道绿化建设。

【创森绿化投入1.1亿元】 为改善城乡生态环境，2011年全市开始实施林区道路建设。省补助标准为主干道3万元/千米，永康市增加补助标准为主干道2万元/千米，辅助道1万元/千米。2013年止，已完成林区道路448千米，其中主干道220千米，辅助道228千米。

2012年市林业局投入1.1亿元绿化资金，超额完成331.87公顷平原绿化任务。2013年1月31日，金华市森林城市考核组到永康考核森林城市创建工作，先后走访高速公路出口、溪心路、330国道、东永二线、方岩大道、东永一线等地，实地了解永康森林创建、“四边绿化”等情况。考核组认为永康“创森”工作突出重点，量质并举，抓好城区绿化、森林通道建设、镇村绿化、科普教育建设等多项工程，其中国、省道千亩通道绿化工程就投入7 000多万元。加强考核和宣传，营

12月10日，永康中学助农学农小分队20人在八字墙前柳村种植青枫(教育局提供)

春节后上班第一天，市党政领导参加义务植树（林业局提供）

造浓郁的“创森”氛围，成效明显，如期完成各项任务。希望永康走特色“创森”路，完善管护机制，提升各方“创森”认识和参与“创森”的积极性，巩固“创森”综合效果。

（胡美君）

■ 林业开发

【概　况】 2013年市林业局开展林业科技试验示范，推动林业科技与生产相结合。以林业新信息、新技术、新品种引进、示范推广为重点，林业技术人员不定期实地开展技术指导，服务广大林农。通过多种形式搞好林业科普技术培训，积极实施林业科技项目，实施浙江省科技成果转化项目《油茶良种效益倍增栽培技术示范》。年内完成中央林业科技资金“方山柿林业科技推广示范”项目，实施杨梅、方山柿标准化示范地建设，完成方山柿良种申报并通过论证。成功申报森林食品基地1个。以“森林永康，绿色村庄”建设为战略思想，围绕新农村建设，开展创建兴林富民示范活动，与舟山镇、江南街道一起办好永祥竹笋节、杨梅节和方山柿节。积极引进蓝莓、猕猴桃等新品种，丰富永康经济林种类，促进林农增收。利用上级政策，扶持林业企业，做好林业产业化龙头企业遴选、增补和复审申报工作，有9家企业被评为省级林业龙头企业。通过大力发展林业龙头企业，使原本单纯的林木采伐业逐渐形成特色产业链条，成为永康农业结构调整的示范力量。通过龙头企业带动林农发展商品生产，在市场开拓、科技开发、加工经营等起到辐射作用。

【现代林业园区提质管理】 2013年市林业部门实施方山柿林业精品园和杨梅林业精品园建设，并申报成功平田毛竹精品园、前郎彩叶树种精品园、盘龙谷精品园等项目3个。杨梅、方山柿标准化示范基地建设开始实施，方山柿良种申报并通过论证。江南街道勤丰村毛竹基地被评为浙江省森林食品基地，新楼方山柿森林食品基地通过省森林食品基地复评。12月，探花郎基地被评为省级生态文化基地。浙中盘龙植物园总体规划通过论证。市兰花博览园建设规划通过论证并开始实施。利用林业景观资源，发展生态旅游，继续扶持盘龙谷林业观光园、浙江绿地生态休闲林业观光园、石苍岩风景区等生态旅游区的建设。实施浙江省科技成果转化项目《油茶良种效益倍增栽培技术示范》，大力发展木本油料林。以国家农业综合开发油茶示范基地建设项目为载体，积极开展油茶基地建设。采取由企业出资，农户以田地入股分成的方式，推动了方山柿、油茶、苗木等产业的发展、增加了林农收入。

【深化省平原绿化县试点建设】 2010年永康列入全省首批平原绿化10个试点县市之一。2011年3月，市委、市政府与各镇街区签订责任状，平原绿化纳入综合考核内容。4月，市平原绿化总体规划完成编制并通过论证。2012年2月，市政府出台《永康市平原

全市创建省级森林城市动员大会(林业局提供)

绿化管理办法》和《永康市通道绿化管理办法》,明确奖励措施,并增加了平原绿化综合考核分值。2012 年 7 月,市森林城市建设总体规划编制通过论证;12 月,市政府与各镇街区、相关部门签订了责任状。2013 年 2 月,党政领导参加春节义务植树活动。3 月,启动 330 国道、东永一线、东永二线的通道绿化建设工程,全年完成通道绿化 47 公顷。7 月,方岩镇完成省级森林城镇建设方案编制和论证。12 月,经济开发区堰头村、前仓镇大陈村,西城街道溪边村、花街镇双溪村,古山镇前黄村等 5 个村成功创建省级森林村庄。舟山镇完成双舟线两侧绿化 98 公顷。全年全市完成绿化造林 510.73 公顷,森林抚育 2 000 公顷,创建市本级森林村庄 52 个,金华市森林村庄 39 个。2014 年 1 月古山镇、花街镇成功创建省级森林城镇。

【前郎村参评省生态文化示范基地】 11 月 16 日,省生态文化示范基地评审组到永康市石柱镇前郎村查看省级古树精品园和古树移植后的生长情况。该园占地 166.67 公顷,原为废弃矿山,经过 3 年多的悉心改造,已成了一个森林公园。园中层层递进,共 5 层,其中 4 个平台都有水池。每棵古树均具有较高的景观价值和保护价值。7 月前郎村荷花种植基地举办首届"荷花节"。评审组认为前郎村历史悠久,文化生态古迹众多,是金华市级森林村庄,此次参评省生态文化示范基地,可说是众望所归。如何将古树精品园和前郎村的传统文化有机结合起来是下一步创建工作的重点。

【金胜山森林公园建成"天然氧吧"】 金胜山公园位于市区南部,东至溪心居住区,南至五金大道,西临黄雾、湖西村,北界城南路,涉及村庄 18 个。园内有山林面积 25.6 公顷,是调节市区空气质量、改善市区气候环境的"肺叶"和"天然氧吧",也是广大市民健身休闲的场所。2010 年 9 月金胜山公园管理处成立,主要负责公园日常管理和工程建设管理。2012 年累计投资 1 095 万元,用于使用权永久租用政策处理和基础设施建设。2013 年 1 月成立金胜山公园建设工程指挥部。投资 330 万元建设金胜山金豚阁景观工程,12 月底完成主体工程。成立金胜山森林公园管理

市人武部领导带领干部职工参加全市组织的义务植树活动(人武部提供)

所,每日对公园进行保洁、绿化管护等日常管理工作。金胜山公园建设为2013年度全市八个重点工程项目之一。投资190万元,用于使用权永久租用政策处理;投资697万元完成公园新建游步道2 298.6米,道路硬化350平方米,停车场800平方米,安装亮化路灯101盏;投资208.3万元,建成公园山顶健身场地1 400平方米和健身配套设施,新建公共厕所与六角亭,休闲场所的建设初见规模;完成金胜山公园退耕还林阔叶林改造1.1万平方米,实施游步道两侧4米松林改阔叶林1.36万平方米,种上大苗银杏300株,红豆杉81株,苦丁茶145株,花榈木50株,桂花54株,红枫130株,小苗常春藤6 000株,石蒜5 000株,红叶石楠4 100株;抚育间伐阔叶改造18.53公顷,完成白堪溪金豚山段污泥清理、清运。12月,公园的观风门规划设计方案基本完成。

【金胜山游步道建设招投标】 金胜山森林公园林木原以针叶林为主,林源单调。经过3年改造,乔木阔叶林增加不少。10月,公园游步道景观建设项目通过永康各相关部门论证后,市林业局加紧在金胜山公园建设两条特色道路,分别是樱花大道和红枫小径。其中樱花大道路径从山脚停车场延伸至山顶,以日本晚樱为主,辅以各色杜鹃花。公园秉承“四季有花、无处不绿”的原则,在加大林相改造种植大量常绿乔木的同时,彩化金胜山。栽种的花卉包括紫薇、紫叶李、茶花以及茶梅等。12月7日,市林业局举行金胜山森林公园游步道景观建设项目招标会。招投标完成后,择日开始“彩化”工作。

■ 林政管理

【概　况】 2009年成立市林权管理服务中心,先后出台《关于进一步深化集体林权制度改革实施方案》《永康市森林、林木和林地流转管理办法》《永康市林权抵押登记管理办法》,为推进林权制度改革提供基础和法律依据。2009～2013年办结林地流转38宗,涉及林地流转1 038.6公顷,林权资产注入变更32.4公顷。2013年4月开展浙江省2013“绿盾护林”一号、二号检疫执法专项行动。5月浙江省人民政府授予“浙江省集体林权制度改革模范县市”称号。9月完成《永康市林地保护利用规划2010～2020年》修编和评审。开展全市湿地保护名录调查,其中16处报经省湿地保护委员会批准成为重点湿地。全年受理办结行政审批和便民服务事项3 659项。其中征占用林地许可15项,审批林地征占用面积92.4公顷;临时占用林地许可7项,审批临时占用林地面积13.5公顷;林业生产占用林地许可17项,审批占用林地面积45.7公顷。

【林业执法活动】 2013年市林业局坚持“保护重于建设,管理重于营造,特色重于常规”

副市长胡增强检查木材交易市场(林业局提供)

的原则,开展林业有害生物防控和打击破坏森林资源的各项专项行动,推进平安林区建设,加强森林资源管理,有效巩固了造林绿化成果。深入开展群众普法教育,制造声势,扩大影响,注重和增强社会宣传的广泛性、持续性。在防火期,给广大市民发短信,通过电视媒体做公益广告,宣传森林防火,保护绿色家园;通过高速道口发放温馨提示卡,提醒游客防火安全意识。为提升松材线虫病防控工作的深度,向全市办理快递业务的公司上门发放公开信,宣传检验检疫法规,号召民众阻止松材线虫病侵入,确保全市松林资源安全。打击和处罚森林火灾肇事、破坏森林和野生动植物安全、无证运输木材、非法侵占林地等违法行为,进行相关法律的宣传,做到处罚一人一事,教育一村一镇。通过运送种苗下乡活动,宣传种苗法,帮助辨假,教育广大林农维护自身权益。法律知识在民众中进一步普及,使破坏野生动物资源的违法犯罪行为明显减少。同时按照相关的林业法律、法规和省政府统一部署,组成专案组开展以检疫执法专项行动为主的各项活动:"绿盾护林一号、二号、三号"检疫执法专项行动,"亮剑一号"、"天网行动"、"亮剑二号"、"禁种铲毒"专项活动,严厉打击利用"激光弩"等新型猎捕工具破坏野生动物资源的违法犯罪、加强候鸟等野生动物保护执法工作等专项行动。做到及时查处各类违法案件,打击各种破坏森林资源行为,使各类违法犯罪行为得到遏止和惩处。2013年查处各类林业行政案件58起,结案58起、刑事案件4起,其中查处违法木材流通、木材加工案件44起。实现了公路无"三乱",即无行政复议和诉讼、无群众投诉的"三无"目标,违法案件的查处率100%。

【林地使用审批】 为服务全市经济发展,按时完成林地报批工作,2013年林业局审核批征(占)用林地项目15项,涉及林地92公顷。同时根据永康林地指标缺口大的问题,与省林业厅、金华市林业局沟通协调,实现追加永康征用林地定额指标62公顷,确保了永康市北部水库联网一期工程等省、市重点工程投资项目的顺利实施。

【松材线虫病防控】 围绕森林防治目标管理"四率"指标,以松材线虫病防控为重点开展工作。2013年完成马尾松毛虫监测面积1.63万公顷次,监测松材线虫病8.44万公顷次,松褐天牛监测1.32万公顷次。松材线虫病防控通过开展建章立制、完善机制和依法科学防治,采取主动综合防治措施,控制延缓疫情扩散蔓延速度,局部地块疫情得到初步遏制。出台《永康市松材线虫病防控管理暂行办法》《永康市松材线虫病防控目标责任制》等制度和考核办法,汇编《永康市松材线虫病防控手册》分发到镇(街、区)、国有林场等林业干部手中。为应对防病减灾处置能力,林业局及时组建专业队,技术培训300人次。年内全市累计清理枯松8 134株;在天

喷雾防治林木病虫害(林业局提供)

牛羽化期(5～7月)到江南、象珠、唐先等地喷洒噻虫啉粉剂18.2吨，面积2 431.33公顷;江南街道、象珠镇等地设置天牛诱捕器500台，预防面积0.1公顷;江南街道等地打孔注射免疫剂4 000瓶，预防松树3 000多株。

【香樟树保护绑扎“黄丝带”】 12月8日，道明光学股份有限公司在东永二线十里牌路段为20棵大香樟树绑扎“黄丝带”，以示保护。据公司的采伐作业监督人员介绍，此块伐区是该公司的依法征用林地，在凭证采伐林木中，公司董事长胡智彪和属地林业站监管人员特别吩咐采伐人员保留香樟等阔叶树，作为以后厂区绿化的宝贵资源。对一些树形好看的杂树，也尽量保留。其中有两棵丛生的香樟，胸径均为四十三厘米，树高十七八米，其生长位置恰好在公司厂区的规划绿化带上。

【方山柿加工不添加防腐剂】 市林业局把林业产品的食品安全保障作为2013年度重点工作来抓，配备农药残留检测、重金属检测等仪器，实时监控全市时鲜农林产品的食品安全情况。11月21日，市林业局食品安全分管领导与种苗站站长到舟山镇新楼方山柿种植基地，实地查看种植大户对方山柿深加工食品安全保障情况，逐一约谈种植大户，进行简单的食品安全介绍，与他们签定食品安全保证责任状，保证在方山柿深加工过程中不添加任何添加剂、防腐剂。在柿子脱水过程中，尽量使用阳光房或者阳光大棚进行晾晒，有效防止蝇虫叮咬等情况发生。舟山镇新楼管理处计划调入一套大功率烘干机，以推进方山柿深加工进程。随后，工作人员在各种植大户收集柿干样本，进行食品安全检测。

新楼方山口一带出产的土特产——方山柿(农业局提供)

【竹笋种植大户签订责任状】 12月2日，市林业局分管食品安全的领导与种苗站站长来到江南街道永祥片的永鑫毛竹专业合作社，开展竹笋食品安全检查。永祥是浙中有名的竹笋产地，有竹林747公顷，年产竹笋5 000多吨，每年4月份举办“永祥竹笋节”，吸引众多游客前来观竹品笋。永鑫毛竹专业合作社是市内最大竹笋加工产品厂家，2013年荣获浙江省森林食品基地称号。此次竹笋食品安全主要检查竹笋上市前一个月的农药使用情况。经过实地调查，村民已具备一定的食品安全意识，普遍施用有机肥，极少使用农药，保证了永祥竹笋的有机、绿色。随后，检查组还与合作社负责人、种植大户进行一对一的约谈，并与他们签订食品安全保证责任状。

（黄　飞）

工业经济

综述

【概　况】 2013年永康工业战线围绕工业强市建设和年度工作目标，着力化解国内外市场需求总体不旺、国家宏观调控坚定不移、企业资金供应压力不减、用工成本上升势头不变等诸多因素，加强对工业经济工作的领导，增加对工业企业服务力度，加快推进产业结构调整优化，促进工业生产平稳发展。全市工业经济保持平稳增长态势，经济效益好于预期。1～12月全市规上企业累计实现工业产值811.32亿元，比2012年增11.92%，高于金华全市2.02个百分点，居金华各县（市）第2位。12月份完成工业产值73.03亿元，同比增长14.51%，高于全市平均3.31个百分点，居各县（市）第3位。12月份用电2.98亿千瓦时，同比增长8.57%。1～12月累计用电量28.21亿万千瓦时，同比增长10.9%，居金华各县（市）第2位。

李强省长考察永康的工业经济（经济开发区提供）

【工业经济三大指标"大满贯"】 永康是全省20个工业强市试点市（县）之一。2013年采取"腾笼换鸟、机器换人、空间换地"等措施加快经济转型升级，打造永康工业经济的"升级版"。1～6月，全市规上工业实现总产值399.83亿元，同比增长14.26%；实现规上工业增加值72.25亿元，同比增长13.9%；新产品产值实现160.07亿元，同比增长34.8%，工业经济三大指标总额及增速均列金华各县市之首。

【门业增速居规模以上企业之首】 2011年以来，永康门业的发展速度高于其他行业，以34.58%的增速排在第二位，高于规模以上企业平均增速8.72个百分点。2012年以26.34%的增速排在首位，高于规模以上企业平均增速14.11个百分点。2013年门业实现工业产值153.72亿元，同比增长22.15%，高于规模以上企业平均增速10.23个百分点。

【企业经营效益好于预期】 2013年全市新批技改项目106项，计划总投资31.35亿元，比2012年下降13.38%。全年累计完成技改投入43.9亿元，同比增长30%。规模以上企业累计完成新产品产值304.57亿元，同比增长25.86%。新产品产值率37.54%，高全市平均9.73个百分点。结构调整效益显现，全市496家规模以上企业累计完成主营业务收入793.58亿元，同比增长11.78%;实现利税总额85.9亿元,同比增长15.04%;实现利润56.24亿元,同比增长16.21%。企业经营效益好于预期,其中原材料价格下降、银行贷款利率降低和亏损企业亏损额减少,是拉动利润增长的主要因素,而用工成本明显增高和税收负担加重成为制约企业效益提高的重要因素。

【小上规企业升级197家】 2013年为加大"小上规"工作力度,力争完成年度工作目标,市政府成立小微企业规范升级工作组,下设由国税、地税、工商、统计和经信等4个部门人员组成的督导组,指导帮助各镇(街、区)切实做好小微企业规范升级工作。截至9月30日,全市有190余家规下企业与所属镇(街、区)政府签订年度"小上规"承诺书。截至10月16日,有189家企业(含26家新开工企业),按要求向统计部门报送"小上规"的相关资料。加上年初升为规上的23家企业,全年市小上规企业总数达到197家,超额完成年度工作目标。

【"个转企"培育小微企业480家】 2013年初永康市有经济户口4.8万户,其中个体工商户3.5万家,约占75%,"低小散"已成为制约企业乃至全市经济发展的一大因素。为此,市政府先后出台系列扶持政策,鼓励和引导小微企业创业创新,扎实推进小微企业培育。至3月底,已完成"个转企"87家,2013年底培育小微企业480家,预计到2015年完成"个转企"1 000家。

【再生资源回收利用循环体系建设】 2006年永康被国家商务部等六部委确定为第一批循环经济试点城市之一。国家商务部《关于组织开展再生资源回收体系建设试点工作的通知》下发后,市委、市政府成立市再生资源回收利用体系建设领导小组,确定市物华回收有限公司为项目实施的承办企业。2007年5月1日,《再生资源回收管理办法》颁布实施,进一步规范永康的废旧金属收购经营。2009年市再生资源回收网络体系成功通过商务部专家组的阶段性验收。同年市再生资源回收利用基地被省发改委认定为省级循环经济试点基地。为促进再生资源回收利用循环经济发展,成立由市长担任组长的循环经济工作领导小组,推进永康再生资源回收利用循环经济体系的建设。2013年制定循环经济发展规划(2013～2020年)。每年安排500万元专项资金,用于工业循环经济试点推动、重大项目补助及资源循环产业链技术的开发推广。

【"永康五金"区域国际品牌推广】 2013年,根据永武缙三地第四次联席会议纪要精神,永康市区域品牌推广领导小组办公室开展职能工作:协助相关部门起草"永康五金"区域国际品牌推广使用与监督管理办法,征求武义、缙云二地相关部门意见后获原则通过,并将在下一次三地联席会议上正式通过实施。将打造"永康五金"区域国际品牌的相关奖励政策纳入新出台的工业经济奖励政策。做好上一年度产业集群转型升级工作的总结,在42个产业集群转型升级示范区综合评价考核中,五金产业集群名列第二。

【永康两企业登榜"中国优质锁芯十强"】 2013年度"中国优质锁芯十强"品牌评选活动在上海落幕,永康市王力集团有限公司和浙江巨力工贸有限公司榜上有名。评选活动由中国五金制品协会、中国日用五金技术开发中心主持,中国五金制品协会制锁分会、现代锁业网共办。此次中国优质锁芯十强评选活动被看成国内锁芯行业的"奥斯卡",对行业整体发展和品牌提升有着巨大的推动作用。此次入围的浙江巨力工贸有限公司有2项发明专利,75项外观、实用型专利,2005年被认定为"浙江省专利示范企业",参与国家锁业行业标准修订。王力集团先后荣获370多项国家专利,既是浙江省专利示范企业,也是国家专利试点企业，已获得多项行业最高殊荣：防盗门防盗锁国家“双标准制定单位”、“国家双免检产品”、荣获“高新技术企业”、工商司法双认定“驰名商标”、唯一率先应用防盗门身份证制度管理企业，并成为中国安防行业协会副理事长单位。

【永康制造牵手意大利设计】 2013年落户永康的意大利戴达罗设计公司成立于1989年，其设计理念引领世界潮流。戴达罗入驻永康不单是经济活动，更是文化、社会活动。在工业设计的内涵正向“产品创新、技术创新、制造模式创新、商业模式创新、品牌创建”五位一体的方向发展之时，通过意大利的设计文化理念、尖端的工业设计技术和永康扎实的工业基础联手，定能设计出更多引领潮流和市场的工业产品。2月21日，意大利设计与永康制造牵手，举行开业仪式。

【国礼书包永康一箭公司制造】 3月25日，国家主席习近平夫人彭丽媛在参观坦桑尼亚“妇女与发展基金会”总部时，向学生代表赠送了永康浙江一箭实业有限公司出品的安安多功能书包。这款书包，在包体和包带上嵌入反光条，在光线不足的情况下，灯光照射时能定向反射，提供一个动态信号，引起司机注意，避免发生危险。在包体对应人体背部和腰部位置设置了柔软材质做的弹性衬垫，有效缓和了硬物对背部造成的不适。包体背面对应人体腰部位置设置了能根据使用者需要调节腰围的护腰带，从而达到分散受力、挺胸、直背、收腹效果，集保护脊柱、矫正身姿为一体。一箭公司把多功能背包作为重点项目，扩大生产规模，打响品牌。

工业管理

【概　况】 2013年为推进工业强市建设，永康市政府出台《关于开展“比学赶超促发展、求真务实抓落实”争创工业强市活动》，制订相应考核实施细则，增设组织领导、服务环境等内容，注重提高服务工业经济的力度；调整考核指标体系，加大对工业经济创新发展能力的考核力度；加强月度考核、季度考核等动态考核工作；将26个涉工涉企部门纳入考核范围，督促机关部门转变作风，优化工业经济发展环境；加大奖励力度，着力调动镇（街、区）政府和部门的工作积极性。永康是“百工之乡”“五金之都”，全市工业经济占经济比重的62.7%。工业总产值突破千亿元大关，居金华市首位。但工业大而不强，大量产品仍是低端、低成本、低价格竞争，依靠传统生产方式，依赖低廉生产力和成本竞争。为转变工业发展模式，做强工业，做大总量，优化结构，提升层次，促进工业结构战略性调整，市委、市政府进一步理清了工业发展转型升级的途径和思路，提出把“工业强市”作为经济社会发展的第一战略来抓，把新型工业化作

工人在现代化技术装备车间作业（经信局提供）

为今后工业发展的目标和方向。全面推进"腾笼换鸟""空间换地""机器换人",大力推进"个转企"和"小升规"等工作。通过"腾笼换鸟",全市已有100多家中小企业实行低效厂房改造,有效破解了企业发展空间小的问题。对"个转企"和"小升规"的企业,在财政、税收、融资、市场准入等方面给予全套优惠,2012年全市净增规上企业27家,成功"个转企"87家。围绕新型工业化目标,狠抓企业技改,积极促进信息化与工业化对接融合,启动建设一批支撑发展的重大产业项目,2012年全市累计完成工业性投入73.8亿元,同比增长26.2%,其中技改投入33.73亿元,同比增长30%。2013年1月至2月,经济结构明显优化,全市实现规上工业产值86.4亿元,同比增长9.1%,完成工业性投入2.2亿元,同比增长20%。

一胜多砂轮受到外地客户好评(五金城提供)

【企业管理通过现场"诊断"】 为加速提升永康企业的管理水平,2013年8月组织工业企业管理现场诊断咨询活动。根据企业自身的情况和要求,由咨询服务公司派出资深专家,对企业车间现场和生产流程进行现场诊断和咨询。每家企业用一天时间进行现场诊断点评,再由专家提供详细的诊断报告。此次活动报名参加企业35家,诊断32家。多家企业要求每年组织一次类似的活动。有三分之一的企业与咨询服务公司确定合作意向,计划实施精细化管理。

【工业提质增效工作推进会】 11月18日,全市工业提质增效工作推进会召开,会议紧紧抓住"机器换人"和"优化服务",牢固树立"二次出发"的信心,把机关部门服务的精神调动起来,通过政府和企业合力,推动工业经济提质增效。永康人靠"铜头铁嘴飞毛腿",打造了制造业基础扎实的"五金之都"。"一次创业"靠的是胆识和闯劲,"二次出发"再创辉煌,就不能再走"低、小、散"的道路,重复耗资源、耗人力、耗成本的低价竞争,要走质量与效益并肩的内涵式发展道路,实现传统五金制造业向新型工业化转变。企业是永康"二次出发"的主体,工业经济是"二次出发"的动力和引擎。广大企业积极把投资,把注意力放到实业上来,探求转型升级的路径,踊跃践行"机器换人",走提质增效的发展道路。2013年用工需求日趋增长,人才流动日趋频繁,人工成本持续增加,改变传统生产模式势在必行。"机器换人"是企业提高效益的妙招,更是企业转型升级的有力抓手。全面实施以"机器换人"为重点的创新驱动战略,通过"机器换人",换出永康的工业强市,换出永康绿色、环保、低碳的工业经济。"机器换人"不单是用机器代替人工,而是通过"机器换人",以信息化建设为支撑,以精益化管理为手段,降低管理成本,提升管理水平,改变传统生产组织方式,为新的生产方式提供支柱。强化职工综合素质,不断增强一线职工的综合技能,从而实现产业装备水平提高,技术创新能力提高,劳动生产率提高,节能减排贡献率提高,优质产品率提高,产业结构优化。实力强的企业，投入可以多一些，设备自动化、智能化的步伐可以大一些。实力较弱的中小企业，可以从采购附加设备开始，循序渐进，逐步更新或改造设备，逐渐提升智能化、自动化水平。政府有责任帮助企业把好方向，做好服务。各部门要制订三步走“机器换人”路线图计划，力争在“机器换人”上做到典型引路、分产业引导、政策扶持、服务平台搭建，加快促进工业经济的提质增效。

【“两泰”集团拓展境外业务】 2010年来，永康在境外的规模和投资领域不断拓展，前期主要以设立办事处搞贸易为主。2013年企业境外业务已涉足国际营销、加工贸易、技术研发、房地产开发、信息咨询等，投资地也从以往少数国家拓展到美国、英国、德国、法国、加拿大、奥地利、日本等许多国家。2012年郑泰集团下属企业郑泰工程机械有限公司投资1 750万美元，并购奥地利高斯控股有限公司全部股权。该公司于1946年在奥地利萨尔斯堡成立，主要从事金刚石工具和建筑机械的研发和生产，创建的“Goelz”品牌是闻名的传统欧洲优质制造商品牌。成功并购后，郑泰引进高斯控股有限公司的工程钻机、地面切割机、泥浆处理机和大型金刚石锯片、刀头等先进的研发和生产技术，有助于企业转型升级为具有世界领先技术的加工制造企业。其中燃油工程钻机和泥浆处理机技术为世界独有，将填补国内空白。众泰集团是永康较早实施“海外”战略的企业，通过充分整合利用海内外资源、技术、平台以及营销网络和渠道，更好地与国外市场对接、理念对接、技术对接，为众泰汽车的大批量出口创造良好的条件。为了鼓励企业“走出去”，2013年2月永康出台相关扶持政策：单个企业对外投资100万、300万、500万美元以上并实现对外出口200万美元以上的，分别给予10万、20万、30万人民币的奖励。

【三企业“二次出发”兴实业】 11月11日，市委书记徐华水带领经信、科技等部门负责人深入经济开发区调研，探索工业经济提质增效路径。顺虎铝业生产的国内最先进的铝镁合金钣材，能够替代日本、韩国的进口板材。2013年顺虎公司“创二代”程拥军大胆创新，投入3 000多万元，进行零增地技改，生产国际领先水平的铝镁板材，为苹果手机、笔记本电脑配套，前景看好。该公司做餐厨刀具的时候，全厂有500多人，一年3 000多万元产值，人多管理难度大，安全隐患多；做铝型材，全厂300多人，一年能够做3亿多元产值；做铝镁钣材后，1个车间3个人就能做出2.5亿元的年产值。市万杰机电设备有限公司自主研发的机器人有别于坐标式机器手，可灵活转换“身份”，完成点对点的搬运、夹取等工作。2012年万杰公司与全球最大专业高真空不锈钢家庭用品系列制造及销售集团膳魔师达成合作，为其下属分公司配套机器人及自动化设备。永康人看到了科技带动生产力的提高，瞄准了智能化、自动化与工业化的深度融合。市委书记徐华水希望万杰公司能为永康企业提供自动化解决方案，引导科技创新成果更好地运用到实际生产中去。春洲铝业的咖啡壶销售采用专利产品模式：销往国外的咖啡壶，90%以上拥有专利，产品的金属原材料也由自己提供。公司拥有独到的铝合金配方，产品定位高端市场。2012年始，春洲铝业投入5 000多万元，用于熔炼、喷涂及抛光等设备技术改造。在相同产值下，能耗降低40%，用工减少25%，产品附加值增加38%，实现经济效益1.35亿元。2013年11月公司销往欧洲的产品有三分之一打的是春洲自主品牌，这就是企业品牌与专利技术结合的效果。

【永康武义首次联办工商硕士研修班】 6月3日，市经济和信息化局与相关部门联合下发《关于组织参加中国人民大学高级工商管理硕士(EMBA)研修班的通知》，提高培训规格，加强培训力度、满足新一代企业家知识提升的需求。永康、武义首次联合开办 EMBA 研修班，开学典礼于 8 月 3 日在武义举行。9 月中旬，25 位企业家和创二代人员赴北京大学开展管理创新研修考察活动，进行《企业创新与核心竞争力提升》《企业转型发展的系统策略》课程的研修，考察联想集团、百度公司等著名高新企业。

【外向型企业赴东莞“引智”】 11 月 29 日至 12 月 1 日，市商务局组织 20 家外向型企业赴东莞布展，组团招聘外向型人才。广东东莞的产业结构、人才条件与永康极为相近，都是典型的外向度高、制造业发达的城市，在人力资源素质方面，东莞的人才和永康的需求比较匹配。为此，市商务局与东莞“智通人才”合作，搭建招聘平台，帮助企业破解人才难题。此次活动，永康企业接待应聘 1 000 多人，收取简历 600 份，达成意向人员 100 多人，当场确定 25 人，收效明显。

【“机器换人”路线图绘就】 永康旺达集团购置智能机器人、加工中心、数控车床、精密冷室压铸机等生产及辅助设备，用工减 79 人，工业销售产值从 1.98 亿元增至 2.98 亿元，增长 50%，人均生产总值提高 63.7%，相对用工节省 580 人。仅员工工资一项，一年就减少支出 2 000 多万元。对永康 40 家“机器换人”企业调研的数据显示，相同产值下，用工同比减少 5 376 人，人均生产总值提高 101.1%。2013 年开始，永康进一步加大对企业购置进口高档设备、国产高档设备、国产普通设备或企业自制设备奖励，并且上不封顶。“机器换人”三步走路线图已经绘就：第一步，2013 年底前制定出台“机器换人”专项行动实施意见与实施细则，具体目标是 3 年内全市设备投资 170 亿元以上，企业用工人数降 20%以上，劳动报酬提 30%以上，劳动生产率提至 2 万元/人以上，每公顷税收提到 150 万元以上。第二步，开展行业“机器换人”试点。2014、2015 年各行业通过申报筛选，选择一定数量的企业开展“机器换人”试点，建立“一对一”帮扶机制。第三步，2016 年严格进行用地用能和亩产税收考核，分行业对企业综合亩产税收、产值、能耗等指标进行排序，执行更为严格的督查倒逼措施，督促企业限期通过技术创新和“机器换人”进行改造提升。为此，政府分行业组建“机器换人产业联盟”科技创新服务平台，实现资源共享。提前一个月兑现工业企业技改补贴资金，为 37 家企业发放 4 347 万元的财政技改补贴。

以“机器换人”改变传统生产方式(经信局提供)

【高价“请”机器人“员工”】 2010 年至 2013 年，永康加大技改奖励补助，推动了一大批企业“机器换人”。市浩天公司压铸车间陆续“请”来五个机器人“员工”，每个身价都在 2 000 万元以上。在这些“员工”的帮助下，浩天成为国内第一个能够生产全铝发动机缸体的企业，成功为一汽大众、上海大众、上海通用等大型汽车企业生产配件，订单源源不断。机器人上岗后，压铸车间从原先的 1 000 多人减到 400 多人，劳动力成本下降，生产效率提高，产品质量有保证。今年公司新预订的 12 个机器人，将很快投入生产。

【“以人换人”提供适合岗位】 2013 年永康五金掀起转型浪潮，在兴起“机器换人”硬件

“机器换人”后，一个员工可管理数台机械制备(经信局提供)

之战的同时，一些企业提出“以人换人”的升级思路。“机器换人”减少了简单重复的人力劳动，而“以人换人”能更好地发挥人的主观能动性，体现每一名员工的价值。只有物尽其用、人尽其才，才能最大限度挖掘企业的潜力。要更好地发挥每一名员工的作用，不仅要因人制宜、合理安排工作岗位，还应该给员工提供更大更好的平台，让员工实现口袋富裕、精神富足，产生对企业的归属感。

【第三届“永康技工”大比武】 6月27日，举办第三届“永康技工”比武。来自各行业180多名选手参加普通车工、数控车工、电焊工、维修电工、机修钳工、计算机操作工、AutoCAD制图员及中式烹饪工等八个项目技能决赛，获得各项目第一名的选手，发给技师职业资格证书。此举吸引了省、市媒体的关注。《浙江新农村》2013年第9期以《“百工之乡”技工香》为题进行了专题报道。

【“五金产品工业设计”大赛】 第八届中国五金产品工业设计大赛于2013年3月初正式发布征集公告，以“设计改变生活，创新成就未来”为主题，设立“浩大”保温杯、“中信”厨具、“罗富”小家电、家具日用品、自由创意五个分项赛。有161个院校的学生、78个设计公司的设计师参赛，收到参赛作品2 633件，作品数比往年更多，参赛范围比往年更广，参赛作品正从外观设计逐渐向功能和结构设计转变。12月上旬“五金杯”工业设计大赛结果揭晓，评选出4件金奖作品，13件银奖作品，19件铜奖作品及30件优秀奖作品。2013年止，永康已连续举办八届工业设计大赛，累计收到参赛作品1.7万件。有1 600多件作品付诸产业化，促进了企业与设计者进行深层对接，推动了五金产业转型升级。

(傅　洁)

五金产业

■ 技术装备

【概　况】 技术装备行业主要包括金属制品业、通用设备制造业和专用设备制造业，是永康四大产业之一。它不仅面对产业需求，更要聚焦小众市场谋求发展，争取在多个领域成为国内乃至国际市场的隐形冠军。永康的技术装备行业，与缙云县开展差异化互动发展，融入智能化元素，形成数控机床通用设备和五金产业专用设备“两大巨臂”，在助力五金产业转型升级的同时，形成一大批规模生产企业，创造新的经济“增长极”。

【永康工业的“摇篮”——四方集团】 原名浙江省永康拖拉机厂，创建于1961年，是全国最早生产手扶拖拉机和单缸柴油机的企业之一，也是永康工业的“摇篮”。2013年公司已成为集科工贸为一体的外经外贸多元化发展的综合性农机制造国有企业，中国农机工业首批AAA级信用企业，中国优质农机品牌。

全国农林机械制造行业中首获“国家出口商品免验”殊荣的企业，成为世界最大的手扶拖拉机出口生产基地。浙江省农机工业龙头企业，浙江省“五个一批”重点骨干企业，首批浙江省诚信示范企业，全国机械工业技术进步示范企业，全国“守合同重信用”企业。

2013 年初，以浙江四方集团为龙头的中国南方农机产业园迎来新的机遇，浙江省现代农业装备产业技术创新综合试点落户永康。2 月浙江省四方现代农机装备研究院成立之后，在 SK 系列柴油机、55 马力轮拖、纵轴流履带收割机、保护型履带旋耕机等产品改进和研发中取得进展。9 月 4LZ-2.5 纵向轴流履带收割机通过省级农机产品鉴定，省重大专项保护型耕作履带旋耕机系列产品第一轮样机已研制成功。2013 年公司完成工业总产值 5.34 亿元，销售收入 4.79 亿元，出口交货值 3.36 亿元。

【全国 500 强企业——星月集团】 星月集团是一家集科工贸为一体，商务横跨浙江、江苏、广东、上海“三省一市”的国家大型工业企业。2013 年下属有二十余家子(分)公司，员工 4 000 多人。产业涉足汽油机、柴油机、发电机、摩托车及摩配、电动(汽油机)助力车、门业、电动(汽油机)工具、房地产、地毯、生物医学、现代农业装备、投资等。年产摩托车发动机 60 万台、通用汽油机 100 万台、柴油机 10 万台、发电机 30 万台、摩托车 30 万辆、摩配 300 万套、电动自行车 20 万辆、电动(汽油机)滑板车 100 万辆、电动(汽油机)工具 10 万台、防撬门 80 万镗、拼块地毯 800 万平方米。现重点研发大排量摩托车发动机及整车，如 250 CC、260 CC、400 CC、800 CC 等系列动力产品。集团公司先后荣获全国 500 强民营企业、中国纳税百强私营企业、浙江省百强非公(民营)企业等称号。

【专利名企——尤奈特电机集团】 创办于 1996 年，总部位于中国五金之都——浙江永康市。2013 年公司占地 10 余公顷，建筑面积 12 万平方米，有员工 1 100 人，其中专业技术人员 200 多人。下辖浙江尤奈特电机有限公司、浙江奥通铝轮有限公司、浙江东胜车业有限公司、浙江电控技术有限公司、西安尤奈特电机控制技术有限公司、深圳尤奈特电机进出口公司等 6 家全资或控股子公司。公司的永磁直流电机专业生产厂，集产品研发、生产、销售、服务于一体，年产各类永磁直流电机 500 万台，包括休闲运动车电机、老年代步车用电机、电动三轮车电机和电动汽车驱动系统(电机、减速器和控制器)等。公司电动汽车用驱动电机系统项目取得 18 项专利，其中发明专利 2 项，实用新型专利 12 项，外观专利 4 项。产品已形成 1 kW～132 kW 系列，适用于小型轿车、中级轿车、城市公交车等不同车型电动汽车驱动系统的要求。电动汽车用电动转向助力泵，由浙江尤奈特电机有限公司研发，填补国内电动汽车无电动液压转向助力泵的空白。该产品应用于电动轿车、电动观光车、电动客车、电动载货车等各类电动汽车上。集团公司配备国家级电机检测中心、数控加工中心，拥有数控车、铣、磨床、多孔钻等设备。公司主营纯电动汽车驱动系统设计制造、电动三轮车电机、电动滑板车电机等，产品以内销为主，部分销往欧美发达国家。

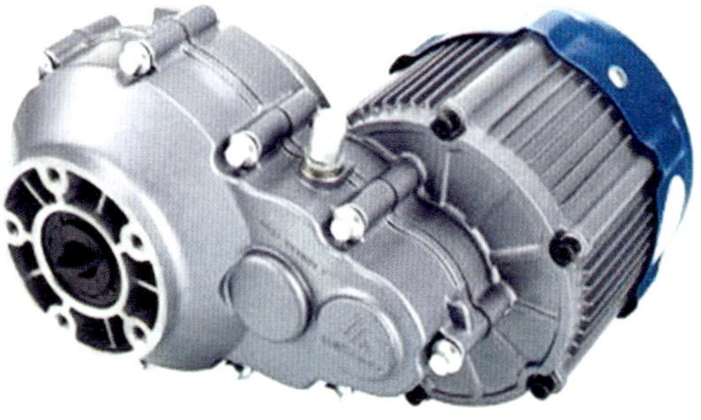

尤奈特电机集团生产的专利产品(经信局提供)

【“中国第一钳工”到永康传经】 2013 年 9 月“中国第一钳工”、“蓝领院士”、67 岁的武汉高级钳工杜良民，来到永康，协助百家企业创新产品百项，希望能为永康企业实现技术攻关。杜良民有40多年钳工和机电维修和教学经验。2007年被破格晋升为钳工高级技师，制作的机械零件，误差只有头发丝的十分之一。在交通、五金、家用电器、节能降耗等方面的创新近百项，拥有木材节料数控切割机、新型摩擦式离合器、多功能密码锁、新型内燃机燃料等5件专利。他选择永康作为“协助百家企业，创新产品百项”的第一站，是因为他的启蒙老师中就有浙江人，对浙江特有情怀，尤其对永康企业家勤劳、刻苦、实干的精神印象特深。

（陈丽丽）

车辆制造

【概　况】 车辆制造行业是永康市的支柱产业，始于20世纪末，兴于21世纪初，发展势头强劲，是规上工业五金八大行业分类中最重要的行业。2013年车业主要包括汽车制造、摩托车制造、拖拉机制造、内燃机及配件制造等4个行业。“十一五”期间行业平均增幅23%，发展速度快于五金其他行业。2013年全市车业规上工业企业58家。完成工业总产值113.84亿元，占全市规上工业总产值的14.03%。排名前10位的工业企业，累计实现工业总产值81.9亿元，占规上工业总产值的10.09%。全市车业累计实现出口额3.87亿美元，比2012年增长4.5个百分点。代表企业有众泰控股集团、浙江四方集团。

【新能源汽车研发全国领先】 2013年随着车业市场日益扩大，市场竞争日趋激烈，促使生产企业走规模经济之路，不断增强经济实力。各企业狠抓技术改造，增加资金投入，把企业做大做强。永康车业企业积极探索新技术，研发新产品。其中，新能源汽车发展优势明显，研发能力全国领先。众泰集团的纯电动车是全国最早上路行驶的纯电动车，被誉为“中国电动汽车第一牌”。公司自主研发的主动均衡电池管理系统在第十二届全运会上被奥体中心电力备用锂电池组应急电源系统采用。宇正公司的“酷卡”电动车投入批量生产后，成为全国首批纯电动载货车生产企业。尤奈特公司的电动汽车用驱动电机及控制系统、戴尔维公司的锂离子动力电池系统等在国际同类产品中均名列前茅。

【高新技术企业——众泰控股集团】 众泰集团始建于2003年，是一家以汽车整车及发动机、变速器、汽车车身等汽车关键零部件的研发制造为核心业务和发展方向的现代化民营企业集团，是浙江省高新技术企业、装备制造业重点培育企业。2013年完成工业总产值50.88亿元，销售收入50.64亿元，出口交货值6.13亿元，利税总额4.75亿元。众泰集团坚持“汽车与零部件，传统汽油车与新能源汽车，国际市场和国内市场”互动发展战略理念，布局于浙江、湖南两省四地（永康、杭州、长沙、湘潭），产品线覆盖SUV、MPV、轿车、轻型货车、微面及新能源汽车等系列车型。主导产品有008、Z200、Z300、M300、V10等。2013年新推出T200系列SUV、微型轿车Z100系列，年底推出中级SUV车型T600。企业与国内研究院、高校在技术研发、技术交流、人才培养及创新体系建设等方面开展深度合作，申请参与金华市“双龙计划”和浙江省“千人计划”，并被推荐列入浙江

实施科技含量高，资源消耗低的新型工业化工程自动化技术装备车间（经信局提供）

省青年科学家培养计划。9 月止，众泰已累计获得国家专利 306 项，其中发明专利 8 项，实用新型专利 113 项，外观设计专利 185 项，软件著作权 5 项。

■ 防盗安全门

【概　况】 永康是全国最大的门业生产基地和集散中心。防盗安全门年生产总量 3 500 多万樘，占全国总量 70%。2009 年中国建筑金属结构协会授予永康市“中国门都”称号。门类产品按用途分，有进户门、室内门、非标门、防火门、车库门等 10 多种；按用材分，有钢质门、木门、不锈钢门、铜质门、复合材料门等多个系列。

快速推进机器更新换代实现企业转型(经信局提供)

2013 年规上工业门业企业 54 家，实现工业总产值 153.72 亿元，比 2012 年增 22.15%，占全市规上工业总产值 18.94%。门业企业全年实现出口额 2.81 亿美元，同比增长 16.61 个百分点。门类行业中排名前 10 的工业企业完成工业总产值 88.87 亿元。代表企业有步阳集团、王力集团、群升集团等。

【全国首个防火门自律公约】 2012 年起，永康、武义获得防火门有效认证证书企业 50 家，年产量占全国的一半。针对防火门的现状、发展方向及发展中遇到的问题，永康市在第十八届中国五金门博会期间，举行防火门质量研讨会，邀请公安部消防产品专家，进行现场指导，并组织多部门开展整顿产品市场秩序、规范防火门企业生产行为等专项行动。通过一系列举措，20 家防火门生产企业签署了全国首个防火门自律公约，防火门市场得以健康发展。同时积极筹建国家级五金制品(防火门)质检中心，占地 2.73 公顷，总投资 1.5 亿元，计划在 3 年内完成。

【高新技术产品投放市场】 永康门业企业生产的组织模式、产品和工艺流程存在很多传统的印迹。2013 年永康门业企业根据市场竞争加大情况，对产品进行调整，“机器换人”，对附加值低、设计陈旧的产品进行淘汰，将技术含量高、智能化、环保化新产品推入市场。同时对传统的手工化制造方式进行较大的调整。步阳集团引进焊接机械手、自动进出料快速冲、组合式多工序整合液压冲等设备，改用新型流水线，对工序整合、产品质量提升起到良好效果。王力集团研发的特能锁获国家发明专利，产品防盗能力超强，具备 6 种特有功能，总体性能处于国际领先水平。永康防盗门已从低端生产向高端引领发展，生态门、艺术门、智能门等新概念防盗门不断研发并投放市场。

【永康门业走向世界】 经过二十多年的发展，永康门类企业在生产工艺、表面涂装、主要配件等环节加大投入、使产业链拉长，生产门及各种配套锁具，开发“迷你锁”等，使防盗门的附加值和档次不断提高，市场不断扩大。永康门类产品不仅畅销国内，而且销往中东、东南亚、非洲等 100 多个国家和地区。在第三届门博会实现交易额 20.66 亿元，同比增长 12.9%，其中达成意向 13.84 亿元，签订合同 6.82 亿元。通过国际门博会等高端平台，提高永康门业的知名度和外向度，真正实现“让永康门业走向世界”。

【“空间换地”向地下空中扩展】 2013 年门业企业积极响应永康市委、市政府号召，引入“空间换地”先进理念，创新建筑模式，以集约

外商翘拇指夸永康门业(五金城提供)

用地、节能环保、绿色生态为宗旨,向地下或向空中要面积。步阳集团从2011年起对原先厂房进行加层扩建,实现白天不开灯,35℃以下不开风扇,有效地节约土地、能源。能诚集团向地下、向空中要面积,项目总占地6.67公顷,空间换地9.93公顷,相当于16.6公顷土地所拥有的价值,创造了极大的社会效益和经济价值。

【永康门业精品——群升集团】 2013年1月份,群升集团销售收入近2亿元,上缴税收1 086万元,比2012年同期税收增3倍多。2012年群升集团全年上缴税收6 020万元,2013年1月份该集团的税收就接近2012年全年的五分之一。为做强做精门业,群升集团加大技改力度。2012年投资8 000余万元,改进10条流水线。新设备投用后,效率提高30%,产能提高50%。为做到标准化生产,集团定期对外协企业进行标准化培训。同时在贵州、云南等地增设办事处,使这些原本薄弱的市场成为集团新的增长点。

【永康首家"航母型企业"——步阳集团】 步阳集团成立于1992年,中国防盗门行业龙头企业之一。2013年公司成为集防盗安全门、防火门、车库门、室内门、汽车铝轮毂研发、生产、销售于一体的大型民营企业。集团已形成年产350万樘防盗安全门、200万件汽车铝轮毂的生产能力,获各种专利300多项。2013年实现工业总产值34.71亿元,销售收入33.74亿元,出口交货值5.96亿元,利润总额2.65亿元。先后荣获高新技术企业"浙江省著名商标"、"浙江名牌"、"浙江省出口名牌"、"浙江省知名商号"、"AAA级资信企业"等多项荣誉。是永康市首家"航母型企业"、"出口创汇龙头企业",中国民营企业500强、中国最具成长企业100强。

【全国门业首品——王力防盗门】 王力集团是全国防盗门行业的龙头企业之一,2013年实现工业总产值2.41亿元,销售收入2.22亿元,利润总额0.45亿元。先后荣获370多项国家专利,多项行业最高殊荣:防盗门防盗锁国家"双标准制定单位"、"国家双免检产品"、"高新技术企业"。"王力品牌"荣登中国500个最具价值品牌排行榜第249位,品牌价值达34.51亿元,先后获得金华市长质量奖、全国质量稳定合格产品、中国名牌产品、绿色环保首选品牌、国家免检产品、国家高新技术企业、中国驰名商标、中国诚信企业、全国防盗门行业十大最具影响力品牌、中国门业十大白金奖等荣誉。

(傅　洁)

■ 有色金属业

【概　况】 2012年以来,各大钢企先后上调出厂价,而钢铁需求并未激增,导致钢材销售价格不断下行。2013年3月,钢铁出厂价和市场价出现倒挂现象,带钢每吨售价5 000元,折算下来每千克仅5元。国内钢材现货市场价格、螺纹钢期货价格持续下跌，其中期货价格累计跌幅超过550元/吨，建筑钢材跌幅200～250元/吨。

【废铜烂铁撑起五金半边天】 永康废旧金属材料市场建于2002年，占地8公顷，有标准营业房538间，是一家集现货交易、期货交易和集市交易为一体的废旧物综合性交易市场，也是华东地区废旧金属材料集散中心。永康八大五金支柱产业，基本上都是以金属材料或废旧金属为原料。其中永康十家重点金属材料企业都属于利废加工企业，产值、利税占该行业的60～70%。这些利废加工企业，年吞吐、加工处理废旧金属6万吨以上。用废旧金属做原材料，不意味着五金制品质量低劣。实际上，大部分利废企业都是清洁生产企业，原料、生产工艺技术设备都少有污染。其中，千吨以上重点用能单位全面实施清洁生产。

【废旧金属回收再生形成系统】 永康永丰钢铁回收中心的废钢大多来自永康门业的边角料。门企把边角料卖给钢铁厂，经过冶炼做成钢板返卖给门企。永丰钢铁回收中心，每月都有几万吨的废钢铁销往福建、江苏等地钢铁厂。福建一家大型钢企直接进驻回收中心，在永丰钢铁回收中心设有4 000平方米场地，把废钢分拣、压缩后运回企业。2013年永康再生资源回收系统，包括永康废旧金属材料市场及4个分拣回收中心，还有98个收购站，有6 000多名收购人员。根据2001年前浙江省长三角循环经济技术研究员的报告，永康有色金属的回收已接近100%。2013年永康在做的循环经济，除了再生资源回收利用，还包括餐厨废弃物处理、绿色农业等8个方面的工程。

（陈丽丽）

■ 电器厨具行业

【概　况】 永康五金电器厨具行业主要生产电力和非电力厨具、计算机和电子设备制造业、电器塑料配件、拖把等产品。2013年有超人集团、安德电器、霸王衡器、好玩家居用品等优秀龙头企业。1～11月，全市电器厨具行业出口额2.51余亿美元，比2012年同期增长21.77%，其中电力厨具业出口额约1.18亿美元，同比增长18.01%；通讯、计算机制造业出口额1 208万美元，同比增长636.59%；电器机械业出口额9 749万美元，同比增长12.21%；拖把等行业出口额2 408万美元，同比增长32.60%。永康的电器厨具行业产品线不断拉长，“热点”切换快，催生一个个新的经济增长点。

【首创嵌入式全自动咖啡机】 浙江安德电器有限公司生产的嵌入式全自动咖啡机，通过导轨可将蒸机拉出，方便加水和豆，属国内首创。导轨在初始位有锁紧力，全触摸控制，更有利于电控的稳定，可实现输出咖啡、热水、蒸汽等流程。精妙的咖啡磨豆器，提供6个档位，可调节磨粉粗细，含记忆功能，一次能储存4种不同的参数。触摸屏能可显示多国语言，方便使用。

【超人小家电入选国礼】 超人集团创建于1983年，是小家电专业制造商，国家级高新技术企业、国家标准制订单位、全国家用电器标准化技术委员会会员单位。2013年总资产12亿元，有浙江省唯一的省级小家电研究院、一个省级技术中心、一个省级研发中心、

中国超人集团新厂区（经信局提供）

两个生产制造基地，年产能力1 800万台以上。有各类专业技术人才380多人。公司致力于小家电的研制与开发，产品性能达到国内领先、国际先进水平，有国家专利技术518项，其中发明专利21项。公司生产的“超人”牌电动剃须刀、电吹风、毛球修剪器、挂烫机、电水壶等系列小家电畅销海内外，其中超人牌电动剃须刀是行业内唯一获得中国名牌产品，连续多年被国家统计局确认为“中国剃须刀行业第一品牌”，在国内同行中率先通过ISO9001国际体系认证、ISO14001环境管理体系认证。超人小家电远销48个国家和地区，多次被作为国礼，随国家元首出访赠送给外国元首或国家领导人及贵宾。

【电子秤产品享誉国内外市场】 浙江霸王衡器有限公司生产的电子计价秤、电子条码秤、电子计重计数秤、电子厨房秤、电子计数等产品在国内外市场上享有盛誉，其中天平动态汽车衡采用具有国际先进水平的动态称重技术。2013年，霸王公司生产的该产品可自动有效地检测出通过收费口的每辆汽车的轴(组)数、每轴的轮胎数、联轴类型等车辆信息。数据采集处理器对车辆的轴重、总重数据、车辆轮(轴)数据、车速、车辆识别信息的采集，综合处理后传达给计算机，集成度高，稳定性好。

■ 休闲器具

【概　况】 永康健身器材和户外家具产品相对于其他传统五金类产品，略显年轻。21世纪以来涌现出千禧车业、飞神车业、弘盛工贸、索普实业等几家优秀的龙头企业。它们凭借区域产业集群带来的价格优势，使健身器材和户外家具产品占据国内、国际一定的市场份额。2013年1～11月休闲器具行业出口额5.29亿美元，比2012年同期增长10.60%。其中金属家具制造业出口额约1.84亿美元，同比增长11.86%；文教体育用品制造业出口额2.68亿美元，同比增长14.62%；自行车制造业出口额127万美元，同比增长188.64%；沙滩车业出口额7 648万美元，同比下降4.65%。休闲车行业通过洗牌整合升级后，留下的企业已稳住阵脚，积聚力量，迎接新一轮的市场爆发。

【锦鼎叠爬梯车获“名优新”产品奖】 2009年，永康市被中国轻工业联合会、中国礼义用品工业协会授予“中国休闲运动车之都”国家级区域名牌称号。2011年12月1日，经省工商局、省企业信用促进会评审，认定永康休闲运动车行业为“浙江省信用建设示范行业”。2012年9月27日，浙江飞神车业有限公司荣获“户外休闲用品行业十强”称号，11月14日，中国轻工业联合会授予永康市休闲运动产业“‘十一五’轻工业特色区域80产业集群先进集体”称号。2013年6月10日，协会会员企业有23件名优新专利产品参展2013第三届浙江中小企业“名优新”产品博览会，其中永康市锦鼎机电有限公司的叠爬梯车荣获铜奖。

【小飞哥电动车由CAD三维设计】 浙江千禧车业有限公司生产的小飞哥牌电动自行车，主要部件的核心技术由上海小飞哥电动车技术开发中心提供。公司严格按照国家《电动自行车通用技术条件》(GB17761-1999)和《自行车安全要求》(GB3565-1993)标准生产。小飞哥电动自行车外形由CAD三维设

浙江千禧车业公司生产的小飞哥牌电动车(经信局提供)

计，线条流畅，造型美观，采用高效稀土永磁无刷电机，具有安全性好，抗震性强，无级变速的特点，拥有链条自动调链器、ABS防抱死电磁刹车等10多项专利，具有方便快捷、故障率低、运行可靠、噪音低、无油污等诸多优点。

浙江千禧车业公司坐落市经济开发区。2013年公司有员工1 000多名，厂区用地18公顷。主导产品为小飞哥牌系列电动车。年生产能力50多万辆，在全国自行车行业中位列前茅。公司已开发50多个系列近千种新品，包括电动助力车、电动轻便摩托车、高尔夫球车、电动轮椅车、智能轮椅车、四轮轨道车、旅游观光车等，拥有国家专利18项。产品畅销30多个国家和地区，先后获浙江省著名商标、浙江名牌产品、国家免检产品、中国驰名商标、电动自行车“十强企业”等称号。2012年销售收入6.1亿元。

【宇翔户外休闲椅】 市宇翔铝业有限公司生产的户外休闲椅选用优质山樟木，精挑细选确认材质，经过除虫、防蚁、防腐、烘干处理加工成型。表面采用优质户外高分子漆喷涂，形成可靠防护层，具有耐候持久，不易破裂、变形、腐烂、虫蛀等优点。防腐处理满刷浸透桐油3遍，浸透暴晒24小时后再施工一遍，确保清漆古朴自然，弧度美观，木方厚实，产品质量优，使用寿命长，宜于维护，适应各种气候适宜，健康卫生。线条款式符合人体工程力学原理，坐感舒适，造型美观。

【新型转轴“红太阳”折叠式黑板】 浙江红太阳教学设备有限公司生产的折叠式黑板，书写手感好，字迹清晰，易写易擦，粉尘少。产品采用新型转轴连接多块黑板，达到收缩自如，有较强的三维效果。板面采用高强度防锈镀锌钢板，经高科技专用胶水高压粘合密封而成，结构牢固、弹性好、耐腐蚀、耐冲击，并保持书写板面平整。产品广泛应用于绘图、教学、工程设计等领域，主要出口欧洲各国。

【国家高新企业——飞神集团】 集团创建于2000年。2013年厂区占地30公顷，固定资产18亿元，产业涵盖休闲运动车、智能康复车、新能源特种车、高端房车四大产业。有100多种车型，年产200万辆，产品畅销国内及欧美、亚太等50多个国家和地区。公司拥有55项发明、实用新型、外观专利，是国家高新技术企业、浙江省著名商标、浙江省名牌产品、浙江省出口名牌、浙江省守合同重信用AAA级企业。公司生产的智能越障电动轮椅车，保持现有电动轮椅前后左右转向灵活、行驶平稳、操作使用方便等特点。同时通过控制前后越障装置能轻松将电动轮椅车抬起，翻越最高200毫米高的路肩、台阶、楼梯等障碍物，或者从同样高的障碍物退下来，确保使用者碰到一般的障碍物时不需绕行或无需他人帮助就能自行解决，操作简单，使用方便。

【弘盛公司产品远销欧美】 浙江弘盛工贸有限公司创建于2003年，2013年公司占地6公顷，总资产3.5亿元，有员工500多人，其中高级技术人员35人，有一流的生产制造设备和检测设备。2013年专业制造儿童滑板车、滑板、手推车，儿童自行车等四个门类、150多个品种，产品主要出口到欧美、东南亚、南美、中东、俄罗斯等30多个国家和地区。2012年销售收入2.1亿元。

（李志家）

■ 保温口杯

【概　况】 2013年，不锈钢保温口杯业已成为推动永康经济发展的主要产业之一，生产及配套企业近一千家，从业人员十万多人。年产保温口杯4.5亿只，产值超130亿元，利税8.28亿元，出口创汇12亿美元，是全国乃至全球最大的保温杯生产基地。2012年全市保温杯行业拥有中国驰名商标9个、浙江名牌15个、省著名商标7个、省知名商号9家、金华市信用管理示范企业4家、政府质量奖企业4家、上市公司1家、国家技术开发中心1家。2013年1～11月保温杯出口额2.14余亿美元,比去年同期增加18.72%。2008年6月12日,浙江哈尔斯工贸有限公司被中国品牌研究院评定为中国真空保温杯行业标志性品牌。2010年7月浙江飞剑工贸有限公司和浙江哈尔斯真空器皿股份有限公司被列为上海世博会特许产品生产商。同年8月18日,群升集团、先行集团、南龙集团3家企业获永康市市长质量奖。众泰集团等15家企业获"永康五金"浙江区域名牌使用企业称号。2011年1月12日,中国轻工业联合会和中国日用杂品工业协会授予永康市"中国口杯之都"称号;同年9月9日,浙江哈尔斯真空器皿股份有限公司在深交所中小板正式挂牌上市,成为永康本土首家上市企业,也是国内保温杯行业首家上市企业。2012年9月26日,永康市被浙江省商务厅、财政厅认定为"浙江省餐厨用品出口基地"。2013年12月14日,浙江中信厨具有限公司凭借可拆系列压铸锅获"中国创新设计红星奖"。

【保温杯规范标识专题会】 2013年7月市质监局接到举报,发现部分企业保温杯包装标识不规范的情况,即同不锈钢制品行业协会召开"保温杯行业规范标识专题会议",通报事件原委,宣传国标的规范要求,为企业提供咨询服务,全面部署开展不锈钢保温杯标识标注的整改工作,帮助指导60多家企业完善产品标识,有效规避经营风险。

【全国轻工先进企业——哈尔斯】 浙江哈尔斯真空器皿股份有限公司,于2008年8月29日由浙江哈尔斯工贸有限公司整体变更设立,法人代表吕强。公司注册资本9 120万元。2008～2009年公司产品市场占有率排名国内同行业第2位,品牌影响力居国内同行业第1位。"哈尔斯"商标在美、日、韩、俄、欧盟等30多个国家和地区注册,保温杯系列产品销往世界各地。2013年度公司占地4公顷,有员工1 200多名,是国内最大的不锈钢真空器皿生产厂商,配备10条全自动真空器皿生产流水线,有激光打标、静电喷涂、无尾真空等先进的表面处理和真空技术及设备。公司先后获浙江名牌产品、浙江省著名商标、中国驰名商标、中国真空保温杯行业标志性品牌、全国轻工业卓越绩效先进企业,浙江省出口名牌等荣誉。

【中国驰名商标——"南龙"】 南龙集团有限公司是中国南龙集团的母公司,总部位于浙江永康,总资产8.5亿元,有全资子公司12家,控股公司3家。公司占地30公顷,有员工2 600名,其中中高级专业人员和管理人员500多名。2013年已成为集不锈钢保温器皿、不锈钢炊具、铝制不粘锅、数控机床、休闲摩托车、光电材料、投资和商贸等十个产业为一体的多元化大型企业集团,年产值20多亿元。拥有行业内技术领先的全自动三室程控真空炉,真空杯生产自动流水线,并配有一流的抛光机、静电喷涂、丝网印、水转印等先进表面处理技术和设备。"南龙"商标被认定为中国驰名商标,不锈钢保温杯系列产品被认定为浙江名牌产品,中国不锈钢保温杯(壶)十大知名品牌。"南龙"牌不粘锅被认定为国家免检产品。

【春洲公司年产厨具200万套】 浙江春洲铝业有限公司是一家专业生产铝压铸不粘锅的企业,有厂房4万平方米,职工600名,其中中高技术职称50名。公司致力铝压铸不粘锅、铝咖啡壶、不锈钢咖啡壶的研究、制造、贸易于一体。月产压铸不粘厨具20万套以上。产品远销欧美、中东、北非、亚洲等50多个国家和地区,深受世界各地客户青睐。春洲咖啡壶已与意大利企业合资,成为国内咖啡壶行业的领头羊。

■ 电动工具

【概　况】 永康生产电动工具已有40多年历史。2000年以来，电动工具行业稳中求进，产销两旺，稳定增长，已成为全市五金八大行业之一。2008年金融危机期间，电动工具出口一度严重受阻，出口数量、金额急剧下降。随着国外经济逐步复苏，电动工具出口逐渐回暖。2011年全市电动工具年产整机7 285万台，产值110亿元，年销售总额105亿元，年外贸出口额70多亿元，总产量和出口量分别占全国的四分之一和三分之一，是国内最大的电动工具生产基地和出口基地，产品远销欧美、亚洲、非洲等多个国家和地区。截至2012年，全市有电动工具行业制造及配套企业800多家，规上企业230多家。中国与日本、德国并称全球电动工具三强。2013年1～6月永康出口电动工具5 289批、865.4万台，金额1.62亿美元，平均单价18.71美元/台。与2012年同期相比，批次增4.05%，出口数量、金额和平均单价分别降5%、9.57% 和4.8%。1～11月出口额5.74余亿美元，同比增长9.62%。

五金工具(产业集群提供)

2008年10月23日，全国电动工具标准化技术委员会园林电动工具分技术委员会落户永康。2012年6月14日，由中国电器工业协会副会长、电动工具行业协会会长杨启明带队的专家考核组到永康参加“中国电动工具之都”考核工作汇报会，考核永康电动工具行业。专家考核组认为申报“中国电动工具之都”的各项条件基本符合申报要求。11月23日，永康电动工具行业被浙江省工商行政管理局和浙江省企业信用促进会认定为2012年度浙江省信用建设示范行业。2013年8月11日，浙江三锋实业股份有限公司通过国家质检总局专家组对其申请出口电动工具免验企业的现场审查，成为全国第一家出口免验电动工具制造企业。

【名优科技新产品——切割机】 市正大实业有限公司生产的J1X-KZ12-255新型工作台双向切割机，辅助工作台面可以任意延伸和调整，能保证切割工件的准确定位；可实现理论上切割木头、铝材长度为50毫米至任意长，解决了传统机器切割较长、材料困难的难题；手柄设计满足了左手或右手操作者的顺畅操作；可以实现锯片相对工作台±45°范围内任意切割；专门设计方便搬运的辅助后手柄设计，实现双向切割。弘大集团有限公司生产的HDA1509斜切割机，技术含量较高，适用性强，适用于建筑业、装修业、工厂、商业等行业。可对铝型材、木材等装饰材料进行不同角度的正切割和斜切割。

【博大公司拥有产品自营出口权】 浙江博大实业有限公司组建于1992年。经过20多年的创业、创新，2013年已发展为集科研、制造、销售为一体的中国最具竞争力的专业电动工具生产供应服务商之一。产品涵盖角向磨光机、手电钻、电锤、石材切割机等四规系列80多种产品。1998年通过ISO9001质量体系认证，通过美国UL、德国GS、欧洲CE认证，拥有自营出口权。2003年产品全面获得CCC认证。2007年获得"中国名牌产品"、"国家免检"产品称号。2012年获得"中国驰名商标"、"国家高新技术企业"等称号。

【三锋公司参与国家园林工具标准起草】 1992年浙江三锋实业股份有限公司成立，坐落永康市，注册资本8 000万元，占地7公顷。2013年已成为一家集研发、生产、销售电动工具、电动园林工具、动力园林机械及环保无绳工具为一体的股份制民营企业。主要产品有角向磨光机、手电钻、电锤、电链锯、汽油锯、电木铣、切割机、曲线锯、雕刻机、磨链机、打草机、草坪机及锂电电动工具、锂电园林工具等28个系列130多个品种。先后荣获"中国驰名商标"、"国家重点新产品"、"国家高新技术企业"、"浙江名牌产品"、"浙江省专利示范企业"等荣誉。公司有省级技术中心和省级认可实验室，已取得专利50项。公司负责或参与起草的电动工具和园林工具行业国家标准14项。2013年该公司成为全国林业机械标准化技术委员会委员单位、全国电动工具标准技术委员会委员单位、全国电动工具标准技术委员会园林工具分技术委员会单位。

（李文统）

■ 金属材料

【概　况】 废铜、废铝、废钢铁金属加工行业是永康市一大主导产业，其中有色金属占全市工业总产值15%。2012年金属材料行业产值114.8亿元，带动整个五金产业产值649.3亿元。2013年全市有专业废旧物资集散市场4个、回收站点98个，从业人员2万多人。回收利废金属总量160万吨，交易总额140多亿元。

生产金属材料的自动化流水线(经信局提供)

【金属材料新产品层出不穷】 2013年金属材料新产品有高导电率异形铜带、异形铜排，PLC双炉联体节能型再生铝成套设备，除尘消烟冶铝设备。高导电率异形铜带、异形铜排，由中国天行集团有限公司开发，具有高强度、高导热性、良好的钎焊性能、蚀刻性能及氧化膜黏结性能，广泛运用于集成电路电子芯片及电子工业中的电子元器件中。高精度无氧铜带及引线框架材料铜合金附加值高，属于国内紧缺产品。公司针对市场要求，与相关研究所协作，对该产品进行开发生产。PLC双炉联体节能型再生铝成套设备由浙江万安铝业有限公司开发。产品将铝屑炉的排烟口与铝块炉相连，利用铝屑炉的高温烟气加热熔化铝块炉的铝块（铝锭），而铝块的排烟再经过热交换器对烧嘴的助燃风进行加热。其中设备数字监视输入采用人机界面；基于PLC的PID温度智能控制；风量与煤气量比例自动调节，风机变频恒压控制；铝屑加料调节通过变频控制；燃烧后的烟气控制利用，节约能源，降低排放温度，适用于废铝回

金属材料自动化技术装备生产车间(经信局提供)

收利用,节能(比传统炉具节能约15%)、环保,市场前景广阔。除尘消烟冶铝设备,由永康市宇星铝业有限公司开发。整套设备包括相互分开的熔炉和精炼炉,熔炉用来冶炼废铝,得到铝锭和废渣及排废,废渣进入精炼炉进行二次提炼,处理过程更加环保。PLC双炉联体节能型再生铝成套设备由浙江万安铝业有限公司开发。燃烧后的烟气进行控制利用,降低排放温度,适用于废铝回收利用,节能环保。

【"中天"无区域企业集团】 中国天行集团有限公司是由7家子公司组成的无区域企业集团。2013年集团公司有铜业、门业、车业、房产开发4个基础产业。同时公司不断增加进出口贸易,从丰富的原材料国进口高品质的金属材料用于公司生产。

【永压公司年产铜2万吨】 浙江省永压铜业有限公司创建于1983年,占地2.5万平方米,是生产纯铜板、带、排、棒的专业厂家。2013年产铜2万多吨,产值超亿元。企业有数十名高级工程师和专业技术人员,同省内外多家科研单位建立长期协作关系。公司获得永康市百强企业、明星企业、永康市纳税大户等称号。

【万泰公司成为国内最大铝锭企业之一】 浙江万泰铝业有限公司创办于1987年,专业生产铸造铝合金锭,1997年注册商标。2013年公司在浙江、上海、江西、东北等地建有生产基地,是年生产能力10万余吨的国内最大的铸造铝合金锭生产企业之一。公司致力于做大做精主业,按中国、美国、日本、德国等国家标准及企业标准生产各种铸造铝合金锭,为国内汽车、发动机及零部件提供优质材料,拓展铝铸件和铝板带产品。此外,公司还投资开发盘龙谷生态休闲区,发展文化事业,创建永康万泰美术馆。

(陈丽丽)

产业集群

【概　况】 永康五金产业集群——永武缙五金产业带建设,是全省经济布局调整和发展方式转变的一项重大决策,2009年被列为全省21个集群转型升级示范区之一。它以永康为核心区,将武义、缙云两县纳入永康五金产业集群进行统一编制,成为跨行业、跨地区产业集群。2010年12月,永武缙五金产业集群三地联席会议正式建立,三地领导共同签发了《永武缙五金产业集群转型升级实施方案》,转型升级正式启动。2011年"永康五金"代表永武缙五金产业集群示范区,成功入选省内首批6个产业集群区域国际品牌试点。永康五金产业集群成为浙江省超千亿元跨地区、跨行业的产业集群代表。

永武缙五金产业集群转型升级三地首次联席会议(产业集群提供)

【产业集群转型升级跃居全省第二】 2013年10月初,浙江省工业转型升级办公室公布

8月14日，省委副秘书长、政研室主任舒国增一行到永康调研永武缙产业集群发展情况(总部中心提供)

2012年度浙江省块状经济向现代产业转型升级示范区综合评价考核优秀名单，永康五金产业集群名列第二。2011年来，五金产业集群示范区全面实施转型升级方案，出台和完善相关政策措施的数量、力度、内容都创下历史之“最”，工业生产平稳增长，企业效益逐步提高，结构调整速度明显加快，有力推动了区域经济的平稳发展。集群效益明显，积聚效应良好。年内实现规上工业总产值811亿元、增加值147亿元，分别比2012年增长11.9%、11.5%，其中规上工业新产品产值319亿元。出口交货值232亿元，工业用电量28.2亿千瓦时，完成工业投入89亿元，增长20%。承办全省“机器换人”、“空间换地”现场会，将永康经验向全省推广。完成低效厂房改造78.9万平方米，“个转企”1 058家、“小升规”192家，规上企业总数达到637家。

【现代五金产业群发展平台】 2013年永康五金产业集群以经济开发区整合扩容提升、现代农业装备高新区、浙商回归创业创新园“一区两园”开工建设为契机，构筑现代五金产业集群的发展平台。坚持集约节约利用土地，加快土地资源整合，盘活土地存量，按照产业集群和循环经济的理念，提升现有园区规划水平，合理优化空间布局。经济开发区重点发展汽车摩托车整车及装备制造业，建成占地1 000公顷的汽车产业园，以汽车整车企业为龙头，提升汽车关键零部件的品质和技术水平，推进产品结构，由单一零部件加工向总成化、系统化和模块化发展。现代农机装备高新技术产业园区是省级高新园区创建单位。总体目标是成为全国重要的现代农业装备创新基地、成台套设备设计基地、高端装备制造基地、智能电子与仪表制造基地。通过打造现代农业装备制造科技新城区，形成“一心三基地”，即一个农业装备创新、设计、检测试验中心和高端农业装备制造、农业装备智能电子产业、农业装备关

永康高端装备基地制造现代化机械设备(五金城提供)

9月13日，国务院发展研究中心副主任刘世锦一行参观考察永康总部中心（总部中心提供）

功能升级。集群以总部中心的18幢总部大楼以及500余家企业为基础，着力搭建信息、技术、服务等公共平台，充分发挥总部中心的集聚效应，吸引大批金融保险、创意咨询、会计法律、中介代理等各种服务机构和社会组织，形成五金产业现代服务业体系。

【五金城入围省集聚示范区】 7月23日，浙江省第三批现代服务业集聚示范区名单出炉，中国科技五金城成功入围。2013年中国科技五金城已建有一期、二期市场，国际会展中心功能区、“中国五金商城”网上市场。现有营业面积80万平方米，商铺3 436间。成立五金专业市场联盟，为在外创业的永商搭建沟通平台，实现“品牌共塑、资源共享、市场共建、合作共赢”，并利用“中国科技五金城”的品牌，走经营市场和复制市场的道路，为浙货外销、永武缙五金产品外销拓

键部件制造3个基地。永康浙商回归创业创新园，占地约727公顷，围绕先进装备制造、电子信息、新材料等产业，优化投资结构，推动永康五金“脱胎换骨”。

【五金产业总部拓展“十大中心”】 永康五金产业集群倾全市之力，构筑公共服务平台，大力推进以总部中心为代表的“五大中心”建设，并向五金工业创意设计、科政工业品检测、五金产业信息、人力资源、模具、电商等“十大中心”拓展，为企业在现代物流、会展服务、金融保险、科技服务、电子商务、信息咨询等非生产性领域提供优质高效服务。集群鼓励和引导企业以产前研发和产后营销为重点，将与生产环节相关联的服务业分离出来，从而降低成本，提升竞争力。集群把发展总部经济作为转型的突破口，依托不断延伸的产业网络，从以加工制造为主，向设计研发和品牌销售为主转变，从工艺升级、产品升级转向

7月23日，省发改委谭燮良处长到总部中心现场视察首批现代服务业集聚示范区建设情况（总部中心提供）

让客户用最少的人造最好的产品(五金城提供)

展更多渠道。

【区域经济层级形成新的体系】 创新驱动区域经济主要措施有：重专利，发挥五金科技创新平台作用，加快构建以企业为主体、市场为导向、产学研有机结合的科技创新体系，促进区域产业集群内企业由贴牌生产向自主设计转型。支持企业在关键技术、工艺上进行创新合作，加大新技术成果转化的政策扶持，增强技术创新成果的扩大效应。2013 年永康获得专利授权 3 954 件。重标准，引导和支持企业以发明专利等自主知识产权为基础，主动参与制(修)订行业标准、国家标准，积极抢占技术领域制高点。努力掌握市场话语权。同时加大力度，采用国际标准和国外先进标准，帮助外向型企业按采标组织生产，化解国外技术壁垒，提高产品的国际市场竞争力。2013 年有 18 家企业参与 4 项国家标准、13 项行业标准制订或修订。重品牌，大力实施质量振兴和品牌带动战略，鼓励企业自主创牌和参与标准制订工作，做好中国五金商标品牌基地和“永康五金”浙江区域品牌的维护、提升和输出。重人才，重视企业家队伍的培育，引导企业家讲底气、讲大气，讲和气，着重培养一批具备现代意识、世界眼光、德才兼备的中青年企业家。健全柔性引才机制，加强科企合作，建设人才基地，完善人才评价、使用和奖励制度，多形式开发引进人才资源。2013 年引进省“千人计划”3 人，实现零突破。重质量，2014 年初国家质检总局正式批复永康市为“全国质量强市示范城市”创建城市，成为浙江省首个获得创建资格的县级市。市委、市政府积极开展“质量强市”工作，实施三大战略，即名牌战略、标准化战略和知识产权战略。从“质量立市”到“质量强市”，永康形成了以五金产业为主导的质量建设经验和创新做法。“质量强市”工作格局已基本形成并逐步完善，形成强市、强区、强镇、强业、强企“五强一体”的格局。重可持续发展，2013 年永康成为首批国家循环经济示范城市(县)创建地区后，将用 5 年时间，构建循环型生产方式，形成循环型流通，推广普及绿色消费模式，推进城市建设的绿色化、循环化，健全社会层面资源循环利用体系，创新发展循环经济的体制机制。率先构建资源节约利用效率高、经济增长质量效益好、生态环境水平优的循环经济发展体系。

■ 汽车产业

【概　况】 汽车产业具有产业链长、关联度高、就业面广、消费拉动大的特点，是一个国家工业水平的代表。在后金融危机和产业技术变革的大背景下，全球汽车产业格局正在调整，产业重心正加快向以中国为代表的同时具有制造与消费优势的新兴经济体转移。21 世纪初以来，永康汽车产业按照“集群式发展、差异化发展“战略，持续快速发展，形成一定规模，成为浙江省最重要的汽车整车和零部件生产基地之一。

永康市传统产业以五金机械和金属加工为主，与汽车产业关联度高，同时具有扎实的五金产业基础、初具规模的汽摩配产业、健全

国务院原副总理张德江视察永康的众泰汽车(产业集群提供)

的市场营销网络、完善的政府服务体系四方面的优势。永康产业转型,大力发展汽车整车和零部件产业,取得了良好的成绩。

【汽车整车和零部件集群发展】 永康汽车产业坚持"整车和汽车零部件联动发展、传统汽车和新能源汽车并重、国内和国际市场并举"的发展思路,取得了阶段性成果。众泰集团已成为以汽车整车及发动机、变速箱等关键零部件的研发、制造、销售为核心业务的大型汽车制造企业。整车有"众泰""江南"两大品牌,覆盖小型轿车、SUV、轻卡、微面、纯电动汽车等。2013 年整车销售 12.87 万辆,产值 71.6 亿元,是中国最年轻、成长最迅速的自主品牌汽车企业。永康汽车零部件企业注重科技创新,共同开拓国内和国际市场、主机配套和汽车后市场。设计制造水平不断提高,创造企业 658 家。其中汽车铝合金压铸件产品生产企业有星月、伊斯特、宁帅、包氏、泰龙、兄弟、浩天等,已形成较强的汽车发动机及气缸盖等产品研究开发与生产能力,通过"以点带面",形成一大批生产气缸盖、曲轴、气缸套、活塞等产品的中小企业。汽车电机生产企业有尤奈特、博宇、康灵等,生产汽车发电机、汽车启动机、单向器、发电机调节

众泰汽车永康总部厂区(产业集群提供)

器、电磁开关、电动汽车动力总成、电动汽车控制总成等汽车电机和电子产品。汽车五金钣金制造企业铁牛、正宇、永康汽配厂等，依靠大型、精密、长寿命的模具设计和制造技术、车身造型和车身总成设计、空气动力学性能分析以及一次成型技术等先进技术，生产汽车结构和覆盖件、汽车顶盖板、车门、侧围、车身、排管等大型钣金件。关键汽车零部件有泰龙的控制阀总成、庆大的空气弹簧等，大型零部件企业泰龙集团、郑泰集团被认定为国家汽车及零部件出口基地企业。一批有比较优势的零部件企业已实现规模生产，并进入国内和国际汽车零部件采购体系。其中汽车钣金覆盖件、电机、活塞、曲轴、消声器、百叶窗、气缸盖、制动泵总成等已进入上海大众、一汽、东风、长安、江铃、江淮、北汽福田等几十家整车企业；整车和零部件产品大量出口美国、欧洲等几十个国家和地区，并进入高档车(如宝马、奔驰)的后市场体系。2013年底，永康汽车产业规模超过300亿元。

【绿色低碳汽车产业开发】 为迎合全球能源安全问题，节能减排、低碳技术，及新能源利用已经成为全球汽车产业发展的最新趋势，以节能与新能源汽车为主攻方向的新一轮国际汽车产业竞争已全面展开。永康市各主要汽车生产企业通过技术创新、法规约束、政策激励等综合措施，提出绿色汽车、低碳汽车概念，大力发展和应用先进节能技术。2006年永康汽车企业介入新能源汽车生产领域，按照“商业模式创新和技术模式创新双轮驱动”发展战略，在全国新能源汽车产业领域取得一定的竞争优势。众泰汽车按照自主开发和引进消化吸收集成开发相结合的思路，于2008年成功开发了纯电动汽车——众泰2008 EV。2013年已开发4个车型(008、M、A、微卡)、10多款电动汽车产品。其中众泰2008 EV、M300 EV是国内上路行驶里程最长、数量最多的新能源汽车车型之一。插电模式的纯电动车，也是2013年在全国范围内具有最强产业化能力的车型之一。2009年3月众泰汽车生产的纯电动汽车在杭州挂上了中国第一块电动汽车牌照——浙A·2279 A，以后相继在全国20个新能源汽车示范运营城市推广，并不断创新推出充电模式、换电模式、租售结合的商业化运营，取得在国内“第一个挂牌行驶”、“第一个批量试运行”、“第一个对个人销售”等“六个第一”的成果，被英国《泰晤士报》称为“将在世界新能源汽车领域领跑”的企业。永康新能源汽车零部件不断取得突破，其中电机、电控、车身等方面已处于国内甚至国际领先水平。正宇机电公司生产的电动汽车车身、电机、电控及总成系统，浙江戴尔维电池管理系统有限公司生产的电池管理系统，尤奈特机电公司开发的纯电动汽车动力总成系统，海鹰塑料公司的一次成型增强塑料成功应用于纯电动汽车的车身，森川机电开发的电动汽车用的无刷永磁电机等等，都已形成品牌。2011年1月永康新能源汽车产业联盟核心企业——众泰集团、正宇机电、千禧车业正式签定合作协议，在技术开发、生产制造、销售网络等领域开展全面合作，对促进区域产业发展产生了深远的影响。

【汽车列为永康第一主导产业】 21世纪以来为实现全市经济的转型升级，永康将汽车产业列为全市“十二五”工业规划发展的重中之重，要求不断完善“整车—零部件—关联产品—交易市场”的汽车产业链，形成较强的竞争力，把汽车产业发展成为全市第一主导产业。同时制定市汽车产业发展规划和相关扶持政策。在永康经济开发区高起点、高水平规划10公顷汽车产业园，用于发展汽车整车及关键零部件总成系统，在10个工业功能区培育和发展永康汽车零部件制造基地。

世界汽车产业竞争和整合正在加紧，形成以几家寡头汽车集团为第一梯队的格局。区域化集群式生产是国内汽车产业突破重围的一把利刃，是永康汽车产业发展的必然选择。永康汽车产业正从过去小而散的块状经济，向专业化、规模化、国际化、特色化的现代汽车产业集群发展，按照“整合资源、发挥优势、错位竞争、跨越发展”的整体思路，走出了一条“全球资源、永康制造”的发展之路。

（孙炜栋　何晓峰）

电　力

【概　况】 2013年永康市供电公司认真贯彻落实省市公司和市委、市政府各项决策，取得了电网发展的新突破，业绩考核和同业对标丰收。全年电网建设与改造投资1.36亿元；线路开工21.5千米，投产55.3千米；变电开工15.02万千伏安，投产15.02万千伏安；实现全社会用电量37.17亿千瓦时，比2012年增长11.50%；安全生产日达4 260天。年度绩效考核名列金华市第一，荣获金华市模范集体、金华市公司精神文明建设先进单位和模范职工之家等多项荣誉。在193家参评的市行风评议单位中进入前三位。6月永康市供电局更名为国网浙江永康市供电有限公司，分别设置办公室、发展建设部、财务资产部、安全监察质量部(保卫部)、人力资源部、党群工作部(工会、纪委(纪检)办公室、团委)、电力调度控制分中心、乡镇供电所管理部。另设置两个业务支撑和实施机构，分别为运维检修部“检修(建设)工区”、营销部(客户服务中心)。运维检修部“检修(建设)工区”下设10个室班，分别为综合室、输电运检班、变电运维班、变电检修班、带电作业班、配电运维班、配电抢修班、电网建设班、信通运检班、仓储配送班)。营销部(客户服务中心)下设12个室班分别为综合室、业务管理室、客户服务室、市场班、营业一班、营业二班、抄表班、计量一班、计量二班、核算账务班、用电检查一班、用电检查二班。

2013年用电量增长情况表　　（单位：万千瓦时）

名　　称	年度累计用电量	比重(%)	上年累计用电量	比重(%)	同比增长(%)
全社会用电总计	371 749.09	100.00	333 413.41	100.00	11.50
A. 全行业用电合计	317 533.65	85.42	286 479.80	85.92	10.84
第一产业	741.09	0.23	684.15	0.24	8.32
第二产业	285 411.87	89.88	257 507.96	89.89	10.84
第三产业	31 380.69	9.88	28 287.69	9.87	10.93
B. 城乡居民生活用电合计	54 215.44	14.58	46 933.61	14.08	15.52
城镇居民	22 106.69	40.78	18 630.07	39.69	18.66
乡村居民	32 108.75	59.22	28 303.54	60.31	13.44
全行业用电分类	317 533.65	85.42	286 479.80	85.92	10.84
一、农、林、牧、渔业	741.09	0.20	684.15	0.21	8.32
二、工业	282 094.24	75.88	254 373.30	76.29	10.90
轻工业	60 635.60	21.49	57 395.92	22.56	5.64
重工业	221 458.64	78.51	196 977.38	77.44	12.43

（续表）

名　　称	年度累计用电量	比重（%）	上年累计用电量	比重（%）	同比增长（%）
三、建筑业	3 317.63	0.89	3 134.66	0.94	5.84
四、交通运输、仓储和邮政业	1 446.46	0.39	1 456.75	0.44	－0.71
五、信息传输、计算机服务和软件业	2 359.58	0.63	2 089.94	0.63	12.90
六、商业、住宿和餐饮业	14 074.13	3.79	13 060.47	3.92	7.76
七、金融、房地产、商务及居民服务业	5 901.70	1.59	5 174.90	1.55	14.04
八、公共事业及管理组织	7 598.82	2.04	6 505.63	1.95	16.80

（程　聪）

【大面积停电应急联合演练】 7月25日，市供电公司首次举行大面积停电事件应急联合演练。供电、交通、卫生、通讯、高危企业，居民小区等10个行业、27家单位和部门参加。演练以强旋风等强对流天气和雷击为事故背景，分“先期处置、信息报告、应急联动、应急结束”4个流程，设计科学，组织严密，突出联动，安全有序，是对市政府及有关部门和单位快速响应、应急联动的一次检验，有效提升了大面积停电事件应急处置能力。

【电网建设政企联运机构运行】 2013年市供电公司进一步健全电网建设政企联动机制，完成《永康市电力设施布局专业规划（2013～2030）》编写，并通过市政府评审。500千伏永康输变电工程获省发改委核准，110千伏马坊输变电工程完成可研批复。110千伏下田桥输变电工程处于可验收阶段。已投产的110千伏石柱变、清溪变扩建工程，结束了永康110千伏变电所单线单变的历史。仙居至丹溪500千伏输电线路政策处理工作基本完成，已进入铁塔组立、放线阶段。武义换流站至永康500千伏输电线路工程，在最短时间内实现林地报批，已全面进入全面放线阶段。220千伏明珠变电所土建工程基本完工，进入电气安装阶段，输电线路基础施工完成85%，已完成部分立塔放线。11个10千伏配网建设项目顺利完成。

【“智能电表”实现永康全覆盖】 按照“两保三促”要求，2013年市供电局克服62年来最为严重的高温干旱，确保供用电平稳。加强停电计划管理，累计完成配网带电作业1 889次，带电作业化率95.21%，多供电量914万千瓦时。深化增供扩销举措，实行业扩报装“一口对外”机制，缩短业扩时限。认真执行营业厅督导值班制、“四办六无”快速办理等制度，获永康行政服务中心考评中荣获第1名。全面推广“集抄集收”模式，新装智能电表6.7万只，全市实现全覆盖。

【供电售电回升破30亿千瓦时】 2012年全市供电量、售电量再次双双突破30亿大关，其中供电量33.34亿千瓦时，售电32.39亿千瓦时，比2011年分别增长1亿多千瓦时。受全球经济影响，2013年市内工业企业上半年的用电量增长率不甚理想。市委、市政府积极促进产业结构调整，推动企业转型升级，积极开拓国内市场，促进企业逐步摆脱生产困境。为更好地服务企业生产，市供电局坚持“你用电、我用心”的服务理念，全面启动电力销售“百日攻坚”专项活动，采取多项措施，多方挖掘潜力，推动地方经济稳步发展。市供电局积极开展“亮身份、亮职责、亮承诺”服务，实时掌握客户用电需求，帮助解决存在的用电难题。加快流程审批、装表接电速度，开展业扩报装专业分析，加强和改进有关制度、标准、监督考核等管理。客户经理及时关注业扩环节，主动联系相关责任人，进行全程协调跟踪督办，让客户早日用上电、用好电。2012年10月开始，全市每月供、售电量增长速度逐步回升。至12月供电量达3.34亿千瓦时，创下市历年单月最高纪录，同比增长9.2%。

【省内首座特高压换流站工程启动】 金华±800千伏换流站是省内首座特高压换流站，站址总面积约20公顷，工程始于金华±800千伏换流站，终于永康市舟山申亭500 kV永康变，全线总长约3.66公顷。新建铁塔126基，途经武义、永康两个县市。其中永康境内约30基，铁塔55基，主要分布在江南街道、石柱、前仓、舟山，计划于下一年3月竣工。

【清溪供电所电气化特色服务】 清溪供电所开展的新农村电气化活动，提高了农村电网安全运行质量，增强供电可靠性，降低故障报修率，把停电时间降到最低限度，赢得用户的好评。2013年止，清溪辖区内实现“村村电气化”，提高了农村电网运行质量，减少故障停电，改善供用电环境。寺口吕村是金华市文明优胜社区、永康市新农村建设示范村，2010年村里建起工业区，17家企业生产防盗门、休闲产品，整个工业区产值超3亿元。村里投入50多万元开展电气化村建设和改造，配变增容至515千伏安，改造户联线16.5千米，更换电表箱360只。家电下乡让村民们生活质量大幅提高，冰箱、彩电、微波炉进入普通农家。为了让村民们搬进新别墅过大年，供电所员工利用周六、周日时间，上门为村民集中办理居民生活用电申请，60多只居民生活用电表2天内全部安装到户。清溪所加强故障报修执行力度，严格落实24小时值班制度，细化服务举措，组织开展为“三农”用户的“电力服务在您身边”服务，发放“便民服务卡”，推出抢修电话和所长热线电话，增加快速报修渠道。东城街道西竹园蔬菜基地是永康规模最大的专业化规范化蔬菜大棚基地，占地66.67公顷，年产绿色有机蔬菜上千吨。基地现有3台30—50千伏安变压器，2013年夏遭到强雷雨袭击，造成2号用户专用变压器下的一条主要排灌用电线路故障停电，20多只水泵和自动喷头无法使用，使即将上市的蔬菜无水灌溉。清溪所10多名抢修人员冒着37摄氏度的高温，经过3个小时的紧急抢修，终于恢复用电。随着夏季用电高峰到来，为了优先确保农村居民生活用电，清溪供电所开展电力保障行动，最大限度减轻用电紧张对农村经济发展和对农民生活用电的影响，加强有序用电科学管理，最优化方式配置现有用电负荷。通过负荷控制装置，加强对各企业有序用电监控，维护电网安全稳定运行。该供电所还积极指导各企业优化有序用电方案，降低电费支出。各企业则按时缴纳电费，电费回收的“老大难”得到解决，实现双赢。为了及时了解用电需求，帮助广大农村用电户解决存在的用电困难，提高优质服务水平并给特困残疾用户提供便捷的用电服务，清溪所每年开展“送温暖”活动，对全区范围内的100多名困难户进行调查摸底，登记造册，建立一对一的帮扶活动，并上门开展各类帮助缴费、检修用电设备服务。2011～2012年有850多户低保和特困户享受电费补助8万多元。

【“地球1小时”万人行动】 2007年3月31日，“地球一小时”首次活动在澳大利亚举行，影响逐年扩大。这项活动的意义不仅在于节电，更是要唤起人们对保护环境、保护地球的思考。自《永康一周》发出“地球一小时”活动倡议以来，至2013年，市内已有100多家部门、单位、企业参加熄灯一小时活动，并通过微博、短信，向亲朋好友传递环保理念。是年市供电局管辖范围内部分省、国道及主要街道的3万多盏路灯熄灭一半，其余2万多盏三江六岸彩灯及桥灯全部关闭。2013年3月的

"地球一小时"活动，由活动日变成活动周，时间更长，内容更丰富，参加的人数超万人。

【4 000 家企业"停机不停线"】 2013 年 6 月国家电网永康市供电公司科学编排有序用电，4 000 多家工业企业实现"停机不停线"，确保东永高速公路施工和上万农村居民生活用电，实现优质服务。东永高速是省重点工程，市供电公司积极配合东永高速的建设，精心编排高速公路建设和供电线路改造的有序用电方案。东永高速公路提前 23.5 小时完成施工，多供电量 70 万千瓦时，维护安全稳定的供用电秩序。同时把"停机不停线"对企业的影响降到最低。市供电公司领导走访前仓镇、石柱镇政府和大企业用户，告知执行有序用电方案的目的和重要性，取得镇政府和大企业用户的理解和支持。

【供电公司助力"雷霆治污"行动】 市供电公司响应"158"蓝天碧水工程实施，开展"雷霆治污"行动。2013 年 7 月份以来，市水环境综合整治办组织各职能部门和单位排查沿线企业 2 175 家，关停取缔违排企业 176 家，立案查处 82 家。10 月 31 日，市供电公司暂停浙江恒泰铝业和远大铝业的生产用电，因两企业直接向永康江华溪排放污水，被勒令治理整顿。配合"治水"行动，供电公司各供电所和服务站制定相应配合方案，加强对违规违排企业的用电管控，积极配合市政府开展水环境整治，助力永康重建优美环境。

【市太阳能发电近 60 万千瓦时】 截至 2013 年 10 月 22 日止，永康首批分布式太阳能光伏并网发电 4 个多月以来，累计发电量 58.96 万千瓦时，上网电量 14.26 万千瓦时。群升集团有限公司和浙江千禧工贸有限公司分布式太阳能项目第 1 期工程由 9 个 380 光伏发电子系统组成，总功率达到 1 800 千瓦，年发电量 147 万千瓦时。群升集团综合楼光伏发电项目每年可节约标准煤 560 吨，减少二氧化碳排放 1 479 吨。2013 年第二期项目开工建设，总功率 2 万千瓦。为配合光伏发电项目顺利并网，从项目前期工作筹备到编制光伏发电并网接入方案和并网后定期运行检查，国网开通绿色服务通道，制定详细的配套服务项目，确保安全生产。

【全省第二大屋顶光伏并网发电】 7 月 2 日，群升集团屋顶光伏发电项目一期工程实现并网发电。该工程是全国首批"金太阳示范"工程之一，总装机容量 2 万千瓦，居浙江省第 2 位，占全省总装机容量的七分之一，获财政部 1.1 亿元专项资金补助，每年可节约标准煤 560 吨，减少二氧化碳排放 1 479 吨。项目运行 7 天来，累计发电量 2.59 万千瓦时。

【28 个村完成排灌线路改造】 为全面升级改造农村排灌电力线路，增强供电可靠性和安全性，提升设备档次和运维水平，使农村排灌线路更好地服务于永康"三农"，为农民增产增收提供可靠的电力保障，2013 年至 2015 年国网累计投入 1 060 多万元，2013 年完成首批 28 项高、低压农排线路及设备改造项目。11 月 6 日，前仓镇枫林村、石柱镇前郎村等首批 28 个农村排灌线路改造的电力线路、电杆和电表箱等物资正在加紧备品备料，为工程建设做好前期准备。其中，增容配变 9 台，总容量 690 千伏安，改造单回低压四线架空线路 24.35 千米，电缆线路 3.247 千米，户联线路 1.9 千米，调换配电箱 265 只。

（李　娅）

旅游经济

综　述

【概　况】 永康旅游资源丰富，全市有国家级方岩重点风景名胜区、盘龙谷生态旅游区、九狮沟景区、中国科技五金城、石苍岩风景区、园周村休闲区、虎踞峡景区等18个旅游景区和4个浙江省旅游特色村、16家星级农家乐、6家省级旅游特色农家乐等饮食服务行业。

2013年永康市认真贯彻国家、浙江省关于旅游产业发展的方针、政策和法律法规，对全市旅游资源进行普查，出台《永康市旅游发展总体规划》《方岩风景区总体规划》《永康市"十二五"旅游发展规划》《后吴古民居乡村旅游详规》《方岩风景名胜区综合整治规划》等文件。为推进方岩景区管理升级，2013年10月永康市委、市政府设立中共方岩风景区工作委员会，任命分管副市长为方岩风景区党工委书记、管委会主任。管委会下设规划建设局、景区管理局、社会发展局，以副处级管理权限统筹方岩风景区区域内的各方利益关系。方岩风景区管委会以管理体制调整创新为契机，着手实施一系列项目建设，扩容景区外延，丰富景区内涵，整合收回石鼓寮、南岩景区开发经营权，为创建国家4A级旅游区，打造方岩风景区旅游升级版打下坚实基础。

【旅游四项发展规划】 2013年市旅游局编制旅游发展规划，内容有：一、新的大方岩景区功能服务区、安置区，岩上、岩下、橙麓3个村搬迁后的修建性详规等已通过论证。二、完成了西部旅游带（大寒山—清泉寺景区）旅游规划的编制，已通过论证，并报市政府批转实施，为进一步开发西部旅游打好基础。三、后吴古村落保护性修建详规已由市政府批转实施，历山生态旅游景区规划文本已完成。四、结合美丽乡村改造工程，打造一批具有地域文化特色的乡村旅游度假休闲项目。石柱（前郎）美丽乡村生态旅游休闲区规划正在编制中。

【六大旅游带景区建设工程】 2013年永康市在深入调研的基础上，提出"一核五带"旅游发展工作思路和总体布局，以方岩为核心，建设东、南、西、北、中部旅游带。从《永康市乡村旅游发展总体规划》《永康市旅游交通专项规划》入手，启动了六大旅游建设工程：实施方岩风景区综合整治，打造方岩旅游综合体，发挥方岩的永康旅游核心与龙头作用。落实《白云休闲运动旅游区规划》，实施园周村、石城山古驿道、南都禅寺等休闲度假、康体养生项目，建设中部休闲度假区。编制《前仓镇旅游发展总体规划》《后吴村旅游开发详细规划》，开发国家级历史文化名村后吴村的古村落民俗文化旅游项目和以森林观光、水上运动为主题的虎踞峡景区，实施南部前仓、石柱旅游带建设；实施西部旅游带大寒山—清泉寺景区旅游规划，以山水生态景观为特色，打造西部八字墙休闲度假区；以农业观光休闲为特色，建设北部唐先旅游带；以胡则、陈亮等历史名人文化遗迹和高山农业、林业观光为主题，实施东部龙山、西溪、古山旅游带建设。

【方岩景区综合整治方案】 2013年3月12日下午，永康市召开方岩风景区综合整治建设工作指挥部成员第一次会议，研究部署2013年方岩风景区综合整治建设具体方案，要求完成安置区规划，调整安置区土地征用政策处理，进行土地平整、道路框架施工。对第一批自愿拆迁户进行确权和房屋评估；完成拆迁户协议签订，房屋腾空，地基落实。完成西村连接线、过境公路二期工程、换乘中心工程建设；重建五峰宾馆，回收南岩、石鼓寮景区；做好卫生长效保洁，重建公厕，完善供水、路灯亮化工程。安置区的建设作为2013年整治工作的重中之重，明确实行“分批安置、先搬迁先安置”，以安置促搬迁。重点开展旅客集散中心建设和五峰宾馆改造，进一步缓解景区交通压力和促进方岩及周边景区的旅游业发展。各相关部门单位要加大整治力度，开展经常性整治活动，重点整治景区商店不诚信经营，双舟线两侧商店出店拉客等问题，建立良好的经营秩序。

旅游开发

【概　况】 2013年市旅游局将胡公和陈亮文化的人文景观及方岩、五峰、石鼓寮等自然景观汇为一体，加紧大方岩景区的综合整治。景区被列为省重点工程、市重点工程项目，总投资12.78亿元，新建筑面积53公顷，拆迁村民住房15万平方米。2013年底止，完成方岩、南岩、石鼓寮景区的资源整合，已花九千余万元，从私人手中回购，完成交接手续。岩上、岩下、橙麓3个村的拆迁工作正式启动。公房、民房已部分拆除。方岩天街整治、石鼓寮(南岩)景区接管、五峰宾馆改造修缮、方岩风景区游客集散中心等工程在稳步推进。7月市相关部门投资51万元，重修百步峻；投资405.35万元，启动方岩山急救中心拆建工程。8月投资45.46万元，安装新路牌；整合旅游资源，收回南岩、石鼓寮景区开发经营权，启动创建国家4A级旅游景区工作。9月投资20万元，购置两辆景区游览观光车，为游客提供方岩—石鼓寮往返免费接送服务，为换乘中心建设奠定基础。举办声势浩大的“胡公诞辰1 050周年祭祀大典”，致力提高方岩景区的知名度。

【六项休闲旅游集聚功能区】 5月20日，永康市出台《永康市现代服务业发展规划》，以发挥生态环境和文化积淀优势，集人文景观、休闲度假、康体养生、宗教朝觐、民俗体验、购物娱乐等功能于一体，打造西溪名人文化等六项休闲旅游集聚区。力争到2020年，年接待游客量700万人次，总收入突破60亿元。

【特色景区景点开发】 2013年在建设虎踞峡景区森林休闲基础上，追加投资累计5 000多万元，营造了初具规模的水上运动项目，有滑水、冲浪等。按国家4A级标准，建设成集科普教育、休闲观光、拓展体验、戏水游乐等功能为一体的复合型景区。同时完善石仓岩农业观光游憩区，投资3 000万元，完成冲浪、游泳池、水陆两用越野车体验、跑马观光、攀岩、农家乐等项目。种植茶果133.34公顷，茶油生产观光流水线进入筹划阶段，将建成从茶果到产油至包装一条龙生产流水线。部分旅游活动项目已开始试营业。启动白云旅游运动休闲区总体规划实施，以全国“美丽乡村”示范村园周村为中心，工程项目总投资5亿多元，以村周山水景榭、长城、永康江上游文化艺术长廊及五星级生态酒店为内容的新农村样板工程在火热推进，规划建设参照国家4A级旅游区标准。实施国家历史文化名村后吴古村落保护性修建详细规划，新建仿古生态厕所2处；进行各宗祠修建和布置，开辟主题文化馆，举行“一坛四馆”建成开馆仪式，一坛为屏山讲坛，四馆为忠孝文化馆、农耕文化馆、文化艺术馆、百姓聊天馆。

【“大投资”发展旅游服务业】 2013 年世贸希尔顿大酒店总投资 14 亿元，建筑面积 17 万平方米，按五星级酒店标准建设，已全部完成装修，拟在 2014 年五一节前试营业。永康王力大酒店总投资 4.5 亿元，以五星级酒店标准建设，被列入金华市重点工程。总建筑面积 58 平方千米，主体工程已完工，正在内部装修。园周村五星生态大酒店总投资 3.5 亿元，已开工建设。

【五金城旅游观光购物区】 1 月 28 日，五金城集团有限公司邀请市旅游行业协会、五金城经营户代表 30 人，就如何在五金城打造旅游购物区进行了座谈。中国科技五金城作为永康市专业市场的龙头，是“商旅活市”的排头兵。随着中国科技五金城名气越来越大，全国各地旅行社组团来观光购物数量猛增。既有来自上海、杭州、江苏等地的，也有远道从北京、河南、哈尔滨甚至云南、西藏赶来的。代表们提出了许多建议，认为在五金城打造旅游购物区，给旅游业、商家既带来商机，也会填补旅游要素的空白。五金城是永康市一张“金名片”，也是展示全市五金文化的重要窗口。五金城打造旅游购物区，应在配套设施上进一步完善，如停车场、公厕建立，还要杜绝商家之间恶意低价竞争等，使五金城真正成为浙中区域性旅游购物中心。

旅游推介

【概　况】 2013 年市旅游局开辟“走遍丽州”永康旅游宣传电视栏目，让全体市民和外地游客能在屏幕上了解和欣赏永康优美的自然风光，深厚的人文历史，多姿的民俗风情。先后开展永康“新十景”评选、永康“十佳农家菜”评选和举办永康旅游风光摄影比赛等活动。另外通过举办四季旅游节庆活动如春季竹笋节、夏季杨梅节和葡萄节、秋季方山柿文化旅游节、方岩文化庙会、后吴村民俗文化节、冬季唐先上考红糖节等，加强永康节庆旅游资源宣传，促进乡村旅游发展。

【旅游市场系列营销活动】 永康市政府多次组织旅游企业到上海、南京等长三角主要客源地举办永康旅游专题推介会，加强了永康与上海等地旅游产业的合作和交流，并先后与临海、诸暨旅游局开展互送“千人团”一日游活动。通过合作，实现客源互送、资源共享、合作共赢的市场营销目的。并与外地大型企业集团合作，开展“共享世博，相约永康”活动，组织宁波易凯商务旅游团 700 多人夏游永康。方岩风景区是永康核心景区，也是国家重点风景名胜区。3 月 22 日至 24 日，“2013 年浙江（湖南）旅游交易会”在湖南长沙红星国际会展中心举办。永康组织各景区、星级饭店和旅行社等 20 多家旅游企业参加。方岩风景区、虎踞峡景区、石仓岩景区和园周旅游特色村在交易会上亮相。25 日，市旅游局组织全市 20 多家旅游企业赴上海举办永康旅游推介会，邀请 40 多家上海旅行社和上海新闻媒体参加，由旅游局、方岩风景区、虎踞峡景区、神州旅行社分别从各自层面采用 PPT 的形式向他们介绍永康旅游。

【“看晚报·游浙江”主题推广活动】 8 月中旬至 10 月下旬，浙江省旅游局推出旨在拓市场、扩内需、惠民生、促消费的“看晚报·游浙江——十省晚报联盟，引领畅游浙江”主题推广活动。永康市旅游局动员方岩风景区、虎踞峡景区、永康宾馆和明珠大酒店推出多种优惠措施，并派人参加了省局组织的赴山东、河南两省的大型旅游促销活动，取得良好效果。

旅游接待

【概　况】 2013 年全市接待国内游客 385.18

万人次，比2012年增长11.60%。国内旅游收入23.07亿元。其中方岩风景区接待48.03万人次。全年接待国外旅游者3.82万人次，比2012年增长4%。入境旅游收入1 292.17万美元，同比增长2.77%。春节黄金周，接待17.92万人次，旅游收入5 031.22万元，比2012年增长3.23%。其中方岩风景区接待65 018人次，同比增长22.56%。同年"十一黄金周"，永康接待21.58万人次，旅游收入7 876.44万元，同比分别增长15.96%和25.61%。其中方岩风景区接待47 231人次，同比增长15.03%。

【18家旅行社经营"国内游"】 截至10月31日，全市经营国内游的组团的旅行社18家，分社1家，旅游服务网点13个。从业人员152名，其中大专以上学历108名，占从业人员71%。神州旅行社为四星级旅行社，快乐丽州旅行社为三星级旅行社。据2012年16家旅行社年报统计，营业额为6 105万元。比2011年度10家旅行社的4 477万元增长73.3%。国内组团人数9.68万人次，时间21.51万天，国内接待1.1万人次。

2013年永康市旅行社基本信息

社　名	地　址	社　名	地　址
永康旅行社	华丰东路111号6楼	天顺旅行社	望春东路136号2楼
春秋旅行社	南苑东路61～62号	行天下旅行社	丽州南路56号3楼
天马旅行社	胜利街51号3楼	长运旅行社	金城路528号-5
神州旅行社	城北路128～132号	新天地旅行社	金城路160～162号2楼
快乐丽州旅行社	九铃东路3197号2楼	龙川旅行社	金城路278～280号3楼
江南旅行社	丽州北路193号一单元401	新世界旅行社	华溪北路80～82号2楼
康辉旅行社	华丰中路46号2楼	西津旅行社	公园里8幢7号4楼
大地旅行社	胜利街85号3楼	华溪旅行社	金城路64号4楼
安泰旅行社	金城路130号3楼	携程旅行社	华丰东路83号

2013年永康市旅行社分支机构、服务网点

单位名称	地　址
大地旅行社有限公司紫微门市部	紫微南路65号
金华市百事通旅行社永康市区步行街营业部	步行街2-231号
金华市百事通旅行社永康市巴黎商街营业部	高圳路8～10号
市百事通旅行社永康市华丰东路营业部	华丰东路103号2楼
市神州旅行社东站门市部	金城路139号
市神州旅行社城南门市部	城南路665号
浙江康泰国际旅行社有限公司永康市九铃路门市部	九铃东路3020号2楼
东阳市横店影视城旅行社有限公司永康分公司	大花园村花园东路5～6号
金华市百事通旅行社永康市许码头营业部	铃川路46号2楼
金华市百事通旅行社永康市九铃东路营业部	九铃东路3022号2楼
安泰旅行社望春路门市部	望春东路183号东间
神州旅行社西站门市部	九铃西路1033号201室
神州旅行社芝英门市部	芝英镇后城大街226号2楼

旅游管理

【概　况】 2013年永康市对旅行社的管理主要依照《旅游法》《旅行社条例》《旅行社条例实施细则》《导游人员管理条例》《中国公民出国旅游管理办法》《浙江省旅游管理条例》《浙江省旅行社管理办法》《旅游统计管理办法》等法律法规。设立旅行社的必备条件有5条:有固定的经营场所;有必要的营业设施;有符合规定的注册资本;有必要的经营管理人员和导游;法律、行政法规规定的其他条件。持证导游需参加培训,进行年审。旅行社需定期向国家旅游局报送经营季报和财务年报。市风景旅游管理局依照以上法律、法规要求,对旅行社的设立、经营秩序进行监管,并不定时开展督查。

【旅游安全事故指标零增长】 2013年市旅游局以《中华人民共和国安全生产法》等法律法规指导安全监管工作,以"没有安全就没有旅游"和"安全就是效益"为监管理念,实现永康旅游企业安全事故起数、死亡人数、直接经济损失三项指标零增长,进一步健全完善旅游企业安全档案规范建设。年内召开全市旅游行业安全生产工作会议,落实安全生产目标责任制,明确旅游企业安全生产主体责任;开展全面深入安全大检查等专项活动,彻底排查治理各类事故隐患,有效防范和遏制各类事故发生,实现全年旅游安全零事故。

【11起旅游投诉全处理】 2012年市编委批复设立旅游局下属的旅游质量监督所,直接受理有关旅游投诉。2013年受理旅游投诉11起,其中旅行社4起,旅游景区7起,对星级饭店的投诉为零。11起投诉中,旅游景区占63.64%,大多针对香烛买卖和停车收费,旅游景区停车明码标价以及商家文明经营等。旅行社主要涉及旅游六要素"吃、住、行、游、购、娱"的详细信息,要及时告诉游客,让游客知情等。

(方　莉)

商业贸易

综　述

【概　况】 2013年面对市场外部需求疲软的严峻外贸形势，结合产业发展现状和开拓外贸企业市场的需求，市商务局加快实施"走出去"战略，积极帮助企业更好地利用国际国内两个市场、两种资源，不断增强经济发展的动力和后劲，决定对企业走出去参加国际展会实行经费补贴。有8个展会列入2013年国际市场重点拓展计划，对企业参加这8个展会的展位费用予以全额补贴。同时，市内各企业积极寻求营销渠道，抢占国外市场。其中，新兴市场国家需求相对活跃，成了"宠儿"。展会的主办国都是资源储量丰富、人口规模较大、双边贸易基数小、战略地位重要的发展中国家，其中有几个属于新兴市场。企业看到这一趋势，把目光瞄向这些市场，根据行业特点、产品优势制定市场策略。

【农贸市场管理培训会】 11月20日，市工商局举办以"提升市场日常管理，推进市场文明建设"为主题的第二期农贸市场管理实务培训会，特邀建德市场开发服务中心副主任、新安江农贸市场管理处主任任德清主讲，为全市16家农贸市场126名管理人员传授市场长效管理的经验。培训会结合新安江农贸市场的做法，围绕农贸市场管理人员"管什么"和"怎么管"两大内容，加强农贸市场管理人员队伍建设，提高市场管理人员的职业修养，树立核心价值观，强调"抓学习、转观念，抓队伍、转作风，抓管理、强落实，提素质、聚合力"，从而实现规范、动态、长效的市场管理。

【技术成果拍卖交易平台】 11月16日，在"2013浙江省技术成果拍卖交易暨网上技术市场活动周"上，永康市杰创工业产品设计有限公司设计的电饼铛（过滤油烟）、浙江典创工业设计有限公司设计的自动送钉螺钉枪、永康市金之舟工业产品设计有限公司的即热式电热炉系列等技术成果在拍卖会上拍出金额200多万元。12月底，网

梁黎明副省长到永康考察物流、会展、通关中心（总部中心提供）

坐落东城街道的永康新农贸城（东城街道提供）

上技术市场五金专业市场新增企业会员 348 家，累计 4 932 家；上网企业新增 1 495 家，累计 1.16 万家；新增科技成果 143 项，累积科技成果 1 102 项；新增技术难题 108 道，累积技术难题 1 216 道；企业会员发布产品 4 992 种，企业供求信息 2 525 条，技术成交合同 29 份，成交金额 268 万元。

（黄　鹂）

粮油流通

【概　况】 2011 年 9 月永康市粮食局与商务局合署办公，由市粮食局粮食业务科承担具体业务。主要职能为粮食收购资格审批、粮食流通监督检查、政策性粮食储藏管理和指导、粮食调运计划制订、粮食流通统计、指导粮食行业协会工作、粮食法律法规和粮油知识宣传等，并配合市政府做好粮食安全和粮食应急等。2013 年根据粮食收购者申请，市粮食局批准永康市粮食收储有限责任公司、浙江毕尔锐思生物技术有限公司、浙江旺盛达农业开发有限公司、永康市杨溪粮油有限公司、永康市鼎盛米厂等 5 家企业从事粮食收购。监督检查的内容包括：粮食收购、粮食运输、粮食经营流通统计、粮食经营必要库存量、政策性粮食购销、粮食出入库质量检验制度、地方储备粮食安全管理等。通过单独检查和联合检查、专项检查和综合检查、日常检查和重点检查相结合的方式，强化粮食收购资格的审核。同时，建立 1～2 个月一次对粮油经营批发大户的例行检查制度；定期对粮食收购、储备粮管理、军粮供应和应急成品粮开展重点检查；重大节日前联合工商、质监、卫生、食品安全委员会等部门开展粮食市场检查。全年进入粮食收购的企业有 3 家，共收购稻谷 1.95 万吨。市粮食收储公司负责全市粮油收储任务，以备粮食应急调控之需，确保永康粮食安全。主要通过集市贸易、经营大户、超市和全市城乡粮食零售店等渠道销售。除永康市生产外，粮食缺口部分通过市外采购弥补。经营主要以粮食收购采购、粮食加工、粮食销售、粮食转化（饲料用粮、工业用粮等）等环节进行。至年底，全市还未形成一定规模的粮食专业市场。各类规模小而分散的粮食交易市场及各类零售店和超市承担购销任务，粮食购销专营者不多。大多数粮食批发企业和工商户还没有规范的储粮设施设备。

【粮食行业协会换届】 2013 年进行粮食行业协会理事会选举，由 50 个从事粮食经营、仓储、加工、转化用粮的单位和个人组成。协会宗旨是协助有关执法部门开展粮食行业管理工作，在粮食行业中发挥服务、沟通、监督的作用，维护行业内企业的合法权益，促进和规范粮食流通秩序，为国家宏观调控服务，为粮食生产者、经营者、消费者服务。协会工作重点是：行业发展的调研，提出建议和意见；授权进行行业统计，收集、分析、发布行业信息；创办刊物，开展业务咨询；组织粮食产业相关的人才、技术职业培训；组织粮食产业相关的展销会、展览会；参与粮食质量管理和监督工作；指导帮助粮食企业改善经营管理；开展技术交流和合作；制定并监督执行粮食行业行规行约，协调同行价格争议，维护公平竞争；反映会员要求，协调会员关系，维护其合法权益；组织贯彻实施粮食行业的国家标准和行业标准并进行监督；参与粮食和粮食相关产品的市场建设。

（胡雄伟）

【粮食经营供应网络】 随着粮食流通体制改革的深入，永康市粮食经营开始走向市场化。随着工业的快速发展和外来人口的增多，永康早已成为一个名副其实的粮油销区。全市粮食年缺口约三分之二，主要依赖外县（市）调入。市粮食局积极构建粮食经营供应网络，全市有经营粮食大户 13 家：其中国有粮食企业 1 家，即市粮食收储有限责任公司；重点非国有粮食经营单位 7 家，分别为江南金丰粮油经营部、西城洪丰粮站、万盛粮油食品有限公司、永富粮站、益丰粮油有限公司、旺盛米行、江南金胜粮油商店；重点非国有粮食转化企业 5 家，分别为芝英精制米厂、浙江毕尔锐思生物技术股份有限公司、高歌食品有限公司、西城畜禽饲料供应站、江南林友饲料经营部。为稳定永康粮食市场的价格，依据《粮食流通管理条例》，市粮食局专门建立和完善粮食应急供应预案。在全市各镇（街道、区管委会）设立 16 个粮食应急供应网点，同时确定市粮油有限公司和市鼎盛米厂作为永康的粮食应急加工厂。

【粮油购销行政执法】 为维护粮食市场的流通秩序，保护粮食经营者和消费者的合法权益，2013 年市粮食局依据《粮食流通管理条例》职能，开展执法工作。行政执法通常分联合检查和部门自身组织检查两种方式。联合检查由市政府牵头，粮食、工商、卫生、价格、质监等行政主管部门按照《粮食流通管理条例》和相关法律、法规、规章和各自的职责，对粮食经营活动进行监督检查。部门检查依据《粮食流通管理条例》所赋予的职能，相关单位单独对粮食经营活动开展定期和不定期的检查或专项检查。每逢“五一”、“十一”、春节等重大节假日，对全市粮食经营市场开展专门检查。内容主要有：是否符合国家有关标准和技术规范的粮食仓储设施、设备；是否建立并执行粮食销售出库质量检验制度；是否建立粮食经营台账，是否执行粮食流通统计制度；是否按照法律、法规和规章进行相关粮食经营活动。

【粮食价格进行专门和定期测报】 为更好了解和掌握粮食市场价格波动情况，确保粮食市场的价格稳定和平稳有序，2013 年市粮食局对粮食市场上的相关品种价格进行专门测报和定期测报。专门测报根据特定的工作需要或在重大节假日期间，为更加准确及时地了解市场价格行情进行测报。定期测报则根据上级粮食行政部门的要求，对粮食市场价格定期进行测报。2013 年定期测报的频率为每周 1 次，时间为每周一上午。同时将市江南金丰粮油经营部、市益丰粮油有限公司和市鼎盛米厂 3 家粮食经营单位作为粮油价格的测报点。测报的粮油品种有早籼谷（中等）、晚籼谷（中等）、晚籼米（普通）、晚粳米（普通）、特一面粉、特二面粉、菜油（二级）和转基因豆油（二级）。每周一上午将 8 个品种的价格情况以电子邮件的方式向金华市粮食局进行报送。当市场价格出现较大幅度波动时，还必须说明原因及所采取的相关措施。2013 年永康粮食市场价格整体平稳有序，没有出现过大的市场价格波动。

（夏青虎）

【农贸果蔬粮油市场工程三期建设】 为加强粮食流通工作，改善永康的粮食交易环境，给全市的粮食经营者和广大消费者提供一个良好的交易平台，市政府于 2008 年底成立市农贸城有限公司，开始筹划市农贸果蔬粮油批发市场。市场占地 5.33 公顷，位于东城街道大塘王村，330 国道以北 200 米，新东永二线旁。2010 年 3 月开工建设，投入资金 1 400 万元。截至 2013 年底，市场工程项目进入第三期，即粮油批发市场的建设施工阶段。届时永康将拥有一个设施完善、配备齐全的专业粮油批发市场。

【粮食收购分类提价】 2013年国家对早籼稻(三等)、中晚籼稻(三等)和粳稻(三等)最低收购价分别为每50千克132元、135元和150元。永康早稻收购实际价格为每50千克162元，其中政府定价132元、订单奖励30元，比国家最低收购价高30元。中晚稻收购价格为每50千克长粒型145元、圆粒型142元，分别比国家最低收购价高10元和7元。11月25日后，由市粮食收储公司按不低于国家最低收购价的价格自营收购。

【粮食收购质量把关公开】 2013年市域内有市粮食收储有限责任公司、市杨溪粮油有限公司、浙江毕尔锐思生物技术有限公司、市鼎盛米厂、浙江旺盛达农业开发有限公司5家粮食收购企业，市粮食局要求做到“四上墙、五公开”即：收粮守则、收购价格、质量标准和收购人员名单上墙；服务时间、服务内容、入库仓点、计价办法和价格质量标准公开。坚持“五要五不要”即要敞开收购、随到随收，不准折腾农民；要依质论价、优质优价，不准坑害农民；要公平定等、准确计量，不准克扣农民；要现款结算、不打白条，不准算计农民；要优质服务、排忧解难，不准怠慢农民，有效防范套取订单奖励和“转圈粮”等违法违规行为。同时前移粮食质量安全监管关口，抽取10个早稻样品和20个晚稻样品，进行质量调查；抽取14个晚稻样品，进行品质测报和农药残留、重金属、黄曲霉毒素B1三个项目的粮食质量安全监测。检测结果表明，永康收获粮食质量良好、符合相关品质、卫生要求。做到“阳光收购”，让农民售“明白粮”，粮食收储企业还投资33万元购置除杂机、输送机等粮食进出库专用新机械，推进仓储作业“机器换人”转型升级，基本实现粮食收购验质、过磅、除杂、入库、烘干等作业机械化。上柏石、大徐粮库两个粮食烘干服务中心坚持保本零利润的经营方式，烘干中晚稻谷6 840吨，农户售粮服务满意率100%。

(胡雄伟)

【粮食收购量居金华地区首位】 2013年全市粮食喜获丰收，3家主要收购企业共收购稻谷1.96万吨。市粮食收储有限责任公司发挥粮食收购主渠道作用，收早稻3 121吨，完成3 000吨收购计划的104%，其中订单早稻3 120吨，比2012年2 724吨增加396吨，增幅14.54%；收购中晚籼稻13 154吨，比2012年8 460吨增加4 694吨，增幅55.5%，收购量居金华各县市首位。经抽样满仓鉴定，收购入库的1.63万吨早、中晚稻均达到国标中等以上质量标准。年粮食收储企业从粮食主产区调购早稻4 868吨、小麦7 000吨，按时保质保量完成储备补库任务。粮食批发重点经营户从江苏、安徽、江西、河南、东北等粮食主产区调购大米、面粉等粮食16万多吨，充实永康粮源，确保市场价格平稳、供应充足。

【省外储备粮源基地超三千公顷】 永康市粮食自给率仅为三分之一，对外依存率65%以上。2013年市粮食局为了保证全市粮食供应，推行省际产销合作，按照“优势互补、平等合作、互相配合、互惠互利”的原则，巩固和建立3个省外储备粮源基地，其中江西省弋阳县1 333.33公顷早稻、江西省东乡县666.67公顷早稻、河南省开封市1 333.33公顷小麦，为建成长期、良好、诚信的合作关系，加强与粮食主产区的沟通联系，多次赴江西、河南等粮食主产区开展调研工作，及时准确掌握主产区粮食生产情况，为收储企业和粮食经营户及时提供信息资源，助推粮食产销合作。

【粮油市场检查调控到位】 为了加强对粮食生产、需求、库存、价格及社会舆情信息的跟踪监测和预警分析，做好粮食流通统计，增强调控粮食市场的前瞻性、针对性和有效性，2013年市粮食局组织粮食统计制度检查2次，引导企业准确分析研判市场行情，把握好吞吐时机，统筹调节市场供求关系。为加强质量安全管理，开展政策性粮食销售出库检查活动3次，督导企业严格执行粮食销售出库检验制度。9月市粮食局联合相关部门开展为期1个月的食品安全"强网清源"集中行动，对废弃油脂回流餐桌、回收食品作为食品原料等四类重点行为进行专项整治，有效杜绝粮油质量安全事故。市粮食收储有限责任公司通过"中国网上粮食市场"竞价销售等方式，公开、公平、公正地适时组织市级储备粮轮换出库拍卖，全年轮换销售市级储备原粮1.55万吨、储备晚籼米1 020吨，合计1.65万吨，维护了粮油市场秩序，确保永康粮油市场的充足供应和价格平稳。

（王洵进）

【成品粮富氮气调储存交流会】 11月7日，金华市粮食局在永康省级储备库大徐粮库组织粮食仓储工作成品粮富氮低氧气调储存现场座谈会。金华市粮食局郭再新副局长、9个县（市、区）粮食行政管理部门仓储科长和收储公司分管经理、仓储科长，3个市直粮食企业分管领导、仓储科长，永康市商务局（粮食局）领导等相关人员共50多人参加会议。市粮食收储公司在交流会上作储备成品粮富氮低氧低温储存经验介绍。富氮低氧气调储藏1 020吨储备成品粮是永康2013年推进绿色储粮的重点攻关项目，经过近一年的探索实践和不断改进完善，积累了宝贵的经验，成效显著。现场会上，与会人员参观了两个储备成品粮仓现场，观摩了制氮、充氮、检测等相关设备和流程操作。市粮食收储公司领导围绕仓房改造、设备材料、技术管理、效果评价、心得体会等，详细介绍了有关情况，并与大家进行深入的研讨交流。

（夏青虎）

供销合作

【概　况】 永康供销合作事业始于1926年，由卉川乡青岩口村（今花街镇八字墙管理处赤川村）胡钦海创办卉川六保造林合作社。1949年12月建立永康县供销商店。1950年3月改称浙江省永康县供销合作总社。2009年10月25日，更名为永康市供销合作社联合社，确定为正科级事业单位，核编名额21名，参照公务员法管理。内设一室三科：办公室、财务审计科、合作经济指导科、资产经营管理科。至2013年底，有企业6家：华联商厦、为尔进出口公司、华联配货连锁有限公司、市供销联合总公司、兴合农资有限公司、康合农业开发公司；社属企业5家：物华回收公司、土特产公司、环城供销公司、富民商贸公司、副食品公司。市供销社主要做好社有资产管理，包括社员股金管理、社有资产管理。社有固定资产包括供销大厦、华联商厦，以及供联总公司代保管的原基层供销社转制后的剩余资产。做好服务"三农"工作。包括支持、领办农民专业合作社、农产品经

被称为"小华联"的华联商厦丽州店生鲜早市（经济信息局提供）

纪人协会管理、再生资源回收利用网络体系和循环经济城市建设、防汛抗旱物资储备、"万村千乡"市场建设和安全食品配送安全生产等。

【城乡安全食品配送到位】 2013 年全市城乡的食品配送由华联配货连锁有限公司承担。公司的配送中心、配送仓库、直营店、专业配送车辆等硬件设施完善,形成城乡一体、辐射面广、纵深长、网点多的食品配送网络。为确保农村食品安全,公司把好进货关与监督关,对商品的产品质量合格证、产品规格、质量等级说明、生产批号、生产日期、保质期、产地及生产许可证、卫生许可证都实行严格把关。并安排专人对配送中心、各门店进行商品质量监督,对有保质期要求的商品实行"保质报警期"管理制度,对产品超过保质期而变质的,一律不得上柜销售,发生问题追究相关人员的责任。

【农产品经纪人协会成立】 1 月 10 日,永康市农产品经纪人协会成立,市人大、市政府、政协分管领导及农口系统各部门负责人参加了成立大会。协会是市内首家明确供销社作为主管部门的社团组织。首届协会有会员 53 人,单位会员 3 家。年内召开理事工作例会 3 次。市伟丰肉食品公司付美贞、土特产公司马朝中、旺盛达农业开发公司俞健宁 3 位农产品经纪人跻身全省 2012 年度百强经纪人,分列全省排名第 21、61、84 位。其中付美贞还跻身全国百强经纪人第 55 位。

【商品供销全年 13 亿元】 2013 年全社零售商业实现商品销售总额 13 亿元,同比增长 18%;上缴税收 3 952 万元,同比下降 29%;实现利润总额 511 万元,同比增长 58%;实现进出口总额 1 146 万美元,同比下降 18%。

2009～2013 年供销业务主要经济指标 (单位:万元)

经济指标＼年份	2009	2010	2011	2012	2013
商品销售总额	83 430	93 415	94 816	110 258	130 179
利润总额	876	926	244	323	511
上缴税收	9 388	12 979	8 482	5 563	3 952
资产总额	64 551	66 293	80 891	89 077	90 878
所有者权益 (其中社员股金)	11 136 (7 170)	5 880 (2 991)	3 418 (1 212)	2 603 (810)	4 520 (485)

【兴合公司供应农资 1.55 万吨】 2013 年市兴合农资有限公司供应农资商品约 1.55 万吨,销售总额 3 590 万元。其中化肥 1.43 万吨(复合肥 5 000 吨,碳铵 2 000 吨,尿素 3 000 吨,磷肥 2 000 吨,过磷酸钙 2 000 吨,氯化钾 300 吨);农药 890 吨(除草剂 400 吨,杀虫剂 480 吨,杀菌剂 10 吨);农地膜 300 吨。

【为尔公司年外贸出口千万元】 为尔进出口公司依托永康雄厚的五金产业基础,将永康的五金制品通过公司进出口平台销往欧美、非洲、亚洲各国,连续 11 年被评为金华市外贸先进单位。2009～2013 年外贸出口额年均在 1 000 万美元以上,其中 2011 年出口额达 2 800 万美元,2013 年出口额为 1 146 万美元。

【废旧物资回收加工场地】 2013 年市废旧金属材料市场占地面积 8.45 公顷,总投资 7 000 多万元,有营业用房 538 间,仓储房 6 700 平方米,加工场地 5 000 平方米,办公大楼 9 990 平方米。有经营户 400 户,从业人员 4 000 人,相关配套流动收购从业人员 6 000 人，年交易废旧有色金属 30 万吨，交易额 60 亿元。永丰废钢铁分拣中心占地约 5.02 公顷，总投资 1 400 万元。建有综合性分拣房 17 间，仓储面积 1.1 万平方米，2013 年有经营户 17 户，从业人员 1 500 人，年分拣、交易废旧钢铁 35 万吨，交易额 20 亿元。马竹岭废纸分拣中心占地 2.46 公顷，总投资 1 000 万元。有废纸、废塑料回收铺位 40 个，仓储面积 5 000 平方米。2013 年有经营户 40 户，从业人员 800 人，年分拣 10 余吨，年交易额超亿元。全市建立城乡一体化的废旧物资收购站(点)98 个，有 6 000 名流动收购人员，3 000 辆流动收购三轮车，从事废旧物资回收工作。流动收购人员统一着装、统一持证上岗、统一车辆颜色，规范管理收购业务。

(张泽宏　应　勇)

烟草专卖

【概　况】 2008 年 10 月 1 日，浙江省烟草公司永康市公司更名为金华市烟草公司永康分公司。2013 年市烟草专卖局(分公司)围绕行业主题、主线、主目标、主基调，持续推进经济运行、行政执法、综合管理，各项工作上水平、创一流。全年卷烟销量 3.88 万箱，比 2012 年增长 3.47%；完成销售额 12.07 亿元，同比增长 8.14%；实现毛利 2.75 亿元，同比增长 3.8%；实现税利 2.84 亿元，同比增长 6.34%。

开展廉政作风建设，公司管理成本得到有效控制，2013 年三项费用率同比下降 0.09 个百分点，其中业务招待费下降 24.14%，会议费下降 20.44%。创新民主公开举措，建立永康烟草民主管理微信公众平台，进一步拓宽沟通渠道。以部门为单位召开座谈会，开展员工家访，倾听员工心声，解决员工需求。进行办事公开民主管理评议。评出基本满意的员工占 88.5%，其中全部满意的占 80.9%。挖掘严格规范潜力，落实“应招尽招、真招实招”，全年开展采购项目 24 项。挖掘创新管理潜力，为企业转型发展提供活力支撑，成功开发了“现场电子化办案系统”，并取得计算机软件著作权登记证书，实现现场全程电子化办案，大幅缩减检查时间，提升办案效率，降低执法风险。积极参与慈善活动。通过市慈善总会定向捐赠西溪镇上蒋村新农村建设资金 8 万元，向山川坛社区捐赠 1 万元。

(何　盈)

【现代终端户覆盖城乡】 2013 年推行客户经理、专卖管理员、送货员“三员”相互协调、互补互监的“一专多能、三员协同”工作方式，采取“小班制”培训、随身工作包等措施协同互补，在品牌培育、异常经营信息发掘、政策宣传等方面收效显著。品牌培育立足“三个转变”。工作重心由专注少数重点品牌向兼顾弱势品牌转变。结合终端建设、“三找”、网络营销等工作，探索“体验式营销”、“视觉营销”等现代终端品牌培育新思路，拓展培育空间。由单方面考核客户经理片区销量、上柜率，向对零售户开展品牌知识和营销技巧的培训指导转变，加强零售户消费引导作用。现代终端户已实现永康 15 个镇、街道工业区全覆盖，已发展 433 户，占辖区零售户总数的 9.4%。城区从 2012 年“一条街、一个片”扩展到“二条街二个片”共 79 户 A 类示范区，长城工业区建立了 10 多户 A 类终端户聚集的“工业区终端示范一条街”。

(胡盈盈)

【电子化现场办案系统运行】 2013 年在公安、网监、技侦、经侦、巡特警及多地警方的协作下，市烟草分公司成功破获两起互联网国标假烟网络案。“9·29”案件成为全国首次查获的非法烟标案，被列为公安部和国家局督办案件。“5·15”案件被列为内管国家局督办案件，全年未发生一起案值5万元或数量20件以上的真烟外流案件。内部监管新提升，以“一专多能、三员协同”为平台，建立“交叉查、联合查、联合管、共同管”机制，形成内外结合、纵横贯穿的“全方位”市场管理新模式。全面启动许可证现场勘察提前介入与提醒服务，成功开发了“现场电子化办案系统”。全年查获违法案件171起，违法卷烟1.59万余条，总值200余万元，27名涉案人员被判刑。市烟草分公司荣获2013年度全省卷烟打假先进集体，办证窗口年度先进集体。

（朱　戈）

【烟草市场净化形成网状】 为巩固前三季度市场净化成果、迎接第四季度市场净化考核，2013年10月永康市烟草专卖局从当地市场实际出发，认真筹划部署，多措并举，确保永康卷烟市场年末市场净化。在检查、巡查时间上，打乱以往的规律性，有时双休无休，有时利用下班和中午休息时间，彻底消除违法者的侥幸心理，实现市场的全面掌控。抓住重点户、监管户、违法户、无证户等，联合其他执法部门，予以集中打击。重视打击成果的宣传，实现震慑的最大化，达到以点带面的效果。加强农村、集镇、城郊等监管薄弱区域的管理，避免这些区域成为“假、私、非”卷烟的温床，确保监管的全面性。加强所、队的联动机制，各司其职，及时分析市场状况，特别是违法案件查获后的信息共享。强化情报网络建设，控制“假、私、非”卷烟流入当地市场，努力提高市场净化率。实现三员协同工作的真正意义，使三员成为管理市场的主力军，及时反馈和汇总市场信息，形成网状监管体系，收到齐抓共管的效果。

【“12·4”法制宣传日活动】 为落实“六五”普法工作，在“12·4”全国第13个法制宣传日到来之际，永康市烟草专卖局于12月6日开展内容丰富，形式多样的宣传活动。活动紧紧围绕“大力弘扬法治精神，共筑伟大中国梦”为主题，制定活动方案，紧密结合烟草行业工作实际，重点开展对《宪法》《烟草专卖法》，真假烟鉴别、吸食假烟的危害等内容的宣传。将“12·4”法制宣传与“法律六进”活动有机结合起来，进企业、进社区开展宣传活动，悬挂条幅，制作宣传板报，展示打假成果。印制识别假冒伪劣卷烟知识宣传单，发放法律法规宣传单，为群众提供法律咨询服务。积极参加市委、市政府举办的大型法律咨询活动，由各专卖所负责在辖区工业区、学校门口进行现场咨询，免费向市民发放法制宣传手册1 500份。

（朱　戈）

【“5I”品牌模式与理论体系】 2013年5月市烟草专卖局立足于品牌培育机制的创新，开展《构建“5I”模式在建立品牌与消费者关系中的探索与应用》的研究。12月，创新项目已经进入实施阶段，并在实践工作中不断丰富和完善“5I”理论体系。从信息查找、信息接触、信息加工、信息交流、信息回忆五个方面指导设计品牌培育方案，整合、创新品牌培育工作措施，充分利用现代终端平台和消费者信息，站在消费者的角度构建品牌培育新模式。在项目实施阶段则主要以“广州双喜”品牌单一规格进行探索与实践，根据“5I”环节制定品牌培育措施，如会议的组织，终端店面形象的塑造，品牌内涵的创新，微信互动平台的建立等。这些措施都直接作用于消费者与品牌关系的质量。根据创新项目推进会的诊断结果，在理论结构、效果评估、可行性和推广性的分析等方面进一步修改和完善，确保项目在年底顺利结题。

【烟草零售调研深入客户】 深入实践党的群众路线，详细了解当前卷烟市场情况，以求准确把握市场动态，为经营、管理决策提供依据。2013年11月中旬，市烟草专卖局（分公司）主要领导带队，对城区、经济开发区、乡镇等区域零售客户进行实地走访，针对销售结构、卷烟库存、货源供应、市场监管、经营难点等方面问题与零售户展开了认真的交流。对零售户提出的问题，业务、专卖相关负责人一一予以解答。经过走访调研，公司了解到永康市当前卷烟市场整体社会库存比较合理，前两个季度的库存压力经过近几个月的消化已基本解除；婚庆卷烟、紧俏高档卷烟供应紧张，替代品牌消费者接受度不高；对于一线工作人员的服务，受访的零售客户普遍比较满意。

（胡盈盈）

石油供应

【概　况】 中国石油化工永康支公司（简称永康石化）是永康市最大的成品燃油销售企业，专营各种汽油、柴油、润滑油（脂）。公司总部设九铃东路3012号，有员工353人。下设城中、城南、排塘、大陇山、清溪、城西、七里经堂、杨公、花街、唐先、八字墙、双飞、西朱、华丰、桥下、西溪、下里溪、城东、新店、前仓、世雅、芝英、古山、方岩、世纪、城北、长城、舟山、金发、金丰、永鑫、龙川、东海、汽车东站等35个加油站。轻油配送车7辆。成品油销售市场占有率85%以上。2013年永康石化支公司销售各类油品19万吨，同比增长5.4%。其中汽油10.6万吨，同比增长6.3%；柴油9.26万吨，同比增长4.3%；零售17.3万吨，同比增长6.5%；直分销2.56万吨，同比下降1.7%。

【党的群众路线教育实践活动】 2013年永康石化公司广大党员群众认真贯彻执行中央“八项规定”和集团公司实施细则，积极投身党的群众路线教育实践活动，遵章守纪，转变作风，深入基层为职工办实事，充分听取党内外群众声音。年内联系实际查找和整改“四风”问题27项，树立“为民、务实、清廉”的良好风气。以教育活动促党建，进一步规范党员发展程序，落实了党风廉政“一岗双责”，不断丰富党员学习、廉洁教育的内容和形式，构建了廉洁风险防控体系，有效发挥了党组织战斗堡垒作用，永葆党员干部先进性、纯洁性。

【“为民服务创先争优”活动】 2013年永康石化公司持续开展“为民服务创先争优”活动，围绕“环境整洁、质优量足、服务规范、安全便捷”的目标，不断提升窗口品牌形象和零售市场竞争力。继续加强信息网络建设，不断提升企业的技术含量和现代化水平管理。推行集电子交易和综合管理于一体的加油站IC卡系统，连结城乡各区域的众多加油站，组成一个强大、有序的销售网络，实现成品油零售系统的信息化管理和交易数据的自动采集，建立起快捷、灵敏、准确、安全的加油站零售服务体系和经营信息传输网络，实现“一卡在手，各地加油”。年内推出唐先、下里溪、排塘3个全自助站，城中、城北等9个半自助站加油，以及加油站自助加油车道，增设17个站发卡点。截至2013年底，累计发卡超过9万张，持卡消费比例33.23%。同时以便利店为核心，优化商品结构，提高经营质量。年内开展了形式多样的“加油送抵金券”、“第二件半价”、“节假日双休日持卡用户非油互动”“车模换购”“饮料节”“酒类全员营销”等非油互动营销。在非油品销售增长27.5%的同时，吨油销售同比增长6.4%。永康石油公司有19座加油站完成油气回收改造、工艺管线及油罐更换。完成加油站油气回收改造30座，环保水平进一步提升。年内八字墙、世纪、西溪、大陇山4座油站完成整治，促进油站品牌形象和管理水平整体提升。

【石油化工单位安全建设】 2013年永康石化公司层层落实责任制，突出“一把手”责任，各项工程、重大作业由专人全程监管，全面推进油库、油站、工地安全建设。加大安全检查力度，严格落实隐患治理，吸取“11·22”管道事故教训，对全体配送库、加油站开展全面风险隐患排查，制定相应防范措施，完善应急预案体系，加强应急演练，确保企业安全平稳运行。全年未发生油品数质量责任事故。结合“学镇海”和“比学赶帮超”活动，完善经营管理考核，加大阶段性考评力度，实现“强基础、保经营、促发展”的目标。加强新形势下的经营风险识别与监管，严控资金、商品、税务风险；加大内控审查、企业内部审计、合同依法审核和效能监察的力度，进一步规范企业经营行为。持续深化 ERP 应用，加大基层信息化集成，探索库站管理远程化、智能化应用，推进作业自动化、自助化改造。继续采取大站竞聘、小站薪酬承包改革、推广自助加油、加油站营业时间调整和岗位整合等一系列措施优化劳动用工，在消化用工缺口的同时，减少用工 29 人，仅 8 座小站人均劳效提高约 5.23%。

【员工职业技能培训 780 人次】 2013 年永康石化公司制订企业人才规划，完善在岗职工薪酬晋档考核，开展竞赛比武、职业技能鉴定和新员工轮岗工作。继续组织多层次、多门类员工培训，全年培训 780 人次，使具有职业技能资格的员工达到操作技能队伍人员总数的 42%。充分发挥工团组织桥梁纽带作用，重视对员工的关爱、激励和引导，借助微博、微信等新媒体，传播正能量，探索“家”文化，进一步提高企业员工的素质。

（陈俏敏）

中国科技五金城

【概　况】 永康市浙江中国科技五金城（简称五金城）创建于 1992 年。2009 年“中国五金商城”网上市场、中国科技五金城获“中国浙商行业龙头市场”荣誉称号。浙江中国科技五金城集团有限公司晋升为“省工商企业信用 AAA 级‘守合同重信用’单位”。2010 年中国建筑金属结构协会、中国房地产业协会、中国商业联合会、永康市政府在中国科技五金城共同主办首届中国国际门业博览会。2011 年建成并启用永康国际会展中心。2012 年被国家工商行政管理总局评为“全国 2011 年度诚信示范市场”。2013 年规划五金城四期市场。3 月五金城被省工商局评为“浙江省五星级文明规范市场”，9 月被省政府列入第三批“省级现代服务业集聚示范区”，11 月被中国社科院评为“中国商品市场百强”。12 月被国家工商行政管理总局评为

中国科技五金城（五金城提供）

金华市副市长张伟亚视察中国科技五金城(五金城提供)

“全国2012～2013年度诚信示范市场”。

五金城由金城、金都市场、四期市场、国际会展中心和“中国五金商城”网上市场组成,营业面积80万平方米,商铺3 436间,经营19类数万种五金及相关产品,形成了日用五金、建筑五金、工具五金及机电设备、金属材料、装饰建材等特色行业,辐射全国及170多个国家和地区。2011～2013年市场成交额分别为438.6亿元、470.16亿元、523.6亿元;网上市场交易额分别为106.7亿元、167.5亿元、201.3亿元。2013年举办展会18次,发生交易额157.5亿元。经过20多年发展,五金城在国内外享有盛誉,成为全国综合实力最强、最具活力和影响力的五金专业市场。

中国科技五金城集团有限公司以经营、开发、管理和服务五金城为主,注册资本2.01亿元,在册员工303名。2011年运行五金城会展公司,2013年五金城广告公司、物业公司、保卫部、金城市场管理部、金都市场管理部分别改为公司化运行,有经营实体8个。2013年,撤销招商部,增设审计监察部、事业拓展部。企管部改为人力资源部,内设机构6个。同年1月市委、市政府调整了五金城领导机构人员,李兴旺担任集团公司党委书记、董事长兼总经理。

【市场升级发展战略】 2013年五金集团公司贯彻市委、市政府“二次出发,打造经济社会升级版”的战略部署,以创新转型为主线,围绕打造国内外知名五金商贸流通中心、五金国际展览中心、五金电子商务中心、五金信息发布中心、五金旅游休闲中心为目标,大力实施“一二三四”发展战略。实现“一个目标”,即中国科技五金城集团股改上市。建设“两大项目”:五金城四期市场项目,新建生产资料、机械装备、零部件为主的市场功能区;现有市场改造提升项目,集聚发展五金制品、电商为主的市场区。瞄准“三个方向”:往“高”走,以贸促工,往产业链的高端走,提升服务产业发展功能;“网”上走,实现营销方式网络化,打造五金制造企业、市场商贸的电商总部平台;往

浙江财经大学统计学院授予中国科技五金城实习基地(五金城提供)

"外"走，走经营市场之路，为浙货外销打通更多的渠道。推进"四个转变"：从管理市场向经营市场转变；从行政管理向现代企业制度运作转变；从实体市场向实体与网上市场互通共进转变；从贸易经济向贸易经济与会展经济互动共荣转变，努力提升市场业态和经营能力。

■ 市场规划建设

【永康国际会展中心】 位于市区东部，五金城金都市场以东，金温铁路以西，总部中心以南，市委党校以北。2008 年 10 月底，五金城集团有限公司向市国土资源局办理了土地摘牌手续，支付土地出让金 8 573 万元，12 月 28 日举行开工典礼。2009 年向兴业银行争取到项目贷款 5 亿元，向交通银行筹措到经营性物业贷款 2 亿元。2 月 17 日取得项目规划许可证，3 月 2 日取得项目施工许可证，3 月 25 日开工建设，4 月底完成场内清表、清淤及土方回填，清运耕植土、淤泥 3.1 万立方米，回填土石方 11.2 万立方米。完成坟墓迁移，花岗岩加工厂、加油站拆迁、有关政策遗留问题的处理，以及工地围墙、生活板房、变压器、供水接口等临时辅助设施建设。5 月 15 日开始桩基施工，8 月 18 日完成。2011 年 7 月 25 日竣工验收。2012 年国展中心荣获"鲁班杯"建筑工程最高质量奖。自启用以来，举办了中国五金博览会、中国国际门业博览会、永康国际机械装备及工模具展览会等 10 多类展会 20 场次，交易额 300 亿元。永康国际会展中心获 2012～2013 年度"中国会展产业大奖"荣誉，入选"中国十佳商贸会展中心"。

永康国际会展中心由五金城集团有限公司投资建设，用地 17.6 公顷，建筑面积 16.2 万平方米，由 10 个展厅、序厅、办证楼以及广场组成，拥有室内标准展位 3 500 个，室外展位 1 500 个。整个建筑规模宏大，设施一流，功能先进，可满足举办大中型展览、会议、商务洽谈等需要。有 4 个功能分区：一层序厅，建筑面积 1.9 万平方米，地下 1 层，地上 4 层，高度 31.5 米。地下一层为人防地下室，平时为停车场；地上一层为大厅，正立面两侧设有宽 3 米、高 10 米的全彩 LED 电子显示屏，气势壮观；二层主席台；三层信息发布厅；四层多功能厅，能容纳 1 000 人，可满足大型峰会、洽谈会、联谊及庆典活动等需要。二展厅：建筑面积 12.1 万平方米，由 1 个常年展示厅，9 个展厅组成。南边的 3 层行人通道、北边的两层机动车通道和管廊设备夹层，高度 33 米。其中单个展厅面积 7 560 平方米，10 个展厅面积计 7.56 万平方米。制冷设备采用环保性能超高的水冷空调系统。各楼层由 8 台扶梯和观光电梯相通，有电梯 53 部。展厅内有 1 216 个展位箱，每个展位箱配备 4 个数据、4 个语音接入口，可实现通网络、通电话。三办证楼：建筑面积 2.2 万平方米，地下一层，地上八层，高度 29 米，东西两座塔楼高

外地客户参观永康国际会展中心内展示的电子设备（五金城提供）

度71米。一层办证大厅，二层公共餐饮服务，三至八层为办公场所。办公楼东西塔楼设有大型室外全彩多媒体显示屏，共6块，总面积2 200平方米，其中南北朝向的4块巨型显示屏，每块长27.8米、宽16米，在400米开外也能感受到强烈的视听觉冲击。四广场：面积10万平方米，设有停车泊位2 285个，以及能满足扩大办展需要、可临时利用搭建的室外展位1 500个。广场四周是由宽1米、长1 600米的绿色植物围墙。

【五金城四期市场规划】 为充分发挥永康五金雄厚的产业优势，进一步推动市场和产业互促共进、融合发展，构建省首批“工业强市”试点县市永(康)武(义)缙(云)五金产业集群乃至浙中地区制造业相配套的现代市场集聚区，加快推进永康“现代化国际五金名城”建设，结合省政府《关于进一步推进商品交易市场提升发展的意见》，永康市着手规划建设五金城四期市场项目。2013年6月17日，市政府召开专题办公会议，形成《中国科技五金城四期市场项目选址专题会议纪要》，规划面积133.33公顷，投资100亿元。首期用地53.33公顷，投资50亿元。项目定位为立足永武缙产业集群，服务浙中地区的制造业发展、辐射全省乃至全国的现代化综合性生产资料交易市场。计划建成为与现代五金产业集群互促共进、与新型城镇化建设相融合的城市综合体。2013年7月30日，市发展与改革局批复同意五金城四期市场项目建议书。

【电子商务集聚区】 为推进“电商换市”，2013年把金都生产资料市场调整为五金城集聚区电子商务信息港(永康电子商务总部中心)，建成立足永康、服务全国、辐射全球，有形平台和无形网络相互支撑，集电商集聚、运营指导、客服托管、数据挖掘、金融支持、培训交流等服务为一体的全球大五金产品电商供应链服务平台。在会展中心办公区开辟3 000平方米的电子商务集聚区，首批引进“中国门都网”等市内外电商企业14家。

市场商务工作

【概　况】 2013年五金城针对市场不同的发展阶段，相继实行户口政策、投标定位、抓阄定位、公开投标等招商租赁办法，经过管理机制的规范以及各项活动的开展，摸索出一条行之有效的兴市之路。各经营户不断更新经营方式，提升商品质量，吸引名企、名品进驻市场，境内外客商纷纷前来采购贸易，形成国内外品牌产品竞相汇聚、市场辐射面不断拓展、国内外市场并举的良好局面，产品畅销美国、日本、澳大利亚等170多个国家及地区。

【金城市场经营产品十大类】 金城市场，坐落于金城路以东，华溪以西，城东路以北，望春东路以南，占地33公顷，分9个交易区，有五金南路、五金北路、五金西路、五金东路、五金中路、金城路、五金大街、五金横街、五金一

召开五金市场交易商务工作会议(五金城提供)

五金城一期金城市场(五金城提供)

至九街等17条主要街道。营业店铺1 586间(其中私人店铺723间),商业交易馆及展示中心等7公顷。经营产品有五金产品、防盗门、日用五金、建筑五金、磨具磨料、电线电料、厨卫、水暖五金、电动工具、餐饮副食等10大类。

【金都市场有11条专业街】 金都市场,坐落于华溪以东,330国道以西,溪中路以北,五金北路以南,占地31公顷,建筑面积21万平方米,有金城一街至十一街11条专业街,以及F楼、沿街商务楼、金苑路商务楼、机械设备、金属材料、办公楼等区域。店铺1 312间,商务楼10幢,经营户670户。经营产品有各种车辆配件、机械五金、工量具、紧固件、电子电器、装潢五金、机电、金属材料、机械设备、健身器材、旅游商品等13大类。

■ 拓展市场领域

【概　况】 2010年五金商城提出建设经营大户"三化工程"扩展为"四化工程",即"经营规模公司化、经营方式网络化、经营商品品牌化、经营渠道外向化",进一步提升了市场经营者的规模和档次。2011年组织多轮次、大批量营业房到期招租,安排周密,办法科学,定价合理,效果良好,租金收入实现大幅增长,创下每间78万元定位标的最高纪录。2012年五金城集团有限公司实现租金等经营性收入1.46亿元,比2012年增长15.9%;上缴税金1 979万元,增长23.7%。全市纳税排名前50强,居第34位。完成营业房分期租金收缴1 993间,到期招租375间。2013年继续评选"四化经营大户""诚信经营户",首次评选"示范经营大户"。推进市场经营户"个改企""小升规",全年完成新增"个改企"52户,总数310户。全年五金城实体市场成交额366.1亿元,比2012年增长7.4%;网上市场交易额201.3亿元,比2012年增长20.2%;举办展会18次,发生交易额157.5亿元,比2012年增长21.2%。五金城集团有限公司租金和展会等经营性收入1.8亿元,比2012年增长23.3%。

【五金城网站开通】 随着信息技术的发展,五金商城市场经营方式和销售渠道得到了新的拓展。2000年公司建立信息部,开通"中国科技五金城"网站。2002年公司与永康市万维电子商务有限公司联合,共同创建五金城电子商务有限公司。2009年"中国五金商城"网上市场上线运行,取得了省级网上市场登记证,成为全市第一家网上市场。2013年有网上商户8万家,注册会员57万户,被

中国五金指数编制工作会议(五金城提供)

评为“中国电子商务网站100强”,是首批浙江省重点电子商务第三方平台,被列入金华市电子商务“十二五”发展规划、永康市“十二五”服务业重点项目。

【“中国·永康五金指数”发布】 2013年永康有车业、门业、杯业、电动工具、电器厨具、休闲器具、技术装备、金属材料等八大支柱产业,五金企业1.5万家。中国科技五金城市场是全球第三、全国最大的五金产品流通、信息、商贸中心,汇聚了1万多种五金产品。产品远销180多个国家和地区,其中有10多种产品销量居全国之最,100多种产品销量居全国前三,市场成交额连续多年居全国同类市场榜首。永康五金产品和市场变化的五金指数,基本反映了全国五金产品和市场的运行情况。4月18日,五金城集团有限公司安排市场管理人员开展指数采集数据上门摸底调查工作,涉及五金城市场经营户和市内企业2 000多家。7月进入为期2个月的调试运行。9月26日在第18届中国五金博览会开幕式上成功发布国内首个“中国·永康五金指数”,并通过国家商务部“商务预报”平台及相关媒体进行定期发布。“中国·永康五金指数”的建成,标志着永康五金进入指数时代,进一步巩固永康五金在全国乃至全球的“话语权”。“中国·永康五金指数”的第一期内容为:9月23日五金市场交易价格指数为100.12,8月份五金产品生产价格指数100.18,五金产品外贸价格指数为99.53,五金产品市场交易景气指数94.56,五金产品生产景气指数97.50,五金产品外贸景气指数91.19。“中国·永康五金指数”由五金产品价格指数、五金产品景气指数两大部分组成。五金价格指数又分为五金产品生产价格指数、五金产品外贸价格指数和五金市场交易价格指数。五金产品景气指数,依据又分为五金产品生产景气指数、五金产品外贸景气指数和五金产品市场交易景气指数。2013年后永康将定期发布五金指数,全国乃至全球五金行业生产商、采购商、经营者可以通过“中国·永康五金指数”网站,或者国家商务部“商务预报”平台,及时掌握最新的五金市场信息。五金市场交易价格指数基期固定在2013年7月22日,基数为100,定每周周二发布。五金产品生产价格指数、五金产品外贸价格指数基期定在2013年6月,基数为100,定每月3日发布。五金产品生产景气指数、五金产品外贸景气指数、五金产品市场景气指数定每月3日发布,景气指数取值为0—200,100为荣枯线;指数值大于100,表明景气处于扩张状态,其值越高,表明景气越繁荣;反之则表明景气处于回落状态,其值越低,表明景气越萧条。永康通过发布五金指数,推进五金产品分类与质量标准的规范化,引导产品价格形成的科学化,保障产业竞争的秩序化,为全国乃至世界的五金产业提升与经济转型升级做好服务。

【全国永康五金专业市场联盟】 永商在外地

召开全国永康五金专业市场联盟发起大会(五金城提供)

投资建设的永康五金专业市场或挂牌永康五金城的专业市场遍布大江南北,已有 20 多家,经营面积达上千万平方米。为了更好地整合资源,打响“永康五金”品牌,把全国永康专业市场转化成永康发展优势,2013 年 8 月开始,由浙江中国科技五金城集团牵头,天津武清永康五金城、临沂科技五金城等 11 家全国永康五金专业市场共同发起成立筹备组,正式开展联盟的筹备工作。9 月 27 日,在五金城召开发起大会,组建“全国永康五金专业市场联盟”,总部设在永康市。通过成立行业组织,政府搭起了与市场的沟通平台,更好地为在外创业的永商服务,永康五金城集团公司被推选为联盟理事长单位。联盟的组建有利于更好地整合资源,打响“永康五金”品牌,不仅可以凝聚永商的力量,加强在外创业永商与家乡的联系,而且有助于增进永康内外的商企对接与合作,促进信息互通,实现“品牌共树、资源共享、市场共建、合作共赢”的目标,保障全国永康五金专业市场的健康发展。

■ 办展促销活动

【概　况】 中国五金博览会(简称博览会)始办于 1996 年,至 2013 年已成功举办 18 届。有数千家资信良好、实力雄厚的生产企业、外贸公司、科研院校参展,韩国、日本等地还组织了采购团。展出产品包括休闲车类、健身器材、日用五金、五金电器、工具五金、电动工具、门类、装潢五金、机电产品、机械设备等 10 万余种,吸引专业采购客商 8 万余人。除现场交易外,同期举办网上博览会,促进来自世界各地的参展企业、专业买家和五金贸易商交流新技术、交易新产品,共享最新的市场信息,成为众多企业打开国内、国际市场的重

五金城广场产品展销场景(五金城提供)

要窗口，在国内外树立了良好的品牌形象。博览会规模、层次、影响力逐年提升。

2013年五金城集团有限公司坚持“以小促大、以大养馆、先聚人气、再增效益”的办展思路，实行开门办展，展会经济大放光彩。会展中心和老商交馆两个场地得到综合利用，办展内容从原有的五金、门业、机械装备，拓展延伸到家居建材、汽车、房产、服装等。全年办展数量18次，比2012年增加11次。展会总交易额157.5亿元，比2012年增长21.2%。第十八届五金博览会、第四届门博会等重点展会在规模、层次、企业客商参与、成效等方面都取得突破性效果。尤其是门博会期间，首次开展“千人采购商参会采购活动”，吸引30家全国百强房产商参与现场采购。其他展会通过合作办展、出租办展等形式，取得良好的效果。

【举行五金产品展销】 9月26日至28日，第十八届中国五金博览会在国际会展中心隆重举行。博览会设13个展馆，展出面积8.6万平方米，吸引24个省(直辖市、自治区)、中国香港、台湾地区以及德国等地1 600多家企业参展，设立特装展位面积1.79万平方米，标准展位2 100个，分别比上一届增长13%、17%。参展参会30万人次，同比增长2.0%。其中专业观众12.2万人次，同比增长6.8%；外商人员1.17万人次，同比增长0.4%。发生交易额115.8亿元，比第十七届增长6.5%，其中达成意向106.01亿元，同比增长6.6%；现场成交9.79亿元，同比增长6.1%。发生出口额8.33亿美元，同比增长11.8%。网上五金博览会访问量88.2万人次，同比增长8.2%。

第十八届五金博览会由国家商务部、浙江省人民政府共同支持，中国国际贸易促进委员会、中国商业联合会、中国轻工业联合会、中国科技金融促进会、中国发明协会、中国五金制品协会主办，永康市人民政府、中国国际贸易促进委员会浙江省分会承办。博览会除了继续举办大规模的商品交易、技术交易、网上博览会等活动外，还首次组织举办浙江省工业设计成果展及与企业专场对接、金义都市新区图片展、“中国·永康五金指数”颁布仪式、网上技术市场交易、设计·产业·共赢——工业设计主题演讲、国家级餐厨用品出口基地经验交流会。

第十八届五金博览会坚持创新，推动模式转变，具体做法是确立“简朴、务实”办展思路，严格执行上级关于改进工作作风的各项规定，认真落实“简朴办展、务实办会”的要求，和市政府“不充门面、注重实效”的指示精神，进一步精简组织机构。博览会组委会由金政代市长任主任、6名相关市领导为副主任、20余个关联度较大的部门负责人为成员，严格控制贵宾邀请规模，多邀请与展会办展密切相关、有利推进展会市场化发展的贵宾，尽力减少观光型人员，确保展会简朴而不简单，热闹但不吵闹。适时提出新主题口号，顺应

第十八届五金博览会会展销区内人山人海(五金城提供)

五金行业发展形势。博览会主题口号“让永康五金畅行世界、让世界五金汇集永康”，虽与往届主题口号“让永康五金走向世界、让世界五金汇集永康”仅一词之别，却概括永康五金取得的长足进步和日益提升的市场地位，对永康五金今后发展提出了新的更高要求。积极改革开幕式举办模式。结合永康实际，采用国际展会的通常做法布置开幕式会场，通过在开幕式主席台设置市委十三届四次全会主题口号标语、在开幕式前播放永康介绍专题片，使永康最新的动态和精神得到广泛传播。推进展会专业化。在组委会下设立秘书处、秘书综合组、商贸发展大会服务组、宣传推广组、招商交易组、后勤接待组和安保维序组等专门机构，明确各组职责分工，各部门再细化分解落实责任，有效形成组委会领导、秘书处协调、各组协作的服务网络，确保充分发挥各单位优势，调动自主性和积极性，实现各项工作协调推进。

在第十八届五金博览会的开幕式上，经国家商务部批复同意，利用国家“商务预报”平台成功发布中国首个五金指数——“中国·永康五金指数”，成为本届博览会最大亮点之一。融合举办活动，实现五金博览会与商贸发展大会资源共享。充分利用同期举办国际商贸发展大会的良机，积极向参加商贸发展大会的嘉宾客商宣传推介五金博览会，认真做好组织服务工作，实现两大活动的互促共进。致力升级发展，提高博览会科技含量。首次举办设计和制造对接会，得到省经信委和省工业设计协会的鼎力支持，30 多家省内外知名工业设计企业组团参展，与 140 多家企业(个人)达成合作意向，扩大省内外品牌工业设计企业与永康制造企业的交流合作，提升永康五金产业的产品附加值和竞争力。专门开辟展位举办高新技术(项目)展示交易会，2 家中科院研究所和浙江大学、哈尔滨理工大学等 18 家知名高校参展，现场有 46 个科技项目达成合作意向，提升交易科技含量。

第十八届五金博览会专门制定安全保卫总体方案，涵盖开幕式安全、展馆交易、贵宾驻地保障等 14 个细化方案，增加撤馆方案，确保博览会期间各项活动安全有序进行和全市治安、城市管理、食品卫生等各方面工作平稳开展。切实完善交通设施，保障公路畅通，加强源头管理，狠抓运输安全，做好交通分流引导，多角度、多层次、多渠道进行宣传和告知，开通展馆至贵宾驻地的免费交通专线，确保博览会期间全市道路交通有序畅通。加大知识产权保护力度，在招商招展阶段组织科技、工商、公安经侦大队等部门对报名企业进行知识产权审查，出台《第十八届中国五金博览会知识产权保护管理规定》。博览会期间受理知识产权侵权投诉 59 件，及时责令侵权的 52 件产品当场撤展。机关党工委组织 600 多名党员干部开展“五金博览、党旗飘扬”志愿者服务活动，成为十八届博览会的一道亮丽风景线。

【组织项目会签】 9 月 26 日至 28 日，在永康市国际会展中心举行第三届国际商贸发展大会。大会由中国轻工工艺品进出口商会、中国纺织品进出口商会、中国五矿化工进出口商会、中国食品土畜进出口商会、中国机电产品进出口商会、中国医药保健品进出口商会、中国对外承包工程商会、浙江省商务厅、金华市人民政府共同主办，永康市人民政府承办。新华社、人民日报、浙江日报、国际商报、中国网、浙江卫视、浙江在线、今日浙江等 35 家媒体近 50 名记者进行专访。当地 12 家媒体 30 余名记者参加报道，全程跟踪。各媒体共刊(播)发新闻 70 多篇(条)，网络转载量上千条。新华网、中新网、浙江在线、全球五金网、市场导报等主流门户、行业网站和报纸围绕“中国·永康五金指数”发布、第三届中国国际商贸发展大会、浙江省工业设计成果展三大亮点活动，发布报道 30 多篇，各大主流

第三届中国(金华·永康)国际商贸发展大会会场(五金城提供)

网站转载500余次。

大会围绕“创新驱动 打造国际贸易竞争新优势”主题，举办主旨论坛、专题论坛、签约推荐、永康五金产品展及金义都市新区规划建设图片展、重大投资项目暨经济合作协议签约仪式、网络经济创新发展高峰论坛、永康五金产品市场和网上采购活动。同期举办第十八届中国五金博览会、第七届中国·磐安中药材交易博览会、中国五矿进出口商会五金分会理事会扩大会议、中国轻工行业餐厨用品出口基地经验交流会等活动，并分行业、分区域组织参会客商、跨国公司、各商会会员企业，就新能源、节能环保、电子信息、生物医药、五金等产业和现代商贸、电子商务、物流会展、服务外包、影视文化、旅游购物等现代服务业项目，与各县(市、区)进行对接洽谈，考察交流。商务部原副部长孙广相、浙江省人民政府副省长梁黎明、商务部外贸司副司级商务参赞江伟等参加博览会。国家商务部、省商务厅、省贸促会、中国香港贸发局有关领导参加相关活动。博览会成立执行委员会，下设秘书综合组、宣传推广组、行业对接组、招商洽谈组、展览展示组、后勤接待组、安保维序组7个组。全市30多个部门及15个街道(镇)作为成员参与。市委书记徐华水、代市长金政自始至终参与筹备、组织、指导。

商贸发展大会期间，有33个重大投资项目达成正式协议，总投资133亿元，投资领域涉及网络科技、节能环保、装备制造、生物医药、新能源新材料、现代服务业等10个重点主导产业，其中内资项目22个，投资109.37亿元人民币，协议利用金华市域外资金106.85亿元人民币。外资项目11个，总投资4亿美元，协议利用外资1.6亿美元，外商投资者主要来自荷兰、中国香港等地区。总投资5 000万美元以上外资签约项目3个，其中荷兰王氏发展集团计划在金义都市新区投资1.3亿美元，建设年产值8亿

第三届中国(金华·永康)国际商贸发展大会举行第二批重大项目签约(五金城提供)

元 PU 皮革离型纸生产项目。同时签订 4 项经济合作协议，分别为中国金华市人民政府外事与侨务办公室与德国迪恩市迪恩-金华友好协会签订关于设立中-德经济关系有限责任公司金华代表处的协议，中国五矿化工进出口商会、中国机电产品进出口商会、中国轻工工艺品进出口商会分别与永康市人民政府签订关于建立经济合作关系的战略框架协议。

在召开商贸发展大会同时，召开包括五矿商会五金分会理事会扩大会议、机电商会石油化工装备与工程分会、国家级餐厨用品出口基地经验交流会等各类专业会议，来自七大商会及其骨干会员企业与市内企业、行业协会进行了对接。会议邀请欧洲、美洲、非洲、大洋洲、中东的采购商，在五金博览会上参加采购。除现场成交外，意向订单 380 余单，计 5 000 万美元。采购品种有餐厨用品、锁、电动工具、休闲用品、五金工具、休闲车等。大会期间举办的浙江省工业设计成果展区有 2 000 家企业、2 700 人次参与对接，140 家企业和个人达成合作意向。

这次商贸发展大会是一次较高规格的商贸盛会，是一次最具权威的信息发布，充分借助商务部七商会人才优势，有各商会骨干会员企业境外重要采购商代表及业界精英 300 人汇集永康，参加主旨论坛、专题论坛、签约推介、展览展示、交流对接等活动。与第十八届五金博览会同期举行，各有优势，互为补充：商贸大会使五金博览会增加论坛的内容，五金博览会丰富了商贸大会的内涵，使大会成为既有专业论坛，又有专业五金展的高水准盛会。同时此次大会主旨论坛和专题论坛邀请了国内业界最具权威的专家、学者，如对外经济贸易大学国际经济研究院院长桑百川，国家发展和改革委员会学术委员会秘书长张燕生，国家商务部中国国际电子商务中心中国诚商网副总裁刘寅，中国外汇投资研究院院长谭雅玲等。大会注重实效，节俭办会，根据中央八项规定，此届商贸发展大会突出“简约、节俭、务实”的精神，精简活动项目，删掉几项论坛类、庆典类的活动，专题论坛由 2012 年的 3 场精简为 1 场，预算大会活动经费比第二届节省了三分之二。

【办好门业商品会展】 5 月 26 日至 28 日，第四届中国（永康）国际门博会在国际会展中心举行，有 11 个展馆，展出面积 7.2 万平方米，吸引了来自全国 20 个省市以及意大利等国家和地区的 811 家企业报名，经审核有 656 家企业参展，其中外地企业占全部参展商的 38%。3 天会期中参展参会观众 17.5 万人次，同比第三届增长 5.4%，其中专业观众 16.2 万人次，同比增长 8.9%，其他人员 1.3 万人次。发生交易额 23.5 亿元，同比增长 13.7%。其中达成意向 15.85 亿元，同比增长 14.5%；现场成交 7.65 亿元，同比增长 12.2%。出口额 6 642.9 万美元，同比增长 14.2%。网上门博会访问量 25.3 万人次，同比增长 16.1%。此届门博会除了继续举办大规模的商品交易、网上门博会等活动外，还组织千人采购商参会采购活动、中欧建筑门窗技术论坛、防火门产品质量研讨会。展出门类、电动门类、门类配件、门类辅料、窗类、设备等产品。

第四届门业博览会吸取第三届门博会教训，明确“政府引导、企业为主、市场运作”的办展模式，推进展会市场化。由政府牵头成立的组委会负责门博会举办申报和协调服务工作，招商交易、展馆布置、服务管理等与展会活动直接相关的工作直接交由浙江中国科技五金城集团有限公司负责，按市场化方式进行运作。积极改革开幕模式，推进展会国际化。采用国际上举办展会的通常做法，在主席台下设置嘉宾区安排领导、嘉宾就座，主席台上只设置主持席和发言席，领导嘉宾根据议程安排上台讲话发言，整个开幕式活动

第四届中国(永康)国际门业博览会展销区(五金城提供)

简洁、紧凑、顺畅、有序。细化部门职责分工,推进展会专业化。成立高规格的组委会,对组委会各成员单位和工作组职责进行明确分工,形成以五金集团公司为主,组委会秘书组协调,由宣传、质监、公安、城管执法、科技、接待办、交通运输、工商等部门协同配合的“1+1+X”门博会运行和保障服务网络。对外宣传由宣传部牵头,五金城集团有限公司为主,确保宣传活动丰富多样、有声有色;贵宾接待服务工作由接待办牵头,浙江中国科技五金城集团有限公司派员全程参与实践学习,接待办在做好服务的同时做好传帮带工作,为今后浙江中国科技五金城集团有限公司为主办展览会积累经验;会展中心内部秩序管理由浙江中国科技五金城集团有限公司全权负责,外部环境及交通秩序维护等由市公安、城管执法、交通运输、工商等部门负责,做到分工明确、各司其职,充分发挥有关单位的自身优势和自主性,确保保障和服务工作细致、到位。

为开创招商招展新局面,门博会采取下列措施:为吸引更多知名门企参展和扩大交流,除通过媒体宣传和举行新闻发布外,还专门组织到门业产业高度发达、外向度极高的广州进行宣传和推介,并与广东门业协会达成合作意向。吸引外地门企组团参展,外地企业参展达到 249 家,占参展企业总数的 38%,比第三届提高了 7 个百分点。根据企业对展位需求大的实际,大幅提高标准展位的比例和特装展位的面积,展馆从上届的 8 个增加到了 11 个,展出面积 7.2 万平方米,增加 1.2 万平方米。在参展企业数只增长 8%的情况下,特装展位面积增长了 28%、标准展位面积增长 58%以上,使第四届门博会的展览档次得到明显提升。主动迎合门企拓展市场和配套产品的需求,组织开展全国百强房产商参与现场采购活动,首次增设 3 000 平方米的机械类室外展馆。大力推进展会资源市场化利用。对国际会展中心广场范围内所有广告位进行公开对外招租,并首次尝试把闲置的开幕式主席台充分利用起来,展会承办效益得到明显提高。

门博会致力于更好地为广大客商服务,具体做法为:紧贴客商需求,组织开展“千人采购商参会采购活动”。首次邀请万科、绿城、碧桂园等30家全国百强房产商参与现场采购,促使一批门业企业与大型房产商达成战略合作协议,直接带动门博会交易额的增长。门博会通过房产商组织开展"品门会"等活动,进行"永康门企十大品牌评选",让参评企业的知名度和门博会的影响力得到较大提升。紧扣行业转型升级需要,组织中欧建筑门窗新技术论坛、防火门产品质量研讨会等活动。邀请中国建筑金属结构协会、意大利钢门窗协会、公安部天津消防研究所和全国消防标准化技术委员会耐火构配件分技术委员会等单位的专家,对建筑门窗新技术和防火门申证、质量技术标准等进行深层次专业讲解和现场互动交流,为参展门企的转型升级起到良好的引导和促进作用。维护合法权益,扎实做好知识产权保护工作。专门出台《第四届中国(永康)国际门业博览会知识产权保护管理规定》,成立知识产权投诉中心,加强宣传和处置。门博会期间发生2宗涉嫌侵犯知识产权投诉案件,较以往有明显下降,且均得到了快速有效处理,有力维护权利人的合法权益和公平竞争的会展秩序。围绕配套需求,努力做好人性化服务。开设网上门博会,为参展企业提供网上展示、推介、交易服务;设置各类服务中心,为参会人员免费提供医疗救护、治安报警、外语翻译、通信、咨询等服务;开通门博会期间会展中心至各大宾馆酒店专线公交,免费提供乘车服务;以展馆为单位,配备专业力量,使洽谈休息区、生活服务区、多媒体触摸屏和信息查询系统等设置更加齐全,客商参展参会服务更优、环境更好。

第四届国际门博会专门制定涵盖开幕式、道路交通等7方面的8个安保方案、预案。加强现场勘察和重点管控,精心加强常态化执勤管理等措施,投入安保力量1 000人,确保了门博会期间各项活动安全有序进行。除发生2起扒窃案件(均及时破案)外,展馆内未发生任何影响安全的事件,全市也未发生任何重特大案件。第四届门博会成为历安保工作最为严密、展会秩序最好的一届。

(项红友)

网上市场

【概　况】 永康市五金城市场是全国最大的五金产品集散中心,依托实体市场的优势,2009年创办了"中国五金商城网",积极探索实体市场与虚拟市场的深度融合。至2013年3月30日,"中国五金商城"网络市场有加盟企业35万家、注册会员57万个、网上商铺会员7万个。一季度,实现网上市场交易额达40多亿元,同比增长41.8%。

【B2C电子商务跻身中国网站100强】 2010年来,永康市依托雄厚的五金产业和庞大的五金城实体市场,大力扶持和推动以电子商务为核心的网络经济发展,形成了实体经济与网络经济并举、实体市场与网上市场联动的发展格局。全市拥有10万家基于淘宝的网上C2C卖家,2010～2012年"中国五金商城"网上交易额分别为54.4亿元、106.6亿元和167.5亿元,以每年50亿元的速度稳步增长,成为在行业内具有较大影响力的B2C电子商务交易平台,跻身中国商业网站100强。

对外贸易

【概　况】 2013年以来,针对欧盟市场不景气,出口大幅下滑的现状,永康市积极引导企业转战美国、俄罗斯两大市场,以奖代补的形式鼓励企业出境参展,其中参加美国、俄罗斯大型交易会的给予全额补贴。在此推动下,1～3月份,全市对美国出口13 266万美元,同比增长14.1%;对俄罗斯出口9 410万美元,同比增长56.12%,美、俄已成为永康市最大的出口基地。

【外贸出口首次突破 4 亿美元大关】 2013 年 4 月份，全市外贸出口额 4.24 亿美元，首破 4 亿美元大关。5 月份达 4.26 亿美元，7 月份 4.37 亿美元，8 月份 4.48 亿美元，外贸出口额持续创新高。12 月份完成自营出口 3.88 亿美元，同比增长 32.58%，增速较 11 月份高 14.53 个百分点。是年累计实现自营出口 48.07 亿美元，比 2012 年增长 22.69%。金属材料、电器厨具和餐厨用品出口势头强劲，增速 113.69%、21.79%和 17.56%。

【永康民企抗辩欧盟反倾销 20 年首胜】 6 月 14 日，永康民营企业浙江宝归来车业有限公司收到欧盟委员会最终裁决：该公司出口欧盟的自行车反倾销税将从 48.5%降至 19.2%。这是国内自行车企业抗辩欧盟反倾销 20 年来取得的首胜。其主要做法：一是产品质量有"底气"，企业产品出口欧盟，不是以低价取胜，而是依托技术创新拓展市场，并掌握价格话语权；二是企业应诉有"勇气"，企业收到欧委会调查通知以来，历时一年多时间里，企业积极应对，先后接受反倾销调查、反补贴调查、严格的产品质量检测等，并聘请法律专家、自行车行业专家等，支付各种应诉费用 200 多万元。

【全国首家电动工具出口免验企业】 7 月 28 日，永康三锋实业股份有限公司顺利通过国家质检总局专家组对其申请出口电动工具免验企业的现场审查，成为全国第一家出口免验电动工具制造企业。通过实施出口免验，既能进一步提升企业的质量管理水平，持续提升产品质量，又能加快企业的验放通关速度，节约出口成本和时间，还能帮助企业扩大知名度，进一步开拓国际市场。

【抢滩中东市场带动健身器材出口】 2013 年永康有健身器材生产企业 200 多家，正常出口企业超 100 家。面对当前欧美出口形势的疲软，该市主动抢滩中东等新兴出口市场。1～6 月，全市健身器材出口沙特和阿联酋两国批次、金额同比分别增长 312.0%、634.2%和 143.9%、374.8%。在此推动下，全市健身器材共出口 1 598 批，金额 3 082.4 万美元，同比分别增长 18.4%、26.9%。

（朱彩修）

海　关

【概　况】 2005 年经海关总署批准设立金华海关驻永康办事处，2007 年 9 月 20 日正式开关，是浙江中西部地区唯一的海关办事处。有正式关员 8 名，平均年龄 32 岁，其中 35 周岁以下 5 名。管辖范围为永康全部行政区域，主要负责办理辖区内进出口货物报关、征税、加工贸易监管、编制海关统计、企业管理等业务。

2013 年海关永康办事处深化"开门建关"和"文化强关"理念，进一步优化海关监管与服务，助推永康开放型经济健康发展，取得较好成绩。年内永康市累计实现外贸进出口 48 亿美元，同比 2012 年增长 21.5%，占金华市全市外贸进出口总值的 14%；实现出口 43.4 亿美元，同比增长 18.9%；进口 4.6 亿美元，同比增长 72.4%，进口规模和增幅居金华市首位。

【进出口监测预警机制】 2013 年根据永康产业特点，提出《关于扩大永康进口的相关建议》，结合永康进口企业和商品集中度高的特点，发挥属地申报在货物放行效率高和税款担保金周转快等优势，全年办理征税 1.9 亿元，比 2012 年增长 56%，属地企业在当地纳税率达 55.3%。针对永康行业特征明显，企业数量较多等特点，重点加大对行业龙头企业的关注力度和预警分析机制，及时做好政策扶持和个性化服务，坚持以点带面，带动行业发展和产业升级。参与永康五金指数的编制，及时为项目组成提供进出口数据，并就归类问题提供意见和建议。完善海关进出口监测预警长效机制，坚持每月外贸形势预警分析，增强海关统计工作的针对性和有效性，为党政领导决策提供服务。

【借媒体网站宣传新政策】 2013年永康海关及时借助新闻媒体、地方政务公开网站等平台，就“法检目录调整”“报关员考试取消”“属地报关、口岸验放”通关模式范围扩大等一系列新政策进行宣传，确保永康企业及时准确掌握政策。联合有关部门和浙江电子口岸等开展综合宣讲，全方位加强海关政策宣讲，全年开展宣讲会3次，涉及企业80余家，针对永康特点，重点做好加工贸易和进口贸易有关政策的宣传解释。加大企业实地巡查力度，强化调研，及时筛查企业和整个行业存在的问题，全力助推辖区企业发展，年内走访企业110家次，发放调查问卷85份。

【报关业务居杭州关区首位】 推进通关模式改革，做好“属地申报、口岸验放”的区域通关工作，永康海关按照上级要求完成无纸化通关和扩大区域通关范围改革的前期各项准备工作，2013年接受报关单1.37万份，监管集装箱3.73万只，业务量位居杭州关区24家隶属海关驻外办事处首位。克服人手紧张困难，做好业务开展前岗位操作培训和模拟演练操作等，实现企管业务从无到有的顺利交接，改变2007年前永康企业需到金华海关办理手续的境况，便利永康企业。根据永康辖区加工贸易业务总量偏小且产品附加值低，以及科技含量较低等特点，鼓励企业用好用足现有政策，完善内部管理机制，努力向产业链高端延伸，增强市场竞争力，并以此为契机推动企业的转型升级。2013年办理加工贸易备案和E账册进口总计2亿美元，比2012年增长279%。

【未发生企业被海关处罚事故】 2013年利用媒体、海关QQ群、政策宣讲会、走访企业等形式，主动宣传国家有关政策，让更多的企业知晓政策和用好政策。对于新开办加工贸易或其他海关业务及工作中遇到新问题的企业，就派人一对一上门服务，及时帮助企业解决疑惑和困难。针对加工贸易、进口税收等工作政策性强、管理要求高和监管周期长的特点，对重点企业，海关办事处加大下厂巡查力度，及时发现苗头性隐患或问题，在法规和政策允许的范围内，帮助企业解决问题，避免出现违规办事。因政策宣传和工作到位，年内全市未发生企业因违反有关法律规定而被海关处罚事故。

【海关A类管理企业279家】 永康海关大力树立标杆，为永康首家获得“海关AA类管理”的企业授牌，颁发《海关AA类管理企业服务书》，选派专人担任海关与企业联络员，并为企业提供一对一个性化服务；加强企业巡查，建立定期巡查制，通过对企业自查、海关复查、实地检查等方式对辖区企业进行摸底式检查和走访巡视，全面客观了解企业及行业的情况；主动介入对低资信企业的引导工作，对在口岸报关违规、管理类别降级的企业，及时上门宣传海关企业管理的相关政策，使其进一步理解守法便利原则的内涵，增强企业诚信意识，以点带面促进社会诚信体系建设。2013年新增海关A类管理企业27家，全年累计有A类及以上企业279家。

【廉政在永康海关“入脑入心”】 2013年永康海关以行风建设为抓手，认真实施廉政文化建设和廉政提醒教育，做到行风与廉政在永康海关“入脑入心”，切实做好风险防控；以服务窗口建设为平台，优化监管与服务能力，维护公平公正的市场秩序，以规范执法、周到服务取信于民，打造海关良好的社会形象；主动接受社会监督，在报关厅设置投诉箱和公布监督电话，定期召开报关行例会，通报工作情况，并积极参与永康市“行风热线”节目来接收社会媒体监督。

（陈　珏）

开发区

经济开发区

【概　况】 浙江省永康经济开发区是市内农工商经济开发的专设行政机构(简称开发区)。2013年开发区下设机构有“两办”、“四局”、“五条线”。“两办”即党政综合办公室、综合治理办公室(后归口社会发展局);“四局”即社会发展局、经济发展局、规划建设局、财政分局;“五条线”即党群工作线、人大政协工作线、纪检监察工作线、人民武装工作线、宣传文化工作线。有乡镇行政编制21人,依照公务员管理23人,办公室、规划建设分局、财政分局均无人员编制。2013年开发区托管区域24平方千米,下辖29个行政村、常住人口2.1万人,在册登记外来人口15万人。在编民兵队伍4支,基干民兵149人,下设机枪连84人,汽车修理分队35人,应急排30人;有普通民兵连29个,民兵2 289人,预备役工兵桥梁排23人。为做好科学编组,做到每支队伍平时战时任务清楚,对每个预编人员基本情况清楚,在2013年的两次民兵点验以及预备役训练中确保到点率100%。完成夏秋季征兵11人。

省长李强考察经济开发区(经济开发区提供)

2013年开发区种植粮食作物171.82公顷,总产量1 144.3吨,收入330万元。种植蔬菜作物19.07公顷,收入172万元。种植经济作物12.33公顷,收入93万元。渔业产量100吨,收入100万元。家禽出栏3万羽,收入150万元;猪出栏2 069头,收入434万元。农机经营收入单位232个,收入1 007万元。全年实现工商税收13.4亿元,同比2012年增长23.2%;工业总产值328.12亿元,同比增长3.4%;其中规模以上企业工业总产值302.22亿元,同比2012年增长2.73%,销售产值297.7亿元,同比2012年增长3.5%;出口交货值112.93亿元,同比2012年增长1.52%;高新技术产值20.18亿元,同比2012年增长17.1%。50多个新产品列入省级以上新产品立项,新产品产值149.9亿元,同比2012年增长16.4%,新产品产值率49.6%。

【基层组织党建工作】 2013年开发区共有党的基层组织122个,其中党委4个,党总支3个,党支部115个。党员2 095名(是年发展新党员73名)。其中女党员597名,占28.5%。861名农村党员参加"五星"评定，评为"五星级"党员75名，"四星级"党员283名，"三星级"党员417名，"二星级"党员77名，"一星"及以下党员9名。众泰集团、先行集团、哈尔斯公司被列为非公企业防治腐败试点；办理违法违纪案件7起；同时加强村级工程招投标体系建设；开发区便民服务中心投入使用。12月31日止，29个行政村进行党支部换届，村委会换届，选举产生党支部委员107名，其中党支部书记27名，副书记8名。选举产生村委会委员95名，其中村委会主任28名。年内开发区有大学生村官12名。

【集体留用地开发建设】 黄城里村将返还地开发与新农村建设相结合，2012年5月开始确权登记，12月底全部腾空，半年内拆除全村。2013年9月完成统一抓阄，排基到户，返还地开发利用方案尚在讨论中。苏溪村根据村民意愿实施返还地开发利用，年内排基到户。长城村下畈返还地于6月完成统一抓阄，排基到户。西朱村100多户完成农房改造准备工作，新村计划开间数230间，拆除80户。溪碧山村在2012年完成15户的基础上，2013年再安置5户。年底止，兰街村通过市"秀美村"验收；邵宅村完成村级留用地整体开发前期准备工作。综合村集体留用地开发利用和农房改造、新农村建设，超额完成拆违任务。启动6个村农房改造及皇城里城中村改造，突破长城村、苏溪村集体留用地开发困局。邵塘村、邵宅村明确开发方向，按相关程序进行工作。

【文化体育示范工程】 2013年完成溪碧山村创建文化示范村。成功举办2013"丽州之夏"大型歌舞乘凉晚会。送电影、送戏下乡186场次。文化礼堂创建突出"特色与传承"，硬件方面根据堰头和溪碧山两个村的实际，着重发挥各村特色。文化市场以打击黑网吧，清查儿童进网吧为重点，严禁外来剧团无证演出。加强文物保护和"农家书屋"的管理，进行不定期的防火安全检查。开发区新建占地0.3公顷的融群众健身、娱乐、休闲于一体的区体育文化中心，有棋牌室、图书室、健身室、乒乓球、台球等设施，室外有标准篮球场两个、健身路径1条。2013年对29个行政村进行体育器材翻新与维修，器材换新5个村（陈路塘、山头徐、沙端、长城、郑村），其余村全部翻新。全区29个行政村有22个健身点，总面积超2万平方米，其中健身路径23套，标准篮球场13个，乒乓球室12处，健身广场4个，健身活动室3处，远超出人均1平方米的标准。7所学校室外体育场地有3.6万平方米，田径场1.5万平方米，乒乓球场32个，标准篮球场14个，羽毛球场9个，排球场4个，足球场和网球场各1个，学生人均体育活动场地40平方米。

【计划生育工作】 2013年1～12月开发区出生317人，计划内279人，计划外上报38人，计生率88.01%，多孩违法生育发生率1.58%。其中男婴171人，女婴146人，性别比117：100，二孩性别比120：100。应征社会抚养费498.8万元，兑现率100%。全年施行计划生育手术107例，其中结扎64例，放环28例，取环12例，人流3例。第二次"三查"，全区应实施查"三查"人数3 247人，已查"三查"人数3 187人，未查"三查"64人，查"三查"率98.03%。二孩全过程管理率100%，国家免费孕前优生健康检查告知率54.36%。是年破获性别鉴定窝点1例，缴获黑白B超机1台，已做性别鉴定总数20例，完成数10例，其他非法活动查处20例，应征行政罚款11.7万元，已征11.7万元。

【社会公益事业建设到位】 2013年开发区实行合作医疗，城乡居民合作门诊约1.07万人次，人均医疗费681.87万元，报销医疗费224.05万元。住院报销2 020总人次，医疗费用1 862.24万元，报销金额899.02万元。完成2014年合作医疗98.5%。红十字会，现场救护培训人员140人次，开展博爱送万家活动，补助45人，补助金额及财物4.5万元。食品药品安全，进行食品药品安全培训2次，联合执法3次。完成中心幼儿园前期选址，立项，图纸设计等工作。开展取缔非法办学及未审批教育机构户外广告清理整顿。年内开发区有低保人175名，年补助金额34.56万元。重度残疾人数77名，年补助金额25.87余万元。优抚对象33名，年度发放生活费35.77余万元。优抚年关补助10人9 700元。是年民政局临时救助3人，补助金额4 800元。大病救助补助16人，共7.45余元。福利彩票补助10人，共1万元。申请低保人数8人。成立避灾点为永康五中，省厅拨款10万元。“寻找艰辛老人”慈善总会补助32人，共3.2万元。“慈善送温暖”年终补助，慈善总会补助16人，共1.8万元。民政局年终补助23人，共2.5万元。全年开发区有29个村成立残疾人工作领导小组及残联志愿者服务队，共158人。全区5个村建立为残疾人提供服务的康复站点、文体中心，及读书培训、娱乐健身等服务活动场所。为5个残疾人家庭配置定位器、轮椅、斜坡、有声电饭煲和有声电茶炉。开展残疾人基本情况调查摸底，摸清全区各类残疾人458人。是年共上报基本生活保障12人，办理托安养手续14人，提供康复工程25人，包括配置助听器12人、白内障手术10人、赠送轮椅和安装假肢4人、儿童抢救性康复治疗2人、上报无固定收入18人，安居工程3人、上报助学对象58人。

【森林村庄通过省市验收】 2013年陈园、山头徐、兰街村通过市森林村庄验收，堰头村通过金华市、浙江省森林村庄验收。华溪整治绿化2公顷，铁岭路和五中路绿化0.67公顷，东永一线绿化2公顷。开发区森林消防队有队员10人，是年出动扑火30余次，配有4台风力灭火器和20把耙铁。

【“三改一拆”建设新农村】 2013年3月开发区召开农业农村工作会议暨“三改一拆”动员会，对全年的工作主要是加强社会管理、壮大集体经济、实现社会稳定，特别要在“三改一拆”为抓手的新农村建设等方面下功夫。开发区内既有城市规划的园中村，也有城郊村，有一定的农房改造基础。开发区用足用好政策，创造条件促进农房改造，继续推进皇城里、荆山夏、西朱、苏溪村的农房改造，启动曹园、夏溪的农房改造，培育扶持堰头、兰街、夏溪等村的“美丽乡村”建设，完成堰头、长恬、兰街、雅应、夏溪、邵宅等6个村的村庄规划论证。在开展“三改一拆”过程中，深入开展“两违”攻坚活动，管好用好村集体用地，将违法建筑的制止和拆除工作列入村书记、主任的年度考核。

（曹国樑）

■ 园区建设

【概　况】 永康经济开发区成立以来，完成1 415公顷的开发建设，累计投入基础设施建设及配套设施资金89亿元，基本实现通路、通水、通电和场地平整等“五通一平”要求，道路、供电、供水等基础设施建设框架基本成型。1999年至2013年，建成道路117千米，桥梁7座，铺设雨污管道110千米，形成以名园大道、科源路、九州路等主干道为骨架，以次干路与支路为补充的开发区道路体系，沿路进行高标准绿化，园林绿化62公顷。区内有变电站2座，主变压器4台，高压输电线路70条，建成日处理能力1万吨的污水泵站1座，垃圾中转站7座。累计出让工业用地885公顷，其中2013年出让工业用地32公顷。2013年投入基础设施及配套设施资金6 300万元，新增道路450米，绿化2公顷，建成垃圾中转站1座，10千伏电力线路2条，篮球场2个，新增1个4 000平方米的停车场。

【雅应至车马何交通线】 雅应至车马何公路

是芝英连接线，全长1 300米，宽40米，计划总投资2 500万元，由市交通设计所设计，市大通公路工程有限公司施工，市明正公路工程监理咨询有限公司监理。2011年8月开工，2013年完成800米路基工程。

【金山路公铁立交建成】 金山路穿越金温铁路箱涵工程总投资1 500万元，由温州欧华铁路工程有限公司施工。2013年4月开工，11月金山路穿越金温铁路箱涵完工。金山路公铁立交接线道路东起皇城路，西至总部中心，全长212米，宽36米，总投资400万元，由金华市市政设计院设计，金华兴达建设有限公司施工，浙江处州建议管理有限公司监理。2013年9月开工，12月完工。

【苏溪防洪堤和污水工程】 苏溪河道防洪堤一期工程是苏溪河道综合整治工程中的工程，南起桑园桥，北至铁岭路，计划总投资726万元，由市水利水电勘测设计所设计，浙江乾桥施工单位水利水电建设有限公司施工，连云港金河水利工程建设监理有限公司监理。2013年9月开工，12月完成85%挡墙、70%河床开挖。同时运作苏溪沿溪污水管道的埋设，把九鼎路到九州路两岸污水截流至下游污水主管道，再输送到市污水处理厂，集中处理排放。苏溪沿溪污水管道工程北起北湖路，南至科源路，全长455米，宽18米的道路工程，及北起九鼎路，南至九州路，长2 010米污水管线工程，长455米雨水管线工程，计划总投资1 000万元，由金华市市政设计院有限公司设计，金华兴达建设有限公司施工，浙江处州建设管理有限公司监理。2013年8月立项，9月开工，12月完成雨污管线工程和道路路基工程。

【八号桥及附属道路建设】 经济开发区八号桥是开发区八号路上的重要桥梁，全长80米，宽36米，计划总投资800万元，由上海浦东建设设计研究院设计，永康市建筑工程有限公司施工，浙江华飞建设项目管理公司监理。2013年10月开工，是年基本完成0#桥台，完成2#墩立柱，完成1#、3#台基坑开挖。八号桥接线及附属道路东起长城环村路，西至苏溪桥，全长256米，宽30米，计划总投资额375万元，该道路建成后将有效缓解周边九州路、铁岭路的交通压力，连通城区与经济开发区，为经济开发区提供集散通道。该工程由金华市政设计院设计，核工业金华建设工程公司施工，浙江华正建设工程管理公司监理。2013年10月开工，是年完成50%的二号路、三号路半刚路面，完成一号路路基。

【园区企业重建基础设施】 2013年众泰集团与瑞士Softcar公司达成新能源汽车战略初步合作意向。众泰新能源汽车研究院17.33公顷用地正式交付，纯电动面包车工程取得工信部公告。国际物流保税仓库10月开工，预计年内结顶。王力能诚集团的现代化高效立体厂房，得到省地市各级领导的充分肯定。17家企业效仿王力模式签订老厂房扩能改造建设协议。园区出让土地42.12公顷，完成A12-04地块3.21公顷林地报批。完成市重点工程开发区至芝英联网公路(除石柱镇田畈林段外)、金山路公铁立交及接线工程、金都路中央绿化带绿化工程、苏溪两侧污水主干管(九鼎路至九州路段)工程、苏溪河道驳坎改造工程70%的总工程量；基本完成八号桥工程下部基础及八号桥接线工程，开工建设苏溪东路工程、荆山公园。北部水库联网工程、东永高速东互通连接线政策处理达到预期目标。

【园区企业实施“空间换地”】 2013年经济开发区以土地集约为核心，引导企业空间换地。为解决开发区存在的土地资源紧缺和大量低效老厂房这一结构性矛盾，开发区紧紧抓住土地“二次开发”这条主线，在盘活存量土地上做文章。为最大程度盘活土地存量，市出台《关于鼓励企业处置低效利用土地的实施意见》和《关于鼓励企业改造低效厂房提高土地集约水平的实施意见》，鼓励企业进行低效厂房整体改造，规定新增（批）工业用地新建厂房4层及以上的，验收合格后，第四层按照建筑面积每平方米100元、第五层及以上按每平方米200元给予奖励。在有效增加生产建筑面积的同时加大装备投入，布局产业链长、带动力强的好项目。2013年市经济开发区已接收企业改造申请21份，拟改造总占地18.3公顷，建成后总建筑面积58.2万平方米。同时鼓励企业在不改变原土地使用性质的前提下，将空闲土地和闲置厂房采取合资合作、折价入股、企业重组、租赁经营等形式实施改造利用。年内制订实行《工业建设项目用地规划指导适建标准》，设置新开工企业每公顷最低4 500万投资底线，鼓励企业通过增加土地投资密度实现用地扩容。在不改变用途前提下，建筑密度最高可达65%，容积率下限从0.8提至1.3，新增容积率不增收土地出让金。强制工业用房新建标准，要求企业工业建设用房必须达2层以上，否则不予发放建设许可证，通过标准引导，将企业建设项目平均建筑密度从45%提到55%。2013年底在不新增用地情况下，有效增加企业建筑面积35万平方米，投资密度增长30%以上。

【园区农村“拆违”整治工作】 2013年经济开发区拆除8个“两违”重点村的全部违章建筑。组织39次集体拆违活动，拆除违法建筑626宗12万平方米。黄城里村创造“政府引导、乡镇支持、村当主体”的黄城里村模式，金华市委书记陈一新批示在金华全市推广。西朱村、曹园村、溪碧山村、郑村、荆山夏村进展顺利。全面启动“双清”，投资178万元，新开通垃圾中转站1个，清理垃圾600吨，池塘清理2个，清理污泥150吨，清理臭水沟、污水坑22条，清理华溪4千米、苏溪1千米。组织12次联合集中整治行动，抓好东永一线整治。

【四通八达的国际物流中心】 国际物流中心坐落在永康经济开发区学院北路9-11号雅应村地块，由市鑫茂物流有限公司建设。2009年立项，总投资1.2亿元，一期占地1.52公顷，2011年土建工程完工，二期占地1.66公顷，2013年12月完成场地平整。物流中心由市鑫茂物流有限公司建设。2007年立项，占地17.5公顷，总投资3.02亿元。2008年3月开工建设，2009年始相继建成并启用联托运营业房，2011年8月建成营业房903间并全部投入使用，2013年已完成投资额90%。国内联托运物流中心运行良好，为永康经济二次发展助力。年内永康市物流产业规划布局得到优化，物流园区设施条件不断改善，服务能力明显增强，永康物流中心开通全国各省市自治区所有地级市及大部分县级城市220多条物流线路，年物流货运量达1 000万吨，为永康当地也为金华、丽水、衢州等周边地市的物流货运提供强有力的服务支持，吸引江西、江苏等外省市的大批货物通过永康物流中心进行流转。由于整合效益逐步显现，在发货速度、单位费用上都具有明显的优势，物流中心发展步入健康有序的轨道，是浙江省除杭州、义乌以外的第三大的物流中心。

（程雄庆）

■ 产业经营

【概　况】 2013年开发区向浙江宏伟实业有限公司、道明光学股份有限公司、浙江三博实业有限公司供地25.27公顷。3家企业缴纳了投资保证金和亩产税收保证金，并承诺每亩投资强度172万元、产值380万元、税收20万元。宏伟实业有限公司中央仓储物流中心项目，用地14.05公顷，建筑面积15万平方米，投资3.6亿元，购置天车、起重车、运输车、液压手推车等运输车辆200辆，安装恒温、恒湿系统，实时图像监控系统、RFID自动识别系统。项目投产后新增销售收入13.4亿元，销售利润6.3亿元，税收6 300万元。该项目是集储存、保管、集运、养护、整理、分拣、配货、送货等功能于一体的现代生产物流服务中心，建成投入使用后，将提升永康工业类物流服务水平，促进永康物流产业转型升级。2013年已办理开工前的相关手续。道明光学股份有限公司功能性薄膜生产线建设项目，用地7公顷，建筑面积12万平方米，引进超高精密机床、高精度压机、超声波焊接设备、超精密挤出涂覆机等设备35台(套)。项目投产后，新增销售收入14.8亿元，利润2.1亿元，税金6 380万元，创汇1.37亿美元。开发微棱镜型反光材料项目，提升产品档次，增强全球竞争能力，对产业发展和确保本土交通安全都具有积极深远的现实意义。2013年1号厂房已动工。浙江三博实业有限公司年产3万吨漆包线项目，用地4.18公顷，建筑面积6.9万平方米，投资3.68亿元，引进在线检测系统、智能电压试验仪、热态电压试验仪、直焊性试验仪等设备25台(套)。项目投产后新增销售收入16.5亿元，利润6 517万元，税收2 100万元。该项目产品用于变频电机、电视机、电脑显示器、伺服电机和微电机绕组线圈，将成为未来漆包线市场增长最快、需求最旺的板块。

【摩配产业转型汽车领域】 汽摩配产业是永康经济开发区的主要产业之一。原有一大批企业从事摩托车发动机的铝压铸产品生产，随着国内外汽车市场的蓬勃发展，浩天、宁帅、强广剑等原来主要生产摩托车产品的企业积极介入汽车领域，引进先进的技术和设备，转型成汽车发动机箱体、缸盖产品生产，产品大量供应大众、通用、奇瑞等国内外大型汽车厂。

【电动工具占国内市场三分之一】 永康经济开发区是国内电动工具的重要基地。电动工具生产超过国内市场三分之一。在与国际、国内电动工具产业竞争中，开发区电动工具行业重视企业的品牌建设，加大科技投入，电动工具系列产品从原来的十几种发展增加到50种，产品规格从过去的80个增加到200个，实现从单一的小电动工具产品向多元化、大型化、现代化、规模化、新颖化的电动工具系列产品方向进军，迅速占领市场制高点。以中坚、三锋等企业为代表的工具企业现已转型专业工程机械、园林机械的生产制造，产品档次达到国内最高等级。三锋公司的高新技术产品钢筋混凝土链锯切割机填补国内空白，入选部队、地震局抢险救灾专用设备。

【滑板车产业进入高端产品领域】 滑板车产业曾在永康掀起一轮经济浪潮，作为玩具类别的新兴产品让一大批企业得到发展壮大，但是随着欧美国家经济形势变化，消费能力大幅下降，不少企业陷入停业转产的境地。在严峻形势下，很多企业适时作出调整，取得新的竞争优势。比如飞神集团有限公司是较早从事滑板车生产的企业，在市场形势发生变化后，不断探索新型高端产品领域，成功转型成为一家集科研、生产、销售休闲运动车，助老助残康复车，绿色新能源汽车和高端房车为一体的大型现代化企业。

【"腾笼换鸟"构建新型工业体系】 2013年通过"腾笼换鸟"等举措，开发区致力于产业创新、技术创新、商业模式创新和要素配置方式创新，努力构建以现代五金、现代农机装备、汽车三大产业为主导的新型工业化发展体系。以传统产业改造为核心，引导企业"腾笼换鸟"。从改造传统支柱产业入手，以科技创新、技术改造为抓手，通过龙头带动，推进产业联盟，整合资源使传统五金向现代五金、传统企业向现代企业转变。

【"机器换人"撬动制造业转型】 2013年开发区通过推行工业经济发展奖励政策措施，引导企业进行技术改造，提高装备技术水平，把“机器换人力”作为撬动制造业转型升级的重要“支点”，在企业用工数量和生产成本不断下降的同时，大幅提升产品质量和附加值，收到项目减排、减员增效的实效。浩天实业先后投入2.2亿元技改资金引进智能机器人7个、低能(耗)高效压铸机16台等多项高新(端)设备，进行技术改造，员工人数从848人减至654人，节省用工194人，人均产值由原来41.51万元提升到92.6万元，增长率123.1%，企业技术改造升级项目达产后可实现产值逐年翻番，同时产品质量达到国际一流水平，成为通用汽车全球采购商。天行集团通过技改，铜材生产能力从原先年产3万吨提至8万吨，用工从原来800人减至2013年的200人，产品质量合格率从原先70%提至95%以上，煤改气节省能源1 500吨标准煤，技改新增设备后总体节能降耗1/4。春天集团木门设备引进全自动T型封边机、UV涂漆生产线，原来多次的涂装加工如今可在生产线上一次完成，只需4到5人即可，而传统手工喷涂需要6到8次20人才能完成，若按日产200樘木门算，仅砂磨工序即可节省人工60%，有效解决木门行业砂光难、用工多的老大难题。旺达集团通过引进国外先进高精端设备进行技改，产品质量合格率由原来85%提到99.5%，产量增加25%，节能节电30%，减少员工50%。哈尔斯真空器皿股份有限公司投入巨资进行技术改造，引进大批自动化装备，既有喷漆表面处理从手动喷涂改成全自动喷涂的流水线，也有将手工小批量真空抽气改成专用的真空热处理机，大大提高效率和产品质量。

【“电商换市”建成电子商务市场】2010年以来，市先后出台《关于加快推进现代服务业发展的实施意见》、《关于促进电子商务发展若干政策暂行意见》等政策，促进电子商务的发展，大力扶持和推动以电子商务为核心的网络经济。11月25日，中国最大的不锈钢真空保温器皿制造商之一——浙江哈尔斯真空器皿股份有限公司在淘宝商城开设的官方旗舰店开始试营业，成为国内第一家正式入驻天猫商城的真空器皿公司。双超公司、百事特公司等健身器材生产企业与国内外顶级的电视营销机构合作紧密合作，产品销售实现爆发式的增长。一大批餐厨用具等家用五金产品也都在电子商务平台找到合适的直营销售渠道。2013年市经济开发区在加大宣传强化对企业引导的同时加大对企业“触网”的全程指导，开发区企业纷纷依托雄厚的五金产业和庞大的五金城实体市场，通过阿里巴巴、淘宝、电视购物、移动商城、中国五金商城等电子商务平台开展网络交易，拓展网上市场。年底开发区已有近百家企业利用各种平台进行电子商务应用，年仅投入阿里巴巴的资金就超过亿元。

【“名品、名企、名家”创建活动】 2013年永康经济开发区积极推进“标准化、品牌、质量强市”三大战略，鼓励区内企业坚持走品牌之路，通过“名品、名企、名家”的创建，不断强化品牌认知度，强化企业和产品的认知度和美誉度，树立现代企业形象，提升国际竞争力和水平。涌现了超人小家电，王力、群升、步阳防盗门，博大、中坚、三锋工具，哈尔斯、先行、炊大皇餐厨用具，天鑫、双超健身器材等大批知名产品和企业商号，在各行业树立强有力的标杆。2010年以来，辖区内企业先后取得“中国驰名商标”19个，“浙江省名牌”54个，“浙江省著名商标”62个，“浙江省出口名牌”19个。“王力”防盗门品牌连续10年荣登《中国500最具价值品牌排行榜》，王力集团自2004年首次参加“中国500最具价值品牌评选”，以15.76亿元入选，2009年品牌价值为34.51亿元，“王力品牌”荣登第249位，雄踞全国门业之首。2013年“王力品牌”价值76.15亿元，比2004年增长61亿元，再次雄踞全国门业首位。浙江哈尔斯真空器皿股份有限公司作为国内品牌影响力最强的专业不锈钢真空保温器皿供应商，2013年拥有行业内居于首位的品牌影响力，“哈尔斯”连续被评为“浙江名牌产品”“浙江省著名商标”“中国不锈钢真空保温杯(壶)十大知名品牌”“浙江出口名牌”和“行业标志性品牌”。众泰集团以振兴民族自主品牌为己任，把企业的发展与国家的振兴结合起来，把实现企业伟大愿景和担当社会责任结合起来，在企业发展壮大的同时，大力弘扬乐善好施、扶贫济困的传统美德，回报社会，董事长吴建中荣获“浙江省优秀中国特色社会主义事业建设者”称号。

（徐　江）

企业培育

【概　况】 永康经济开发区是浙江省最具特色的五金产业集聚区，在国内外有着广泛影响。从1999年创办到2013年底，已汇聚500家五金生产企业及上千家配套协作单位，形成汽车整车及零部件、防盗门、不锈钢器皿、电动工具、电器厨具、休闲器具等多个产业链完备、生产能力强、技术力量雄厚的支柱产业，工业产值超亿元企业有61家。2013年经济开发区高新技术企业有30个，分别是：浙江春洲铝业有限公司、浙江欧利根工具有限公司、浙江特畅恒实业有限公司、永康市威力园林机械有限公司、浙江中信厨具有限公司、浙江宏远数控机床有限公司、弘大集团有限公司、浙江郑泰汽轮股份有限公司、浙江三锋实业股份有限公司、浙江炊大王炊具有限公司、浙江博大实业有限公司、永康市沪龙电动车有限公司、浙江哈尔斯真空器皿股份有限公司、嘉禾工具有限公司、永康市正大实业有限公司、浙江巨力工贸有限公司、亚萨合来—王力保安制品有限公司、步阳集团有限公司、浙江铁牛汽车车身有限公司、浙江飞神车业有限公司、浙江道明光学股份有限公司、浙江天鑫运动器材有限公司、雄泰集团有限公司、南龙集团有限公司、浙江得伟工贸有限公司、新多集团有限公司、浙江先行实业有限公司、浙江中坚科技股份有限公司、超人集团有限公司、众泰控股集团有限公司。年底经济开发区专利示范企业有10个，分别是：飞神车业有限公司、雄泰集团有限公司、王力集团有限公司、超人集团有限公司、步阳集团有限公司、浙江哈尔斯真空器皿股份有限公司、众泰控股集团有限公司、雄泰集团有限公司、浙江三锋工具制造有限公司、浙江春洲铝业有限公司。

【22个技术研发中心】 2013年经济开发区技术研发中心有22个，分别是：威力园林浙江省重点企业研究院、浙江省超人小家电研究院、飞神新能源特种车辆省级高新技术企业研究开发中心、浙江省反光材料工程技术研究中心、浙江省众泰汽车工程研究院、步阳门业省级高新技术企业研发中心、永康市正大实业有限公司企业技术中心、浙江三锋工具制造有限公司企业技术中心、嘉禾电动工具省级高新技术企业研究开发中心、浙江哈尔斯真空器皿股份有限公司企业技术中心、永康五金科技创新服务中心有限公司企业技术中心、群升集团有限公司企业技术中心、众泰控股集团有限公司企业技术中心、超人集团有限公司企业技术中心、步阳集团有限公司企业技术中心、浙江道明光学股份有限公司企业技术中心、永康中坚工具制造有限公司企业技术中心、众泰节能与新能源汽车省级高新技术企业研究开发中心、三锋小型园林机械省级高新技术企业研究开发中心、道明反光材料省级高新技术企业研究开发中心、超人家用电器省级高新技术企业研究开发中心、郑泰超硬材料省级高新技术企业研究开发中心。

【铁牛集团成为中国汽车工业30强】 铁牛集团有限公司始建于1992年，以汽车及相关零部件产业为主营业务，以电子五金、商业地产、金融投资等为必要补充。集团拥有安徽省黄山金马集团、安徽省铜峰电子集团、汽车控股集团、金网汽车租赁集团、易辰国际（中国）集团、港邦汽车销售集团、浙江铁牛科技股份有限公司、锐展（铜陵）科技有限公司、杭州易辰孚特汽车零部件有限公司等子公司。其中黄山金马股份有限公司、安徽铜峰电子股份有限公司为上市公司。2006～2012年连续7年位列永康市纳税第一名。集团拥有国家级、省级高新技术企业6家、省级技术中心5个、中国驰名商标两项、各项专利356项，公司建有博士后工作站。2010～2013年铁牛公司参与承担多项国家级、省级重大科技攻关项目。截止2013年底，总资产有400亿元，净资产290亿元。先后通过ISO9001、TS16949质量管理体系、ISO14001环境体系认证，产品遍布全国各地，远销世界40个国家和地区。先后获全国500强企业、全国百家重诚信单位、全国光彩之星、全国企业青年文明号、全国信息化建设先进集体、中国建行总行重点客户单位、中国汽车工业三十强、国家质量奖、国家火炬计划产业基地骨干企业、浙江省首批20家汽车和汽车零部件生产重点骨干企业等荣誉称号。

【“超人”成为中国剃须刀第一品牌】 超人集团公司创建于1983年，经过30年的发展，已拥有3个小家电研究所、16个全资制造厂、500家协作厂，在国内设有20个分公司。该集团是一家专业生产个人护理器具、卫浴器具、家用小电器三大系列小家电的大型民营企业。产品有电动剃须刀、电吹风、电熨斗、女用剃毛器、剃鼻毛器等100个品种，其中电动剃须刀连续12年被国家统计局确认为“中国剃须刀行业第一品牌”，产品远销40个国家和地区。2005年超人牌电动剃须刀荣获“国家免检”产品荣誉称号。2006年获“中国名牌”称号，超人商标荣获“中国驰名商标”称号，并荣登《福布斯》“2008中国潜力企业榜”。2010～2013年，公司被评为全国专利示范先进企业、中国自主创新能力行业十强、浙江省信息化示范企业、浙江省信用管理示范企业。

【先行集团列入中国民营企业500强】 先行集团有限公司前身为县长城商业机械厂，始建于1986年。1992年搬迁到经济开发区，2003年注册成立先行区域企业集团。经20年的跨越式发展，已成为集不锈钢日用器皿制造、钢铁深加工、进出口贸易、金融投资服务、传媒资讯、教育培训等产业为一体的国家级无区域企业集团，年营业额50亿元。集团重视党工团组织建设，先后获全国模范职工之家、浙江省先进基层党校、省劳动关系和谐企业、省非公有制企业团建示范点等荣誉。集团积极履行和承担企业的社会责任，是市筹建慈善总会的发起人之一，多年来为各类社会公益和光彩事业捐资1 000万元。集团董事长吕文广先后被授予全国归侨侨眷先进个人、民革全国社会服务工作先进个人，浙江省关爱员工优秀企业家、省经营管理大师等荣誉称号，先后当选为浙江省十届人大代表、十届、十一届浙江省政协委员，多次随党和国家领导人胡锦涛、习近平等出国访问。2010～2013年集团涉足不锈钢日用器皿制造、进出口贸易、报关、钢铁深加工、汽车驾驶员培训、房地产等产业，年产值40亿元。公司曾荣获中国民营企业500强，浙江省重点私营企业、省管理示范企业、省纳税信誉AAA企业，连续11年荣获永康市纳税大户。公司商标荣获“中国驰名商标”“浙江著名商标”，产品荣获“浙江名牌”“浙江出口名牌”等称号。公司通过ISO9001质量管理体系，ISO14001环境管理体系和OHSMS18001职业健康安全管理体系认证，是国内最早生产不锈钢真空保温杯的企业，全国最大的不锈钢水壶生产基地。

【“群升”被认定为中国驰名商标】 群升集团有限公司创建于1989年，是一家涉足房产配套建材制造、汽摩产品制造、房产投资、金融投资等领域的大型无区域集团公司，是金华地区率先进入“中国民营企业500强”的企业。“群升”商标被认定为“中国驰名商标”，群升牌防盗安全门、太阳能热水器、小飞哥电动自行车荣获“国家免检”和“浙江名牌”殊荣，成为享誉国内外的知名品牌。还获得了浙江AAA级资信企业、省诚信示范企业、省专利示范企业等数百项荣誉。

【“哈尔斯”在深交所挂牌上市】 浙江哈尔斯真空器皿股份有限公司创建于1996年，是国内最大、品牌影响力最强的专业不锈钢真空保温器皿供应商，是中国日用杂品工业协会副理事长单位。公司占地6公顷，有员工1 600名。2009～2013年哈尔斯先后被浙江省科学技术厅、省财政厅、省国家税务局和省地方税务局等部门联合认定为“高新技术企业”。QB/T2933-2008“双层口杯”产品标准的起草单位，《浙江省不锈钢真空保温容器监督检验规则》修订工作的参与单位，被中国轻工联合会、中国日用杂品工业协会评为2009年度中国轻工业日用杂品行业十强企业。同年被授予浙江省绿色企业(清洁生产先进企业)称号。2010年以来，“哈尔斯”连续被评为“浙江名牌产品”“浙江省著名商标”“中国不锈钢真空保温杯(壶)十大知名品牌”“浙江出口名牌”和“行业标志性品牌”。2010年哈尔斯保温杯通过上海世博会特许经营授权审批联席会议综合评审，成为上海世博会特许产品生产商，同年“哈尔斯”商标被国家工商总局认定为“中国驰名商标”。2011年9月9日，哈尔斯在深交所中小板挂牌上市，成为永康首家本土上市企业。

【中坚汽油链锯出口全国同行第一】 浙江中坚科技股份有限公司创建于1997年，坐落永康经济开发区名园南大道10号，是一家专业生产汽油类园林工具、变频发电机、电动工具系列产品的外向型企业。2013年工业产值4.09亿元，汽油链锯在全国内销出口行业中排名第一位，成为国家级高新技术企业、浙江省科技型中小企业，是中国内燃机工业协会会员、中国林业机械行业协会会员、中国内燃机标准化分技术委员会委员、中国机械工业通用汽油机标准委员会委员。连续多年获得永康市纳税百强企业、百家科技型企业、专利示范企业、文明单位、金华市信息化示范企业、金华市知名商号等荣誉称号。

【王力评为全国工商联十大领军企业】 中国王力集团有限公司2002年1月，经国家工商行政管理总局核准变更注册，注册资金2.5亿元，集科研、设计、制造、销售、服务于一体的大型集团公司。中国王力集团管理总部及四个生产研发基地占地46余公顷，员工4 000多人，其中有高学历专业技术人才、中高级管理人才800余人。历经十年发展，已形成浙江王力车业有限公司、王力五金制造有限公司、浙江王力工贸有限公司、王力置业发展有限公司等强势企业，同时控股亚萨合莱—王力保安制品有限公司、浙江丹弗王力润滑油有限公司。经营范围涵盖防盗门、防火门、车库门、防盗锁、防护窗、电动自行车、滑板车、润滑油脂、房地产、散热器、厨具等，横跨国民经济五大行业，产品远销欧美等40多个国家和地区，在美国、法国、俄罗斯等国家和地区建立长期稳定的销售渠道；主导产业防盗门、防盗锁市场，占有率稳居同行前三甲，综合经济实力位居全国同行榜首。中国王力集团拥有4个国家最高级的产品荣誉和商标称号：2005年9月荣获“中国名牌产品”荣誉，2006年王力商标荣获工商、司法双认定的“中国驰名商标”称号，同年12月荣获(门、锁)2项“国家免检产品”荣誉；王力集团有限公司是“全国安全防范报警系统标委会实体防护设备分技术委员会”委员单位、“全国安全防范报警系统标准化技术委员会实体防护设备分技术委员会（SAC/TC100/SC1）”委员单位（全国同行仅有三家）、“中国企业联合会、中国企业家协会”的直属团体会员、中国质量检验协会会员、中国安防产品行业协会副理事长单位。2013年6月20日，王力·华爵品牌系列门获“2013年中国门都十大幸福之门”。同时在2013年中国门业“质量、诚信”体系创建活动中，被全国工商业联合会授予十大领军企业、十大防盗门示范品牌。

（朱跃强）

■ 领导考察

【省市领导多次莅临考察指导】 1月15日至16日，副省长毛光烈到永康开展现代农机装备产业技术创新综合试点工作考察指导。实地调研中坚公司、三锋公司，并与得伟工贸、威力园林企业负责人座谈，探讨农机产业发展前景和出路。2月16日，毛光烈副省长实地走访中信厨具、道明光学、五金工业设计示范基地，了解企业发展面临的困难和需求，探求发展之策，助推2013年一季度永康经济社会发展实现“开门红”。2月21日，金华市委书记陈一新和市委常委、秘书长钟关华、副市长傅利常，在张伟亚、徐华水、金政等永康市领导陪同下，到开发区能诚集团调研永康新型工业化发展之路。4月12日，共青团浙江省委副书记、省青企协会会长王征一行70余人，到众泰集团考察调研。4月17日，浙江省委副书记、省长李强到开发区调研工业经济运行情况，走访能诚集团、浩天实业、众泰集团等3家企业，对企业集约用地、“机器换人”、科技创新等转型升级的做法予以充分肯定，作出大力推进“四换”、积极培育“三名”的指示。5月9日，省政协副主席张鸿铭一行实地调研飞神集团、众泰集团，与企业就汽车发展前景、方向等问题展开交流和探讨。调研中赞赏永康民营企业敢闯敢干、勇于创新的精神。20日，浙江省推进“机器换人”实现“四减两提高”现代化技术改造工作现场会在永召开。副省长毛光烈、省政府副秘书长孟刚、省经信委主任张金如、金华市副市长傅利常和永康市委书记张伟亚、市长徐华水等参加现场会，并重点走访浩天实业、众泰集团。7月12日，金华市委常委张建明和金华市人大常委会副主任林一心带队来永督查“三改一拆”工作，在永康市领导徐华水、金政等陪同下到经济开发区荆山夏实地考察对“拆改结合”的成绩作出肯定。8月8日，浙江省委副书记、政法委书记王辉忠到永康调研流动人口服务管理工作，走访浩天实业、经济开发区流动人口服务管理所等单位，提出要准确把握新形势下人口流动新趋势、新特点，紧紧围绕加快产业转型升级，打造浙江经济“升级版”这一中心任务，创新理念，转变思路，改进方式，完善政策，积极探索符合科学发展要求、具有浙江特色的流动人口服务管理新路子，努力实现劳动力素质提升与经济转型升级发展的良性互动，为干好“一三五”，实现“四翻番”作贡献。9月26日，副省长梁黎明到众泰控股集团有限公司调研，对永康民营企业立足创新，技术研发，打造制造业十分赞赏，同时肯定永康市委、市政府提出的“腾笼换鸟、机器换人、空间换地、电商换市”打造永康经济“升级版”的创新思路。

【中央部委领导多次进行考察调研】 7月25日，国家能源局电力安全监管局副局长蒋锦峰率国务院安委会和省督查组一行到永康调研指导安全生产工作。9月13日，由国务院发展研究中心副主任刘世锦、发展研究中心宏观部部长余斌带队的调研组到众泰集团就工业经济转型升级与产业集群发展情况展开调研。在市领导李卫星等陪同下考察了铁牛公司生产车间。11月10日，中组部调研组到众泰集团，调研非公有制企业党建工作，浙江省委组织部副部长、两新工委书记庄路成，金华市委常委、组织部长温暖，永康市委书记徐华水陪同调研。先行集团、星月集团等民营企业党委书记参加调研会。

【兄弟县市考察交流活动不断】 2月28日，由甘肃省嘉峪关市长柳鹏带队到众泰集团考察学习，永康市委常委、常务副市长陈美蓉陪同考察。6月19日，由河北省安平县委书记李哲民带队的安平县考察团一行到经济开发区哈尔斯公司考察。9月6日，由宁海县委书记卞吉安率领的党政考察团到经济开发区铁牛集团、浩天公司进行考察学习；7日，山东省潍坊市临朐县委书记顾建华一行到市物流中心考察调研；25日，黑龙江省牡丹江市委书记张晶川一行，在金华市政府副秘书长马海青等陪同下到开发区王力集团、铁牛集团等企业进行参观考察。10月12日，山东省潍坊市临朐县长刘裕斌带领政府考察团到物流中心、众泰集团等地进行考察交流。11月27日，由甘肃省陇南市长陈青带队的考察团到开发区的众泰集团、炊大王炊具有限公司考察调研；同日，浦江县委副书记、县长施振强率浦江政府考察团40多人到开发区哈尔斯公司、海天集团、铁牛集团等企业参观学习。

（杜莺红）

城西新区

【概　况】 城西新区管理委员会是在2006年6月市区域优化组合后，由城西新区建设工程指挥部改建而成。管辖区域3 832公顷，东起西塔路，南临永康江，西至武义县交界，北接330国道。管理西城街道委托的李店工作片，花街镇委托的花川工作片。下辖34个行政村，总人口6万人（其中户籍人口数约1.9万人，外来人口已做办理居住证的4万多人）。管委会内设党政综合办公室、经济发展办公室、社会事务管理办公室、规划建设办公室、综合治理办公室。

城西新区是永康市"一城两翼"的重要组成部分，依托城市中心，充分发挥自身优势，优化空间资源配置，与市经济开发区优势互补、双赢联动，为永康市建成全国先进五金制造业基地提供重要保证和扎实基础。新区分花川区块、梅垄区块、李店区块、中心服务区。首期开发的花川区块150公顷，入驻170家企业，其中120家5 000平方米以下的企业分5 000、4 000、3 000、2 000平方米4个类型，统一规划，统一设计，统一施工，已全部竣

城西新区管委会办公大楼(城西新区提供)

工，被誉为一项深受企业主好评的民心工程。50家5 000平方米以上的由企业自行建设。梅垄区块开发105公顷，完成水、电、路、地下管线等基础设施建设，招商入园企业18家，统一设计，统一规划，严格管理，自行建设，总投资1.2亿元，建筑面积22万平方米，已全部竣工投产。另安置拆迁企业24家。2013年管委会下辖企业1 000多家，其中上规模企业63家。主要行业有防盗门、电动工具、不锈钢制品、汽车配件等。

【工业经济运行】 2013年1～9月，城西新区管委会实现规上企业工业总产值66.97亿元，比2012年同期增长24.32%。新产品产值34.22亿元，同比增长57.99%；利税总额7.63亿元，同比增长27.64%。工业税收2.62亿元，同比增长0.26%。固定资产投资22.80亿元，同比增长63.2%，其中工业投资18.0亿元，同比增长66.6%；服务业投资4.80亿元，同比增长53.3%。完成个体转企业37家，完成任务数的132%。“小升规”完成申报数31家，“下升上”入库数1家。

【农业生产计划完成】 2013年城西新区管委会落实各项农业生产计划，完成水稻播种面积566.87公顷，粮食总产量3 859吨。做好重大动、植物疫病防控工作，对加拿大一枝黄花、黄瓜绿斑驳花叶病、梨树疫病、松线虫病等进行全面普查；推进新区非示范性农业公共服务中心建设，落实了工作用房和试验检测室。抓好森林村庄创建工作，投入66万元，完成平原绿化7.93公顷，其中道路绿化2.13公顷，村庄绿化2.07公顷，河堤绿化1.73公顷，村圃绿化2公顷。完成粮食生产功能区建设26.67公顷，标准农田质量提升103.33公顷，恢复旱涝保收面积6.67公顷，恢复灌溉面积13.34公顷。

（胡发登）

【“美丽乡村”建设启动】 2013年花川村农房改造工作进展顺利，完成农房改造156户，第三期改造正在进行；华村已制定“美丽乡村”建设，规划，进行外墙粉刷；有20个村申报“洁净村庄”建设，建立考核责任制，规范工作台账；开展“洁美家庭”评选活动，评出“洁美家庭”129户。

【社会工作项项落实】 2013年1～10月，城西新区出生198人（其中计划外20人），计划生育率89.9%，“三查”透检率98.02%，政策兑现率86%。加大弱势群体的救助，慰问困难群众85户，新增最低生活保障户9户，办理大病救助32户，落实农村特困户批基建房43户。做好地籍登记工作，完成档案187宗。创卫工作不断深入，章店水库湖面清理工作取得实效；规范废土清运管理，严查违规运输、偷倒渣土，清运车辆“冒、滴、漏、洒”污染路面等违规行为；做好日常保洁工作，加强对未纳入管理的重点部位进行定期监管和清理。完善梅陇菜场及夜市管理，其提升改造工程已经完成，纳入争创省级示范农贸市场。食品安全监管力度不断加大，对辖区食品制造、农产品营销重点单位进行产品质量专项检查，食品药品安全实行每周一报。设立了举报电话，做到每天检测、随到随检，未发现食品药品农产品不安全记录。

（夏志明）

新区动态

【安全生产责任制检查】 随着新区重点工程建设和经济发展，由土地征用、环境污染、民间纠纷等引发的矛盾冲突有增无减。2013年城西新区管委会与34个行政村、560家企业签订安全生产责任书，履行每月一次的行政首长检查日工作，并将其扩展到所有班子成员和网格管理员一并进行检查。开展安全专项整治，对章店、应一村重点进行“打非治违”和消防“三合一”整治，取缔违法企业3家，协助做好花川化工产品经营布局规划和安全管理工作，建立完善化工产品集中交易、统一管理、专门储存、专业配送、信息服务制度。确定每月19日为消防检查日，对企业和各行政村进行消防安全检查。

【平安创建工作全区域达标】 2013年城西新区管委会与西城派出所先后组织开展严打整治、打击“两抢一盗”犯罪、打击毒品犯罪、打击非法传销活动等专项整治，开展“平安村”“无毒村”“无邪村”“平安家庭”等的创建活动，创建面、达标率均为100%。全面开展出租房消防安全专项整治，对华村、李一村、马架龙村等14个村的出租房进行规范，在各行政村设立流动人口管理服务站。

【各类矛盾纠纷调处化解100%】 2013年针对少数企业因资金引发的“跑路”(年内有8家企业跑路或倒闭：凯恒工贸、安达门业、智爱工贸、新顺东工具、香丽舍门业、雷啸工具、金浩工贸、瑞基工贸)、借贷纠纷等问题，城西新区管委会加强信息调控，对各类矛盾纠纷的苗头，领导和相关人员反应快速，调解得当，处置妥善，较好地解决利康熟食厂区土地分割、凯恒公司破产等引发的纠纷。至10月底，排查各类矛盾纠纷67起，成功调处66起，调处率100%，成功率98.51%。共受理群众来信来访33件，其中初访26件，按时报结率100%。市领导约访接待群众8批次34人次。村级干部民情接访9次，接待村民来访27批次56人次，解决15件。

【给全体干部思想“充电”】 1月6日，举行党的十八大精神学习会，随后管委会又召开领导班子民主生活会。班子成员进行自我剖析，从理想信念、宗旨意识、党性锻炼、作风养成、廉政建设、坚持科学发展观和正确政绩观等方面进行求实评价和自我批评，对其他班子成员也作了客观评价和批评，提出城西新区领导班子整改建议、整改措施和来年努力方向。

【“全能干部、全心服务”主题活动】 2013年城西新区管委会根据上级“七个一”要求，扎实开展“全能干部、全心服务”主题活动。制定夜访夜学制度，给每个干部下发“5件套”：民情日记、手电筒、胸牌、小红帽、联系卡，为干部服务群众提供方便。深化基层党组织“五星争创”活动，并进行新一轮评定。2013年评出“五星”级党组织7家，“四星”级党组织21家，“三星”级党组织46家、“二星”级党组织24家、“一星”及以下级党组织5家。年内城西新区管委会狠抓机关党员干部作风建设，严肃工作纪律，在重点工程建设中统一干部思想，凝聚力量，增强责任。在干部数量少、年龄大、任务重的情况下，确保各项重点工程如期推进。围绕“知党情、听民声、谋发展、促和谐”的功能定位，建设城西新区、五星社区、党代表个人的三级工作室，落实措施抓效能，加大检查力度。政工、纪检部门不定期进行自查，党工委主要领导和纪工委经常查机关工作人员在位情况，严格上下班纪律，发现上班迟到或者早退现象进行通报批评教育。规范机关干部外出纪律，进行汇报并登记。

【村级组织换届】 2013年，党工委对全区34个行政村、226名村两委班子进行创业承诺考评，得分在A档(80分以上)的有80人，占总数的35.4%；B档(60—79分)的有130人，占57.5%；C档(60分以下)的有16人，占7.1%。根据各村的实际情况，管委会抓住三方面工作：党工委提前介入，努力寻找村级党组织“领头雁”。下谢村干群矛盾突出，违章建房问题严重。为了改变这个面貌，新区党工委了解到一位在外经商的党员，经济基础好，创新能力强，村民信任，便特许将其党组织关系转到该村，进行重点培养，争取通过换届当选；大力扶持正气，支持村干部工作。寺口方村是市重点工程较多的村，为了配合全市各项重点工程，村两委对全村山林、土地进行全面调整。期间少数村民坚决反对，不断上访。新区党工委借助市领导接访日，进行接访协调，对现任村干部的工作给予大力支持，对歪风邪气坚决予以遏制。进行异地挂职，帮扶难点村做好相关工作，如王慈溪村许多工作难以顺利开展，影响到市重点工程的推进，新区党工委决定将五星社区党委书记王庆瑜下派到王慈溪村任第一书记，指导帮助工作，该村的各项工作都顺利进行。

【大学生村官管理创新模式】 为贯彻落实永康市委《关于进一步加强大学生村官工作的实施意见》和《永康市大学生村官量化积分综合评价办法》的文件精神，推进大学生村官深入农村实际工作，使他们“名副其实地”服务农村、服务百姓，城西新区制定大学生村官在村服务纪实办法。做到年初有承诺，每日有记录，每季有点评，年终有评价，将年终评价结果作为大学生村官年终评先评优的重要参考依据。

（徐焕清　施军玲）

■ 新区建设

【八大重点工程项目投入建设】 2013 年城西新区管委会重点项目有城西新区幼儿园、西三环道路、城西物流中心等 8 个。为保证重点工程顺利建设，管委会建立新区党政主要领导负总责，班子成员具体负责，新区、相关村联手抓的工作机制，分项落实，责任到人。对各类政策处理提前谋划。在项目实施上，抓计划、抓协调、抓管理，对项目的节点、关键点工作做到抓早抓好，使项目建设按期保质完成。在项目建设的每个环节，强化督查力度，建立“一站式服务”，减少中间环节，提高项目建设效率。城西新区幼儿园建设工程、梅陇菜场提升改造工程、花川垃圾填埋场扩容工程征地工作已全面完成。城西物流中心 16 幢站房已完成工程量的 90%，外墙真石漆完成 65%，屋面防水完成 80%，剩余部分装饰安装，市政道路工程路基完成 78%，管道完成 57%，半刚稳定层完成 38%，路面砼完成 18%，综合管线完成 30%，年底可试运行。西三环花城路至永武路段，除铁路箱涵和章店村拆迁外，完成沥青路面浇灌。铁路箱涵设计方案通过上海铁路局论证，年底前进场施工。启动金温铁路扩能改造工程、330 国道南移涉及相关村征地政策处理前期工作。

【“三改一拆”和“双清”工作】 2013 年城西新区管委会成立“三改一拆”、“双清”工作领导小组，制订实施方案，落实班子成员联系工作片、包重点村制度。4 月 25 日，召开工作动员会，明确指导思想、工作阶段、方法步骤、具体要求。联村干部利用夜访，进村入户进行宣讲，使政策法规、工作重点家喻户晓。通过“自查、调查、核查”，全区查出违章建筑 658 宗，违章面积 11.33 万平方米。在鼓励违章户自拆的同时，综合违章建筑性质、所处位置、影响度等因素，结合重点工程推进，按照“六先拆一必拆”的要求，确定拆除重点，安排拆违任务。到 10 月，已拆除“两违”196 宗，建筑面积 8.67 万平方米。同年新发现“两违”45 宗，建筑面积 2.61 万平方米，拆除 14 宗，建筑面积 1.82 万平方米。在“双清”工作中，管委会做到“三个加强”：加大资金投入，永康江杨埠段治理总投资 1 700 万元，倪宅溪、烈桥溪第一期总投资 600 万元；加强整治力度，清理河道 12.5 千米，打捞河道病死动物 22 头（只），清理河道漂浮物 61 吨，清理河道障碍物 5 处，病死动物无害化处理 245 头（只），清理、清洗池塘 65 口，清淤泥 137 吨，清理臭水沟、污坑 67 条，清运垃圾 7 200 余吨，清理乱堆乱放垃圾 196 吨，清理河岸垃圾 101 吨；加强巡查检查，对企业排污、村庄保洁、河道清洁进行常态化检查，发现问题，及时纠正。落实河道保洁责任制，11 月 1 日起，辖区倪宅溪、烈桥溪的河道保洁实行市场化运作。

产业开发

【中国南方高新技术产业园】 2012 年 8 月开始，城西新区建设中国南方农机产业园，9 月 26 日举行开工典礼。2013 年 2 月浙江省政府在永康召开"现代农业装备产业技术创新综合试点与高新区创建工作"会议，授予"永康现代农业装备高新技术产业园区"（简称永康高新园）牌子。2 月 7 日浙江省科学技术厅、省发展和改革委员会联合下发《关于同意创建永康现代农业装备高新技术产业园区的批复》的文件，同意永康高新区创建工作。永康高新园区位于城西新区西部，东至西三环、北至北四环，南至永康江，西至乌牛山—西四环一线，总规划面积 22.89 平方千米。按照浙江省级高新技术产业园区建设要求，永康高新区规划形成"一心三基地三组团"。"一心"即一个农业装备研发、设计、检测试验示范中心，位于产业园区中西部，东至西四环、西至乌牛山村、南至金温铁路线，北至乌牛山南麓，规划面积 149 公顷。中心设置创新基地、工业设计基地、检测试验基地，重点安排一批现代农机研究院、工业设计龙头企业、南方农业机械研究院等研发机构、国家级非公路机动车重点实验室等实验基地。规划布局专家寓所、培训机构。"三基地"按照产业发展类别规划三个产业基地，即成台（套）农业装备制造基地、农业装备智能电子制造基地、农业装备关键部件制造基地。规划用地面积 1 014 公顷，占规划区总用地面积的 44.3%。"三组团"即与园区生活服务相配套的三个生活组团。园区的功能定位是：国内重要的现代农业装备创新基地、成台套设备设计基地、高端装备制造基地、智能电子与仪表制造基地。高新区规划分两期建设：第一期 2013～2016 年，累计固定资产投入 230 亿元，实现工业总产值 550 亿元、利税总额 50 亿元，出口贸易额 25 亿美元，占总行业销售额的 30%。建成协调有效的农机产业自主创新平台、工业设计平台，推进新产品开发及技术成果转化。园区培育年销售收入达到 50 亿元的龙头企业 1 家，销售收入达到 10 亿元以上重点企业 10 家，高新技术企业 12 家。第二期 2017～2020 年，基本完成开发，形成产业优势明显、创新能力突出、布局分工合理、基础设施完善、生态环境良好、园区示范带动明显的省级高技术产业园区，基本奠定现代农业装备科技创新示范区、现代农业装备高新技术研发基地、现代农业装备制造基地的地位。

【推进高新技术企业建设】 2013 年城西新区管委会以经济建设为中心，以永康高新区创建为重点，坚持奋发有为的精神和求真务实的工作作风，在二次出发、打造永康经济社会"升级版"中推进全区各项事业发展。年内永康高新园区已有规模以上企业 109 家，集聚目前全国最大手拖制造出口商——四方集团有限公司、全国最大割灌机制造出口商——超越控股有限公司、全国最大电动扫雪机制造出口商——浙江大邦电动工具有限公司、全国最大割草机制造出口商——三峰集团有限公司、农场专用无人机制造商——浙江得伟工贸有限公司等农业装备制造企业。拥有浙江尤奈特电机有限公司、浙江安德电器有限公司、浙江天河铜业有限公司等 8 家高新技术企业。

【市领导关注城西新区建设】 7 月 2 日，市委召开永康现代农业装备高新技术产业园区建设推进会，下午对《永康现代农业装备高新技术产业园区产业规划》《永康现代农业装备高新技术产业园区概念规划及核心区城市设计规划》进行评审；5 日，永康现代农业装备高新技术产业园区授牌仪式暨园区建设工作推进会在城西新区召开。8 月 2 日，市委副书记、代市长金政到城西新区调研，先后走访新多、尤奈特等企业，实地查看西三环、高新区现场，要求城西新区把握好发展的新高度、加大高新区建设的力度，打造永康新城区；26日，市委书记徐华水到城西新区检查西三环、城西物流中心、高新区建设现场，要求城西新区干部进一步增强机遇意识、大局意识和责任意识。

【省农机产业技术创新试点】 2013年2月省政府在永康市召开“现代农业装备产业技术创新综合试点与高新区创建工作”会议后，城西新区管委会高新园区党工委和管委会，明确管理体制、主要职责，制定年度工作目标，建立日汇报、周讲评、月推进工作机制。委托浙江省发展规划研究院和深圳城市建设设计院完成《永康现代农业装备高新技术产业园区产业规划》、《永康现代农业装备高新技术产业园区概念规划及核心区城市设计规划》编制。完成首期66.67公顷土地征用和政策处理、金桂南路南地块道路HO03-HO04和HM05-HP02沥青路面浇灌，花溪路、花城路延伸，HP02-HP03道路正在建设中。南地块1号、2号区块，北地块5土石方平整工程已完成。按照省科技厅要求，完成高新园区109家规上企业调查摸底工作，建立了企业数据库。完成11家入园企业的供地工作。11家入园企业完成平面布置图设计，与高新区签订供地协议，缴纳建设保证金和出让金，南地块7家企业于11月1日举行集体开工仪式。组团赴意大利对接招商，取得可喜成果；6月份意大利考察团到永康高新区进行现代农业装备产业对接，与永康3家公司签订合作协议。意大利农机企业有意向在永康高新区设立意大利农机园。对核心技术产业链、关键零部件进行梳理，与中科院等院所进行对接；对园区内现有的装备电子基础进行摸底调查，高新园电子需求与省工信委进行对接；组织大邦、易力等企业就园林工具、装备设施农业与世界知名龙头企业对接。

■ 重点企业

【安德电器获多项全球产品认证】 浙江安德电器有限公司位于城西开发区，是安德控股集团在中国的全资子公司。公司占地面积5.33公顷，拥有专业工程师、技术人员、实验室人员100名，员工1 000名。专业从事欧式与美式吸油烟机、嵌入燃气灶具、电磁灶具、烤箱、蒸汽炉、微波炉、咖啡机和红酒柜等厨房电器系列产品的制造，产品销售国内及出口。公司先后获得ISO9001：2008质量管理体系、ISO14001：2004环境管理体系认证，取得CE、CB、GS、ETL、SAA、AGA等全球各区域产品认证，成功发展为厨电顶尖品牌Whirlpool、ELECTROLUX、FAGOR、ASKO等企业的战略合作伙伴。公司坚持产品科技创新和开发，有计划地加大企业投资，稳步朝多元化、集团化发展。公司有专业工程师、技术人员、实验室人员100名，员工近千名。公司引进各种先进的自动化流水设备、检测与试验设备，提高产品质量、外观、性能、结构的优越性，有效提升与保证产品的市场竞争力。

【全国优秀包装企业——飞鹰集团】 中国飞鹰集团有限公司前身为创建于1967年的城关五金厂，位于西城飞鹰工业园，占地53公顷，固定资产6亿元。是专业从事生产、研究和开发各种五金制品的龙头集团企业。集团下设子公司飞鹰不锈钢保温瓶有限公司、华尔钢瓶制造有限公司、飞鹰进出口贸易有限公司、飞鹤环保机械有限公司、飞鹰门业有限公司、飞龙汽车工业有限公司、科峰模具有限公司、金鹰运输有限公司及永康市城关五金厂、京华大酒店等。有员工1 000名，其中大专以上学历员工200名，公司重视设备和技改投入、技术人才的培养，先后从美国、日本、韩国等国引进多条先进的生产流水线及其他设备。专业生产出口包装钢桶、园林工具，不锈钢五金制品、工业用非重复充装焊接钢瓶、环保机械等五大系列。产品畅销全国29个省、市、自治区,出口欧美、东南亚、中东、日本,中国台湾、香港等80多个国家和地区,深受广大客户的信赖。飞鹰注重企业形象和品牌建设,管理层决策意识超前,管理科学先进,并通过ISO9001质量体系认证。飞鹰商标被省工商局认定为浙江省著名商标,飞鹰产品为浙江名牌产品,同时被欧盟国家列为“可信赖亚洲产品”之一。被国家和浙江省有关部门授予全国优秀包装企业,浙江省“五个一”重点骨干企业、省高新技术企业、省文明单位、省管理示范企业、省用户满意诚信企业,连续十一年被评为永康市纳税大户。集团资金雄厚,银行资信等级为AAA级。随着国内加入WTO,飞鹰产品不断提高档次,继续开发新产品,正在开发生产汽车钣金覆盖件、挖掘机及大型五金制品,进一步开拓国内外市场,以满足社会需求。

【中月集团拥有资产8.6亿元】 中月集团坐落西城工业区。1985年创业以来,除致力于煤气能源经营外,不断拓展新的事业,展开多元化、集团化经营,创造新的综合效应,成为一家集能源、建材、制造、房产、休闲、旅游、金融担保为一体的大型企业。集团立足于科技创新,严格遵守“产品决定人品、人品体现产品”的生产管理理念和“以人为本”的人事管理理念,坚持团队工作,重视人才,培养人才。现有员工3 000人,并拥有一支高素质、高水平的企业管理队伍。集团下属有永康市易力车业有限公司、市液化石油气公司、市中月房产有限公司、市中兴工业园、南昌小商品市场,浙江天戈实业,云湖高尔夫俱乐部,永康市三兴建材有限公司、中月砖瓦厂、永康市种养殖有限公司、千金山森林公园、永康忠鑫冷藏有限公司、市中月投资有限公司等20余家中高强型企业。拥有资产8.6亿元,每年为国家创税上千万元。

【“富源鑫盾”评为中国驰名商标】 富源集团创建于1995年。集团秉承“致富思源、富而思进、永不满足、精益求精”的经营理念,企业规模不断扩展,综合实力不断增强。2001年顺利通过ISO9001国际质量体系认证,并与浙江省公安厅科技处联合,成立生产“富源鑫盾”防盗安全门、甲级防火门、木质室内门、装甲门等系列,有30多个品种。凭着严格管理,精湛工艺,优良性能和诚信服务,在同行业深受国内外用户和经销商的喜爱,已成为房地产业界的首选品牌。富源集团公司是工商局AAA级企业,金华市百家质量信得过单位、金华市最佳效益企业。1996年始,连年被评为永康市纳税大户、纳税百强企业、自营出口超2千万美元企业,被中国银行浙江省分行评为综合效益最佳企业,中国银行永康市支行黄金客户、永康市农村合作银行黄金客户。富源鑫盾商标被评为“中国驰名商标”,产品被评为“浙江名牌”产品、浙江五金名品。

【益远公司年产机电50万台(套)】 永康市益远机电制造有限公司是一家集研制、开发、生产、销售于一体的现代化企业。公司占地3公顷,有员工500名,专业技术研发人员30名。机电年产能力50万台(套)。公司专业生产各种电动工具、便携式汽油发电机组及柴油发电机组。公司凭借“诚信专业、精益求精”的经营理念,以“高速度、高效率、高品质、高凝聚力、高满意度”的品质,为客户提供更加优质的产品和服务。

【东立工具深受全球用户喜爱】 东立集团有限公司创立于1990年,是中国领先的电动工具技术服务和生产商,在电动工具应用服务和技术方面,凭借先进技术和优质服务,始终保持国内业界的领先地位,深受全球用户喜爱。2003年通过ISO9001、2000的体系认证。2006年“东立商标”被评定为浙江省著名商标。1999～2008年连续评为永康市百强企业或纳税百强企业。

【大邦公司拥有自营进出口权】 浙江大邦电动工具有限公司成立于2005年，主要生产扫雪机、园林工具、电动工具等，是一家集科研、开发、生产与销售为一体的现代化外向型企业。有员工300人。已通过ISO9001质量管理体系和14001环境管理体系认证，产品通过GS、CE和国家3C等认证，具有自营进出口权。

【永安门业有七个系列200多种】 浙江永安门业有限公司占地4.5公顷，是一家专业从事防盗门、非标门、进户门、室内套装门、钢木门、不锈钢门、电控防尾随门等系列产品的设计开发，生产制造，销售服务和安装的现代化企业，年产各类优质门100万樘。公司拥有国内先进的标准门生产流水线和国内领先的喷涂、液压成型等流水线设备，产品创新敢为人先，七个系列200个品种的各类中高档门，完全适应东南西北多变的气候条件和千差万别的建筑风格。公司拥有雄厚的技术实力，先进的生产设备，健全的质量管理体系，技术精湛的专业安装队伍，强大的营销网络及完善的售后服务。产品在市场上引领国内门业的潮流，深受国内外用户的好评和欢迎。防盗门销售和服务网络遍布全国21个省市、自治区，并出口意大利、俄罗斯、乌克兰、斯里兰卡、马来西亚等欧美，及中东等20多个国家和地区。

（胡发登）

总部中心

【概　况】 永康总部中心位于浙江省永康经济开发区、金温铁路以西，金山西路以南，金都路以北，五金城二期、330国道以东，与海关商检、会展中心相邻。规划用地41.34公顷，建筑面积100万平方米，其中商务办公楼建筑面积70.2万平方米，酒店6.2万平方米，商业用房7万平方米，市政建筑2 000平方米，人才公寓16万平方米，地下建筑11万平方米。计划建造28幢20层以上的高楼，吸引500家以上的企业和服务机构入驻，预计投资50亿元。总部大楼主要用于入驻企业行政办公、研发设计、财务投资、品牌营销、产品展示等。商务办公楼第1～2层作为金融保险、创意咨询、会计法律、信息技术、电子商务等各类服务业用房。通过企业总部的集聚，最终把总部中心建设成永康中央商务区、经济核心区、精品新城区，实现先进制造业与现代服务业的有机结合，打造中国五金总部中心。

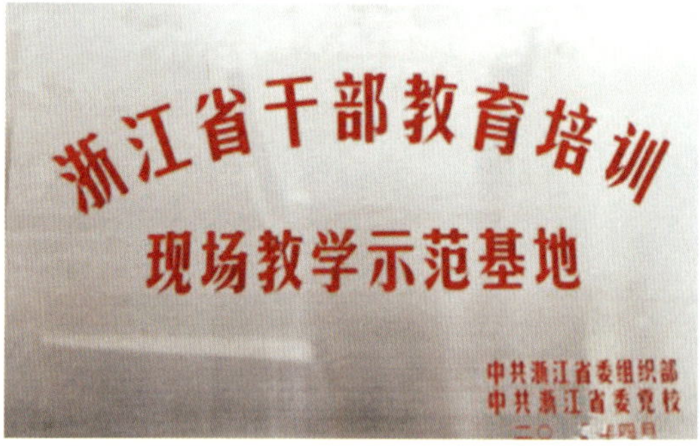

4月27日，总部中心被授予“浙江省干部教育培训现场示范基地”（总部中心提供）

永康总部中心于2008年正式启动。2013年初永康市委、市政府提出建设“智慧城市试验区、创新社会管理示范区”，打造永康“提高城市品位新高地、经济转型升级新高地、财富集聚新高地”和永康财富中心的目标，要求总部中心二次出发，创新驱动，全力打造总部中心升级版。根据市委、市政府工作部署，2013年总部中心11幢大楼基本完工，入驻企业税收3.2亿元，总部区域组织逐步建立健全，先后获得中国总部经济发展实践研究基地，浙江省现代服务业集聚示范区、省干部教育培训现场教学基地、城市信息化工程示范单位等荣誉称号。

【总部中心党团妇联组织成立】 2013年先

4月16日，总部中心第一次妇女代表大会在金典大厦一楼大型报告厅隆重召开（总部中心提供）

后成立总部中心党团妇联组织。4月16日，永康总部中心召开第一次妇女代表大会，一期、二期入驻企业和服务机构有妇女1 064名，产生妇女代表100名。会议通过选举产生由9名成员组成的总部中心妇联第一届执行委员会，并选出妇联主席、副主席。4月27日，共青团永康总部中心第一次代表大会召开。总部区域青年1 565名，产生代表80名，选举产生由9名委员组成的第一届委员会。6月20日，中国共产党永康总部中心第一次代表大会召开，来自一期、二期入驻办公的企业和服务机构的中共党员293名，推选80名党代表，选举产生由9名委员组成的中共永康总部中心第一届委员会，并选出党委书记、副书记。

【总部中心警务室建立】 总部中心警务室设二期总部大楼金石大厦一楼，总部中心办公室投入资金20万元，配备两辆巡逻车、5名执勤人员。实行公安部门和总部中心物业部门的双向管理，主要负责总部区域的社会治安管理、流动人口管理、治安纠纷处置等工作。警务室人员对每幢、每层、每家企业进行走访，对企业流动人员个人信息资料进行登记和备案，2013年办理暂住证300份，调解各类纠纷30起，有力维护总部中心正常办公秩序。

【“智慧总部”建设工作】 由于企业入驻不断增多，2013年总部中心将“智慧总部”建设列入议事日程，以“智慧工程”应用和实施来提高档次。面对崭新的课题，从调研工作入手，先后召开专业人士、入驻企业代表人员参加的座谈会，认真听取各方意见建议。并通过到外地学习考察、请进来调研指导的方式，筛选出“智慧总部”专业设计团队，10月着手各类数据和资料的收集和整理，提出规划方案初步设计稿。

【便企公共自行车系统】 11月14日，总部中心一期、二期办公区域方便企业公共自行车系统在金山大厦南门启动。首期投资50多万元，设金典大厦、金诚大厦、金石大厦和金山大厦4个租借点，配备公共自行车100辆。该系统向所有总部入驻企业员工开放，只要持总部卡就可激活使用，2小时内免费。该系统首开永康市便民公共自行车设置工作的先河，方便了总部中心上班族区间的交通。

【物业开放日活动制度】 活动由总部办和物业管理处共同实施，每季邀请入驻企业代表、市物业管理主管部门领导、在永物业管理同行代表，听取一季以来物业管理情况，现场参观物业设备房、电梯机房、各管理现场，并就存在问题和管理建议进行座谈交流，增加物业管理透明度、让企业直观了解物业管理情况。2013年总部中心物业管理的很多做法得到了建设主管部门的充分肯定。在一期物业管理被评为2012年度金华市物业管理示范大厦的基础上提出了创建浙江省物业管理示范大厦的目标，物业管理硬件和软件得到进一步提升，入驻企业满意度95%以上。

■ 总部经验

【概　况】 2008年永康总部中心根据市委、市政府《关于加快总部中心建设　大力发展总部经济的意见》，采取集资联建，执行土地出让金收入主要返还用于基础设施和配套设施建设的政策。总部中心将2008年以来投入的资金包括注册资金全部归还政府，实现了政府在资金上的零投资。2010年6月永康市政府要求总部中心积极创造条件，按照《公司法》，理顺企业法人财产关系，清偿市财政的投资和借款，实现政府零投资，建立"四自"公司体制，为公司化运营、市场化操作和企业上市打好基础。2012～2013年市政府对总部中心调整开发模式，改"集资联建"为以总部中心开发建设有限公司为业主(单个)单位进行四期总部大楼的市场化开发，使整个总部中心资金自求平衡略有盈余。

【永康的"财富中心"】 2月19日，市领导以及发改、经信、财政、规划等10个部门负责人就总部经济发展问题进行探讨，提出建设智慧城市的试验区、创新社会管理的示范区以及打造提高城市品位的新高地、永康经济转型升级新高地、财富集聚新高地的"两区三高地"新目标，要求总部中心在新一年围绕质量和效益中心，一手抓建设，一手抓服务，加大招商引资和引智引技的力度，狠抓回归工程，引进好的资本、技术和人才，吸引更多"金凤凰"，以"平方税收"论英雄，把总部中心真正打造成永康财富中心。

【总部中心经验在全省推广】 2010年永康总部中心列为浙江省现代服务业集聚示范区，成为全省首批示范区之一。在中小城市发展总部经济的探索中，永康总部中心的做法得到当时浙江省委副书记夏宝龙、常务副省长陈敏尔的肯定，在全省推广。2013年9月27日，总部中心参加浙江省现代服务业集聚示范区现场交流暨项目推进会，介绍了总部的经验，在社会上引起强烈反响。2013年总部中心先后接待来自意大利、新疆、宁夏、兰州、贵州、黑龙江、湖北、湖南、四川、河南、山东、江苏等国内外政企考察团100多批次、1 000多人。

■ 开发建设

【概　况】 2013年总部中心项目列为浙江省411重大产业项目、重大服务业项目和重大现代服务业项目，在建工程有三期总部大楼5幢，人才公寓6幢，一期景观工程等基础配

总部中心一期企业入驻三期开工庆典(总部中心提供)

套设施10多项。年底，三期5幢总部大楼和一期两幢人才公寓基本完工，二期人才公寓主体结顶，进入室内外装饰，四期总部大楼土石方开工建设，世贸中心进入室内外装饰阶段。

【四期总部大楼开始施工】 三期总部大楼2幢主体完工、3幢分配到入驻企业。C-2地块为金都大厦、金贸大厦，层高为40层，地下2层，总投资5.02亿元，总建筑面积为12.99万平方米。2011年3月动工建设，2013年进入室内外装饰。三期B地块为金同大厦、金济大厦、金碧大厦3幢，层高为26层，地下2层，总投资6.89亿多元。总建筑面积为19.32万平方米。2011年8月动工建设，2013年12月竣工初验，分配到126家三期入驻企业。四期总部大楼有4幢，地上26层，地下2层。金创大厦为浙商回归创业创新中心，总投资7.96亿元。地上总建筑面积约4.03万平方米，采取“自我开发、自求平衡、市场化运作”模式，于2013年10月28日土石方开始施工。

【一期人才公寓竣工验收】 一期人才公寓有金英公寓和金纶公寓，总建筑面积7.65万平方米，总投资2.31亿元。每幢31层，地下2层，其中第一层为架空层及部分管理用房。2010年9月动工建设，2013年完成室内外装饰，9月份竣工验收，12月18日召开抽签分房大会。全部公寓与车位一起分配到入驻企业。二期人才公寓有4幢，为金博公寓、金智公寓、金铃公寓、金桂公寓，各为31层，地下各2层，总投资4.69亿元，总建筑面积1.57万平方米，设计户型与一期人才公寓相同。2011年12月开工，计划2014年博览会前完工，年底分配到二期、三期入驻企业。

【世贸中心工程进入室内外装饰】 世贸中心工程为市政府招商引资项目，由无锡世贸集团投资建设。位于总部中心A地块，五洲路以东，总用地4.85公顷，总建筑面积约21万平方米，共4幢。北主楼为五星级酒店，南主楼为总裁公寓，均为40层160米，属目前金华市最高建筑。两侧2幢为LOFT办公楼，2009年开工建设，2012年主体结顶，2013年主要为室内外装饰。

■ 入驻企业

【概　况】 总部中心确定入驻企业371家。

2月21日，意大利戴达罗国际设计中心正式入驻总部中心(总部中心提供)

2010年底开始一期75家企业陆续入驻，2011年底二期100家企业入驻，到2013年包括服务机构36家在内，总部中心办公人数2 400人。

【总部中心注册办公企业184家】 根据市政府打造浙商回归创业创新中心要求，确定金创大厦为入驻商会会址。入驻模式以各省级永康商会为单位，组建注册地在永康总部中心的新公司，可申购半层或一层。商会会员自由入股经营，产权登记商会纳税企业主体所有，不得分割和整体转让，由总部办公室统一组织开发建设。公司主导产业要求符合国家政策导向。2013年经市经合办与总部办组织确定29家商会入驻。市政府重视引进影视产业，专门成立影视办，负责影视机构入驻总部中心三期等工作。全年有21家影视产业办理注册手续。年底在总部中心注册办公的企业有184家，其中房产公司3家，金融保险类7家，建筑类企业4家，进出口等贸易类企业132家，其他网络、计算机、中介服务类企业20家。90%以上属于现代服务业企业，对快速发展全市的现代服务业起到了引领作用。

（徐美央）